BEACONSFIELD HIGH SCHOOL
R04947L0930

D1741939

DICCIONARIO
DE
HISPANOAMERICANISMOS

NO RECOGIDOS POR LA REAL ACADEMIA

(Formas homónimas, polisémicas y otras derivaciones morfosemánticas)

RENAUD RICHARD
(Coordinador)

DICCIONARIO DE HISPANOAMERICANISMOS

NO RECOGIDOS POR LA REAL ACADEMIA

(Formas homónimas, polisémicas y otras derivaciones morfosemánticas)

RAÚL CAPLÁN • THIERRY DAVO • DANIEL LÉVÊQUE • ALBERTO PINEAU
RENAUD RICHARD • LEÓN SIGAL (†) • ANNIE VIGNAL-RAMOS

CATEDRA
LINGÜÍSTICA

Juan Ignacio Luca de Tena, 15. 28027 Madrid
Depósito legal: M. 33.195-1997
ISBN: 84-376-1550-X
Printed in Spain
Impreso y encuadernado en Huertas, S. A.
Fuenlabrada (Madrid)

INTRODUCCIÓN

Muchos textos hispanoamericanos contemporáneos plantean, desde el punto de vista del vocabulario, problemas de comprensión. En la novela *Tres tristes tigres* de Guillermo Cabrera Infante, por ejemplo, se lee la frase siguiente (que el autor atribuye a la voz del personaje-narrador): «Ante el bar había una pequeña selva de caletas y pinos de costa»[1].

La acepción más conocida del término /caleta/ es la primera que propone el *Diccionario de la lengua española* de la Real Academia: designa una 'cala pequeña'. Pero si el lector le atribuye este sentido en la frase citada, cabe reconocer que el sintagma nominal reconstruido «una (...) selva de calas pequeñas y de pinos de costa» estriba en una metonimia que (aunque acepto gustoso las invenciones poéticas) nunca acabó de convencerme. Una traducción francesa, por otra parte muy estimable, optó por esta solución: «Devant le bar il y avait une petite forêt de calanques et de pins», que en mi opinión no da al lector francófono una idea exacta del estilo del autor cubano.

El DRAE recoge otra acepción, típicamente americana ésta, del mismo vocablo: puede tratarse de un 'barco que va tocando, fuera de los puertos mayores, en las calas y caletas'. Este sentido es también difícilmente aceptable, pues la imagen del sintagma, en este caso, se basaría en una sinécdoque (se menciona el todo en vez de la parte, el barco en vez de sus mástiles) bastante pesada, y que desdice de la finura estilística del novelista: me resisto a creer que Cabrera Infante hubiera atribuido una imagen tan torpe («una selva de barcos y de pinos de costa»...) al personaje-narrador de *Tres tristes tigres.*

Por otra parte, otro motivo, interno a la obra, contribuye a descartar esta segunda solución: los diccionarios generales de americanismos que registran esta última acepción indican que se usa en ciertos países de América del Sur, concretamente en Colombia y Ecuador. Conque uno se pregunta por qué la habría usado Cabrera Infante en una novela cuyo propósito responde en gran parte, precisamente, al deseo de conferir una existencia literaria al español de Cuba[2].

---

[1] G. Cabrera Infante, *Tres tristes tigres*, Barcelona, Seix Barral, 1983, pág. 320.

[2] Véanse, de Augusto Malaret, *Diccionario de Americanismos* (Buenos Aires, Emecé Editores, 1946); de Francisco Santamaría, *Diccionario general de Americanismos* (México D. F., Editorial Pedro Robredo, 1942 –tres tomos–) de Marcos A. Morínigo, *Diccionario del Español de América* (Madrid, Anaya & Mario Muchnik, 1993); así como el diccionario titulado *Americanismos – Diccionario ilustrado Sopena* (Barcelona, Editorial Ramón Sopena, 1983).

En cuanto a los diccionarios de cubanismos de Esteban Pichardo, de Fernando Ortiz, o de José Sánchez-Boudy, por ejemplo, tampoco permiten despejar esta duda[3].

La solución vino de cubanos de La Habana que me señalaron que /caleta/ designa en su país el uvero, un árbol tropical, frecuente en las playas y caletas de las Antillas, y que se llama también en Cuba /uva caleta/ o /caletón/[4].

Ahora resulta clara la frase de Guillermo Cabrera Infante; mentalmente traducida al español peninsular, significa simplemente que «ante el bar, había una pequeña selva de uveros y pinos de costa».

No hay ninguna imagen particular creada por el autor. Eso sí, la frase, semánticamente reconstruida, hace más patente el deseo de Cabrera Infante –deseo muy conocido por cierto– de dignificar el español de su isla dándole amplia cabida en su creación literaria.

Idea general de la obra

De este ejemplo –sólo es uno entre muchísimos– se puede deducir la utilidad, para los hispanoamericanistas, de un diccionario que cubra lagunas del *Diccionario de la lengua española* de la Real Academia –lagunas relativas a la lengua contemporánea, por supuesto. Habida cuenta, en efecto, de que la última edición de esta obra (la del Quinto Centenario, publicada en 1992) incorporó una cantidad respetable de hispanoamericanismos que no figuraban en las ediciones anteriores; sabiendo, además, que este libro, en cuanto referencia obligada, está en la mesa de todo hispanista que se precie; y considerando, por fin, que un grupo de investigación tiene que proponerse una tarea razonable –es decir, que pueda desembocar en una publicación al cabo de cuatro o cinco años de trabajo–, pensé que era preferible evitar repeticiones, y por consiguiente limitarse a hispanoamericanismos no recogidos por la Academia, como en el caso de polisemia que acaba de presentarse.

Esta propuesta fue aceptada a fines de 1991 por el grupo que ya existía en Le Mans desde el mes de mayo de aquel mismo año, y que se disponía a trabajar con fichas que, para algunos de sus miembros, se remontaban a más de un cuarto de siglo. Dicha propuesta orientaba la investigación; suministraba un argumento de venta para un editor; pero también sugería un método de trabajo.

---

[3] Esteban Pichardo, *Diccionario provincial casi-razonado de vozes y frases cubanas* (La Habana, Editorial de Ciencias Sociales, 1985, 1.ª edición: La Habana, Impr. El Trabajo, 1875); Fernando Ortiz, *Nuevo Catauro de Cubanismos*, La Habana, Editorial de Ciencias Sociales, 1985 (1.ª edición: 1974); José Sánchez-Boudy, *Diccionario de Cubanismos más usuales* (Miami, Ed. Universal, t. II: 1984; t. III: 1986; t. IV: 1987; t. V: 1989; t. VI: 1992).

[4] Sobre el uso de /caletón/, se puede citar este pasaje del escritor cubano Juan Almeida Bosque: «En la playa, (...) caletones, cactus, vegetación propia del agreste lugar (...)» (en *El general en jefe Máximo Gómez*, La Habana, Editorial de Ciencias Sociales, 1988, pág. 129); la locución /uva caleta/ aparece, por ejemplo, en el relato titulado *La aventura de la Cruz Pinera*, de otro autor cubano, Ricardo Ortega (La Habana, Ed. Gente Nueva, 1989, pág. 87): «(...) iba delante, internándose en el monte de uvas caletas para atravesarlo con rumbo a la playa».

En Puerto Rico y en México, se emplean las locuciones /uva de la mar/, /uva de la playa/, /uva de playa/ y /uva playera/ con el sentido de 'uvero'.

Método de trabajo

En efecto, un diccionario que se propone reunir y explicar formas o acepciones ausentes del DRAE tendrá más credibilidad si ofrece citas ilustrativas para cada una de las acepciones que vaya presentando. Esta primera exigencia metodológica permite situarse –modestamente, por cierto– dentro de la tradición del *Diccionario de Autoridades* de la Real Academia Española, o de la del *Littré* francés –que a menudo ejemplificaban una acepción con citas literarias. Aquí que se ha sistematizado este método, pues, en nuestro trabajo, cada acepción tiene por lo menos una ilustración procedente de una fuente escrita contemporánea fácilmente comprobable –se dan varias ilustraciones, cuando se han registrado empleos de una misma acepción, ya en obras de varios autores de un mismo país, ya en obras de escritores de diferentes países hispanoamericanos (en este último caso, y para no recargar este volumen, sólo se da un ejemplo por país).

Pero, además, es imprescindible, en estas condiciones, que el usuario de este tipo de diccionario tenga la seguridad de que la acepción propuesta y ejemplificada no corresponde a una creación personal del autor que la emplea –el usuario tiene que estar seguro de que no se encuentra ante un hápax, sino ante una forma lexicalizada. Por eso, siempre se ha añadido a la definición y al ejemplo ilustrativo por lo menos una comprobación extratextual, procedente de alguno de los más de setenta diccionarios de hispanoamericanismos que hemos manejado (y que son a veces difíciles de conseguir), o procedente, como en el ejemplo aducido, de consultas hechas a varias personas nativas del país donde se ha registrado la acepción presentada cuando los diccionarios utilizados no prestaban ayuda alguna. Se ha optado por este sistema de comprobación objetiva siguiendo el ejemplo de rigor metodológico dado por Alberto Pineau en su tesis: *Les américanismes lexicaux dans la langue espagnole - Origine et formation*[5].

Delimitación del campo léxico: los criterios morfosemánticos

Claro está que el campo léxico de los hispanoamericanismos ausentes del DRAE no se limita a formas polisémicas, por numerosas que sean: abarca también el campo de las formas homónimas, es decir, de formas homófonas (que en español suelen ser también homógrafas), pero de origen etimológico y de sentido distintos –ciertos lingüistas, como Daniel Lévêque, por ejemplo, han subrayado que polisemia y homonimia no han de confundirse[6].

Recuerdo, como botón de muestra, que en Bolivia (y asimismo en Ecuador), se usa un sustantivo masculino de origen quechua /el anca/ (o: /el anka/, o: /el anga/),

[5] A. Pineau, *Les américanismes lexicaux dans la langue espagnole – Origine et formation*, Universidad de París VIII, 1988.

[6] D. Lévêque, «La homonimia y la polisemia, o: los peligros de la traducción», en *Impacts –Revue de l'Université Catholique de l'Ouest,* Angers, 1993, núm. 1 (suplemento titulado «Symphonie linguistique»), págs. 94-119; véanse especialmente las págs. 96 y 100.

que designa al gavilán. Lo encontramos, por ejemplo, en la frase siguiente de la novela *Yanakuna* de Jesús Lara: «El anka se había llevado un pollo...»

Es obvio que, etimológica y semánticamente, este término difiere de la forma singular del vocablo homófono español /el anca/, que es femenino, y se deriva, según Joan Corominas, del fráncico /*hanka/ –por conducto del catalán[7].

Cabe precisar al respecto que en nuestro trabajo, los homónimos no dan lugar a entradas especiales: el grupo prefirió no abordar las etimologías (tan inseguras y discutidas) de las formas y locuciones presentadas, de manera que el quechuismo /anca/ se presenta como una acepción del lema **anca.**

Por otra parte, se ha hecho especial hincapié en los numerosísimos casos de derivaciones morfosemánticas, trátese de formas postverbales, o de formas femeninas derivadas de palabras masculinas (o a la inversa); trátese también de formas regresivas o de diminutivos; en resumen, de cualquier forma vinculable al castellano por las leyes de derivación del idioma, y que tiene, o parece tener, en un texto hispanoamericano otro sentido que el esperado.

Me contentaré con poner un ejemplo que atañe al uso, tan frecuente, de los diminutivos.

De sobra se sabe que en el español peninsular, ciertos diminutivos tienen a veces un significado muy distinto del que indica la palabra original: /patilla/, por ejemplo, puede designar en España la 'porción de pelo que se deja crecer en los carrillos' (en francés 'les pattes', pero también 'les favoris'); este diminutivo, como otros muchos, prácticamente ya no guarda relación semántica con /pata/. En el español hablado (y escrito) de Hispanoamérica, los diminutivos pululan, como cabía esperar, y resultan muchísimas veces semánticamente desconcertantes.

El término /mulita/, por ejemplo (ausente del DRAE), no suele tener vínculo alguno con las acepciones castellanas de la palabra /mula/.

La palabra /mulita/ puede referirse, en efecto, en Perú (aunque en este sentido se usa más la forma /mula/), a la concubina de un sacerdote, como en este fragmento de un diálogo de los *Nuevos cuentos andinos* de Enrique López Albújar:

> –(...) ¿Y <qué traes> para doña Santosa? ¿Qué le diré a la mulita del **taita** cura cuando me pregunte por lo de ella?

En aquel mismo país, una /mulita/ puede ser también –sobre todo en la locución /mulita de pisco/– una copa pequeña para tomar aguardiente; Mario Vargas Llosa utiliza esta expresión en *La ciudad y los perros*, así como en *Lituma en los Andes* –según nuestros informantes peruanos, se trata efectivamente de una locución lexicalizada.

En Argentina, la /mulita/ es el animal llamado 'armadillo' o 'tatú': este sentido se encuentra, verbigracia, en los versos siguientes de la primera parte del *Martín Fierro*:

> De hambre no pereceremos, / pues según otros me han dicho / en los campos se hallan bichos / de los que uno necesita... / gamas, matacos, mulitas, / avestruces y quirquinchos <armadillos>.

---

[7] Véanse, de J. Lara, *Yanakuna* (La Paz, Librería Editorial 'Juventud', 1981, pág. 34); y, de Joan Corominas, *Breve diccionario etimológico de la lengua castellana*, Madrid, Gredos, 1973, artículo /anca/.

En Argentina, existe además la forma masculina /el mulita/, con el sentido, acaso menos difundido, de 'persona inexperta', 'novato', como en estos versos de la segunda parte del *Martín Fierro:*

> El que no sabe, no gana / aunque ruegue a Santa Rita; / en la carpeta <tapete> a un mulita / se le conoce al sentarse; / y conmigo, era matarse, / no podían ni a la manchita.

Se puede aprovechar la ocasión para aclarar la acepción de este último diminutivo: /manchita/ es otro hispanoamericanismo, no registrado por la Real Academia, que designa, según Augusto Malaret y Marcos Augusto Morínigo, un juego de niños, hoy poco conocido en Argentina: los muchachos que lo practicaban trataban de alcanzar corriendo a uno de ellos que llevaba algún objeto, con el fin de quitárselo; dicho objeto pasaba así de mano en mano. Esta aclaración puede ser útil para una explicación del texto. En efecto, permite entender mejor la intención del autor: en estos versos de *Martín Fierro,* la referencia a semejante juego infantil le permite al personaje-narrador, que es un tramposo, evocar irónicamente la bisoñez de sus contrarios, quienes resultan incapaces de quitarle el dinero que lleva encima, o a los que Martín despoja de su dinero como si fueran niños[8].

SELECCIÓN DEL CORPUS ILUSTRATIVO

En mi deseo que las citas ilustrativas procedieran de todos los países hispanoamericanos, sin excepción. Primero, porque es de justicia –no hay motivo para que un país hispanoamericano quede al margen de una investigación de esta índole. En segundo lugar, porque cada país es susceptible de aportar contribuciones originales, y por tanto muy valiosas, al acervo léxico de Hispanoamérica.

Para que cualquier país –por pequeño que sea desde el punto de vista geográfico o demográfico– pudiera considerarse razonablemente representado, propuse también al grupo que incorporáramos al trabajo obras de por lo menos siete escritores de cada una de las diecinueve naciones hispanoamericanas. Esta cifra es rebatible, por arbitraria: puede parecer excesiva a algunos o, por el contrario, muy insuficiente a otros... Pero es también defendible, porque al fin y al cabo es preciso adoptar un criterio aplicable a todos.

Se trata, desde luego, de un criterio mínimo. Es obvio que hay países más importantes que otros, por su población, por su relevancia cultural, por la importancia cuantitativa y cualitativa de su producción literaria o de sus publicaciones en general. Por eso, un país como México, por ejemplo, viene representado en nuestro trabajo por más de veinte autores; y lo mismo pasa con Argentina.

---

[8] Véanse, respectivamente, de E. López Albújar, *Nuevos cuentos andinos,* Lima, Librería Studium Ediciones, s. f. (sexta edición), pág. 113; de M. Vargas Llosa, *La ciudad y los perros,* Barcelona, Seix Barral, 1968, pág. 289, y *Lituma en los Andes,* Barcelona, Planeta, 1993, pág. 101; de José Hernández, *Martín Fierro,* Parte I, versos 2.215-20, y, en la Parte II, los versos 3.157-62; de A. Malaret, *Diccionario de americanismos, op. cit.,* art. /manchita/; y, de M. A. Morínigo, *Diccionario del Español de América,* Madrid, Anaya & Mario Muchnik, 1993, *ídem* (nótese que el juego de /manchita/ es distinto al de /mancha/, que también existe en Argentina, y que corresponde a /pillapilla/ español).

Además, nos hemos esforzado por conceder especial atención a tres países, demasiado olvidados por los estudiosos, y que son, sin embargo, representativos de tres grandes áreas léxicas de Hispanoamérica: me refiero a Costa Rica –para el área mesoamericana–, a Ecuador –para gran parte del área andina–, y a Uruguay, para el Cono Sur.

Aceptado esto, el problema que se planteaba era el de la selección de los autores. Era necesario que la mayor parte de las grandes figuras de la literatura hispanoamericana aparecieran en la bibliografía a la que habían de remitir las citas ilustrativas de nuestro diccionario.

En efecto, cuando un escritor como Gabriel García Márquez emplea, en *Cien años de soledad*, la palabra /escuadra/ con el sentido (no recogido por el DRAE) de 'pistola automática', es interesante que el lector sepa, en primer lugar, lo que significa; pero es útil también que se entere de que esta acepción se usa no sólo en Colombia (como lo afirman Malaret y Morínigo), sino que se encuentra además en obras de conocidos autores de otros países hispanoamericanos, como es el caso del mexicano Martín Luis Guzmá que la emplea en *El águila y la serpiente*[9].

Naturalmente, no nos contentamos con autores actualmente considerados como creadores prestigiosos de la literatura hispanoamericana –su selección podría suscitar polémicas inútiles. En efecto, cualquier escritor o escritora merece que su obra se lea también con sumo cuidado. Primero, porque a lo mejor se convierte mañana o pasado mañana en una figura importante de las letras. Y en segundo lugar, porque desde el punto de vista léxico, su obra puede encerrar locuciones y términos propios de su país; o enriquecer el corpus ilustrativo y completar la lista de los países en los que se utiliza tal o cual forma polisémica u homónima por ejemplo –digamos de pasada que esta lista, que acompaña a cada una de las acepciones que hemos registrado, no pretende ser exhaustiva.

De modo que la bibliografía de los autores citados en nuestro trabajo remite a unos 270 escritores –representativos, como dije, de los diecinueve países hispanoamericanos.

Hemos reservado también una sección bibliográfica para obras didácticas y periódicos. Un libro de historia, un estudio sociológico, una colección de recetas de cocina, algún artículo de la prensa contemporánea, permiten muchas veces, en efecto, ampliar el acervo léxico al suministrar un ejemplo del uso de tal o cual hispanoamericanismo para el que se tiene una confirmación objetiva, pero que carece todavía de una ilustración escrita comprobable.

Formación del equipo

La ambición de incluir textos procedentes de la totalidad de los países hispanoamericanos llevaba a redondear el pequeño grupo que existía en Le Mans con la inclusión de hispanoamericanos y/o lingüistas, en cualquier caso, con especialistas en las grandes áreas léxicas que van desde México hasta Chile y Argentina.

---

[9] Véanse, respectivamente, de G. García Márquez, *Cien años de soledad*, Madrid, Cátedra, 1967, página 232 («Llevaba al cinto una escuadra con la funda desabrochada, y la mano siempre apoyada en la culata revelaba la misma tensión vigilante y resuelta de la mirada.»); y, de M. L. Guzmán, *El águila y la serpiente*, México D. F., Compañía General de Ediciones, 1964, pág. 253 («Al oír la petición de Villa, varios de los presentes sacaron la pistola y se la ofrecieron. Luis Aguirre Benavides le dijo, alargándole la suya: / – Yo le daría ésta, mi general; pero es muy chica, y escuadra por añadidura.»)

La presencia de hispanoamericanos era primordial. Considero que sus aportes al trabajo colectivo son insustituibles.

Uno de los primeros fue nuestro común amigo León Sigal, de origen argentino, doctor en Letras, especialista en literatura, historia y sociología de su país –y también de toda América Latina–; León Sigal, cuya amistad, cuyo humorismo, y cuyo saber y sabor filosóficos todos echamos en falta.

Alberto Pineau, argentino también, fue asimismo uno de los primeros en formar parte del grupo: doctor en lingüística, especialista desde hace muchos años en lexicografía hispanoamericana (ya cité su tesis sobre *Les américanismes lexicaux dans la langue espagnole*), e investigador independiente, sus aportaciones resultaban imprescindibles, no sólo en lo que al léxico del Cono Sur se refiere, sino también por lo que respecta al de varios países como México, Guatemala, Perú y algunos más.

Raúl Caplán, uruguayo, especialista en Literatura comparada, autor de una tesis sobre *La Révolution Cubaine dans le roman latino-américain*, se sumó al grupo, enriqueciendo el trabajo con sus aportaciones relativas al Cono Sur y a Cuba, así como a países como Venezuela o Perú, por ejemplo[10].

Varios universitarios franceses integraban también el equipo: Annie Vignal-Ramos, autora de una tesis sobre la obra de Óscar Collazos, y especialista en literatura hispanoamericana –particularmente de Colombia–, nos aportaba la experiencia insustituible que dan varios años de residencia continua en aquel país[11].

La importancia de la extensa área mesoamericana necesitaba también la presencia de algunos especialistas estudiosos de la cuestión.

Thierry Davo, de la Universidad de Reims, lingüista y traductor, pero especialista también en la sociología e historia de Costa Rica así como del área mesoamericana, ha traído al grupo la experiencia que le proporcionan tanto sus relaciones en El Salvador, Panamá y Costa Rica, como sus regulares estadías en ese último país.

El equipo se benefició por fin de los conocimientos de Daniel Lévêque, de la Université Catholique de l'Ouest de Angers. Especialista en lingüística y en literatura, es autor de una tesis universitaria sobre los componentes populares de la novela hondureña contemporánea, y de otra, dedicada al estudio de los centroamericanismos literarios –dos trabajos que son en gran parte el fruto de su larga estancia en un país como Honduras[12].

Agradecimientos

Ni que decir tiene que a los siete miembros del grupo se añadía una red de hispanoamericanos, así como de universitarios, que aceptaron servirnos de informantes habituales, y que son oriundos de (o especialistas en) la casi totalidad de los diecinueve países latinoamericanos que nos interesaban. Por esta razón me es grato expresar nuestro común agradecimiento a:

---

[10] R. Caplán, *La révolution cubaine dans le roman latino-américain (1959-1995)*, Universidad de La Sorbonne Nouvelle (París III), 1996.

[11] A. Vignal-Ramos, *Lecture multiple de l'oeuvre de Oscar Collazos*, Universidad de La Sorbonne Nouvelle (París III), 1980.

[12] D. Lévêque, *Le roman hondurien contemporain / Etude des composantes populaires*, Universidad de La Sorbonne Nouvelle (París III), 1984 (dos tomos); así como la segunda tesis titulada: *Centre-américanismes / Lexique explicatif de la langue espagnole en Amérique centrale au regard de la littérature*, Universidad de La Sorbonne Nouvelle (París III), 1992.

Oswaldo Albornoz Peralta, Flor Araya Vázquez, Rubén Bareiro Saguier, Geneviève Beillas, Tomás Beltrán, Alexis Bonilla, María de los Ángeles Boza Araya, Luis Enrique Boza Ortiz, Margarita Caffaro Bo, Pura Cardozo, Wladimir Cerda Carrasco, Edwin R. Correa, Nicole Fourtané, Lisette Huertas, Mari Carmen Jiménez Gil, Virgilio López Lemus, José Ramón Alonso Lorea, Janet Lucano Urioste, Rocío Medina de Bailleul, José Mejía, Rafael Menjívar Ochoa, Marco Moncada, Adalberto Ortiz, Aline Ranc, Liza Rivera, Miguel Rodríguez, Héctor Ruiz Rivas, Manuel Salinas Paguada, Cristina Sánchez, Teresa Santos, Jaime Valenzuela Márquez, Ana Lydia Vega, Pedro Jorge Vera y Abdón Yaranga Valderrama, por su generosa y amable ayuda.

También deseo expresar mi agradecimiento a los colegas y amigos que me prestaron libros de su biblioteca personal:

Maurice Belrose, Olga Caro, James Durnerin, Eve-Marie Fell, Pedro Fernández-Blanco, Erich Fisbach, Marie-Madeleine Gladieu, José Mejía y Jaime Valenzuela Márquez.

El grupo tiene que dar las gracias también, y sobre todo, a don Gustavo Domínguez, Director de Ediciones Cátedra, por su simpatía y comprensión, y por la confianza que manifestó desde un principio en los autores de este libro. Me es muy grato expresarle aquí nuestro profundo agradecimiento.

¿Cuál es el resultado de este haz de esfuerzos?

El trabajo, que de momento se puede dar por terminado, propone al usuario más de 6.500 (seis mil quinientas) acepciones, que corresponden a otras tantas formas polisémicas u homónimas, o a otras derivaciones morfosemánticas, propias del español de América.

Este diccionario puede presentar interés no sólo para los meros enamorados de las letras hispanoamericanas, sino también para los traductores y, asimismo, para colegas especializados en el comentario o la explicación de textos –como vimos con el caso de la palabra /manchita/.

Puede ser útil, al fin y al cabo, a todos los que están deseosos, simplemente, de entender lo que leen, y de saborear la amplísima gama del acervo léxico del ancho mundo hispanoamericano.

Dicho esto, sabemos que ningún diccionario es perfecto. Por eso el grupo agradecerá las críticas que se le hagan.

Renaud Richard
Coordinador Científico

MANEJO DEL DICCIONARIO

I. Las entradas

- **1:** Escritas en negrita, se ciñen al orden alfabético adoptado en la última edición (1992) del *Diccionario de la lengua española* de la Real Academia Española (DRAE): por esta razón la CH figura después de la C, lo que se justifica también por un reparto más equilibrado de las letras;
- **2:** en lo referente a las locuciones, se da prioridad al sustantivo sobre el verbo; de modo que, por ejemplo, una expresión compuesta de un verbo y de un nombre (o de un nombre y de un adjetivo) se registra, se define y se ejemplifica en el artículo del sustantivo;
- **3:** no se establece una entrada aparte para las formas homónimas, con el fin de no abordar el problema, a veces tan delicado, de las etimologías;
- **4:** cada lema va seguido de su categoría gramatical, para la que se han adoptado las abreviaturas habituales (adj., prnl, etc.). *Cuando un lema tiene varias acepciones, a las que corresponden distintas categorías gramaticales, la categoría gramatical propia de cada acepción viene precisada inmediatamente antes de la definición.*

II. Las definiciones

1: Están redactadas en español peninsular.

III. Los países de uso

- **1:** Este dato va indicado entre paréntesis; los países se mencionan primero de este a oeste: desde Puerto Rico (PR) hasta México (Méx.); y luego, de norte a sur: desde Guatemala (Guat.) hasta Argentina (Arg.); *las citas de autores respetan este orden*; cuando una misma acepción se usa en varios países, se ha seleccionado un solo ejemplo para cada país indicado; cuando un autor uruguayo o paraguayo, por ejemplo, ubica una obra o un pasaje de una obra suya en Argentina se pone respectivamente (Arg. < Ur.) o (Arg. < Par.);
- **2:** cuando se sabe que la acepción se usa en otros países para los que el grupo no ha encontrado todavía una ilustración escrita comprobable, estos países van men-

cionados dentro del mismo paréntesis (según el orden ya indicado en III.1), después del signo =;
- **3:** *estas listas de países no son exhaustivas*;
- **4:** el grupo consideró que lo mismo podía decirse de las listas de países del DRAE; por eso, cuando éste indica que tal o cual forma se emplea sólo en un país hispanoamericano, por ejemplo, y el grupo la encontró, con la misma acepción lexicalizada, en otros países de Hispanoamérica, no la ha incorporado en esta obra; pero sí lo hizo cuando los académicos la consideraban propia tan sólo de Filipinas, o tan sólo de las Islas Canarias;
- **5:** cuando la definición propuesta por el DRAE resulta demasiado inexacta o incompleta, se ha introducido la forma en cuestión, indicando una acepción más exacta.

IV. Las citas

- **1:** Tratándose de un diccionario que registra formas y acepciones no recogidas por el DRAE, siempre se presenta *por lo menos una cita* para ilustrar una acepción.
  La cita viene entre comillas, y *respeta escrupulosamente la grafía de la edición consultada;* de ahí, a veces, la presencia de palabras en bastardilla, negrita o mayúsculas; o también la ausencia de mayúsculas, o de puntuación –así como de los signos de admiración /¡/ y de interrogación /¿/ al principio de las oraciones exclamativas o interrogativas.
  Se han respetado asimismo las acentuaciones verbales debidas al voseo.
  El único cambio introducido con respecto a los textos citados ha sido (para evitar confusiones) la sustitución de los entrecomillados por los signos ' ';
- **2:** cuando la cita incluye un hispanoamericanismo cuya acepción figura en el DRAE, se ha puesto una brevísima explicación entre los signos <>;
- **3:** cuando la cita incluye un hispanoamericanismo cuyo sentido no figura en el DRAE, pero que está integrado en este diccionario, lo indica el signo *: el lector deseoso de salir de dudas puede así remitirse inmediatamente a la entrada (o a la subentrada) indicada;
- **4:** cada cita va seguida de un paréntesis en el que se indican la inicial del nombre y el apellido del autor, el título de la obra en bastardilla y el número de la página de la edición consultada (esta última puede comprobarse en la sección I o II de la Bibliografía);
- **5:** el signo = separa dos citas en las que el lema (o la locución) que es objeto de la entrada (o subentrada) tiene la misma acepción.

V. La comprobación científica

- **1:** Cada acepción tiene por lo menos una comprobación científica; para ello, se ha indicado en mayúsculas, después del signo =, el apellido del autor de un diccionario de hispanoamericanismos que recoge la acepción indicada (como MALARET, o PICHARDO, por ejemplo); todos estos diccionarios están registrados en el punto III de la Bibliografía adjunta;
- **2:** cuando ninguno de los más de 70 diccionarios consultados registra una acepción, se ha introducido después del signo = la palabra CONSULTAS, lo que significa

que la acepción ha sido confirmada por nuestros informantes (se trata de nativos, o de universitarios que han pasado varios años en el país en cuestión), cuya lista figura al final de la «Introducción» al diccionario; muchas veces, la mención CONSULTAS acompaña a la de varios lexicógrafos hispanoamericanos.

- **3:** cuando se indica que una forma se usa en varios países hispanoamericanos, y se han registrado varias comprobaciones científicas, el orden de las mismas suele ir remitiendo a los países de uso de dicha forma.

Renaud Richard
Coordinador Científico

ABREVIATURAS Y SÍMBOLOS

1. Abreviaturas geográficas

Am. Centr.	América Central
Ant.	Antillas
Arg.	Argentina
Bol.	Bolivia
Car.	Caribe
Col.	Colombia
CR	Costa Rica
Ch.	Chile
Ec.	Ecuador
Guat.	Guatemala
Hond.	Honduras
Méx.	México
Nic.	Nicaragua
Pan.	Panamá
Par.	Paraguay
PR	Puerto Rico
Rep. Dom.	República Dominicana
El Salv.	El Salvador
Ur.	Uruguay
Ven.	Venezuela

(En este volumen, la mención de Cuba y de Perú no da lugar a abreviatura alguna.)

2. Otras abreviaturas

adj.	adjetivo
adj. f.	adjetivo femenino
adj. m.	adjetivo masculino
adv.	adverbio
aum.	aumentativo

col.	coloquial
com.	sustantivo de género masculino y femenino
conj.	conjunción (o: conjuntivo -a)
correl.	correlativo -a
cuant.	cuantitativo -a
desp.	despectivo
dim.	diminutivo
ej.	ejemplo
enf.	enfático -a
eufem.	eufemístico
excl.	exclamativo -a
f.	sustantivo femenino
fam.	familiar
fest.	festivo
fig.	en sentido figurado
fr.	frase
fr. adj.	frase adjetiva
fr. adv.	frase adverbial
fr. f.	frase con sustantivo femenino
fr. m.	frase con sustantivo masculino
hipocor.	hipocorístico
humor.	humorístico -a
imp.	imperativo
ind.	indirecto
inter.	interrogativo -a
interj.	interjección
intr.	verbo intransitivo
inv.	invariable
irón.	irónico
m.	sustantivo masculino
neg.	negación (o: negativo -a)
p.	participio
p. adj.	participio adjetivo
pond.	ponderativo -a
pl.	plural
pop.	popular
por ext.	por extensión
pr. rel.	pronombre relativo
prep.	preposición
prnl.	verbo pronominal
prnl. intr.	verbo pronominal intransitivo
prnl. tr. dir.	verbo pronominal transitivo directo
prnl. tr. ind.	verbo pronominal transitivo indirecto
rel.	relativo -a
s.	sustantivo
sing.	singular
tr.	verbo transitivo
ú. m.	úsase más

ú. t. c.	úsase también como
v.	verbo (o: forma verbal)
vulg.	vulgar

3. Símbolos

las negritas	anuncian una entrada o subentrada;
( )	presenta una subentrada numerada;
<	significa que el ejemplo remite al país que precede a este símbolo, aunque procede de un autor del país cuyo nombre sigue;
< >	encierra una explicación de los autores de este volumen;
« »	presenta una ilustración escrita, comprobable gracias a la Bibliografía;
‘ ’	significa que la palabra o las palabras que presentan este símbolo vienen entre comillas en el texto original;
*	remite a una forma explicada en este volumen;
/	indica que la parte de la cita que sigue figura en otro párrafo (o en otra página) de la obra citada;
(...)	indica que se ha suprimido parte de la cita.
MAYÚSCULAS	suelen presentar el nombre del autor, o de la autora, de un diccionario de hispanoamericanismos que figura en la sección III de la Bibliografía (trátase a veces del autor, o de la autora, de un artículo sobre el español de América que viene reseñado en la misma sección).
CONSULTAS	indica que la forma definida y ejemplificada ha sido confirmada con el sentido indicado por varios informantes oriundos del país (o de los países) donde se ha registrado.

A

abajar. tr. **abajarse a** una mujer. prnl. Abusar de ella –pop. (Ec.): «–Es que anoche vi al tintín*, señorita. / –¡Qué tintín ni que tontería! / –De verdad. Al tintín que se abaja a las mujeres moñonas*.» (A. Pareja Diezcanseco, *La Beldaca*, 96) = CONSULTAS

abajo. adv. En o hacia otra parte, fuera o afuera; en la ciudad. (Guat., CR): «Pero no es éste el apuro mayor; lo que me tiene inquieto es que a mí me echan la paternidad con la hija de uno de los mozos de allá abajo, y no es mía sino de Carlo Rose.» (M. A. Asturias, *Viento fuerte*, 126) = «Para los campesinos *arriba* es su casa, su aldea; y *abajo*, la ciudad vecina, porque los centros de población están en los valles.» (C. Láscaris, *El costarricense*, 128) = CONSULTAS = ARROYO **(2) de mediodía abajo.** Véase **mediodía.**

abalanzo. m. Hecho de encabritarse un caballo. (Arg.): «Entre tanto, mientras ensillaba, tenía que cuidarme de coceadas, manotones*, abalanzos y caídas.» (R. Güiraldes, *Don Segundo Sombra*, 154) = ABAD DE SANTILLÁN

abandono. m. Plantación que ha sido abandonada y se cubre de maleza. (CR): «Nos internamos en la semioscuridad de un abandono, pisando sobre un terreno pantanoso, y cuando salimos al claro llegaron hasta nosotros los gritos de los que marchaban a la cabeza.» (C. L. Fallas, *Mamita Yunai*, 20) = CONSULTAS = ARROYO

abanico. m. **(1) abanico** (o: **abanico eléctrico).** m. o fr. Ventilador eléctrico. (CR, Col. = PR y Nic.): «También le gusta tener su ropero y su tocador independientes, lo mismo que aire acondicionado o un abanico eléctrico y televisión.» (P. L. Acuña, *Gallo pinto*, 48) = «Encima de nosotros zumbaban las hélices de los abanicos.» (E. García Márquez, *Para matar el tiempo*, 32) = CONSULTAS = FILIPPO = HAENSCH y WERNER = MAURA = RABELLA y PALLAIS **(2) de abanico.** fr. Oblicuamente, al soslayo. (Arg.): «El Enviado reza por 'los hermanos' (...) y relojea* de abanico el presente de los giles*.» (R. Arlt, *Entre crotos y sabihondos*, 151) = GOBELLO **(3) abanico de aspas.** fr. m. Ventilador eléctrico colgado del techo, o montado en un pedestal. (Col. = PR): «(...) los clientes distraídos que tomaban el fresco bajo los abanicos de aspas de las heladerías (...).» (G. García Márquez, *El otoño del patriarca*, 232) = CONSULTAS **(4) abanico de techo.** fr. m. Ventilador eléctrico que cuelga del techo. (PR): «Abanico de techo / De 52 con luz, de 4 aspas / Ref. 52ABS Reg. 49,99» (*El Nuevo Día*, 3/5/94) = CONSULTAS

abecedario. m. Miembro del ABC, sociedad secreta creada en 1931 para luchar contra la dictadura de Gerardo Machado. (Cuba): «–(...) ¿Tú no sabes que mi abuelo se fue a la guerra en el sesentiocho y mi padre en el noventicinco, y que yo fui abecedario en el treinta, y lo perdimos todo y no se cumplió una sola de aquellas malditas promesas?» (J. Díaz, *Las iniciales de la tierra*, 105) = CONSULTAS

abejón. m. Grano de café secado al sol, pero que conserva aún la cáscara. (CR): «Ese sol (...) el gran peón sin salario, que vigoriza el cafeto, barniza la hoja, hinche de miel la roja cereza, seca el abejón (...).» (Magón, *Cuentos*, 150) = ARROYO = CONSULTAS

abejorrear (o: **abejorriar).** tr. Manosear, tocarle las piernas a otra persona con lascivia; sobar. (Col.): «(...) la señora del viejo cornudo no se quiere dejar abejorrear (...).» (U. Valverde, *Bomba Camará*, 40) = FILIPPO = HAENSCH y WERNER

abonado. m. En una pensión, inquilino con comida. (Méx. = Arg.): «–Se dice Señora que usted tiene un abonado. (...) –El que se queda en este cuarto aparte.» (J. A. De La Riva y F. Sánchez, *Pueblo de madera*) = CONSULTAS

aborreci(d)o -a. p. adj. Harto, hastiado, aburrido. (PR): «Ambos se confesaron co-autores de los dos incendios, y el prófugo aseveró que pensaba quemar hasta las entrañas de la Tierra. Ya estaba 'aborrecío' y le daba lo mismo una cosa que la otra.» (E. Laguerre, *La llamarada*, 210) = CONSULTAS

abrazo. m. **amigos de abrazo.** fr. Véase **amigo.**

abrillantado -a. p. adj. Hablando de una fruta, seca y confitada. (Arg.): «–Y también hay fruta abrillantada. (...) Hay un pedacito de ananá abrillantado, y un higo grandote (...).» (M. Puig, *El beso de la mujer araña*, 205) = MORÍNIGO

abrir. (1) tr. Hacer que un caballo se desvíe de la dirección que llevaba; dirigirlo hacia cierto lugar. (Arg.): «Abrí el caballo hasta un claro, entre los juncos, porque no hay que entrar así ofuscado en la lucha.» (R. Güiraldes, *Don Segundo Sombra*, 117) = CONSULTAS = VERDEVOYE **(2) abrirse.** prnl. intr. Iniciar o enfrentar una agresión o pelea. (Ven. = Col.): «–(...) Cuando Matías ve la gente pela* por la lanza y se abre con el potro. Los otros se paran viendo lo que pasaba.» (A. Uslar Pietri, *Las lanzas coloradas*, 8) = TEJERA = CONSULTAS = HAENSCH y WERNER

abrochador. m. Grapadora. (Arg.): «(...) lápices de colores, gomas de pegar, cintas scotch <papel para pegar> de diferente tamaño y colorido, compases, abrochadores japoneses, lupas.» (E. Sábato, *Abaddón el exterminador*, 816) = CONSULTAS

abrojo. m. **abrojo chico.** fr. Fruto espinoso de una especie de abrojo que lleva este mismo nombre (*Acaena splendens*); se utiliza como purgante estomacal. (Arg. = Ch.): «Me recetó otra ocasión / que comiera abrojo chico: / el remedio no me esplico <explico>, / mas, por desechar el mal, / al ñudo* en un abrojal / fi <fui> a ensangrentarme el hocico.» (J. Hernández, *Martín Fierro*, II, 2.823-8) = SANTAMARÍA DGA

abuela -ita. adj. fem. inv.; ú. t. c. f. Mecedora. (Nic. < CR): «Las mujeres dan pecho a los chiquillos, sentadas en sillas 'abuelita' en el marco de la puerta.» (M. Fernández, «Nicaragua sin esperanza», en: *La Nación* de San José de Costa Rica, 21/08/94) = RABELLA y PALLAIS = CONSULTAS

abuharse. prnl. intr. Abotagarse, hincharse. (Perú): «Con el difunto <el Cortaorejas> sólo quedó Procopio, su hermano (...). Allí, mientras el Cortaorejas se abuhaba, el doctor Montenegro explicó a Procopio que las autoridades de la comunidad de Yanacocha habían privado al arte del cuchillo de uno de sus más insignes cultores.» (M. Scorza, *Redoble por Rancas*, 187) = SANTAMARÍA DGA (quien recoge las formas **abofarse**, **aboharse**, etc.)

acamalar. tr. Reunir, tomar. (Arg.): «(...) y al mirar dos patas blancas <las del caballo ganador> cruzando el disco final, / acamalá tu fortuna, con treinta y siete por barba, / después te espero en el Conte <famoso restaurante de Buenos Aires> pa poderla festejar.» (J. Rial, «Preparate pa'l domingo», en: J. Barreiro, *El Tango*, 157) = CONSULTAS = GOBELLO

acarreador. m. Persona cuyo trabajo consiste en llevar mercaderías de un lugar a otro dentro de un mercado. (Ch.): «Suplementeros, lustradores*, (...) acarreadores de la Vega y de la Estación (...).» (M. Rojas, *El delincuente... y otros cuentos*, 94) = CONSULTAS

acatar. (1) tr. Percibir un sonido, oír; notar. (Nic. = CR): «Estaba <esperando> cuando acató voces venir de arriba (...).» (S. Ramírez, *Castigo divino*, 377) = CONSULTAS **(2)** intr. Caer en la cuenta. (CR = Nic. y Col.): «Carambas, cuando don Tránsito echó el cuento del tigre, yo acaté.» (M. Salguero, *Agencia de policía*, 61) = QUESADA = CONSULTAS = RABELLA y PALLAIS = HAENSCH y WERNER **(3) acatar a.** fr. Ocurrírsele a uno. (CR = Guat.): «Acató a gritar a su hermano que se alejaba rápidamente (...).» (M. Benavides, *Los hijos de Mariplata*, 79) = «(...) lo único a que acató fue comprarles una tijereta más grande para que cupieran juntos.» (F. Dobles, *Historias de Tata Mundo*, 246) = CONSULTAS = GAGINI = ARMAS

aceitillo. m. **(1)** Árbol de las simarrubáceas de unos diez metros de altura, de madera amarilla y dura, apreciada en ebanistería. (PR): «En el fondo, un bosque de capás, mangos, guamás, aceitillos...» (E. Laguerre, *La llamarada*, 47) = «(...) la mesa-consola de caoba con tope de aceitillo (...).» (R. Marqués, *La víspera del hombre*, 137) = SANTAMARÍA DGA **(2)** Cierto veneno derivado de un tipo de higuera silvestre. (Guat.): «–¡Algo le dieron, raíz de chiltepe, aceitillo que no deja rastro cuando mata, que qué casual que muriera en ese momento! –observó una voz.» (M. A. Asturias, *El señor presidente*, 250) = CONSULTAS

acelerado -a. adj. Aturdido, achispado por el alcohol. (Hond. = CR): «(...) los músicos, acelerados por los cañazos*, parecían transmitir a sus instrumentos la desbordante alegría que reinaba en sus propios corazones.» (M. A. Rosa, *Tío Margarito*, 151) = CONSULTAS

acelerarse. prnl. intr. Enfadarse. (Cuba = Méx.): «–(...) Te busco abajo de la tierra y te mato como un perro. –No te aceleres, viejo. Todo es muy sencillo.» (R. Ortega, *La aventura de la Cruz Pinera*, 132) = CONSULTAS

acera. f. Lado de una calle, en las poblaciones. (Par. = Ur. y Arg.): «Todo igual; nada había cambiado; todo como antes. *La loma* oscura, las casas de *la acera*, quietas y silenciosas, igual a otras noches, como si no hubiese acaecido esa cosa definitiva y terrible que era la muerte del padre Rosales.» (G. Casaccia, *La Babosa*, 249) = MORÍNIGO

acitronar. tr. Freír. (Méx.): «La cebolla se pone a freír en un poco de aceite. Cuando está acitronada se le agregan la carne molida, el comino y un poco de azúcar.» (L. Esquivel, *Como agua para chocolate*, 164) = CONSULTAS

aconcharse. prnl. tr. ind. Conchabarse. (Ec.): «–Por eso se ha hecho a la carrera. / –Y siempre sale bien. / –¡Claro! Si se 'aconchaba' con 'El gavilán', ¿cómo no va a salir bien?» (N. Estupiñán Bass, *Cuando los guayacanes florecían*, II, 88) = CONSULTAS

acordar. intr. o tr. **(1)** Pensar en lo que se especifica. (Méx. = CR y otros): «Y cuando menos acordamos lo vimos metido entre las danzas.» (J. Rulfo, *El llano en llamas*, 83) = CONSULTAS **(2)** tr. Conceder, otorgar. (Arg. = Ur. y otros): «Probablemente lo primero <había hecho el suegro> en odio a él, su yerno, (...), por quitarle, ya que no todo, parte de lo que la ley le daba, de los derechos que, como a marido de la hija, el Código le acordaba...» (E. Cambaceres, *En la sangre*, 212) = SANTAMARÍA DGA = VERDEVOYE = CONSULTAS

acostón. m. Hecho de acostarse con alguien –pop. (Méx): «Por mí no te preocupes, chula –dijo Dinorah–. Yo me sé defender de todos los tentones* de la fábrica. Y si me exigen un acostón para ascender, mejor me cambio de fábrica (...).» (C. Fuentes, *La frontera de cristal*, 142) = CONSULTAS (ú. mucho también en la fr. «No pidas un aventón* porque te piden un acostón», con el significado de 'No hagas autostop porque querrán echarte un polvo')

acotar. intr. Intervenir en un asunto. (Bol. = Perú): «–(...) Si todas las fiestas ella no más* las hace. Con lo único que nosotros acotamos es con nuestras presencias.» (R. Poppe, *Después de las calles*, 76) = CONSULTAS

acriollarse. prnl. intr. Hablando de un serrano, adquirir las costumbres culturales, vestimentas, *etc.*, de la Costa. (Perú): «Será por eso que los serranos siempre me han caído atravesados. Pero en el colegio había pocos, dos o tres. Y estaban acriollados.» (M. Vargas Llosa, *La ciudad y los perros*, 201) = CONSULTAS

actado -a. p.p. Demandado ante la justicia. (Perú): «–(...) me ha amenazado con matarme, porque lo tengo **actado** por una vacona que no quiere pagarme.» (E. López Albújar, *Nuevos Cuentos Andinos*, 22) = CONSULTAS

acude. m. Peón que trabaja en una hacienda a cambio de ciertas ventajas en especie. (Ec.): «Estos *indios libres*, además de ser jornaleros, trabajan también como *meseros**, *acudes* o, según los llama el Código de Trabajo, como 'yanaperos' o 'ayudas*'. Todos estos nombres designan una misma modalidad del peonismo: la de los que se comprometen a trabajar en la hacienda dos o tres días al mes en cambio de los pastos o de la leña de la finca.» (L. Monsalve Pozo, *El Indio. Cuestiones de su vida y de su pasión*, 408) = CONSULTAS

aculado -a. p. adj. **quedarse acula(d)o -a.** fr. Quedarse muy asombrado, patidifuso, de culo. (Ec.): «Al ve <ver> á <*sic*> tanta jente <gente> de leva* me quedé aculao.» (J. A. Campos, *Linterna mágica*, 22) = CONSULTAS

acuña. f. Cierto pastel. (Perú): «(...) y canastos de bollos, alfeñiques, acuñas y mazapanes....» (E. López Albújar, *Matalaché*, 169) = CONSULTAS

acurrucar. tr. Estrechar entre los brazos, mecer. (Méx., Guat., Nic.): «Le besó la frente y lo ayudó a acomodarse en la cama, lo acurrucó como cuando era niño, no lo bendijo porque no creía en eso, pero estuvo a punto de arrullarlo con una canción.» (C. Fuentes, *La frontera de cristal*, 22) = «Abajo, con cara de brutos, los patojos <niños> no entendían qué sucedía, por qué sus tatas <padres> más los acurrucaban, más los abrazaban con fuerza (...).» (L. de Lion, *El tiempo principia en Xibalbá*, 11) = «(...) aquellas mujeres yaciendo en las camas con las entrañas desgarradas por abortos mal practicados, o acurrucando niños que, como ellas, no habían escogido dónde nacer (...).» (G. Belli, *La mujer habitada*, 147) = CONSULTAS

achico. m. Padrino. (Ec.): «Llegó también el '*achico*', quien, así como le apadrinó en el bautizo, debía darle la bendición (...).» (G. A. Jácome, *Porqué se fueron las garzas*, 220) = CONSULTAS

achicoria. f. Miseria. (Ur. = Arg.): «La gente va al trabajo y de ahí a su casa; es lo normal. Con la achicoria actual, la medida <una huelga> pasa inadvertida.» (H. Conteris, *La cifra anónima*, 27) = CONSULTAS

achinarse. prnl. intr. Erizarse por el frío, el horror o el miedo, hablando de la epidermis que así se parece a la piel de gallina. (Méx.): «(...) sintió una vez más que su carne se achinaba.» (M. Azuela, *Los de abajo*, 23) = CONSULTAS

achocar. tr. Golpear muy fuerte a una persona hasta dejarla inconsciente. (PR = Rep. Dom.): «–Yo te aseguro que Silvina me obedece. Y si no, la *achueco...*» (M. Zeno Gandía, *La Charca*, 51) = CONSULTAS = ÁLVAREZ NAZARIO (quien recoge **achoca(d)o** con el sentido de 'estar sin sentido por efecto de un golpe recibido en la cabeza') = MALARET (quien recoge **achocarse** con el sentido de 'perder el sentido por efecto de golpes en la cabeza')

acholamiento. m. Miscegenación, mestizaje biológico; rubor, vergüenza. (Ec.): «–¿Por qué? –interrogó Romero y Flores debatiéndose en una especie de impotencia que amenazaba con hundirle en la tragedia de su acholamiento, de su voz humilde (...).» (J. Icaza, *El Chulla Romero y Flores*, 14) = CONSULTAS (véase también **acholo**)

acholo. m. Vergüenza, rubor. (Ec.): «(...) siempre me he avergonzado de la diferencia que reflejaba el espejo, aunque ella me ha dicho muchas veces, dándose cuenta de mis acholos, que le gusto así, (...), que ella quisiera un hijo mío, con mi color.» (G. A. Jácome, *Porqué se fueron las garzas*, 12) = SOPENA (véase también **acholamiento**)

achurado. m. Trazado –de calles o sembradíos por ej. (Ch.): «En los campos que rodeaban al pueblo el trazado de las viñas, esa noche bajo la luna, era perfecto: don Céspedes, con los ojos abiertos, lo veía. El achurado regular, el ordenamiento que situaba al caserío de murallones derruidos (...).» (J. Donoso, *El lugar sin límites*, 149) = CONSULTAS

adelaida. m. Variante de /alelaila/ –árbol de flores purpúreas que se utilizan contra la fiebre. (PR): «¡Si pudiese alcanzar un árbol a la orilla del camino! Los viejos almendros tenían troncos inabordables. Los adelaidas jóvenes eran demasiado frágiles. Sus ojos, empañados por el sudor, percibieron la esperanza de un cupey próximo.» (R. Marqués, *La víspera del hombre*, 84) = CONSULTAS

adentro. (1) ¡Adentro! interj. fam. ¡Adelante! (CR = El Salv.): «Jerónimo rugía (...) también con impaciente entusiasmo: ¡Ora, Huracán, adentro!» (C. L. Fallas, *Gentes y gentecillas*, 154) = CONSULTAS = ARROYO = SANTAMARÍA DGA **(2) adentro de.** adv. Más allá de. (CR): «Pero yo soy de un poco adentro de San Ramón.» (F. Dobles, *Historias de Tata Mundo*, 125) = CONSULTAS = ARROYO = CONSULTAS **(3) la de adentro** (o: **la muchacha de adentro**). fr. f. Criada alojada en casa de sus patrones. (CR, Col., Ec.): «Y esta señora no se preocupa de si la cocinera y la de adentro y el muchacho de los mandados les atrasa el sueldo (...).» (C. Lyra, *Los otros cuentos*, 90) = «Según dice la señora que llamó, parece que la muchacha de adentro se quiere volar (...).» (D. Samper Pizano, *A mí que me esculquen*, 40) = «Mi casa es un nido de cobradores: cobra el lechero, (...), el cocinero, el sirviente, la muchacha de adentro...» (J. A. Campos, *Cosas de mi tierra*, 78) = QUESADA = CONSULTAS = HAENSCH y WERNER (véase también **puertas* adentro**)

adoctrinamiento. m. Enseñanza del catecismo cristiano. (Ec.): «En primer grado comenzó el adoctrinamiento: 'Todo fiel crestiano...' Cristiano, longo* bruto. A ver, repite: cris-tia-no.» (G. A. Jácome, *Porqué se fueron las garzas*, 119) = CONSULTAS

adredista (o: **adredisto -a**). adj. Dícese de la persona que gusta de llevarles la contraria a los demás. (Ec.): «Mi mujer era adredista / Y en el río se cayó; / Afanado por sacarla, / Río arriba me fui yo.» (J. L. Mera, *Cantares del pueblo ecuatoriano*, II, 66) = «(...) no queríamos, no porque no, para qué o sería por adredistos o porque de ciertico estábamos asustados.» (G. A. Jácome, *Porqué se fueron las garzas*, 213) = CONSULTAS = MATEUS (quien registra **adredista** para el m. y el f.)

afaenar. tr. Golpear. (Arg. = Par. y Ur.): «(...) un hombre afaena a otro descargándole terribles golpes en el estómago.» (R. Arlt, *Novelas completas y cuentos*, II, 135) = CONSULTAS

afarolado -a. adj. Enfadado –hablando de una persona; al máximo –hablando de un aparato. (Ec.): «(...) apagamos (...) y el transistor que alguno llevaba afarolado bajo el poncho, sonando los sanjuanitos <baile popular ecuatoriano>.» (G. A. Jácome, *Porqué se fueron las garzas*, 56-7) = CONSULTAS = MORÍNIGO

aferrar. tr. Propinar, asestar. (Ch.): «Me pegó una patá' / le aferré una bofetá' / y se armó la pelotera.» («Iba yo para una fiesta», canción tradicional interpretada por Víctor Jara) = CONSULTAS

afilar. tr.; ú. t. c. intr. Requebrar, cortejar; mantener un diálogo amoroso, pelar la pava. (Arg.): «Ahura <ahora>, tanto me asusta una mina <mujer>, / que si en la calle me afila, me pongo al lao del botón*.» (E. S. Discépolo, «Chorra*», en: J. Barreiro, *El Tango*, 175) = «(...) afilar mediante un telégrafo de señales semafóricas y complicadísimas, con una vecina.» (R. Arlt, *Entre crotos y sabihondos*, 141) = GOBELLO = CHIAPPARA = MORÍNIGO (véase también **afile**)

afile. m. Aventura amorosa, flirteo. (Ur. = Arg.): «Yo creo que aun en vida de la Vieja se mandaba sus buenos afiles.» (M. Benedetti, *Primavera con una esquina rota*, 142) = CONSULTAS = CHIAPPARA = GOBELLO (véase también **afilar**)

afincado -a. adj. Rico, desahogado. (Bol.): «(...) doña Elota corría a despertar al sacristán y al cantor, el padrecito y su padre se encaminaron a casa de un compadre afincado en demanda de caballos.» (J. Lara, *Yanakuna*, 149) = MUÑOZ REYES

aflojar. (1) intr. Ceder a alguien. (PR, Ur., Arg. = Méx.):»(...) pensé en lo lejos que estaba de llegar a meter mano* con ella y eso me deprimió más todavía. ¿Por qué no me había enredado con Maritza, la prima de Pucho, que tenía un enfoque* tremendo conmigo y fama de aflojar fácil?» (A. L. Vega, *Pasión de historia*, 75) = «Entonces uno recurre al control remoto y hace mutis por el Foro. Sólo así afloja Julio María. El que afloja siempre –ojo: en el sentido de la distensión y los juegos florales– es Alberto Volonté.» (H. Alfaro, en el semanario *Brecha*, 24/11/94) = «Ahora él está arrepentido y nos vino a despedir al tren, pero yo creo que es mejor así. Aunque los chicos pierdan unos días de clase mejor que me vine para acá porque si no me iba a dar lástima y por ahí le aflojaba de nuevo.» (M. Puig, *Boquitas pintadas*, 243) = CONSULTAS = CHIAPPARA = JIMÉNEZ **(2)** Soltar, dejar. (Ec. = Méx.): «Cusumbo –en desbordamiento de fuego– la abrazó. La besó. La estrechó contra su cuerpo. Ella intentó desasirse. –¡Aflójame! / –No. No te aflojo... ¡No puedo!» (D. Aguilera Malta, *Don Goyo*, 72) = CONSULTAS = JIMÉNEZ **(3)** Revelar un secreto. (Ven.): «Abusó de ella y después (cuando la agarraron y confesó el delito lo aflojó) la mató con el rifle.» (A. Croce, *La roca desnuda*, 55) = TEJERA

afuera. **(1)** adv. En el campo. (Arg.): «Afuera he leído bastante la Biblia.» (R. Arlt, *Los siete locos*, 191) = CONSULTAS **(2)** **en las afueras.** fr. En torno a, cerca de. (Méx.): «En las afueras del café París también llovía violentamente. Una vendedora de flores se había cobijado en la puerta (...).» (P. I. Taibo II, *Sombra de la sombra*, 160) = CONSULTAS

agachado -a. p. adj.; ú. t. c. s. f. o m. Que baja fácilmente la cabeza ante el jefe. (Méx., CR): «Unos cuantos chingones* esclavizan a una bola <grupo desordenado> de agachados. Así ha sido siempre.» (C. Fuentes, *La frontera de cristal*, 235) = «Pero el patriarca del pueblo no era un agachado ni un servil.» (H. Elizondo, *Memorias de un pobre diablo*, 116) = CONSULTAS

agarrador. m. Durante la esquila de las ovejas, persona que se ocupa de atraparlas en el corral para que puedan ser trasquiladas. (Ur.): «Juan y otro agarrador irrumpieron en el brete donde se apretujaban las ovejas. Inclinándose con brusco movimiento, cada uno de ellos cogió un animal por la pata y lo arrastró hasta la cancha.» (A. D. Gravina, «Fronteras al viento», en G. Wettstein, *Nuestra Tierra*, II, 29) = CONSULTAS

agarrar. **(1)** tr. Acertar, dar en el blanco. (CR = Arg.): «A ver, ¿quién de ustedes se atreve a apiárselo* <apeárselo*> de un flechazo* desde aquí...? Si uno lo agarra bien no quiebra el vidrio, porque el pájaro le sirve a la piedra de colchón.» (C. L. Fallas, *Marcos Ramírez*, 109) = ARROYO = CONSULTAS **(2)** tr. Decidir. (Guat.): «¡De gracia agarraron ya acarriar con nosotros al Asilo de Mendigos para quedar bien con los gringos!» (M. A. Asturias, *El señor presidente*, 13) = CONSULTAS **(3)** tr. Aceptar, firmar. (Bol.): «Si te digo todo eso, no es porque quiera casarme, sino porque no deseo que 'agarres' el contrato. (...) –En vano estás hablando tanto... Ya he firmado el contrato (...).» (F. Ramírez Velarde, *Socavones de angustia*, 16) = MUÑOZ REYES **(4)** Considerar, tomar. (CR): «No lo agarrés así Auste ni que fuera por gusto.» (R. Arias, *El emperador Tertuliano...*, 55) = CONSULTAS **(5)** **agarrar por.** fr. Ocurrírsele. (CR, El Salv. = Arg.): «(...) A unos máes* les agarró por joderme todo el mundo sabe que en esas carajadas* no aguanto ni medio y les iba a pegar un buen pichazo* (...).» (R. Arias, *El emperador Tertuliano...*, 16) = «Deja de fregar, hombre. Déjeme dormir. ¿Qué le ha agarrado por estar moviendo la cama?» (M. Barba, *Olor a muerto*, 131) = CONSULTAS **(6)** **agarrar y.** fr. Tomar la decisión de hacer lo que expresa el infinitivo que sigue. (Par. = Bol. y Arg.): «¡Vamos a agarrar y casarlos... como buenos cristianos!» (A. Roa Bastos, *El baldío*, 141) = MUÑOZ REYES = VERDEVOYE **(7)** **agarrarse a.** fr. Dedicarse a hacer lo que se especifica. (Ec.): «(...) con estos **roscones*** arreados y ociosos que no son capaces de apurarse si no se les calienta! ¡Cuánto les advertí ayer para que madrugaran! Se habían agarrado a la bebida en la casa del Toribio Toapanta, y si no voy yo en persona y les hago adelantar, no vienen.» (J. R. Bustamante, *Para matar el gusano*, 43) = CONSULTAS **(8)** **agarrar camino, viaje.** fr. Véase **camino**, **viaje**.

agazapado -a. adj. Hipócrita, solapado -a. (Col. = CR y Ven.): «Prefería morirse como estaba, sola y desnuda, antes que poner su honra en manos de un judío agazapado.» (G. García Márquez, *Del amor y otros demonios*, 43) = ARROYO = CONSULTAS

agenta(d)o -a. p. adj. Presumido. (PR): «–(...) Y tú agentao, cállate la boca.» (R. Marqués, *La Carreta*, 16) = MALARET = ÁLVAREZ NAZARIO

agite. m. Agitación, ajetreo. (PR): «Y Cheo, tú, Cheo Feliciano, eres el niño emblema de todos los *quitaos** sobre la faz de la tierra, ya estás tranquilo, lo ves, sin el agite de aquellos años en que un poco desaparecías de ti mismo.» (E. Rodríguez Juliá, *El entierro de Cortijo*, 69) = «Dalia, que estaba extrañamente callada después del agite primero, de momento* rompió a dar instrucciones.» (A. L. Vega, *Pasión de historia*, 84) = CONSULTAS

agradado -a. p. adj. pop. Agradecido. (PR): «O sea Papi, que la juventud te estaremos agradada.» (L. R. Sánchez, *La Guaracha del Macho Camacho*, 76) = CONSULTAS

agrado -ito. m. Obsequio hecho por un inferior para pedir un favor a un superior. (Ec. = Col.): «En Imbabura, durante el tiempo de cosechas de maíz, acostumbran las personas que no tienen terreno acudir al lugar de la cosecha **llevando agrados,** generalmente aguacates, quesos, plátanos, naranjas, pan. El dueño de la cosecha, si recibe el agrado devolverá una tasa* de maíz.» (A. y P. Costales, *El Quishihuar*, I, 67) = «(...) más se ha llevado taita Julián. / Tal vez los agraditos será, porque lo ques <que es> las multas, él no es de los que se embolsican*.» (G. A. Jácome, *Porqué se fueron las garzas*, 95) = TOBAR DONOSO = HAENSCH y WERNER

agua. f. **(1) agua bendita.** fr. Término humorístico para designar el aguardiente o 'guaro'. (CR): «(...) ¿no cre <cree> que podíamos llevar una media de agua bendita para quitarnos el hielo?» (M. Salguero, *Agencia de policía*, 65) = CONSULTAS **(2) agua corta, agua larga.** Nombre de dos danzas afroamericanas. (Ec.): «Y vinieron andarieles, y llegaron aguas cortas, largas, carambas*, más carambas (...).» (A. Ortiz, *Juyungo*, 197) = CONSULTAS **(3) agua cruda.** fr. Agua que, por no haber sido hervida, puede provocar disentería, fiebre tifoidea, etc. (Par.): «Allí <en Bahía Negra y en Fuerte Olimpo – Paraguay> los brotes diarreicos resultantes del consumo de agua cruda de río, eran rápidamente controlados cuando se disponía de los polvos susodichos y se los <se les> utilizaba adecuadamente.» (H. C. Sosa Tenaillon, *Cincuenta años después*, 88) = CONSULTAS **(4) agua de canela.** fr. Cierto refresco con canela. (Guat., Ec.): «Y pensaba hacer la fiesta con tamal y chocolate al desayuno, arroz a la valenciana y pipián al mediodía, agua de canela, horchata, helados y barquillos por la tarde.» (M. A. Asturias, *El señor presidente,* 108) = «(...) para darles, a vos y a él, agua de canela con punta*, y así levantarles las fuerzas (...).» (G. A. Jácome, *Porqué se fueron las garzas*, 318) = CONSULTAS **(5) agua de nieve.** fr. Cierta música y baile popular. (Perú): «(...) toda esa música ajimordiente y revoloteadora, flor de galpón, deletérea, opiante, con pretensiones de poesía picaresca, improvisada por la musa popular, como la resbalosa*, el agua de nieve, la moza* mala, la mariposa*, el tondero, el pasillo y el danzón...» (E. López Albújar, *Matalaché*, 194) = CONSULTAS **(6) agua de pie dormido.** fr. Agua mineral con gas o agua de Seltz, llamada también agua de burbuja o de sifón. (Méx. < Guat.): «El agua gaseosa de diversos colores y sabores se vendía considerablemente. Por burbujeante, los yucatecos la nombran agua de pie dormido.» (L. Cardoza y Aragón, *El Río*, 40) = CONSULTAS **(7) agua de sapo.** fr. En la costa atlántica, refresco a base de aguamiel, jengibre y limón; en el noroeste, aguardiente de contrabando. (CR): «Eresvida, con sus cuarenta y pico de años y su reputación de buena para el agua de sapo, abrazó a Jerónimo (...).» (F. Contreras Castro, *Los Peor*, 147) = QUESADA = CONSULTAS **(8) aguamelao.** fr. f. Melaza. (PR): «Y el pelo, cortado casi a rape, tenía a la luz del atardecer reflejos de *aguamelao*.» (R. Marqués, *La víspera del hombre*, 129) = CONSULTAS **(9) aguas negras.** f. pl. Fiebre muy peligrosa y difícilmente curable. (Hond., CR): «Las fiebres palúdicas no detenían a los trabajadores que lograban chance*, aun bajo la inclemencia de las lluvias; laboraban hasta caer moribundos, con los dardos de las neumonías, de la fiebre de aguas negras, de las pulmonías fatales.» (R. Amaya Amador, *Prisión Verde*, 207) = «Me agarraron las aguas negras en este condenado clima (...).» (F. Dobles, *Cuentos escogidos*, 89) = CONSULTAS **(10) calentarle el agua a** una mujer. fr. Acostarse con ella. (Perú): «El herrero de Yanacocha (...) lo obligó a recibir una arroba de aguardiente: quería conocer las pisadas del hombre que le calentaba el agua a su mujer. (...) Pero el Abigeo conocía perfectamente al hombre que dormía con la mujer del herrero: era él mismo.» (M. Scorza, *Redoble por Rancas*, 70) = CONSULTAS **(11) como agua.** fr. Mucho, en abundancia. (PR): «–¡Cómo gasta ese hombre! Está sembrando *como agua*.» (M. Zeno Gandía, *La Charca*, 148) = CONSULTAS **(12) como (el) agua.** fr. Muy bien, o/y muy fácilmente: «Y cuando salía de esta escuela era para entrar en la otra, en la (...) de las lecciones *como el agua*, en la de los ceños adustos, de la palmeta brutal (...).» (E. López Albújar, *De mi casona*, 37) = SANTAMARÍA DGA **(13) estar como agua para chocolate.** fr. estar enojado. (Méx.): «Tita literalmente estaba 'como agua para chocolate'. Se sentía de lo más irritable.» (L. Esquivel, *Como agua para chocolate*, 109) = CONSULTAS **(14) juntársele las aguas a** alguien. fr. Perder el control, perder los nervios. (Guat.): «La fonda de la *Masacuata* asomó por fin, pero las aguas se le juntaron al ver el reloj de la Merced... Casi era la hora... o no vio bien.» (M. A. Asturias, *El señor presidente,* 68) = CONSULTAS **(15) pasar el agua.** fr. Ganarse la vida, sobrevivir de cualquier manera, durante cierto tiempo, mientras pasa un momento difícil. (Guat.): «Cuando el ejército se quebró* a su patrón, se decidió a pasar el agua con el juego <de cartas>.» (D. Liano, *el hombre de Montserrat,* 75) = CONSULTAS **(16) ya no cocinarse en dos aguas.** fr. Dícese de la persona que ya va siendo mayor, que ya no es joven. (Col.): «Era una versión corriente que la familia entera dormía hasta las doce por orden de Nahir Miguel, el varón sabio de la comunidad. 'Por eso Flora Miguel, que ya no se cocinaba en dos aguas, se mantenía como una rosa', dice Mercedes. (...) Flora Miguel (...) había servido de madrina de bodas a toda su generación, de modo que el convenio <de casarse con Santiago Nasar> fue para ella una solución providencial.» (G. García Márquez, *Crónica de una muerte anunciada*, 177-8) = CONSULTAS

aguacate. m. **(1)** Idiota. (CR = Cuba): «¡Ah par de aguacates me dio Dios por ayudantes!» (M. Salguero, *Agencia de policía*, 128) = QUESADA = CONSULTAS = SANTIESTEBAN **(2)** Pie. (CR): «A veces las carretas se hundían hasta el eje en el lodo y entonces hombres y animales tenían que sudarse los aguacates para salir de los barriales.» (H. Solís Bolaños, *El aprendiz de redentor*, 63) = CONSULTAS

aguacatón -ona. adj. Aburrido, bobo; desagradable, aguafiestas. (PR): «Ese detalle le añade gravedad a la solemnidad, es como si no hubiera forma de evitar la elegancia un poco *aguacatona* y *gallega** de los muertos vestidos con flus.» (E. Rodríguez Juliá, *El entierro de Cortijo*, 29) = CONSULTAS = CLAUDIO DE LA TORRE

aguacero. m. **(1) escampar el aguacero.** Véase **escampar. (2) aguacero blanco** (o: **aguacerito blanco**). m. Llovizna o lluvia persistente, acompañada a menudo de bruma o neblina; en sentido figurado, charla monótona. (Ven.): «Sin llegar nunca a rozar los límites de las magníficas tragedias que revistieron de inmortalidad a Job, el sublime, los días de primo Juancho se deslizaban bajo un modesto 'aguacerito blanco' de contratiempos. Nunca escampaba.» (T. de la Parra, *Las memorias de Mamá Blanca*, 51) = TEJERA = MALARET = ALVARADO (II) **(3)** Persona tenaz, testaruda. (Ven.): «–¿Sabes que no lo creo? –Es que usted es un aguacerito blanco.» (M. V. Romero, *Peonía*, 242) = TEJERA

aguachacha (o: **agua chacha**). f. Véase **chacha.**

aguada. f. Acción de conducir el ganado hacia los abrevaderos. (Hond.): «(...) siase <se hace> tarde y ya mero se nos acerca la aguada de los animales.» (A. P. Sánchez, *Ambrosio Pérez*, 26) = ZABALA

aguaí (pl.: **aguaices**). m. Homicidio; tropelía. (Par.): «(...) me comunicaron que 80 hombres, de un regimiento de universitarios, venían a incorporarse a mi equipo de trabajo. Era, realmente, una buena noticia, sólo que los 'universitarios' no eran tales, sino presidiarios liberados de la cárcel, a cambio de ir al frente! Muchos de ellos tenían varios 'aguaices' en su haber.» (H. C. Sosa Tenaillon, *Cincuenta años después*, 57) = CONSULTAS

aguaje. m. **(1)** Sitio donde hay agua, que brota y corre naturalmente, o que se halla retenida artificialmente. (Méx.): «En el aguaje estaba otro de los nuestros con las costillas de fuera como si lo hubieran macheteado.» (J. Rulfo, *El llano en llamas*, 98) = «Los <animales> que pudieron llegar a los aguajes se lanzaron al río y nadaron corriente abajo. Muchas reses se salvaron.» (R. Castellanos, *Balún-Canán*, 197) = CONSULTAS **(2)** Cosa con que se engaña a alguien (no se trata necesariamente de palabras mentirosas); ostentación, pose. (PR = Cuba): «A UN RELOJITO en el que viven dos rubíes fingidos que le envió su marido desde el norte: engatusarla, un aguaje para que a ella no le arañara la sorpresa. Si lo sabría ella: a ella le soplaron que su marido vivía en un basement <*sic*> con una chicana pero a ella todo plin <todo le era indiferente>.» (L. R. Sánchez, *La Guaracha del Macho Camacho*, 199) = MALARET = SANTIESTEBAN **(3)** Cosa que nunca se realiza; fracaso. (PR): «(...) había como el filin <la impresión> de que lo mío con ella estaba condenado al aguaje eterno.» (A. L. Vega, *Pasión de historia*, 67) = «–Pa lo mesmo, pa lo mesmo e siempre; pal aguaje. Pal pobre no hay atendencia.» (A. Díaz Alfaro, *Terrazo*, 34) = CONSULTAS

aguantadero. m. Sitio en el que se esconden los prófugos esperando a que pase el peligro. (Arg. = Ur.): «Dónde estaban las armas? Quiénes eran los capos? Dónde vivía el lungo*? Cuál era el aguantadero? Habían tenido conexión con el ataque de la Calera?» (E. Sábato, *Abaddón el exterminador*, 1.116) = «Ya no hay aguantadero después de lo de Walter.» (J. Cortázar, *Alguien que anda por ahí*, 212) = CHIAPPARA = TERRERA = MORÍNIGO = CONSULTAS

aguar. tr.; ú. t. c. intr. **(1)** Abrevar, dar de beber al ganado; beber el ganado. (Nic. = Hond.): «El trayecto duraba varios días, pues había que desenyugar los bueyes para aguarlos (...).» (S. Ramírez, *La marca del Zorro*, 18) = «Mientras agua el caballo / en el corral.» (J. Coronel Urtecho, *Pol-la d'ananta katanta paranta dedójmia T'élson*, 132) = MEMBREÑO **(2) aguarse la sangre.** Véase **sangre.**

aguarapado. adj. m. Dícese de los ojos o del café de color marrón claro como el guarapo –o sea el jugo de caña. (Ven.): «También era trigueña y muy bonita, con los ojos aguarapados y la nariz respingada.» (A. Croce, *La roca desnuda*, 69) = TEJERA

aguardiente. m. **(1) aguardiente de culebra.** fr. m. Cierto tipo de aguardiente bastante fuerte. (Perú): «(...) Noventa y siete días después del anochecer en que rodó la moneda del doctor, la cantina* de don Glicerio Cisneros vomitó un racimo de borrachos. Mal aconsejado por un aguardiente de culebra Encarnación López se había propuesto apoderarse de aquel mitológico sol <moneda del Perú>.» (M. Scorza, *Redoble por Rancas*, 17-8) = CONSULTAS **(2) aguardiente de sabor.** fr. m. Aguardiente con algún elemento añadido para variar el sabor. (Guat.): «(...) instante que aprovechó Lucio Vásquez para tocar a degüello y empinarse una garrafa de aguardiente de sabor, sin saborearlo (...).» (M. A. Asturias, *El señor presidente*, 83) = CONSULTAS

aguasal. m. Terreno. (PR): «–(...) 'Fruto, tú estás viejo para trabajar'. Con eso me despacharon <despidieron>. (...) Con eso me pagan después que dejé mi vida en esos malditos aguasales del riego.» (A. Díaz Alfaro, *Terrazo*, 69) = CONSULTAS

aguatero -a. adj.; ú. t. c. m. Aplícase a los vehículos o a las personas que transportan agua. (Par. = Bol.): «A su orilla, diminutos y oscuros, se recortan los camiones aguateros cargando sus tanques. / (...) Los escombros carbonizados del aguatero humeaban todavía.» (A. Roa Bastos, *Hijo de hombre,* 276 y 332) = CONSULTAS = MUÑOZ REYES

aguaviva (o: **agua-viva**). f. **(1)** Molusco marino. (PR): «Gozando de esa soledad fue abriendo para sí el mundo de la playa. Y fue descubriendo la vida de los cobos, (...) y de las blancas cucarachas de mar. Y la belleza mortal del agua-viva.» (R. Marqués, *La víspera del hombre,* 119) = ÁLVAREZ NAZARIO **(2)** Medusa. (Ur. = Arg.): «(...) nuestro baño fue exitoso y breve. A Carlín le picó un aguaviva. La gran bola de gelatina fue aplastada en la orilla (...).» (E. Estrázulas, *Pepe Corvina,* 73) = CONSULTAS

agüería. f. Agüero, agorería. (Par. = Arg.): «Don Gervasio bajo la luz de la lámpara miraba su mano, la línea de la vida se truncaba cerca del pulgar, esto es pura agüería dijo.» (J. Aymar, H. Duarte, M. Azuaga, *Rasmudel,* 30) = VERDEVOYE

águila. f. **(1) águila o sol.** fr.; ú. t. c. inter. Cara o cruz. (Méx.): «Porque el general Serratos abogaba, con todo el calor de su alma en trance de zapatismo*, por reducir a un simple águila o sol la votación para presidente (...) sacó un tostón y lo lanzó al aire (...) mientras decía desde el escenario: '¿Villarreal o Ángeles, compañeros?... ¿Águila o sol?'» (M. L. Guzmán, *El águila y la serpiente,* 361) = CONSULTAS **(2) ponerse águila.** fr. Poner atención, estar atento. (El Salv., CR = Guat.): «(...) en cambio si el humo se amontona sobre el fumador hay que ponerse águila pues ella está cerca y lo busca (...).» (R. Dalton, *Pobrecito poeta que era yo...,* 76) = «(...) sorpresivamente le dijo Gorda mirá ponete águila va para allá un camión con una refri nueva y la cómoda que vos siempre quisiste para el cuarto.» (R. Arias, *El emperador Tertuliano...,* 144) = CONSULTAS = ARMAS

aguilillo. m. Caballo de paso muy veloz, caballo aguililla. (Perú = Cuba): «Cuando estaban en el parquecito, sujetaban las riendas y lucían sus aguilillos, para que vieran los vecinos* y la autoridad principal.» (J. M. Arguedas, *Yawar Fiesta,* 41) = SANTAMARÍA DGA = MALARET

aguilita. f. Condecoración militar. (Méx. y otros): «–Mi general Natera le va a dar su aguilita...» (M. Azuela, *Los de abajo,* 76) = CONSULTAS

agüilla. Véase **agüita.**

agüita (o: **agüilla**). f. **(1)** Dinero. (Perú): «*Pásame la agüilla / pásame la agüilla /* tarareó el Comandante Bodenaco (...) *Yo no te la paso / ni de raspadilla* /* tarareó Guillermo el Cumplidor.» (M. Scorza, *Redoble por Rancas,* 216-7) = MALARET **(2) agüita perra.** fr. f. Agua caliente sin ningún añadido, que se bebe como infusión. (Ch.): «(...) siguió pasando agüitas perras por té, caldo de yema por consomé, minestrone por cazuela.» (A. Skármeta, *Ardiente Paciencia,* 118) = CONSULTAS

agüitado -a. adj. Triste, con el ánimo excesivamente abatido –dícese también de los animales, plantas, *etc.* (Méx.): «De las calles de la ciudad, a los arroyos, prefiero los arroyos. Por agüitados que estén, arrastran agua y no polvo.» (F. del Paso, *José Trigo,* 89) = SANTAMARÍA DGA = JIMÉNEZ

agujero (o: **augero,** o: **aujero**). m. Hueco de cualquier forma; bache. (Arg.): «No galope, que hay augeros, / le dijo a un guapo un prudente; / (...).» (J. Hernández, *Martín Fierro,* II, versos 4.151-3) = CONSULTAS

ahí. adv. **(1) ahí** (o: **ái**) más precisión de tiempo. fr. que significa que se hará algo en el momento precisado por la fecha indicada. (Guat.): «Ái mañana platicamos.» (D. Liano, *el hombre de Montserrat,* 35) = CONSULTAS **(2) ahí al cálculo.** fr. Véase **cálculo. (3) ahí como que.** fr. Un poco, aproximadamente, más o menos. (Méx.): «–(...) Ahi <ahí> como está que se hace la disimulada, al fin y al cabo el Gamaliel está dormido.» (J. Rulfo, *Pedro Páramo,* 124) = CONSULTAS **(4) ahí está que.** fr. Resulta que. (Guat. = CR): «(...) me invitó a tomar un trago... Pero ahí está que el trago se volvieron dos, tres, cuatro, cinco, y para no cansarlo (...).» (M. A. Asturias, *El señor presidente,* 136) = CONSULTAS **(5) ahí no más.** fr. Véase **más. (6) ahí se lo haiga.** fr. Allá usted. (Méx.): «Ahora que si quiere quedarse aquí, ahi <ahí> se lo haiga; aunque no estaría por demás que le echara una ojeada al pueblo (...).» (J. Rulfo, *Pedro Páramo,* 13) = CONSULTAS **(7) ahí será otro día.** fr. Otra vez será. (Méx.): «Los hombres no han venido al mercado... 'Ahi <ahí> será otro día', dijeron.» (J. Rulfo, *Pedro Páramo,* 91) = CONSULTAS **(8) de ahí en fuera.** fr. adv. Aparte de esto, además. (Méx.): «De ahí en fuera, pantalón de mezclilla y tenis parecían ser la regla.» (V. A. Maldonado, *La noche de San Bernabé,* 122) = «Éste fue el único gesto salvaje que Treviño tuvo en la vida, de ahí en fuera era la persona más fina y elegante hasta para matar.» (L. Esquivel, *Como agua para chocolate,* 139) = CONSULTAS **(9) no que ái.** fr. Si, pues. (Guat.): «No que ái cuando vino el shute metete <entrometido> de Míster Nos, nos tuvieron tres días sin comer.» (M. A. Asturias, *El señor presidente,* 13) = CONSULTAS

ahilar (o: **ahilarse**; pop.: **ajilar** o **ajilarse**). intr. Irse, partir, hablando de seres que desfilan. (CR = Cuba): «Si a nado vinimos, a nado nos ajilamos.» (F. Dobles, *Historias de Tata Mundo,* 256) = ARROYO = CONSULTAS

ahogador. f. Cabezada del jaez de las caballerías. (Ven.): «Un arriero cargaba; otro enjalmaba; éste ponía los ahogadores; aquél quitaba las maneas y en las topas* vertía el maíz de la ración.» (M. V. Romero, *Peonía*, 107) = SANTAMARÍA DGA

aimara (o: **aymara**). m. Pez de río (*Macrodon trahira*), de un metro de largo, de carne fina pero muy espinosa; es propio del Orinoco y de sus afluentes. (Ven.): «Y en compañía del joven pescador, a bordo de la concha* sigilosa que apenas rizaba el remanso ribereño, aprendió a distinguir los peces por el aguaje: los morocotos de carne suculenta, de los sabrosos aymaras espinosos. (...) / Durante aquellas veladas, <la joven> Aymara sabrosa y arisca como apetecible y espinosa la carne del pez homónimo, ya sintiendo las urgencias de la mujer que despuntaba en ella se refugiaba a lo más oscuro de la churuata <choza> (...).» (R. Gallegos, *Canaima*, 212 y 322) = SANTAMARÍA DGA

aire. (1) aires. m. pl. Danza popular entre dos personas, con vueltas, sin zapateo y con relaciones. (Arg.): «(...) el neocriollo se puso a bailar el malambo, la cueca, el escondido, la zamba, los aires, el cuándo, la chacarera, el sombrerito*, el pala pala*, el marote, la resbalosa*, el pericón, la huella y el chamamé.» (L. Marechal, *Adán Buenosayres*, 223) = CONSULTAS = VERDEVOYE **(2) tocar al aire.** fr. Tocar la guitarra sin apretar la cuerda en los trastes. (Arg.): «(...) y no se sorprienda <sorprenda> naides / si mayor fuego me anima; / porque quiero alzar la prima* / como pa tocar al aire.» (J. Hernández, *Martín Fierro*, II, versos 111-4) = CONSULTAS

¡Ajá! interj. usada como reproche. (CR, Bol. = Ur. y Arg.): «¡Ajá, a José sí pudiste pedirle, y a mí que me muerda un burro!» (C. Lyra, *Cuentos de mi tía Panchita*, 24) = «–¡Ajá! –exclamó la muchacha, plantándose airadamente delante del hombre, con las manos en las caderas. –¡Ajá...! –¿Cuándo, pues, había querido casarme yo? Para que después te aburras conmigo como el Francisco con la Juliana...?» (F. Ramírez Velarde, *Socavones de angustia*, 16) = ARROYO = CONSULTAS

ajeno. (1) m. Animal que pertenence a otra persona. (Arg.): «–(...) Dicen que tuvo en otros tiempos una mala partida con la policía. –¿Carnearía un ajeno? –Sí, pero me parece que el ajeno era cristiano.» (R. Güiraldes, *Don Segundo Sombra*, 18) = CONSULTAS **(2)** adv. Para los otros. (El Salv., Nic., CR, Ch.): «Ella va a trabajar a la finca, plancha y lava ajeno.» (M. Argueta, *Un día en la vida*, 46) = «Por el día cocina, lava y plancha ajeno, vende lotería (...).» (L. E. Mejía Godoy, canción «Pobre la María», discos INDICA, San José, 1993) = «(...) es que la hermana de Emeterio muele ajeno (...).» (M. Salguero, *Agencia de policía*, 23) = «La madre observa la escena mientras lava 'ajeno' para darles de comer a sus chiquillos.» (C. Urrutia, *Historia de las poblaciones callampas*, núm. 11, pág. 37) = CONSULTAS

ajito. m. desp. usado para designar a un inferior. (Bol.): «El infeliz quedó sin sentido dentro del surco y cuando el amo le alzó <por los cabellos> como tenía por costumbre, se desplomó de nuevo. (...)/ –¡Este **ajito** –exclamó con sarcasmo ñu* Isicu– se está haciendo el muerto como la q'arachupa*!» (J. Lara, *Yanakuna*, 280) = CONSULTAS

ajo. m. **(1) importarle un ajo** algo a alguien. fr. Importarle un carajo, no importarle nada. (Ven. y otros): «–(...) Bien sabes que sí se la rifa* Teodoro Guillén. / –Bueno; sí es verdad; pero me importa un ajo su capachería*, ¿oíste?» (G. Meneses, *Campeones*, 74) = CONSULTAS **(2) ¡mal ajo con** (o: **para**)! fr. que expresa oposición o disconformidad, o que se usa para maldecir. (Méx.): «–(...) ¡Mal ajo pa <para> los federales condenados!» (M. Azuela, *Los de abajo*, 30) = CONSULTAS

ajoro. m. Prisa, precipitación. (PR): «La acumulación de los malos ratos influye. El ajoro. El ajoro para todo. Los empujones. Las rabias que todos acumulamos.» (L. R. Sánchez, *Quíntuples*, 34) = «A pesar del ajoro, no podía dejar de pensar en Vilma.» (A. L. Vega, *Historia de pasión*, 35) = CONSULTAS = CLAUDIO DE LA TORRE (quien recoge **ajorar** con el sentido de 'apurar')

ajuarear. tr. Proveer de un ajuar, ajuarar. (Méx.): «Doña Lucila pasó un mes entero en Houston, ajuareándose como si la novia fuese ella (...).» (C. Fuentes, *La frontera de cristal*, 33) = VELASCO

ajustar. tr.; ú. t. c. intr. **(1)** Reunir cierta cantidad de dinero. (Guat., Nic., CR, Bol.): «Lucero y su mujer contaban unos reales para ajustar el abono del terreno que estaban comprando a plazos.» (M. A. Asturias, *Viento fuerte*, 58) = «¿Cómo hizo para salir de Nicaragua, cómo ajustó para su pasaje, a sus años, de qué podía vivir allá?» (S. Ramírez, *Un baile de máscaras*, 26) = «Estoy dispuesto a trabajar como un animal (...) hasta que tenga la plata que quiero ajustar.» (C. L. Fallas, *Gentes y gentecillas*, 213) = «Si ajustas tú cuánto se gasta en la luz teniendo que calentar el agua con rayo* flotante y más la ducha de lluvia para enjuagarse, calcularás siquiera mensualmente la suma de cien pesos bolivianos.» (R. Poppe, *Después de las calles*, 84) = RABELLA Y PALLAIS = QUESADA = CONSULTAS **(2)** Completar. (CR): «La doña sacó del maletín unas papas (...) y ajustó la jama (...).» (R. Arias, *El emperador Tertuliano...*, 15) = CONSULTAS **(3)** intr. Bastar, ser suficiente. (Méx.): «Dicen que en castigo, a las más rebeldes se les <las> echaron a los presos, para que las pusieran en paz, porque los policías no ajustaron.» (J. J. Arreola, *La feria*, 71) = CONSULTAS

ajuste. m. **por ajuste.** fr. A destajo. (PR): «Era la época revoltosa. Sin embargo, los peones no se amilanaban, sobre todo los que trabajaban por ajuste.» (E. Laguerre, *La llamarada*, 169) = CONSULTAS

-al. sufijo que puede designar no una plantación sino la propia planta –como en **bananal**, **cafetal**, *etc.* (Guat.): «Y buscó su costumbre, la de ir a vaciarse después de cada comida, pero no al excusado sino debajo de cualquier cafetal de los que había adentro del sitio.» (L. de Lion, *El tiempo principia en Xibalbá*, 72) = «Los movimientos de la cuadrilla de corte, al pie del bananal, que semejaba un árbol de la cruz verde, eran como judíos con escaleras y lanzas tratando de apear* a un Cristo verde convertido en racimo (...).» (M. A. Asturias, *Viento fuerte*, 25) = CONSULTAS

ala. f. **ahuecarle, bajarle, rascarle, tenderle el ala** a una mujer**.** fr. Enamorarla, seducirla. (Guat., CR, Ec., Ur.): «–¡Dichosote, si ya vimos que es usté el que le está rascando el ala!» (M. A. Asturias, *El señor presidente*, 46) = «(...) le está agüecando <ahuecando> el ala a Soledá...» (C. L. Fallas, *Gentes y gentecillas*, 20) = «(...) este mismo capitancito (...) pretenderá tenderle el ala. Y la Mila, que a pesar de todo no habrá perdido su dignidad, ha de pensar, Qué se ha imaginado (...).» (G. A. Jácome, *Porqué se fueron las garzas*, 71) = «–(...) ¡Naides le ha bajau <bajado> el ala a la botija*, por esta luz que me alumbra!...» (E. Amorim, *La carreta*, 108) = ARROYO = CONSULTAS

alabado. m. **(1)** Saludo del trabajador indio al superior, seguido generalmente del besamanos. (Ec.): «Terminada la comida, Ramón les hizo rezar ceremoniosamente un padre nuestro, un ave maría y un bendito, y después los indios, agradeciéndole de corazón y dándole en coro el **alabado**, se largaron en diferentes grupos, riendo todavía, en carcajadas recias, como los últimos ecos de aquel día feliz.» (J. R. Bustamante, *Para matar el gusano*, 129-30) = «(...) Por imposición de los colonizadores, en obrajes, batanes, gañanías, reducciones, el indio estuvo obligado a saludar al blanco*. (...) (El) alabado está íntimamente unido al **besamanos**, sin ello el saludo resultaba incompleto (...). En nuestras últimas investigaciones, en la evaluación de la entrega de los huasipungos, pudimos constatar personalmente, y aun fuimos objeto de besamanos, añadiendo a ello otro elemento peculiarmente de factura quichua: –Alabado... señor...» (A. y P. Costales, *El Quishihuar*, I, 94-5) = CONSULTAS **(2)** Canto fúnebre afroamericano, que se oye en velatorios de adultos. (Ec.): «El son bajito, deprimente, de los cununos <tambores>, acompañó la música fúnebre del *Alabao de los 7 pies.* Voces aflictivas empezaron: *Aquí estoy considerando, / mi sepultura y mi entierro. / Siete pies de tierra ocupo / que a mí mismo me da* <dan> *miedo.*» (A. Ortiz, *Juyungo*, 204) = CONSULTAS = JARAMILLO DE LUBENSKY

alabancioso -a. adj. Jactancioso, orgulloso. (Ec.): «Alabanciosos, decían que les <las> habían besado <a las chicas> y otras cosas más. Yo no contaría a nadie, yo me guardaría para mí, para mí solito.» (G. A. Jácome, *Porqué se fueron las garzas*, 35) = CONSULTAS

alacrán. m. **(1)** Véase **alacranes. (2) alacrán** (o: **a la cran) sin cola.** fr. Véase **cola.**

alacranear. tr. Hablar mal de uno. (Arg.): «(...) frente a una iglesia que no es la mía y ante una muchedumbre de gaznápiros que me alacranean y de mocosos que se desgañitan pidiendo cobres*.» (L. Marechal, *Adán Buenosayres*, 67) = VERDEVOYE

alacranes. m. pl. Pinchazos que se dan los drogadictos, y huellas que dejan en la piel. (PR): «(...) las terribles marcas de los *alacranes.*» (E. Rodríguez Juliá, *El entierro de Cortijo*, 13) = CONSULTAS

aladear (o: **aladiar).** tr. Poner a un lado. (Ec.): «(...) unos carros blindados que habían tenido guardados cargándoles <cargándolos> de furia y que en esos días de violencia les <los> soltaron para que (...) aladiaran alairito* los obstáculos que con tanto trabajo habíamos puesto los guambras <jóvenes> estudiantes (...).» (G. A. Jácome, *Porqué se fueron las garzas*, 156-7) = SOPENA

Alafia. excl. usada para quitarse un maleficio de encima. (Cuba): «Yo sabía cuando las cosas iban bien porque el coco lo decía. Él mandaba a que dijeran *Alafia* para que la gente supiera que no había tragedia.» (M. Barnet, *Biografía de un cimarrón*, 32) = SÁNCHEZ-BOUDY

alairito. adv. Ágilmente. (Ec.): «(...) unos carros blindados que habían tenido guardados cargándoles <cargándolos> de furia y que en esos días de violencia les <los> soltaron para que (...) aladiaran* alairito los obstáculos que con tanto trabajo habíamos puesto los guambras <jóvenes> estudiantes (...).» (G. A. Jácome, *Porqué se fueron las garzas*, 156-7) = CONSULTAS

alambre. m. **estar de colgar en un alambre.** fr. Ya no servir para nada; hablando de una mujer, quedarse para vestir santos. (Col.): «(...) cada vez parecía más desvalida en la ventana de su casa, donde se sentaba por la tarde a hacer flores de trapo y a cantar valses de solteras con sus vecinas. 'Ya está de colgar en un alambre –me decía Santiago Nasar– tu prima la boba'.» (G. García Márquez, *Crónica de una muerte anunciada*, 53) = CONSULTAS

albo(s). m.; ú. m. en pl. Jugador o simpatizante del Club Nacional de Fútbol de Montevideo. (Ur.): «En todo caso allí estaba Atilio Narancio, presidente de los albos y 'padre de la victoria' de Colombes (...).» (H. Alfaro, *Por la vereda del sol*, 62) = CONSULTAS

alcahuete. m. **(1)** Tambor pequeño de las orquestas de los negros congos. (Cuba): «(...) A ese conjunto se le daba el nombre de makuta. Samlile matoko, le llamaban al tambor pequeño, al alcahuete.» (L. Cabrera, *Reglas de Congo*, 77-8) = CONSULTAS **(2)** Espejo –pop. (Cuba): «(...) cuando se tiene la vista 'arreglada', se ve no sólo en el espejo –el alcahuete–, se ve en cualquier objeto.» (L. Cabrera, *Reglas de Congo*, 155) = CONSULTAS

alcalde. m. **alcalde pedáneo.** fr. Alcalde elegido por una comunidad indígena, con amplias facultades para gestionarla y administrar justicia. (Perú): «–Comienza, pues, a entregarme tu ganado –exclamó el nuevo alcalde pedáneo (...).» (E. López Albújar, *Nuevos Cuentos Andinos*, 101) = CONSULTAS

alcanzar. (1) no alcanzarse. fr. negat. No dar abasto. (Ec.): «–Miguel, José, qué les pasa a ustedes que no sirven rápido? Acaso no se les paga, pedazos de vagos? / –Pero señor, no nos alcanzamos!» (G. Bueno, *Siembras*, 91) = «Soy solo. No me alcanzo. Ocho horas de esta agitación. Y el Gran Jefe, mi jefe, es tan ocupado.» (J. Icaza, *El Chulla Romero y Flores*, 73) = «En fin, las provisiones abundan, como en las Bodas de Camacho, y la botica no se alcanza a despachar laxantes para corregir los estragos de los camarones y langostas en los estómagos delicados o estropeados de la gente provecta o sedentaria.» (J. A. Campos, *Cosas de mi Tierra*, 137) = «(...) y ya estás pensando vos en la Karen, en la Joan, en la Betty, tres de tus compañeras con las que has tenido tus cosas. Y así era. En los primeros meses casi no me alcanzaba, no es charla*.» (G. A. Jácome, *Porqué se fueron las garzas*, 20) = CONSULTAS **(3) no alcanzársele a uno**. No ocurrírsele. (Méx.): «En su aturdimiento no se le alcanzó siquiera invocar a San Caralampio, ni hacer el signo de la cruz, ni nada.» (R. Castellanos, *Balún-Canán*, 259) = CONSULTAS

alcaucilería. f. Chismografía –viene de /alcaucil/ 'chismoso'. (Arg.): «(...) el que cuenta roña de sus prójimos siempre que lo beneficie la alcaucilería (...) es capaz de pagar de su bolsillo el derecho de batir* cualquier clase de mugre.» (R. Arlt, *Entre crotos y sabihondos*, 147) = VERDEVOYE = CONSULTAS (CASULLO y GOBELLO registran el adj. **alcaucil**)

alce. m. **(no) dar alce.** fr. (no) Conceder descanso. (Arg.): «Tampoco yo le daba alce / como deben suponer; / se había aumentado mi quehacer / para impedir que el brutazo / le pegara algún bolazo, / de rabia, a aquella mujer.» (J. Hernández, *Martín Fierro*, II, versos 1.273-8) = «(...) le menudié azotes por la cabeza sin darle alce.» (R. Güiraldes, *Don Segundo Sombra*, 156) = GOBELLO

alegre. adj. **alegre como un cuete.** fr. Véase **cuete.**

alegría. f. **alegría de coco, de ajonjolí**, *etc.* fr. f. Cierto tipo de dulce o turrón de coco, ajonjolí, *etc.* (Cuba): «Aquí también se bebía, junto a una 'vidriera' que encerraba cajetillas de Competidora Gaditana, (...) boniatillos, alegrías de coco, jabones de olor (...).» (A. Carpentier, *Ecue-Yamba-O*, 76) = PICHARDO = SANTIESTEBAN

alelí (o: **alhelí**). m. Árbol (*Plumeria rubra*) llamado también lirio. (Ven. = PR y Rep. Dom.): «Tomé una silla y fui a sentarme junto al viejo tronco de un alelí.» (M. V. Romero, *Peonía*, 121) = SANTAMARÍA DGA

aldear. intr. Véase **haldear.**

aleluya. m. Miembro de iglesias protestantes (como los Testigos de Jehová) que vende periódicos para propagar sus creencias y ganar adeptos. (PR): «(...) había abierto la puerta un chispitito* nada más como cuando vienen los aleluyas a vender *Atalaya* y *Despertad* (...).» (A. L. Vega, *Pasión de historia*, 70) = CONSULTAS

alero. m. Soportal; galería a manera de claustro. (Hond., Guat. = El Salv., Nic., CR): «En Honduras, las casas de las haciendas de los ricos tienen por lo común cuatro amplios corredores con el fin de instalar algunos talleres y dar alojamiento bajo los aleros a los muchos transeúntes que solicitan hospedaje.» (A. Oquelí, *El gringo Lenca*, 76) = «(...) los patios encuadrados en el sueño de los aleros.» (M. A. Asturias, *El Papa Verde*, 210) = CONSULTAS

aletear. tr. **(1)** Rondar. (Méx., Ec.): «Cuando te aletié <aletee> la vejez, aprenderás a vivir, sabrás que los hijos se te van, que no te agradecen nada.» (J. Rulfo, *El llano en llamas*, 136) = «Un presentimiento le aleteó cual un murciélago (...).» (A. Ortiz, *Juyungo*, 249) = CONSULTAS **(2)** Parpadear con coquetería. (Nic.): «Tus ojos son de colibrí / ay, cómo me aleteyan <aletean>.» («Son tus perjúmenes <perfumes>, mujer», canción cit. en: C. A. Ramírez y C. Mántica, *Cantares nicaragüenses*, 108) = RABELLA y PALLAIS

alevilla. f. Mariposa grande de alas negras. (Cuba): «Volaron más copos de hollín, que cayeron en mi traje y en la camisa y en la mesa y luego rodaron por el suelo, muchos, como una nevada negra. –Creí que era una mariposa. –En mi pueblo la llamarían tatagua. –También en el mío. Aquí las llaman alevillas.» (G. Cabrera Infante, *Tres tristes tigres*, 426) = CONSULTAS

alfalfa. f. Comida. (Arg.): «La gente no quiere saber ni medio de meditaciones. Alfalfa y vento*, nada más.» (R. Arlt, *Nuevas aguafuertes*, 47) = VERDEVOYE = CONSULTAS

alfandoque. m. Trozo de caña de azúcar o de bambú, lleno de semillas duras o/y de piedrecillas, que suena como el cha-cha. (Ec. = Col.): «Los negros de nuestra provincia nor-costeña, Esmeraldas, acompañan en sus bailes la marimba con otro curioso instrumento, el alfandoque, que también tiene varios similares en las selvatías americanas y que también trascienden <trasciende> a origen africano. El alfandoque es un cañuto de guadúas con sus dos nudos de los extremos, dentro del cual, por una ranura, que al mismo tiempo servirá para la salida del sonido, se introducen varias piedrecillas o semillas, que al agitarse el cañuto con ambas manos en balanceo y chocar en sus paredes fibrosas y vibrátiles, va a dar el sonido ronco de una cascada.» (M. Chávez Franco, «Visitas al Museo de Guayaquil», en: *Revista Municipal*, Guayaquil, II, n° 11, sept. de 1927, 22) = SANTAMARÍA DGA

alferecía. f. Fatiga, cansancio extremo; cualquier enfermedad indefinida. (Méx.): «(...) a los que iban con el aire, el mal de ojo, la alferecía, la tristeza, el susto (...).» (E. Poniatowska, *Hasta no verte Jesús mío*, 246) = SANTAMARÍA DM

alharaco -a (o: **alaraco -a**). adj. Jactancioso. (Bol.): «–¿O sea que jamás andarás en coche? –Sin necesidad y mientras exista este estado de cosas en la sociedad, no. –Bien alaraco te veo en la Universidad, entonces.» (R. Poppe, *Después de las calles*, 161) = PAULOVICH

alicantina. f. Astucia; treta para no ser engañado. (Perú = Ec.): «Brava gente ése de Benel y más que brava, escurridiza, matrera, de mucha alicantina y forjada al golpe de los infortunios y de la lucha (...).» (E. López Albújar, *Nuevos Cuentos Andinos*, 147) = MATEUS

¡Alijar! interj. ¡Formen filas! (Cuba): «¡Alijar! –gritó D. Liborio con su voz de trueno, recorriendo a caballo las desordenadas filas como un general que ordena una evolución. Con lo cual, sin tropiezo, por el mero hábito, la mera parte <de los esclavos> formó.» (C. Villaverde, *Cecilia Valdés*, 205) = CONSULTAS

alma. f. **(1) Alma Mula.** fr. Manceba de un cura, o mujer que ocasionalmente tiene relaciones sexuales con él. (Arg.): «El Alma Mula (...) es la mujer que tiene relaciones con un cura.» (B. E. Vidal de Battini, *Cuentos y leyendas populares de la Argentina*, VIII, 843) = CONSULTAS = COLUCCIO (véanse otras fr. en **mula**) **(2) entrar en alma.** fr. Ayunar durante un día entero o dos días seguidos –por ejemplo el 30 y 31 de diciembre para prepararse a la celebración religiosa del 1° de enero. (Perú): «Los días 30 y 31 tampoco habían sido infringidos; todos habían **entrado en alma** (...). Esas 48 horas de hambre voluntario <voluntaria>, de paro estomacal, habían sido empleadas en asear e higienizar al pueblo (...).» (E. López Albújar, *Nuevos Cuentos Andinos*, 17) = CONSULTAS.

almacén. m. **tu, su almacén,** etc. fr. Alma, jocosamente, en la expresión 'tu (o su) almacén', utilizada para referirse a la persona con quien se habla. (CR): «¡Estáte un poco y verás / si por tu almacén empiezo!» (A. Agüero, *Romancero Tico*, 88) = ARROYO

almácigo. m. Planta de café que sustituirá a la vieja en el cafetal. (CR): «No es conveniente sembrar almácigo y olvidarse de él, pues como en el almacigal recibía muchos cuidados al no ofrecérselos, se atrasa en su desarrollo y generalmente da una planta débil.» (H. Muñoz, *Cuentos con sabor a espanto de gentes sencillas,* 103) = CONSULTAS

alón. m. Una de las caídas largas de una chalina. (Arg.): «(...) exhibió su notable perfil, en el que se destacaban su mentón hundido entre los dos alones de una corbata voladora* y su melena profesional (...).» (L. Marechal, *Adán Buenosayres*, 299) = VERDEVOYE

alquitrán. m. Cierto jarabe medicinal. (Arg.): «De pronto tuvo un acceso de tos. Georgina dejó su bastidor, fue hasta un armario y sacó un frasco de alquitrán Guyot. Congestionado y con los ojos lagrimeando, el Bebe hizo un gesto negativo con la mano, pero con suave firmeza Georgina le hizo tragar una cucharada grande.» (E. Sábato, *Sobre héroes y tumbas*, 483) = CONSULTAS

altero. m. Pila, hacinamiento; ú. t. en sentido fig. (Méx.): «Dijo que la noche que lo mataron era ya un altero grande de noches las que había andado Pedro Zamora detrás de ella (...).» (J. Rulfo, *El llano en llamas*, en: *Toda la obra*, 87) = SANTAMARÍA DGA

alumbrar. tr. Encender con lumbre o fuego –p. ej. un cigarrillo. (Guat.): «Ella, con toda tranquilidad alumbró su cigarro, le dio una profunda calada y me volvió a sonreír fláccidamente.» (L. E. Rivera, *Velador de noche, soñador de día*, 56) = CONSULTAS

alza. f. Baile animado por pareja, y música alegre que lo acompaña. (Ec.; este nombre procede, según J. L. Mera, del comienzo de la cuarteta ecuatoriana siguiente: «¡Alza! que te han visto, / No te han visto nada, / Apenas te han visto / La nagua bordada.»): «Suene la orquesta animada, / Y no cese ni un momento, / Pues quiero bailar un ¡alza! / Con mi adorado tormento.» (Juan León Mera, *Cantares del pueblo ecuatoriano*, II, 111) = «A poco, ya se entonó una 'alza que te han visto'. El corazón mestizo estalló con esa alocada alegría enfermiza, que tiene mucho que llorar, y quiere olvidarlo todo, envenenando el recuerdo.» (E. Terán, *El cojo Navarrete*, 51) = «Rompió a bailar Jorge con Zoilita una animada '**alza que te han visto**', pareja que arrancó aplausos entusiastas, por el gentil y elegante desembarazo del hombre y el gracejo picaresco y encantador de la mujer. (...) Roberto, en un arranque de júbilo y en una de las vueltas del 'alza', arrojó el sombrero a los pies de la buenamoza a fuer de cumplido y rendido galán, y ella se olvidó de su timidez y recogió con ademán resuelto la prenda de amor que le endilgaba su amartelado compañero (...).» (J. R. Bustamante, *Para matar el gusano*, 35-6) = VÁZQUEZ = CONSULTAS

alzado -a. adj. Borracho. (CR = Col.): «Como ya se había metido sus tragos, y nosotros también, todos estábamos alzados.» (H. Elizondo, *Memorias de un pobre diablo*, 92) = QUESADA = FILIPPO = HAENSCH y WERNER

alzadora. f. En las plantaciones azucareras, máquina que recoge la caña cortada por los macheteros. (Cuba): «A ellos, sin embargo, les parece que eso no es ni remotamente comparable a estar ocho o nueve horas al rayo del sol, doblando la cintura, sudando la gota gorda para hacer tres o cuatro tongas <pilas> que parece que no las brinca un chivo y que luego viene la alzadora con su jaiba* hidráulica como un cangrejo hambriento y las levanta en un dos por tres.» (M. Cossío Woodward, *Sacchario*, 188) = CONSULTAS

alzar. (1) alzarse. prnl. tr. Llevar o llevarse a alguien. (CR = Arg.): «(...) hubo un tiempo en que me alcé cuanta hembrita se me antojó.» (R. Arias, *El emperador Tertuliano...*, 31) = CONSULTAS **(2) alzar a ver.** fr. Mirar. (Nic., CR, Ec.): «Nada –le contesta Macabeo Regidor, sin alzarlo a ver.» (S. Ramírez, *Un baile de máscaras*, 50) = «Yo alcé a ver a mi salvador de alto a bajo, le di la mano y le dije: –Me llamo Adrián y de ahora en adelante vamos a ser buenos amigos.» (H. Elizondo Arce, *Adiós Prestiño*, 39) = «Buenos días, señorita, la señorita me alza a ver desde su escritorio.» (G. A. Jácome, *Porqué se fueron las garzas*, 50) = CONSULTAS **(3) alzarle el clavo** a uno. fr. Ponerse bravo, enfadarse contra alguien. (CR): «(...) el oficio de la casa es muchísimo y el Capitán Austerín le alza el clavo si el piso no está bien barrido y encerado (...).» (R. Arias, *El emperador Tertuliano...*, 83) = CONSULTAS **(4) alzarse de** algo. fr. Terminarlo. (Ec.): «Es cierto que no se habló de una hora precisa, para qué. Ahí he de estar tardecito. (...) Cuando me alce del trabajo, dijo.» (J. E. Adoum, *Entre Marx y una mujer desnuda*, 13) = CONSULTAS

alzavidrios. m. Elevalunas. (Arg.): «–Cierre centralizado y alzavidrios eléctrico en las 4 puertas.» (anuncio en: *Ronda Aerolíneas Argentinas*, julio de 1996, 17) = CONSULTAS (véase también **levantavidrios**)

amanecido -a. part. adj. Trasnochado; hablando de una persona, que ha pasado la noche parrandeando. (Col.): «(...) en el aeropuerto formamos un showcito de verdad pues llegamos con los muchachos amanecidos, traíamos una rasca* poderosa (...).» (U. Valverde, *Bomba Camará*, 15) = SOPENA = TEJERA

amansadora. f. Sala de espera, antesala. (Arg.): «¿Querés creer que l'hizo esperar tre hora a <en> la amansadora y después le mandó decir que fuera al otro día?» (E. Sábato, *Sobre héroes y tumbas*, 184) = MORÍNIGO = VERDEVOYE

amañado -a. p. adj. Delicado, amanerado. (PR): «Peyo <el maestro> desconocía los últimos estudios sobre la personalidad del maestro y más sobre la psicología del niño. No le gustaba concurrir a las 'amañadas clases modelo', cosa esta en la cual se fijaba mucho el supervisor.» (A. Díaz Alfaro, *Terrazo*, 97) = CONSULTAS

amañamiento. m. Concubinato, convivencia, vida común prematrimonial. (Ec.): «(...) ya no quiso despegarse de mí. Estábamos, además, ella y yo, endulzados con el amañamiento indio.» (G. A. Jácome, *Porqué se fueron las garzas*, 300) = CONSULTAS

amañarse. prnl. intr. Acostumbrarse a una forma de vida, actividad, o a algún lugar, de modo que se siente a gusto. (PR, Méx. = Ven. y Col.): «A mí no me resulta que se amañe a venir tarde.» (L. R. Sánchez, *La Guaracha del Macho Camacho*, 16) = «Pero me daba miedo casarme con un hombre tan alto, tan formal y que ya se había amañado a vivir solo. Porque no se le conocían queridas.» (R. Castellanos, *Balún-Canán*, 90) = MAURA = TEJERA = HAENSCH y WERNER = CONSULTAS

amapola. f. Adormidera. (Col., Perú): «Después vendió armas a los cultivadores de coca y de amapola y nos informaba luego la ubicación de sus plantíos y de sus armamentos.» (A. Mutis, *La Nieve del almirante*, 49) = «Para deslumbrarlas <a las mujeres> se mandó extraer sus magníficos marfiles: los reemplazó por una fulgurante sonrisa de oro. Podía pagársela: cultivaba amapolas y aliviaba a las haciendas de sus excesos de ganado.» (M. Scorza, *Redoble por Rancas,* 188) = CONSULTAS

amapucho. m. Silencio. (PR): «Asesinato y amapucho, denunció casi en sangre de callo Emanuel al margen de la <página> 186 (...).» (A. L. Vega, *Pasión de historia,* 101) = CONSULTAS

amarga. f. (Ur.) Véase **amargo.**

amargo (o: **amarga).** m. y f. Aperitivo popular, hecho a base de cáscaras de cítricos o/y plantas medicinales. (Ven. = Méx., Perú, Par. y Arg.): «El tío me iba gustando; trasegaba ron y brandy, últimos refinamientos de la civilización; en <la hacienda> *Peonía,* ni amargo siquiera podía beber, porque el pulpero no lo incluía nunca en sus facturas.» (M. V. Romero, *Peonía,* 157) = TEJERA = SANTAMARÍA DGA = JIMÉNEZ = MORÍNIGO

amarilla. f. Chicha (por su color). (Ec.): «Una malta* de amarilla, / Papas y cuy con ají, / Yo rasgueando mi guitarra, / Tú cantando junto a mí.» (J. L. Mera, *Cantares del pueblo ecuatoriano,* II, 118) = CONSULTAS

amarillo. m. Policía, o soldado –sin duda porque solían o suelen estar cubiertos de polvo. (Méx.): «Enfrente hay una casa de comidas que regentea la viuda de Magaña, el compañero de la Carolina que mataron los amarillos.» (P. I. Taibo II, *Sombra de la sombra,* 143) = CONSULTAS

amarrado -a. part. adj. Enamorado -a. (CR): «Ricardo, estoy amarrada... ¡Lo amo!» (A. Cañas, *La Segua y otras piezas,* 105) = CONSULTAS

amarrar. tr. **(1)** Asegurar el amor o la fidelidad de alguien, las más veces mediante algún sortilegio; hechizar. (Cuba, Hond. = Méx.): «Y, al *amarrar* a una mujer en beneficio de un cliente enamorado, sabía que el *embó* <sortilegio> no dejaría de surtir el efecto deseado.» (A. Carpentier, *Écue-Yamba-O,* 67-8) = «Un fulano que estaba amarrado por una samba <zamba> (...) se había quitado el maleficio con unas hierbas.» (A. P. Sánchez, *Ambrosio Pérez,* 99) = PICHARDO = ORTIZ = CONSULTAS **(2) amarrarse una juma, una soca*.** fr. Véase **juma** y **soca.**

amarre. m. Unión o atracción sexual establecida por seducción o hechizo. (Cuba, Hond.): «Cuando el Mayordomo* termina su función prepara unos polvos, un Nkangue o Nkanga, esto es, un 'amarre', y compone el amuleto que se necesita, un remedio, etc. (...).» (L. Cabrera, *Reglas de Congo,* 123) = «(...) quieren que <el brujo> les haga algún trabajito, algún amarre (...).» (A. P. Sánchez, *Ambrosio Pérez,* 98) = CONSULTAS

amarrocar. tr. o intr. Recoger y guardar alguna cosa; ahorrar. (Arg.): «(...) Humberto J. D'Arcángelo le decía: *Hay que amarrocar, pibe. Haceme caso. Es la única ley de la vida* (...).» (E. Sábato, *Sobre héroes y tumbas,* 111) = GOBELLO = CONSULTAS

amasijar. tr. Golpear o/y torturar hasta matar. (Ur., Arg.): «(...) nos van a reventar, nos van a meter en cana <chirona>, nos van a amasijar, nos van a liquidar.» (M. Benedetti, *Primavera con una esquina rota,* 61) = «Yo no sé por qué mierda no la amasijaron a ella también.» (R. Tizziani, *El desquite,* 64) = CHIAPPARA = TERRERA = GOBELLO = CASULLO (MALARET y MORÍNIGO señalan en Ven. **amasijo de palos** con el sentido de 'paliza', 'tunda')

amatrerado -a. p. adj. Dícese del animal que se encuentra tan bien en un lugar que no quiere salir de él; ú. t. fig. (Ec.): «Y él sí llegó con su gringa y tan amatrerado está que me doy cuenta que no le falta con la semanita.» (G. A. Jácome, *Porqué se fueron las garzas,* 312) = SOPENA

amatrerarse. prnl. intr. Véase **amatrerado.**

ambiente. m. **hombre del ambiente.** fr. m. Homosexual masculino. (CR): «Cuando Mario me preguntó si yo era un 'hombre del ambiente' y yo le dije que sí, comenzó el asedio. Él nunca sospechó que me interesaba su plática para conocer más a fondo la vida de los homosexuales.» («Conversando con Mario», en: *La Nación* de San José, 17 de mayo de 1992) = CONSULTAS

americana. f. Coche de cuatro ruedas, con capota, para seis personas. (Arg.): «(...) podía echar mano de los títulos de renta que la madre la <le> había entregado, ahí, por valor de unos veinte mil pesos, por ejemplo, y venderlos, (...), le alcanzaba para comprar americana con caballo y hasta le sobraba para un año de pensión en la caballeriza.» (E. Cambaceres, *En la sangre,* 149-50) = CONSULTAS

amigo. m. **amigos de abrazo.** pl. Amigos que se ven frecuentemente. (Guat.): «–Y por eso, yo, amigo mío, prefiero el fondín* pobre, en el que se está de confianza* con amigos de abrazo, al hotel suntuoso donde no todo lo que brilla es oro.» (M. A. Asturias, *El señor presidente,* 100) = CONSULTAS

amo. m. **amo-coraza.** fr. Véase **coraza.**

amolar. amolar(se). tr.; ú. m. prnl. intr. Arruinar(se), perder(se), fregar(se). (Méx., Guat., Ec., Arg.): «La verdad es que no tengo estómago para estas cosas. Y además me ha amolado la cosa de que en Chactajal se perdió la costumbre del rigor desde hace tantos años.» (R. Castellanos, *Balún-Canán,* 182) = «Los Fueté les recontrachivaron <véase

chivar> el negocio, porque dieron la fruta más barata, y en la capital también los amolaron, trenes con desperdicio, llevaron a regalar a la estación central.» (M. A. Asturias, *Viento fuerte*, 112) = «Todos tienen su mala hora; / Yo me casé y me amolé. / ¡Ay! calle no más, señora; / Señora, no sabe usté.» (J. L. Mera, *Cantares del pueblo ecuatoriano*, II, 47) = «Azoróse de repente su caballo dando un brinco al sesgo y echó a correr dejando al pobre hombre hundido media vara en el fango. Este accidente, sin embargo, no detuvo ni refrenó la carrera de los perseguidores del toro, antes al contrario, soltando carcajadas sarcásticas: –¡Se amoló el gringo; levántate, gringo– exclamaron (...).» (E. Echeverría, *El matadero,* 106) = SANTAMARÍA DGA = ARMAS

amononado -a. p. adj. Arreglado. (Ch.): «Las casitas no están malas, las vamos arreglando de a poco (...) así que tenemos bien amononadas las casitas.» (testimonio cit. por Cecilia Urrutia, *Historia de las poblaciones* callampas*, núm. 11, pág. 44) = CONSULTAS = MORALES PETTORINO, PEÑA ÁLVAREZ y QUIROZ MEJÍAS

amorfino (o: **amor-fino**). m. Baile y canto populares de la Costa, que a veces consiste en un desafío entre los cantores. (Ec.): «En la calle del pueblo que cerraba los ojos de sombra se apagó un amorfino. Un amorfino de un dejo hondo i largo. Un amorfino aguardentoso. / Mañana me voi pa Quito / a comprar papel sellao / para escribisle <escribirle> una cartita / a la hembrita que mi ha olvidao...» (J. Gallegos Lara, «El tabacazo*», en: *Los que se van*, 101) = MALARET = CORNEJO = CARVALHONETO

amoscarse. prnl. Avergonzarse, cohibirse. (Méx. = Ant.): «Pasó silbando una bala. Alberto Solís (...) dijo: –Compañero, maldito lo que me simpatizan estos mosquitos zumbadores. ¿Quiere que nos alejemos un poco de aquí?– Fue la sonrisa de Luis Cervantes tan despectiva, que Solís, amoscado, se sentó tranquilamente en una peña.» (M. Azuela, *Los de abajo*, 72) = SANTAMARÍA DGA

amotetarse. prnl. intr. Permanecer cohibido; intimidarse. (PR): «(...) siempre se queda parado <de pie> en el umbral de la puerta esperando le ordene entrar, a pesar de que repetidas veces le he indicado que no tiene que pedirme permiso... / Allí se 'amoteta' y lo observo a la luz temblorosa de un quinqué.» (A. Díaz Alfaro, *Terrazo*, 78) = CLAUDIO DE LA TORRE (quien recoge **amotetao** con el sentido de 'tímido')

ampollarse. prnl. tr. ind. Engreírse, esponjarse. (Perú): «–Culebrón se va a ampollar en ese alazán tan fino...» (C. Alegría, *Los perros hambrientos*, 87) = CONSULTAS

amueblada. f. Véase **mueble.**

amugar. **(1)** Véase **amusgar.** **(2)** **amugar las orejas.** fr. Véase **oreja.**

amujar. Véase **amusgar.**

amurar. tr. **(1)** Abandonar. (Arg.): «Percanta <mujer> que me amuraste / en lo mejor de mi vida.» (Pascual Contursi, «Mi noche triste» en: I. Vilariño, *Tangos*, 26) = «Te agradezco, mina* otaria, / de que me hayas amurao <amurado>.» (Juan B. Reyes, «Falló la paica*», en: I. Vilariño, *Tangos*, 131) = «En la puerta de un boliche / un bacán <ricacho> encurdelado <emborrachado> / recordaba su pasado, / que una mina lo amuró / (...).» (P. Contursi, «Ivette», en: J. Barreiro, *El Tango*, 59) = CONSULTAS = CHIAPPARA = MORÍNIGO **(2)** Encerrar. (Arg.): «Los sobretodos quedan amurados en un rincón del ropero.» (R. Arlt, *Entre crotos y sabihondos*, 24) = CONSULTAS

amusgar (o: **amugar,** o: **amujar,** o: **amuyar**). intr. Conformarse. (Arg.): «(...) no le quedaba más remedio que amujar y hablar con Máxima para que le autorizase ésta a vender o hipotecar. / (...) ¿Qué más remedio les quedaba de miedo de un campanazo*, de un escándalo mayúsculo que amuyar y soltar prenda?» (E. Cambaceres, *En la sangre*, 177-8, y 223) = CONSULTAS = GARZÓN

amuyar. Véase **amusgar.**

anca. **(1)** **anca** (o: **anka**, o: **anga**, o: **ankha**). m. Ave de presa, gavilán –es voz quechua. (Bol. = Ec.): «El anka se había llevado un pollo...» (J. Lara, *Yanakuna*, 34) = CONSULTAS = CORDERO (quien recoge **anga**) = MORENO MORA(quien recoge **ankha**) **(2)** f. **volear el anca** (o: **la**) **anca.** fr. Hacer frente, encararse con un enemigo. (Arg.): «Se secretiaron las hembras / y yo ya me encocoré; / volié la anca y le grité: / 'dejá de cantar... chicharra'. / Y de un tajo a la guitarra / tuitas las cuerdas corté.» (J. Hernández, *Martín Fierro*, I, versos 1.969-74) = CONSULTAS

andado. m. Manera de andar. (CR = El Salv. y Col.): «Y es que eso <los buenos modales> se conoce hasta en el andado de la persona.» (C. L. Fallas, *Gentes y gentecillas*, 190) = «Vieran qué andado; parecía un chompipe <pavo>.» (M. Salguero, *Agencia de policía*, 36) = GAGINI = QUESADA = HAENSCH y WERNER

¡ándale! (o: **¡ándele!**) expr. usada para incitar a empezar o a proseguir una acción; ¡Adelante! (Méx., Guat., Hond. = Col. y Ven.): «Si el precio no es conveniente, ni siquiera los tocaré <los pavos>, porque de pagar el común y corriente (...) no te los encargaría. ¿Entiendes? Ahora, pues, ándale.» (B. Traven, *Canasta de cuentos mexicanos*, 13) = «¡Quién dijo miedo!– contestó Canales que venía atrás, en un caballo retinto. –¡Ándele! ¡Ay juerzas de colemico*, las que le agarran a uno cuando lo vienen siguiendo!» (M. A. Asturias, *El señor presidente*, 195) «–(...) El guaro <aguardiente de caña> es mucho más fuerte que el whisky. ¡Ándele, cincuenta dólares a que lo bebo!» (R. Amaya Amador, *Prisión Verde*, 114) = JIMÉNEZ = CONSULTAS = HAENSCH y WERNER (quienes registran **¡ándele!**)

andante. m. Caballo de silla. (Méx.): «(...) oí que relinchaba su caballo; (...). Llegaba para llevarme. Me montó en las ancas de su *andante*, y fui con él a su casa.» (R. Pozas, *Juan Pérez Jolote*, 20) = SANTAMARÍA DGA

andar (1). tr. Tener, llevar consigo. (Guat., Nic., El Salv., CR, Col.): «El indio, para gastar, saca el pañuelo y tiene que desanudarlo a fuerza de uña y dientes, y por eso no gasta tan fácilmente como nosotros que lo 'andamos', como dice el guanaco* Villamil, en todas las bolsas y por puños.» (M. A. Asturias, *Viento fuerte*, 103) = «(...) había comprado dos anillos la Susy y el de ella por dentro decía 'Susy' y tenía la fecha en que se habían puesto a jalar <tener relaciones amorosas> y el que Edgard andaba decía 'Edgard'.» (O. Cabezas, *La montaña es algo más que una inmensa estepa verde*, 162) = «El pelo lo andaba al jaz de la nuca (...).» (Salarrué, *Cuentos de barro*, 38) = «(...) el suelo (...) estaba muy oscuro y no andaba el foco* (...).» (M. Salguero, *Agencia de policía*, 66) = «Todo eso lo andaba el río (...).» (Jairo Dueñas, «El rey de la basura», en: revista *Cromos*, Bogotá, 15/06/1992) = GAGINI = QUESADA **(2) andar de.** fr. Trabajar de. (Arg.): «(...) bajaban algunos negros que andaban de ordenanza en el congreso o en alguna que otra repartición <servicio administrativo> nacional.» (E. Sábato, *Sobre héroes y tumbas*, 95) = CONSULTAS **(3) andar en la buena.** fr. Estar en buena situación. (Ch. = Arg.): «–¿Tienes reloj, Vicente? Andas muy en la buena.» (M. Rojas, *El delincuente... y otros cuentos*, 84) = CONSULTAS **(4) andarle** a alguien. fr. Urgirle. (Méx.): «Ya no habló un rato y luego aparecieron entre los laureles la gringa y el galancete haciendo señas de regresar a México. Ya les andaba.» (C. Fuentes, *La frontera de cristal*, 236) = CONSULTAS **(5) andar paseando.** Véase **paseando. (6) andar penando.** fr. Véase **penar. (7) andar sin chapa.** fr. Véase **chapa. (8) dejarse andar.** fr. Véase **dejar.**

ande. adv. **(1)** Adonde. (Arg. y otros): «–A más de corajudo, este mozo era medio aficionao a las polleras*, de suerte que al caer la tarde, cuando dejaba su trabajo, solía arrimarse a un lugar del río ande las muchachas venían a bañarse.» (R. Güiraldes, *Don Segundo Sombra*, 75) = CONSULTAS **(2)** Donde. (Arg. y otros): «–¿Y te acordás de las fiestas en lo* de Raynoso, ande nos conocimos?» (R. Güiraldes, *Don Segundo Sombra*, 92) = CONSULTAS

¡ándele! excl. Véase **¡ándale!**

andén. m. **en qué andenes.** fr. pl. Entre campesinos, significa 'en qué asuntos', 'en qué afanes'. (CR): «La mujer, que no era otra que la Virgen, le preguntó en qué andenes andaba, y él le contó el motivo de su viaje.» (C. Lyra, *Cuentos de mi tía Panchita*, 98) = MALARET

andullo. m. Fardo, paquete. (Ec.): «Madrugaron para embarcarse en una canoa grande que iba junto a una balsa cargada de plátanos y de andullos de caucho.» (A. Ortiz, *Juyungo*, 115) = CONSULTAS = JARAMILLO DE LUBENSKY

anga. por angas o **por mangas.** fr. Véase **manga.**

ángel. m. Alma. (Cuba): «No pocas veces los 'Ángeles' (...) de los cónyuges o amantes, no congenian y esta falta de armonía es fuente de futuros conflictos y desavenencias (...).» (L. Cabrera, *Reglas de Congo*, 141-2) = CONSULTAS

angola. f. Tejido barato. (Ec.): «Guáitira se puso primero a revisar su baúl. No estaba bien equipado, por lo visto. Dos ternitos de cáñamo y un pantaloncito de angola (...) y (...) pare de contar.» (Sergio Núñez, *Tierra de lobos*, 275) = CONSULTAS

angurriento -a. adj. Que padece inanición, angustia o gran desánimo. (Ec. = Arg.): «Tío, déjeme salir, con mis cuadernos, mi mandil y mi pizarra, mis lápices y mi fiambre. Quiero volver a la escuela. No me mire así. No me abofetee iracundo. No me grite que soy una angurrienta, una recogida.» (E. Cárdenas, *Juego de mártires*, 140) = SOPENA = CONSULTAS

anisillos. m. pl. Eufemismo por testículos. (Guat.): «Yo me figuro lo que dirían de mí. Par de anisillos descoloridos. De mí que digan lo que quieran, qué me importa.» (M. A. Asturias, *El señor presidente*, 143) = CONSULTAS

anka (o: **ankha**). Véase **anca.**

anónimo. m. Anonimato. (Ven. = Ec.): «A los ocho días de estar en Caracas (...), éramos unas hormigas, peor, mucho peor que la mayoría de las hormigas, quienes al caminar unas tras otras se pierden felices dentro del anónimo y la uniformidad.» (T. de la Parra, *Las memorias de Mamá Blanca*, 116) = CONSULTAS

ansiático -a. adj. Ansioso. (Ec.): «Que tienen que estudiar, que tienen que nombrar una comisión, que el personal está muy ocupado, que esperen, que no sean tan ansiáticos (...).» (G. A. Jácome, *Porqué se fueron las garzas*, 268) = CONSULTAS = JARAMILLO DE LUBENSKY

ante. prep. **para ante.** fr. adv. Véase **para.**

anticarrancismo. m. Oposición a Venustiano Carranza. (Méx.): «(...) vimos también hasta dónde era hondo, y capaz de los peores extremos, el anticarrancismo convencionista*, de cuyo espíritu se teñían a veces las sesiones de la asamblea.» (M. L. Guzmán, *El águila y la serpiente*, 340) = CONSULTAS (véase también **carrancista**)

anticiparlo. tr. Tener relaciones sexuales antes de casarse. (Col.): «(...) se casó con Irma, una de las Aguirres, la más loca de todas y lo agarró bien, pues lo anticiparon y ni modo de zafarse (...).» (U. Valverde, *Bomba Camará*, 11) = CONSULTAS

antojar. antojarse a alguien. prnl. tr. ind. Encapricharse por esta persona. (Bol. = Ch.): «Luego de haber llegado quién sabe a qué extremos <amorosos> con él <un joven>, se había antojado al padrecito <al cura del pueblo>, para después comerle un pedazo de labio.» (J. Lara, *Yanakuna*, 175) = CONSULTAS

antojos -itos. m. pl. Comiditas preparadas de distintas maneras, según los países y las regiones. (Guat. = Méx., Nic., CR y otros): «Leland rodó un pequeño carrito, luego de buscar aire respirable en aquella atmósfera costeña, para llevar al fumador el whisky, las botellas de soda, el hielo, los platitos con aceitunas y otros antojos (...).» (M. A. Asturias, *Viento fuerte*, 85) = RABELLA y PALLAIS = MAJÍA = CONSULTAS

añales. m. pl. Gran cantidad de años, añar. (El Salv., CR, Pan. = Nic. y Ch.): «Pero sólo sabemos leer deletreando y quizá ni eso pues yo tengo añales de no ver letras (...).» (M. Argueta, *Un día en la vida*, 16) = «Con la camisa de dormir color fresa que yo le había regalado hacía añales y que sólo se ponía cuando me dejaba caer por ahí.» (J. Gutiérrez, *Te acordás hermano*, 155) = «(...) cuatro pisos, ¡contra*!, hace añales que no hago tanto ejercicio.» (G. Guardia, *El último juego*, 149) = CONSULTAS = RABELLA y PALLAIS

añazos. m. pl. Gran cantidad de años. (Arg.): «–Y por hembras, señor –decía otro–, por una hembra que yo he conocido y que era una perra, como dijo el mocito..., y después de añazos tal vez. Pero qué quiere, es el destino (...).» (R. Güiraldes, *Don Segundo Sombra*, 164) = VERDEVOYE

añilina (o: **añelina**). f. Anilina. (Guat.): «Saltó la esportilla y dejó ver los tesoros escondidos: el frasco de añilina, las latas de betún neutro, café y negro, los cepillos lustrosos, los trapos de franela dignamente manchados.» (D. Liano, *El hombre de Montserrat*, 67) = CONSULTAS = ARMAS

año. m. **el año verde.** fr. Nunca. (Arg.): «A cada rato por el tapial del fondo que 'una taza de aceite', que 'tres papas para el caldo', que 'una cebolla', y devolverla el año verde.» (M. Puig, *La traición de Rita Hayworth*, 117) = CONSULTAS = VERDEVOYE

apache. m. **(1)** Rufián, chulo. (Méx.): «Apaches, putas, traficantes de bebida adulterada, raterillos, lo saludaban con afecto o cuando menos con respeto.» (P. I. Taibo II, *Sombra de la sombra*, 170) = SANTAMARÍA DGA **(2)** Mapache (carnicero bravío y fornido). (Méx.): «Ellos fueron a cazar conejos y les salieron apaches.» (P. I. Taibo II, *Sombra de la sombra*, 172) = SANTAMARÍA DGA

apagar. tr. Cerrar (un grifo, una espita, etc.). (PR = Arg.): «La doña* dio la vuelta, echó par de chorros más, apagó la manguera <de regar las plantas> y caminó hasta la puerta del apartamento de Dalia.» (A. L. Vega, *Pasión de historia*, 88) = CONSULTAS

apagón. **(1)** m. Cigarro o puro de mala calidad que se apaga con frecuencia. (Cuba = Méx.): «Sus necesidades eran pocas, sus placeres... se reducían a beber malafo u otí –aguardiente–, a fumar tabaco, tabaco jorro*, apagón, y por supuesto y sobre todo, a bailar.» (L. Cabrera, *Reglas de Congo*, 110) = SANTIESTABEN = SANTAMARÍA DGA **(2) apagón -a.** adj. Dícese de la caballería que parte con ligereza, mas pronto afloja en la carrera; jadeante. (Guat. = Méx.): «Agua caminante del río que se tragó la mula para caminar ligero por un deshecho*, más piedras que camino, donde leguas después se puso algo apagona y casi renca.» (M. A. Asturias, *Hombres de maíz*, 279) = SANTAMARÍA DGA y DM **(3)** adj. Véase también **apagoso -a.**

apagoso -a. adj. Dícese del tabaco, de la madera o de cualquier otra cosa que se apaga con frecuencia. (Ec.): «(...) miraron la luna enrojecida y las estrellas apagosas.» (G. A. Jácome, *Porqué se fueron las garzas*, 197) = SANTAMARÍA DGA (quien indica que en Méx. la forma correspondiente es **apagón -a**)

apalencarse. prnl. intr. Refugiarse en un palenque*, hablando de un negro cimarrón. (Cuba): «Sin embargo <pese a los perros rancheadores*>, había cimarrones que tenían suerte, no daban <los perros> con ellos y se 'apalencaban'; en las montañas de Santiago de Cuba, muchos cimarrones se agruparon y formaron un pueblo.» (L. Cabrera, *Reglas de Congo*, 43) = ORTIZ

apampar(se). tr., o prnl. intr. Sorprender(se), desorientar(se), aturdir(se) –por los efectos de la pampa o sin ellos. (Arg.): «(...) no había cosa en el campo que no esperara a uno de esos chaparrones que primero lo apampan a uno por su violencia, para después dejarlo derechito como un pastizal naciente.» (R. Güiraldes, *Don Segundo Sombra*, 166) = GOBELLO = VERDEVOYE

apantallar. tr. **(1)** Abanicar. (Par., Arg.): «Él estaba tomando mate bajo la parra, que servía mi madre, cuidadosa en su oficio de apantallar la brasa de carbón bajo la pava, dejar caer el agua caliente sobre la yerba (...).» (M. Halley Mora, *Los hombres de Celina*, 14) = «(...) y media en bolas* se viene la <profesora> de Geografía en diciembre a tomar examen con las piernas cruzadas ¿quiere que la apantalle señorita? que te vi hasta el apellido en el banco de la primera fila.» (M. Puig, *La traición de Rita Hayworth*, 199) = VERDEVOYE **(2)** Asombrar o deslumbrar aparentando más de lo que se es o de lo que se tiene. (Méx.): «Está bien que entres a bancos y oficinas públicas con tu celular en el oído, o que hables en él en un restorán y apantalles a medio mundo, ¿pero para qué engañar a tus novias?» (C. Fuentes, *La frontera de cristal*, 170) = JIMÉNEZ

aparear(se). tr., o prnl. intr. Acercarse, juntarse, toparse (en camino). (Arg., Guat. = Méx.): «Por momentos nos acercábamos. Los chúcaros corrían como gamas y, al verse apareados, se sentaban gambeteando* de lo lindo.» (R. Güiraldes, *Don Segundo Sombra*, 107) = «(...) <ella> los dejó pasar <a los señores> y luego se les apareó para oír lo que hablaban en inglés.» (M. A. Asturias, *Week-end en Guatemala*, 150) = SANTAMARÍA DM

apartada. f. Aparte. (Arg.): «Para el lado del señuelo, las apartadas habían restrillado el piso y largos rastros de resbaladas recordaban posibles golpes.» (R. Güiraldes, *Don Segundo Sombra*, 113) = CONSULTAS

apartador. m. Aguijada, puya. (Ec.): «Y tenía la mar de gracia la escolta de **chagras*** e indios que arreando el ganado venían: los de a caballo, con los zamarrazos de chivo, armados del **apartador** y al arzón de la silla las enormes **huascas** <cuerdas> (...).» (J. R. Bustamante, *Para matar el gusano*, 25-6) = MATEUS

apartarse. no apartarse. prnl. intr. neg. No cambiar de opinión; ratificarse en lo dicho. (Arg.): «Luego agregó, porque siempre trataba de ser justo: –Y bueno, a lo mejor e <es> música importante, qué sé yo. Capá <capaz, puede> que Piazzola y eso muchacho <esos muchachos> de ahora hacen algo importante, música seria, como lo valse <los valses> de Estrau <Strauss>. No me aparto. Pero tango, lo que se dice tango, eso, pibe, te garanto que no e <es>.» (E. Sábato, *Sobre héroes y tumbas*, 119) = CONSULTAS

apear. (1). tr. Hacer caer, derribar, en sentido material. (Méx., Guat., Nic., CR = Hond., El Salv.): «De un otate <bambú> desensartó señá Remigia una larga y encorvada cuchilla que servía para apear tunas.» (M. Azuela, *Los de abajo*, 31) = «Los movimientos de la cuadrilla de corte (...) eran como judíos con escaleras y lanzas tratando de apear a un Cristo verde convertido en racimo (...).» (M. A. Asturias, *Viento fuerte*, 25) = «(...) el Capitán Ortiz le tiró con dificultad un manotazo, apeándole el sombrero (...).» (S. Ramírez, *Castigo divino*, 424) = «(...) armado de un palo con un gancho en la punta, el mismo que utilizaban para apear limones del limonero del jardín de Polifemo.» (F. Contreras Castro, *Los Peor*, 148) = MEMBREÑO = SANTAMARÍA DM = CONSULTAS **(2)** tr. Dar. (PR): «Atrevida, ambiciosa, excesiva: ¿cuánto me apearía Iris Chacón por montarme los pasos de la guaracha del Macho Camacho?» (L. R. Sánchez, *La Guaracha del Macho Camacho*, 207) = CONSULTAS **(3) apear** (o: **apiar**). intr. Detenerse en el camino; pernoctar tras una caminata. (El Salv. = Guat. y Ch.): «Apiaban para sestear bajo los pinos.» (Salarrué, *Cuentos de barro*, 22) = ARMAS = CONSULTAS **(4) apear(se).** tr. Poner fuera de combate; matar. (CR = Col.): «(...) quisiera apearse a cualquiera que se mete a su propiedad a robar cocos (...).» (A. Portocarrero, *Negro desgraciado*, 60) = CONSULTAS = FILIPPO **(5) apearse.** prnl. tr. Bajar algo para presentarlo a otra persona. (Méx.): «Pancracio, apéate dos botellas de cerveza, una para mí y otra para el curro*.» (M. Azuela, *Los de abajo*, 40) = CONSULTAS

apechugar. tr. Apretar a alguien con cariño contra su pecho. (Ec. = Ven.): «La maldita me perseguía a sol y sombra y me hacía todo el mal que podía, mientras más apechugaba ar condenao <al condenado>, que ar fin jué <fue> suyo y me dejó plantada.» (J. A. Campos, *Cosas de mi tierra*, 143) = CONSULTAS = TEJERA (quien registra **apechugado -a** con el sentido de 'junto', 'encariñado')

apedarse. prnl. intr. vulg. Emborracharse. (Arg. = Ur.): «Riunidos al pericón <baile criollo> / tantos amigos hallé, / que alegre de verme entre ellos, / esa noche me apedé.» (J. Hernández, *Martín Fierro*, I, versos 1.143-6) = MALARET = SOPENA = VERDEVOYE

apendejarse. prnl. intr. Acobardarse. (CR): «(...) me lleva candanga que se me apendejen de camino.» (Q. Duncan, *Final de calle*, 40) = CONSULTAS

apersonarse. prnl. ind. **apersonarse de** algo. Tomar su ejecución a pechos. (Ec.): «Dejé que te apersones <apersonaras> de los preparativos de tu matrimonio (...).» (G. A. Jácome, *Porqué se fueron las garzas*, 317) = MATEUS

apio. m. **apio verde** (o: **apioverde**). fr., o m. Alteración de *Happy birthday.* (CR = Ch. y Arg.): «Vítores, hurras, abrazos. Le cantamos el 'apioverde' y lo rematamos con una jubilosa quebrazón <destrozo grande> de vasos que desapareció en un parpadeo debajo de la alfombra.» (J. Gutiérrez, *Te acordás hermano*, 64) = CONSULTAS (ú. 'api verde' en España)

apioverde. m. Véase **apio.**

apolillar (o: **apoliyar**). intr. Dormir; estar tendido en la cama sin dormir del todo, dormitar. (Ur., Arg.): «Envuelto en una toalla, como un senador romano, atravesaba el largo ambulatorio mientras la militancia <los militantes>, apolillando, lo veía pasar.» (H. Alfaro, *Por la vereda del sol*, 203) = «La creación anda a las piñas <puñetazos>/ y de puro arrebatiña / apoliya hasta el colchón / el ladrón es ya decente, / (...).» (E. Cadícamo, «Al mundo le falta un tornillo», en: J. Barreiro, *El Tango*, 162) = CONSULTAS = CHIAPPARA = TERRERA = CASULLO = GOBELLO (quienes registran **apoliyar**)

apotrarse. prnl. intr. Enfadarse, igualarse a la gente más violenta y primitiva. (Arg. = Ur.): «Aquel indio, como todos, / era cauteloso... ¡aijuna! / áhi me valió la fortuna / de que peliando se apotra: / me amenazaba con una <boleadora>/ y me largaba con otra.» (J. Hernández, *Martín Fierro*, II, versos 1.219-24) = VERDEVOYE = MALARET

aprestos. m. pl. Material, útiles. (CR): «Como eran gentes de mar al mesmo <mismo> tiempo que de tierra, les heredó dos buenas pangas veleras con sus aprestos de pescar y además un terrenillo allá por la Barranca y la casucha donde vivían.» (F. Dobles, *Historias de Tata Mundo*, 244) = CONSULTAS

apretadera. f. Muchedumbre apretada, apretura de gente, gentío. (Perú = Méx.): «Por allí, en medio de la apretadera, estaba desde luego Timoteo al lado de la Jacinta.» (C. Alegría, *Los perros hambrientos*, 117) = SANTAMARÍA DM

apretado -a (o: **apretadito -a**). adj.**(1)** Califica a la mujer o al nene rollizo -a. (CR, Col.): «(...) siempre fue gordita pero otra vara* completamente la doña era apretadita una buena hembra todo el mundo le decía varas* cuando andábamos juntos.» (R. Arias, *El emperador Tertuliano...*, 155) = «(...) nos reíamos al ver al dueño tras la refrigeradora mirando el cuerpo apretadito y legal* de la mesera sirviendo los frescos (...).» (U. Valverde, *Bomba Camará*, 33) = «¡Qué niño más apretadito!» (CONSULTAS) **(2)** Pudibundo. (Méx.): «Como aquella que se me andaba haciendo la muy apretada, Carolina,(...). Ni me quería sonreír la canija*.» (R. Bernal, *El complot mongol*, 30) = CONSULTAS

apretar. tr. **(1)** Robar. (Ur. = Arg.): «¿Tuviste un auto así, antes...? ¡Qué ibas a tener! Un auto apretado, puede ser, por uno o dos días.» (H. Conteris, *La cifra anónima*, 105) = CHIAPPARA **(2) apretarse.** prnl. tr. Despachar, engullirse. (CR = Col.): «(...) cada cual se apretó su par de buchadas más (...).» (F. Dobles, *Historias de Tata Mundo*, 26) = SANTAMARÍA DGA **(3)** Véase también **apretado -a.**

aprietativo -a. adj.; ú. t. c. m. Que causa estreñimiento, astringente. (Col.): «(...) que me bautice al muchacho a ver si se le quita la diarrea porque decían que mi imposición tenía virtudes aprietativas más eficaces que el plátano verde (...).» (G. García Márquez, *El otoño del patriarca*, 234) = «–Hace tiempo le estamos dando plátano verde –dijo la mujer– pero no lo ha querido, a pesar de que es tan buen aprietativo.» (G. García Márquez, *La mala hora*, 56) = CONSULTAS

apronte. m. Carrera destinada a entrenar a los caballos. (Arg. = Par. y Ur.): «Dejá que los entendidos palpiten* sangre y approntes / de toda la parentela de la raza caballar.» (J. Rial, «Preparate pa'l domingo», en: J. Barreiro, *El Tango*, 157) = «Hablaba (...) con la misma familiaridad con la que un 'burrero*' habla de pedigrees, approntes y performances.» (R. Arlt, *Aguafuertes porteñas*, 148) = GOBELLO = CONSULTAS = MORÍNIGO

apuntamento. m. Acto de abordar galantemente a una mujer. (Arg.): «La más bonita del barrio / salió para el almacén, / sintiendo que a su costado / alguno le hacía el tren*; / palpitó el apuntamento / y los pasos apuró, / (...).» (C. E. Flores, «Por seguidora y por fiel», en: J. Barreiro, *El Tango*, 139) = CONSULTAS = GOBELLO

apunte. m. **llevarle el apunte** a alguien. fr. Hacerle caso. (Par., Arg. = Ur.): «–(...) Es posible que este anónimo sea la calumnia de alguna mujer que está enamorada de Ramón y a la que no le lleva el apunte.» (G. Casaccia, *La Babosa*, 119) = «(...) y cuando está tengo miedo de encontrarlo, y en vez de mandarlo al diablo... llevarle el apunte de nuevo.» (M. Puig, *La traición de Rita Hayworth*, 184) = VERDEVOYE

apuñalearse. prnl. tr. Apoderarse de una cosa; comerse; beberse. (Rep. Dom. = Col.): «(...) el inculpado quiso apuñalearse dos chatas de ron.» (C. E. Deive, «En el pueblo hay guerrilleros», en: J. Alcántara, *Antología de la literatura dominicana*, 115) = SANTAMARÍA DGA

aquel. Véase **de lo más* aquel.**

aquerenciarse. prnl. tr. ind. Mantener una relación amorosa. (CR): «La otra vez venía bajando Anselmo el mío <mi hijo> un poquillo tarde – le había dado por aquerenciarse en La Legua con una muchachilla de por allá (...).» (M. Salguero, *Agencia de policía*, 66) = QUESADA = CONSULTAS

arabia. f. Tela de algodón, listada o a cuadros. (Cuba = PR, Ven. y Ec.): «Los hombres de la misma clase <de negros y mulatos>, cuya concurrencia superaba a la de las mujeres, no vestían con mejor gusto, aunque casi todos llevaban casaca de paño y chaleco de lienzo, dril o arabia, que entonces se usaban generalmente, y sombrero de paño.» (C. Villaverde, *Cecilia Valdés*, 18) = MALARET

araña. f. **(1) araña pollito.** fr. Cierta araña (*Teraphosa avicularia*), de gran tamaño, negruzca y peluda; es venenosa y sus picaduras pueden ser peligrosas para animales menores. (Par., Arg. = Ur.): «No durmió mucho; la luna enorme golpeaba la puerta, entraba al <en el> cuarto con sus patas relucientes, silbaba en los rincones como araña pollito (...).» (R. Bareiro Saguier, *Ojo por diente*, 76) = «En mi casa hay una araña pollito escondida entre la paja del techo que nunca la pude matar.» (M. Puig, *La traición de Rita Hayworth*, 24) = SANTAMARÍA DGA = MORÍNIGO = SOPENA **(2) estar de la araña.** fr. Estar aficionado. (Méx.): «–¿Y qué vas a hacer? ¿Te vas a poner a vender enchiladas? No, amigo Pinzón, tú ya estás de la araña y no te retirarás de los palenques.» (J. Rulfo, *El gallo de oro*, en: *Toda la Obra*, 338) = CONSULTAS

arañón. m. Rasguño, arañazo. (Arg. = Col.): «–(...) y al último fuiste voh'el que metió el bochinche. Más de cuatro salieron cortados y se apagaron las luces a ponchazos, y el hembraje juía <huía> a los gritos... y vos ni un arañón te agenciaste en el entrevero.» (R. Güiraldes, *Don Segundo Sombra*, 92-3) = CONSULTAS = HAENSCH y WERNER

arará. s. m. y f. Negro o negra Aradá, procedente de la costa occidental de África; solían llevar rayas en el rostro. (Cuba): «Y como se estaba en carnavales, los del Cabildo* Arará Tres Ojos levantaban un trueno de tambores tras de la pared medianera, en un patio sembrado de granados.» (A. Carpentier, *Cuentos completos*, 77) = «'Y hubo mucho arará. Su religión es como la de los lucumí, aunque no hablaban lo mismo'.» (L. Cabrera, *Reglas de Congo*, 107) = SANTAMARÍA DGA

árbol. m. **(1) árbol de corazón.** Árbol tropical mediano de follaje ralo, hojas finas y alargadas, tronco fino y corteza amarillenta, cuya baya (llamada **corazón**) tiene la forma de ese órgano. (PR): «Todos los días al atardecer se encaramaba en el árbol de corazón en la lindancia <linde> de los patios.» (A. Díaz Alfaro, *Terrazo*, 57) = MAURA = CONSULTAS **(2) árbol de pana.** fr. m. Árbol de pan. (PR): «Trepándose en el árbol de pana había saltado varias veces al techo y allí, hollando la casa bajo sus pies, descubría una plancha de cinc carcomida.» (R. Marqués, *La víspera del hombre*, 15) = CONSULTAS (véase también **pana**) **(3) árbol de pascua.** fr. m. Pino adornado para celebrar la Navidad. (Ch.): «(...) alzando en una mano un paquete con (...) más cintas que un árbol de pascua (...).» (A. Skármeta, *Ardiente Paciencia*, 106) = CONSULTAS **(4) árbol del morro.** m. Véase **morro. (5) estar en el árbol** (o: **en el arbolito).** fr. Estar enojado. (Bol. = Col.): «Ir donde el Jefe de su Partido y decirle, señor Canaya, usted sabe la causa, estamos en el árbol. No con esas palabras. Decirle yo le admiro, realmente, usted dijo en su último discurso, jugamos la estrategia izquierdista.» (R. Poppe, *Después de las calles*, 99-100) = SANTAMARÍA DGA

arder. tr. Escocer. (CR, Perú = Col.): «¿No has visto vos a hombres muy gallitos y muy jugados y que en un día 'e tantos resultan besándole las patas a una prójima por ahí, tonta, fea y malcriada, pa que les arda?» (C. L. Fallas, *Gentes y gentecillas*, 179) = «Estáte un poco quieto y tranquilo, ya verás que se acaba rápido, si puedes sonríe un poco y verás cómo les arde.» (M. Vargas Llosa, *La ciudad y los perros*, 189) = MORÍNIGO = HAENSCH y WERNER

arenca. f. Arenque típico del trópico, distinto al arenque que vive en las aguas marinas templadas. (PR): «–Pues mire, copay <compadre>, bájese de ese árbol y cómpreme unas 'arencas de agua' en la tienda de Pepe.» (A. Díaz Alfaro, *Terrazo*, 58) = MAURA = ÁLVAREZ NAZARIO

armada. f. Ración de algo ya preparado que se toma de una vez. (Perú): «(...) con el checo* cantor en la mano y la armada de coca dulce en la boca.» (C. Alegría, *Los perros hambrientos*, 161) = CONSULTAS

armadillo. m. Cierto crustáceo isópodo parecido a la cochinilla, que se arrolla sobre sí mismo cuando tiene miedo. (Méx.): «De ahí* en fuera, como Nacha se había encargado de su educación culinaria, Tita no sólo comía lo acostumbrado, sino que comía, además, jumiles*, gusanos de maguey, acosiles, tepezcuintle, armadillo, *etc.* ante el horror de Rosaura.» (L. Esquivel, *Como agua para chocolate*, 26) = SANTAMARÍA DGA

armado. (1) m. Armadillo. (Guat. = Méx. y otros): «(...) fue todo un banquete campestre, pues además hubo carne de armado (...).» (M. A. Asturias, *Week-end en Guatemala*, 52) = SANTAMARÍA DM **(2) armado -a.** adj. Bien formado (Arg.): «¡Qué chinita más linda y armadita! Era de un altor regular, tenía una cara desfachatada (...).» (R. Güiraldes, *Don Segundo Sombra*, 123) = CONSULTAS

armar. **(1)** tr. o intr. Hablando de cigarrillos, liar(los). (Arg.): «Tenía un paquete de picadura y papel para armar.» (R. Güiraldes, *Don Segundo Sombra*, 41) = VERDEVOYE (quien recoge el uso tr.) **(2) armar la onda.** fr. Véase **onda. (3) armarse de traída.** fr. intr. Conseguir novia por la fuerza. (Guat.): «Algo sabe de la captura del general y querrá armarse de traída cuando los cuques* carguen con el viejo.» (M. A. Asturias, *El señor presidente*, 49) = CONSULTAS

aro. m. **(1)** Anillo de bodas. (Hond. = Méx. y Arg.): «(...) el cura lo esperaba para que hiciese el cambio de los aros esponsalicios, que selló su vida matrimonial.» (M. Funes, *Oro y Miseria*, 70) = CONSULTAS **(2)** Llanta de rueda. (CR = Arg.): «Una pequeña lata de cerveza o una olla de cocina pueden girar ahora en medio de las llantas* de su vehículo: en los aros.» (Carlos A. Villalobos, «Aros, tracción y presencia», en: *La Nación*, 12/7/94) = CONSULTAS **(3)** Exclamación con la que se interrumpe, cuando llega el zapateado, al que baila, ofreciéndole al mismo tiempo una copa de licor que ha de tomar entrelazando sus brazos con los de su pareja; esta misma costumbre. (Bol. = Perú y Ch.): «A veces el guitarrista en el punto culminante de la danza acallaba el instrumento, gritando: '¡Aro! ¡Aro!' Entonces los del baile eslabonaban los brazos y bebían sendas copas, para luego continuar bailando. Era una costumbre añeja. Aquel que no se sometía al 'aro' perdía en la estimación de los presentes, ante todo en la de los anfitriones.» (J. Lara, *Yanakuna*, 91) = MUÑOZ REYES = MORÍNIGO

aroma -ita. m. Aromo (*Prosopis juliflora*). (Par. = Arg.): «Se podía encender fuego bajo los aromitas. (...) aquella noche me quedé dormido bajo el aromita raquítico (...).» (H. Rodríguez-Alcalá, *Relatos de Norte y Sur,* 49 y 53) = MORÍNIGO (quien señala el f. **aroma** y el dim. m. **aromito**; véase también **aromital**)

aromital. m. Sitio poblado de aromos o aromitas*. (Par.): «La figura de ambos hombres iba destacándose sobre el amanecer, cerca de los yuyos <maleza>, cerca del aromital que embalsamaba la luz rosada (...).» (R. Bareiro Saguier, *Ojo por diente*, 54) = CONSULTAS

aromo. adj. inv. De color amarillo que tira a rojo. (Ec.): «Palomita blanca / Pechito aromo, / Si estarás comiendo / Lo que yo como.» (J. L. Mera, *Cantares del pueblo ecuatoriano*, I, 150) = MATEUS

arrabiado -a. adj.; ú. t. c. s. Que padece rabia, hablando de un perro o de una persona. (Col.): «(...) los mastines estuvieron ladrando sin causa hasta el amanecer y temió que estuvieran arrabiados. / (...) 'Estamos amenazados por una peste de mal de rabia', dijo Sagunta, 'y yo soy la única que tengo las llaves de San Huberto, patrono de los cazadores y sanador de los arrabiados'.» (G. García Márquez, *Del amor y otros demonios*, 22 y 25) = CONSULTAS (se dice en Ch. **enrabiado -a**)

arrancado -a. adj. **(1)** Persona muy pobre, aun cuando jamás haya sido rica. (CR, Ven. = Nic., Col.): «(...) un día pasó por aquel lugar un pobre leñador que tenía por único bien una marimba* de chiquillos, y tan arrancado que no tenía segundos calzones que ponerse.« (C. Lyra, *Cuentos de mi tía Panchita*, 86) = «–(...) Los godos <criollos> tienen mucho tiempo mandando y ya están ricos y buchones*. Con ellos se puede conseguir algo. Mientras que los insurgentes están más arrancados que un huérfano.» (A. Uslar Pietri, *Las lanzas coloradas*, 77) = CONSULTAS = RABELLA y PALLAIS = FILIPPO = HAENSCH y WERNER **(2)** Arrojado. (CR): «(...) era tan fuerte y tan arrancado, que si le hubiera puesto una mano encima, de un solo golpe me habría pulverizado.» (A. Portocarrero, *Negro desgraciado*, 41) = QUESADA

arrancarse. prnl. intr. Escapar. (Ch.): «–¿Se arrancó? –preguntó ella, anhelante. El hombre lanzó una risotada. / –No, no alcanzó a irse. Está aquí, bien guardado.» (M. Rojas, *El delincuente... y otros cuentos*, 132) = RODRÍGUEZ = SANTAMARÍA DGA

arranche. m. Abuso; despojo, robo. (Ec.): «Creí que se había acabado el abuso. Pero no. Hasta unos ocho o diez años será, yo mismo he aguantado el arranche. De cuando en cuando, dos chapas <policías>, seguidos de los alcaldes con cara de vergüenza por lo que les obligaban a hacer, iban de casa en casa de los naturales* quitando a la fuerza ropita o herramientas de trabajo: Tenís que salir a barrer calles de Imbaquí (...).» (G. A. Jácome, *Porqué se fueron las garzas*, 95) = CONSULTAS

arreador. m. **(1)** Peón que guía o conduce –deform. de **arriador.** (Hond.): «Desde hace varios días <Ambrosio> ha salido formando parte de una cuadrilla de arreadores de madera, ya han bajado muchos kilómetros por el río (...).» (A. P. Sánchez, *Ambrosio Pérez*, 88) = CONSULTAS **(2)** Véanse también **arriador** y **arriar.**

arrear. tr. **(1)** Guiar, conducir. (Hond.): «Los gritos parece que perforan la cortina de agua de la lluvia torrencial, para alcanzar la troza que se quiere apartar de las que brincan raudas río abajo y al grito sigue el golpe de la puya que arrea el madero hacia el centro del torrente.» (A. P. Sánchez, *Ambrosio Pérez*, 79) = CONSULTAS **(2) arrearse.** prnl. intr. En el sentido de 'arruinarse', véase **arreo.**

arrebatar. (1) como no arrebaten. fr. vulgar con la que se pide calma y serenidad. (Méx.): «–Pero eso no le hace, pa todo hay tiempo como no arrebaten –respondió Pancracio, preparando su fusil.» (M. Azuela, *Los de abajo*, 18) = SANTAMARÍA DGA **(2)** prnl. intr. Drogarse o estar alocado bajo los efectos de una droga. (PR): «Vitín prendió un gallo* y nos ofreció pero Pucho le dijo que él no se arrebataba en horas de trabajo.» (A. L. Vega, *Pasión de historia*, 80) = CONSULTAS = CLAUDIO DE LA TORRE

arrebolarse. prnl. intr. Animarse, alborotarse; entusiasmarse. (PR): «–Pancha Melao estuvo en casa antier, y me dijo que la gente está *arrebolá* <arrebolada>; que irá gente hasta de la bajura*.» (M. Zeno Gandía, *La Charca*, 48) = MALARET = CONSULTAS

arrechera. f. Véase **arrechura.**

arrecho -a. adj. **(1)** Airado, irritado. (Nic. = CR, Ven. y Col.): «–¿Qué mosca le ha picado? (...) Va arrecho. –Ninguna mosca, lo ha picado el zancudo anofeles.» (S. Ramírez, *Castigo divino*, 371) = «(...) y la gente que estaba arrecha porque el polvo todo lo ensuciaba y porque las ventas se bajaban y lógicamente buscaban contra quién descargar su cólera (...).» (O. Cabezas, *La montaña es algo más que una inmensa estepa verde*, 169) = RABELLA y PALLAIS = CONSULTAS = HAENSCH y WERNER **(2)** Terminante (una orden); despiadada (una persona). (Hond., Nic., Guat., El Salv., CR): «–(...) Lo afusilo y siacabó <se acabó>. Tengo órdenes arrechas.» (A. P. Sánchez, *Ambrosio Pérez*, 32) = «(...) la verdad es que yo era arrecho para jugar con apuestas (...).» (S. Ramírez, *La marca del Zorro*, 30) = CONSULTAS **(3)** Valiente, bravo (una persona, un animal). (El Salv., Hond. = Guat., Nic. y Col.): «El abuelo solía montar una mula que no apresuraba el paso para no dejar atrás al sirviente Cruz; <éste> se sentía orgulloso de saber que era más arrecho que la misma mula.» (C. Lars, *Tierra de infancia*, 104) = «–(...) Mis soldados son arrechos, parecen perros.» (A. P. Sánchez, *Ambrosio Pérez*, 33) = CONSULTAS = RABELLA y PALLAIS = HAENSCH y WERNER **(4)** Ducho, hábil para cierta cosa. (CR = Guat.): «Tito no juega fútbol ni pin pon en la mesa que ponen en el comedor a las cuatro y media después de marcar la salida pero es un arrecho en bola negra y veintiuno.» (R. Arias, *El emperador Tertuliano...*, 19) = CONSULTAS **(5)** Peligroso –hablando de un lugar. (Hond. = Guat., El Salv. y Nic.): «(...) este lodazal está arrechísimo.» (A. P. Sánchez, *Ambrosio Pérez*, 50) = CONSULTAS = RABELLA y PALLAIS **(6)** Escabrosa, difícil –hablando de una situación. (Hond. = Guat., El Salv. y Nic.): «–(...) con trabajos de esa clase, creo <que> ganaría lo suficiente, pues la vida cada día se está poniendo más arrecha.» (M. Funes, *El serio*, 102) = CONSULTAS

arrechura. f. Lascivia, concupiscencia. (Perú y otros): «Lituma imaginó los ojitos achinados del sádico: sobresalían de las bolsas de grasa, se inflamaban de arrechura cada vez que la mujer gemía (...).» (M. Vargas Llosa, *Lituma en los Andes*, 27) = SANTAMARÍA DGA (véase también **arrechera**)

arreglada. f. Reparación. (Col. = Bol.): «Además, tengo que llevar 12 mil pesos para la arreglada de mi televisión (...).» (J. Dueñas, «El rey de la basura», en: revista *Cromos*, 15/06/1992) = MUÑOZ REYES

arrendar (1). intr. Irse, dirigirse, aunque sea andando. (Méx.): «Tiene que venir. Todos están arrendando para la sierra de Comanja a juntarse con los cristeros del *Catorce*.» (J. Rulfo, *El llano en llamas*, 132) = «La Pintada ya me hartó... y este querubincito no arrienda siquiera a verme...» (M. Azuela, *Los de abajo*, 84) = SANTAMARÍA DGA. **(2)** Volver, regresar, aunque sea andando. (Méx.): «Volvió a hacer la operación de secarse en pelota y luego arrendó río arriba por el rumbo de donde había venido.» (J. Rulfo, *El llano en llamas*, 66) = SANTAMARÍA DGA **(3) no arrendar a** más infinitivo. fr. No querer o no poder realizar la acción que se especifica. (Méx.): «–Muchachos (...), estoy cansado de vivir y me han dado ganas ahora de matarme. La Pintada ya me hartó... y este querubincito del cielo no arrienda siquiera a mirarme...» (M. Azuela, *Los de abajo*, 84) = CONSULTAS

arreo. m. **(1)** Arria, recua, conjunto de bestias de carga que se usan para trajinar. (Bol. = Ch. y Arg.): «Las arrias procedentes del extenso anfiteatro de la serranía vaciaban el maíz que maduró en las planicies y el trigo de los temporales de la puna. Los mozos del arreo lavaban el grano en la presa de contención (...).» (H. Guzmán Arze, *Borrasca en el valle*, 37) = SANTAMARÍA DGA = VERDEVOYE **(2)** Ganado. (Arg.): «–¿De San Antonio? –terció el del cebruno–. Yo he sabido* trabajar allá, en los campos del general Roca. Y este hombre –dijo señalando al del bayo– ha andao hace poco con arreo por esos pagos.» (R. Güiraldes, *Don Segundo Sombra*, 104) = VERDEVOYE **(3)** Gasto importante. (Bol. = Arg.): «A poco de la muerte de su padre, empobrecido por sus arreos de político opositor, quiso demostrar a sus hermanos que tenía ocupación lucrativa para eludir su tutela.» (H. Guzmán Arze, *Borrasca en el valle*, 21) = SANTAMARÍA DGA, quien recoge el verbe **arrearse**, en el sentido de arruinarse

arrepentido -a. adj. Crespo, ondulado, hablando del cabello. (CR = Nic.): «El niño tenía un finísimo cabello castaño 'lacio arrepentido' decían las muchachas.» (F. Contreras Castro, *Los Peor*, 146) = «(...) el pelo le llegaba a las corvas y lo tenía muy arrepentido.» (C. Lyra, *Cuentos de mi tía Panchita*, 83) = CONSULTAS = ARROYO

arrepollar. intr. Sentarse una mujer en el suelo acomodando bien el vestido; ponerse de cuclillas, encogerse o simplemente cohibirse una persona o algún animal (como por ejemplo una gallina). (Par. = Arg.): «(...) iba de la puerta a la claraboya, rengueando como una gallina en un gallinero arrepollada por el olor del zorrino.» (A. Roa Bastos, *El baldío,* 150) = SOPENA = VERDEVOYE

arresmilla(d)o -a. p. adj. Que se (son)ríe de oreja a oreja, dejando ver los dientes. (PR): «El simpático y *arresmillao* Martín era el eje central de la época.» (E. Rodríguez Juliá, *El entierro de Cortijo,* 33) = «–(...) Que a misañoh <mis años> ehtuviera yo arrehmillada como una pollita de quince. No, hijo, no.» (R. Marqués, *La Carreta,* 155) = CONSULTAS = MALARET = ÁLVAREZ NAZARIO = GAZTAMBIDE ARRILLAGA

arriador. m. **(1)** Látigo para arrear el ganado. (Arg.): «–¿Se te ha perdido algo? –Ahá, el arriador. –¿Cuál? –El cabo'e plata. –Está en el cuarto contra el baúl. (...) Mientras Goyo buscaba su arriador, ensillé chiflando mi petiso (...).» (R. Güiraldes, *Don Segundo Sombra,* 42) = CONSULTAS **(2) mirar como pato el arriador.** fr. fig. Mirar con extrañeza. (Arg.): « 'Miseria pensó que el mesmito Infierno se había mudado a su casa, y llegó, mirando como pato el arriador, a esa pueblada de diablos'.» (R. Güiraldes, *Don Segundo Sombra,* 148) = CONSULTAS (véase **arreador**)

arriadorazo. m. Golpe dado con el arriador*. (Arg.): «(...) le envolvió al potro las patas de un arriadorazo.» (R. Güiraldes, *Don Segundo Sombra,* 155) = CONSULTAS

arriar. **(1)** tr. dir. o ind. Trasladar ganado; ú. t. fig. (Méx., Ven.): «Vienen del Norte, arriando parejo con todo lo que encuentran. Parece, según se ve, que andan recorriendo la tierra, tanteando todos los terrenos.» (J. Rulfo, *Pedro Páramo,* 111) = «(...) el mundo más lejano, ese de donde habíamos subido como una manada de ovejas. No sé por qué ahora mismo pienso que nadie nos estaba arriando. Fue que nos dio la puñetera gana (...). / El viento seguía, se llevaba alegre las nieblas, como si las arreara, las rompía en el espacio.» (A. Croce, *La roca desnuda,* 47 y 50) = CONSULTAS **(2) no ser uno de arriar con las riendas.** fr. No ser manso, no dar su brazo a torcer; dícese a raíz de la expresión **arriar el ganado con las riendas**, o sea, conducirlo, cuando es manso, amagándolo tan sólo con la punta de las riendas. (Arg.): «–¡Hum! –prosiguió Don Pedro–, yo lo he visto más de una vez. Sabía venir por acá a hacer la tarde. No ha de ser de arriar con las riendas. Él es de San Pedro. Dicen que tuvo en otros tiempos una mala partida con la policía.» (R. Güiraldes, *Don Segundo Sombra,* 18) = CONSULTAS (véase también **arrear**)

arriesgue. m. Animo, valor. (Méx.): «Y hasta me echaste en cara mi falta de arriesgue, ya que tú estabas, según eso, harta de todo.» (J. Rulfo, *Pedro Páramo,* 49) = CONSULTAS

arrimado -a (1). s. Trabajador agrícola precario, cuyo estatuto se parece en parte al de los *huasipungueros.* (Ec.): «Igual que el huasipunguero, el arrimado recibe para su usufructo una parcela de tierra, denominada posesión o huerta. Igual que aquél, se obliga, por este hecho, a laborar cierto número de días al año en las tierras de la hacienda (...) entre 120 y 200 por año. A diferencia del huasipunguero, el arrimado no percibe absolutamente ninguna remuneración por esos días de labor para la hacienda. Todo su jornal es la *posesión,* que propiamente es una simple tenencia temporal de la tierra.» (J. Galarza Zavala, *El yugo feudal,* 42) = «¿Y el fracaso de la famosa reforma agraria y los efectos contraproducentes de los decretos dictatoriales sobre yanaperos, arrimados, huasipungueros?» (G. A. Jácome, *Porqué se fueron las garzas,* 107) = CONSULTAS **(2)** s. En el centro de la Sierra ecuatoriana: «Gente libre arrimada a una hacienda, por haber efectuado el dueño alguna defensa judicial a su favor. En pago de este servicio prestan, según lo estipulado por un contrato, varios días a la semana de servicios, en la agricultura, sin remuneración económica. El patrono no reconoce parcela alguna para estas gentes.» (A. y P. Costales, *El Quishihuar,* I, 162) = CONSULTAS **(3)** Véase también **arrimar.**

arrimante. m. Peón auxiliar que trabaja bajo las órdenes de otra persona. (Bol.): «Desde la casucha de 'tata' Tuli el patrón debía vagar durante días íntegros si deseaba buscar a los colonos* para ir a encontrarlos en la ruta desmañada de la serranía. Algunos de ellos apenas fueron conocidos por el caballero Vargas, su antecesor en el dominio de la finca. Unos porque sólo eran 'arrimantes' o auxiliares de los indios de mayor autoridad. Otros por cerriles y torpes (...).» (H. Guzmán Arze, *Borrasca en el valle,* 62-3) = CONSULTAS

arrimar. tr. **(1)** Achacar, imputar. (Par. = Arg.): «(...) tantas veces me habían arrimado cosas que no había hecho.» (R. Bareiro Saguier, *Ojo por diente,* 100-1) = MORÍNIGO **(2)** Acercar a alguien en automóvil a algún lugar. (Ur.): «¿Podés arrimarme?» (H. Conteris, *La cifra anónima,* 25) = CONSULTAS

arriscar(se). prnl. tr. e intr. Encoger(se), fruncir(se); retorcerse (p. ej. el bigote). (Méx., Hond., CR = Col.): «Era raro que no viéramos colgado de los pies a alguno de los nuestros en cualquier palo de algún camino. Allí duraban hasta que se hacían viejos y se arriscaban como pellejos sin curtir.» (J. Rulfo, *El llano en llamas,* 108) = «(...) un viejo, arriscándose los bigotes (...).» (M. A. Rosa, *Tío Mar-*

garito, 153) = «(...) su arriscado sombrero de pita (...).» (C. L. Fallas, *Mi Madrina*, 64) = SANTAMARÍA DGA y DM = HAENSCH y WERNER

arroba. f. **llevar la media arroba.** fr. Llevar gran ventaja. (Arg.): «Me ocupaba con esmero / en floriar <florear> una baraja: / él la guardaba en la caja, / en paquetes, como nueva; / y la media arroba lleva / quien conoce la ventaja.» (J. Hernández, *Martín Fierro*, II, 3.103-8) = VERDEVOYE

arrocillo. m. Gramínea forrajera *(Aspreya oryzoide)* que crece en terrenos húmedos y se parece al arroz. (PR): «Una bandada de gorriones* aterrizó su alegría voladora en una cepa de arrocillo.» (E. Laguerre, *La llamarada*, 230) = MORÍNIGO = SANTAMARÍA DGA

arrollado. m. Marcha-danza afrocubana. (Cuba): «El negro Antonio, Menegildo y Crescencio, esbozaron un 'arrollao' para animar a los presentes. El grupo de bailadores, seguido por el Cayuco y la pandilla, recorrió el patio bajo las frondas de los mamoncillos (...).» (A. Carpentier, *Écue-Yamba-O*, 179) = CONSULTAS; véase también **arrollar**.

arrollar. intr. Contonearse mucho bailando. (Cuba): «Los padres de Bárbara y la madre de Daniel se abrían paso entre el gentío que bailaba y seguía cantando: *Manigueta, manigueta. A esta conga hay que darle manigueta.* La hermana de Justino seguía arrollando tras la cintura del marido.» (R. Ortega, *La aventura de la Cruz Pinera*, 151) = ORTIZ = SANTIESTEBAN = MALARET

arroz. m. **(1) arroz guacho.** fr. Arroz muy cocinado, servido con carne de cerdo y caldo. (CR): «Un arroz guacho que nos supo de lo más rico y aguadulce.» (Q. Duncan, *Final de calle*, 103) = QUESADA = CONSULTAS **(2) arroz con huesito.** fr. Canto y baile licenciosos. (Ven.): «No más cocoyé –dije yo entonces–. *Arroz con huesito*, ahora. Y siguió la música epigramática, epigramático y licencioso el canto, y más licencioso aún el baile.» (M. V. Romero, *Peonía*, 301) = CONSULTAS **(3) arroz con mango.** fr. Desorden, desmadre. (Cuba = CR y Ven.): «Es verdad que todo eso era un arroz con mango. Ni siquiera estaban formados los escuadrones ni designados los jefes.» (M. Barnet, *Biografía de un cimarrón*, 153) = SANTIESTEBAN = CONSULTAS = TEJERA

arruchar. arruchar con. tr. ind. Arramblar con algo, arrancar. (Cuba): «Le llevé dié peso <diez pesos> a Napolión cuando dolmía <dormía>. Y arruché con la misma con los dos gallo malayo* <gallos malayos> que etaba <estaba> preparando pa la pelea del domingo.» (A. Carpentier, *Écue-Yamba-O*, 138) = ORTIZ

arrugar. tr. Atropellar. (CR): «De pronto una señora cruzó la autopista para ver un accidente que acababa de ocurrir; el taxista sonó el pito y le gritó: '¡Cuidado la arrugo!'» (G. Kearney, «Un turista en CR», en *La Nación* [de San José de CR], dic. de 1989) = CONSULTAS

arrumarse. prnl. intr. Amontonarse. (Col.): «(...) un pequeño cuarto (...) donde se arruman chécheres absurdos y mohosos (...).» (D. Samper Pizano, *A mí que me esculquen*, 37) = FILIPPO

arrumbado -a. p. adj. Que tiene ritmo de rumba o parecido a ella. (Cuba): «Allí, en horas de retreta, los habitantes paseaban, interminablemente, para oír el cornetín solista, 'toro'* en el arte de perfilar un aria de la *Traviata* o un final de danzón arrumbado.» (A. Carpentier, *Écue-Yamba-O*, 139) = CONSULTAS

arrumbar. intr. Encaminarse. (CR): «Felipe en tanto va cruzando la plazuela, hace un largo rodeo, vacila un poco y por fin se resuelve y arrumba directamente hacia el chiribitil de don Concho.» (C. L. Fallas, *Gentes y gentecillas*, 69) = «Brígida se quedó donde estaba, porque no podía arrumbar hacia ninguna parte (...).» (A. Cañas, *Una casa en el barrio del Carmen*, 46) = CONSULTAS

asado. m. **(1) asado con cuero.** m. Asado preparado a la brasa dentro del cuero del animal. (Par., Ur. = Arg.): «La función patronal de ese año terminó en un asado con cuero y baile, con los puebleros <vecinos del pueblo> y estacioneros <vecinos del barrio de la estación> reconciliados como buenos hermanos.» (A. Roa Bastos, *El baldío*, 141) = «El asado con cuero es trabajoso para hacerlo; hay que ponerlo muy lejos del fuego e ir arrimándolo poco a poco al fuego.» (R. Bouton, «La vida rural en el Uruguay», en G. Wettstein, *Nuestra Tierra*, II, 70) = VERDEVOYE **(2) asado con pelo.** fr. m. Asado* con cuero. (Ur.): «(...) además el asado* con cuero o con pelo, como también se dice, lleva muy poquita sal, una salmuera liviana.» (R. Bouton, «La vida rural en el Uruguay», en G. Wettstein, *Nuestra Tierra*, II, 70-1) = CONSULTAS **(3) asado** (o: **asadito**) **de tira.** fr. m. Tiras asadas de pedazos de chuletas de vaca no separadas, y que han sido cortadas a ras de la columna vertebral. (Ch., Arg.): «Lo mejor del vacuno es el asado de tira.» (L. Sepúlveda, *La frontera extraviada*, 115) = «Mientras el camionero extendía la carne sobre la parrilla, comentó: –Un lindo asadito de tira va a ser. Mi sistema es comprar cuando recién carnean <matan los animales>.» (E. Sábato, *Sobre héroes y tumbas*, 551) = CONSULTAS **(4) escupirle el asado** a alguien. fr. Arruinar algo para luego recuperarlo todo para sí. (Arg.): «–Pues bien –remató el cirujano gordo–, ¿qué ocurriría si, merced a la traición o locura de algunos colegas, el

Alma volviese al *ring* para escupirnos el asado?» (L. Marechal, *Adán Buenosayres*, 708) = CONSULTAS

asegurar. tr. **(1)** Matar, fusilar. (CR): «–¿Y estuviste cuando lo fusilaron? –Yo juí <fui> en el cuadro de soldaos. –¿Y te tocó disparar? –No. Sacaron tres y los pusieron elante pa <delante para> que lo aseguraran.» (L. Dobles, *Por el amor de Dios*, 43) = CONSULTAS = ARROYO **(2)** Cerrar con llave. (Ec.): «(...) aseguro el departamento <piso> y vamos a esperar el ascensor.» (G. A. Jácome, *Porqué se fueron las garzas*, 49) = CONSULTAS

asentado -a. m. y f. Iniciado. (Cuba): « 'No se dirá jamás el nombre secreto'. Como los egipcios, nuestros negros creen que el nombre participa de la esencia del ser. Los 'asentados' –iniciados– tienen dos, aquel por el que se les conoce y otro que deben callar.» (L. Cabrera, *Supersticiones y buenos consejos*, 41) = CONSULTAS

asentarse. prnl. intr. Celebrarse, remojarse, hablando de un suceso ya de por sí gratificante. (Ec.): «Le oigo decir que soy su virgen del sol, su América virgen, su virgen ñusta <princesa> y no sé qué babosadas* más. Esto se asienta, Milita, mi primer coquito*, mi uniquito. Esto se asienta, mi amor. Y suena la salva de una botella de champán.» (G. A. Jácome, *Porqué se fueron las garzas*, 69) = CONSULTAS

así. adv. **así no más.** fr. adv. Exactamente así. (CR, Arg.): «Armada de su tenacidad decidió no abandonar el campo así no más y se decidió a vigilar al músico por las noches a través de los agujeros de las paredes del cuarto (...).» (H. Elizondo Arce, *La calle, Jinete y yo*, 68) = «–Sabe que no es muy agradable morir con el verano en puerta... –Así no más es...» (R. Arlt, *Los siete locos*, 152) = CONSULTAS = KANY

asidera. f. Argolla sujeta a la silla de montar, que sirve para asegurar el lazo y resistir el empuje del animal enlazado. (Arg.): «Sirviéndome de mi alezna, que llevaba siempre a los tientos, con la punta clavada en un corcho para defenderla, corregí la costura de la asidera que estaba zafada en un tiento.» (R. Güiraldes, *Don Segundo Sombra*, 110) = MORÍNIGO

asiento. m. **(1)** Iniciación a un rito o función religiosa. (Cuba): «'La Luna es sagrada'. No debe mirársela fijamente ni señalársela con el dedo. Tampoco se mirarán <mirará> con insistencia, por ejemplo: en una iniciación o Asiento, en la Regla Lucumí, la cabeza del Iyawo o iniciado.» (L. Cabrera, *Supersticiones y buenos consejos*, 49) = CONSULTAS (véase también **asentado**) **(2)** Arbitrios de que se vale el jinete o el picador para acostumbrar al caballo a obedecer al freno. (Ec.): «Darle asientos al caballo.» (Ec.; def. y ej. de MATEUS) = TOBAR DONOSO

asopa(d)o, asopao. m. Sopa espesa a base de carne y viandas (como arroz o habichuelas, fríjoles, guineo, ñame, etc.) –la única forma usual es 'asopao'. (PR): «El olorcito del asopao de camarones llegaba hasta el balcón.» (A. L. Vega, *Pasión de historia*, 82) = «–(...) No eh <es> un gallo de pelea*. No pone huevoh. ¿Piensah guardarlo pa un asopao er Día e <el Día de> Reyeh?» (R. Marqués, *La Carreta*, 31) = CONSULTAS = MALARET = MAURA

aspamento. m. Aspavientos, manifestación exagerada de sentimientos, alharacas. (Arg.): «Sabés que por ese lao / vas muerta con tu aspamento; / yo no quiero amor de vento*/ yo quiero amor de amistad.» (C. E. Flores, «Canchero», en: J. Barreiro, *El Tango*, 144) = CONSULTAS = GOBELLO

aspar. tr. **aspar** a alguien **a puñaladas.** fr. Véase **puñalada.**

asquear. tr. Despreciar profundamente, tratar con asco. (Perú = Ec.): «–También los **mistis** nos asquean, ¿qué te crees?, y disponen de nosotros peor que si fuéramos mulos.» (E. López Albújar, *Nuevos Cuentos Andinos*, 50) = CONSULTAS (véase también **asquiento**)

asquiento -a. adj. Asqueado, que siente asco de una cosa o persona; propenso a sentir asco. (Ec. = Col.): «Es que ha sido asquienta, la pobre –oí que le <la> compadecían.» (G. A. Jácome, *Porqué se fueron las garzas*, 79) = MALARET = HAENSCH y WERNER = SOPENA = CONSULTAS (véase también **asquear**)

asuntador -ora. adj. Que gusta de reñir por nimiedades, pleitista. (Perú): «–No hay que enfurruñarse –dijo en tono conciliador Rosina, una vez hecho el silencio–. No vaya a tomarnos el señor subprefecto por unos serranos quisquillosos y **asuntadores**.» (E. López Albújar, *Nuevos Cuentos Andinos*, 90) = CONSULTAS

asunto. m. **poner asunto.** m. Prestar atención. (Cuba, Guat. = Ven.): «Los curas iban por la mañana y empezaban a rezar. Rezaban largo. Yo aprendí poco. Casi ni *ponía asunto.* Y es que los curas nunca me han entrado por los ojos.» (M. Barnet, *Biografía de un cimarrón*, 76) = «¡No le hagan caso señores, no le pongan asunto que está loco!» (M. A. Asturias, *El señor presidente*, 287) = CONSULTAS = MORÍNIGO

atacarse. prnl. intr. Echarse a llorar. (PR = Col.): «De no haberse atacado Doña Reme, aquella dramática escena hubiese irremediablemente culminado en violencia.» (A. L. Vega, *Pasión de historia*,

131) = CONSULTAS = HAENSCH y WERNER (quienes registran **arataco -a** en Col. con el sentido de 'que llora inconsolablemente')

atacoso -a. adj. Dícese de la persona que suele tener ataques de epilepsia. (Ec.): «–(...) Arguien dijo que er conocía una mujer que servía pa todos... I así jué... Nos llevó onde <donde> una que la decían la atacosa. I caray! Por poco nos mata...» (D. Aguilera Malta, «El cholo de la atacosa» en *Los que se van*, 42) = CONSULTAS (véase también **ataquiento**)

atado. m. Conjunto de dos tapas de dulce unidas por su base; cada una suele pesar una libra. (CR = Nic. y Col.): «(...) venía de Guarumal con dos atados de dulce y unas gallinas.» (M. Salguero, *Agencia de policía*, 64) = QUESADA = CONSULTAS = RABELLA y PALLAIS = HAENSCH y WERNER

Atahualpa. n. **venganza de Atahualpa.** fr. f. Véase **venganza.**

atajacamino (o: **atajacaminos).** m. Nombre rioplatense de un pájaro americano (*Hidropsalis torquata*), crepuscular y de vuelo silencioso, que suele alimentarse de mariposas y volar en sentido contrario al de quien se le acerca. (Arg. y otros < Ch.): «El atajacaminos / iba dando su grito humedecido / (...).» (Pablo Neruda, *Canto general*, I, 14) = SOPENA = SANTAMARÍA DGA = MORÍNIGO

atajar. tr. **(1)** Detener algo o a alguien. (Méx., Cuba = Ur. y Arg.): «¿Dice usted que mató a todita la familia de los Urquidi? De haberlo sabido lo atajo a puros leñazos.» (J. Rulfo, *El llano en llamas*, 68) = «Esa fue la señal para que comenzara a ser perseguido por un enjambre de muchachos que gritaban: 'Al ladrón, ataja...'» (R. Ortega, *La aventura de la Cruz Pinera*, 162) = SANTAMARÍA DGA = PICHARDO = MORÍNIGO = CONSULTAS **(2) atajarse.** prnl. intr. Contenerse, dominarse, no perder los nervios. (Arg., Par.): «Ansí fue, no aguardó más, / y me atropelló el salvaje; / es preciso que se ataje / quien con el indio pelée; / el miedo de verse a pie / aumentaba su coraje.» (J. Hernández, *Martín Fierro*, II, versos 1.195-1.200) = MORÍNIGO

ataquiento -a. adj. Dícese de la persona que suele tener ataques de epilepsia. (Ec.): «En la escuela no quieren niñas ataquientas, dice mi tío, muy apenado por mí: asustan al alumnado y molestan a las señoritas profesoras. Pero sanaré (...).» (E. Cárdenas, *Juego de mártires*, 76) = CONSULTAS (véase también **atacoso**)

atarrayar. intr.; ú. t. c. tr. Pescar con atarraya. (Ec. = PR, Rep. Dom., Guat., Col. y Perú): «–(...) Se puede atarrayar mejor. Y se coje <coge> muchísimo peje.» (D. Aguilera Malta, *Don Goyo*, 75) = MALARET = MORÍNIGO = SOPENA (quienes lo dan como tr.) = CONSULTAS = HAENSCH y WERNER

atemar. tr. Obsesionar. (Par.): «–(...) Era un odio declarado. Estaba en el aire, a punto de reventar. Y reventó. (...) Se hirieron dos de ellos. El olor de la sangre atemó a la gente. (...) Por la tarde, para la procesión, los ánimos estaban más calientes todavía.» (A. Roa Bastos, *El baldío*, 139) = CONSULTAS

atenido -a. adj. Desvergonzado, holgazán; dícese del que cuenta demasiado con los demás. (Méx., El Salv., CR = Guat. y Nic.): «(...) sobrevienen con quemadura de dicterio los términos de 'atenido' y 'mantenido'; cuántas veces públicamente sufrió su orfandad esas injurias (...).» (A. Yáñez, *La creación*, 10) = «Quizás por nuestra propia ignorancia nos hacemos los atenidos y vamos a la botica cuando ya es demasiado tarde. Y como no hay doctores...» (M. Argueta, *Un día en la vida*, 140) = «Vení acá y te contaré un cuento, gran atenido, que sólo servís para echar hijos al mundo y después no sabés mantenerlos.» (C. Lyra, *Cuentos de mi tía Panchita*, 48) = MALARET = SANTAMARÍA DGA = ARROYO = QUESADA

aterro. m. **aterro de.** fr. Gran cantidad de lo que se especifica. (CR): «(...) y todo ese aterro de mierda con la que nos quieren convencer (...).» (F. Contreras Castro, *Los Peor*, 146) = QUESADA = CONSULTAS

atesar. intr. Poner tenso. (Rep. Dom.): «–¡Eh, Niña linda! ¡Atrinca*, Bagoruno! ¡Atesa tú, maldito cielo negro!» (N. Caro, «Cielo Negro», en: S. Nolasco, *El cuento en Santo Domingo*, 44) = HENRÍQUEZ UREÑA

atómico -a. adj.; ú. t. c. m. y f. Dícese de la persona que toma mucho licor; alcohólico. (PR): «(...) acaba de encontrar al marido postrado en una cama con un tufazo* de atómico y tremendo chichón en la cabeza...» (A. L. Vega, *Pasión de historia*, 88) = CLAUDIO DE LA TORRE = CONSULTAS

atorar. **(1)** tr. Detener, impedir que algo pase adelante. (Col. = Méx.): «–Bueno, ya vamos llegando, ¿verdad? –le comenté para darle pie a que dijera lo que tenía atorado y no se atrevía a decir a causa de esa distancia en que se refugian los ancianos para evitar ser lastimados o desoídos.» (A. Mutis, *La Nieve del Almirante*, 98) = SANTAMARÍA DGA **(2) atorar(se).** tr. Entusiasmar(se), poner(se) bravo como un toro. (Méx., Bol.): «No tengo ya nada que me atore. Ni gallo, ni dinero... Y para mirones, sobran, regresaré a mi pueblo.» (J. Rulfo, *El gallo de oro*, en: *Toda la Obra*, 338) = «Atorándose de furia, había magullado las carnes de sus contendores en las disputas de la mina.» (H. Guzmán Arze, *Borrasca en el* *valle*, 188-9) = MORÍNIGO = SANTAMARÍA DGA **(3)** prnl. intr. Atragantarse por comer demasiado o muy de prisa. (Bol. = Nic., Arg. y Ur.): «–Sírvanse chicos, sin atorarse.» (R. Poppe, *Después de las calles*, 180) = MORÍNIGO = RABELLA y PALLAIS = CONSULTAS **(4)** prnl. intr. Encasquillarse un arma de fuego. (Perú): «'Cuando entres en pelea y el rifle se te atore, ríete y escapa corriendo como el zorro, si puedes'.» (E. López Albújar, *Nuevos Cuentos Andinos*, 112) = CONSULTAS **(5)** prnl. tr. ind. Confundirse; estar cohibido. (Arg.): «¡Qué susto tenía cuando ensillé el primero! Las piernas se me escapaban de abajo del cuerpo y me atoraba con los detalles, que por suerte eran todos previstos por mi padrino.» (R. Güiraldes, *Don Segundo Sombra*, 154) = «–Hablará el Espíritu de la Tierra –insistió el petizo atorado de misterio–. ¡Hablará, no lo duden!» (L. Marechal, *Adán Buenosayres*, 167) = CONSULTAS

atorranta. f.; ú. t. c. adj. f. Véase **terrán.**

atorrar. intr. Dormir. (Arg.): «Las auroras me encontraron atorrando en un umbral.» (A. J. Tagini, «La gayola», en: J. Barreiro, *El Tango*, 62) = «(...) y juego cinco a diez / que a la hora de atorrar / debajo del catre vas a estar.» (M. Romero, «Estampilla», en: J. Barreiro, *El Tango*, 180) = GOBELLO

atrabancado -a. adj. Impaciente, que obra con precipitación. (Méx.): «Domínguez, espontáneo y atrabancado siempre, consintió sin más ni más en lo que Brecedo nos pedía (...).» (M. L. Guzmán, *El águila y la serpiente*, 275) = «(...) atrabancados como son los muchachos, no se iban a parar a averiguar (...).» (R. Castellanos, *Balún Canán*, 258) = MALARET = SANTAMARÍA DGA

atracar. **(1)** intr. Aparcar; colocar un coche o vehículo en un lugar adecuado. (Arg. < Ur.): «Algunos entraron <en el almacén> a comprar y a traerme historias; un camionero atracó para pedir agua y una dirección (...).» (J. C. Onetti, *Los adioses*, 61) = CONSULTAS **(2)** tr. Tomar, abordar, conquistar (a una mujer). (Ch. = Arg.): «(...) mientras el caballero le estará atracando tupido* al mosto* (...).» (M. Rojas, *El delincuente... y otros cuentos*, 74) = CONSULTAS = VERDEVOYE

atrapo. m. Hecho y efecto de atrapar. (Méx.): «Tambaleante aún, quiso huir. Fue atrapado a medio jardín. La maternal dulzura del atrapo lo irritó más.» (A. Yáñez, *La creación*, 204) = CONSULTAS

atrasarse. prnl. intr. Sufrir menoscabo en la hacienda. (Ch. = Col.): «(...) decidió que nos cambiáramos a otra casa (...) nos convenía el cambio, porque andábamos un poco atrasados.» (M. Rojas, *El delincuente... y otros cuentos*, 80) = MALARET = MORÍNIGO = SANTAMARÍA DGA

atravesado -a. p. adj. **(1)** En situación desfavorable. (Arg.): «Atravesao me agarró / y se aprovechó aquel ñato*, / dende que sufrí ese trato / no dentro donde no quepo (...).» (J. Hernández, *Martín Fierro*, II, versos 3.379-82) = CONSULTAS **(2)** Loco. (CR, Arg.): «No hubo, en toda la región de Sábalo Grande, nadie con más fama ni más atravesado. Y la gente contaba de él, hasta historias y aventuras que ni él mismo conocía.» (C. L. Argüello, *Cuentos de Sábalo Grande*, 44) = QUESADA = CONSULTAS

atravesar. tr. **(1)** **atravesarle** a alguien. fr. Cerrarle el paso. (Ec.): «Cuando el pobre se enamora / Viene el rico y le atraviesa, / Y el pobre queda diciendo: / '¡Ay Dios mío, qué pobreza!'» (J. L. Mera, *Cantares del pueblo ecuatoriano*, I, 63) = CONSULTAS **(2)** en fr. neg. Probar. (CR): «El rey y la reina se enojaron mucho y se levantaron de la mesa sin atravesar bocado.» (C. Lyra, *Cuentos de mi tía Panchita*, 59) = CONSULTAS

atrechar. intr. Acortar el camino, pasar por un atajo. (PR): «Total: para luego regresar a este tapón miserable, cruzar Villa Palmeras, bajar por la Morell Campos, entrar en la Avenida Borinquen y atrechar por la barriada Cantera.» (L. R. Sánchez, *La Guaracha del Macho Camacho*, 251) = MALARET

atrincar. tr. Apretar. (Rep. Dom.): «–¡Eh, Niña linda! ¡Atrinca, Bagoruno! ¡Atesa* tú, maldito cielo negro!» (N. Caro, «Cielo Negro», en: S. Nolasco, *El cuento en Santo Domingo*, 44) = HENRÍQUEZ UREÑA = OLIVIER

atropellada. f. Embestida de un animal o de una persona. (Perú, Arg.): «Los más valientes empuñaron sus hondas y castigaron, desde lejos, a las cuadrillas. Los niños de la escuela los apedrearon también; pero una sola atropellada de caballos deshizo las cargas inútiles.» (M. Scorza, *Redoble por Rancas*, 75) = «No teníamos más que hacer una atropellada de vez en cuando, para que a muchas cuadras repercutiera en un apuro y hasta en huidas sin fin.» (R. Güiraldes, *Don Segundo Sombra*, 108) = SAUBIDET

atropellar. **(1)** tr. Violar a una mujer. (PR, Guat., Ec., Ch.): «–(...) Yo no tuve policíah <policías> que me protegieran. Ni hubo fihcaleh <fiscales> que acusaran al animal aquél. Ni aparesieron <aparecieron> jueseh <jueces> que lo condenaran por haberme atropellao.» (R. Marqués, *La Carreta*, 153) = «El tabasqueño con ser tan grande, tan negro y tan fiero, hizo pucheros de niño al oír al capataz contar que habían atropellado a la Sarajobalda. (...) –La desgraciada ésta –explicaba el médico– (...) ¿Por qué no llamo al que te violó y le digo que aquí está tu pudrición con pelos para que se decepcione de una vez?» (M. A. Asturias, *Viento fuerte*, 131-2) = «Lo peor fue que el galán se portó brutal e insaciable en la unión amorosa. Sola, ajena al vértigo de bufidos y espasmos del macho, ella se sintió atropellada (...).» (J. Icaza, *El Chulla Romero y Flores*, 23) = «(...) los capitanes del carbón / vieron expulsados sus hijos, / atropelladas sus mujeres / y a centenares de mineros / trasladados y encarcelados, / a Patagonia, en el frío antártico, / a los desiertos de Pisagua.» (P. Neruda, «Los tormentos», en: *Canto general*, I, 178) = CONSULTAS **(2)** tr. Hacerle el amor a una mujer. (Par. = Arg.): «Desde entonces, Ramón, que nunca notara nada de llamativo en Rosalba, le vio cara de mujer libidinosa y movimientos provocativos. –Cualquier día la atropello –comentó Quiñones.» (G. Casaccia, *La Babosa*, 199) = VERDEVOYE (quien nota que **atropellador** significa 'atrevido con las mujeres') **(3)** intr. Atacar con toda la violencia y la fuerza que se puede. (Par. = Arg.): «Bolivia atropellaría, para apoderarse por la fuerza del fortín paraguayo; y el Paraguay habría de recuperarlo, también por la fuerza.» (H. C. Sosa Tenaillon, *Cincuenta años después*, 33) = CONSULTAS

atropello. m. Violación sufrida por una mujer. (Ec., Bol.): «(...) la ternura maternal para dormir al cachorro*, (...), la cólera y el rubor de víctima por viejos atropellos de los patrones y todo lo que en la intimidad de la mujer bullía en forma indefinida y viscosa, se dejaba arrullar por el murmullo del follaje (...).» (J. Icaza, *Obras Escogidas*, 831) = «Ñu Isicu <el patrón> fue enterneciéndose poco a poco, hasta ponerse inconocible. Hablaba conmovido de los atropellos que hasta entonces había cometido. Le daban lástima las chiquillas estupradas.» (J. Lara, *Yanakuna*, 285) = CONSULTAS

aturcado -a. pp. adj. Embriagado, achispado, con turca. (PR): «(...) atosigado por el Chivas Regal bebido en sorbo único, (...) aturcado por la cordial magia de un Grand Marnier (...).» (L. R. Sánchez, *La Guaracha del Macho Camacho*, 212) = CONSULTAS

augero (aujero). m. Véase **agujero.**

aumentar. tr. Embarazar. (CR): «La tal había de muy ternerilla quedado aumentada de no se sabe quién, con lo que le nació a los nueve justos una chacalina* lo que se llama linda.» (F. Dobles, *Historias de Tata Mundo*, 43) = QUESADA

auquillo. m. Tótem de los cerros; viejo. (Perú): «¿Quién podía atreverse a viajar en una noche así, cuando los mismos **jircas** <dioses de los cerros> andan sueltos por las quebradas y los auquillo <auquillos>, alborotados en las cumbres?» (E. López Albújar, *Nuevos Cuentos Andinos*, 118) = CONSULTAS

automática. f. Arma –más especialmente ametralladora– automática. (Par. = Bol., Arg. y otros): «–'Aquí estamos frente a los bolivianos; segura que no disparaste nunca una automática. Ven y date gusto'.» (H. C. Sosa Tenaillon, *Cincuenta años después*, 29) = CONSULTAS

automático. m. Locutorio, teléfono público. (Arg.): «Se levantó y llamó a Silvia. Ocupado. Al segundo intento el automático se tragó la moneda.» (H. Conti, *En vida*, 64) = CONSULTAS

avance. m. **(1)** Robo, pillaje, botín de guerra. (Méx.): «Después los soldados se desperdigaron, como siempre, en busca de 'avances', so pretexto de recoger armas y caballos.» (M. Azuela, *Los de abajo*, 109) = MALARET **(2)** m. pl. Primeros pasos para seducir a alguien. (Cuba): «(...) descargaban <los contramayorales> todo su rencor en las mujeres <esclavas> que no respondían a sus avances.» (L. Cabrera, *Reglas de Congo*, 40) = SOPENA

avanzar. tr. Hablando de los soldados, robar, apoderarse con violencia de lo que encuentran en algún sitio. (Méx. = Guat. y Col.): «¡Tan buenos zapatos que le iba yo a avanzar!» (M. Azuela, *Los de abajo*, 59) = MALARET

aventar. tr. **(1)** Arrojar. (Méx., Hond., El Salv., CR = Col.): «Los choferes respondían arrojando piedras contra las ventanas del palacio municipal, y los bomberos intervinieron arrojando agua. Cargas de la montada y respuesta adecuada de los automóviles <taxistas> que aventaron sus coches contra ellos. Un par de gendarmes rodaron por el suelo con las costillas rotas y junto a sus caballos despanzurrados.» (P. I. Taibo II, *Sombra de la sombra*, 50) = «(...) y Margarito, que no se hace rogar para tirarle la zoga <soga> al toro más cerril, 'rún', le aventé la pialera <lazo> derechito al pescuezo, giré rápidamente el caballo y éste templó las patas para aguantar como hombre el tironazo!» (M. A. Rosa, *Tío Margarito*, 88) = «Y lueguito con otros dos polecías la agarraron de la cintura y la aventaron dentro del bus por las ventanillas quebradas.» (M. Argueta, *Un día en la vida*, 43) = «El agente trajo una escalera, pero apenas quiso subir por ella le aventé una teja y casi lo friego.» (F. Dobles, *Historias de Tata Mundo*, 128) = SANTAMARÍA DM (HAENSCH y WERNER registran en Col. la f. prnl. **aventarse** con el sentido de 'arrojarse sobre alguna persona o cosa') **(2)** Arrear el ganado. (Méx. = Guat.): «Hay que aventar el ganado de Enmedio más allá de lo que fue Estagua, y el de Estagua córranlo para los cerros de Vilmayo... ¡Y apriétenle, que se nos vienen encima las aguas!» (J. Rulfo, *Pedro Páramo*, 66) = ARMAS **(3) aventar(se).** prnl. tr. Asestar; disparar. (Guat., CR): «Pero no era el mismo de todos los días sino otro, uno totalmente nuevo (...) cuyo sol de cobre nació del lado contrario a donde siempre nacía y no débil sino tan fuerte que les aventó tanta luz y tanto calor que algunos se quedaron ciegos y otros estuvieron a punto de incendiarse.» (L. de Lion, *El tiempo principia en Xibalbá*, 51) = «Andá a traer tu pistola, yo traigo mi cuete*, y nos aventamos cuatro plomazos aquí no más.» (C. L. Fallas, *Gentes y gentecillas*, 233) = SANTAMARÍA DGA **(4) aventarse.** prnl. tr. Llevarse, llevar algo de un lugar a otro; robar. (Méx., CR): «Los Michel estaban en la chilla* y se las aventaron <las tierras> por lo que quiso darles.» (J. J. Arreola, *La feria*, 55) = «Sólo me aventé un horno de microondas y me encontré como diez rojos* en un sobre.» (A. Chase, *Ella usaba bikini*, 68) = QUESADA = CONSULTAS **(5) aventársele** a alguien. fr. Engañarle. (CR): «Porque la Mercedes, aquella con quien andaba el año pasado, supe que se le aventó con otro.» (F. Dobles, *Historias de Tata Mundo*, 36) = CONSULTAS

aventino. m. **en aventino.** fr. En cadena. (PR): «Las montañas se extendían en aventino hasta el llano (...).» (M. Zeno Gandía, *La Charca*, 3) = CONSULTAS

aventón. m. Para el sentido mexicano de 'autostop', véase **acostón.**

avería. f. **(1)** Suceso desgraciado, en sentido material o sentimental. (Méx.): «El azul pálido del talle acentuaba el tinte aceitunado de su rostro y las manchas cobrizas de la avería.» (M. Azuela, *Los de abajo*, 89) = SANTAMARÍA DGA **(2) hombre** (o: **sujeto) de avería.** fr. m. Delincuente; persona peligrosa, pendenciera. (Arg. = Ven.): «(...) la mujer que está en el prostíbulo elige casi siempre como hombre a un sujeto de avería.» (R. Arlt, *Los siete locos*, 54) = GOBELLO = MALARET = SEGOVIA = CONSULTAS

averigua(d)o -a. p. adj. Entrometido. (PR = Méx.): «*–Mera* quítate de ahí, averiguao, no ves, si no tiene aire se muere mano*, no seas averiguao, chacho* <muchacho>*, ¡qué averiguao tú eres!...*» (E. Rodríguez Juliá, *El entierro de Cortijo*, 84) = CONSULTAS

aviada. f. Impulso inicial de marcha dado a un vehículo de motor o a cualquier artefacto. (Guat.): «Sin aviada, el jeep subió lentamente la cuesta en curva. (...) / Con ruido de rueda* de Chicago que comienza a agarrar aviada, el carro <coche> retrocedió (...).» (D. Liano, *el hombre de Montserrat*, 49 y 135) = ARMAS

aviados (o: **aviaos).** adv. A riesgo de. (CR): «¡Aviaos que no le fueran a dar ganas de probarlas!» (C. Lyra, *Cuentos de mi tía Panchita*, 26) = CONSULTAS = ARROYO

aviarse. prnl. intr. Pedir alimentos fiados en la tienda, especialmente de compañías mineras. (Bol.): «–Mi mujer vendrá después de *aviarse* –anunció Calle. –¿Qué es eso? –preguntó Sebastiana. –Es sacar los víveres y provisiones de la Pulpería (...). Lo que cada uno saca, anotan los empleados y a fin de mes lo descuentan del pago.» (F. Ramírez Velarde, *Socavones de angustia*, 108) = CONSULTAS

aviso. m. **aviso limitado.** fr. Véase **limitado.**

avivarse. prnl. intr. **(1)** Darse cuenta, fijar la atención en algo. (Arg.): «(...) y no nos separamos en seguida, bien trincados <apretaditos>, que de boludo* se me empezaron a caer las lágrimas y no se avivó me parece.» (M. Puig, *La traición de Rita Hayworth*, 169) = CONSULTAS = GOBELLO **(2)** Actuar con astucia o engaño. (Ur. = Arg.): «(...) lo destrató* como a un coso* que acaba de avivarse (...).» (J. C. Onetti, *Obras Completas*, 874) = GOBELLO = VERDEVOYE

aymara. m. Véase **aimara.**

ayuda. m. Peón indígena que trabaja en una hacienda a cambio de ciertas ventajas en especie. (Ec.): «Estos *indios libres*, además de ser jornaleros, trabajan también como *meseros**, *acudes** o, según los llama el Código de Trabajo, como 'yanaperos' o 'ayudas'. Todos estos nombres designan una misma modalidad del peonismo: la de los que se comprometen a trabajar en la hacienda dos o tres días al mes en cambio de los pastos o de la leña de la finca.» (L. Monsalve Pozo, *El Indio. Cuestiones de su vida y de su pasión*, 408) = CONSULTAS

ayuntado -a. p. adj. Con pareja, hablando de una mujer o de un hombre. (Ur.): «–¿No te gustan las paicas*, Corriente? –¿Pa qué, si todas andan ayuntadas?... Entonces, un viejo dañino sonreía con la comadre, agregando: –Es medio marica el pobre, ¿sabe?» (E. Amorim, *La carreta*, 82) = CONSULTAS

azuano -a. adj. De Azua. (Rep. Dom.): «Al paladear esa bebida el bale* azuano recordó (...) el sabor inconfundible del aguardiente.» (J. Acosta hijo, «A mí no me apunta nadie con carabina vacía», en: S. Nolasco, *El cuento en Santo Domingo*, 30) = RODRÍGUEZ DEMORIZI

azúcar. f. **azúcar segunda.** fr. Azúcar morena, no refinada, de color pardo oscuro. (PR): «Y en el ventorrillo hubo compras precipitadas: velas de esperma, gas para los faroles, galletas* de soda, fósforos 'Tres Estrellas', azúcar segunda.» (R. Marqués, *La víspera del hombre*, 65) = CONSULTAS

azul. m. **(1)** ú. m. en pl. Miembro o simpatizante del partido conservador. (Ec. = Hond.): «(...) quería convertirse en un Dictador: terror de los *rojos*, protector de los *azules*, amparo de las viudas, providencia de los menesterosos, enderezador de entuertos, *etc., etc.*» (M. Corylé, *Gleba*, 139) = CONSULTAS

(2) azul (o: **azulejo**). Policía –por el color del uniforme. (Méx.): «Encajas este desarmador en la puerta, limpias el mango, y esperas la llegada de los azulejos.» (J. García Ordoño, *Tres crímenes y algo más*, 23) = JIMÉNEZ (quien recoge la forma **azul**)

azulejo. m. Véase **azul.**

B

baba (o: **babilla**). f. **(1)** Pequeño cocodrilo inofensivo (*Caiman cocodrilus, Jacare punctulata*) de ancho hocico, que vive en los ríos y en las lagunas de tierra caliente; la carne de su cola es sabrosa. (Ven. = Col.): «(...) Misia Baba respondió sin pensarlo dos veces: / –Hagan una junta de beneficencia. / Pronunció la frase anterior con un estilo contundente y conciso de sibila, abriendo apenas un instante el ojo para sumirse de nuevo inmediatamente en las profundidades de su beata digestión (...).» (A. Arraiz, *Tío Tigre y Tío Conejo*, 29) = SANTAMARÍA DGA = TEJERA = CONSULTAS **(2) baba del diablo.** f. Filamentos de origen vegetal. (Ur.): «En los cabellos de las chinas* las semillas de sorgo o las babas del diablo hablaban a las claras del idilio gozado...» (E. Amorim, *La carreta*, 82) = CONSULTAS

babilla. f. Véase **baba.**

babosa. f. Molusco de concha circular (*Helia auricomas*), que suele vivir en los basureros. (Cuba): «Entonces Olordumare le entregó a Obatalá un puñado de tierra metido en el carapacho de una babosa y una gallina.» (N. Bolívar, *Los Orishas en Cuba*, 79) «Cuando el tigre está viejo come babosa.» (L. Cabrera, *Refranes de negros viejos*, sin pág.) = PICHARDO = SANTAMARÍA DGA

babosada. f. Necedad, tontería, disparate. (Guat., Hond., CR, Ec. = Méx. y Nic.): «–(...) Si no hubiera luz del día, creeríamos que sólo lo que logramos ver con las luces <del coche> existe. / García no contestó. 'Semejantes babosadas', pensó para sí.» (D. Liano, *el hombre de Montserrat*, 101) = «–(...) Muchos por andar hablando babosadas, se fueron a picar piedra a los caminos o a traer zacate <hierba> para las bestias de la montada*.» (M. Funes, *Oro y Miseria*, 139) = «¿Para qué me podían servir a mí –decíame yo– todas esas babosadas? Lo único que aprendí con gusto es el alfabeto (...).» (C. L. Fallas, *Marcos Ramírez*, 268) = «Le oigo decir que soy su virgen del sol, su América virgen, su virgen ñusta <princesa> y no sé qué babosadas más.» (G. A. Jácome, *Porqué se fueron las garzas*, 69) = ARMAS = RUBIO = QUESADA = CONSULTAS = JIMÉNEZ = RABELLA y PALLAIS

babosear. intr. Vagar, perder el tiempo en cosas inútiles. (CR = Guat.): «(...) movéte y dejá de babosiar (...).» (A. Portocarrero, *Negro desgraciado*, 113) = ARMAS = CONSULTAS

baca. f. Véase **vaca**.

bacalao. m. Persona flaca. (PR = Cuba): «MATILDE. – *(Dándose golpecitos en la opulenta cadera.)* Pueh... a lo mejor sería por la diferencia que hay entre lo que Dióh me dió a mí y lo que le <les> dió a esoh bacalaoh que tién loh pobreh por mujereh.» (R. Marqués, *La Carreta*, 87) = CONSULTAS = SANTIESTEBAN

bacán -ana. m. y f. Persona rica. (Arg.): «Yo quiero un cotorro* / que tenga balcones, / cortinas muy largas / de seda crepé... / Mirar los bacanes / pasando a montones, pa <para> ver si algún reo* / me dice: ¿qué hacés?» (P. Contursi y E. Maroni, «La mina del Ford», en: J. Barreiro, *El Tango*, 187) = «¿No sabés, coquera* infame, que, por más que seas bacana / (...) / esa suerte dura poco?» (E. Escaris Méndez, «La Cornetita», en: J. Barreiro, *El Tango*, 186) = «(...) trajeada de bacana, bailás con corte* / y por raro esnobismo tomás prissé <dosis de cocaína> / (...).» (E. Cadícamo, «¡Che papusa, oí!...», en: J. Barreiro, *El Tango*, 146) = GOBELLO = TERRERA

bacilar (o: **basilar**). Véase **vacilar.**

baco. m. Véase **pájaro* baco.**

bachicha. m. Apodo de los italianos, más precisamente de los genoveses, cuando eran pobres y poco despabilados. (Arg. = Perú y Ch.): «¿Y cómo habría ido, en coche de plaza, en un cascajo roñoso, tirado por dos sotretas <caballos viejos> mosqueadores* con algún bachicha de sombrero de panza de burro a algún mulato compadre <presuntuoso> en el pescante?» (E. Cambaceres, *En la sangre*, 148-9) = «GRINGO. El italiano o *bachicha* principalmente (...).» (S. M. Lugones, nota a la edición por Alianza Editorial de *Martín Fierro* de J. Hernández, 47) = MONNER SANS = CONSULTAS = ARONA = GARZÓN = CASULLO

bagajero. Véase **bagayero.**

bagallo. m. Mercadería de contrabando. (Ur. = Arg.): «Espero al Bonito cuando me avisa 'hay bagallo' con el último trago de caña*.» (E. Estrázulas, *Pepe Corvina,* 87) = CHIAPPARA = TERRERA (véase también **bagallero**)

bagallero (o: **bagayero**). m. Contrabandista –se deriva del portugués 'bagagem'. (Ur. = Arg.): «(...) Larteguy vino al poco tiempo a proponerme la compra de un taxi, que daba tanto y cuanto. Sí, era un taxi que hacía viajes para los bagayeros (...).» (C. Martínez Moreno, *Coca,* 179) = TERRERA = CONSULTAS (véase también **bagallo**)

bagre. m. Mujer fea. (Arg. = Ven., Col., Ec., Perú, Bol. y Ch.): «Un egoísta como Pérez, que se suicida porque un bagre no le lleva el apunte* es capaz de olvidar, en el supremo instante, a quienes lo han servido y lo han aguantado.» (J. L. Borges y A. Bioy Casares, *Nuevos cuentos de Bustos Domecq,* 22) = MALARET = GOBELLO = MORÍNIGO

bailar. tr. **(1) bailarla.** fr. Jugársela, engañar, abusar de alguien por superioridad de conocimiento, de habilidad. (CR): «–No puedo hablar de política, –decía– porque tengo buenos clientes en todos los partidos. Y terminaba afirmando siempre, después de los comicios, que le había dado su voto al candidato ganador. / –Don Gregorio la baila, –decían los dirigentes políticos.» (H. Elizondo Arce, *Adiós Prestiño,* 53) = CONSULTAS

baile. m. **(1) baile de gallina** (o: **sentirse como un gallo metido en baile de gallina**). fr. Bullicio de gente (o: sentirse rodeado de un bullicio de gente). (PR): «(...) temo un desmayo jactancioso de blanquito metido en baile de gallina.» (E. Rodríguez Juliá, *El entierro de Cortijo,* 87) = CONSULTAS **(2) baile de garabato.** fr. m. Baile criollo, del campesino, sin orquesta, con música 'brava' o 'ratonera', por oposición a los de salón, de la ciudad. (PR): «Alonso registra antes de mediar el XIX el nombre de *bailes de garabatos* como mención de conjunto de los bailes criollos campesinos del país, considerados en oposición a los bailes de salón.» (M. Álvarez Nazario, *El habla campesina del país,* 388) = MALARET = MORÍNIGO **(3) estar en el baile.** fr. Estar muy al tanto de un asunto o negocio. (Par. = Arg.): «Yo ya estaba informado de las salidas que <él> tenía. Pero, estaba <yo> en el baile...!» (H. C. Sosa Tenaillon, *Cincuenta años después,* 64) = CONSULTAS

bailongo. m. Baile; puede tener o no tener valor despectivo. (Arg. = CR): «Al evocarte, tango querido, / siento que tiemblan las baldosas de un bailongo / y oigo el rezongo de mi pasado...» (E. S. Discépolo y C. Marambio, «El choclo», en: J. Barreiro, *El Tango,* 123) = GOBELLO = CONSULTAS

bajar. tr. **(1)** Matar. (Hond.): «–Bajarte de un tiro (...) es lo más fácil.» (R. Amaya Amador, *Prisión Verde,* 280) = CONSULTAS **(2)** Beber; tragarse, ingerir. (CR, Ch., Arg. = Cuba): «Sebastián se acerca al mostrador, pide un vaso de ron que baja en cuatro tragos sin despegárselo de la boca, paga y sin despedirse de nadie abandona el local, a grandes pasos.» (C.L. Fallas, *Gentes y gentecillas,* 23) = «(...) deshizo las horas siguientes (...) bajando cervezas en la fuente* de soda.» (A. Skármeta, *Ardiente Paciencia,* 99) = «Río, dame un poquito de agua para que la Gallina Enana pueda bajar una nuez que tiene atravesada en la garganta.» (Anónimo, *Mi hogar y mi pueblo –Libro Segundo de Lectura–* 126) = ARROYO = QUESADA = CONSULTAS = SANTIESTEBAN **(3)** tr. Digerir. (CR = Arg.): «Con una sola birra <cerveza> no podía bajarme el poquillo de chopsuí (...).» (R. Arias, *El emperador Tertuliano...,* 15) = CONSULTAS **(4) bajarse con.** fr. Rebajar en la cantidad estipulada. (Ch.): «(...) debiera bajarse con un escudo en el precio del menú (...).» (A. Skármeta, *Ardiente Paciencia,* 118) = CONSULTAS **(5) no bajar -1.** fr. neg. No tenerle simpatía a alguien. (CR = Arg.): «(...) yo siempre había creído que ella no lo bajaba muy bien.» (C. L. Fallas, *Gentes y gentecillas,* 331) = CONSULTAS = QUESADA **(6) no bajar -2.** fr. neg. No convencer, no gustar algo o alguien. (CR): «Ella dice que es bello como Paul Newman, pero a mí eso no me baja pues las mujeres nos enamoramos de un espantapájaros y creemos que es un Adonis.» (P. L. Acuña, *Gallo pinto,* 69) = ARROYO = CONSULTAS

bajear. tr. Captarse la voluntad de alguien. (Cuba): «Los majases son bichos muy peligrosos. Se dan en las cuevas y en el monte. Bajean a las personas con el aliento, aliento de majá que no se siente, y la <las> adormecen para chuparle <chuparles> la sangre.» (M. Barnet, *Biografía de un cimarrón,* 43) = ORTIZ = SANTAMARÍA DGA

bajetón -ona. adj. Mediano de cuerpo. (Rep. Dom. = Col.): «(...) es un mulatito bajetón (...).» (C. E. Deive, «En el pueblo hay guerrilleros», en: J. Alcántara, *Antología de la literatura dominicana,* 114) = MALARET = HAENSCH y WERNER

bajío (o: **vajío**). m. Cierto aparejo de pesca. (Ec.): «Sacaron los bajíos de la canoa. (...) Empezó la recogida. Los vajíos biajaron <viajaron> insistentemente a la canoa. Los peces ya empezaban a morir. (...) Pejcaremoj <pescaremos>. Con er <el> arpón o la fija*. Con la atarraya o las reles <redes>. Con er bajío o la calandra*.» (D. Aguilera Malta, *Don Goyo,* 9-10 y 70) = CONSULTAS

bajón. m. **(1)** Angustia, depresión. (Ur.): «Se chimenta <comenta> que los avisos de televisión del BPS <Banco de Previsión Social> te dan bajón.» (en: revista *Guambia,* de Montevideo, n° 239, mayo de 1996) = CONSULTAS **(2)** Persona o cosa que provoca angustia, depresión –ú. mucho en la fr. **¡qué bajón!**

(Ur.): «El sábado por la mañana le dio no sé qué leer BRECHA, que es un bajón, más cuando las cosas comenzaron a verse de otro color, por ejemplo, el color suave del guindado que le ofreció el vecino.» (Semanario *Brecha*, 30/12/94) = CONSULTAS

bajura. f. Tierras bajas localizadas particularmente en las cercanías del litoral marítimo. (PR = Nic. y CR): «–Pancha Melao estuvo en casa antier, y me dijo que la gente está *arebolá* <arrebolada*>; que irá gente hasta de la bajura.» (M. Zeno Gandía, *La Charca*, 48) = ÁLVAREZ NAZARIO = RABELLA y PALLAIS = QUESADA

bala. f. **(1)** Masa de plátano verde asado o cocido, generalmente molido en piedra y que suele aderezarse con manteca, chicharrón *etc.* (Ec.): «Más fuerte que los golpes pegajosos de las dos piedras que molían el plátano cocido para hacer *balas*, venía la voz clara de la gorda Cristobalina.» (A. Ortiz, *Juyungo*, 95) = «Bala de plátano, bocado que nunca falta en el hogar indígena de los Colorados y de los montubios, en las regiones tropicales de Costa y Oriente. Masa en forma ovalada y larga, de regulares proporciones, elaborada con plátano verde molido.» (A. y P. Costales, *El Quishihuar*, I, 200) = MALARET = MORÍNIGO = CONSULTAS **(2) a toda bala.** fr. Como una bala, a todo correr. (Par. y otros): «Timoteo iba a correr pero se dio cuenta <de> que el luisón* le iba a alcanzar en seguida; de repente se acordó <de> que tenía su rosario bendecido en el bolsillo, sacó y empezó a hacer cruces en la dirección del maldito. Al séptimo pase con la crucecita de plata, dicen que el luisón se paró en seco, casi se cayó de culo, y de allí donde estaba, se dio vuelta y rajó* a toda bala, aullando.» (R. Bareiro Saguier, *Ojo por diente*, 78) = CONSULTAS **(3) echar bala.** fr. Disparar varias veces con arma(s) de fuego. (Ec. y otros): «Todos los santos días se pasaron echando bala en los potreros, abaliando <abaleando, disparando> con metralladoras <ametralladoras> sobre nuestras chozas (...).» (G. A. Jácome, *Porqué se fueron las garzas*, 272) = CONSULTAS **(4) estar** (o: **sentirse**) **como bala perdida.** fr. Estar desorientado. (Ur.): «Después, me sentía como una bala perdida.» (E. Galeano, *La canción de nosotros*, 35) = CONSULTAS

balacear(se). tr.; ú. t. c. prnl. Matar(se) o herir(se) a tiros. (Méx., Guat., Bol. = Nic.): «Una soldadera*, que era su amante, se había enterado de sus actividades y entonces él la había balaceado despiadadamente antes de que lo denunciara.» (L. Esquivel, *Como agua para chocolate*, 138) = «Discutieron y terminaron balaceándose. El rival de Herrera le descargó una escuadra* allí mismo y, herido, se montó en su carro <coche> para salir huyendo.» (D. Liano, *el hombre de Montserrat*, 32) = «El primero, Julián Quispe, muerto a palos en la policía de La Paz; el segundo, Silvio Maldonado, también dirigente minero, balaceado en Catavi durante una huelga (...).» (F. Medina, *Los muertos están cada día más indóciles*, 54) = ARMAS = CONSULTAS = RABELLA y PALLAIS

balance. m. Mecedora, silla de vaivén parecida a la **comadrita***. (Cuba): «Siempre la cosa empezaba igual. Ella estaba sentada en su balance y él estaba sentado en el suyo (...).» (G. Cabrera Infante, *Tres tristes tigres*, 25) = «Se sentó en un balance frente a la madre, y se puso a mirarla llorar.» (J. Soler Puig, *El Nudo*, 89) = SANTIESTEBAN = MALARET = CONSULTAS

balazo. m. Planta trepadora ornamental (*Monstera pertusa*, *M. deliciosa*) cuyas hojas presentan perforaciones grandes en el limbo; las raíces sirven para tejer canastos, sombreros *etc.* (Col.): «¿Hay en su casa un jardín interior de bambú y balazos con un chorro de agua que sólo se pone a funcionar cuando llegan visitas?» (D. Samper Pizano, *A mí que me esculquen*, 172) = FILIPPO = HAENSCH y WERNER

balconear. tr.; ú. t. c. intr. Matar el tiempo contemplando escaparates, o presenciando una discusión o riña sin participar. (Arg.): «Sosegate que ya es tiempo de archivar tus ilusiones, / dedicate a balconearla que pa'vos ya se acabó / (...).» (H. Zubiría Mansilla, «Enfundá la mandolina*», en: J. Barreiro, *El Tango*, 178) = «Me costó noventa en el Mercado del Plata. No pude resistir a la hermosura, entré y me lo envolvieron. / (...) Balconea un poco (...).» (J. Cortázar, *El examen*, 22) = CASULLO = CONSULTAS = GOBELLO

baldada -o. f. y m. Contenido de un balde. (El Salv. = Col. y Ch.): «Ahora soy yo la que jala el agua del pozo, es algo sencillo porque el balde sale en cuatro tirones. No es necesario matarse para tener diez baldadas de agua.» (M. Argueta, *Un día en la vida*, 12) = CONSULTAS = HAENSCH y WERNER (quienes registran **baldado**)

baldío. m. Trabajo gratuito impuesto por un hacendado a sus peones. (Méx.): «Exigen el salario mínimo, se niegan a dar el baldío como era la costumbre, abandonan la finca sin pedir permiso.» (R. Castellanos, *Balún-Canán*, 95) = CONSULTAS

bale. m. Véase **vale.**

balero. m. Cabeza, testa. (Arg.): «También hay un hospital en Cosquín, y el otro día me dio un viraje el balero y me fui a verlo, que se <sé> yo, las cosas de puro aburrido que uno hace acá, mi vida.» (M. Puig, *Boquitas pintadas*, 111) = CONSULTAS = VERDEVOYE

balneario. m. Lugar con instalaciones para baños de mar o de río –no son necesariamente medicinales. (Ch. = CR, Ur. y Arg.): «Es un balneario muy próximo. (..). Habíamos pasado toda la mañana en la playa.» (H. Valdés, *Tejas Verdes*, 112) = CONSULTAS

bálsamo. m. **bálsamo de María.** fr. Véase en **maría.**

ballenato (o: **vallenato**, forma más habitual). m. Canción o baile popular de la zona norte de Colombia, tocado casi siempre con acordeón. (Col.): «(...) cantadores de vallenato, aquel género musical tan próximo del chisme colectivo como de la poesía juglaresca. (...) músicos colombianos, descendientes del juglar Francisco el Hombre, contemporáneos de Rafael Escalona, cantaban incesantemente vallenatos y cumbias.» (O. Collazos, *García Márquez: la soledad y la gloria*, 48 y 234) = CONSULTAS = FILIPPO = HAENSCH y WERNER (en **valleanto**)

ballenero. adj. m. **estar ballenero.** fr. Sentir un deseo sexual muy fuerte –pop. (Ec.): «Sentíase como un toro. Se fue para Guayaquil. Los cholos*, compañeros de trabajo, al verle partir, murmuraron con secreta envidia: ¡Cusumbo ejtá <está> ballenero!» (D. Aguilera Malta, *Don Goyo*, 51) = CONSULTAS

ballenita. f. Ballena, tira o varilla que servía para dar rigidez a los cuellos de camisa. (Arg.): «En medio de esa multitud, el ciego avanza violenta y rencorosamente, con una mano extendida donde recibe los tributos que, con sagrado recelo, le ofrecen los infelices oficinistas, mientras en la otra mano guarda las ballenitas simbólicas: pues es imposible que nadie pueda vivir de la venta real de esas varillas, ya que alguien puede necesitar una par de ballenitas por año y hasta por mes: pero nadie, ni loco ni millonario, puede comprar una decena por día.» (E. Sábato, *Sobre héroes y tumbas*, 293) = «(...) durante la noche habían matado a un viejo judío que vendía ballenitas en el Once (...). el Mono ofrecía ballenitas frente al Jockey Club de la calle Florida.» (Copi, *La vida es un tango*, 44 y 90) = CONSULTAS = GOBELLO

bamba. f. **(1)** Moneda; puede ser de oro o de plata. (El Salv. = Ven. y otros): «Él buscaba las botijas* llenas de bambas doradas (...) y que (...) vomitan plata y oro.» (Salarrué, *Cuentos de barro*, 16) = MALARET = SANTAMARÍA DGA = MORÍNIGO **(2)** Protuberancia en forma de espinazo que tienen ciertos árboles en la parte inferior de su tronco y que crece fuera de la tierra. (Ec. = CR): «El que en otras andanzas se había orientado también entre los árboles de protuberantes bambas, hoy no sabía por donde <dónde> caminaba.» (A. Ortiz, *Juyungo*, 220) = SANTAMARÍA DGA = QUESADA (véase también **gamba**)

bambalina. f. Pamplina, nadería; adorno de papel o plástico para decorar casas, calles o plazas cuando hay alguna celebración o fiesta. (Guat. = Ven.): «Aquí no hay claro de luna, lágrimas de cocodrilo y otras bambalinas.» (L. Cardoza y Aragón, *El Río*, 813) = TEJERA

banana. f. **(1)** Peinado de mujer, en forma de banana, y alargado hacia atrás. (Arg.): «–Sí, es hermosa. Y por la ropa rara se nota que es europea, un peinado de banana todo alrededor de la cabeza. –¿Qué es banana? –Como un... ¿cómo te puedo explicar?, un rodete así como un tubo alrededor de la cabeza, que alza la frente y sigue para atrás.» (M. Puig, *El beso de la mujer araña*, 16) = «Polka de cintura fina / y peinado a la banana, / polka que fue la mañana / de la milonga argentina.» (R. González Tuñón, *Antología poética*, 131) = CONSULTAS = VERDEVOYE **(2)** Pene, pito, cola. (Arg.): «Te presento mi banana (...).» (M. Puig, *La traición de Rita Hayworth*, 215) = CONSULTAS = VERDEVOYE (véase también **bananal** y el sufijo **-al**)

bananal. m. Véase el sufijo **-al.**

bancar(se). tr.; ú. t. c. prnl. Aguantar, soportar. (Ur.): «–¿Los espero? –pregunta– –Bancá una hora. Si no volvemos en ese plazo, andate.» (H. Conteris, *La cifra anónima*, 28) = «Si en cambio respetaba la palabra dada a mis padres y me quedaba en el salón* de clases –bancándome el bullicio inconfundible del gimnasio– entonces extraía de mi rabia un premio consuelo (...).» (H. Alfaro, *Por la vereda del sol*, 25) = CONSULTAS (véase también **imbancable**)

banco. m. **(1)** Terreno fértil formado por aluviones en la ribera de un río. (CR = Ec.): «Se trataba de un lugar en que el banco era alto y el agua profunda, lo que facilitaba el desembarco de la mercadería y garantizaba que la goleta no encallara.» (A. Portocarrero, *Negro desgraciado*, 122) = MORÍNIGO **(2)** Parte algo prominente y alargada que sobresale en las sabanas. (Ven.): «Todo era motivo de estupefacción. Cuando veíamos una tienda nos deteníamos y la señalábamos con el dedo gritando: '¡Una pulpería!' A las aceras las llamábamos bancos; a los postes del gas, matas de hierro.» (T. de la Parra, *Las memorias de Mamá Blanca*, 116) = MALARET **(3)** Taburete sin respaldo. (Hond., Méx., El Salv., Nic.): «Se sentó en un banco, junto a la mesa, hecha por él mismo de tabla de cajón.» (R. Amaya Amador, *Prisión Verde*, 67) = SANTAMARÍA DM

banda. **(1) chavo banda.** fr. Véase **chavo. (2) de a la banda (de) allá de.** fr. f. Del otro lado de; de la época anterior a. (PR): «Un verdadero tesoro de vivienda española, de 'a la banda allá' del '98.» (E. Laguerre, *La llamarada*, 49) = CONSULTAS = ÁL-

VAREZ NAZARIO (quien recoge el sentido de 'del otro lado de') **(3) llevar en banda.** fr. tr. ind. Chocar con. (CR): «(...) un día de idiota me llevé en banda un taxi no lo vi el chunche* mío andaba mal de luces y el cabrón lo había dejado mal parqueado (...).» (R. Arias, *El emperador Tertuliano...*, 31) = CONSULTAS

bandear. **(1)** tr. Castigar, herir, maltratar. (Arg.): «La gente me ha engañao / desde el día en que nací, / las hembras se han burlao, / la vieja la perdí. / No ves que estoy en yanta* / y bandeao <bandeado> por ser un gil*.» (E. S. Discépolo, «Tres esperanzas», en: I. Vilariño, *Tangos*, 66) = CONSULTAS **(2) bandearse** (o: **bandiarse**). prnl. intr. Propasarse, excederse. (Arg.): «(...) si alguien me pregunta en qué consiste un hogar bien constituido, de acuerdo a un criterio estrictamente burgués (me estoy portando bien, no uso términos en lunfardo ni meto la pata hasta el garrón*), diré que el hogar bien constituido sería aquel donde la selección de los giles* (¡ya me bandié!) se hace con un perfecto criterio científico.» (R. Arlt, *Entre crotos y sabihondos*, 76) = GOBELLO = MORÍNIGO

bandera. f. **cagar la bandera.** Véase **cagar fuego***.

bando. m. **un bando de.** fr. Una gran cantidad de. (PR): «Andújar estaba haciendo su agosto vendiendo un *bando* de piezas de regencia* y cintas de colores. (...) –¿Pero vamos a ir solas? / –No, mujer..., ¡si por el camino va un *bando* de gente!» (M. Zeno Gandía, *La Charca*, 48 y 60) = DÍAZ MONTERO (quien recoge la fr. **bando 'e tiempo** con el sentido de 'mucho tiempo')

bandola. f. **(1)** Ramilla que cubre el tallo de la planta de café. (CR): «En las bandolas es en donde se reproduce el cafeto y por eso es muy importante tratarlas convenientemente.» (H. Muñoz, *Cuentos con sabor a espanto de gentes sencillas*, 104) = QUESADA **(2)** Grupo de delincuentes. (Col.): «Existen *bandolas* de delincuentes fugados de cárceles o reclamados por juzgados, que han instalado su hogar en las grandes tuberías de aguas lluvias que permanecen secas la mayor parte del año.» (J. R. Navia, «Viaje al lado oscuro de Bogotá», en: *El Tiempo* de Bogotá, 10.5.92) = CONSULTAS

bandurria. f. Ave zancuda con plumas cenicientas en el lomo, pardas en el pecho y la cabeza (*Geronticus albicollis*; *Ibis melanopsis*; *Plumosus infuscatus*); se parece a la garza, aunque tiene patas cortas. (Arg.): «Atrás de los junquillales vimos azulear una chapa de agua como de tres cuadras. Volaron bandurrias, teros reales y chajás.» (R. Güiraldes, *Don Segundo Sombra*, 97) = CONSULTAS = VERDEVOYE

banquillo. m. **(1)** Cadalso. (Ec., Cuba = Méx. y CR): «Si yo te sigo queriendo / Dizque me han de fusilar; / Me he de ir contento al banquillo / Pero no te he de olvidar.» (J. L. Mera, *Cantares del pueblo ecuatoriano*, I, 103) = «Al salir por aquella puerta de plaza sitiada, podía distinguir el reo a lo lejos, (...), la máquina terrible, horca, garrote o banquillo en que iba a tener fin su vida.» (C. Villaverde, *Cecilia Valdés*, 41) = SANTAMARÍA DGA = GAGINI (en CR, ú. la forma **banquito**) **(2)** Banco que utilizan los zapateros remendones. (Ch.): «(...) supo distinguir entre las confusas redes al cartero sentado sobre el banquillo de zapatero (...).» (A. Skármeta, *Ardiente Paciencia*, 89) = CONSULTAS

bañada. f. Acto de bañarse. (Guat.= CR): «¡Todo lo que 'vos' 'quedrás' <*sic*>, pero lo que yo te aseguro es que conmigo no se asegunda la bañada!» (M. A. Asturias, *El señor presidente*, 163) = CONSULTAS

bañar. **(1) bañarse.** prnl. intr. Ducharse. (Col., Bol. = Arg. y otros): «Luego se bañó, se puso el uniforme de campaña y bajó al hotel a desayunar.» (G. García Márquez, *La mala hora*, 148) = «Esa plata que se gasta en unos minutos de ducha, yo la contribuyo dejando de bañarme diariamente (...).» (R. Poppe, *después de las calles*, 84-5) = CONSULTAS = HAENSCH y WERNER (véase también **baño**) **(2) ¡vete** (o: **váyase**, o: **iros** *etc.*) **a bañar!** fr. Véase **irse.**

bañero. m. Empleado que vigila a los bañistas en una playa. (Arg.): «Al otro día, temprano, ensillé la petisa <yegua pequeña> y corrí a Miramar. (...) mi sistema de comunicación con él <Marcos> era silbar bajo su ventana, cuando imaginaba que podía estar allí, o dejarle un mensaje a Lomónaco, el bañero.» (E. Sábato, *Sobre héroes y tumbas*, 76) = CONSULTAS

baño. m. Ducha. (Méx., Col., Bol. y otros): «En la parte trasera del patio, junto a los corrales y el granero, Mamá Elena había mandado instalar una regadera* rudimentaria. Se trataba de un pequeño cuarto construido con tablones unidos, sólo que entre uno y otro quedaban hendiduras lo suficientemente grandes como para ver, sin mayor problema, al que estuviera tomando el baño. (...) Tenía una caja como a dos metros de altura con capacidad para 40 litros, a la cual se le tenía que depositar el agua con anterioridad, para que pudiera funcionar utilizando la fuerza de gravedad.» (L. Esquivel, *Como agua para chocolate*, 42) = «Quería dormir una hora más y darse un baño antes de salir.» (G. García Márquez, *La mala hora*, 147) = «(...) yo al despertar no hago más que remolonear un cachito* en la cama y me voy a dar mi bañito. Para mí es sagrado el ducharme.» (R. Poppe, *Después de las calles*, 84) = CONSULTAS (véase también **bañarse**)

baquetear. tr. Meter el taco de un arma de fuego, afirmándolo luego con la baqueta. (Ec.): «Vio detrás de un estante a Manuel Remberto, baqueteando una escopeta.» (A. Ortiz, *Juyungo*, 50) = SANTAMARÍA DGA

baquetón. Véase **vaquetón**.

bar. m. **bar lácteo.** fr. m. Bar en el que no se despacha alcohol, sino leche, café y comidas. (Arg.): «(...) todo lo que comieron a las doce en lo de los parientes, seguro que encima del almuerzo a la tarde alguno se fue al bar lácteo, a la tarde ¿qué habrán pedido? el helado con banana triple porción, servido en un solo plato (...).» (M. Puig, *La traición de Rita Hayworth*, 197) = CONSULTAS

baraja. f. **tirar las barajas.** fr. Echar las cartas. (Arg.): «(...) ¿verdad que ya te lo adiviné sin empezar a tirarte las barajas? Pero para leerte el futuro primero decime si querés que te cuente todo o nada más que lo bueno (...).» (M. Puig, *Boquitas pintadas*, 90) = CONSULTAS

barajar (o: **barajear**). tr. **barájela (más) despacio.** fr. que se dice a la persona que habla muy de prisa, usa términos escogidos o no se expresa con claridad. (Guat.): «–Pues para que vea, en este caso de Montserrat no le conviene al ejército y menos a usted que se sepa. / –¿A mí? –no pudo reprimir García la extrañeza. / –Sí, mi estimado teniente. / –Barajéemela más despacio, ¿quiere? –dijo García. / –Pues para ser breve fue su cuñado el que se quebró* al hombre de Montserrat.» (D. Liano, *el hombre de Montserrat*, 74-5) = RUBIO = CONSULTAS

¡barajo! excl. euf. por ¡carajo! (Ec. = Col. y Arg.): «–Barajo –dijo Morcú, mientras se jabonaba la cabeza–, sigo con la curiosidad... Quiero sabé <saber> lo que dicen los papeles del serrano...» (N. Estupiñán Bass, *Cuando los guayacanes florecían*, I, 73) = «–Este maíz cuesta mucho, barajo!» (G. H. Mata, *Sumag Allpa*, 35) = JARAMILLO DE LUBENSKI = HAENSCH Y WERNER = CONSULTAS

barajustar. tr. Acometer, atacar, embestir. (Ven. = Col.): «–(...) No hay que enamorarse, sino barajustarle a la mujer.» (A. Uslar Pietri, *Las lanzas coloradas*, 77) = TEJERA = MORÍNIGO

barba. f. **barba amarilla.** Véase **barbamarilla.**

barbacoa. f. Desván formado por un tablado situado bajo el techo de una casa campesina, y que se usa para guardar granos y frutos variados. (Cuba = Col.): «En el campo <el brujo congo> la guarda <la cazuela* mágica> en el bohío, guindada del techo, a veces en la barbacoa, y abajo en un rincón pegada al suelo, metida en un cajón.» (L. Cabrera, *Reglas de Congo*, 140) = PICHARDO = SANTIESTEBAN = HAENSCH Y WERNER

barbajo (o: **barbasco).** m. Jugo de la fruta de un bejuco que envenena los peces. (Ec.): «–¿Habij <habéis> echado el barbajo? (...) Regó la masa amarilla de la fruta traicionera. (...) el barbasco no respeta. Igual a los <peces> chicos que a los grandes. A todos les sacudiría las agallas. Y, al final, los mataría.» (D. Aguilera Malta, *Don Goyo*, 8-9) = CONSULTAS

barbamarilla. f. Serpiente muy venenosa. (Guat. = Hond.): «(...) empezó a ver arañas, ciempiés, cucarachas, culebras, dragones, barbamarillas (...).» (M. A. Flores, *Los compañeros*, 233) = RUBIO = CONSULTAS

barbasco. m. Véase **barbajo.**

barbudo. m. Pequeño pez de río sin escamas, de color oscuro. (CR): «(...) vivía muriéndose de tristeza el pescador de barbudos.» (C. Salazar Herrera, *Cuentos de angustias y paisajes*, 67) = QUESADA = CONSULTAS

barco. m. **(1)** Recipiente hecho con una calabaza. (Hond.): «Uno a uno se fueron trepando a los árboles corpulentos que ya estaban marcados desde el día anterior. Con habilidad suprema abren tajos en canal, con inclinación suficiente, para que la leche <resina> se escurra y caiga en los barcos.» (A. P. Sánchez, *Ambrosio Pérez*, 42) = MEMBREÑO **(2) dar un barco.** fr. Véase **embarcar.**

bardear. tr. Cercar. (Méx.): «Los del Municipio le pusieron el precio y con lo que nos dieron no ajustaba* siquiera para pagar la barda <cerca>. Porque mi padre lo mandó bardear de puro ladrillo para que la gente no se robara los elotes <mazorcas tiernas de maíz>...» (J. J. Arreola, *La feria*, 57) = CONSULTAS

barinés. m. Viento fuerte que sopla esporádicamente (aunque especialmente en época de lluvias) en el estado de Bolívar, desde las bocas del Orinoco hacia los Andes. (Ven.): «Por julio, cuando el Orinoco muestra toda su hermosura y su grandeza al alcanzar la plenitud de su crecida anual, cuando son más suntuosas las puestas de sol que hacen de oro y sangre el gran río, cuando sopla el barinés largo y recio y braman enfurecidos los pailones* de la Laja de la Zapoara, suelen remontar la corriente grandes cardúmenes de peces (...).» (R. Gallegos, *Canaima*, 25) = MALARET = TEJERA

barra. f. Cepo. (Perú = Col. y Ch.): «–¿Quiere usted que lo cuelgue en la barra, como a un indio?» (J. M. Arguedas, *Yawar Fiesta*, 153) = «(...) perdido en el anonimato de las filas en marcha o dolido en la barra del calabozo, se consolaría sintiendo ese lejano y esperanzado cariño.» (C. Alegría, *Los perros hambrientos*, 136) = SANTAMARÍA DGA

barraco. m. Cierta especie de jabalí americano; ú. t. c. insulto. (Arg.): «–¡Cayate, barraco! –dije, metiéndole un puñetazo por las costillas.» (R. Güiraldes, *Don Segundo Sombra*, 75) = VERDEVOYE

barraganete. m. Especie de plátano grande, usado para la alimentación de los hombres o de los animales. (Ec.): «(...) nunca plantó un colino* de dominico* ni de barraganete.» (A. Ortiz, *Juyungo*, 10) = «–Yo conozco dos <variedades de plátano>: er **barraganete** el y **domínico*.**» (J. A. Campos, *Cosas de mi tierra*, 75) = CONSULTAS

barranca. f. **(1)** Orilla elevada y llana de un río. (Arg.): «(...) resolví provocar un encuentro en las barrancas de Belgrano <barrio de Buenos Aires>, donde yo sabía que Aquella se paseaba todas las tardes entre sus compañeras, al regresar de sus estudios.» (L. Marechal, *Adán Buenosayres*, 455) = VERDEVOYE **(2)** Tienda a orillas de un río. (Col.): «Durante la Colonia se establecieron a orillas del río Magdalena, en su sector final, ventas, almacenes o puertos que recibían el nombre de *barrancas*, sin duda porque para ellos se escogían lugares altos y seguros en la orilla. De aquí el nombre de Barranquilla dado a una de esas fundaciones a comienzos del siglo XVIII» (Hno. J. Ramón, *Geografía de Colombia*, 322) = «Su nombre <Barranquilla> nació de la barranca donde se encuentra ubicada y de los lugares donde los indígenas comerciaban sus productos a lo largo del río Magdalena.» (M. C. Lamus, *Colombia*, 25)

barraquero. m. Vendedor que tiene un puesto en los mercados públicos. (Ec.): «Mi casa es un nido de cobradores: cobra el lechero, el panadero, el carnicero, el carbonero, el barraquero (...).» (J. A. Campos, *Cosas de mi tierra*, 78) = MORÍNIGO

barrecaños. m. Empleado municipal encargado de la limpieza de los caños. (CR): «Los niños de la calle, los conductores de los autobuses, los barrecaños, los taxistas que lavan su auto en la madrugada con el agua de las fuentes de los parques, los trameros* del mercado... casi todo el mundo lo sabe (...).» (F. Contreras Castro, *Los Peor*, 180) = CONSULTAS

barrería. f. Barbaridad. (CR): «Tío se me soltó el autista, está haciendo barrerías: coge sillas, bota mesas, fue al excusado y sacó un balde lleno de mierda, le pegó a la maestra...» (L. E. Arce, *El lupanar*, 30) = «Y vamos a ver ahora con qué vas a pagar las barrerías que hiciste; vamos a ver si te alcanza el sueldillo para pagar.» (M. Salguero, *Agente de policía*, 122) = CONSULTAS

barrero -a. adj. Dícese del caballo que corre bien en el barro. (Arg.): «Por la sangre de mi viejo / salí bastante barrero, / y en esas biabas <atracos> de barrio / figuré siempre primero / (...).» (C. E. Flores, «Canchero», en: J. Barreiro, *El Tango*, 143) = VERDEVOYE = CONSULTAS

barretón. m. Cierta pala de madera o de hierro, estrecha y fuerte, que sirve para abrir hoyos en el suelo; existe la fr. **echar barretón.** (Ven. = Col.): «Se había enmontado otra vez, así que no quedaba sino subir y ponerse a echar pala* y barretón. (...) / –Acordate que nos ofrecieron hacer un camino bueno hasta la carretera. Dijeron que nos iban a dar unas palas y unos barretones.» (A. Croce, *La roca desnuda*, 20 y 68) = TEJERA = HAENSCH y WERNER

barriga. f. **coger barriga** (o: **salir con una barriga).** fr. Quedar embarazada una mujer. (Ven. = Col.): «–No te vitoquees* tú porque el zoquete ese te enamore ¿oíste? porque no es ningún santo y si sales con una barriga, ¡Dios te salve!» (G. Meneses, *Campeones*, 42) = CONSULTAS = HAENSCH y WERNER (quienes registran en Col. la fr. **coger barriga**)

barrigón. m. Muchacho, chico, crío. (PR = Ant. y Col.): «Por suerte tu mamá se portó bien. Sólo ocho barrigones.» (R. Marqués, *La Carreta*, 19) = CONSULTAS = MALARET = MORÍNIGO = HAENSCH y WERNER

barriguista. m. Arribista, persona que quiere progresar rápidamente y carece de escrúpulos para ello. (Pan.): «(...) ¡grandísimo ladrón, barriguista de mierda! (...).» (G. Guardia, *El último juego*, 184) = CONSULTAS

barrilla. f. Polvo de metal concentrado. (Bol.): «Trenes que llegan con víveres y materiales y que parten llevando barrilla de estaño.» (F. Ramírez Velarde, *Socavones de angustia*, 212) = MALARET

barrio. m. Grupo de amigos adolescentes que viven en un mismo barrio. (Perú): «Mis primos tenían un *barrio*, amigos con quienes se reunían frente a sus casas a conversar y a patear pelota y hacer tiro al arco, y me llamaban a jugar con ellos.» (M. Vargas Llosa, *El pez en el agua*, 52) = CONSULTAS

barro. **(1)** adj. inv. Aburrido; feo –dícese también de una mala jugada. (Col.): «Pensé en irme con Ricardo, dejar el estudio, aventurarme y lanzarme de frente a la vida, pero estar solo es muy barro (...).» (U. Valverde, *Bomba Camará*, 12) = '¡Qué barro!' (CONSULTA) **(2) batir barro.** fr. Correr. (CR): «Eso sí, cuando volvió el señor inspector, se tuvo que regresar a pie batiendo barro.» (H. Elizondo, *Memorias de un pobre diablo*, 24) = «Después de ensillar, comenzó a batir barro por el camino.» (C. L. Argüello Segura, *Cuentos de Sábalo Grande*, 94) = CONSULTAS

barrunto. m. Viento que anuncia lluvia; tiempo húmedo y nublado que anuncia lluvia o está acompañado de ella. (PR = Méx.): «Rabo*'e junco. (...) Ave blanca, voladora, con patas largas y rabo delgado que por lo regular aparece en tiempos de barrunto o de tormenta.» (A. Díaz Montero, *Del Español Jíbaro*, 119) = MALARET = MORÍNIGO

basilar (o: **bacilar**). Véase **vacilar.**

bastantear. tr. Observar, probar. (CR = Nic.): «Y con los ojos muy abiertos, en vez de mirar el camino, venía viéndole la cara a Sabino, para ir bastanteando la situación en que se encontraba.» (C. L. Argüello Segura, *Cuentos de Sábalo Grande*, 92) = RABELLA y PALLAIS

bastión. m. Baranda de un puente. (CR): «Sueño de puente, sí. Con bastiones de mampostería (...).» (F. Dobles, *Cuentos escogidos*, 73) = CONSULTAS

basto. m. **cabezada del basto.** fr. f. Véase **cabezada.**

basuco (o: **bazuco**). m. Cigarrillo de grandes efectos alucinógenos, que se prepara mezclando cocaína, marihuana y otras sustancias. (Col.): «(...) me sollaba* con pegante* o en ocasiones me daba en la cabeza* con basuco (...).» (M. S. Rico Sanín, *El delito de existir*, 78) = «Resentidos y sin control, terminaron por drogarse con marihuana y bazuco, hasta un punto que no era posible respirar en la humareda del cuarto. / (...) La droga estaba prohibida (...) pero los adictos encontraban siempre la manera de burlar la vigilancia de sus superiores. La de rutina era la marihuana, pero en tiempos difíciles se recetaban unas olimpiadas de bazuco que hacían temer cualquier descalabro.» (G. García Márquez, *Noticia de un secuestro*, 241 y 245) = HAENSCH y WERNER = CONSULTAS

basura (o: **basurilla**). f. Preparación para hechizos y maleficios. (Cuba, CR): «–¡Ah, tú te vestiste de colorado y estuviste debajo del piñón florido viendo pasar el cadáver de María Luisa! Por tu culpa se quemó; le echaste basura, María Armenteros, pero yo soy el que va a ver pronto pasar el entierro de tu madre y el tuyo, ¡asesina!» (L. Cabrera, *Reglas de Congo*, 203) = «¿Vos crés que Ñor José Serrano ha hecho lo que ha hecho a las puras buenas? ¡Qué va! ¿Sabés por qué todo le sale bien? Porque tiene 'Basurilla'.» (H. Muñoz, *Cuentos con sabor a espanto de gentes sencillas*, 21) = ARROYO = QUESADA

basurero -a. adj. Relativo a la basura; de la basura. (Ch.): «(...) un gato (...) saltó bruscamente desde el interior de un tarro basurero.» (J. Donoso, *Coronación*, 191) = CONSULTAS

basurilla. Véase **basura.**

batata. (1) batata (o: **batata de las piernas**). f. (o fr. f.) Pantorrilla. (PR = Ven.): «–Prepárate a jalar pata* –decía– que tengo hormigas en las batatas.» (A. L. Vega, *Pasión de historia*, 34) = TEJERA (MAURA, MALARET, MORÍNIGO recogen la fr. **batata de las piernas** con el mismo sentido en PR, Rep. Dom., Col. y Ven.) **(2) Batata.** m. Sacerdote, padre, en la religión conga. (Cuba): «(...) y empezaba a mandar el Batata (...).» (L. Cabrera, *Reglas de Congo*, 136) = CONSULTAS **(3)** f.; ú. t. c. adj. Papanatas; pusilánime, gallina. (PR): «El supervisor hacía inútiles esfuerzos por detener a la gente y clamaba desaforadamente: 'No corran; no sean puertorriqueños batatitas'.»(A. Díaz Alfaro, *Terrazo*, 93) = MALARET = SOPENA **(4) batata blanca** (o: **batata mameya**). fr. f. Boniato. (PR): «(...) se fue derechito al centro espiritista de Toya Gerena y me hizo un salamiento* con batata mameya y churra* de cabro.» (L. R. Sánchez, *La Guaracha del Macho Camacho*, 60) = ÁLVAREZ NAZARIO

batatero. m.; ú. t. c. adj. Dícese del campesino pobre, y del estudiante de agronomía. (PR): «A Peyo no le gustaba que le llamaran mister: 'Yo he sido batatero de la Cuchilla, y a honra lo llevo.» (A. Díaz Alfaro, *Terrazo*, 96) = CLAUDIO DE LA TORRE = SANTAMARÍA DGA (quien lo recoge como adj.)

batatilla. f. Planta trepadora común, enredadera (*Ipomoea quinquefolia, I. sericantha, etc.*). (Ec. = Col.): «La selva se hizo menos densa. Rastrojales antiguos asomaron por la oblicuidad de la luz. Las batatillas corrían profusas por los troncos y las copas de los arbustos, y se aventuraban hasta cubrir las matas de platanillo* y hoja blanca (...).» (A. Ortiz, *Juyungo*, 110) = SANTAMARÍA DGA = HAENSCH y WERNER

batatita. Véase **batata.**

bate. m. Jugador de béisbol. (PR): «(...) el hijo de Perucho era el Baby Bull, el bate más caliente de los Gigantes de San Francisco después del también cangrejero* Willie Mays.» (E. Rodríguez Juliá, *El entierro de Cortijo*, 68) = CONSULTAS

bateo. m. Baile. (CR) «Vea, doncito*. Si usté quiere mover el esqueleto esta noche, yo lo llevo a un bateo bien tuanis <estupendo> donde hay unos pollos* posta*.» (H. Elizondo, *Memorias de un pobre diablo*, 76) = CONSULTAS

batintín (o: **batistín**). m. Soplón. (Arg.): «Andá con cuidado. Vos sabés lo que les espera a los batintines.» (J. L. Borges, *Obras Completas*, 1.032) = VERDEVOYE = CONSULTAS

batir. **(1)** intr. Decir. (Arg.): «Viejo rincón de mis primeros tangos / donde ella me batió que me quería; / (...).» (R. L. Cayol, «Viejo rincón», en: J. Barreiro, *El Tango*, 109) = GOBELLO = CONSULTAS **(2)** tr. Delatar. (Arg.): «(...) y ahora hace dos semanas que no pisa la calle me batió la hermana, sepultada en vida, (...).» (M. Puig, *La traición de Rita Hayworth*, 174) = GOBELLO = TERRERA (véase también **batintín**) **(3)** tr. Pitorrearse de uno. (Perú): «El serrano Cava ya estaba medio loco de tanto que lo batían por sus pelos y su brillantina que echaba un olor salvaje a podredumbre.» (M. Vargas Llosa, *La ciudad y los perros*, 201) = BENDEZU **(4)** **batirse.** prnl. Resultar demasiado cocido el arroz. (Méx.): «Obviamente el arroz se le batió, la carne se le saló y el postre se le quemó.» (L. Esquivel, *Como agua para chocolate*, 40) = CONSULTAS

batistero -a. adj.; ú. t. c. m. y f. Partidario del dictador cubano Fulgencio Batista. (Cuba < Ven.): «(...) toda la Calle Real danzando en torno nuestro, con los italianos, los cubanos batisteros y los chulos (...).» (A. González León, *País portátil*, 197) = CONSULTAS

batistín. m. Véase **batintín.**

batón. m. Bata de mujer. (Arg.): «Fíjese que en tanto yo hablaba, el batón de la prostituta se había entreabierto encima de sus senos (...).» (R. Arlt, *Los siete locos*, 216) «–(...) en sus tertulias íntimas con doña Casta y doña Pura, tras devorar un horror de bizcochos mojados en vino dulce, ¿no se arremangaban ustedes los batones, para lanzarse a un loco bailoteo sobre sus piernas artríticas? / La vieja se turbó (...).» (L. Marechal, *Adán Buenosayres*, 662) = CONSULTAS = VERDEVOYE

baúl. m. Maletero. (PR, Arg. = Col.): «Montamos con bastante trabajo la bicicleta en el baúl del Toyota.» (A. L. Vega, *Pasión de historia*, 68) = «Se avinieron a venderle dos cubiertas. Como no le alcanzaba el dinero, compró dos cámaras. Puso una, la infló (...) y guardó la otra en el baúl.» (A. Bioy Casares, *Un campeón desparejo*, 66) = CONSULTAS = HAENSCH y WERNER

baula. adj.; ú. t. c. f. Cierta tortuga marina de gran tamaño. (CR): «Playa Grande, parte del refugio, es uno de los sitios más importantes del mundo para el desove de la tortuga baula (*Dermochelys coriacea*), la más grande de todas las tortugas marinas.» (M. A. Boza, *Parques nacionales*, 48) = CONSULTAS

bautizar. tr. Sacar de pila, servir de padrino o de madrina. (Méx.): «Quien más lo aborrecía era su padre, por más cierto mi compadre; porque yo le bauticé al muchacho.» (J. Rulfo, *El llano en llamas*, 159) = CONSULTAS

bayahonda (o: **bayaonda**). f. Especie de acacia silvestre. (Rep. Dom. = PR): «Solo en su rancho que ocultan las bayahondas (...).» (R. Lacay Polanco, «La Bruja», en: S. Nolasco, *El cuento en Santo Domingo*, 191) = HENRÍQUEZ UREÑA = MAURA

bayetilla. f. Bayeta más fina que la bayeta ordinaria, aunque no es tela de calidad superior. (Ec.): «–Allí te compro el bolsicón* de bayetilla. –Yo no quiero de bayetilla. –Aunque sea de paño. (...) se dignó mirarle con interés. ¿Lo decía de veras?» (S. Núñez, *Novelas del páramo y de la cordillera*, 229) = CONSULTAS = SOPENA

bayona. f. Largo timón de las balsas. (Ec.): «Entretanto, la balsa se había metido al recodo, dirigiéndose velozmente a la Peña Rea. El muchacho de la palanca no pudo resistir el golpe y cayó al agua. El viejo maniobró desesperadamente con la bayona, pero fué en vano.» (A. Ortiz, *Juyungo*, 117) = «–¡Agarra duro la bayona!» (N. Estupiñán Bass, *Cuando los guayacanes florecían*, II, 63) = CORNEJO

beberaje. m. **(1)** Bebida. (Arg.): «Ya un gringo había instalado una carpa con comida, masas* y beberaje.» (R. Güiraldes, *Don Segundo Sombra*, 135) = ABAD DE SANTILLÁN **(2)** Borrachera colectiva. (Arg.): «A la charla interrumpida, / cuando el hambre está repleta, / sigue el cordial regocijo, / el beberaje y la gresca, / que apetecen los varones, / y las mujeres detestan.» (E. Echeverría, *La cautiva*, 137-8) = ABAD DE SANTILLÁN = CONSULTAS

bebezón. f. Borrachera; reunión en la que se bebe mucho alcohol. (Perú = Cuba y Col.): «En medio de la vida pastoril y semibárbara de sus moradores, la única distracción que tienen es el tiro al blanco, que les sirve de pretexto para sus grandes bebezones de chicha y chacta <aguardiente de caña> (...).» (E. López Albújar, *Cuentos andinos*, 29) = MALARET = SOPENA = HAENSCH y WERNER

bebezona. f. Ingestión excesiva de bebidas alcohólicas. (Ec. = Pan. y Col.): «(...) el dueño les dio su buen almuerzo y su buena bebezona (...).» (G. A. Jácome, *Porqué se fueron las garzas*, 268) = MALARET

bebida. f. **(1)** Agua endulzada con raspadura, que se sirve casi siempre caliente; es la bebida más común entre la gente del pueblo. (CR): «(...) la bebida, aguamiel elaborada con raspadura de dulce de caña.» (M. Ross, *Al calor del fogón*, 56) = ARROYO **(2)** **bebida blanca.** Aguardiente, alcohol fuerte. (Cuba = Arg.): «Por la tarde daban viandas, arroz y carne de puerco. Bebida blanca y cerveza marca T.» (M. Barnet, *Biografía de un cimarrón*, 91) = CONSULTAS

bejuco. m. **(1)** Inyección intravenosa de droga. (PR): «Traspasar ese corredor mítico de violencia es casi asegurarse una *cañona** a manos de algún *teco** de *bejuco* desesperado.» (E. Rodríguez Juliá, *El entierro de Cortijo,* 12) = CONSULTAS **(2)** Deuda. (CR): «(...) la doña me dijo que sacara la plata del Popular <el Banco Popular> cuando supo que yo tenía un bejuco de cien mil cañas* no tuve güeco en que meterme.» (R. Arias, *El emperador Tertuliano...,* 31) = QUESADA **(3) bejuco de cadena.** fr. m. Leguminosa (*Schnella splendens*) de tronco retorcido; se usa para hacer cordeles, como antirreumático, y para preparar infusiones que tendrían la propiedad de rizar el pelo. (Ven.): «Mamá creía en el 'bejuco de cadena'. Es decir que contra toda evidencia ella sabía muy bien que la reconocida eficacia de dicho encadenado bejuco acabaría por rizar mi cabello en un porvenir cercano y en forma natural o permanente.» (T. de la Parra, *Las memorias de Mamá Blanca,* 31) = SANTAMARÍA DGA **(4) bejuco verraco** (o: **bejuco del verraco).** fr. Bejuco (*Chiococca alba*) que tiene varios usos medicinales, especialmente contra el dolor de muelas y la gonorrea. (Cuba): «Gonorrea: (...). Tisanas de bejuco verraco (...).» (L. Cabrera, *La medicina popular de Cuba,* 187) = SANTAMARÍA DGA **(5) no sacar bejuco.** fr. No lograr uno lo que se propone. (Ven.): «–¡Ay, dotor! Más vale que usté se vaya y no me diga más ná, porque conmigo no saca bejuco.» (M. V. Romero, *Peonía,* 238) = MORÍNIGO

bellaco -a. adj. Dícese de un vestido cuyos colores no hacen juego. (PR): «(...) la camisa de manga larga, que sobresale excesivamente hasta casi ocultar la mano, es un estallido floripondio donde el *color chinita** compite, cual *camisa bellaca* vintage 72, con un negro nacionalista y casi pendenciero.» (E. Rodríguez Juliá, *El entierro de Cortijo,* 51) = CONSULTAS

bellaqueada. f. Hablando de un caballo, acción de encabritarse y de saltar bruscamente hacia un lado, para derribar al jinete. (Arg.): «El gargantilla* se alzó 'como leche hervida'. Valerio, de cuerpo pequeño y ágil, seguía a maravilla los lazos de una 'bellaqueada' sabia en vueltas, sentadas, abalanzos y cimbrones.» (R. Güiraldes, *Don Segundo Sombra,* 48) = VERDEVOYE

bellaquear. intr. Encabritarse el caballo para derribar al jinete, o saltar bruscamente de lado. (Arg.): «Mi reservado* me costó un día de lucha, bellaqueando al menor descuido bajo el lazo, en una atropellada*, por cualquier motivo.» (R. Güiraldes, *Don Segundo Sombra,* 170) = CONSULTAS

bellota. f. Grano de café secado al sol. (CR): «(...) una jaula de alambres de oro en los que había ensartado rubíes del tamaño de una bellota de café (...).» (C. Lyra, *Cuentos de mi tía Panchita,* 115) = CONSULTAS

bemba. f. Véase **radio* bemba.**

bembeteo. m. Charla, parloteo. (PR): «Molestias en collar: primero el calor, del calor el sudor, el tapón, el previsto bembeteo con su mujer, alimentada su mujer con cápsulas de jodeína (...).» (L. R. Sánchez, *La Guaracha del Macho Camacho,* 37) = «Las doñas, más noveleras que llorosas, no dejan el bembeteo, que si el cáncer del páncreas, que si fue de momento, que si él se veía lo más bien...» (E. Rodríguez Juliá, *El entierro de Cortijo,* 22) = CONSULTAS = MALARET

beneficiada. f. Procesamiento del café. (CR): «La beneficiada sólo puede ser efectuada por personal experto (...).» (H. Muñoz, *Cuentos,* 100) = CONSULTAS

beneficio. m. **(1)** Fábrica destinada a la industrialización del café. (CR = Nic.): «(...) vendió el café de sus beneficios ganándose el ciento por ciento, mientras pagaba a sus peones salarios de hambre.» (C. Lyra, *Cuentos de mi tía Panchita,* 92) = «–Ujum. Está llegando gente todos los días. Y dicen que el otro sábado viene un contratista'e <de> La Línea* con toda una cuadrilla'e piones <de peones> pa <para> los trabajos del Beneficio.» (C. L. Fallas, *Gentes y gentecillas,* 24) = ARROYO = GAGINI = CONSULTAS = RABELLA y PALLAIS **(2)** Fiesta cuyas ganancias se destinan a una obra de beneficencia. (Arg.): «Y hay un lío porque lo están esperando que tienen que bailar juntos en un Beneficio (...).» (M. Puig, *La traición de Rita Hayworth,* 39) = CONSULTAS

benteveo. m. Véase **bienteveo.**

berlina. f. Celda estrecha donde el preso no puede acostarse. (Arg.): «Se acuerda de la 'vida*', de los 'manyamientos' <desfile de delincuentes ante la policía>, de las noches pasadas en la 'berlina'.» (R. Arlt, *Novelas completas y cuentos,* III, 252) = VERDEVOYE

berraco -a; berraquera. Véanse **verraco; verraquera.**

berrendo -a. adj. Colérico, furioso. (Perú = PR): «Dos o tres negros de Pabur y Chapica <pueblos del Perú>, medios <medio> berrendos, largos como vainas de sable y feos hasta asustar, montaban guardia a las puertas de la casa (...).» (E. López Albújar, *De mi casona,* 74) = MALARET = MORÍNIGO

berro. m. Licor fuerte y amargo hecho con la planta del mismo nombre macerada en aguardiente. (Ven.): «–(...) con eso le pago al musiú <señor> y me pego* un berro, que con algo hay que celebrar el Carnaval.» (G. Meneses, *Campeones,* 83) = TEJERA

berrugosa. f. Véase **verrugosa.**

bibijagua. f. **ser una bibijagua** (o: **saber más que las bibijaguas**). fr. Ser muy diligente, industrioso y sagaz. (Cuba): «De las hormigas, de las hormigas bravas y especialmente de las bibijaguas, muy sagaces según el vulgo, que también dice de ellas como de las cucarachas para señalar la inteligencia y habilidad de un individuo, 'ese sabe más que las bibijaguas'.» (L. Cabrera, *La medicina popular de Cuba*, 172) = PICHARDO = SANTIESTEBAN

bichear. Véase **vichear.**

bichito. m. **matar el bichito.** fr. Véase **bicho.**

bicho. (1) bicho -ito (-a). m. y f. Niño –no es despect. (El Salv., Arg. = Guat. y CR): «Yo le digo al bicho no te metás en cosas, ya ves que nosotros gracias a Dios somos pobres pero no nos falta nada; no tenemos lujos pero comemos bien. Y el cipote <niño> se ve que entiende (...).» (R. Menjívar Ochoa, *Historia del traidor de nunca jamás*, 21) = «El bichito tiene ocho meses, y el grandulón un año y medio pasados... pero por suerte son varoncitos ¿no? no importa tanto que no sean lindos... Nené se sintió pobre, no tenía para mostrar más que dos niños poco agraciados.» (M. Puig, *Boquitas pintadas*, 196) = MALARET = ARMAS = CONSULTAS **(2)** m. Persona muy astuta, pero sin malas intenciones. (Cuba, Ur. = Arg.): «(...) tío era un bicho, así, del aire, le había inventado un negocio.» (J. Díaz, *Las iniciales de la tierra*, 39) = «¡La pucha* que había sido vivo usté! (...) ¡Ja, ja, ja, que había sido bicho! ¡Me gusta ese escarmiento! Así no tendremos que proceder y recibirán una buena lición esas locas...» (E. Amorim, *La carreta*, 24) = SANTIESTEBAN = VERDEVOYE **(3)** Objeto, tanto de pequeño como de gran tamaño. (Ven.): «¿Y después, a la hora de bajar, si el bicho estaba repleto? Tonterías. Un *libre** es lo mejor.» (A. González León, *País portátil*, 14) = TEJERA **(4)** Idea, ocurrencia. (Ch.): «Parece que tienes muy metido el bicho de embarcarte en un ballenero.» (L. Sepúlveda, *Mundo del fin del mundo*, 18) = CONSULTAS = MORALES PETTORINO, PEÑA ÁLVAREZ y QUIROZ MEJÍAS **(5) bicho de sexta.** fr. Lobisón, séptimo hijo varón que según una leyenda extendida en el campo, se convierte en lobo las noches de los viernes de luna llena –empléase en la frontera con el Brasil, y procede de 'bicho de sexta feira', o sea, de viernes, que sale ese mismo día. (Ur.): «–'Mas lo que son las chicas, te garanto / que han de estar istudiando <estudiando>, / para bicho de sexta! / '¡Pucha* mujeres fieras...!' / –'Hai <hay> que ser corajudo, el que las pele!'» (A. R. Bisio, «Brindis agreste», en G. Wettstein, *Nuestra Tierra*, II, 76) = CONSULTAS **(6) matar el bichito.** fr. Matar el hambre, matar el gusanillo. (Ch., Arg.): «–¡Ah, eso es muy bueno para matar el bichito!» (M. Rojas, *El delincuente... y otros cuentos*, 74) = «A la verdad, nuestra hambre bien nos podía hacer ver cualquier cuadrúpedo comible, pues eran las diez, y desde las dos de la madrugada, no habíamos 'matao el bichito' más que con unos cimarrones <mates amargos sin azúcar>.» (R. Güiraldes, *Don Segundo Sombra*, 109) = CONSULTAS **(7) picarle un bicho a** uno. fr. que expresa que alguien se ha portado de una manera extraña o que provoca enojo. (Arg. = Ur.): «Qué bicho te picó! Qué tengo yo que sabé esa cosa <saber esas cosas>!» (E. Sábato, *Abaddón el exterminador*, 835) = CONSULTAS **(8) bicho de buey.** Véase **bichobuey. (9) bicho feo.** Véase **bichofeo**.

bichobuey (o: **bicho de buey**). m. Vergajo. (Cuba): «(...) otro policía le descargaba el bichobuey en la espalda, arrinconaba al Mai, lo revolcaba en el suelo, empezaba a patearlo.» (J. Díaz, *Las iniciales de la tierra*, 59) = SÁNCHEZ-BOUDY (quien recoge **bicho de buey**)

bichofeo (o: **bicho feo**). m. Silbido que imita el canto del **bichofeo**, ave zancuda (*Saurophagus sulphuratus*); este mismo canto. (Par., Arg.): «Oía sus risas y sus silbidos, los inimitables bichofeos de los mellizos.» (A. Roa Bastos, *Hijo de hombre*, 94) = «Y un día, por probarnos, jugando, me dejaste de recuerdo este pajarito que me canta todas las mañanas: ¡bicho-feo! ¡bicho-feo!» (R. Güiraldes, *Don Segundo Sombra*, 93) = MORÍNIGO (véase también **bienteveo**)

biela. f. Cerveza bien helada. (Ec.): «Después iba a parar en algún rincón de la Tola, y una vez instalado, pedía cuatro bielas para sacarse los demonios de encima, el aroma a sexo y rencor en los ojos, la mirada perdida...» (J. Vasconez, *Ciudad lejana*, 57) = CONSULTAS

bien (1) bien que. fr. seguida de un verbo en modo personal. Mucho. (Arg. = CR): «–¿A la noche acaso no podríamos haber seguido con <la película de> los zombis?, bien que te gustaba, no me digas que no.» (M. Puig, *El beso de la mujer araña*, 196) = «¡Bien que admiraste mi lirismo –le recordé– cuando me tocó redactar la necrología del Fundador del diario! ¿Me negarás que lloraste al leerla?» (L. Marechal, *Adán Buenosayres*, 655) = CONSULTAS **(2) ni bien.** fr. No bien. (Par., Arg. = Ur.): «Aquietó su corazón diciéndose que mañana, ni bien se levantase haría algunas poesías...» (G. Casaccia, *La Babosa*, 16) = «Pero yo he hecho muchos méritos* en la vida, y ni bien cuento algo de mi vida la gente para la oreja.» (M. Puig, *La traición de Rita Hayworth*, 60) = CONSULTAS **(3) bien-te-veo.** Véase **bienteveo.**

bienteveo. m. **(1) bienteveo** (o: **bien-te-veo**). Pajarillo *(Scolecophagus atroviolaceus)* muy común, de color negro con reflejos violados, ojos pardos y pico encorvado en su extremidad; vive en tropas o se alimenta de larvas e insectos. (PR = Cuba): «Preparaban los conucos que habían de sembrarse en la primavera. Ya andaba el bienteveo saltando de árbol en árbol, trayendo en su pico el júbilo de las floraciones.» (E. Laguerre, *La llamarada*, 192) = «Nadie aplaudió. Sólo se oyó el canto del bien-te-veo en una rama del cupey <copey> (...).» (R. Marqués, *La víspera del hombre*, 240) = ÁLVAREZ NAZARIO = PICHARDO = SANTAMARÍA DGA **(2)** Cierto herpes que produce unas manchas moradas en el cuerpo. (Hond. = Guat. y Nic.): «Se encuentra en abundancia <la planta llamada 'mechoacán'> y sirve para curar las manchas de la piel, no de las comunes, sino manchas producidas por la enfermedad conocida por cativí o bienteveo.» (A. Oquelí, *El Gringo Lenca*, 86) = MEMBREÑO

bienvestida -o. f. o m. Planta del *cacahuanance*, *totí* o piñón* florido (*Gliricida sepium*) –pop. (Cuba): «(...) cuando el caballo comience a subir la cuesta y venga despacito bajo la sombra de los bienvestidos.» (S. Paz, «Bajo el sauce llorón», en: A. Flores, *Narrativa hispanoamericana...*, 367) = SANTAMARÍA DGA (quien recoge **bienvestida**)

bifurcar. tr. Desviar. (CR): «(...) la placa que desde la puerta de una casa, bifurcaba la luz vespertina.» (Q. Duncan, *Final de calle*, 115) = CONSULTAS

bigote. m. **costar un bigote.** fr. Costar muchísimo, costar un ojo de la cara. (Guat.): «Después me quedo viendo estrellitas y sombras amarillas y me cuesta un bigote distinguirla. Sólo veo su sombra contra la luz.» (M. A. Flores, *Los compañeros*, 61) = RUBIO

bigotuda. adj. f. Dícese de la alpargata cuya suela de cáñamo o esparto está desflecada por el uso. (Ur.): «Calzando alpargatas 'bigotudas', enseñaba sus torcidas pantorrillas al aire.» (E. Amorim, *Horizontes y bocacalles*, 26) = «(...) un tape <indio tape> de alpargatas bigotudas que viajaba impaciente por incorporarse a las tropas revolucionarias para calzar botas de potro que, según mentas*, repartirían en la patriada*.» (E. Amorim, *La carreta*, 120) = CONSULTAS

bija. f. Sasafrás (*Bixa orellana*), árbol de unos cinco metros de alto, cuya madera y corteza despiden un olor aromático que sirve de repelente contra los insectos. (Col.): «(...) él mismo quemaba los troncos de bija en el dormitorio para que nadie percibiera el tufo de mortecina de la madre moribunda (...).» (G. García Márquez, *El otoño del patriarca*, 135) = SANTAMARÍA DGA = HAENSCH y WERNER

bilis. f. **derramarle a** alguien **la bilis.** fr. Hacer que alguien se enfurezca, subirle la bilis. (Guat.): «–¡Vos sí que dialtiro* sos liso –la *Masacuata* estaba hecha una chichigua–, desconsiderado, que sólo servís para derramarle a uno la bilis.» (M. A. Asturias, *El señor presidente*, 84) = CONSULTAS

bimbalete. m. Aparato rústico a modo de balanza y provisto de un cubo, utilizado para sacar agua gracias a un sistema de sube y baja. (Méx.): «A orillas de un arroyuelo, Pifanio estaba tirando rudamente de la soga de un bimbalete. Una olla enorme se volcaba sobre un montón de hierba fresca, y a las postreras luces de la tarde cintilaba el chorro de cristal desparramándose en la pila.» (M. Azuela, *Los de abajo*, 104) = SANTAMARÍA DGA

bina. adj.; ú. t. c. m. y f. Véase **vino -a.**

biógrafo. m. Cinematógrafo. (Ch., Arg.): «Ésa fue su perdición: empezar su trabajo con un número tan hecho ya en circos, biógrafos y teatros y tan conocido por los aficionados a los espectáculos de varieté.» (M. Rojas, *El delincuente... y otros cuentos*, 96) = «–Pero aquellos circo grande <aquellos circos grandes> de mi tiempo, de eso no hay má. Se terminaron... Lo <los> mató el biógrafo. –El biógrafo? Qué es el biógrafo? –El cine le dicen ahora.» (E. Sábato, *Abaddón el exterminador*, 843) = CONSULTAS

birar. Véase **virar.**

birlocha. f. Chola joven que viste a la moda occidental. (Bol.): «Se llamaba descaradamente feo. Hilda, nombre de birlocha.» (R. Poppe, *Despúés de las calles*, 20-1) = PAULOVICH = MUÑOZ REYES

bitoquear (o: **vitoquear).** intr. Presumir, engreírse –vulg. (Ven.): «–Me está pareciendo que estás vitoqueando. / –¿Vitoqueando de qué? / –Eso digo yo. Como te crees muy macho. A cada rato estás diciendo que uno es muchachito.» (G. Meneses, *Campeones*, 12) = TEJERA

bizcocho. m. **mezquinarle a** alguien **el bizcocho.** fr. Recortarle la ganancia. (Arg.): «Probablemente lo primero <había hecho el suegro> en odio a él, su yerno, por mezquinarle, como quien decía, el bizcocho, por quitarle, ya que no todo, parte de lo que la ley le daba, de los derechos que, como marido de la hija, el Código le acordaba*...» (E. Cambaceres, *En la sangre*, 211-2) = CONSULTAS

blanco -a. (1) s. Rico o poderoso, miembro de la clase superior, que sea de origen europeo, indoamericano o afroamericano, y que se esfuerza por seguir los patrones culturales occidentales. (Ven., Col., Ec., Bol.): «Cuando se tiene un hijo con palabra de casamiento se disculpa la falta. –Sí señor; y como las blancas los tienen también, nada de particular es que los pobres nos *resbálemos*.» (V. Romero

García, *Peonía*, 239) = «–Si en la provincia solamente los blancos andan a caballo (...). –¿Quién te ha dicho que no eres blanca? –pregunté a Tránsito–; y blanca como pocas. La muchacha se puso colorada como una guinda al responderme: –Las que yo digo son las gentes ricas, las señoras.» (J. Isaacs, *María*, 106) = «–Vamos... no hay que sacrificarnos de gana! No hay que ser carne de blanco!» (G. H. Mata, *Sal*, 189) = «Muy temprano vino el corregidor, el único blanco –léase mestizo– del pueblo, y se lo llevó a la cárcel.» (J. Lara, *Yanakuna*, 61) **(2) blanco -quito.** m. Patrón, hacendado, terrateniente, aun cuando sea cholo o mulato. (Ec.) «Para nosotros <los peones>, nada. Todo para patrones, para blancos.» (E. Terán, *El cojo Navarrete*, 200) = «El doctor Sandoval <un hacendado cholo> (...) se detuvo ante la casa de Jaramillo, y viendo el arroz, le dijo: (...) –Parece regularona la semilla. –No, blanco, buena es.» (E. Gil Gilbert, *Nuestro pan*, 196-7) = «–¡Hola! gran Lucas –díjole Jorge al apearse– ¿qué tal de vida? / –Así, así, patroncito, coji-cojeando como siempre –contestóle Lucas, teniéndole de las riendas al caballo de Jorge– ¿y su merced y el compadre y las niñas? / –Bien, gracias. ¿Conque ustedes de a fiesta, no? / –Y con buen humor, por más señas, blanquito. A buen tiempo llega su merced; ahora sí que hay chiquillas de relamerse y su merced puede hacer su agosto.» (J. R. Bustamante, *Para matar el gusano*, 31-2) = CONSULTAS **(3) blanco -a.** m. y f.; ú. t. c. adj. Simpatizante del Partido Nacional –o Partido Blanco (conservador)–, uno de los partidos tradicionales uruguayos. (Ur., y Ur. < Arg.): «(...) los escrutinios habían empezado a indicar, sin duda alguna, la derrota del Gobierno y el triunfo del Partido Nacional. Era el 30 de noviembre de 1958 y también en Montevideo ganaban los blancos.» (C. Martínez Moreno, *Paredón*, 7) = «(...) ambos, que por lo alto enfrentaban a los blancos (...), en la chiquita*, o no tan chiquita, enfrentaban o combatían el batllismo.» (H. Alfaro, *Por la vereda del sol*, 62) = «Los blancos eran más, pero los otros disponían de mejor armamento y los diezmaron desde lo alto de un cerro.» (J. L. Borges, *Obras Completas*, 1060) = CONSULTAS

blanquear. tr. Escoger como blanco, tirotear; ejecutar a tiros a una persona, generalmente de manera arbitraria y alevosa. (Bol.): «–¡No podemos dejar que se muera uno de los nuestros!... / –¿Quién se moverá para que lo blanqueen? –dijo un obrero de ojos redondos, que se agrandaron más al agregar desafiante: ¡Lo que es a mí, nadie me mueve de aquí!...» (F. Medina, *Los muertos están cada día más indóciles*, 126) = MUÑOZ REYES

blanquillo. m. Huevo de ave, especialmente el de gallina. (Méx. = Guat.): «Oye, chatita, deja a mi sargento que fría los blanquillos y caliente las gordas; tú ven acá conmigo.» (M. Azuela, *Los de abajo*, 5) = MALARET = SANTAMARÍA DGA

blanquiñoso -a. adj. Blanco (desp.). (Perú): «–No me gusta que me tutees, cholo de porquería... –¿Qué te pasa, blanquiñoso?» (M. Vargas Llosa, *La ciudad y los perros*, 107) = «Imparcialmente el cantor proclamaba la desgracia. / *Hoy me pasaron el dato, / el blanquiñoso que la tenía la abandonó.* / El sargento Cabrera interrumpió el vals y ordenó a la banda arremeter con el 'Ataque de Uchumayo'.» (M. Scorza, *Redoble por Rancas*, 83) = CONSULTAS

blusa. f. Camisa liviana tanto de hombre como de mujer. (Ch. = Arg.): «Me palpan el cuerpo, pese a que no llevo sino un blue jean muy estrecho y una blusa.» (H. Valdés, *Tejas Verdes*, 14) = CONSULTAS

bobo. (1) adj. Véase **cosa boba. (2) pájaro bobo** (o: **bobo**). Pájaro de los momótidos, llamado también **turco** o **pájaro cú**; es frecuente en las zonas cálidas, donde vive en las selvas; suele volar tímida y silenciosamente de árbol en árbol; anida en el suelo. (CR = Méx.): «Un pájaro bobo lo siguió largo rato, saltando de árbol en árbol, hasta que se volvió cansado de aquel hombre sin importancia.» (C. Salazar Herrera, *Cuentos de angustias y paisajes*, 48) = CONSULTAS = SANTAMARÍA DGA

boca (o: **boquita**). f. **(1)** Tapa, comida que se toma como aperitivo. (Guat., El Salv., Nic., CR): «–Un whisky y un coñac... –¡Y unas boquitas!» (M. A. Asturias, *El señor presidente*, 252) = «En todo caso, la cerveza tiene una gama limitada de imperativos categóricos previos, es decir, de bocas o bocadillos, realmente necesarios.» (R. Dalton, *Pobrecito poeta que era yo...*, 13) = «(...) Castañeda lo esperaba en el comedor con cervezas heladas y bocas que él mismo había estado friendo en la cocina (...).» (S. Ramírez, *Castigo Divino*, 66) = «Y aquí llegaban ellos, la mayoría de las veces a llevarse los huevos de tortuga para 'bocas' de sus borracheras.» (H. Elizondo, *Memorias de un pobre diablo*, 46) = ARMAS = RUBIO = RABELLA y PALLAIS = ARMAS = CONSULTAS **(2) boca de chicharra.** fr. f. Dícese de la persona gritona. (PR): «LITO. – *(A voz en cuello.)* Juanita, tu novio te mandó un regalo. / CHAGUITO. – *(Dándole un coscorronazo*.)* ¡Sooó! ¡Gritón! ¡Boca e chicharra!» (R. Marqués, *La Carreta*, 71) = CONSULTAS **(3) andar, estar con el Jesús en la boca.** fr. No llevarlas todas consigo, estar muy asustado. (Arg.): «Cuando me llegó mi turno / dije entre mí: '¡Ya me toca!' / y aunque mi falta era poca, / no sé porqué <por qué> me asustaba; / les asiguro que estaba / con el Jesús en la boca.» (J. Hernández, *Martín Fierro*, II, versos 3.523-8) = VERDEVOYE = CONSULTAS **(4) con la boca es un mamey.** fr. Del dicho al hecho hay mucho trecho. (PR): «Recordó el día en que uno de éstos <recién graduados>, disertando sobre agricultura en forma poética, habló sobre las mieses. Y Peyo se atrevería a jurar que en su vida jamás 'había ofendido a la tierra'. Y dibujando bajo el espeso bigote una sonrisa socarrona musitó: 'Con la boca es un mamey'.» (A. Díaz Alfaro, *Terrazo*, 84) = MALARET **(5) sentar la de la boca.** fr. Fullería que consiste en apartar disimuladamente la primera carta para dar o sacar la siguiente. (Arg.): «En el nueve y otros juegos / llevo ventaja no poca; / y siempre que dar me toca / el mal no tiene remedio / porque sé sacar del medio / y sentar la de la boca.» (J. Hernández, *Martín Fierro*, II, versos 3.163-8) = CONSULTAS **(6) ventearse la boca.** fr. Vanagloriarse, presumir. (CR): «Ai <ahí> anda ventiándose la boca con que usté es uno de sus caballos y dándose taco con que el otro día pasó por donde tía Venada montado en usté.» (C. Lyra, *Cuentos de mi tía Panchita*, 188) = QUESADA (quien recoge **ventearse el hocico** con el sentido de 'hablar sin medida, hablar tonterías')

bocachico. m. Pez de río comestible (*Prochilodus reticulatus*) de unos 25 centímetros de largo. (Ec. = Col.): «–Cusumbo, anda a pescar unos bocachicos.» (D. Aguilera Malta, *Don Goyo*, 34) = CONSULTAS = HAENSCH y WERNER

Bocadillo. m. **bocadillos amelcochados.** m. pl. Cierto tipo de emparedados. (Guat.): «Otros asaltaban las tilcheras de dulces, antes que se acabaran los bocadillos amelcochados, las cocadas, (...)?.» (M. A. Asturias, *El señor presidente*, 149) = CONSULTAS

bocado. m. Alimentos regalados por un peón al hacendado. (Méx.): «Alrededor de la ceiba de la majada nos esperaban los indios. Se acercaron para que toquemos su frente con nuestros dedos y nos hacen entrega del 'bocado': gallinas bien maneadas para que no se escapen, huevos frescos, medidas pequeñas de maíz y frijol.» (R. Castellanos, *Balún-Canán*, 72) = CONSULTAS

bocatán -ana. adj. Chismoso, hablador. (Perú): «–Como ciertas mujeres, –añadió alguien, mirando de reojo a la que tenía al lado. / –Y así no dejan de gustarte todas, bocatán, –respondió la aludida.» (E. López Albújar, *Nuevos Cuentos Andinos*, 164) = SOPENA

boceto. m. Retrato-robot. (PR): «(...) el paquete, conteniendo un diccionario español-inglés y viceversa, que a su vez llevaba una abertura entre sus páginas con una bomba de fragmentación, fue entregado en el mencionado municipio por una mujer de la que se intenta hacer un boceto.» (*El Nuevo Día*, 30/4/94) = CONSULTAS

bocina. f. Auricular de teléfono. (Ec. = Méx.): «Cada vez que llaman al teléfono de mi casa y preguntan **¿con quién hablo?** se me sube la mostaza a la nariz, cuelgo la bocina en el gancho y no contesto.» (J. A. Campos, *Cosas de mi Tierra*, 83) = SANTAMARÍA DGA

bocha. f. Cabeza, chola. (Arg.): «(...) la bocha pelada está fría, el pelo la tiene calentita a la bocha (...).» (M. Puig, *Boquitas pintadas*, 97) = GOBELLO (véase también **bocho**)

bochar. tr. Suspender en un examen. (Arg.): «Matemáticas, Química y Física, dos que me bochen y se va todo a la mierda (...).» (M. Puig, *La traición de Rita Hayworth*, 159) = VERDEVOYE

boche. m. Alemán –despect. (Arg.): «–¡Un bárbaro teutón! –dijo Franky. Todos estos boches tienen la cabeza en forma de obús.» (L. Marechal, *Adán Buenosayres*, 213) = CONSULTAS

bochinche. m. Rumor malintencionado –por oposición a la /bola/, no obligatoriamente malintencionada. (Pan.): «Pues, como todo el mundo sabe, el único propósito de esos grupos es viajar a Panamá... (...) Vendiendo drogas según el bochinche de una radiobemba*.» (Cubena, *Los nietos de Felicidad Dolores*, 18) = CONSULTAS

bochinchero -a. adj. Chismoso; que dice cosas que no debe decir. (PR): «(...) aquí, a mi lado, en esta tumba tomada por asalto, se apretujan cuatro hembras *bochincheras* que permanecieron en el *bembeteo** aún cuando el *espontáneo* juzgaba nuestra gratitud con el Cortijo muerto.» (E. Rodríguez Juliá, *El entierro de Cortijo*, 86-7) = CONSULTAS = CLAUDIO DE LA TORRE (véase también **bochinche**)

bocho -a. m. y f. Cráneo, cabeza; inteligencia –ú. por ej. en la fr. **romperse el bocho.** (Arg. = Ur.): «Así que todos los chicos habitués, sobre todo los que van a la Alliance se rompieron el bocho repasando la historia, la geografía y la numismática de la Douce France (...).» (E. Sábato, *Abaddón el exterminador*, 733) = GOBELLO = CHIAPPARA = CONSULTAS

bodoque. m. Bolita de barro que se arroja con tirachinas; ú. en la fr. **no servir ni para bodoques** con el sentido de no servir para nada, ser completamente inútil. (Par.): «¿Y por esto nosotros vamos a pelear? ¿Por esta tierra del Chaco, que ni para bodoques sirve?» (H. C. Sosa Tenaillon, *Cincuenta años después*, 118) = CONSULTAS

bogotana. f. Tela de algodón. (Nic.): «(...) la túnica sarracena, muy holgada, es de bogotana blanca, orlada de arabescos de sotache en la boca del cuello, mangas y guardapolvo (...).» (S. Ramírez, *Un baile de máscaras*, 48) = RABELLA y PALLAIS

bola. f. **(1)** Cosa, asunto. (CR): «(...) cuando el Asceta Minofén se percató sufrió un desgarrador desvanecimiento de sus ilusiones y buscó refugio en Cristo pero hay que tener cuidado con esas bolas.» (R. Arias, *El emperador Tertuliano...*, 24) = CONSULTAS **(2)** Gran cantidad de lo que sea. (Méx.): «O la bola de familias que pasan de la aristocracia (...) a la clase media de la capital (...).» (C. Fuentes, *La región más tansparente*, 307) = CONSULTAS **(3) bolas.** pl. Bolas de plátano verde rallado, que se comen con carne. (Ec.): «Y cuando yo tuve ya buenos dientes mi plato juerte <fuerte> fue el **locro de bolas** y el **maduro* asao** <asado>» (J. A. Campos, *Cosas de mi tierra*, 74) = CARVALHO-NETO **(4) bola de apio.** Véase **¡gran bola!** **(5) bola de nieve.** fr. Dulce frío. (PR): «(...) empezó a comer con el tenedor reluciente. Pero pronto se decidió por los dedos. La bola de nieve no era fría como había pensado. En cambio, era blanca como el algodón. Y dulce como el azúcar.» (R. Marqués, *La víspera del hombre*, 18) = CONSULTAS **(6) bola perdida.** fr. Bola de piedra atada a un cordel, del tamaño de una naranja; es arma arrojadiza de bastante alcance. (Arg.): «Sabe manejar las bolas / como naides las maneja: / cuanto * el contrario se aleja, / manda una bola perdida, / y si lo alcanza, sin vida / es siguro que lo deja.» (J. Hernández, *Martín Fierro*, I, versos 499-504) = MORÍNIGO = VERDEVOYE **(7) andar como bola sin manija.** fr. Andar sin rumbo fijo. (Arg.): «(...) se aburría atroz, espantosamente, andaba como bola sin manija, no sabía qué hacer a ratos de su bulto...» (E. Cambaceres, *En la sangre*, 214-5) = VERDEVOYE = CONSULTAS **(8) armar una bola.** fr. Preparar una mascada de coca. (Perú): «–Masca, Timoteyo, no tes ay <estés ahí> como pollo engerido –le dijo luego el Simón, presentándole su talego de coca. / Ambos armaron grandes bolas.» (C. Alegría, *Los perros hambrientos*, 74) = CONSULTAS **(9) dar bola vista.** fr. En el juego del billar llamado treinta y una, mostrar al adversario la bolilla numerada que normalmente éste no ha de conocer; conceder una ventaja a un adversario. (Arg.): «Un nápoles* mercachifle / que andaba con un arpista / cayó también en la lista / sin dificultá ninguna: / lo agarré a la treinta y una / y le daba bola vista.» (J. Hernández, *Martín Fierro*, II, 3.217-22) = CONSULTAS **(10) dar en bola.** fr. Tener éxito; atinar. (Perú): «(...) cuando a los cuarenta años todavía no se ha logrado, como se dice, dar en bola, es necesario asegurar el porvenir.» (C. Alegría, *Los perros hambrientos*, 83) = MORÍNIGO **(11) de bola.** fr. Completamente, del todo. (Ven.): «–(...) Persignársele al Diablo no fuera nada; echarle agua a la candela no fuera nada; pero decirle a Matías: '¡Yo soy Bolívar!' Paró ese rabo* y se fue como cotejo* en mogote, ido <loco> de bola, con todo y pacto con Mandinga.» (A. Uslar Pietri, *Las lanzas coloradas*, 8) = TEJERA = CONSULTAS **(12) echar (la) bola negra.** Desechar la candidatura o la solicitud de alguien votando negativamente. (Arg.): «(...) había tenido la audacia, el atrevimiento de hacerse presentar de socio al <club del> Progreso y le habían echado por supuesto bola negra.» (E. Cambaceres, *En la sangre*, 175) = CONSULTAS **(13) ¡gran bola!** interj. Imbécil, tonto. (Ven.): «–¿Miedo? ¿miedo de qué? / –¡Guá! ¡Tú sabrás, gran bola!» (G. Meneses, *Campeones*, 13) = CONSULTAS **(14) hacer correr la bola.** fr. Hacer circular una noticia particularmente interesante. (Arg.): «Vos no hagás correr la bola / entre gente que palpita*, / porque estos datos* polenta* / se brindan por amistad.» (J. Rial «Preparate pa'l domingo», en: J. Barreiro, *El Tango*, 157) = CONSULTAS **(15) ¡(si) no importa gran bola!** fr. No tiene importancia. (Ven.): «–(...) Muchas gracias, de verdad verdad, mi hermano, agradecido para siempre. / –¡Si no importa gran bola!... Voy ganando cada día más con las peleas, negro; y si no meto mis reales en negocios, se me van.» (G. Meneses, *Campeones*, 74) = CONSULTAS

bolada. **(1)** Véase **volada.** **(2) bolada de aficionado.** fr. f. Intervención de un tercero en una discusión, pelea, partida de juego o cualquier otra cosa. (Arg. = Ur.): «Vería primero, haría la prueba, con tiento, con prudencia, a no precipitarse, a no irse de bruces, algo como una simple bolada de aficionado, un simple picholeo* para empezar.» (E. Cambaceres, *En la sangre*, 218) = MORÍNIGO **(3) pedir la bolada.** fr. Proponerse para efectuar alguna tarea. (Ur., Arg.): «Aquí está mostrada la evolución del coraje de nuestro gaucho. Ayer se pedía la bolada <para domar a los potrillos difíciles>. Hoy se piensa que no hay necesidad de hacerse machucar de gusto, y no se juega la vida arriba de un caballo el más guapo sino el que tiene más necesidad.» (J. J. Morosoli, «El siete oficios», en G. Wettstein, *Nuestra Tierra*, II, 21) = «Mas también en este juego / voy a pedir mi bolada; / a naides le debo nada / ni pido cuartel ni doy, / y ninguno dende hoy / ha de llevarme en la armada <ha de engañarme>.» (J. Hernández, *Martín Fierro*, I, 1.093-8) = CONSULTAS

bolado. m. Asunto. (El Salv. = CR): «Bueno, cuándo en mi puta y católica vida iba a soñar yo con esos bolados.» (M. Argueta, *Un día en la vida*, 97) = QUESADA = CONSULTAS (véase también **volado**)

boleado (o: **boliao**). p. adj. Enarbolado, en alto, hablando de un machete. (Ec.): «Levantaba su machete, como una bandera ensangrentada, apenas la víctima se quedaba inmóvil, y otra vez desplegaba su grito aterrador: / –¡Machete 'boliao'! ¡Viva Alfaro!» (N. Estupiñán Bass, *Cuando los guayacanes florecían*, I, 63) = CONSULTAS

boleadora. f. **boleadoras de dos.** f. pl. Juego de dos boleadoras (en vez de tres), que se usa para cazar avestruces y tiene forma especial. (Arg.): «La paisanada, a caballo, se había desparramado a lo largo de los andariveles en forma de boleadoras de dos, es decir, un poco amontonada en el lugar del pique y el de la raya y raleando a lo lago de la cancha.» (R. Güiraldes, *Don Segundo Sombra,* 136) = CONSULTAS

bolear. **(1) bolear parado -a.** fr. adj. tr. Juzgar con prejuicios. (Arg.): «–Me están boliando parao –retruqué–; dejenmé siquiera que corra un poco.» (R. Güiraldes, *Don Segundo Sombra,* 47) = CONSULTAS **(2) bolear la pierna.** fr. Véase **pierna.** **(3)** Véase **boleado.**

boleo. m. **al boleo** (por /a voleo/, /al voleo/). fr. Al azar. (Ur. = Arg.): «La naturaleza arrojó las semillas al boleo para que se reprodujeran en montes espesos, como los algarrobales amazónicos.» (J. E. Miller, «Cortando campo», en: G. Wettstein, *Nuestra Tierra,* I, 109) = CONSULTAS

bolerazo. m. Fastidio, molestia. (PR): «(...) el bolerazo que asestó a todos la nueva Senadora cuando quiso cantar en el hemiciclo porque lo de ella era diz que cantar.» (L. R. Sánchez, *La Guaracha del Macho Camacho,* 37) = CONSULTAS

bolero. m. **(1) pelar bolero.** fr. Pelar a rape –castigo que se les suele infligir a reclutas, o a enemigos personales o políticos. (Par.): «(...) '...y dice que don Cristaldo, el peluquero, le sacó un pedazo de la oreja a Lacú Noguera con la navaja y le tajeó todo el pescuezo y la cara a tres más; a don Robú sí que le peló bolero... (...)'.» (R. Bareiro Saguier, *Ojo por diente,* 76-7) = CONSULTAS **(2) que es un bolero.** fr. m. con la que se pide a alguien que tenga paciencia. (CR): «Suave, suave que es un bolero, ahorita llegamos.» (G. Kearney, «Un turista en Costa Rica», en: *La Nación* de San José de Costa Rica, dic. de 1989) = CONSULTAS

boleta. f. **hacer la boleta.** fr. Multar. (Arg.): «Viene un cana* y te hace la boleta.» (J. Cortázar, *Rayuela,* 239) = VERDEVOYE

boletero -a. adj. Relativo a la venta de boletos. (Ch.): «Recordó que debía hacer una consulta, y subiéndose el cuello de la cazadora caminó hasta una de las ventanillas boleteras.» (L. Sepúlveda, *La frontera extraviada,* 113) = CONSULTAS = MORALES PETTORINO, PEÑA ÁLVAREZ y QUIROZ MEJÍAS

boleto. m. **(1)** Ficha con la que se paga a los empleados en las plantaciones de café y otras empresas. (CR = Col.): «Los sábados por la tarde, hay que ir a las oficinas centrales de la Empresa al cambio de los Boletos, por moneda contante y sonante.» (H. Muñoz, *Cuentos,* 104) = «(...) llegar todos los sábados con el rollo de boletos que en la mina ganaba (...).» (F. Dobles, *Historias de Tata Mundo,* 171) = GAGINI **(2)** Mentira. (Arg.): «(...) y no confiarte nunca de nadie, sólo de la madre, el que la tiene, al viejo le digo cualquier boleto y todas las tardes me voy al entrenamiento (...).» (M. Puig, *La traición de Rita Hayworth,* 175) = «(...) eso de que la catarsis aristotélica con la tragedia es puro grupo*, que hay que ver los boletos que se mandaban esos griegos.» (E. Sábato, *Abaddón el exterminador,* 908) = CHIAPPARA = TERRERA = CONSULTAS **(3)** Contrato preliminar de compraventa. (Arg.): «(...) se citaba casos de individuos que habían sacado en horas el vientre de mal año, con sólo un traspaso de boleto.» (E. Cambaceres, *En la sangre,* 218) = VERDEVOYE = CONSULTAS

boliche. m. **(1)** Carne del muslo de una res. (Cuba): «Había boliche, que es carne de res asada en una potente salsa con mucho laurel.» (R. Vázquez Díaz, *La isla del Cundeamor,* 89) = SANTAMARÍA DGA = MORÍNIGO **(2)** Bowling. (Guat. = CR): «Hermenegildo Puac, con su calavera blanca, se reía de los doce millones de plantas de banano que terminaba de derribar el viento fuerte, botándolas de los terrenos húmedos donde parecían igual que 'pines' <bolos> de boliche.» (M. A. Asturias, *Viento fuerte,* 200) = CONSULTAS

bolilla. f. **(1) bolilla negra.** fr. f. Voto en contra. (Arg.): «(...) una punta de camastrones, unitarios orgullosos y retrógrados que manejaban los títeres y no entendían de chicas, que le espulgaban la vida a uno y le sacudían sin más ni más, por quítame allá esas pajas, cada bolilla negra que cantaba el credo.» (E. Cambaceres, *En la sangre,* 138) = CONSULTAS **(2) no darle bolilla, no darle mucha bolilla, no darle (ni) cinco de bolilla** a alguien. fr. No hacerle caso. (Arg.): «Graciela y sus cuentos, no le di mucha bolilla (...).» (M. Puig, *La traición de Rita Hayworth,* 222) = CONSULTAS = VERDEVOYE

bolillo. m. Barrotillo de una ventana. (Col.): «En la fachada conservó la puerta principal y le hizo dos ventanas de cuerpo entero con bolillos torneados.» (G. García Márquez, *Cien años de soledad,* 22) = CONSULTAS

bolita. f. **(1)** Canica, bola. (Ur. = Arg.): «(...) desde que Víctor está enfermo, ya no me hace gracia jugar solo. Me las arreglo con la payana <los cantillos>, las bolitas, el trompo.» (M. Benedetti, *Gracias por el fuego,* 53) = «De la Caja del Tesoro de su niñez, buscó una lupa, una escarapela que había pertenecido a Carlucho, dos bolitas de vidrio, una pequeña brújula y un imán de herradura.» (E. Sábato, *Abaddón el exterminador,* 1126) = CONSULTAS = MORÍNIGO **(2)** Véase **bolitero.**

bolitero -a. m.; ú. t. c. adj. Persona o relacionado con una persona que juega al juego de azar clandestino (parecido a la lotería) llamado bolita* –en el Puerto Rico de 1994, pagando 100 dólares de los números de la Lotería legal. (PR = Cuba): «Y aquí, junto a mi lado, mirando hacia el centro comunal por encima del barullo, aparece un ejemplar de la mejor tradición bolitera. Calza zapatos blancos, viste un *leisure suit* ya pasado de moda, el azul del traje tiene un valor antiguamente emblemático, mejor se le conoce por azul *eléctrico* o *bolitero* (...).» (E. Rodríguez Juliá, *El entierro de Cortijo*, 51) = CONSULTAS = SANTIESTEBAN

bolo. m. **(1)** Mascada de coca. (Perú, Bol.): «*Polonio escupió la saliva verde de su bolo.*» (M. Scorza, *Redoble por Rancas*, 82) = «(...) nadie pisaba la áspera hendedura sin antes haber dejado en la hornacina de la apacheta, en calidad de ofrenda para la diosa, el bolo de coca que venía mascando;» (J. Lara, *Yanakuna*, 8-9) = CONSULTAS **(2)** Moneda nacional de Venezuela (donde es apócope de /bolívar/ –pop.; en Cuba y México, designa el peso –fest. (Ven. = Méx. y Cuba): «–Un fuerte* no te lo puedo dar. Si quieres dos bolos...» (G. Meneses, *Campeones*, 53) = «Mucho ojo, Pablito, que esos 600 bolos los tengo yo que ver.» (A. González León, *País portátil*, 26) = TEJERA = CONSULTAS = SANTAMARÍA DGA = MALARET

bolón. m. **(1)** Plátano verde asado con manteca y otros ingredientes como pimienta y sal, que se suele comer en la costa ecuatoriana acompañado con café. (Ec.): «Se ponen a asar entre las cenizas algunos plátanos verdes; luego se machacan con la piedra de moler hasta que se hagan pasta; esta pasta se amasa con manteca de puerco, pimienta, sal y chicharrón... –Pero eso no es pan, sino **bolón**, que llaman. –Es lo mismo, tontísima. Mi finao marido, que está en la gloria, no gustaba más desayuno que er **bolón.**» (J. A. Campos, *Cosas de mi tierra*, 73) = SANTAMARÍA DGA = MORÍNIGO = SOPENA **(2)** Suma de dinero; hablando de billetes, rollo. (Ec.): «Después recordaba con qué gozo había extraído el viejo el pañuelo colorado del difunto con el 'bolón' de billetes (...).» (N. Estupiñán Bass, *Cuando los guayacanes florecían*, I, 91) = CONSULTAS

bolsa. (1) m. y f.; ú. t. c. s. pl. y c. adj. Tonto, ingenuo. (Ven. = Col. y Arg.): «–¿Hay que saltar la pared? –preguntó Andrés. / –Claro, ¿qué quieres? ¿Que nos agarren como unos bolsas?» (A. González León, *País portátil*, 27) = TEJERA = HAENSCH y WERNER = CONSULTAS **(2) bolsa de dormir.** fr. f. Saco de dormir. (Perú = Arg.): «Ellos dispusieron las bolsas de dormir y las mantas al lado del otro y luego armaron una fogata, sentados en torno de la cual vieron destellar y multiplicarse las estrellas.» (M. Vargas Llosa, *Lituma en los Andes*, 116) = CONSULTAS (véase también **bolsón**) **(3) hacer bolsa.** fr. Hacer pedazos, destruir; anonadar, dejar mudo. (Arg.): «Lucas procede como perro chico y deja que los grandes se hagan bolsa entre ellos.» (J. Cortázar, *Un tal Lucas*, 18) = CONSULTAS = GOBELLO = CASULLO

bolsear. tr. Registrar los bolsillos de algún vestido. (Guat. = Hond., Méx., Nic. y CR): «(...) poca resistencia ofreció Juambo, quien, tomado de sopetón, no pudo defenderse de los escobazos y arañazos de aquella que para no perder la costumbre, al tiempo de pegarle y clavetearlo con las uñas, lo bolseaba, sin encontrar en los pobres huecos de trapo hediondo de los bolsillos de su chaqueta, otra cosa que algunos restos de huesos de muerto.» (M. A. Asturias, *Los ojos de los enterrados*, 406) = ARMAS = MEMBREÑO = SANTAMARÍA DM

bolsería. f. Tontería. (Ven.): «Andrés siempre tuvo presente la advertencia y agarró casi un miedo salvaje a anotar cualquier dato. (...) Mucha gente había caído por esa bolsería.» (A. González León, *País portátil*, 44) = TEJERA (véase también **bolsa** y **bolsón -ona**)

bolsicón. m. Falda amplia y plisada de las mujeres mestizas del pueblo serrano, hecha generalmente de chillo* o de bayetilla*, y que llega hasta media pierna; llámase también 'centro'. (Ec.): «Se sentó a su lado, y comenzó a pasarle la mano por los pliegues escurridizos del bolsicón nuevo.» (S. Núñez, *Novelas del páramo y de la cordillera*, 240) = «(...) endomingada siempre con el bolsicón prensado –vistoso abanico ambulante– (...).» (M. Corylé, *Gleba*, 51) = CARVALHO-NETO

bolsicona. f. **(1)** Mujer del pueblo serrano, muchas veces mestiza, que lleva el **bolsicón***. (Ec.): «Preludió un sanjuanito ibarreño <de la ciudad de Ibarra> el cornetín en si bemol, un sanjuanito que estaba de moda, **Chola* bolsicona**, y tocaba sólo la banda de Pasa.» (S. Núñez, *Novelas del páramo y de la cordillera*, 170) = MALARET = CARVALHO-NETO **(2)** Mujerzuela de la Sierra, muchas veces mestiza. (Ec.): «(...) le hallaron en paños menores en casa de un compadrito de esos, José Ch., sirviéndose choclos con queso (...) en compañía de una bolsicona de lamerse los dedos.» (S. Núñez, *Novelas del páramo y de la cordillera*, 142)= CARVALHO NETO

bolsillo. m. **Bolsillo.** Club Nacional de Fútbol de Montevideo. (Ur.): «Allí cruzó la alegría / pa' la tribuna 'de en frente' / el 'invicto' nuevamente / el Bolsillo mantenía.» (El gauchito del talud <seudónimo de Carlos Modernell> en *El País*, 10/10/94) = CONSULTAS

bolsilludo -a. adj.; ú. t. c. s. Del Club Nacional de Fútbol de Montevideo. (Ur.): «¡Y qué pesadilla si (...) fueran, los cuatro, 'manyas' o los cuatro, 'bolsilludos!» (H. Alfaro, *Por la vereda del sol*, 135) = CONSULTAS

bolsón. **(1)** m. Bolsa grande de cuero para viajar a caballo, con tapa y hebilla; alforjas. (Ven.): «*Lila* <la gata>, que había parido en esos días, andaba mudando sus gatitos, y no encontró mejor refugio que uno de mis bolsones, en que estaban mi ropa interior y mis pañuelos de mano.» (M. V. Romero, *Peonía*, 164) = TEJERA **(2)** m. Estuche para útiles escolares. (El Salv.= Ch.): «Hice hasta segundo grado, medio aprendí a leer y escribir, pero nunca usé bolsón, pues sólo llevaba un cuaderno de a cinco y un lápiz.» (M. Argueta, *Un día en la vida*, 129) = CONSULTAS **(3)** m. Hondonada, pradera o depresión. (Par., Arg.): «–Tiene que saber por lo menos dónde está escondido el prófugo. No pudo haberse escapado del bolsón. Mis hombres lo vieron por última vez parapetado tras un caballo muerto, tratando de cubrir la huida de los suyos.» (A. Roa Bastos, *Hijo de hombre*, 200-1) = VERDEVOYE = MALARET **(4) bolsón -a.** adj. Tonto -a. (Ec. = Ven., Col. y Arg.): «–¡A las mujeres no se les pega, bolsón!» (A. Ortiz, *Juyungo*, 38) = CORNEJO = TEJERA = HAENSCH y WERNER = SANTAMARÍA DGA (véase también **bolsa** y **bolsería**) **(5) bolsón de dormir.** fr. f. Saco de dormir. (Perú): «En un rincón de la cabaña tenían instalados sus bolsones de dormir, habían inflado las almohadillas de jebe <caucho> y, en un primus <infernillo> portátil, calentaban café.» (M. Vargas Llosa, *Lituma en los Andes*, 114) = CONSULTAS (véase también **bolsa**)

boludez. f. Tontería, estupidez. (Par. = Arg.): «–(...) Tratemos de saber qué demonios has venido a buscar a la ciudad. / –No sé. / –Qué boludez.» (M. Halley Mora, *Los hombres de Celina*, 71) = GOBELLO = VERDEVOYE = CONSULTAS

boludo -a. adj. Tonto. (Perú, Bol., Par., Arg. = Col.): «*¡Cómo es posible, Manuel / que, siendo viejo y barbudo, / hagas el triste papel de poeta y de...* boludo*!*» (E. López Albújar, *De mi casona*, 118) = «–¡Bueno! ¡Lo vamos a llevar como sea!... –todos rehuían su mirada: –¿No oyen, boludos? ¡Hay que llevar a ese compañero hasta la camioneta!...» (F. Medina, *Los muertos están cada día más indóciles*, 127) = «–Mirá, don Tito... no es la primera vez... / –Pero qué primera vez ni qué perro muerto, no seas boludo...» (R. Bareiro Saguier, *Ojo por diente*, 71) = «(...) la primera vez bailando el bolero 'Nosotros' y haciéndome el boludo le canté un poco y eso fue, dos macanas que se las tragó en seguida (...).» (M. Puig, *La traición de Rita Hayworth*, 157) = GOBELLO = CONSULTAS = VERDEVOYE

bollo -ito. m. Pasta hecha a base de plátano maduro. (Ec. = Col.): «Has comido bollo maduro en su propio jugo?» (J. A. Campos, *Cosas de mi tierra*, 74) = «En este momento sentí un paquete húmedo que me ponían en las manos. –Es bollito de maduro* con queso, me dijo mi comadre. Diantre de señora cariñosa. Se había empeñado en tratarme como a una criatura, (...), y en darme de comer como a un buitre.» J. A. Campos, *Cosas de mi tierra*, 37) = MORÍNIGO = HAENSCH y WERNER

bomba. f. **(1)** Baile afroamericano. (Ec. = PR): «Ni conga, ni rumba, ni bomba bailaron, caramba.» (A. Ortiz, *Juyungo*, 192) = CARVALHO-NETO = SANTAMARÍA DGA **(2)** Bombo, tambor grande que se toca con una maza. (PR): «–Cucha <escucha>. ¿Oyes la bomba? Hoy se baila en casa de Ña <doña> Saturna. Hacía tiempito que no bailaban. / Oíase la bomba: Tum, tum; prútutu, tum, tum, tum... Eran unos golpes secos. La noche parecía una caja enorme y hueca. (...) / –(...) La bomba de ahura no es la de enantes. El negro ha dejado de ser negro. (E. Laguerre, *La llamarada*, 225) = «(...) también hay quien dice que tiene más golpes que un baile de bombas (...).» (L. R. Sánchez, *La Guaracha del Macho Camacho*, 85) = MALARET **(3)** Figura de baile que consiste en hacer círculos –propia sobre todo de los indígenas de la región de Otavalo. (Ec.): «Se espueleban <espoleaban> de una bomba a otra: / ¡Media vuelta!» (G. A. Jácome, *Porqué se fueron las garzas*, 215-6) = CARVALHO-NETO **(4) bomba** (o: **bomba de a medio**). fr. Globo que sirve de juguete a los niños o para decorar cuando hay fiestas. (Ven.): «El cojo ya va lejos con su ramillete de globos, nosotros decíamos bombas de a medio.» (A. González León, *País portátil*, 79) = TEJERA (quien recoge la forma **bomba**) **(5) bomba lloradora.** fr. f. Bote de humo. (Perú): «–(...) Lo único que vi fue el humo de las bombas lloradoras.» (M. Scorza, *Redoble por Rancas*, 235) = CONSULTAS **(6) fruta-bomba.** Véase **frutabomba.**

bombacha(s). f. Braga de mujer o de nene. (Arg.): «(...) el muchacho grande viene, se acerca, ve que la Pocha duerme, le levanta despacio el vestido a florcitas verdes, ¡y la Pocha se olvidó de ponerse bombachas! (...).» (M. Puig, *La traición de Rita Hayworth*, 43) = «Mi nombre es Nacha, y en esta noche mil y una nachas verán aquí pasar (...). Verán de todo. ¿Todo?... ¡menos mi bombacha!» (Nacha Guevara, canción «Yo soy la Nacha», discos Hispavox, Madrid, 1977) = VERDEVOYE = CONSULTAS

bombachón. m. Traje enterizo para bebé. (Arg.): «(...) los tres muñequitos tienen medias blancas largas hasta el bombachón de seda hasta la rodilla (...).» (M. Puig, *La traición de Rita Hayworth*, 31) = VERDEVOYE

bombea(d)o. **(1)** m. Baile popular, seis* bombeao. (PR): «Alguien, un mozo desvaído, le quitó la pareja a Jesús para bailar el 'bombeao'.» (E. Laguerre, *la llamarada*, 127) = CONSULTAS **(2) bombeado -a.** p. adj. Borracho. (CR): «–Eso porque venías borracha, ¿no? / –Sí padre, vengo un poquito bombeada, pero qué quiere que haga...» (F. Contreras Castro, *Los Peor*, 147) = QUESADA = CONSULTAS

bombeador. m. Trabajador agrícola. (PR): «Cuando era larga la cañamiel la cortaban por la mitad en la cepa. Eran tajos certeros. (...) Y luego las carretas, con su carga, sus bueyes mansos, sus *bombeadores*, sus *cuarteros**.» (E. Laguerre, *La llamarada*, 129) = CONSULTAS

bombear (o: **bombiar**). tr. **(1)** Dar. (Pan.): «Y por eso también es que desde hace siete años Washington ha bombeado más dinero a este país que durante los primeros sesenta y cinco años de vida independiente (...).» (G. Guardia, *El último juego*, 162) = CONSULTAS **(2)** Espiar; divisar. (Arg.): «Se venían tan calladitos, / que yo me puse en cuidado. / Tal vez me hubieran bombiado / y me venían a buscar; / mas no quise disparar, / que eso es de gaucho morao <morado*>.» (J. Hernández, *Martín Fierro*, I, versos 1.487-92) = VERDEVOYE

bombero. m. **(1)** Espía. (Arg.): «Se armó un tremendo alboroto / cuando nos vieron llegar; / no podíamos aplacar / tan peligroso hervidero; / nos tomaron por bomberos / y nos quisieron lanciar <lancear>.» (J. Hernández, *Martín Fierro*, II, versos 210-6) = CONSULTAS = MORÍNIGO = VERDEVOYE **(2)** ú. t. c. adj. Explorador; baquiano (generalmente indio). (Ur. = Arg.): «Los bomberos llegaron con el anuncio de que el Polidoro y el Adivino habían acampado con sus tribus, una casi junto a la otra, a cuatro leguas de distancia.» (T. de Mattos, *¡Bernabé, Bernabé!*, 73) = MORÍNIGO = CONSULTAS **(3)** El que recita bombas o 'contra bombas' en las fiestas populares. (Hond. = Méx., Guat. y Nic.): «–¡BOMBA! 'De las ubres de esta moza, / aprendiéndola a ordeñar, / sale un hermoso queso / y sobra para cenar.' Grandes carcajadas llenaron los ámbitos del salón, pero el ruido fue cortado de tajo cuando la compañera del bombero exclamó a voz en cuello: –¡CONTRA BOMBA! 'De las barbas de este viejo, / torciéndolas cual mezcal, / sale un hermoso persogo <soga, ronzal> / y sobra para el bozal <cabestro>'.» (M. A. Rosa, *Tío Margarito*, 154) = SANTAMARÍA DM

bombeta. **(1)** f. Petardo. (CR): «(...) en un turno* que hicieron para remendar <reparar> la ermita la Auristela midió la distancia, vio que ya lo iba pudiendo, y se metió a mandonear <dirigir> las rifas y las bombetas, con lo que el turno dio muy buena cosecha.» (F. Dobles, *Historias de Tata Mundo*, 47) = QUESADA **(2)** adj.; ú. t. c. s. Pedante. (CR): «No deje de andar* unos lentes oscuros aunque sean prestados (...). Esto lo hará lucir como un bombeta canche.» (Remo, «Guía para el perfecto bombeta», en: Revista *El Relincho*, núm. 3, 1991, pág. 25) = CONSULTAS

bombilla. f. **pantalón bombilla,** o: **de bombilla.** fr. Véase **pantalón.**

bombita. f. Bombilla eléctrica. (Guat., Ur., Arg.): «Distraídamente levantó los ojos el favorito y fue viendo las botellas alineadas en los tramos de la estantería, la ese luminosa de la bombita de la luz eléctrica, un anuncio de vinos españoles.» (M. A. Asturias, *El señor presidente*, 39) = «El local tenía un balconcito al frente y una estrella hecha con bombitas sobre la puerta.» (H. Conti, *En vida*, 136) = «La luz de una bombita eléctrica untaba los muros, hacía relucir los cristales de la mampara y hería brutalmente aquellos doce rostros humanos, poniéndolos en evidencia con un rigor de fotografía policial.» (L. Marechal, *Adán Buenosayres*, 326) = CONSULTAS

bombo -a. adj. Insípido, soso; ú. en la fr. **ni dulce ni bombo** que se dice de lo que no tiene mucho azúcar pero sí buen sabor. (Cuba): «Ni dulce ni bombo, entre amargo y salado, y muy tibio.» (R. Castro Mosqueda, *Verónico*, 43) = CONSULTAS = SANTIESTEBAN

bombonera. f. Estadio de fútbol de Boca Juniors, llamado así por su forma redonda. (Arg.): «(...) señores radioyentes y espectadores de este encuentro sensacional en la bombonera boquense, con los hinchas del equipo (...).» (M. Puig, *La traición de Rita Hayworth*, 166) = CONSULTAS = VERDEVOYE

bonete. m. **apretarse el bonete.** fr. Tomar las de Villadiego, huir. (Arg.): «De trato tan riguroso / muy pronto me acobardé; / el bonete me apreté / buscando mejores fines, / y con unos bolantines <volatineros> / me fui para Santa Fe.» (J. Hernández, *Martín Fierro*, II, versos 2.977-82) = CONSULTAS (véase también **gorro**)

bongo. m. Embarcación fluvial de fondo plano y grandes dimensiones, hecha a partir de un solo tronco de árbol, que se usa para transportar carga o mercancías. (Ven.): «En ella <la casa> se vendía de todo, por mayor y al detalle: víveres, telas, calzados, sombrerería, ferretería, talabartería, quincalla... Como en el bongo donde los jóvenes corsos ejercieron el comercio ambulante por los ríos y caños de la región cauchera y minera, de uno en otro campamento (...).» (R. Gallegos, *Canaima*, 52) = TEJERA (véase también **bonguear**)

bonguear. tr. Ir en **bongo*** o a caballo para vender mercancías a domicilio. (Ven.): «–Piensa que si te dejara la iniciativa de los negocios, con lo mano floja que eres todavía andaríamos por ahí bongueando la pacotilla, como hace treinta años. (...) Como en el bongo donde los jóvenes corsos ejercieron el comercio ambulante por los ríos y los caños de la región cauchera y minera, de uno en otro campamento (...).» (R. Gallegos, *Canaima*, 52) = TEJERA (MALARET recoge la fr. fig. **bonguear la pacotilla*** con el sentido de 'no salir de pobre'; pero la frase de R. Gallegos citada en este art. no tiene este sentido)

boquera. f. Fanfarronada; alusión enojosa, indirecta. (Guat.): «Ve, vos, Chuncho, explicanos bien qué es eso de pelear con el mar; porque yo creo que ni vos mismo lo sabés, y es pura boquera tuya.» (M. A. Asturias, *Viento fuerte*, 79) = RUBIO

boquita. f. Véase **boca**.

bora. f. Véase **boral.**

boral. m. Conjunto de plantas acuáticas llamadas **boras***, frecuentes en los caños y lagunas. (Ven.): «(...) aquellos islotes de manglares y borales componían, sin embargo, un paisaje inquietante, sobre el cual reinara todavía el primaveral espanto de la primera mañana del mundo.» (R. Gallegos, *Canaima*, 12) = TEJERA

bordón -ona (o: **bordoncito -a**). m. Benjamín de una familia; en una familia pobre, ayuda en las tareas domésticas y en las del campo. (Ven., Ec. = Pan., y Col.): «(...) las Vellorinis eran tres y si las dos mayores no querían hacerle a Marcos Vargas el honor de concederle importancia a su llegada, en cambio Aracelis –la bordona, como le decían sus padres, al uso de allí, por ser la menor– estaba aquella noche más inquieta que nunca (...).» (R. Gallegos, *Canaima*, 55) = «Se llama bordoncito al niño, porque empezará proveyendo la choza de agua y leña, y en seguida correrá a su cargo la manada, el cuyero, el corral (...).» (A. Andrade Chiriboga, *Espigueo*, I, 47) = MALARET = TEJERA = FILIPPO

borgoña. m. Nombre de la sangría chilena. (Ch.): «(...) acudíamos a todos los borgoñas, llenábamos / el papel con los signos de un dolor jeroglífico.» (P. Neruda, «Canto general de Chile», en: *Canto general*, II, 35) = CONSULTAS

borgoñón. adj. m. Retorcido, hablando del bigote. (Méx.): «Es el capitancito rubio de bigote borgoñón (...).» (M. Azuela, *Los de abajo*, 58) = CONSULTAS

borlote. m. Tumulto, escándalo. (Méx.): «Detrás de ellos, vino todo el borlote. Mujeres, niños –muchos niños– seguirían llegando al cabo de las horas.» (V. A. Maldonado, *La noche de San Bernabé*, 143) = MORÍNIGO = JIMÉNEZ

bornearse. prnl. intr. Cambiar de lado. (Méx.): «El sol no había salido en todo el día, pero la luz se había borneado, volteando las sombras; por eso supe que era después del mediodía.» (J. Rulfo, *El llano en llamas*, 64) = CONSULTAS

borronearse. prnl. intr. Hablando de una imagen visual, formar un borrón o una mancha borrosa. (Par., Arg. = Ur.): «Me recosté contra ella para que me sintiera. La vi borronearse. Igual que en el río, cuando su sombra caía sobre la arena del fondo y las mojarritas pasaban a través de ella con sus agallas y aletas como gotas de sangre, picoteando las espumas del jabón.» (A. Roa Bastos, *Hijo de hombre*, 108) = «Con el oído atento, Adán Buenosayres detiene sus pasos frente al café 'Izmir', cuyas cortinas metálicas, a medio bajar, le permiten ver un interior brumoso en el cual se borronean figuras humanas que se mantienen inmóviles o esbozan soñolientos ademanes.» (L. Marechal, *Adán Buenosayres*, 410) = CONSULTAS

bosta. f. **hacer(se) bosta.** fr. tr., o prnl. intr. Estrellar(se); hacer(se) polvo. (Par., Arg.): «El General –seguí insistiendo– combina su *hobby* de la aviación con el de las mujeres. ¿Sabes lo que dicen que hace allá arriba? (...) Se larga en picada sobre el Panteón de los Héroes, mientras... (...). Un día le va a agarrar un infarto en la picada y se va a hacer bosta sobre el Panteón con putas y todo.» (A. Roa Bastos, *El baldío*, 34) = «(...) Mita hizo la denuncia al colegio y Berto no se conformó con eso, que quería hacerlo bosta al Noziglia (...).» (M. Puig, *La traición de Rita Hayworth*, 173) = CONSULTAS = GOBELLO

bostero. m. Durante la esquila de las ovejas, persona encargada de limpiar los corrales, recogiendo los excrementos de los animales. (Ur. = Arg.): «Al principio limpia, la cancha se vuelve pringosa de cera, bosta y orín y el bostero, con una pala de lata y una escoba de chirca acude aquí y allá recogiendo la cascarria y los desperdicios frescos o secando los orines con un paño.» (A. D. Gravina, «Fronteras al viento», en G. Wettstein, *Nuestra Tierra*, II, 30) = CONSULTAS = VERDEVOYE

bota. f. **(1) botas de potro.** fr. f. pl. Calzado hecho con el cuero entero de las patas traseras de un potro, potrillo o vaca, y muy sobado para que se amolde al pie y a la pierna del gaucho; suele, o solía estar desprovisto de puntera, pues el gaucho utilizaba dos de sus dedos. (Arg.): «(...) me hizo mil preguntas sobre mi larga ausencia, queriendo saber si me había hecho jinete, qué tal era para el lazo, cuántas mudanzas de malambo había aprendido y si sabía descarnar bien las botas de potro.» (R. Güiraldes, *Don Segundo Sombra*, 178) = «¿Cómo sería el abuelo en aquella época? ¿Usaba chiripá, botas de potro y facón de plata en la cintura, como se veía en los grabados de la Historia Nacional?» (L. Marechal, *Adán Buenosayres*, 31) = VERDEVOYE **(2) poner-**

se las botas tras (o: **detrás) de** alguien. fr. Salir detrás de esta persona. (Guat.): «(...) una patoja <niña> salió de la casa de enfrente y ni bien había salido, el tipo se había puesto las botas tras ella.» (M. A. Asturias, *El señor presidente*, 49) = CONSULTAS

botado. (1) m. y f. Niño expósito. (Bol.): «No. No pudo haber sido botado su abuelo, ni curtidor. ¿Por qué no pudo haber sido un hombre de claro linaje?» (J. Lara, *Yanakuna*, 250) = MUÑOZ REYES **(2)** p. adj. Fácil, facilón. (Col.): «(...) me va explicando todo, tranquila mija <mi hija>, que la cosa es botada, no hay ningún peligro (...).» (G. Santamaría, *Morir último*, 13) = CONSULTAS

botamanga. f. Vuelta exterior del pantalón, o de un corpiño o blusa femenina. (Arg.): «–Un tesoro de blusa –ponderó–, hecha totalmente a mano sobre linón de hilo. (...) La blusa trae un cuellito alto que cierra una corbatita del mismo género, y sus mangas tienen botamangas que terminan en un volado con las mismas alforzas y valencianas* del *jabot*.» (L. Marechal, *Adán Buenosayres*, 145) = GOBELLO = VERDEVOYE (por lo que al pantalón se refiere)

botana. f. Bocado de jamón, queso, *etc.* (Guat.): «Cocimiento en cantina sucia, hedionda, (...) botanas viejas llenas de telaraña (...).» (M. A. Flores, *Los compañeros*, 49) = MORÍNIGO

botapié. m. Vuelta exterior del pantalón. (Bol.): «(...) él hace ademán de patear al perro pero es peor. Ladra con más ganas e intenta avanzar para morderle del botapié, hace intentos de saltar (...).» (R. Poppe, *Después de las calles*, 32) = MUÑOZ REYES

botar. tr. **(1)** Derribar. (CR, Guat.): «(...) van botando la puerta y se salieron (...).» (M. Salguero, *Agencia de policía*, 12) = «–(...) Y qué resolvieron... Traguitearon* mucho es lo único que sé... / –Resolvimos que hay que botar al gobierno.» (M. A. Asturias, *Week-end en Guatemala*, 175) = QUESADA = CONSULTAS **(2)** Abandonar. (Ch. = Hond. y CR): «–No me puede dejar botado, don Pablo. Hable con la señora...» (A. Skármeta, *Ardiente Paciencia*, 73) = CONSULTAS **(3)** Deponer a alguien de su puesto, despedirlo. (Ec. = CR y Col.): «Si me niego a cumplir, fijo* que me harán <*sic*> de botar.» (G. A. Jácome, *Porqué se fueron las garzas*, 95) = CONSULTAS = HAENSCH y WERNER **(4) botar la piedra.** fr. Véase **piedra. (5) mandar botando.** fr. Véase **mandar. (6) botarse.** prnl. intr. Eyacular el hombre al tener el orgasmo. (Col.): «(...) yo sí sabía que te botabas en la cama, soñando, pero a mí no me gusta eso, yo (...) penetro al inodoro* y me bajo los pantalones (...).» (U. Valverde, *Bomba Camará*, 49) = HAENSCH y WERNER **(7) botarse.** prnl. intr. Tumbarse, bajarse, derribarse, apearse. (Guat.): «Los Ayuc Gaitán empezaron a botarse de las caballerías después de dar el recado de la carta a don Sebastianón.» (M. A. Asturias, *Viento fuerte*, 68) = SANTAMARÍA DGA **(8) botar el dinero.** fr. Véase **dinero.**

bote. m. Recipiente bastante grande; cubo, balde. (CR., Col.): «(...) llegan a formar una unidad indisoluble con el bote de basura para el que los ve comiendo directamente de la boca de un estañón de basura (...).» (F. Contreras Castro, *Única mirando al mar*, 100) = «¿Quién pateó el maldito bote de la basura?» (E. Rosero Diago, *El incendiado*, 7) = CONSULTAS

botella. f. Acumulación de conocimientos desordenados que uno se ha aprendido de memoria y que no domina del todo. (PR): «Metía los mochos* sin perder pie como si estuviera recitando una botella de examen oral.» (A. L. Vega, *Pasión de historia*, 88) = CLAUDIO DE LA TORRE = CONSULTAS

botellero. m. Funcionario que cobraba un sueldo del Estado sin trabajar. (Cuba): «Representando a la ciencia vivía allí <en Las Yaguas> una comadrona; al más noble de los magisterios, un maestro de escuela pública (...); policías a la Autoridad, y a los ideales de la nación, 'botelleros' y cachanchanes <lameculos> de políticos.» (L. Cabrera, *Reglas de Congo*, 150) = CONSULTAS = SANTIESTEBAN = ORTIZ (quien lo emplea en el artículo BOTELLA 'sinecura')

botellón. m. Botellín. (Ven. = Ch.) = «–(...) Sírveme una cervecita. / –Vamos a tomarnos este botellón. Yo lo pago –dijo el zambo <mestizo de negro e india>.» (G. Meneses, *Campeones*, 44) = CONSULTAS

botero. m. Auto de alquiler –o su chófer. (Cuba): «Decidimos pasar la noche en el camión fumando y tomando gaseosa. Ya vendría la mañana y con ella las guaguas <autobuses> y los 'boteros'.» (J. Soler Puig, *En el año de enero*, 180) = CONSULTAS

botija. f. **(1)** Tesoro, en sentido recto y figurado. (Hond., El Salv., CR = Méx., Guat. y Nic.): «(...) se encontró una botija enorme de los piratas en los arenales de Tanzing.» (A. P. Sánchez, *Ambrosio Pérez*, 97) = «Él buscaba las botijas llenas de bambas* doradas (...) que (...) vomitan plata y oro (...).» (Salarrué, *Cuentos de barro*, 16) = «Vos cuando te conseguiste a esa muchacha decí que hallaste una botija.» (F. Dobles, *Historias de Tata Mundo*, 215) = MEMBREÑO = GAGINI = SANTAMARÍA DGA = RABELLA y PALLAIS **(2)** m. o f. Niño. (Ur. = Arg.): «¿El vecindario? (...) una porretada de botijas que parecían vivir sin padres ni mayores (...).» (E. Amorim, *La carreta*, 137) = «Yo, un pelotudo de sesenta años, me pongo a llorar como un botija.» (M. Benedetti, *Gracias por el fuego*, 38) = VERDEVOYE = CONSULTAS **(3)** m. Vientre, barriga; se usa también como mote para designar a una persona gorda. (Arg.): «–¡Allá va el toro! ¡Atajen*! ¡Guarda! –Enlaza Sietepelos. –¡Que te agarra, Botija!» (E. Echeverría, 105) = SANTAMARÍA DGA (por lo que al sentido 'barriga' se refiere)

botijuela. f. Instrumento de música de ciertas orquestas afrocubanas, hecho a partir de una antigua botija de aceite perforada en un costado. (Cuba): «Era una criolla muy bonita, nieta de un congo portugués, de esos que tocaban botijuelas en sus fiestas, golpeando y soplando por el agujero de la botija.» (L. Cabrera, *Reglas de Congo*, 172) = ORTIZ

botín. m. ú. m. en pl. Zapato, calzado en general. (Méx., Col., Arg.): «Venían del Municipio San Ángel y del de Contreras, de Chalco, Tlalpan, de la Doctores, de San Antonio Abad y el pueblo de Tacubaya, endomingados pero sin exagerar, lustrados los únicos botines y cepillado el sombero de ala ancha y caída que uniformaba a los textiles <obreros del sector textil>.» (P. I. Taibo II, *Sombra de la sombra*, 73) = «(...) tiraron por las ventanas más de doscientos chalecos de brocado todavía con la etiqueta de fábrica, tiraron como tres mil pares de botines italianos sin estrenar (...).» (G. García Márquez, *El otoño del patriarca*, 240) = «¿Por qué el Rufián Melancólico continúa explotando mujeres y lustrándose los botines a pesar de tener fortuna?» (R. Arlt, *Los siete locos*, 94) = CONSULTAS

botiquín. m. Establecimiento de poca categoría que despacha bebidas alcohólicas y donde se puede jugar billar, cartas o dados. (Ven.): «Dio unas palmadas, llamando al mozo del botiquín, y le ordenó: / –Sirva champaña para todos.» (R. Gallegos, *Canaima*, 70) = «(...) de vez en cuando se metían en el botiquín de la esquina y tomaban su vasito de ron.» (G. Meneses, *Campeones*, 31) = TEJERA (véase también **botiquinero**)

botiquinero. m. Persona que despacha en el botiquín*. (Ven.): «–(...) De aquí no se va nadie hasta que esté borracho. ¡Echa más champaña, botiquinero, que esa la paga Blohm!» (R. Gallegos, *Canaima*, 20) = TEJERA véase también **botiquín**)

botón. **(1)** m. Policía, vigilante. (Arg. = Perú, Ch. y Ur.): «Y mirá este pobre mozo / cómo ha perdido el estado, / amargado, solo y flaco / como perro de botón.» (C. E. Flores, «Viejo smoking», en: J. Barreiro, *El Tango*, 110) = «No pretendo sacramentos / ni palabras funebreras, / me le entrego <a la muerte> mansamente, / como me entregué al botón.» (A. M. Podestá, «Como abrazao a un rencor», en: J. Barreiro, *El Tango*, 165) = «(...) antes (...) de que cualquier gil* aprendiera a volar un botón con caballo y todo.» (R. Tizziani, *Los borrachos en el cementerio*, 63) = MORÍNIGO = TERRERA = GOBELLO = CASULLO **(2) al (divino) botón.** fr. Inútilmente. (Arg.): «Una vez entre otras muchas, / tanto salir al botón, / nos pegaron un malón / los indios y una lanciada <lanceada>, / que la gente acobardada / quedó dende esa ocasión.» (J. Hernández, *Martín Fierro*, I, versos 529-534) = CONSULTAS = VERDEVOYE = **(3) ser de los del divino botón.** fr. Ser ingenuo. (Perú): «(...) como Cornejo no era de los del divino botón, y había sentido un ruido sospechoso al entrar, hizo poco caso de la paciente y comenzó por agacharse y mirar bajo la cama.» (E. López Albújar, *De mi casona*, 123) = CONSULTAS

bototo. m. Zapato grande, viejo y ordinario que usan los pobres. (Ch.): «(...) el soldado (...) estudiándose los bototos, le dijo a Mario sin mirarlo (...).» (A. Skármeta, *Ardiente Paciencia*, 154) = «(...) calzaba gruesos zapatones, bototos que llaman.» (M. Rojas, *El delincuente... y otros cuentos*, 62) = MALARET = SANTAMARÍA DGA = RODRÍGUEZ

box. m. **(1)** En el juego de béisbol, lugar reservado para los equipos que juegan. (Rep. Dom.): «Como jugabas con los muchachos del 'Aurora', compartiste con nosotros muchas veces la alegría de formar aquella rueda en el box (...).» (R. del Risco Bermúdez, «Ahora que vuelvo, Ton», en: J. Alcántara, *Antología de la literatura dominicana*, 131) = CONSULTAS **(2)** Caballeriza. (Arg.): «Estaba Barsut sentado bajo el triángulo de la pesebrera metálica, entre los muros de madera de un box (...).» (R. Arlt, *Los siete locos*, 136) = CONSULTAS

boyar. intr. Estar flotando en la superficie del agua un cuerpo cualquiera. (Cuba, Ur., Arg.): «(...) venía un pez fosforescente que era largo y se parecía a Cuba (...) y cuando lo cogí, que picó, comenzó a crecer y a crecer y se hizo tan grande como el bote y se quedó boyado, bocarriba, jadeando (...).» (G. Cabrera Infante, *Tres tristes tigres*, 160) = «–De manera que estamos rodeados de agua, solos... –murmuró impresionada–. Yo no podré dormir boyando en el río...» (E. Amorim, *La carreta*, 76) = «Ciertamente, su entendimiento boya intacto a la superficie de aquel discurso que no ha entendido ni entendería nunca.» (L. Marechal, *Adán Buenosayres*, 390-1) = PICHARDO = ORTIZ

bramante. m. Género de algodón. (Col. = Arg.): «(...) que te quites las botas, que me ensucias mis sábanas de bramante, y él se las quitaba (...).» (G. García Márquez, *El otoño del patriarca*, 133) = VERDEVOYE

bravo -a. adj. **(1)** Serio, difícil. (Perú, Ur., Arg.): «Nosotros mismos reconocemos que a cinco mil metros de altura es bravo tirar lampa.» (M. Scorza, *Redoble por Rancas*, 50) = «Lo bravo es cuando las desesperaciones no coinciden, y el otro te contagia la suya....» (M. Benedetti, *Primavera con una esquina rota*, 12) = «Hay unas cuadras muy bravas para cruzar.» (M. Puig, *Boquitas pintadas*, 30) = VERDEVOYE = CONSULTAS **(2)** Silvestre, hablando de vegetales. (Perú): «Más allá languidece el estadio, la cancha de fútbol sumergida bajo la hierba brava, la pista de atletismo cubierta de baches y huecos.» (M. Vargas Llosa, *La ciudad y los perros*, 19) = CONSULTAS **(3)** Fuerte. (Arg.): «Le gustaba, era muy rica la polla <chica>, a besos se la comería, ¡quién le diera andar bien con ella, tener su bravo camote <galanteo> del país con una así, de copete, de campanillas (...).» (E. Cambaceres, *En la sangre*, 144) = CONSULTAS

brea. f. **(1)** Alquitrán, asfalto que sirve de revestimiento en las carreteras. (PR): «–No importa, Don Rafa. Yo quiero ir por la carretera. / –Caminando tardarás mucho y la brea te quemará los pies.» (R. Marqués, *La víspera del hombre*, 48) = «El sudor de su frente cae casi a chorros sobre la brea candente de una calle Providencia radiante de antillanía.» (E. Rodríguez Juliá, *El entierro de Cortijo*, 67-8) = CONSULTAS (véanse también **embreado** y **embrear**) **(2)** Dinero. (Guat. = El Salv.): «¡Mucha <voluntad> podés tener, pero si no tenés brea, se te va el esfuerzo en lo poco que podés abarcar!» (M. A. Asturias, *Viento fuerte*, 13) = ARMAS = CONSULTAS

bregar. tr. Cortejar a una persona. (Ven.): «–(...) ¡Anda a bregarlo bien, a besarlo y apretártele bien!» (G. Meneses, *Campeones*, 69) = TEJERA

breque. m. **(1)** Brete, prisión. (Perú): «Nosotros vamos a meter en breque al Pancho, vamos a garantizar la corrida.» (J. M. Arguedas, *Yawar Fiesta*, 104) = SANTAMARÍA DGA **(2)** Freno de un vehículo –viene del inglés *brake*. (CR, Guat. = Méx., Hond., Nic., Col. y Perú): «Al entrar al puente los carros <carretas> vuelven a forcejear a dos manos con el breque para aminorar la fantástica carrera (...).» (C. L. Fallas, *Gentes y gentecillas*, 65) = «Bajaron con el motor apagado para ahorrar gasolina y los breques bien puestos, para no irse al barranco.» (M. A. Asturias, *Viento fuerte*, 107) = GAGINI = ARMAS = RABELLA y PALLAIS = SANTAMARÍA DM = FILIPPO = ARONA

brete. m. Trabajo; curro, tajo. (CR): «El Asceta Minofén es de origen turco o egipcio llega siempre al brete muy bien peinado y con un saco <chaqueta> gris que huele a cobija pero nadie lo nota porque lo disimula echándose montones de colonia Pino Salvaje.» (R. Arias, *El emperador Tertuliano...*, 16) = CONSULTAS

bretear. intr. Trabajar, currar. (CR): «Me agarró una depre jodidísima no quería bretear (...).» (R. Arias, *El emperador Tertuliano...*, 31) = CONSULTAS (Véase también **brete**)

breva. f. **(1)** Persona o cosa hermosa. (Arg.): «Milonguerita linda, papusa* y breva, / (...).» (E. Cadícamo, «Che papusa, oí!...», en: J. Barreiro, *El Tango*, 146) = GOBELLO **(2) pelar la breva.** fr. Quitarle a uno lo que tiene, despojarle. (Arg. = Ur.): «(...) pero hay pocos que se atrevan / a hacer esas incursiones, / porque otros indios ladrones / les suelen pelar la breva.» (J. Hernández, *Martín Fierro*, II, versos 657-60) = MORÍNIGO

breve. adv. En breve, brevemente. (Ec.): «–No vaya, señor. Regrese breve. ¡Los pesquisas*!» (J. Icaza, *El Chulla Romero y Flores*, 97) = VÁZQUEZ

brigadier. m. Alumno de una academia militar, que tiene cierto mando sobre sus iguales. (Perú): «La voz del teniente Gamboa surge desde el patio, como un trueno: '¡Brigadieres, tomen los tres últimos!' » (M. Vargas Llosa, *La ciudad y los perros*, 37) = CONSULTAS

brincacharcos. adj.; ú. t. c. s. Véase **pantalones brincacharcos.**

brincoteo. m. Efecto de brincar, de retozar. (Guat.): «Mecido por el brincoteo de las llantas*, Cara de Ángel saboreaba de antemano el susto que se iban a llevar al verlo en la fiesta.» (M. A. Asturias, *El señor presidente*, 242) = CONSULTAS

brisco. m. Homosexual masculino. (Ur.): «El tipo hizo un gesto varonil, se puso serio. Todo era para disimular. De sobra sabía yo que era brisco.» (E. Estrázulas, *Pepe Corvina*, 155) = CONSULTAS

brocha. f. **hacerse la brocha.** fr. Hacerse el tonto. (Guat.): «(...) se hizo la brocha y sólo me miró de reojo (...).» (M. A. Flores, *Los compañeros*, 146) = MORÍNIGO

brochota. f. **hacerse una brochota.** fr. Hacerse el tonto. (Guat.): «Pero yo me hice una brochota grande, pues desde que vi entrar al traído* se me puso que... que ahí había gato encerrado.» (M. A. Asturias, *El señor presidente*, 49) = CONSULTAS

broma. f. Cualquier asunto u objeto, aun cuando no sea perjudicial ni molesto –algo desp. (Ven.): «–Siempre estás hablando de desgracia. Cualquiera cree que de verdad te gustaría que nos cayera encima una broma bien grande.» (G. Meneses, *Campeones*, 61) = TEJERA

bronca. f. **tirar la bronca.** fr. Descargar la ira. (Ur. = Arg.): «Cuando hacen una cagada* tira la bronca como ahora.» (E. Estrázulas, *Pepe Corvina*, 36) = CONSULTAS = CHIAPPARA

broncar. intr. Enfadarse. (Arg.): «Tenemos que abrirnos*, / hemos terminado, / no es vida decente / broncar y broncar.» (A. Irusta, «Tenemos que abrirnos», en: J. Barreiro, *El Tango*, 204) = GOBELLO = CONSULTAS (véase también **bronco -a**)

bronco -a. adj. Peleador. (Méx.): «–Por allí –decían los conocedores, señalando aquellas resquebrajaduras blanquecinas–, por allí bajan los indios broncos.» (M. L. Guzmán, *El águila y la serpiente*, 96) = CONSULTAS (véase también **broncar**)

bruja. f. **(1)** f.; ú. t. c. adj. **andar bruja.** fr. inv. Andar escaso de dinero, estar a la cuarta pregunta. (Cuba): «Tenía un amigo: Enrique. Este llegaba a casa y si le faltaba un pantalón para ir a bailar, se ponía uno mío. Si no llegaba a tiempo a comer cuando andaba bruja se le guardaba su plato de comida.» (L. Cabrera, *Supersticiones y buenos consejos*, 29) = CONSULTAS = ORTIZ = SANTIESTEBAN **(2) las brujas se están casando.** fr. que significa que está lloviznando con sol. (PR): «Unas lloviznitas cariñosas alegran el techo de cinc hirviente. / –Las brujas se están casando –comenta Amparo (...).» (A. L. Vega, *Pasión de historia*, 108) = CONSULTAS

brujo. m. **(1)** Pajarito de color rojo. (Ec.): «¿Conocés vos ese pajarito colorao que mientan brujo?» (A. Ortiz, *Juyungo*, 71) = CONSULTAS **(2)** Hechizo. (Cuba = PR): «La piedrecita tenía un brujo muy fuerte.» (M. Barnet, *Biografía de un cimarrón*, 116) = MAURA **(3) sacar brujo.** fr. Curar la enfermedad de una persona embrujada. (Cuba): «Sólo un espíritu o un *oricha* es capaz de 'sacar brujo' con la boca.» (L. Cabrera, *La medicina popular de Cuba*, 131) = CONSULTAS

brulote. m. Dicho o escrito ofensivo; provocación. (Arg.): «No había requiebro ni guasada que no hallara un lugar en mi cabeza, de modo que fui una especie de archivo que los mayores se entretenían en revolver con algún puyazo*, para oírme largar el brulote.» (R. Güiraldes, *Don Segundo Sombra*, 13) = VERDEVOYE

brusquero. m. Matorral. (Ec.): «La Peralta lo arrinconó en un brusquero de ñangas <raíces de mangles>.» (D. Aguilera Malta, «El cholo que se castró», en *Los que se van*, 174) = «Viviña había estado allí sacando madera. Pero no solo. ¡Ahora le parecía un brusquero enorme i <y> cerrado!» (J. Gallegos Lara, «La Salvaje» en: *Los que se van*, 181) = JARAMILLO DE LUBENSKY

bruto -a. **(1)** adj. Aplicado a una paliza o castigo, despiadado. (Ec.): «Frente a una de las chicherías, tres indias (...), haciéndole carga-montón* a un indio borracho le daban una bruta ortigada <azotes dados con ortigas> en la cara, en las canillas (...). El indio se retorcía como rabo de lagartija, pero las castigadoras lo tenían maniatado y se daban modos para cumplir su propósito en la forma más vengativa.» (G. A. Jácome, *Porqué se fueron las garzas*, 204) = CONSULTAS **(2) a la bruta** (o: **a lo bruto**). fr. Grosera o torpemente; a ciegas. (Perú, Arg. = PR, Méx., CR, Par., Ch. y Ur.): «Pelear a la bruta sólo sirve si eres muy fuerte y puedes arrinconar al enemigo para quebrarle la guardia de una andanada.» (M. Vargas Llosa, *La ciudad y los perros*, 258) = «Muy bien. ¿Querían a la bruta?... Pues a la bruta andaríamos.» (R. Güiraldes, *Don Segundo Sombra*, 155) = «Comadreja <mi caballo> se había detenido ante la caída de Garúa. Dos veces intentó echarse al cangrejal para vencerlo a lo bruto, pero tuvo que volver atrás después de haberse perdido casi totalmente, salvándose a pura energía, con quejidos de esfuerzo.» (R. Güiraldes, *Don Segundo Sombra*, 97) = CONSULTAS = MALARET = MORÍNIGO

bucear. intr. Escarbar entre escombros. (CR) = «Antes íbamos también a bucear ahí a San José, pero eso es muy cansado porque hay que andar caminando todo el día y la gente lo ve feo a uno cuando ve que uno les abre las bolsas de basura, ¡como si no estuvieran viendo que es basura!» (F. Contreras Castro, *Única mirando al mar*, 62) = CONSULTAS

buche. m. Sombrero de copa alta. (Ec.): «Ahí buscan al caballero. –Quién? –Uno de leva* y buche plomo.» (J. A. Campos, *Cosas de mi tierra*, 57) = TOBAR GUARDERAS = MORÍNIGO

buchón. **(1)** m. Nombre común del pelícano. (CR): «Los buchones, en vuelo simétrico, hacían perspectivas de cielo y mar y, de picada, se tiraban sobre la ola.» (F. Zúñiga, *Yo no tengo ningún muerto*, 11) = «Algunas de las aves que comúnmente se ven sobrevolando o en la propia playa son [...] el pelícano o buchón (*Pelacanus occidentalis*), la tijereta de mar (...).» (M. A. Boza, *Parques nacionales*, 50) = CONSULTAS = QUESADA **(2) buchón -ona.** adj. Barrigón. (Ven.): «Los godos <criollos> tienen mucho tiempo mandando y ya están ricos y buchones. Con ellos se puede conseguir algo.» (A. Uslar Pietri, *Las lanzas coloradas*, 77) = SOPENA **(3) buchón -ona.** adj.; ú. t. c. s. Acaparador. (CR): «La solución es que te decidás y dejés a una de las dos. No se puede marcar* a la misma hora en dos lugares diferentes causando la envidia de los que no tenemos ni una. ¡Buchón!» (Profesor Sarandajo, «Horoscoloco», en revista *El Relincho*, núm. 2, 1991, pág. 21) = CONSULTAS

bueno -a. **(1) andar en la buena.** fr. Véase **andar.** **(2) buenas son tortas.** fr. Véase **tortas.** **(3) formarse la buena.** fr. Armarse un escándalo, un tiberio. (Col.): «Hizo un escándalo y se estaba formando la buena y tuvimos que volarnos.» (U. Valverde, *Bomba Camará*, 76) = CONSULTAS **(4) hacerse el bueno, tenerse por bueno.** fr. Echárselas de valiente. (Arg.): «–'Vos sos un gaucho matrero', / dijo uno, haciéndose el güeno.» (J. Hernández, *Martín Fierro*, I, versos 1.523-4) = CONSULTAS

buey (o: **güey**). m. **(1)** Tonto, estúpido; persona cualquiera, tío. (Méx.): «Luego le invitamos a tomar una copa en nuestra mesa y así lo separo de esta bola <grupo desordenado> de güeyes.» (V. A. Maldonado, *La noche de San Bernabé*, 76) = «De poco le va a servir contratar a este güey.» (J. García Ordoño, *Tres crímenes y algo más*, 32) = JIMÉNEZ (quien registra la forma **buey**) = CONSULTAS (que confirman **güey**) **(2) nunca falta un buey corneta*.** fr. Nunca falta un aguafiestas. (Arg.): «Dice el refrán que en la tropa / nunca falta un buey corneta*; (...).» (J. Hernández, *Martín Fierro*, II, versos 2.451-2) = «En lo mejor se da vuelta la taba, y, tras de suerte, culo; porque nunca falta un buey corneta, y el mundo es una bola que rodando y rodando...» (L. Marechal, *Adán Buenosayres*, 570) = VERDEVOYE

bufo. m. Revólver –es apócope de **bufoso***. (Arg.): «Aunque no le pararan delante, con el bufo en la mano, era seguro que tratarían de aguantárselas con los ojos abiertos, cabeceando en el sillón.» (R. Tizziani, *Noches sin lunas i soles*, 34) = CONSULTAS = CASULLO

bufoso. m. Revólver. (Arg.): «Hasta que al salir de un baile / después de una champañada, / la mujer que acompañaba / con un taura* se encontró. / Relucieron los bufosos / y el pobre taita <matón> cayó.» (tango «El taita del arrabal», en: J. Barreiro, *El Tango*, 138) = «Era un compadrito* de revólver –asintió el *taita* <matón> no sin melancolía–. Sacó un *bufoso*, y, apuntándome, gritó: '¡Si te movés de ahí te pego un tiro!'» (L. Marechal, *Adán Buenosayres*, 270) = CASULLO = GOBELLO (véase también **bufo**)

buga. m. Homosexual masculino activo, bujarrón. (Cuba): «(...) mis socios decían que tenía que dejar clara mi condición de hombre. Que un tipo con fama de buga no podía seguir en el grupo.» (J. Díaz, «El cojo», en: A. Flores, *Narrativa hispanoamericana...*, 149) = SÁNCHEZ-BOUDY

bule. m. Prostíbulo. (Méx.): «Dice que estaba platicando con ella en la puerta del bule, allá donde ustedes saben, por el Callejón del Diablo.» (J. J. Arreola, *La feria*, 74) = CONSULTAS

bulín -cito (o: **bulo**). m. Habitación, cuarto, en general de soltero y bien amueblado. (Par., Arg.): «–¿Te vas con él? / –Tiene su 'bulín'. / (...) –Está más interesado en el partido que en vos. / Rió <ella> estruendosamente. / –Bobo que sos –dijo– lo que pasa es que dijo en su casa que se fue a la cancha.» (M. Halley Mora, *Los hombres de Celina*, 84) = «Luego fuiste la amiguita / de un vejete boticario / (...). / Empezó tu decadencia, / las alhajas amuraste* / y un bulincito alquilaste / en una casa'e pensión.» (P. Contursi, «Flor de fango», en: J. Barreiro, *El Tango*, 182) = TERRERA = MORÍNIGO = CONSULTAS = GOBELLO

bulo. m. Véase **bulín.**

bulto. m. **(1)** Estuche de los útiles escolares. (CR = PR, Rep. Dom., Méx., Hond., Ven., Col., Bol. y Ch.): «Fue entonces cuando comenzaron las ausencias. Dejábamos el bulto tirado debajo de algún matón de cornizuelo y nos íbamos (...).» (H. Elizondo, *Memorias de un pobre diablo*, 26) = GAGINI = MALARET = CONSULTAS = HAENSCH y WERNER **(2) al bulto.** fr. Aproximadamente, a bulto. (Ur.): «Protestó, en cambio, cuando le hablé de los veinte hombres de Bernabé: 'Le aseguro que, al bulto, éramos más de cien'.» (T. de Mattos, *¡Bernabé, Bernabé!*, 41) = CONSULTAS **(3) salir con bulto.** fr. Estar embarazada una mujer. (Perú): «–(...) Goza de la Avelina si puedes, pero ruégale a tus jircas <cerros divinizados, protectores> que no salga con bulto, porque si sale, ¡tatau! que le hace comer el hijo don Miguel.» (E. López Albújar, *Nuevos Cuentos Andinos*, 60-1) = CONSULTAS

bullir. v. **bullirse.** prnl. intr. Molestarse. (Méx.): «–(...) Y haga usté de cuenta un pájaro grande, muy grande, que parece de repente que ni se bulle siquiera.» (M. Azuela, *Los de abajo*, 68) = CONSULTAS

bullón (o: **buyón**). m. Comida, puchero, olla. (Arg.): «Lo notable es que han nacido los mishos <pobres> como la mayoría de nosotros, que nos ganamos el bullón.» (R. Arlt, *Aguafuertes porteñas*, 109) = «(...) ¿no te acordás que he robado / pa'que no falte el buyón?» (P. Contursi, «Ivette», en: J. Barreiro, *El Tango*, 59) = «(...) cayó al boliche / la mujer del famoso as de cartón, / y diciéndole: 'Fiera, rajá* p'adentro, / barreme bien la pieza, cuidá el buyón.'» (R. Aubriot Barboza, «As de cartón», en: J. Barreiro, *El Tango*, 170) = CONSULTAS = GOBELLO = CASULLO = VERDEVOYE = CONSULTAS

burdelero. adj. m. Aficionado a los burdeles. (Arg.): «–Es cierto, hermanos... no soy yo... sino Dios que está en mí... ¿Cómo podría yo, miserable burdelero, hacer milagros?» (R. Arlt, *Los siete locos*, 245) = CONSULTAS

burra. f. **(1)** Desayuno que se llevan los campesinos para el trabajo, y que se compone de tortillas de maíz, frijoles y queso; el término se emplea humorísticamente en las ciudades. (Hond., CR = Méx., Nic.): «En el ala del sombrero viejo, se había colgado la lámpara, llevando el 'atadito de comida' en una mano, que no parecía ni burra, por lo poquito que llevaba, el pobre muchacho.» (M. Funes, *Oro y Miseria*, 124-5) = «A las cuatro de la mañana debía estar la burra lista para todos; a las doce el almuerzo; a las seis, la cena.» (C. L. Fallas, *Mamita Yunai*, 125) = SANTAMARÍA DM = QUESADA = ARROYO = CONSULTAS **(2) burra** (o: **burro**). Caballete. (CR = Cuba): «Sobre dos burras toscas el cajón.» (J. Gutiérrez, *Te acordás hermano*, 180) = CONSULTAS = SANTIESTEBAN (véase también **burro**)

burreado -a (o: **burriado -a**). adj. En gran abundancia. (Ven.): «Siempre estaban esos jefes poniéndose de parte de los que tenían la plata <el dinero> burriada.» (A. Croce, *La roca desnuda*, 59) = TEJERA

burrero. (1) m. Aficionado a las carreras de caballos. (Arg.): «¿Qué dirá el señor de mi 'pinta' y de esta cara de burrero y de 'cafishio' <rufián>?» (R. Arlt, *Los siete locos*, 244) = «Hablaba (...) con la misma familiaridad con la que un 'burrero' habla de pedigrees, aprontes* y performances.» (R. Arlt, *Aguafuertes porteñas*, 148) = MALARET = MORÍNIGO = CASULLO = VERDEVOYE **(2) burrero -a.** adj. Relativo a las carreras de caballos, al turf. (Arg. = Ur.): «(...) te lo bato* pa'que entiendas / en esta jerga burrera / que vos sos una potranca (...).» (C. E. Flores, «Canchero», en: J. Barreiro, *El Tango*, 142) = CONSULTAS

burriado -a. Véase **burreado.**

burrito. m. Tortilla rellena. (Méx.): «(...) la madre en otra maquila*, el hermano preparando burritos en un Taco Bell (...).» (C. Fuentes, *La frontera de cristal*, 272) = CONSULTAS

burro. m. **(1)** Caballete en el que se guardan los arreos de un caballo. (Cuba, El Salv.): «Metieron los caleseros sus respectivos quitrines en el zaguán, llevaron los caballos a la caballeriza en el traspatio, pusieron las monturas en sus burros (...).» (C. Villaverde, *Cecilia Valdés*, 102) = «A Víctor Manuel Marín para poder fusilarlo / le tuvieron que poner unos burros de madera / (esos que usan para poner la tabla de planchar) / por los sobacos.» (R. Dalton, *Las historias prohibidas del pulgarcito*, 173) = SOPENA (véase también **burra**) **(2)** Canoa en la que se echan las cañas que han de pasar entre los cilindros del trapiche. (Ven.): «Junto al burro del trapiche estaba Casiano, el mayordomo.» (M. V. Romero, *Peonía*, 140) = CONSULTAS **(3)** Zapato grueso para el trabajo, borceguí. (Hond., CR): «Samayoa buscó unos burros de su número y salió con ellos, casi corriendo. Luego recordó que no había preguntado por el precio. Se detuvo, gritándole al buhonero que apuntaba en su libreta: –¿Por cuánto me los deja? –Solamente diez lempiritas <moneda nacional hondureña>, don Martín. No se arrepentirá: esos zapatos especiales le durarán hasta que se acaben.» (R. Amaya Amador, *Prisión Verde*, 157) = «–(...) Mañana mismo te traigo 'e San José un vestido de casimir, con pantalón bombacho, y un par de zapatos bien bonitos, pa <para> que botés esos burros que andás* puestos...» (C. L. Fallas, *Mi Madrina*, 94) **(4)** Conjunto de haces de caña de azúcar. (PR): «Un hombre arrojaba haces de caña en la carreta y otros <otro> los acomodaba. (...) Veíanse carretas cargadas de *burro* y otras de *cabezales**.» (E. Laguerre, *La llamarada*, 110) = ÁLVAREZ NAZARIO (quien menciona **burrero** con el sentido de 'trabajador que deposita la caña en la plataforma de la carreta o del camión') **(5)** Mesa plegable formada de una regla (lomo) y de cuatro diagonales (patas) clavadas a ella. (Guat.): «(...) se ponía el canasto en la cabeza, doblaba el burro de madera y se lo ponía al hombro (...).» (M. A. Flores, *Los compañeros*, 87) = RUBIO **(6) hacerse el burro.** fr. Hacerse el tonto o el distraído. (Arg.): «Buscaba sólo saber si había que enfrentar el asunto enseguida, entre las tumbas, o mejor se hacían los burros y esperaban el lugar y el momento favorables.» (R. Tizziani, *El desquite*, 126-7) = CONSULTAS

busarda. f. Estómago; barriga. (Arg. = Ur.): «Cuasi me desdonfa <desfonda> la busarda.» (J. L. Borges y A. Bioy Casares, *Nuevos cuentos de Bustos Domecq*, 97-8) = GOBELLO = CONSULTAS

buscar. tr. **(1)** Ganar. (Ec.): «En casa de juego / Jamás entrarás, / Pues cuanto has buscado / Allí perderás.» (J. L. Mera, *Cantares del pueblo ecuatoriano*, I, 81) = CONSULTAS **(2) ¡Buscan!** excl. usada para indicar que alguien ha entrado en una tienda. (Ch.): «(...) decidió alertar a la (...) mesonera de la (...) concurrencia. / –¡Buscan!» (A. Skármeta, *Ardiente Paciencia*, 45) = CONSULTAS **(3) buscar la vida.** fr. Véase **vida.**

busero. m. Conductor de un autobús. (Ec. = Col.): «Yo les he oído decir a los taxistas y a los buseros de Imbaquí: cierto es, dejan los carros <coches> apestando a indio, pero nos dentra la lana <dinero> pes <pues>.» (G. A. Jácome, *Porqué se fueron las garzas*, 44) = CONSULTAS = HAENSCH y WERNER

butifarra. f. Farra, juerga. (Arg. = Ur.): «Lungo. (Observando butifarra colectiva en puerta.) –Déjeme entrar. Yo quiero cantar como los otros.» (R. Arlt, *Las aguafuertes porteñas de Roberto Arlt*, 229) = GOBELLO

buyón. m. Véase también **bullón.**

buzarda. f. Véase **busarda.**

buzo. m. **(1)** Uniforme de gimnasia; chándal. (Perú = CR y Arg.): «Los de quinto ya estaban en la cancha con sus buzos negros y a ellos también los aplaudían.» (M. Vargas Llosa, *La ciudad y los perros*, 67) = CONSULTAS **(2)** Jersey, en general de mangas largas. (Col., Ur.): «(...) los muchachos bebían contando sus conquistas, luciendo sus mejores buzos y chaquetas.» (U. Valverde, *Bomba Camará*, 39) = «(...) un buzo de lana (...).» (M. Benedetti, *Primavera con una esquina rota*, 56) = FILIPPO = HAENSCH y WERNER = CONSULTAS **(3)** amb. El que vive de lo que encuentra entre la basura. (CR): «No muy lejos, los buzos trabajaban con el único horario posible en ese lugar: el flujo y reflujo de los camiones recolectores.» (F. Contreras Castro, *Única mirando al mar*, pág. 12) = «Muy lejano al carretonero y al buzo de los botaderos, los recolectores de desechos sólidos han hecho de ésta una próspera actividad.» (Víctor J. Barrantes C., «La metamorfosis del buzo», Revista *Rumbo*, 14/09/93) = CONSULTAS (véase también **bucear**) **(4) buzo de bailarín.** fr. Pantalón y camisa de bailarín. (Perú): «(...) Gamboa observó que el pantalón caqui de Alberto era ridículamente corto: se ajustaba a sus piernas como un buzo de bailarín (...).» (M. Vargas Llosa, *La ciudad y los perros*, 280) = CONSULTAS

buzón. m. Calabozo, especialmente de castigo. (Arg.): «¡Estampilla, / que no encuentres en la vida / quien te meta en el buzón!» (M. Romero, «Estampilla», en: J. Barreiro, *El Tango*, 180) = GOBELLO = CASULLO

C

ca. adv. que sirve para apoyar lo que se dice, a la manera del /pues/ castellano. (Ec.): «Pero a ella ca con otro <hombre> se le ha visto andar.» (G. A. Jácome, *Porqué se fueron las garzas*, 242) = JARAMILLO DE LUBENSKY = CONSULTAS

cabalgado. m. Jinete. (Perú): «–Después que matemos al Juez mandarán tropas. Contrarrestaremos. Yo estoy listo para reunir doscientos cabalgados en este departamento <de Cerro de Pasco> –dijo Pis-pis.» (M. Scorza, *Redoble por Rancas*, 201) = CONSULTAS

caballito. m. Policía de tránsito que monta en motoneta. (Cuba): «(...) Fernando conocía un 'caballito', que por entonces a menudo se aparecía entre las patrullas de Batista (...). Ese 'caballito' era el cabo Linares.» (J. Soler Puig, *En el año de enero*, 179) = CONSULTAS

caballo. m. **(1)** Persona brutal o estúpida. (CR = Cuba y Ant., Guat., Nic., Perú, Ur. y Arg.): «Yo con los ojos abiertos / poniendo cara de caballo (...)» (M. Benavides, *Los hijos de Mariplata*, 96) = PICHARDO = MALARET = CONSULTAS = RABELLA y PALLAIS **(2)** Proposición deshonesta. (CR): «(...) me invitó a entrar, me sirvió un trago, muy buena gente el don*, y se puso a echarme el caballo, hablándome de los griegos (...).» (A. Chase, *Ella usaba bikini*, 68) = CONSULTAS **(3)** Médium; persona que en la santería es poseído ('montado*') por un santo. (Cuba): «No tienen <los congos*> trajes como en los templos lucumí para vestir a los 'caballos' (...) de los Orichas <Dioses lucumí>, cuando se produce el trance.» (L. Cabrera, *Reglas de Congo*, 123) = «El congo* Borunto (...) se quedó pensando en que la posible información que intentaba lograr de Pinpín Miranubes daría oportunidad a su caballo Julián Bombú de acrecentar aún más el prestigio de informante (...).» (R. Castro Mosqueda, *Verónico*, 152) = CONSULTAS **(4) caballo nochero.** Véase **nochero. (5) caballo de tiro.** fr. m. Caballo que el jinete lleva atado para recambio en un viaje largo. (Arg.): «(...) dirigí mi petiso al tranco, singularmente sonoro, hacia la cochera de Torres, donde pediría me entregasen el otro petiso, (...) embozalé al animal, (...) y despidiéndome de Remigio, con caballo de tiro y ropa en el poncho, como verdadero paisano, salí del pueblo hacia los campos, cruzando el puente viejo.» (R. Güiraldes, *Don Segundo Sombra*, 24-5) = MORÍNIGO **(6) como caballo.** tr. Mucho, muy bien. (Ch.): «Teníamos confianza ciega el uno en el otro... nos queríamos como caballo.» (M. Rojas, *El delincuente... y otros cuentos*, 63) = CONSULTAS **(7)** Véase también **enfermedad* de los caballos. (8) ir en caballos de hacienda.** fr. Tener buenos protectores o valedores. (Méx.): «¡La mosquita muerta! ¿No dizque* no tenías quien te administrara? Y ¡qué administración! Ya la quisiera el mejor matador de toros, el mismo Rodolfo Gaona, o la Fábregas, o Caruso (...). Vas en caballos de hacienda, como luego* dicen.» (A. Yáñez, *La creación*, 81) = CONSULTAS **(9) rayar el caballo.** fr. Se dice del jinete cuando para bruscamente el caballo que está galopando; parar el caballo en firme. (Méx. = Arg.): «Si mi hermano se mató fue en una borrachera. Y siquiera fueran borrachos garbosos, de los que rayan el caballo y echan vivas y alegran las fiestas. Pero no (...).» (R. Castellanos, *Balún-Canán*, 183) = CONSULTAS = SANTAMARÍA DGA = VERDEVOYE (ambos, en **rayar**; véase también **rayar el flete***)

cabaña. f. **(1)** Bungalow. (Cuba = Ur.): «Lo que en el hotel llaman cabañas, son en realidad como pequeñas casas de dos pisos, con portal y lindas ventanas de vidrio.» (R. Ortega, *La aventura de la Cruz Pinera*, 118) = CONSULTAS **(2)** Construcción rudimentaria para vivienda. (Ch. = Arg.): «(...) ha habido un cambio de comandante del campo <militar>. Desde ya, no nos dejan salir de las cabañas.» (H. Valdés, *Tejas Verdes*, 180) = CONSULTAS

cabe. m. Zancadilla. (Perú): «Después corrí hacia el otro, que salió disparado, pero lo alcancé y le puse cabe y se vino abajo.» (M. Vargas Llosa, *La ciudad y los perros*, 259) = CONSULTAS

cabecear. (1) intr. Dícese de un río cuando el nivel de sus aguas empieza a subir o a bajar. (Ven.): «(...) en la mitad del cauce <del Orinoco>, la Piedra del Medio mide la oscilación periódica del nivel de las aguas y cuando éstas comienzan a descender, al retirarse las lluvias que riegan la inmensa hoya, dice la ciudad: / –Ya está cabeceando el Orinoco.» (R. Gallegos, *Canaima*, 18) = MALARET = TEJERA **(2)** tr. Formar la cabeza de un cigarro. (Arg.):

«Y como ya no tenía qué hacer, lié un cigarrillo que, por el tiempo que puse en cabecearlo, parecía el primero de mi vida.» (R. Güiraldes, *Don Segundo Sombra*, 110) = SANTAMARÍA DGA

cabecita. cabecita negra. fr. m. **(1)** Verderón. (Arg.): «Miraba (...) las cabeceadas que daban al viento unas casuarinas nuevas que señalaban el principio del monte, un casalito <una pareja> de cabecitas negras que venía a beber en el surco de agua nacido seguramente de las baldeadas...» (R. Güiraldes, *Don Segundo Sombra*, 157) = SAUBIDET **(2)** fr. desp. para designar a un provinciano de origen social humilde. (Arg.): «La mujer lo miró sin entender, parecía no entender: era un cabecita negra. Tal vez pensaba que querían hacerle algo.» (E. Sábato, *Sobre héroes y tumbas*, 279) = CONSULTAS

cabete. m. Cordón para atar los zapatos –en el ej. adjunto, designa los zapatos y/o los pies. (PR): «De ese modo la plena <canto y baile de Puerto Rico> de Cortijo conservaba su profundo arraigo popular; evitó convertirse, como le ocurrió al jazz, en música formal, más hecha para profesores de filosofía que asisten a conciertos que para bailadores de cabetes inquietos.» (E. Rodríguez Juliá, *El entierro de Cortijo*, 31) = CONSULTAS = MAURA

cabeza. (1) f. Uno de los signos del sistema de adivinación por medio de los caracoles o *cauris*. (Cuba): «Para evitar una embolia aconseja (...) 'darle de comer a la cabeza tres veces: un día coco, otro babosa y el tercero sangre de paloma blanca'.» (L. Cabrera, *La medicina popular de Cuba*, 161) = CONSULTAS **(2) cabeza de agua.** fr. Crecida repentina de un río. (CR): «Dos adultos y cuatro niños de nacionalidad nicaragüense, fueron arrastrados por una cabeza de agua, en la tarde de ayer, en las márgenes del río Barranca (...).» (Richard Molina, nota de prensa, en: *Diario Extra*, 26/8/96) = CONSULTAS **(3) cabeza de** (o: **'e) mate.** fr. m. Cierto gato salvaje que vive en las selvas de la Costa. (Ec.): «Un cabeza de mate aislado de su banda i <y> perseguido por el aguaje saltaba al techo desde uno de los mataserranos* de la orilla. / (..) El pequeño felino se resbalaba sujetándose con las uñas por una guadúa.» (J. Gallegos Lara, «Al subir el aguaje» en: *Los que se van*, 142) = CONSULTAS **(4) Cabeza de Prenda.** fr. f. Brujo congo. (Cuba): «Las Cabezas de Prenda* (...) hicieron junta y allí mismo reconocieron a Mariwanga, y en esa junta que se llamó Cabayende, reconocieron también el valor del Palo Caballero.» (L. Cabrera, *Reglas de Congo*, 74) = CONSULTAS **(5) darse en la cabeza.** fr. Drogarse. (Col.): «(...) me sollaba* con pegante* o en ocasiones me daba en la cabeza con basuco* (...).» (M. S. Rico Sanín, *El delito de existir*, 78) = CONSULTAS

cabezada. f. **cabezada del basto.** fr. redund. Arzón de la silla de montar. (Arg.): «Algunos paisanos rondaban el tropel asustado de animales. Otros mudaban caballo. Otros, con la pierna cruzada sobre la cabezada del basto, liaban un cigarro o platicaban con tranquilidad.» (R. Güiraldes, *Don Segundo Sombra*, 108-9) = CONSULTAS

cabezal. m. Haz que reúne la parte superior de las cañas cortadas. (PR): «Un hombre arrojaba haces de caña en la carreta y otros <otro> los acomodaba. (...) Veíanse carretas cargadas de *burro** y otras de *cabezales*. Tienen que ser muy resistentes las ruedas para sostener tanto peso.» (E. Laguerre, *La llamarada*, 110) = CONSULTAS

cabildo. m. Asociación de negros. (Cuba): «Llamaba la atención ver cómo en los días del Corpus salían los negros de los cabildos vestidos de diablitos con colorines pintorreteados en la ropa, capuchones que les cubrían la cara y cascabeles en la cintura.» (M. Barnet, *Biografía de un cimarrón*, 135) = «Y como se estaba en Carnavales, los del Cabildo Arará* Tres Ojos levantaban un trueno de tambores tras de la pared medianera, en un patio sembrado de granados.» (A. Carpentier, *Cuentos completos*, 77) = ORTIZ = SANTAMARÍA DGA = MORÍNIGO

cabina. f. Casita para alquilar en lugares turísticos, bungalow; cuarto de hotel de una sola planta. (CR): «Le di una habitación que parece una cabinita, junto a la de los muchachos que vienen a hacer surf.» (A. Chase, *Ella usaba bikini*, 19) = CONSULTAS

cable. m. **tragar cable.** fr. Aguantar el llanto. (CR): «Ahora fue el anciano el que tuvo que tragar cable.» (J. Gutiérrez, *Murámonos Federico*, 56) = QUESADA

cabo. m. **(1) cabo de hacha.** fr. Árbol de propiedades medicinales. (Cuba, Ec.): «Se lavará cara y manos con (...) cabo de hacha (...); todas estas hojas ripiadas en una batea o palangana.» (L. Cabrera, *La medicina popular de Cuba*, 158) = «Conocía el lenguaje de los guayacanes y de los cabo de hacha, de los nigüitos y de los cascoles* (...).» (D. Aguilera Malta, *Don Goyo*, 18) = CONSULTAS **(2) cabo de hueso.** fr. Mango de cuchillo hecho con hueso. (Arg.): «Su indumentaria era de gaucho pobre. Un simple chanchero* rodeaba su cintura. La blusa corta se levantaba un poco sobre un 'cabo de güeso', del cual pendía el rebenque tosco y ennegrecido por el uso.» (R. Güiraldes, *Don Segundo Sombra*, 19) = CONSULTAS **(3) cabos negros.** m. sing. o pl. Caballo con patas, cola y crin de color negro o muy oscuro. (Arg.): «Parece, según me dijeron algunos, que con doblarlo al cabos negros había conseguido yo algo que muchos y muy buenos intentaron sin suerte.» (R. Güiraldes, *Don Segundo Sombra*, 159) = CONSULTAS

cabra. f. **meter las cabras.** fr. Meter miedo. (CR): «(...) una bandida broma que hasta a nosotros nos metió las cabras.» (M. Salguero, *Agencia de policía*, 64) = QUESADA = CONSULTAS

cabrear. tr. indir. Tener amoríos, refocilarse. (Perú y otros): «–(...) Cuando voy a los potreros a hacer curar los ganados, todos los peones que quedan en la caña se ponen a cabrear con las mozas.» (E. López Albújar, *Nuevos Cuentos Andinos*, 39) = CONSULTAS (véase también **cabreo**)

cabreo. m. Amorío. (Perú y otros): «–(...) ¿No sabes tú que las mujeres no deben entreverarse con los hombres en el trabajo? ¿No sabes tú que no me gustan cabreos en los cañaverales?» (E. López Albújar, *Nuevos Cuentos Andinos*, 38) = CONSULTAS (véase también **cabrear**)

cabrero -a. adj. **(1)** Esquivo, receloso, que no se decide a hacer algo. (Col.) «Yo no sé qué quiere esa loca conmigo (...), me ha picado el ojo* pero estoy muy cabrero.» (U. Valverde, *Bomba Camará*, 53) = FILIPPO = CONSULTAS **(2)** Enojado, o que se enfada fácilmente; ú. t. en la fr. **de cabrero -a** –pop. (Col., Arg. = Ur.): «Oímos algo, y nos pusimos cabreros.» (U. Valverde, *Bomba Camará*, 31) = «Así, entre cabrero, sumiso y amargo, / la luz de la aurora lo va a visitar.» (C. Flores, «Pan», en: I. Vilariño, *Tangos*, 42) = «(...) hasta el pelo de las manos, de cabrero, me arranqué.» (E. Escaris Méndez, «Barajando», en: J. Barreiro, *El Tango*, 54) = CONSULTAS = MORÍNIGO = GOBELLO = CHIAPPARA = SOPENA

cabrito -a (o: **cabro chico**). m. y f. Niño –hipocor. (CR = Ch.): «Lo menos, cabrito, lo menos.» (J. Gutiérrez, *Puerto Limón*, 77) = CONSULTAS

cabro. **(1) cabro -a.** adj. Muy difícil, peliagudo. (PR): «Me persigné mentalmente como en el colegio antes de un examen cabro (...).» (A. L. Vega, *Pasión de historia*, 74) = CONSULTAS **(2) cabro chico.** fr. m. Véase **cabrito.** **(3) que nos lo (los, la, las) salta(ba) un cabro.** fr. adj. Abundante. (PR): «Doña Reme les había preparado sendos platos-que-no-los-saltaba un cabro de asopao* de pollo con tostones* y ensalada (...).» (A. L. Vega, *Pasión de historia*, 134-5) = CONSULTAS

cabrón -ona. adj. Inaguantable; tremendo, muy fuerte. (PR): «Ahora que me acuerdo, aquel fue un verano bien cabrón. Rebajé más de diez libras –yo que era flaco– y estaba que parecía un sobreviviente de un campo de concentración.» (A. L. Vega, *Pasión de historia*, 63) = CONSULTAS = CLAUDIO DE LA TORRE

cabronería. f. Maldades, agresiones, ofensas. (PR): «A lo mejor si la cosa se queda ahí, yo me controlo, aunque me estuviera teniendo que tragar todas esas cabronerías (...) delante de los panas*.» (A. L. Vega, *Pasión de historia*, 83) = CONSULTAS

cabuya (o: **cabulla**). f. **darle cabuya** a un asunto. fr. Dar largas a un asunto, diferirlo innecesariamente. (PR = Ven.): «Me había cansado de darle cabulla a ver si me ahorraba el ridículo de una declaración formal.» (A. L. Vega, *Pasión de historia*, 63) = MALARET = TEJERA

cacalotazo. m. Puñetazo. (Cuba): «–En el central Mercedes Carrilo, donde jugaban maní*, congos y ararás*, Micaela Menéndez, de un cacalotazo descuajeringaba a un hombrón.» (L. Cabrera, *Reglas de Congo*, 93) = CONSULTAS

Cacique. m. Marca de un popular aguardiente. (CR): «En la cantina, cambió la imagen por un trago de Cacique, que se lo tomó en menos de lo que canta un gallo, sin respirar, sin arrugar la cara, y luego se puso a caminar.» (Adrián Marrero, «Cambió Cristo de oro por trago de Cacique», en: *Extra*, 10/07/95) = CONSULTAS

caco. m. **(1)** Cabeza. (Rep. Dom.): «¡La Virgen te pudra er <el> caco con tu careta de puerco!» (J. Acosta hijo, «A mí no me apunta nadie con carabina vacía», en: S. Nolasco, *El cuento en Santo Domingo*, 29) = OLIVIER **(2) las de Quico y Caco.** fr. Véase **Quico.**

cacha. **(1)** m. Recadero, mandadero indio. (Bol.): «Por algún apremio del dueño o del mayordomo, estaban obligados a supender cualquier tarea propia para servir de recaderos o 'cachas'. Debían ejecutar las mandas recorriendo a pie los fatigosos declives, con el atadillo de alimentos sujeto al hombro.» (H. Guzmán Arze, *Borrasca en el valle*, 67) = CONSULTAS **(2)** f. Relación sexual. (Ch.): «Tienes una calentura*, hija, que sólo se cura con dos medicinas. Las cachas o los viajes.» (A. Skármeta, *Ardiente Paciencia*, 63) = CONSULTAS **(3) sacar cachita.** fr. Véase **cachita.**

cacha-blanca. f. y m.; ú. t. c. adj. Navaja de empuñadura de hueso, y de hoja ancha y larga; revólver con empuñadura de hueso. (Ven.): «(...) <el llanero> se vino con el asta encabullada <forrada con cabuya> sobre el tuerto, quien apeló a una cachablanca de media vara.» (M. V. Romero, *Peonía*, 108) = «(...) Teodoro y su padre andan buscando una navaja cacha blanca que Teodoro dejó en casa de Crucito porque es tan grande que ningún policía se la hubiera devuelto si se la descubre.» (G. Meneses, *Campeones*, 94) = CONSULTAS = TEJERA

cachaciento -a. adj. Cachazudo, flemático. (Ur. = Guat., Ch. y Arg.): «Don Caseros era un animal manso, mañoso y cachaciento. Sabía darse sus gustos. Inofensivo y cobardón, no se exponía para ello (...).» (E. Amorim, *La carreta*, 107-8) = MALARET = MORÍNIGO

cachaco -a. (1) adj. y s. m. y f. Para los colombianos de la Costa, hombre o mujer que vive en la capital, o natural del interior del país –es desp. (Col.): «Úrsula reconoció en su modo de hablar rebuscado la cadencia lánguida de la gente del páramo, los cachacos.» (G. García Márquez, *Cien años de soledad*, 200) = «(...) la estación estaba llena de (...) cachacos que habían llegado de Barranquilla en la madrugada y que iban para la Zona a defender los intereses de la Compañía (...).» (A. Cepeda Samudio, *La casa grande*, 65) = CONSULTAS = HAENSCH y WERNER **(2)** adj. Español –esp. cuando es bajo de estatura y rico. (PR): «Él es médico en Toulouse. (...) habla muy bien el español, adivino impurezas cachacas en su árbol genealógico.» (A. L. Vega, *Pasión de historia*, 23) = MAURA = GAZTAMBIDE ARRILLAGA = SOPENA

cachada. f. Chupada de cigarro. (Cuba): «Le dio una última cachada al cigarrillo y lo frotó lentamente contra el cenicero.» (J. Díaz, *Las palabras perdidas*, 92) = CONSULTAS

cachar. tr. **(1)** Tener relaciones sexuales. (Perú): «(...) tanto en La Salle como en mi barrio hablar de cachar era un signo de virilidad (...).» (M. Vargas Llosa, *El pez en el agua*, 76) = «Ellos no sólo odian a los cachacos*. También a los que chupan <beben> y cachan, a los que hacen chupar y cachar a los demás.» (M. Vargas Llosa, *Lituma en los Andes,* 102) = CONSULTAS (véase también **cache**) **(2)** Comprender. (Ch. = Arg.): «(...) le sugirió a Beatriz con gesto, que constatara (...). / –Caché –dijo ella.» (A. Skármeta, *Ardiente Paciencia*, 103) = CONSULTAS = VERDEVOYE

cachaza. f. **limpiar la cachaza.** fr. Matar. (PR): «A la una de la tarde, Lares está más quieto que soldado haciéndose el muerto para que no le vayan a limpiar la cachaza.» (A. L. Vega, *Pasión de historia*, 133-4) = CONSULTAS

cachazo. m. Golpe dado con la cacha de una pistola. (Méx.): «Por el rostro desencajado de don Ramón, con la cabeza abierta de un cachazo y manchado de sangre por doquier, todo el mundo comprendió la gravedad de la situación.» (V. A. Maldonado, *La noche de San Bernabé*, 79) = CONSULTAS

cache. (1) m. Relación sexual. (Perú): «–Si eso no termina en cache, te pego –le advirtió Lituma.» (M. Vargas Llosa, *Lituma en los Andes*, 91) = CONSULTAS (véase también **cachar**) **(2) me cache en die**(z), **me cacho en die**(z). interj. que indica contrariedad, mecachis. (Ur.): «¡Las cosas que he soñao! / ¡Me cache en die, qué gil*!» (E. S. Discépolo, «Tres esperanzas», en: I. Vilariño, *Tangos*, 67) = CONSULTAS

cachear. tr. Golpear en la cabeza a alguien. (Arg.): «Lo único que les faltaba es cachear a la gente.» (R. Tizziani, *Todo es triste al volver*, 191) = CONSULTAS = SANTAMARÍA DGA

cachera. f. **(1)** Espolón artificial. (Bol.): «Era dueño de toda una colección de ejemplares de <gallos> de pelea*. Los seleccionaba con indudable maestría, les afilaba los cachos* como un artífice, les ponía cacheras, topaba a unos con otros a fin de aquilatarlos (...).» (J. Lara, *Yanakuna*, 267) = MUÑOZ REYES **(2)** Cornamenta. (CR): «Mientras tanto el venado, levantando su gran cachera, se ponía a mirarlos muy disgustado.» (F. Dobles, *Historias de Tata Mundo*, 256) = CONSULTAS = ARROYO

cacherío. m. Conjunto de cosas extravagantes y de mal gusto. (Arg.): «–(...) ¡Qué figuras, santo Dios, qué cacherío de mujeres éstas... y hasta sucias, che!...» (E. Cambaceres, *En la sangre*, 182) = VERDEVOYE = CONSULTAS

cachetazo. m. Cachetada, bofetada; desaire. (Arg. = CR y Ur.): «(...) reinó un silencio de muerte, se demudó Rafael como si hubiera recibido un cachetazo, la ira se perfiló en las mandíbulas apretadas de sus otros hijos (...).» (L. Marechal, *Adán Buenosayres*, 593) = SANTAMARÍA DGA = CONSULTAS

cachete. m. **(1)** Leve bofetada a modo de caricia; mamola. (Perú): «Ya no más (...) miradas codiciosas en los encuentros solitarios, ni palmaditas ni cachetes, hipócritamente obispales, a la hora del saludo matinal.» (E. López Albújar, *Nuevos Cuentos Andinos*, 41) = CONSULTAS **(2) hacer cachetes.** fr. Hacer una serie de muecas o visajes antes de llorar. (PR): «Se retira del ataúd apretando los labios y haciendo cachetes, con esa mueca de fatalidad que sólo es posible en la mujer puertorriqueña.» (E. Rodríguez Juliá, *El entierro de Cortijo,* 30) = CONSULTAS **(3) hacer el cachete.** fr. Prestar ayuda, hacer favores para conseguir algo. (CR = Guat.): «Y se le puso que era un gigante y que Tía Zorra le estaba haciendo el cachete a ese gigante para salir de él.» (C. Lyra, *Cuentos de mi tía Panchita*, 155) = CONSULTAS = ARROYO = MALARET

cacheteado -a. adj. Gastado, deslucido. (Méx.): «Hay otros hombres que hacen perseguir a la mujer, vieja y cacheteada, no porque los pueden engañar sino para deshacerse de ella, con el menor desembolso posible.» (J. García Ordoño, *Tres crímenes y algo más*, 8) = CONSULTAS

cachila. f. Automóvil antiguo. (Ur.): «Al Cabo Polonia solamente pueden entrar los carros, los jeeps o las cachilas.» (E. Estrázulas, *Pepe Corvina*, 57) = CONSULTAS

cachimba. f. **(1) fumar en cachimba.** Véase **cachimbo. (2) llenársele a uno la cachimba.** fr. Apurársele la paciencia. (CR): «(...) no me llenés la cachimba (...), que ya voy panzón* con las mariconadas de ese negro 'jueputa <hijo de puta>.» (A. Portocarrero, *Negro desgraciado*, 57) = ARROYO = QUESADA = CONSULTAS (véase también **cachimbo**)

cachimbo. m. **(1)** En el siglo XIX, pequeño ingenio de azúcar primitivo. (Cuba): «Todas las partes de adentro del ingenio eran primitivas. No como hoy en día, que hay luces y máquinas de velocidad. Se les llamaba cachimbos, porque esa palabra significaba un ingenio chiquito. En los cachimbos se *moscababa** el azúcar.» (M. Barnet, *Biografía de un cimarrón*, 17) = «Los ingenios de entonces no eran como los de ahora, con tantas maquinarias y chiflidos. El cachimbo del amo tenía un simple trapiche, con unas mazas y unas pailas para cocinar el guarapo.» (A. Carpentier, *Écue-Yamba-O*, 93) = CONSULTAS **(2)** m. Tambor chico. (Cuba): «El <baile> que más recuerdo es la yuka*. En la yuka se tocaban tres tambores: la caja, la mula* y el cachimbo, que era el más chiquito.» (M. Barnet, *Biografía de un cimarrón*, 27) = «Nino de Cárdenas nos describe así la orquesta que animaba aquellas 'Kisomba Kía Ngóngo', fiestas de congos: 'Tres tambores la formaban. El cachimbo, que es el tambor que marca; la caja, que es el más sonoro, que da los golpes, y la mula*, que lleva el compás'.» (L. Cabrera, *Reglas de Congo*, 77) = CONSULTAS **(3) cachimbo -a.** m. o f. Gran cantidad de algo, retahíla. (Hond., Nic., El Salv.): «Durante el desfile del lujoso ataúd, los curiosos se detenían en las calles, preguntando: de quién será ese cajón tan bonito? Qué muerto llevarán en él? (...) –Pobrecito el que llevan allí. Esa caja sí que cuesta un cachimbo de plata, decían todos, sin mayores comentarios.» (M. Funes, *El Serio*, 173) = «(...) entonces veo los monos, una manada de monos, el cachimbo de monos brincando (...).» (O. Cabezas, *La montaña es algo más que una inmensa estepa verde*, 85) = «–(...) ¿(Vos) te acordás de las Navidades que pasó con nosotros? A mí me regaló un camión con grúa y una cachimba de cohetes.» (D. J. Flakoll y Cl. Alegría, *Cenizas de Izalco*, 47) = CONSULTAS = RABELLA y PALLAIS **(4) fumársele** (o: **fumar**) **a** alguien **en cachimbo** (o: **en cachimba**). fr. Abusar de la ingenuidad de alguien, apabullarlo refutando sus puntos de vista. (Bol. < Ur.): «Al capitán se lo habría fumado en cachimbo, como le gusta decir al mismo Capitán cuando habla de otros. Porque la velocidad del general para las cuentas, y su innato sentido de la deshonestidad habrían abrumado al Capitán.» (C. Martínez Moreno, *Coca*, 67) = MUÑOZ REYES = FERNÁNDEZ NARANJO (quienes recogen **fumar en cachimba** con este sentido)

cachita. f. **(1)** Burla, sorna. (Perú): «Dice el Rulos que él se puso pálido y que el Jaguar estaba muy tranquilo y que todavía le preguntó a Gamboa con cachita: '¿yo, mi teniente?, ¿por qué mi teniente?'» (M. Vargas Llosa, *La ciudad y los perros*, 249) = «Todo esto lo observaba el monstruo, y luego me miraba sonriente mientras yo lo miraba con cachita, como diciéndole te conozco, mascarita (...).» (A. Bryce Echenique, *La última mudanza de Felipe Carrillo*, 111) = CONSULTAS **(2) sacar cachita.** fr. Burlarse. (Perú): «En el patio, los cadetes de las otras secciones nos sacaban cachita. Dónde se ha visto, a mediodía con fusiles y a hacer campaña en el estadio, ¿no será que a Gamboa se le ha zafado una tuerca?» (M. Vargas Llosa, *La ciudad y los perros*, 266) = CONSULTAS

cacho. m. **(1)** Porción pequeña de marijuana. (Col.): «Compremos un cacho de a medio y nos lo fumamos ahora que estamos contentos.» (U. Valverde, *Bomba Camará*, 93) = CONSULTAS **(2)** Zapatos. (CR, El Salv.= Nic.): «¿Don, le chaineo <limpio> los cachos por una cora*?» (H. Elizondo, *Memorias de un pobre diablo*, 76) = «(...) me quitaron los cachos y empezaron a darme con un mazo en el talón y entonces uno siente que el vergazo* se lo han dado en el cerebelo brother, porque se sacude toda la de hacer versos (...).» (M. Barba, *Olor a muerto*, 60) = CONSULTAS = RABELLA y PALLAIS **(3)** Pastel en forma de cuerno, relleno de una pasta azucarada. (CR): «(...) iban surgiendo, como por arte de encantamiento, ricos cachos henchidos de crema amarillenta o blanca (...).» (C. L. Fallas, *Marcos Ramírez*, 116) = «Ricos cachos de pasta de hojaldre rellenos con jalea de guayaba o con crema.» (M. Ross, *Al calor del fogón*, 53) = QUESADA = CONSULTAS **(4)** Apodo dado a los miembros o seguidores del partido conservador nacionalista. (Hond. = Guat.): «–Pues hoy lo enterraron. ¡Y qué entierro! Lo llevaban hasta con la bandera azul de los cachos y la bandera nacional.» (R. Amaya Amador, *Prisión Verde*, 231) = MEMBREÑO = ARMAS **(5)** Espolón del gallo. (Bol.): «El mayordomo era un hombre que sentía chochera por los gallos. Era dueño de toda una colección de ejemplares de pelea*. Los seleccionaba con indudable maestría, les afilaba los cachos como un artífice, les ponía cacheras* (...).» (J. Lara, *Yanakuna*, 267) = MUÑOZ REYES **(6)** Instrumento de música hecho con un cuerno de vacuno. (Ec.): «Por entre la pelambre de un verde sombrío de los árboles pasó el fijazo de un sonido. / Era un cacho. Al apagarse fue surgiendo mui <muy> lento un canto largo. Un canto de amorfinos*.» (J. Gallegos Lara, «Los madereros» en: *Los que se van*, 116) = CONSULTAS **(7)** Billete de lotería. (Méx.): «Algunos billetes quedaron en el pantalón, junto con seis cachitos de la lotería.» (V. A. Maldonado, *La noche de San Bernabé,* 21) = CONSULTAS **(8) cacho -ito.** dim. m. Poco -quito. (Bol., Ur., Arg.): «Cada día mi sirvienta prepara la tina con agua calientica y yo al despertar no hago más que remolonear un cachito en la cama y me voy a dar mi bañito*.» (R. Poppe, *Después de las calles,* 84) = CONSULTAS

cachondear. tr. Excitar sexualmente. (Guat. = Méx.): «Otro menos lento y escrupuloso que yo, habría sacado ventaja de la situación, cuando menos habría hecho el intento de cachondearla, como se lo merecía. Yo, pendejo tímido, reaccioné quedándome paralizado, con una consecuente erección que, naturalmente, terminó en insomnio.» (L. E. Rivera, *Velador de noche, soñador de día,* 57) = SANTAMARÍA DM = JIMÉNEZ

cachorro. m. Hijo, niño. (CR, Ec., Arg. = Perú): «Una tarde, al regresar ella a su casa, oyó las quejas de sus cachorros (...).» (P. L. Acuña, *Gallo pinto,* 27) = «La inquietud de la espera, la ternura maternal para dormir al cachorro, (...) la cólera y el rubor de víctima por viejos atropellos* de los patrones y todo lo que en la intimidad de la mujer bullía en forma indefinida y viscosa, se dejaba arrullar por el murmullo del follaje (...).» (J. Icaza, «Cachorros», en: *Obras Escogidas,* 831) = «(...) sin abandonar a sus cachorros, las mujeres trotaban pesadamente al son de sus chancletas; reían los chiquilines (...).» (L. Marechal, *Adán Buenosayres,* 113) = CONSULTAS

cachucha. f. Cometa pequeña en forma de cucurucho. (Cuba = Ch.): «(...) una de las muchachas aquellas me quería cortar el pelo para hacer una *cachucha.*» (C. Villaverde, *Cecilia Valdés,* 12) = SANTAMARÍA DGA = SOPENA

cachudo -a. p.p. adj. Cornudo. (Ec. = CR): «Sinvergüenza, cachudo. Yo no vivo por mi mujer.» (S. Núñez, *Novelas del páramo y de la cordillera,* 260) = CONSULTAS

cachuzo -a (o: **cachuso -a**). adj. Deteriorado, muy estropeado. (Arg.): «(...) el otro bolsillo (...) sólo contiene seis bolitas cachuzas, dos metros de piolín y un gatillo de revólver muy oxidado.» (L. Marechal, *Adán Buenosayres,* 401) = «He rodao más que bolita / de pebete arrabalero / y estoy fulero y cachuzo, / por los golpes ¿qué querés?» (C. E. Flores, «Cuando me entres a fallar», en: J. Barreiro, *El Tango,* 172) = GOBELLO

cada quien. fr. Véase **quien.**

cadena. f. **estar en cadena.** fr. Estar sintonizado con alguna emisora para transmitir el mismo programa. (Bol. = Arg.): «No se preocupe, estaremos atentos... Todas las emisoras están en cadena con nosotros...» (F. Medina, *Los muertos están cada día más indóciles,* 12) = CONSULTAS

cadenero. m. **(1)** Valiente, guapo; proxeneta, chulo. (Col., Arg.): «Billy Sánchez se puso tan nervioso con el estruendo inútil de las bocinas que se insultó a gritos en lengua de cadeneros con varios conductores y hasta trató de bajarse del coche para pelearse con uno, pero Nena Daconte logró convencerlo de que los franceses eran la gente más grosera del mundo, pero no se golpeaban nunca.» (G. García Márquez, *Doce cuentos peregrinos,* 230-1) = «Cadenero de buen porte, / garabito* a la piú <más> bella, / (...).» («Copen la banca», en: J. Barreiro, *El Tango,* 144) = GOBELLO = CONSULTAS = VERDEVOYE **(2)** Caballo delantero de un tiro, atado generalmente con cadena. (Arg.): «(...) largó su cadenero entre la zorra Lacroze y la *voituré* del cajetilla.» (L. Marechal, *Adán Buenosayres,* 112) = GOBELLO

caderona. f. Pieza bailable de marimba, propia de los afroamericanos de la región de Esmeraldas. (Ec.): «Esmeraldas: partidos de fútbol (...). Bailes de marimba, donde el humo del tabaco y el olor de puro* Palma se mezclaban con el sudor de los sobacos de las negras, que se retorcían al compás de una *caderona.*» (A. Ortiz, *Juyungo,* 105) = CONSULTAS

caedor -ora. adj. **caedor bien** (o: **caedor mal**). Simpático (o: antipático). (Guat.): «Como era un tipo mero* alegre, no tuvo problemas en encontrar compañeros de parranda, y, encima, pistudos*. Había uno, usted, que era tres piedras*, caedor bien, de buen plantón*.» (D. Liano, *el hombre de Montserrat,* 77) = CONSULTAS

caer. **(1)** tr. Matar; acometer y poner fuera de combate. (Hond., Arg.): «–(...) allí estaba el mero* comandante, con toda su escolta, listos para caernos en cualquier momento, si acaso armábamos alguna protesta. Tenían los fusiles, bala en boca.» (M. Funes, *Oro y Miseria,* 139) = «Aquella parda maldita / me tenía medio afligido, / y ansí, me había sucedido / que al decir estirpación / le acomodé entripación, / y me cayeron sin ruido. / El recuerdo y el dolor / me duraron muchos días (...).» (J. Hernández, *Martín Fierro,* II, 3.066-74) = CONSULTAS **(2)** intr. Llegar. (Bol., Ur., Arg. = Nic.): «(...) los patrones de rango con familia y residencia en la capital, los cuales visitaban temporalmente sus tierras y acostumbraban caer al pueblo durante algunas horas del domingo (...).» (H. Guzmán Arze, *Borrasca en el valle,* 85) = «Se le acercó con zalamerías, preguntándole cosas sin importancia. Con ella cayó a la carpa donde conversó en voz baja.» (E. Amorim, *La carreta,* 95) = «Otra vez en un boliche / estaba haciendo la tarde*; / cayó un gaucho que hacía alarde / de guapo y de peliador.» (J. Hernández, *Martín Fierro,* I, versos 1.235-8) = VERDEVOYE =

RABELLA y PALLAIS **(3) caerle** a una chica, a una mujer. fr. Declararle su amor. (Perú): «Caerle a una chica, declararse, es una costumbre que declinaría hasta ser hoy algo que a las nuevas generaciones, expeditivas y pragmáticas en materia de amor, les parece una idiotez prehistórica.» (M. Vargas Llosa, *El pez en el agua*, 119) = CONSULTAS **(4) caerle** una cosa a alguien. fr. Recibir uno esa cosa. (Perú): «Esos blanquiñosos se parecen a los del Colegio de los Hermanos Maristas del Callao, que juegan al fútbol como mujeres; les cae una patada y se ponen a llamar a su mamá...» (M. Vargas Llosa, *La ciudad y los perros*, 177) = CONSULTAS **(5) caerle chancho (-a)** algo o alguien a uno. fr. adj. Caerle antipático. (Ec.): «Me caía chancha su pinta de soldadito de plomo, su fachita de michelín arropado con la banda presidencial, su risita de segundas intenciones (...).» (G. A. Jácome, *Porqué se fueron las garzas*, 63) = CONSULTAS **(6) caer preso -a.** fr. adj. Ser arrestado por la policía. (Arg. = Ur.): «¿Quién la cuida cuando está enferma, cuando cae presa?» (R. Arlt, *Los siete locos*, 54) = CONSULTAS

café. m. **(1) café canoero.** fr. m. Café que los canoeros toman antes de marcharse. (Ec.): «Tomaba grandes sorbos de café canoero, en la taza despostillada <desportillada> de fierro enlozado.» (D. Aguilera Malta, *Don Goyo*, 77) = CONSULTAS **(2) café en pergamino.** Véase **pergamino. (3) café en uva.** Véase **café uva. (4) café inglés.** fr. m. Pólvora. (Cuba): «Se habrá dado cuenta el profano que recorra estas notas, que (...) la pólvora, que muchos viejos llaman 'café inglés', es un elemento indispensable (...) para iniciar cualquier operación mágica.» (L. Cabrera, *Reglas de Congo*, 145) = CONSULTAS **(5) café prieto.** fr. Café puro, sin mezcla de leche. (PR): «Se veía tan pálido que Pirulo creyó prudente llevarle a casa de Marcela para que se bebiera un trago de café prieto antes de empezar el regreso.» (R. Marqués, *La víspera del hombre*, 47) = ÁLVAREZ NAZARIO **(6) café pulla** (o: **café puya).** fr. m. Café puro, cargado y sin azúcar. (PR): «Ya se han dado cada uno tres palos* de café pulla, Don Virgilio nunca usa azúcar, ese veneno.» (A. L. Vega, *Pasión de historia*, 104) = CONSULTAS = ÁLVAREZ NAZARIO (véase también **pulla**, y **puya**) **(7) café (en) uva.** fr. Café en pulpa, sin descortezar. (PR): «Andújar compraba a ínfimo precio café en *uva*, todavía sin descortezar (...).» (M. Zeno Gandía, *La Charca*, 43) = MALARET **(8) café tinto.** fr. m. Café solo muy fuerte. (Col., Ven. = Ec.): «Pidió una jarra de café tinto y dos paquetes de cigarrillos (...).» (G. García Márquez, *Noticia de un secuestro*, 63) = «Había (...) café tinto para oponerle algo de <*sic*> contra al frío.» (A. Croce, *La roca desnuda*, 66) = TEJERA = CONSULTAS (véase también **tinto**)

cafiaspirina. f. Aspirina. (Méx. = Ur., Arg.): «–A tu regreso cómprame unas cafiaspirinas.» (J. Rulfo, *Pedro Páramo*, 18) = CONSULTAS

caga fuego. f. Insecto de picadura muy dolorosa. (Ec.): «Sintió un dolor agudo (...). Una 'caga fuego' no le hubiera picado en esa forma.» (D. Aguilera Malta, *Don Goyo*, 57) = CONSULTAS

cagada. f. Grave error, que nunca debió cometerse. (Arg. = Ur.): «(...) el primer precio, la cagada que les mostrabas en calidad inferior si no querían gastar (...).» (M. Puig, *La traición de Rita Hayworth*, 207-8) = «Ahí* no más comprendí que este mundo no podía ser más que una cagada.» (E. Sábato, *Abaddón el exterminador*, 789) = CHIAPPARA = CONSULTAS

cagado -a. p. adj. Derrotado, jodido. (Guat. = Par., Ch., Arg.): «(...) cuando uno se sacrifica por otro siempre sale cagado.» (D. Liano, *el hombre de Montserrat*, 112) = CONSULTAS (véase también **cagar**)

cagador -a. m. y f. Embaucador. (Arg.): «(...) el amague, lo que les mostrabas <a los clientes> antes de decir el precio, la cagada* que les mostrabas en calidad inferior si no querían gastar, y los tipos se tragaban el anzuelo, la rebajita final, y... ¡tin, caja...! ¿cuántos tin caja te habrás hecho en tu vida, viejo cagador? (...).» (M. Puig, *La traición de Rita Hayworth*, 207-8) = CONSULTAS

cagafuego. f. Véase **caga* fuego.**

cagalera. f. Arbusto (*Celtis iguanaca*) muy espinoso, que produce un fruto negro, lechoso y comestible. (Hond. = CR y Am. Centr.): «Inmenso desierto cubierto de grama* seca y de cardos. Si se encuentra una sombra es media sombra, porque al morro* y a la cagalera les da vergüenza interceptar del todo la luz del astro rey.» (M. A. Rosa, *Tío Margarito*, 84) = SANTAMARÍA DGA (quien registra además **cagalera comestible** en Nicaragua, y **cagalero** en El Salv.) = CONSULTAS

cagalero. m. Véase **cagalera.**

cagar. (1) tr. Someter a una persona. (CR = Ch.): «(...) nos van a cagar. (...) prefiero morir que vivir cagado.» (Q. Duncan, *Final de calle*, 10) = CONSULTAS **(2)** tr. Defraudar. (Arg. = Ch.): «(...) y Mita no es como una tía, es más que una tía y no me quiere cagar, ¿ella me quiere más que una tía? si le pido me va a dejar quedarme en Vallejos (...).» (M. Puig, *La traición de Rita Hayworth*, 162-3) = CONSULTAS = GOBELLO **(3)** tr. Privar a alguien por abuso de confianza de lo que le corresponde. (Arg.): «(...) ¿por qué no habré vuelto al negocio? a relojear* como cagabas a los gallegos <españoles> (...).» (M. Puig, *La traición de Rita Hayworth*, 207) = CONSULTAS = GOBELLO (véase también **cagador**) **(4)** tr. Destruir, joder, dañar seriamente. (Par., Arg. = Guat. y Ch.): «–(...) Estoy esperando que se sane, y donde le encuentre lo voy a cagar a patadas.» (G. Casaccia, *La Babosa*, 202) = «Para el crecimiento y la mentalidad es lo peor que puede haber pasarse de pajas pero el cigarrillo también te caga, más que nada el crecimiento y también para estudiar debe ser malo, yo no me gasto un guita* en cigarrillos (...).» (M. Puig, *La traición de Rita Hayworth*, 211) = CONSULTAS = RUBIO (véase también **cagado**) **(5) cagar(se).** intr. Fracasar; equivocarse. (Ec. = Ch. y Arg.): «Salí de un cantón cualquiera, como ustedes. Mantuve ilusiones más o menos parecidas a las que mantuviste, y, al fin, me he cagado, como todos ustedes. Viejo, con reumatismo y sin fe.» (E. Cárdenas, *Juego de mártires*, 93) = CONSULTAS **(6) cagarse en alguien -1.** fr. prnl. tr. ind. Denunciarle. (CR): «Mirá, ando juyendo <huyendo>. Me cagué en uno.» (F. Dobles, *Historias de Tata Mundo*, 37) = CONSULTAS **(7) cagarse en alguien -2.** fr. prnl. tr. ind. No hacerle caso alguno. (El Salv., Perú, Arg.): «Y como vos no les decías nada, no soportaron mucho tu silencio. En el fondo, te cagaste en ellos, porque hubieran querido hacerte sufrir, torturarte lentamente. Pero no se aguantaron, pues el silencio es la peor ofensa para ellos.» (M. Argueta, *Un día en la vida*, 145) = «–*¿Y quién es la comunidad para darte permiso? Me cago en la comunidad.*» (M. Scorza, *Redoble por Rancas*, 124) = «(...) de visita en lo de Colombo les ahorraría la comida, me cago en Colombo, no me invitó (...).» (M. Puig, *La traición de Rita Hayworth*, 207) = CONSULTAS **(8) cagarse en nada.** fr. que se emplea para expresar que uno está harto, para pedir que lo dejen en paz. (PR): «LUIS. –¡Chaguito! Acaba. / CHAGUITO. –(...) ¡Ya voy, me cago en ná! ¡Ya voy! No tié que apurarme máh.» (R. Marqués, *La Carreta*, 29) = CONSULTAS **(9) cagar fuego.** fr. Véase **fuego. (10) caga fuego** (o: **cagafuego**). Véanse **caga* fuego** y **cagafuego.**

cagaso (o: **cagazo**). m. Miedo muy fuerte. (Ur. = Arg.): «–¡Quedan pocos barbudos tan reforzaus <reforzados> pal cagaso!... –dijo envainando su daga.» (E. Amorim, *La carreta*, 117) = GOBELLO = VERDEVOYE

caguama. f. Tortuga pequeña; ú. también, hablando de una mujer, en la fr. **estar hecha una caguama** (o: **ser Caguama**) con el sentido de 'ser gorda', o 'ser vieja y fea'. (Cuba): «(...) aún sirven <las tortugas llamadas caguamas> por su tamaño y su forma, de término de comparación con algunas mujeres rollizas y jibosas. 'Fulana está hecha una caguama'.» (L. Cabrera, *La medicina popular de Cuba*, 169) = SÁNCHEZ-BOUDY = SANTIESTEBAN

caído (-a) del catre. fr. adj. Véase **catre.**

caimito. m. **estar hecho un caimito.** fr. m. Estar en mal estado. (CR): «Lo mandaron al hospital hecho un caimito.» (Q. Duncan, *Final de calle*, 35) = CONSULTAS

caite. m. **(1) ¡un solo golpe al caite!** fr. Véase **golpe. (2) volar caite.** fr. Caminar. (CR): «¡Shit! si crees que con iguanas la vas a mantener, cualquier mañana de éstas vas a encontrar el camón vacío y la doña* va a ir volando caite, o jalando canalete y no vas a tener quién te caliente cuando soplen los nortes.» (A. Portocarrero, *Negro desgraciado*, 56) = QUESADA

caja. (1) f. Tierra o roca que no encierra metal. (Bol.): «Reinició el trabajo *realizando** el metal. De los escombros dejados por los dos tiros de dinamita, fue separando el metal rico del muy pobre y de la *caja* que es la roca sin metal.» (F. Ramírez Velarde, *Socavones de angustia*, 20) = CONSULTAS **(2)** m. y f. Persona guapetona; guapo de pueblo. (PR): «La gente nos miraba oblicuamente. Una caja se rió, desafiante, de la presunción de Rosado. (...) Fue <él> uno de esos cajas de arrabal, vagabundo, tahur, borrachín, y aguafiestas; un hombre desintegrado que tuvo la osadía de meterse a hacer política.» (E. Laguerre, *La llamarada*, 92 y 113) = MALARET = MAURA **(3) caja de agua.** fr. f. Depósito de agua. (Guat.): «(...) el letrero de la caja de agua donde figura el nombre del Señor Presidente fue destrozado (...).» (M. A. Asturias, *El señor presidente*, 157) = CONSULTAS

cajetilla. m. Hombre de la ciudad –desp. (Arg.): «De vez en cuando solía llevar en el camión a los turistas y cajetillas que vienen aquí para reconocer el camión metido en el monte.» (A. Roa Bastos, *Hijo de hombre*, 203) = SANTAMARÍA DGA = VERDEVOYE

cajón. m. **(1)** Cajita de madera para cigarros puros, que los afrocubanos más pobres utilizaban a falta de tambor. (Cuba): «Por ahí <en los barrios del muelle de La Habana> había más rumba que en ningún otro lugar; rumba de cajón y tambor. Tocaban en unos cajoncitos chiquitos y con tambores que se ponían entre las piernas.» (M. Barnet, *Biografía de un cimarrón*, 184) = ORTIZ **(2)** Cierta caja o tambor grande. (Par. y otros): «Desde mi pieza me parecía que golpeaban cajones enormes de palosanto tal como golpean los cajoneros* peruanos; pero cajones enormes que pronto estallaban.» (H. Rodríguez-Alcalá, *Relatos de Norte y Sur*, 31) = SOPENA **(3)** Marco de una puerta. (CR): «¡Métase usté en el cajón de esa puerta, carajo!» (C. L. Fallas, *Marcos Ramírez*, 97) = CONSULTAS

cajoncito. m. **cajoncito de muerto.** fr. m. Golosina rectangular de pastas dulces. (Guat.): «El champaña encendía el fuego sin llama del convite protocolar y todo, como por encanto, parecía real en los espejos sosegados y ficticio en los salones, así como el sonido hojoso de un instrumento primitivamente compuesto de tecomates <calabazas> y ya civilizado de cajoncitos de muerto.» (M. A. Asturias, *El señor presidente*, 245) = CONSULTAS

cajonear. intr. Resonar como tambor; hacer un ruido sordo. (Par.): «(...) se encaminó de mala gana hacia el vagón que continuaba cajoneando sordamente como un inmenso ataúd con cien resucitados dentro, ululantes de sed.» (A. Roa Bastos, *Hijo de hombre*, 217) = CONSULTAS (véanse también **cajón** y **cajonero**)

cajonero -a. (1) m. y f. Persona que toca el tambor. (Par. y otros): «Desde mi pieza me parecía que golpeaban cajones* enormes de palosanto tal como golpean los cajoneros peruanos (...).» (H. Rodríguez-Alcalá, *Relatos de Norte y Sur*, 31) = SOPENA (véase también **cajón** y **cajonear**) **(2)** adj. Adecuado; de cajón; corriente, común. (CR): «Los psicólogos de la Orientación, que conformaban un flamante departamento y que al parecer tenían muy serias responsabilidades, no recurrieron a medidas de vigilancia y prevención sino que se decidieron por la solución cajonera. Simplemente se telefoneó a la Dirección de Detectives (...).» (H. E. Arce, *Adiós Prestiño*, 76) = QUESADA

cajuela. f. Medida de capacidad de 16,66 litros. (CR y Am. Centr.): «La bonanza se debe a que la cajuela de café recogido se paga a buenos precios.» (H. Muñoz, *Cuentos con sabor a espanto de gentes sencillas*, 101) = «Oficialmente se nos pagaba a tanto por cajuela, pero lo cierto es que el café se nos medía con un cajón que casi llegaba a tener dentro la cajuela y media.» (H. E. Arce, *La calle, Jinete y yo*, 43) = SANTAMARÍA DGA

calabazo. m. Vasija hecha del fruto del calabazo. (Rep. Dom. = Col.): «(...) llevaba (...) café en polvo y calabazos y morritos* para colarlo.» (J. Acosta hijo, «A mí no me apunta nadie con carabina vacía», en: S. Nolasco, *El cuento en Santo Domingo*, 28) = OLIVIER = HAENSCH y WERNER

calabozo -a. adj. Dícese del equino de cara curva. (Ven.): «–Corre ligero. Ensíllame el caballo zaino, calabozo, y tráemelo.» (A. Uslar Pietri, *Las lanzas coloradas*, 70) = CONSULTAS

calado -a. adj. Con mallas. (CR): «(...) por las mañanas los empleados se pasan breves reportajes, entre ellos, citando el color de los 'pantíes' de una secretaria: –¡Blancos! ¡Azules! ¡Negros! ¡Fucsia! ¡Calados! ¡Remendados!» (P. L. Acuña, *Gallo pinto*, 10) = CONSULTAS

calamaco. m.; u. t. c. adj. Dícese del poncho de lana ordinario, las más de las veces rojizo, y con franjas de otro color. (Par., Arg.): «Natí trata de calmarlo. Le fricciona todo el cuerpo con vinagre y lo arropa con el calamaco andrajoso y las cobijas de bayeta, más destrozadas todavía que el poncho comprado en la tienda güaireña. (...) / El se compró un par de alpargatas, un poncho calamaco, (...) y un sombrero de paño.» (A. Roa Bastos, *Hijo de hombre*, 137 y 122) = «Me parece que lo veo / con su poncho calamaco; depués de echar un buen taco <trago de vino> / ansí principiaba a hablar: / 'Jamás llegués <*sic*> a parar / a donde veás <*sic*> perros flacos'.» (J. Hernández, *Martín Fierro*, II, versos 2.307-8) = VERDEVOYE = CONSULTAS

calambuco -a. adj.; ú. t. c. s. m. y f. Beato, sobre todo cuando es hipócrita. (Cuba): «La mayoría de los cubanos, es cierto, entendía que las prácticas religiosas era <eran> cosas de mujeres, y aunque tampoco escaseaban los calambucos, eran muchos los que preferían una vida mejor en la tierra a ganar el cielo con oraciones y sacrificios.» (L. Cabrera, *Reglas de Congo*, 27) = PICHARDO

cálamo. m. Inteligencia; ú. t. en la fr. **hacer cálamo**, 'pensar'. (CR): «El Emperador Tertuliano se divierte leyendo los numerosos anuncios de estudios diz que universitarios le hace cálamo al asunto (...).» (R. Arias, *El emperador Tertuliano...*, 115) = QUESADA (por lo que al s. se refiere) = CONSULTAS

calandra. f. Cierto arte de pesca. (Ec.): «Pejcaremoj <pescaremos>. Con er <el> arpón o la fija*. Con la atarraya o con las reles <redes>. Con er bajío* o la calandra.» (D. Aguilera Malta, *Don Goyo*, 70) = CONSULTAS

calar. tr. **calarse.** prnl. Tragarse. (Ch.): «Le dije al Tata <padre> que debía quedarme estudiando con la profesora y partí con el galán a un teatro de barrio, donde nos calamos una película de terror.» (I. Allende, *Paula*, 102) = CONSULTAS

calavera. f. Poema popular satírico que suele publicarse el Día de Difuntos, y en el que puede intervenir la palabra 'calavera'; viene acompañado muchas veces de una caricatura que representa a un personaje público bajo la forma de una calavera o de un esqueleto. (Méx.): «Es calavera el inglés, / Calavera el italiano / Y el Pontífice romano, / Y todos los cardenales, / Reyes, duques, concejales, / Y el jefe de la Nación, / En la tumba son iguales: / Calaveras del montón.» (canción pop. anónima) = CONSULTAS = JIMÉNEZ

calce. m. **dar** (o: **encontrar**) **calce.** fr. Dar pie, encontrar oportunidad. (Arg.): «Porque se daba cuenta que yo era loca* es que <era por lo que> no me quería dar calce.» (M. Puig, *El beso de la mujer araña*, 72) = VERDEVOYE = GOBELLO

calceta (o: **calseta**). f. Pedazo de sabana inundable durante la estación de las lluvias, delimitado por árboles o matorrales; da buen pasto para el ganado. (Ven.): «Atravesaron el boscaje ribereño y al caer a unas calsetas por donde pacían reses*, Ladera explicó (...).» (R. Gallegos, *Canaima*, 34) = MALARET = TEJERA

cálculo. m. **ahí al cálculo.** fr. Aproximadamente, a ojo de buen cubero. (Méx.): «–Pos por ahi <ahí> al cálculo diría que unos veinte mil pesos no estarían mal para el comienzo.» (J. Rulfo, *Pedro Páramo*, 102) = CONSULTAS

calcha. f. Tallos secos del maíz, que sirven de forraje. (Ec.): «Se percibía a los caballos mascando la calcha.» (G. H. Mata, *Sumag Allpa*, 27) = TOBAR DONOSO = GUEVARA

¡calda! interj. que denota precaución, aviso, o amenaza, y corresponde a 'cuidado'. (CR): «¿Saben el chile <broma, chiste> nuevo que le hicieron a Carazo <el Presidente de la República>? y calda el que no se ría o se lleva su manazo*.» (C. E. Saborío, *Rimas negras*, 12) = QUESADA = CONSULTAS

caldero. m. Recipiente mágico de la religión conga; cazuela* en cuya proximidad está prohibido tener relaciones sexuales. (Cuba): «Los hay, yo los he conocido, que no respetaban esta ley y al lado de sus calderos se acostaban tranquilamente con sus mujeres. Acabaron locos, o hechos una miseria.» (L. Cabrera, *Reglas de Congo*, 139) = CONSULTAS

calderonista. m. Partidario del presidente Rafael Ángel Calderón Guardia (1940-44) durante la guerra civil de 1948; por extensión, partidario de su hijo Rafael Ángel Calderón Fournier (1990-94). (CR): «Por todas partes oíamos a los calderonistas, o mariachis* como los llamábamos, imaginando ver sus ojos en la oscuridad, oír sus risas en el viento, mirar sus disparos como una pesadilla.» (Q. Duncan, *Final de calle*, 39) = CONSULTAS

caldo. m. **caldo de res.** m. Caldo de res* vacuna. (Guat.): «A las doce despertaron al general para almorzar. Arroz con chipilín. Caldo de res. Cocido. Gallina. Frijoles. Plátanos. Café.» (M. A. Asturias, *El señor presidente*, 192) = CONSULTAS

cale. m. **darle el cale** (o: **echarle un calis**) a alguien. fr. Calarle las intenciones. (Méx.): «El que le había servido de padrino, se invitó a acompañarlo; pero Dionisio Pinzón prefirió ir solo, pues con lo poco que lo trató le dio el cale y vio que, aunque podían servirle sus consejos, era un sujeto que nada más buscaba sacar ventaja en su propio provecho.» (J. Rulfo, *El gallo de oro*, en: *Toda la Obra*, 331) = CONSULTAS

calentada. f. **(1)** Golpiza. (Méx.): «Así le sucedió al *Zopilote*, que tras de resistir con estoicismo las primeras 'calentaditas', confesó cuando le picanearon* (...) que él había sido quien violó a la maestra (...).» (V. A. Maldonado, *La noche de San Bernabé*, 22) = CONSULTAS **(2)** Estudio hecho con ahínco. (Ec.): «Leyeron igualito a la última calentada antesitos <inmediatamente antes> de un examen.» (G. A. Jácome, *Porqué se fueron las garzas*, 25) = CONSULTAS

calentador. m. Cocinilla portátil de queroseno o de gas. (Arg.): «El otro (...) le prende fuego al calentador para preparar el agua para el mate.» (R. Arlt, *Aguafuertes porteñas*, 79) = MORÍNIGO

calentón -ona. adj. Persona excitable, dinámica; persona que crea y se crea problemas. (PR = Par. y Arg.): «En el suelo, un maletín abierto con un fracatán <montón desordenado> de copias atrasadas del *Volantín Nacional*, que don Virgilio distribuía antes del *coup d'état* a los setenta inviernos. Qué calentón, dice Guiomar (...).» (A. L. Vega, *Pasión de historia*, 103) = CLAUDIO DE LA TORRE = MORÍNIGO (quien recoge el sentido erótico)

calentura. f. Excitación sexual. (Ch. = Arg.): «Tienes una calentura, hija, que sólo se cura con dos medicinas. Las cachas* o los viajes.» (A. Skármeta, *Ardiente Paciencia*, 63) = MORÍNIGO = GOBELLO

caleta. f. **(1)** Uvero, llamado también **uva* caleta** –es un árbol frecuente en las playas y caletas del Caribe. (Cuba): «Ante el bar había una pequeña selva de caletas y pinos de costa.» (G. Cabrera Infante, *Tres tristes tigres*, 320) = CONSULTAS (véase también **caletón**) **(2)** Escondite, lugar donde se esconden objetos robados o de contrabando. (Col.): «Sus habitantes <del alcantarillado de Bogotá>: desheredados, gentes sin rumbo, delincuentes y drogadictos, tienen sus *caletas* y *cambuches* <lugar donde dormir> bajo los puentes y alcantarillas.» (J. R. Navia, «Viaje al lado oscuro de Bogotá», en: *El Tiempo* de Bogotá, 13/5/92) = CONSULTAS = HAENSCH y WERNER

caletón. m. Uvero, uva* caleta de grandes dimensiones. (Cuba): «En la playa, (...) caletones, cactus, vegetación propia del agreste lugar (...).» (J. Almeida Bosque, *El General en Jefe Máximo Gómez*, 129) = CONSULTAS (véase también **caleta**)

calichero. m. Trabajador del salitre. (Ch.): «Todo en él daba la impresión de un trabajador del norte, un minero, un calichero (...).» (M. Rojas, *El delincuente... y otros cuentos*, 62) = CONSULTAS

caliente. m. **ser de** (o: **en) fácil caliente.** fr. Ser cachondo, muy excitable; ser propenso a hacer lo que se especifique. (Arg.): «(...) negra y basta, de fácil caliente la estúpida.» (M. Puig, *La traición de Rita Hayworth*, 125) = CONSULTAS

calificativo. m. Nota, calificación. (Perú): «El coronel lo felicitó por sus exámenes. '¿Ve usted?, le dijo; con un poco de esfuerzo se obtienen muchas recompensas. Sus calificativos son excelentes'.» (M. Vargas Llosa, *La ciudad y los perros*, 332) = CONSULTAS

calseta. f. Véase **calceta.**

calvo. adj. **no tan calvo** (o: **no tan calvo que no se le vean los sesos).** fr. utilizada para protestar contra una exageración inverosímil. (Arg.): «–¡(...) <eres> todo un dandy, un mozo con coche y con tertulia en <el teatro de> Colón! / –No, no tan calvo, no creas.» (E. Cambaceres, *En la sangre*, 156-7) = CONSULTAS

calzada. f. Calle o carretera con un arriate en medio para separar los carriles de ida y vuelta. (Guat.): «Tú escogías siempre el cine de la calzada de Jesús del Monte.» (M. A. Flores, *Los compañeros*, 101) = RUBIO

calzar. (1) intr. Coincidir. (CR): «Nadie estaba del lado donde tenía que estar, nada calzaba.» (D. Duncan, *Kimbo*, 32) = CONSULTAS **(2)** tr. dir. o ind. Aplicar, encajar un golpe con precisión. (Arg.): «Amainaron guapos junto a tus ochavas* / cuando un cajetilla* los calzó de cross* / (...).» (C. E. Flores, «Corrientes y Esmeralda», en: J. Barreiro, *El Tango*, 120) = CONSULTAS

calzón. m. **tener calzones.** fr. Actuar correctamente aun en condiciones difíciles. (Guat.): «–Niegue entonces que fue el *Pelele*... –No, porque ésa es la verdad y tengo calzones.» (M. A. Asturias, *El señor presidente,* 16) = CONSULTAS

calzonaria(s) (o: **calzonera).** f. Bragas de mujer. (Guat., Ec. = Col.): «De las espumas asomaba Leland con los ojos cerrados llevándose la mano al corpiño para sostenérselo o tirando de los bordes de su calzonera que se le subía y le apretaba las hermosas piernas blancas.» (M. A. Asturias, *Viento fuerte*, 114) = «–(...) El hombre debe saber ser hombre, y el que no es hombre debe ponerse calzonaria...» (N. Estupiñán Bass, *Cuando los guayacanes florecían*, II, 97) = CONSULTAS = HAENSCH y WERNER (quienes registran la forma pl. **calzonarias**)

calzoncillo. m. Pantalones de la gente del campo. (Ec., Ur. = Arg.): «(...) como me vio en guango* y calzoncillo, por lo menos me reclamó con su derecho de blanco*: Alabádota churay, runa* (saluda, indio).» (G. A. Jácome, *Porqué se fueron las garzas*, 271) = «Quitábase la camisa, arremangábase el calzoncillo por encima de la rodilla, (...) se doblaba a carpir <limpiar> concienzudamente su mandioca.» (H. Quiroga, *Todos los cuentos*, 631) = CONSULTAS

calzonera. f. Véase **calzonaria(s).**

callampero -a. adj.; ú. t. c. s. Dícese de la persona que vive en una callampa <chabola>. (Ch.): «Hace muchos años que soy callampera –dice sonriendo.» (testimonio cit. por Cecilia Urrutia, *Historia de las poblaciones* callampas*, núm. 11, pág. 81) = CONSULTAS = MORALES PETTORINO, PEÑA ÁLVAREZ y QUIROZ MEJÍAS

callapo. m. Parihuela, andas. (Bol.): «Entonces el amo eligió cuatro peones a fin de que le hiciesen llegar a su choza de alguna manera. Un poncho y unos palos del próximo barranco sirvieron para improvisar un callapo.» (J. Lara, *Yanakuna*, 280) = SOPENA

calle. (1) f. En pueblos y ciudades, vía pública que va de este a oeste –es perpendicular a las carreras*. (Col.): «Los carros <coches> de los secuestradores, sorprendidos por un nudo de automóviles en la avenida Boyacá, a la altura de la calle 80, se escaparon por encima de los andenes <las aceras> (...).» (G. García Márquez, *Noticia de un secuestro*, 42) = CONSULTAS = HAENSCH y WERNER **(2)** adv. Inmediatamente, en seguida. (PR): «(...) en par de horas yo te taso a un tipo y le receto calle lo que manda el caso. (...) / Seguramente pensó que porque ella era divorciada se la iba a poder tirar calle.» (A. L. Vega, *Pasión de historia*, 45 y 83) = CONSULTAS **(3) en media calle.** fr. f. En plena calle. (Perú = CR): «Mientras las otras muchachas, al ser abordadas en media calle, se ponían a llorar, bajaban los ojos y se cohibían o asustaban, Helena hacía frente (...).» (M. Vargas Llosa, *La ciudad y los perros*, 112) = CONSULTAS **(4) tomar calle.** fr. Trabajar entre dos hileras de árboles u otras plantas. (PR): «Familias enteras dejaban las chozas para *tomar calle*, para hacerse cargo de hileras de arbustos <de café> que debían desnudar.» (M. Zeno Gandía, *La Charca*, 125-6) = CONSULTAS

callejera. adj.; ú. t. c. f. Dícese de la mujer que hace la calle. (Hond.): «–¡Ahora mismo te vas de esta casa! ¡No permito que sigas aquí ni un momento más! ¿Engañarme en mi propia casa? ¡Descarada! ¡Prostituta! ¡Así son todas las que viven de callejeras! ¡Fuera de esta casa!» (R. Amaya Amador, *Cipotes*, 227-8) = MEMBREÑO

callejón. (1) m. Camino estrecho cercado de alambrados en el campo, o entre sembrados de caña, o en cafetales. (CR, Ven., Ur., Arg. = PR): «Me monté en la mula y me fui a hacer la ronda por la corta de la fruta (...) y encontré a medio mundo matando la culebra*. Los hombres arrojados en los callejones, o platicando entre ellos que ni viejas de vecindario, o simplemente estando por ahí.» (F. Dobles, *Historias de Tata Mundo*, 204) = «No era ella quien me aguardaba: era Perucho, que, sentado bajo el copey que está en el callejón, se puso de pie al verme.» (M. V. Romero, *Peonía*, 160) = «Fácil era apreciar en la distancia el estado de los callejones. Manchones verdes o parduscos salpicaban el verde de los campos.» (E. Amorim, *La carreta*, 6) = «(...) seguí la pequeña huella que, vecina a los cercos de cinacina, espinilla o tuna, iba buscando las lomitas (...). El callejón, delante mío, se tendía oscuro. (...) Pasé al lado del cementerio (...). El callejón habíase hecho calle.» (R. Güiraldes, *Don Segundo Sombra*, 8) = SANTAMARÍA DGA = QUESADA **(2)** m. y adj. Toro de color oscuro. (Perú): «Los comisionados escogían al toro allk'a, al callejón, o al pillko <de varios colores>.» (J. M. Arguedas, *Yawar Fiesta*, 23) = CONSULTAS

callismo. m. Epoca dominada por la personalidad del presidente Plutarco Elías Calles. (Méx.): «–(...) yo la conocí desde la época del callismo.» (A. Yáñez, *La creación*, 301) = CONSULTAS

cama. f. **(1) coger cama.** fr. Guardar cama. (CR): «Panchón, después de presumir unos días, no tuvo más remedio que coger cama. Y allí se quedó, quieto y silencioso, como si no fuera él.» (C. L. Argüello Segura, *Cuentos de Sábalo Grande*, 92) = QUESADA **(2) con cama** (o: **con cama adentro**). fr. Dícese de los empleados que comen y duermen en la casa en la que trabajan. (Arg. = Ur.): «(...) si pagara mejor las labores me convendría tomar una sirvienta con cama y dedicar más tiempo a labores, una vez hecha la clientela, ¿no te parece?» (M. Puig, *La traición de Rita Hayworth*, 9) = «Mucama c. cama buena cocina c. refer. sueldo a convenir.» (*La Nación* de Buenos Aires, 23/4/1993) = VERDEVOYE = CONSULTAS **(3) de cama.** fr. Atónito, paralizado. (Col.): «Lo que investigué me dejó de cama.» (D. Samper Pizano, *A mí que me esculquen*, 152) = CONSULTAS **(4) cama de viento.** fr. f. Catre, cama de la gente pobre. (Col. = Hond.): «La casa cural era una prolongación de la iglesia por detrás del altar mayor, donde el párroco vivía en condiciones mínimas en un cuarto con una cama de viento y una silla rústica.» (G. García Márquez, *Del amor y otros demonios*, 174) = HAENSCH y WERNER = MALARET

camagüey. m. Gallo con el cuello amarillo claro, o con el cuello, alas y lomo manchados de castaño. (PR): «Asustado por la algazara, el camagüey de don Cipria batió las tornasoladas alas y tejió en la seda azul del cielo su cocoroco <quiquiriquí> límpido y metálico.» (A. Díaz Alfaro, *Terrazo*, 100) = ÁLVAREZ NAZARIO

camarico. m. **(1)** Primicias de la cosecha que el mayordomo de una hacienda da o envía al patrón. (Perú): «Apenas si uno que otro día de la semana le caía <al esclavo> entre las manos los restos malogrados de algún camarico, o una lonja de tasajo (...).» (E. López Albújar, *Matalaché*, 20) = MALARET = SANTAMARÍA DGA **(2)** Alimentos que se mandan como regalo o ayuda; ofrenda, regalo. (Perú = Col. y Ec.): «Mi madre se desvivía por tenerme <*sic*> sobre todo: la buena ropa, el buen camarico me llegaban periódicamente.» (E. López Albújar, *De mi casona*, 34) = CONSULTAS = HAENSCH y WERNER

camarón. m. **(1)** Policía vestido de civil. (PR): «(...) sepárense, por si los cala un camarón, por si los cala un chota*.» (L. R. Sánchez, *La Guaracha del Macho Camacho*, 193) = CLAUDIO DE LA TORRE = MAURA **(2) camarón** (o: **camaroncito**). Trabajo ocasional, trabajito. (Pan., Ec. = Col.): «(...) yo sola me gané mi dinero con el propio sudor de mi frente trabajando ocho horas al día en un almacén y durante los fines de semana en camaroncitos vendiendo ropa de niños (...).» (C. G. W. Cubena, *Los nietos de Felicidad Dolores*, 70) = «–(...) si no voy ahora mesmo <mismo>, tal vez alguna me madruga este 'camarón'.» (N. Estupiñán Bass, *Cuando los guayacanes florecían*, II, 78) = CONSULTAS = FILIPPO (quien recoge las fr. **ganarse un camarón** y **matar un camarón** con el sentido de 'ganar una propina o gratificación por un trabajo de poca monta') = HAENSCH y WERNER (quienes registran la fr. **ganarse un camarón** con el sentido de 'ir la prostituta a casa del cliente') **(3)** ú. c. apodo para designar a una persona de piel naturalmente rojiza. (Guat.): «–Ya se jueron <fueron> todos– le dijo un hombrón, color chile pimiento bajo el sombrero de paja (...). A la Embajada de Nueva Granada, es que dicen... / '¿Está seguro que a la Embajada de Nueva Granada?', insistió García. 'Simón*', afirmó el camarón.» (D. Liano, *el hombre de Montserrat*, 95) = RUBIO

camaronear. intr. Efectuar trabajos extras. (CR = Nic.): «(...) camaronea jalando* materiales en un depósito (...).» (R. Arias, *El emperador Tertuliano...*, 36) = QUESADA = CONSULTAS = RABELLA y PALLAIS

camba. m. y f. Indígena de las regiones norte y sobre todo oriental de Bolivia –es a veces desp. (Bol., y Bol. < Ur.): «A Mauro, vencido por el sueño, se le ofrecen representaciones de danzantes: ángeles que para su agraria imaginación tienen la tez curtida por la puna (...). Cambas cubiertos por un chorro de plumas, con gigantesco bastón en las manos, como le contara su padre.» (H. Guzmán Arze, *Borrasca en el valle*, 145) = «Fue entonces cuando se me cruzó Lucha de Sánchez, esa sirena camba que me cantó al oído. (...) Porque ella también había dejado resecarse en su interior un pasado de camba descalza, con su chuspa <bolsa> de hojas de coca (...).» (C. Martínez Moreno, *Coca*, 68 y 80) = MUÑOZ REYES = MALARET = SANTAMARÍA DGA (quien lo recoge en su forma pl. **cambas**)

cambio. m. Menstruación. (El Salv.): «Acababa de cumplir los doce años. Lo recuerdo porque en esa época me hice mujer, me llegó el cambio.» (M. Argueta, *Un día en la vida*, 19) = CONSULTAS

camellar. intr. Trabajar, bregar; currar, dar el callo. (Méx., Cuba y otros): «–(...) Por lo regular soy tranquilo, trabajo como burro, me gusta 'camellar' –como luego* dicen– horas y horas, infatigable (...).» (A. Yáñez, *La creación*, 91-2) = «Y si no le gusta ir a trabajar, / y si no le gusta camellar, / (...) / este hombre no sirve pa' na' ni na'.» (canción «Este caso» interpretada por Celia Cruz) = CONSULTAS (véase también **camello**)

camello. m. Trabajo, ocupación, profesión. (Col., Ec. y otros): «(...) mis amigos y yo estábamos cada uno en nuestro camello (...).» (M. S. Rico Sanín, *El delito de existir*, 73) = «¿Qué tal vacaciones de camello?» (título de un art. sobre el trabajo veraniego de los estudiantes, en: *El Comercio*, 11/08/96) = HAENSCH y WERNER = CONSULTAS (véase también **camellar**)

camellón. m. **(1)** Camino, paseo o acera central de una calle ancha. (Méx., Guat., CR, Col.): «A nadie se le preguntó si prefería autorrutas de rápida circulación a calles sombreadas por camellones arbolados.» (V. A. Maldonado, *La noche de San Bernabé*, 63) = «Así decimos nosotros: arriate de enmedio, no camellón. Creo que en La Habana dicen camellón.» (M. A. Flores, *Los compañeros*, 31) = «La avenida conocida como yi ci <las iniciales en inglés>, es muy amplia, con un camellón en el centro y sembrada a ambos lados por viejos edificios de frontiscipios majestuosos, adornados de cornisas.» (V. A. Mora Rodríguez, *La película*, 82) = «Bajo los sucios almendros de la plaza, rodeando los carritos de refrescos o en los carcomidos bancos del camellón, los hombres se reunían a conversar.» (G. García Márquez, *La mala hora*, 56) = STEEL = CONSULTAS = FILIPPO = HAENSCH y WERNER **(2)** Hueco o loma de tierra dura en forma de carrilada o surco, que se forma en un camino por las lluvias y por el paso continuo de las acémilas o del ganado. (Ec.): «Ocho, diez, doce indios amarrados a los travesaños laterales, cientopiés sincronizado con el paso acompasado, pac-gluc, pac-gluc, hundiéndose hasta las rodillas en los camellones atorados de lodo.» (G. A. Jácome, *Porqué se fueron las garzas*, 75) = MATEUS = CONSULTAS

caminado. m. Modo de andar. (Col. = Cuba): «(...) salimos a encontrar el sexo en tu caminado, en tu andar (...).» (U. Valverde, *Bomba Camará*, 36) = FILIPPO = HAENSCH y WERNER = SANTIESTEBAN

caminar. intr. Funcionar. (Cuba, El Salv., CR): «(...) preguntó <el brujo> si entre los presentes o afuera de la habitación, se hallaba alguna persona que portase algún resguardo, una medalla, un crucifijo o un escapulario. Ninguno declaró tener consigo algún resguardo que contrariase tan vivamente al espíritu de aquella casa, y volvieron a encender la pólvora sin obtener mejor resultado. 'Aquello no caminaba'.» (L. Cabrera, *Reglas de Congo*, 187) = «También es cierto que esa finca ha progresado gracias a nosotros. La hemos hecho caminar.» (M. Argueta, *Un día en la vida*, 56) = «(...) trajo un generador de automóvil con su batería y lo puso a caminar a fuerza de agua y a encender cuatro bombillas.» (F. Dobles, *Cuentos escogidos*, 71) = «¿Camina su refrigeradora? Pues cuidado se le escapa.» (chiste popular, CONSULTA)

caminera. f. **(1)** Cantimplora o botella con alcohol que se suele llevar cuando se está de viaje. (Ec.): «Cuando habían llegado a la parte más fría del camino, el santo pastor, sacando de la alforja la caminera, le dijo: 'Oyes Melchor, qué tal si te tomaras un buen trago de coñac'.» (G. A. Jácome, *Porqué se fueron las garzas*, 75) = SOPENA = CONSULTAS = JARAMILLO DE LUBENSKY **(2)** Policía de tránsito en las carreteras. (Ur. = Arg.): «Cuando vino la caminera abrieron la puerta y sacaron una mujer joven rubia.» (X. Uranga, en: *Brecha*, 14/1/94) = CONSULTAS

camino. m. **(1) agarrar camino.** fr. Emprender la marcha. (Guat.): «De allí agarraban camino en formación militar.» (M. A. Asturias, *Viento fuerte*, 27) = «La tropa agarró camino de regreso. Iban sudorosos (...).» (D. Liano, *el hombre de Montserrat*, 117) = CONSULTAS **(2) puesto el camino.** fr. adj. Tonto. (CR): «–Recordarás que era un poco puesto el camino... / –Bueno, cuando era estudiante no parecía muy inteligente, pero la gente cambia con la edad, vos sabés...» (F. Durán Ayanegui, *Opus 13 para cimarrona*, 35) = QUESADA = CONSULTAS

camisa. f. **(1) camisa de cuello.** fr. f. Camisa con cuello. (Perú): «Abrió el cajón de la cómoda, sacó una camisa de cuello, ropa interior, medias.» (M. Vargas Llosa, *La ciudad y los perros*, 75) = CONSULTAS **(2) camisa bellaca.** Véase **bellaco -a.**

camote. m. Pantorrilla. (Guat.): «La espalda cóncava, las nalgas, lo de atrás de las piernas, hasta los camotes, todo en ellos respondía a la forma desgarbada y perezosa de la hamaca.» (M. A. Asturias, *Viento fuerte*, 111) = «(...) se puso a ver a todas las mujeres que entraban, una a una, a examinarlas, a medirles el tamaño de los camotes, a calcularles la dureza de las chiches <pechos>, a ver cuánto de delicia podrían tener entre las piernas, a escarbarles el rostro para ver si había alguna huella de la experiencia.» (L. de Lion, *El tiempo principia en Xibalbá*, 32) = ARMAS = RUBIO

campamocha. f. Santateresa, mantis. (Méx.): «Se abrió la puertecita y apareció una Genoveva sorprendente, con un 'desnudé' color salmón con vivos carmesí, peluca a la María Antonieta, antifaz, y babuchas de visón. (...) Ni una señal del Garospín. Pensé que, como la mantis o campamocha, se lo había comido.» (J. García Ordoño, *Tres crímenes y algo más*, 95) = CONSULTAS

campana. (1) m. El que vigila un acto irregular; cómplice de un ladrón que da la alarma. (Perú = Arg.): «–Póquer. ¿Entras? Primero tienes que hacer de campana un cuarto de hora.» (M. Vargas Llosa, *La ciudad y los perros*, 21) = BENDEZU = CASULLO = TERRERA = SANTAMARÍA DGA (quien lo considera fem.) **(2) campanas de incendio.** fr. f. Rebato. (Col.): «Seguía pensando en él mientras su madre le ponía compresas de árnica en la cara, y más aún cuando oyó la gritería en la calle y las campanas de incendio en la torre, y su madre entró a decirle que ahora podía dormir, pues lo peor había pasado.» (G. García Márquez, *Crónica de una muerte anunciada*, 147) = CONSULTAS

campanazo. m. Escándalo. (Arg): «¿Qué más remedio les quedaba de miedo de un campanazo, de un escándalo mayúsculo que amuyar* y soltar prenda? (...) no se animaba, no se avenía a pegar semejante campanazo.» (E. Cambaceres, *En la sangre*, 177-8 y 222) = CONSULTAS

campanear. tr. **(1)** Mirar, considerar; vigilar, espiar. (CR, Arg. = Méx.): «(...) se vuela con la música clásica, un día Albacerro lo campaneó moviendo las manos como si dirigiera la orquesta.» (R. Arias, *El emperador Tertuliano...*, 39) = «Me di cuenta antes de campanearle el anillo: el tipo era casado.» (J. Asís, *El Buenos Aires de Oberdán Rocamora*, 53) = CONSULTAS = QUESADA = CASULLO = GOBELLO = JIMÉNEZ **(2) campaneárselas.** fr. Arreglárselas. (CR): «¡Ayúdame, a ver cómo me las campaneo para salir de este apuro!» (C. Lyra, *Cuentos de mi tía Panchita*, 172) = ARROYO

campanero -a. adj. Novelero; alborotador. (CR): «Tía Zorra que era muy campanera y muy amiga de quedar bien (...).» (C. Lyra, *Cuentos de mi tía Panchita*, 153) = ARROYO = CONSULTAS

campanilla. f. **(1)** Flor de un bejuco convolvuláceo llamado aguinaldo o flor de Pascua; este mismo bejuco. (Cuba = Col.): «Estas flores amarillas se llaman campanillas; cuidado, porque su leche es venenosa.» (CONSULTA) = SOPENA = HAENSCH y WERNER **(2)** Timbre eléctrico. (Méx., Arg.): «García se detuvo y apretó la campanilla.» (R. Bernal, *El complot mongol*, 104) = «El Cabo pensó que era mejor volver a la oficina de guardia por si el teléfono llamaba y en efecto antes de llegar a la oficina ya estaba sonando la campanilla.» (M. Puig, *Boquitas pintadas*, 182) = CONSULTAS

campaña. f. **hacer la campaña.** fr. Hacer el favor. (El Salv.): «Metéte al caserío, Nayo, hacéme la campaña, así veo al fin a la mujer que te conté (...).» (R. Dalton, *Pobrecito poeta que era yo...*, 110) = «Vos, Beto, serví para algo y conseguime una gaseosa de uva (...); hacéme la campaña.» (R. Menjívar Ochoa, *Historia del traidor de nunca jamás*, 18) = CONSULTAS

campear (o: **campiar**). tr. Buscar, localizar o esperar en el campo o en cualquier otra parte a personas, animales o cosas. (Ur., Arg.): «–Mañana me dejan ir adelante, ¿eh? Tengo que campear unos fogones, que son las señales convenidas con nuestro hombre.» (E. Amorim, *La carreta*, 125) = «Dentré <entré> a campiar en seguida / al viejito enamorao. / El pobre se había ganao / en un noque <cubo> de lejía. / ¡Quién sabe cómo estaría / del susto que había llevao!» (J. Hernández, *Martín Fierro*, I, versos 1.849-1.854) = BERRO GARCÍA = CONSULTAS = GOBELLO

campeche. m. Vinillo de mala calidad –al que se supone coloreado con tanino. (Arg. = Perú): «–¡Su famoso vino de uva! – exclamó Adán con tono sarcástico. –Puro campeche, ¡hostia!» (L. Marechal, *Adán Buenosayres*, 106) = SANTAMARÍA DGA = MORÍNIGO

campista. m. Campesino. (PR): «Habló de Andújar: ¡un bandido, sí, señor, un bandido! Se estaba chupando a los *campistas*. Mas que no jugase con él, porque cualquier día lo tendía de un *jinquetazo* <gran puñetazo>.» (M. Zeno Gandía, *La Charca*, 58) = CONSULTAS

campo. m. **(1)** Hombre que en el mundo rural desempeña la función concejil; suele formar un grupo de dos (o de cuatro) *campos*. (Perú): «Y al alcalde siguieron los *campos*; a los *campos*, el escribano; al escribano, el capillero; al capillero, el fiscal; al fiscal, el sacristán.» (E. López Albújar, *Cuentos andinos*, 133) = «(...) deslizándose por las callejuelas del pueblo, cautelosamente, para evitar un encuentro con algún **campo** y que pudiera éste tomarle por hombre de malas costumbres, se encaminó a la casa del **misti** <rico hacendado> (...).» (E. López Albújar, *Nuevos Cuentos Andinos*, 12) = CONSULTAS **(2) hacérsele** a uno **el campo orégano.** fr. Presentarse las cosas de manera muy favorable. (Ur.): «El campo se nos hacía orégano; orégano, tomillo, albahaca y todas las especias que dan gusto a la vida.» (H. Alfaro, *Por la vereda del sol*, 31) = CONSULTAS

can. m. Lugar de reunión; reunión. (Rep. Dom.): «Con la noche partió hacia Pedro Corto, el nuevo can de Liceo Bueyón.» (R. Lacay Polanco, «La Bruja», en: S. Nolasco, *El cuento en Santo Domingo*, 200) = MALARET

cana. **(1)** f. Policía –cuerpo encargado de velar por el orden público (viene del véneto /incaenar/ 'encadenar'. (Ur. = Arg.): «Me llaman Fittipaldi. El imbécil ya estaría avisando a la cana.» (H. Conteris, *La cifra anónima*, 35) = CONSULTAS = CHIAPPARA = GOBELLO **(2)** m. Agente de policía. (Arg. = Ur.): «–¿Y si me encuentra un 'cana'? –Rajá*; ¿para qué tenés piernas?» (R. Arlt, *El juguete rabioso*, 53) = «Viene un cana y te hace la boleta*.» (J. Cortázar, *Rayuela*, 239) = CONSULTAS = CASULLO **(3) echar canas.** fr. f. Envejecer. (PR): «No era de echar canas en el monte: (...) lo conveniente era emprender especulaciones en la llanura.» (M. Zeno Gandía, *La Charca*, 88) = CONSULTAS **(4) sacar canas verdes.** fr. Dar muchos disgustos. (Arg.): «¿No me aguantaba a mí, a mí, que les he sacado canas verdes a ellos?» (R. Arlt, *Los siete locos*, 30) = CONSULTAS

canalón. m. Especie de remo, canalete. (Ec.): «Cuando faltaba material, el taita <padre> madrugaba a la balsa de totora, se acomodaba bien, hincándose, y con el canalón iba abriendo huecos en el agua a uno y otro lado (...).» (G. A. Jácome, *Porqué se fueron las garzas*, 83) = CONSULTAS

canario -a. **(1)** m. Billete amarillo de cien pesos. (Arg.): «Con un canario y la promesa de otro, si me conseguía la información necesaria, la Petrona había agarrado viaje* al galope.» (J. Cortázar, *Relatos*, 32) = CASULLO = GOBELLO = MORÍNIGO = CONSULTAS **(2)** adj.; ú. t. c. m. y f. Nativo del Departamento uruguayo de Canelones; por extensión, calificativo desp. dado por los montevideanos a los habitantes del campo. (Ur.): «Hay dos días que <los chacareros> viven distinto: el 2 de Noviembre que van a llevar flores a sus seres queridos, y el 15 de Mayo, fecha de San Isidro Labrador. Esos días llegan gentes de muchos lados a vender cosas porque 'ese día los canarios compran cualquier cosa'.» (J. Capagorry, «Hombres y oficios», en: G. Wettstein, *Nuestra Tierra*, II, 26-7) = CONSULTAS

canasta. f. Véase **encanastar.**

cancel. m. Cuarto chico usado para descansar, o para mudarse de ropa. (Ec.): «–¿Quiere usted bañarse?, –pregunta a media voz Jaime. Ambos se dirigen a los canceles. María Teresa le envía una sonrisa, y entra al suyo. En el interior del minúsculo refugio, ella se desviste lentamente.» (H. Salvador, *La Fuente clara*, 300) = MATEUS

cancelación. f. Cese de un funcionario. (Ec.): «–Nada tiene que ver usted con el Gran Jefe. Me lo dijo él mismo esta mañana ante el escándalo de la prensa, de la sociedad, de la Patria. (...) ¡Está indignadísimo! (...) Y claro, me ordenó su inmediata cancelación.» (J. Icaza, *El Chulla Romero y Flores*, 86) = «Afrodita <joven maestra sin título> resolvió romper de raíz sus relaciones con Ascensión. No era que no le doliera, sino que temía por las consecuencias; las habladurías subrepticias, la preñez y la cancelación del empleo.» (A. Ortiz, *Juyungo*, 43) = CONSULTAS

cancelar. tr. Cesar a un funcionario. (Ec.): «–Está usted cancelado. Puede retirarse.» (J. Icaza, *El Chulla Romero y Flores*, 86) = CONSULTAS

cancha. f. **(1)** Terreno abandonado –si es grande, se dice **canchón***. (Perú): «*–Moriremos en nuestra tierra –se amargó Sulpicia. –¡No salgas, Héctor! Si usted sale de la cancha, nosotras quedaremos abandonadas –dijo la señora Añada.*» (M. Scorza, *Redoble por Rancas*, 130) = CONSULTAS **(2) hacer cancha.** fr. Abrir paso, dejar campo libre. (Arg. = Ur.): «La gente hizo cancha a aquellos mocetones incómodos, acostumbrados a andar golpeándose por todos los rincones.» (R. Güiraldes, *Don Segundo Sombra*, 31) = CONSULTAS **(3) hacerse cancha.** fr. Hacerse un lugar en algún medio social. (Arg.): «(...) y era una mina* posta* / que hizo <se hizo> cancha de entrada.» (C. De La Púa, «La maleva», en: *La crencha engrasada*, 53) = CONSULTAS **(4) tomar su(s) cancha(s).** fr. Acostumbrarse. (Ch.): «–(...) algo que le permitiera vivir de algún modo mientras tomaba sus canchas familiares (...).» (M. Rojas, *El delincuente... y otros cuentos*, 39) = CONSULTAS

canche. adj.; ú. t. c. s. Rubio, rubiales. (Guat.): «Y no tardó mucho tiempo sin que las mujeres empezaran a ver en sus maridos su amor por ella (...) y, aunque siempre se habían fijado que no eran blancas, rosaditas, pelo canche y sin trenzas, cuerpo fino y qué se entiende, ladinas <mestizas> como ella, ahora esas diferencias les pesaban, les dolían.» (L. de Lion, *El tiempo principia en Xibalbá*, 58) = ARMAS

canchero -a (o: **cancherito -a**). adj. **(1)** Seguro de sí mismo; relajado, consciente de dominar la situación. (Arg. = Ur.): «(...) un día Labruna manejando en viaje a la cancha se rompe el alma contra un poste y quién lo sustituye? pregunta el presidente del Club y el entrenador lo mira canchero y ya sabe con quién sustituirlo (...).» (M. Puig, *La traición de Rita Hayworth*, 163) = «–Bueno, es un morocho* alto, de bigotes, muy distinguido, frente amplia, pero con un bigotito medio de hijo de puta, no sé si me explico, un bigote de cancherito, que lo vende*.» (M. Puig, *El beso de la mujer araña*, 26) = CONSULTAS = GOBELLO **(2)** Irreprochable, con matiz ostentoso. (Arg.): «El Charrúa la peinada al costado sin gomina con el lope* canchero largo, a mí me queda medio jodido de pelo crespo, son demasiadas las ondas que tengo.» (M. Puig, *La traición de Rita Hayworth*, 210) = CONSULTAS

canchón. m. Véase **cancha.**

candela. f. **(1)** Incendio. (Ven.): «El Diablo (...) baila al reflejo de las candelas de verano, trepadoras de las montañas. A veces monta en un tizón (...).» (A. Croce, *La roca desnuda*, 17) = TEJERA **(2)** Situación conflictiva, problemática. (Cuba = Ven.): «Nadie se imagina cómo estaba la candela por aquellos años. La gente se pasaba la vida hablando de revueltas. La guerra se iba acercando.» (M. Barnet, *Biografía de un cimarrón*, 100) = CONSULTAS = TEJERA **(3) candelas.** f. pl. En sentido figurado, las llamas del fuego. (Ec., Par.): «Y volviéndose hacia el fogón con gesto enloquecido, trató de buscar entre las candelas una salida que salve <salvara> a su pequeña.» (J. Icaza, *Relatos*, 4) = «Se oían los cánticos y el monótono golpear de las matracas, casi a compás de las ruedas, en las ráfagas calientes que hacían ondear los pajonales y mudar de sitio a las candelas de la resolana.» (A. Roa Bastos, *El baldío*, 124) = CONSULTAS **(4) comer candela.** fr. con la que se subraya la valentía de alguien. (Cuba): «Recuerdo la revuelta de los hermanos Rosales. (...) En seguido se corrió la voz de que los Rosales *comían candela* y atacaban al gobierno español.» (M. Barnet, *Biografía de un cimarrón*, 101) = MALARET **(5) dar candela -1** (o: **darle candela a una mujer**). fr. Gozar mucho con una mujer. (PR = Cuba): «–Eje, conque el viejo todavía da candela (...).» (A. L. Vega, *Pasión de historia*, 78) = SÁNCHEZ-BOUDY **(6) dar candela a** alguien **–2.** fr. Causarle problemas, darle guerra, hacerle la vida imposible, molestarle. (PR, Guat. = Cuba, Hond., Col. y Ven.): «Pienso en lo que dijo Amparo al despedirnos: 'Ojo, el Enemigo les va a dar candela'.» (A. L. Vega, *Pasión de historia*, 111) = «Hay que ir a la mierda <a cualquier lado> antes de que nos den candela.» (M. A. Flores, *Los compañeros*, 26) = MALARET = CONSULTAS = SANTAMARÍA DGA = MORÍNIGO **(7) estar en candela.** Hablando de la pobreza, fr. con la que se pondera el extremo de la misma. (Ec.): «'La pobreza está en candela', / Dice la necesidad. / Es capaz un hombre pobre / De apestar una ciudad.» (J. L. Mera, *Cantares del pueblo ecuatoriano*, I, 61) = CONSULTAS **(8) pegar candela.** fr. Pegar fuego. (Ven.): «–Ya veo que por las buenas no se hace nada. Bueno. ¡Si no salen ya los principales, me llevo a la fuerza todo lo que haya en el pueblo y le pego candela! (...) / –(...) A la primera pasada por <el pueblo de> Magdaleno le pegamos candela.» (A. Uslar Pietri, *Las lanzas coloradas*, 78 y 119) = CONSULTAS

candelita. f. Juego infantil, bastante parecido al escondite. (Ven.): «(...) Blanca Nieves nunca oía. Su cabeza (...) corría de árbol en árbol pidiendo aquí y allá 'una candelita'.» (T. de la Parra, *Las memorias de Mamá Blanca*, 33) = MALARET

¡canejo! (o: **¡Qué canejo!**). interj. usada sobre todo en el campo; ¡Caramba! (Ur., Arg.): «–(...) ¡Canejo!, gritó, chicotiando <chicoteando> un palenque; no lo había pensau <pensado> ...» (E. Amorim, *La carreta*, 31) = «'–¡Canejo! ¿No les previne de que anduvieran con esmero, porque ese hombre era por demás ladino?'» (R. Güiraldes, *Don Segundo Sombra*, 148) = VERDEVOYE

canela. f. **(1)** Mulatas, mujeres de color. (Cuba, Perú = PR): «A él le gusta la *canela* tanto como a mí.» (C. Villaverde, *Cecilia Valdés*, 182) = «Ahí está el negro Antuco, a quien, según creo, ya no se le encandila el ojo por la canela (...).» (E. López Albújar, *Matalaché*, 16) = ORTIZ = SANTAMARÍA DGA **(2)** adj. inv. Exquisito, fino, espléndido. (CR): «(...) la capital (...) era lo más elegante del mundo y el sitio más 'canela' de la tierra.» (H. E. Arce, *Memorias de un pobre diablo*, 73) = «Qué lástima qué hijueputa lástima no poder jalar <salir> con ella de fijo se haría amiga de mi hija son de la misma edad sería tan canela tenerlas a las dos y comprarme un jeep viejo para jalar* los domingos entre caminos y cafetales a coger jocotes en las cercas.» (R. Arias, *El emperador Tertuliano...*, 163) = CONSULTAS **(3) pasársele las canelas a uno.** fr. Beber demasiado. (Méx.): «–Es que estuve en el velorio de Miguelito, padre. Y se me pasaron las canelas. Me dieron de beber tanto que hasta me volví payasa.» (J. Rulfo, *Pedro Páramo*, 77) = CONSULTAS

cangilón (o: **canjilón**). m. **(1)** Hoyo, bache, carril de un camino. (CR = Cuba, Nic. y otros): «Cangilones y charcos, cuestas y más cuestas, casi llegaban a Infiernillo cuando oyeron los gritos de la cabalgata que les daba alcance.» (C. L. Fallas, *Gentes y gentecillas*, 113) = «(...) nos fuimos caminando por un trillo que va por el lado de arriba del camino lleno de cangilones (...).» (M. Salguero, *Agencia de policía*, 47) = QUESADA = GACINI = SANTIESTEBAN = RABELLA y PALLAIS = ORTIZ = SANTAMARÍA DGA **(2)** Paso estrecho entre altas montañas, cañón. (CR): «Esparza atrás, San Ramón adelante, una montaña al sur y el hondo cangilón de un río al norte.» (H. E. Arce, *Adiós Prestiño*, 142) = QUESADA **(3)** Carril o zanja que se forma por el correr de las aguas o el paso de las bestias. (PR = Ven.): «El torrente parecía sangriento, como si habiendo recibido una estocada la cordillera se desangrara por aquel cauce, por aquel canjilón iracundo por donde corría la muerte, poblando de rugidos la montaña y sacudiendo el caudal contra los obstáculos; una muerte de rojo semblante que descendía de la cordillera barriéndolo todo.» (M. Zeno Gandía, *La Charca*, 83) = MAURA = CONSULTAS = TEJERA

cangrejear. intr. Cazar o atrapar cangrejos. (Ec.): «Esa tarde empezaron a coger mejillones (...). Y empezaron a cangrejear.» (D. Aguilera Malta, *Don Goyo*, 87) = CONSULTAS

cangrejero -a. m. y f. ú. t. c. adj. Dícese de los habitantes del barrio de Santurce de San Juan –por haberse llamado esta zona, en el origen, **Cangrejos.** (PR): «Un cordial moreno cangrejero me confirma la atroz intuición: los fondos federales obligan a esas estructuras a mitad de camino entre los *planteles* elementales de asbestos y los cuarteles neobunkers de la policía estatal...» (E. Rodríguez Juliá, *El entierro de Cortijo*, 16) = CONSULTAS = MAURA

cangrejo. **(1)** m. Término despectivo para designar a una persona codiciosa y oportunista. (Cuba): «(...) refirió (...) el número de los *cangrejos* (según llamaba a los taberneros o pulperos, en su mayoría catalanes), que había *birado**, en sus pocos años de vida.» (C. Villaverde, *Cecilia Valdés*, 249) = SÁNCHEZ-BOUDY **(2)** m. Bribón; persona astuta y sin escrúpulos. (Perú): «El cangrejo <Crisanto> no se condolía y le contestaba: 'Vieja, güelve <vuelve> a tu casa... Yo sé lo que te digo'. Y la señora que seguía por detrás, ruega y ruega. En una de ésas, el canalla de Crisanto saca el revólver y, ¡pum!, la tiende, muerta de un balazo en el pecho...» (C. Alegría, *Los perros hambrientos*, 97) = MALARET = CONSULTAS **(3) cangrejo -a.** adj. Estúpido, tonto. (Ec.): «¡Barajo* –dijo el curandero– como si nojotros <nosotros> fuéramos tan cangrejos pa no sabé <para no saber> la verdad!» (N. Estupiñán Bass, *Cuando los guayacanes florecían*, II, 10) = CONSULTAS **(4) hacer ojitos de cangrejo.** fr. Véase **ojito.**

canguela. adj. Nocherniego. (Arg.): «Esquina porteña, tu rante <pobre> canguela / se hace un mélange <mezcla> de caña*, gin fitz, / (...).» (C. E. Flores, «Corrientes y Esmeralda», en: J. Barreiro, *El Tango*, 120) = GOBELLO = CONSULTAS

canguil. m. Palomitas de maíz. (Ec.): «Un muchacho pasó a su lado, pregonando *canguil* caliente. Compró un puñado y se puso a masticar con celeridad.» (A. Pareja Diezcanseco, *La Advertencia*, 185) = «Servir con canguil, tostado <maíz tostado> y pan.» (M. O. Fried, *Comidas del Ecuador*, 38) = TOBAR GUARDERAS = CARVALHO-NETO = CONSULTAS

canijo -a. adj. **(1)** Cabrón –denota profundo desprecio. (Méx.): «Como aquella que se me andaba haciendo la muy apretada*, Carolina (...). Ni me quería sonreír la canija.» (R. Bernal, *El complot mongol*, 30) = JIMÉNEZ **(2)** Complicado, problemático. (Méx.): «Mmm, pues así va a estar bien canijo que salgas de este lío.» (L. Esquivel, *La ley del amor*, 142) = «(...) todas necesitaban amor pero no recuerdos, y que sin embargo era imposible separar el recuerdo y el cariño, estaba canija la cosa.» (C. Fuentes, *La frontera de cristal*, 148) = CONSULTAS

canillón. m. Fusil o chopo de piedra. (Ven. = Col.): «Revisté tres excelentes escopetas, con todos sus enseres; un cuchillo de monte, regalo del general Alcántara, aquel canillón que le echó a tierra los muñecos* al compadre Guzmán.» (M. V. Romero, *Peonía*, 158) = MORÍNIGO

canina. f. Hambre canina, caninez. (PR): «Estaban 'esnus en pelota' <en pelotas> en el sofá-cama de la sala, bebiendo cerveza y picando chicharrones* con esa canina que asalta siempre *a posteriori*.» (A. L. Vega, *Pasión de historia*, 8) = MAURA

canjilón. Véase **cangilón.**

canoero. adj. Véase **café* canoero.**

cansadas. f. pl. **a las cansadas.** fr. Muy tarde; después de mucha demora. (Par. = Arg. y otros): «(...) a la espera del teniente cura que regresa a las cansadas, cuando está rayando el alba (...).» (A. Roa Bastos, *El baldío*, 69) = «La marcha por el agua era ruidosa a la par que lenta pero, por fin...! allá a las cansadas, un día, el indígena que marchaba en punta como guía, levantó la mano para pedir silencio. / –'Paren, hay perros delante'. / Imposible describir la felicidad del momento. La esperanza de llegar a un poblado por fin parecía realidad.» (H. C. Sosa Tenaillon, *Cincuenta años después*, 36) = SANTAMARÍA DGA = MORÍNIGO = VERDEVOYE = SOPENA

cansar. intr. Quedarse para siempre, morir. (Perú): «El hacendado los amarraba cinco o seis meses más fuera del contrato y los metía a los algodonales. A la vuelta, 'cansaban' para siempre en los arenales caldeados de sol, en las cuestas, en la puna.» (J. M. Arguedas, *Yawar Fiesta*, 22) = CONSULTAS

cantado. m. Entonación. (Guat.): «(...) hablaba de una manera rara, con un cantado extraño y animal (...).» (M. A. Flores, *Los compañeros*, 99) = ARMAS

cantazo. m. **(1)** Cualquier golpe; puñetazo. (PR): «Yo lo agarré por la guayabera azul clarito PNP que tenía puesta, lo levanté y le metí el puño de su vida y de la mía. (...) Entre la juma, el cantazo y los años, no se acordaba ni del día que era.» (A. L. Vega, *Pasión de historia*, 84-5) = CONSULTAS **(2)** Latigazo. (PR = Rep. Dom. y Col.): «El mayordomo manoteaba furiosamente, dando empujones a los campesinos. A uno de ellos que contestó con acritud, Montesa, colérico, le cruzó la espalda con un látigo. (...) / –(...) Me dijo una mala palabra y le arrimé un *cantazo...*» (M. Zeno Gandía, *La Charca,* 78-9) = MALARET = ÁLVAREZ NAZARIO

cantear(se). tr. Inclinar(se), ladear(se). (Méx., Ec. = Nic.): «Si se quiere más puro el almíbar, como se necesita para endulzar los licores, después de las operaciones referidas se cantea el cazo o vasija que lo contiene, se deja reposar y se decanta, o lo que es lo mismo, se separa de los asientos con el menor movimiento posible.» (L. Esquivel, *Como agua para chocolate,* 139) = «La canoa se canteó un poco con el movimiento de la gente, se enderezó y resbaló rauda y silenciosamente sobre el hilero.» (A. Ortiz, *Juyungo,* 115) = SANTAMARÍA DGA = RABELLA y PALLAIS

cantidad. f. **cualquier cantidad (de).** fr. adv. Mucho. (Ch. = CR, Ur. y Arg.): «(...) nos dan las sobras de las marmitas de los soldados y cualquier cantidad de pan sobrante.» (H. Valdés, *Tejas Verdes,* 180) = CONSULTAS

cantina. f. Bar modesto y clandestino. (Perú, Ch.): «(...) la cantina de don Glicerio Cisneros vomitó un racimo de borrachos. Mal aconsejado por un aguardiente* de culebra Encarnación López se había propuesto (...).» (M. Scorza, *Redoble por Rancas,* 17) = «Regresar (...) con calles y tiendas y cantinas y amigos... diferentes poblando su recuerdo.» (J. Donoso, *Coronación,* 170) = CONSULTAS

canto -ito. m. **(1)** Pedazo de cualquier cosa. (PR): «–¡Ahí está!, dije atragantándome el canto de pizza que tenía en la boca y señalando como un loco. (...) volvió con algo en la mano. Era una foto en blanco y negro remendada con Scotch Tape. / –¿La conoces? / Me tomó unos minutos reconocerla, así, sin maquillaje y, sobre todo, sin ropa. Era la misma melena riza <rizada>, la misma boca gruesa. Se parece, dije impresionado por el profesionalismo de Dalia, que había encontrado los cantitos en la basura del viejo y se los había escondido en el brasier <sujetador> para pegarlos después.» (A. L. Vega, *Pasión de historia,* 79) = MAURA = CLAUDIO DE LA TORRE = ÁLVAREZ NAZARIO **(2)** Sitio, lugar; pedazo de tierra. (PR): «–No quié uhté <quiere usted> dehpegarse de ehte canto.» (R. Marqués, *La Carreta,* 7) = CONSULTAS

cantón. m. Lugar donde acampan tropas. (Rep. Dom.): «(...) en los cantones donde moraban después de los latrocinios y las incursiones.» (R. Lacay Polanco, «La Bruja», en: S. Nolasco, *El cuento en Santo Domingo,* 195) = RODRÍGUEZ

cantor -a. adj. Ordinario, modesto. (Arg.): «(...) aseguraban algunos / que venía de la frontera, / que había pelado <despojado> a un pulpero / en las últimas carreras, / pero andaba despilchao <desharrapado>, / no traía prenda buena; / un recadito <recado* pequeño> cantor / daba fe de sus pobrezas.» (J. Hernández, *Martín Fierro,* II, versos 2.919-26) = ABAD DE SANTILLÁN = SOPENA = CONSULTAS

caña. f. **(1)** Peso cubano. (Cuba): «En eso un mulato de dientes de oro se ofreció a llevarlo por doscientas cincuenta cañas.» (J. Díaz, *Las iniciales de la tierra,* 348) = CONSULTAS = SÁNCHEZ-BOUDY = SANTIESTEBAN **(2)** Colón –moneda de Costa Rica. (CR): «–(...) cuánto es lo que debo, le preguntó el turista. –Le dije 500 cañas.» (G. Keany, «Un turista en Costa Rica», en *La Nación* de San José, octubre de 1989) = «Después del almuerzo el Roco Estándar y su Homólogo estaban felices porque se habían pegado mil cañas con una raspita* y querían comprarse un parker de oro (...).» (R. Arias, *El emperador Tertuliano...,* 23) = CONSULTAS **(3)** Bebida alcohólica en general; aguardiente de caña. (Ven., Bol., Par., Ur., Arg. = Cuba): «Pasaban las totumas repletas de caña. El aguardiente los fue cambiando. Comenzaron a bailar (...).» (A. Uslar Pietri, *Las lanzas coloradas,* 79) = «Enajenados por la caña los unos, ebrios de cólera los otros, formaban el tropel que embestía blandiendo las armas primitivas.» (H. Guzmán Arze, *Borrasca en el valle,* 73) = «Sacó una botella de caña y un vaso, y con ellos fue otra vez a sentarse a la mesa, frente a las cuartillas esparcidas. Llenó el vaso y comenzó a beber a pequeños sorbos. La caña estaba tibia y le producía escozor en la garganta.» (G. Casaccia, *La Babosa,* 14) = «Y traía la botella de caña con pitanga <especie de guinda>.» (H. Alfaro, *Por la vereda del sol,* 215) = «Mientras lo lavaban con agua limpia y con caña, y lo vendaban con tiras de sábanas.» (E. Sábato, *Sobre héroes y tumbas,* 91) = TEJERA = GOBELLO = ORTIZ = CONSULTAS **(4) caña de durazno.** fr. Licor hecho a base de caña* en la que han macerado duraznos o melocotones. (Arg.): «Los demás entraron al despacho, saludaron al pulpero, conocido en otros viajes, y pidieron éste una Ginebra*, aquél un Carabanchel <copa de anís de esta marca>. –¿Qué vah'a tomar? –me preguntó Don Segundo. –Una caña'e <de> durazno. –Se te vah'a desollar el garguero.» (R. Güiraldes, *Don Segundo Sombra,* 48) = CONSULTAS **(5) caña de Indias.** fr. Instrumento de música hecho con una caña larga terminada en una especie de corneta. (Perú = Bol.): «(...) le encontré tendido en la hamaca, con una caña de Indias recostada en el pecho, a manera de guitarra (...).» (E. López Albújar, *De mi casona,* 57) = MUÑOZ REYES (quien recoge la forma **caña**) **(6) caña quemada.** fr. Aguardiente dulce hecho a base de azúcar quemado. (Arg.): «(...) Barragán, meneando la cabeza, tomando su cañita quemada, respondía (...).» (E. Sábato, *Sobre héroes y tumbas,* 228) = VERDEVOYE **(7) caña soca** (o: **caña zoca**). fr. Caña de azúcar del tercer o del último corte; suele ser de calidad inferior. (Cuba): «–(...) Y usted debe saber que siempre en los cañaverales se deja uno de caña zoca, para siembra. Esta caña da canutos chicos. Yo, (...) en vez de comerme la caña zoca, me comía la buena, la que estaba prohibida, pero que era la mejor.» (L. Cabrera, *Reglas de Congo*, 207) = PICHARDO **(8) tumbar** (o: **meter) caña.** fr. Conquistar, hacer camino peleando, pegando mucho. (PR = Cuba): «(...) seguramente cuando en el 1797 Abercromby entró por Boca de Cangrejos *tumbando caña* su flemático asombro inglés tiene que haberse convertido en desaliento al ver tantos *pardos** (...).» (E. Rodríguez Juliá, *El entierro de Cortijo*, 89-90) = CONSULTAS = MAURA = MALARET

cañada. f. Arroyo, riachuelo de poca agua, que está seco durante parte del año. (Guat., Nic., Hond., Ur., Arg.): «(...) el Sanatorio Español, que se encuentra en medio de una pequeña isla de árboles a la orilla de una de las cañadas que dividen la ciudad (...).» (R. Rey Rosa, *Cárcel de árboles – El salvador de buques*, 123) = «(...) la montaña misma me enseñó a conocerla, (...) mostrándome sus cumbres, sus ríos y cañadas, y ofreciéndome la seguridad de sus noches.» (S. Ramírez, *La marca del Zorro*, 88) = «Un pájaro se queja como el crujido de un palo, / después la cañada se calla como oyendo algo, / y de pronto un grito...» (E. Cardenal, «La hora 0», en: Francisco de Asís Fernández, *Poesía política nicaragüense*, 120) = «Muy lejos, en el término del camino de descenso de la cuchilla, espejeaba algún pequeño cuenco azulado, presencia de una cañada que enseguida desaparecía corriendo bajo la red de berros y espadañas (...).» (J. J. Morosoli, «El viaje hacia el mar», en: G. Wettstein, *Nuestra Tierra*, I, 77) = «En la cañada croaron las ranas, quebrando el uniforme seseo de los grillos.» (R. Güiraldes, *Don Segundo Sombra*, 55) = MALARET = SOPENA = CONSULTAS

cañadón. m. Parte baja de un campo sin desagüe y donde el agua adquiere cierta profundidad cuando llueve mucho. (Par., Arg. = Cuba, Bol. y Ur.): «Era época de grandes lluvias (verano*) y todo estaba inundado. (...) Cuando salíamos a los cañadones, que eran grandes espacios cubiertos por pastizales, la situación cambiaba. (...) las mulas, por la profundidad del agua, se veían obligadas a nadar, todo cambiaba porque perdíamos el camino. Las mulas nadaban y nosotros, tomados de las colas de los animales, íbamos arrastrados por ellas.» (H. C. Sosa Tenaillon, *Cincuenta años después*, 47) = «Cuando la embarcación hubo atracado, uno de los hombres nos preguntó groseramente: –¿Qué se les frunce*? –Nada –le contestó Schultze–. Queremos pasar el cañadón.» (L. Marechal, *Adán Buenosayres*, 632) = MUÑOZ REYES = MORÍNIGO

cañamazo. m. Exportador de sombreros de paja toquilla de la región de Cuenca. (Ec.): «El cañamazo escupe, silba. Luego, se arregla la corbata. Ya asoman las primeras tejedoras, en grupo. (...) El hombre es hijo del famoso exportador Oñate, uno de los muchos magnates de la industria toquillera.» (A. Cuesta y Cuesta, *Los Hijos*, 74) = «Adentro de la oficina, / el hijo del cañamazo / fumaba Camels, riendo / (...).» (G. H. Mata, *Chorro Cañamazo*, 21) = CONSULTAS

cañazo. m. Trago de aguardiente de caña. (Hond.): «(...) los músicos, acelerados* por los cañazos, parecían transmitir a sus instrumentos la desbordante alegría que reinaba en sus propios corazones.» (M. A. Rosa, *Tío Margarito*, 151) = CONSULTAS

cañera. f. Temblor que suele manifestarse en las piernas. (Rep. Dom.): «Jorobado de aburrimiento y ya con la cañera de tanto avemaría en los labios (...).» (C. E. Deive, «En el pueblo hay guerrilleros», en: J. Alcántara, *Antología de la literatura dominicana*, 120) = HENRÍQUEZ = OLIVIER

cañita. (ú. t. c. adj. en la fr. **ron* cañita).** m. Ron puro, de pésima calidad, hecho ilegalmente en alambique con azúcar de caña. (PR): «(...) Marcela, en vez de café, le atizó a Raúl un 'palo*' de cañita que le hizo saltar como un endemoniado. / –¡Quema! ¡Quema! –gritaba desesperado (...). – (...) Si me hubiera quedado cañita no te habrías acatarrao.» (R. Marqués, *La víspera del hombre*, 47 y 53) = CONSULTAS = MALARET = MAURA (quien lo recoge c. f.)

caño. m. **(1)** Río pequeño; torrente. (Col. = Nic.): «Ayúdame a exprimir la manta porque cuando entremos a los caños viene el mosquito.» (A. Cepeda Samudio, *La casa grande*, 18) = HAENSCH y WERNER = MALARET = RABELLA y PALLAIS **(2) a caño libre.** fr. Hablando de una bebida, que se puede tomar a voluntad. (Ven. = Arg.): «Por la noche celebraron el triunfo. / En medio de la plaza pusieron pipas de aguardiente a caño libre; se instalaron un tocador de tambor y un maraquero*, y comenzaron interminables 'golpes*' de Aragua.» (A. Uslar Pietri, *Las lanzas coloradas*, 79) = CONSULTAS

cañón. **(1)** adj. De miedo; muy difícil. (PR): «(...) acababa de leer un artículo cañón sobre los efectos de la yerba en el funcionamiento de la memoria.» (A. L. Vega, *Pasión de historia*, 80) = CONSULTAS = CLAUDIO DE LA TORRE **(2) estar hecho un cañón** (o: **como cañón).** fr. Andar muy bien de salud, estar muy fuerte. (PR): «–¿Y qué tal? –interrogóme. / –Me siento bien, Chelores. Usté siempre hecho un cañón, ¿no?» (E. Laguerre, *La llamarada*, 194) = CONSULTAS = MAURA **(3) ni de a cañones.** fr. De ningún modo, ni por la fuerza. (Perú): «Si yo tuviera vento* y un carrazo <cochazo> rojo no hubiera entrado al colegio ni de a cañones.» (M. Vargas Llosa, *La ciudad y los perros*, 228) = CONSULTAS

cañona. f. **(1)** Robo, atraco. (PR): «Por algo vine en taxi; ¿dónde demonios dejo el carro <coche> ahí en Lloréns <barrio muy popular de San Juan>? Traspasar este corredor mítico de violencia es casi asegurarse una *cañona* a manos de algún *teco** de *bejuco** desesperado.» (E. Rodríguez Juliá, *El entierro de Cortijo*, 12) = CLAUDIO DE LA TORRE = CONSULTAS **(2) a la cañona.** fr. Sin rodeos, de sopetón. (PR): «Perdí la chaveta y le solté a la cañona que a ella lo que le estaba haciendo falta era que un macho le midiera el aceite.» (A. L. Vega, *Pasión de historia*, 47) = CONSULTAS

cañoneo. m. Hecho de hacer algo molestando a los otros. (PR): «Sin duda había llegado a Lloréns <poeta que dio su nombre a un barrio popular de San Juan>, el segundo cañoneo, esta vez con los ojos inyectados de sangre vidriosa (*Vaya mi pana*, alcoholado en los ojos...*) y la nota* altísima (...).» (E. Rodríguez Juliá, *El entierro de Cortijo*, 14) = CLAUDIO DE LA TORRE (quien señala **cañonear** con el sentido de 'hacerle a una persona algo que no le gusta')

cañota. f. **bajar la cañota.** f. Obtener un resultado de alguien por las buenas o por las malas. (Arg.): «–Ya hace diez años que vivo con vos y no te quiero bajar la cañota como el cretino ése. Ya te la bajé.» (J. P. Feinmann, *Ni el tiro del final*, 175) = CONSULTAS

caoba. f. **caoba de caracolillo.** fr. f. Variedad de caoba, de madera muy preciosa, que se da particularmente en la Isla de Pinos. (Cuba): «¡Las preciosas maderas de caoba, ojo* de perdiz, de caracolillo, de cedro*, se utilizaron para polines <travesaños> de ferrocarril!» (L. Cabrera, *La medicina popular de Cuba*, 143) = PICHARDO

capa. f. Impermeable. (Guat.): «Capas Girón, en el invierno dan protección.» (D. Liano, *el hombre de Montserrat*, 86) = CONSULTAS

capacete. m. Cierto sombrero que para protegerse del sol usaban en los cañaverales los ingenieros y los capataces. (PR): «Son muchos los <peones> que le <les> tienen un miedo supersticioso a las botas, a los capacetes.» (E. Laguerre, *La llamarada*, 111) = DÍAZ MONTERO = ÁLVAREZ NAZARIO

capacha. f. Cárcel. (Ec., Ch. = Bol. y Arg.): «Si viera cómo registraron... Se metieron hasta debajo de la cama... Orden superior, dicen... Llevarle vivo o muerto... Llevarle a la capacha...» (J. Icaza, *El Chulla Romero y Flores*, 97) = «–(...) juntos caímos presos; salíamos juntos también de la capacha.» (M. Rojas, *El delincuente... y otros cuentos*, 63) = SANTAMARÍA DGA = CASULLO

capachero -a. adj. Brusco y camorrero. (Ven.): «Esa noche estaban en la plaza Lourdes y Luciano dijo, capachero: '¿Qué* me ves* tanto Teodoro?' (...).» (G. Meneses, *Campeones*, 40) = TEJERA

capachería. f. Dicho o/y hecho propios de la persona brusca y camorrista. (Ven.): «–(...) Bien sabes que sí se la rifa* Teodoro Guillén. / –Bueno; sí es verdad; pero me importa un ajo* su capachería ¿oíste?» (G. Meneses, *Campeones*, 74) = TEJERA (véase también **capachero**)

capaz (o: **capaz que,** o: **capaz y**). adv. Tal vez, es posible que. (Méx., Guat., CR, Pan. = Col. y Arg.): «Tiene dentadura postiza. Capaz y de una muela saca una pistola en miniatura y de la otra un transmisor de radio, como en las películas de la tele.» (R. Bernal, *El complot mongol*, 78) = «No te dejés, Pedro –intervino doña Nicomedes–, este mi marido es tan listo que capaz te trae en un guacal <cesta>...» (M. A. Asturias, *Viento fuerte*, 72) = «Si (...) supiera la actividad social que le había adjudicado, capaz que sufriera uno más de sus pudibundos desmayos de solterona.» (J. Gutiérrez, *Te acordás hermano*, 120) = «(...) si es muy, muy bueno, capaz hasta le gana un Pulitzer y eso que sólo tiene treinta años (...).» (G. Guardia, *El último juego*, 135) = CONSULTAS = HAENSCH y WERNER (quienes registran **capaz que**)

capear. tr. Dar forma de capa a algo. (Méx.): «Mientras dejaban enfriar las natas para poder capearlas después, Tita le confió a Gertrudis todos sus problemas.» (L. Esquivel, *Como agua para chocolate*, 135) = CONSULTAS

capitana. f. **(1)** Planta perenne empleada para usos medicinales, que suele crecer entre las rocas, llamada también **capitaneja.** (Méx.): «¿Cómo me dijo aquel fulano que se llamaba esta hierba? 'La capitana, señor. Una plaga que nomás espera que se vaya la gente para invadir las casas'.» (J. Rulfo, *Pedro Páramo*, 11-12) = SANTAMARÍA DM y DGA **(2)** Cierta serpiente venenosa de la Costa. (Ec.): «–(...) Y el viejo <curandero> siguió silbando... Y vino la capitana y me pasó y me repasó como la equis*...» (N. Estupiñán Bass, *Cuando los guayacanes florecían*, I, 117) = CONSULTAS

capitaneja. Véase **capitana.**

capón. m. Cordero capado. (Arg. = Ur.): «Había cómo elegir entre los asadores, que aquí ensartaban un costillar de vaquillona, allá un medio capón o un corderito entero, de riñones grasudos.» (R. Güiraldes, *Don Segundo Sombra*, 90) = CONSULTAS

capota. f. Techo de automóvil, plegable o no. (PR, Ven., Perú = CR): «(...) mira los brillos metálicos liberados por miles de capotas acorraladas por el sol (...).» (L. R. Sánchez, *La Guaracha del Macho*

Camacho, 30) = «Sobre las capotas, golpeando con la mano, se obtenía buen acompañamiento rítmico (...).» (A. González León, *País portátil*, 94) = «(...) las capotas de los automóviles semejantes a espejos que absorbían los letreros luminosos (...).» (M. Vargas Llosa, *La ciudad y los perros*, 151) = MAURA = CONSULTAS

cara. f. **(1)** Cierto juego de cartas. (Cuba): «Había muchos tipos de barajas. A unos les gustaba jugar a la cara; a otros al mico*, donde se ganaba mucho, pero yo prefería el *monte*, que nació en las casas particulares y después se repartió al campo.» (M. Barnet, *Biografía de un cimarrón*, 26) = CONSULTAS **(2)** Cualquier objeto que provoca desagrado. (Guat.): «García apagó el televisor. Su mujer se volteó*, furiosa. (...). / –Al menos pedime <vos> permiso antes de apagar tu cara.» (D. Liano, *el hombre de Montserrat,* 80) = CONSULTAS **(3) poner cara de mangó* verde.** fr. Poner cara de vinagre, poner gesto de disgusto. (PR): «Para colmo, empecé a tener problemas con la secretaria del tipo, una antigüedá ambulante que se había dado cuenta de mi 'enchule*' con su jefe y me ponía cara de mangó* verde cada vez que me sintonizaba el canal.» (A. L. Vega, *Pasión de historia*, 47) = CONSULTAS **(4) poner** (o: **tener,** o: **con**) **cara de yo no fui.** fr. Fingir ingenuidad, hacerse el tonto; ser hipócrita. (Cuba, Pan.): «Cuando le aclaré que era para Ernesto que tú cocinabas me miró con cara de yo no fui y se puso a compadecerte (...).» (V. Agostini, *Filin*, 243) = «Él era un muchacho plástico / de ésos que veo por ahí, / con la peinilla <machete> en la mano / y cara de yo no fui.» (R. Blades, canción «Plástico») = CONSULTAS

carabela. **(1)** m. y f. Negro o negra que vino de África en el mismo buque que otro bozal. (Cuba): «Julián y Tomasa eran poco más o menos de la misma edad; joven, robusta, agraciada ella; joven, atlético y gallardo él; procedían del mismo país en África; se tenían por paisanos o *carabelas*, según dicen; ¿qué extraño sería que se amasen?» (C. Villaverde, *Cecilia Valdés*, 212) = PICHARDO = ORTIZ **(2) carabela** (o: **caravelá**, o: **caraveló**). f. Amante, querida. (Cuba): «–Señorita, la morena de los pollos no es mi comadre, ni mi *carabela* tampoco. Ella es de nación*.» (C. Villaverde, *Cecilia Valdés*, 104) = ORTIZ **(3)** m. y f. Compañero. (Cuba): «Se cantaba girando alrededor del muerto envuelto en una sábana y tendido en el suelo, y se le recordaban prudentemente los servicios que había recibido de sus carabelas cuando era vivo.» (L. Cabrera, *Reglas de Congo*, 65) = CONSULTAS

caracol. m. **(1) caracoles.** m. pl. Manera de echar suertes, usando caracoles pequeños en vez de dados. (Cuba): «Fui un día a su casa, (...) y me tiró los caracoles en una ceremonia secreta, a oscuras (...).» (G. Cabrera Infante, *Tres tristes tigres*, 339) = MALARET **(2) caracol ladrón.** fr. m. Cierto cangrejo ermitaño que se apodera de las conchas abandonadas por otras especies, mudándose cada año. (Ven.): «–Además, hace ya tiempo que el Caracol Ladrón practica la expropiación –recordó el Escarabajo.» (A. Arraiz, *Tío Tigre y Tío Conejo*, 64) = CONSULTAS

caracolillo. Véase **caoba* de caracolillo.**

caracha. f. Costra de una herida. (Ec. = Col. y Perú): «Las carachas que el emplasto de ají gallinazo había formado, no querían desprenderse ni con la humedad.» (A. Ortiz, *Juyungo*, 223) = CONSULTAS = HAENSCH y WEBNER = ARONA

carachupa (o: **q'arachupa**). f. Comadreja o zarigüeya; designa también a un joven de la clase media. (Bol.): «–Valientes novios... Más parecen q'arachupas acosadas...» (J. Lara, *Yanakuna*, 112) = MUÑOZ REYES = CONSULTAS

carajear. tr. Insultar mediante palabras soeces u obscenas. (Ec. = Méx., Guat., Hond., CR, Col., Bol. y Arg.): «–No sé si admirarle o carajearle– (...).» (E. Cárdenas, *Juego de mártires*, 131) = CONSULTAS = HAENSCH y WERNER = MUÑOZ REYES = FERNÁNDEZ NARANJO = SANTAMARÍA DM

carajete (o: **carajo -ito**). m. Niño de poca edad. (Guat. y CR): «¡Carajito! ¡Sos mijo*, por eso te aguanto!» (M. A. Asturias, *Viento fuerte*, 37) = «(...) unos carajetes que todavía, a estas horas, las viejas tienen que darles la plata pa que lleven la novia al teatro (...).» (C. L. Fallas, *Gentes y gentecillas*, 160) = CONSULTAS

carajillo (o: **carajito**). m. Niño de poca edad. (Guat., CR = Col.): «¡Carajito! ¡Sos mijo*, por eso te aguanto!» (M. A. Asturias, *Viento fuerte*, 37) = «Deje de joder, carajillo, mejor circule o llamo al policía.» (M. Benavides, *Los hijos de Mariplata*, 66) = CONSULTAS = HAENSCH y WERNER (quienes registran **carajito**)

carajo. m. **(1)** Nulo, incapaz. (Guat., Hond., CR, Ec., Perú, Bol.): «(...) el pútrido YO del carajo henchido de presunción (...).» (L. Cardoza y Aragón, *El Río*, 791) = «–(...) Hasta de hijos de puta nos trató, aquel carajo, que no olvido.» (M. Funes, *Oro y Miseria*, 138) = «Además, ya les he dicho que no quiero saber nada de ese carajo.» (F. Durán, *Opus 13 para cimarrona*, 110) = «–Apuren carajos!!! Ya mesmo <mismo> viene patrún <patrón> y no han hicho <hecho> nada, vagus <vagos>, senvergüenzas <sinvergüenzas>!» (G. Bueno, *Siembras*, 13) = «Dicen que el ministro transpiraba y que le dijo al coronel '¿esos carajos se han vuelto locos o qué?'.» (M. Vargas Llosa, *La ciudad y los perros*, 66) = «–¡Canallas! –gritó Calle ciego de cólera, desafiando a los presentes con altivo ademán–. ¡Mátennos a todos! ¡Aquí estamos indefensos y ustedes armados! ¡Mátennos!...¿Qué esperan, carajos?...» (F. Ramírez Velardo, *Socavones de angustia*, 189) = CONSULTAS **(2)** Véase **carajete, carajillo. (3) ¿cómo carajos?** fr. ¿Cómo diablos? (Méx.): «–Contigo no se puede hablar. Tomas las cosas muy en serio. / –¿Y cómo carajos quieres que las tome?» (F. del Paso, *José Trigo*, 203) = CONSULTAS **(4) del carajo.** fr. Tremendo, muy grande. (Cuba = Col.): «Vamos, chico –dijo ayudándole a incorporarse–, tienes una nota* del carajo.» (J. Díaz, *Las iniciales de la tierra*, 16) = CONSULTAS = HAENSCH y WERNER **(5) ¿qué carajo(s)?** fr. inter. ¿Qué diablos? (Par. = CR y Arg.): «–Entonces viene a verme a mí! / –Exacto. / –¿Para qué carajo?» (M. Halley Mora, *Los hombres de Celina*, 148) = CONSULTAS

caramba. (1) f. Pieza musical afroamericana. (Ec.): «(...) después de tocar una Caramba cruzada y una Tierra* Firme con cambio de pareja, resolvieron echarles un Salango.» (A. Ortiz, *Juyungo*, 195) = CARVALHO-NETO **(2)** Véase también **carambas**.

carambada. f. **(1)** Objeto cualquiera –desp. (Guat. = CR): «Pero mientras usted va y habla, la fruta se nos vuelve una carambada –dijo Bastiancito consultando a sus compañeros con los ojos.» (M. A. Asturias, *Viento fuerte*, 89) = QUESADA = CONSULTAS **(2)** Asunto, problema, lío. (Guat. = Nic. y CR): «La carambada es el engaño. Dan ayuda de toda especie. No se puede negar. Hasta para combatir las plagas. Y cuando la fruta está lista se disniegan <niegan> a comprarla.» (M. A. Asturias, *Viento fuerte*, 89) = RABELLA y PALLAIS = CONSULTAS

carambas. (1) m. inv. Joven, hombre. (CR): «El emperador Tertuliano detenía siempre la moto poco antes de llegar (...) porque si en la casa pescaban a la Gurrumina saliendo con un carambas veinte años mayor que ella se armaría un tanate <lío> que no es de enanos (...).» (R. Arias, *El emperador Tertuliano...*, 157) = «Un carambas de los que andaban con nosotros se chismó <se chimó: se lesionó> toda la pierna y lo dejamos guardado mientras se componía.» (testimonio recogido por M. Salguero en: *Gente de mi terruño*, 66) = QUESADA = CONSULTAS **(2)** interj. Caramba. (CR): «Hum, esto va pa largo, ¿saben? Y los ríos se van a botar <derramar> ajuera <afuera>... Carambas, y si la cosa tupe* nos vamos a tener que comer hasta los perros.» (C. L. Fallas, *Gentes y gentecillas*, 181) = CONSULTAS

carambolearse. prnl. Achisparse. (Ch.): «–(...) vengo medio caramboleado. En casa del chico Aurelio, casi me atoraron con vino.» (M. Rojas, *El delincuente... y otros cuentos*, 74) = MALARET = SANTAMARÍA DGA

caramelero -a. m. y f. Vendedor de caramelos. (Ec., Par. = Arg.): «–¡Le matan! –gritó la caramelera al otro lado de la calle.» (J. Vásconez, *El secreto*, 48) = «Descubrí que hasta para lo más ínfimo, como vender quinielas, loterías o rifas, era necesario un mínimo de solvencia y confiabilidad, totalmente lejos de un sujeto que como yo, sólo tenía lo puesto. No pude entrar en la hermandad de carameleros (...).» (M. Halley Mora, *Los hombres de Celina*, 69) = CONSULTAS

caramelo. m. **caramelos con banderita.** fr. m. pl. Cierto dulce para fiestas con algo incrustado. (Guat.): «(...) desesperada de que unos –los primos– le regalaran cartuchos de caramelos con banderita, como a una chiquilla (...).» (M. A. Asturias, *El señor presidente*, 77) = CONSULTAS

caramera. f. Cornamenta del venado. (Ven.): «Aquí tiene usted a don Pantaleón: después que su esposa le adornó la frente con dos carameras de venado, la abandonó y se ha ido a vivir con esa mujer (...).» (M. V. Romero, *Peonía*, 181) = TEJERA = SANTAMARÍA DGA

carancho. m. **como carancho en su nido.** fr. Con suma facilidad; como Pedro por su casa. (Arg.): «Moreno <negro> te dejás cáir <te dejas caer> / como carancho en su nido; / ya veo que sos prevenido / (...).» (J. Hernández, *Martín Fierro*, II, 4.301-3) = CONSULTAS = VERDEVOYE

carapacho (o: **caraspacho**). m. Guiso que se hace rellenando el caparazón de un cangrejo. (Ec.): «El carapacho pequeño contiene bocaditos llenos de un manjar marisquero (...).» (M. O. Fried, *Comidas del Ecuador*, 71) = JARAMILLO DE LUBENSKY

carata. f. Palmera (*Sabal mauritiaeformis*) de unos 25 metros de alto, llamada también **palma* redonda**, cuyas hojas sirven para hacer techos rústicos. (Ven.): «Palmeras: temiches, caratas, moriches... El viento les peina la cabellera india (...). / Casuchas humildes, techadas de palma* carata; otras con techo de cinc, que eran las de comercio (...); otras con techos de tejas, las casas de las familias principales (...).» (R. Gallegos, *Canaima*, 14 y 49) = SANTAMARÍA DGA

carate. m. Erupción, manchita o cráter que dejan en la piel algunos insectos, como cierta mariposa o ciertas arañas. (CR): «De la mariposa quedaba sólo la mancha de carate.» (J. Gutiérrez, *Murámonos Federico*, 91) = QUESADA = CONSULTAS

caravana. f. **correrle caravanas a uno.** fr. f. pl. Adular. (Méx.): «Es preciso agasajarlos, atenderles, correrles caravanas.» (R. Castellanos, *Balún-Canán*, 233) = SANTAMARÍA DGA

carbón. m. **al carbón.** fr. A la brasa. (Col. = Arg.): «La especialidad de la casa eran las costillas de buey al carbón.» (G. García Márquez, *Doce cuentos peregrinos*, 30) = CONSULTAS

carbonearse. prnl. Excitarse o alentarse mutuamente; introducir recelo o cizaña. (CR): «(...) escribiendo se carboneaban para soportar el exilio.» (F. Zúñiga, *Yo no tengo*, 41) = QUESADA = CONSULTAS

carbonero -a. adj.; ú. t. c. s. Del Club Atlético Peñarol de Montevideo. (Ur.): «El rugir de la afición / –Bolsilluda* y Carbonera– / expresando 'a su manera' / una esperanza grandota (...).» (El gauchito del talud <seudónimo de Carlos Modernell> en: *El País*, 10/10/94) = CONSULTAS

carbónico. m. Papel carbón. (Ur. = Arg.): «(...) los distraídos suelen oxidarse / o bostezar en pleno gas letal / o divorciarse de la mujer amada / o poner el carbónico al revés.» (M. Benedetti, *El cumpleaños de Juan Ángel*, 141) = CONSULTAS

carbunclo. m. **(1)** Insecto coleóptero llamado también cocuyo, especie de luciérnaga. (CR): «Esta vez cayeron los dos bueyes, y sus cuatro ojos fosforecieron como carbunclos.» (C. Salazar Herrera, *Cuentos de angustias y paisajes*, 162) = QUESADA = CONSULTAS **(2)** Cierto ser mágico o aparición fantasmagórica. (Ec.): «Él te va a ayudar a encontrar tu pasado, le oirás hablar con los montes, con las lagunas, (...), aprenderás a entender la voz del chúshig <lechuza>, (...), del carbunclo (...).» (G. A. Jácome, *Porqué se fueron las garzas*, 260) = CONSULTAS = JARAMILLO DE LUBENSKY

carburar. tr. Pensar, cocer. (Ur. = Arg.): «Lo que pasa es que nunca me decís lo que estás carburando hasta después de hecho.» (H. Conteris, *La cifra anónima*, 125) = CONSULTAS

carcajear. tr. Estremecer, sacudir, sobre todo bajo el efecto de la risa. (Bol.= Ch.): «Ella iba riendo con el muchacho. A ratos carcajeaba su cuerpo y coqueteaba dando su mirar a él, a ese que no podía ser yo.» (R. Poppe, *Después de las calles*, 90) = CONSULTAS

carcañar. tr. Carcomer. (Méx.): «Me maravilla ver, de la noche a la mañana, esta ciudad de México poblada de rostros carcañados, marcados por la viruela, tan devastados como las calzadas de la ciudad conquistada.» (C. Fuentes, *El naranjo*, 11) = CONSULTAS

carcelada. f. Período de cárcel. (Guat.): «(...) y en cambio me saqué una carcelada y la pérdida de un pisto <dinero> (...).» (M. A. Asturias, *El señor presidente*, 272) = CONSULTAS

cardosanto. m. Chicalote (*Argemone mexicana*), planta papaverácea que alcanza 50 cm de alto. (Rep. Dom. = PR, Cuba, Méx. y Col.): «Soñé con cardosanto, y las hojas del arbusto sufrido se teñían de sangre.» (R. Lacay Polanco, «La Bruja», en: S. Nolasco, *El cuento en Santo Domingo*, 200) = SANTAMARÍA DGA = HAENSCH y WERNER

carenar. intr. Morar, vivir. (Cuba): «Carlos deseó que se lo tragara la tierra, pensó en despedirse e ir a carenar a casa de Ernesta (...).» (J. Díaz, *Las iniciales de la tierra*, 173) = CONSULTAS

careta (o: **caretudo -a**). m. y f.; ú. t. c. adj. Carota, descarado, atrevido, que obra con desfachatez. (Arg. y otros): «(...) a la tercera o cuarta vez debió <debió de> darse cuenta que <de que> no podía ser tan careta de mandarme al viejo a que me levantara (...).» (R. Tizziani, *Los borrachos en el cementerio*, 37) = CASULLO = GOBELLO = VERDEVOYE

caretudo -a. adj. Véase **careta.**

carga. **(1)** adj. Bueno, excelente. (CR): «Y vean lo que es la vida: ya en ese momento no me sentía triste, «agüevado», por el contrario, me sentía carguísima, todo un campeón.» (M. Salguero, *A la caza del coyote*, 103) = QUESADA = CONSULTAS **(2) llevar la carga.** fr. Cortejar a una mujer. (Ur.): «–¿Me estás llevando la carga?... –¿Sabés que no se me había ocurrido? Pero es una idea buenísima.» (M. Benedetti, *Gracias por el fuego*, 28) = CONSULTAS

cargado -a. p. adj. **(1)** En estado de trance. (Cuba): «(...) no se piense que el Mayombero <sacerdote-brujo> (...) tiene que ir en estado de trance, 'cargado' o 'montado*', como dicen corrientemente (...).» (L. Cabrera, *Reglas de Congo*, 175) = CONSULTAS **(2)** Con dinero. (CR): «Sacó uno de los fajos de billetes de mil, extrajo uno y se lo entregó al camarero, el que sorprendido, empujó con los párpados las cejas hacia arriba. Se fue hasta el mostrador y le preguntó al de adentro*: –¿Hay menudo para un 'coloradito*'? –y agregó en voz baja: –El hombre viene cargado.» (C. L. Argüello, *Cuentos de Sábalo Grande*, 83) = QUESADA = CONSULTAS

cargador -ora. adj. Que dirige una marcha o un ataque. (Arg.): «(...) no se trata sino de reputación del gaucho cargador.» (Sarmiento, *Facundo*, 150) = CONSULTAS

cargamontón (o: **carga-montón**). m. **(1)** Pelea desordenada entre grupos. (Perú): «(...) quería separar al Jaguar y a Gambarina sin ver que había un cargamontón a su espalda (...).» (M. Vargas Llosa,

La ciudad y los perros, 69) = CONSULTAS **(2) hacerle carga-montón a** alguien. fr. Golpearlo, castigarlo entre varias personas. (Ec.): «Frente a una de las chicherías, tres indias (...), haciéndole carga-montón a un indio borracho le daban una bruta* ortigada <azotes dados con ortigas> en la cara, en las canillas (...). El indio se retorcía como rabo de lagartija, pero las castigadoras lo tenían maniatado y se daban modos para cumplir su propósito en la forma más vengativa.» (G. A. Jácome, *Porqué se fueron las garzas*, 204) = CONSULTAS

cargamontonamente. adv. Hablando de un grupo, manera de rechazar rotundamente algo o a alguien. (Ec.): «Recordaron el caso del Ángel Farinango, el primer indio y el uniquito que se casó con una blanca y a quien toda la parcialidad rechazó cargamontonamente.» (G. A. Jácome, *Porqué se fueron las garzas*, 61) = CONSULTAS

cargar. tr. **(1)** tr.; ú. t. c. prnl. Encarcelar. (CR = Cuba): «(...) le repitió que le dijera, y que si no se lo cargaba.» (M. Salguero, *Agencia de policía*, 26) = «(...) te cargaron Carmen: vas a la cárcel de mujeres por bocona.» (Q. Duncan, *Final de calle*, 148) = SANTIESTEBAN **(2)** tr. Poseer; úsase en lenguaje de santeros*. (Cuba): «Allí un 'perro*' con Mama Fumbe lo baja <en un pozo>, pero tiene que haber otros cargados (...).» (L. Cabrera, *Reglas de Congo*, 25) = CONSULTAS **(3)** tr. Véase **llevar la carga*. (4) cargar pelos.** fr. Véase **pelo.**

carga-sillita. fr. f. Acto de llevar a una persona entre dos, haciéndole silla con las manos. (Guat.): «Tomaba el tren del guarda para alejarse velozmente de la ciudad, buscando las montañas que hacían carga-sillita a los volcanes (...).» (M. A. Asturias, *El señor presidente*, 21) = CONSULTAS

cargo. m. **pasar el cargo.** fr. Desempeñar la función de padrino de una fiesta religiosa, lo que consiste en sufragar los gastos de la misma y confiere gran prestigio. (Ec.): «No le perdonaron por nada del mundo, por más que regaló las campanas para la torre de la capilla de la parcialidad; por más que pasó el cargo para con ese pretexto entrar en amistad y convidar a su casa a todos los ayllus <comunidades>.» (G. A. Jácome, *Porqué se fueron las garzas*, 32) = «El peor insulto que puede hacerse a un indio es decirle que es un pobre que todavía no ha pasado el cargo. Hasta cuando un indio no pasa el cargo no se le considera un hombre completo ni un miembro respetable de la comunidad.» (A. Buitrón, *Taita Imbabura*, 85) = CONSULTAS = CARVALHO-NETO (en **pasar* el cargo**) (véanse también **priostе** y **pasada* de cargo**)

cargosería. f. Acción propia de una persona cargante. (Ch.): «(...) menos por audaz cargosería del compañero Rodríguez que por distracción de Mario (...).» (A. Skármeta, *Ardiente Paciencia*, 134) = MALARET = SANTAMARÍA DGA

cari. m. Varón, macho –es palabra quechua. (Ec.): «–Su apellido es Cari. Luego su padre... –No. Cari quiere decir hombre no más. Cuando nací han de haber dicho: 'salió cari.' Y desde entonces...» (J. Icaza, *Huairapamushcas*, 469) = CORDERO = SANTAMARÍA DGA (HAENSCH y WERNER lo registran en Col. con el sentido de 'macho del conejillo de Indias')

caribañola. f. Empanada o fritura hecha a base de carne, yuca u otros ingredientes. (Col.): «Ella solía invitarlo a desayunar en nuestra casa cuando había caribañolas de yuca, y mi madre las estaba haciendo aquella mañana.» (G. García Márquez, *Crónica de una muerte anunciada*, 34) = CONSULTAS

caricortado -a (o **caricortao, caricortá**). m. y f.; ú. t. c. adj. Que tiene en la cara una cicatriz debida a una cuchillada. (PR): «Y justo cuando alzan el féretro comienza a sonar esa otra Elena, la que se hizo más inocente con el bombón, la que un poco desestimó la truculencia trágica de la *caricortá.*» (E. Rodríguez Juliá, *El entierro de Cortijo*, 70) = MAURA = CONSULTAS (véase también **cortar**)

cariñar. tr. Mimar; tener compasión de. (Perú): «(...) la indiada es el pueblo, el Puquio verdadero. ¿Acaso es don Antenor, caminando blandito, apuntalándose con su bastón, cariñando a sus callos?» (J. M. Arguedas, *Yawar Fiesta*, 62) = CONSULTAS

cariñotear. tr. o intr. Hacer cariños. (Guat.): «¡Qué hondo refugio imperturbable! ¡Qué nutrido afecto! ¡Azucenita! ¡Azucenota! ¡Cariñoteando! ¡Cariñoteando!...» (M. A. Asturias, *El señor presidente*, 24) = CONSULTAS

carita. f. **frijol de carita.** fr. Véase **frijol.**

carite. m. Cadáver de una criatura, cocido en salmuera y amojamado, para que no se descomponga durante el velorio. (Ven.): «El cadáver parecía una ciruela pasa; estaba negro, por los dos cocimientos en salmuera que había sufrido, y por una capa de polvo levantado de la sala en el torbellino del zapateo y la escobilla. Dos bateas de hayacas, probablemente hervidas en la misma agua en que hirvieron el *carite*, (...), le servían de escolta a ambos flancos, haciendo sombra a cuatro velas clavadas en sendos litros vacíos.» (M. V. Romero, *Peonía*, 307) = TEJERA = SANTAMARÍA DGA

carlón. adj. m. Véase **vino* carlón.**

carnal. m. y f. Hermano de padre y madre –ú. para diferenciar a éste del hermano de crianza o del medio hermano. (Cuba): «Kindelán se había ido adelante, a apoyar a su carnal Marcelo (...).» (J. Díaz, *Las iniciales de la tierra*, 160) = CONSULTAS

carne. **(1) carne de res*.** fr. f. Carne de vacuno. (Cuba y otros): «Pulpeta a la milanesa. 3/4 lb. carne de res. 1/4 lb/ carne de puerco. 1/4 lb. jamón.» (Anónimo, *Recetas al minuto*, 55) = CONSULTAS **(2) estar en carne** (o: **estar en carne viva).** No tener dinero. (Cuba): «(...) no te vayas sin tirarme un par de tapas* que estoy en carne. / Pinpín Miranubes introdujo la mano en el bolsillo (...) y le alargó al amigo las dos pesetas* que precisaba (...).» (R. Castro Mosqueda, *Verónico*, 145) = CONSULTAS = SÁNCHEZ-BOUDY **(3) ser carne de callo** (o: **ser carne de callo deshidratada).** fr. Ser una mala persona; no valer nada. (Cuba): «A lo mejor Cayito se entregó por la muerte de Maceo. Él lo admiraba. Pero no, Cayito era carne de callo: traidor.» (M. Barnet, *Biografía de un cimarrón*, 174) = CONSULTAS = SÁNCHEZ-BOUDY **(4) ser carne de cogote** (o: **ser carne de perro).** Ser cosa despreciable. (Arg.): «Lo miran al pobre gaucho / como carne de cogote: lo tratan al estricote <de manera caprichosa> / y si ansí las cosas andan / porque quieren los que mandan, / aguantemos los azotes.» (J. Hernández, *Martín Fierro*, I, versos 2.095-2.100) = CONSULTAS **(5) ser como carne de paloma.** fr. Ser muy tímido; ser un gallina. (Arg.): «A su amigo cuando toma <se emborracha> / se le despeja el sentido, / y el pobrecito había sido / como carne de paloma.» (J. Hernández, *Martín Fierro*, I, versos 1.995-8) = VERDEVOYE **(6)** Véase también **carnitas.**

carnitas. f. pl. Carne adobada y frita que se vende en cocinas callejeras. (Guat. = Méx.): «(...) un pedazo de carne: carnitas, tripas (...).» (M. A. Flores, *Los compañeros*, 82) = CONSULTAS

caro. m. Bejuco que tendría poderes medicinales y que tiende a ahogar las demás plantas. (PR): «Crece abundantemente en Bejucales una enredadera de hojas irisadas y florecitas rojas y tiernas. Además, ofrece terreno propicio al bejuco prieto, al caro, al bejuco de calabaza, a la albahaca y a otras plantas silvestres.» (E. Laguerre, *La llamarada*, 202-3) = DÍAZ MONTERO = MAURA

caronas. f. pl. Pieza grande, de cuero crudo y de forma cuadrangular, que se coloca entre las jergas y los bastos o almohadillas de la silla de montar. (Arg.): «Sonaban los rebenques contra las caronas.» (R. Güiraldes, *Don Segundo Sombra*, 112) = VERDEVOYE

carozo. m. **(1)** Ojete, ano –fest. (Arg.): « '(...) vos no sabés lo que es el carozo' y yo no sabía si era lo de adelante o lo de atrás (...).» (M. Puig, *La traición de Rita Hayworth*, 123) = GOBELLO **(2) romper el carozo.** fr. Sodomizar. (Arg.): «Y me quedé un poco callada y él 'el Héctor me dijo que te quería romper el carozo (...)'.» (M. Puig, *La traición de Rita Hayworth*, 123) = VERDEVOYE

carpa. f. Cobertizo donde se alojan cómicos y se representan espectáculos populares, típicos de la ciudad de México. (Méx.): «(...) habló de construir una carpa diseñada originalmente, con escenario giratorio, decorada por dentro y por fuera (...). / (...) 'recuerden que era pianista en una carpa de mala muerte por Tepito' (...).» (A. Yáñez, *La creación*, 223 y 283) = SANTAMARÍA DGA = CONSULTAS (véase también **carpero -a**)

carpera. f. **(1)** Vendedora ambulante, que vende bajo una carpa o tienda de campaña. (Ur.): «Le hablo de ese negocio que han formau <formado> las carperas en combinación con su gente. Cuando se les acaban las fritangas y la rapadura* empiezan a vender lo que no puede permitirse...» (E. Amorim, *La carreta*, 23) = CONSULTAS **(2)** Véase también **carpero -a.**

carpero -a. m. y f. Artista que realiza números o actuaciones en pequeños circos o teatros populares llamados **carpas*.** (Méx.): «Cuando Martínez le propuso que trabajara en la carpa*, la segunda tiple montó en cólera y habló de asesinarlo, a pesar de que le ofrecía primeros papeles y escribir para ella una música de triunfo redondo. / –¡Carpera! No más eso faltaba. / –Yo soy carpero ¡y tan a gusto! / –¡Zafado*! Eso es lo que tú eres.» (A. Yáñez, *La creación*, 219) = CONSULTAS

carpeta. f. Mesa, escritorio con cajón –designa también la Recepción de los hoteles. (Cuba, Perú): «(...) paró los pasos, se quitó el tabaco <cigarro puro> de la boca, y se apoyó de espaldas contra la carpeta, a fin de escuchar a sus anchas la relación de las diligencias practicadas en los baratillos y el puerto.» (C. Villaverde, *Cecilia Valdés*, 110) = «Las carpetas son de a dos. Delante de Alberto y Vallano, que están en la última fila, se sientan Boa y Cava, ambos de grandes espaldas, buenos biombos para escapar a la vigilancia.» (M. Vargas Llosa, *La ciudad y los perros*, 43) = ORTIZ = SANTAMARÍA DGA = CONSULTAS

carpetear. tr. Mirar, observar, examinar con mucha atención. (Arg.): «(...) los vecinos después de carpetear durante una semana el caso, se llamaron a sosiego.» (R. Arlt, *Entre crotos y sabihondos*, 80) = GOBELLO = CASULLO = TERRERA

carpetero. m. Jugador asiduo; prudente, avisado. (Arg.): «Cuando contaba dieciocho <años>, conocíanme muchos por carpetero, jugador de billar y libertino.» (E. Echeverría, carta a M. Gutiérrez,

5/07/1836, en E. Echeverría, *El matadero*, 12) = CONSULTAS = GOBELLO

carpincho. m. Pelo duro y enhiesto de las personas. (Arg.): «(...) tomó el colectivo como una exhalación y ya está en la pensión bañándose y todavía el pelo corto (¿y un poco de carpincho?) no se le ha terminado de secar que aparece en el cálido recinto de la 'Cabaña Canadiense'.» (M. Puig, *La traición de Rita Hayworth*, 232) = CONSULTAS = VERDEVOYE

carraca. f. Vehículo destartalado y pesado. (Par. y otros): «Su carraca estaba llena de remiendos y ataduras. Pero no se mezquinaba a las rutas ni se empacaba* jamás. Ya no se reían del lema pintado en el techo. En broma y en serio se arraigó su fama de que podía hacer andar el camión con un trocito de alambre y hasta sin nafta <gasolina>.» (A. Roa Bastos, *Hijo de hombre*, 323) = SANTAMARÍA DGA

carrancear. intr. Robar. (Méx.): «De Carranza, la voz del pueblo hizo *carrancear*, y a *carrancear* y *robar* los convirtió en sinónimos.» (M. L. Guzmán, *El águila y la serpiente*, 281) = CONSULTAS (véanse también **carrancismo**, **carrancista** y **carranzo**)

carrancismo. m. Movimiento acaudillado por Venustiano Carranza. (Méx.): «El carrancismo fue un intento de exterminio de los contrarios impulsado por resortes cleptomaníacos.» (M. L. Guzmán, *El águila y la serpiente*, 281) = CONSULTAS (véanse también **carrancear**, **carrancista** y **carranzo**)

carrancista. m. y f.; ú. t. c. adj. Partidario de Venustiano Carranza. (Méx.): «(...) los generales carrancistas acordaron seguir apoyando al Primer Jefe –lo cual era un acto de rebeldía– hasta que los nuevos requisitos que don Venustiano alegaba para retirarse se cumplieran.» (M. L. Guzmán, *El águila y la serpiente*, 363) = «Quisiera no acordarme. Carrancistas y villistas* nos traían a salto de mata desde Colima a Guadalajara, pariendo chayotes*. Y a la hora del ¡quién vive! no sabía uno ni qué responder.» (J. J. Arreola, *La feria*, 10) = CONSULTAS (véanse también **carrancear, carrancismo** y **carranzo**)

carranzo. m. Durante el período armado de la Revolución mexicana, partidario de Venustiano Carranza –pop. (Méx.): «–Yo estoy de centinela, oí ruido entre las yerbas y grité: '¿Quién vive?' 'Carranzo', me respondió este vale*...» (M. Azuela, *Los de abajo*, 17-8) = CONSULTAS (véase también **carrancista**)

carrera. f. **(1)** En pueblos y ciudades, vía pública que va de norte a sur –a diferencia de la calle*. (Col.): «Las carreras <aumentan> de Oriente a Occidente.» (M. M. Román, *La guía de Bogotá*, 6) = «Otros, como un *parche** que habita bajo la carrera séptima, hacen fogatas cerca a <de> la entrada de la alcantarilla.» (J. R. Navia, «Viaje al lado oscuro de Bogotá», en: *El Tiempo*, 10/5/92) = «–Asesinaron a un chofer en la esquina de la carrera Quinta con calle* 85 –dijo el oficial–.» (G. García Márquez, *Noticia de un secuestro*, 23) = CONSULTAS = HAENSCH y WERNER **(2) carrera vaqueta.** fr. f. Entre militares, castigo que consiste en hacer correr al soldado castigado entre dos filas de compañeros que al pasar le golpean con sus gorras o, si la falta es grave, con el lado plano de las bayonetas. (Par.): «Tres soldados desertaron y, unos días después, tuvieron que volver porque iban a morirse de hambre. Incluso uno de ellos fue picado por una raya y tenía la herida infectada. Lo operó el Dr. Chase Sosa, después de una 'carrera vaqueta' con hojas de bayonetas. Fue el único castigo.» (H. C. Sosa Tenaillon, *Cincuenta años después*, 92) = CONSULTAS

carreta. f. **comer carreta** (o: **comerle carreta a** alguien). fr. Creer(le) con ingenuidad. (Col.): «Además, no le creemos al cura, no le comemos carreta (...).» (E. Rosero, *El incendiado*, 13) = CONSULTAS = HAENSCH y WERNER

carrete (o: **sombrero de carrete**). m. –o fr. Sombrero de paja. (Méx.): «Lucía un elegante traje ajustado, sombrero de carrete y polainas.» (L. Esquivel, *Como agua para chocolate*, 165) = MORÍNIGO (quien recoge **carrete** con este sentido)

carretear (o: **carretiar**). tr. Perseguir, ir tras una conquista amorosa. (Ec.): «Mozuelos encorbatados se filtraban en él <el negrerío frenético> para carretear a las mujeres fáciles.» (A. Ortiz, *Juyungo*, 228) = «¿Le arrimaste la propuesta? –le preguntaron los otros dos muchachos con quienes formaba el trío que carreteaba a la gringa.» (G. A. Jácome, *Porqué se fueron las garzas*, 304) = JARAMILLO DE LUBENSKY

carretero. m. Carretera. (Ec.): «Ruata hermanos, por orden del cura y del amo, organizaron una junta patriótica pro mingas carretero <para construir una carretera gracias a un trabajo colectivo gratuito>.» (J. Icaza, *Huasipungo*, 74) = «Sus ojos grises rodaron fríamente hacia el otro carretero, hacia el carretero de Quinindé, que quién sabe cuándo llegaría a Quito.» (A. Ortiz, *Juyungo*, 56) = CONSULTAS = JARAMILLO DE LUBENSKY

carretilla. f. **hacer carretilla.** fr. Dícese del caballo que, endureciendo con fuerza la boca, puede vencer la presión de las riendas y desbocarse. (Arg.): «Unos decían: 'se ha muerto', otros aseguraban que el pico* blanco, desbocado, se había llevado por delante como siete hombres de a pie. Resultó finalmente, que el caballo, embravecido por los repetidos piques, había hecho carretilla, atropellando el alambrado y haciéndose pedazos en él.» (R. Güiraldes, *Don Segundo Sombra*, 140) = SAUBIDET

carretillero. m. Aguador. (Cuba): «Era aguador o carretillero, como dicen en La Habana. (C. Villaverde, *Cecilia Valdés*, 245) = CONSULTAS

carreto. m. Árbol maderable de las apocináceas (*Aspidosperma Dugandi*), que alcanza unos 30 m. de alto. (Col.): «Era muy vieja, y andaba descalza a pleno sol con un bordón de carreto y envuelta de pies a cabeza en una sábana blanca.» (G. García Márquez, *Del amor y otros demonios*, 24) = SANTAMARÍA DGA = HAENSCH y WERNER

carril. m. Carrera, puntos que se le sueltan al tejido de las medias o a cualquier material. (CR): «Qué tal amigas hoy vamos a analizar el problema tan peligroso de esos carriles que a veces se les hacen a nuestros esposos en los preservativos (...).» (R. Arias, *El emperador Tertuliano...*, 124) = CONSULTAS

carrilano. m. **(1)** Operario encargado, en las minas, de la instalación y arreglo de la cañería, de los rieles y de los carros 'decauville'. (Bol.): «Los carrilanos ocupándose de arreglar rieles, sobre todo en lugares donde la corrosiva agua de capagira <sulfato de cobre> los destruye rápida y constantemente.» (F. Ramírez Velarde, *Socavones de angustia*, 160) = MUÑOZ REYES **(2)** Bandolero. (Ch.): «Todo en él daba la impresión de un trabajador del norte, un minero, un calichero* o un carrilano.» (M. Rojas, *El delincuente... y otros cuentos*, 62) = MALARET = SANTAMARÍA DGA

carrillera. f. Cierta canana. (Méx.): «Traía terciadas dos carrilleras con cartuchos del '44' y en las ancas de su caballo venía atravesado un montón de rifles como si fuera una maleta.» (J. Rulfo, *El Llano en llamas*, 100) = CONSULTAS

carrito. m. **carrito de pértigo.** fr. m. Pequeño carro de dos ruedas, tirado a cincha de caballo, muy usado en las faenas del campo; está provisto de un pértigo, cuyo extremo lleva un gancho o soga que se prende del recado del caballo montado. (Arg.): «Al paisano caído se lo llevaron al puesto en un carrito de pértigo.» (R. Güiraldes, *Don Segundo Sombra*, 115) = SAUBIDET

carrizo. m. **(1)** interj. euf. que expresa admiración, disgusto o rechazo. (Ven.): «(...) ante un espejo de ángulos rotos, Rosario –zamba ojerosa, marcada de granos y espinillas– se miraba la cara, blanca por un baño de crema. Pura se admiró al verla. / –¡Rosario! ¡adiós carrizo! ¿y para qué ese montón de crema?» (G. Meneses, *Campeones*, 84) = TEJERA **(2)** interj. euf. por carajo. (Ven.): «–(...) Yo nací...; déjeme ver...; yo nací...; ¡ah, carrizo! Ya ni me acuerdo.» (A. Uslar Pietri, *Las lanzas coloradas*, 109) = TEJERA = CONSULTAS **(3) más (...) que el carrizo.** fr. que pondera la intensidad del estado de ánimo, virtud, etc., expresado por el adjetivo interpolado; muy. (Ven.): «–(...) un hombre bueno y trabajador, más alegre que el carrizo.» (G. Meneses, *Campeones*, 89) = TEJERA

carro. m. **(1)** Por extensión, coche de un tren o de un tranvía. (Méx., Guat., CR, Col., Bol.): «(...) caminando entre las vías oxidadas de durmientes podridos donde hacía mucho tiempo no corrían los trenes de carga que (...) llegaban a la antigua estación de Nonoalco (...) donde había cinco vías con capacidad para ciento sesenta carros (...).» (F. del Paso, *José Trigo*, 6) = «En el tren ocupó el único sitio vacío, al lado de una señora gorda (...). El mediodía calcinante. La estrechez. La incomodidad. Tanta gente en un solo carro.» (M. A. Asturias, *Viento fuerte*, 43) = «(...) un tren de carga largo, largo, con más de cincuenta carros todos cargados de cacao hasta el techo (...).» (J. Gutiérrez, *Puerto Limón*, 106) = «Los jornaleros se tiran de los carros abiertos y de los techos de los vagones y el tren sigue hacia el puerto.» (A. Cepeda Samudio, *La casa grande*, 130) = «Cuando llegó el tren, los acompañantes ayudaron a las viajeras a subir a uno de los carros (...).» (F. Ramírez Velarde, *Socavones de angustia*, 89) = MALARET **(2) carro alegórico.** fr. m. Carroza, vehículo decorado utilizado en los desfiles de carnaval. (Ur.): «En la puerta hay una cachila* del año uno. Parece un carro alegórico.» (E. Estrázulas, *Pepe Corvina*, 70) = CONSULTAS **(3) carro libre.** fr. m. Véase **libre. (4) guardar el carro.** fr. Morir. (Cuba): «Se emplean eufemismos para designar la muerte, la enfermedad, a espíritus malignos, al Diablo. Morir se dirá 'guardar el carro' (...).» L. Cabrera, *Supersticiones y buenos consejos*, 13) = CONSULTAS = SANTIESTEBAN

carrucha. f. Carrete. (CR = Nic.): «(...) los carros que él le hacía con carruchas vacías (...).» (J. Pinto, *Los marginados*, 60) = QUESADA RABELLA y PALLAIS

cartabón. m. Talla de madera utilizada para determinar la estatura de las personas; marca. (Guat. = Hond.): «El cónsul inglés, como tal, lo recibió sin mayores muestras de asombro, y aun se atrevió a preguntarle por sus señas particulares, y a dudar de que midiera dos metros cuarenta y cinco a la hora de hacer la filiación. Cuando el cartabón reveló que eran dos cuarenta y siete, el cónsul hizo el tranquilo gesto que significa: 'Ya lo decía yo'.» (A. Monterroso, *Cuentos*, 76-7) = MEMBREÑO

cartear. tr. Jugar con la suerte. (PR): «Hay instantes en que toda la vida se contrae en un odio, en un amor, en un júbilo, en una tristeza... En esos momentos se cartea la vida al azar; entonces la vida se le presenta <a uno> como un objeto del que puede disponer a capricho.» (E. Laguerre, *La llamarada*, 111) = CONSULTAS

cartel. m. Reputación, fama. (Arg.): «El malevaje <los delincuentes> extrañao, / me mira sin comprender. / Me ve perdiendo el cartel / de guapo, que ayer, / brillaba en la acción...» (E. S. Discépolo, «Malevaje», en: I. Vilariño, *Tangos*, 71) = CONSULTAS = GOBELLO

cartera. f. Portañuela, tira de tela con la que se tapa la bragueta, o abertura que los pantalones tienen por delante. (Par. = Col.): «Calzaba polainas, y rodeaba su cintura un ancho cinto de cuero con *revolvera** y varias carteras con sus hebillas relucientes– (...).» (G. Casaccia, *La Babosa*, 162) = SANTAMARÍA DGA

cartón. m. Diploma –por ej. de bachillerato. (CR, Perú = Col.): «Cuando Mateo salió de la escuela con su cartón de sexto grado y sus catorce años encima, ya estaba más enterado de la sicología femenina que sus otros hermanos a los treinta.» (H. E. Arce, *Adiós Prestiño*, 81) = «Realmente le tomó una buena dosis de fuerza de voluntad permanecer ahí hasta que todo terminara y le entregaran algún cartón. Había deseado mucho un diploma (...).» (A. Bryce Echenique, *La vida exagerada de Martín Romaña*, 44) = CONSULTAS = HAENSCH y WERNER

cartonazo. m. Majadero. (Arg.): «Contagió a todos el Héctor, dice que Yamil es un cartonazo.» (M. Puig, *La traición de Rita Hayworth*, 123) = CONSULTAS = GOBELLO

cartuchera. f. Estuche del revólver o pistola. (Ec., Arg. = Ur.): «Pero él, rápido, extrae de su cartuchera una pistola de raro diseño (...).» (E. Cárdenas, *Juego de mártires*, 79-80) = «(...) el Sub-oficial fue atacado de frente pero de sorpresa porque no se explica de otro modo que no haya alcanzado a sacar el revólver de la cartuchera, aunque su mano derecha estaba aferrada al mango del revólver, que por causas fortuitas no pudo alcanzar a desenvainar.» (M. Puig, *Boquitas pintadas*, 183-4) = CONSULTAS

cartucho. m. **(1)** Vasito cilíndrico, chato –cuando hay fiesta, se suelen sustituir esos vasitos con los cartuchos o balas de las cananas. (Méx.): «El güero <rubio>, (...), afirma con entusiasmo que a treinta pasos de distancia y al descubrir* le pega a un cartucho de tequila.» (M. Azuela, *Los de abajo*, 115) = CONSULTAS **(2)** Cala (*Zantedeschia aethiopica*) –planta o flor arácea. (Guat., Perú = Méx. y Col.): «Había llegado temprano con otras de sus compañeras, todas cargadas de azucenas, lirios, (...) cartuchos para renovar las ya podridas en el altar de la Virgen.» (L. de Lion, *El tiempo principia en Xibalbá*, 62) = «Cartuchos, rosas, geranios, azucenas y varitas de San José llegan por camionadas desde las tierras calientes.» (M. Scorza, *Redoble por Rancas*, 195) = SANTAMARÍA DGA = SOPENA = HAENSCH y WERNER

casa. **(1)** f. En el juego de dados, apuesta. (Hond. = CR, Col. y Cuba): «–(...) debe un <peso> de casa.» (R. Amaya Amador, *Prisión Verde*, 171) = MORÍNIGO = ORTIZ (véase también **casar**) **(2)** m. En una casa de juego, el que hace de juez en las controversias. (Ven. = Rep. Dom.): «–Diga topo*, joven –intervino el casa, creyendo que Marcos iba a echar los dados sin cumplir aquel requisito indispensable para la validez de una jugada.» (R. Gallegos, *Canaima*, 69) = MALARET **(3) las casas.** f. pl. Casa de uno. (Arg.): «Ansí es que al venir la noche / iba a buscar mi guarida, / pues ande* el tigre se anida / también el hombre lo pasa, / y no quería que en las casas / me rodiara la partida.» (J. Hernández, *Martín Fierro*, I, 1.415-20) = CONSULTAS **(4) casa colorada.** fr. Prostíbulo. (Méx.): «(...) algunas viejas quedadas* se aprovecharon para echar de cabeza <denunciar> a más de una muchacha decente, diciendo que la habían visto entrar y salir de tal o cual casa colorada.» (J. J. Arreola, *La feria*, 71) = CONSULTAS **(5) casa chola.** fr. f. Casa propia del campo serrano; tiene varias piezas, techo de dos aguas cubierto de tejas, puertas de madera y ventanas, así como una galería exterior cubierta llamada corredor*; representa el estadio intermedio entre la choza indígena y la casa de los hacendados. (Ec.): «En mi silencio interior surgió entonces la visión clara y precisa del paisaje serrano adonde me dirigía, tal cual lo conocí en mi infancia (...): chozas pardas humeando en el crepúsculo y esparcidas por el valle y las laderas de los cerros; casas cholas de teja y corredor abierto al camino agrupándose para formar el pequeño pueblo (...).» (J. Icaza, «Sed», en: *Obras Escogidas*, 854) = «La casa del mayordomo, como las casas del pueblo y como todas las casas cholas esparcidas por los valles y las laderas de la sierra, aun cuando trataba de copiar la arquitectura de la mansión del latifundio –techo de teja, blanco de cal en las paredes, cornamentas por capiteles en los pilares, arabescos de huesos en el empedrado del corredor* abierto al camino, cruz de pararrayo–, mantenía detalles que delataban su parentesco con el tugurio indio –el poyo de adobe, los huecos en la cocina para los cuyes, el temor a los amplios ventanales–.» (J. Icaza, *Huairapamushcas*, en: *Obras Escogidas*, 469) = CONSULTAS (véase también **casa de teja**) **(6) casa de altos.** fr. f. Casa de habitación cuyas dependencias están todas en una planta elevada. (Ur.): «(...) se tomó la drástica decisión de ir a vivir todos juntos. Precisamente en la amplia casa de altos del General Urquiza, a los fondos* de la iglesia de Tierra Santa.» (H. Alfaro, *Por la vereda del sol*, 60) = CONSULTAS **(7) casa grande.** f. Casa en la que vive el dueño de una hacienda. (PR, Méx., Col. = Ven.): «Las cinco cuerdas <de terreno> tampoco querían decir nada. San Isidro era un todo; su corazón, la casa grande; su cerebro, Don Rafa.» (R. Marqués, *La víspera del hombre*, 31) = «Seguro que en una borrachera (...) discurrió ir, él solo, a la casa grande para platicar con el patrón y decirle que ellos ya habían cumplido con levantar la escuela, que ahora venían a exigir que el patrón cumpliera la ley enviando al maestro.» (R. Castellanos, *Balún-Canán*, 179) = «La casa grande amaneció un día invadida por un olor fuerte y dulce. Un olor áspero pero agradable que no pertenecía a los olores conocidos de la casa y que me había sorpendido y no me había dejado volver a dormir desde que el ruido de las carretas que traían la leche me despertó en la madrugada.» (A. Cepeda Samudio, *La casa grande*, 184-5) (Véase también **callejón**) = CONSULTAS **(8) casa de material.** fr. f. Casa de mampostería. (Col. = Arg.): «(...) habían comprado una casa de material con un patio muy grande (...).» (G. García Márquez, *Crónica de una muerte anunciada*, 141) = HAENSCH y WERNER = CONSULTAS **(9) casa Mundo.** fr. f. Templo de los iniciados en la Regla de Congo. (Cuba): «–(...) la casa Mundo viene a ser como una tribu: está el Jefe o el Rey con sus vasallos. Está la mujer del Rey, del Primer Padre, el Mfumo, que es como la Reina. (...) Viene después en mando su Mayordomo* o sus dos Mayordomos (...).» (L. Cabrera, *Reglas de Congo*, 130) = CONSULTAS **(10) casa de Palo.** fr. f. Templo de la religión conga. (Cuba): «Y J. L. por su parte nos dice: 'Yo digo que aquellos negros que nos enseñaron, aparte de la religión, las cosas de la vida, y hablo de los africanos antecesores que formaron aquí sus juegos*, tenían mucha idea de la cooperativa. (...) Cada casa de Palo era una mutua. Sí, eran como los Cabildos* de antes'.» (L. Cabrera, *Reglas de Congo*, 132) = CONSULTAS; véase también **palo. (11) casa de teja** (o: **casa chola**)**.** Véase la definición en **casa* chola.** (Ec.): «El porcentaje de las construcciones <de la comunidad de Punyaro> es el siguiente: / Casas de teja representan el 76%, aproximadamente.» (G. Rubio Orbe, *Punyaro*, 32) = «Poncho de Castilla, yegua preñada, casa de teja, perra con huahuas <crías>, chagra <campesino> rico.» (Refrán ecuatoriano) = CONSULTAS **(12) de entre casa** (o: **para entrecasa**)**.** fr. Véase **entrecasa.**

casadera. f. Casamiento. (Méx.): «Hoy que estoy grande comprendo que a él le interesaba mucho la casadera para tener hijos y no sentirse tan chino.» (E. Poniatowska, *Hasta no verte Jesús mío*, 55) = CONSULTAS

casanueva. f. Cárcel de mujeres. (Guat.): «–Dejen a mi muchachito. Llévenme a la casanueva a mí pero no le hagan nada a él–. Sus ojos eran de madre y la gente tuvo piedad de ella.» (L. de Lion, *El tiempo principia en Xibalbá*, 42) = ARMAS

casar. (1) m. Pareja de animales y, por extensión, de hombre y de mujer. (Ven.): «Así, la vida del casar se rompía y, cada día más, se iban haciendo tensas las relaciones entre aquellos dos cuyos instintos buscaron a través de los años, su apasionado silencio.» (G. Meneses, *Campeones*, 79) = TEJERA **(2)** tr. Organizar, arreglar una pelea de gallos con apuestas según las reglas establecidas. (PR = Cuba): «(...) poco después seguíamos para la gallera, la cual estaba atiborrada de gente. En el momento se acababa una pelea y se casaba otra.» (E. Laguerre, *La llamarada*, 137) = ÁLVAREZ NAZARIO = DÍAZ MORENO = MAURA = SANTIESTEBAN **(3)** tr. Aceptar o concertar una apuesta (por ej. en el juego de dados, o en una pelea de gallos). (Col. = Cuba, Méx., Nic. y otros): «(...) él mismo casaba las apuestas, hacía estremecer de risa los cimientos de la gallera (...).» (G. García Márquez, *El otoño del patriarca*, 92) = HAENSCH y WERNER = SANTAMARÍA DM = ORTIZ = RABELLA y PALLAIS = SOPENA **(4)** tr. Apostar; concertar apuestas sobre algo. (PR, CR = Cuba): «Ahora era Jesús quien presentaba su gallo. Lo tenía casado. Se acercó a mí para decirme: / –¿No quiere jugar nada, don*? Es una navaja pa'l tajo.» (E. Laguerre, *La llamarada*, 138) = «Por fin, uno que cree que si no ha ganado es porque el hombre le está haciendo mala sombra, para obligarlo a abandonar el sitio le casa los dos colones.» (C. L. Fallas, *Gentes y gentecillas*, 26-7) = CONSULTAS = SANTIESTEBAN

cascabel -illo. m. Vegetal leguminoso (*Crotalaria latifolia*), de hasta un metro de altura. (Cuba = Col.): «El pájaro llegó aquí un domingo. En su conuco el negro guatequeaba, oyó el canto de un pajarito que se le posó en un cascabelillo que había plantado para curarse de una zarna <sarna>, y entendió que su mujer había muerto.» (L. Cabrera, *Reglas de Congo*, 172) = PICHARDO = HAENSCH y WERNER

cáscara. f. **(1) cáscara de novilla** (o: **de novillo**)**.** fr. f. Látigo hecho con cuero de novilla. (Perú, Arg.): «¡(...) como vos estás un poquito más arriba que nosotros <los esclavos> no sabes lo que es la cáscara e novilla <de novilla> de ese maldito! (E. López Albújar, *Matalaché*, 78) = «¡Con que también se le había asperjado con la cáscara de novillo!» (E. López Albújar, *De mi casona*, 46) = SANTAMARÍA DGA **(2) cáscara de vaca.** fr. f. Látigo hecho con cuero de vaca, para flagelar a los esclavos. (Cuba): «¡Nada era peor que la condición de negro...! Por cualquier falta le *meneaban el guarapo**, y, ¡ay, niño!, silbaba la 'cáscara de vaca' o el matanegro* sobre las espaldas contraídas.» (A. Carpentier, *Écue-Yamba-O*, 93) = «A quien el esclavo detesta con toda su alma, (...) es a ese hombre de la 'musinga –ngombe', del 'pachá*', de la 'cáscara de vaca', del látigo.» (L. Cabrera, *Reglas de Congo*, 39) = ORTIZ

(3) cáscara rueda. fr. f. Cierto juego de niños que consiste en tomarse de las manos y dar vueltas en torno a otro. (Perú = Arg.): «(...) iba a la plaza, a jugar a los ladrones o a la *cáscara rueda* (...).» (E. López Albújar, *De mi casona*, 42) = SANTAMARÍA DGA

cascarria. f. **(1)** Tristeza, morriña, momento de depresión. (Arg.): «(...) que me pego un balazo en el mate <la cabeza> antes, que si me viene la cascarria al alma es porque me viene (...).» (M. Puig, *La traición de Rita Hayworth*, 171) = VERDEVOYE **(2)** f. pl. Bolillas de excrementos o de barro que suelen adherirse durante cierto tiempo a la cola y partes inferiores del cuerpo de las ovejas. (Arg.): «La primera mirada del sol me encontró barriendo los chiqueros de las ovejas con una gran hoja de palma. No era muy honroso, en verdad, eso de hacer correr las cascarrias por sobre los ladrillos y juntar flecos de lana sarnosa.» (R. Güiraldes, *Don Segundo Sombra*, 29) = SAUBIDET (véase también **descascarriar**)

cascarriento -a. adj. Viejo y sucio. (Arg.): «(...) no tardó en reconocer el olor de las parvas fragantes, el de los rastrojos en abril, el de las cascarrientas majadas (...).» (L. Marechal, *Adán Buenosayres*, 202) = GOBELLO

cascarudo. (1) m. Escarabajo. (Par., Arg. = Ur.): «Así que no alcanzó a ver el gentío de la plaza, únicamente los carros del ejército y las camionetas de radiopatrulla de la policía, zumbando excitados como cascarudos a ras de tierra en amenaza de tormenta.» (A. Roa Bastos, *El baldío*, 41) = «La lamparita del patio era pequeña y debido al calor volaban en torno más bichos que de costumbre, tábanos, tatadioses* y cascarudos.» (M. Puig, *Boquitas pintadas*, 143) = VERDEVOYE = CONSULTAS **(2)** adj. Duro, cubierto de una costra. (Arg.): «La tierra del patio, despareja y cascaruda, más que asentada por mano de hombre, parecía endurecida por el pisoteo de la hacienda que, cuando estaba el rancho solo, venía a lamer la sal del blanqueo.» (R. Güiraldes, *Don Segundo Sombra*, 95) = CONSULTAS

casco. m. **(1)** Parte central de una hacienda que se compone de los edificios más importantes, así como de los terrenos aledaños. (Méx., Arg.): «La Ciudad de Méjico se prolonga en el sur en el mundo proletario de San Ángel, Puente Sierra, Tizapán, Contreras. (...) Calles empedradas que forman laberintos, callejuelas que siempre desembocan en las grandes fábricas textiles que ocupan cascos de viejas haciendas (...).» (P. I. Taibo II, *Sombra de la sombra*, 157) = «(...) cuando llegué había otro pibe cerca del casco de la hacienda, que habían edificado hace poco.» (M. Puig, *Boquitas pintadas*, 119) = VERDEVOYE = CONSULTAS **(2)** Cada una de las divisiones mayores dentro del terreno que ocupan las estancias o haciendas grandes –suele hablarse de **casco central**, de **casco sur**, del **casco norte**, etc. (Par. = Arg.): «(...) llegaron primeramente a un puesto de estancia; y, luego, al casco central de la misma. Fueron muy bien recibidos.» (H. C. Sosa Tenaillon, *Cincuenta años después*, 37) = MORÍNIGO (quien precisa que 'en el **casco central** está la casa del Administrador', y que los rodeos pueden hacerse en el **casco norte** por ejemplo) **(3)** Cáscara interior y durísima del coco; sirve para varios usos, como encender fuego y frotar la ropa para lavarla. (PR): «Levantóse un cuchicheo entre las lavanderas (...). Tenían las diligentes manos metidas en la espuma que llenaba las petacas*. Me alejé sendero arriba, hacia Los Pozos, en tanto se oía la música bárbara de los cascos brillosos y negros en la ropa.» (E. Laguerre, *La llamarada*, 61) = MALARET = DÍAZ MONTERO = MAURA **(4)** Cuerpo flaco. (Cuba): «Pero estaba malísima, era un casco, un fleco*, un pincho*, uno cualquiera de las decenas de sinónimos que designaban a una mujer flaca y fea (...).» (J. Díaz, *Las palabras perdidas*, 195) = CONSULTAS **(5) tener malos cascos.** fr. Tener mal genio, mala leche. (PR): «–Tó <todo> depende del humor en que uno se encuentre, mijo*. Y ésa, aunque no lo parese <parece>, tiene maloh cahcoh <malos cascos>. Salió a la difunta...» (R. Marqués, *La Carreta*, 39) = CONSULTAS = MAURA

cascol. m. Cierto árbol tropical de madera muy dura. (Ec.): «Conocía el lenguaje de los guayacanes y de los cabo* de hacha, de los nigüitos y de los cascoles. –(...) sus senos estaban más duros y vibrantes que un corazón de cascol.» (D. Aguilera Malta, *Don Goyo*, 18 y 72) = CONSULTAS

cascotazo. m. Pedrada. (Arg. = Ur.): «Cuando algún cuzco irrumpía en tan apurado como inofensivo griterío, mirábalo con un desprecio que solía llegar al cascotazo.» (R. Güiraldes, *Don Segundo Sombra*, 16) = CONSULTAS

cascotear. tr. Acometer a pedradas. (Arg.): «El giro cloqueó como una gallina cascoteada y comenzó a dar vueltas de derecha a izquierda, el cuello lastimosamente estirado, la respiración atrancada en un ronquido de coágulos.» (R. Güiraldes, *Don Segundo Sombra*, 86) = VERDEVOYE

casero -a. (1) m. y f. Amante. (Guat. y Amér. Centr.): «Adelaida y le dicen la Marrana. Pero no te fijes en ella, porque está con el mayor Farfán. Creo que es su casera.» (M. A. Asturias, *El señor presidente*, 162) = «No sé por qué ocultar que el cuate <amigo> andaba chupando <bebiendo>, visitando a su casera en el Marta'Bar (...).» (M. A. Flores, *Los compañeros*, 36) = CONSULTAS = SANTAMARÍA DGA = MEMBREÑO = ARMAS **(2)** m. Responsable de un centro de juego; persona designada para organizar y controlar el juego. (Hond. = Bol.): «Unos quince hombres hacen rueda, en cuclillas, alrededor de la carpeta extendida en la tierra. El casero, un hombre de rostro cínico y cicatriz en la frente, vigila con ojo experto y controla el juego. (...) El sonido del dinero y el rodar de los dados acapara la emotiva expectación de los jugadores.» (R. Amaya Amador, *Prisión Verde*, 170) = MUÑOZ REYES

caserón. m. **caserón de esquina.** m. Casa que hace de esquina. (Guat.): «Había llegado a la casa de Canales, situada en el barrio de la Merced. Era un caserón de esquina, casi centenario (...).» (M. A. Asturias, *El señor presidente,* 38) = CONSULTAS

casimba. f. Vasija de barro para llevar agua o preparar bebidas fermentadas. (Ven.): «Luego, en seguida, comenzaron los preparativos para la fiesta. (...) no quedó por allí casimba donde pronto no estuviese fermentando la yucuta <mañoco o salvado de yuca tostado y fermentado en agua> (...). / (...) ya había tomado <ella> sus medidas a fin de que <él> no se le escapase: le había aprisionado las huellas, cubriendo con casimbas disimuladas entre el monte y diariamente vigiladas las <huellas> que su planta <de él> había estampado por allí.» (R. Gallegos, *Canaima*, 323 y 329) = TJERA

casino -ito. m. **(1)** Juego de cartas que se practica con naipes de tipo francés –en el Perú, sólo unas cuantas personas, que pertenecen a la alta burguesía, juegan con cartas españolas. (Hond., Perú): «Abajo del barracón, en el comedor, un grupo de campeños <campesinos> se divertía jugando 'casino'.» (R. Amaya Amador, *Prisión Verde*, 120) = «–Jugaremos casino, don Pancho. –¡Listo! Le juego la salida. Si le gano, vamos a ver a los k'ayaus.» (J. M. Arguedas, *Yawar Fiesta*, 114) = CONSULTAS **(2)** Club y restaurante para militares. (Par. = Arg.): «Me presenté al Jefe del casino, en la intendencia. Era un teniente extremadamente correcto (...).» (H. C. Sosa Tenaillon, *Cincuenta años después*, 26) = CONSULTAS

caso. m. **(1) caso (de) escopeta.** fr. m. Dícese de una persona extravagante, original, que se sale de las normas. (Ur. = Arg.): «Sé que yo soy un caso escopeta, pero yo, si me das a elegir entre dinero y amor, por ejemplo, digo amor.» (Leo Maslíah, en *Brecha*, 24/11/94) = CONSULTAS **(2) no haber caso.** fr. No haber remedio. (Bol. = Arg.): «–¡A la mierda con el sindicato! ¡Con ustedes no hay caso, indios piojosos... (...).» (F. Medina, *Los muertos están cada día más indóciles*, 65) = VERDEVOYE **(3) por si al caso.** fr. Por si acaso. (Guat.): «–Lo que la policía secreta hace en el Portal del Señor, no tiene nada que ver con el lío del coronel Parrales, ni te importa... / –(...) ¡de torta por si al caso!» (M. A. Asturias, *El señor presidente*, 47) = CONSULTAS **(4) tiene** (o: **no tiene) caso.** fr. Tiene (o: no tiene) importancia, sentido; merece (o: no merece) la pena. (Méx., Guat.): «–(...) Volví a perder los bienes que con ayuda de don Jacobo había recuperado. En fin, no tiene caso. ¿Quiere que le dé algún recado a la señora?» (A. Yáñez, *La creación*, 229) = «Como aquella vez que sentados en el Malecón le dijiste que no tenía caso ninguno seguir juntos, porque él tenía que irse, tenía que regresar a su país obligatoriamente y tú no podías seguirlo (...).» (M. A. Flores, *Los compañeros*, 92) = CONSULTAS

caspa. f. Cáscara del maíz. (Col.): «Se lava el maíz y se quiebra, pasándolo por la máquina de moler en grueso, se lava muy bien frotándolo para sacar la caspa (...).» (C. Ordóñez, *Gran libro de la cocina colombiana*, 23) = CONSULTAS

casquillo. m. **dar casquillo.** fr. tr. ind. Enojar, enfadar; provocar a alguien con insultos o burlas para incitarle a la pelea. (Col.): «Y mientras tanto, Luz Betty bailaba con Guido, se dejaba apretar para darme casquillo, para sacarme de celos, pero así era mejor.» (U. Valverde, *Bomba Camará*, 103) = CONSULTAS = HAENSCH y WERNER

castaña. f. Puñetazo. (Arg. = Ur.): «Si al que nos presentó / lo llego a capturar, / ¡ni de castaña / va a ligar*!» (M. Romero, «Estampilla», en: J. Barreiro, *El Tango*, 180) = GOBELLO = CONSULTAS (véase también **castañazo**)

castañazo. m. Puñetazo. (Arg. = Ur.): «(...) el odio y la ternura, el rigor y la misericordia se agarraban a *castañazo* limpio en su insondable corazón de malevo, sólo al pensar en aquella hermana sin ley que ahora volvía, como siempre, al olor de un cadáver–. (...) no sabía si acomodarle un castañazo, allí no más*, o si mostrarle la puerta de calle para que se volviese a la noche de la cual había venido.» (L. Marechal, *Adán Buenosayres*, 276 y 278) = GOBELLO = CASULLO (véase también **castaña**)

castilla. f. Lengua castellana. (Cuba, Méx. = Guat.): «Cuando los blanquitos se lanzaban al ataque, la furrumalla caía sobre ellos maldiciendo en lengua* y en castilla (...).» (J. Díaz, *Las iniciales de la tierra*, 48) = «Mi hijo sabrá leer y escribir. Hablará castilla cuando esté entre los ladinos.» (R. Castellanos, *Balún-Canán*, 180) = SANTAMARÍA DGA = ARMAS

casual. m. **ni por un casual.** fr. Ni por asomo, de ningún modo. (Par. = Ur. y Arg.): «–(...) Y acabé creyéndolo porque ya estaba casi muerto, y un cristiano en ese estado no miente ni por un casual.» (A. Roa Bastos, *El baldío*, 54) = CONSULTAS

cata. f. **(1)** Casta, clase. (Rep. Dom.): «–Le voy a dar una lección a ese muchacho que no parece de mi cata, dijo monologando.» (M. A. Giménez, «Honor trinitario», en: S. Nolasco, *El cuento en Santo Domingo*, 174) = RODRÍGUEZ = OLIVIER **(2)** Pequeño manto cuadrado de la mujer indígena. (Perú): «(...) había comenzado el desfile por una callejuela de sauces, un desfile solemne, a pesar de lo grotesco y abigarrado, en el que la policromía rabiosa de las *catas* y de los faldellines parecía envolver en flamas ondulantes la oscura y triste vestimenta de los hombres.» (E. López Albújar, *Cuentos andinos*, 130) = SANTAMARÍA DGA

catanudo. m. Pez martillo. (Ec.): «Se burlaba de los tiburones y de los catanudos. 'Son mis amigos' decía siempre.» (D. Aguilera Malta, *Don Goyo*, 63) = CONSULTAS

catiro -a. adj. Rubio, o pelirrojo. (Ec. = Col): «El hijo de mi hermana había sacado del padre algunas mechas bermejas y los ojos como de trigal tierno. En mis adentros me sentía orgulloso de mi sobrino porque tiraba a blanco (...) Al principio, mis taitas <padres> y hermanas tuvieron que decir que era, por catiro, hijo de taita Imbabura <volcán de la Sierra ecuatoriana>. (...) Después supe, carajo, que fue el patrón de la hacienda el que le clavó el guagua <hijo>.» (G.A. Jácome, *Porqué se fueron las garzas*, 88-9) = CONSULTAS = JARAMILLO DE LUBENSKY = HAENSCH y WERNER

catre. m. **(1) caído -a del catre.** fr. adj. y m. y f. Caído del nido, ingenuo, tonto. (Arg.): «–Pero, ñato, ¿sos un caído del catre? –le respondió Barroso–. ¡Agarrar una trincheta <un trinchete>, cuando se estudió la electrólisis del agua!» (L. Marechal, *Adán Buenosayres*, 583) = CONSULTAS = GOBELLO **(2) catre de viento.** Catre de tijera. (PR, Cuba = Méx., Ven. y Perú): «–Así es bueno, pa que se te quite el frío del agua– había dicho Marcela acostándole en el catre de viento (...).» (R. Marqués, *La víspera del hombre*, 47) = «(...) dos cuartos seguidos cuyo mueblaje se reducía a un par de sillas, un columpio, una mesita de pino y un catre de viento que se abría de noche y se cerraba de día, a fin de despejar el campo.» (C. Villaverde, *Cecilia Valdés*, 89) = MALARET = ARONA (HAENSCH y WERNER registran en Col. la fr. **catre de lona** con el mismo sentido)

catrera. f. fam. Cama en general. (Arg. = Ur.): «–(...) Mientras tu pobre vieja lavaba ropa sucia, de sol a sol, para mantenerte, vos, ¡oh, haragán infinito!, no salías de la catrera ilustre, como no fuese para matear en el patio (...).» (L. Marechal, *Adán Buenosayres*, 609) = «Bulín* que ya no te veo, / catrera que no te toco, / percanta <amante> que ya no embroco* / porque con otro se fue.» (P. Contursi, «Ivette», en: J. Barreiro, *El Tango*, 59) = GOBELLO = CASULLO = TERRERA = CONSULTAS

cauchera. f. Honda. (Ec. = Col.): «(...) un callejón trunco, bordeado de árboles enormes, de cuyas ramas se desprendía algarabía de pájaros que, segundo a segundo, salían como disparados por caucheras.» (A. Ortiz, *Juyungo*, 70) = SANTAMARÍA DGA = HAENSCH y WERNER

cautelar. tr. Cuidar, conservar en lugar seguro. (Perú = Ch.): «Los papeles de una comunidad los cautela el Personero. Sólo otra persona (por si muere el Personero) conoce el lugar donde se esconden esos documentos que sólo se leen en las horas graves.» (M. Scorza, *Redoble por Rancas*, 153-4) = CONSULTAS

cavador. m. Herramienta para cavar el suelo, azada. (Col.): «Lo mataron en Sevilla a punta de cavador.» (A. Cepeda Samudio, *La casa grande*, 85) = FILIPPO = HAENSCH y WERNER

cayapa. m. y f.; ú. t. c. adj. Perteneciente o relativo a los miembros de una tribu indígena nómada de la Costa. (Ec.): «Con decorados triangulares, en toda la extensión de los bordes, surcaba rauda una gran canoa. Lastre reconoció que era cayapa, por aquellos triángulos negros característicos.» (A. Ortiz, *Juyungo*, 25) = CONSULTAS = SANTAMARÍA DGA

cazadora. f. Autobús. (CR): «(...) sonrió hacia sus adentros recordando a un chófer y una Cazadora Chevrolet, tartajosa cacharpa atestada de gente (...).» (F. Dobles, *Los años, pequeños días*, 16) = «Ya era casi de noche cuando llegamos a un lugar que no me acuerdo <de> cómo se llama y se nos varó la cazadora (...).» (Q. Duncan, *Final de calle*, 102) = «Ma... –le dijo– présteme unos cincuenta pesos 'pa' el viaje. Me voy en la cazadora de las doce.» (C. L. Argüello Segura, *Cuentos de Sábalo Grande*, 81) = QUESADA = CONSULTAS

cazuela. f. Recipiente de barro que, en opinión de los brujos congos, encerraba poderes sobrenaturales. (Cuba): «Si iban a preparar una cazuela bruja de mayombe judío, la hacían los martes. Así tenía más fuerza. Se preparaba con carne de res* y huesos de cristianos, de las canillas principalmente.» (M. Barnet, *Biografía de un cimarrón*, 119) = «Pero Lucumí estaba celoso, y un día de cólera dicen que le echó un *daño.* ¿Hierbas molidas en una taza de café? ¿Cazuela de barro con millo, un real de vino dulce y una pata de gallina...? Lo cierto es que Candita la Loca yacía entre cuatro velas, antes de que Beruá hubiera podido *limpiarla* de maleficios...» (A. Carpentier, *Écue-Yamba-O*, 107) = «Nazario Barondó, era a la vez que ñáñigo, 'mayombero' –brujo–, con tres cazuelas mágicas 'muy bravas' en su casa.» (L. Cabrera, *La sociedad secreta abakuá*, 24) = CONSULTAS (véase también **cazuelero**)

cazuelero. m. Brujo que utiliza cazuelas* para sus hechizos. (Cuba): «(...) la gran Mama Lola. '¡Yolá!, rectifica con énfasis un centenario, '¡Yolá! ¡Carajo! la Virgen (...). Lo primero que va mentá <va a mentar> un cazuelero'.» (L. Cabrera, *Reglas de Congo*, 164) = CONSULTAS (véase también **cazuela**)

cebada. f. Cerveza. (Perú = Méx.): «Penetraron en la tienda de don Carmelo, un destartalado saloncito en cuyos estantes se aburrían veinticuatro cervezas, ocho latas de leche Gloria, media docena de sardinas y un costalillo de sal. –¿Qué se van a servir? –preguntó don Carmelo (...). –Bájese una docena de cebadas –ordenó Agapito Robles. –Bájese todas –rectificó Chacón.» (M. Scorza, *Redoble por Rancas*, 70-1) = CONSULTAS = JIMÉNEZ

cebarse. prnl. intr. Fallar. (CR): «(...) cuando el tonto asomó la jupa* la bomba se cebó e hizo un espolvorín y todo lo pringó en la cara (...).» (M. Salguero, *Agencia de policía*, 12) = QUESADA = CONSULTAS

cebruno -a (o: **cebrunito -a**). adj. y s. Dícese del caballo de pelaje más oscuro que el bayo, y que tiene además una raya negra a lo largo del lomo, y otras, transversales, en las patas. (Arg.): «Con sigilo me acerqué, puse el pie en el estribo y 'bolié la pierna*', tratando de no despertar demasiado pronto las cosquillas del cebrunito.» (R. Güiraldes, *Don Segundo Sombra*, 49) = CONSULTAS

cedazo. m. Figura de la *Danza Cubana*, especie de vals en dos por cuatro. (Cuba): «Recibían los hombres de espalda, y las mujeres de frente, mientras esperaban su turno para hacer cedazo, el aire fresco de la media noche que entraba por las puertas y ventanas abiertas de par en par.» (C. Villaverde, *Cecilia Valdés*, 86) = PICHARDO

celaje. m. **ir como celaje.** fr. Ir rápidamente, como una flecha. (Ch.): «El bulto quiso arrancar*, pero yo iba como celaje.» (M. Rojas, *El delincuente... y otros cuentos*, 78) = SANTAMARÍA DGA

celemín. m. Gran cantidad, sinnúmero de cosas o de gente. (Rep. Dom., Arg.): «La señora Inoa tenía que hacer un celemín de cosas.» (C. E. Deive, «En el pueblo hay guerrilleros», en: J. Alcántara, *Antología de la literatura dominicana*, 117) = «Aquello era un hervidero / de pampas*, un celemín; / cuando riunen <reúnen> el botín / juntando toda la hacienda, / es cantidá tan tremenda / que no alcanza a verse el fin.» (J. Hernández, *Martín Fierro*, II, versos 613-8) = RODRÍGUEZ

celeste. adj.; ú. t. c. s. f. Relativo al equipo uruguayo, generalmente –pero no necesariamente– de fútbol, cuya camiseta es de ese color. (Ur.): «(...) pero si están / son ellos claro que son ellos / orientales la patria o la tumba / trabajadores del mundo uníos / eureka / la celeste que no ni no / fiat lux (...).» (M. Benedetti, *Primavera con una esquina rota*, 212) = «Pero entonces, viejito, enfundemos la mandolina* del Campeonato Mundial (...) y dejémonos de darle manija* al país con la loca ilusión del celeste imperio.» (H. R. Alfaro, «Hinchando un poco», en: G. Wettstein, *Nuestra Tierra*, II, 79) = «(...) bien Da Rosa al arbitrar / –pocas figuras brillantes– / 'una especie' que hay faltante / y le provoca inquietud / porque piensa en la Celeste / 'El gauchito del Talud'.» (El gauchito del Talud <seudónimo de Carlos Modernell>, en: *El País*, 10/10/94) = CONSULTAS

cemento. m. Goma o pegamento para reparar calzados. (CR): «(...) a los dieciocho debutó (...) en el Magdalena por entonces ya se dedicaba al monte* con voracidad obsesiva si la depre era muy honda le hacía también al cemento vendrían luego el alcohol y el gringo sesentón que se la llevó dos meses por el Caribe (...).» (R. Arias, *El emperador Tertuliano...*, 71) = CONSULTAS

cencerro. m. Instrumento de percusión. (Col.): «Y el furioso piano rompe el equilibrio y se mezcla con las excitantes notas graves de la trompeta y el golpeteo del cencerro, el bajo vibra con emoción, estalla la música, esa música.» (U. Valverde, *Bomba Camará*, 100) = FILIPPO

cendal. m. **hacer(se), volver(se) cendales.** fr. Hacer(se) añicos. (Perú = Col.): «(...) los otros perros llegaron reclamando su parte en la contienda y pronto hicieron cendales al desafortunado cazador.» (C. Alegría, *Los perros hambrientos*, 43) = SANTAMARÍA DGA = HAENSCH y WERNER

centella (o: **centeya**). f. Estrella fugaz. (Ur., Arg.): «Clorinda, (...) continuó: –Pescá una centeya y pedile que te dé alguna cosa. Esta noche te la promete, si tenés buena vista, y mañana la tenés... Cruzó el firmamento una estrella fugaz. –¡La viste, la viste! –gritó Clorinda señalando el cielo. ¿A que no le pediste nada?» (E. Amorim, *La carreta*, 21) = «(...) por la vereda <acera> adornada de alguna pareja y una que otra comadre que sale a tomar el fresco vi una centella... ¡un deseo! ¡pronto! ¡hay que pedirle a la centella un deseo! (...).» (M. Puig, *La traición de Rita Hayworth*, 227) = CONSULTAS

centro. m. Véase la definición de **bolsicón.** (Ec., Perú): «Abandonar el baile, por miedo a la burla de sus hijas y de sus visitas, era una idea sin voluntad. La Escolástica batía su centro morado, que, al levantarse en revuelo, dejaba indefensas sus piernas secas de reumática.» (E. Terán, *El cojo Navarrete*, 48) = «–(...) Te prestaré un centro, pero faltará ropa.»

(M. Scorza, *Redoble por Rancas*, 224) = CARVALHO-NETO = CONSULTAS

cepa. f. **cepa de caballo** (o: **cepa-caballo**). fr. Hierba espinosa (*Xanthium spinosum*) a la que se atribuyen propiedades estomacales y/o purgantes. (Par. = Ch., Ur. y Arg.): «Cuando llegamos cerca del corral, el olor de pasto húmedo entre las matas de cepa-caballo, mezclado con el estiércol, me traspasó (...).» (R. Bareiro Saguier, *Ojo por diente*, 137) = SANTAMARÍA DGA = MORÍNIGO

cera. f. Vela de cera blanca. (Ec): «La Mila y yo llevábamos las ceras de la primera comunión bien adornaditas.» (G. A. Jácome, *Porqué se fueron las garzas*, 121) = CONSULTAS = SOPENA

cerco. m. **(1)** Cercado, heredad pequeña acotada. (CR): «(...) mejor se quedara a trabajar y cuidar el pequeño cerco (...) que poseían.» (A. Portocarrero, *Negro desgraciado*, 67) = «(...) para investigar la saca <contrabando de aguardiente> se metió por el cafetalillo del cerco (...).» (M. Salguero, *Agencia de policía*, 8) = «–(...) ¡Nada de ir a buscar granitos de maíz a los cercos ajenos!» (C. L. Fallas, *Mi madrina*, 17) = ARROYO = SANTAMARÍA DGA **(2)** Retrete –por estar cerca de la casa; ú. en las ciudades con sentido humorístico. (CR): «Soy yo, que me siento mal de la barriga y me voy a montear un momentico al cerco.» (M. Salguero, *Agencia de policía*, 52) = QUESADA

cerebro. m. Imaginaciones eróticas. (PR): «Secuencia del macharrán <macho> mayor en escalada everéstica de la autora del cerebro.» (L. R. Sánchez, *La Guaracha del Macho Camacho*, 141) = CONSULTAS = MAURA

cereza. f. **(1)** Baya madura; cáscara o pulpa del grano de café maduro. (PR, Nic. = Col.): «Cuando algún obrero inexperto no rebuscaba bien en el ramaje obligábale el mayordomo a retroceder y a arrancar las cerezas maduras que olvidaba; (...). De los cestos pasaban los chorros de cereza a los sacos grises en donde debían ser conducidos a las hidráulicas*.» (M. Zeno Gandía, *La Charca*, 123) = «(...) el camastro se volteaba en ángulo inclinado hacia la pila que recibía en lluvia continua las cerezas del café, sin necesidad ninguna de manipulación.» (S. Ramírez, *Un baile de máscaras*, 61) = DÍAZ MONTERO = ÁLVAREZ NAZARIO = RABELLA y PALLAIS = HAENSCH y WERNER **(2) en cereza.** fr. Ya maduro; cosechado. (CR): «Cuando llega del cafetal se dice que es café en cereza (...).» (H. Muñoz, *Cuentos con sabor a espanto de gentes sencillas*, 104) = CONSULTAS

cernidor. m. Utensilio para cernir harina. (Méx.): «–Y de paso, para que hagas el mandado completo, dile que nos empreste un cernidor y una podadera.» (J. Rulfo, *Pedro Páramo*, 18) = SANTAMARÍA DGA

cerote. m. **(1)** Porción de excremento. (Guat., CR = El Salv., Nic.): «En una ocasión, luego de echarse una buena cagada, se puso a contemplar los cerotes que flotaban dentro de la taza y sin pensarlo más, tomó la mierda entre* sus manos y satisfizo su curioso antojo.» (L. E. Rivera, *Velador de noche, soñador de día*, 43) = «(...) lanzan bodoques de papel embarrados con mierda porque se esconden detrás de los poyos y deponen largos cerotes (...).» (L. E. Arce, *El lupanar*, 12) = MORÍNIGO = QUESADA = RABELLA y PALLAIS **(2)** Insulto que significa cobarde, canalla. (Guat., El Salv.): «(...) y que ningún cerote me esté diciendo lo que tengo que hacer.» (M. A. Flores, *Los compañeros*, 70) = «Decinos de dónde sacaste la pistola. Decinos cerote quién te la dio aunque de todas maneras te vamos a matar.» (M. Argueta, *Un día en la vida*, 144) = ARMAS = CONSULTAS **(3)** Cierto fruto silvestre del páramo. (Ec.): «Al cruzar la olorosa vegetación del páramo, olor a musgo, a zagalitas, a huaicundos <plantas parásitas>, se fueron empipando <ahitando> de mortiños*, (...) de cerotes.» (G. A. Jácome, *Porqué se fueron las garzas*, 195) = CONSULTAS

cerrado. p. adj. Véanse **paso** y **puño.**

cerrazón. f. Monte cerrado. (CR): «(...) palmeras, detrás de las cuales surgía la oscura cerrazón de la selva inmensa.» (C. L. Fallas, *Marcos Ramírez*, 166) = CONSULTAS

cerrillada. f. Cordillera de cerros, de lomas. (Ur. y otros): «El mundo, el campo que tenía por delante, era suyo, con sus montes, sus cerrilladas, sus arroyos y sus cuchillas.» (E. Amorim, *La carreta*, 55) = MALARET

cerro. m. **(1)** Monte, pico mucho más alto que el /cerro/ español. (CR, Col. = Ch. y otros): «El cerro de Chirripó alcanza una altitud de 3.819 m. y es la montaña más alta de la parte sur de América central.» (E. Fuentes Rivera, *Estudios sociales*, III, 95) = «Qué bonitos que están, qué bonitos que están, los cerros de Bogotá.» («Los cerros de Bogotá», canción de J. Moreno interpretada por Teresa Santos, disc. *Aguamarina*, 1991) = CONSULTAS **(2) como cerro.** fr. Dícese de la persona que tiene gran capacidad de aguante. (Arg.): «Y menudiando los tragos / aquel viejo como cerro (...).» (J. Hernández, *Martín Fierro*, II, versos 2.343-4) = CONSULTAS **(3) por cerros.** fr. A montones, en gran cantidad. (Pan. = Col.): «(...) esas otras revistas con copyright en Venezuela, B. A. o México, que ella compra por cerros cada semana con la esperanza de salir retratada en ellas algún día (...).» (G. Guardia, *El último juego*, 41) = CONSULTAS

cesto. m. **poner un cesto en la cintura.** fr. Imponer castigo. (PR): «Fue aquí que <donde> hice mi instrucción secundaria. Tía Ángela daba muchas quejas de mí, dando lugar a que mi padre amenazase con ponerme 'un cesto en la cintura'.» (E. Laguerre, *La llamarada*, 232) = CONSULTAS

cien. m. **hasta el cien.** fr. Completamente; demasiado. (Perú): «Está loco por esa chica –dijo–. Templado hasta el cien.» (M. Vargas Llosa, *La ciudad y los perros*, 191) = CONSULTAS

científico. m. Partidario del positivismo de Auguste Comte, o/y del régimen implantado por el presidente Porfirio Díaz; miembros del gabinete, o consejeros del mismo. (Méx.): «–Éstos son los nombres de los cinco vecinos más ricos del lugar: unos tienen tierras y otros tierras y tienda, pero todos son *científicos*, huertistas*, reaccionarios.» (M. L. Guzmán, *El águila y la serpiente*, 256) = CONSULTAS

cigarrillo. m. **cigarrillo de pierna.** fr. m. Cigarro de hoja de tabaco enrollado en la pierna. (Ec.): «(...) cuando quiero recibir lecciones prácticas de Economía Política, me voy a las Tres Bocas, donde Borbollón tiene cátedra abierta y la buena Gregoria mesa puesta, sin contar los **cigarrillos de pierna** que me brinda Juanita y el acordeón que me toca Bocachico.» (J. A. Campos, *Cosas de mi tierra*, 39) = CONSULTAS

cigarrita. f. **a cigarritas.** fr. Entrecerrados –hablando de los ojos. (Guat.): «El Presidente contestó algunas palabras, la diestra empuñada sobre el balcón de mármol, de medio lado para no dar el pecho, paseando la cara de hombro a hombro sobre la concurrencia, entrealforzado el ceño, los ojos a cigarritas.» (M. A. Asturias, *El señor presidente*, 98) = CONSULTAS

cigarro. m. **(1) cigarro de a vara.** fr. Cigarrito de hojas enteras enrolladas, sin picar. (Ch.): «Cuando amanezco con frío / prendo un cigarro de a vara.» (canción de Víctor Jara, «El cigarrito») = CONSULTAS **(2) cigarro de hoja.** fr. Cigarro que se tuerce en una hoja de mazorca de maíz. (Méx.): «(...) se encontraban muy tranquilos, cruzada una pierna sobre la otra, el cigarro de hoja en una mano (...).» (M. L. Guzmán, *El águila y la serpiente*, 53-4) = SANTAMARÍA DGA

cigarrón. m. Abejorro generalmente inofensivo, que suele ser de color marrón o negro. (Ven. = PR, Col. y Arg.): «Los zamuros toman de la vida lo que ella tiene de efímero y gozoso –afirmaba el Cigarrón–. Y, a decir verdad, ¿qué otra cosa puede ofrecernos la vida sino goces efímeros?» (A. Arráiz, *Tío Tigre y Tío Conejo*, 26) = SANTAMARÍA DGA = MAURA = HAENSCH y WERNER

cigua. f. Además del árbol lauráceo, designa cierta ave pequeña. (Rep. Dom.): «Los muchachos quedaron fascinados con nuestro mundo de manglares, de locomotoras, de ciguas, de cuevas de cangrejos (...).» (R. del Risco Bermúdez, «Ahora que vuelvo, Ton», en: J. Alcántara, *Antología de la literatura dominicana*, 133) = RODRÍGUEZ

cilindro. m. Sombrero de copa alta. (Arg.): «¡Y los cocheros de *cilindro*, sentados como estatuas en sus pescantes!» (L. Marechal, *Adán Buenosayres*, 249) = CONSULTAS = VERDEVOYE

cimarrón. (1) m. **cimarrón** (o: **leche de María).** Véase **maría. (2) cimarrón -ona.** adj. Rústico, ranchero; del monte. (Cuba = Méx.): «Además, repartían café a cada rato. Café como el que a mí me gustaba. El único que sabe bien. En *jícaras cimarronas*, que se criaban nada más que para eso.» (M. Barnet, *Biografía de un cimarrón*, 91) = SANTAMARÍA DGA (quien lo registra c. despect.) **(3) cimarrón -ona.** adj. Revoltoso, descarado, bravío. (Hond. = Méx. y Col.): «El jefe no estaba y fue recibido por el Segundo, el mismo que le propinara el culatazo el día anterior. Lo recibió con gesto fiero y agresivo. –¡Eh, viejo pendejo! ¿venís a recibir tu merecido? Debés sentirte 'derecho', porque ayer no te perforé a balazos por cimarrón.» (R. Amaya Amador, *Prisión Verde*, 268-9) = SANTAMARÍA DGA y DM = HAENSCH y WERNER

cimbra. f. Trampa de caza con lazo corredizo sujeta a una vara cuyos extremos están clavados en el suelo. (Par. = Arg.): «(...) la Nila (...) coqueteaba con los dos y aceptaba de los dos, sin aparente favoritismo, los coloreados huevos de perdiz y las cotorritas cazadas con cimbra en el monte (...).» (A. Roa Bastos, *El baldío*, 50) = VERDEVOYE

cinco. m. Canica. (Guat.): «Y sólo entonces comprendías que si eras un niño debías dejar en la puerta de calle tus carritos de madera, tu rueda, tu pelota de trapo, tus cincos (...).» (L. de Lion, *El tiempo principia en Xibalbá*, 13) = ARMAS

cincha. f. **(1)** En el juego de naipes, fullería que consiste en sacar dos cartas en vez de una, para, con la carta oculta, ganarle al contrario. (Arg.): «Hay muchas trampas legales, / recursos del jugador; / no cualquiera es sabedor / a lo que un naipe se presta: / con una *cincha* bien puesta / se la pega <engaña> uno al mejor.» (J. Hernández, *Martín Fierro*, II, versos 3.116-26) = CONSULTAS **(2) a raja cincha.** fr. Véase **raja. (3) flojo de cincha.** fr. Dícese del caballo que, por no resistir la presión de la cincha, puede tirarse al suelo. (Arg.): «Por mi parte, no perdía los potros de vista, espiando indicios que pudieran anunciarme algún peligro: ¿sería flojo de cincha?, ¿se me bolearía?» (R. Güiraldes, *Don Segundo Sombra*, 154) = CONSULTAS

cinchada. f. Prueba de fuerza en la que dos bandos tiran de una cuerda en sentido contrario -ú. t. en sentido figurado. (Arg. = Méx., Par. y Ur.): «Todo lo aprendido en mi niñez aventurera resultaba un mísero bagaje de experiencia para la existencia que iba a emprender. (...) En fin, había que hinchar la panza y aguantar la cinchada.» (R. Güiraldes, *Don Segundo Sombra*, 37) = MORÍNIGO

cinta. f. Film, película. (Ec. = Arg.): «Una cinta italiana. Regular. Con muchos cortes. ¿Sabes que Vitorio Gassman es viejísimo? deveras. Y la Cardinale tiene un par de piernas fatales, que no convencen a nadie.» (E. Cárdenas, *Juego de mártires*, 26) = CONSULTAS

cipo. adj. com. Picado de viruelas. (Ec.): «¡Carajo! –rugió la María–; cipo de mierda...» (E. Terán, *El cojo Navarrete*, 301) = MATEUS

ciruja. m. Hombre miserable, vagabundo que muchas veces recoge basura para venderla a aquellos que la reciclan o revenden. (Arg.): «(...) el pobre *ciruja* desvelado, que se revuelve sobre un montón de bolsas en su triste refugio de latas viejas (...).» (L. Marechal, *Adán Buenosayres*, 184) = «(...) el ciruja que era listo para el tajo / al cafiolo <proxeneta> le cobró caro su amor.» (tango «El ciruja», en: J. Barreiro, *El Tango*, 56) = GOBELLO = CASULLO = TERRERA = CONSULTAS

ciscar. tr. **(1)** Abochornar, avergonzar. (Méx.): «Me ofende. Me azuza. Me cisca, como dice él.» (C. Fuentes, *El naranjo*, 93) = «Será que el ruso me tiene ciscado, porque todo lo ve.» (R. Bernal, *El complot mongol*, 114) = CONSULTAS = SANTAMARÍA DGA = MORÍNIGO **(2) ciscar(se).** Enfadar(se). (Méx.): «¿Qué? ¿Que me quiere pegar? A mí no me la pega. Pero el maestro no se ciscaba. ¡Císcalo, císcalo (...)!» (F. del Paso, *José Trigo*, 219) = SANTAMARÍA DGA = MORÍNIGO

cisne. m. Borla usada por las mujeres para aplicarse polvos. (Ch., Ur, Arg.): «Rebuscó entre frascos y cisnes, entre botellitas volcadas y pomos de colorete, encontrando por fin la tijera.» (J. Donoso, *Casa de campo*, 26) = «Eligió (...) una polvera dorada, con espejo, con un escudo en la tapa, con un cisne que arrastró en provocación sobre la nariz y los labios.» (J. C. Onetti, *El astillero*, 1083) = «Frente al espejo en que se sigue mirando, después de aplicar el lápiz labial y el cisne con polvo, se lleva el cabello tirante hacia arriba (...).» (M. Puig, *Boquitas pintadas*, 16) = GOBELLO = CONSULTAS

cité. f. Edificio de viviendas. (Ch.): «Antes, en el año 68, vivíamos en una cité en el Paradero 25 de la Gran Avenida. Había muchas puertas a la calle, cada uno tenía su puerta, cualquiera creía que todos vivíamos en casitas, pero adentro estaba la pura revoltura, no más*.» (testimonio cit. por Cecilia Urrutia, *Historia de las poblaciones* callampas*, núm. 11, pág. 83) = MORALES PETTORINO, PEÑA ÁLVAREZ Y QUIROZ MEJÍAS = CONSULTAS

ciudad. f. **ciudad luz.** fr. f. París. (Ch. = Arg.): «Los ahorros de Mario Jiménez destinados a una incursión a la ciudad luz (...).» (A. Skármeta, *Ardiente paciencia*, 129) = CONSULTAS

cívico. m. Vaso de cerveza, más pequeño que el llamado de medio litro. (Arg.): «(...) y mejor todavía era si íbamos a la confitería 'La Unión' tomando un cívico con sánguches <bocadillos> (...).» (M. Puig, *La traición de Rita Hayworth*, 82) = CONSULTAS = GOBELLO

clandestino. m. Prostíbulo que funciona al margen de la ley. (Arg.): «–¿Qué haría usted? / –Pues nada –cacareó el viejito–: darle un golpe* de teléfono a Macoco Funes, el senador, para que clausurara este odioso clandestino.» (L. Marechal, *Adán Buenosayres*, 537) = GOBELLO = CONSULTAS

claridoso -a. adj. Dícese de la persona que habla sinceramente, sin rebozo. (Méx. = El Salv. y Col.): «–Miren, compañeros, yo soy muy claridoso... y yo le digo a mi compadre que si vamos a tener aquí a los federales, siempre, malamente andamos... ¡De veras!» (M. Azuela, *Los de abajo*, 133) = «Si les cae mal, se lo dicen en su cara y a lo mejor hasta lo matan, pero eso sí, frente a frente. Claridosos, como nosotros decimos.» (J. J. Arreola, *La feria*, 160) = SANTAMARÍA DGA = MORÍNIGO = JIMÉNEZ = HAENSCH Y WERNER

clarinero. m. Pájaro que canta en la madrugada –es macho del **sanate*.** (Guat., El Salv., Nic. < CR): «Pero una vez sí cantaron (...) a las nueve en punto de la noche, de todos los nidos todos los pájaros: sharas <*Cissilopha san-blasiana*, pájaro de color azul pálido>, sanates*, clarineros (...), volaron, rondaron el pueblo en busca de una casa, se posaron en el techo, amontonados y ansiosos, y cantaron.» (L. de Lion, *El tiempo principia en Xibalbá*, 61) = «El pájaro que pasa volando es el clarinero, lo conozco porque él mismo se descubre: clarinero-clarinero. Y más todavía, a la luz de la aurora se le ven las plumas tornasoles.» (M. Argueta, *Un día en la vida*, 8) = «Ya verás hijo que todo llegará con el invierno y el nombre de los caídos cantarán los clarineros.» (canción «La herencia» de Luis Enrique Mejía Godoy, INDICA, 1977) = CONSULTAS = ARMAS

clarito. m. Cierto cóctel. (Arg.): « 'Wanda', pensó entonces: Wanda tomando claritos, coqueteando con hombres, con él mismo, riéndose con frívola sensualidad (...).» (E. Sábato, *Sobre héroes y tumbas*, 157) = CONSULTAS

claro. m. Bebida popular refrescante, espumosa como la cerveza, muy transparente. (Perú = Col.): «–(...) he comido de todo... Mucho mote, mucho pescado, mucha salchicha y mucho *claro* encima.» (E. López Albújar, *De mi casona*, 67) = MALARET = SOPENA = HAENSCH y WERNER

clavado. adv. Seguro, por cierto; por supuesto. (Par., Ur., Arg): «Cierto –admitió el hombrecito–. Clavado que ahí hubiese ido primero a picar* del fuerte* como siempre.» (A. Roa Bastos, *El baldío*, 48) = «–(...) El presidente del club es un poco como dueño de uno. / –Clavado.» (E. Galeano, *La canción de nosotros*, 155) = «¿Y cómo es que vino a parar aquí, don? –Clavado ¿no te dije?» (R. Tizziani, *Los borrachos en el cementerio*, 23) = CONSULTAS

clavar. (1) clavar(se). tr., o prnl. intr. Poner(se), imponer(se). (Hond., CR, Méx. = Cuba): «(...) reían o silbaban, inventando chistes ingeniosos o se clavaban apodos, que pasaron a la historia, por certeros y ocurrentes.» (M. Funes, *Oro y Miseria*, 165) = «(...) tengo derecho a saber qué clase de candidatos nos van a clavar en las próximas elecciones.» (F. Durán Ayanegui, *Opus 13 para cimarrona*, 24) = «Se clavaron en el grupo.» (CONSULTA) = SANTAMARÍA DM = SANTIESTEBAN **(2) clavarse.** prnl. intr. Internarse. (CR): «(...) me voy clavando entre un matorral (...).» (Q. Duncan, *Final de calle*, 105) = CONSULTAS **(3) clavarse.** prnl. tr. Robar. (Méx. = Guat. y CR): «Sí. treinta billetes. Si es que los de la ambulancia no se clavaron algo.» (R. Bernal, *El complot mongol*, 93) = JIMÉNEZ = RUBIO = CONSULTAS = QUESADA **(4) clavarse.** prnl. intr. Caer en celada, perderse. (Cuba = Méx., Guat., Ven. y Ec.): «El enemigo apoyó un brazo en el sillón, con aire de desafío. Antonio comentó, sin inmutarse: –Hay mucho sitio donde podel <poder> uno descansal <descansar>. El negro apoyó el otro brazo: –¡Aquí é <es> donde se está cómodo. –¡Así se clavó uno! –¡No se ocupe, que yo no me clavo!» (A. Carpentier, *Écue-Yamba-O*, 171) = SANTAMARÍA DGA = RUBIO = VÁZQUEZ **(5) clavarse.** prnl. tr. Poseer sexualmente. (Arg. = Guat. y Cuba): «(...) el Pelado López que en quinto grado ya le saltaba la leche que tenía trece años y se clavaba a los pendejitos que se dejaban*, el de Asteri se dejó por un barrilete que después el turro* del Pelado no se lo dio (...).» (M. Puig, *La traición de Rita Hayworth*, 164-5) = CONSULTAS = RUBIO = SANTIESTEBAN **(6) clavar(se).** fr. Detener(se) una caballería. (Arg.): «La partida le iba a resultar más dura, pues mandado por mi padrino, le crucé el hocico de un rebencazo, y cuando, como anteriormente, se clavó a corcovear, le menudié azotes por la cabeza sin darle alce*.» (R. Güiraldes, *Don Segundo Sombra*, 156) = GOBELLO **(7) clavársela(s).** fr. Emborracharse. (Hond. = Méx., Guat. y CR): «–(...) Ya es tiempo de dejar la tristeza. Tomaremos unos tragos, que ya días no me los meto. Me la quiero clavar, pero con vos, como Dios manda.» (M. Funes, *Oro y Miseria*, 84) = MEMBREÑO = SANTAMARÍA DM = RUBIO

clave. f. **(1)** Grupo de cantadores que en el siglo XIX recorría las calles de La Habana en ciertas ocasiones. (Cuba): «Las Claves se componían de grupos de hombres y mujeres que alquilaban casas que arreglaban muy bien, para de allí ir a otras casas a cantar. Rivalizaban unas con otras y gastaban mucho en el vestir (...). La Clave Nueva cantaba que era una gloria oírla.» (L. Cabrera, *Reglas de Congo*, 94) = ORTIZ **(2)** f. pl. Instrumentos de percusión que consisten en dos palitos que, al entrechocarse, producen un sonido seco. (Rep. Dom., Cuba): «(...) claves, (...) y maracas sonaban de manera incesante, al conjunto de manos febriles.» (M. Enríquez Ureña, «La conga se va...», en: S. Nolasco, *El cuento en Santo Domingo*, 136) = «El son* comenzó a pasar de la afinación al canto. Después de vibrar en frío, los percutores sonaban con más vigor. (...) Las claves se entrechocaban en tres largas y dos breves.» (A. Carpentier, *Écue-Yamba-O*, 174) = ORTIZ = MALARET = CONSULTAS

clavear. intr. Reclamar, altercar, discutir, quejarse. (CR = Nic.): «– La verdá es que yo no sé de qué se quejan los vecinos de por aquí–, dijo doña Lidiette López, –la gente clavea mucho por el basurero, pero de aquí sacamos pa'comer y pa'vivir (...).» (F. Contreras Castro, *Única mirando al mar*, 41) = QUESADA = CONSULTAS = RABELLA y PALLAIS

clavel. m. **clavel del aire.** fr. Bromeliácea parásita que crece en los árboles. (Ur. = Arg.): «(...) adheridas en las axilas de las ramas se podían observar grandes plantas de claveles del aire y flores* de pajarito.» (E. Miranda, «La gruta de los Helechos», en G. Wettstein, *Nuestra Tierra*, I, 25) = «(...) sobre los talas coposos, los claveles del aire lucían sus flores sin perfume.» (J. de Viana, «Gaucha», en: G. Wettstein, *Nuestra Tierra*, I, 27) = VERDEVOYE

clavijo. m. Zambullida, chapuzón. (Col.): «Clavijos prohibidos.» (letrero de la piscina de Paipa) = CONSULTAS

clavo. m. **(1)** Resentimiento, odio. (CR): «Te alvierto <advierto> ques <que es> muy duro lo que vas a hacer... pero si estás decidida... a mí no mechés <me echés> las culpas, ni los 'clavos'.» (H. Muñoz, *Cuentos con sabor a espanto de gentes sencillas*, 90) = «No me gusta mi hermano mayor. ¡Es un comemierda! Me lleva clavo. Se cree la mamá de Tarzán.» (A. Chase, *Ella usaba bikini*, 30) = QUESADA **(2)** Asunto pendiente, problema. (El Salv., CR =

Nic.): «(...) le voy a decir que si de al tiro* alguien me tuviera que hacer la defensa, yo le pondría ipsofactamente el clavo en las manos a usté.» (R. Dalton, *Pobrecito poeta que era yo...*, 68) = «Es un pequeño clavo con el Ministro de Seguridad Pública (...).» (F. Durán, *Opus 13 para cimarrona,* 110) = QUESADA = CONSULTAS= RABELLA y PALLAIS **(3)** Parte de una veta rica en metal. (Bol. = Méx. y Hond.): «El saloneo* 'Boya' era como el comienzo del 'Nivel 208', un gran espacio abovedado que resultó de la antigua explotación de un clavo de estaño.» (F. Ramírez Velarde, *Socavones de angustia*, 162) = MALARET **(4)** Cuenta incobrable. (Arg. = Ur.): «A nosotros nos tienen con un clavo que no le digo nada.» (R. Arlt, *Novelas completas y cuentos*, I, 141) = GOBELLO = CONSULTAS **(5) clavos.** pl. Ciertos mosquitos. (Ec.): «Hundidos los pies en el terreno fangoso, mortificados por nubes densas de 'mantas'*, 'clavos' y zancudos, esperaron largo tiempo.» (N. Estupiñán Bass, *Cuando los guayacanes florecían*, I, 90) = CONSULTAS

clima. m. Apogeo, clímax. (CR): «En aquel momento, cuando el virus de la murmuración se encontraba en su clima, la tertulia fue interrumpida.» (P. L. Acuña, *Ropa tendida*, 26) = CONSULTAS

coa. f. Agujero practicado en la tierra, en el que se deposita la semilla –pop. (Ven.): «¿Cree usted que es lo de menos poner un grano de maíz en la coa, y que ese grano dé una mazorca que tiene cerca de trescientos...?» (M. V. Romero, *Peonía*, 126) = CONSULTAS

coartación. f. Hecho y efecto de coartar* a un esclavo, o de coartarse* éste. (Cuba): «La habilidad de Dionisio en la cocina y la repostería, (...), le daban más valor en el mercado que a los otros esclavos sin oficio, de consiguiente, la coartación sólo le sirvió para que le vendieran en 500 pesos, en vez de los 800 en que le estimó el amo cuando le aceptó la suma arriba mencionada.» (C. Villaverde, *Cecilia Valdés*, 105) = PICHARDO = ORTIZ

coartar. tr.; ú. t. c. prnl. Señalar el precio máximo de un esclavo, según la cantidad pagada al amo por el mismo esclavo, por una tercera persona, o fijada por el mismo amo. (Cuba): «Quiso mi señora marcar este día con uno de sus rasgos de generosidad, y coartó a mis padres *dejándolos* en trescientos pesos por cada uno.» (J. F. Manzano, *Autobiografía de un esclavo*, 60) = «(...) logró Dionisio reunir dinero suficiente para *coartarse*, quiere decir, para fijar la cantidad en que se le vendería, si le vendían, dando a su amo diez y ocho onzas de oro, o 306 duros.» (C. Villaverde, *Cecilia Valdés*, 105) = PICHARDO = ORTIZ

cobertera. f. Cómplice, encubridora. (Col.): «Sólo dos cosas no tuvieron en cuenta sus coberteras (...).» (G. García Márquez, *Crónica de una muerte anunciada*, 146) = CONSULTAS

cobijo. m. Cabida. (CR): «(...) una enorme cantidad de discos en cuyas entrañas no tenía cobijo una sola nota de guitarra.» (F. Durán Ayanegui, *Opus 13 para cimarrona*, 53) = CONSULTAS

cobrador. m. **cobrador de ajuste.** fr. m. Cobrador de deudas. (Guat.): «(...) católico fervoroso y cobrador de ajuste (...).» (M. A. Asturias, *El señor presidente*, 102) = CONSULTAS

cobre. m. Moneda de poco o ínfimo valor. (CR, Perú, Ur., Arg. = Méx., Ven. y Ch.): «¿Quieres ganarte unos cobres? Tengo dólares». (J. Gutiérrez, *Puerto Limón*, 119) = «Debe haber una timba, si tuviera un cobre, un solo puto cobre, podría ganar los veinte soles, quizás más.» (M. Vargas Llosa, *La ciudad y los perros*, 21) = «–¡Güeno, güeno! ¡Tanto escándalo por unos cobres disgraciados <desgraciados>! El señor tiene razón, ¿sabe? Y usté, pulpero, es una mugre. Aquí hay plata. ¿Cuánto le debe el señor y el carancho y yo?» (F. Espínola, *Veladas de fogón*, 30) = «Del sueldo nada les cuento, / porque andaba disparando; / nosotros, de cuando en cuando, / solíamos ladrar de pobres: / nunca llegaban los cobres / que se estaban aguardando.» (J. Hernández, *Martín Fierro*, I, versos 625-630) = MALARET = SANTAMARÍA DGA = VERDEVOYE = CONSULTAS

coca. f. **librar la coca.** fr. Hablando de un muchacho, tener su primera relación sexual. (PR): «Librar la coca me importaba ahora menos que al principio, le juro. Pero la idea de no volver a verla me trancaba el pecho. Hasta aquí llegamos, Dalia, pensé, con los ojos aguados.» (A. L. Vega, *Pasión de historia*, 86) = CONSULTAS = MAURA (véase también **librarla**)

cocear. tr.; ú. t. c. intr. Maliciar, sospechar. (Arg.): «(...) imposible que no hubiese ya coceado, que no hubiese caído en <la> cuenta...» (E. Cambaceres, *En la sangre*, 145) = MALARET

cocido. m. Especie de mate que se prepara endulzado con azúcar y cocinando la mezcla antes de verter el agua; se toma con algo de comer. (Par. < Bol.): «Desayunamos con 'cocido', es decir, hierba en infusión, servida como el té con azúcar y cuatro galletas. (...) / Se comenta la última lectura o se lee por grupos en las tertulias nocturnas, delante el <del> anafe de bomba de hacer hervir el té o el cocido.» (A. Guzmán, *Prisionero de guerra*, 97 y 127) = CONSULTAS

cocina. f. Vientre, estómago. (Arg.): «–¡No son del barrio! –lo azuzó Yuyito–. ¡Dásela en la *cocina*!» (L. Marechal, *Adán Buenosayres*, 640) = GOBELLO = CASULLO = CONSULTAS

coco. m. **(1) coco** (o: **coquito).** Virginidad de la mujer –vulg.; mujer virgen, doncella –el dim. es tratamiento cariñoso. (Ec.): «Le oigo que me dice que soy su virgen del sol, su América virgen, su virgen ñusta <princesa> y no sé qué babosadas* más. Esto se asienta*, Milita, mi primer coquito, mi uniquito. Esto se asienta, mi amor.» (G. A. Jácome, *Porqué se fueron las garzas*, 69) = CORNEJO = SOPENA = CONSULTAS **(2) coco** (o: **qoqo).** m. Carne de ave o de cochinillo de Indias con ají. (Bol.): «(...) la chola dispuso que Wayra aderezase un buen qoqo de pollo para todos.» (J. Lara, *Yanakuna*, 108) = CONSULTAS **(3)** adj. Tonto, imbécil. (Perú = PR): «–¡Al <toro> Misitu dicen van a traer para el 28! –Va a ser gran corrida, como en otros tiempos. –¡Los cocos! A esa fiera no la saca de los k'enwales <matorrales> ni el hijo de Cristo.» (J. M. Arguedas, *Yawar Fiesta*, 33-4) = MALARET **(4) coco-chile.** fr. Cierta hierba que produce una fruta comestible en temporada de lluvias. (Ec.): «Cuando cesaba la lluvia, los niños se colocaban en cuclillas en las calles para sacar los 'coco-chiles', arrancando unas yerbas menudas. Cuando se habían comido los frutos –siempre mezclados con lodo– arrojaban lejos las plantitas.» (N. Estupiñán Bass, *Cuando los guayacanes florecían*, I, 16) = CONSULTAS **(5) cortar** (o: **pelar) a coco.** fr. Cortar, pelar a rape. (Perú = PR y Méx.): «El bautizo sanmarquino era benigno: a uno le tijereteaban los cabellos, para obligarle a raparse. De Fano fui con mi cabeza trasquilada a comprarme una boina y a una peluquería de La Colmena a que me cortaran a coco.» (M. Vargas Llosa, *El pez en el agua*, 223) = SANTAMARÍA DGA **(6) darle, echarle, hacerle coco(s)** a uno. fr. Desafiarlo. (Ven.): «Son los *cantadores* tuyeros <de los valles del Tuy –estado Miranda>, que están picados por los llaneros y vienen a hacerles coco.» (M. V. Romero, *Peonía*, 208) = TEJERA **(7) hacer(se) (el) coco.** fr. m. Entusiasmarse por, soñar con alcanzar algo. (Cuba): «El baño de las jebas*. A lo mejor allí no buscan. Entro. Muchas veces me había hecho el coco de entrar, pero no así.» (J. Díaz, «El cojo», en: A. Flores, *Narrativa hispanoamericana...*, 146) = SÁNCHEZ-BOUDY (quien recoge **hacer coco**)

cocó. f. Cocaína. (Arg.): «Y una noche de champán y de cocó, / al arrullo funeral de un bandoneón, / pobrecita, se durmió, / (...).» (Ramuncho, «Griseta», en: J. Barreiro, *El Tango*, 86) = CONSULTAS = GOBELLO

cocolo. **(1) cocolo -a.** m.; ú. t. c. adj. Muchacho, las más veces indígena, al que se le ha rapado la cabeza para eliminar los piojos. (Ec.): «Un cocolo es más que un niño pobre; es un niño indio arremetido todo él –en alma y poncho y choza y trenzas– a tijeretazos.» (A. Cuesta y Cuesta, *Los hijos*, 252) = CONSULTAS **(2) cocolo -a.** adj. Dícese de los negros, las personas de color. (PR): «Sobre su camiseta roja (...) aparece el amasijo de collares, los detentes* de la santería cocola, que a Obatalá encomiendo mi espíritu y si todas las *ochas** permanecen conmigo entonces no habrá jodiendas, *galán**.» (E. Rodríguez Juliá, *El entierro de Cortijo*, 19) = CLAUDIO DE LA TORRE **(3) cocolo -a.** adj. Dícese de la persona muy aficionada a la música salsa*, por oposición a los aficionados al rock o roqueros*. (PR): «*Mera** que estas adolescentes cocolas van y vienen por todo el salón formando una tropilla conspirativa, como si el velorio del gran Cortijo se tratara de un bailecito salsoso* en el Centro Comunal (...).» (E. Rodríguez Juliá, *El entierro de Cortijo*, 19) = CONSULTAS = CLAUDIO DE LA TORRE = MAURA (véase también **salsero**) **(4)** m. y f. Descendiente de trabajadores jamaiquinos, o haitianos, martiniqueños *etc.*, de los cañaverales. (Cuba < Pan.): «Eran **chombos*, pichones*** y **cocolos**: orgullosos hijos y nietos de los heroicos obreros que décadas atrás, buscando el nuevo Dorado, habían emigrado a Panamá principalmente de la Barbados, la Jamaica, la Martinica, la Guadalupe, la Trinidad y otras islas antillanas (...).» (C. G. W. Cubena, *Los nietos de Felicidad Dolores*, 12) = CONSULTAS

cocorito -a. m. y f. Persona impertinente y que gallea. (Arg.): «(...) dada la actitud de su mujer, según se había mostrado de cocorita, el modito que había tomado, el geniecito que había revelado tener ¡el mismo genio del viejo su padre!» (E. Cambaceres, *En la sangre*, 229) = GOBELLO = CONSULTAS

cocotazo (o: **cocotaso).** m. Coscorrón, golpe dado en la cabeza. (PR): «–(...) ¡Adióh, viejo! Déle mucha candela* a la mujel de Tomá. Y déle un cocotaso a la mierda aquella que me besó el año pasao.» (R. Marqués, *La carreta*, 49) = CONSULTAS = MAURA = ÁLVAREZ NAZARIO

cocuyo. m. Luz de población, luz de posición. (Col.): «Enciendan sus cocuyos.» (letrero de un aparcamiento de Bogotá) = CONSULTAS = HAENSCH y WERNER

cochano. m. Pepita de oro que se encuentra en los aluviones de los ríos. (Ven.): «Llevó también un bastón de palo de oro para regalar a su hermano, el padre de Gabriel, y para éste un alfiler de corbata que ostentaba un cochano de los aluviones del <río> Yuruari (...).» (R. Gallegos, *Canaima*, 79) = MALARET = SOPENA = MORÍNIGO (quien lo registra c. adj. m.)

cochar. tr. Conducir de un sitio a otro el ganado vacuno usando látigos o garrochas. (PR): «Ajorados <molestados> por el incesante cochar, distienden <los bueyes> la ramazón fibrosa de músculos en concentrado esfuerzo.» (A. Díaz Alfaro, *Terrazo*, 33) = ÁLVAREZ NAZARIO = MAURA

coche. **(1) coche de monte** (o: **cochemonte**). m. Puerco salvaje, jabalí americano, pecarí. (Guat. = Méx.): «(...) hombres acuclillados en derredor del tostarse de las tortillas en las brasas, el hervir del café en las jarrillas, y el tufo de alguna pierna de venado, de cochemonte <coche de monte>, de armado*, de gallina, de algo más comestible, masticable.» (M. A. Asturias, *Los ojos de los enterrados*, 104) = SANTAMARÍA DM **(2) estar coche.** fr. Estar enamorado. (Guat.): «(...) nos contó que estaba coche por la hija del General Canales y que pensaba robársela hoy en la noche.» (M. A. Asturias, *El señor presidente*, 49) = CONSULTAS

cochería. f. **(1)** Establecimiento de pompas fúnebres, donde alquilan coches o carrozas de lujo. (Arg.): «–Cuatro tablitas locas –dijo Leonor señalando el féretro. –Manijas usadas –opinó Gertrudis–. A mí no me dan gato por liebre: yo conozco a esos ladrones de las cocherías.» (L. Marechal, *Adán Buenosayres*, 248) = VERDEVOYE **(2)** Cochera, sitio en el que se guardaban y alquilaban coches, y donde dormían los caballos. (Arg.): «El pueblo dormía aún a puños cerrados* y dirigí mi petiso al tranco, singularmente sonoro, hacia la cochera de Torres, donde pediría me entregasen el otro petiso, que allí hacía guardar Festal chico. (...) Como la cochería comenzaba a despertar temprano, a fin de prepararse para el tren de la madrugada, encontré el portón abierto y a Remigio, un muchachón de mis amigos, entre la caballada.» (R. Güiraldes, *Don Segundo Sombra*, 24-5) = SOPENA

codillo. m. Variante del juego del tute. (Arg.): «(...) al codillo escolaseaba <apostaba> (...).» (A. Marino, «El ciruja*», en: J. Barreiro, *El Tango*, 56) = GOBELLO = CONSULTAS

codo. m. Curva de un hipódromo. (Arg.): «Me han contado (...) / que has rodao como potranca / que la pechan* en el codo, / engrupida* bien debute* / por la charla de un bacán*.» (C. E. Flores, «Audacia», en: J. Barreiro, *El Tango*, 170) = «Nunca marcaste buen tiempo, / es muy pobre tu corrida, / si no te abrís <te desvías> en el codo / te mancaste en la tendida*...» (E. Dizeo, «Pan comido», en: J. Barreiro, *El Tango*, 197) = CONSULTAS = GOBELLO

cofre. m. Cubierta del motor, capó. (Méx.): «El Renault iba lleno de pasajeros improvisados. En el cofre, sobre la cajuela <maletero>, cinco apiñados atrás, dos conmigo adelante.» (J. García Ordoño, *Tres crímenes y algo más*, 143) = CONSULTAS

coger. **(1)** intr. Suele tener (como en el argot de España) el sentido de 'follar'; este uso es tan general y frecuente que la gente educada evita usar este verbo –en vez de decir 'coger el avión', por ejemplo, dice 'tomar el avión'. **(2) cogerla con alguien.** fr. Tenerle inquina, perseguirle reiteradamente. (PR): «O sea que los maestros de la Universidad de Puerto Rico la han cogido conmigo: o sea que cuento chino la Universidad de Puerto Rico, basura en tarjetitas.» (L. R. Sánchez, *La Guaracha del Macho Camacho*, 129) = CONSULTAS = MAURA **(3) coger cama.** fr. Véase **cama**.

cogollo. m. **de cogollo.** fr. De mala calidad. (Ven.): «Venía con su sombrero de cogollo y su pañuelo colorado al cuello, montada en un burro negro, entre dos sacos de legumbres.» (M. V. Romero, *Peonía*, 105) = MALARET

cogote. m. **vivir de cogote.** fr. Vivir a costa ajena, de gorra. (Arg.): «(...) vivís siempre de cogote / y donde quiera te enchufás, / no hay convidada / donde vos no te ubiqués.» (M. Romero, «Estampilla», en: J. Barreiro, *El Tango*, 179) = GOBELLO = CONSULTAS

cogotear. intr. Asaltar. (Ch.): «No hay ningún teléfono, tenemos que caminar como veinte cuadras de noche para llegar a un teléfono, y aquí cogotean, pues (...).» (testimonio cit. por C. Urrutia en *Historia de las poblaciones* callampas*, n° 11, 84) = CONSULTAS

cogotudo -a. adj., y s. m. y f. Persona rica, de cualquier origen social. (Arg. = Perú, Ch. y Ur.): «Mirá la cara que pondrán los que dudaban de mi comunismo. He plantado a una cogotuda, a una virgen, para casarme con una prostituta.» (R. Arlt, *Los siete locos*, 190) = MALARET

cohete. m. véase **cuete**.

cojonal. m. Montón de personas –pop. (Cuba): «Yo le haría diez bustos a <al guerrillero Quintín> Banderas. Uno por cada batalla. Se los merece. En Mal Tiempo él liquidó un *cojonal* de canarios.» (M. Barnet, *Biografía de un cimarrón*, 159) = CONSULTAS

cojudear. tr. Engañar, contar embustes. (Perú): «–¿Crees que doña Adriana puede ser cómplice de los terrucos*? ¿Que está cojudeándonos a su gusto con la historia de los diablos de los cerros?» (M. Vargas Llosa, *Lituma en los Andes*, 47) = CONSULTAS

cola. f. **(1)** Trasero, nalgas de una persona. (Arg. = Col.): «(...) y el de Cataldi les cuenta de los muchachos grandes, qué es lo que hacen con las sirvientas, y les cuenta todo si la Paqui le muestra la cola, la de Pardo se la muestra siempre y quiere que el Cataldi le muestre a la Paqui lo que tienen los varones para que vea cómo sale agua cuando él se refriega.» (M. Puig, *La traición de Rita Hayworth*, 105) = GOBELLO = CONSULTAS = HAENSCH y WERNER **(2)** Colilla del cigarrillo. (Ch.): «(...) lo fumo y boto la cola / y recójala el que quiera.» (Canción «El cigarrito» de Víctor Jara) = CONSULTAS **(3)** Cualquier bebida gaseosa. (Ec.): «'Colita' especial'. Buena para 'picnics'. 1 botella de agua mineral helada. 1 botella de cola de color blanco, helada. Mezclar en cada vaso.» (M. O. Fried, *Comidas del Ecuador*, 149) = «Además, tiene que pesar la carne, recibir los enlatados, las colas y los licores e ir al banco.» (J. García Calderón, *La tarde del antihéroe*, 12) = CONSULTAS **(4) cola de Judas** (o: **ser la cola de Judas**). fr. pop. Ser inaguantable; dícese sobre todo hablando de un niño. (Méx. = Guat.): «Era malcriado, sobresalido*, en fin, la cola de Judas.» (R. Castellanos, *Balún-Canán*, 259) = CONSULTAS **(5) cola de paja.** f. Remordimiento, inquietud; mala conciencia. (Ur., Arg. = Bol.): «Pedro Alfaro comprendió que <el otro> no sospechaba de él. Confiado, ya más libre de su cola de paja, le tendió la mano para despedirse, desde arriba del caballo.» (E. Amorim, *La carreta*, 96) = «La verdad es que yo tenía cola de paja, y conociendo el gusto de Schultze por lo monstruoso, veía ya en las *Antimusas* otra edición de las bacantes que despedazaron a Orfeo.» (L. Marechal, *Adán Buenosayres*, 664) = *El país de la cola de paja* (ensayo de Mario Benedetti) = CONSULTAS = VERDEVOYE = FERNÁNDEZ NARANJO **(6) a la cran sin cola** (o: **alacrán sin cola**). **fr.** Expresión eufemística de insulto o desagrado. (Guat.): «¡Qué cacha! ¡A la cran sin cola, los chumpipes <pavos> de la fiesta!» (M. A. Asturias, *El señor presidente*, 13) = CONSULTAS

colachata. f. Coche norteamericano grande y de formas curvas de los años 50 o 60. (Ur.): «Rodeamos colachatas que en su mórbido interior transportan senadores (...).» (M. Benedetti, *El cumpleaños de Juan Ángel*, 81) = CONSULTAS

coladera. f. **(1)** Desagüadero. (Méx.): «Sorry –le dijo el mesero <camarero> que lo había atendido–, tiramos las sobras. Su helado derretido se fue por la coladera hace rato.» (C. Fuentes, *La frontera de cristal*, 104) = CONSULTAS **(2)** Acción que consiste en entrar en un lugar público o utilizar un medio de transporte sin pagar o sin respetar el orden de la fila. (Ur.): «(...) esperar que el <autobús> 10 o el 11 dieran la vuelta en <la esquina de> Inca y Lima, disminuyendo la velocidad, para hacernos la coladera ante la mirada furtiva de las chiquilinas (...).» (H. Alfaro, *Por la vereda del sol*, 27) = CONSULTAS

colear. intr. Entrar sin ser invitado, colarse. (Col.): «Camina, entra. Yo te ayudo a colear, a esta hora ya es fácil, aparenta que te estabas refrescando conmigo, sigue delante de mí.» (U. Valverde, *Bomba Camará*, 102) = FILIPPO = CONSULTAS

colemico. m. Cierto mono; cola de mono. (Guat.): «–¡Ándele*! ¡Ay fuerzas de colemico, las que le agarran a uno cuando lo vienen siguiendo!» (M. A. Asturias, *El señor presidente*, 195) = CONSULTAS

colerín. m. Colerina; ú. t. en sentido fig. c. en el ej. adjunto. (Ec. y otros): «Perdimos el gusto por el triunfo de Fidel, porque van para veinte los años de colerín por la cuarentena que mantienen el imperialismo y los paisitos atraillados por los gorilas pentagonales.» (G. A. Jácome, *Porqué se fueron las garzas*, 277) = MATEUS = SANTAMARÍA DGA

coleta. f. Tela burda y fuerte, lisa o rayada, usada para cubrir fardos, y confeccionar sacos o ropa de gente pobre. (Rep. Dom., Ven. = Col.): «Pero el tesoro de su peregrinación consistía, además del acostumbrado traje de penitente, (pantalones y saco <chaqueta> de áspera coleta) (...).» (J. Acosta hijo, «A mí no me apunta nadie con carabina vacía», en: S. Nolasco, *El cuento en Santo Domingo*, 28) = «(...) viejos amojamados, apenas vestidos con sucios mandiles de coleta.» (R. Gallegos, *Canaima*, 41) = HENRÍQUEZ UREÑA = TEJERA = HAENSCH y WERNER

coleto. m. Dícese de los habitantes del estado de Chiapas, y más particularmente de los habitantes de San Cristóbal –desp. (Méx.): «Y la moral de los coletos es muy peculiar. Son escrupulosos hasta la exageración, hasta la gazmoñería, en sus tratos mutuos.» (R. Castellanos, *Oficio de tinieblas*, 105) = SANTAMARÍA DGA

colgadizo (o: **colgadiso**). m. **(1)** Casa baja, independiente o unida a otra, con techo de una sola vertiente. (Cuba): «–(...) Un mediodía estábamos en casa, en el colgadizo. Frente había un cañaveralito y unos cuantos abrojos (...).» (L. Cabrera, *Reglas de Congo*, 196) = PICHARDO **(2)** Ampliación en la parte trasera de una casa de madera que consiste en una pieza con techo de una sola agua y que suele hacer las veces de cocina. (PR): «A la derecha, primer término, puerta baja que conduce al colgadizo donde está la cocina.» (R. Marqués, *La Carreta*, 4) = ÁLVAREZ NAZARIO = MAURA

colgar. tr. Atracar; maltratar. (Col.): «(...) cuando uno les queda mal lo cuelgan o le arrancan el pellejo a golpes.» (M. S. Rico Sanín, *El delito de existir*, 80) = CONSULTAS

cólico. m. Dolor abdominal agudo; menstruación. (Méx.): «–Señá Remigia (...), ¿no tiene unas hojitas de laurel que me dé para hacerle un cocimiento a María Antonia?... Amaneció con el cólico...» (M. Azuela, *Los de abajo*, 29) = CONSULTAS

coligüe (o: **coligüilla**). f. Homosexual. (Ch.): «Compañera coligüilla / siempre dispuesta a farrear / aquí las farras son menos / y los trabajos son más.» (Canción «La carpa de las coligüillas» de Víctor Jara) = CONSULTAS = MORALES PETTORINO, PEÑA ÁLVAREZ y QUIROZ MEJÍAS

colilla. f. Comprobante. (CR): «A eso de las dos y media de la tarde, finalmente salieron del Registro con la colilla para retirar la cédula dos semanas después (...).» (F. Contreras Castro, *Los Peor*, 191) = CONSULTAS

colín. m. Machete o cuchillo de marca Collins. (Rep. Dom.): «–Le explico que este colín tiene tuavía <todavía> su sangre de gente <persona> (...).» (M. A. Giménez, «Honor trinitario», en: S. Nolasco, *El cuento en Santo Domingo*, 178) = HENRÍQUEZ UREÑA = RODRÍGUEZ = OLIVIER

colino. m. Planta tierna de plátano. (Ec. = Col.): «Así trabajó años; pero nunca plantó un colino de dominico ni de barraganete*. Prefería tener los dedos arrugados de frío, a empujar un machete para sembrar.» (A. Ortiz, *Juyungo*, 10) = SANTAMARÍA DGA

colo -a. adj. Loco, dicho al revés. (Arg.): «(...) si te has vuelto colo / pa' quererte disfrazar.» (E. Cadícamo, «¡Che, Bartolo!», en: J. Barreiro, *El Tango*, 174) = CONSULTAS

colocolo. m. Animal fabuloso, en forma de lagarto y de pez, que es objeto de muchas supersticiones. (Ch.): «–¿Y qué tiene? / ¡Quién sabe! Allá dicen que es el colocolo el que lo está matando (...).» (M. Rojas, *El delincuente... y otros cuentos*, 75) = MALARET = SANTAMARÍA DGA = MORÍNIGO

Colombia. f. **eso es viejo en Colombia.** fr. Véase **viejo.**

Colombiana. f. Marca de gaseosa con sabor a naranja. (Col.): «La Coca-Cola, no nos metamos mentiras, no tiene par como refresco; puede que la Colombiana le gane cuando de combinar un refajo* se trata, o que el Guaraná brasileño mezcle mejor con la ginebra.» (D. Samper Pizano, *A mí que me esculquen*, 110) = CONSULTAS

colonada. f. Grupo o conjunto de **colonos*** de una hacienda. (Bol.): «Prefirió comprar una yunta, una hermosa yunta, envidia de la colonada, y una vaca lechera.» (J. Lara, *Yanakuna*, 21) = CONSULTAS

colonia. f. Finca o hacienda de caña dependiente de otra mayor, pero que tenía su propio capataz, listero y agregados. (PR, Cuba): «Fuimos de sitio en sitio, mientras don Flor me instruía en mis deberes de jefe de colonia. (...) | Ya definitivamente a cargo de las dos colonias, me sentí más importante, 'más jefe'. (...) En buena hora se me puso al frente de las dos haciendas.» (E. Laguerre, *La llamarada*, 56 y 184) = «Y a pesar del trabajo intensivo de las colonias vecinas, la producción de la comarca entera bastaba apenas para saciar los apetitos del San Lucio, cuyas chimeneas y sirenas ejercían, en tiempos de zafra, una tiránica dictadura.» (A. Carpentier, *Écue-Yamba-O*, 32) = DÍAZ MONTERO = SANTIESTEBAN = SOPENA

colono. m. y adj. Peón que pertenece a una hacienda y trabaja en las tierras del amo, quien le paga concediéndole el disfrute de una parcela y dándole un mísero salario; el contrato se parece al del *huasipunguero* o del concierto ecuatoriano. (Cuba, Perú, Bol. = Méx. y Guat.): «(...) cuando palpé (...) tanta miseria material y tanta pobreza moral; cuando todo esto vi en la casa del colono, y me lo encontré embrutecido para ser engañado, con su mujer y sus hijos cubiertos de andrajos y viviendo en una pobre choza, plantada en la tierra ajena; (...)» (M. Gómez, «Carta al Coronel Andrés Moreno», en: J. Almeida, *El General en Jefe Máximo Gómez*, 141) = «Un callejón ancho comunicaba la residencia del patrón con la fábrica y el caserío donde viven los indios 'colonos'. A poca distancia de la casa-hacienda el callejón ya estaba cubierto de bagazo.» (J. M. Arguedas, *Los ríos profundos*, 57) = «Cuando murió el padre, el hermano que entonces era un adolescente, se había hecho cargo del pegujal, cumpliendo con todas las obligaciones de los colonos como si fuera un antiguo y experimentado jornalero.» (F. Ramírez Velarde, *Socavones de angustia*, 32-3) = SANTAMARÍA DGA

color. m. **(1)** Fama. (CR): «Pero a mí no me gusta eso <robar>; porque coge uno un gran color y acaban echándole los clavos*, cuando otro se mete en la casa del que contrató.» (A. Chase, *Ella usaba bikini*, 66) = CONSULTAS **(2)** Vergüenza o chasco. (CR): «El Emperador Tertuliano opina que no debe comprarse el bar (...) es un color máes* una chichera <chichería> tan denigrante es una pelada* para todos.» (R. Arias, *El emperador Tertuliano...*, 40) = QUESADA = CONSULTAS **(3) color chinita.** fr. m. Color anaranjado. (PR): «(...) la camisa de manga larga, que sobresale excesivamente hasta casi ocultar la mano, es un estallido floripondio donde el *color chinita* compite, cual *camisa bellaca* * vintage 72, con un negro nacionalista y casi pendenciero.» (E. Rodríguez Juliá, *El entierro de Cortijo*, 51) = CONSULTAS **(4) estar** (o: **ponerse** o: **tener**) **color (de) hormiga.** fr. Hablando de una situación, ponerse fea o ser desagradable. (El Salv., CR, Pan., Col., Perú, Ch.): «La cosa está color de hormiga para el gobierno –agregó el más sabio de los mozos de bar salvadoreños– y es que mi coronel la ha cagado de viaje.» (R. Dalton, *Pobrecito poeta que era yo...*, 319) = «Pero vas a ver... esto de la basura se está poniendo color de hormiga; por un lado, el gobierno no da el brazo a torcer: que reciclar costaría un ojo de la cara, por otro el Ministro de Seguridad promete mano firme (...) finalmente todos dicen que tendrán que pasar sobre cadáveres para ponerles el basurero en su vecindario, y nosotros estamos hasta la nariz de porquerías.» (F. Contreras Castro, *Única mirando al mar*, 107) = «(...) pero el asunto, caraste, cambió de rumbo y se fue poniendo feo, digo, cada día más feo, digo, color de hormiga (...).» (G. Guardia, *El último juego*, 68) = «Muy querido Daniel: otra vez la cosa tuvo color de hormiga, pero no alcanzó ni para página social. Los hospitales son jartísimos*.» (A. Cepeda Samudio, carta a D. Samper Pizano, en: D. Samper Pizano, *A mí que me esculquen*, 270) = «La cosa se está poniendo realmente fea, color hormiga, señor Carrillo.» (A. Bryce Echenique, *La última mudanza de Felipe Carrillo*, 103) = «Esas pobres matas en barriles simbolizan la actitud transhumante de su dueño, quien siempre se dejaba una puerta abierta para salir escapando si las cosas se ponían color de hormiga.» (I. Allende, *Paula*, 285) = CONSULTAS = HAENSCH y WERNER = MORALES PETTORINO, PEÑA ÁLVAREZ y QUIROZ MEJÍAS

colorado. m. Véase **coloradito.**

colorado. m. **(1)** Bejuco empleado como cordel, y cuyos frutos sirven de alimento a los animales. (Cuba): «(...) atados juntos de trecho en trecho, para mayor seguridad, con un bejuco que, cuando verde es bastante flexible y clásico, conocido en la Vuelta Abajo con el nombre vulgar de colorado, *Bauchinis heterophyllas*.» (C. Villaverde, *Cecilia Valdés*, 192) = PICHARDO **(2) colorado -ito.** Billete de mil colones; dícese por su color rojo. (CR): «Sacó uno de los fajos de billetes de mil, extrajo uno y se lo entregó al camarero, el que sorprendido, empujó con los párpados las cejas hacia arriba. Se fue hasta el mostrador y le preguntó al de adentro*: –¿Hay menudo para un 'coloradito'? (C. L. Argüello, *Cuentos de Sábalo Grande*, 83) = CONSULTAS **(3)** Cierto gallo de pelea. (Col. = Arg.): «Según estos últimos tratadistas, se llama 'mamar gallo*' a la práctica consistente en morder las patas del gallo y untarlas con aguardiente a fin que aumente la agresividad del 'giro' o del 'colorado'.» (D. Samper Pizano, *A mí que me esculquen*, 342) = «(...) cuánto daría yo por tener a ese colorado, le dijo, y Dionisio Iguarán le contestó trémulo que es suyo general, a mucha honra, y regresó a su casa (...) mostrándole a todo el mundo los seis gallos de raza que él le había regalado a cambio del colorado invicto (...).» (G. García Márquez, *El otoño del patriarca*, 92) = CONSULTAS **(4)** Equino o vacuno de pelo bermejo claro. (Arg.): «El colorado pasó, ya montado. Era alto y fuerte, de buenos garrones y con un ojo chispeador de bravo.¡Qué pingo! pensaba yo: ¿cuándo podría tener uno igual?» (R. Güiraldes, *Don Segundo Sombra*, 137) = SOPENA = CONSULTAS **(5) colorado -a.** m. y f.; ú. t. c. adj. Simpatizante del Partido Colorado o liberal. (Hond., Ur.): «Nuestros históricos partidos son dos (...): los conservadores, llamados también serviles y cachurecos, y los liberales, a quienes califican con los nombres de rojos, colorados y coquimbos.» (A. Membreño, *Hondureñismos*, 28) = «Tal vez comenzaban a ser cada día más quienes no querían ya ser llamados (...) blancos* o colorados, tan sólo porque sus mayores lo habían sido, ya vinieran de los orígenes del país o de la inmigración más reciente.» (C. Martínez Moreno, *Paredón*, 7) = CONSULTAS **(6)** m. y f.; ú. t. c. adj. Perteneciente o relativo a una tribu indígena que vive actualmente en Santo Domingo de los Colorados. (Ec.): «Se marcharon bien dispuestos y aperados a hacer una visita a los indios colorados. Estos residían montaña adentro, desparramados en grupos de dos o tres familias.» (A. Ortiz, *Juyungo*, 82) = JARAMILLO DE LUBENSKY = SANTAMARÍA DGA **(7) casa colorada.** fr. f. Véase **casa.**

coloreado. part. adj. Fichado -a. (CR): «La mayoría de las sirvientas son nicas <nicaragüenses> y las tienen muy coloreadas en migración, o en la oficina de refugiados.» (A. Chase, *Ella usaba bikini*, 67) = CONSULTAS

coludo. m. **el Coludo.** fr. que designa al Diablo. (Hond. = Am. Centr.): «(...) lo cierto es que tiene 'pauto'*, que sabe hacer brujerías, que conversa con el coludo (...).» (A. P. Sánchez, *Ambrosio Pérez*, 97) = «–¡Ah! ¿Son los Canito? –exclama una de las lavadoras de maíz, asustada– ¡Válganos la Virgen de los Desamparados! ¡El Coludo viene con ellos!» (R. Amaya Amador, *Los brujos de Ilamatepeque*, 16) = CONSULTAS

colla. f. Véase **coya.**

collarejo -a. adj. Dícese del animal cuyo plumaje o cuya piel dibuja un collar de color distinto al del resto del cuerpo. (Col.): «(...) el temor de tropezar con alguna guascama, o de que alguna chonta* se lanzase sobre nosotros, como los individuos de esa familia de serpientes, negras, rollizas y collarejas lo acostumbraban, nos hacía andar más con los ojos que con los pies.» (J. Isaacs, *María*, 223) = SANTAMARÍA DGA = HAENSCH y WERNER

comadrita. f. Mecedora pequeña y sin brazos, parecida al **balance*.** (Cuba): «Ella se fue, él se fue, y yo me senté en la comadrita a fumar y a mecerme.» (L. Cabrera, *Supersticiones y buenos consejos*, 30) = ORTIZ = SANTIESTEBAN

comanche. m. Comandante, o responsable militar de una zona de explotación bananera. (Hond.): «El enclave mantenía sus propias fuerzas militares, los tristemente célebres 'Cabos de Comisario' o 'Comanches', encargados de velar por la defensa de los intereses de las compañías extranjeras y llamados a reprimir de la forma más brutal y directa cualquier manifestación de organización obrera.» (V. Meza, *Historia del movimiento obrero hondureño*, 6) = «–(...) Ya habíamos comenzado a leer en el cuarto, a la luz de una vela, cuando, sin darnos tiempo a nada, ¡cataplún! se abre la puerta y, ¿quién crees que era? Nada menos que el Comanche con tres soldados armados. A mí se me fue el alma del cuerpo. 'Esta vez no te salva ni Dios, pensé; vas con todos a la cárcel'.» (R. Amaya Amador, *Destacamento Rojo*, 57) = CONSULTAS

comandita. m. Pedido que se hace en un bar o en un restaurante. (Arg.): «(...) el patrón gigantesco cruzaba el salón con un plato de sopa en una mano y otro de guiso rojo, para un comandita de dos rateros que devoraban en un rincón.» (R. Arlt, *Los siete locos*, 189) = CONSULTAS

comba. f. **(1)** Mazo, combo, martillo grueso –que se usa por ejemplo en las minas para romper piedras. (Perú): «Los obreros hormigueaban por todas partes, (...) disparando golpes de comba sobre los remaches aflojados de un puentecillo (...).» (E. López Albújar, *Nuevos Cuentos Andinos*, 167) = SANTAMARÍA DGA **(2) buscar la comba al palo.** fr. Saber acomodarse a las circunstancias, buscar la solución más práctica a una situación difícil. (CR = Col.): «Y don Leví, que de tanto buscarle la comba al palo, ya él mismo estaba lucio, me contestó (...).» (C. L. Argüello Segura, *Cuentos de Sábalo Grande*, 67) = FILIPPO = HAENSCH y WERNER

combi. f. Coche familiar –es nombre de la marca. (Méx. = Ur. y Arg.): «Solamente circulaban en libertad las ambulancias y algunas combis y camionetas que, ante la apremiante necesidad, habían sido habilitadas como tales. «(V. A. Maldonado, *La noche de San Bernabé*, 134) = CONSULTAS

combo. m. Pequeño grupo musical. (PR, Cuba): «Y esa guaracha por ser tan de verdad se va al cielo de la fama, a los primeros pupitres de la popularidad, al repertorio de cuanto combo está en el guiso* (...).» (L. R. Sánchez, *La Guaracha del Macho Camacho*, 101) = «(...) nos sentamos a oír tocar a Rolando Aguiló y su combo (...).» (G. Cabrera Infante, *Tres tristes tigres*, 129) = MAURA = CONSULTAS

comedera. f. Comida, alimentación. (Méx., CR): «Yo quiero más a Felipa que a mi madrina. Pero es mi madrina la que saca el dinero de su bolsa para que Felipa compre todo lo de la comedera.» (J. Rulfo, *El Llano en llamas*, 87) = «(...) se dirigían todos a recibir el pago del jornal, y después a comprar la comedera de la semana siguiente.» (H. Muñoz, *Cuentos con sabor a espanto de gentes sencillas*, 48) = CONSULTAS

comelata. f. Banquete, comilona. (PR, Cuba): «(...) el Bambino era aficionado al palo* de bourbon, a las chillas* correcostas* y a las comelatas pantagruélicas.» (E. Rodríguez Juliá, *El entierro de Cortijo*, 69) = «(...) tuvo que ayudar a Pura María a picotearlo* y a arreglar la mesa con tal que la comelata quedara como don Generoso quería.» (R. Castro Mosqueda, *Verónico*, 30) = MAURA = CLAUDIO DE LA TORRE = CONSULTAS = SANTIESTEBAN

comemierda. m. Tonto, imbécil. (Cuba): «Tratando de explicarse cómo pudo ser tan comemierda llegó a la conclusión de que si el cine había sido la causa de su felicidad, también lo estaba siendo de su desgracia.» (J. Díaz, *Las iniciales de la tierra*, 62) = SÁNCHEZ-BOUDY

comerse. tr. **(1)** ú. t. c. prnl. tr. dir. Poseer sexualmente –espec. a una mujer cuando es virgen con el propósito de abandonarla después. (Cuba, CR, Col., Ec., Perú = PR): «Había quien decía que Tajó, después de comerse a las hembras de los pueblos por ahí, las mataba y las enterraba en un bibijagüero <hormiguero>.» (M. Barnet, *Biografía de un cimarrón*, 111) = «Nos la vamos a comer allí mismo, en frente del carajo*, todos los seis, uno por uno.» (Q. Duncan, *Kimbo*, 29) = «(...) yo no sé por qué habrá tanto misterio con estas cosas, yo no veo en qué está el problema, porque si desde pelado* le enseñaran a comerse una hembra y lo dejaran hacer* con la novia, pero aquí hasta un beso lo miran mal (...).» (U. Valverde, *Bomba Camará*, 49) = «–(...) Fue por la hija de don Rodrigo. Ella mesma <misma> le buscaba a Cipriano, y Cipriano se la comió...» (N. Estupiñán Bass, *Cuando los guayacanes florecían*, II, 46) = «(...) los orino a todos, me los como a todos, por algo me dicen Boa, puedo matar a una mujer de un polvo.» (M. Vargas Llosa, *La ciudad y los perros*, 111) = SANTIESTEBAN = QUESADA = BENDEZU = MAURA = ÁLVAREZ NAZARIO **(2)** tr. Matar; vencer. (CR, Ec., Arg. = Col.): «Él es más grande y más fuerte... ¿Qué querían? ¿Que lo dejara comerse al otro...?» (C. L. Fallas, *Marcos Ramírez*, 249) = «De estos **cachudos** infames / Con tal de comerme un par, / Aunque me templen* mil veces / A la guerra he de marchar.» (J. L. Mera, *Cantares del pueblo ecuatoriano*, II, 135) = «El negro me atropelló / como a quererme comer; / me hizo dos tiros seguidos / y los dos le abarajé <paré>.» (J. Hernández, *Martín Fierro*, I, versos 1.207-1.210) = CONSULTAS **(3)** tr. Toparse violentamente con algo o alguien. (Ur. = Arg.): «La vez pasada, venía de una despedida de Fin de año con unos amigos, con alguna copita encima y una botella en el asiento de atrás, y me comí una columna en la rambla.» (X. Uranga, en: *Brecha*, 14/1/94) = CONSULTAS

cometido. m. Objetivo. (CR = Ur., Arg.): «En su afán de alcanzar su cometido usó todas las formas que le habían dado buenos resultados en ocasiones anteriores (...).» (H. Muñoz, *Cuentos con sabor a espanto de gentes sencillas*, 7) = «(...) consigue papel oficial, libretas de ahorros y cualquier cosa útil para lograr el cometido.» (T. Zamora Ocampo y R. Rodríguez Monge, «10 bandas estafan a los bancos», en: revista *Rumbo Semanal*, 8/9/92) = CONSULTAS

cometrapo. adj. inv. Tonto, gilipollas. (Cuba): «Ay, niña, que cometrapo eres... En Este País <*sic*>, *nada* se hace por amor.» (R. Vázquez Díaz, *La isla del Cundeamor*, 92) = CONSULTAS = SÁNCHEZ-BOUDY

comevacas. m. y f. Revolucionario –desp. (Méx.): «Nosotros no éramos comevacas, éramos del gobierno constitucional carrancista* y estaba prohibido robarle a la gente.» (E. Poniatowska, *Hasta no verte Jesús mío*, 67) = SANTAMARÍA DM

comezón. f. Sospecha. (CR): «(...) por ahí de las siete la cosa empezó a dar comezón por rara (...).» (F. Dobles, *Historias de Tata Mundo*, 134) = CONSULTAS

cominillo. m. Licor de procedencia alemana, de sabor muy agradable. (Perú = Ch. y Arg.): «Y entre esos vinos, los frascos de cominillo, cuadrados y panzudos; el ajenjo, glauco y franjeado de etiquetas vistosas; el curazao (...).» (E. López Albújar, *De mi casona*, 21) = SANTAMARÍA DGA = MORÍNIGO = SOPENA

comisaría. f. Depósito, intendencia. (Ur. = Arg.): «(...) fue a la comisaría a pedir quinina.» (H. Quiroga, *Todos los cuentos*, 82) = CONSULTAS

como. adv. **como no hay dos.** fr. De los que no hay, excepcional. (Perú, Arg.): «(...) la sangre que este bruto viene chorreando por el camino (...) es un bruto como no hay dos.» (M. Vargas Llosa, *La ciudad y los perros*, 200) = CONSULTAS

cómodo -a. adj. Satisfecho, contento. (CR): «Pero Nuestro Señor no había quedado nada cómodo con Uvieta y mandó al Diablo por él.» (C. Lyra, *Cuentos de mi tía Panchita*, 27) = CONSULTAS = ARROYO

compactado. m.; ú. m. en pl. Militante conservador que practicaba el terrorismo. (Ec.): «A Villagómez le trajeron en una camilla, cuando la revolución de los 'cuatro días', en que los *compactados* mataron más de un millar de civiles y militares (...).» (M. Corylé, *Gleba*, 74) = CONSULTAS

compadre. adj. Burlón, pícaro. (Arg.): «–¿Y qué tal *mosaico** era la ñata* Froilán? –preguntó Bernini en tono compadre.» (L. Marechal, *Adán Buenosayres*, 267) = CONSULTAS

compadrito. m. desp. Hombre de la plebe, muy pendenciero, fanfarrón, que presume de elegante. (Arg.): «(...) sólo le faltaban el pantalón de bombilla*, los tacones altos, la chaqueta corta, el pañuelo de seda y el chamberguito* que Juan usaba en 1900, año de su muerte. ¡Y no era cierto que Juan fuese un compadrito, según dijeron las malas lenguas!» (L. Marechal, *Adán Buenosayres*, 108) = CASULLO = GOBELLO = CONSULTAS

comparendo. m. Comparecencia. (Perú): «–¿Qué decía el papel? / –'Huya, doctor: Héctor Chacón va armado para matarlo en el comparendo'.» (M. Scorza, *Redoble por Rancas*, 169) = SOPENA

completo. m. Perro caliente. (Ch.): «Por fin en un restorán, un cocinero con cara de buen hombre, nos regaló un completo. Salimos y, ahí mismo en la vereda <acera> nos sentamos a comerlo.» (L. Torres, *Memorias de Copo de Nieve*, 40) = CONSULTAS

componente. m. **(1)** Castigo corporal que bajo la dominación española imponían los agentes de la seguridad pública. (PR = Cuba): «–(...) Bueno, y ahora, en lo* que nos traen el café, voy a hacerles el cuento del fantasma del caballo blanco. Era en la época del 'componente'. Mi tío Gabino...» (R. Marqués, *La víspera del hombre*, 225) = MALARET = ORTIZ (quien recoge las formas **componte** y **comporte**) **(2)** Equipo estereofónico. (PR): «El componente ultramoderno y el televisor desentonaban con el resto de aquella sala middle-class boricua <puertorriqueño> de ex-vanguardia.» (A. L. Vega, *Pasión de historia*, 73) = MAURA = CONSULTAS

componer. tr. Aderezar un guiso. (CR): «(...) pescados compuestos en una salsa tan rica, que era cosa de reventar comiéndolos.» (C. Lyra, *Cuentos de mi tía Panchita*, 25) = CONSULTAS

componte. Véase **componente.**

comporte. Véase **componente.**

compra. Véase **compras.**

comprado (o: **compradito**). m. Compra –pop. (Ec.): «Los pescadores se metieron en la tienda del italiano. –Güenos <buenos> días. / –Bueno. ¿Qué desean? / –Queremos argunos <algunos> compraítos <compraditos>.» (D. Aguilera Malta, *Don Goyo*, 54) = CONSULTAS

comprador -a. adj. Zalamero; encantador, atrayente. (Arg. = Ur.): «–Y*, que las mujeres parece que cuando tienen algo con Juan Carlos ya no lo quieren dejar más. –Es que él es muy buen mozo, Mabel. Y muy comprador.» (M. Puig, *Boquitas pintadas*, 208) = «Tony, digo, es buen mozo y comprador.» (M. E. Walsh, *Novios de antaño*, 64) = GOBELLO = CONSULTAS

comprar. tr. **comprársela.** fr. Caer en la trampa. (CR): «Mano <Hermano> Lagarto se la compró: ¡Ah! ¿con que no eras vos?» (C. Lyra, *Cuentos de mi tía Panchita*, 142) = CONSULTAS = ARROYO

compras. f. pl. Conjunto de productos adquiridos para el consumo familiar cotidiano, compra. (Ch.): «Por allí pasan a veces los hijos del suboficial que van a hacer las compras.» (H. Valdés, *Tejas Verdes*, 193) = CONSULTAS

compuesto. m. Cantar tradicional de carácter narrativo. (Par. = Arg.): «Lo más que había conseguido escapar de Takurú-Pucú eran los versos de un 'compuesto', que a lomo de las guitarras campesinas hablaban de las penurias del mensú <peón>, enterrado vivo en las catacumbas de los yerbales. El cantar bilingüe y anónimo hablaba de esos hombres que trabajaban bajo el látigo todos los días del año y descansaban no más que el Viernes Santo (...).» (A. Roa Bastos, *Hijo de hombre*, 120) = VERDEVOYE

comunión. f. **tomar la (primera) comunión** (o: **tomar una comunión).** fr. tr. Comulgar (por primera vez). (Arg.): «El Toro el año pasado tomó la primera comunión y ya este año no va casi a comulgar (...).» (M. Puig, *La traición de Rita Hayworth*, 97) = CONSULTAS

concertado -a. p. adj.; s. m. y f. **(1)** Empleado doméstico. (CR): «(...) le trabajás a aquel por la comida, como si fueras su concertado.» (F. Dobles, *Historias de Tata Mundo*, 246) = «(...) nosotros no éramos concertados de ese demonio para estarle aguantando vainas.» (M. Salguero, *Agencia de policía*, 56) = ARROYO = QUESADA = MALARET **(2)** Peón de hacienda a sueldo por año. (Perú): «Pero todos los concertados de la señora, los becerreros y la gente del pueblo lo llamaban 'Pringo'. Es un nombre más cariñoso, más de indios, por eso quedó.» (J. M. Arguedas, *Relatos completos*, 132) = CONSULTAS

concertar. tr. **concertarse.** intr. Hacerse empleada doméstica. (CR): «Ella sabía trabajar, se concertaría.» (C. Lyra, *Otros cuentos*, 57) = QUESADA

conciertez. f. Concertaje –pop. (Ec.): «–Así como van las cosas –continuó Juan Cagua– cualesquier <cualquier> día volvemos a la conciertez.» (N. Estupiñán Bass, *Cuando los guayacanes florecían*, II, 28) = CONSULTAS

concha. f. **(1)** Corteza de los árboles, y, por extensión, embarcación indígena hecha con ella. (Ven.): «Vagó todo el día en su concha por el río solitario y aunque fueron frecuentes los aguajes que rizaron los remansos, por la tarde regresó sin pesca.» (R. Gallegos, *Canaima*, 329) = TEJERA **(2)** Descaro, desvergüenza, cinismo –ú. t. en la fr. **echar** (o: **tener**) **concha**. (Méx., Ec., Perú = PR y Col.): «Unas se rieron apenadas <avergonzadas>, miraron a Lucila con sonrojo, pero Lucila como si nada, había echado concha, las alusiones le resbalaban cual agua (...).» (C. Fuentes, *La frontera de cristal*, 24) = «Los blancos*, en cambio, con qué concha que se declaraban <a las chicas> nomás* y con qué facilidad lograban ser correspondidos.» (G. A. Jácome, *Porqué se fueron las garzas*, 35) = «Un cachaco que pasaba por ahí le sacó la pistola y le estuvo apuntando y le decía: 'caminando para la comisaría, cinco metros adelante, o lo quemo a balazos, so ladrón'. Y que mi hermano se echó a reír con gran concha y le dijo: '¿estás borracho...?'» (M. Vargas Llosa, *La ciudad y los perros*, 217) = VELASCO = MORÍNIGO = BENDEZU = MALARET = SOPENA = HAENSCH y WERNER (quienes registran en Col. la fr. **tener concha** con el sentido de 'comportarse descarada o desvergonzadamente') **(3) de la concha de tu hermana.** fr. De mala calidad. (Arg.): «(...) ya van cinco minutos pero tarda un poco en hacer dormir, cloroformo de la concha de tu hermana (...).» (M. Puig, *La traición de Rita Hayworth*, 213) = CONSULTAS **(4) ¡concha de tu madre** (o: **de tu maire)!** fr. insult. Hideputa. (Ch.): «¡Concha de tu madre!» (A. Skármeta, *Ardiente Paciencia*, 120) = «–¡Concha 'e tu maire, qué vení <vienes> a preguntar hueváa <huevada*>!» (H. Valdés, *Tejas Verdes*, 21) = CONSULTAS **(5) concha e su madre.** fr. inv. Canalla. (Ch.): «Chillen, concha e su madre.» (A. Skármeta, *Ardiente Paciencia*, 127) = CONSULTAS

conchabo. m. Trabajo, sitio donde uno trabaja; tajo, curre. (Arg. = Ur.): «Caminito al conchabo, / caminito'e la muerte, / bajo el fardo de ropas / que llevas a coser... / Quién sabe si otro día / como éste podré verte, / pobre costurerita, / camino del taller.» (C. Castillo, «Caminito del taller», en: J. Barreiro, *El Tango*, 76-7) = MORÍNIGO = CONSULTAS

conchaprieta. f. Concha de color oscuro en la que vive un molusco del mismo color. (Ec.): «Las estacas de mangle se agitaban fuertemente. Desde el fango venía constantemente el 'crac' de las conchaprietas afligidas.» (D. Aguilera Malta, *Don Goyo*, 10) = CONSULTAS = JARAMILLO DE LUBENSKY

conchero. El que transporta carga al hombro. (CR): «Así pasa (...) con los concheros, los zanjeros, los encargados de las chapias <los desbrozos> (...).» (J. Gutiérrez, *Puerto Limón*, 129) = QUESADA

conchista. m. y f. Partidario del líder costeño Carlos Concha. (Ec.): «–(...) Si irá a salí como mi primo, el comandante Lastre, que peleó con los conchistas.» (A. Ortiz, *Juyungo*, 10) = «–Mi Coronel (...) encontramos estos dos sospechosos. Parecen 'conchistas'.» (N. Estupiñán Bass, *Cuando los guayacanes florecían*, I, 38) = CONSULTAS

concho -a. s. m. y f.; adj. **(1)** Dícese del hombre sencillo pero astuto. (CR): «Lo concho no se te asomaba entonces por ninguna parte.» (Q. Duncan, *Final de calle*, 139) = «El *concho* tico es introvertido, se las piensa, calcula y regatea. Sabrá o no sabrá leer, pero sabe bien las subidas y bajadas del mercado. Es un *campesino astuto.*» (C. Láscaris, *El costarricense*, 118) = CONSULTAS = QUESADA **(2)** Idiota. (CR): «¿Onde está la bulla de ese concho? ¿Qué se hizo ese pendejo?» (C. L. Fallas, *Gentes y gentecillas*, 56) = QUESADA **(3)** Véase **concha.**

conchudo -a. (1) adj. Cínico, sinvergüenza; perverso o malintencionado. (Perú = Méx., Nic., CR, Col., Ec. Arg.): «–Póngase a la cola. No sea conchudo.» (M. Vargas Llosa, *La ciudad y los perros*, 95) = BENDEZU = JIMÉNEZ = MALARET = HAENSCH y WERNER = CONSULTAS = CHIAPPARA **(2)** adj.; ú. t. c. s. m. y f. Hijo de puta. (Arg. = Ur.): «Desalentado, se sentó al lado de su hermana, murmurando 'esa conchuda, ese feto infeccioso', como para sí.» (E. Sábato, *Abaddón el exterminador*, 787) = CONSULTAS **(3)** adj. Bobalicón, estúpido. (Arg.): «Le estoy arreglando un divorcio difícil (...) y esta conchuda no tiene otra cosa que hacer que decirme que ahora le parece que quiere al marido.» (M. Giardinelli, *La revolución en bicicleta*, 70) = CONSULTAS

conduerma. f. Majadería, tontería. (Col. = Méx.): «(...) cuando lo dejaron solo otra vez con su patria y su poder no volvió a emponzoñarse la sangre con la conduerma de la ley escrita sino que gobernaba de viva voz y de cuerpo presente (...).» (G. García Márquez, *El otoño del patriarca*, 12) = MALARET

confianza. (1) m. y f. Persona de confianza. (Perú): «–(...) Estos hombres son totalmente mis confianzas.» (M. Scorza, *Redoble por Rancas*, 192) = CONSULTAS **(2) de confianza.** fr. Con confianza, con gusto. (Guat.): «(...) prefiero el fondín* pobre, en el que se está de confianza con amigos de abrazo*, al hotel suntuoso donde no todo lo que reluce es oro.» (M. A. Asturias, *El señor presidente*, 100) = CONSULTAS

confidenciar. tr. Decir confidencialmente. (Ch.): «(...) le confidenció el único alivio realista que pudo pergeñar.» (A. Skármeta, *Ardiente Paciencia*, 70) = SANTAMARÍA DGA

confite. m. Caramelo. (CR): «La bolsa de (...) confites duró poco.» (J. Pinto, *Los marginados*, 80) = CONSULTAS

conformar. tr. **(1)** Dar una compensación, consolar, satisfacer. (Par.): «La cosa es saber conformar a la pobre gente.» (A. Roa Bastos, *El baldío*, 141) = CONSULTAS **(2)** Suavizar. (Bol. = Perú): «La paz del valle conformaba sus costumbres y la rutina diaria se encargó de darle un ejercicio desdeñoso para el afiebrado trajín.» (H. Guzmán Arze, *Borrasca en el valle*, 21) = CONSULTAS

conforme. adj. **estar conforme.** fr. Estar, encontrarse bien. (Bol. = Perú): «Para mí es sagrado el ducharme. Cuando por algún motivo no puedo hacerlo me siento otro. No estoy conforme durante el día. Algo imprescindible me falta y el mal humor me revienta. Peleo con todo el mundo.» (R. Poppe, *Después de las calles*, 84) = CONSULTAS

conga. f. Cierto baile afrocubano con música de tambores; ú. t. en la fr. **bailarle la conga a** alguien, fr. que significa maltratarle o escarnecerle. (Perú = Cuba, Rep. Dom. y otros): «–(...) No, si yo estaba resuelta esa noche a dejarme matar primero a que me bailaran la conga.» (E. López Albújar, *Matalaché*, 58) = CONSULTAS = SANTIESTEBAN

congo. m. **(1)** Idioma de los negros oriundos del Congo. (Cuba): «Entre la primera letra y el estribillo o pie, insertaba el guía, no obstante que criollo, nacido en el cafetal, frases en congo puro, a que también contestaba en coro con el obligado: *Probe cravo llorá.*» (C. Villaverde, *Cecilia Valdés*, 181) = CONSULTAS **(2)** Hechicero de la santería cubana. (Cuba): «(...) de acuerdo con lo dicho por El Congo Borunto, nada más necesitaba besarla para que él llegara en el acto a socorrerlo.» (R. Castro Mosqueda, *Verónico*, 179) = CONSULTAS

conguero. m. Tocador de tambor en los **sones*** llamados **congas*.** (PR y Ant.): «(...) El Turco, un conguero de Villa Cañona, jura que le consigue una presentación danzante en el cine Lorraine, presentación que ella haría con el nombre artístico de La Langosta (...).» (L. R. Sánchez, *La Guaracha del Macho Camacho*, 19-20) = «Cheo levanta el vaporoso tul del espíritu para tocar las manos del gran conguero.» (E. Rodríguez Juliá, *El entierro de Cortijo*, 27) = CONSULTAS

consentir(se). intr.; ú. t. c. prnl. Ilusionarse; pagarse de sí mismo. (Arg.): «¡Maldito!... ¿Para qué habría hablado, para qué lo habría hecho consentir al individuo?...» (E. Cambaceres, *En la sangre*, 158) = CONSULTAS = VERDEVOYE (quien recoge la forma pronominal)

conserva. m; ú. t. c. adj. Conservador. (Arg.): «–Mi viejo lo llevaba a don Olegario Souto, que era un caudillo conserva de Barracas al Norte.» (E. Sábato, *Sobre héroes y tumbas*, 184) = GOBELLO = CONSULTAS

considerar. tr. Compadecer. (CR): «Usté como que está enferma, Soledá; muy pálida y muy delgada, caray. En fin, yo la considero, ¡pobrecita!.» (C. L. Fallas, *Gentes y gentecillas*, 284) = «¡Si usted me mira podrá considerarme!» (L. E. Arce, *El lupanar*, 9) = CONSULTAS

consignado. p. adj. m. Castigado sin salida –en medio militar. (Perú = Arg.): «–¿Vas a salir? –Sí, mamá. Para hacer un encargo a un compañero que está consignado.» (M. Vargas Llosa, *La ciudad y los perros*, 76) = CONSULTAS

constatar. tr. Comprobar –especialmente la identidad de alguien. (Perú = Bol.): «–Chacón, las cosas van mal. El sargento Cabrera me ha constatado. (...) –¿Cómo es eso? –Me detuvo y me preguntó: '¿Qué haces aquí?', '¿Por qué caminas a esta hora?' (...) me quitó el sombrero y me dijo: '¿Tú no serás por casualidad Héctor Chacón?' « (M. Scorza, *Redoble por Rancas*, 225) = CONSULTAS = FERNÁNDEZ NARANJO

constipación. f. Estreñimiento. (Arg. = Ur.): «–Los muchos días de cama producen esas constipaciones –declaró al fin–. El doctor Aguilera me lo decía siempre. –Lo cierto es que no moví el intestino* durante quince días –explicó la señora de Johansen con voz lastimera.» (L. Marechal, *Adán Buenosayres*, 143) = CONSULTAS

contaduría. f. Casa de empeños. (Ec.): «–Acompáñeme hasta la contaduría de la esquina... Quiero ayudarle, vamos! (...) Y confundidos por el encuentro llegaron a la contaduría. Unas rejas de madera custodiaban a una ventanilla por donde un hombre calvo con cara de judío repartía sonrisas, mientras traficaba con la necesidad y las lágrimas de los desheredados (...).» (G. Bueno, *Siembras*, 83) = MORÍNIGO

contenidamente. adv. Íntimamente, en lo más secreto del alma. (Arg.): «Tanto las yeguas como los caballos viejos olfateaban el camino de la querencia. Yo también sentía contenidamente esa aproximación a mis pagos, de donde tan desplumado y dolorido había salido, jurando en mi interior no volver. Pago es patria chica y, por más que nos independicemos, nos quedan metidas dentro cuñas de goce y de dolor, ya hechas carne con el tiempo.» (R. Güiraldes, *Don Segundo Sombra*, 177) = CONSULTAS

contentera. f. Gran contento, júbilo. (CR): «¡Más bien estaría bailando de la contentera!» (C. Lyra, *Cuentos de mi tía Panchita*, 132) = CONSULTAS

contento -a. adj. Que lleva una vida alegre. (CR): «Ella fue un poco contenta cuando muchacha, según dicen; pero la verdá es que ora <ahora> está hecha toda una señora 'e respeto (...).» (C. L. Fallas, *Gentes y gentecillas*, 157) = CONSULTAS

contra. **(1)** f. Escapada. (Perú): «Las contras se tiraban por allí, pues al otro lado el terreno es plano y no hay peligro de quebrarse una pierna al saltar.» (M. Vargas Llosa, *La ciudad y los perros*, 22) = BENDEZU **(2)** adj.; ú. t. c. s. Dícese de la persona que lleva la contraria a los demás. (Ur. = Arg.): «Dirás que soy contra, pero yo no lo entiendo.» (H. R. Alfaro, «Hinchando un poco», en G. Wettstein, *Nuestra Tierra*, II, 77) = CONSULTAS **(3) ¡contra!** excl. que expresa sorpresa o disgusto. (PR): «–Baja ya, ¡contra! que no voy a morderte. ¿O quieres que sacuda el árbol hasta que te gotees*?» (R. Marqués, *La víspera del hombre*, 85) = MAURA **(4) tirar contra(s).** fr. tr. Escapar. (Perú): «Las contras se tiraban por allí, pues al otro lado el terreno es llano y no hay peligro de romperse una pierna al saltar. (...) Los hombres fuman, se emborrachan, *tiran contra*, culean <fornican>.» (M. Vargas Llosa, *La ciudad y los perros*, 22 y 301) = BENDEZU

contraparte. f. Abogado de la parte contraria. (Par.): «(...) Hoy no necesito ir temprano al tribunal; la audiencia es a las once y estoy seguro <de> que mi contraparte no se presenta.» (R. Bareiro Saguier, *Ojo por diente*, 62-3) = CONSULTAS

contrapunteo (o: **contrapunto).** m. Ejecución musical del llano en la que alternan dos cantadores en coplas octosilábicas improvisadas. (Col. = Ven. y otros): «Porque en el llano tenemos / Todavía mucha riqueza, / Tenemos la mejor música, / Empezando por la nuestra, / Pasaje*, contrapunteo, / Poema y música recia / (...).» (canción «Criollito de pura cepa», en *Colombia La Ceiba*, ASPIC Editiones France, X 55504, 1989) = CONSULTAS = HAENSCH y WERNER = TEJERA (adiciones)

contrasuelazo. m. Golpe. (Perú): «(...) si quedó vivo después del contrasuelazo que le di.» (M. Vargas Llosa, *La ciudad y los perros*, 71) = CONSULTAS

contrera. m. y f. Bajo la dictadura de Stroessner, persona opuesta al gobierno. (Par.): «Con gran sorpresa de los pobladores de la zona, participó intensamente en las actividades del comité local del partido oficialista y en la persecución de los 'contreras'.» (R. Bareiro Saguier, *Ojo por diente*, 130) = CONSULTAS

contumelioso -a (o: **contumerioso -a).** adj. Exigente, difícil, remilgado; irritable. (El Salv. = CR, Méx. y Hond.): «Y yo: 'Es que de todas maneras tengo que encender el fuego para que te vayas con el estómago bien calientito te voy a preparar el café y no te vas a comer los frijoles helados.' –'No te molestés por nada, suficiente tenés con lidiar todo el día con los cipotes <niños>'. Así es él, no le pone peros a nada. Antes era un poco contumerioso, ahora ha cambiado.» (M. Argueta, *Un día* *en la vida*, 54) = QUESADA = SANTAMARÍA DM = MEMBREÑO

convencionista. adj.; ú. t. c. m. Durante el período armado de la Revolución mexicana, partidario de la Convención de Aguascalientes. (Méx.): «¿Cómo, pues, si era tan valiente <Eulalio Gutiérrez> (...) nombró a Villa generalísimo de los ejércitos de la Convención en el instante en que tal paso no revelaba sino cobardía? Así al menos lo aseguraban entonces los interesados en zafarse del compromiso de Aguascalientes: los convencionistas que optaron por no hacer honor a su firma, estampada días antes, con gran solemnidad, entre la serpiente, el nopal y el águila de la bandera.» (M. L. Guzmán, *El águila y la serpiente*, 362) = CONSULTAS

convenir. intr. **cuando no conviene.** fr. Cuando las cosas vienen mal. (Guat.): «(...) se le murió un muchachito que teníamos y eso medio la transformó. ¡Vea usted, cuando no conviene!» (M. A. Asturias, *El señor presidente*, 272) = CONSULTAS

conventillear. tr. ind. Decir chismes. (Ch. = Arg.): «Es candidato a la presidencia (...) y usted le va a ir a conventillear (...).» (A. Skármeta, *Ardiente Paciencia*, 63) = CONSULTAS

convento. m. Casa de vecindad con patio en la que viven familias pobres, conventillo. (Arg.): «Y de tarde, cuando el piberío <los muchachos> / del triste convento empieza a gritar, / me despierto feliz y me río / y al ver que te has ido me pongo a cantar.» (J. B. Abad Reyes, «Te fuiste... ja... ja...», en: J. Barreiro, *El Tango*, 203) = GOBELLO = CONSULTAS

conversar. tr. **(1)** Referir, contar. (Ec.): «–Señorita, me acaban de conversar que el patrón le ha despedido. Es verdad?» (G. Bueno, *Siembras*, 38) = SOPENA **(2)** Tratar de convencer a alguien. (Bol.): «(...) estoy agradecida de haberte conversado, siempre es desasnarse hablar con uno de Filosofía, ¡son tan poetas!» (R. Poppe, *Desde las calles*, 22) = MUÑOZ REYES

conversón -ona. adj.; ú. t. c. m. y f. Parlanchín, charlatán. (Ec.): «Don Leitón, a medida que hablaba, se iba entusiasmando. Los cholos*, poco a poco, habían dejado de reír. Ahora escuchaban atentamente el relato del viejo conversón.» (D. Aguilera Malta, *Don Goyo*, 70) = «Desde ese día sois otro, Andrés Tupatauchi. Te has vuelto bien alhaja <agradable>. Saludador saludador, conversón conversón.» (G. A. Jácome, *Porqué se fueron las garzas*, 20) = CONSULTAS = SOPENA = JARAMILLO DE LUBENSKY

convoy. m. Casa de vecindad de aspecto pobre, donde viven muchas familias, conventillo. (Arg.): «¿Dónde están aquellos brillos / y de vento* aquel pacoy <paquete> / que diqueabas*, poligriyo <locuelo>, / con las minas <mujeres> del convoy?» (J. L. Traverso, «Uno* y uno», en: J. Barreiro, *El Tango*, 209) = GOBELLO (en **conventiyo**) = CONSULTAS

copa. f. Embellecedor de ruedas. (CR): «Hurtos de escobillas o limpiadores de parabrisas, de copas, espejos o artículos de la estructura interna del auto (...).» (Tomás Zamora Ocampo, «Don*, se lo cuido...», en: *Rumbo*, 14/04/92) = CONSULTAS

copar. (1) tr. Cubrir o llenar totalmente; dominar. (CR, Ch. = Col. y Arg.): «Cuando las primeras sombras de la noche comenzaron a copar al Bajo de Limoncito, Panchón se quejó (...).» (C. L. Argüello, *Cuentos de Sábalo Grande*, 97) = «(...) el desarrollo urbano aún se circunscribía a Santiago, Valparaíso y Concepción, cuya demanda, así como la de las villas y pueblos menores, era poco diversificada y fácilmente copada por las chacras <granjas> cercanas.» (J. Valenzuela Márquez, *El bandidaje rural en Chile central*, 23) = CONSULTAS **(2) coparse.** prnl. intr. Encontrar pareja; visitar o verse con la pareja. (CR): «(...) los que ya se han copado se dejan llevar por la sobrehumana armonía del conjunto, haciendo gala de una sincronización admirable.» (Q. Duncan, *Una canción en la madrugada*, 19) = CONSULTAS

copero -a. adj. Lujoso, elegante. (Ur.): «Ayer te vi pasar, / con aire de bacán*, / en una *vuaturé* <coche> copera.» (R. Collazos, «Pato*», en: J. Barreiro, *El Tango*, 199) = CONSULTAS

copetear. tr. Llenar a tope. (Méx. = Hond.): «Llegan <las carretas> de todas partes, copeteadas de salitre, de mazorcas, de yerba de pará.» (J. Rulfo, *Pedro Páramo*, 50) = CONSULTAS

copetón. m. Persona importante, pez gordo. (Méx. = Guat.): «–A mí se me jue <fue> uno de los meros copetones –habló un soldado (...).» (M. Azuela, *Los de abajo*, 73) = «Y aquí hay gato encerrado, pero tanteo que esas cosas de alta política ya las vieron los de allá arriba. El señor don Rosendo del Valle y los copetones.» (R. Bernal, *El complot mongol*, 87) = CONSULTAS = ARMAS

copo. m. **(1)** Hielo raspado endulzado con almíbar y leche condensada, y servido en un cono de papel. (CR): «A la edad de sus 16 años, cuando apenas cursaba el segundo año de secundaria, tenía, junto con un hermano, el gran negocio de su vida: vender copos con una carretita en los alrededores de la cancha de deportes de San Rafael (...).» (L. Fernández, «De copero a árbitro de FIFA», en: *Extra* del 22 de enero de 1993) = «La iglesia el mercado Oliveiro vendiendo copos un niño se tropieza y su madre le da un cosco* a pesar del choyonazo <herida> que le sangra en las rodillas.» (R. Arias, *El emperador Tertuliano...*, 118) = QUESADA = CONSULTAS **(2)** Testículo. (CR): «(...) sería más tuanis <estupendo> una libertad absoluta si a uno le pica un copito se lo rasca y listo (...).» (R. Arias, *El emperador Tertuliano...*, 135) = CONSULTAS

coquero -a. m. y f. Adicto a la cocaína. (Arg. = Col.): «¿No sabés, coquera infame, que, por más que seas bacana* / (...), / esa suerte dura poco?» (E. Escaris Méndez, «La Cornetita», en: J. Barreiro, *El Tango*, 186) = CONSULTAS (GOBELLO da **coquear** con el sentido de 'mascar la hoja de la coca') = HAENSCH y WERNER

coquito. m. **(1)** Coco tierno. (Ven.): «(...) con un gran paño blanco sobre cabeza y hombros, un espantador de moscas, blanco también, en su mano derecha, y en sus rodillas un amplio azafate poblado de polvorosas*, suspiros, yemas, melcochas y coquitos que brillaban al sol como piedras preciosas, se instalaba todas las tardes una vendedora de dulces.» (T. de la Parra, *Las memorias de Mamá Blanca*, 119-120) = SOPENA **(2)** Véase también **coco.**

cora. f. Moneda de 25 centavos de colón. (CR): «Don, ¿le chaineo <limpio> los cachos* por una cora?» (H. Elizondo, *Memorias de un pobre diablo*, 76) = QUESADA = CONSULTAS

coral. f. Serpiente venenosa muy peligrosa, de anillos rojos, amarillos y negros; tiene hábitos nocturnos, y vive en la hojarasca. (CR, Ven., Ec. = Col.): «Contaban que dormía las culebras y varias veces llegó a la finca con una coral arrollada en el brazo.» (C. Lyra, *Otros cuentos*, 125) = «–¡Qué seductoras son todas esas mocosas! –le decía la venenosa Coralito.» (A. Arráiz, *Tío Tigre y tío Conejo*, 49) = «La *coral* y la *rabo' e hueso**, sabían que su contra se hallaba en el confín del mundo.» (A. Ortiz, *Juyungo*, 162) = CONSULTAS = TEJERA = HAENSCH y WERNER

coraza (o: **amo-coraza**). m. Uno de los personajes adultos, enmascarados y disfrazados de guerrero, que animan la fiesta de San Juan en Otavalo; el capitán de ellos, el amo-coraza, lleva un cetro con plumas multicolores. (Ec.): «(...) vos cuando vuelvas a tu llacta <tierra> ya has pensado en tal caso comprar por cuatro días el derecho a pintarte la cara con albayalde y a que todo el mundo te diga ¡Amo-coraza! (...).» (G. A. Jácome, *Porqué se fueron las garzas*, 27) = CARVALHO-NETO

corazón. m. **(1)** Véase **árbol* de corazón. (2) corazón de hombre.** fr. Cierta planta medicinal trepadora. (PR): «Allí las dos puertas correspondientes se abrían sobre un amplio balcón con vista al norte, sombreado por dos enredaderas: la de la izquierda, trinitaria, la de la derecha, corazón de hombre.» (R. Marqués, *La víspera del hombre*, 136) = CONSULTAS

corbata. f. **(1) corbata de moño.** fr. Corbata de pajarita. (Méx.): «Los zapatos brillaban como nunca y la corbata de moño, la faja y la camisa estaban impecables.» (L. Esquivel, *Como agua para chocolate*, 162) = CONSULTAS **(2) corbata de moño bohemio.** fr. Chalina. (Arg.): «(...) la figura de un niño con saco <chaqueta> de bordes redondeados, corbata de moño bohemio, pantalón que ciñe la rodilla seguido de polainas claras (...).» (M. Puig, *Boquitas pintadas*, 38) = CONSULTAS **(3) corbata voladora.** fr. Chalina. (Arg.): «(...) exhibió su notable perfil, en el que se destacaban su mentón hundido entre los dos alones* de una corbata voladora y su melena profesional (...).» (L. Marechal, *Adán Buenosayres*, 299) = VERDEVOYE **(4) llevarse de corbata.** fr. Atropellar a alguien; arrastrar a otra(s) persona(s) en su desgracia. (Guat.): «Los carros <coches> lo rozaban (...). A veces se llevaban de corbata a alguno, que quedaba como los ratones en las trampas metálicas, y los demás carros esquivaban al muerto más por asco que por humanidad.» (D. Liano, *el hombre de Montserrat*, 41) = RUBIO

corbatón. (1) m.; ú. t. c. adj. Cierto tipo de cigarro o cigarrillo de la gente del pueblo. (Perú): «La tienda para una <persona>; la fábrica de cigarro corbatón para otra; los vinos y aguardientes de las bodegas para una tercera (...). (...) guardábase en una oreja los cuatro, y montábase en la otra el cigarrillo corbatón a medio apagar (...)» (E. López Albújar, *De mi casona*, 58 y 74) = MALARET = SANTAMARÍA DGA (quienes lo registran como m.) **(2)** Moneda antigua del Perú y propiamente de Bolivia. (Perú = Bol.): «El Ñato era también artista en esto de retocar y habilitar una moneda de cobre. Y su habilidad era tal que hasta se atrevía con los cuatro corbatones o bolivianos, a los que, ignoro con qué procedimiento, les daba ese aspecto de vejez de los pesos godos*, que cuando pagaba con uno de ellos no había más que recibir y guardar.» (E. López Albújar, *De mi casona*, 105) = SANTAMARÍA DGA

corcho. m. Metida de pata, ridículo. (Guat.): «(...) voy a hacer un corcho, voy a meter las patas* (...).» (M. A. Flores, *Los compañeros*, 178) = RUBIO

corcholata. f. Chapa, tapón de hojalata. (Méx. = Guat.): «Tarjetas postales, anuncios de películas, cajetillas de cigarros, cajitas de cerillos <cerillas>, corcholatas de refrescos, revistas de monos*, todo lo acomodó doña Zarina con un celo que desesperaba a sus hijos (...).» (C. Fuentes, *La frontera de cristal*, 15) = ARMAS

cordero. m. **cordero de pella.** fr. m. Véase **pella.**

cordón. m. **(1)** ú. m. en pl. Rienda. (Cuba): «(...) para no tomar parte directa en el martirio, según dijo, de los caballos, entregó los cordones del <caballo> de la pluma* a su hermana Rosa (...).» (C. Villaverde, *Cecilia Valdés*, 189) = PICHARDO **(2)** Serie, fila. (Méx. Perú = PR y Ch.): «Fue entonces cosa de ver (...) la precipitación con que se lanzaron por todas las vías férreas los interminables cordones de nuestros trenes militares y civiles (...).» (M. L. Guzmán, *El águila y la serpiente*, 368) = «(...) se limitaba por toda respuesta a añadir un gallo más a su *cordón*.» (E. López Albújar, *De mi casona*, 12-3) = SANTAMARÍA DGA **(3) cordón de mayas.** fr. m. Hilera de mayas* que hacen las veces de guardarraya para lindar una heredad. (PR): «(...) detrás de un cordón de mayas* estaba el jumento de Mano Encho, amigo inseparable de Chelores.» (E. Laguerre, *La llamarada*, 130) = ÁLVAREZ NAZARIO

corneta. **(1)** f. Bocina de los automóviles, claxon. (Ven.): «(...) la corneta del auto, al chillar su pitazo agudo, despierta ruidos lejanos en el campo.» (G. Meneses, *Campeones*, 72) = TEJERA **(2)** adj. Tonto. (Par.): «¡Pero esos viejos son cornetas! Tendrían que agradecerme más bien.» (A. Roa Bastos, *El baldío*, 142) = SOPENA **(3)** adj. Dícese del vacuno que sólo tiene un cuerno; aguafiestas. (Arg.): «Dice el refrán, que en la tropa / nunca falta un güey <buey> corneta; (...).» (J. Hernández, *Martín Fierro*, II, versos 2.451-2) = CONSULTAS (Véase también **buey* corneta**)

corneto. m. Patizambo. (Guat. = Nic.): «<Salió> Juan Sóstenes, corneto, bajo, cabezón (...).» (M. A. Asturias, *Viento fuerte*, 69) = ARMAS = RABELLA y PALLAIS

corno. m. **(1) ¡corno!** (o: **¡para qué corno!**, o: **¡un corno!**) excl. ¡Caramba! (Arg. y Arg. < Par.): «–¡Un corno! –gruñó entonces otra voz humorística y escéptica–. Me comeré el sombrero si ese macaneador no nos mete en el barro hasta la verija.» (L. Marechal, *Adán Buenosayres*, 185) = «(...) para qué corno digo yo apurarse aquí, allá o en cualquier parte si en esta ilusión de espacio y tiempo en que soñamos que nos movemos resulta redondamente lo mismo estar parado y con la cara pegada a la pared que salir disparando como alma que lleva el diablo (...).» (A. Roa Bastos, *El baldío*, 111-2) = VERDEVOYE **(2) importarle un corno a uno.** fr. Importarle un pepino. (Arg., Ur.): «(...) y si salieron todos los pupilos* y me quedé solo no me importa un corno (...).» (M. Puig, *La traición de Rita Hayworth*, 196) = «–¡Me importa un corno! –volvió a decir–. Al fin y al cabo, estoy en mi última encarnación.» (L. Marechal, *Adán Buenosayres*, 363) = VERDEVOYE **(3) no valer, no ver un corno.** fr. No valer, no ver nada. (Arg., Ur.): «(...) ¿y qué hace la Hermana de la Rulo sentada en la tarima que no ve un corno?» (M. Puig, *La traición de Rita Hayworth*, 173) = CONSULTAS = GOBELLO

Coromina. m. En la religión conga, el diablo. (Cuba): «– (...) El resguardo me valió porque no me entra Coromina.» (L. Cabrera, *Reglas de Congo*, 201) = CONSULTAS

corral. adj. Véase **chata* corral.**

corral -ito. m. Círculo hecho con estacas para el relevo de postillones; cerca utilizada para sitiar al enemigo atrincherado en alguna plaza fuerte. (Par.): «¿Por qué el éxito de las maniobras de Estigarribia de cercar al enemigo? ¿Por qué este éxito de los históricos corralitos?» (H. C. Sosa Tenaillon, *Cincuenta años después*, 76) = MALARET

corralón. m. **(1)** Sitio abierto y descubierto que sirve de depósito para cualquier cosa, especialmente maderas, animales o carros. (Arg. = Par. y Ur.): «Era la playa de un vasto corralón de maderas, con sus apilamientos de troncos, rollizos y tablones en rústica sobre los cuales un guinche <una grúa> negro mantenía extendido su brazo de horca (...).» (L. Marechal, *Adán Buenosayres*, 550) = «El corralón seguro ya opinaba YRIGOYEN, / algún piano mandaba tangos de Saborido.» (J. L. Borges, *Obras Completas*, 81) = CONSULTAS = GOBELLO **(2)** Depósito donde se guardan vehículos accidentados o decomisados. (Méx.): «Una grúa recogió mi carro <coche> y lo llevó al corralón.» (J. García Ordoño, *Tres crímenes y algo más*, 109) = CONSULTAS **(3)** Cárcel, tanto en la capital como en pueblos, en general superpoblada, y donde los presos están apretados como animales en un corral –en Asunción, es una cárcel grande que ocupa una manzana entera. (Par.): «(...) la broma te puede costar un mínimo de 25 años en el corralón, sin apelación ni recurso. ¡Medio siglo pudriéndote entre rejas! (...) / Cuando ella iba a visitarlo al corralón donde él pasó dos años por aquella 'desgracia*', durante el baile en la escuela.» (R. Bareiro Saguier, *Ojo por diente*, 59 y 84) = CONSULTAS

correa. f. Cinturón, sea o no de cuero. (Pan., Col., Ec. = PR, CR, Perú y Arg.): «Te vistes. No encuentras la correa.» (R. Blades, canción «GDBD») = «Y vino la equis*, se acercó, me olió, pasó por mi espalda, volvió a pasar, me caminó a lo largo hasta la correa del pantalón...» (N. Estupiñán Bass, *Cuando los guayacanes florecían*, I, 111) = MALARET = CONSULTAS = MAURA

correazo. m. Golpe dado con un cinturón. (Col.): «(...) no dudaría en bajarle públicamente los pantalones y darle de correazos.» (E. Rosero, *El incendiado*, 61) = CONSULTAS

correcaminos (o: **correcamino).** m. Cierta ave cucúlida, llamada también faisán o *paisano.* (Méx.): «–(...) ¿Qué pasó por aquí? –Un correcaminos, señor. Así los nombran a estos pájaros.» (J. Rulfo, *Pedro Páramo,* 11) = SANTAMARÍA DGA

correcorre (o: **corre corre).** m. Huida desordenada de gente. (Ec. = PR y Cuba): «Varios días, la prensa del país llenó sus páginas con las crónicas de la aplastada sublevación popular, con fotografías del corre corre callejero.» (G. A. Jácome, *Porqué se fueron las garzas,* 159) = SANTAMARÍA DGA = MORÍNIGO = MAURA

correcosta. adj. Dícese de la persona que cambia fácilmente de domicilio o de pueblo, las más veces para buscar trabajo. (PR): «El jueves pasado, de visita en la cabecera de distrito, un peón conocido –uno de esos hombres 'correcostas'– me informó que la casa de la colonia* Palmares había sido reducida a cenizas.» (E. Laguerre, *La llamarada,* 249) = «(...) el Bambino era aficionado al palo* de bourbon, a las chillas* correcostas y a las comelatas* pantagruélicas.» (E. Rodríguez Juliá, *El entierro de Cortijo,* 69) = DÍAZ MONTERO

corredera. f. Diarrea. (CR): «(...) habíamos quedado con la cuestión de la corredera que le cogió a Emeterio (...).» (M. Salguero, *Agencia de policía,* 53) = QUESADA = CONSULTAS

corredor. m. Galería cubierta que corre a lo largo de la pared exterior de una casa. (Ec.): «En mi silencio interior surgió entonces la visión clara y precisa del paisaje serrano adonde me dirigía, tal cual lo conocí en mi infancia (...): chozas pardas humeando en el crepúsculo y las laderas de los cerros; casas cholas* de teja y corredor abierto al camino (...).» (J. Icaza, «Sed», en: *Obras Escogidas,* 854) = «Ya con el viejo alcalde a la vista, sentado en el corredor, tejiendo un canasto de suro*, completé mi saludo (...).» (G. A. Jácome, *Porqué se fueron las garzas,* 57) = CONSULTAS

corregimiento. m. Aldehuela que depende de un municipio. (Col.): «Los treinta mil habitantes del corregimiento de Rozo no tienen un parque para recrearse.» (en: *El Tiempo* de Cali, 3/12/93) = CONSULTAS = HAENSCH y WERNER

correr. tr. **(1)** Expulsar, despedir sin miramientos. (Méx., Hond., Nic. = Guat. y CR): «(...) dejé (me corrieron de) mi vieja casa (...).» (C. Fuentes, *Cristóbal Nonato,* 23) = «El patrón lo tenía mal visto y había dicho que al primer motivo lo iba a echar a la mierda. Pero no hubo necesidad de que lo echaran, no hubo necesidad de que lo corrieran, una enorme troza se desprendió y lo aplastó contra la tierra húmeda de la serranía.» (A. P. Sánchez, *Ambrosio Pérez,* 123) = «(...) había sido corrido, como un hijo de casa cualquiera que ha perdido los favores del gamonal.» (S. Ramírez, *Castigo Divino,* 276) = SANTAMARÍA DGA y DM = QUESADA = CONSULTAS = RABELLA y PALLAIS **(2)** Ahuyentar. (CR): «(...) comenzaron a correrte para que no siguieras visitándome.» (A. Portocarrero, *Negro desgraciado,* 70) = «(...) hasta al machete la pelié <peleé> y a muchos tuve que correr a cincha pa que no me la sereniataran...» (C. L. Fallas, *Gentes y gentecillas,* 169) = QUESADA **(3)** Corregir, castigar. (Perú): «Si la corrección de los padres es testimonio de amor, ¿qué corrección podría yo esperar de los abuelos ni de los tíos? La *Mamá-Señora* no me corría, seguramente por lástima; el abuelo Agustín, porque se sentía atacado de nervios después de propinar una azotaína (...).» (E. López Albújar, *De mi casona,* 39-40) = CONSULTAS **(4)** Montar un caballo en una carrera. (Arg.): «(...) tengo una rumbeada* papa* que pagará buen sport* / me asegura mi datero* que la corre un gran muñeca* / y que paga por lo menos treinta y siete a ganador.» (J. Rial, «Preparate pa'l domingo», en: J. Barreiro, *El Tango,* 157) = CONSULTAS **(5) correrse.** prnl. intr. Irse, huir. (Hond., CR, Perú = Méx., Guat. y Nic.): «–(...) yo a tiempo me salí de aquellas trampas de tierra. Si no me corro, no es éste el que te estuviera contando el cuento.» (M. Funes, *Oro y Miseria,* 97) = «Se corre sin darme el chance del desquite.» (C. L. Fallas, *Gentes y gentecillas,* 315) = «Me explico que ya no se junte con el Rulos, que ese día se corrió, pero el Boa sacó la cara, se hizo machucar por él.» (M. Vargas Llosa, *La ciudad y los perros,* 316) = SANTAMARÍA DGA y DM = CONSULTAS = RABELLA y PALLAIS **(6) corrérsela**. Masturbarse. (Perú = Ch.): «Pero aunque hablara también de cachar* y me jactara, por ejemplo, de haber espiado a una muchacha mientras se desvestía y habérmela corrido, esas cosas me repugnaban.» (M. Vargas Llosa, *El pez en el agua,* 76-7) = CONSULTAS **(7)** Véase también **corrido.**

corretear. tr. Vender por cuenta de otro mercaderías, animales, tierras, *etc.,* yendo de calle en calle o de tienda en tienda. (Arg.): «También agradábame en las mañanas de primavera 'corretear' por las calles.» (R. Arlt, *Novelas completas y cuentos,* I, 128) = MORÍNIGO

corrimiento. m. Absceso dentario. (Col. = Perú): «El farmacéutico le examinó la mejilla con una mirada de estupor. (...) volvió al mostrador con un pomo de loza sin etiqueta (...).–¿Qué es eso? / El farmacéutico hundió los dedos entre las semillas secas del pomo. 'Mastuerzo –dijo–. Lo mastica bien y se traga el jugo poco a poco: no hay nada mejor contra el corrimiento'.» (G. García Márquez, *La mala hora,* 60) = MALARET = MORÍNIGO

corso. m. **(1)** Desfile de carrozas en período de carnaval. (Arg.): «La gran puta –dijo con voz quebrada–, cuando venía el carnaval había que ver este coche al* corso de Barraca <Barracas, barrio de Buenos Aires>.» (E. Sábato, *Sobre héroes y tumbas*, 117) = «Sacate el antifaz, / te quiero conocer, / tus ojos por el corso / va buscando / mi ansiedad, / (...).» (tango «Siga el corso», en: J. Barreiro, *El Tango*, 128) = GOBELLO **(2) tener un corso de contramano en la pensadora*.** fr. Estar chiflado. (Arg.): «–(...) ¡El pobre tiene un corso de contramano en la pensadora*!» (L. Marechal, *Adán Buenosayres*, 211) = GOBELLO

cortada. f. **(1)** Ventosa. (Arg.): «–¿Te duele? / –Sí, mucho... / –Ponete cortadas.» (R. Arlt, *Novelas completas y cuentos*, I, 128) = CONSULTAS = VERDEVOYE **(2)** Figura del tango, corte*. (Arg.): «(...) cada paso, una cortada, él adelanta la pierna y empuja la pierna mía, no sé bailar bien el tango, siempre yendo para atrás, él iba para adelante y a mí me tocaba ir para atrás (...).» (M. Puig, *Boquitas pintadas*, 171) = CONSULTAS = VERDEVOYE

cortado -a. p. adj. Falto de dinero. (Arg.): «(...) si era que no se hacían humo en un descuido cuando andaban en la *mala**, muy *cortados* (...).» (E. Cambaceres, *En la sangre*, 98) = CASULLO = GOBELLO = CONSULTAS

cortar. **(1)** intr. Romper relaciones sentimentales. (Arg. = CR): «(...) le pregunté por la novia, una muchacha millonaria de Cacharí y que estaba muy enamorada de él. –Corté hace rato –me contestó.» (R. Arlt, *Los siete locos*, 188) = CONSULTAS **(2)** tr. Herir o matar a alguien con arma blanca. (PR, Arg. = Perú): «Cortaron a Elena, cortaron a Elena, / cortaron a Elena y la llevaron / al hospital». («Cortaron a Elena», plena puertorriqueña, en *Plenas*, canciones interpretadas por Canario y su grupo –Ansonia Records, East Rutherford, Canadá) = «Yo –dijo mi padrino– he tenido más de muchas de estas diferencias con hombres que eran o se craiban <creían> malos y nunca me han cortao... ni tampoco he muerto a naide, porque no he hallao necesidá.» (R. Güiraldes, *Don Segundo Sombra*, 164) = CONSULTAS = VERDEVOYE **(3)** prnl. tr. ind. Separarse de un grupo o de alguien –pop. (Méx., Arg.): «La verdad, sí somos desertores –dijo otro–; nos le cortamos a mi general Villa de este lado de Celaya, después de la cuereada* que nos dieron.» (M. Azuela, *Los de abajo*, 127) = «(...) los muchachos se cortaron / al verme tan afligido / (...).» (C. E. Flores, «El bulín de la calle Ayacucho», en: J. Barreiro, *El Tango*, 123) = SANTAMARÍA DGA = GOBELLO = CASULLO = CONSULTAS **(4) cortar(se).** Morir. (Ch. = Arg.): «Llévatelo p'arriba. Si se te va cortao <cortado>, peor pa' él.» (H. Valdés, *Tejas Verdes*, 43) = CONSULTAS = GOBELLO **(5) cortar chiquito.** fr. Dícese del jinete, del caballo, que anda a paso lento. (Arg.): «Agarré mi Moro, crédito para el rodeo, porque no quería andar fallando. Le acomodé el tuse <las crines>, lo desranillé*, y, habiéndole puesto los cueros, caí al rancho cortando chiquito al compás de la coscoja.» (R. Güiraldes, *Don Segundo Sombra*, 103) = CONSULTAS **(6) cortar para la salida.** fr. Véase **salida.** **(7) cortarse solo -a.** fr. adj. Ir por su cuenta, aislarse. (Ur. = Arg.): «Si no te quedás en la Picada, cortate solo... Con mi tropa no pasás, se lo prometí a tu padre. Estás muy tierno para estas patriadas (...).» (E. Amorim, *La carreta*, 127) = GOBELLO = TERRERA

corte. m. **(1)** Parcela que corresponde a un recolector, en un cafetal. (CR): «Las diferentes parcelas en que se divide una finca de café se llaman Cortes.» (H. Muñoz, *Cuentos con sabor a espanto de gentes sencillas*, 67) = QUESADA **(2)** Viaje. (Col. = Méx.): «Irá en el barco del próximo corte. Hay que alistarlo.» (A. Cepeda Samudio, *La casa grande*, 199) = SANTAMARÍA DGA **(3)** m. Billete de banco. (Bol. = Ur.): «Le dejaría dinero sobre la mesa, un rollo de cortes mayores (...).» (R. Poppe, *Después de las calles*, 101) = CONSULTAS **(4)** Figura del tango que consiste en la suspensión momentánea, por la pareja, de la danza. (Arg.): «–(...) llegabas a la milonga, y tu inercia inconmensurable desaparecía en los mil cortes, ochos* y quebradas* de un tango.» (L. Marechal, *Adán Buenosayres*, 610) = «(...) trajeada de bacana*, bailás con corte / y por raro esnobismo tomás prissé <dosis de cocaína> / (...).» (tango «¡Che papusa, oí!», en: J. Barreiro, *El Tango*, 146) = «En las pobres fiestas de conventillo, (...) la quebrada* y el corte estaban prohibidos y (...) se bailaba todavía con mucha luz.» (J. L. Borges, *Obras Completas*, 1026) = CONSULTAS = GOBELLO = CASULLO (véase también **cortada**) **(5) darle corte** a algo o a alguien. Hacerle caso. (Par. = Arg.): «(...) estaba el viejo, tranquilo, sentado (...), aparentemente sin darle corte a nada ni a nadie.» (H. C. Sosa Tenaillon, *Cincuenta años después*, 64) = GOBELLO = CASULLO **(6) darse corte.** fr. Darse tono, darse postín. (Arg.): «–¿Se comprometieron? –No, si no ya lo hubiesen andado diciendo, porque después del lío de Don Sáenz ya no tienen mucho para darse corte por ahí.» (M. Puig, *Boquitas pintadas*, 158) = GOBELLO

cortejo -a. m. y f. Amante; conviviente. (PR): «–(...) Entre Gaspar, tú y tu cortejo... / –Mi marido, debes decir. / –Es... que no lo es. / –Bien; no es mi marido, pero como si lo fuera. / –Pues bien; entre los tres acabaréis por volverme loca.» (M. Zeno Gandía, *La Charca*, 4) = «El salamiento* me lo hizo la corteja de uno de mis primos de La Cantera cuando se enteró de que yo moteleaba* con uno de mis primos de La Cantera (...). Una vampira, una manganzona*, una culisucia que regó* que yo era una quitamachos (...).» (L. R. Sánchez, *La Guaracha del Macho Camacho*, 60) = MALARET = MAURA = CONSULTAS

corto. m. Pisco en vaso pequeño. (Perú): «(...) ¡chino, dos cortos!' Y después me daba una palmada: 'cuidado te emborraches'.» (M. Vargas Llosa, *La ciudad y los perros*, 57) = CONSULTAS

corva. f. **(1)** Hoz. (PR): «Desyerbarán hábilmente con el machete o la *corva*, sabrán cargar sobre sus hombros, (...), pero aún no se han adaptado al cañaveral.» (E. Laguerre, *La llamarada*, 111) = ÁLVAREZ NAZARIO **(2)** (ú. más en pl.) Polainas propias de la gente del campo, hechas de cuero o de hojas secas de plátano. (Ec.): «Echados al hombro los ponchos de hilo (...). Sus pantorrillas cubiertas de las corvas (...); con oshotas gruesas, asentaban sus pies con decisión que parecía ser emanada de sus brazos aptos en el manejo de los machetes y las hachas.» (G. H. Mata, *Sanagüín*, 69-70) = CONSULTAS

corvetas. adj. inv.; ú. t. c. s. De piernas arqueadas. (CR): «Y no era fea ni vieja; sólo que medio corvetas (...).» (J. Gutiérrez, *Murámonos Federico*, 87) = «(...) por entonces era un saco de huesos patilludo y corvetas (...).» (R. Arias, *El emperador Tertuliano...*, 53) = ARROYO = QUESADA = CONSULTAS

corvina. f. Persona víctima de un asesinato. (Ec.): «–(...) Don Caslo es muy judío*.... Vos no lo conocés. Por arriba tiene mala fama. ¡Dicen que se ha comido* argunas <algunas> corvinas!» (D. Aguilera Malta, *Don Goyo*, 62) = CONSULTAS = CORNEJO (véase también **corvinero**)

corvinero. m. Asesino que mata a sus semejantes por pasión o por profesión. (Ec.): «Evidentemente, el licor rendía claros efectos en el turbio ánimo del *corvinero*, deudor de muchas vidas.» (A. Ortiz, *Juyungo*, 60) = «¿Por qué matar...? ¿Por qué si a él le repugnaban esas cosas? Y luego la fama de 'corvinero', de asesino a sueldo.» (O. Castillo, *Sed en el puerto*, 53) = CONSULTAS = CORNEJO (véase también **corvina**)

cosa. f. **(1) cosa boba.** fr. f. Cosa fácil. (Perú): «¿Y la ronda? está Huarina de servicio que es un pelma y los sábados la ronda es cosa boba.» (M. Vargas Llosa, *La ciudad y los perros*, 32) = BENDEZU **(2) cosa que** (o: **cosa de que**). conj. Para que. (Arg. = Ur. y otros): «Con todo eso preparé una fogata cerca de la puerta de la cocina, cosa que no se me llenara de humo el interior.» (E. Sábato, *Sobre héroes y tumbas*, 62) = SANTAMARÍA DGA = CONSULTAS **(3) no andarse con cosas.** fr. No andarse con rodeos. (Méx.): «Y de verlo por ahí, casi me las apuesto que lo mandaría de nuevo al camposanto. –Tienes razón, Isaías. Ese viejo no se anda con cosas.» (J. Rulfo, *Pedro Páramo*, 33) = CONSULTAS **(4)** Véase también **coso -a** (en **coso**)

cosco. m. Coscorrón, golpe dado en la cabeza con el puño cerrado. (CR): «La iglesia el mercado Oliveiro vendiendo copos* un niño se tropieza y su madre le da un cosco (...).» (R. Arias, *El emperador Tertuliano...*, 118) = QUESADA = CONSULTAS

coscoja. f. Juego de niños parecido al tejo. (Bol.): «Pablo, al ver a uno de sus hermanos menores, jugando 'coscoja' delante de la casucha, se olvidó del cansancio que rato antes le invadiera e intervino en el juego de la pata coja.» (F. Ramírez, *Socavones de angustia*, 227) = MUÑOZ REYES

coscojear. intr. Tintinear, sonar –hablando de los coscojos del freno o bocado de una caballería. (Ur. = Arg.): «Ruido de sables, de cartucheras y carabinas. Piafar de pingos, coscojear de frenos. Un disparo a lo lejos. Y relinchos salvajes.» (E. Amorim, *La carreta*, 133) = VERDEVOYE (quien recoge el adj. «coscojero», empleado a propósito del 'caballo que hace sonar la coscoja')

coso. **(1)** m. Corral de concejo, lugar para animales realengos. (Perú = Col.): «En la plaza de Armas están las mejores casas de Puquio; (...) la Cárcel, el coso para encerrar a los 'daños'*; todas las autoridades que sirven a los vecinos principales.» (J. M. Arguedas, *Yawar Fiesta*, 10) = «(...) los carneros recién llegados rehusaron el humilde pasto de la Plaza de Armas (...). Con los pulgares metidos en el chaleco y los otros dedos adelantados sobre el pecho, el doctor se dirigió al coso.» (M. Scorza, *Redoble por Rancas*, 81-2) = MALARET = SANTAMARÍA DGA = HAENSCH y WERNER **(2) coso -a.** m. y f. Cosa o persona cuyo nombre no se menciona por ignorancia –a veces por desprecio. (Col. < Ec., Ur., Arg.): «Ala, ¿cómo se llaman estos cosos? / Chalenas <chalinas>, neña <niña>. / (...) para ustecita ciento ochenta, no no, ciento cincuenta pesitos nomás*.» (G. A. Jácome, *Porqué se fueron las garzas*, 241) = «El individuo se acercó y nos tanteó por todas partes. Fue un manoseo indiscriminado que hasta me despertó sospechas sobre la virilidad del coso.» (E. Estrázulas, *Pepe Corvina*, 151) = «¡Señora Plisón Lavalle, / si cuando lucís tu talle / con ese coso del brazo / no te rompo de un tortazo / por no pegarte en la calle!» (H. N. Behety, «Todavía hay otarios», en: J. Barreiro, *El Tango*, 208) = CONSULTAS = CHIAPPARA = TERRERA **(3) coso a.** adj.; ú. t. c. m. Despreciable, hablando de una persona o de una cosa. (PR): «(...) travesuras de muchacho coso, amistades dañinas.» (L. R. Sánchez, *La Guaracha del Macho Camacho*, 189) = SOPENA = MAURA

cosquillas. f. pl. Defecto del caballo intranquilo que no obedece al hombre. (Arg.): «Pa quitarle <al caballo> las cosquillas / con cuidado <el indio> lo manosea; horas enteras emplea, / y, por fin, sólo lo deja, / cuando agacha las orejas / y ya el potro ni cocea.» (J. Hernández, *Martín Fierro*, II, 1.413-8) = «Era un buen pingo arisco aún y lleno de desconfiadas cosquillas.» (R. Güiraldes, *Don Segundo Sombra*, 62) = CONSULTAS

costado. m. **(1)** Herencia, lado. (Arg.): «(...) su costado anglosajón parecía más despierto que nunca.» (L. Marechal, *Adán Buenosayres*, 210) = CONSULTAS **(2) costado** (o: **costado blanco**). fr. m. Cualquier enfermedad pulmonar provocada en general por un resfrío; neumonía. (Perú = Bol.): «¿Sabes curar el tabardillo, el **costado blanco**, la angina y la **terciana*** muda? / (...) Los que tú matas con tus yerbas aparecen como disentéricos o tercianientos unas veces, y otras parecen cogidos por el 'costado blanco' o el tabardillo.» (E. López Albújar, *Nuevos Cuentos Andinos*, 15) = CONSULTAS = MUÑOZ REYES

costalar. intr. Caerse de costado un caballo; inclinarse de lado. (Arg. = Ur.): « '–Ya estaba por* dormirse, cuando el barco costaló del lao del lazo* y siguió corriendo de lo lindo.» (R. Güiraldes, *Don Segundo Sombra*, 78) = MORÍNIGO

costales. m. pl. Juegos con bolsas. (Perú): «(...) el Jaguar decía: 'ahora en el estadio tenemos que ganarles todas las pruebas, no podemos perder ni una sola, hay que dejarlos a cero, en los costales y en las carreras, en todo'.» (M. Vargas Llosa, *La ciudad y los perros*, 65) = CONSULTAS

costearse. prnl. intr. Tomarse el trabajo de ir a alguna parte. (Arg.): «A visitar otros presos / sus familias solían ir; / naides me visitó a mí / mientras estuve encerrado; / ¡quién iba a costiarse allí / a ver un desamparado!» (J. Hernández, *Martín Fierro*, II, versos 1.971-6) = GOBELLO

costillar. m. Tocata y baile antiguos, parecidos al alza*. (Ec.): «Cuando yo toco en mi arpita / El tono del **costillar**, / Hasta la **mama** abuelita / Sale al momento a bailar.» (J. L. Mera, *Cantares del pueblo ecuatoriano*, II, 110) = CARVALHO-NETO

cota. f. Batita; camisa. (PR): «A Chefa sólo le corresponde quitarse la cota de estar en la casa y bajarse los bloomers, dejar las chancletas sobre la esterilla y asumir el descanso que más le guste al Viejo...» (E. Rodríguez Juliá, *El entierro de Cortijo*, 63) = CONSULTAS = MAURA

coteja. adj.; ú. t. c. s. f. Pareja, igual a otro para pelear con él; se usa sobre todo para los gallos de pelea. (Perú = Ec.): «Y una vez en la *cancha*, soltó su gallo, pidió coteja y ajustó la apuesta de una onza (...).» (E. López Albújar, *De mi casona*, 14) = SOPENA = CORNEJO

cotejo. m. Cierta lagartija (*Thecadactylus rapicaudus*) algo mayor que el lagartijo común; es amarilla, con rayas negras y una blanca a lo largo del espinazo. (Ven.): «Tenía en el *estrógamo* <estómago> como seis sapos de verruga, dos culebras de agua, un millar de chicharras; tres cotejos, sanguijuelas y un millón de bichos...» (M. V. Romero, *Peonía*, 255) = «Paró ese rabo* y se fué como cotejo en mogote, ido de bola* (...).» (A. Uslar Pietri, *Las lanzas coloradas*, 8) = CONSULTAS = SANTAMARÍA DGA

cotiza. f. **resbalón de cotiza** (o: **de cotizas**). m. Desliz. (Ven.): «*Se cae la Magdalena, / la misma Virgen María: / todas las mujeres tienen / su resbalón de cotizas.*» (M. V. Romero, *Peonía*, 206) = MALARET

cotón. m. Camisa basta y larga usada por los campesinos. (Méx., Guat.): «Los cotones (...) consisten en un lienzo doblado con su escote recortado, al cual se le agregaron unas mangas.» (R. Lechuga, *El traje indígena de México*, 178) = «Y, sin ponerse el calzón de seda que tanto ha gustado de que se lo bajen lentamente, sólo se coloca un cotón, un fustán y el rebozo viejo con el que de niña siempre envolvió a sus muñecas, que eran mazorcas de maíz envueltas en trapos o algún palo.» (L. de Lion, *El tiempo principia en Xibalbá*, 25) = SANTAMARÍA DGA

cotorro. m. **(1)** Casa, generalmente muy modesta. (Arg.): «Padres de la patria que durante medio siglo empollaron la nada en un sillón ministerial, y que celebran hoy sus jubileos en *cotorros* perfumados hasta la asfixia.» (L. Marechal, *Adán Buenosayres*, 514) = CONSULTAS **(2)** Apartamento, cuarto, especialmente si es de soltero. (Arg.): «Al cotorro abandonado / ya ni el sol de la mañana / asoma por la ventana.» (P. Contursi, «La cumparsita», en: I. Vilariño, *Tangos*, 33) = «(...) me pedistes una ayuda / y, entonces, te di una mano, / alquilando un cotorrito, / en el centro pa los dos.» (C. E. Flores, «Lloró como una mujer», en: I. Vilariño, *Tangos*, 44) = «Yo quiero un cotorro / que tenga balcones, / cortinas muy largas / de seda crepé...» (P. Contursi y E. Maroni, «La mina <mujer> del Ford», en: J. Barreiro, *El Tango*, 187) = GOBELLO = CASULLO = CHIAPPARA = CONSULTAS

cotorrón -a. f. Persona que ya no es joven, ni ha llegado aún a la vejez; solterón -ona. (Cuba = Nic.): «Fueron muchas las veces que de niña, presente en las conversaciones 'del fondo' –de la servidumbre–, cuando recordaban 'cosas de antes', les oía comentar a los de mayor edad y a las 'cotorronas', la suerte que habían tenido sus antecesores, porque al llegar a Cuba los habían comprado para quedarse en La Habana y no para llevarlos al monte.» (L. Cabrera, *Reglas de Congo*, 50) = PICHARDO = RABELLA y PALLAIS

coya. m. y f.; ú. t. c. adj. Palabra con la que se denomina, en las regiones orientales, a los indios o mestizos que habitan el altiplano andino; colla.

(Bol. < Par. = Arg.): «Los <soldados> bolivianos fueron interrogados, pero con muy pocos resultados. Eran coyas del altiplano que apenas sabían su nombre y lo único que decían era: 'No le puedo dar razón de eso, mi general'.» (H. C. Sosa Tenaillon, *Cincuenta años después*, 104) = FERNÁNDEZ NARANJO = SOPENA = CONSULTAS (la ortografía correcta es **colla**)

coyol. m. Designa metafóricamente cualquier objeto de la forma y el tamaño de la fruta del mismo nombre –como huevos de tortuga, testículos, globo ocular, pechos de adolescente, *etc.* (Nic. = Guat.): «Le ha salido un pellejito en lo que es el blanco del coyol del ojo y que le va caminando para la niña del ojo.» (C. A. Ramírez Fajardo, *Lengua madre*, 17) = RABELLA y PALLAIS = MANTICA = ARMAS

coyunda. adj. Fuerte, duro, terco. (CR = El Salv.): «(...) yo sé que usted es coyunda.» (A. Portocarrero, *Negro desgraciado*, 75) = CONSULTAS

cran. a la cran (o: **alacrán) sin cola.** fr. Véase **cola.**

cranear. tr. Pensar detenidamente algo. (PR): «Esa noche me rompí la cabeza hasta las tantas craneando un plan de acción.» (A. L. Vega, *Pasión de historia*, 71) = CONSULTAS = CLAUDIO DE LA TORRE

cráneo. m. **(1) no hay cráneo.** fr. No tiene importancia (PR): «Cheo también interviene... *No hay cráneo, mano*, óyeme, pero óyeme, mano...*» (E. Rodríguez Juliá, *El entierro de Cortijo*, 73) = CONSULTAS = CLAUDIO DE LA TORRE **(2) sin cráneo.** fr. Sin pensarlo más. (PR): «Vitín y Pucho me decían que yo era el Pendejo Nacional, que hace ratos que ellos le hubieran dado el tumbe*, sin cráneo (...).» (A. L. Vega, *Pasión de historia*, 64) = CONSULTAS = MAURA (quien recoge la fr. **dar cráneo** con el sentido de 'pensar', 'imaginar')

craqueo -a (o: **craqueíto -a** o: **craqueado -a).** m. y f.; ú. t. c. adj. Loco, chiflado. (PR): «¿Sería el culto apostólico que Don Virgilio tributaba a los caídos sólo un modus operandi de una generación jubilada? ¿O la benévola expresión de un craqueíto senil?» (A. L. Vega, *Pasión de historia*, 112) = CONSULTAS = CLAUDIO DE LA TORRE

crédito. m. Nombre que se da al caballo de confianza; aplícase también a personas de las que uno se fía o que recomienda. (Par. = Arg.): «–Necesito un solo camión (...). También necesito un buen chófer. (...) ¿A cuál de sus hombres recomienda? –A mi segundo, el Cabo Cristóbal Jara –respondió sin vacilar. (...) Le pido que me deje ir a mí (...). –Usted es el jefe del grupo. Vaya a llamar a su crédito. De paso entregue esta orden en el hospital. Para que apresten un camión sanitario.» (A. Roa Bastos, *Hijo de hombre*, 301) = VERDEVOYE

cremería. f. Lugar del establecimiento agropecuario en el que se elaboran la nata y el queso. (Ur., Arg.): «Se dispone también de casa para el mayordomo (...), un galpón de esquila de 11 mts por 25, otro de ordeñe* y cremería (...).» (Anónimo, «Paysandú en su bicentenario», en G. Wettstein, *Nuestra Tierra*, I, 73) = «Yo no te lo conté pero fui a fin de año a hablar con el gerente <del banco>, ni bien vi que tenía que cerrar la cremería si no empezaba a llover pronto. Le dije que quedaban siete peones en la calle y no le importó. Yo le pedí plata para ir al sur donde todavía llovía algo, y hacerle un contrato a algún tambero de allá aunque el flete de la leche costara un ojo de la cara, y no me quiso dar un centavo.» (M. Puig, *La traición de Rita Hayworth*, 294) = CONSULTAS = SANTAMARÍA DGA

crepar. intr. Morir. (Arg. = Bol. y Ur.): «No tenemos apuro: te podemos tener un día como una semana, sin que crepés. Lo sabemos* hacer. Así que antes de empezar te conviene decirnos varias cosas.» (E. Sábato, *Abaddón el exterminador*, 1113) = CHIAPPARA = TERRERA = CASULLO = GOBELLO = MUÑOZ REYES

cresta. f. Sexo masculino. (Col. = Cuba): «(...) quería averiguar por qué no trataban de rebelarse, por qué aceptaban la potestad de un civil, les había preguntado a los más codiciosos si no pensaban que ya era tiempo de cortarle la cresta al advenedizo sanguinario que estaba salpicando los méritos de las fuerzas armadas (...).» (G. García Márquez, *El otoño del patriarca*, 233-4) = SÁNCHEZ-BOUDY

crestón -a. adj. Idiota. (Ec. = Méx., Ch.): «–¡Viejo 'crestón'! ¡Miserable! ¡Hijo'e perra!» (O. Castillo, *Sed en el puerto*, 93) = SANTAMARÍA DGA

criar. tr. **a la que te criaste** (o: **hacer** algo **a lo que te criaste).** fr. (Hacer algo) A la buena de Dios, desordenadamente –el segundo ej. incluye un chiste. (Ur. = Arg.): «Pero la necesidad de 'hacer alguna plata junta', obliga a las gentes a volver a las chacritas trigueras y maiceras. 'A la que te criaste', como dice nuestro vecino Pascual.» (L. P. Bonavita, «Crónicas del pago chico», en G. Wettstein, *Nuestra Tierra*, I, 81) = «(...) los fines de semana nos íbamos (...) al interior del país, llevando el festival (a la Onda <compañía de buses> que te criaste) donde nos fuera pedido.» (H. Alfaro, *Por la vereda del sol*, 182) = CONSULTAS = VERDEVOYE

cribado -a. p. adj. Acribillado, agujereado. (Col., Par. = Arg. y Ur.): «Estaba tirada de medio lado en el suelo, desnuda en un charco de sangre seca que había teñido por completo la habitación, y tenía el cuerpo cribado a puñaladas.» (G. García Márquez, *Doce cuentos peregrinos*, 205) = «Mientras esperaba, sus ojos, incansables roedores de todo lo que estaba a su alcance, se pusieron a reconocer el techo cribado de goteras; las vigas podridas y rotas, atadas en varios sitios con alambres; las paredes despintadas y con el revoque caído.» (G. Casaccia, *La Babosa*, 24) = CONSULTAS = VERDEVOYE (quien lo registra con el sentido de 'calado')

criminar. tr. Matar, asesinar. (Méx.): «Y ahora ya ve usted, me tienen detenido en la cárcel y que me van a juzgar la semana que entra porque crimíné a don Justo.» (J. Rulfo, *El llano en llamas*, 75) = CONSULTAS

criollo -a. m. y f. **(1)** Noble, de grandes cualidades –opuesto a 'gringo' considerado mezquino. (Arg.): «(...) tiene el gaucho que aguantar / hasta que lo tragué el hoyo <la tumba> / o hasta que venga algún criollo / en esta tierra a mandar.» (J. Hernández, *Martín Fierro*, I, versos 2.091-4) = CONSULTAS **(2) ser buen criollo.** fr. Conocer bien el terreno, las trochas, las rutas por tierra y agua; ser buen guía. (Ec.): «Partió la pequeña embarcación hacia arriba del río, con relativa velocidad, pues Pedro Caicedo y Lisímaco Tenorio eran buenos 'criollos'.» (N. Estupiñán Bass, *Cuando los guayacanes florecían*, II, 133) = CONSULTAS

cristales. m. pl. Gafas, anteojos. (Par.): «La apuntó con los cristales, sin parpadear. –Sabes que no me gusta salir.» (A. Roa Bastos, *El baldío*, 159) = CONSULTAS

cristalina. f. Cierta caña de azúcar. (Cuba): «Su pequeña heredad no conocía ya otro cultivo que el de la 'cristalina'.» (A. Carpentier, *Écue-Yamba-O*, 32) = «¿Si querrá usted venir ahora a darme lecciones acerca de la naturaleza y calidades de las cañas de azúcar? Las hay de varias especies y aquí las tenemos de Otahití, de la cinta o morada, de la cristalina, que es la última introducida en el país y de la criolla o de la tierra, que no sirve para moler.» (C. Villaverde, *Cecilia Valdés*, 230) = CONSULTAS

cristero. m. Predicador. (Ec.): «Si unos cristeros pelotudos* y unas damísimas riobambenses corcovean en los pretiles pidiendo una catedral (...).» (G. A. Jácome, *Porqué se fueron las garzas*, 174) = JARAMILLO DE LUBENSKY

cristiano. (1) cristiano -a. adj. Correcto. (Rep. Dom.): «(...) desde las últimas elecciones generales –que no fueron todo lo cristianas que se pregona– (...).» (C. E. Deive, «En el pueblo hay guerrilleros», en: J. Alcántara, *Antología de la literatura dominicana*, 114) = CONSULTAS **(2)** m. **moros y cristianos.** Véase **moro.**

cristina. f. Gorra de cadete. (Perú): «El sacón* y la cristina que lleva hundida hasta las orejas, lo defienden contra el frío.» (M. Vargas Llosa, *La ciudad y los perros*, 17) = CONSULTAS

cristo. m. Cuarto, moneda de poco valor. (Bol., Arg. = Ch.): «Estaba hastiado, con el rostro avinagrado, el pedo hediondo y la puta madre que no tengo un cristo en los bolsillos.» (R. Poppe, *Después de las calles*, 99) = «Justamente se iba quedando sin un cristo, (...), con la vida de vago que llevaba.» (E. Cambaceres, *En la sangre*, 184) = SANTAMARÍA DGA

cristofué (o: **Cristofué**). m. Pájaro (*Pitangus sulphuratus*) de unos 20 cm de largo, de cabeza negra con franja blanca, de garganta blanca, siendo amarillo el resto del cuerpo; vive en los bosques donde se alimenta de insectos, frutas y pececillos. (Ven. = Col.): «El frío puyaba la carne, y a cada rato se prendía un relámpago amarillo, como el pecho de un Cristofué.» (A. Uslar Pietri, *Las lanzas coloradas*, 7) = TEJERA = HAESNCH y WERNER = CONSULTAS

cros (o: **cross**). m. Puñetazo horizontal al mentón, gancho. (Arg.): «Amainaron guapos junto a tus ochavas* / cuando un cajetilla* los calzó* de cross / (...).» (C. E. Flores, «Corrientes y Esmeralda», en: J. Barreiro, *El Tango*, 120) = GOBELLO = CONSULTAS

croto. m. desp. Vagabundo, individuo holgazán y sin oficio. (Arg. y Arg. < Par.): «Me habrán visto que no era un negro croto y me pusieron en la mesa (...).» (M. Puig, *Boquitas pintadas*, 119) = «(...) se acercó de espaldas al otro retrocediendo con la misma destreza y falta de respetabilidad de un croto habituado a las aglomeraciones municipales (...).» (A. Roa Bastos, *El baldío*, 115) = CASULLO = GOBELLO = CONSULTAS

cruce. m. Negocio o favor. (Col.): «Sus vecinos dicen que 'se portan bien y nunca hacen sus *cruces* cerca al <cerca del> lugar donde habitan'.» (J. R. Navia, «Viaje al lado oscuro de Bogotá», en: *El Tiempo* de Bogotá, 10/5/92) = CONSULTAS

crucera. f. Serpiente venenosa, también denominada 'víbora de la cruz' por tener una cruz en la parte superior de la cabeza. (Ur.): «(...) allá fuimos a escalar nuestro Himalaya de bolsillo (600 metros). Resultó menos heroico de lo esperado: ninguna crucera, varios arañazos propinados por las talas y espinillos y algunas tarántulas que aplastamos a tacazo limpio.» (H. Alfaro, *Por la vereda del sol*, 69) = CONSULTAS

crucero -ito. m. Cierto tipo de machete. (Ec.): «I un día se marchó al monte. Compró unas chancletas serranas de cabuya. Se ciñó el crucerito. I caminó p' arriba por las huertas interminables.»

(J. Gallegos Lara, «La Salvaje» en: *Los que se van*, 180) = CONSULTAS

cruceta. f. Cuchillo largo. (CR): «(...) se cuelga del hombro la cruceta –una verdadera joya de hoja flexible y brillante (...).» (C. L. Fallas, *Gentes y gentecillas*, 19) = «Mateo abrió la boca para decir un insulto, pero se arrepintió al mirar* que Gabino desenvainaba una larga cruceta.» (C. Salazar Herrera, *Cuentos de angustias y paisajes*, 99) = QUESADA

crudo -a. adj. **(1)** Dícese de la persona que está amodorrada después de una borrachera. (Méx.): «–Oiga (...), ¿a qué hora se le puede hablar al general? –No se le puede hablar a ninguna; amaneció crudo.» (M. Azuela, *Los de abajo*, 80) = MALARET = SANTAMARÍA DGA **(2)** Torpe, inhábil. (Arg. = PR y Col.): «–(...) Y ustedes, crudos, ¡a ver si se dejan de moquear!» (L. Marechal, *Adán Buenosayres*, 714) = CASULLO = HAENSCH y WERNER = MORÍNIGO **(3)** Véase **agua* cruda.**

cruz. **(1)** **¡cruz diablo!** fr. excl. ¡Dios me ampare! (Arg.): «–¡Cruz diablo! –dijo un viejito que estaba acurrucado contra las brasas, santiguándose con brazos tiesos de mamboretá <santateresa>.» (R. Güiraldes, *Don Segundo Sombra*, 76) = «–¡Cruz diablo!, jamás había sentido estas puntadas...» (M. Puig, *El beso de la mujer araña*, 98) = VERDEVOYE **(2)** **día de una sola cruz** (o: **día de dos cruces**). fr. Véase **día.**

cruza. f. Aplicado a mestizos, y sin sentido despectivo, cruce. (Arg., Ur.): «(...) una muchacha cruza de indio y blanco (...).» (M. Puig, *El beso de la mujer araña*, 137) = CONSULTAS

cruzacalles. m. Letrero callejero. (PR): «GUERRA AL SÍNDROME ABORTIVO BORICUA, gritaba el cruzacalles de su frente.» (A. L. Vega, *Pasión de historia*, 100) = CONSULTAS

cruzado. m. Dado falsificado, de manera que tenga un mismo punto en dos caras opuestas. (Arg.): «Si me llamaban al dao, / nunca me solía faltar / un <dado> *cargao* que largar, / un *cruzao* para el más vivo; / y hasta atracarles un *chivo** / sin dejarlos maliciar.» (J. Hernández, *Martín Fierro*, II, versos 3.193-8) = CONSULTAS

cruzar. tr. **(1)** Dirigir. (CR): «(...) no le volvió a cruzar palabra.» (C. L. Fallas, *Gentes y gentecillas*, 125) = CONSULTAS **(2)** **cruzarse.** prnl. intr. Cambiar de acera, cruzar la calle; pasar, transitar. (Arg. = PR, Rep. Dom. y Perú): «(...) caminaron dos cuadras hasta el teatro Avenida, compraron localidades para el espectáculo de zarzuela, se cruzaron a ver vidrieras mientras llegaba la hora del espectáculo.» (M. Puig, *El beso de la mujer araña*, 275-6) = CONSULTAS = MORÍNIGO

cuadra. f. **(1)** **cuadra -illa.** Pequeña propiedad rural. (Méx., Ec.): «Desde aquí veíamos arder día y noche las cuadrillas y los ranchos y a veces algunos pueblos más grandes, como Tuzamilpa y Zapotitlán, que iluminaban la noche.» (J. Rulfo, *El llano en llamas*, 103) = «–(...) ¿Acaso es un secreto para ustedes que hay muchos hombres que figuran en las listas como policías y que están haciendo cuadras de pastos en la finca del Gobernador?» (N. Estupiñán Bass, *Cuando los guyacanes florecían*, II, 141) = VÁZQUEZ **(2)** Manzana de casas. (Cuba, CR, Col. = Méx., Hond. y Par.): «(...) vaya mi aplauso emotivo / y un '¡viva!' con voz intensa / al comité de defensa / de la cuadra donde vivo.» («Comité de defensa», canción de Carlos Puebla, en: *Hasta siempre*, disco grabado por ING Music, Licencia Egrem NC 61-15) = «Eusebio podía ver cuadras enteras donde ya no vivía nadie (...).» (A. Cañas, *Una casa en el barrio del Carmen*, 16) = «Vive en la esquina norte de nuestra cuadra (...).» (E. Rosero, *El incendiado*, 49) = SANTAMARÍA DGA

cuadrado -a. **(1)** m. y f. Imbécil, duro de mollera. (Arg.): «(...) la hice arrepentir a la Ñata de decir que yo era un cuadrado y me dio *El idiota* <de Dostoievski> y no aguanté más de diez páginas de leer nombres y más nombres que siempre parecían distintos, más nombres que una guía telefónica y ni una carta le escribí a la Ñata, que era un cuadrado y no quería leer las novelas que me prestaba porque no las entendía (...).» (M. Puig, *La traición de Rita Hayworth*, 159) = VERDEVOYE = CONSULTAS **(2)** adj. Fuerte. (CR): «(...) hombre muy cuadrao pa un golpe, güen trabajador, pero muy enamorao (...).» (C. L. Fallas, *Gentes y gentecillas*, 305) = «(...) tiene unas grandes manos que parece un manigordo <ocelote> y así muñecas de gruesas que ¡ah tontoneco más cuadrado no he visto yo!» (M. Salguero, *Agencia de policía*, 19) = CONSULTAS **(3)** adj. Conforme, de acuerdo. (Ch.): «O sea que estamos contentos, como se dice. En la población estamos todos cuadrados con el gobierno hasta la muerte (...).» (Testimonio citado por C. Urrutia en *Historia de las poblaciones* callampas*, núm. 11, pág. 44) = CONSULTAS

cuadrante. m. **(1)** Repertorio. (PR): «Y esa guaracha por ser tan de verdad se va al cielo de la fama, (...) al repertorio de cuanto combo* está en el guiso*, a los cuadrantes de cuanto combo* está en la salsa (...).» (L. R. Sánchez, *La Guaracha del Macho Camacho*, 101) = CONSULTAS **(2)** Pensamiento, interior de la persona. (PR): «Solicitar, encarecer, rogar mil perdones por la interrupción anterior. Dos mil perdones no saldan, no abonan la deuda por la interrupción, maldita, de la arrebatación del momento, la arrebatación surca el cuadrante; arrebatación que avisa, arrebatación que recuerda que la vida es una cosa fenomenal.» (J. L. Sánchez, *La Guaracha* *del Macho Camacho*, 211) = CONSULTAS **(3)** Véase también **cuadrado -a.**

cuadrar. (o: **cuadrarse)**. tr.; ú. t. c. prnl. Tener suerte en un asunto, tener éxito, enriquecerse; seducir. (Cuba, Col. = Ven.): «Seguro que iba a cuadrar algún negocio por su cuenta, para quedarse con la plata, ¿verdad?» (R. Ortega, *La aventura de la Cruz Pinera*, 130) = «Tú nunca tuviste novia, ni siquiera te cuadraste a Marta que se moría por ti y te llamaba para que estudiaras con ella (...).» (U. Valverde, *Bomba Camará*, 47) = CONSULTAS = FILIPPO = HAESNCH y WERNER = TEJERA

cuadrera. f. Carrera entre dos caballos parejeros en el campo, que se medía por cuadras. (Arg.): «Jugué en una cuadrera. De a posturas chicas, comprometí sesenta pesos.» (R. Güiraldes, *Don Segundo Sombra*, 141) = VERDEVOYE = CONSULTAS

cuadrilátero. m. Bloque parlamentario de la XXVI Legislatura disuelta por Victoriano Huerta –ese bloque venía dirigido por un comité integrado por cuatro conservadores: F. Olaguíbel, J. M. Lozano, Q. Moheno y N. García Naranjo. (Méx.): «(...) al evocar el pasado político en que habían sobresalido: el general Díaz, Madero, el cuartelazo, Victoriano Huerta, las campañas del cuadrilátero (...).» (A. Yáñez, *La creación*, 215) = CONSULTAS

cuadrilla. f. **(1) cuadra. (2) hacer cuadrilla.** fr. Engañar, atrapar a uno entre varios. (Ec.): «¡No soy ningún pendejo! ¡No me agarran así no más! ¡A mí no me hacen cuadrilla!» (J. Icaza, *El Chulla Romero y Flores*, 58) = MATEUS

cuadrillero. m. Peón que trabaja en una cuadrilla, bajo el mando de un capataz o sobrestante. (Ec., Par.): «(...) los sobrestantes nunca olvidaban anotar tareas menos a los cuadrilleros, aunque los pagos anduvieran retrasados y los salarios rebajados.» (A. Ortiz, *Juyungo*, 81) = «Los cuadrilleros están rellenando poco a poco el socavón dejado por las bombas, pero el agujero parece no tener fondo. (...) Cada tanto tumban adentro carretadas de tosca, tierra y pedregullo, pero siempre falta un poco para llegar al ras.» (A. Roa Bastos, *Hijo de hombre*, 61) = MATEUS

cuadro. m. **(1)** Grupo, compañía; cantidad muy importante. (PR = Arg.): «–(...) Pero, después de todo, al pobre no le queda otro remedio <que trabajar> con el cuadro de hijos que tiene.» (E. Laguerre, *La llamarada*, 80) = VERDEVOYE **(2)** Camarada, compañero –hipocor. (Col.): «Pero ya eso tá barro* en Coveña, cuadro.» (D. Sánchez Juliao, *El pachanga*, 40) = FILIPPO = HAENSCH y WERNER **(3)** Perforación en forma de cuadro que en las minas sirve para cañerías de bombeo, cables eléctricos, etc. (Bol.): «La jaula se detuvo en el 'nivel 208', donde el cuadro se abría en un espacio grande trabajado en la roca, fuertemente iluminado con luz eléctrica. En ese espacio podían verse bombas que extraían el agua de la mina, por medio de tuberías de fierro.» (F. Ramírez Velarde, *Socavones de angustia*, 158) = CONSULTAS **(4)** Conjunto, grupo teatral. (Ch. = Arg.): «Había iniciado su carrera artística en Santiago como cómico de un cuadro de obreros aficionados (...).» (M. Rojas, *El delincuente... y otros cuentos*, 91) = CONSULTAS **(5) cuadro de familia.** fr. Familia numerosa, con hijos que todavía no se pueden desenvolver solos. (PR): «–Dispense, blanco*, ¿pero para este negro no hay trabajo? / –Lo siento, pero tú estás viejo para trabajar, ya no rindes promedio*. / Mie <mire>, blanco, que tengo la mujel postrá <mujer postrada> con la malaria y un cuadro de familia que mantenel.» (A. Díaz Alfaro, *Terrazo*, 26) = CONSULTAS **(6) hacer(se) la vida de cuadros** (o: **de cuadritos).** fr. Véase **vida.**

cuajado -a. p. adj. Véase **cuajar.**

cuajar. intr. **(1)** Llegar a maduración. (Méx., CR): «Estas aguas son las que ablandan la tierra para las siembras, las que hinchan la caña de las milpas <maizales>, para que después cuajen los granos del elote <maíz tierno>.» (J. J. Arreola, *La feria*, 49) = «(...) el maíz todavía no estaba cuajado (...).» (F. Dobles, *Historias de Tata Mundo*, 62) = JIMÉNEZ (quien registra **cuajado** con el sentido de 'en plena madurez intelectual o moral') **(2) cuajarse.** prnl. Dormirse, conciliar el sueño. (Guat.): «Creyó que le iba a costar dormirse y en cambio se cuajó de inmediato.» (D. Liano, *el hombre de Montserrat*, 124) = RUBIO

cuajo. m. **(1)** Consolidación del guarapo de caña. (PR): «Escucha el borbotar del cuajo.» (A. Díaz Alfaro, *Terrazo*, 30) = ÁLVAREZ NAZARIO **(2) de cuajo.** fr De una vez, brutalmente. (CR): «El nubarrón se vino de cuajo.» (F. Zúñiga, *Yo no tengo ningún muerto*, 15) = CONSULTAS

¡cuándo! interj. **(1)** Expresa incredulidad o negación. (Arg. = Perú): «El ladino no se equivocaba, ¡cuándo, si era un lince!» (E. Sábato, *Sobre héroes y tumbas*, 102) = «(...) el cajetilla tuvo que frenar de golpe, y se le quiso hacer el gallito; pero él, sujetando a los caballos de lanza, se descolgó del pescante y lo invitó a bajar. ¡Cuándo! El cajetilla le metió fierro* y salió echando putas*.» (L. Marechal, *Adán Buenosayres*, 112) = ARONA **(2) de cuando en vez.** fr. adv. De cuando en cuando. (PR): «PACO.– ¿Oye usted la estación latina? / LUIS. – De cuando en ves <vez>.» (R. Marqués, *La Carreta*, 127) = CONSULTAS

cuanto (o: **cuantito).** adv. En cuanto. (Arg.): «A bailar un pericón / con una moza salí, / y cuanto me vido allí / sin duda me conoció (...).» (J. Hernández, *Martín Fierro*, I, versos 1.951-4) = «Cuantito se abrió la puerta, San Pedro y Miseria se reconocieron (...).» (R. Güiraldes, *Don Segundo Sombra*, 151) = CONSULTAS

cuarenta. adj. **(1) alzar por las cuarenta.** fr. Tratar sin piedad, con sumo rigor. (Arg.): «'(...) aquí está la polecía / que viene a justar tus cuentas; / te va a alzar por las cuarenta / si te resistís hoy día'.» (J. Hernández, *Martín Fierro*, I, versos 1.527-30) = CONSULTAS **(2) cantar las cuarenta.** fr. Tener cuarenta o más años. (Arg. = Ur.): «Perdimos, ya sé. Pero ahora nos toca aguantar piola*. Somos dos tipos que van a cantar las cuarenta, es decir, dos desgraciados.» (E. Sábato, *Abaddón el exterminador*, 789) = CONSULTAS (esta fr. procede de un juego de naipes conocido como «tute»)

cuarta. f. **(1)** Cuarta parte de una botella de un litro, especialmente de licor. (PR, CR): «–¿Tienes aguardiente? / Ella movió negativamente la cabeza con viveza. / –Aguardiente no. Pero mi padre tiene un roncito hecho por él. / (...) –Vamos entonces. Me darás una cuarta y te pagaré lo que sea.» (R. Marqués, *La víspera del hombre*, 155) = «Da... dame otra cerveza, y una cuarta de guaro <aguardiente>.» (C. L. Argüello Segura, *Cuentos de Sábalo Grande*, 80) = QUESADA = ARROYO = SOPENA **(2) enredarse en las cuartas.** fr. Turbarse, confundirse. (Arg.): «(...) eso podía ser serio... que fuera a encontrarse atado él, a enredarse en las cuartas, a asustarse a lo mejor, que le pisparan <pillaran con> la bolilla entre los dedos, o se le fuese a caer de la mano, o de algún modo, con el susto, llegase a quedar colgado <suspendido en el examen>...» (E. Cambaceres, *En la sangre*, 122) = MORÍNIGO

cuarteado. p. p. adj. Véase **juego* cuarteado.**

cuarteadura. f. Cuarteamiento, grieta. (Méx.): «(...) los adobes se despegan, las tejas se desacomodan, en las paredes se abren las cuarteaduras (...).» (J. J. Arreola, *La feria*, 79) = CONSULTAS

cuartear. (1) intr. Tocar un reloj o una campana un cuarto (o los cuartos) de hora. (Ec.): «El reloj de la casa municipal acababa de cuartear (...).» (G. A. Jácome, *Porqué se fueron las garzas*, 187) = MATEUS **(2)** tr. Arrear los bueyes con una vara o garrocha sobre el yugo, tarea que suelen hacer los niños. (PR): «Y allá, a alguna distancia, el melancólico 'ooh, ooh' del triste muchacho que 'cuarteaba' las yuntas.» (E. Laguerre, *La llamarada*, 61) = DÍAZ MONTERO (véase también **cuartero**)

cuartería. f. Casa de vecindad. (Cuba, Nic.): «(...) si el día andaba malo para la caza de cartuchos, veíamos cuántos periódicos viejos teníamos, salíamos a pedir por toda la cuartería o a buscar dondequiera (...).» (G. Cabrera Infante, *Tres tristes tigres*, 36) = «Olorosa a tabaco y a ron / en el cuarto de una cuartería / llora la María su melancolía.» (canción «Pobre la María» de L.E. Mejía Godoy) = ORTIZ = RABELLA y PALLAIS

cuartero. m. Persona encargada de guiar los bueyes con una garrocha o vara sobre el yugo; suele ser un muchacho. (PR): «Sufrió la mar* negra en los cañaverales e hizo toda clase de trabajos: 'pinche*', 'cuartero', ayudante de los que trabajan con tractores y camiones, 'halador* de azada', cortador de caña, toda la bárbara labor cañaveral.» (E. Laguerre, *La llamarada*, 105) = DÍAZ MONTERO (véase también **cuartear**)

cuarto. m. **(1) cuarto redondo -1.** fr. Pieza de alquiler independiente, con salida a la calle o a un patio. (Méx. = Guat., Ur. y Ch.): «(...) vinieron unos hombres a embargar lo que teníamos y se lo llevaron todo. (...) Nos dejaron como quien dice en un petate. Tuvimos que irnos a vivir a un cuarto redondo.» (R. Castellanos, *Balún-Canán*, 90) = MALARET = MORÍNIGO **(2) cuarto redondo -2.** fr. Aposento donde viven muchas personas en común. (Arg. = Ur.): «(...) de dos a dos por el suelo, revolcándose se ensayaban <los hijos> en imitar el ejemplo de sus padres, parodiaban las escenas de los cuartos redondos de conventillo <casa de vecindad> con todos los secretos refinamientos de una precoz y ya profunda corrupción.» (E. Cambaceres, *En la sangre*, 73) = MORÍNIGO = MALARET

cuatro. m. **(1)** Debilidad, gusto. (Guat.): «Su mero cuatro era que uno le lamiera la oreja, aunque a veces le sabía a difunto.» (M. A. Asturias, *El señor presidente*, 169) = CONSULTAS **(2)** Moneda de cincuenta céntimos. (CR): «(...) de hoy en adelante se te iba a pagar un cuatro más.» (C. L. Fallas, *Gentes y gentecillas*, 42) = ARROYO = QUESADA

cuba. (1) f. y adj. Avispa negra. (Ec.): «Una avispa cuba, de febricitante aguijón, pretendió vanamente construir su casa de horno en la cabeza del clavo de la pared.» (A. Ortiz, *Juyungo*, 200) = CONSULTAS **(2)** m. Hermano o hijo menor. (Col.): «A raíz de la divulgación que hice (...) acerca del más alto nivel de inteligencia hallado por los científicos entre los primogénitos, un grupo de hermanos segundones, tercerones y hasta benjamines o cubas resentidos, han dirigido cartas a esta sección protestando por los comentarios aquí emitidos.» (D. Samper Pizano, *A mí que me esculquen*, 116) = FILIPPO = HAENSCH y WERNER

cubierto -a. p. adj. **fruta cubierta.** fr. f. Véase **fruta.**

cubo. m. **(1)** Cilindro metálico o de plástico en el que encaja la bombilla eléctrica. (PR): «*Precisamente sobre el sillón, colgando del techo, hay un cordón eléctrico, sucio de excremento de mosca. En el extremo del cordón hay un cubo. En el cubo no hay bombilla.*» (R. Marqués, *La carreta*, 55) = CONSULTAS **(2)** Cierta avispa de gran tamaño, y muy feroz. (Ec.): «–Cuidao los cubos.../ Benavides le contestó saltando adelante entre las temibles avispas que se habían alzado zumbando en dorada nube. / –¡Yo dentro: qué ñoña! ¡Pero la miel es mía! (...) Con las cotonas <camisas> espantaron a los cubos, pero no había miel.» (N. Estupiñán Bass, *Cuando los guayacanes florecían*, II, 120) = CORNEJO = CONSULTAS

cuca. f. Órgano genital femenino –pop. (Ven. = Col.): «Paledonia quiere decir cuca... Cuca es una grosería, cuca no se dice en esta ciudad.» (A. González León, *País portátil*, 79) = TEJERA = HAENSCH y WERNER

cucaña. f. Trampa, ardid. (Arg.): «Ya le conozco sus mañas, / le conozco sus cucañas (...).» (J. Hernández, *Martín Fierro*, I, versos 1.105-6) = SOPENA = SANTAMARÍA DGA (quien indica que **cucañar** y **cucañear** significan 'disimular', y **cucañero** 'que disimula')

cucar. tr. Molestar, provocar. (PR): «Dentro de un agujero en la pared rocosa, descubrimos un nido de víboras promiscuas. Los hombres, bravucones, se ponen a cucarlas con un palo, ante el horror chillón de Vilma y Madame Rousseau.» (A. L. Vega, *Pasión de historia*, 24) = CLAUDIO DE LA TORRE = CONSULTAS = MAURA

cucarachero. **(1)** m. Pajarito insectívoro, troglodítico, de color pardo y canto agradable (*Troglodytes aedon*). (Ven. = Col.): «–Yo soy el Cucarachero –dijo débilmente–. Canto al sol, a la luna, a las estrellas (...).» (A. Arráiz, *Tío Tigre y Tío Conejo*, 27) = TEJERA = HAENSCH y WERNER **(2)** **cucarachero -a.** adj. Trapisondista, cucañero. (PR = Col.): «Emanuel sintió el escozor de la Úlcera Ancestral de la Autocensura ante la posibilidad de algún destape imprevisto de cucarachero histórico.» (A. L. Vega, *Pasión de historia*, 120) = MALARET = MORÍNIGO = MAURA

cucarachón. m. Hombre o joven enamoradizo; mariposón. (Ven.): «–Bueno –ha dicho por fin José Luis– yo me voy solo o acompañado. / Y Teodoro le ha contestado: / –¡Adiós, cucarachón! Que duermas mucho.» (G. Meneses, *Campeones*, 12) = TEJERA

cucarrón. m. Cierto abejón (*Bombus* o *Xilocopa* o *Eulaema* spp.), o cierto escarabajo. (Ec., Col.): «Un coro de cucarrones, un coro de cucarrones zumbando, zumbando, zumbando, eso era el rezo para Ascensión.» (A. Ortiz, *Juyungo*, 13) = «(...) si Dios es tan macho como usted dice dígale que me saque este cucarrón que me zumba en el oído, le decía (...).» (G. García Márquez, *El otoño del patriarca*, 22) = SANTAMARÍA DGA = HAENSCH y WERNER

cucayo. m. Parte de alimento que queda pegado a la olla después de cocido. (Col.): «(...) raspando el cucayo de los calderos de arroz para comérselo (...).» (G. García Márquez, *Del amor y otros demonios*, 21) = MALARET = HAENSCH y WERNER

cuchara. **(1)** f. Puchero. (CR): «La pobre princesa comenzó a hacer cucharas y por último soltó el llanto.» (C. Lyra, *Cuentos de mi tía Panchita*, 33) = CONSULTAS = ARROYO **(2)** **media cuchara.** m. o f. Albañil que no llega a oficial; persona torpe. (Arg.): «–(...) Y presumo que el inventor de esta risible arquitectura infernal debe de ser un chambón, un media cuchara, incapaz de ver los matices que diferencian un caso de otro.» (L. Marechal, *Adán Buenosayres*, 537) = «Aseguro que la casona, gracias a Dios, había sido reparada por una media cuchara.» (J. L. Borges y A. Bioy Casares, *Crónicas de Bustos Domecq*, 33) = VERDEVOYE = CONSULTAS

cucheta. f. Cama superpuesta, que se usa en casas particulares, o en cárceles por ejemplo. (Par. = Ur. y Arg.): «En medio del barullo, echado en mi cucheta, he intentado inútilmente leer la desgarrada y a la vez cínica confesión de Fidel Maíz (...).» (A. Roa Bastos, *Hijo de hombre*, 245) = CONSULTAS = GOBELLO

cuchilla. f. Adorno, labor de medias o calcetines. (Arg.): «–(...) Me parece verte aún en la puerta del Jockey Club: viejito de medias blancas y cuchillas negras, con tu masaje facial recién hecho, tu corbata de adolescente y el corsé que te cinchaba como a burro panzón.» (L. Marechal, *Adán Buenosayres*, 514) = VERDEVOYE

cuchillero. m.; ú. t. c. adj. Pendenciero. (Arg. = Méx., Hond., Perú y Ur.): «El tape <aindiado> Burgos quedó impávido mirando su copa. Un gesto de disgusto se arrugaba en su frente angosta de pampa*, como si aquella reputación <la de Don Segundo Sombra> de hombre valiente menoscabara la suya de cuchillero.» (R. Güiraldes, *Don Segundo Sombra*, 18) = GOBELLO = MORÍNIGO

cuchillo. m. **cuchillo cocinero.** fr. Cuchillo de cocina. (Ch.): «(...) del cuchillo cocinero (...) que un día (...) se me cayó de la mesa.» (A. Skármeta, *Ardiente Paciencia*, 133) = CONSULTAS

cucho. m. Rincón; esquina; habitación pobre. (Ec. = Bol.): «–¿Vos creés que yo como arroz sin manteca? (...) ¡Yo seré mujer de un hombre decente!

¡Buscá tu cucho!» (N. Estupiñán Bass, *Cuando los guayacanes florecían*, II, 32) = JARAMILLO DE LUBENSKY = MUÑOZ REYES

cuchufleta. m. Término despectivo usado para designar a una persona. (Col.): «¡Qué lengua ni qué ocho cuartos! Lengua la que van a tener que meter estos viejos cuchufletas –les respondió.» (O. Collazos, *De putas y virtuosas*, 30) = CONSULTAS

cuello. m. **cuello de guillotina.** fr. Cuello alto y rígido, sin doblez. (Ch.): «(...) una gran flor en el ojal del chaqué, las polainas marrones, un altísimo cuello de guillotina (...).» (M. Rojas, *El delincuente... y otros cuentos*, 95) = CONSULTAS

cuenta. f. **(1) dar (buena) cuenta.** fr. Dar crédito; fiar. (Arg.): «(...) en la mesma pulpería / dieron una *buena cuenta*, / que la gente muy contenta / de tan pobre recebía.» (J. Hernández, *Martín Fierro*, I, versos 717-20) = CONSULTAS **(2) en cuenta.** fr. Entre ellos o ellas. (Guat.): «Afortunadamente, el abogado había sacado, de escondidas, copias de los documentos de los tres tipos, en cuenta las fotos.» (D. Liano, *el hombre de Montserrat*, 25) = CONSULTAS **(3) hacer de cuenta que.** fr. Considerar que –pop. (Bol. = Arg.): «Tampoco podía nadie aproximarse al precipicio; había que hacer de cuenta que se estaba lejos de él.» (J. Lara, *Yanakuna*, 13) = CONSULTAS

cuentero. m. **cuentero del tío.** fr. m. Persona que estafa con un embuste parecido al conocido en España como «timo de la estampita». (Arg.): «A continuación vi a los timadores o 'cuenteros del tío': exuberantes de palabra, elocuentes de mímica y fascinadores de ojos, trataban de embaucar (...).» (L. Marechal, *Adán Buenosayres*, 643) = GOBELLO = VERDEVOYE (quienes recogen **cuento del tío**)

cuento. m. **cuento del tío.** fr. m. Véase **cuentero* del tío.**

cuerazo. m. Véase **cuero.**

cuerda. f. **(1) cuerda -ita.** Pandilla de muchachos –a veces agresivos. (Ven.): « –Bien sabes tú que es de aquí, de la cuerda tuya, siempre jeringando en la plaza Lourdes y molestando a la gente.» (G. Meneses, *Campeones*, 23) = «(...) La Playita es de todos juntos; del grupo, de la cuerdita.» (G. Meneses, *Campeones*, 13) = TEJERA **(2) darle cuerda** (o: **cuerdilla**) a uno. fr. Coquetear, o aceptar los galanteos de un hombre. (CR): «(...) ella me daba cuerdilla, pero resulta que quién sabe quién le fue con el lenguazo de que yo era casado y entonces la bandida aceptó conversarle a Torcuato.» (M. Salguero, *Agencia de policía*, 30) = ARROYO = GAGINI (véase también **cuerdear**)

cuerdear (o: **cuerdiar**). tr. Seducir. (CR): «Pero me gusta trabajar de guarda en las fábricas, para cuerdiar chiquillas. Para hacerme lancecillos* cuando estoy trabajando.» (A. Chase, *Ella usaba bikini*, 70) = CONSULTAS (véase también **dar cuerda***)

cuereada. f. **(1)** fig. Paliza, derrota. (Méx. = Ec.): «–La verdad, sí somos desertores –dijo otro–: nos le cortamos* a mi general Villa de este lado de Celaya <ciudad del estado de Guanajato>, después de la cuereada que nos dieron. / –¿Derrotado el general Villa?... ¡Ja!, ¡ja!, ¡ja!... / Los soldados rieron a carcajadas.» (M. Azuela, *Los de abajo*, 127) = CORNEJO = SOPENA (quien recoge **cuerear** con el sentido de 'dar una paliza') **(2) ganar la cuereada.** fr. f. Vencer a un contendiente. (Ur.): «El Bonito no volvió al almacén. Esperó que yo me rindiera. No quise. En el tironeo pudo más el rencor (...) y le gané la cuereada.» (E. Estrázulas, *Pepe Corvina*, 114) = CONSULTAS

cuerno. m. Persona despreciable. (Ec.): «Si a mis padres algún día / Yo llegare a darles yerno, / No piense usted, mapa* cuerno, / Que el dichoso usted sería.» (J. L. Mera, *Cantares del pueblo ecuatoriano*, II, 104) = CONSULTAS

cuero. m. **(1)** Amante, barragana. (Ec., Ven. = Méx., CR y Bol.): «Yo tengo un cuero por allá. Ahora para el verano pienso ir y me lo robo y me lo traigo para hacerla mi moza acá. Buena hembra es.» (A. Pareja Diezcanseco, *Baldomera*, 191) = «–Yo vivo con un cuero. –¿Cómo es eso? –Que yo no soy casado...» (M. V. Romero, *Peonía*, 198) = SANTAMARÍA DGA = PAULOVICH = CONSULTAS **(2) cuero -azo.** m.; ú. t. c. adj. Dícese de una mujer muy atractiva, o/y de una mujer de placer. (Méx., Guat., El Salv. = Ec.): «¿Crees que no ven a tu hermano en los periódicos, diciendo, haciendo, viajando, acompañado de hombres ricos, de viejas* cueros?» (C. Fuentes, *La frontera de cristal*, 128) = «Cuando vamos por la calle, hay personas que se detienen para verla pasar, luego me ven a mí, con expresión intrigada, preguntándose seguramente: '¿cómo hizo este cabrón para agenciarse semejante cuerazo?'» (L. E. Rivera, *Velador de noche, soñador de día*, 109) = «Y va* de hablar paja*: de fútbol, de cueros y hasta de política...» (R. Dalton, *Pobrecito poeta que era yo...*, 61) = SANTAMARÍA DGA = JIMÉNEZ = VELASCO = CONSULTAS = CORNEJO **(3)** Latigazos. (Cuba, Ec.): «A las mujeres preñadas les daban cuero igual, pero acostadas boca abajo con un hoyo en la tierra para cuidarles la barriga. ¡Les daban una mano de cuerazos!» (M. Barnet, *Biografía de un cimarrón*, 36) = «–Dales **cuero** –respondíale Jorge al mayordomo– con éstos no hay otro remedio. Si no quieren de buenas, pues de malas. (...) Éstos son llevados por el mal y les gusta el rigor.» (J. R. Bustamante, *Para matar el gusano*, 44) = SANTAMARÍA DGA = MA-

TEUS **(4)** Piel de cerdo; se suele tomar en sopa, con patatas. (Ec.): «Limpiar el cuero, raspándolo con un cuchillo. Lavarlo.» (M. O. Fried, *Comidas del Ecuador*, 102) = CONSULTAS **(5) cuero del chivo.** fr. Piel de chivo sobre la que terminan las ceremonias de iniciación ñáñiga. (Cuba): «–Por el cuero del chivo, todos los hombres pueden ser hermanos.» (L. Cabrera, *La sociedad secreta abakuá*, 54) = CONSULTAS **(6) cuero** (o: **cuerito) de venado.** fr. Piel de cualquier animal que se utiliza en el campo como estera para dormir. (Ec.): «Ella lo único que quería era dormir con él en el mismo toldo*, sobre el mismo cuero de venado. (...) Acaso el cuerito de venado. Tal vez, la mujer. Quizá la caricia esperada.» (D. Aguilera Malta, *Don Goyo*, 62 y 12) = CONSULTAS **(7) bajarle los cueros al caballo.** fr. Desensillarlo, quitarle el apero. (Arg.): «Mi reservado* me costó un día de lucha, bellaqueando al menor descuido bajo el lazo, en una atropellada*, por cualquier motivo. Pero no le bajé los cueros ni el rebenque, hasta que lo rindiera al rigor.» (R. Güiraldes, *Don Segundo Sombra*, 170) = CONSULTAS **(8) con cuero.** fr. Véase **asado* con cuero. (9) no darle** a uno **el cuero para.** fr. No poder conseguir lo que se especifica por falta de medios o de fuerzas. (CR, Par. = Ur. y Arg.): «A Evans no le dio el cuero para explicar la cosa, se volvió a ver con Consuelo y ella asintió cerrándole uno de sus ojos hinchados de lágrimas.» (F. Contreras Castro, *Los Peor*, 238) = «Pero ni Funes ni yo éramos para el 'campo del honor' y tampoco nos daba el cuero para algo más que para una disputa verbal (...).» (A. Roa Bastos, *El baldío*, 166) = SANTAMARÍA DGA = MORÍNIGO **(10) ser el cuero flaco.** fr. Representar o constituir la materia más adecuada para conseguir algún fin. (Arg.): «(...) el gaucho es el cuero flaco, / da los tientos <las tiras de cuero> para el lazo.» (J. Hernández, *Martín Fierro*, II, 4.851-2) = CONSULTAS **(11) tener buen cuero.** fr. Ser hombre de pelo en pecho. (Arg.): « '¡Ah, gaucho!', me respondió, / ¿de qué pago será criollo? / Lo andará buscando el hoyo, / deberá tener güen cuero; / pero ande bala este toro / no bala ningún ternero'.» (J. Hernández, *Martín Fierro*, I, versos 1.395-1.400) = CONSULTAS

cuerpo. m. **echar cuerpo.** fr. Crecer. (CR = Méx. y Arg.): «(...) a mí, Dios no me dejó echar cuerpo. Una gran vaina <molestia>, no vaya a creer. Por eso, cuando la cosa se pone fea, pos*, tengo que ayudarme un poquito con la cruceta*.» (C. L. Fallas, *Gentes y gentecillas*, 304) = CONSULTAS

cuesco. m. Véanse **cuesquear** y **cuesquiza.**

cuesquear (o: **cuesquiar).** tr. Pegar a alguien dándole puñetazos en la cabeza. (Ec.): «Tuve que aguantarme las ganas de cuesquiarle al misho <blanco> grosero. / (...) cuesquiándole a mi gusto, tumbándole al suelo, pisotiándole <pisoteándole>, escupiéndole, bebiéndole la sangre» (G. A. Jácome, *Porqué se fueron las garzas*, 123 y 271) = CONSULTAS (véanse **cuesco** y **cuesquiza**)

cuesquiza. f. Serie de puñetazos en la cabeza, serie de cuescos*. (Ec.): «(...) del primer guañucta <puñetazo fuerte> le mandé al suelo y le di una buena cuesquiza.» (G. A. Jácome, *Porqué se fueron las garzas*, 123-4) = JARAMILLO DE LUBENSKY = CONSULTAS

cuesta. f. **hacérsele** (o: **ponérsele) cuesta arriba** algo **a** alguien. Ser difícil de creer. (Guat., CR): «Así lo consideraba Lucero el día de la fiesta de la echada del agua bendita en la casa y se le hacía cuesta arriba que aquella señora fuera la madre de su preciosa costilla, a quien los días de merecer, lejos de perjudicarla en el físico, resultaron mejorándola.» (M. A. Asturias, *Viento fuerte*, 21) = «(...) se me ponía cuesta arriba, aunque Clinton lo contara con mucha seguridad (...).» (F. Dobles, *Cuentos escogidos*, 17) = ARROYO

cuestión. f. Baratija o trasto pequeño. (Ch.): «–Parece de esas cuestiones que hay en las iglesias. / –¿Qué cuestiones, hija? / –Esas cosas coloradas con luz adentro. (...) / –(...) Yo sé de una casa donde venden cuestiones de segunda mano y son nadita de careros.» (J. Donoso, *El lugar sin límites*, 160-1) = CONSULTAS

cuete. m. **(1)** Castigo. (Perú): «(...) el borracho que la tenía abrazada me dijo: 'te voy a dar un cuete por insultar a la señora'. « (M. Vargas Llosa, *La ciudad y los perros*, 219) = BENDEZU **(2)** Revólver, o pistola. (Guat., Hond., CR = Méx.): «Él me contestó que ya había hecho correr a un par de asaltantes con sólo mostrarles el cuete.» (D. Liano, *el hombre de Montserrat*, 29) = «–(...) Por momentos sacaban a relucir sus hermosos cuetes, pavón de nácar. ¡Unas pistolas que se gastaban aquellos diablos, que daba gusto (...)!» (M. Funes, *Oro y Miseria*, 137) = «(...) los guardas bajando por todas partes, como perros, y con los cuetes en la mano.» (C. L. Fallas, *Gentes y gentecillas*, 227) = ARMAS = RUBIO = SANTAMARÍA DM = CONSULTAS = JIMÉNEZ **(3)** Pronunciación deformada de /cohete/. (Méx., Guat. = CR): «Usté vende sus cuetes y sus salpericos <saltapericos*> y la pólvora y con eso la va pasando.» (J. Rulfo, *El llano en llamas*, 134) = «(...) los cuetes al estallar en el cielo hacían Paj... paj (...).» (L. de Lion, *El tiempo principia en Xibalbá*, 23) = ARMAS = SANTAMARÍA DGA = ARROYO **(4)** m. Borrachera. (Méx. = Ur.): «(...) ¿dónde y por qué el poeta Fermín Valencia y el Licenciado Verdugo habían decidido pasar del grado alcohólico controlado en sus amores con Gay Lussac, al cuete declarado?» (P. I. Taibo II; *Sombra de la sombra*, 139-40) = SANTAMARÍA DGA = CONSULTAS = JIMÉNEZ **(5) al cuete.** fr. Inútil; inútilmente. (Ur. =

Arg.): «Era un matalobos o algo por el estilo. Repito que era un sujeto al cuete (...).» (E. Estrázulas, *Pepe Corvina*, 134) = CONSULTAS = GOBELLO **(6) alegre como un cuete.** fr. Alegre como unas castañuelas. (Perú): «A la salida nos esperaba el Rajas, alegre como un cuete. Fuimos a una chingana y ahí nos dijo: 'es el golpe del siglo'.» (M. Vargas Llosa, *La ciudad y los perros*, 289) = CONSULTAS

cuica. f. **(1)** Mujer paridora. (PR): «–¿Cuántos meses de encinta tienes? / Y la contestación, con naturalidad también: / –Uno, dos tres meses. / (...) –Eres una cuica. / –¿Qué le vamos a hacer? Dios lo manda.» (E. Laguerre, *La llamarada*, 97-8) = ÁLVAREZ NAZARIO **(2)** Comba –como en la fr. **brincar la cuica** 'saltar a la comba'. (PR = Rep. Dom.): «E importó luego, muy mucho, el estremecimiento del cuerpo, del cabello y del traje rojo al brincar la cuica.» (R. Marqués, *La víspera del hombre*, 113) = MALARET = MAURA = SANTAMARÍA DGA

cuidado -ito. (1) adv. Seguido del verbo en indicativo, es imper. neg. con valor de advertencia. (El Salv., Nic., CR = Perú y otros): «Cuidado me espanta las gallinas...» (M. Argueta, *Un día en la vida*, 51) = «(...) cuidado iba a atreverse.» (S. Ramírez, *Un baile de máscaras*, 37) = «Tenemos libertad de pensamiento, pero cuidado ataca usted las empresas extranjeras que nos explotan (...).» (H. Elizondo Arce, *La calle, Jinete y yo*, 102) = CONSULTAS = KANY **(2) con cuidado.** adv. Expresión de prohibición, advertencia o amenaza. (Guat.): « '¡Siguen tocando!', murmura la esposa (...). 'Sí, pero con cuidado quien abre!', le contesta el marido.» (M. A. Asturias, *El señor presidente*, 180) = CONSULTAS

cuja. f. **(1)** Cama de cierta elegancia y comodidad. (Arg. = Perú): «Muy delicao, dormía en cuja, / (...).» (J. Hernández, *Martín Fierro*, II, 3.761) = MALARET = MORÍNIGO **(2)** Cama ordinaria, o de mala calidad. (Arg.): «Lo mismo se dormía en una cuja de fierro que en cama de caoba y nada había mejor, reflexión hecha, más sano ni más higiénico, que el ejercicio a pie y el bravo puchero del país.» (E. Cambaceres, *En la sangre*, 216) = CONSULTAS = GOBELLO **(3) cuja camera.** fr. f. Cama ancha; cama para matrimonio. (Arg.): «(...) y si es lejos de camino, / como manda la prudencia, / más siguro <seguro> que en su rancho / uno ronca a pierna suelta, / pues en el suelo no hay chinches, / y es <el santo suelo> una cuja camera / que no ocasiona disputas / y que naides se la niega.» (J. Hernández, *Martín Fierro*, II, 4.563-70) = CONSULTAS

culea(d)o -a. p. adj. Escondido, tapado. (PR): «(...) los ritmos de este entierro son instantáneamente traducidos a música por el camión Z93, cuyo sistema de amplificación a *to' trapo* es capaz de *volarle los sesos al más culeao, vaya mi pana*, ¡que nota*!»* (E. Rodríguez Juliá, *El entierro de Cortijo*, 74) = CLAUDIO DE LA TORRE

culearse. prnl. tr. Follar –pop. (Bol. y otros): «La cocinera, una chola era, me trataba mal, carajo... Una noche me entré a su cuarto y me la culié a la fuerza ¡qué desgraciada!... Al día siguiente le avisó a la señora y el coronel me hizo encerrar en el calabozo...» (F. Medina, *Los muertos están cada día más indóciles*, 121) = CONSULTAS (HAENSCH y WERNER registran en Col., con el mismo sentido, la f. no prnl)

culebra. f. **(1)** Danza afrocubana de la época colonial. (Cuba): «Antes de recibir el aguinaldo se bailaba la Culebra: *Mamita, mamita, / Yén, yén, yén, / que me come la culebra, / yén, yén, yén. / Mentira, mi negra, / yén, yén, yén. / Son juegos e* <de> *mi tierra, / yén, yén, yén...*» (A. Carpentier, *Écue-Yamba-O*, 94) = CONSULTAS **(2) culebra de agua.** fr. Tormenta devastadora, tromba de agua. (Méx.): «(...) le tronó muy cerca de la cabeza uno de esos cohetones que usamos aquí para espantar las culebras de agua.» (J. Rulfo, *Pedro Páramo*, 20) = SANTAMARÍA DGA **(3) culebra puesta.** fr. Culebra que se coloca en un lugar adonde irá un enemigo, para que le muerda. (Ec.): «–(...) comprendí que era una culebra 'puesta' la que le había picado al viejo Cheme.» (N. Estupiñán Bass, *Cuando los guayacanes florecían*, I, 129) = CONSULTAS **(4) culebra sobadora.** fr. Culebra de unos dos metros de largo, no venenosa, que suele precipitarse desde lejos sobre el objeto que la irrita y fustigarlo con la cola. (Ven.): «–¡Jesús, niña! ¡Qué cosas dices! ¿Te has vuelto loca? –le reprendía la Culebra Sobadora.» (A. Arraiz, *Tío Tigre y Tío Conejo*, 26) = CONSULTAS **(5) como matar culebra.** fr. Sin lástima. (Guat.): «A éste sí que (...) lo agarraron como matar culebra: un navajazo en la boca y al basurero.» (M. A. Asturias, *El señor presidente*, 28) = CONSULTAS **(6) matar la culebra.** fr. Matar el tiempo, holgazanear. (CR = Cuba): «Me monté en la mula y me fui a hacer la ronda por la corta de fruta (...) y encontré a medio mundo matando la culebra. Los hombres arrojados en los callejones*, o platicando entre ellos que ni viejas de vecindario, o simplemente estando por ahí.» (F. Dobles, *Historias de Tata Mundo*, 204) = MALARET **(7) pasar las culebras** sobre o por algo. fr.; que pone de relieve la miseria de uno: las culebras pasan porque, no habiendo nada que guisar, el fogón está frío. (PR): «El hambre y la uncinariosis chupan en los exhaustos organismos. La miseria de los harapos denuncia la dolorosa tumidez*. Sobre las cenizas del fogón bien que pueden 'pasar las culebras'... ¡y ese llanto inquietante de una niñez desvalida!» (E. Laguerre, *La llamarada*, 169) = CONSULTAS **(8) peinar la culebra.** fr. Véase **matar la culebra.**

culén. m. Infusión hecha con las hojas de la albahaquilla de Chile. (Perú): «Al igual que las bestias, se le daba <al esclavo> ración contada y medida. Al levantarse, el culén o la yerba luisa y un bollo de pan, elaborado por el mismo esclavo, o traído de una tahona miserable.» (E. López Albújar, *Matalaché*, 20) = CONSULTAS

culero. m. El que va en la retaguardia. (Ur.): «–¿El viejo Farías anda de culero? –preguntó el interesado. –De ánde <cómo>, si no usa lazo desde hace años –aclaró el melenudo. (E. Amorim, *La carreta*, 121) = CONSULTAS

culiao (o: **culiado**) –por **culeado.** fr. de insulto, que significa 'jodidenculo'. (Ch.): «–Y esto, culiao. Este plan en clave.» (H. Valdés, *Tejas Verdes*, 17) = CONSULTAS

culimelón. m. Véase **culivicente.**

culiverde. m. Mancha oscura en el trasero, que indica el origen indoamericano de una persona. (Ec.): «(...) hacen quedar mal con cerdas tan*, con culiverdes tan, con tufo de indio tan.» (G. A. Jácome, *Porqué se fueron las garzas*, 234) = CONSULTAS (véanse también **culo* verde**, **indio* verde** y **verde**)

culivicente (o: **culimelón**). m. Media voltereta que se da apoyando la cabeza en el suelo y echando la espalda hacia adelante hasta quedar tendido boca arriba; trepa. (PR): «–(...) Usté ha hablado ahí de Grecia, de Roma y hasta de un tal Espartaco, de gimnasia sueca, (...) pero ¡ay bendito!, usté no se ha hecho ahí ni siquiera un CULIVICENTE...» (A. Díaz Alfaro, *Terrazo*, 86) = CONSULTAS = MAURA = ÁLVAREZ NAZARIO

culo. m. **(1) culo verde.** fr. Cierta mancha oscura en el trasero, que indica el origen indoamericano de una persona. (Ec.): « '¡Por tu madre <indígena>! Ella es la causa de tu viscoso acholamiento* de siempre... De tu mirar estúpido... De tus labios temblorosos cuando gentes como yo hurgan en tu pasado... De tus manos de gañán... De tus pómulos salientes... De tu culo verde... No podrás nunca ser un caballero...' fue la respuesta de Majestad y Pobreza.» (J. Icaza, *El Chulla Romero y Flores*, 21) = CONSULTAS (véanse también **culiverde**, **indio* verde**, y **verde**) **(2) echar culo.** fr. No tener suerte –dícese cuando la taba cae mal. (Nic. = Ur. y Arg.): «Tahúr empedernido, tras perder en el juego las riquezas de su esposa Tadea Toribio, había terminado por jugarla a ella misma a la taba. Echó culo, y también la perdió.» (S. Ramírez, *Un baile de máscaras*, 53) = CONSULTAS **(3) pelarse el culo por.** fr. Afanarse mucho por hacer algo, desvivirse por. (Arg.): «Los investigadores de mañana –sentenció el astrólogo con modestia– se pelarán el culo por desentrañar el sentido admirable que se oculta en estas fabulitas.» (L. Marechal, *Adán Buenosayres*, 545) = CONSULTAS **(4) sacarle el culo a la jeringa.** fr. Eludir o esquivar un trabajo, riesgo o compromiso. (Ur.): «Me atendió no sé quién que dijo ser un cartógrafo y deslindó toda responsabilidad sobre el acontecimiento. Tranquilamente, como dice la gente vulgar, 'le había sacado el culo a la jeringa'.» (E. Estrázulas, *Pepe Corvina*, 137) = CONSULTAS

culona. f. Máscara burlesca propia de ciertas comparsas, y que el Día de Reyes recorría las calles de ciertas ciudades coloniales. (Cuba): «Pero las negradas del campo ignoraban los esplendores de la Fiesta de Reyes, que sólo se celebraba dignamente en las ciudades. Ese día las calles eran invadidas por comparsas lucumíes, de congos y ararás, dirigidas por diablitos, peludos, reyes moros y 'culonas' con cornamentas.» (A. Carpentier, *Écue-Yamba-O*, 94) = «Los días de fiesta, 'de fiesta entera' eran numerosos. Quedó como la más famosa e inolvidable para los negros viejos, la del Día de Reyes (...). 'A las doce, primero los Congos Reales, luego los lucumí con la Culona al frente que bailaba delante de todos ellos... por eso quedó el dicho de parece una culona en Día de Reyes, para criticar a una mujer gorda, y después seguían los arará, los mandinga, los carabalí, los makuá, los gangá, los mina'.» (L. Cabrera, *Reglas de Congo*, 93-4)) = CONSULTAS

culto -a. adj. Educado -a. (CR): «(...) como a toda persona culta le disgusta hablar de estas cosas.» (C. L. Fallas, *Gentes y gentecillas*, 190) = «Sea culto: no escupa en el bus.» (rótulo) = CONSULTAS

cultura. f. Educación, buenos modales. (CR): «¡Y viera usted qué cultura, qué trato, qué fineza de criatura!...» (C. L. Fallas, *Gentes y gentecillas*, 190) = «Muestre su cultura: no tire papeles al suelo» (rótulo) = «Muestre su cultura: escupa por la ventana» *[sic.]* (letrero de un autobús)

cumanana. f. Cierta música y canción popular elegíaca. (Perú): «Y había que verle entonces (...) guitarra en mano y con los ojos entornados al son de una quejumbrosa cumanana.» (E. López Albújar, *Matalaché*, 75) = CONSULTAS

cumananero. m. Músico y cantador popular, tocador de cumananas*. (Perú): «(...) sus manos y su voz y su habilidad de *cumananero* habían logrado vencer no sólo a él sino también a su amo (...).» (E. López Albújar, *Matalaché*, 195) = CONSULTAS

cumplimiento. m. Bohío de un curandero, que le servía para curar enfermos. (Cuba): «Recorriendo la Isla, en Manzanillo, visitamos en las afueras de la población, el lugar, *Los Leteros*, donde, hospitalizados sus clientes en bohíos, realizaba curas portentosas solamente con agua <de mar>, un francés,

M. Lavier. A aquellos bohíos se les llamaba 'cumplimientos'. Acudían fieles y enfermos de todas las provincias de Cuba (...).» (L. Cabrera, *La medicina popular de Cuba*, 139) = CONSULTAS

cuna. f. Baile de gente de color. (Cuba): «El baile, conocidamente era uno de los que, sin que sepamos su origen, llamaban *cuna* en La Habana. Sólo sabemos que se daba en tiempo de ferias, que en ellos tenían entrada franca los individuos de ambos sexos de la clase de color, sin que se le negase tampoco a los jóvenes blancos que solían honrarlos con su presencia.» (C. Villaverde, *Cecilia Valdés*, 17-8) = «Y había (...) los bailes de Cuna en los que confundidos los blancos –'niños', a menudo de buenas casas–, mulatos y negros, se extasiaban en lentas ondulaciones o se movían a compás de un ritmo vivo y candente.» (L. Cabrera, *Reglas de Congo*, 100) = PICHARDO

cuña. f. Mujer. (Bol. = Par.): «–Este lugar se llama 'Arriba las polleras'; porque esas 'cuñas' (mujeres) muestran la carne a todos los barcos. Es una costumbre de hace poco, desde la guerra.» (A. Guzmán, *Prisionero de guerra*, 111) = MUÑOZ REYES

cuque. m. Soldado o militar –desp. (Guat.): «(...) medio saludó a los cuques que se cuadraban a su paso. (...) / Los cuques que montaban guardia ya lo conocían, pues en no lejano tiempo había sido su instructor.» (D. Liano, *el hombre de Montserrat*, 14 y 90) = «(...) culatazo de cuque: chivatos, esbirros, hijos de perra.» (M. A. Flores, *Los compañeros*, 48) = ARMAS = RUBIO = SOPENA

cuqueo. m. Preparación de la droga. (PR): «Si nos salimos de los cursos de Literatura Puertorriqueña y del manual de Manrique Cabrera, Lloréns Torres <barrio muy popular de San Juan> significa *teca**, *tumbe**, Marvin Santiago (...) *cañona**, *cuqueo*, *grilla**, *perico** y las terribles marcas de los *alacranes**.» (E. Rodríguez Juliá, *El entierro de Cortijo*, 13) = CONSULTAS

curado -a. p. adj. Borracho, ebrio. (Bol. = Arg.): «Uáh! ¡Estás curado!... / –No, Solica, no he tomado nada <no he bebido ningún licor>.» (F. Medina, *Los muertos están cada día más indóciles*, 37) = MUÑOZ REYES = GOBELLO = CONSULTAS

cureña. f. Carreta sin adrales, para acarrear trozos de madera, o féretros. (CR = Arg.): «(...) pasaba yo con mi cureña (...), cargando algún tablón de cedro (...).» (F. Dobles, *Historias de Tata Mundo*, 164) = SANTAMARÍA DGA = CONSULTAS

curiela. f. Mujer paridora. (Cuba): «Pues bueno, si la negra no paría como a ellos se les antojaba, la separaban y la ponían a trabajar en el campo otra vez. Las negras que no fueran *curielas* estaban perdidas, porque tenían que volver a pegar el lomo.» (M. Barnet, *Biografía de un cimarrón*, 35) = PICHARDO = SANTIESTEBAN

curiosear. tr. Mirar con interés. (CR, Ven.): «Curioseó por unos momentos el cielo raso, luego las paredes (...).» (F. Dobles, *Cuentos escogidos*, 51) = «Cuando ponía sus huevos, su marido se los colocaba sobre el lomo. Entonces la espalda se le hinchaba, formando una especie de celdillas donde los incubaba, y al poco tiempo los muchachos de la escuela venían a curiosear el extraño espectáculo de una multitud de Pipitos*, de color aceitunoso, saliendo, al parecer, del dorso de la madre.» (A. Arraiz, *Tío Tigre y Tío Conejo*, 48-9) = CONSULTAS = SANTAMARÍA DGA

curiquingue. m. **(1)** Juego que consiste en coger con los dientes un pilche de chicha que está en el suelo, y a veces en beberse su contenido sin regarlo. (Ec.): «Las Colinas Rojas, en donde los fuegos fatuos juegan al curiquingue por las noches.» (E. Gil Gilbert, *La cabeza de un niño en un tacho de basura*, 56) = CARVALHO-NETO **(2)** Nombre con el que se designa a los negros –pop. (Ec.): «Después oí pas!... pas!... pas!.... Era er <el> negro que se iba. (...) Bueno, en cuanto er <el> curiquingue se jué <fué>, busqué la manga con ansia y me hice humo.» (J. A. Campos, *Linterna mágica*, 64) = CONSULTAS

currar. tr. Estafar; sablear. (Arg.): «(...) no te queremos currar.» (R. Tizziani, *Noches sin lunas ni soles*, 37) = GOBELLO = CONSULTAS

curro. m. **(1)** Originario de Andalucía y, por extensión, persona elegante y a veces afectada, señorito. (Méx. = Cuba): «–¿De veras, curro?... Mire, si me hace esa valedura*, pa usté es el reló con todo y leopoldina de oro, ya que le cuadra tanto.» (M. Azuela, *Los de abajo*, 96) = SANTAMARÍA DGA = PICHARDO = SANTIESTEBAN = CONSULTAS **(2)** Joven currutaco, muchas veces de color, que vivía de robos y picardías. (Cuba): «Trazamos ahora aquí con brocha gorda, la vera efigie de un *curro* del Manglar, en las afueras de la culta Habana, por aquella época memorable de nuestra historia. No es nuestro original el majo que viste traje andaluz. Es, ni más ni menos, el negro o mulato joven, oriundo del barrio dicho o de otros de la misma ciudad, matón perdulario, sin oficio ni beneficio, camorrista por índole y por hábito, ladronzuelo de profesión, que vive de la rapiña y que desde su nacimiento parece destinado a la penca, al grillete o a una muerte violenta.» (C. Villaverde, *Cecilia Valdés*, 246) = CONSULTAS

currutaco -a. m. y f.; ú. t. c. adj. Niño, muchacho; bajito –y, a veces, rechoncho. (Ven. = Col.):

«–¡Cará!... ¿no es la hermana aquella de Teodoro? Aquella currutaquita flacuchenta...» (G. Meneses, *Campeones*, 31) = TEJERA = HAENSCH y WERNER (quienes lo registran c. adj.)

cursoria. f. Cierta ave tropical. (PR): «Todo quedó en el quietismo <inercia>. Sólo alguna cursoria aleteó en el aire para caer después al suelo y entregarse al cucaracheo asqueroso de caza nocturna.» (M. Zeno Gandía, *La Charca*, 70) = CONSULTAS

curul. f. Escaño de diputado. (CR = Nic. y Col.): «(...) los mismos que pregonaron la infamia en las tribunas y propiciaron la injuria, el insulto o la calumnia, ahora desde una curul del parlamento, más maduros o más hipócritas, rectificaban la montaña de conceptos con que embaucaron al pueblo (...).» (H. Elizondo Arce, *Adiós Prestiño*, 92) = CONSULTAS = RABELLA y PALLAIS = HAENSCH y WERNER

cusca (o: **cuzca**). f. Prostituta disimulada, cortesana; procede al parecer de *cuscuta*, planta parásita y chupadora. (Méx.): «Y ésta debió morir en su cama, porque era lo que más usaba en la vida. (...) Y la gringa que quería dejar su vida de cuzca (...).» (R. Bernal, *El complot mongol*, 144) = «A los diecinueve años, en riña, mató a un rival en amoríos por culpa de una cuzca que trabajaba en un congal <prostíbulo> en Lagos de Moreno.» (J. García Ordoño, *Tres crímenes y algo más*, 66) = SANTAMARÍA DGA = MEJÍA PRIETO = JIMÉNEZ

cuy. m. **exprimirse los cuyes de las manos.** fr. Hacer crujir las articulaciones de los dedos al apretarlos, sacar mentiras. (Ec.): «(...) yo sí me doy cuenta porqué <por qué> me exprimo los cuyes de mis manos, porqué <por qué> hay días que paso como gusano en candela, y cuando no (...) puedo aguantarme, vuelo a Quito.» (G. A. Jácome, *Porqué se fueron las garzas*, 14) = CONSULTAS

cuya. f. Hembra del cuy; mujer que tiene muchos hijos. (Ec. = Col.): «La mujer de blusa blanca y falda azul (...) cantó sola: / *Ya parió la cuya / debajo' el fogón / un hijo tan blanco / color del carbón.*» (A. Ortiz, *Juyungo*, 37) = MATEUS = HAENSCH y WERNER

cuzca. Véase **cusca.**

Ch

Chacal (**El,** o: **El Chacalote**)**.** m. Apodo del general Carlos Arana Osorio, presidente electo de Guatemala de 1970 a 1974 –ú. m. la forma no aumentativa. (Guat.): «García apagó el televisor. Su mujer se volteó*, furiosa. / –¿Bueno, vos? –le reclamó. / –No me vayas a decir que querés oír al Chacalote.» (D. Liano, *el hombre de Montserrat,* 80) = CONSULTAS

chacalín (o: **chacalincito**)**.** m. Niño. (CR): «Ella lo hace y lo hace mi hija Mercedes, y el chacalín lo hace porque entodavía no es hombre.» (F. Dobles, *Cuentos escogidos,* 13) = «Había una vez unos chacalincitos que quedaron huérfanos de padre y madre (...).» (C. Lyra, *Cuentos de mi tía Panchita,* 91) = GAGINI = ARROYO = QUESADA = CONSULTAS

Chacalote (el). m. Véase **Chacal.**

chácara (o: **chacarita**)**.** f. Huerta o terreno cultivado. (Par. = Nic. y Bol.): «Nuestra chacarita de Limpio cada vez es más chica porque hay más que comemos <somos más los que comemos> y la tierra no crece.» (A. Roa Bastos, *Hijo de hombre,* 207) = MUÑOZ REYES = RABELLA y PALLAIS (véase también **chacra**)

chacón -a. adj. Flaco, enjuto; ú. sobre todo para los animales. (Arg.): « '(...) comenzaron a ponerse chacones de hambre y fueron muriendo.'» (R. Güiraldes, *Don Segundo Sombra,* 149) = CONSULTAS

chacotón -a. adj. Chacotero. (Arg. = Ur.): «(...) numerosos grupos de vecinos se formaban, alegres, chacotones los hombres, las mujeres azoradas, cuchicheando.» (E. Cambaceres, *En la sangre,* 68) = VERDEVOYE = MORÍNIGO

chacra. **(1)** f. Sembrado, sementera. (Ec., Perú, Par. = Ch. y otros): «Pisotea las chacras, hunde los pies en los lodazales y, jadeando, sin querer avanzar más, se detiene, resignado (...).» (E. Cárdenas, *Juego de mártires,* 42) = «Entre alfalfares, chacras de trigo, de habas y cebada, sobre una lomada desigual, está el pueblo.» (J. M. Arguedas, *Yawar Fiesta,* 7) = «(...) para esa hora temblorosa del alba, también las mujeres, los viejos y los chicos se van a las chacras, a los plantíos, al corralón del faenamiento.» (A. Roa Bastos, *Hijo de hombre,* 63) = MATEUS = VERDEBOYE = SOPENA (véase también **chácara**) **(2)** m. Joven tímido, rústico, sin ambiciones e inútil o inhábil. (Bol.): «Hola Abel –le dijo el Remy cuando salió del ascensor–, quieres jugar pinpon. Yo ya me he cansado. El pensó 'Estos chacras' y no dijo nada.» (R. Poppe, *Desde las calles,* 25) = PAULOVICH = MUÑOZ REYES (véase también **tiro**)

chacha. adj. f. Chirle. (CR = Nic.): «La verdad era que lo que vendía este hombre no era café, sino agua chacha.» (C. Lyra, *Cuentos de mi tía Panchita,* 40) = GAGINI = CONSULTAS = RABELLA y PALLAIS (quienes escriben **aguachacha**)

chacharse. prnl. intr. Véase **chachón.**

chachón -a. m. y f. Alumno que hace novillos. (Bol.): «Prometió ayudarme y lo primero que hizo fue aconsejarme que asista a clase, que no sea un chachón por una cosa así.» (R. Poppe, *Después de las calles,* 88) = CONSULTAS = PAULOVICH (quien recoge el verbo **chacharse** con el sentido de 'hacer novillos')

chafarote. m. Militar de alta graduación y de poca cultura. (Guat. = Hond. y Col.): «(...) una huelga revolucionaria, como la que nosotros planeamos, nada tiene que ver con polizontes y chafarotes que por insurreccionados que parezcan, siguen en el fondo siendo lo que son, representantes natos de la opresión del pueblo.» (M. A. Asturias, *Los ojos de los enterrados,* 214) = MALARET = HAENSCH y WERNER

chagra. **(1)** m. Individuo que no ha nacido en Quito, ni en la Provincia del Pichincha; provinciano. (Ec.): «Desde luego se vislumbraba que era estudiante de Provincia, chagra. (...) Unos dicen que es **morlaco***, otros que riobambeño: de **onde tamién** será, no sé.» (R. Andrade, *Pacho Villamar,* 12) = «Para los demás universitarios, Roberto era un **chagra** pesado de ademanes y falto de gracia, y los otros empleados del Ministerio le miraban con cierto despego por encontrarle incivil y seco en su trato.» (J. R. Bustamante, *Para matar el gusano,* 137) = «El chofer <taxista>, buen catador de chagritas, aprovechó el inocente placer del provinciano, cobrándole más de la cuenta por su paseo nocturno por las soledosas calles de la Capital.» (M. Corylé, *Gleba*, 127) = TOBAR GUARDERAS **(2)** m. Mestizo del campo, cholo. (Ec.): «(...) al <mestizo> del campo se le llama chagra.» (J. L. Mera, *Cantares del pueblo ecuatoriano*, I, 92, n. 1) = «–Un chagra de esos mal amansados. Un tal Epaminondas Londoño dicen que es el que les azuza a los runas <indígenas>. –Mentira, cholito*. –¿Cómo, pes, un cholo ha de querer pelear con don Pablo Solano del Castillo?» (J. Icaza, *En las calles*, en: *Obras Escogidas*, 370) **(3)** adj. De mal gusto, grosero, rústico, aplicado a cosas o a personas. (Ec.): «Es cosa chagra.» (J. L. Mera, *Cantares del pueblo ecuatoriano*, I, 117) = «–Que brinde pronto! No sea chagra, Aurelio!» (G. H. Mata, *Sumag Allpa*, 39) = TOBAR GUARDERAS

chagrillo. m. Mezcla de pétalos de flores silvestres variadas (o de papel picado) que se arroja sobre estatuas religiosas o miembros de una procesión en días de fiesta –puede usarse metafóricamente. (Ec.): «La banda <de músicos> se acercaba por momentos. Pasó por fin y se detuvo ante una casa blanca de la otra esquina, donde se fue alineando, mientras caían ya sobre los instrumentos las primeras flores del 'chagrillo'.» (A. Cuesta, *Los hijos*, 194-5) = «Me caía chancha* su pinta de soldadito de plomo (...) y ese chagrillo de medallas llenando el pecho heroico.» (G. A. Jácome, *Porqué se fueron las garzas*, 63) = TOBAR DONOSO = MATEUS = JARAMILLO DE LUBENSKY

chaguarazo. m. Latigazo (se hacen látigos con las fibras de la planta textil llamada cháguar). (Arg.): «El de ajuera <afuera> repitió / dándole otro chaguarazo (...).» (J. Hernández, *Martín Fierro*, II, versos 2.463-4) = CONSULTAS

chairar. tr. Afilar un cuchillo en la chaira. (Arg. = Ur.): «(...) / alguien chaira en los rincones / el rigor de la guadaña / y anda un algo cerca'el <cerca del> catre / olfatiándome <olfateándome> el cajón.» (A. M. Podestá, «Como abrazao a un rencor», en: J. Barreiro, *El Tango*, 165) = VERDEVOYE = MORÍNIGO

chala. **(1)** f. Acción de recoger las espigas que quedan o han caído en la siega. (Ec.): «–Este maíz cuesta mucho, barajo*! (...) –Busca a ver si han robado más. (...) Con el puño de plata de su látigo, fue golpeando el seno de las hembras (...). Los hombres se palpaban, con rudeza agresiva, sus calzones, sus cotonas, a que el amo constatase que no tuvo efecto la chala.» (G. H. Mata, *Sumag Allpa*, 35) = VÁZQUEZ **(2)** adj. inv. que se aplicaba a ciertos negros particularmente orgullosos de su origen africano. (Perú): «(...) ese negro chala de mis pecados. / ¿Qué es eso de chala? / –Que no es congo, ni mina*, ni carabalí, ni mandinga, sino otra casta.» (E. López Albújar, *Matalaché*, 36) = CONSULTAS

chaladora. f. Espigadora. (Ec.): «Matías iba y venía, (...) vigilando que se tuviesen a cierta distancia las **chaladoras**, que (...) seguían a los trabajadores, ansiosas de recoger alguna mazorca (...).» (M. A. Corral, *Las cosechas*, 173) = CONSULTAS

chalán. m. Empleado de hacienda, cuyo trabajo consiste no sólo en comprar caballos, sino sobre todo en amansarlos; hace las veces también de veterinario. (Ec. = Col.): «Uno de ellos, don José María, era un afamado chalán: nadie mejor que él para desbravar un potro, sacarlo *al paso-y-pasollano*, y dejarle la boca 'echa <hecha> una seda' de suave para la rienda.» (B. Carrión, *Por qué Jesús no vuelve*, 12) = «El primer fracaso de Lamparita como chalán fue al domar a Escorpión. Lo montó a pelo de un salto. Escorpión corcoveó. (...) Se puso a dar vueltas como carrusel, hasta que, levantando las patas de atrás, echó por la cabeza al jinete.» (A. Pareja Diezcanseco, *Baldomera*, 52-3) = «Al curar caballos, antes que el veterinario llegara al medio campesino, <el chalán> combatió el torzón, realizó sangrías para evitar el muermo seco, luchó contra el aristín, la matadura, el hormiguero y el haba de las acémilas estropeadas. (...) En el Ecuador, el chalán desempeñó todas estas tareas: comprador de caballos, amansador y veterinario, según los casos y las circunstancias.» (A. y P. Costales, *El Quishihuar*, II, 59) = MATEUS = CORNEJO = HAENSCH y WERNER

chalar. tr. Espigar –voz de origen quichua. (Ec.): «Dieron volteretas en la calcha* las dentaduras redondas del maíz chalado. –Ya ves, ladrona! 4 mazorcas te estabas robando!» (G. H. Mata, *Sumag Allpa*, 35) = CONSULTAS = CORDERO

chaleco. m. En la Sierra ecuatoriana (provincias del Pichincha y de Imbabura), mestizo biológico y cultural de la clase media urbana, que vestía con una pulcritud algo ostentosa. (Ec.): «Con los años recibió también <el chupa*> el mote de Chaleco. (...) Integraban una categoría social intermedia.» (A. y P. Costales, *Katekil*, 235) = CONSULTAS

chalo. m. Mestizo. (Perú): «Es el sitio de los mestizos; ni comuneros ni principales, allí viven los 'chalos', las tiendas son de las mestizas que visten percala y se ponen sombrero de paja.» (J. M. Arguedas, *Yáwar Fiesta*, 9) = CONSULTAS

chalupa. m. Cierto juego. (Nic.): «Después se iba Auristela *la Sirena* a abrir su salón de chalupa donde ella misma cantaba las figuras que los jugadores se ocupaban en señalar con granos de maíz en sus tablillas (...).» (S. Ramírez, *Un baile de máscaras*, 93) = RABELLA y PALLAIS

chamarra. f. **(1)** Chaqueta; puede ser de hombre o de mujer, y tiene generalmente un cierre de cremallera. (Méx., Guat., Bol.): «Demetrio también vestía de gala: sombrero galaneado, pantalón de gamuza con botonadura de plata y chamarra bordada de hilo de oro.» (M. Azuela, *Los de abajo*, 89) = «El general Eusebio Canales, alias Chamarrita, abandonó la casa de Cara de Ángel con porte marcial (...).» (M. A. Asturias, *El señor presidente*, 62) = «Pablo se coloca la sobaquera*, mete el revólver dentro de ella, escoge una chamarra ancha y pregunta por la labor realizada en la tarde.» (R. Poppe, *Después de las calles*, 97) = SANTAMARÍA DGA = MUÑOZ REYES **(2)** Manta de cama, las más de las veces de lana burda. (Guat., Hond. = Méx., Nic. y otros): «(...) antes de dormir cada uno rezaba sus oraciones, se envolvía en su respectiva chamarra, se persignaba, daba las buenas noches (...).» (L. de Lion, *El tiempo principia en Xibalbá*, 22) = «Fuese después a nuestro dormitorio a traer mis chamarras (...).» (M. A. Rosa, *Tío Margarito*, 147-8) = ARMAS = SANTAMARÍA DM **(3)** Engaño, mentira. (Méx. = Guat. y Ven.): «A una mujer no se le escapan los secretos de otra. Lo que sucede es que todas se tapan bajo la misma chamarra.» (R. Castellanos, *Balún-Canán*, 169) = MALARET = SANTAMARÍA DGA = RABELLA y PALLAIS

chamarrear. tr. Engañar, estafar. (CR = Nic. y Am. Cent.): «Tío Tigre le dijo: –Bueno, tía Zorra, cuidado* me va a chamarrear, porque entonces usté también sale rascando*.» (C. Lyra, *Cuentos de mi tía Panchita*, 154) = MALARET = RABELLA y PALLAIS = SOPENA

chamba. f. **(1)** Charca, poceta. (Ec. = Col.): «Pero no eran melones sino talambos venenosos los que caían de vez en cuando sobre las chambas tibias, plisando su superficie y turbando el reposo de los renacuajos y las cucarachas de agua.» (A. Ortiz, *Juyungo*, 21) = CORNEJO = MORÍNIGO = SOPENA **(2)** Vino sagrado, utilizado en ceremonias congas para consagraciones rituales. (Cuba): «Hay vela, pues nunca se hace un trabajo* a oscuras; ya sabemos, ella le alumbra al muerto. Tabaco, la botella con chamba (...), un cuchillo, el yeso para hacer las patipembas <dibujos rituales>, las firmas (trazos mágicos) 'y en un pomo el café inglés*, fula, la pólvora'.» (L. Cabrera, *Reglas de Congo*, 155) = CONSULTAS **(3)** Herida o corte profundo en la cabeza o en la cara. (Col.): «A bolillo <porrazos> y patadas les ocasionaron heridas en la cabeza y el cuerpo; alcancé a verle tremenda chamba a 'Trotamundo'.» (M. S. Rico Sanín, *El delito de existir*, 73) = CONSULTAS = HAENSCH y WERNER

chamberga. f. Tipo de galleta. (Hond. = Nic.): «También mi abuelo era aficionado a las chamberguitas de donde las Padilla, las que no faltaban en la mesa, siendo el café negro la nota final.» (M. A. Rosa, *Tío Margarito*, 43) = RABELLA y PALLAIS

chambergo -uito. m. Sombrero blando, de fieltro o, a veces, de paja; no siempre es de ala ancha. (Ur., Arg.): «Matacabayo olfateó el altercado. La velada de sus secuaces carecía de la alegría habitual. Buscó los tres rostros. No pudo explorar el de Carlitos, oculto bajo el ala del chambergo.» (E. Amorim, *La carreta*, 125) = «¡(...) si el general era un rotoso paisano, con un chambergo de paja sucia y un poncho que ya había olvidado el color simbólico!» (E. Sábato, *Sobre héroes y tumbas*, 557) = «Para conversar mejor habíase echado para atrás el chambergo de ala escasa (...).» (R. Güiraldes, *Don Segundo Sombra*, 19) = SANTAMARÍA DGA = VERDEVOYE = CONSULTAS

chambón. m. **chambones.** pl. Zapatos toscos. (PR): «–(...) No sé pa qué carajo tié <tiene> uno que usar chambones.» (R. Marqués, *La carreta*, 29) = CONSULTAS = MALARET = MORÍNIGO

chambre. m. Rumor, chisme. (El Salv.): «En los días siguientes acampamos en muchos lugares y cumplimos muchas tareas, hasta que corrió el chambre de que nos íbamos a Chalate <Chalatenango>.» (F. Metzi, *Por los caminos de Chalatenango*, 120) = «Han de ser chambres. Nadie ni nada en el mundo tiene diez millones de kilómetros cuadrados.» (R. Dalton, *Pobrecito poeta que era yo...*, 187) = CONSULTAS

chamico. m. Filtro de amor hecho con la planta del mismo nombre; se usa sobre todo en la expresión **dar chamico** con el sentido de 'hechizar', 'seducir'. (Ec., Perú = Méx., Ur. y Arg.): «¿Le habrán dado chamico? (...) Que se tome la contra, pes. Infusión de ashcomicuna y hierba de olvido.» (J. Icaza, *El Chulla Romero y Flores*, 56-7) = «Era Pis-pis, un huanuqueño <vecino de Huánuco> que visitaba Rancas todos los años ofreciendo mercaderías raras: cinturones magnéticos, ungüento contra la brujería, jarabe de chamico para fascinar a los hombres, pomadas contra las pesadillas.» (M. Scorza, *Redoble por Rancas*, 91) = MALARET = SANTAMARÍA (véase también **chamiqueada**)

chamiqueada. f. Filtro de amor; sortilegio. (Ec.): «José no sabía precisar de dónde brotaba la dulzura en la que moraba la religiosa, si de las alas de su toca o de las eses antioqueñas. Ésa fue la primera chamiqueada bajo la cual cayó.» (G. A. Jácome, *Porqué se fueron las garzas*, 134) = CONSULTAS (véase también **chamico**)

champa. f. Choza de palmas; por extensión, construcción rústica, albergue provisional. (Guat. = Hond.): «Era una champa como todas, con techo de palmas y paredes de tablones puestos a la buena de Dios (...).» (D. Liano, *el hombre de Montserrat*, 126) = RUBIO = CONSULTAS

champandongo. m. Guiso a base de carne picada, queso, almendras y otros ingredientes. (Méx.): «Lanzó un grito de rabia y prosiguió como si nada con la preparación del champandongo.» (L. Esquivel, *Como agua para chocolate*, 105) = CONSULTAS

champurrada. f. Pan dulce, redondo y aplanado, rayado en la parte superior; se prepara con harina, mantequilla, azúcar y huevo; se le salpica con granos de ajonjolí antes de hornearlo. (Guat.): «Estaba en lo mejor de la taza de café con champurrada, contándoles a los otros su historia de esa mañana (...).» (D. Liano, *el hombre de Montserrat*, 16) = ARMAS = RUBIO

champús. m. Bebida hecha con maíz o arroz fermentado; se la endulza, y se puede también aromatizarla o hasta acedarla. (Perú = Col. y Ec.): «(...) había agasajado (...) a sus compañeros de esclavitud, con una cena abundante, rociada de guarapo, champús y chicha.» (E. López Albújar, *Matalaché*, 170) = SANTAMARÍA DGA = HAENSCH y WERNER

chamusca. f. Pelea, reyerta, riña. (Ec. = Nic.): «¡Cuándo habrá otra 'chamusca' como la que hicimos con el coronel Concha! ¡Hace falta ya!» (N. Estupiñán Bass, *Cuando los guayacanes florecían*, II, 83) = CONSULTAS = RABELLA y PALLAIS

chamusquina. f. Chiquillería. (CR): «Vienen detrás de los novios / invitados, parentela / y después la 'chamusquina' (...).» (A. J. Echeverría, *Concherías*, 62) = QUESADA = MORÍNIGO

chana. f. Trampa, embuste. (CR): «(...) ando limpio pero a la salida del brete* jalo* directo pal bar fuera de chana yo breteo* todos los días en serio máes* necesito ver esos pesos.» (R. Arias, *El emperador Tertuliano...*, 38) = QUESADA = CONSULTAS

chance. m.; ú. t. a veces c. f. **(1)** Oportunidad, ocasión, suerte; número premiado en un sorteo. (Cuba, Méx., Guat., El Salv., Hond., CR, Pan., Ch. = PR, Ven., Col. y Ur.): «(...) le pedía a la vida otra oportunidad, un nuevo chance, un chancecito para hacer siquiera algunas de las millones de cosas que había quedado debiendo (...).» (J. Díaz, *Las iniciales de la tierra*, 267) = «(...) no tenía el menor chance de obtener una autorización para conocer su alma gemela.» (L. Esquivel, *La ley del amor*, 63) = «Por mí ya se podían haber ido; de joven uno, es mejor probar suerte donde hay chance y no quedarse igual a nosotros, que no pasamos de zopa <buitre> a gavilán (...).» (M. A. Asturias, *Viento fuerte*, 71) = «Manda a decir el Coronel que te va a dar un chance de salvar la vida.» (R. Dalton, *Poesía escogida*, 494) = «–(...) En cuanto lo veamos: ¡fuego con él! ¡No hay que darle chance de que saque pistola ni menos el fusil!» (R. Amaya Amador, *Destacamento Rojo*, 343) = «(...) nos jugamos el chance de que todo se quede así (...).» (C. L. Fallas, *Gentes y gentecillas*, 319) = «Yo te di un chance a ti pero me fallaste de nuevo.» (Rubén Blades, canción «No hay chance») = «Un chileno tenía mejores *chances* de pasar inadvertido (...).» (L. Sepúlveda, *Nombre de torero*, 193) = «Ramón se había enterado que <de que> un misterioso prentendiente con más chances que las suyas se perfilaba en el horizonte (...).» (I. Allende, *Paula*, 58) = RUBIO = QUESADA = SÁNCHEZ-BOUDY = MAURA = SANTAMARÍA DM y DGA = SANTIESTEBAN = JIMÉNEZ = MORALES PETTORINO, PEÑA ÁLVAREZ y QUIROZ MEJÍAS = TEJERA = CONSULTAS (es f. en países como Chile y Uruguay) **(2)** Cierta lotería. (CR = Col.): «Chances para hoy. ¿Qué número busca?» (H. Elizondo, *Memorias de un pobre diablo*, 76) = «Los vendedores de chances y lotería alistaban los bancos para coger posición diagonal al parque.» (L. E. Arce, *El lupanar*, 52) = QUESADA = CONSULTAS (véase también **chancero**) **(3)** Oportunidad de ganar en un juego, apuesta o carrera. (Ch. = Hond. y Arg.): «(...) este año hay candidatos con más chance.» (A. Skármeta, *Ardiente Paciencia*, 20) = MORÍNIGO = HAENSCH y WERNER **(4)** Posibilidad o medio de atender uno a sus necesidades; trabajo, empleo. (Guat., Hond., CR): «–(...) de joven uno, es mejor probar suerte donde hay chance (...).» (M. A. Asturias, *Viento fuerte*, 74) = «Las fiebres palúdicas no detenían a los trabajadores que lograban chance, aun bajo la inclemencia de las lluvias; laboraban hasta caer moribundos, con los dardos de las neumonías, de la fiebre de aguas* negras, de las pulmonías fatales.» (R. Amaya Amador, *Prisión Verde*, 207) = «–(...) Pedí chance de barretero (...).» (C. L. Fallas, *Gentes y gentecillas*, 119) = CONSULTAS = ARMAS = RUBIO

chancero -a. m. y f. Persona que vende billetes de lotería. (CR): «En estas pocas semanas que llevo en la Presidencia, aquí ya han venido los chanceros, los tilicheros <vendedores de baratijas>, las personas de la tercera edad (...) y por aquí van a pasar las muchachas que se dedican a la prostitución. Todos ellos son representantes de nuestro pueblo (...).» (declaración de Walter Coto Molina, Presidente de la Asamblea Legislativa, en: *Oriente*, junio de 1996) = CONSULTAS (véase también **chance**)

chancón -ona. m. y f. Empollón. (Perú): «Ese año saqué notas altísimas en el Colegio y los profesores me trataban bien, me ponían de ejemplo, me hacían salir a la pizarra, a veces me nombraban monitor* y los muchachos del señor Sáenz Peña me decían chancón.» (M. Vargas Llosa, *La ciudad y los perros*, 58) = CONSULTAS

chanchar. tr. e intr. Sacar a alguien, o salir uno con prisa de un lugar. (Bol.): «(...) dijo que nadie se jugaba con él cuando se proponía y que, como dos y dos eran cuatro, el bribón 'chancharía' por delante antes de las veinticuatro horas.» (J. Lara, *Yanakuna*, 303) = MALARET = MORÍNIGO (quienes lo dan como tr.)

chanchero. m. Cinturón de cuero de cerdo. (Arg.): «Su indumentaria era de gaucho pobre. Un simple chanchero rodeaba su cintura.» (R. Güiraldes, *Don Segundo Sombra*, 19) = CONSULTAS = VERDEVOYE

chanchita. f. Coche celular. (Ur.): «El Primero de Mayo llegaban las chanchitas policiales y los camiones del ejército llenos de trabajadores y estudiantes caídos en las redadas de la prohibida celebración obrera.» (H. Alfaro, *Por la vereda del sol*, 206-7) = CONSULTAS

chanchito. dim. m. **pillar** algo **chanchito.** fr. tr. Pillar, descubrir algo que alguien quería esconder. (Ch.): «(...) le pillé chanchito este poema en medio del sostén.» (A. Skármeta, *Ardiente Paciencia,* 79) = CONSULTAS

chancho. m. **(1)** Figura del folclore popular, que causa espanto porque echa fuego por las fauces. (Arg.): «Tíos, primos y entenaos se entendían como Dios manda; no salía la viuda*, ni el chancho; no se veían luces malas* y los enfermos sanaron todos.» (R. Güiraldes, *Don Segundo Sombra*, 149) = «–(...) Estos alrededores de Buenos Aires tienen una vieja tradición de brujería. Las apariciones del *chancho* y la *viuda* * son aquí moneda corriente.» (L. Marechal, *Adán Buenosayres*, 234) = CONSULTAS **(2) caerle chancho -a** algo o alguien a uno. fr. adj. Véase **caer* chancho. (3) el día que vuelen los chanchos.** fr. Cuando las ranas críen pelos. (Perú = Arg.): «–El Juez cederá el día que vuelen los chanchos.» (M. Scorza, *Redoble por Rancas*, 44) = CONSULTAS **(4) hacerse el chancho rengo.** fr. Resistirse a hacer una cosa por pereza. (Arg. = Ec., Perú, Bol., Par. y Ur.): «Yo sé hacerme el chancho rengo / cuando la cosa lo esige <exige>» (J. Hernández, *Martín Fierro*, I, versos 1.703-4) = «Cuantito* se abrió la puerta, San Pedro y Miseria se reconocieron, pero al viejo pícaro no le convenían esos recuerdos y, haciéndose el chancho rengo, pidió permiso para pasar.» (R. Güiraldes, *Don Segundo Sombra,* 151) = GOBELLO = MORÍNIGO **(5) estar** (o: **ser**) **como chanchos.** fr. m. Ser muy amigos, tener gran familiaridad. (Arg.): «En seguida estuvimos como chanchos con Pereira.» (J. Cortázar, *Relatos*, 321) = MORÍNIGO = GOBELLO (quienes recogen **ser como chanchos**)

chanda. f. Llaga infectada. (Ec.): «La fetidez del creso lechoso y de las llagas, lo mareaba hasta impulsarlo a tirarse casucha abajo. Pero don Gumersindo Lastre no sentía sus chandas ni el hedor, porque chupaba y chupaba una cachimba.» (A. Ortiz, *Juyungo*, 9) = «–(...) Vi al enfermo... Lo había picado una pudridora*... Ya estaba grande la chanda... Estaba inflamada la pierna... Soplada...» (N. Estupiñán Bass, *Cuando los guayacanes florecían*, I, 124) = CONSULTAS (HAENSCH y WERNER registran **chandoso -a** en Colombia con el sentido de 'sarnoso')

chandoso -a. adj. Véase **chanda.**

chanfaina. f. Enredo, lío, mezcolanza. (Hond. = Nic.): «–(...) Le repito, doctor, que todo es pura babosada*, una pura chanfaina. En muchas dependencias del gobierno, vea usted, el adversario es el que manda (...).» (M. Funes, *El Serio*, 66) = MEMBREÑO

changa. f. **(1)** Pierna. (Ec.): «(...) algunas eran unas facilonas, unas busconas. (...) Qué besos, qué changas, hermano.» (G. A. Jácome, *Porqué se fueron las garzas*, 22) = CONSULTAS **(2) ser la changa.** fr. Dícese de la persona majadera, que porfía y persiste en un asunto. (PR): «–(...) ¡Ay, cará <carajo>! ¡Ese hermano mío eh la changa!» (R. Marqués, *La carreta*, 146) = MALARET **(3)** Véase también **chango -a.**

changar. intr. **(1)** Trabajar a destajo, por poco tiempo; buscarse la vida en pequeños menesteres. (Arg. = Bol., Par. y Ur.): «Nada, nada, que siguiera así, como iba, como hasta entonces, buscándose la vida, changando y vendiendo diarios, algo era algo...» (E. Cambaceres, *En la sangre*, 76) = GOBELLO = CHIAPPARA = MORÍNIGO **(2) irse changando.** fr. ger. Irse rápidamente. (Cuba): «(...) aquí hay que doblar el lomo o irse changando.» (R. Vázquez Díaz, *La isla del Cundeamor*, 96) = CONSULTAS

chango. **(1)** m. Cierto pájaro negro del tamaño de un mirlo, que suele comerse los gusanos y demás alimañas que van saliendo de la tierra conforme la abre el arado; también suele comerse los granos del maíz antes de la cosecha; véase también **mozambique***. (PR, Ec.): «Los 'changos', detrás del arado, buscaban en negro revoloteo los gusanillos.» (A. Díaz Alfaro, *Terrazo*, 41) = «Tres changos garrapateros, como tres manchas de tinta negra, volaron hacia el potrerito.» (A. Ortiz, *Juyungo*, 185-6) = ÁLVAREZ NAZARIO = DÍAZ MONTERO = CONSULTAS **(2) chango -a** (o: **changuito -a**). m. y f.; ú. t. c. adj. Chino. (Méx.): «Con estas changuitas no se puede ir aprisa y las cosas van resultando. (...) Tiene una naricita china que está como un manguito. Pero ahora hay dos changuitos en la mesa aquella.» (R. Bernal, *El complot mongol*, 39-40) = CONSULTAS **(3) chango -a.** adj. Listo, alerta. (Méx., y Méx. < Guat.): «¡Hora <ahora> sí, muchachos, pónganse changos! –dijo Anastasio Montañés reconociendo los muelles de su rifle.» (M. Azuela, *Los de abajo*, 10) = «¡Ponte chango!» (L. Cardoza y Aragón, *El Río*,

816) = MALARET = SANTAMARÍA DM = JIMÉNEZ **(4)** m. y f. Aborigen pescador oriundo de la costa norte de Chile; boliviano nacido en esa zona reclamada por Bolivia. (Ch. = Bol.): «Changos de Antofagasta y de la costa seca, / parias, piojos helados del océano / (...).» (P. Neruda, «Los hijos de la costa», en: *Canto general*, II, 155) = CONSULTAS = MORÍNIGO **(5) comprar un chango.** fr. Escoger a otra cabeza de turco, a otro payaso. (PR): «Si todos aquellos mozos querían divertirse, que compraran un chango.» (M. Zeno Gandía, *La Charca*, 56) = CONSULTAS = CLAUDIO DE LA TORRE (quien recoge **chango** con el sentido de 'payaso')

chanta. m. y f. Camelista. (Arg. = Ur.): «(...) tres chantas sentados a una mesa, planeando delirios, boludeces*, jugando a los vigilantes y ladrones, sintiéndose mafiosos.» (R. Tizziani, *Noches sin lunas ni soles*, 36) = CONSULTAS

chante. m. **(1)** Hollejo del tronco del plátano. (Perú): «Los cordobanes salían de la operación del zurramiento más fuertes y compactos; (...) los jabones, más duros y cristalinos y mejor cortados y envueltos en sus camisolines de chante.» (E. López Albújar, *Matalaché*, 63) = SOPENA **(2)** Casa campesina; hogar, alojamiento. (CR = Nic.): «El Típico Calvo con Bigote por fin accedió a meterle algunos arreglillos al chante y entonces el emperador Tertuliano y el Roco Estándar y su Homólogo pusieron una teja* cada uno.» (R. Arias, *El emperador Tertuliano...*, 76) = CONSULTAS = RABELLA y PALLAIS

chapa. **(1)** f. Moneda. (CR): «(...) en eso tocaron la puerta y aparecieron una mujer con un niño blandiendo sendos tarros buenas señor andamos pidiendo una contribución lo que tenga gusto es para los niños ciegos con cáncer terremotos inundaciones y hogar de ancianos Cayo sintió que si no les daba la chapa de veinte pesos* que tenía destinada al pan se caería el mundo.» (R. Arias, *El emperador Tertuliano...*, 144) = QUESADA **(2)** f. Seudónimo. (Ch.): «Durante muchos años quise encontrar a aquel hijo de puta del que no conocí más que su chapa política: 'Galo'.» (L. Sepúlveda, *Nombre de torero*, 164) = CONSULTAS = MORALES PETTORINO, PEÑA ÁLVAREZ y QUIROZ MEJÍAS **(3)** m. y f. Inútil, chambón. (CR): «(...) esas viejas son unas grandes chismosas y unas completas chapas no saben word processing ni spread sheet ni usar el fax (...).» (R. Arias, *El emperador Tertuliano...*, 34) = QUESADA = CONSULTAS **(4)** f. Dentadura postiza. (Pan.): «Después de ahorrar por diez años, para pagarse una chapa, la perdió de la manera más insólita. Fue tanta su alegría el día del estreno de los flamantes dientes que decidió celebrarlo por lo alto.» (J. Franco, *Las luciérnagas de la muerte*, 30) = CONSULTAS **(5) andar sin chapa.** fr. Encontrarse sin dinero. (Ch.): «Desesperado, resolvió pedir limosna otra vez. Pero la gente que no le conocía andaba sin chapa. Los que le conocían, no le daban.» (M. Rojas, *El delincuente... y otros cuentos*, 132) = CONSULTAS

chapalear. tr. Andar chapaleando en algo. (CR, Ur. = Nic., Col. y Arg.): «Sin luz, chapaleando barro y azotados por el viento y la lluvia (...).» (C. L. Fallas, *Gentes y gentecillas*, 83) = «Salen del caserío chapaleando agua (...).» (C. Lyra, *Nuevos cuentos*, 111) = «Chapaleando barro, pudieron colocar la cuarta* (...). Los chicos, chapaleando barro, sus ropas empapadas, corrieron hasta el alambrado, saltando en las charcas y dando gritos victoriosos destemplados.» (E. Amorim, *La carreta*, 139) = CONSULTAS = RABELLA y PALLAIS = FILIPPO

chapar. tr. **(1)** Mirar, observar, espiar; sorprender. (Ec., Perú, Arg. < Par. = Col.): «El viento, al estrellarse en la puerta de la choza (...), le <la> abrió con imprudencia, que dejó al descubierto sus entrañas miserables, sucias, prietas, sórdidas. (...) la india (...) al darse cuenta de lo que pasaba, ordenó al crío: –Vé longu <longo*>, ajustá la tranca. Han de chapar los vecinos.» (J. Icaza, *Obras Escogidas*, 190) = «Los cigarrillos volaban, todos querían librarse de ellos, no era cosa de dejar que nos chaparan fumando, milagro que no hubo un incendio.» (M. Vargas Llosa, *La ciudad y los perros*, 60) = «(...) y eso que llaman el 'ojo de la tormenta' el puntito detenido y manso en medio del gran despiporre <remolino> de viento y agua lo encuentran si miran bien en el fulano más fanfa <fanfarrón> que se está por tragar el mundo y ahí no más le pueden chapar el número de la tintorería y hasta la fecha en que lo plancharon la última vez (...).» (A. Roa Bastos, *El baldío*, 113) = GUEVARA CQE = BENDEZU = CASULLO = SANTAMARÍA DGA **(2)** Agarrar, coger. (Arg. = Perú): «(...) ¿por qué si se sienten tan mal a <en> este país no chapan la valija y se mandan mudar?» (E. Sábato, *Sobre héroes y tumbas*, 208) = GOBELLO = CONSULTAS **(3)** Agarrar, apresar al que anda huido. (Perú): «–Si sales, te chapan.» (M. Scorza, *Redoble por Rancas*, 225) = MORÍNIGO = CONSULTAS

chapara. f. Trueque de productos de cosecha con otros productos comestibles. (Bol.): «–Una anciana nos la trajo <la botella de aguardiente> como chapara en la última cosecha.» (J. Lara, *Yanakuna*, 276) = CONSULTAS

chaparra. f. Cierto pez marino. (Ec.): «Pescaría. Cogería lisas i parbos <pargos>, roncadores i chaparras, corvinas i cazones.» (D. Aguilera Malta, «El cholo que se castró», en *Los que se van*, 171) = CONSULTAS

chaparro -a. adj.; ú. t. c. s. Joven; muchacho. (Méx.): «Todos esos cinturones de cuero, esas botas, esos clavos y martillos, ¡qué ganas de pedirle a toda esa gente menuda, crucifíquenme, chaparros, o vamos jugando al San Sebastián, zas!» (C. Fuentes, *El naranjo*, 187) = CONSULTAS

chapeta. m. Chapetón, español o europeo recién instalado en América, godo. (Perú): «–Yo, aquí onde usté me ve, niña, tengo mi chapetón muy tapadito. (...) es un chapeta que tiene su pulpería al pie e <de> la casa, en la esquina.» (E. López Albújar, *Matalaché*, 54) = CONSULTAS

chapino- a (o: **chapinudo -a**). adj. Dícese del vacuno de patas torcidas o cuyas pezuñas han crecido mucho, y que por eso camina con dificultad y cojeando. (Arg. = Bol. y Ur.): «Lo que sí llamaba mi atención era el gran número de lisiados de todas clases (...). Cuando un aspa creciendo se metía en el ojo, no había quien le cortara la punta. (...) Los chapinudos criaban pezuñas con más firuletes que una tripa.» (R. Güiraldes, *Don Segundo Sombra*, 109) = CONSULTAS = VERDEVOYE = MORÍNIGO

chapodar. tr. Limpiar la tierra de malezas o hierbas con el machete, chapear. (El Salv. = Nic.): «Antes no se chapodaba, era suficiente prenderle fuego a los terrenos, pero luego vinieron algunas gentes de la ciudad y recomendaron que era mejor chapodar pues la quema arruina la tierra (...).» (M. Argueta, *Un día en la vida*, 15) = «Me da tiempo de chapodar la milpa <maizal>. Mi familia no pasará hambre por mi culpa.» (F. Metzi, *Por los caminos de Chalatenango*, 38) = CONSULTAS = RABELLA y PALLAIS

chaposo -a. adj. De mejillas encarnadas. (Perú = Bol.): «Y al fin salió la Virgen, blanca y chaposa, vestida de raso morado orlado de lentejuelas, en una pequeña anda que los concurrentes se disputaban cargar.» (C. Alegría, *Los perros hambrientos*, 116) = SANTAMARÍA DGA = CONSULTAS = FERNÁNDEZ NARANJO (véase también **chapudo -a**)

chapucear. intr. Darse un chapuzón. (CR): «¡Y estas criaturas que se pasan chapuceando entre* el agua!» (C. Lyra, *Nuevos cuentos*, 119) = CONSULTAS

chapudo -a. adj. De mejillas encarnadas. (Perú = Bol.): «Las otras eran unas cholas de poco más o menos. Motosas*, chapudas, escandalosamente bastas (...).» (E. López Albújar, *Nuevos Cuentos Andinos*, 161) = CONSULTAS = FERNÁNDEZ NARANJO (véase también **chaposo -a**)

chapula. f. Mujer de soldado o de policía; mujerzuela. (Ec.): «Las chapulas de los policías comentaban lo que el gendarme dijo a la Michi si era la mujer del Melchor...» (G. H. Mata, *Sumag Allpa*, 108) = SOPENA

chapulín. m. **(1)** Delincuente juvenil. (CR): «En cuanto asoma por aquí un joven desconocido se activa la alarma anti chapulín.» (Carlos Molina Berrocal, «Guerra a chapulines en Valle Central», *La Prensa Libre* 16/08/94) = «Además de varones, Sáenz llamó la atención acerca de la gran cantidad de mujeres, la mayoría menores de edad, que se unieron a *Los chapulines*, dentro de la cual fungen como 'señuelos' para turistas extranjeros que luego son despojados de todas sus pertenencias.» (Nicolás Aguilar, diario *La Nación*, 29/04/94) = CONSULTAS **(2)** Tractor. (CR): « 'No podemos utilizar los camiones ni los chapulines. (...) y es imposible pasar por unos troncos que es todo lo que han dejado las avalanchas', relató ayer Lino Gerardo Araya, capataz de dicha compañía.» (Nicolás Aguilar, «Volcán trastorna vida de pueblos vecinos», en: *La Nación* de San José, 9/11/95) = CONSULTAS

chaqueta. f. Prenda de vestir masculina, en ciertas regiones más corta y de menos prestigio que la americana o saco*, y que solía llevarse sin corbata. (Bol.): «Dichosos tiempos aquellos, como decía Cide Hamete Benengeli, en que a uno todo le venía por herencia. Hasta el saco* largo y la corbata (...). Claro que también la chaqueta, que traía irremisiblemente una camisa sin corbata (...). Por tanto, cada cual había de resignarse con su suerte y vivir chaqueta con chaqueta y saco con saco. Porque el saco y la chaqueta eran naturalmente como el aceite y el vinagre. Saco y chaqueta cuidaban sus dimensiones inclusive por fracciones de centímetro. Cuando por descuido del sastre una chaqueta rebasaba su límite siquiera en unos milímetros, el escándalo alborotaba al pueblo (...) hasta que la prenda, avergonzada, tuviera que rectificarse.» (J. Lara, *Yanakuna*, 56) = CONSULTAS

charada. f. **(1)** Cierta lotería traída a Cuba por los chinos y llevada por ellos; era clandestina. (Cuba): «Ya el chino de la charada y los terminales de la lotería se encargaron de desquitarla de los gastos.» (A. Carpentier, *Écue-Yamba-O*, 173) = «Los más grandes inventores del juego eran y son los chinos. (...) Yo recuerdo un juego que lo decían el botón* y otro que llegó hasta hoy, que es la charada.» (M. Barnet, *Biografía de un cimarrón*, 87) = «Se les debió <a los chinos>, además, la gran institución de la Charada...» (L. Cabrera, *Reglas de Congo*, 215) = SÁNCHEZ-BOUDY = SANTAMARÍA DGA **(2)** Apuesta. (Méx.): «Sin ellos <los numantinos>, sin su resistencia, el cerco sería circo: una charada contra la nada.» (C. Fuentes, *El naranjo*, 150) = CONSULTAS **(3)** Mentira. (Guat.): «Creo que siendo un profesional puedo contribuir a la Revolución. ¡Charadas!» (M. A. Flores, *Los compañeros*, 90) = RUBIO

charanga (o: **charranga**). f. Especie de guitarra. (Guat.): «Y la marimba no la traen, ni las charrangas... ¡Chasgracias <muchas gracias> si va a ser serenata a lo mudo!» (M. A. Asturias, *El señor presidente*, 69) = CONSULTAS

charanguero. m. El que toca la bandurria llamada charango. (Perú): «Se agarraron <las indias> de las manos y empezaron a bailar en ronda, con la musiquita de Julio el charanguero.» (J. M. Arguedas, *Relatos completos*, 121) = CONSULTAS

charla. f. Puras palabras, palabras sin fundamento. (Ec.): «En los primeros meses no me alcanzaba*, no es charla.» (G. A. Jácome, *Porqué se fueron las garzas*, 20) = CONSULTAS

charo. m. Pájaro amarillo. (Ec.): «En la mañana salen los pájaros madureros* y charos asombrados.» (A. Ortiz, *Juyungo*, 142) = CONSULTAS

charquear, charquiar. intr. Guardar el equilibrio agarrándose a la montura, al arzón o a sus crines. (Arg.): «(...) Don Segundo me aleccionaba: –El hombre no debe ser sonso. (...) En cuanto subás charquiá no más sin asco, que yo no vi'andar contando y no le aflojés hasta que no te sintás bien seguro. (...) / Antes de subir miré en torno, pues a pesar de los consejos del hombre que entre todos merecía mi respeto, me hubiera molestado que otros me pillaran trampeando.» (R. Güiraldes, *Don Segundo Sombra*, 58) = MALARET = MORÍNIGO = SOPENA

charral. m. Matorral. (CR = Nic.): «Calero le <les> tenía horror a las culebras. Pero nosotros también caminábamos con los ojos bien abiertos y el oído atento a los rumores del charral.» (C. L. Fallas, *Mamita Yunai*, 119) = «Un trecho del banco* estaba libre de charral y de allí salía un trillo (...).» (A. Portocarrero, *Negro desgraciado*, 122) = «(...) se escondió entre unos charrales y paró la oreja* (...).» (C. Lyra, *Cuentos de mi tía Panchita*, 147) = MALARET = RABELLA y PALLAIS

charranga. f. Véase **charanga.**

charrasquear. tr. Tocar, rasguear la guitarra u otro instrumento parecido. (Ec. = Col.): «–(...) Tú no charrasqueás la guitarra. Ni cantás.» (D. Aguilera Malta, *Don Goyo*, 50) = CONSULTAS = HAENSCH y WERNER

charré. m. Coche de dos ruedas, y con dos o cuatro asientos. (Arg.): «Me llevé un bulto por delante. Comprendí que era el caballo de algún charré sorprendido por la ventolina.» (R. Güiraldes, *Don Segundo Sombra*, 167) = VERDEVOYE

charrúa. m. y f. **(1)** Uruguayo. (Arg.): «(...) se da toda la vuelta para que no lo vean que entra en lo de la tetuda de la lavandería, si lo agarra la lunda* o su reverendo marido y padre espiritual de todos nosotros le cuesta el puesto al Charrúa (...).» (M. Puig, *La traición de Rita Hayworth*, 209) = CONSULTAS **(2) sangre charrúa.** fr. f. Véase **sangre.**

chas-chas (o: **chaschás**). m. Nalgada. (Arg. = Ur.): «–¡Luisito! mirá que te doy un chas-chas... quieto ahí (...).» (M. Puig, *Boquitas pintadas*, 197) = VERDEVOYE = CONSULTAS

chasque (o: **chasqui**). m. Mensaje. (Ur. = Arg.): «Lo vio la gente galopar bajo la lluvia, portador de un chasque; acompañar a algún forastero, casi siempre contrabandista; servir de guía a la diligencia, cuando ésta se veía obligada a salvar un pantano o evitar un encuentro con la policía, si llevaban tabaco.» (E. Amorim, *La carreta*, 64) = VERDEVOYE

chasquearse. prnl. tr. Llevarse un chasco. (Perú): «–(...) don Miguel Jerónimo cargará con él y no lo libertará nunca, precisamente por darse el tono de ser el dueño de los dos mejores guitarristas de estas tierras. / –Pues se va a chasquear, hija. Ya lo verás. José Manuel tocando vale por tres Nicanores juntos.» (E. López Albújar, *Matalaché*, 158) = ARONA

chasqui. m. Véase **chasque.**

chasquilla. maestro chasquilla. Véase **maestro.**

chata. f. **(1)** Persona cobarde o aguantapesares. (PR): «LITO. – *(Riendo a carcajadas.)* ¡Tú no sabeh <sabes> bailar trompo, Juanita! / JUANITA. – *(Corrida.)* ¿Quién dijo que no? / LITO. – Lo digo yo. Ereh una chata. *(Cantando.)* No sabeh. No sabeh. No sabeh.» (R. Marqués, *La carreta*, 67) = MAURA = MORÍNIGO **(2)** Vaso chico, chato para aguardiente. (Rep. Dom.): «(...) el inculpado quiso apuñalearse* dos chatas de ron.» (C. E. Deive, «En el pueblo hay guerrilleros», en: J. Alcántara, *Antología de la literatura dominicana*, 115) = CONSULTAS **(3)** Tipo de banano o de plátano grande. (Hond. = Guat. y El Salv.): «–Les pasará lo mismo que a los aldeanos de aquí. Vendieron todo y ahora no hallan ni dónde sembrar una chata.» (R. Amaya Amador, *Prisión Verde*, 120) = «En las cocinas se sirven los frijoles cocidos con chata.» (A. P. Sánchez, *Ambrosio Pérez*, 73) = CONSULTAS **(4)** Vehículo de cuatro ruedas, descubierto, que sirve para transportar cargas pesadas. (Arg. = Par. y Ur.): «Los ruidos eran otros: ahora la campanilla del biógrafo* (...) se entreveraba con el cansado retumbar de las chatas.» (J. L. Borges, *Obras Completas*, 130) = «La plaza Mariano Moreno estaba negra de gente, tuvo que estacionar la chatita en la calle Bolívar.» (Copi, *La vida es un tango*, 149) = GOBELLO = MORÍNIGO **(5) chata corral.** fr. f. Chalana que se utiliza habitualmente para transportar ganado en pie. (Par.): «(...) llegó el habilitado en una lancha que traía a remolque una chata corral donde se hacinaba el nuevo cargamento de mensús <peones> enganchados en los puertos de abajo.» (A. Roa Bastos, *Hijo de hombre*, 142) = «La Compañía Dodero entregó también al Paraguay un buque a ruedas, de pasajeros, que se llamó 'Corumbá', el que fue transformado en buque ganadero desmontando sus camarotes para substituirlos por corrales. (...) se le destinó exclusivamente al transporte de ganado en pie para las tropas. / También se utilizaron para los mismos fines los remolcadores 'Helen Gunter' y Tirador' (...), con chatas corrales.» (H. C. Sosa Tenaillon, *Cincuenta años después*, 154)

chatura. f. fig. Cursilería; ramplonería. (PR): «(...) sale de la frustración y entra en el reino del sueño doméstico, de la ambición que parece chatura.» (L. R. Sánchez, *Quíntuples*, 15) = CONSULTAS = MORÍNIGO (quien recoge **chato -a** con el sentido de 'sin propósitos elevados')

chaucha. f. **pelar la chaucha.** fr. tr. ind. desus. Arruinar. (Arg.): «Todo se güelven proyetos / de colonias y carriles / y a tirar la plata a miles / en los gringos enganchaos, / mientras al pobre soldado / le pelan la chaucha, ¡ah viles!» (J. Hernández, *Martín Fierro*, I, 2.113-8) = CONSULTAS

chaveta. f. Navaja; hoja cortante. (Perú = Cuba y Méx.): «(...) y Pancracio sacó la chaveta y le rasgó el brazo a mi amigo.» (M. Vargas Llosa, *La ciudad y los perros*, 289) = «'Aquí llega el degollador (...). Y si no me creen, carajo, miren.' Sacó una pequeña chaveta de su bolsillo trasero y la exhibió (...).» (M. Vargas Llosa, *Lituma en los Andes*, 226) = SANTAMARÍA DGA = SANTIESTEBAN = CONSULTAS

chavo -a. (1) m. y f. Muchacho, joven. (Méx.): «(...) tengo unos parientes en Juárez, tendrán noticias mías, chavos...» (C. Fuentes, *La frontera de cristal*, 277) = «Que detrás de mí hay cientos de chavas buscando la oportunidad. Muchachitas de trece años y señoras de cuarenta.» (J. García Ordoño, *Tres crímenes y algo más*, 150) = JIMÉNEZ = CONSULTAS **(2) chavo banda.** fr. adj. –la segunda forma es invar. Pandillero. (Méx.): «Banderolas, estampas, agujas de maguey taladrando las carnes: la parafernalia de la fe popular decoraba el carrito. Mujeres enlutadas y chavos banda.» (J. García Ordoño, *Tres crímenes y algo más*, 143) = CONSULTAS

chayotada. f. Tontería, payasada. (CR): «Don Pepe <José Figueres Ferrer> está al mando de 'la finquilla' y siempre sale con sus chayotadas de 'lo que se gastó en confites*', de que 'hay que volar* guayabo*' o de que le escribe discursos a Robert Vesco.» (C. Morales, *¡... Y no los dejen respirar!*, 58) = CONSULTAS

chayote. m. **parir chayotes.** fr. Hacer algo que requiere muchos esfuerzos. (Méx.): «Quisiera no acordarme. Carrancistas* y villistas* nos traían a salto de mata desde Colima a Guadalajara, pariendo chayotes. Y a la hora del ¡quién vive! no sabía uno ni qué responder.» (J. J. Arreola, *La feria*, 10) = JIMÉNEZ

chazo (o: **chaso**). m. En el centro y en el sur de la Sierra ecuatoriana, mestizo biológico o/y cultural que vive en el campo; cholo del campo. (Ec.): «–La indiecita es labrada*, no te acuerdas que el padre fue chazo?... –Y eso qué?...: el indio es indio y, por más que se mezcle a los blancos, siempre saldrá ordinariote y basto.» (M. Corylé, *Mundo pequeño*, 98) = «Tímidos, azorados, cohibidos los chasos expusieron que fue un señor, que no querían decir, quien les conchabó a que den esa noticia. (...) Casiano se reía en sus adentros cuando los cholos fueron a la Policía...» (G. H. Mata, *Sal*, 230) = «El chagra* como dicen en el Norte, o el chazo, en el decir lojano, es el producto del mestizaje, que ha dado el mayor porcentaje de campesinos que ha obtenido en la sierra un grado de civilización.» (P. Jaramillo Alvarado, *El Indio ecuatoriano*, 124) = CONSULTAS

checar. tr. Revisar, comprobar; hacer revisar. (Guat.): «(...) me acompañaste a la ventanilla a checar mi pasaporte (...).» (M. A. Flores, *Los compañeros*, 157) = SOPENA = CONSULTAS

checo. m. Calabazo pequeño, que tiene varios usos; sirve por ejemplo para guardar la cal que endulza la coca. (Perú): «(...) el aroma de la coca que masticaba y el golpe, sobre un nudo del pulgar, del checo guardador de la cal con que endulzaba la bola, indicaban netamente su presencia y hasta sus actitudes.» (C. Alegría, *Los perros hambrientos*, 44) = SOPENA = MALARET = SANTAMARÍA DGA

chele. f. Leche –dicho al revés. (Arg.): «La fórmula está al alcance de cualquiera de estos suburbanos con talento: pizza y Mallarmé, fugaza y música dodecafónica, Joyce y Julián Centeya, Rimbaud y feca* con chele.» (E. Sábato, *Abaddón el exterminador*, 906) = CHIAPPARA = CONSULTAS

chepa. f. Prostituta. (Ec.): «Después le <la> dejó a la bandida. Le <la> dejó hecha un trapo. Y ella... Mal enseñada se hizo chepa. Chepa del Aguarico <barrio pobre de Quito>. ¿Cuándo para volver conmigo? Diez... Diez sucres por un ratito...» (J. Icaza, *Obras Escogidas*, 408) = «Se pinta como una chepa.» (A. y P. Costales, *El Quishihuar*, II, 85) = CONSULTAS

cheque. m. El que chequea. (CR): «Se fueron en esa dirección y llegaron a la terminal de la línea: efectivamente, ahí estaba hablando Polifemo con unos 'cheques', los hombres que llevaban el control de las carreras de los autobuses (...).» (F. Contreras Castro, *Los Peor*, 208) = QUESADA

chequeo. m. Examen algo superficial; simple mirada, vistazo. (PR = Hond.): «Hay que dejarlo dormir, darle un chequeo de vez en cuando y aspirinas porque le va a doler, sentenció (...) en su papel de médico.» (A. L. Vega, *Pasión de historia*, 85) = MAURA = CONSULTAS

chercha. f. Discusión, charla. (Cuba): «Pues bien los cinco estaban en la puerta de la fábrica, sentados en el suelo, en una chercha animadísima.» (J. Soler Puig, *En el año de enero*, 46) = SOPENA

chereo. m. Amoríos. (PR): «A mí el chereo se me sobra. A mí los elementos que quieren ponerme a vivir en puerta de calle se me sobran. La machería que me quiere trepar da para mí y cinco mujeres más (...).» (L. R. Sánchez, *La Guaracha del Macho Camacho*, 18) = CONSULTAS

chía. f. Cierta avispa gorda y muy agresiva. (CR): «¡(...) más ligero que uno, en cueros, se quita unas chías de las nalgas!» (A. Portocarrero, *Negro desgraciado*, 113) = «Los panales de avispas 'chías' cubrían el techo y todavía recordaba el día que al entrar de urgencia por un balde dos horribles avispas lo habían picado en la frente.» (J. Pinto, *Los marginados*, 132) = GAGINI = QUESADA

chicago. Véase **sombrero* chicago.**

chicato -a. adj. Corto de vista. (Arg. = Ur.): «¡Victoria! / (...) ¡Se fue mi mujer! / Me da tristeza el panete*, / chicato inocente, / que se la llevó...» (E. S. Discépolo, «Victoria», en: J. Barreiro, *El Tango*, 211) = «(...) y aprendía, no como el boludo* de mi hermano, ¡qué sabe ése de vender!, ¿y de quién voy a aprender ahora? ¿quién está detrás del mostrador? ¡no hay nadie! porque al chicato de mi hermano le afanan <roban> lo que quieren, y aunque no le afanen, se cree que para vender hay que hacer rebaja (...).» (M. Puig, *La traición de Rita Hayworth*, 215) = GOBELLO = VERDEVOYE = CONSULTAS

chico. m. **(1)** Cuarta, o tercera parte del medio real sencillo. (Cuba): «Tienes la cara más seria que un *chico* de especias.» (C. Villaverde, *Cecilia Valdés*, 282) = PICHARDO **(2)** Tanda, partida, especialmente de billar. (Col. = Ur. y Arg.): «(...) después tomaron el vicio del billar, robaban para conseguir el valor del chico (...).» (U. Valverde, *Bomba camará*, 28) = FILIPPO = CONSULTAS

chicote. m. Soga. (CR): «(...) anteayer lo tantearon, y en una que lo lazaron cortó el chicote de un cutachazo <machetazo>.» (F. Dobles, *Historias de Tata Mundo*, 132) = GAGINI

chicotear. tr. Azotar; golpear brutalmente. (Arg.): «¡La pucha*! –dije al RUBIO–, ¡qué golpazo!..., si le ha apretao la pierna y lo ha hecho chicotear contra el suelo con todo el cuerpo.» (R. Güiraldes, *Don Segundo Sombra*, 112) = CONSULTAS = VERDEVOYE

chicha. f. **(1)** Bebida alcohólica hecha a base de la fermentación de frutas como la piña, el plátano maduro, *etc.* (Hond., El Salv., Ec., Perú = Cuba, Méx., Nic. y otros): «En este lugar nos refrescamos, tomando chicha de piña (...).» (A. Oquelí, *El gringo Lenca*, 85) = «Un sorbo de chicha de piña.» (M. Argueta, *Un día en la vida*, 145) = «–Y para beber? –La chicha, claro está. Cuántas penas he ahogado yo en chicha de maduro*. La chicha, hija mía, alegra el corazón de las pobres mujeres cuando tenemos un amor mal correspondido. –Entonces er <el> plátano es la maravilla der <del> mundo?» (J. A. Campos, *Cosas de mi tierra*, 75) = «(...) mesas con fuentes de aves y lechones enhornados y ventrudos vasos de chicha de maní y jora.» (E. López Albújar, *Matalaché*, 169) = MORÍNIGO = SANTIESTEBAN = SANTAMARÍA DM = RABELLA y PALLAIS **(2)** Aguardiente de caña. (Méx.): «'¡Ah! –dijo mi padre–, entonces ya se fue para la finca ese cabrón. Hubieras traído el dinero para que nos fuéramos a San Andrés a tomar *chicha*... ¡te vas a traer esos siete pesos!'» (R. Pozas, *Juan Pérez Jolote*, 26) = CONSULTAS **(3)** Mal humor. (CR = Ec.): «Llegaron de chicha a contar cada uno a su esposa el antojo del rey.» (C. Lyra, *Cuentos de mi tía Panchita*, 59) = GAGINI = MALARET **(4)** Sangre. (Arg.): «(...) ¿qué gana jugando al básquet con la chicha derretida? (...).» (M. Puig, *La traición de Rita Hayworth*, 200) = CONSULTAS = VERDEVOYE

chichar. intr. Joder, fornicar. (PR = Méx. –chicano): «Toma panorámica de cuerpos en convulsión culminante: interés especial en el frotado de los vientres: ombligo con ombligo: así se chicha.» (L. R. Sánchez, *La Guaracha del Macho camacho*, 141) = CONSULTAS = JIMÉNEZ

chicharra. f. Máquina perforadora que en las minas se emplea en trabajos horizontales; trabaja con aire comprimido. (Bol.): «La máquina perforadora manejada por Sunahua, era una chicharra que descansaba en sólidos soportes, dándole la ventaja de trabajar cómodamente.» (F. Ramírez Velarde, *Socavones de angustia*, 252) = MUÑOZ REYES

chicharrón. m. Trastada, bochinche, riña. (CR, Col.): «(...) el chicharrón se armó cuando Moronga empezó a decirle a cada rato el apodo.» (M. Salguero, *Agencia de policía*, 26) = «Pero aún hoy, al día siguiente de un buen chicharrón, aparece algo en el cuello que me hace acordar de las horas previas a las fiestas, cuando trataba de taparme los barros con base de Helena Rubinstein robada a mi prima.» (D. Samper Pizano, *A mí que me esculquen,* 332) = QUESADA = CONSULTAS

chicharronero -a. m. y f. Persona que hace o vende chicharrones. (Guat.): «(...) entre cocineras y chicharroneras (...).» (M. A. Flores, *Los compañeros,* 69) = SANTAMARÍA DGA

chichi. f. Muchacha bonita. (Pan.): «También, por ahí anda el tipo aquel que se les declara a las 'chichis', luego les <las> paga y sube con ellas para, al día siguiente, llenarse la boca con la historia del 'levante*'.» (D. Robinson, *En las cosas del amor...,* 45) = CONSULTAS

chicho -a. adj. Estupendo. (Méx.): «Sé un lugar chicho.» (L. Buñuel, *Los olvidados*) = MEJÍA

chichoso -a. adj.; ú. t. c. s. Enojado, de mal humor. (CR): «(...) no hablés tanta paja* ni andés de chichosa por eso perdiste el último carajillo*.» (R. Arias, *El emperador Tertuliano...,* 103) = QUESADA = CONSULTAS

chichota. f. Chichón. (CR): «¿Por qué viene renquiando <renqueando> y cómo se hizo esas chichotas?» (C. L. Fallas, *Marcos Ramírez,* 101) = GAGINI = QUESADA

chichudo -a. adj. Que tiene grandes pezones o/y grandes pechos. (Guat. = Arg.): «Nalgones, bigotudos y chichudos, apoyaban las ametralladoras en los bofes* que les rebalsaban sobre los duros huesos de mestizos.» (D. Liano, *el hombre de Montserrat,* 13) = ARMAS = RUBIO = MORÍNIGO

chiflárselas. fr. **(1)** Huir, escaparse. (CR): «El caso es que se las chiflan / o ese mantudo me friega.» (A. J. Echeverría, *Concherías,* 87) = ARROYO **(2)** Morirse. (CR): «¡Gaspar se las chifla d'esta!» (A. J. Echeverría, *Concherías,* 156) = MALARET

chifle. **(1)** m.; ú. más en pl. Discos delgados de plátano verde fritos en manteca con sal. (Ec., Perú): «–¿Sabes tú lo que son chifles? –Son las rebanadas de verde* frito. –Eso lo sabe todo er <el> mundo. Er <El> chifle es el verdadero y legítimo pan bendito.» (J. A. Campos, *Cosas de mi tierra,* 74) = «(...) me ayudó a acomodar las alforjas y a poner en ellas las indispensables limetas de agua y el gran paquetón de fiambre, que, previsora y maternal en medio de todo, me alistara desde la víspera. 'Toma –me dijo–. Aquí va un pollo, un poco de *chifles,* y queso, y pan y alfajores'.» (E. López Albújar, *De mi casona,* 47-8) = MORÍNIGO **(2)** adj. Loco, chiflado. (Ur.): «Vos estás chifle, había insistido Silvio...» (M. Benedetti, *Primavera con una esquina rota,* 60) = CONSULTAS

chile. **(1)** m. Broma, chiste. (Nic., CR y otros): «(...) y cada vez que ellas <las viejitas> llegaban nos alegrábamos, porque además las fregábamos, les hacíamos chiles, bandidencias <malas jugadas>, nos adoraban.» (O. Cabezas, *La montaña es algo más que una inmensa estepa verde,* 187) = «Contiene (...) los mejores chiles de monjas y playos* (...).» (R. Arias, *El emperador Tertuliano...,* 133) = MALARET = MORÍNIGO = RABELLA y PALLAIS = CONSULTAS **(2) chile pimiento.** fr. m. Cierto tipo de ají o pimiento. (Guat.): «Al asomar a la puerta vio un bosque de botellas en una mesa redonda y un plato de fiambre, guacamole y chile pimiento.» (M. A. Asturias, *El señor presidente,* 221) = CONSULTAS

chilena. f. **de** (o: **en**) **chilena.** fr. Cierto pase futbolístico que consiste en hacer un disparo cayendo hacia atrás de espalda. (Col. = Ur. y Arg.): «(...) penetró al área y picó la pelota, y en el aire se lanzó en chilena y bueno, fue el estallido (...).» (U. Valverde, *Bomba Camará,* 67) = CONSULTAS

chilla. f. **(1)** Véase **chillo.** **(2)** Pobreza. (Méx.): «Los Michel estaban en la chilla y se las aventaron* <las tierras> por lo que quiso darles.» (J. J. Arreola, *La feria,* 55) = MORÍNIGO = JIMÉNEZ

chilladero. m. Ruido de gente chillando. (Méx.): «El chilladero de los putitos no paraba, hasta* que don Antonio les pegó un alarido se calmaron (...).» (J. García Ordoño, *Tres crímenes y algo más,* 69) = CONSULTAS

chillado -a. p. adj. Avergonzado, ruborizado. (CR): «¿Me podría reservar la noche de mañana? –pregunta, chillado.» (Anónimo, *Mejor risas que balas,* 8) = ARROYO = MALARET = GAGINI = CONSULTAS

chillar. tr. Delatar. (El Salv. = Guat.): «Ellos dormían en el monte porque alguien los chilló de que habían ido a la manifestación (...).» (M. Argueta, *Un día en la vida,* 72) = ARMAS

chillo. **(1)** m. Tela barata hecha en los telares del pueblo de Chillos, sito en la provincia de Quito. (Ec.): «El bolsicón* suele ser del más variado material: bayeta, bayetilla*, casinete o chillo, para el uso diario; paño y casimir para las grandes solemnidades.» (Costales, *El Quishihuar,* II, 219) = CONSULTAS **(2) chillo -a.** m. y f. Amante; enamorado; seductor. (PR = Nic.): «No sé cuál de los dos se botó más: si yo, fingiendo unos celos de pacotilla para suavizar el karatazo o él, haciendo de chillo contrito (...).» (A. L. Vega, *Pasión de historia,* 7) = «(...) no olvides que el Bambino era aficionado al palo* de bourbon, a las chillas correcostas* y a las comelatas* pantagruélicas.» (E. Rodríguez Juliá, *El entierro de Cortijo,* 69) = «(...) y adiós Malén sensual, mi dulce chilla, con un jadeo viril que todo lo promete.»

(A. L. Vega, *Pasión de historia*, 17) = CONSULTAS = CLAUDIO DE LA TORRE = RABELLA y PALLAIS

chimbo. **(1)** m. Brujería. (Ec.): «(...) magos portentosos que solucionan casos desesperados, capaces de poner un chimbo en la barriga, a muchas leguas de distancia, y sacar con la mano, de cualquier cabeza enferma, reptiles y cientopiés.» (A. Ortiz, *Juyungo*, 21) = CONSULTAS **(2) chimbo -a.** adj. Gastado, desgastado; falso. (Par. = Ven. y Col.): «Un poco después llegó Juana Rosa. Y fueron dos. Dos seres chimbos con polleras, en la marejada de los hombres cenicientos.» (A. Roa Bastos, *Hijo de hombre*, 314) = SANTAMARÍA DGA = MORÍNIGO

chimborazo. m. Vaso alto de cerveza coronado de espuma. (Ec.): «Navarrete era un anfitrión locuaz, de alegría primitiva, que obligaba a vaciar los 'chimborazos' (...).» (J. J. Silva, *Calabozo 51*, 47) = CONSULTAS

china. f. **(1)** Flor de muy diversos colores (*Impatiens balsamina).* (CR): «La orilla de esa acequia está llena de helechos y de chinas rojas (...).» (C. L. Fallas, *Gentes y gentecillas*, 218) = «(...) aquí yo tenía unas chinas blancas, porque las chinas, como son tan agradecidas, esas pegan en todo lado y porque nunca he perdido la fe de hacer otro jardín (...).» (F. Contreras Castro, *Única mirando al mar*, 61) = ARROYO = QUESADA **(2)** Muchacha, compañera del gaucho; campesina joven. (Ur., Arg. = Col.): «Don Pedro dispuso que se cobrase un tanto a las chinas pasteleras que deseaban vender sus mercaderías en los intervalos de la función. Se trataba de una suma insignificante. Pero, al saberlo, el comisario impidió que se cometiese ese atentado a la libertad de comerciar de la pobre gente.» (E. Amorim, *La carreta*, 10) = «(...) '...y el gaucho extrañado le dijo no llores mi pingo, que la patroncita ya no volverá...' es un tango triste, porque cuando se muere la china el gaucho se queda solo con el caballo y no se puede acostumbrar (...).» (M. Puig, *Boquitas pintadas*, 169-70) = TERRERA = CONSULTAS = HAENSCH y WERNER **(3) china, chinita.** f. Chica, mujer en general, con la que sale uno. (Arg. = Cuba y Ur.): «Inscripciones: 'Aquí nací, pampa linda...', 'Mis venerados tatas' <padres>, (...), 'Noviando <flirteando> con las chinitas' (...).» (M. Puig, *Boquitas pintadas*, 37) = CONSULTAS = SANTIESTEBAN **(4)** Naranja dulce. (PR = Ant. y otros): «(...) manzanas de Pennsylvania chinas de Florida.» (L. R. Sánchez, *La Guaracha del Macho Camacho*, 205) = «(...) se daba el palo* como si fuera jugo de china (...).» (A. L. Vega, *Pasión de historia*, 71) = MALARET **(5)** Véase también **chino.**

chinaco -a. m. y f. Persona del bajo pueblo. (Méx.): «El que traía la silla vio la corredera y creyó que se había acabado el Imperio. Y por miedo a que se la quitaran los chinacos, la vendió de oportunidad y nunca volvió a dar cuentas a Colima...» (J. J. Arreola, *La feria*, 43) = SANTAMARÍA DGA

chinamero -a. m. y f. Vendedor de un puesto de venta callejera. (CR): «Al ver interrumpida su labor, varios chinameros se lanzaron como protesta a la calle y bloquearon el acceso (...).» (Marcos Castro V., «Chinameros reclamarán terrenos», en: *La Prensa Libre*, 24/08/96) = QUESADA = CONSULTAS (véase también **chinamo**)

chinamo. m. Puesto de ventas en una fiesta; por extensión, negocio. (CR): «Además –acuñó doña Elvira–, como se diera cuenta el Patronato Nacional de la Infancia, y nos lleva al carajo a todos, hasta nos cierran el chinamo por ocultar al mocoso.» (F. Contreras Castro, *Los Peor*, 216) = «Desde ayer comenzaron a instalarse los chinamos y carruseles en las inmediaciones del redondel de Zapote, sede de los festejos populares de fin de año.» (nota de prensa sin firma, en: *La Nación*, 17/12/1989) = QUESADA = CONSULTAS (véase también **chinamero**)

chinchorrazo. m. Cintarazo. (Ch. = PR, Col. y Ven.): «–(...) Entonces le pegué al caballo un chinchorrazo con la penca* (...).» (M. Rojas, *El delincuente... y otros cuentos*, 77) = RODRÍGUEZ = MALARET = MORÍNIGO = SANTAMARÍA DGA

chinchorro. m. Lupanar. (CR): «Pasamos frente a zapaterías, barberías, chinchorros (...).» (C. Lyra, *Los otros cuentos*, 137) = GAGINI = QUESADA = CONSULTAS

chinchoso -a. adj. Presumido y/o quisquilloso; melindroso. (Ec. = PR, Col. y Perú): «–(...) *Vis*, eso sí te juro, *tenís* que ser futre <petimetre>, *pinganilla**, chinchoso.» (E. Terán, *El cojo Navarrete*, 323) = MATEUS = CORNEJO = ÁLVAREZ NAZARIO = MORÍNIGO

chingada. f. **(1) de la chingada**. fr. De la gran puta. (Méx.): «La vida es de la chingada, Teo, para ti, para mí, para todos, pero es la única que tenemos.» (J. García Ordoño, *Tres crímenes y algo más*, 16) = CONSULTAS **(2)** Véase **hijo* de la chingada. (3) llevarse la chingada** a alguien o a algo. **fr.** Llevárselo el diablo. (Méx.): «Cómo carajos me preguntas ahora de eso, qué no ves que estamos en huelga, que a todo se la está llevando la chingada, que nos han apaleado y macaneado <dado porrazos> (...).» (F. del Paso, *José Trigo*, 31) = «¡Me lleva la chingada, está temblando!» (J. J. Arreola, *La feria*, 78) = CONSULTAS

chingadazo. m. Golpe muy fuerte. (Méx.): «En nuestro trabajo no hay pleitos, Garospín. Posiblemente nunca tengas que meter las manos como no sea para detener los chingadazos de los judas*.»

(J. García Ordoño, *Tres crímenes y algo más*, 72) = CONSULTAS

chingadera. f. Acción que perjudica. (Méx.): «¿Quién pudo hacerle esto? ¿No tiene hijos, parientes? De plano son chingaderas.» (C. Fuentes, *La frontera de cristal*, 135) = «No me vengas con chingaderas.» (J. García Ordoño, *Tres crímenes y algo más*, 37) = CONSULTAS

chingado -a. p. adj. **(1) hijo de la chingada.** fr. Véase **hijo. (2) llevarse la chingada** a alguien o a algo. fr. Véase **chingada.**

chingar. tr. Violar, desgarrar; destruir. (Méx.): «El verbo denota violencia (...) penetrar por la fuerza en el cuerpo de otro. Y también, herir, rasgar, violar –cuerpos, almas, objetos–, destruir. / (...) cuando se alude al acto sexual, la violencia o el engaño le prestan un matiz particular. El que chinga jamás lo hace con el consentimiento de la chingada. (...) / El verbo chingar indica el triunfo de lo cerrado, de lo macho, del fuerte, sobre lo abierto.» (O. Paz, *El laberinto de la soledad*, 69-70 y 71) = CONSULTAS (véanse también **chingada**, **chingón**, e **hijo* de la chingada**)

chingo. m. **(1)** Prenda de vestir femenina, especialmente las enaguas. (CR): «Hasta metió la mano en el baúl y me dio un asco que no te podés imaginar verlo revolcando mis chingos.» (Q. Duncan, *Final de calle*, 147) = «(...) balanceándose entre los chingos de mi tía (...).» (H. E. Arce, *Memorias de un pobre diablo*, 80) = ARROYO **(2)** Cuchillo corto. (CR): «(...) la punta de un chingo me picó en un codo.» (F. Dobles, *Historias de Tata Mundo*, 79) = ARROYO **(3)** Montón de personas, animales o cosas –pop. (Guat. = Méx.): «Con los hombres del Olonés y del Corsario Negro, ya somos un chingo y podemos asaltar el Cuarto Cuerpo.» (M. A. Flores, *Los compañeros*, 42) = RUBIO = CONSULTAS

chingón. **(1)** m. Hombre que se impone por la violencia. (Méx.): «Se puede ser un chingón, un Gran Chingón (en los negocios, en la política, en el crimen, con las mujeres), un chingaquedito (silencioso, disimulado, urdiendo tramas en la sombra, avanzando cauto para dar el mazazo), un chingoncito. (...) / El chingón es el macho, el que abre. La chingada*, la hembra, la pasividad pura, inerme ante el exterior.» (O. Paz, *El laberinto de la soledad*, 69-70) = CONSULTAS (véanse también **chingar**, e **hijo* de la chingada**) **(2)** adj.; ú. t. c. s. Cabrón –su uso denota profundo desprecio. (Méx.): «Unos cuantos chingones esclavizan a una bola <grupo desordenado> de agachados*. Así ha sido siempre.» (C. Fuentes, *La frontera de cristal*, 235) = CONSULTAS **(3)** Excelente, digno de admiración. (Méx.): «Chingona manera de borrar las huellas de pólvora.» (J. García Ordoño, *Tres crímenes y algo más*, 32) = CONSULTAS

chinguero. m. Bebida hecha con huevos batidos mezclados con varios licores, cerveza, aguardiente *etc.;* embriaga con gran rapidez. (Ec.): «Roberto, sediento, dio con un vaso de tal bebida que le supo a demonios pero que, a pesar de todo, él se lo trasegó de un solo sorbo; era un **chinguero** terrible que el paje* de Jorge había preparado. Pocos momentos después se sintió acometido de bascas vehementes y tuvieron que conducirle a una cama. (...) Jorge, merced al hábil y socorrido recurso del **chinguero**, obtenía villano triunfo de Zolia, cuyo instinto carnal exasperándose con el alcohol le abandonaba impúdicamante al deseo de su seductor (...).» (J. R. Bustamante, *Para matar el gusano*, 39-40) = CONSULTAS = CARVALHO-NETO

chinita. Véase **color* chinita.**

chino. **(1)** m. Rabia, enfado, berrinche. (PR = Ur. y Arg.): «Como yo soy la que tengo que aguantarme el chino que me dan en la guagua <el bus> (...).» (L. R. Sánchez, *La Guaracha del Macho Camacho*, 17) = MALARET = SOPENA = CONSULTAS **(2) chino -a.** adj. Loco, pasmado, idiota. (Perú): «(...) había que ver a Felipe Carrillo, chino de felicidad matrimonial, cuando muy para sus adentros, eso sí, dijo: 'Al fin logré joderte, Platanazo de mierda'.» (A. Bryce Echenique, *La última mudanza de Felipe Carrillo*, 66) = CONSULTAS **(3) chino -a.** adj. Crespo, ensortijado, o de pelo ensortijado. (Méx.): «A su lado, un gordo de pelo chino, chamagoso <mugriento> y desarrapado (...).» (V. A. Maldonado, *La noche de San Bernabé*, 122) = MORÍNIGO **(4) como chino** (o: **como china**). fr. Mucho –ú. en fr. como **comer, sudar, trabajar como chino -a.** (Ch.): «Y todas trabajando como chinas por él en las elecciones.» (J. Donoso, *El lugar sin límites*, 88) = CONSULTAS **(5) dar chino.** fr. Hacer el amor. (PR): «(...) con uno de los primos, primo bombero con un pecho como una cancha <terreno amplio>, primo bombero que le dio chino sin ser del oriente (...).» (L. R. Sánchez, *La Guaracha del Macho Camacho*, 145) = CONSULTAS

chiotear(se). Véase **chotear(se).**

chipola. f. Cierto aire musical rápido, del género del joropo, que se canta y se baila. (Ven.): «–¿Qué van a tocar? –interroguéle. –Una chipola.» (M. V. Romero García, *Peonía*, 299) = TEJERA = MALARET = SOPENA

chiquearse. prnl. intr. Pavonearse. (CR = Nic.): «(...) dijo* a chiquiarse todo rajón (...).» (F. Dobles, *Historias de Tata Mundo*, 161) = CONSULTAS = ARROYO = RABELLA y PALLAIS

chiquero. m. **(1)** Corral de gallinas; casa destartalada. (Col.): « '(...) nuestras hijas se casan en nuestro chiquero, o no se casan'.» (G. García Márquez, *Crónica de una muerte anunciada*, 66) = CONSULTAS **(2)** Sitio en desorden y sucio. (Arg. = Col.): «(...) el apuro de la sirvientita por acomodar las flores, el chiquero en el piso del agua del florero al caerse pero le di un buen manotón con mis manos toscas y lo salvé de que se rompiera, (...), la sirvienta agachada secando el piso (...).» (M. Puig, *El beso de la mujer araña*, 106) = CONSULTAS = HAENSCH y WERNER

chiquichuela. f. Juego de niños, en el que se utilizan pequeños cocos secos parecidos a bolitas. (Par.): «–(...) ¿quién consiguió la libre práctica de ese sano deporte de las riñas de gallos? Antes no se jugaba en este pueblo sino truco, macá*, chiquichuela (...).» (R. Bareiro Saguier, *Ojo por diente*, 56) = CONSULTAS

chiquillada. f. Conjunto de niños. (Guat., CR, Hond., Par. y otros): «Mujeres trigueñas (...) entraron con un ejército de chicos de todas edades (...). Las jóvenes hermanas de doña Lucrecia siguieron hacia el interior de la casa con la chiquillada (...).» (M. A. Asturias, *Week-end en Guatemala*, 174-5) = «(...) un espectáculo extremadamente atractivo para la chiquillada de nuestro barrio (...).» (F. Durán, *Opus 13 para cimarrona*, 15) = «Los mellizos Goiburú se fijaban de reojo en mis zapatos nuevos. Comentaban entre ellos, se reían burlonamente y hacían correr sus zafadurías entre la chiquillada.» (A. Roa Bastos, *Hijo de hombre*, 94) = CONSULTAS

chiquitear. tr. Hacer algo poco a poco; en la jerga de los bebedores, disfrutar un trago tomándolo a sorbos. (Méx.): «Bebió, chiquiteándola, la cerveza.» (F. del Paso, *José Trigo*, 170) = JIMÉNEZ

chiquito -a. (1) a la chiquita. fr. Dícese de una actitud que por exceso de detallismo o falta de ambición se torna inoperante. (Ur.): «–En este país de tantos caudillos, domina la amigocracia, las influencias (...). Aquí es más mezquino <que en otros países> porque son más retrógrados, más conservadores. Más a la chiquita, más pueblerinos.» (semanario *Brecha*, 24/11/94) = CONSULTAS **(2) un chiquito.** adv. Un poco. (Par., Arg. = Ur.): «–Gasté todo el dinero que me dieron –dijo–. Yo no sentí ni un chiquito, porque ese dinero no era mío. Me habían dado por defender a la patria. Y eso no se cobra...» (A. Roa Bastos, *Hijo de hombre*, 397) = «(...) a pesar de tratarse de un reservado*, no pudo en su astucia y baquía desacomodarme ni un chiquito.» (R. Güiraldes, *Don Segundo Sombra*, 156) = MORÍNIGO **(3) cortar chiquito.** fr. Véase **cortar.**

chirapear. intr. Lloviznar. (Perú): «Ni la tormenta podía con ellos. A veces, el cielo oscuro, aún siendo muy temprano, comenzaba a chirapear.» (C. Alegría, *Los perros hambrientos*, 18) = CONSULTAS

chiribisco -a. adj. Véase **chirivisco.**

chiripa -ita. f. Pequeño negocio; ocupación transitoria, generalmente en tareas menores. (PR): «–Eh que aquí siempre pueo jasél <puedo hacer> alguna chiripita. Allá no habría ná pa ehte cahco e viejo.» (R. Marqués, *La carreta*, 8) = «(...) <el libro> se llama *Chiripa*, que en Puerto Rico quiere decir lo que acá <en Argentina> 'changa', los trabajos que la gente hace para sobrevivir en la crisis económica.» (A. L. Vega, entrevistada por Elena Massat en el diario *Clarín* de Buenos Aires, 13/5/93) = MALARET = MAURA = MORÍNIGO

chiripero -a. (1) m. y f. Persona que ejerce actividades que dejan poca utilidad. (PR): «Pero la sensación de la fiesta lo son dos mocitas que han vivido unos meses en la población. No del todo feas a fe. (...) Se da cuenta alguna muchacha que <de que> su novio se ha quedado embebido contemplando a las dos 'chiriperas' y se asoma a recordar con su presencia que ella está allí.» (E. Laguerre, *La llamarada*, 121-2) = MALARET = ÁLVAREZ NAZARIO **(2)** adj. Que funciona o acierta por casualidad, a veces sí, otras no. (Méx.): «No parecía sino que el contacto de la pistola me quemaba. Villa, entretanto, agregó: / –Nomás* dígale al general Blanco que la cuide, porque es pistola muy chiripera.» (M. L. Guzmán, *El águila y la serpiente*, 252) = CONSULTAS

chirivisco -a (o: **chiribisco).** adj. Muy delgado. (Guat.): «Sin embargo, lo peor era que los muchachitos que ya venían de camino nacían adelantados del susto, chiquitillos, chiriviscos (...).» (L. de Lion, *El tiempo principia en Xibalbá*, 33) = ARMAS

chirlazo. m. Golpe dado con la mano abierta, bofetada. (Bol. = Ec. y Arg.): «–(...) bien estaría que esté enfermo el Manuel para que lo sane a chirlazos!» (H. Guzmán Arze, *Borrasca en el valle*, 68) = CORNEJO = SANTAMARÍA DGA

chirola. f. Cárcel, chirona; lío, embrollo. (PR = Méx. y Nic.): «(...) Maelo fue a *chirola* por posesión de cocaína, (...).» (E. Rodríguez Juliá, *El entierro de Cortijo*, 76) = CONSULTAS = JIMÉNEZ = RABELLA y PALLAIS

chirriado -a. p. adj. Gracioso, agradable porque se porta bien. (Col.): «Mark baila mal y la princesa parece chirriada, pero a duras penas la pudimos ver.» (D. Samper Pizano, *A mí que me esculquen*, 45) = FILIPPO = HAENSCH y WERNER

chirrión. m. **(1)** Tallo largo, delgado y defollado de una rama. (El Salv. = CR): «Pues cuando se iban acercando todos ellos se pusieron a cortar chirriones de guayabo y al sólo llegar la agarraron a chirrionazos <latigazos> contra nosotros, nos daban duro con los palos de guayabo.» (M. Argueta, *Un día en la vida*, 69) = QUESADA **(2)** Retahíla. (CR): «Hasta una tarde por fin en que me fui a confesar y el padre Schongahuer me oyó el chirrión y después lo que hizo fue recordarme mis deberes de esposa y de madre (...).» (J. Gutiérrez, *Murámonos Federico*, 62) = QUESADA = GAGINI **(3) echar un chirrión** o: **estar de chirrión.** fr. Estar de suerte. (CR): «Tal vez echás un chirrión y mañana mismo amanecés con dos o tres mil pesos en la bolsa.» (C. L. Fallas, *Gentes y gentecillas*, 250 = CONSULTAS

chis. Expresión de sorpresa. (Ch.): «(...) abriendo los brazos contestó: / –¡Chis! ¿Qué sé yo?» (M. Rojas, *El delincuente... y otros cuentos*, 21) = CONSULTAS

chisguetazo. m. Chisguete, chorro arrojado con fuerza; salivazo. (Guat. = Méx.): «(...) escupidores de chisguetazo certero (...).» (D. Liano, *el hombre de Montserrat*, 65) = SANTAMARÍA DGA = SOPENA

chismear (o: **chismiar**). tr. Delatar. (CR = Ch.): «(...) el pendejo, pa vengarse, fue y nos chismió con el Resguardo. / (...) si logro agarrar al chollao <sinvergüenza> que nos chismió.» (C. L. Fallas, *Gentes y gentecillas*, 227) = CONSULTAS

chismosa. f. Lámpara de queroseno; especie de quinqué usado en el campo. (Cuba) = «Por aquella época, claro está, no había electricidad y los ingenios se alumbraban con *chismosas* de hojalata. (...) En el barracón me alumbraba con chismosas.» (M. Barnet, *Biografía de un Cimarrón*, 127) = «Si de noche hay un fantasma en la habitación en que esté prendida una 'chismosa' o una vela, la luz se vuelve azul como cielo de noche de luna. Rece para que desaparezca.» (L. Cabrera, *Supersticiones y buenos consejos*, 34) = «–(...) Un viernes, la puerta estaba entornada. Entré de puntillas. La chismosa, muy baja, apagona, en un rincón del cuarto donde <Ma Luciana> tenía sus negocios, (...), y todo lo demás a oscuras.» (L. Cabrera, *Reglas de Congo*, 200) = CONSULTAS = SANTIESTEBAN

chispado -a. adj. adv. Precipitadamente, disparado. (Guat.): «Se dio cuenta de que Ramón había muerto y se fue chispado hacia el centro de la ciudad.» (D. Liano, *el hombre de Montserrat*, 33) = ARMAS = RUBIO

chispero. m. Arma de fuego. (Rep. Dom.): «A ellos les contó lo que una hora antes le había pasado por viajar 'con este chispero' que no tira, según les dijo.» (J. Acosta hijo, «A mí no me apunta nadie con carabina vacía», en: S. Nolasco, *El cuento en Santo Domingo*, 29) = CONSULTAS

chispitín. m. **un chispitín** (o: **un chispito,** o: **un chispitito**). fr. Un poquito. (PR): «–(...) Hora estoy un chispito mejor. Creo que ya puedo seguir trabajando.» (E. Laguerre, *La llamarada*, 80) = «(...) que si Don Danilo había tardado mucho en contestar, que si había abierto la puerta un chispitito nada más como cuando vienen los aleluyas* a vender *Atalaya* y *Despertad* <folletos religiosos> (..).» (A.L. Vega, *Pasión de historia*, 70) = CLAUDIO DE LA TORRE = CONSULTAS

chistar. tr. Hacer callar, con la interj. 'chist'. (Cuba = Arg.): «El Coronel, que generalmente la dejaba hablar, divirtiéndose, la chistó y Baldovina tuvo que secuestrar un relato que se abría interminable.» (J. Lezama Lima, *Paradiso*, 9-10) = VERDEVOYE

chiste. m. **(1)** Gracia, encanto. (Méx.): «Es que ya me convencí de que la vida sin Leonor no tiene ningún chiste.» (J. Ibargüengoitia, *Dos crímenes*, 28) = CONSULTAS **(2)** Tebeo. (Perú): «Fui hacia un puesto de periódicos y compré tres chistes: dos de aventuras y el otro romántico.» (M. Vargas Llosa, *La ciudad y los perros*, 237) = CONSULTAS

chistido. m. Silbido, para detener o aquietar al caballo, o para pedir silencio. (Ur. = Arg.): «De vez en cuando un chistido como de lechuza, imponiendo silencio.» (E. Amorim, *La carreta*, 29) = MORÍNIGO = CONSULTAS

chiva. **(1)** f. Autobús de madera. (CR., Pan., Col.): «Macho, si cruza la calle puede coger una chiva que por 20 colones lo deja al puro frente de la cafetería.» (G. Keany, «Un turista en Costa Rica», en: *La Nación* de San José, octubre de 1989) = «(...) cuando el tren llegue a Colón, voy a subir a una chiva allá cerca del mercado público rumbo directo a Portobelo (...).» (C. G. W. Cubena, *Los nietos de Felicidad Dolores*, 69) = «De modo que las típicas *chivas* o buses de madera recorren diariamente el camino entre puerto y ciudad para dar un toque pintoresco a ese paseo cotidiano.» (M. C. Lamus, *Colombia*, 28) = CONSULTAS = SANTAMARÍA DGA = HAENSCH y WERNER **(2)** f. Noticia sensacional. (Col. = Nic.): «Ahora falta que me agüeve y no sea capaz de decirle nada a una hembra, si hay una negra pasable*, mejor, porque las negras son buenas para pichar; ahora falta que cuando esté hablando con ella me pesque alguien conocido, porque pasa la chiva a casa y me jode (...).» (U. Valverde, *Bomba Camará*, 50) = FILIPPO = HAENSCH y WERNER = RABELLA y PALLAIS **(3)** f. Barba. (Arg. = Ven.): «Se tira la chiva de rabino sefardí y relojea* de abanico* el presente de los giles*.» (R. Arlt, *Entre crotos y sabihondos*, 151) = MORÍNIGO = TEJERA **(4)** m. o f. Delator. (Cuba): «Tienen un chiva infiltrado entre nosotros –dijo el Mai–, y yo creo que eres tú.» (J. Díaz, *Las iniciales de la tie-*

rra, 125) = SÁNCHEZ-BOUDY (quien lo registra c. f.) **(5)** adj. Enojado. (CR = Arg.): «(...) Cuando el Capitán Austerín le toca el tema ella se pone chivísima y le recuerda las cien mil cañas* que una vez te gastaste en putas (...).» (R. Arias, *El emperador Tertuliano...*, 63) = QUESADA = CONSULTAS **(6)** adj. Estupendo. (CR): «(...) conoció una gringa en una disco super entodas mentendés el máe* rema* para los estados <USA> con la gringa que es de michigán rema para los estados <USA> es chivísima mentendés (...).» (R. Arias, *El emperador Tertuliano...*, 33) = CONSULTAS = QUESADA (véase también **chivo**)

chivar. (1) intr. o tr. Hacer daño, molestar, fastidiar; se usa más en infinitivo. (Cuba): «Por lo menos, los negros no *chivaban* a nadie ni andaban robando tierras a los guajiros, obligándolos a vendérselas por tres pesetas.» (A. Carpentier, *Écue-yamba-O*, 70) = «(...): 'la religión lucumí sirve para pedir a los Santos por el bien de uno y de todos. La conga, para chivar (...)'.» (L. Cabrera, *Reglas de Congo*, 120) = ORTIZ = SANTIESTEBAN **(2) chivar(se).** tr. Arruinar(se). (Cuba, Guat.): «¿Qué estaba llegando al final, su unión con la revolución o con su familia?, ¿qué cimientos estaba chivando Plutón?» (J. Díaz, *Las iniciales de la tierra*, 150) = «–¡Ya me chivaste el ojo! (...) –Así te lo hubiera sacado, por abusivo (...).» (M. A. Asturias, *Viento fuerte*, 75) = SANTAMARÍA DGA (quien recoge la forma prnl.) = ARMAS

chivatearse. prnl. tr. Ejecutar actos que provoquen al sexo contrario. (Perú = Arg.): «–Éste de los Ríos de Zúñiga ha vuelto de sus viajes tonto o hipocritón. ¡Como no salga después chivateándose a la Rita!» (E. López Albújar, *Matalaché*, 17) = SANTAMARÍA DGA

chivato. m. **(1)** Macho cabrío cuando es adulto. (Perú): «Me admiraban un poco –dijo Lituma–, decían tienes huevos de chivato, cholo*. –Tenían razón, primo, claro que sí, quién va a dudarlo.» (M. Vargas Llosa, *La Casa Verde*, 82) = SANTAMARÍA DGA **(2) chivato -a.** m. y f. Empleado. (Bol., Par.): «Junto a las bombas trabajaban dos obreros embadurnados de aceite y delante de la jaula se hallaba el Jefe de Sección, conversando con un mayordomo y un chivato.» (F. Ramírez Velarde, *Socavones de angustia*, 158) = «Una de las chivatas de Ña Lolé, mientras él estaba en el boliche, había visto una arrugada fotografía entre sus papeles. Se la mostró a la patrona.» (A. Roa Bastos, *Hijo de hombre*, 71) = MALARET

chivear(se). (1) tr.; ú. t. c. prnl. Turbar(se), delatar(se); retractar(se). (Méx.): «Luciano, no seas guaje <bobo>, cógetela. No te chivees.» (F. del Paso, *José Trigo*, 204) = «Ora <ahora> nadie puede chivearse. Todos están muertos. Los socios de arriba de Gualberto ni siquiera conocen mi existencia.» (J. García Ordoño, *Tres crímenes y algo más*, 173) = MEJÍA PRIETO

chivero. m. Contratista especializado en la construcción, mejoras o modificaciones de residencias. (PR): « 'Hay miles de 'chiveros' (como popularmente se les conoce) en Puerto Rico y la intención es irlos encarrilando en una sola dirección y que eventualmente el consumidor utilice el registro (...) para hacer sus contrataciones' (...).» (diario *El Vocero*, 28/4/94) = CONSULTAS

chivista. adj. Intrigante. (Ec.): «–Ojo chiquito, vivo. Gran puñete*. Chivista en diablo. Recién no más* estaba encamotado <amartelado> con una vaga del barrio del Cebollar <barrio pobre de Quito>.» (J. Icaza, *El Chulla Romero y Flores*, 101) = CONSULTAS

chivito. m. **(1)** Emparedado de carne. (Ur. = Arg.): «He cenado un chivito y una cerveza en el mostrador...» (H. Conteris, *La cifra anónima*, 30) = CONSULTAS **(2) chivito -a.** m. y f. Joven, muchacho. (Ec. = Méx.): «Y no iba a ser fea la chivita. La madre es media <*sic*> blanca, y como Miguelón <el padre> no es tan retinto...» (A. Ortiz, *Juyungo*, 135) = SANTAMARÍA DGA **(3) chivito de mantequilla.** m. Chivo de leche. (Guat.): «(...) no ves que el mundo te disgusta, que eres medio loquito y débil como chivito de mantequilla (...).» (M. A. Asturias, *El señor presidente*, 212) = CONSULTAS

chivo. m. **(1)** Chanchullo, intriga, escándalo. (PR, Cuba, Ec.): «–Pues... cuando tenía algún *chivo*... / –¿Alguna aventura amorosa? / *–Anjá* <sí>...» (M. Zeno Gandía, *La Charca*, 119) = «Hacía tiempo que yo sabía que él iba a caer. Eran muchos *chivos*, unos detrás de otros.» (M. Barnet, *Biografía de un cimarrón*, 164) = «¿No ha leído los periódicos? En el de ayer... En el de hoy también... (...) Aquí tengo el último... Lea no más*... En la primera página... ¡Qué chivo!» (J. Icaza, *El Chulla Romero y Flores*, 84) = SANTAMARÍA DGA = SANTISTEBAN **(2)** Riña, pendencia. (Ec.): «(...) cada vez que se **arma un chivo** en cualquier parte puede haber muertos y heridos si la policía no llega a tiempo.» (J. A. Campos, *Cosas de mi tierra*, 115) «–Siete <sucres> cincuenta..... Siete cincuenta..... Por armar chivo en plena vía pública.....» (M. Corylé, *Gleba*, 84) = MATEUS **(3)** Juego de dados. (El Salv. = Guat., Hond. y Nic.): «Don Joaquín (...) juega al chivo con don Miguel, sacude el cubilete de cuero y suenan secos los dados. A ninguno de los dos le interesa el juego, es una manera de pasar el tiempo sin necesidad de conversar.» (D. J. Flakoll y Cl. Alegría, *Cenizas de Izalco*, 42) = MEMBREÑO = SANTAMARÍA DGA = MORÍNIGO **(4)** ú. m. en pl. Dados para jugar, a veces emplomados. (Hond., El Salv., Arg. = Guat., Nic. y Ven.): «El campeño <campesino>, (...) en silencio, hace sonar los dados en el cubilete de cuero, da con éste un golpe seco sobre las monedas y lanza los chivos.» (R. Amaya Amador, *Prisión Verde*, 170) = «Y él defendiéndose que lo hacía por diversión, que la verdad jugar a los chivos era malo, pero como no había otra divierta* por estos lados, no le quedaba otro camino.» (M. Argueta, *Un día en la vida*, 203) = «Si me llamaban al dao <dado>, / nunca me solía faltar / un <dado> *cargao* que largar, un *cruzao** para el más vivo; / y hasta atracarles un *chivo* / sin dejarlos maliciar.» (J. Hernández, *Martín Fierro*, II, versos 3.193-8) = MALARET = MORÍNIGO **(5)** Carnero. (Hond.): «Además de un par de huevos tibios, no perdonaba sus dos o tres libras de carne de venado <res de caza mayor en general> o de chivo, asada (...).» (M. A. Rosa, *Tío Margarito*, 38) = MEMBREÑO **(6)** Hombre mantenido, chulo. (CR = Nic.): «Este mundo de los mantenidos, de los 'chivos' como dicen algunos por mortificar, ha contado con sus miembros, su jerarquía, su arancel y su reglamento.» (H. Elizondo Arce, *Adiós Prestiño*, 97) = QUESADA = RABELLA y PALLAIS **(7)** Apuntes para utilizar en un examen. (Guat.): «Ya antes de sacar el chivo el Bolo escupió (...). Después sacó con desparpajo el rollito de papel con todos los apuntes de la materia, mientras el profesor (...).» (M. A. Flores, *Los compañeros*, 118) = RUBIO **(8)** adj. Agresivo. (Arg.): «(...) tu viejo, un pobre tano*, / era chivo con los cosos* / pelandrunes <miserables> como vos / (...).» (C. E. Flores, «Lloró como una mujer», en: J. Barreiro, *El Tango*, 190) = CONSULTAS **(9) hacerse el (chivo) loco.** fr. Véase **loco. (10) ponerse chivo.** fr. Enojarse, cabrearse. (Rep. Dom. = CR): «(...) Vinicio Alcántara aprovechó la ocasión para solicitarle un casimir fiao <fiado>, pero el turco* se puso chivo y se negó en redondo. Prefería entregar la tienda a los comunistas antes que vender a crédito a ese mala paga.» (C. E. Deive, «En el pueblo hay guerrilleros», en: J. Alcántara, *Antología de la literatura dominicana*, 118) = MALARET = CONSULTAS **(11)** Véase **seco* de chivo**.

chiza. f. Soborno, comisión que se paga a un funcionario para agilizar un trámite. (CR): «Al año se tramitan no menos de 200.000 pólizas por lo que el monto de las llamadas 'chizas' sobrepasa los ₡600 millones anuales.» (Patricio Leiton y José David Guevara, «₡600 millones al año en 'chizas'», en: *La Nación*, 12/07/94) = «(...) dice que él no pone chiza para remodelar el chante <la casa> y que si siguen con esa necedad se retira del bísnes <*sic*>.» (R. Arias, *El emperador Tertuliano...*, 46) = CONSULTAS

choca. **(1)** f. Perdiz. (Bol. = Ch.): «A su paso, (...) las *chocas* huían azotando el agua con sus cortas alas y produciendo un ruido de cascada (...).» (A. Arguedas, *Raza de bronce*, 141) = SANTAMARÍA DGA **(2)** adj. Idiota, imbécil. «–¡Que ahora la trae, digo yo, y no soy choca!, ¿verdá?» (M. A. Asturias, *El señor presidente*, 54) = CONSULTAS

choclo. m. Calzado bajo, especialmente de mujer. (Méx.): «Yo me enamoré de unos choclos que vi en un puesto. Eran unos de vaqueta muy bien curtida.» (R. Castellanos, *Balún-Canán*, 89) = SANTAMARÍA DGA

choclón. m. Hoyo abierto en el suelo. (Perú): «La plaza es grande. No hacen barreras especiales para los capeadores; abren un choclón no más* en el centro de la plaza. (...) El toro se queda a la orilla del hueco, resoplando con furia.» (J. M. Arguedas, *Yawar Fiesta*, 39) = SANTAMARÍA DGA

chocolate. m. **(1)** Sangre que sale de la nariz, en el habla de niños o colegiales. (Ec. = Perú) «Como no veía nada, daba puñetazos en el aire. En esa furia suelta se estrelló la nariz del 'Raposa' con sonido seco. Los expertos vieron sangre y se pusieron a gritar: –¡Ya le sacó chocolate!» (J. Icaza, *Cholos*, 103) = CORNEJO = ARONA = SANTAMARÍA **(2) chocolate de arroz.** fr. m. Chocolate preparado para comer con arroz. (Guat.): «El Auditor de Guerra acabó de tomar su chocolate de arroz, con una doble empinada de pocillo, para beberse hasta el asiento.» (M. A. Asturias, *El señor presidente*, 131) = CONSULTAS

chocho -a. **(1)** m. Especie de frijol blanco que procedería de las Islas Canarias. (Cuba): « 'En el registro verificado en el bohío de la vieja no encontraron cañones, rifles o sables, sino caracoles, plumas de lechuza, rosarios de *chocho* (...)'.» (L. Cabrera, *La medicina popular de Cuba*, 141) = PICHARDO **(2)** adj. Descompuesto –a. (CR): «¡Váyase usté pal diablo con su chocha guitarra!» (C. L. Fallas, *Gentes y gentecillas*, 173) = ARROYO = QUESADA = CONSULTAS **(3)** adj. Enfermo, loco. (CR = Méx. y Arg.): «Ahora que he estado tan chocho (...).» (F. Dobles, *Historias de Tata Mundo*, 153) = QUESADA = JIMÉNEZ = CONSULTAS **(4)** interj. que demuestra asombro, alegría o cólera. (Nic.): «¡Chocho! murmuró el nicaragüense.» (F. Dobles, *Cuentos escogidos*, 39) = «(...) chocho, cuánta gente.» (D. Ortega, «En la Prisión» [poesía], en: Francisco de Asís Fernández, *Poesía política nicaragüense*, 231) = CONSULTAS = RABELLA y PALLAIS

chofe. m. Chófer –hipocor. (Cuba): «En eso, se dio cuenta de que acababan de dejar atrás la parada donde debía bajarse. / –¡Un chance*, chofe! –gritó. / –¡Tas <estás> bobeando, marqués! –le respondió el chófer <del autobús>.» (J. Díaz, *Las palabras perdidas*, 77) = CONSULTAS

cholada. f. Conjunto de cholos o mestizos de clase media. (Bol.): «No sólo acudían a él <al curande-

ro> los indios, sino también la cholada (...).» (J. Lara, *Yanakuna*, 11) = MUÑOZ REYES = CONSULTAS

cholear. tr. **(1)** Insultar. (Perú = Ec.): «Los vecinos de Lince miraban con resentimiento y envidia a los de Santa Beatriz, porque éstos, a su vez, los miraban por sobre el hombro y los choleaban.» (M. Vargas Llosa, *Historia de Mayta,* 201) = CONSULTAS **(2)** Despreciar. (Ec.): «(...) dos viejas que por andar choleando a todo el mundo se habían quedado para vestir santos.» (G. A. Jácome, *Porqué se fueron las garzas*, 250) = CONSULTAS

cholero -a. m. y f. Cocinero; por extensión, sirviente. (Guat.): «El baquiano <guía> y su espalda sudada. Mojada. 'Espaldas* mojadas', pensó. 'Al menos, aquí, uno se moja las espaldas echando riata*. Pero de cholero de los gringos <norteamericanos>...» (D. Liano, *el hombre de Montserrat*, 118) = ARMAS = RUBIO

cholito. voc. Amigo mío, compañero –no tiene ningún sentido despectivo, sino que, por lo contrario, se usa entre amigos o simples conocidos; sólo es masculino. (Ec.): «–No hay duda que nosotros los blancos* andamos devaluados, cholitos.» (G. A. Jácome, *Porqué se fueron las garzas*, 92) = CONSULTAS = JARAMILLO DE LUBENSKY

cholo -a. **(1)** s. Se llamaba así al indio o a la india joven; este sentido se conserva todavía en la mitad sur de la Sierra ecuatoriana. (Ec.): «(...) una porción de Cholos o Indios Muchachos a pie.» (J. Juan Santacilia y A. de Ulloa, *Relación histórica del viaje a la América Meridional*, I, 293) = «Al coronar la loma el paria se detuvo: ¡la choza! Apareció al fin. Ahí estaba a sus pies. Vio a sus hijos ¡los cholos!, revolcaban en el tamo*, con el perro negro. (...) El indio se apoyó a <en> una cerca, laxo. En ese instante los chicos advirtieron su presencia, y corrieron al encuentro con el perro.» (A. Cuesta y Cuesta, *Llegada de todos los trenes del mundo*, 203) = RIOFRÍO = TOBAR DONOSO **(2) chola.** f. Criada, tanto en el campo como en la ciudad. (Ec. = Col.): «(...) un problema de mujer y amor templó el timbre de sus voces. (...) –Es delgada y rubia –dice Pedro Miranda–. Va siempre al colegio acompañada de una sirviente <*sic*>. (...) –Yo le aconsejaría que escribiera una nota, o sobornara a la chola– apuntó Cobos, dirigiéndose en forma impersonal.» (J. Fernández, *Los que viven por sus manos*, 29-30) = «En la cocina el gato de la Techa, asustado por el abrirse de la puerta, refugióse bajo la banca de las cholas.» (G. H. Mata, *Sumag Allpa*, 91) = FILIPPO **(3) cholo -a.** m. y adj. Pobre, ordinario, para personas o animales, sean o no mestizos o cruzados. (Ec.): «Nuestra familia es de las mejores, y no debemos mezclarnos con gentes que no es igual <*sic*> a nosotros. Guillermo, a quien tú defiendes, es un cualquiera. Y como todos los 'cholos' debe ser audaz.» (H. Salvador, *Prometeo*, 94) = «Ahora al menos, ya teniendo mi guagua lindo, quiero hacer para él harta plata, para que no sea cholo, ni criado de nadie. Que sea patrón. Que levante la cabeza ante quien quiera, carajo!» (E. Terán, *El cojo Navarrete*, 319) = «En los oídos del Lojano sonaban los cascos del caballote ordinario, cholo (...).» (G. H. Mata, *Sal*, 63) = CONSULTAS (véase también en **chulla**) **(4) cholo -a, cholito -a.** m. Término a veces despectivo aplicado a morenos o pardos, trátese de negros, de mulatos o de zambos. (CR, Ec.): «Pero mirá: la Negra Lucha era una cholita del Guanacaste que tenía loco a mi tata <padre>.» (Q. Duncan, *Kimbo*, 46) = «(...) el Administrador era un tal Fajardo, mulato de formas hercúleas, de maneras más que groseras, de gran ignorancia en todo lo que no fuera sembrar, cultivar y cosechar cacao. (...) Fajardo a trasmano incitaba la venganza del criminal (...). –A este serrano hay que darle algún día una lección, solía decir con frecuencia... Ajo! no fuera el administrador sino el cholo Fajardo, nos viéramos las caras.» (L. A. Martínez, *A la Costa*, 199 y 260) = ARROYO = CONSULTAS **(5) cholo.** adj. m. Liso, lacio, hablando del cabello. (Ec.): «(...) hay brazos y piernas; algún pecho colgante; y el cabello lacio, cabello cholo, negro y lustroso.» (A. Pareja Diezcanseco, *La Beldaca*, 10) = CONSULTAS **(6) cholo** (o: **cholito -a**). m. Término de amistad, usado entre adolescentes o adultos, especialmente cuando se pide un servicio; para una mujer se usa sólo el diminutivo. (CR, Ec. y Perú): «Ve, cholita, como le cumplí.» (C. Lyra, *Cuentos de mi tía Panchita*, 186) = «–Un chagra* de esos mal amansados. Un tal Epaminondas Londoño dicen que es el que les azuza a los runas <indígenas>. –Mentira, cholito. –¿Cómo, pes, un cholo* ha de querer pelear con don Pablo Solano del Castillo?» (J. Icaza, *En las calles*, en: *Obras Escogidas*, 370) = «–¡Claro! ¡Muy bien, hermanito! –le dije–. Te escribiré la carta más linda. Es para una chica; ¿no es cierto? –Sí. Para la reina de Abancay. (...) Esta noche te haré un *zumbayllu* especial. Tengo un *winku* <brujo>, cholo.» (J. M. Arguedas, *Los ríos profundos*, 91-2) = MATEUS = SANTAMARÍA = QUESADA = CONSULTAS **(7) casa chola.** fr. f. Véase **casa.**

chombo -a. m. y f. Descendiente de trabajadores jamaiquinos, o haitianos, martiniqueños, *etc.*, de los cañaverales. (Cuba < Pan.): «Eran **chombos, pichones*** y **cocolos***: orgullosos hijos y nietos de los heroicos obreros que décadas atrás, buscando el nuevo Dorado, habían emigrado a Panamá principalmente de la Barbados, la Jamaica, la Martinica, la Guadalupe, la Trinidad y otras islas antillanas (...).» (C. G. W. Cubena, *Los nietos de Felicidad Dolores*, 12) = CONSULTAS

chompa. f. Cazadora –suele ser de cuero. (Ec.): «El otro, que llevaba chompa de cuero, caminó directamente hacia la mesa (...).» (J. Vasconez, *El secreto*, 49) = CONSULTAS

chonta. f. Serpiente de la costa. (Col., Ec.): «(...) Lorenzo y yo (...) andábamos por algunas de las orillas cortos trechos, operación que allí se llama *playear*, pero en tales casos el temor de tropezar con alguna guascama, o de que alguna chonta se lanzase sobre nosotros, como los individuos de esa familia de serpientes, negras, rollizas y collarejas* lo acostumbraban, nos hacía andar por las malezas más con los ojos que con los pies.» (J. Isaacs, *María*, 223) = «Reptó idéntico a una culebra chonta (...).» (A. Ortiz, *Juyungo*, 254) = SANTAMARÍA = MALARET = CONSULTAS

chontaduro (o: **chontarudo,** o: **chontaruro**). m. Dátil comestible de la palma del mismo nombre. (Ec. = Col.): «(...) estaba comiendo chontarudos cocidos (...).» (A. Ortiz, *Juyungo*, 148) = SANTAMARÍA DGA

chorcha. f. Pájaro (*Cassicus Montesuma*) de un hermoso color amarillo, especie de turpial o de oropéndola. (Hond., Nic. = Guat. y El Salv.): «Varias garzas que estaban en la ribera, emprendieron el vuelo para posarse en las ramas del matón* de bambú, espantando a cientos de chorchas que confundían su ropaje con los tallos de esas plantas.» (M. A. Rosa, *Tío Margarito*, 96) = «Es Felipe preso en San Carlos <Nicaragua>, como una chorcha en jaula sin poder escribir.» (B. Centeno, «Solentiname» (poema), en: Francisco de Asís Fernández, *Poesía política nicaragüense*, 306) = MEMBREÑO

choreto -a. adj. Abundante, tirado. (PR): «Mucha señora deprimida... He dicho que está la señora deprimida que hace orilla*... Repito que está choreta la señora deprimida...» (L. R. Sánchez, *La Guaracha del Macho Camacho*, 47) = «(...) ay Virgen de la Providencia ampáranos, que está el sinvergüenza choreto en este país...» (A. L. Vega, *Pasión de historia*, 10) = MALARET = MORÍNIGO

choricear. intr.; ú. t. c. tr. Realizar negocios oscuros, en particular hacer contrabando. (CR): «Al Capitán Austerín le importa un pito que el Jefe Anti Tertulio se pensione en todo caso no piensa en esa botella porque se saca más choriceando ropa traída de Panamá (...).» (R. Arias, *El emperador Tertuliano...*, 18) = QUESADA = CONSULTAS

chorizo. m. **(1)** Enchufe. (CR) «Vos prometiste que terminarías con el chorizo anónimo.» (Anónimo, *Mejor risas que balas*, 7) = CONSULTAS **(2)** Negocio ilegal; corrupción. (CR): «Sin embargo, sé por experiencia que en todas las fronteras del mundo se hacen negocios; que hay gente que vive del chorizo, del contrabando, de la conexión, limpia o turbia.» (M. Salguero, *A la caza del coyote*, 84) = CONSULTAS = QUESADA **(3)** Charla muy larga. (Arg.): «Seguiré esta relación / aunque pa chorizo es largo: / (...).» (J. Hernández, *Martín Fierro*, I, versos 619-620) = VERDEVOYE **(4) dar chorizo.** fr. Golpear, sacudir. (Guat.): «Le vamos a dar chorizo. Y al decir así Vásquez se llevó la mano a la pistola.» (M. A. Asturias, *El señor presidente*, 48) = CONSULTAS

chorrada. f. Chorro violento de agua, con torbellinos. (Ur.): «El río corre allí encajonado, y a las dos o tres horas de lluvia, es tan violenta la chorrada que un objeto pesado, para llegar al fondo, necesariamente debe correr a flor de agua un buen trecho, como si fuese un trozo de corcho.» (E. Amorim, *La carreta*, 104) = CONSULTAS

chorreada. f. **(1)** Acción de chorrear el hormigón. (CR): «(...) resolvieron traer la batidora mecánica, para (...) dar abasto a las grandes chorreadas que debían hacerse.» (C. L. Fallas, *Gentes y gentecillas*, 45) = ARROYO = CONSULTAS **(2)** Tortilla de maíz, huevos y leche. (CR): «(...) del maíz se hace bizcocho, tamal asado, chorreadas (...).» (M. E. Bozzolli, cit. por M. Ross en: *Al calor del fogón*, 108) = CONSULTAS

chorreador. m; Armazón de madera o alambre que sostiene la bolsa de **chorrear*** el café; el mismo dispositivo. (CR): «Consuelo estaba terminando de preparar el café; se lo sirvió a ella directamente del pichel de aluminio donde lo colaba, a la antigua, con una bolsa de tela y un chorreador, porque café de percolador no habría tomado ninguna de ellas ni bajo pena de muerte.» (F. Contreras Castro, *Los Peor*, 156) = QUESADA = CONSULTAS

chorrear. tr. **(1)** Colar el café con la tradicional bolsa de algodón. (CR): «La ves chorreando el café y aun te llega el olor.» (Q. Duncan, *Final de calle*, 41) = «En la cocina deben estar chorreando el café; así lo anuncia el aroma delicioso que llega hasta la sala.» (C.L. Fallas, *Gentes y gentecillas*, 169) = «(...) las casonas viejas con gente mayor adentro, veíanse fresquitas y despedían aromas de café acabadito de chorrear, gallo* pinto, huevos revueltos y a muchas cosas más.» (M. Benavides, *Los hijos de Mariplata*, 42) = QUESADA = CONSULTAS (véase también **chorreador**) **(2)** Inundar, recubrir. (Arg. = Ch.): «Una luz fresca chorreaba de oro el campo.» (R. Güiraldes, *Don Segundo Sombra*, 25) = CONSULTAS

chorreo. m. Fraude electoral. (CR): «(...) hacían chorreo: los votantes venían en fila con una cédula cualquiera, votaban y se iban.» (Q. Duncan, *Final de calle*, 62) = ARROYO = CONSULTAS

chorrera. f. Tobogán. (PR): «Maullidos de gozada ruindad de una muñeca Barbie tétricamente sentada en el puesto más alto de una chorrera: (...) todos apeados y saltados de la chorrera y de los columpios y de un algarrobo y esa amazonía demente que solevantan diez niños sanos: (...).» (L. R. Sánchez, *La Guaracha del Macho Camacho*, 176) = «Y nadaron, ajenos al acecho de la bilarcia, tirándose como míticos taínos por una chorrera de piedra quién sabe si hasta decorada por misteriosos petroglifos.» (A. L. Vega, *Pasión de historia*, 123) = CONSULTAS

chorro. m. Ladrón, estafador. (Arg. = Ur.): «Hoy resulta que es lo mismo / ser derecho que traidor, / ignorante, sabio, chorro, / generoso, estafador.» (E. S. Discépolo, «Cambalache», en: I. Vilariño, *Tangos*, 62) = «(...) el ladrón es hoy decente / y a la fuerza se ha hecho gente, / ya no encuentra a quién robar... / Y el honrao se ha vuelto chorro / porque en su fiebre de ahorro / él se afana por guardar.» (E. Cadícamo, «Al mundo le falta un tornillo», en: J. Barreiro, *El Tango*, 160) = CHIAPPARA = TERRERA = CASULLO

chota. **(1)** m. policía (PR = Méx. y Nic.): «(...) sepárense, por si los cala un camarón*, por si los cala un chota.» (L. R. Sánchez, *La Guaracha del Macho Camacho*, 193) = SANTAMARÍA DGA = RABELLA y PALLAIS **(2)** f. Coche celular. (Pan.): «Todavía estarían dándole golpes si no es porque llegó la 'chota'. La ley, por supuesto, le dio su par de toletazos <porrazos>.» (D. Robinson, *En las cosas del amor...*, 48) = CONSULTAS

chotear. **(1)** **chotear(se)**, o: **chiotear(se).** intr. Holgazanear. (Hond. = Méx., Guat. y Nic.): «–Apúrense, chillaban <los capataces> a los agotados hombres que gemían 'como machos de carga', no queremos verlos chiotear. Dejen de malicias, si no quieren perder sus trabajos. Luego se perdían, tras los promontorios de tierra, que había que nivelar, a pura pala, hasta dejar todo limpio.» (M. Funes, *Oro y Miseria*, 164) = SANTAMARÍA DGA **(2)** tr. Revelar un secreto; delatar, denunciar. (PR): «A Pucho le cayó un ataque de risa que por poco nos chotea y se tuvo que meter un kleenex lleno de mocos en la boca para no salir chillando.» (A. L. Vega, *Pasión de historia*, 82) = CLAUDIO DE LA TORRE = CONSULTAS **(3)** intr. Mirar. (Guat.): «(...) el guía hablaba con voz monótona, nadie dijo nada, todo el mundo callado (...), choteando, volando lente* (...).» (M. A. Flores, *Los compañeros*, 231) = ARMAS

choto. **(1)** **choto** **-a.** adj. Manso -a. (Ec. = Col.): «(...) hasta ponerlo más manso que un pollo choto.» (A. Ortiz, *Juyungo*, 71) = SANTAMARÍA DGA **(2)** Tranquilo, despreocupado; suertudo. (Arg.): «Y a él nadie le manda, lo más choto de celador no tiene que vivir con la familia si yo me vuelvo a Paraná, clavado detrás del mostrador.» (M. Puig, *La traición de Rita Hayworth*, 210) = CONSULTAS

choza. f. El hogar, la casa. (CR = Guat.): «Sí sí máe* lléguese a mi choza yo voy jalando* máe tenía que estar a las nueve en Chepe <San José de Costa Rica>.» (R. Arias, *El emperador Tertuliano...*, 130) = CONSULTAS = ARMAS

chúcaro **-a.** m. y f. Mulo o mula indómitos, espantadizos. (Ec. = Col.): «Y una vez amansado el chúcaro de mi sangre, indio mitayo siete oficios*, ya van quinientos años.» (G. A. Jácome, *Porqué se fueron las garzas*, 230) = MORÍNIGO = HAENSCH y WERNER

chucear (o: **chuciar).** tr. Azuzar con palabras hirientes. (Arg.): «–Sí, chucialo aura que está medio asustao, porque cuando tome confianza tal vez te hombree* a vos.» (R. Güiraldes, *Don Segundo Sombra*, 26) = VERDEVOYE = CONSULTAS

chucha. **(1)** f. Vulva de la mujer. (Ec., Ch. = Col., Perú, Bol. y Arg.): «Armado del bacín trepó a la ventana, y, apuntando cuidadosamente, arrojó buena dosis de orinas sobre el borracho. (...) –Me empaparon, carajo. (...) Me echaron un bacín íntegro. Un bacín con chucha y todo.» (J. Icaza, *El Chulla Romero y Flores*, 57) = «Mario le bajó la (...) minifalda y (...) la fragante vegetación de su chucha (...).» (A. Skármeta, *Ardiente Paciencia*, 92) = CORDERO = HAENSCH y WERNER = SANTAMARÍA DGA = MORÍNIGO = CONSULTAS **(2)** f. Puta –ú. t. c. interj. (Pan. = Méx., Hond., Nic. y otros): «–¿Tú sabes cuánto la casa midió? (...) –(...) ¡Chucha! ¡Es como un palacio que tiene casi! (L. G. Joly, «Implicaciones...», en: *Revista Lotería*, núm. 338-9, mayo-junio de 1984, pág. 36) = SANTAMARÍA DGA y DM **(3)** expr. neg. de insistencia. (Ch.): «Si el poeta está en París, no tengo a quien chucha repartirle cartas.» (A. Skármeta, *Ardiente Paciencia*, 99) = CONSULTAS **(4)** **por la gran chucha.** fr. Por la gran perra. (Guat.): «¡Siempre hay que estar arriando a éstas, por la gran chucha!» (M. A. Asturias, *El señor presidente*, 159) = CONSULTAS

chucho. m. **(1)** **chucho** **-ito.** Tamal pequeño. (Guat.): «Lejos, en la tiniebla, todo se ve tan lejos, algún candil señalaba la tienda del chino (...), alguna venta de chuchos, café con pan, chorizos, chicharrones viejos (...).» (M. A. Asturias, *Viento fuerte*, 24) = ARMAS = RUBIO **(2)** ú. más en pl. Pecho, mama. (Ec. = Arg. y Ur.): «(...) echó mano a sus pechos ampulosos y duros, que provocábanle detrás del ceñido rebozo azul. –¡Carajo! –rugió la María; –cipo* de mierda... ¿Por qué no va a agarrar los *chuchos* de su vieja* *manavali*?» (E. Terán, *El cojo Navarrete*, 301) = SANTAMARÍA DGA

chueco. **(1)** m. Comercio de objetos robados; lo que se compra barato por ser sospechosa su procedencia. (Méx.): «El automóvil, un Caribe adquirido en abonos, con un magnífico stereo comprado de chueco a algún robacoches*, estaba ahí, intacto, con la portezuela abierta y la llave puesta.» (V. A. Maldonado, *La noche de San Bernabé*, 21) = JIMÉNEZ = MORÍNIGO **(2) chueco -a.** adj. Hablando de un objeto, torcido, ladeado o desnivelado, contrario a lo correcto; hablando de un ser humano, patituerto. (Méx., Col., Arg. = Nic. y Perú): «O la camisa tenía una arruguita o no estaba suficientemente caliente el agua o la raya de la trenza estaba chueca, en fin, parecía que la única virtud de Mamá Elena era la de encontrar defectos.» (L. Esquivel, *Como agua para chocolate*, 70) = «Parecía que mi vida estaba trazada por el camino chueco y la mala vida me perseguía.» (M. S. Rico Sanín, *El delito de existir*, 72) = «Vidrios grandes no, paneles pequeños formando un cuadriculado, todo un poco chueco, rústico (...).» (M. Puig, *El beso de la mujer araña*, 106) = HAENSCH y WERNER = CONSULTAS = SOPENA = SANTAMARÍA DGA = RABELLA y PALLAIS = CONSULTAS

chulear. tr. Piropear. (Guat.): «(...) sus compañeros (...) o leían los periódicos o se mantenían* platicando o mataban el tiempo chuleando a las secretarias.» (D. Liano, *el hombre de Montserrat*, 89) = ARMAS = RUBIO

¡chuleta! interj. que equivale a /¡caramba!/. (Pan.): «(...) el brandy que le echaron es buen brandy ¡chuleta!, valió la pena esperar.» (G. Guardia, *El último juego*, 114) = CONSULTAS

chulillo. m. Ayudante de algún oficio. (Perú): «–(...) En vano reclamamos nuestras tierras. Por gusto el Personero presenta recursos. Las autoridades sólo son chulillos de los grandes.» (M. Scorza, *Redoble por Rancas*, 24) = SANTAMARÍA DGA

chulo. m. **(1)** Buitre, gallinazo. (Col.): «Todos pensaban que usted era el que compra gallinazos. Lo confundieron con el señor que viene en carrito amarillo a llevar chulos.» (J. Dueñas, «El rey de la basura», en revista *Cromos*, Bogotá, 15/06/1992) = «'Gallinazo': el diccionario lo define como 'buitre de América'. Los campesinos lo identifican como el chulo, que es más o menos lo mismo.» (D. Samper Pizano, *A mí que me esculquen*, 183) = FILIPPO = CONSULTAS = HAENSCH y WERNER **(2)** Muerto. (Col.): «¡Un chulo, un chulo! (como si fuera una novedad encontrarse con uno de estos pajarracos). Sin embargo, la traducción es otra: este voceador se refiere a que se encontró un muerto.» (J. Dueñas, «El rey de la basura», en: revista *Cromos*, Bogotá, 15/06/1992) = CONSULTAS

chulla. **(1)** adj. Hablando de un objeto que no suele usarse en número par, sólo, único. (Ec.): «– (...) creyen <*sic*> no más* <los estudiantes> que, por la chulla leva* que tienen puestos <*sic*> y las malacrianzas que aprienden <*sic*> en los colegios de los sacha-masones <seudo masones>, ya son gentes, y andan persiguiendo a los pobres hijos de una, sólo porque somos cholas*.» (M. Corylé, *Gleba*, 98) = «Vivo en la calle del Chorro / Y nací en la del Mesón, / Y aunque es chulla mi traje, / Tengo de oro el corazón.» (L. Pérez de Oleas Zambrano, *Historias, leyendas y tradiciones ecuatorianas*, II, 361) = TOBAR GUARDERAS **(2) chulla, chullita.** m. y f. Joven pobre; persona despreciable. (Ec.): «(...) Romero y Flores –hábil señor de la conquista barata– insistió en el asedio a la chullita –calificativo que Majestad y Pobreza usaba para las mujeres sin fortuna–.» (J. Icaza, *El Chulla Romero y Flores*, 33) = «Su padre, por ejemplo, pertenecía a una 'buena familia', era aristócrata y caballero. Ella, en cambio <en cuanto hija abandonada>, era una 'mala Caamaño', una 'chulla' o chola* del bajo pueblo.» (H. Salvador, *Noviembre*, 181) = SANTAMARÍA DGA = MORÍNIGO = CONSULTAS **(3)** m. y f. Persona joven de uno u otro sexo, muchas veces mestiza, de pocos recursos económicos, que cuidando su vestido y sus modales quiere imitar a las personas de la clase alta y rozarse con ellas. (Ec.): = «(...) los calígrafos Timoleón López y Antonio Lucero, jóvenes medio blanquitos, preocupación enfermiza en el vestir, pulcritud de plancha en solapas y dobleces, fino escamoteo de remiendos, corbata de lazo, pañuelo al pecho, 'chullas futres no más son'.» (J. Icaza, *El Chulla Romero y Flores*, 7) = MATEUS **(4)** m. Joven rico y elegante; lechuguino. (Ec.): «(...) ella comenzó a presumir, a despreciar a los muchachos modestos que la pretendían *con buen fin*... Prefería coquetear a los chullas de buenos apellidos, irse con ellos al cine y... en una palabra: estaba estudiando para puta.» (B. Carrión, *Por qué Jesús no vuelve*, 182) = «En ese momento atravesaban los dos amigos un sitio alborotado por gran tumulto. Se oían voces y chasquidos procedentes de una taberna. –¿Quieres asistir a este hecho social? –le dice sardónico Nicolás a Robles. (...) Acostumbrados los ojos a la oscuridad, divisan un confuso amontonamiento: mujeres del pueblo, artesanos y soldados, golpeándose e insultándose. De pronto uno de ellos descubre a los nuevos visitantes y dándose cuenta de que no pertenecen a los suyos, por la indumentaria, con ronca voz anuncia: –Han entrado dos **chullas**. Instantáneamente cesan el barullo y la gresca.» (A. M. Paredes, *Perfiles de dos ciudades*, 97) = «Buscó un agujero donde esconderse, pero un soldado que lo vio así, dióle un fuerte empellón diciéndole: / –Carajo, chullita sin vergüenza, ¿va a morirse aquí de miedo como una gallina? Avance o le mato –y le tendió un rifle.» (J. R. Bustamante, *Para matar el gusano*, 158) = CONSULTAS

chullo. m. Gorro. (Perú): «Entre el chullo y la bufanda levantada sólo ardían los ojos felinos del Ladrón de Caballos.» (M. Scorza, *Redoble por Ran-*

cas, 164) = «(...) no se quitaba de la cabeza un chullo puntiagudo por cuyos contornos se escapaban unos mechones lacios jamás hollados por tijera o peine.» (M. Vargas llosa, *Lituma en los Andes,* 48) = MALARET

chumazona. m. Borrachera. (Ec.): «Muy a lo hondo de sus frentes, sus pensamientos <de los indígenas> estaban en la choza que, ahora recordaban! dejaron sin nadie a que las cuide; pensaban en la chumazona de la víspera; en pedir un socorro* al amo; un aumento de terrenos, porque ya no cabían los hijos en la faja de la tierra.» (G. H. Mata, *Sumag Allpa,* 17) = CONSULTAS

chumbar. tr. **(1)** Azuzar, especialmente al perro. (Arg.): «(...) ¡cómo le chumbó fuerte al perro! (...).» (M. Puig, *Boquitas pintadas,* 103) = VERDEVOYE **(2)** Dar ladridos contra una persona. (Ur., Arg.): «Dos perros, que habían permanecido en actitud contemplativa como don Pedro, comenzaron a ladrar furiosamente. –¡Chúmbale!... ¡Toca!...– Don Pedro los azuzó por lo bajo.» (E. Amorim, *La carreta,* 26) = «Y el día que rompió el compromiso le canté las cuarenta, y el mozo estaba que un color se le iba y otro le venía. El mismo *Ciruja* le chumbaba en el patio, y a fuerza de tironear quería romper la cadena.» (L. Marechal, *Adán Buenosayres,* 244) = VERDEVOYE

chumbo -a (o: **chumbón -ona**). adj. Que casi no tiene nalgas. (PR): «(...) <el> Viejo, siempre entusiasta de esos traseros que Pilar y las mujeres de su clase consideran propios de la negrada... Pero ocurre que la pobre Pilar es *escurría* <escurrida> de caderas, *chumba,* y estas nalgas tembluscas <temblorosas> son como la tierra prometida...» (E. Rodríguez Juliá, *El entierro de Cortijo,* 64) = «Estoy chumbona: eso acá <en Francia> no es pecado pero allá <en Puerto Rico> me costaría la mitad del *fan club* callejero.» (A. L. Vega, *Pasión de historia,* 27) = CONSULTAS = CLAUDIO DE LA TORRE

chumbote. m. Ternero o becerro que casi ha llegado a la edad adulta. (Ec.): «Saltó el tigre. (...) Le pareció grande como un chumbote o un burro.» (J. Gallegos Lara, «La Salvaje», en *Los que se van,* 181) = «–Mi pobre chumbote se murió por falta de alimento. El vida mía quería mamar, puesto que todos nacemos con esa inclinación; pero no sacaba nada de la escurrida ubre y se retiraba balando con la boca seca.» (J. A. Campos, *Cosas de mi tierra,* 176) = «Naciera Chumbote en la hacienda de don Federico Pinto, allá por Colimes. Confirmáronlo con el mote porque cuando en la hacienda vivía era un chico macizo y recio como un ternero crecido.» (J. de la Cuadra, *Obras Completas,* 289) = MALARET = SOPENA

chunche. m. pl. Cosa, objeto cualquiera; en pl., bártulos. (Méx., Guat., El Salv.): «(...) doña Zarina Ycaza de Laborde se refugió en la curiosa ocupación de coleccionar triques, chunches y sobre todo revistas.» (C. Fuentes, *La frontera de cristal,* 15) = «(...) estuvo con él más solícito que de costumbre, ayudándolo a colocar el equipaje, sus sombreros, sus abrigos y otros chunches.» (M. A. Asturias, *Viento fuerte,* 42) = «Yo, para qué le voy a decir, no vi muy bien el chunche entre tanta estrella (...).» (R. Dalton, *Pobrecito poeta que era yo...,* 62) = MORÍNIGO

chuño -a. adj. Aplastado y arrugado. (Bol.): «(...) del bolsillo trasero de su pantalón hizo aparecer una cajetilla aplanada. –Esos cigarrillos deben estar chuños –exclamó Irma.» (R. Poppe, *Después de las calles,* 104) = PAULOVICH

chupa. m. En el siglo XIX, mestizo biológico y cultural algo coquetón y engreído, que formaba parte de la clase media de ciudades de la Sierra ecuatoriana (véase también **chaleco**). (Ec.): «Posteriormente no por camino biológico, sino más por un hecho cultural, democratización de las clases sociales, el chupa desemboca en el CHULLA*, personaje típico de la quiteñidad.» (A. y P. Costales, *El Chagra,* 53) = CONSULTAS

chupacabras. m. Ser fantástico que, según un rumor que comenzó a circular a principios de 1996, mata cabras, gallinas y otros animales. (CR, Guat. = PR y otros): «Recientemente en Heredia, fueron sacrificados una gran cantidad de murciélagos, alegando que eran el famoso *Chupacabras.*» (Francia León González, «¿Existirá un *chupacabras*?», en: *La Nación,* 16/07/96) = «Se cree que el chupacabras es un caso típico / producto de la mixtura entre dos políticos / es un depredador furtivo / habráse visto semejante parecido.» («Noticiero», canción de Ricardo Arjona, en: *Si el norte fuera el sur,* Columbia, 1996) = CONSULTAS

chupaco -a. m. y f. Persona adicta a una droga. (Perú): «–(...) ¿Está ya Sendero Luminoso en Naccos? (...) ¿No ha oído que los terrucos* castigan los vicios? ¿Que azotan a los chupacos?» (M. Vargas Llosa, *Lituma en los Andes,* 43-4) = CONSULTAS

chupado -a. Véase **santo* chupado.**

chupalla (**¡la chupalla!** o: **¡por la chupalla!**). excl. de sorpresa, que sea grata o desagradable. (Bol. = Ch.): «–¡La chupalla! protesta Karen golpeándose la frente. ¿Por qué son incumplidos?» (R. Poppe, *Después de las calles,* 62) = MALARET = PAULOVICH

chupamedias. m. Cobista, lameculos. (Ec., Arg. = Guat., Col. y Ur.): «(...) y la caterva de palanquiadores*, adulones, chupamedias, (...) a conseguir la bequita para el guagua <hijo>, el empleíto masquesea <más* que sea> de portero (...).» (G. A. Jácome, *Porqué se fueron las garzas*, 64) = «(...) al Echagüe lo habían llevado a la fuerza, entre el Noziglia y otros dos pibes más chicos del grado chupamedias del Noziglia (...).» (M. Puig, *La traición de Rita Hayworth*, 165) = VERDEVOYE = CONSULTAS = HAENSCH y WERNER

chupandina. f. Vicio de beber. (Arg.): «–(...) No era un mal bicho, como quien dice. Pero cuando a un hombre le da por la chupandina...» (L. Marechal, *Adán Buenosayres*, 242) = CONSULTAS

chupar. **(1)** intr. Ingerir licor, tomar. (Guat., El Salv., CR, Ec., Bol., Par., Arg. = Méx., Ur.): «–(...) Esos nos quieren pedir plata para seguir chupando.» (L. E. Rivera, *Velador de noche, soñador de día*, 152) = «–¿Sabés una cosa? Desde hoy en la mañana sabía que me la iba a poner*. ¡Cabal! Como a las once me encontré con un chero <amigo> en el atrio de la Catedral y hasta ahora hemos estado chupando en La Florida. ¿Qué te parece?» (D. J. Flakoll y C. Alegría, *Cenizas de Izalco*, 115-6) = «Todos esos carajos* estaban más engrídos <*sic*: engreído>, por las ganas de chupar (...).» (A. Portocarrero, *Negro desgraciado*, 133) = «Varias manos retiran de la mesa la botella y las copas. (...) –Sólo queremos chupar.» (E. Cárdenas, *Juego de mártires*, 95) = «–(...) El Pedro estaba borracho y me dijo: Me voy a acostar con la 'Jurcuta Nahui'. 'No hombre' le contesté 'mejor seguiremos chupando'.» (F. Ramírez Velarde, *Socavones de angustia*, 240) = «Bueno, no es nada –dijo Ramón volviendo a guardar el revólver, y sentándose otra vez–. Vamos a chupar... Dejemos a López tranquilo. Y cogió el vaso de caña*, que tenía al lado, en el suelo, al alcance de la mano, y bebió un trago.» (G. Casaccia, *La Babosa*, 197) = «Al 'mamao', que en seguida se nos pegó dándonos latosos informes sobre la carrera grande de la tarde, le di un peso a condición de que se fuera a 'chuparlo' a la carpa <tenderete>.» (R. Güiraldes, *Don Segundo Sombra*, 135) = MUÑOZ REYES = MEJÍA = VERDEVOYE = CONSULTAS **(2)** intr. Hablando del mar, tener corrientes que alejan a los bañistas de la playa. (CR = El Salv.): «Oiga, Talía, báñese sólo donde revientan las olas, q'es la vaciante y veo q'el mar está picao y como chupando mucho, pa' dentro... pa' dentro... rejego y traicionero.» (C. Salazar Herrera, *Cuentos de angustias y paisajes*, 184) = CONSULTAS **(3)** tr. Fumar. (Méx., Col. = El Salv. y otros): «El caporal veía cómo trabajaba yo, y me daba buenas tareas; yo le compraba sus cigarros para que chupara.» (R. Pozas, *Juan Pérez Jolote*, 28) = «(...) prendió un cigarrillo de basuco* y se lo chupó enterito.» (M. S. Rico Sanín, *El delito de existir*, 79) = CONSULTAS **(4) chuparse.** prnl. tr. Tragarse, aguantarse, soportar algo desagradable. (PR, Cuba, Ur. = Col., Ec., Perú, Ch. y Arg.): «(...) para ir a la escuela del pueblo tenía que aprobar los grados que le faltaban en la escuela rural. Se chupó su orgullo herido y su resentimiento.» (R. Marqués, *La víspera del hombre*, 122) = «Claro que a ellos no les gusta esto (...), la Reforma Agraria les ha levantado un chichón del tamaño de una casa, pero así y todo –agregó– se la van a tener que chupar.» (V. Agostini, *Filin*, 68) = «–Mirá, yo que vos iba y me entregaba. No le des vueltas. / –Y chuparme una punta de años.» (J. C. Onetti, *Tierra de nadie*, en: *Obras Completas*, 84) = MAURA = MORÍNIGO

chuparrosa. f. Colibrí. (Méx.): «Había chuparrosas. Era la época. Se oía el zumbido de sus alas entre las flores del jazmín que se caía de flores.» (J. Rulfo, *Pedro Páramo*, 18) = SANTAMARÍA

chupeteo. m. Ruido parecido al de una succión. (CR): «Al sacarlas <las botas del lodazal> producía un chupeteo ruidoso (...). «(J. Gutiérrez, *Puerto Limón*, 171) = CONSULTAS

chupón. m. Pecho, seno. (CR): «Cuando volvíamos venía una chiquilla y me dijo 'mírale los chupones que tiene' y de veras le tiritaban al caminar (...).» (J. Gutiérrez, *Murámonos Federico*, 137) = CONSULTAS

churear (o: **churiar**). tr. Dar forma de caracol a alguna cosa. (Ec.): «Churiando la piedra en capiteles y frisos, acariciando la piedra en caras de guaguas–ángeles <niños-ángeles>.» (G. A. Jácome, *Porqué se fueron las garzas*, 232) = JARAMILLO DE LUBENSKY

churero -a. m. y f. Persona que vende menudos de animales. (Par.): «Al día siguiente, la churera le contó el resultado de la trifulca en el baile.» (R. Bareiro Saguier, *Ojo por diente*, 76) = CONSULTAS

churo. m. **(1)** Caracol terrestre de gran tamaño que, abierto por un lado, produce un sonido de trompa; sirve para convocar a los peones o para transmitir mensajes a larga distancia. (Ec.): «(...) los indios gritaban con gozo salvaje, tocaban furiosamente el **churo**, seguían el canto desgarrando la voz y acometían contra el trigo en un furor de trabajo.» (J. R. Bustamante, *Para matar el gusano*, 28-9) = «A lo lejos, (...), sonaban broncos, elementales y sin gusto tres 'churos' de los montañeros*.» (N. Estupiñán Bass, *Cuando los guayacanes florecían*, I, 61) = «Estando en Quinchibuela (...) hubieran soltado voladores <cohetes>, hubieran reventado camaretas <morteros>, hubieran acuchillado el aire con silbos, hubieran tronado con sus churos.» (G. A. Jácome, *Porqué se fueron las garzas*, 20) = CONSULTAS **(2) dejar con los churos hechos.** fr. Dejar chasqueado. (Ec.): «Pero aquí estamos, vos con tu cara de Por fin Andrés, después de tanta espera, de tantas dejadas con los churos hechos.» (G. A. Jácome, *Porqué se fueron las garzas*, 316) = CONSULTAS **(3)** Véase también **churero -a.**

churra. f. Excremento blando. (PR): «(...) se fue derecho al centro espiritista de Toya Gerena y me hizo un salamiento* con batata* mameya y churra de cabro (...).» (L.R. Sánchez, *La Guaracha del Macho Camacho*, 60) = MAURA

churrasco -a. adj. Guapo, hermoso. (Arg.): «(...) y a vos pichón te salen mujeres por todas partes, será por la campera ¿o será la percha, pichón? mirá que estás churrasco (...).» (M. Puig, *Boquitas pintadas*, 93) = CONSULTAS = GOBELLO

churrete. m. **tomar** a alguien **para el churrete.** fr. tr. Tomarle el pelo. (Arg. = Par. y Ur.): «Me daban ganas de partirle la jeta de un revés, para que no siguiera tomándome pal <para el> churrete, pero me contuve.» (J. Cortázar, *Relatos*, 325) = MORÍNIGO = GOBELLO

churro -a. m. y f. ú. t. c. adj. Buen mozo, real moza. (Arg. = Col. y Ur.): «Titina es un churro inconmensurable.» (J. Cortázar, *El examen*, 143) = «Apenas se sentaron, unos muchachos churrísimos les trajeron pantallas* y un vasito de ginebra.» (Copi, *La vida es un tango*, 152) = CASULLO = GOBELLO = HAENSCH y WERNER = CONSULTAS

chusco -a. (1) m. y f.; ú. t. c. adj. Hablando de una persona o de un objeto ordinario, corriente; dícese también de cualquier animal (perro, gallo, caballo) ordinario. (Perú): «Cerveza tibiona y vasos gruesos y chuscos, bastante suciotes.» (A. Bryce Echenique, *La última mudanza de Felipe Carrillo*, 127) = «(...) metió las espuelas a su chusco. El caballo se disparó.» (M. Scorza, *Redoble por Rancas*, 44) = SANTAMARÍA DGA **(2)** adj. Displicente o incorrecto; malcriado. (Méx.): «Gabriel hubo de imponerse al rabioso deseo de partir a México en demanda de una explicación. Imaginábase el recibimiento chusco que se le brindaría, y el empecinamiento en que acaso incurriera la señora de Ibarra, fingiéndose ignorante.» (A. Yáñez, *La creación*, 128) = MORÍNIGO = SOPENA (que lo registran para personas) = CONSULTAS

chusma. (1) m. o f.; ú. t. c. adj. Persona pobre. (Arg.): «(...) –y ahí se me acercó y me dijo despacio 'sos una porquería, no tendrías que estar en este colegio ¡chusma!... ¡andá con los chusmas de tu barrio a Adlon!'» (M. Puig, *La traición de Rita Hayworth*, 239) = CONSULTAS **(2)** m. y f. Chismoso. (Arg.): «'Están bien en esos bancos, no las defienda' me dice un día la dueña, 'que son unas chusmas, a usted la llaman la estanciera y se matan de risa'.» (M. Puig, *La traición de Rita Hayworth*, 60) = CONSULTAS = VERDEVOYE

chusmita. f. Cierta garza pequeña (*Ardea candidissima*), azul o blanca, frecuente en los esteros y marismas. (Ven.): «A los macareos han llegado millares de garzas: rojas corocoras, chusmitas azules y las blancas, de toda blancura; pero todas albean los esteros.» (R. Gallegos, *Canaima*, 12) = SANTAMARÍA DGA

chuso. Véase **chuzo.**

chutar. intr. Atraer, tirar de, jalar. (Ec.): «(...) la sangre siempre chuta. / (...) –la sangre chuta carajo– (...).» (G. A. Jácome, *Porqué se fueron las garzas*, 15 y 205) = CONSULTAS = JARAMILLO DE LUBENSKY = SOPENA

chuto -a. adj. Cholo –desp. (Perú): «Un hombre flaco, de sonrisa podrida, de ojos metidos en pómulos desconfiados, se divierte pisoteando los perros: es el Chuto Ildefonso.» (M. Scorza, *Redoble por Rancas*, 52) = SANTAMARÍA DGA

chuzo. (1) m. Criatura, nene. (Ec.): «–¿Qué es de la Celinda? –el cojo averiguaba por la india que lactaba a la criatura. –Ya le dio el pecho antes de que *vos* te recuerdes. (...) Y es buena la leche de la india; se ha engordado el *chuzo*.» (E. Terán, *El cojo Navarrete*, 322) = CORNEJO = MATEUS = MORÍNIGO **(2)** m. Caballo corredor de muy buena calidad. (Arg.): «Era un buen pingo arisco aún y lleno de desconfiadas cosquillas*. Lo miré con orgullo de dueño y de domador, pues estaba seguro de que pronto sería un chuzo envidiable.» (R. Güiraldes, *Don Segundo Sombra*, 62) = ABAD DE SANTILLÁN **(3)** m. **chuzo, chusu.** Músico militar o callejero; es térm. irónico. (Bol.): «–¡Mejor bailaremos!... / –¡Dónde están, pues, los chuzos! / –¡Sí, que toquen los chuzos! (...) / –Vamos a tocar en honor a mi compadre Manuel y la comadre Ramona, pero ¡nada de chuzos, carajo! ¡Nada de insultos aquí!... (...).» (F. Medina, *Los muertos están cada día más indóciles*, 55) = MUÑOZ REYES **(4)** m. **chuzo, chuso.** Zapato. (Perú): «–(...) y me contestó, enfurruñada: 'hijita, esto es como el cuento el <del> chuso: el que quiere lo aseta <acepta> y el que no, lo deja.» (E. López Albújar, *Matalaché*, 104-5) = MORÍNIGO **(5) chuzo -a.** adj. Lacio -a. (CR): «(...) su pelo medio chuzo (...).» (Q. Duncan, *Final de calle*, 149) = QUESADA

chuzón (o: **chuzonazo).** m. Pinchazo. (Col.): «Pero lo que se gasta más rápido son las manos. Esas se envejecen de primero con tanto chuzón de jeringas desechables que encontramos sin querer.» (J. Dueñas, «El rey de la basura» en: revista *Cromos*, Bogotá, 15/6/1992) = CONSULTAS = HAENSCH y WERNER

D

dama. f. **dama de Providencia.** fr. f. Mujer de la alta sociedad, que reside en la calle de Providencia. (Ch.): «(...) iba a aporrear su cacerola como las damas de providencia en Santiago (...).» (A. Skármeta, *Ardiente Paciencia*, 131) = CONSULTAS

damajagua (o: **demajagua**). f. Corteza del demajagua (o damajagua, o majagua), que una vez macerada sirve para hacer esteras, telas, cuerdas, *etc.* (Ec. = PR, Cuba y Ven.): «Lastre y su mujer tendieron una demajagua y se acostaron sobre ella. (...) todo el ambiente estaba siempre impregnado de un característico olor de pucho, de damajagua vieja y de pescado salado.» (A. Ortiz, *Juyungo*, 145 y 177) = «El muchacho trajo su ropa envuelta en un pedazo viejo de damajagua.» (N. Estupiñán Bass, *Cuando los guayacanes florecían*, II, 14) = SANTAMARÍA DGA

damajuana. f. Garrafa. (Méx.): «Trajeron más damajuanas de ponche y se dieron prisa en tatemar <asar> más carne de venado (...).» (J. Rulfo, *El llano en llamas*, 154) = CONSULTAS

dañar. tr. Envenenar. (Cuba): «En el siglo pasado, para vengarse de un mal amo o del Contramayoral, recurrían al veneno. En el áspero Camagüey, más de una vez toda una familia pereció 'dañada' (...).» (L. Cabrera, *Reglas de Congo*, 194) = CONSULTAS

dañero -a. adj. Que causa o ha causado daño o daños. (Perú): «*–Es orden del doctor agarrar a los animales dañeros de sus pastos.*» (M. Scorza, *Redoble por Rancas*, 118) = SANTAMARÍA DGA (quien sólo lo recoge como sust. y para personas que practican la brujería)

dar. tr. **(1) dar** más pronombre enclítico, más gerundio. fr. que indica que la acción expresada por el verbo en gerundio es favor hecho por otra persona a la indicada por el pronombre. (Ec.): «(...) señorita, déme haciendo este oficio, A ver, usté, inspector Guevara déme comprando en Imbaquí papel sellado.» (G. A. Jácome, *Porqué se fueron las garzas*, 43) = «Lo peor, hermanito, contaba el Fakir, fue cuando el domingo de mañana pregunté si podían <los empleados del hospital> darme comprando el periódico. Por qué no lee más bien el de ayer que tenemos, me dijo el interno.» (J. E. Adoum, *Entre Marx y una mujer desnuda*, 11) = CONSULTAS **(2) no dar de.** fr. No poder más a causa de lo que se expresa. (Arg. = Ur.): «En el 52, a comienzos del 52, después de trece años de no ver a su mujer, que vivía aquí en esta quinta, el comandante Bonifacio Acevedo, que estaba en Chile, con otros exiliados, no dio más de tristeza y se vino a Buenos Aires, disfrazado de arriero.» (E. Sábato, *Sobre héroes y tumbas*, 53) = CONSULTAS **(3) a cualquiera se la doy.** fr. que expresa el descontento, disgusto o mal humor que una cosa produce. (Ur.): «Tengo un tumulto en mi cerebro. A cualquiera se la doy... ser profeta.» (E. Estrázulas, *Pepe Corvina*, 126) = CONSULTAS **(4) hacer dar miedo.** fr. Véase **miedo.**

data. f. Información, datos. (PR): «Trata de sacarme data: yo sé que ustedes hablan mucho, que son viejas amigas, algo tiene que haberle dicho (...).» (A. L. Vega, *Pasión de historia*, 27) = CONSULTAS

date. m. Cita amorosa –es anglic. (Méx.): «No puedo tener un date sin que mi mamá me atosigue preguntando ¿es de buena familia, es de buena familia?» (C. Fuentes, *La frontera de cristal*, 271) = CONSULTAS

datero. m. El que hace pronósticos sobre los resultados de las carreras de caballos. (Arg.): «(...) me asegura mi datero que la corre un gran muñeca* / y que paga por lo menos treinta y siete a ganador.» (J. Rial, «Preparate pa'l domingo», en: J. Barreiro, *El Tango*, 157) = CONSULTAS = GOBELLO = VERDEVOYE (véase también **dato**)

dato. m. Información confidencial sobre carreras de caballos. (Arg.): «Cierto es que me dijo que había ido a esperar a un vareador que tenía que pasarle unos 'datos' para la próxima carrera (...).» (R. Arlt, *Los siete locos*, 187) = «Vos no hagás correr la bola* / entre gente que palpita*, / porque estos datos polenta* / se brindan por amistad.» (J. Rial, «Preparate pa'l domingo», en: J. Barreiro, *El Tango*, 157) = CONSULTAS = GOBELLO (véase también **datero**)

dealtiro (o: **dialtiro**). fr. adj. Véase **tiro.**

deber. tr. **de esas que te la debo.** fr. Que ni te cuento; tremendo. (Arg.): «(...) un saque* de guadaña* de esas que te la debo.» (J. Cortázar, *Rayuela*, 256) = VERDEVOYE = CONSULTAS

debo. v. **de esas que te la debo.** fr. Véase **deber.**

debute. adv. De buten –pop. (Arg.): «¿No te traje pa'tu santo / un par de zarzos* debute / (...)?.» (P. Contursi, «Ivette», en: J. Barreiro, *El Tango*, 59) = GOBELLO = CONSULTAS

decir. decir a. fr. Comenzar a, echar a. (CR, El Salv. = Col.): «(...) la puse patas arriba y dije a moverla con mucha maña (...).» (C. L. Fallas, *Marcos Ramírez*, 88) = «Yo sentí que el ojo había saltado y después dijeron a darme en las costillas y en la espalda.» (M. Argueta, *Un día en la vida*, 76) = QUESADA = GAGINI = FILIPPO

decolaje. m. Véase **decolar.**

decolar. intr. Despegar; levantar el vuelo. (Col., Arg.): «Con más frecuencia se oían zumbidos de aviones pequeños que decolaban y aterrizaban a poca distancia (...).» (G. García Márquez, *Noticia de un secuestro*, 55) = «(...) el águila precisa sitio para decolar a fondo.» (J. Cortázar, *El examen*, 191) = HAENSCH y WERNER (quienes lo registran para los aviones) = CONSULTAS = VERDEVOYE (quien registra **decolaje** con el sentido de 'despegue' –lo mismo que HAENSCH y WERNER)

decurión. m. Mozo encargado de hacer respetar la ley escrita o las costumbres establecidas por los ancianos o el Concejo. (Perú): «(...) la estadística matrimonial venía demostrándole anualmente, con una crueldad alarmante, la disminución progresiva de los matrimonios. Dos años antes, en la redada del primero de enero, los decuriones habían logrado coger y llevar a la casa cural sólo quince parejas.» (E. López Albújar, *Cuentos andinos*, 118) = «(...) la enorme y panzuda vasija de chicha, que dos **decuriones** de su bando acaban de subir.» (E. López Albújar, *Nuevos Cuentos Andinos*, 29) = CONSULTAS

dedo. m. **(1) dedo chiquito.** fr. Persona de mayor confianza y más querida. (Méx.): «(...) él sí se ha sabido colocar; hasta con el viejo Carranza nunca estuvo mal; no digamos con mi general Obregón: es de sus dedos chiquitos.» (A. Yáñez, *La creación*, 23) = MALARET = SANTAMARÍA DGA **(2) hacer dedo.** fr. Hacer autostop. (Arg. = Hond. y otros): «La vida: hacer dedo, autostop (...).» (J. Cortázar, *Salvo el crepúsculo*, 13) = VERDEVOYE = CONSULTAS **(3) tronar los dedos.** fr. Hacer chasquear los dedos –gesto que suele implicar cierto desprecio hacia la persona a la que va dirigido, porque suele usarse con los perros. (Méx.): «El celador tronó los dedos: –'Apri-sa, Martínez, no se quede atrás'.» (A. Yáñez, *La creación*, 71) = CONSULTAS

defensa. f. Parachoques. (Méx.): «La otra noche, afuera de un restorán de lujo, hizo lo mismo, no se pudo contener, comenzó a patear las defensas de los coches estacionados (...).» (C. Fuentes, *La frontera de cristal*, 239) = CONSULTAS

dejada. f. **dejada con los churos hechos.** Véase **churo.**

dejar. (1) dejar más gerundio; ú. sobre todo en la fr. **dejar diciendo**. Hacer lo que especifica el verbo en gerundio. (Ec.): «Blancos* vinieron con chapas <policías> a choza: Ve, runa*, vamos comprar <a comprar> tu terreno de orillas de laguna –dejaron diciendo. (...) / 'Vamos a buscar vida', dejaron diciendo (...).» (G. A. Jácome, *Porqué se fueron las garzas*, 76 y 88) = CONSULTAS (véase también **dejar pagando**) **(2) dejar estar.** fr. Dejar de molestar. (Guat. = Arg.): «¡Chú-chó –gritó al perro. Y como siguiera ladrando, le largó un puntapié–. ¡Chucho, animal, dejá estar!» (M. A. Asturias, *El señor presidente*, 26) = CONSULTAS **(3) por no dejar.** fr. con condicional. Ya no importa con infinitivo. (Guat.): «–Por no dejar le diría el nombre, porque apenas estuvo entrada que salida.» (M. A. Asturias, *El señor presidente*, 272) = CONSULTAS **(4) dejarse –1.** prnl. intr. Aceptar; hablando de una mujer, puede significar también que acepta relaciones sexuales. (Méx., Nic., CR, Perú, Arg.): «(...) ¿por qué no la toma en sus brazos y le dice mañana me caso contigo antes de que Odilón se me adelante y te haga un muchacho? Yo perdóname Señor les hago el favor a todas las que se dejan (...).» (J. J. Arreola, *La feria*, 80) = «(...) aunque ni esposa suya de cuerpo sea porque no le hace nada ya que ella no se deja.» (S. Ramírez, *Un baile de máscaras*, 50) = «Y porque somos así, amigos del placer y adoradores del lujo, (...), nos las sabemos ingeniar, a veces de maravilla, para vivir o sobrevivir a expensas de los otros, siempre que los otros se dejen.» (H. Elizondo Arce, *Adiós Prestiño*, 140) = «(...) ¿se deja o no se deja? A mí me han dicho que Lañas se lo tira cuando está de guardia.» (M. Vargas Llosa, *La ciudad y los perros*, 31) = «(...) el Pelado López que en quinto grado ya le saltaba la leche que tenía trece años y se clavaba* a los pendejitos que se dejaban, el de Asteri se dejó por un barrilete* que después el turro* del Pelado no se lo dio (...).» (M. Puig, *La traición de Rita Hayworth*, 164) = SANTAMARÍA DGA = CONSULTAS **(5) dejarse –2.** prnl. tr. Quedarse (con) algo. (CR): «Resulta que mi tía se murió (...). Total que se dejaron la casa, los muebles y el lote (...).» (H. Elizondo Arce, *Memorias de un pobre diablo*, 90) = CONSULTAS **(6) dejarse andar, dejarse estar.** fr. prnl. Abandonarse. (Arg.): «(...) con esa vergüenza, con esa afrenta más sobre el alma, ¿le convenía dejarse andar, perdida la esperanza, además, la ocasión de acercarse a Máxima, de hablar con ella en los bailes? (...) / Y timorato, aprensivo, sin embargo, (...), no quiso dejarse estar.» (E. Cambaceres, *En la sangre*, 166 y 172-3) = VERDEVOYE (quien recoge **dejarse estar**) **(7) dejar pagando.** fr. Dejar mal parado. (Ur.): «Encima tenía chispa para dejar pagando a alguien sin ofenderlo.» (H. Alfaro, *Por la vereda del sol*, 205) = CONSULTAS

delahuertista. adj.; ú. t. c. s. Que sigue las ideas de Alfonso de la Huerta –presidente interino de México en 1920. (Méx.): «La revolución delahuertista prolongó allí <en Pátzcuaro> su estancia. Luego la renuncia de Vasconcelos a la Secretaría desvaneció los débiles planes que venía forjando.» (A. Yáñez, *La creación*, 142) = CONSULTAS

delgadilla. f. Cierta planta herbácea silvestre. (Ch.): «La agreste delgadilla / y el celestial poleo / bailan en las praderas con el joven rocío / recientemente armado por el río Toltén.» (P. Neruda, «Canto general de Chile», en: *Canto general*, II, 23) = CONSULTAS

delgadito -a. estar (o: **sentirse) en las delgaditas.** fr. Estar, sentirse en peligro mortal. (Ec.): «–Salimos a tiempo –comentó uno al torcer la primera esquina. / –Yo sudaba. / –¿Y quién no sintiéndose en las delgaditas?» (J. Icaza, *El Chulla Romero y Flores*, 128) = CONSULTAS = JARAMILLO DE LUBENSKY

denario. m. Collar de frutas que en carnaval llevan las mujeres, defendiéndolo de los hombres que se lo quieren quitar por tener ellas que pagar una multa a aquellos que presiden el juego. (Perú): «Toda la mozada* giraba en torno de él haciendo acopio de lúcumas, limas, granadillas, plátanos, naranjas y **huairuros** para los **denarios** y el juego.» (E. López Albújar, *Nuevos Cuentos Andinos*, 23) = CONSULTAS

dengue. adj. Inerte. (CR): «El brazo descoyuntado le caía dengue a lo largo del cuerpo.» (J. Gutiérrez, *Puerto Limón*, 122) = CONSULTAS

dentellón. m. Dentellada. (Arg.): «Que a más en la cantidá / pegaba otro dentellón, / y que por cada ración / le entregaban la mitá.» (J. Hernández, *Martín Fierro*, II, 3.789-92) = CONSULTAS

dentrar. intr. Entrar. (Ec., Arg. y otros): «Se habían detenido ante una casa pequeñita. (...) Tocaron. Y de dentro surgió una voz triste de mujer: / –¡Dentren!» (D. Aguilera Malta, *Don Goyo*, 56) = «(...) dentró una virgüela <viruela*> negra / que los diezmó a los salvajes.» (J. Hernández, *Martín Fierro*, II, versos 803-4) = CONSULTAS

dentro. adv. **dentro de todo.** fr. A pesar de todo. (Arg. = Ur.): «Un día me dijo: ¿No le parece que Stalin dentro de todo es un gran hombre? Y agregó que en cierto modo era un nuevo Pedro el Grande y que, al fin de cuentas, quería la grandeza de Rusia.» (E. Sábato, *Sobre héroes y tumbas*, 125) = CONSULTAS

dentudo. m. Véase **dientudo.**

de por sí. fr. De todas formas. (CR): «De por sí estaban al final del capítulo final.» (Q. Duncan, *Kimbo*, 16) = QUESADA = CONSULTAS

depositada. f. Joven indígena que pasa varios días en casa del cura para que éste le enseñe los deberes de la esposa cristiana. (Bol.): «La segunda noche, la depositada se mostró acogedora. De sus labios oyó Wayra cosas muy divertidas.» (J. Lara, *Yanakuna*, 117) = CONSULTAS

deque (o: **déque).** fr. Contracción de 'déme usted aquí'. (Méx.): «La Codorniz vaciló, se puso descolorido; luego dijo con ímpetu: –deque dos mil papeles por todo.» (M. Azuela, *Los de abajo*, 108) = «–(...) A ver: déque su pistola. Usté aprieta el gatillo con este dedo, ¿no es verdad?» (M. L. Guzmán, *El águila y la serpiente*, 334) = CONSULTAS

derecera. en derecera de. fr. En dirección a; camino de; directamente hacia. (Arg.): «A los pocos días de nacido, se le enfermó la madre y como vido <él> que iba <ella> en derecera'e la muerte, dijo que le quería hacer un pedido. –Hablá, m'hijo –le dijo la madre.» (R. Güiraldes, *Don Segundo Sombra*, 76-7) = CONSULTAS

derecha. f. **darle la derecha a uno.** fr. Reconocer su superioridad. (Arg.): «Si responde a esta pregunta / téngase por vencedor; / doy la derecha al mejor; / y respóndame al momento: / cuándo formó Dios el tiempo / y por qué lo dividió.» (J. Hernández, *Martín Fierro*, II, versos 4.343-8) = CONSULTAS

derecho -a. adj. Dichoso, afortunado. (CR = Guat. y Nic.): «¿Han visto ustedes que condenao <condenado> más derecho?» (C. L. Fallas, *Gentes y gentecillas*, 325) = QUESADA = GAGINI = ARROYO = ARMAS = RABELLA y PALLAIS

derrama. f. Contribución voluntaria y extraordinaria que se imponen varios individuos. (Ec.): «Por lo pronto, el pueblo de Imbaquí pagará los cien sucres de multa. Haremos la derrama. Así expresaremos nuestro repulso a la actitud de la dictadura.» (G. A. Jácome, *Porqué se fueron las garzas*, 108) = MATEUS = CONSULTAS

derramarle a alguien la bilis. fr. Véase **bilis.**

derripiador. m. Minero. (Ch.): «Yo vi el trabajo de los derripiadores, / que dejan sumida, en el mango / de la madera <de madera> de la pala, / toda la huella de sus manos.» (P. Neruda, «Los hombres del salitre», en: *Canto general*, I, 170) = CONSULTAS

derrotar. tr. Recorrer; es voz campesina. (Col.): «Derrotan la distancia hasta el bar (...).» (U. Valverde, *Bomba Camará*, 32) = CONSULTAS

desacomodar. tr. Dejar perplejo. (CR = Ur.): «Lo desacomodaron varias cosas: la sala de una gente de dinero, con piso de tabla y no de tierra como la suya (...).» (F. Zúñiga, *Yo no tengo ningún muerto*, 62) = CONSULTAS

desaguado -a. p. adj. Desabrido, falto de gracia o sabor, soso. (Ec. = Ch.): «No era gran cosa. (...) cuando hacía cola para llegar a la ventanilla de inmigración le <la> calibré a mis anchas y me comparé con ella, de arribabajo <arriba abajo>. No había porqué <por qué> intranquilizarse. Era una gringa desaguada.» (G. A. Jácome, *Porqué se fueron las garzas*, 303) = SANTAMARÍA DGA = SOPENA

desaguar. intr. Quitar el agua, escurrir. (Guat.): «(...) de regreso enjabonaba, desaguaba y tendía y, mientras los trapos se secaban, corría a su casa a hacer lo de adentro y otros oficios.» (M. A. Asturias, *El señor presidente*, 211) = CONSULTAS

desantojar. tr. Satisfacer un antojo. (Arg.): «Corcoveaban <los bayos> por derecho y sin mayor empeño, y ya casi me estaba dando vergüenza y ganas de buscarles pleito, cuando uno, el quinto, vino a desantojarme en tanto cuanto podía pedir.» (R. Güiraldes, *Don Segundo Sombra*, 155) = CONSULTAS

desaparecer. tr. Poner definitivamente fuera de combate; matar. (Guat., Col., Perú): «¿Por qué no hacían como otras veces, que se metían donde fuera y sacaban arrastrado al infeliz que iban a desaparecer? (...) / Al teniente García le había costado un par de años de su carrera apaciguar la cólera del general Vargas. El viejo <el general Vargas> estaba dispuesto a desaparecer a Tono. Al final, García obtuvo que Vargas le diera el permiso de llevarlo a la frontera.» (D. Liano, *el hombre de Montserrat*, 90 y 95) = « '(...) Donde griten o hagan algo las desaparecemos en un minuto y nadie vuelve a saber de ustedes'.» (G. García Márquez, *Noticia de un secuestro*, 17-8) = «–(...) corrí a empuñar la carabina para desaparecerlo, pero tu madre me lo impidió.» (E. López Albújar, *De mi casona*, 53) = CONSULTAS

desasegurar. tr. Quitarle el seguro a un arma de fuego. (Par.): «Entraron todos, menos un agente que se quedó detrás del portón con el máuser desasegurado.» (H. Rodríguez-Alcalá, *Relatos de Norte y Sur*, 34) = CONSULTAS

desbarrancarse. prnl. intr. Caer o dejarse caer desde un lugar alto, despeñarse. (Ec. = Hond., Col. y otros): «Después de un rato salió su papá como perro de hacienda y con insultos en ladridos y una feroz carrera se vino contra mí. Tuve que correr y desbarrancarme quebrada abajo.» (G. A. Jácome, *Porqué se fueron las garzas*, 37) = CONSULTAS = SOPENA = MORÍNIGO = HAENSCH y WERNER

desbravar. tr. Desflorar, desvirgar a una mujer. (Col.): «La niña, todavía un poco montaraz, parecía sofocada por el ímpetu de sus glándulas. Santiago Nasar la agarró por la muñeca cuando ella iba a recibir el tazón vacío. / –Ya estás en tiempo de desbravar le dijo. / Victoria Guzmán le mostró el cuchillo ensangrentado. / –Suéltala, blanco* –le ordenó en serio–. De esa agua no beberás mientras yo esté viva.» (G. García Márquez, *Crónica de una muerte anunciada*, 18-9) = CONSULTAS

descambiar. intr.; ú. t. c. tr. Pedir cambio; cambiar billetes o monedas por su valor equivalente en billetes o monedas de valor inferior. (Guat. = Col.): «El tipo pidió otra y pagó con un billete de cien varas. Aquella no tenía vuelto y fue a descambiar.» (M. A. Asturias, *El señor presidente*, 49) = CONSULTAS = HAENSCH y WERNER (quienes lo registran en Colombia c. tr.)

descarte. m. **correrle a uno el descarte.** fr. Comprobar la banca, a petición de un jugador, que entre las cartas echadas ninguna lo fue por arte de fullería. (Arg.): «(...) y aunque les corra el descarte / no se descubre el secreto.» (J. Hernández, *Martín Fierro*, II, 3.190-2) = CONSULTAS

descascarriar. tr. Quitarles a las ovejas las **cascarrias***, o sea, el barro y los excrementos que se adhieren a la lana de la cola, patas y barriga. (Arg.): «Otra cosa que se la había metido entre ceja y ceja a él, la lanita de las <ovejas> descascarriadas que quedaba desparramada por el suelo, en el corral y que se desperdiciaba toda (...).» (E. Cambaceres, *En la sangre*, 203) = SAUBIDET

descocotar. tr. Descocar, enloquecer. (Cuba): «(...) no estaba desalentado sino alegre por la forma tan eficaz con la cual lograba descocotar siempre que se le proponía, a cualquier hombre que allí llevara.» (R. Castro Mosqueda, *Verónico*, 75) = CONSULTAS

descomponerse. prnl. intr. Sentir náuseas; estar borracho. (CR = Guat., Ur. y Arg.): «No bebas más, Esteban. (...) Luego te descompones...» (A. Cañas, *La Segua*, 99) = QUESADA = ARMAS

descompostura. Véase **descompuesto.**

descompuesto -a (estar). fr. Tener indisposición de vientre o estómago. (Arg. = Ur.): «(...) y le digo a la monja que estoy descompuesta, y me voy corriendo como si fuera a vomitar al baño (...).» (M. Puig, *La traición de Rita Hayworth*, 193) = CONSULTAS = VERDEVOYE (quien recoge **descompostura** con el sentido de 'descomposición de vientre')

descubrir. tr. **al descubrir.** fr. Manera de disparar un arma de fuego sin apuntar. (Méx.): «Torna a su sitio, da una vuelta vertiginosa sobre los pies, y al descubrir, dispara.» (M. Azuela, *Los de abajo*, 116) = «La bala erró el casquillo en cinco o seis centímetros. / –Malo de veras, amigo –me gritó Villa–. Tire ahora al descubrir. / Yo alcé rápidamente el brazo y disparé.» (M. L. Guzmán, *El águila y la serpiente*, 334) = CONSULTAS

descuento. m. **jugar los descuentos.** fr. Estar en el tramo final de la vida. (Ur.): «Bromearon y disiparon nubes (...) como si hubieran adivinado que los dos estaban jugando los descuentos y que la belleza de cuanto habían hecho merecía la luz montevideana de ese día.» (H. Alfaro, *Por la vereda del sol*, 229) = CONSULTAS

descuerarse. prnl. intr. Quitarse la ropa. (CR = Col.): «–¿Y vos me vas a lavar? 'Ajá.' (...) –Así que ¿me descuero? Ella movió la cabeza de arriba abajo y yo me deschingué <me quité la ropa> reventando los botones (...).» (J. Gutiérrez, *Puerto Limón*, 16) = FILIPPO

deschavar(se). tr.; ú. t. c. prnl. intr. **(1)** Descubrir(se), delatar(se), denunciar(se). (Arg. = Ur.): «No es que quiera deschavarte por cantar una milonga / sino porque con tus brillos vos no me vas a engrupir*.» (E. Cadícamo, «¡Che, Bartolo!», en: J. Barreiro, *El Tango*, 174) = CONSULTAS = GOBELLO = CONSULTAS **(2) deschavarse.** prnl. intr. Confesar, declarar, cantar, revelar lo que se sabe. (Arg.): «(...) en ese momento en que Anabel se había deschavado.» (J. Cortázar, *Deshoras*, 168) = «Deschavate, farabute <fanfarrón>, / no naciste pa'cafishio <chulo> / al laburo <trabajo> dedicate / (...).» (A. Casciani, «Farabute», en: J. Barreiro, *El Tango*, 181) = GOBELLO

desechable. m. y f. Miserable –es término que lesiona y degrada a la persona humana. (Col.): «La gente se equivoca con su actitud indolente hacia los desechables.» (M. S. Rico Sanín, *El delito de existir*, 34) = CONSULTAS

desembarazo. m. Alumbramiento, parto (hablando de la mujer). (Bol. = PR, Ec., Perú, Ch. y Arg.): «(...) todavía faltaban de quince a veinte días para su desembarazo. (...) prefirió caminar más rápidamente, con la esperanza de recorrer las dos leguas que la separaban del pueblo de Tapacarí, antes de que sobreviniera el alumbramiento.» (F. Ramírez Velarde, *Socavones de angustia*, 28) = MUÑOZ REYES = MALARET

desencamar. tr. Descubrir, hallar después de varios esfuerzos –ú. especialmente hablando de un animal de caza. (Ven. = Col.): «Un negro se acercó, trayendo un caballo nuevo, enjaezado con una montura vaquera de muchos colores. / –Este le desencamé en el pueblo para usted, mi jefe. / Sin dar las gracias, tomó el caballo y montó.» (A. Uslar Pietri, *Las lanzas coloradas*, 112) = CONSULTAS = HAENSCH y WERNER

desfilar. intr. Marcharse un individuo, escabullirse. (PR): «El asunto era fácil: tenía un bien caballo, le aparejaría en albardas, y furtivamente desfilaría.» (M. Zeno Gandía, *La Charca*, 89) = CONSULTAS

desgaritarse. prnl. intr. Hablando de una persona, separarse de las demás. (Rep. Dom.): «–Cállate. Si te oye un yunco <hombre poderoso> tienes que desgaritarte (...).» (N. Caro, «Cielo negro», en: S. Nolasco, *El cuento en Santo Domingo*, 43) = MORÍNIGO

desgarrarse. prnl. intr. Echarse a perder, descarriarse. (Arg.): «Conozco el caso de un colchonero que posee diez o quince casas. Es rico hasta decir basta. El hijo se desgarró. Ahora es un borrachín.» (R. Arlt, *Aguafuertes porteñas*, 115) = CONSULTAS = GOBELLO

desgracia. f. Herida grave o muerte violenta que una persona causa a otra. (Par. = Ur. y Arg.): «Como le dije, a mí no me gusta la sangre de cristiano, pero más de una vez, en la guerra o en alguna farra, me ocurrió participar en una desgracia; eso les pasa a los hombres, es ley de machos. (...) Como cuando ella iba a visitarle al corralón* donde él pasó dos años por aquella 'desgracia', durante el baile en la escuela. Conste que no había sido culpa suya; el otro le agredió porque no le gustaba el color de su pañuelo y porque la caña*; el puñal dijo el resto.» (R. Bareiro Saguier, *Ojo por diente*, 38 y 84) = MORÍNIGO

desgraciar. **(1)** tr. Hacer perder a una mujer su virginidad sin que haya mediado matrimonio. (PR = Cuba y Ven.): «–(...) ¿Y uhté sabe por qué loh van a matar <a los siete negros>? Porque disen que quisieron dehgraciar a una mujer blanca. ¿Uhté entiende? Ni siquiera lo hisieron. Loh matan porque trataron de haserlo. Y son siete vidah. Siete vidah negrah por el virgo de una mujer blanca;» (R. Marqués, *La carreta*, 153) = CONSULTAS = SANTIESTEBAN **(2) desgraciar(se).** tr.; ú. t. c. prnl. Matar(se) o herir(se) de gravedad a alguien; matarlo. (Par. = Arg.): «–Voy a ver también a mi esposo. –¿Trabaja allá? –Está en la cárcel. –¡Ay..., juepete! ¿Desgració a alguien (...)?» (A. Roa Bastos, *Hijo de hombre*, 103) = «Imaginate lo que sería ese futuro prometedor si, digo así, por casualidad te desgraciás y sin querer me pasa algo a mí, por imprudencia tuya. El Código Penal de la República, en su Artículo 216 prevé de 6 a 10 años de cárcel para el homicidio simple (...)./ 'Dos se desgraciaron, seis se hirieron nomás*'.» (R. Bareiro Saguier, *Ojo por diente*, 59 y 76) = CONSULTAS **(3) desgraciarse.** prnl. intr.; ú. t. c. tr. ind. Cometer algo grave y estar en peligro de ir a la cárcel. (Ec., Perú, Arg.): «De haber seguido la lucha, se habría desgraciado, sin duda. 'Mejor así, que hayan intervenido los rurales', pensaba.» (A. Ortiz, *Juyungo*, 65) = «–(...) Ese negro tiene el alma más negra que su cara y temo desgraciarme con él si me dice alguna palabra fea.» (E. López Albújar, *Matalaché*, 78) = «–(...) Con todo, el mocito que se ha desgraciao no lleva culpa. La pelea, en güena ley y asigún el mesmo desafío del finao, debió concluir donde* le cortaron*.» (R. Güiraldes, *Don Segundo Sombra*, 164) = SANTAMARÍA DGA = CONSULTAS

deshacer. tr. Hacerle mucho daño a uno. (Arg.): «Mamá pega cachetadas que no duelen mucho y papá pega cachetadas que deshacen.» (M. Puig, *La traición de Rita Hayworth*, 37) = CONSULTAS

deslome. m. Acción y hecho de abrir con el arado el lomo de un surco. (Méx.): «Poco más de una semana se ha llevado el deslome, primer fierro del barbecho.» (J. J. Arreola, *La feria*, 19) = CONSULTAS

desmadrarse. prnl. intr. Venir a menos, arruinarse físicamente. (CR = Méx.): «Y todos los pendejos que estamos aquí a velarlo, cualquier día nos desmadramos o nos joden...» (A. Portocarrero, *Negro desgraciado*, 37) = CONSULTAS

desmandado -a. Descuidado en la salud. (Guat.): «–No, no me gustan crudos y me pueden hacer mal –contestó Camila. –¡Yo porque veyo <veo> que la señora está un poco desmandada!... –Sí –dijo Cara de Ángel–, estuvo muy enferma.» (M. A. Asturias, *El señor presidente*, 240) = CONSULTAS

desmañanado -a. adj. Madrugador. (Méx.): «Algunos creyeron que llamaban para la misa grande y empezaron a abrirse las puertas; las menos, sólo aquellas donde vivía gente desmañanada, que esperaba despierta a que el toque del alba les avisara que ya había terminado la noche.» (J. Rulfo, *Pedro Páramo*, 120) = CONSULTAS

desmayado -a. p. adj. Véase **esmayado.**

desobligarse. prnl. intr. Dar a luz la mujer. (Par.): «–Voy a tener un hijo. (...) –A lo mejor, podemos llegar a tiempo para que te desobligues allá <en el pueblo>...» (A. Roa Bastos, *Hijo de hombre*, 131-2) = MORÍNIGO

desobligo. m. Desengaño, desilusión. (Ec.): «Vuelvo a la realidad como cortada del sueño. Qué desobligo. No es el Andrés el que está en mí. Es un extraño a quien desconozco.» (G. A. Jácome, *Porqué se fueron las garzas*, 69) = MALARET = MORÍNIGO = SOPENA

despalillar. tr. Vencer al enemigo deshonrándolo. (Cuba): «–En Girón los despalillamos en un dos por tres. / –Eran mercenarios.» (M. Cossío Woodward, *Saccharío*, 150) = CONSULTAS

despalomado -a. adj. Alelado, atontado. (Col.): «(...) el ministro de la salud había pensado muchas veces que él no era tan despalomado como aparentaba en las audiencias incómodas, (...)» (G. García Márquez, *El otoño del patriarca*, 259) = MALARET

despatarrar. tr. Despachurrar, reventar. (CR = Ur.): «(...) no me gustaba ver a esos muchachos que quedaban despatarrados sobre el suelo, con los intestinos o los sesos afuera (...).» (A. Portocarrero, *Negro desgraciado*, 60) = ARROYO = CONSULTAS

despedido. adv. A escape, disparado. (CR): «Salió despedido al hospital.» (L. E. Arce, *El lupanar*, 10) = CONSULTAS

despelotado -a. p. adj. Confuso. (Arg.): «–¿En política nunca estuvo? –No, en eso tiene las ideas muy raras, muy despelotadas, que no le hablen ni del sindicato.» (M. Puig, *El beso de la mujer araña*, 73) = CONSULTAS = VERDEVOYE

despetacado -a. adj. adv. De prisa, precipitadamente. (Guat.): «–Orita* mismo voy para allá –le había dicho García antes de salir despetacado para la oficina del general Vargas.» (D. Liano, *el hombre de Montserrat*, 90) = ARMAS

despiche. m. Desmadre, caos. (CR): «Esta vara* <las elecciones> es la fiesta de aquí esto es Costa Rica por eso los ticos <costarricenses> no queremos ni mierda con revoluciones y despiches como el que armaron los sandinistas en Nicaragua (...).» (R. Arias, *El emperador Tertuliano...*, 98) = QUESADA = CONSULTAS

despingar. tr. Capar. (PR): «Las mujeres grandes (...), negras como el carbón reciben el mensaje que le envía el monitor de su intuición femenina y lo rodean y proceden a despingarlo (...).» (L. R. Sánchez, *La Guaracha del Macho Camacho*, 34) = CONSULTAS

despiole. m. Confusión, lío, desorden. (Arg.): «(...) y Casals armó el despiole con nuestro padre espiritual (...).» (M. Puig, *La traición de Rita Hayworth*, 209) = GOBELLO = VERDEVOYE

desplante. m. Presencia, seguridad. (Ch.): «(...) cuando se creyó con desplante escénico, fogueado ante el público (...).» (M. Rojas, *El delincuente... y otros cuentos*, 81) = CONSULTAS

desplayado. m. Parte del campo en que escasean los árboles, claro. (Arg.): «(...) no en la sala, no en el vasto desplayado del proscenio y la platea donde moros y cristianos confundidos, turcos, condes y pastoras en amoroso consorcio, silenciosa y gravemente y zurdamente* se zarandeaban, hamacaban el cuerpo al compás de las mazurcas y habaneras.» (E. Cambaceres, *En la sangre*, 179-80) = GARZÓN

despostadero. m. Lugar donde se sacrifica y destaza a los animales, matadero. (Ec.): «Cargaban también desde el despostadero de Imbaquí, hechas unos cuantos dobleces, las pieles de buey.» (G. A. Jácome, *Porqué se fueron las garzas*, 76) = CONSULTAS

desprolijo -a. adj. Descuidado. (Bol. = Arg. y Ur.): «El ropero estaba atascado de ropas en desorden, de las más diversas clases y épocas. Se echaba de ver que doña Clara era desprolija y poco aseada.» (G. Casaccia, *La babosa*, 283) = VERDEVOYE = CONSULTAS

desranillar. tr. Trasquilar o limpiar de barro las ranillas* del caballo. (Arg.): «Agarré mi Moro, crédito* para el rodeo, porque no quería andar fallando. Le acomodé el tuse <las crines>, lo desranillé, y, habiéndole puesto los cueros, caí* al rancho cortando chiquito* al compás de la coscoja.» (R. Güiraldes, *Don Segundo Sombra*, 103) = CONSULTAS

desternillado -a. adj. Atolondrado. (Col.): «(...) sonaban los corazones, todos desternillados, dominados por un frenesí profundo (...).» (E. Rosero Diago, *El incendiado*, 37) = CONSULTAS

destratar. tr. Tratar a alguien con desprecio. (Ur.): «(...) lo destrató como a un coso* que acaba de avivarse* (...).» (J. C. Onetti, *Obras Completas*, 874) = CONSULTAS

destroncar(se). tr., o prnl. tr. Arrancarse los pelos; depilarse, raparse. (Guat. = Méx. y Nic.): «Al Padre Berenice se le fue la sangre de la cara, más pálido que pálido contra la sombra de su barba azul mal destroncada ese día (...).» (M. A. Asturias, *Week-end en Guatemala*, 237) = SANTAMARÍA DM

detal. m. Tienda que vende al por menor; depósito o almacén en un cuartel. (Ven. = Arg.): «Así pasaba el tiempo en el mabil <prostíbulo> 'Las Tres Divinas Promesas' –detal de licores de Cruz Ávila– cuando lucía el sol su mancha de fuego sobre las calles caraqueñas.» (G. Meneses, *Campeones*, 44) = CONSULTAS

detalle. m. Oficina administrativa de un cuartel. (Arg.): «(...) en el detalle me dijeron (...).» (R. Arlt, *Novelas completas y cuentos*, I, 107) = CONSULTAS

detente. m. Amuleto en general. (PR): «Sobre su camiseta roja (...) aparece el amasijo de collares, los detentes de la santería cocola*, que a Obatalá encomiendo mi espíritu y si todas las *ochas** permanecen conmigo no habrá jodiendas, *galán**.» (E. Rodríguez Juliá, *El entierro de Cortijo*, 19) = CONSULTAS

devisar. tr. Divisar. (Méx.): «Te daré lo del pasaje; pero si te vuelvo a devisar por aquí, te dejo a que revientes.» (J. Rulfo, *El llano en llamas*, 140) = SANTAMARÍA DGA

devuelta. en devuelta. f. Por lo contrario. (Ec.): «–Er <El> Tin-Tin es un chiquitito que tiene los pies pá'atrás, digamos argo <algo> así como un enano peludo y colorado con un sombrero así de grandote. (...) 'Los gagones'* en devuelta, son hijos der Patica <del Diablo>. Son como perritos que ladran en la noche, debajo de las casas donde argún <algún> compadre está viviendo con su comadre. Eso, claro, es un pecao mortal.» (A. Ortiz, *El espejo y la ventana*, 56-7) = CONSULTAS

día. m. **(1) día de dos cruces.** fr. Día feriado, trátese de los domingos o de las otras fechas festejadas por la Iglesia. (Cuba): «En los <días> feriados o de dos cruces, los Tribunales de Justicia cesaban sus funciones.» (L. Cabrera, *Reglas de Congo*, 96) = PICHARDO **(2) día de una sola cruz.** fr. Día de media fiesta, en que se solía ir a misa. (Cuba): «Se consideraban 'días feriados' o de 'dos cruces*' los que señalaba el almanaque como de precepto o de guardar, (...), y había además los días de 'una sola cruz', que eran también de precepto y en los que no debía trabajarse.» (L. Cabrera, *Reglas de Congo*, 96) = PICHARDO **(3) peso del día.** fr. Véase **peso. (4) un día con otro.** fr. Algún día. (Méx.): «–(...) Tenía un juicio pendiente sobre unos terrenos a inmediaciones de Jacona. Era posible que volviera un día con otro. Acaso la encontrara en México.» (A. Yáñez, *La creación*, 121) = CONSULTAS

diablito. m. Aparato de conexión fraudulenta en instalaciones eléctricas privadas que permite que el contador no marque el consumo efectivo. (Guat. = Méx.): «–(...) Los diablitos son los aparatos que se ponen para que no ande el contador de la luz eléctrica. Es una industria próspera.» (M. A. Asturias, *Viernes de Dolores*, 150) = SANTAMARÍA DM = MORÍNIGO = JIMÉNEZ

diablo. m. **(1)** Diablillo, comparsa que se viste de diablo en carnaval o en las procesiones. (Perú): «(...) sin ese tamborileo bárbaro, carraquiento <que hace ruido como de carracas>, estúpido del son* de los diablos limeños.» (E. López Albújar, *Matalaché*, 195) = MORÍNIGO = MALARET (quienes recogen la forma diablito) **(2) diablo.** Tela basta. (Perú): «Por la espalda, se veían iguales; sus ternos de diablo fuerte, sus cuellos negros de suciedad.» (J. M. Arguedas, *Yawar Fiesta*, 148) = CONSULTAS **(3) diablo de las siete cuerdas.** fr. m. En la superstición popular, diablo viejo y muy feo con el que se amedrenta a los niños. (Méx. = Guat.): «Los indizuelos preguntaron. / –¿Quién es? / Y la voz ronca les contestó: / –El diablo de las siete cuerdas.» (R. Castellanos, *Balún-Canán*, 258) = CONSULTAS **(4) ponerse como los diablos.** fr. Ponerse furioso. (CR): «Salomón se puso como los diablos otra vez.» (Q. Duncan, *Final de calle*, 59) = CONSULTAS **(5) qué diablos.** fr. Qué (me) importa. (Perú): «(...) y a mí qué diablos que le robara su sacón*, cada uno se las arregla como puede.» (M. Vargas Llosa, *La ciudad y los perros*, 38) = CONSULTAS **(6) y el diablo suelto.** fr. Etcétera. (CR): «Sólo estar atisbando lo que vos hacés y pensás pa apuntarlo en el libro y tomártelo en cuenta cuando llegués allá y hacer eso al mismo tiempo con todita la gente que hay en el mundo, y sacarle cuentas y sentenciar a los que se van muriendo y marcarle el camino a todo el que va naciendo, ¡y el diablo suelto, no fregués!» (C. L. Fallas, *Gentes y gentecillas*, 185) = CONSULTAS = ARROYO

diagüevo. fr. Véase **huevo.**

dialtiro (o: **de a tiro,** o: **de al tiro).** adv. Véase **tiro.**

diario. m. Las compras para la semana, que se hacen el domingo en el mercado. (CR = Méx.): «(...) le tocaba ir al mercado a comprar el diario de la semana.» (C. L. Fallas, *Marcos Ramírez*, 54) = CONSULTAS = ARROYO = QUESADA

diente. m. **(1) diente de perro.** fr. m. Mala persona. (Cuba): «Se cultivó caña, pero se acabó con la belleza del país. Los culpables de eso fueron los colonos. Casi no hubo excepción de colonos que no fueran *diente de perro.* (...) / (El negro) Tajó era diente de perro. La mujer que a él le gustaba se la llevaba. (...) A las mismas hijas se las comía*.» (M. Barnet, *Biografía de un cimarrón*, 99 y 111) = CONSULTAS **(2) pelar* el diente.** fr. Reír, o sonreír enseñando los dientes –no implica necesariamente coquetería, ni adulación o servilismo. (Méx., CR, Ven., Par. = Col. y otros): «No le hizo gracia la cosa. Ni siquiera peló el diente.» (J. Rulfo, *El llano en llamas*, 67) = «(...) pelando los dientes en una sonrisa de satisfacción.» (C. L. Fallas, *Gentes y gentecillas*, 141) = «–(...) Y tú, como si te hubiera echado un daño <maleficio>, apenas te habla ya estás pelándole el diente.» (G. Meneses, *Campeones*, 85) = «Trató de suavizar el tono autoritario con un guiño, pelando los dientes en una falsa sonrisa.» (A. Roa Bastos, *El baldío*, 60) = QUESADA = FILIPPO = CONSULTAS = MALARET

dientudo (o: **dentudo).** m. Cierto pez de río, characínido. (Arg.): «(...) las rabonas* en pandilla a pescar mojarras y *dientudos* en el bajo de la Recoleta o en la Boca (...).» (E. Cambaceres, *En la sangre*, 98) = SANTAMARÍA DGA (quien recoge la forma **dentudo**)

diez. m. Moneda de diez céntimos de colón. (CR): «¿Qué necesidá tiene ella, que es tan rica, de robarle un diez a una infeliz?» (C. L. Fallas, *Marcos Ramírez*, 62) = «(...) compró en pan el único diez que le bailaba en la bolsa.» (C. Lyra, *Cuentos de mi tía Panchita*, 23) = QUESADA = ARROYO

dije. (1) adj. inv. Encantador. (Ch. < CR): «(...) estiró el brazo para apreciar de lejos el relojito. –Es muy dije. Pero confiesa, quién te ayudó a escogerlo?» (J. Gutiérrez, *Te acordás hermano*, 198) = CONSULTAS **(2) amanecer un dije.** fr. m. Levantarse de buen humor. (Ec.): «Un dije ha amanecido el rector <director>, ca*. Hay que aprovecharle pidiéndole permiso, haciéndole firmar los vales (...).» (G. A. Jácome, *Porqué se fueron las garzas*, 13) = CONSULTAS

dilatar(se). intr. m. c. prnl. Demorar(se). (Cuba, Méx., Ec. = Am. Centr., Ven., Col. y Ch.): «Se ofrece mucho y me pareció que si me dilataba hasta la venida del día, la cosa no tenía remedio.» (C. Villaverde, *Cecilia Valdés,* 128) = «–Y si ustedes no me ayudan, nos dilataremos más todavía.» (R. Castellanos, *Balún-Canán*, 191) = «No me <me he> dilatado nada!» (G. H. Mata, *Sumag Allpa*, 147) = CORNEJO = SANTAMARÍA DGA

dinero. m. **botar el dinero.** fr. No reparar en gastos. (CR y otros): «Trabajé ya hasta hizo un mes en un restaurante: el mejor trabajo que logré conseguir en doce años. Como mesero le servía whisqui a los que como yo, allá en nuestro país, llegaban a botar el dinero.» (F. Zúñiga Díaz, *Yo no tengo ningún muerto*, 43) = CONSULTAS

Dios. m. **(1) a saber Dios.** fr. Quién sabe. (Guat.): «A saber Dios si venían los canastos con su ganancia.» (M. A. Asturias, *El señor presidente*, 86) = CONSULTAS **(2) primero Dios.** fr. Si Dios quiere, Dios mediante. (CR): «Algún día he de poder llegar por allá, primero Dios, con alguna platilla* pa mi gente (...).» (C. L. Fallas, *Gentes y gentecillas*, 227) = CONSULTAS

dique. m. **dar(se) dique**. fr. Engañar con apariencias falsas; dar(se) buena apariencia. (Arg. = Ur.):

«Hoy lo vemos por las calles / de Corrientes y Esmeralda, / estribando una polaina / que da mucho dique al pantalón.» (E. Fresedo, «Del barrio de las latas», en: J. Barreiro, *El Tango*, 133) = GOBELLO = CONSULTAS (véanse también **diquear** y **diquero**)

diquear(se). tr. o intr.; ú. t. c. prnl. intr. Ostentar; darse importancia, presumir. (Arg.): «¿Dónde están aquellos brillos / y de vento* aquel pacoy <paquete> / que diqueabas, poligriyo <locuelo>, / con las minas <mujeres> del convoy*?» (L. J. Traverso, «Uno* y uno», en: J. Barreiro, *El Tango*, 209) = GOBELLO = CONSULTAS (véanse también **dique** y **diquero**)

diquero -a. adj. Presumido, vanidoso, jactancioso. (Arg. < Ur.): «(...) por la bocina del fonógrafo iban resbalando las palabras del disco: / Tenés un camba <bacán*> que te hace gustos / y veinte abriles que son diqueros.» (J. C. Onetti, *Juntacadáveres*, en: *Obras Completas*, 806) = «Era un mosaico* diquero / que yugaba* de quemera <recogedora y vendedora de basura> / (...).» (A. Marino, «El ciruja», en: J. Barreiro, *El Tango*, 56) = CONSULTAS = GOBELLO (véase también **dique** y **diquear**)

directa. f. Véase **pichar* la directa.**

discurseadera. f. Discurso –desp. (Ven.): «–(...) Todo el tiempo los jefes se lo pasaban en banquetes y fiestas y discurseaderas.» (A. Uslar Pietri, *Las lanzas coloradas*, 116) = CONSULTAS

disfuerzo. m. Melindre, remilgo propio de la mujer y que resulta ridículo en un hombre. (Perú): «El cantinero circulaba entre las mesas (...) haciendo las payasadas de cada noche: pasos de baile, dar de beber él mismo a los clientes las copitas de pisco o los vasos de cerveza y animarlos a que, ya que no había mujeres, bailaran entre hombres. Sus disfuerzos y rosqueterías* irritaban a Lituma (...).» (M. Vargas Llosa, *Lituma en los Andes*, 70) = SOPENA = MORÍNIGO

disgustar. intr. Reñir, pelearse. (Ec.): «–(...) Unos puercos de Cheme se metían a la finca del viejo Olave y le hacían daño... Disgustaron muchas veces... Se insultaron bastante...» (N. Estupiñán Bass, *Cuando los guayacanes florecían*, I, 127) = CONSULTAS

disparada. f. Huida precipitada o impetuosa. (Ur. = Méx., Guat., Ch. y Arg.): «Ahora, donde se den cosas como una disparada a medianoche, esa es tropeada* que no se olvida más. ¡Una disparada sí que es asunto lindo por lo feo! El ganado se asusta de cualquier cosa, que puede ser el fuego, un auto, un grito, un bulto o nada.» (J. C. Da Rosa, «De sol a sol», en G. Wettstein, *Nuestra Tierra*, II, 28) = CONSULTAS = MALARET = VERDEVOYE

disparar. (1) intr., o tr. ind. Alejarse rápidamente; escapar. (Ur., Arg.): «Mire: mi padre, que se llamaba Afranio Silveira, había matado a un tipo en el Brasil y había disparado para aquí, pasando la frontera.» (C. Martínez Moreno, *Coca*, 116) = «Allí quedó de mojón / y en su caballo salté; / de la indiada disparé, / pues si me alcanza me mata, / y al fin me les escapé / con el hilo* en una pata.» (J. Hernández, *Martín Fierro*, I, 613-8) = «–(...) No ha caído el último terrón en el hoyo, los enterradores no han plantado la cruz todavía, ¡y la gente ya dispara, quiere irse lejos, volver a sus negocios y chanchullos! ¡Bah!» (L. Marechal, *Adán Buenosayres*, 77) = CONSULTAS = TERRERA **(2)** Invitar, ofrecer. (Méx.): «O, por mejor decir, me encontré con Ibarrita y me disparó un tequila...» (R. Bernal, *El complot mongol*, 95) = «¿No disparan un juguito para la curda?» (F. del Paso, *José Trigo*, 204) = SANTAMARÍA DGA = CONSULTAS **(3) disparar.** tr. Disipar. (CR = Méx.) : «(...) la presencia de un hombre habría podido disparar toda nube (...).» (Q. Duncan, *Kimbo*, 36) = JIMÉNEZ

dispensa. es que me dispensa. fr. Le ruego me disculpe. (Guat.): «–Es que me dispensa –dijo a la sirvienta–; ¿estará el licenciado? –No, no está.» (M. A. Asturias, *El señor presidente*, 231) = CONSULTAS

distancias. f. pl. Dichos o expresiones sin relación con lo que se está tratando. (Méx.): «(...) allí se quedó varios días hablando distancias, puras cosas que no convienen (...).» (E. Poniatowska, *Hasta no verte Jesús mío*, 104) = SANTAMARÍA DM

dita. f. Calabaza, mate para presentar alimentos o usado como recipiente u orinal. (PR): «Observó a Juana, que escogía el arroz en una dita.» (R. Marqués, *La víspera del hombre*, 21) = «(...) un muchacho dicharachero, pelado al rape, vendía en una dita sus dulces morenos de coco y esponjados.» (E. Laguerre, *La llamarada*, 90) = MAURA = DÍAZ MONTERO

divierta. f. Entretenimiento. (El Salv.): «Y él defendiéndose que lo hacía por diversión, que la verdad jugar a los chivos* era malo, pero como no había otra divierta por estos lados, no le quedaba otro camino.» (M. Argueta, *Un día en la vida*, 203) = CONSULTAS

divino. m. **no entender, no oír, no ver un divino.** fr. No entender, no oír, no ver nada. (PR): «(...) movieron los labios, como en película muda. Pero yo no entendí un divino. (...) Al principio, Don Virgilio no vio un divino. Pero, poco a poco, tres figuras borrosas se le fueron infiltrando por los ojos.» (A. L. Vega, *Pasión de historia*, 72 y 141) = CONSULTAS

divisadero. m. Otero; lugar de observación. (Méx = Arg.): «Así, cuando su ojo se sentía a gusto teniendo en quién recargar la mirada, los dos se levantaban de su divisadero y desaparecían de la Cuesta de las Comadres por algún tiempo.» (J. Rulfo, *El llano en llamas*, 47-8) = VERDEVOYE

dizque. adv. **(1)** Dice/dicen que. (Méx., Ec. = Bol. y otros): «¡La mosquita muerta! ¿No dizque* no tenías quien te administrara? Y ¡qué administración! Ya la quisiera el mejor matador de toros, el mismo Rodolfo Gaona, o la Fábregas, o Caruso (...). Vas en caballos de hacienda, como luego* dicen.» (A. Yáñez, *La creación*, 81) = «Dizque te andas alabando / Diciendo que te besé; / De borrachito sería, / Pero en juicio ¡qué dizqué*!» (J. L. Mera, *Cantares del pueblo ecuatoriano*, II, 92) = CONSULTAS = MUÑOZ REYES **(2) ¡qué dizqué!** interj. ¡Es imposible! (Ec.): «Dizque* te andas alabando / Diciendo que te besé; / De borrachito sería, / Pero en juicio ¡qué dizqué!» (J. L. Mera, *Cantares del pueblo ecuatoriano*, II, 92) = CONSULTAS **(3) quién dizque.** adv. neg. irón. Nadie. (Ec.): «(...) Quién dizque te ha de querer (...).» (J. L. Mera, *Cantares del pueblo ecuatoriano*, II, 92) = CONSULTAS

doblar. intr. Trabajar de noche tras haberlo hecho de día. (Bol.): «Julián Chuqüimia trabajó todo ese día furiosamente y cuando llegó la noche resolvió *doblar* prosiguiendo el trabajo con afiebrado ánimo (...).» (F. Ramírez Velarde, *Socavones de angustia*, 24) = CONSULTAS

doble. m. Medida que equivale a dos litros. (Ch.): «Entraron en una cantina* y el amigo pidió un doble de chicha.» (M. Rojas, *El delincuente... y otros cuentos*, 114) = MORÍNIGO

doctorar. intr. Véase **dotorar.**

domada. f. Doma. (Arg.): «A pesar de mi fatiga no pude dormir la siesta, pensando en cómo haría para asistir a la domada. Sabía que el patrón había recomendado a Don Segundo el mayor cuidado, visto su peso; pero ¿hasta dónde puede evitarse que un potro corcovee?» (R. Güiraldes, *Don Segundo Sombra*, 32) = CONSULTAS

dominguero. m. Traje más elegante de uno, reservado sólo para ir a misa y salir de paseo los domingos. (PR): «(...) ungido de santa resignación, se puso el una vez negro dominguero, la chalina* punzó, y en una yegüita llena de 'mataúras' de paso lento y trotón se encaminó para el pueblo.» (A. Díaz Alfaro, *Terrazo*, 85) = CONSULTAS

domínico (o: **dominico**). m. Variedad de plátano. (Ec. = Cuba, El Salv.): «–Yo conozco dos <variedades de plátano>: er **barraganete*** y el **domínico.**» (J. A. Campos, *Cosas de mi tierra*, 75) = «(...) nunca plantó un colino* de dominico ni de barraganete*.» (A. Ortiz, *Juyungo*, 10) = SOPENA = PICHARDO = CONSULTAS

don, doña (o: **Don, doncito, Doña**). **(1)** Señor, señora; se usa como vocativo –a veces en forma jocosa– cuando se ignora el nombre de la persona a la que uno se dirige. (Rep. Dom., Guat., CR, Pan., Col., Ch., Arg. = Bol.): «(...) después monologó: / –¿Qué le pasará a mi Don?... Me jabló <habló> como quien va pa <para> un desafío.» (M. A. Giménez, «Honor trinitario», en: S. Nolasco, *El cuento en Santo Domingo*, 175) = «(...) qué tal don ¿anda paseando? (...).» (L. de Lion, *El tiempo principia en Xibalbá*, 46) = «Vea, doncito. Si usté quiere mover el esqueleto esta noche, yo lo llevo a un bateo* bien tuanis <estupendo> donde hay unos pollos* posta*.» (H. Elizondo Arce, *Memorias de un pobre diablo*, 76) = «Ya sabe, don, que aquí nos tiene siempre a las órdenes.» (G. Guardia, *El último juego*, 153) = «(...) el práctico se me acercó con una taza de café caliente y unas tajadas de plátano frito en un desportillado plato de peltre: «'Hay que comer algo, mi don, si no repara las fuerzas, después se la gana el hambre y sueña con los muertos'.» (A. Mutis, *La Nieve del Almirante*, 81) = «¿Chileno, don?» (L. Sepúlveda, *La frontera extraviada*, 115) = «–No es que me haiga maniao <haya maneado>, Don, pero tengo miedo qu'el patrón se me siente*.» (R. Güiraldes, *Don Segundo Sombra*, 36) = CONSULTAS = ARMAS = MUÑOZ REYES = HAENSCH y WERNER = MORALES PETTORINO, PEÑA ÁLVAREZ y QUIROZ MEJÍAS = CONSULTAS **(2)** Véase **doña.**

donde. adv. Cuando. (CR, Arg. = Guat. y El Salv.): «(...) casi me muero del susto donde te vi entrar (...).» (Q. Duncan, *Final de calle*, 80) = «–(...) La pelea, en güena ley y asigún el mesmo desafío del finao, debió concluir donde le cortaron*.» (R. Güiraldes, *Don Segundo Sombra*, 164) = CONSULTAS

doña. f. **(1)** Mujer o muchacha bonita. (PR): «Quien estaba regando las matas tenía puesta una bata de casa con diseños africanos y tremendos tacos, como si acabara de llegar de la calle. La doña dio la vuelta (...).» (A. L. Vega, *Pasión de historia*, 88) = CLAUDIO DE LA TORRE **(2)** Esposa –en el campo. (PR): «–(...) 'Espero que resiban <reciban> bien el café y el dulce de batata. Mi doña les manda muchos recuerdos'.» (R. Marqués, *La carreta*, 147) = CONSULTAS = ÁLVAREZ NAZARIO **(3)** Mujer indígena adulta. (Ec.): «A la hora de la oración terminó el trabajo, y se les llevó a los indios a la casa de la hacienda, en cuyo patio les preparaba la comida una **doña** y otro indio despanzurraba el cadáver de un borrego (...).» (J. R. Bustamante, *Para matar el gusano*, 129) = MATEUS **(4)** Véase también **don.**

doradillo. m. Caballo de pelo colorado claro o castaño claro, con visos dorados. (Arg.): «(...) sin dejar de acariciar el anca rechoncha de su doradillo, el vasco me anunció el casamiento de su hijo Tomás (...).» (L. Marechal, *Adán Buenosayres*, 591) = CONSULTAS = VERDEVOYE

dorado. m. Guardaespaldas de Pancho Villa. (Méx.): «En el estribo del coche me cerró el paso uno de los *dorados*. (...) / Al pie del vagón de Villa dije maquinalmente al dorado que hacía guardia en el estribo: / –Dígale al general que aquí estoy y que deseo hablarle...» (M. L. Guzmán, *El águila o la serpiente*, 381 y 443) = CONSULTAS

dormida. **(1)** f. Dormitorio. (Bol. = CR, Col., Ch. y otros): «(...) en aquel tiempo ya no dormían todos en una cama. Los viejos tenían una 'dormida' recientemente edificada a un costado del patio.» (J. Lara, *Yanakuna*, 75) = SANTAMARÍA DGA **(2)** Véase **leche dormida.**

dormir. **(1) dormir(se) a.** tr. ind. Acostarse con. (Cuba, Ec.): «Los socios de ambos eran muy machos; no había pederasta entre ellos, y sabían buscarse aventuras por ahí, sin 'dormirse' a las queridas o mujeres de los hermanos...» (A. Carpentier, *Écue-Yamba-O*, 135) = «Nunca ni por mal pensamiento, me pude haber imaginado dormirle <dormirla> a una gringa ni siquiera en mis sueños más alocados (...).» (G. A. Jácome, *Porqué se fueron las garzas*, 11) = SANTIESTEBAN = CONSULTAS **(2) dormir con** alguien. tr. ind. Acostarse con esta persona. (Ec., Par.): «–(...) Si me ganas ta <esta> noche me quedo con vos... Duermo con vos en la barsa'sta <en la balsa hasta> mañana... Si te gano no friegas más...» (J. Gallegos Lara, «Al subir el aguaje» en *Los que se van*, 143) = «Allí me contó Guillermo que durante todo el verano durmió con sus primas.» (H. Rodríguez Alcalá, *Relatos de Norte y Sur*, 21) = CONSULTAS

dotorar (o: **dotorear**). intr. Hablar con soberbia –ú. despect. entre los habitantes del campo para referirse a los de la capital. (Ur.): «El patrón viene apilando / ganancia sobre ganancia / y se pasa dotorando / sobre la patria y la estancia.» (J. García, «Milongas de un gaucho pobre», en G. Wettstein, *Nuestra Tierra*, II, 44) = CONSULTAS (MALARET, MORÍNIGO y SOPENA señalan el argentinismo **dotorerías** con el sentido de 'cuestiones académicas, bachillerías')

dotorear. intr. Véase **dotorar.**

dotorerías. f. pl. Véase **dotorar.**

dragoneante. m. Soldado raso al que se le confían las funciones del cabo en caso de ausencia de éste. (Col. = Par. y Arg.): «(...) se le metió en el retrete a un dragoneante de la guardia presidencial y lo calentó a su gusto con recursos de mujer brava (...).» (G. García Márquez, *El otoño del Patriarca*, 59) = HAENSCH y WERNER = MORÍNIGO

droga. f. **(1) ni droga.** Nada. (Guat.): «Después del accidente, su vieja hizo una misa de acción de gracias. Si hubiera sabido que íbamos socados* y con putas no hace ni droga. Nos hincaron a los cinco y el cura maje* nos echó agua bendita. Mejor nos hubiera dado un trago. Todavía estábamos de goma*.» (M. A. Flores, *Los compañeros*, 31) = CONSULTAS **(2) pura droga.** fr. De mala clase. (Guat.): «(...) la Chayo tiene la culpa sólo me da comida pura droga que engorda (...).» (M. A. Flores, *Los compañeros*, 132) = RUBIO

droguis. m. Bebida alcohólica. (Arg.): «–Márgara fue al rancho de doña Tecla para curarle al viejo del droguis.» (L. Marechal, *Adán Buenosayres*, 251) = GOBELLO = VERDEVOYE = CONSULTAS

duda. f. Cierta caña de azúcar silvestre. (Ec.): «Había cogido una **duda** fresca y con ella le hizo un **pijuano** <pífano>, para que el niño anduviese en los senderos tocando armonías de montaña.» (G. H. Mata, *Sal*, 35) = CARVALHO NETO

duende. m. Variedad de lirio *(Amarillis equestris)*, de flor diminuta y rosada, que se utiliza en la medicina casera. (PR): «¡La cabecita rosada del morivivî*, la flor sangrienta de la amapola, el júbilo blanco de los duendes!» (E. Laguerre, *La llamarada*, 221) = MAURA = SANTAMARÍA DGA

dulce. m. **(1)** Panela, pan de azúcar moreno de forma cónica truncada. (CR): «(...) anda por los molederos y por las mesas y fogones, detrás del dulce y del azúcar.» (C. L. Fallas, *Gentes y gentecillas*, 215) = «Podría picar leña en un galerón o chorrear la miel caliente en los moldes para hacer el dulce del trapiche (...).» (J. Pinto, *Los marginados*, 36) = QUESADA = GAGINI = ARROYO = CONSULTAS **(2)** Mate cebado con azúcar. (Arg.): «Patrocinio trajo una pava caliente, se sentó en medio de la pieza y nos estuvo cebando dulces más de una hora.» (R. Güiraldes, *Don Segundo Sombra*, 119) = CONSULTAS = VERDEVOYE **(3) ni dulce ni bombo.** Véase **bombo.**

dundo -a. adj. En gran cantidad. (CR): «(...) las iguanas andan dundas en todo el local (...).» (A. Portocarrero, *Negro desgraciado*, 55) = MALARET = MORÍNIGO (quienes indican que significa en gran cantidad y fáciles de cazar, hablando de animales)

durazno. m. Véase **caña de durazno.**

dure (o: **ture**). m. Silla baja de madera, cuyo asiento es de madera o de cuero, y cuyo respaldo está inclinado hacia atrás. (Ven.): «Dejé el dure en que estaba sentado y me fui a ver la 'huerta' (...).» (M. V. Romero, *Peonía*, 240) = TEJERA = SANTAMARÍA DGA

duro -a. **(1)** adj.; ú. t. c. adv. En voz alta; fuerte –hablando de un ruido. (CR = Nic. y Col.): «(...) había días que se oía más duro.» (J. Pinto, *Los marginados*, 13) = «(...) llegaba frente al gol y daba una gran patada y decía durísimo: 'gol'.» (M. Salguero, *Agencia de policía*, 19) = CONSULTAS = RABELLA y PALLAIS **(2)** adj. (con estar). Bien preparado, al cabo de la calle. (PR): «(...) fui hasta la cocina con la buena intención de preparar el desayuno y llevárselo al cuarto. En eso yo estaba duro porque la Vieja dejó de preparármelo a los cinco años para que aprendiera y* que a desenvolverme en la vida, como le gusta decir a ella.» (A. L. Vega, *Pasión de historia*, 87) = CLAUDIO DE LA TORRE **(3)** **duro de pelar.** fr. Difícil de dominar; cosa difícil, persona valiente. (Ur., Arg.): «Bien guacho es el tal camino / pero... es duro de pelar! / Camino de los quileros* / por las sierras de Aceguá.» (O. Rodríguez Castillos, «Cantos del norte y del sur», en G. Wettstein, *Nuestra Tierra*, I, 123) = «Por cierto, los bayos resultaron menos duros de pelar de lo que podían haber sido mediando peor suerte.» (R. Güiraldes, *Don Segundo Sombra*, 155) = CONSULTAS **(4)** **duro y parejo.** fr. adv. Hablando de una acción, hecha con tenacidad y energía. (Col., Arg. = Par. y Ur.): «La única <solución> que vislumbraba al final de noviembre era la de enfrentarse con Escobar y negociar de santandereano a antioqueño duro y parejo.» (G. García Márquez, *Noticia de un secuestro*, 51) = «Pibe, andate al sobre*, mañana hay que meterle duro y parejo.» (J. Cortázar, *Relatos*, 327) = HAENSCH y WERNER = MORÍNIGO = CONSULTAS

E

económica. f. Fiebre palúdica fulminante. (Ur.): «En la selva la llaman la económica, porque te mata en un día y no tenés que gastar en remedios.» (E. Galeano, *Días y noches de amor y de guerra*, 53) = SOPENA

echadero. m. Lugar donde se encierra el ganado para pasar la noche. (Perú = Bol.): «Las indias lloraban agarrándose de las piernas de sus maridos. Ya sabían que poco después de esa cabalgata llegarían tres o cuatro montados a reunir 'daños*' en esos echaderos.» (J. M. Arguedas, *Yawar Fiesta*, 20) = CONSULTAS = MUÑOZ REYES

echar. **(1)** intr. Irse, marcharse; huir. (PR = Cuba): «Espérate, ya es hora de salirse de aquí, de *echar* (...).» (E. Rodríguez Juliá, *El entierro de Cortijo*, 60) = CONSULTAS = CLAUDIO DE LA TORRE = SANTIESTEBAN **(2) echar(se)** (o: **echárselo**) **a** alguien. prnl. tr. Matar. (Méx., Perú = Cuba): «Y mire, Martita, allá en la Huasteca, estrangulé a un viejo con un cordón de la luz. Y en Mazatlán me eché a dos cuates <tíos> en una cantina.» (R. Bernal, *El complot mongol*, 188) = «El Flaco acarició el vientre de la wínchester. –Aquí <el juez Montenegro> dejará su sangre. (...) –El problema es que no conocemos a Montenegro –dijo Pis-pis contrariado–. Podemos echarnos a otro.» (M. Scorza, *Redoble por Rancas*, 211) = SANTAMARÍA DGA = CONSULTAS = SANTIESTEBAN **(3) no echar.** fr. neg. Haber perdido sus capacidades; estar agotado. (CR): «(...) la pobre mamá ya no echa.» (Q. Duncan, *Final de calle*, 80) = «Y yo ya no echaba, qué va, con aquel condenado peso.» (F. Dobles, *Cuentos escogidos*, 85) = CONSULTAS **(4) echar cuerpo.** fr. Véase **cuerpo. (5) echar perico.** fr. Véase **perico. (6) echarse el pollo.** fr. Véase **pollo.**

echón -ona. adj. Dícese de la persona que hace ostentación de lo que tiene o cree tener. (Ven.): «Quintero no tenía nada, decían algunos, lo que era era muy echón. Le habían dejado una hacienda y no eran más que tierritas.» (A. González León, *País portátil*, 99) = TEJERA

efe. f. Fe. (Arg. = Ur.): «¿Qué quedó de aquel jailaife <ricachón> / que en el juego de amor / decía siempre: 'Mucha efe, / me tengo pa' tayador*'.» (L. J. Traverso, «Uno* y uno», en: J. Barreiro, *El Tango*, 209) = GOBELLO = CONSULTAS

ejecutivo -a. adj. Véase **piso ejecutivo.**

el. art. deter. m. **la de.** fr. Véase **la.**

elástico. m. **(1)** Goma elástica, caucho. (Perú = Ch.): «Recuerdo haberla sorprendido muchas veces barriendo el patio, con un trapo en la cabeza a modo de turbante y con unos botinazos de elástico (...).» (E. López Albújar, *De mi casona*, 153) = CONSULTAS **(2)** Somier. (Par., Arg.): «Lo llevó a Ramón hasta su lecho. Éste era un elástico, con cuatro patas, puesto en el patio bajo un naranjo, de una de cuyas ramas pendía el mosquitero. (...) Sentía <Ramón> en las espaldas la dureza del elástico, separado de su cuerpo por una delgada frazada.» (G. Casaccia, *La Babosa*, 103) = «Se revolvió entonces en la cama, y tristísimos elásticos gimieron en sus honduras.» (L. Marechal, *Adán Buenosayres*, 20) = «La cama de Pancho tenía un elástico a resorte y colchón de estopa.» (M. Puig, *Boquitas pintadas*, 76-7) = VERDEVOYE = CONSULTAS

eléctrico. m. Tranvía. (Ec.): «–Vamos pa dentro. A coger er <el> eléctrico. (...) Llegaron a la curva del tranvía de Sucre y Vélez <calles de Guayaquil>.» (D. Aguilera Malta, *Don Goyo*, 52) = CONSULTAS

electrola. f. Fonógrafo. (Ec.): «Algunos quisieron bailar y pusieron un disco en la electrola.» (H. Salvador, *La fuente clara*, 329) = CONSULTAS

elevadorista. m. Ascensorista. (Guat.): «(...) que te daba vergüenza, que te miraría el elevadorista del hotel (...).» (M. A. Flores, *Los compañeros*, 101) = STEEL

elevarse. prnl. intr. Instruirse. (Cuba): «Un carpintero con numerosa clientela, muy deseoso de 'elevarse' (...), gran lector de revistas y de cuanto impreso caía en sus manos, me refirió muy en privado (...).» (L. Cabrera, *Reglas de Congo*, 197) = CONSULTAS

embalar. intr. Huir, escapar; irse; dirigirse. (PR): «Pone el pan viejo y mongo* en la tostadora, la greca <cafetera> en la única hornilla que funciona. Y embala para el baño a enjuagarse la boca (...).» (A. L. Vega, *Pasión de historia*, 55) = CONSULTAS = MORÍNIGO

embale. m. Entusiasmo, acción de embalarse. (Arg.): «(...) con el embale de pilladura de la Rulo no vi ninguna (...).» (M. Puig, *La traición de Rita Hayworth*, 173) = GOBELLO = CONSULTAS = VERDEVOYE

embalsamador -a. m. y f. Persona cuyo oficio consiste en disecar animales. (Arg. = Ur.): «El gordo Henríquez, embalsamador de pájaros (...).» (L. Marechal, *Adán Buenosayres*, 391) = CONSULTAS (véase también **embalsamar**)

embalsamar. tr. Disecar animales. (Arg. = Ur): «(...) levanta sus ojitos hasta el busto de Sarmiento que duerme sobre la biblioteca de la Dirección entre un pato criollo y una tortuga embalsamados.» (L. Marechal, *Adán Buenosayres*, 391) = «(...) que <el director> fuera severo y nos zampara* amonestaciones y expulsiones por cualquier cosa era menos una razón que algo en su cara de pájaro embalsamado.» (J. Cortázar, *Deshoras*, 81) = CONSULTAS (véase también **embalsamador**)

embarcadizo. m. Marinero civil, cuyo oficio consiste en embarcar a los pasajeros en lanchas o barcos fluviales; es más bien ocupación de vagabundos. (Par.): «Ahora me acordé que un embarcadizo me había dicho, hacía tiempo (...).» (R. Bareiro Saguier, *Ojo por diente*, 100) = CONSULTAS

embarcar. tr. Dejar esperando, dar plantón. (Cuba). «–(...) ¿A la una de la mañana te conviene? / –A cualquier hora –dijo Munse, y luego casi rogándole–. No me embarques (...).» (J. Díaz, *Las iniciales de la tierra*, 239) = CONSULTAS (lo mismo significa la fr. **dar un barco***)

embarrarse. prnl. intr. Desplazarse pegando el cuerpo a una pared o al suelo. (Méx.): «Sólo me acuerdo que era un animal rosillo. Pasó junto a nosotros como una nube gris, y más que caballo fue el aire del caballo el que nos tocó ver; solitario, ya casi embarrado a la tierra.» (J. Rulfo, *El llano en llamas*, 162) = SANTAMARÍA DGA

embicar. intr. *Mar.* Poner proa a tierra, y encallar. (Par. = Méx., Arg. y Ch.): «El camión (...) ha seguido avanzando con el tanque bamboleante y las ruedas en llamas, erizado de vívidos penachos de agua, hasta embicar contra un árbol.» (A. Roa Bastos, *Hijo de hombre*, 295) = SANTAMARÍA DGA

emboba. f. o m. Majá, serpiente grande no venenosa de Cuba. (Cuba): «Para los trabajos de la religión de los congos se usaban los muertos y los animales. A los muertos les decían nkise, y a los *majases, emboba.*» (M. Barnet, *Biografía de un cimarrón*, 31) = CONSULTAS

embolar(se). tr. o intr.; ú. t. c. prnl. Embriagar(se), emborrachar(se). (El Salv., Hond. = Méx., Guat., Nic. y CR): «La chicha* no embola pero es sabrosa. Aunque marea su poco.» (M. Argueta, *Un día en la vida*, 109) = «–(...) lo que te recomiendo es que no te vayas a embolar a lo bruto, como en otros pagos. (...) Para morir, es mejor como hombre, 'en sus cinco sentidos', y no que lo maten a uno dormido, como matar un sapo.» (R. Amaya Amador, *Prisión Verde*, 306) = MEMBREÑO = SANTAMARÍA DM = ARMAS = RABELLA y PALLAIS = CONSULTAS

embolsicarse. prnl. intr. Enriquecerse, forrarse. (Ec.): «Sí, bien nos hemos llevado, pero más se ha llevado taita <el tío> Julián. / Tal vez los agraditos* será, pues lo ques <que es> las multas, él no es de los que se embolsican.» (G. A. Jácome, *Porqué se fueron las garzas*, 95) = CONSULTAS

embollar. **(1)** intr. o tr. ind. Arrancar, empezar. (PR): «Entonces volvió la luz (...). Y embolla Wilkins <el disco del cantante> otra vez con aquello de que 'el primero no es el que llega a la piel sino el que llega al corazón'. (...) Dalia murmura algo entre dientes, será un no-se-apure de circunstancia para que la vieja pueda embollar con su discurso. Y embolla: Gracias, mijita*, por lo que hiciste por el pobre Nilo (...).» (A. L. Vega, *Pasión de historia*, 66 y 88) = CLAUDIO DE LA TORRE **(2) embollarse.** prnl. intr. Arrebatarse, concentrarse, dedicarse de lleno a algo. (PR): «Inmediatamente se embolló, empezó a preguntar, me rogó que le diera el preview (...).» (A. L. Vega, *Pasión de historia*, 79) = CLAUDIO DE LA TORRE

embramar. tr. Atar a un poste o palenque (llamado bramadero) a un animal arisco recién enlazado, para amansarlo antes de domarlo. (Arg.): «Muchos quieren dominarlo / con el rigor y el azote, / y si ven al chafalote <caballo grande y desgarbado> / que tiene trazas de malo, / lo embraman en algún palo / hasta que se descogote.» (J. Hernández, *Martín Fierro*, II, 1.437-42) = «El más viejo de los hombres que nos ayudaba, montado en un tostado retacón, enlazaba los potros que nosotros voltiábamos de un pial, para embozarlos y enriendarlos en el suelo. Después los embramábamos en un palo, con dos o tres vueltas de maneador*, y les poníamos los cueros.» (R. Güiraldes, *Don Segundo Sombra*, 154) = VERDEVOYE

embreado. m. Alquitrán, asfalto. (PR): «(...) una libra de carajos lanzada contra el embreado (...).» (L. R. Sánchez, *La Guaracha del Macho Camacho*, 30) = CONSULTAS (véanse también **brea** y **embrear**)

embrear. tr. Alquitranar. (PR): «En una economía de $100 millones, esa generosidad quitará alguna presión al nuevo gobierno, mientras busca afanoso fondos para construir hogares, alcantarillados y sistemas pluviales, tender líneas eléctricas y embrear los caminos (...).» (*El Nuevo Día*, 3/5/94) = CONSULTAS (véanse también **brea** y **embreado**)

embretar. tr. Encerrar; acorralar. (Arg.): «¡(...) habíase solido pasar horas él, entretenido en chucear <pinchar> las reses* embretadas!» (E. Cambaceres, *En la sangre*, 104) = VERDEVOYE

embrocar. **(1)** tr. Ver; mirar con fijeza. (Arg.): «Bulín* que ya no te veo, / catrera* que no te toco, / percanta <amante> que ya no embroco / porque con otro se fue.» (P. Contursi, «Ivette», en: J. Barreiro, *El Tango*, 59) = CONSULTAS = GOBELLO **(2) embrocar(se).** tr. Comprometer(se) en actos indeseables. (Guat. = Nic. y CR): «Es que nos embrocó –decía Macario, mientras su hermano Juan Sóstenes repetía: / –Bien decía yo que había trampa, y trampa de dos fondos.» (M. A. Asturias, *Viento fuerte*, 97) = ARMAS = RABELLA y PALLAIS = QUESADA (quien recoge la forma prnl.) **(3) embrocarse.** prnl. intr. Doblarse, agacharse, caerse de bruces. (CR): «(...) estaba sentao un hombre, con una botella pa' él solito, muy embrocao <*sic*> sobre la mesa, como si estuviera pensando quién sabe en qué, o borracho, o con mucho sueño (...).» (C. L. Fallas, *Gentes y gentecillas*, 231) = «Por embrocarse a beber se había ido de bruces y estaba flotando ahogado panza arriba.» (J. Gutiérrez, *Murámonos Federico*, 83) = GAGINI = CONSULTAS

embrollado -a, embrollo. m. **con más embrollos (más embrollado) que negocio de turco*.** adj., o fr. Muy complicado. (Arg.): «–O nos vamoh'a dormir –decía– o Don Segundo nos hace una relación de esas que él sabe: con brujas, aparecidos y más embrollos que negocio'e turco*. (R. Güiraldes, *Don Segundo Sombra*, 74) = «No, si el destino es más embrollado que negocio'e turco*.» (E. Sábato, *Sobre héroes y tumbas*, 88) = CONSULTAS

embromar. tr. **(1) hay que embromarse.** fr. Locución con la que se expresa consentimiento por resignación. (Arg. = Ur.): «Pero don Juan! Quién iba a decir que terminaría de mensual <peón>! Con la fortuna que supo* tener! (...) Ah –comentaba Juancho–. Hay que embromarse.» (E. Sábato, *Abaddón el exterminador*, 1141) = CONSULTAS **(2) qué embromar.** fr. Exclamación con la que se pone coto a una discusión, se impide que continúe un desafuero, etc. (Arg. = Ur.): «No se puede ser tan sectario, qué embromar.» (E. Sábato, *Abaddón el exterminador*, 1030) = CONSULTAS

embullada. p. adj. f. Dícese de la vaca en celo, y de la mujer enamorada. (CR): «Cuidado, Jerónimo, que la chinita está muy embullada con Juan Manuel.» (C. L. Fallas, *Gentes y gentecillas*, 120) = QUESADA

emburrar. tr. Meter la caña de azúcar entre los dos cilindros del trapiche para molerla. (Ven. = PR): «A veces, muy raras veces, emburraba caña en el trapiche.» (T. de la Parra, *Las memorias de Mamá Blanca*, 69) = CONSULTAS = MORÍNIGO

emergente. m. En el juego de béisbol, bateador suplente. (Rep. Dom. = PR, CR y otros): «(...) no te apures, Ton, que ahorita <ahora mismo> entras de emergente.» (R. del Risco Bermúdez, «Ahora que vuelvo, Ton», en: J. Alcántara, *Antología de la literatura dominicana*, 131) = CONSULTAS = MAURA

empacar(se). **(1)** tr.; ú. t. c. prnl. tr. ind. Amontonar, acumular. (Par. = Arg.): «Era evidente que <el hombre herido al que estaba arrastrando> le resultaba cada vez más pesado. No sólo por esa resistencia pasiva que se le empacaba de vez en cuando en los obstáculos. Acaso también por el propio miedo (...).» (A. Roa Bastos, *El baldío*, 9) = VERDEVOYE **(2) empacarse.** prnl. intr. Plantarse un animal, negarse a andar. (Arg. y otros): «No faltó frente al atrio de la Merced, quien declarara que no pasaba de allí; se obstinara como caballo empacado, se sentase sobre los escalones del pretil y comenzase a entonar a voz en cuello el himno patrio.» (E. Cambaceres, *En la sangre*, 131) = MORÍNIGO = CONSULTAS = VERDEVOYE

empachado -a. adj. Flaco. (Guat.): «Quien ve al empachado de tu hijo. Parece que no matara moscas.» (L. de Lion, *El tiempo principia en Xibalbá*, 39) = ARMAS

empadronar. tr. Aparear, juntando macho con hembra; cubrir el macho a la hembra. (PR): «Y a las preguntas temblorosas de asombro que formulaba su mente contestaba el toro empadronando a la Pinta, el manilo pisando* a la gallina *lorigá* (...).» (R. Marqués, *La víspera del hombre*, 130) = MAURA = CONSULTAS

empalizada. f. **dejar** (o: **derribar** o: **tumbar**) la **empalizada** en (o: **contra**) **el suelo.** fr. Desilusionar, desanimar. (Ven.): «–(...) Confieso que soy supersticioso y ese canto de la pavita* que acabamos de oír me ha dejado la empalizada contra el suelo.» (R. Gallegos, **Canaima,** 195) = TEJERA (adiciones) = CONSULTAS

empampado -a. p. adj. Aturdido; embobado. (Arg.): «Ellos también tenían oficio de reseros y, como es natural, nos pegamos unos a otros, con esa súbita familiaridad de los ariscos cuando se encuentran medio empampados por el ruido y la gente.» (R. Güiraldes, *Don Segundo Sombra*, 135) = SANTAMARÍA DGA

emparedado. m. Calabozo. (Ec.): «(...) fueron conducidos al Cuartel General de Policía y metidos a los emparedados. Al segundo día los sacaron de los emparedados y los dejaron en el patio, junto con los otros reclusos.» (N. Estupiñán Bass, *Cuando los guayacanes florecían*, II, 68) = CONSULTAS

empatar. **(1)** intr. Congeniar, ser novios. (CR): «Creo que desde un principio habíamos hablado de matrimonio; empatamos y a pesar de tener ambos, en varios asuntos, opiniones diferentes.» (Josette Altman, «José tiene una mirada muy intensa», en: revista *Rumbo*, 02/11/93) = CONSULTAS **(2)** **empatarse con.** fr. Conseguir; unirse, juntarse con. (Cuba): «(...) primero, perdimos el pacto por tu culpa; segundo, no fuiste a la bronca contra Washington; tercero, sigues empatado con una vaticana*.» (J. Díaz, *Las iniciales de la tierra*, 125) = SÁNCHEZ-BOUDY

empavado -a. adj. Hechizado. (Ch.): «Consulté a la señora de la limpieza, quien me aseguró que el *empavado* era mi marido, todo se resolvería llevándolo a la Montaña Sagrada para contratar un ensalmo profesional, pero ese consejo estaba muy lejos de mis posibilidades.» (I. Allende, *Paula*, 298) = CONSULTAS (véase también **pava**)

empavonar. tr. **empavonar un ojo.** fr. Véase **ojo.**

empegó. m. Uno de los cuatro tambores rituales usados en las ceremonias ñáñigas. (Cuba): «Se adelantó el portero-Famballén, sosteniendo bajo el brazo un tamborcito adornado con una cola de gallo. La voz del enkiko <gallo> sacrificado comenzó a sonar en la percusión aguda del empegó.» (A. Carpentier, *Écue-Yamba-O*, 148) = CONSULTAS

empelotado -a. p. adj. Enamorado perdido. (Méx.): «Si anda rete empelotado conmigo. Yo se los llevo a donde <adonde> digan.» (R. Bernal, *El complot mongol*, 39) = MEJÍA PRIETO = JIMÉNEZ

empeño -ito. m. Esfuerzo. (Ch.): «Hay que comer, hija mía... –decíale paternalmente–; el que no come no digiere y para vivir hay que comer y digerir. Haga un empeñito.» (M. Rojas, *El delincuente... y otros cuentos*, 135) = CONSULTAS

empilche. m. Vestimenta en general; modo de vestir. (Arg.): «(...) ese empilche tan debute* te barniza de marqués, / (...).» (E. Cadícamo, «¡Che, Bartolo!», en: J. Barreiro, *El Tango*, 175) = GOBELLO = CONSULTAS

empingorotado -a. adj. Con mucho arreglo. (Arg. = Guat. y Ur.): «Chinas* empingorotadas hacían sonar el tacón porque estaban invitadas con tarjeta de cartón.» (R. González Tuñón, *Antología poética*, 130) = ARMAS

empleado. m. **empleado público.** fr. Agente del Estado, funcionario. (Ch. = CR, Ur. y Arg.): «–Ahora pueden hacer tres preguntas (...). / Un empleado público levanta su brazo.» (H. Valdés, *Tejas Verdes*, 217) = CONSULTAS

empujar. tr. prnl. Tomar, ingerir. (CR = Cuba): «(...) el viejo, entre cuento y cuento, se empujó todo el ron.» (C. L. Fallas, *Gentes y gentecillas*, 172) = CONSULTAS = SANTIESTEBAN

empuñar. intr. Cerrar los dedos para formar un puño; trabajar. (Perú = Bol.): «–Pienso empuñar pualIá <por allá>, que ya vide viniendo onde hay unos alisos...» (C. Alegría, *Los perros hambrientos*, 113) = MUÑOZ REYES

enagua. f.; ú. t. en pl. Falda. (CR, Par. = Col.): «Vos con tu camisa de cuadros de domingo y de fiesta, Luchi con su enagua blanca y su suetercilla roja, yo con la jácket de cuero que me regaló el patrón.» (H. Elizondo Arce, *Adiós Prestiño*, 24) = «(...) soñó que se paseaba por Buenos Aires del brazo de su querida; él, vestido con delicada elegancia y ella en enaguas y descalza.» (G. Casaccia, *La Babosa*, 203) = CONSULTAS

enamorada. f. Chica con la que se sale; novia. (Perú): –¿Cartas? ¿Tienes enamorada? ¿Tú? –Todavía no tengo –dice el Esclavo–. Pero quizás tenga.» (M. Vargas Llosa, *La ciudad y los perros*, 27) = CONSULTAS

enamorado. m. y adj. Galanteador. (CR): «Amigo de aventuras y peligrosas confabulaciones, dispuesto siempre a esgrimir la cruceta* para zanjar sus diferencias con los demás, parrandero, enamorado, bebedor, jugador, contrabandista y hasta monedero falso, era el constante dolor de cabeza de mi bisabuelo.» (C. L. Fallas, *Marcos Ramírez*, 21) = CONSULTAS

encachimbarse. prnl. Enfadarse. (CR): «En menos de un minuto aparecieron el Rector y todos los miembros del Consejo Universitario mariposeando por allí, con lo cual se agotó el café y no quedó ni un pastelito para el Presidente. El jefe estaba encachimbado con tanto paracaidista*, pero todo salió bien.» (C. Morales, *¡Y no los dejen respirar!*, 112) = CONSULTAS

encajar. tr. **(1)** Véase **encaje.** **(2)** **encajar un hijo.** fr. Véase **hijo.**

encaje. m. Abuso. (Méx.): «Le dio pena <vergüenza> decirle al anticuario que también necesitaba un aparato electrónico para poder escucharlo, porque de seguro ese hombre, tan conocido y desconocido al mismo tiempo, se habría ofrecido a regalarle el aparato y eso, la verdad, ya era mucho encaje.» (L. Esquivel, *La ley del amor*, 88) = CONSULTAS (MEJÍA PRIETO y JIMÉNEZ recogen **encajar** y **encajoso**, con el sentido respectivamente de 'abusar' y de 'abusivo')

encajoso -a. adj. Véase **encaje.**

encamada. f. Hecho de acostarse con una mujer. (Col. = Arg.): «(...) los viejos están berracos* por los escándalos que forma, y eso que no saben de mis encamadas con ella y de todo lo que me da.» (U. Valverde, *Bomba Camará*, 12) = CONSULTAS = CASULLO (véanse **encamado** y **encamarse**)

encamado. m. Hombre que suele acudir a los prostíbulos. (Col.): «Me sobran camas y me faltan encamados –decía, sin ocultar la ironía del rechazo.» (O. Collazos, *De putas y virtuosas*, 10) = CONSULTAS (véanse **encamada** y **encamarse**)

encamarse. prnl. tr. ind. Meterse en la cama con una mujer, realizar el acto sexual con ella. (Col., Arg., Ur., Perú): « Dicen que se encamó con una morena y que después de pichársela* se despertó sin un centavo y sin ropas.» (O. Collazos, *De putas y virtuosas*, 27) = «(...) esa imposibilidad de riqueza la entristecía tanto como hoy saber que ningún hombre de los que podían encamarse con ella tenía empuje para convertirse en un tirano o conquistador de tierras nuevas.» (R. Arlt, *Los siete locos*, 219) = MORÍNIGO = BENDEZU = CONSULTAS (véanse **encamada** y **encamado**)

encampanar(se). prnl. tr. Entusiasmar(se); engañar(se). (Méx.): «Fue muy fácil encampanarse a la Dolores. Si hasta le relumbraron los ojos y se le descompuso la cara. –Perdóneme que me ponga colorada, don Fulgor. No creí que don Pedro se fijara en mí.» (J. Rulfo, *Pedro Páramo*, 42) = SANTAMARÍA DGA = JIMÉNEZ

encanar. tr. Atrapar; arrestar; encarcelar. (Arg. = Cuba, Col. y Ch.): «(...) quién sabe una noche me encana la muerte / y, chau, Buenos Aires, no te vuelvo a ver.» (E. Cadícamo, «Anclao en París», en: I. Vilariño, *Tangos*, 56) = «Los encanaron una vez.» (R. Arlt, *Entre crotos y sabihondos*, 44) = CHIAPPARA = MORÍNIGO = SOPENA = CASULLO = GOBELLO = SANTIESTEBAN = HAENSCH y WERNER = CONSULTAS

encanastar. tr. Encarcelar. (Arg.): «Todo va bien, aparte de que los han encanastado.» (J. Cortázar, *El examen*, 77) = CASULLO = GOBELLO (quien recoge además **canasta** con el sentido de 'cárcel')

encandiladora. f. Linterna usada por los cazadores nocturnos. (CR): «Van los dos con encandiladora y se apostan en el comedero de los tepezcuintles <agutí paca>.» (J. Gutiérrez, *Puerto Limón*, 166) = QUESADA

encandilar. tr. **(1)** Cazar con linterna. (CR): «(...) los que tienen lámpara y escopeta se internan en los charrales <terrenos cubiertos de maleza> y pastizales propios a encandilar conejos.» (C. L. Fallas, *Gentes y gentecillas*, 16) = QUESADA **(2)** Encender, prender (la luz, el fuego). (Hond. = PR, Nic., Ch. y otros): «(...) se inició la riña tumultuaria que pronto alcanzó las proporciones de una batalla campal. Salieron a relucir las navajas, y los que no las tenían se armaron con los leños que se habían rajado para encandilar las luminarias.» (M. A. Rosa, *Tío Margarito*, 122) = SANTAMARÍA DGA = RABELLA y PALLAIS

encangar. tr. Entumecer. (Ec.): «¡Allá en Quito nos 'encanga' el frío!» (N. Estupiñán Bass, *Cuando los guayacanes florecían*, I, 90) = CONSULTAS

encanijado -a. p. adj. Muy fuerte, muy intenso –hablando de cualquier sentimiento. (Méx.): «Tengo unas ganas encanijadas de ver a mi pobre padre ya difunto, y que me tome de las manos, me meta en la cama, me dé un vaso de agua y me cuente un cuento, y luego dormir, y dormir...» (P. I. Taibo II, *Sombra de la sombra*, 208) = CONSULTAS

encañadura. f. Borrachera con alcohol de caña. (Cuba): «Mira a este hijoputa la encañadura que se ha pegado.» (R. Castro Mosqueda, *Verónico*, 890) = CONSULTAS

encañarse. prnl. intr. Emborracharse con alcohol de caña. (Cuba = Ur.): «–¿Y qué se le pasa al compadre? / –Parece ser que se ha encañado. / –Pues es de madre la encañadura*?» (R. Castro Mosqueda, *Verónico*, 91) = MALARET = SOPENA (quien recoge la forma **encañar**; véase también **caña**)

encarabinado -a. p. adj. Con carabina. (Méx.): «Pardeando la tarde, aparecieron los hombres. Venían encarabinados y terciados de carrilleras*. Eran cerca de veinte.» (J. Rulfo, *Pedro Páramo*, 100) = CONSULTAS

encarame. m. Coito. (PR): «El libreto no era muy novedoso; un macho desechado sorprende a la ex en pleno encarame con su pana* fuerte.» (A. L. Vega, *Pasión de historia*, 7-8) = CONSULTAS

encargue. m. Embarazo, preñez. (Arg.): «Mita con la barriga que sí le crece y se le nota el encargue, (...) ya está en el quinto mes.» (M. Puig, *La traición de Rita Hayworth*, 122) = VERDEVOYE

encaronar. tr. Ensillar. (Perú): «(...) Ahora encaronen mi caballo. ¡Me voy!» (M. Scorza, *Redoble por Rancas*, 179) = CONSULTAS

encarpetado -a. p. adj. Cubierto con un mantel. (Arg. < Ur.): «Empecé a verlo en el hall con mesitas encarpetadas del bar, mirando un libro o un diario (...).» (J. C. Onetti, *Los adioses,* 35) = CONSULTAS

encarrerar. intr. o tr. Poner en carrera; emprender una carrera. (Méx.): «Y dio un pajuelazo contra los burros, sin necesidad, ya que los burros iban mucho más adelante de nosotros, encarrerados por la bajada.» (J. Rulfo, *Pedro Páramo,* 10) = SANTAMARÍA DGA

encarte. m. Acción y efecto de **encartarse**, o sea, quedarse con una persona o cosa molesta. (Col.): «Primera y última –repitió, rechazando la posibilidad de otro embarazo–. Una siempre está expuesta a que le dejen un encarte de la noche a la mañana.» (O. Collazos, *De putas y virtuosas,* 33) = FILIPPO = CONSULTAS = HAENSCH y WERNER

encascarillada. p. adj.; ú. t. c. f. Mujer que se ha blanqueado el cutis con blanquete hecho a base generalmente de cascarilla de huevo, o a veces de caracol marino. (Cuba): «Yo recuerdo de niña a las *encascarilladas,* y como por lo general las cubanas tenían muy buen cutis, es indudable que la cascarilla, tan usada, les hacía bien. Oí decir que al quitarse dejaba el cutis limpio de espinillas.» (L. Cabrera, *La medicina popular de Cuba,* 99) = CONSULTAS

encasillado. m. Cajón de un mueble. (PR): «(...) estaba en su escritorio entre un mar de papeles. De uno de los encasillados del mueble había sacado un legajo que ataba una cinta elástica. Eran las cartas de su hijo.» (M. Zeno Gandía, *La Charca,* 75) = CONSULTAS

encayar. intr. Encallar. (Rep. Dom.): «(...) la goleta de tres palos, encayada en el lodo (...).» (R. del Risco Bermúdez, «Ahora que vuelvo, Ton» en: J. Alcántara, *Antología de la literatura dominicana,* 133) = CONSULTAS

encima. adv. **estar encima.** fr. que significa que una cosa es ya casi segura o a punto de producirse (Ec.): «Esto está encimita –se decía–, de escarbar no más.» (A. Ortiz, *Juyungo,* 91) = CONSULTAS

encojonarse. prnl. intr. Enfadarse, cabrearse. (PR): «Y a mi lado Gabriel Mézquida nos comenta *Las tribulaciones de Jonás: Chico, con el libro de este hombre no sabía si reírme o encojonarme...*» (E. Rodríguez Juliá, *El entierro de Cortijo,* 78) = «Dalia tardaba en llegar, seguramente estaría metida en el taponazo de la Muñoz Rivera <avenida muy transitada del viejo San Juan>, y yo estaba empezando a encojonarme moderadamente.» (A. L. Vega, *Pasión de historia,* 72) = CONSULTAS = CLAUDIO DE LA TORRE

encontrar. tr. **encontrarle un pelo de la cola.** fr. Véase **pelo.**

encordado. m. Encordadura, conjunto de las cuerdas de un instrumento de música. (Arg. = Col.): «Mientras suene el encordao, / mientras encuentre el compás, / yo no he de quedarme atrás / sin defender la parada.» (J. Hernández, *Martín Fierro,* II, versos 3.917-20) = «Las mudanzas adquirieron solturas de corcovo, comentando en sonantes contrapuntos el decir de los encordados.» (R. Güiraldes, *Don Segundo Sombra,* 71) = VERDEVOYE = HAENSCH y WERNER

encuclillado -a. p. adj. En cuclillas. (Guat.): «(...) un hombre encuclillado junto a la puerta, religioso y tímido, cohibido por el amanecer (...).» (M. A. Asturias, *El señor presidente,* 186) = CONSULTAS (HAENSCH y WERNER registran **encluclillarse** en Colombia con el sentido de 'ponerse en cuclillas')

encuentro. m. **llevarse de encuentro.** fr. Atropellar; o arrastrar a otro en su propia ruina. (CR = Méx.): «(...) le gritó viejo loco, cuidado* se suicida, este puente es angosto y si usted no se quita me lo llevo de encuentro (...).» (F. Dobles, *Los años, pequeños días,* 15) = SANTAMARÍA DGA

encuerar. tr. Despellejar, quitarle la piel a un animal. (Méx.): «Fue esa vez en que, por no querer hacer ruido, no matamos las vacas a balazos sino que las degollamos a cuchillo. Y después ya ni siquiera las degollábamos; las desollábamos vivas. Las pialábamos bien pialadas, y para no perder el tiempo esperando a que se murieran, les íbamos quitando el pellejo. (...) Costaba trabajo ver cómo se levantaban del suelo aquellos animales encuerados, dando un paso aquí y otro más allá, y luego verlos caer de golpe, llenando el aire de mugidos.» (J. Rulfo, *El llano en llamas,* en: *Toda la Obra,* 86) = CONSULTAS

enculado -a. p. adj. Véase **encularse.**

encularse. prnl. Enamorarse. (Méx. = CR): «Esa mujer se imponía al señor Barroso, lueguito se notaba. Lo traía enculado, que ni qué.» (C. Fuentes, *La frontera de cristal,* 239) = JIMÉNEZ = QUESADA

encumbrarse. prnl. intr. Emborracharse. (CR = Guat.): «En el salón, un centenar de hombres y mujeres, la mayor parte ya bien encumbrados y bebidos.» (F. Dobles, *Cuentos escogidos,* 31) = ARMAS

encurdelarse. prnl. Emborracharse. (Arg.): «(...) para mí ya no hay consuelo / y por eso me encurdelo / pa'olvidarme de tu amor.» (P. Contursi, «Mi noche triste», en: J. Barreiro, *El Tango,* 64-5) = CONSULTAS = GOBELLO

encuriosado -a. p. adj. Con curiosidad. (Arg.): «(...) si usted me pidiera que lo matara, yo lo hacía (...). La mujer lo examinaba encuriosada.» (R. Arlt, *Los siete locos*, 208) = CONSULTAS

enchinarse. prnl. intr. **enchinársele a uno el pellejo** o **el cuerpo.** fr. Ponérsele a uno la carne de gallina. (Méx. = Nic.): «Y conforme yo andaba, el frío aumentaba más y más, hasta que se me enchinó el pellejo.» (J. Rulfo, *Pedro Páramo*, 63) = SANTAMARÍA DGA = MORÍNIGO = RABELLA y PALLAIS (quienes recogen en Nic. la forma **enchinar** con el sentido de 'erizar')

enchivar. tr. Robar. (PR): «Se rumorea ya que al Cardenal le *enchivaron* su cartera en el Centro Comunal de Lloréns <barrio muy popular de San Juan>.» (E. Rodríguez Juliá, *El entierro de Cortijo*, 88) = CONSULTAS = CLAUDIO DE LA TORRE

enchule. m. Enamoramiento. (PR): «Para colmo, empecé a tener problemas con la secretaria del tipo, una antigüedá ambulante que se había dado cuenta de mi 'enchule' con su jefe y me ponía cara de mangó* verde cada vez que me sintonizaba el canal.» (A. L. Vega, *Pasión de historia*, 47) = CLAUDIO DE LA TORRE = CONSULTAS

enchumbar(se). tr., o prnl. intr. Empapar(se); ensopar(se). (Col. = Cuba y Méx.): «Cuando los botes tropezaron contra la ladera enchumbada, y se quedaron quietos, los que estaban dormidos comenzaron a despertarse.» (A. Cepeda Samudio, *La casa grande*, 24-25) = MALARET = FILIPPO = SANTIESTEBAN

endilgar. (1) tr. Disponer. (PR): «Y con el sano propósito de echarse al cuerpo los sándwiches de atún y el jugo de piña Lotus que el siempre precavido Don Virgilio les había endilgado en una lonchera*, fueron a alinearse bajo un palo de pana*.» (A. L. Vega, *Pasión de historia*, 113) = ÁLVAREZ NAZARIO **(2)** Vestir mal. (PR): «–(...) No me desplico <explico> cómo los pueo sostener. A veces se van sin el 'puya*' a la escuela. Mire usté, como está endilgao este jipatito* de saco de harina de pan. / Y en la mugrienta chambrita del niño se hacía visible la palabra 'Harina'.» (A. Díaz Alfaro, *Terrazo*, 67) = CONSULTAS

enfarolado. m. Balcón o ventana amplia y saliente cubierta de vidrios. (Bol.): «Jorge mira a través del enfarolado el rectángulo de cielo claro.» (F. Medina, *Los muertos están cada día más indóciles*, 13) = MUÑOZ REYES

enfarolar(se). tr.; ú. t. c. prnl. intr., o tr. ind. Embriagar(se). (Arg.): «(...) enfarolan su presencia / con suntuosa precisión.» (A. Casciani, «Farabute», en: J. Barreiro, *El Tango*, 180) = CONSULTAS = GOBELLO

enfermedad. f. **enfermedad equina** (o **de los caballos**). fr. Llámase así, en ciertas zonas rurales, la meningoencefalitis. (Cuba): «–¿Y dónde está tu marido? –Enfermo. (...) –¿Y qué tiene? –La enfermedad de los caballos. –¿Cómo de los caballos? Uno de los presentes aclara: –No, se dice la enfermedad equina. El Vicepresidente de la Asamblea provincial del Poder Popular me explica que es meningoencefalitis.» (J. Almeida, *El General en Jefe Máximo Gómez*, 68-9) = CONSULTAS

enfoque. m. **tener un enfoque salvaje con alguien.** fr. Sentirse atraído sexualmente hasta la obsesión por esta persona. (PR): «Para colmo, pensé en lo lejos que estaba de llegar a meter mano* con ella y eso me deprimió más todavía. ¿Por qué no me había enredado con Maritza, la prima de Pucho, que tenía un enfoque salvaje conmigo y fama de aflojar* fácil?» (A. L. Vega, *Pasión de historia*, 75) = CONSULTAS

enfriar. tr. Matar a una persona. (Perú = PR, Méx. y otros): «–(...) Comisiones de guardias civiles te buscan por todos los rumbos con orden de enfriarte.» (M. Scorza, *Redoble por Rancas*, 223) = SANTAMARÍA DGA = SOPENA = CONSULTAS

enganchar. (1) tr. Echar mano, apoderarse de algo. (Cuba): «Salimos del ingenio por la tarde y caminamos hasta encontrar una sitiería <casería>. Allí enganchamos los primeros caballos que había amarrados a unos árboles.» (M. Barnet, *Biografía de un cimarrón*, 153) = SOPENA **(2)** tr. Contratar a un peón mediante el pago anticipado de un porcentaje del sueldo. (Hond. = Méx., Guat. y Col.): «–Necesito que me enganche como capitán* en alguna finca de la Compañía. Yo quiero trabajar... –Anda allá, a las plantaciones; aquí no hay trabajo para peones, que es para lo que puedes... servir.» (R. Amaya Amador, *Prisión Verde*, 32) = SANTAMARÍA DM = HAENSCH y WERNER **(3)** tr. Comprar algo a plazos. (Guat.): «(...) Filiberto sabía que necesitaba dinero para enganchar una casa.» (D. Liano, *el hombre de Montserrat*, 17) = ARMAS **(4) engancharse –1.** prnl. Conseguir un empleo. (Guat., CR = Méx. y Hond.): «El silbato <silbido> conmovió a la gente suelta en los campamentos. Engancharse. Nadie quería quedar atrás. Engancharse. Al acecho estaban y al asalto venían. Al que tropezaba y caía le pasaban encima. Engancharse. Ser los primeros.» (M. A. Asturias, *Los ojos de los enterrados*, 284) = «Tal vez me enganche en algún buque para conocer mundo.» (F. Dobles, *Cuentos escogidos*, 80) = SANTAMARÍA DM **(5) engancharse –2.** Enamorarse. (CR): «Pues si mi hermanita en lugar de santa hubiera tenido una cara linda tal vez Maximino se hubiera enganchado de ella (...).» (F. Dobles, *Cuentos escogidos*, 76) = QUESADA = ARROYO

enganche. m. **(1)** Primera cuota de una compra a plazos. (Méx.): «Cuando di el enganche estaban por terminar la obra* negra; pude ordenar modificaciones (...).» (J. García Ordoño, *Tres crímenes y algo más,* 8) = JIMÉNEZ **(2)** Contratación; cargo sin ocupar, vacante. (Hond., CR, Ch. = Méx. y Guat.): «Se abrió ante él la perspectiva de un enganche como capataz en las fincas de la Compañía; estaba seguro de obtener esa colocación, y si no aspiraba a más, era por no haber aprendido a firmar (...).» (R. Amaya Amador, *Prisión Verde,* 43) = «Se trasladó a la parte central del país, y, en una oficina de reclutamiento que había abierto una compañía minera, le dieron enganche.» (A. Portocarrero, *Negro desgraciado,* 149) = «–(...) Nos conocimos yendo los dos en un enganche para las salitreras, (...).» (M. Rojas, *El delincuente... y otros cuentos,* 63) = CONSULTAS = SANTAMARÍA DM

engañito. m. Regalo no muy caro. (PR): «Unos jibaritos cantaban coplas y aguinaldos con acompañamiento de tiples y cuatros. Y para finalizar aparecían los Reyes Magos, mientras el viejo trovador Simón versaba sobre 'Ellos van y vienen, y nosotros no'. Repartió arroz con dulce y bombones, y los muchachitos intercambiaron 'engañitos'.» (A. Díaz Alfaro, *Terrazo,* 92) = «(...) como Pedro por su casa, sin una cajita de dulces, sin un saquito de palitos de Jacob, sin un engañito de Padín <**tienda de lujo de** San Juan>, sin una funda de galletitas (...).» (L. R. Sánchez, *La Guaracha del Macho Camacho,* 144) = CONSULTAS

engarfiarse. prnl. intr. Cogerse con fuerza. (Ec.): «Nos buscamos los ojos simultáneamente y con la vehemencia del impulso tanto tiempo reprimido, nuestras manos se engarfiaron.» (G. A. Jácome, *Porqué se fueron las garzas,* 138) = CONSULTAS

engatillado -a. p. adj. Hablando de un caballo, que tiene la cabeza baja por haberla arrimado al pecho, formando un arco; por extensión, y hablando de alguien, grave, envanecido. (Ec. = Col.): «Y entonces, en el salón máximo, los escribidores engatillados. / Y los sabiondos percherones.» (G. A. Jácome, *Porqué se fueron las garzas,* 267) = MALARET = MORÍNIGO = MATEUS = HAENSCH y WERNER (los tres últimos en **engatillarse**)

engatillarse. prnl. Véase **engatillado.**

engazado -a (o: **engasado -a**). part. adj. Prendado (de alguien); atontado, turulato (por algo). (Guat., Hond.): «–(...) Un día también dijeron que yo estaba engasado, porque vide <vi> palmariamente todo el aire de la casa convertido en agua y nadando cientos de esos pescados de ríos que parecen cebras pequeñas, y quién te cuenta, cuando salí de la visión tenía todo el pelo cortado a tijeretazos.» (M. A. Asturias, *El Papa Verde,* 266) = «–Quiero que me digas sinceramente (...) ¿quieres o no quieres a Marcos Palomo? –¡Lo adoro! Yo no sé mentirte. Te digo que estoy tontamente engazada de él. Nunca en mi vida he sentido un amor así; quizá sea para mi desgracia, porque no nos entendemos bien.» (R. Amaya Amador, *Prisión Verde,* 63) = CONSULTAS

engazar (o: **engasar**). tr. Tener *delirium tremens.* (Guat.): «Genaro, con los dedos metidos en la boca, hablaba como si se estuviera ahogando: no quería quedarse solo (...) –¿Estará engasado o (...) qué?» (M. A. Asturias, *El señor presidente,* 60) = CONSULTAS = ARMAS

engentarse. prnl. intr. Sentirse molesta una persona de origen humilde al encontrarse en una reunión de personas distinguidas. (Méx.): «Le prometo que lo hará –dijo el acompañante, seco y distante, visiblemente aburrido. O más bien, engentado.» (V. A. Maldonado, *La noche de San Bernabé,* 75) = JIMÉNEZ

engerido -a. p. adj. Alicaído, entristecido; decaído por enfermedad, enfermizo. (Perú = Méx., Col. y Ven.): «–Masca, Timoteyo <Timoteo>, ne tes ay <no estés ahí> como pollo engerido –le dijo luego el Simón, presentándole su talego de coca.» (C. Alegría, *Los perros hambrientos,* 74) = SANTAMARÍA DM = MORÍNIGO = HAENSCH y WERNER

engomarse. prnl. Tener una borrachera, goma*. (Hond. = Guat. y Nic.): «(Era) uno de los más engomados, que abatido por el hipo y eructos, casi no podía hablar.» (M. Funes, *El Serio,* 50) = ARMAS = SANTAMARÍA DGA = RABELLA y PALLAIS (quienes recogen en Nic. el p. adj. **engomado** con el sentido de 'que tiene resaca')

engonzar. tr. Poner en su sitio un hueso o una articulación descoyuntada; encajar. (Nic.): «Una vez me zafé <descoyunté> la mano, jalando* agua; llegó un sobador* a engonzármela (...).» (S. Ramírez, *La marca del Zorro,* 31) = CONSULTAS

engordar. intr. Quedar embarazada una mujer. (Méx.): «Después engordó. Tuvo un hijo.» (J. Rulfo, *El llano en llamas,* 162) = CONSULTAS

engozársele algo a alguien. fr. Alegrársele. (PR): «(...) se me van los pliegues del torso, se me engoza el sudor porque la guaracha del Macho Camacho vino para quedarse (...).» (L. R. Sánchez, *La Guaracha del Macho Camacho,* 221) = CONSULTAS

engramar. tr. Sembrar de **grama*.** (Méx.): «Y los bueyes pujan despatarrados, avanzan muy lentamente, y los arados brincan haciendo agujeros en la tierra dura y engramada.» (J. J. Arreola, *La feria*, 39) = MORÍNIGO

engrane. m. Engranaje. (Cuba): «(...) la pesada mole, con sus grandes poleas y engranes (...).» (J. Soler Puig, *En el año de enero*, 130) = CONSULTAS

engrifarse. prnl. intr. Enfadarse, reñir. (Cuba, Ec. = Méx. y Nic.): «–(...) Ella me contestó con rabia, con cara de fiera, toda engrifada.» (L. Cabrera, *Reglas de Congo*, 200) = «Conozco la tela hermano, y sé decirte que, cuando dos mujeres se engrifan, ni er <el> mismo diablo las amansa.» (J. A. Campos, *Cosas de mi tierra*, 172) = SANTAMARÍA DGA = RABELLA y PALLAIS

engrupido -a. adj. Envanecido, engreído. (Arg.): «(...) / ya no se oye al cantor milonguero / engrupido su musa entonar; / (...).» (C. E. Flores, «El bulín* de la calle Ayacucho», en: J. Barreiro, *El Tango*, 123) = GOBELLO = CONSULTAS

engrupir. (1) intr. y tr. Engañar. (Arg. = Ur.): «(...) engrupen tus alhajas en la milonga / con regio faroleo brillanteril / (...).» (E. Cadícamo, «¡Che papusa, oí!...», en: J. Barreiro, *El Tango*, 146) = «(...) un guapo, que de grupo*, se hizo cartel / a giles engrupía pa'chupar de ojo* / con famosas hazañas que no eran de él.» (R. Aubriot Barboza, «As de cartón», en: J. Barreiro, *El Tango*, 169) = GOBELLO = CONSULTAS **(2) engrupirse.** prnl. Engreírse, presumir. (Arg. = Ur.): «Tenorio del suburbio que se ha engrupido / que por él las pebetas viven chaladas / (...).» (C. E. Flores, «Por seguidora y por fiel», en: J. Barreiro, *El Tango*, 139) = VERDEVOYE = CONSULTAS (véase también **grupo**)

enguaricharse. prnl. intr. Vivir maritalmente, amancebarse. (Ec.): «Y el general (...) queriéndome meter gato por liebre, y yo como que no era conmigo. Y no era que no me hubiera estado haciendo la del angosto, no, sino que no quería enguaricharme.» (G. A. Jácome, *Porqué se fueron las garzas*, 63) = CONSULTAS (véase también **guaricha**)

enguayabado -a. p. adj. Dícese de la persona que siente tristeza o melancolía por estar lejos de los seres queridos o de la tierra natal. (Ven. = Col.): «–(...) tampoco quise pedirle explicaciones a Marcos Vargas, que además no me las había dado, pues iba enguayabado y cuando él está así no hay modo de sacarle palabra (...).» (R. Gallegos, *Canaima*, 301) = TEJERA = CONSULTAS = HAENSCH y WERNER (véase tambien **enguayabamiento**)

enguayabamiento. m. Melancolía, tristeza de la persona que está lejos de los seres queridos o de la tierra natal; morriña. (Ven.): «–(...) No. Ni nada extraño le noté, ni por el camino, ni después de la estación, salvo el enguayabamiento.» (R. Gallegos, *Canaima*, 301) = CONSULTAS (véase también **enguayabado**)

enhuevar. tr. Empreñar. (Méx.): «–Oye, Pancracio –preguntó muy serio–; en carta que me pone mi mujer me notifica que izque <dice que> ya tenemos hijo. ¿Cómo es eso? ¡Yo no la veo dende tiempos del siñor Madero! –No, no es nada... ¡La dejaste enhuevada!» (M. Azuela, *Los de abajo*, 49) = CONSULTAS

enjaretar. tr. **enjaretarse.** prnl. Ponerse, hablando de vestidos. (Méx.): «Luego se enjaretó la camisa y los pantalones agujęreados.» (J. Rulfo, *El llano en llamas*, 66) = CONSULTAS

enlatado. m. Culebrón, serie televisada. (Col., Ur.): «La invasión de enlatados colombianos tomó al principio por sorpresa a los propios actores nacionales.» (D. Samper Pizano, *A mí que me esculquen*, 318) = «Ya sé: no me hablen de Tinelli, de Andrea del Boca (...). Ni de Mirtha Legrand y sus provechitos, ni de los enlatados porteños, ni del chou <show> de Don Francisco (...).» (H. Alfaro, en: semanario *Brecha*, 14/1/94, p. 32) = CONSULTAS = HAENSCH y WERNER (quienes precisan que son adquiridos por los canales televisivos en el extranjero y doblados al español)

enllave. m. Compañero, camarada, cómplice. (Rep. Dom.): «(...) si se trataba del senador de la provincia, su enllave y comprade <compadre> de sacramento (...).» (C. E. Deive, «En el pueblo hay guerrilleros», en: J. Alcántara, *Antología de la literatura dominicana*, 113) = RODRÍGUEZ (véase también **llave**)

enmogotado -a. p. adj. Enredado (hablando del pelo); difícil (hablando de un asunto o de alguna cosa). (Ven.): «–(...) La humanidá <humanidad> de la tierra está sembrada de espejos donde se aguaitan <observan> las cosas más lejos y enmogotás <enmogotadas>. El tó <todo> es sabé <saber> miralas <mirarlas> sin asco.» (R. Gallegos, *Canaima*, 43) = TEJERA

enmogotarse. prnl. Véase **enmogotado -a.**

en-perder. tr. o intr. Perder. (Guat.): «¡Arrebiáteseme bien, bien, para que no se me en-pierda!» (M. A. Asturias, *El señor presidente*, 195) = CONSULTAS

-enque. Sufijo ponder. (Perú): «Yeste <Y este> rey Salomón era pue <pues> sabio, pero bien sabienque. Era capaz de ver a lo lejos y nuabía <no había> saber que le faltara.» (C. Alegría, *Los perros hambrientos*, 75) = CONSULTAS

enrabiado -a. p. adj. Véase **arrabiado.**

enrumbar(se). intr.; ú. t. c. prnl. Tomar rumbo, dirigirse hacia cierto sitio. (Perú = Nic. y Col.): «Paso a paso, gozando de los arreos de plata, el jorobado enrumbó hacia la última mañana de su vida, en un caballo reservado a los subprefectos.» (M. Scorza, *Redoble por Rancas*, 106) = SOPENA = RABELLA y PALLAIS = HAENSCH y WERNER

ensaladilla. f. Conjunto de sainetes de diversos géneros. (Cuba = Méx., CR, Ven. y Col.): «En las fiestas del Sábado de Gloria hacían ensaladillas. Ya las ensaladillas no existen, pero antes en todas las fiestas las había. Eran divertidas, porque en ellas se veían las cosas más extrañas del mundo. Las ensaladillas se hacían con unos palos cualquiera y un toldo con un decorado al fondo. Muchas veces sin decorado. Llegaban unos cómicos y se ponían a bobear. Hacían de monos para el público. Cantaban décimas, improvisaban cuentos, chistes, bromas, adivinanzas... De todo lo que se les ocurría. Era otro engaño para recoger dinero. Cuando se hacían en un salón la gente tenía que pagar. Entraban negros y blancos por igual.» (M. Barnet, *Biografía de un cimarrón*, 135) = SANTAMARÍA DGA

ensalsichar. tr. Dominar a una persona. (PR): «Esos tipos blanquitos, bonitillos, de espejuelos a lo Clark Kent son los más fáciles de ensalsichar.» (A. L. Vega, *Pasión de historia*, 46) = CONSULTAS

enseriarse. prnl. intr. Sentar la cabeza, volverse serio. (Ven.): «De 1923 a 1928 <Antonio Arraiz> se 'enseria' como dice la gente. Conoce a Luis Enrique Mármol (...). Éste le pone quizá en el camino de la literatura pero también en el del trabajo.» (J. Liscano, «Prólogo» a *Tío Tigre y Tío Conejo* de A. Arraiz, 9) = CONSULTAS

ensobrarse. prnl. Véase **sobre.**

ensoguillar. tr. Véase **enzoguillar.**

entablar. (1) tr. Nublar(se). (Méx.): «Yo diría que es el lugar donde anida la tristeza. Donde no se conoce la sonrisa, como si a toda la gente le hubieran entablado la cara.» (J. Rulfo, *El llano en llamas*, 121) = MALARET **(2) entablarse.** prnl. intr. Establecerse, fijarse de una manera más o menos continua. (Méx. = Guat.): «Ya se entablaron las aguas. Los caminos que van a México están cerrados. Los automóviles se atascan en el lodo.» (R. Castellanos, *Balún-Canán*, 43) = SANTAMARÍA DGA

entaparar. v. Véase **entaparado.**

entaparado. m. Asunto o negocio que se mantiene oculto o secreto. (Ven.): «–(...) Déjese de entaparados conmigo, presbítero.» (R. Gallegos, *Canaima*, 156) = MALARET = TEJERA

entender. tr. **entenderse bien con** alguien. prnl. tr. ind. Llevarse bien, congeniar con alguien. (Par. = Arg.): «Por esa época era Intendente General el Mayor Contreras, con quien yo me entendía bien (...).» (H. C. Sosa Tenaillon, *Cincuenta años después*, 29) = CONSULTAS

enterrar. tr. Llenar de polvo o de tierra. (Perú): «El flaco me dio algunos paquetes, que escondí entre la ropa, y nos sacudimos los pantalones y nos limpiamos los zapatos que estaban enterrados.» (M. Vargas Llosa, *La ciudad y los perros*, 237) = BENDEZU

entorunar. tr. Enfadar. (PR): «(...) regresa pronto a tu casa –advirtió Marcela encogiendo los pies para que él pasara–. Yuquiyú en la montaña está entorunado desde hace días. Cualquier cosa puede suceder.» (R. Marqués, *La víspera del hombre*, 55) = CONSULTAS

entrada. f. En el juego de béisbol, momento en que un equipo está bateando. (Rep. Dom. = CR y otros): «(...) y eso que tú no podías jugar todas las entradas de un partido (...).» (R. del Risco Bermúdez, «Ahora que vuelvo, Ton», en: J. Alcántara, *Antología de la literatura dominicana*, 131) = CONSULTAS

entre. (1) m. Asalto, ataque armado. (Méx.): «Si anduviéramos remotos no nos importaría darle un 'entre' a los vecinos; pero aquí estamos todos emparentados y nos remuerde robar.» (J. Rulfo, *Pedro Páramo*, 112) = CONSULTAS **(2)** adv. En. (Guat., CR, Col.): «Metió el trapo entre el agua y siguió lavando el carro <coche>, sin ganas.» (D. Liano, *el hombre de Montserrat*, 95) = «(...) mi padre lo encontró una mañana entre el jardín (...).» (L. F. Rodríguez, *El autobús de los sueños y los adioses*, 29) = «Un geólogo husmeó los bordes, y se llevó una muestra de tierra entre un talego de plástico.» (D. Samper Pizano, *A mí que me esculquen*, 58) = CONSULTAS **(3)** adv. Dentro de, en sentido temporal. (CR): «(...) ya entre poco acabamos.» (C. Lyra, *Cuentos de mi tía Panchita*, 135; cit. ARROYO) = QUESADA **(4) entre más o entre menos.** fr. Mientras más o mientras menos. (Méx., Guat., El Salv., Hond., CR y Col. = Nic.): «Entre más muertos se hacen, menos le andan saliendo a uno en la noche.» (R. Bernal, *El complot mongol*, 64) = «(...) ese olor a trapo de mujer, entre más íntimo, más desesperante, por la exigencia que despierta en el cuajo de la sangre del macho (...).» (M. A. Asturias, *Viento fuerte*, 87) = «Entre más pobres, más hijos de puta.» (M. Argueta, *Un día en la vida*, 100) = «–Es que ya estamos viejos (...) y la gente, entre más vieja, más pendeja.» (R. Amaya Amador, *Los brujos de Ilamatepeque*, 69) = «(...) entre más se acercaban al lugar, más en silencio se ponía el hombre.» (M. Salguero, *Agencia de policía*, 67) = «No tenemos nada contra los extranjeros, pero entre menos vengan, mejor.» (A. Mutis, *La Nieve del Almirante*, 42-3) = SANTAMARÍA DM = CONSULTAS = ARROYO = FILIPPO = RABELLA y PALLAIS

entrealforzado -a. p. adj. Serio. (Guat.): «(...) la diestra apoyada sobre el balcón de mármol, de medio lado para no dar el pecho, paseando la cara de hombro a hombro sobre la concurrencia, entrealforzado el ceño, los ojos a cigarritas* (...).» (M. A. Asturias, *El señor presidente*, 98) = CONSULTAS

entrecasa. f. **de** (o: **para**) **entrecasa.** fr. De trapillo; como se suele estar en la intimidad del hogar. (Arg.): «Si después de tantas lavadas no empieza <ese vestido> a deshilacharse, o si no lo tengo que dejar para entrecasa, y el que tengo de entrecasa lo paso para cocinar que toman tanto olor de grasa y frito.» (M. Puig, *La traición de Rita Hayworth*, 124-5) = «Entre los hombres del vestíbulo era el único que tenía un aire de absoluta naturalidad, un gesto indiferente y como de entre casa: bien se veía que, para estar del todo en carácter, sólo le faltaba su *robe de chambre* y sus pantuflas.» (L. Marechal, *Adán Buenosayres*, 327) = VERDEVOYE

entripar(se). tr., o prnl. intr. Enfadar(se), enfurecer(se). (Ec.): «La Mila era india nomás* y ellos eran blancos*. Podían molestarle <molestarla>, intentar algo malo, pero nada más. Y cómo me entripaba la manera con que le <la> miraban.» (G. A. Jácome, *Porqué se fueron las garzas*, 123) = CONSULTAS = JARAMILLO DE LUBENSKY

entundar. tr. Dejar aturdido o confundido en la selva, hablando de la tunda*; embrujar. (Ec.): «(...) la tunda* gusta de llevarse a los niños selva adentro, transformándose previamente en figuras amables y queridas para ellos. Con engaños diversos los atrae hábilmente y los 'entunda'...» (A. Ortiz, *La entundada*, 5) = CONSULTAS

envainar(se). tr.; ú. t. c. prnl. intr. Ocasionar(se) algún daño físico o moral, perjudicar(se). (Ven. = Col.): «Te cansa<s>tes, te envaina<s>tes, como cualquier hijo de la Cruz Cegarra.» (A. González León, *País portátil*, 11) = TEJERA = HAENSCH y WERNER

envasado -a. adj. **mal envasado -a.** fr. adj. Desgraciado. (Perú): «(...) y eso que dicen que ya ha cambiado de voz el mal envasado (...).» (A. Bryce Echenique, *La última mudanza de Felipe Carrillo*, 103) = CONSULTAS

envenado. m. Cuchillo, puñal. (Arg. = Bol.): «Ahí no más pegó el de hollín <el negro> / más gruñidos que un chanchito, / y pelando* el envenao / me atropelló dando gritos.» (J. Hernández, *Martín Fierro*, I, versos 1.187-90) = MALARET

envenenar. tr. Enamorar, volver loco. (PR): «O sea Papi, que si tú haces una pista <autopista> bien hecha donde la juventud pueda envenenar sus paletas* con un millaje* tipo Marysol Malaret: puertorriqueña Miss Universo y gloria nacional por decreto.» (L. R. Sánchez, *La Guaracha del Macho Camacho*, 76) = SOPENA

enveredar. tr. Cercar, poner cercas a un terreno. (PR): «Y los cerros, poco a poco se fueron poblando de hombres, mujeres y niños, que, encorvados sobre la roja besana, iban sembrando, enveredando, abonando, meneando el terreno. Y las semillas crecieron (...).» (A. Díaz Alfaro, *Terrazo*, 41) = CONSULTAS

envite. m. Invitación a beber. (Ur. = Arg.): «–Taba <estaba> Don Cipriano Pinto que era un ray <rey>. Meta* envite y envite. ¡Eran unas güeltas bárbaras! Cada cual pedía lo que quería... 'Tomen, metalén <métanle> no más, paisanos! Yo pago tuito <todito>. Aquí hay plata.» (F. Espínola, *Veladas del fogón*, 17) = CONSULTAS

envolver. tr. Engañar. (Ec. = Arg.): «–(...) El viejo 'Caña Parada' se lo topó <el diamante> bajando de Mútile... de madrugada... en la playa... El gringo se lo llevó a Neuyor <Nueva York> pa hacerlo examinar... Lo 'envolvió' al cuadrillero*... Al regreso le dijo que era una piedra cualesquiera <cualquiera> y que no valía nada. (N. Estupiñán Bass, *Cuando los guayacanes florecían*, II, 80-1) = CONSULTAS

enyerbar. tr. Embrujar, dominar completamente gracias, por ejemplo, a un filtro de amor. (Ec. = Col.): «Le hice dar en la comida valiéndome de una amiga. Como a la semana, la hembra era mía. Cuando ya fue mi mujer, no quería dejarme, porque la tenía enyerbada.» (N. Estupiñán Bass, *Cuando los guayacanes florecían*, II, 33) = CONSULTAS = HAENSCH y WERNER

enzanjonar(se). tr. Perjudicar(se), complicar(se) en un problema o asunto grave. (Ven.): «(...) usted me ha caído en gracia (es decir, en justicia), y no quiero que más adelante pueda decir que lo enzanjoné en un negocio malo con los ojos tapados.» (R. Gallegos, *Canaima*, 32) = TEJERA = MALARET (quien recoge la forma pronominal)

enzoguillar (o: **ensoguillar**). tr. Rodear con soguillas. (Guat.): «(...) traer al titiritero del Portal, con los personajes de su pantomima a enzoguillarle la garganta de cosquillas para que se carcajeara.» (M. A. Asturias, *El señor presidente*, 50) = CONSULTAS

equipo. m. **del otro equipo.** fr. Homosexual. (CR = Col.): «Lo invitamos a tomar una copa de whisky. Se excusó, pues no fuma, no toma, nunca ha tenido novia y es muy religioso. ¡Quiera Dios que no resulte del otro equipo!» (P. L. Acuña, *Gallo pinto*, 11) = CONSULTAS = HAENSCH y WERNER

equis (o: **serpiente equis,** o: **equis rabo de hueso).** f. Serpiente venenosa (*Bothrops*) muy peligrosa. (Ec. = Col.): «Habían recibido (...) las primeras mordeduras de las 'equis' y de otras víboras y se habían hecho curar de los curanderos.» (N. Estupiñán Bass, *Cuando los guayacanes florecían*, 46) = «La plata <dinero>. La mardita <maldita> plata! se le enroscó en el corazón, tal* que una equis rabo* de hueso.» (D. Aguilera Malta, «El cholo que odió la plata», en *Los que se van*, 30) = CONSULTAS = CORNEJO = HAENSCH y WERNER (véase también **rabo* de hueso**)

erica. f. Abeja silvestre americana. (Ven.): «–Ya ve, dotor; si usted quisiera comer las batatas con miel. –¿De abejas? –De erica.» (M. V. Romero García, *Peonía*, 242) = CONSULTAS

erizo -a. adj. Véase **piel.**

erre. f. **rasgar las erres.** fr. f. Pronunciarlas con fuerza (y no con la suavidad de los indígenas quechuahablantes) por defecto, cólera o afectación. (Ec.): «(...) Alberto Montoya con sus novedades traídas de la ciudad: palabras desconocidas, el rasgar de las erres, los zapatos de charol, los sombreros de colores chillones, las murmuraciones contra el Cura, la especialización continua en modales y aires de gamonal*.» (J. Icaza, *Cholos*, 34) = CONSULTAS = MATEUS

escabio. m. Cualquier tipo de bebida alcohólica. (Arg. = Ur.): «Podría haber sido un vago, meterse al escabio, escribir novelas de amor, tal vez ganar fama y guita.» (E. Sábato, *Abaddón el exterminador*, 1026) = CONSULTAS

escamocha. f. Sobras de la comida únicamente; comida de mala calidad que se hace con ellas y que comen los pobres, comistrajo, bazofia. (Méx.): «Yo, entonces, pasaba sin comer días enteros, por soberbia de no pedir a nadie nada: cuando bien me iba, reunía para la escamocha, ¿sabes? el platillo de los parias: una inmunda mescolanza con los desperdicios de las fondas de última categoría (...).» (A. Yáñez, *La creación*, 89) = SANTAMARÍA DGA = CONSULTAS

escampadero. m. Véase **escampar.**

escampar (o: **escampar el aguacero,** o: **del aguacero, de la lluvia**, *etc.*). tr. o intr. Guarecerse de la lluvia. (PR, CR, Ec.): «(...) vio a Montesa entre varios campesinos que escampaban los chubascos debajo de los aleros de la casa de máquinas.» (M. Zeno Gandía, *La Charca*, 78) = «(...) no hay más que escampar debajo de esos palos <árboles> (...).» (M. Salguero, *Agencia de policía*, 42) = «La cita era frente al gimnasio de Monsecito; allí las parejas escampaban la lluvia.» (L. E. Arce, *El lupanar*, 35) = «La lluvia le obligó a refugiarse en una puerta de calle, donde varias gentes olor a perro mojado escampaban en silencio...» (J. Icaza, *El Chulla Romero y Flores*, 96) = MORÍNIGO = QUESADA = SANTAMARÍA DGA (HAENSCH y WERNER registran **escampadero** con el sentido de 'lugar que sirve para guarecerse de la lluvia')

escante. m. **hacer escante en** algo. fr. tr. Destruir, causar estragos en algo. (PR): «Poco después de mediodía, una vecina había venido a anunciarle a Don Virgilio el fuego que hacía escante en el tercer piso del edificio.» (A. L. Vega, *Pasión de historia*, 139) = CONSULTAS

escarapelado -a. p. adj. Con escarapelas. (Ch. = Arg.): «Llegaron temprano, escarapelados con cintas socialistas (...).» (A. Skármeta, *Ardiente Paciencia*, 131) = CONSULTAS

escarceador -a. adj. Dícese del caballo que sube y baja mucho la cabeza y muerde el freno, mostrando así disposición para el trabajo; brioso. (Ur., Arg.): «Montaba pingo escarceador.» (E. Amorim, *La carreta*, 44) = «–¿Compañero, no ha visto el venao?– me interpelaba un paisano, bien montado en un oscurito escarceador, refiriéndose a que estábamos en ayunas.» (R. Güiraldes, *Don Segundo Sombra*, 109) = SAUBIDET = SANTAMARÍA DGA

escoba. f. **(1) escoba amarga.** fr. f. Planta silvestre llamada también **confitillo**, **artemisilla** o **altamisilla**; sus tallos en manojo se utilizan para barrer los ranchos, matar pulgas y niguas, o evitar maleficios. (Cuba = El Salv.): «Lo único que fastidiaba de los barracones eran las pulgas. No hacían daño, pero había que estarlas espantando toda la noche con escoba amarga. La escoba amarga acaba con las pulgas y con las niguas. Nada más que había que regar un poco en el suelo.» (M. Barnet, *Biografía de un cimarrón*, 64) = «Las tijeras no se dejan al alcance de la mano de quienes nos sean desconocidos. También se emplean mucho para embrujar, de modo que con el fin de evitar un maleficio, sus dueños de vez en cuando deben lavarlas con hojas de piñón y yerba escoba amarga. « (L. Cabrera, *Supersticiones y buenos consejos*, 38) = PICHARDO = SANTAMARÍA DGA **(2) escoba de (la) bruja.** fr. f. Planta parásita que destruye las mazorcas de cacao. (Ec.): «Polibio, curioso, tocó una de éstas <mazorcas de cacao> con el machete y en el acto se desprendió y cayó al suelo. Se quedó mirando las ramas extrañas de la 'escoba de bruja'. Retorcidas, rematando como escoba, sobresalían entre el cacao, enlazadas al ramaje.» (A. Pareja Diezcanseco, *Baldomera*, 156) = «Yo por eso me río del Banco Agrio <Agrario> y del Poticario <Hipotecario> y de la Agricultura y de la escoba de la bruja y del Estanco y del qué sé yo.» (J. A. Campos, *Cosas de mi tierra*, 76) **(3) dejar la escoba.** fr. Molestar, fastidiar, crear problemas. (Ch.): «Ya se inició la toma* / compañero callá la boca / cuidado con los pacos <policías> / que pueden dejar la escoba.» (canción popular interpretada por Víctor Jara) = CONSULTAS = MORALES PETTORINO, PEÑA ÁLVAREZ y QUIROZ MEJÍAS

escobilla. f. **escobilla de dientes.** fr. f. Cepillo de dientes. (Perú): «Se levantó, se restregó los ojos y, a tientas, buscó la toalla, el jabón, la máquina de afeitar y la escobilla de dientes.» (M. Vargas Llosa, *La ciudad y los perros,* 153) = ARONA = CONSULTAS

escolasar (o: **escolasear,** o: **escolazar).** tr. o intr. Jugar por dinero. (Arg.): «–(...) tus noches grises en la cantina* de don Nicola (¡su famoso vino de uva, químicamente puro!), donde pasabas tus horas muertas (que lo fueron todas) *escolaseando* con reos de tu misma pluma (...).» (L. Marechal, *Adán Buenosayres*, 610) = CASULLO = GOBELLO (quienes registran **escolasador**, **escolaseador**, **escolasador** y **escolazeador** con el sentido de 'jugador')

escoleta. f. Banda de música compuesta de aficionados; ensayo de la misma. (Méx.): «(...) al tiempo de la escoleta, se acercaba a los compañeros y, tratando de restar interés a las preguntas, iba informándose de las peculiaridades de cada instrumento (...). / No se salía de oír algo como escoleta de banda pueblerina.» (A. Yáñez, *La creación*, 66 y 136) = SANTAMARÍA DGA = MALARET (quien recoge la segunda acepción)

escolta. f. Policía de un sector. (Guat.): «La escolta llegó a levantar el cadáver del médico.» (M. A. Asturias, *El señor presidente*, 195) = CONSULTAS

escorar (ir a). fr. Ir a parar. (CR): «(...) las abejitas que estaban furiosas alrededor del panal, se asustaron tanto, que salieron volando a pito y caja y fueron a escorar quién sabe dónde.» (C. Lyra, *Cuentos de mi tía Panchita*, 176) = «Allá fue a escorar, a la Ceiba de Honduras, donde, según se supo más adelante, hasta en cárceles estuvo temporando <pasando cierto tiempo> (...).» (F. Dobles, *Historias de Tata Mundo*, 221) = QUESADA = GAGINI

escorchar. tr. Fastidiar, importunar. (Arg.): «¿No tenés otros amigos en la vida / pa'poderlos escorchar?» (M. Romero, «Estampilla», en: J. Barreiro, *El Tango*, 180) = «'Como escorchan con los análisis' dijo uno de los del fondo.» (J. Cortázar, *El examen*, 208) = GOBELLO = CONSULTAS = CASULLO = CHIAPPARA (véase también **escorchón**)

escorchón -ona. adj. Pelmazo. (Arg.): «(...) y dele preguntarme si entendía y yo le decía 'sí, sí' y para mis adentros le decía 'escorchona' (...).» (M. Puig, *La traición de Rita Hayworth*, 72) = CONSULTAS = GOBELLO = CASULLO (véase también **escorchar**)

escotero -a. adj. Solo, sin compañía. (Ven.): «(...) se levantó a recibirlo, diciéndole: / –¿Escotero y tan lejos de lo suyo? (...) Uno de esos prodigiosos viajes que emprenden a menudo los aborígenes, solos y escoteros a través del vasto mundo de sierras escabrosas (...).» (R. Gallegos, *Canaima,* 236 y 330) = TEJERA

escribano. m. Girino, coleóptero pentámero llamado en España 'escribano del agua'. (Ec.): «Con tus ojos de escribano, / Con tu cara de agua clara / Y con tus labios de rosa, / No he visto cara más linda.» (J. L. Mera, *Cantares del pueblo ecuatoriano,* I, 130) = CONSULTAS

escribir. intr. Cantar solo improvisando en presencia de otros cantores que corean la improvisación. (Cuba): «El 'gallo*', un cantador que debía tener buena voz, se plantaba ante los tambores y 'escribía'. Escribir se llamaba el solo que entonaba y que coreaban los asistentes.» (L. Cabrera, *Reglas de Congo*, 82) = CONSULTAS

escuadra. f.; ú. t. c. adj. Dícese de la pistola automática de cañón corto y de forma angular como una escuadra –no tiene tambor, sino un cargador llamado **tolva*.** (Méx., Guat., Hond., Col. = El Salv., CR y Pan.): «Al oír la petición de Villa, varios de los presentes sacaron la pistola y se la ofrecieron. Luis Aguirre Benavides le dijo, alargándole la suya: / –Yo le daría ésta, mi general; pero es muy chica, y escuadra por añadidura.» (M. L. Guzmán, *El águila y la serpiente*, 253) = «Discutieron y terminaron balaceándose*. El rival de Herrera le descargó una escuadra allí mismo y, herido, se montó en su carro <coche> para salir huyendo. / (...) Se acomodó los Ray-Ban mientras que con la otra mano aferraba la cacha de la escuadra que le brillaba en la cintura.» (D. Liano, *el hombre de Montserrat*, 32 y 50) = «(...) asisten a nuestras fiestas llevando al cinto la vulgar escuadra 45, o cuando menos la pistola 38 de calibre recortado...» (M. A. Rosa, *Tío Margarito*, 153) = «Llevaba al cinto una escuadra con la funda desabrochada, y la mano siempre apoyada en la culata revelaba la misma tensión vigilante y resuelta de la mirada.» (G. García Márquez, *Cien años de soledad*, 232) = SANTAMARÍA DGA y DM = ARMAS = MALARET = HAENSCH y WERNER = QUESADA = CONSULTAS (véase también **pistola* escuadra**)

escucha. (1) m. y f. Persona que está escuchando, oyente. (Méx., Bol. = Ur. y Arg.): «San Vicente contempló los ojos brillantes de sus escuchas.» (P. I. Taibo II, *Sombra de la sombra*, 179) = «–(...) Hasta los 'chivatos'* aprenden en las minas que nadies aguanta a nadies y al que se pasa de fregar le carga la trampa, repetía enfáticamente, muy pagado de contaminar su rebeldía a sus atónitos escuchas.» (H. Guzmán Arze, *Borrasca en el valle*, 178)» = CONSULTAS **(2)** m. Joven servidor indio. (Ec.): «Al siguiente día entraba en casa el Padrecito Luis con su *longo* <indio joven> o perro escucha. (...) el escucha, como buen cristiano, sólo canalizaba su despecho en la envidia encubierta por el óleo santo de la hipocresía.» (E. Terán, *El cojo Navarrete*, 170 y 171) = CONSULTAS **(3)** m. Aficionado a escuchar, curioso impertinente. (Perú): «Es (...) el escucha y el chismoso de la hacienda.» (E. López Albújar, *Matalaché*, 78) = SOPENA (que registra el ecuatorianismo **escuchón** con el mismo sentido)

escuchar. tr. Oír. (Méx., Nic., CR, Pan., Ven., Ec., Perú y otros): «Escucho un ruido peculiar y me asomo por una de las ventanas repuestas.» (C. Fuentes, *Una familia lejana*, 209) = «(...) lo primero que escuché fue un grito.» (R. Darío, *Cuentos completos*, 272) = «Al llegar a la puerta de la casa de Teresita, escuchamos un ruido de voces (...).» (P. L. Acuña, *Ropa tendida*, 136) = «Anoche escuché varias explosiones.» (R. Blades, canción «Desapariciones») = «Afuera volvieron a sonar las sirenas de las patrullas y se escuchó una descarga. Hubo un silencio y se repitieron los disparos. (...) Los tres estuvieron a la espera de nuevos disparos. Al rato, el sastre dijo: / –¡Qué berraquera*, ala! ¿Ustedes vienen de allí?» (A. González León, *País portátil*, 29) = «Me detuve un momento en la galería porque me pareció escuchar un ruido de pasos.» (P. J. Vera, *El Destino*, 57) = «El perro escuchó voces y balidos.» (C. Alegría, *Los perros hambrientos*, 33) = CONSULTAS

escudo. m. Moneda de Chile. (Ch. y otros): «–¿Le pagan en dólares? / –Eso sería un grave delito, si no se comprueba su conversión legal. / –En escudos, señor.» (H. Valdés, *Tejas Verdes*, 167) = CONSULTAS

escuerzo. m. Sapo gigante, de colores muy vivos, fácilmente irritable, y que se infla al encolerizarse; puede designar a un hombre que se le parece. (Arg.): «(...) y yo le seguí la corriente '¿para qué me quiere hacer eso el Héctor?' y el Toto 'debe ser porque te tiene rabia, que estás de novia con el turco agrimensor que primero habías dicho que era un escuerzo'.» (M. Puig, *La traición de Rita Hayworth*, 123) = MORÍNIGO

escupido -a. p. adj. Precipitadamente, a la carrera (disparado). (Hond., CR): «–Es que el tren viene escupido porque va retrasado.» (R. Amaya Amador, *Destacamento Rojo*, 55) = «Entonces Uvita dejó bajar a la Muerte, quien subió escupida a ponerse a las órdenes de Dios.» (C. Lyra, *Cuentos de mi tía Panchita*, 27) = CONSULTAS

escupir. intr. **escupir corto** (o: **escupir cortito**). fr. Quedarse corrido, avergonzarse. (Ch.): «(...) mientras el caballero le está atracando* tupido* al mosto*, nosotros estamos aquí escupiendo cortito con el olor (...).» (M. Rojas, *El delincuente... y otros cuentos*, 74) = MALARET = SANTAMARÍA DGA = MORÍNIGO

esmaya(d)o -a (o: **desmayado -a**). p. adj. Hambriento; ambicioso. (PR): «Ya la tierra sólo da ganancia al gobierno y a lah corporacioneh. Pa un esmayao como yo vivil de un peaso <pedazo> e tierra no eh vivil.» (R. Marqués, *La carreta*, 25) = ÁLVAREZ NAZARIO = CONSULTAS

espaceo. m. Confusión, ensimismamiento. (PR): «(...) rompió a dar instrucciones. Y menos mal, por eso como <parece como> que nos quitó el espaceo que teníamos encima.» (A. L. Vega, *Pasión de historia*, 84) = CLAUDIO DE LA TORRE

espalda. (1) buena, o **mala espalda.** fr. f. Buena o mala suerte; dícese también de la persona que la trae. (Col., Ec.): «Aunque Manuel Mejido no cree en agüeros, en este momento se rasca la cabeza y se pregunta de dónde habrá sacado tan mala espalda.» (D. Samper Pizano, *A mí que me esculquen*, 287) = «Se asió también él, del mismo madero, con una mano, y levantando la cabeza de la náufraga, con la otra, vio con estupor que era Nereida, la **'mala espalda'**, la mala sombra, la mal agüero, la causante de toda esa irreparable tragedia y de toda esa pérdida de muchos años de trabajo y sinsabores.» (A. Ortiz, *La mala espalda*, 81) = CONSULTAS = HAENSCH y WERNER = MATEUS = CORNEJO **(2) espalda mojada.** fr. m. Emigrante clandestino a EE.UU. (Méx., Guat.): «(...) se volvió espalda mojada, el ilegal que cruzaba el río de noche y era pescado del otro lado por la patrulla fronteriza.» (C. Fuentes, *La frontera de cristal*, 261) = «El baquiano <guía> y su espalda sudada. Mojada. 'Espaldas mojadas', pensó. 'Al menos, aquí, uno se moja las espaldas echando riata*.» (D. Liano, *el hombre de Montserrat*, 118) = CONSULTAS = JIMÉNEZ

espaldero -a. m. y f. Guardaespaldas civil o militar. (Ven., Bol.): «Y <mandó> a sus espalderos: / –¡Saquen de aquí a ese muérgano!» (R. Gallegos, *Canaima*, 67) = «(...) para seguir al amo que cabalgaba con la escopeta en el arzón, cuidado por el mayordomo que hacía de espaldero.» (H. Guzmán Arze, *Borrasca en el valle*, 72) = SANTAMARÍA DGA = TEJERA

espanto. m. Inhibición psíquica y/o sensorial, propia sobre todo de niños pequeños, quienes supuestamente han visto al diablo, duendes, almas u otras cosas sobrenaturales; créese que puede causar consunción y provocar la muerte, o curarse mediante la intervención de algún brujo. (Ec.): «Entre los niños recién nacidos son frecuentes las siguientes <enfermedades>: **mal viento*,** raquitismo, **espanto**, diarreas verdes, bronquitis. Entre los niños que han logrado vencer los primeros seis meses hallamos: **mal viento, espanto, diarreas de sangre,** disenterías (...).» (G. Rubio Orbe, *Punyaro*, 175) = CONSULTAS

España. España-en-llamas. fr. m. Cóctel, mezcla de sidra y coñac. (Cuba): «(...) entonces pidieron tres España-en-llamas y una Polar <marca de cerveza> (...).» (J. Díaz, *Las iniciales de la tierra*, 61) = SÁNCHEZ-BOUDY

especial. (1) m. Emparedado, bocadillo. (Arg. = Ur.): «Subieron al auto y uno dijo que le gustaría tomar un café y un especial de mortadela.» (E. Sábato, *Abaddón el exterminador*, 1124) = CONSULTAS

espectar. tr. Mirar. (Bol.): «La hija mayor había espectado la escena sin comprenderla y sólo cuando se borraron los balidos a la distancia se puso a sollozar.» (J. Lara, *Yanakuna*, 36) = «(...) se resignan a espectar la escena (...).» (A. Guzmán, *Prisionero de guerra*, 140) = CONSULTAS

espejo. m. **(1) no rayar el espejo.** fr. que se dice al que canta muy mal, para que calle. (Perú): «–No rayes el espejo –protestó un barbaján alto (...). / –Si no me quieres oír, sácate las orejas –contestó Amador, resentido.» (M. Scorza, *Redoble por Rancas*, 159) = CONSULTAS **(2) espejo vichadero.** fr. m. Espejo pequeño colocado en un anillo, que permite a un fullero ver las cartas que va repartiendo. (Arg.): «Ayudado por mi pinta de galaico* almacenero / (...) / y mi anillo de hojalata con espejo vichadero, / me he fritado muchos vivos, como ranas al sartén <*sic*>.» (E. Escaris Méndez, «Barajando», en: J. Barreiro, *El Tango*, 54) = CONSULTAS = GOBELLO (véase también **vichear**)

espeque. m. Rama delgada en que se ensarta la carne para preparar el asado* con cuero. (Ur.): «Se ensarta el asado en el asador, y a falta de él en un palo descortezado. En caso de que algún lado quede arrollado se le pone un espeque, que es una vara aguzada en sus extremos, que introducida en la carne, hace estirar a presentar una superficie plana, cosa que el calor vaya parejo o se reciba por igual.» (R. Bouton, «La vida rural en el Uruguay», en G. Wettstein, *Nuestra Tierra*, II, 70) = CONSULTAS

esperma. f. Vela de esperma de ballena, parafina, o estearina. (Ec. = Col. y Bol.): «<En la comunidad de Punyaro> (...) muy pocos consumen velas de parafina (llamadas **espermas**).» (G. Rubio Orbe, *Punyaro*, 58) = CONSULTAS = HAENSCH y WERNER = FERNÁNDEZ NARANJO (quien recoge también **espelma**)

espiante. m. Huida; partida; expulsión. (Arg. = Ur.): «Estampilla, / busca otro que te aguante / si cacharas <te decidieras por> el espiante / te regalo un Ford.» (M. Romero, «Estampilla», en: J. Barreiro, *El Tango*, 179) = GOBELLO = CONSULTAS

espicharse. prnl. intr. Escaparse, huir. (Bol.): «Deben estar cabreados. ¡El Zapatero habrá creído que nos hemos espichado!...» (F. Medina, *Los muertos están cada día más indóciles*, 143) = MUÑOZ REYES

espiche. m. Espita, grifo. (Par. y otros): «(...) trató de restañar la mano herida de Cristóbal, que goteaba como un espiche.» (A. Roa Bastos, *Hijo de hombre*, 347) (MORÍNIGO señala que «espichar» es 'poner espita').

espiero -a. adj. Dícese de la embarcación dotada de un cabo llamado espía, que sirve para halarla. (Ven.): «La deshumanización por la temeridad en la curiara espiera contra el torrente arrollador de los raudales, la proa hundida entre las hirvientes espumas, tensa la espía de chiquichaque <fibra de la palmera chiquichaque> de cuya resistencia depende la vida (...).» (R. Gallegos, *Canaima*, 207) = CONSULTAS

espiguilla. f. Arbusto, mata. (PR): «(...) a los de la recua que conducía semillas de bananos y espiguillas de café les recomendaba premura para que llegaran al terreno ahoyado en donde debían sembrarse (...).» (M. Zeno Gandía, *La Charca*, 25) = CONSULTAS

espinel. m. **(1) encarnar el espinel.** fr. Preparar un engaño. (Arg.): «(...) me largué por esos barrios a encarnar el espinel.» (E. Escaris Méndez, «Barajando», en: J. Barreiro, *El Tango*, 54) = CONSULTAS **(2) recorrer el espinel.** fr. Buscar amores o negocios. (Arg.): «De muchacho tenía bastantes aventuras sentimentales, en las horas libres podía recorrer el espinel y casi siempre había pesca.» (J. Cortázar, *Alguien que anda por ahí*, 10) = VERDEVOYE = CONSULTAS

espinero. m. Cierta planta espinosa. (Cuba, Ec. y otros): «(...) el bultón que hace la mata de limón es buen lugar para mirar sin que nadie sepa que uno está ahí, dentro del espinero que hacen los gajos y las hojas.» (R. Castro Moqueda, *Verónico*, 115) = «Tenía que trotar sobre las vacas descarriadas. Agacharse a cada instante en presencia de los espineros.» (D. Aguilera Malta, *Don Goyo*, 34) = CONSULTAS

esponjado. m. Cierto dulce de cocina, de consistencia blanda. (PR): «Esta tarde se hicieron las *rega-*

*lías**: esponjados, dulce de batata, pasteles para los más allegados y otras golosinas.» (E. Laguerre, *La llamarada*, 121) = CONSULTAS

espuela. f. Experiencia, astucia. (CR = Col.): «Pero Nué, que tenía así espuela, se quedó viendo cómo era la cosa (...).» (C. L. Fallas, *Gentes y gentecillas*, 185) = QUESADA = HAENSCH y WERNER

esquena. f. **(1)** Espalda. (Arg.): «A él nadie le tiene lástima, porque mira su esquena robusta y sus muñecas gordas.» (R. Arlt, *Las aguafuertes porteñas de Roberto Arlt*, 189) = GOBELLO **(2)** adj. Perezoso, holgazán. (Arg.): «(...) La aparición de una nueva 'victrolista' <encargada del gramófono>, conmueve profundamente a todos los vagos y esquenas.» (R. Arlt, *Las aguafuertes porteñas de Roberto Arlt*, 161) = CONSULTAS

esquifación. f. Vestidos de los esclavos negros que trabajaban en el campo. (Cuba): «Cuando pasaba algún tiempo y la *esquifación*, que era la ropa de los esclavos, se gastaba, le <les> daban a los hombres una nueva a base de tela de rusia <lienzo muy grueso>; una tela gruesa y buena para el campo, tambor* (...).» (M. Barnet, *Biografía de un cimarrón*, 22) = PICHARDO

esquina. f. Ángulo entrante, rincón. (Par. = PR, Arg. y otros): «Dos guardias entraron portando un baúl. De él extrajo Eliodoro un jarro de plástico Beba-Cola y un cepillo de dientes. Tres espejos cóncavos fueron colocados en las esquinas de la celda.» (J. Aymar, H. Duarte y M. Azuaga, *Rasmudel*, 76) = CONSULTAS (véase también **esquinero**)

esquinazo. m. Asalto alevoso a la vuelta de una esquina. (Perú): «¿Por qué no se quitó de en medio al hermano en otro instante cualquiera? Un asalto en el poblado y a medianoche... Un **esquinazo**...» (E. López Albújar, *Nuevos Cuentos Andinos*, 201) = SANTAMARÍA DGA

esquinero -a. m. y f.; ú. t. c. adj. Rinconera; dícese del mueble colocado en el rincón o ángulo de una habitación. (Guat., Arg. = PR, Cuba, Méx., Nic., Col., Ven., Ec. y Ch.): «En las salas se ponían muebles de época llamados 'esquineros', que servían para desplegar los retratos de abuelos, de matrimonios, de parientes y amigos, sobre todo de seres queridos cuyas voces callaron para siempre.» (L. Cardoza y Aragón, *El Río*, 144) = «(...) tía Martina, petrificada en su dolor, balbucía frases incoherentes ante una imagen de Nuestra Señora de Luján que reposaba en un esquinero, entre dos velas encendidas.» (L. Marechal, *Adán Buenosayres*, 415) = MALARET = SANTAMARÍA DGA y DM = MORÍNIGO = MAURA = RABELLA y PALLAIS = HAENSCH y WERNER = MATEUS = VERDEVOYE (MALARET, HAENSCH y WERNER, MATEUS y MORÍNIGO recogen la forma sustant. femenina; véase también **esquina**)

estaca. f. Trampa para zorros que consiste en un cebo (cordero o cabrito) y en una armada de lazo atada a un palo fijo en una estaca. (Arg.): «Hagámosle cara fiera / a los males, compañero, / porque el zorro más matrero / suele cáir como un chorlito: / viene por un corderito / y en la estaca deja el cuero.» (J. Hernández, *Martín Fierro*, I, versos 1.717-1722) = CONSULTAS

estacarse. prnl. intr. Equivocarse. (CR = Ven. y Col.): «Para mí que nos quieren hacer caer de leva; pero conmigo se estacan.» (M. Salguero, *Agencia de policía*, 46) = MALARET = MORÍNIGO

estacionar. tr. Almacenar durante cierto tiempo para mejorar la calidad del producto. (Par. = Arg.): «Yerba mate elaborada, estacionada y envasada higiénicamente.» (envoltorio de un paquete de yerba mate marca Pajarito) = CONSULTAS

estañón. m. Tonel metálico. (CR): «(...) llegan a formar una unidad indisoluble con el bote* de basura para el que los ve comiendo directamente de la boca de un estañón de basura (...).» (F. Contreras Castro, *Única mirando al mar*, 100) = CONSULTAS

estar. **(1)** m. Sala de estar, pieza principal en la que se recibe a los invitados. (Ur.): «(...) los lugares comunes de reunión que eran, como en todos los hogares, el estar, el comedor o la cocina.» (H. Alfaro, *Por la vereda del sol*, 110) = CONSULTAS **(2)** tr. indir. Actuar como novio o novia. (Perú = Ur.): «Helena, tengo que decirte algo muy importante. Me gustas. Estoy enamorado de ti. ¿Quieres estar conmigo?» (M. Vargas Llosa, *La ciudad y los perros*, 147) = BENDEZU = MORÍNIGO **(3) estar a.** fr. Estar a punto de realizar lo que indica el verbo en infinitivo. (Par.): «Justo cuando los hermanos estaban a llegar.» (A. Roa Bastos, *El baldío*, 148) = CONSULTAS **(4) estar(se) por.** fr. Estar para, estar a punto de. (Méx., Arg.): «Vio venir las chachalacas. La tarde anterior se habían ido siguiendo el sol, volando en parvadas detrás de la luz. Ahora el sol estaba por salir y ellas regresaban de nuevo.» (J. Rulfo, *El llano en llamas*, 62) = «Yo sabía que él estaba enfermo, que había ido de nuevo a las sierras de Córdoba para cuidarse, pero no sé por qué... no me daba lástima, o debe ser que yo no pensaba que él se estaba por morir.» (M. Puig, *Boquitas pintadas*, 11-2) = CONSULTAS **(5) estuvo.** expr. fam. Sanseacabó. (Col.): «(...) es que ya necesito de mujer, aunque sea fea de cara; no la beso y estuvo.» (U. Valverde, *Bomba Camará*, 49) = CONSULTAS

estera. f. Tejido hecho con pencas de la palma 'guano', y que gira para llevar las cañas al trapiche. (Cuba): «La estera tenía un largo como el de una palma. Traían la carreta llena de caña y la ponían culateada a la estera. Así se descargaba. Cuatro o seis hombres recibíamos la caña de las carretas y la íbamos colocando en las esteras. Cuando la caña estaba toda botada, la estera se echaba a andar con correas y llegaba hasta la moledora.» (M. Barnet, *Biografía de un cimarrón*, 79) = SANTAMARÍA DGA

estiba. f. Rimero o pila de materiales, mercaderías o bultos envasados o en sacos dispuestos en línea y en capas superpuestas. (PR, Par., Ur.): «Ella le contestó mientras abandonaba el turno en la fila para ir a recostarse, chorreada, en una estiba de calabazas plásticas: mediados de octubre, Halloween en el horizonte.» (L. R. Sánchez, *La Guaracha del Macho Camacho*, 145) = «Al ocupar el fortín, encontramos dos cosas: 4 novillos flacos y una estiba de bolsas de azúcar que, para sorpresa nuestra, eran de Tebicuary y Villarrica.» (H. C. Sosa Tenaillon, *Cincuenta años después*, 73) = «Como consecuencia, los trabajadores que antes se ocupaban de curar los cueros en las barracas, hacer estibas de lana, descargar trigo y maíz y muchas tareas más, están desocupados.» (M. Bon Espasandín, «Belén: un pueblo y un camino», en G. Wettstein, *Nuestra Tierra*, I, 64) = MORÍNIGO

estirado. m. Plato popular que consiste en conejillos de Indias fritos entre piedras caldeadas. (Bol.): «–(...) A mí y a nuestros amigos nos gusta comer bien. Yo tengo ganas de un *estirado* y de una *sajta* <guisado picante de gallina>.» (A. Arguedas, *Raza de bronce*, 287) = FERNÁNDEZ NARANJO

estofado. m. **arruinar el estofado.** fr. Arruinar los planes. (Arg.): «(...) el hermanito coimero <que acepta gratificaciones> encuentra un secreto placer en arruinarle <arruinarles> el estofado a los enamorados.» (R. Arlt, *Aguafuertes porteñas*, 171) = GOBELLO

estofe. m. Estudio prolongado. (PR): «En seis meses de brutal estofe, había documentado sólo dos de los tres acontecimientos con los que esperaba probar su hipótesis cumbre (...).» (A. L. Vega, *Pasión de historia*, 101) = CONSULTAS

estofón -ona. adj. Empollón, muy estudioso. (PR): «(...) no les basilaba <vacilaba*> mucho que su nene, roquerito* estofón de San Ignacio <colegio religioso de San Juan>, se la pasara parriba y pabajo con unos cocolos* de la Gabriela Mistral <escuela laica de San Juan>.» (A. L. Vega, *Pasión de historia*, 67) = CLAUDIO DE LA TORRE = CONSULTAS

estortillar. tr. Dejar en mal estado. (PR): «A mi hermano lo estortillaron en la guerra de Corea –dijo La Madre: pena apoyada en la ronquera. Mother se volvió una juanaboba y a los tres meses la encontraron muerta de ná –dijo La Madre.» R. Sánchez, *La Guaracha del Macho Camacho*, 63-64) = CLAUDIO DE LA TORRE

estrecho -a. adj. Melindroso. (Arg.): «El *taita* vaciló, entre cansado y modesto. –¡Si no vale la pena! –dijo al fin–. Era un compadrito* sonso. –Contálo, Flores –le pidió Rivera. –No te hagas el estrecho –le observó Juan José (...).» (L. Marechal, *Adán Buenosayres*, 269) = GOBELLO

estrujo. v. **por si estrujo o no estrujo.** fr. Intentar sacar partido o tajada de lo que se especifica. (Arg.): «De repente caía un bofe sangriento sobre la cabeza de alguno, que de allí pasaba a la de otro, hasta que algún deforme mastín lo hacía buena presa, y una cuadrilla de otros, por si estrujo o no estrujo, armaba una tremenda de gruñidos y mordiscones.» (E. Echeverría, *El matadero*, 102-103) = CONSULTAS

estudiado -a. p. adj. Que ha estudiado, culto. (El Salv., Ec. = CR): «Así quién no, porque ser inteligentes, eso ya se sabe que no lo son, porque la gente estudiada no se pone a autoridad.» (M. Argueta, *Un día en la vida*, 86) = «Si no se me hubiera cambiado el corazón, me hubiera nomás* aficionado de las longas* de Quinchibuela. De la Mila tan*, aunque ella es estudiada como yo, pero es natural <indígena> y como a natural le <la> hubiera enamorado.» (G. A. Jácome, *Porqué se fueron las garzas*, 133) = CONSULTAS

estufa. f. **(1)** Hornillo de una cocina eléctrica o de gas. (PR): «Ya tenía la estufa prendida y la leche puesta y estaba echándole el café a la greca, cuando oí el chorro de agua.» (A. L. Vega, *Pasión de historia*, 87) = CONSULTAS **(2) estar en la estufa.** fr. Estar fastidiado, experimentar dificultades. (Arg.): «Todo el mundo está en la estufa, / triste, amargado, sin garufa <alegría, juerga> / neurasténico y cortao... (E. Cadícamo, «Al mundo le falta un tornillo», en: J. Barreiro, *El Tango*, 161) = CONSULTAS (véase también **estufar**)

estufar(se). tr.; ú. t. c. prnl. intr. Aburrir(se), fastidiar(se). (Arg.): «(...) con o sin un millón, usted, si es un aburrido, se va a estufar lo mismo.» (R. Arlt, *Aguafuertes porteñas*, 171) = CASULLO = GOBELLO (quien recoge **estufe** con el sentido de 'aburrimiento, fastidio'; véase también **estufa**) = CONSULTAS

estufe. m. Véase **estufar(se).**

estuvo. expr. fam. Véase **estar.**

evento. m. Ceremonia, acto público; fiesta. (Arg. = Nic. y CR) : «(...) *una madre que parte intempestivamente de regreso a la capital para atender un evento de caridad*, (...).» (M. Puig, *El beso de la mujer araña*, 130) = RABELLA y PALLAIS

expreso. m. Cierto medio de transporte colectivo urbano. (Perú): «Llegó el Expreso. Estaba lleno. Quedaron de pie, cogidos del pasamano*.» (M. Vargas Llosa, *La ciudad y los perros*, 147) = BENDEZU

F

fabril. m. Operario, obrero. (Bol.): «Disparó al aire gritando ¡Los extremistas son causantes de corromper a la juventud estudiosa! y el fabril: estudiantes, dijo, escuchen otra mentira más (...).» (R. Poppe, *Después de las calles,* 204) = «–Es el compañero Gutiérrez, de los fabriles, nuestro jefe...» (F. Medina, *Los muertos están cada día más indóciles,* 142) = CONSULTAS

fabriquera. f. Obrera –desp. (Ur. = Arg.): «Las propias 'fabriqueras' (así menospreciaba a las asalariadas nuestra orgullosa clase media) se abstenían de tomar esos tranvías creados también para ellas (...).» (H. Alfaro, *Por la vereda del sol,* 50) = CONSULTAS = GOBELLO = VERDEVOYE

facilitar. tr. Fiarse de, confiar en. (Arg.): «Y han de concluir algún día / estos enriedos <enredos> malditos; / la obra no la facilito / porque aumentan el fandango / los que están, como el chimango, / sobre el cuerpo y dando gritos.» (J. Hernández, *Martín Fierro,* II, 4.829-34) = VERDEVOYE = CONSULTAS

facho. m. Fascista, facha. (Ur.): «Y enfrentaban (enfrentábamos) a los fachos en el Centro de Estudiantes de Derecho y en las ardientes calles de Montevideo.» (H. Alfaro, *Por la vereda del sol,* 77) = CONSULTAS

faja. f. Cinturón, que puede ser de cuero; pretina. (CR = Hond. Nic.): «(...) se ha puesto hoy sus mejores trapos: camisa azul, pantalón blanco (...) faja de cuero de lagarto (...).» (C. L. Fallas, *Gentes y gentecillas,* 203) = «Le cruzaba el pecho una faja de cuero, de la que colgaba un machete de veintiocho pulgadas (...).» (C. L. Argüello Segura, *Cuentos de Sábalo Grande,* 44) = RABELLA y PALLAIS

falca. f. Canoa ancha y plana, cubierta o no, que sirve para transportar materiales pesados de una margen a otra de un río, tirando de un cable. (Ven. = Méx. y Col.): «Por fin aparecían los esquifes, las piraguas, las falcas, las chalanas.» (R. Gallegos, *Canaima,* 18) = MALARET = MORÍNIGO

falda tubo. fr. f. Véase **tubo.**

falso. m. Bolsillo o cavidad interior poco visible; doble fondo. (Ven.): «–(...) <mi perro> *Tigre* se quedará aquí; tiene un falso en el collar y ahí puedes poner un papel escrito despachándolo inmediatamente.» (M. V. Romero García, *Peonía,* 304) = TEJERA

faltazo. m. **pegar (el) faltazo.** fr. Faltar al trabajo o a la escuela. (Arg.): «Había (...) fulanos que le pegaron faltazo al laburo <trabajo>.» (R. Arlt, *Las aguafuertes porteñas de Roberto Arlt,* 228) = VERDEVOYE

falucho. m. Pendiente o arracada en forma de trébol, usado por las cholas. (Bol. = Arg.): «La 'palliri' <mujer que trabaja en las minas> huyó a lucir los faluchos de oro, el mantón de espumilla y las prendas de raso que le ofreciera el comerciante como lujoso atavío de amancebamiento.» (H. Guzmán Arze, *Borrasca en el valle,* 172) = «Otras veces, cuando no desdoblaba el mantón, doña Elota optaba por exhibir unos faluchos de oro, singularmente cargados de brillantes y de perlas, que colgaban deslumbrantes y pesados, como a punto de desgarrar sus lóbulos.» (J. Lara, *Yanakuna,* 69) = MUÑOZ REYES = SANTAMARÍA DGA

falluto -a. adj. Falso, de pura apariencia. (Ur. = Arg.): «Las azoteas y los tejados son guaridas de filósofos / por algo están más cerca del cielo que los balcones fallutos y rejeros.» (M. Benedetti, *El cumpleaños de Juan Ángel,* 42) = CONSULTAS = SEGOVIA= MORÍNIGO

faracho. m. Patatús, telele. (Pan.): «(...) me fue entrando de veras pánico que a Guillermo le diera un faracho y cayera, ahí, muerto (...).» (G. Guardia, *El último juego,* 30) = CONSULTAS

fardela. f. **fardela** (o: **fardela blanca**). (fr.) f. Cierta ave marina. (Ch.): «(...) la gaviota de nieve redondeada, la forma del guanay <ave palmípeda> sobre la espuma, / la plateada fardela de platino.» (P. Neruda, *Canto general,* II, 173) = CONSULTAS

fardo. m. **cargar (echar, largarle** o **soltarle) el fardo a alguien.** fr. m. Echarle la culpa. (Arg.): «(...), por qué lo soltás, si el petiso va a contar algo te echo todo el fardo a vos, porque vos sos el que tenés la culpa de todo, mierda (...).» (M. Puig, *La traición de Rita Hayworth*, 214) = GOBELLO

farfulla. f. Fanfarronería. (Perú = PR, Ec. y Ch.): «–(...) Todo eso de su negro no es sino bravuconería, farfulla, (...) con el fin de asustar a José Manuel y quitarle el aplomo y la confianza en sí mismo.» (E. López Albújar, *Matalaché*, 194) = MORÍNIGO

faro -ito. m. Cigarrillo popular, muy barato –el nombre procede de una marca. (Méx.): «(...) que déme unos cacahuates <cacahuetes>, que déme unos faritos (...).» (E. Poniatowska, *Hasta no verte Jesús mío*, 245) = CONSULTAS

farol. m. **farol a mantilla.** fr. m. Farol que funciona con queroseno o alcohol. (Ur.): «Acurrucado allí, sentí empaparse la manga de mi camisa, el ruido amable del farol a mantilla.» (E. Estrázulas, *Pepe Corvina*, 92) = CONSULTAS

farrear. tr. Burlarse de. (Arg.): «(...) oyó al Loco Barragán, (...), amenazando, admonitorio y profético, con el dedo índice de la mano derecha a los grandulones* que la farreaban, incapaces de tomar en serio nada que no fuera Perón o el partido del domingo con Ferrocarril Oeste (...).» (E. Sábato, *Sobre héroes y tumbas*, 227) = VERDEVOYE

fato. m. Hecho, suceso; asunto. (Par. < Arg., Ur.): «(...) y lo más increíble del fato es que el uno nada supiese del otro (...).» (A. Roa Bastos, *El baldío*, 117) = «Vení le dijo sentate aquí y explicame ese fato despacito.» (H. Conteris, *La cifra anónima*, 43) = SOPENA = VERDEVOYE = CONSULTAS

favor. m. **hacer favor.** fr. Ayudar; expresa también incredulidad o ironía. (Guat. = CR): «–Es el Auditor... –dijo Vásquez. –¿Y a qué viene? –preguntó la *Masacuata*. –A la captura del general... –¿Y por eso anda vestido de loro? ¡Haceme favor!» (M. A. Asturias, *El señor presidente*, 91) = CONSULTAS

feca. m. Café –dicho al revés. (Arg.): «La fórmula está al alcance de cualquiera de estos suburbanos con talento: pizza y Mallarmé, fugaza y música dodecafónica, Joyce y Julián Centeya, Rimbaud y feca con chele*.» (E. Sábato, *Abaddón el exterminador*, 906) = CONSULTAS

federala. tusar a la federala. fr. tr. Véase **tusar.**

fenómeno. m. **fenómeno colorado.** fr. Mala persona. (Cuba): «(...) tampoco había hombres buenos. Todos eran el *fenómeno colorado.*» (M. Barnet, *Biografía de un cimarrón*, 111) = CONSULTAS

feo -a. adj. Fiero. (Arg.): «Se vuelve aquello un incendio / más feo que la misma guerra.» (J. Hernández, *Martín Fierro*, II, versos 283-4) = CONSULTAS

feria. f. **(1)** Mercado popular, cubierto o al aire libre, que puede consistir en un pequeño o un gran número de puestos. (Arg.): «A la mañana, todas las santas mañanas, empieza la lucha de sacarlos <a los niños> de la cama, (...) vestirlos y acompañarlos al colegio (...). De vuelta me hago las compras, todo en la feria porque es mucho más barato, pero mucho más cansador porque hay que ir puesto por puesto, y hacer cola.» (M. Puig, *Boquitas pintadas*, 29) = CONSULTAS (véase también **feria franca**) **(2) de feria.** fr. Además, encima, para colmo. (CR): «(...) le permitían seguir viviendo aquí y sacando sus cocos y, de feria, le pagaban cada mes.» (M. Portocarrero, *Negro desgraciado*, 35) = «Qué gran trabajo, y de feria yo andaba con una camisa blanca (...) y quedó pintada (...).» (M. Salguero, *Agencia de policía*, 19) = QUESADA = CONSULTAS **(3) feria del agricultor.** fr. m. Plaza, mercado al aire libre. (CR): «Para el almuerzo hubo olla de carne con verduras que Única y El Bacán habían traído de la feria del agricultor de Desamparados <barrio de San José>.» (F. Contreras Castro, *Única mirando al mar*, 57) = CONSULTAS **(4) feria franca.** fr. Mercado al aire libre. (Arg.): «Primero el neorrealismo italiano, donde los tanos* gritan como en la feria franca (...).» (E. Sábato, *Abaddón el exterminador*, 734) = CONSULTAS

ferrocarril. m. Trozo de papel utilizado para copiar en los exámenes –suele ser una larga banda que se esconde en el puño de la camisa, en la corbata, etc. (Ur.): «(...) no dejaba de admirar al Hermano Chifflet, que hablaba discretamente con unos y otros en un café o una esquina, dando ánimo a todos y pasando –como los ferrocarriles de la época estudiantil, pero sin papelitos– noticias sobre un compañero liberado u otro que cayó <preso>.» (H. Alfaro, *Por la vereda del sol*, 214) = CONSULTAS

ficha. f. **(1)** Moneda de cinco centavos; en pl., puede significar dinero. (PR): «–(...) cásate con ella. Yo arreglo eso. / –Bien; pero estoy limpio de fichas, y las mujeres como llagas...» (M. Zeno Gandía, *La Charca*, 5) = ÁLVAREZ NAZARIO **(2)** Moneda de poco valor. (Ch.): «–(...) No tengo nada que darte. / –Aunque sea una chauchita*, caballero. / –No tengo nada, ni una ficha.» (M. Rojas, *El delincuente... y otros cuentos*, 113) = SANTAMARÍA DGA

fiel. m. Dirección, orientación precisa. (Arg.): «Y siguiendo el fiel del rumbo / se entraron en el desierto. /» (J. Hernández, *Martín Fierro*, I, versos 2.299-2.300) = VERDEVOYE

fiera. f. Dado falso o marcado que sólo tiene seises o cincos en sus caras. (CR y otros): «Toda esta plata es mía. ¡Díganle que les enseñe las fieras que me acaba'e <de> tirar y que tiene allí, entre* el churuco <cubilete>.» (C. L. Fallas, *Gentes y gentecillas*, 243) = ARROYO = MALARET

fiero. (1) equivocarse (o: **errarla,** o: **pifiarla**) **fiero.** fr. Equivocarse de medio a medio. (Arg. = Ur.): «(...) hasta Aristóteles se equivocó fiero (...).» (E. Sábato, *Abaddón el exterminador*, 888) = CONSULTAS **(2) meterle fiero a alguien.** fr. Provocarle envidia; hacer ostentación de algo para que reaccione; burlarse de. (PR): «Ustedes se lo pierden, dijo Vitín y se dio otro pase* para meternos fiero.» (A. L. Vega, *Pasión de historia*, 80) = CONSULTAS

fieróstico -a. adj. Feo; desgraciado. (Ec.): «(...) me he de aguantar los maltratos del rosca* fieróstico.» (G. A. Jácome, *Porqué se fueron las garzas*, 290) = CONSULTAS = JARAMILLO DE LUBENSKY

fierra. f. Acción de marcar el ganado, hierra. (CR): «Sin embargo, según los informantes, la tradición de las fiestas ha caído en desuso, y la fierra se lleva a cabo en un día común y corriente.» (def. y expl. de QUESADA)

fierro. m. **(1)** Lata, conserva. (Bol., Par.): «Fuimos primero a recoger un cajón de municiones y unos cuantos fierros.» (R. Poppe, *Después de las calles*, 260) = «Gamarra sacó su ración de fierro e invitó a Mongelós. –¡A ranchear*! Se sentaron los dos junto al camión y empezaron a devorar ávidamente las galletas duras como guijarros y la carne enlatada.» (A. Roa Bastos, *Hijo de hombre*, 348) = CONSULTAS **(2)** Revólver; arma en general. (Ur., Col.): «¿Y vos qué hubieras hecho si el loco reaccionaba? ¿Le pegabas un tiro? Nunca hay necesidad, respondió la muchacha: ven el fierro y se asustan...» (H. Conteris, *La cifra anónima*, 45) = «También existen verdaderos asesinos de diez años, con fierro propio y buen billete.» (M. S. Rico Sanín, *El delito de existir*, 81) = CONSULTAS **(3)** Cuchillo que usa el gaucho para varios usos, y que se sigue utilizando en todo el país. (Arg.): «Ya los fierros estaban desnudos.» (R. Güiraldes, *Don Segundo Sombra*, 105) = VERDEVOYE **(4)** Centavo. (Méx.): «(...) tenía <el indio> que venderla <la canasta> por cuarenta centavos. Mas a la hora de pagar, el cliente decía: 'Válgame Dios, si sólo tengo treinta centavos sueltos. ¿Qué hacemos? ¿Tienes cambio de un billete de cincuenta pesos? Si puedes cambiarlo tendrás tus cuarenta fierros.' Por supuesto el indio no puede cambiar (...).» (B. Traven, *Canasta de cuentos mexicanos*, 11) = SANTAMARÍA DGA **(5) como fierro.** fr. adv. Indudablemente. (Ur. = Arg.): «Para eso no falla, llega el 1° del mes y está aquí como fierro.» (J. C. Onetti, *Obras Completas*, 194) = CONSULTAS = GOBELLO **(6) meterle fierro.** fr. Acelerar. (Arg.): «(...) el cajetilla tuvo que frenar de golpe, y se le quiso hacer el gallito; pero él, sujetando a los caballos de lanza, se descolgó del pescante y lo invitó a bajar. ¡Cuándo*! El cajetilla le metió fierro a la *voituré* y salió echando putas*.» (L. Marechal, *Adán Buenosayres*, 112) = CASULLO

figueroa. m. Árbol de madera muy fina y rojiza, que se utiliza para fabricar canoas. (Ec.): «De noche soñó dos veces con ella. Velluda i lasciva. Con su carne prieta que imaginaba igual a la leña rojiza de los figueroas.» (J. Gallegos Lara, «La Salvaje» en *Los que se van*, 180) = CONSULTAS = SOPENA

figuración. f. Espíritu. (Méx.): «Pensó que tal vez el demonio le había seguido (...) y se dio vuelta, esperando encontrarse con alguna mala figuración.» (J. Rulfo, *Pedro Páramo*, 126) = CONSULTAS

fija. f. **(1)** Cierto dardo o arpón utilizado para pescar. (Ec. = Cuba y Arg.): «Manejaba la canoa como cualquiera de sus bisnietos. Lanzaba el arpón y la fija.» (D. Aguilera Malta, *Don Goyo*, 63) = MORÍNIGO = CONSULTAS = SOPENA = SANTIESTEBAN **(2)** Caballo del que se cree que ganará una carrera; apuesta segura. (Arg. = Ur.): «(...) si algún pingo / llega a ser fija el domingo, / yo me juego entero / qué le voy a hacer.» (C. Gardel y A. Le Pera, «Por una cabeza», en: J. Barreiro, *El Tango*, 93) = CONSULTAS = GOBELLO

fijo. adv. Seguro, de fijo. (Ec.): «Si me niego a cumplir, fijo que me harán de botar*.» (G. A. Jácome, *Porqué se fueron las garzas*, 95) = CONSULTAS (véase también **fija**)

filiar. (1) intr. Comer. (Guat.): «Son las dos. Apúrate; vamos a filiar.» (def. y ej. ARMAS) **(2)** tr. Hacer entrar en vereda. (Arg.): «Vos también sos trabajoso; / cuando es preciso votar / hay que mandarte llamar / y siempre andás medio alzao, / sos un desubordinao / y yo te voy a filiar.» (J. Hernández, *Martín Fierro*, II, versos 3.433-8) = CONSULTAS **(3)** Mirar a alguien con atención, y de arriba abajo. (Arg.): « 'Miseria lo miró bien de arriba abajo y, cuando concluyó de filiarlo le dijo (...).» (R. Güiraldes, *Don Segundo Sombra*, 145) = CONSULTAS

filo. m. Hambre. (Méx., CR –un barrio pobre de San José se llama «Aguantafilo»–, Col. = Guat.): «¡A ver, traigo filo! ¿Dónde andan las tortillas?» (C. Fuentes, *La región más transparente*, 181) = «Hombre, no es rajar, pero tengo algo de filo. Es que hoy casi no hemos comido.» (M. Salguero, *Agencia de policía*, 49) = «(...) sólo despertábamos a las tres de la tarde del día siguiente, con un filo berraco*; entonces, (...), salíamos a buscar algo de manducar.» (M. S. Rico Sanín, *El delito de existir*, 78) = JIMÉNEZ = SANTAMARÍA DGA = QUESADA = ARMAS = FILIPPO = HAENSCH y WERNER = CONSULTAS

firma. f. **(1)** Persona de malos antecedentes. (CR = Guat.): «Aquí a la par viven unas muchachas (...) que son unas buenas firmitas: fuman, les gusta ponerse sus piscolabis y cuando salen de noche con sus amigos, llegan por la madrugada.» (P. L. Acuña, *Gallo pinto*, 34) = ARMAS **(2) hacer la firma.** fr. se aplica en lenguaje infantil al trompo cuando describe sus últimos y desiguales círculos. (Ec.): «Cuando baila mi señora, / Como trompo se menea, / Da cuatro vueltas con garbo, / Hace la firma y se sienta.» (J. L. Mera, *Cantares del pueblo ecuatoriano*, II, 110) = CONSULTAS

firme. f. Verdad. (Ch.): «–Cuenta la firme, huevón. Te dejó por marica.» (H. Valdés, *Tejas Verdes*, 166) = CONSULTAS

fiscal. adj. Relacionado con el Estado, estatal. (Ch. = Arg.): «(...) cuando recibió el segundo sueldo en un sobre fiscal (...).» (A. Skármeta, *Ardiente Paciencia*, 16) = «La silla tiene la dureza y la forma de algunas en uso en los liceos <escuelas secundarias> fiscales.» (H. Valdés, *Tejas Verdes*, 27) = CONSULTAS

flaco -a. adj. Vocativo que sirve para llamar la atención de una persona o para designarla, sin que ésta sea necesariamente delgada –hipocor. (Ch. = Col. y Arg.): «Putas* que te tengo ganas, flaco. Putas que te tengo ganas.» (H. Valdés, *Tejas Verdes*, 170) = CONSULTAS

flacón -a. adj. Algo flaco. (Arg. = PR y Méx.): «(...) el personaje del centro era un homúnculo de cierta edad, flacón, amarillento y calvo, que al entredormirse oscilaba como un péndulo en su *water closet* (...).» (L. Marechal, *Adán Buenosayres*, 529) = SANTAMARÍA DGA

flauta. f. **(1)** Pan blanco y barato, en forma de galletas cuadrilongas y delgadas, llamado también 'telera'. (Cuba): «El pan de agua valía un medio la flauta.» (M. Barnet, *Biografía de un cimarrón*, 24) = SANTIESTEBAN = SANTAMARÍA DGA **(2) (¡) a** (o: **de) la gran flauta (!).** fr. con la que se expresa admiración o asombro, o con la que se pondera lo extraordinario de alguien o de algo. (Par., Arg. = Ur.): «Me gustaría tumbarme ahí mismo –continuó el otro– y tomarme una cerveza bien helada como esa que te sirven en el fondín de Itapé. ¡A la gran flauta! Estoy viendo el sudor helado que escarcha la botella.» (A. Roa Bastos, *El baldío*, 49) = «(...) vendió el campo, se quedó con casi todo y desapareció de la superficie terrestre, hasta que supimos que está ahora por Tandil con una estancia de la gran flauta.» (M. Puig, *Boquitas pintadas*, 114) = MALARET = KANY = CONSULTAS

fleco. m. Mujer flaca y fea. (Cuba): «Pero estaba malísima, era un casco*, un fleco, un pincho*, uno cualquiera de las decenas de sinónimos que designaban a una mujer flaca y fea (...).» (J. Díaz, *Las palabras perdidas*, 195) = CONSULTAS

flecha. f. Tirachinas. (CR = Col.): «Esto sembró la confusión entre nuestros atacantes, que retrocedieron un gran trecho y se echaron después a las aceras, buscando el abrigo de las tapias y paredes, para disparar desde allí sus flechas, cuyas piedras pasaban silbando por nuestra bocacalle.» (C. L. Fallas, *Marcos Ramírez*, 100) = «Con dos ligas de las que usaban las mujeres para sostener las medias, un arco de café y un pedacillo de cuero, me había fabricado una flecha con la cual era capaz de enfrentármele hasta al diablo.» (H. Elizondo Arce, *Adiós Prestiño*, 37) = QUESADA = FILIPPO = CONSULTAS = HAENSCH y WERNER (véase también **flechazo**)

flechazo. m. Hecho de tirar piedras con un tirachinas o **flecha***. (CR): «(...) saqué con mucha ostentación mi flecha*, coloqué en ella la piedrecilla más redonda que encontré en la bolsa, y estirando bien los hules* apunté detenidamente (...) y en un instante que creí propicio disparé el flechazo.» (C. L. Fallas, *Marcos Ramírez*, 110) = «(...) en medio de mis quehaceres tenía tiempo suficiente para vagabundear por los campos, destruyendo panales a pedradas y matando a flechazos las iguanas.» (H. Elizondo Arce, *La calle, Jinete y yo*, 43) = CONSULTAS

flete. m. **(1)** Alquiler o préstamo. (Bol.): «Tomó en flete, de un vecino, una hachuela y se fue a la otra vertiente de la colina a cortar ramas de algarrobo.» (J. Lara, *Yanakuna*, 222) = MUÑOZ REYES **(2) rayar el flete** (o: **el caballo**, o: **la montura).** fr. Dícese del jinete cuando para bruscamente el caballo que está galopando; parar el caballo en firme. (Arg. = Méx. y otros): «(...) para mostrar su pujanza / y dar pruebas de jinete / dio riendas rayando el flete <caballo> / y revoliando <revoleando; ejecutando molinetes con> la lanza.» (J. Hernández, *Martín Fierro*, II, versos 271-6) = CONSULTAS = VERDEVOYE = SANTAMARÍA DGA (ambos, en **rayar**; véase también **rayar el caballo***)

flojo. venir (o: **entrar flojo).** fr. adv. No importar. (CR): «Si usted encuentra en las ropas de su indefenso maridito manchas de lápices de labios, sonríase. Seguro que fue él mismo quien las puso para darle celos a usted. No le diga nada y limítese a exclamar para sus adentros : ¡Esto a mí me viene flojo!» (P. L. Acuña, *Gallo pinto*, 65) = «Yo no quiero nada con la política –afirma el verdulero–. Yo quiero ganarme los frijoles tranquilo y lo demás me entra flojo.» (H. Elizondo Arce, *Memorias de un pobre diablo*, 51) = CONSULTAS

flor. (1) adj. inv. Magnífico. (Arg. = PR y Cuba): «(...) el perro que nos encontramos con el Toto en el camino al cementerio, en las vacaciones de julio, estaba lejos y miraba, miraba, y el Toto no lo quería, y yo lo quería, un galgo flor, y cuántas veces me quise chacar <robar> el pardo de la estancia del Gordo (...).» (M. Puig, *La traición de Rita Hayworth*, 158) = VERDEVOYE = MAURA **(2) flor de** (o: **del) pajarito.** fr. f. Flor tropical ornamental, de color rojo anaranjado; prácticamente no despide fragancia. (Ur.): «(...) adheridas en las axilas de las ramas se podían observar grandes plantas de claveles* del aire y flores de pajarito.» (E. Miranda, «La gruta de los helechos», en G. Wettstein, *Nuestra Tierra*, I, 25) = CONSULTAS **(3) de mi flor.** fr. De lo mejor, excelente. (Arg. = PR): «(...) una vitrola que llora / viejos tangos de mi flor / (...).» (tango «A media luz», en: J. Barreiro, *El Tango*, 115) = «(...) Juan Robles (un criollazo de mi flor, si los hubo) (...).» (L. Marechal, *Adán Buenosayres*, 238) = SANTAMARÍA DGA **(4) un flor de.** fr. m. De lo mejor. (Arg.): «(...) a los diecisiete, por ahí, ya era un flor de muchacho, y empezó con las minas, un éxito de locura, y ahora sí, lo peor: el fútbol.» (M. Puig, *El beso de la mujer araña*, 73) = VERDEVOYE

florcita. f. **andar de florcita.** fr. Pasear holgazaneando. (Arg.): «–(...) Tu padre ni andaba de florcita con las mozas, ni faltaba de vergüenza.» (R. Güiraldes, *Don Segundo Sombra*, 173) = «'Vos siempre andás de florcita, / no tenés renta ni oficio'.» (J. Hernández, *Martín Fierro*, II, 3.457-8) = VERDEVOYE = CONSULTAS

florearse (o: **floriarse).** prnl. intr. Lucirse, darse tono, darse postín. (Arg. = Ur.): «Sin embargo, la animación crecía y éranos casi necesario un apuro de ritmos, cuando el bastonero golpeó las manos: –¡Vamoh' a ver, un gato <danza tradicional> bien cantadito y bailarines que sepan floriarse!» (R. Güiraldes, *Don Segundo Sombra*, 70) = VERDEVOYE = CONSULTAS

florecida(s). f. sing. o pl. Floración, especialmente hablando de los cafetales. (PR): «Vino atrasada la florecida de los mangos. (...) Seguimos adelante, bordeando los cafetales –que ya anunciaban otra florecida– oyendo en nuestras almas el rumor de los árboles y el cantar de las torcaces gemidoras.» (E. Laguerre, *La llamarada*, 192-3) = DÍAZ MONTERO (quien recoge la forma pl., para los cafetales)

florero. m. Zapato. (Arg.): «–(...) Me duelen los *floreros*. –¿Los qué? –Señor, los zapatos. Me van a salir otra vez los *nísperos*. –¿Qué nísperos*? –Los callos. Y si hoy nos toca jugar el desafío, ¡bueno, bueno!» (L. Marechal, *Adán Buenosayres*, 398) = GOBELLO

floretero -a. adj. Halagüeño, lisonjeador; dícese del hombre que gusta de piropear. (PR): «(...) que si Don Danilo había tardado muchísimo en contestar, que si había abierto la puerta un chispitito* nada más como cuando vienen los aleluyas* a vender *Atalaya* y *Despertad*, que eso le había estado rarísimo porque el tal Don Danilo era siempre de lo más floretero con ella...» (A. L. Vega, *Pasión de historia*, 70) = ÁLVAREZ NAZARIO = SOPENA

floripondio. m. Afeminado, marica. (Col., Perú = PR, Méx. y Ec.): «(...) marcaban con hierro de vaca en la frente a los infractores simples, a los marimachos* y a los floripondios (...).» (G. García Márquez, *El otoño del patriarca*, 245) = «–Pero no podía ni moverse –recordó el muchacho, dulcificando aún más esa voz de floripondio (...).» (M. Vargas Llosa, *Lituma en los Andes*, 32) = CONSULTAS = HILDEBRANDT P = CLAUDIO DE LA TORRE = MORÍNIGO = SOPENA

florón. m. Cierta flor venenosa de la costa. (Ec.): «(...) el pernicioso florón, que es un tóxico para el ganado, disimula sus viciosas propiedades adornando el campo con sutiles campanillas blancas y rosadas.» (J. A. Campos, *Cosas de mi tierra*, 177) = CONSULTAS

flota. f. **meter flota.** fr. Pedir insistentemente. (Guat.): «Al volver a la capital, Camila le metió flota a su nana <mamá> para que la llevara a las vistas.» (M. A. Asturias, *El señor presidente*, 81) = CONSULTAS

foco (o: **foco eléctrico).** m. Linterna manual eléctrica que funciona con pilas. (Guat., Nic., CR, Pan. = Arg., Méx., Hond., Col. y otros): «Lester usó una pequeña lámpara eléctrica, para alumbrar el ruido que bajo el haz del foco convirtióse en un reptil de color negro manchado de pringas rojas.» (M. A. Asturias, *Viento fuerte*, 144) = «Cosme Manzo prueba a encender el foco de pilas que tiene consigo y pasea el haz de luz por la pared (...).» (S. Ramírez, *Castigo Divino*, 88) = «Por todo equipaje llevaba (...) ropa interior, un foco, una cajita (...).» (C. L. Fallas, *Mamita Yunai*, 11) = «Al llegar a la calle H, y al doblar hacia el Seguro Social, una patrulla los sorprendió alumbrándolos con un foco de pila.» (J. Franco, *Las luciérnagas de la muerte*, 74) = QUESADA = SANTAMARÍA DM = FILIPPO = CONSULTAS

foguear. tr. Disparar, tirotear. (Méx.): «Los proyectiles pasaban zumbando sobre nuestras cabezas; el combate era ya general; hubo un momento en que dejaron de foguearnos. Nos supusimos que se les atacaba vigorosamente por la espalda.» (M. Azuela, *Los de abajo*, 70) = CONSULTAS

foguista. m. Fogonero. (Arg. = Par. y Ur.): «–(...) Se proponen hacer volar el aserradero. –¿Quiénes? –le preguntó Schultze. –¡El manco y el foguista! –respondió Lombardi a gritos–. La caldera no da más, ¡y siguen echándole carbón a paladas! Vean la aguja del manómetro: ¡el motor chilla y crujen las transmisiones! ¡Quieren hacer volar el aserradero!» (L. Marechal, *Adán Buenosayres*, 551) = MALARET = MORÍNIGO = VERDEVOYE

folleque. m. Vehículo viejo y destartalado, o de pequeñas dimensiones. (Ec. = Perú): «Esa tarde subía por la calle-rial <calle-real> de Imbaquí manejando <conduciendo> mi folleque. (...) Al avanzar por la cuadra <lado de una manzana> en que está la agencia del banco vi que en dirección contraria bajaba un carro <coche>.» (G. A. Jácome, *Porqué se fueron las garzas*, 78) = CONSULTAS = MALARET

follón (o: **follones**). m.; ú. t. en pl. Vestido de la mujer del pueblo no indígena que va de la cintura hacia abajo; falda, refajo. (Ec. = Col.): «Al entregar la joya a la chola cocinera –follones de bayeta, pañolón a los hombros, trenzas amarradas con pabilo, hediondez de refrito de cebolla–, le dijo en voz baja: –Cuidadito, cholitica. Es bendito.» (J. Icaza, *El Chulla Romero y Flores*, 28) = TOBAR GUARDERAS = HAENSCH y WERNER = SOPENA (véase también **follonudo -a**)

follonudo -a. adj. Que lleva falda amplia –ú. t. en sentido fig., c. en el ej. adjunto. (Ec.): «(...) contempla cómo el viejo viento, el de todos los veranos, achiquillado, hace diabluras: corre y levanta las faldas a las follonudas matas del zambal*, se empina y les baja los pelos a la frente a los altos eucaliptos (...).» (G. A. Jácome, *Porqué se fueron las garzas*, 293) = CONSULTAS = JARAMILLO DE LUBENSKY (véase también **follón**)

fome. adj. Aburrido. (Ch.): «(...) más fome que bailar con la hermana (...).» (A. Skármeta, *Ardiente Paciencia*, 32) = CONSULTAS

fomentador -a. m. y f. Usurero de la costa; dícese especialmente del que presta dinero a los arroceros. (Ec.): «(...) el fomentador le presta dinero <al pequeño productor agrícola> con la condición de que le venda la totalidad de la cosecha a precios prefijados, que son la mitad de los precios normales.» (J. Galarza Zavala, *El yugo feudal*, 51) = CONSULTAS

fomentar(se). tr., o prnl. intr. Establecer(se) un ingenio de azúcar o un cafetal. (Cuba = PR): «(...) pueden verse las tejas coloradas de la casa de calderas del viejísimo ingenio de Escobar o del Mariel. Según me cuenta mamá, fue el primero que se *fomentó* en esta parte de Vuelta Abajo.» (C. Villaverde, *Cecilia Valdés*, 188) = PICHARDO = SANTAMARÍA DGA

fondear. intr. Caer inconscientes los borrachos. (Guat., Hond. = El Salv.): «–(...) Hubo tal fiesta en el cielo / Que hasta Tata Dios fondeó (...).» (M. A. Asturias, *El señor presidente*, 249) = «(...) los tragos fuertes y enervantes, que ya lo tenían surumbático <zurumbático>, queriendo 'fondear'.» (M. Funes, *Oro y Miseria*, 99) = ARMAS = CONSULTAS

fondero -a. m. y f. Dueño o dependiente de una fonda; fondista. (Guat., Arg. = Cuba): «Volvió al fondín*, con el pretexto del vuelto, a ver la impresión que su salida repentina había hecho al de la banquita y lo encontró luchando* con la fondera.» (M. A. Asturias, *El señor presidente*, 40) = «Instigado por el fondero Gómez, dije una vez 'retarjo'* al cartero Moreira, que me contestó '¡guacho!', con lo cual malicié que en torno mío también existía un misterio que nadie quiso revelarme.» (R. Güiraldes, *Don Segundo Sombra*, 13) = GARZÓN = VERDEVOYE = SANTIESTEBAN

fondín. m. Fonda de ínfima categoría (es despectivo). (Guat., Ur., Arg. = Par.): «(...) por eso, amigo mío, prefiero el fondín pobre, en el que se está de confianza con amigos de abrazo*, al hotel suntuoso donde no todo lo que brilla es oro.» (M. A. Asturias, *El señor presidente*, 100) = «Entró en un fondín y se sentó junto al fuego.» (E. Galeano, *Días y noches de amor y de guerra*, 88) = «(...) aunque un fuerte olor de pescado frito deshonraba la tenducha comunicándole ciertos visos de fondín, el ambiente se redimía un tanto a los acordes inseguros de un *shimmy* que resonaba en el interior (...).» (L. Marechal, *Adán Buenosayres*, 92) = CONSULTAS = GOBELLO

fondo. m. **(1)** Corral de concejo, lugar a donde se llevan los animales que andan sueltos por las calles o causan daños en las sementeras. (CR): «(..) mandé a traer la vaca para encerrarla en el fondo y con lo que pague de fondaje <derecho> yo creo que alcanza (...).» (M. Salguero, *Agencia de policía*, 10) = GAGINI **(2)** ú. t. en pl. Parte de atrás de un edificio. (Ur. = Arg.): «(...) se tomó la drástica decisión de ir a vivir todos juntos. Precisamente en la amplia casa* de altos de General Urquiza, a los fondos de la iglesia de Tierra Santa.» (H. Alfaro, *Por la vereda del sol*, 60) = CONSULTAS

fonolita (o: **fonola**). f. Techo de cartón bañado en petróleo. (Ch.): «(...) casas fabricadas con materiales usados, techos de fonolita; puertas, a veces ventanas.» (informe cit. por C. Urrutia, en *Historia de las poblaciones* callampas*, n° 11, 38) = CONSULTAS = MORALES PETTORINO, PEÑA ÁLVAREZ y QUIROZ MEJÍAS

formador -a. adj. Véase **formar.**

formar. tr.; ú. t. c. intr. Pagar. (Arg.): «(...) se trata de dos mil quinientos pesos. A formar, a formar, se ha dicho.» (J. L. Borges y A. Bioy Casares, *Nuevos cuentos de Bustos Domecq*, 79) = CONSULTAS = GOBELLO (quien recoge **formador** con el sentido de 'dispuesto a pagar un gasto')

forro. m. **(1)** Preservativo. (Arg. = Ur.): «La empleada que lo atendió era una de esas mierditas que complican las cosas por principio. Miró el recibo atrasado como si la alcanzaran un forro, usado se entiende.» (H. Conti, *En vida*, 64) = CONSULTAS = CHIAPPARA **(2) dar en el forro** (o: **dar en el mismo forro,** o: **dar en los forros**). fr. m. Fastidiar, hacer la puñeta. (Arg., Ur.): «(...) confesó abiertamente que ya estaba de ángeles hasta la coronilla, que la literatura nacional venía padeciendo una larga epidemia de ángeles, y que todo ese barullo angélico le daba ya en el mismo forro, etc., etc.» (L. Marechal, *Adán Buenosayres*, 197) = «Corvalán dijo que le daba en los forros, se miraron unos a otros y callaron.» (H. Conti, *En vida*, 150) = CONSULTAS = GOBELLO **(3) hasta el forro.** fr. adv. Completamente. (Cuba): «Tú eres bueno (...) y estás equivocado hasta el forro.» (J. Díaz, *Las iniciales de la tierra*, 240) = CONSULTAS **(4) meter forro.** fr. m. Hacer trampa. (Cuba): «Con mucho cuidado, dando conversación, Papaíto mete también su forro. El seis siete en lugar del cinco siete. El forro es el pase de gato por liebre. Y en este juego todo vale, con tal que los contrarios no se den cuenta...» (M. Cossío Woodward, *Sacchario*, 144) = CONSULTAS **(5) romperle el forro a uno.** fr. Hacerle la puñeta, fastidiarle. (Arg.): «Quedáronse solos por fin Máxima y él; no faltaba sino que ella también empezase a romperle el forro...» (E. Cambaceres, *En la sangre*, 196) = GOBELLO = CONSULTAS

franco (sacar). fr. Véase **sacar.**

franela. f. **(1)** Camiseta, tanto de hombre como de mujer. (Ec. = PR, CR y Col.): «–Tenías dinero y no me diste para los pañales –comentó Rosario–. Tengo ahora. –¿Me comprarás unas franelas? –Desde luego. –Y una camisa de dormir...» (J. Icaza, *El Chulla Romero y Flores*, 92) = SANTAMARÍA DGA = HAENSCH y WERNER **(2)** Acción de franelear*, o sea, de frotarse un hombre y una mujer, excitándose sin llegar al coito. (Arg.): «La alusión a los juegos acuáticos resumidos más bien estúpidamente en la palabra olita, de donde Manolita y también, evidentemente, franela, porque de eso había habido bastante.» (J. Cortázar, *Último round*, II, 290 –contratapa.) = «(...) y no hay pendeja* a la que no le guste la franela...» (M. Puig, *La traición de Rita Hayworth*, 179) = CONSULTAS = GOBELLO = CHIAPPARA **(3)** m. Hombre que gusta de franelear* –desp. (Arg.): «No manyás <entiendes>, pobre franela, / que aquel que nació en un catre / a vivir modestamente / la suerte lo condenó.» (A. Casciani, «Farabute», en: J. Barreiro, *El Tango*, 181) = CONSULTAS

franelear. tr. Excitar a alguien sin llegar al coito. (Arg., Ch.): «(...) ese domingo en el club la saqué a bailar que ya en la plaza me la había franeleado bien (...).» (M. Puig, *La traición de Rita Hayworth*, 168) = CONSULTAS = GOBELLO = CASULLO = TERRERA (véase también **franela**)

franelero. m. Hombre que gusta de franelear*. (Arg.): «Dando saltitos de gallina, la mujer se nos plantó frente a frente: –¡A ver, muchachos! –susurró con voz monótona–. ¡A ver, muchachos! –Sí, sí –le contestó Schultze sin detenerse. –¡A ver, muchachos! ¡A ver, muchachos! –canturreaba doña Lujuria, retrocediendo a saltitos delante de nosotros. Así llegamos al final del puente y dimos en tierra firme. –¡Malditos franeleros! –nos gritó entonces la mujer, retrocediendo al sitio de su guardia (...).» (L. Marechal, *Adán Buenosayres*, 505) = GOBELLO = CASULLO = VERDEVOYE

franqueado -a. p. adj. Erróneo por bordeado. (Ur.): «(...) cuando parecen salvados todos los obstáculos para llegar al pueblo, se encuentra todavía el arroyo San Francisco, franqueado de sauces, que corre ahora manso y pobre (...).» (S. Carrasco, «Artículos», en: G. Wettstein, *Nuestra Tierra*, I, 20) = CONSULTAS

frecuentar. tr. Tener roce, alternar con alguien. (Méx., Col., Par., Ur., Arg.): «(...) no se preocuparon por saber a quién frecuentaba El Gallego Suárez (...).» (P. I. Taibo II, *Sombra de la sombra*, 99-100) = «(...) me hacía llegar ecos amistosos por la boca de poetas y escritores que me frecuentaban (...).» (J. M. Vargas Vila, *La muerte del cóndor*, 10) = «Cuando algunos de los que la frecuentaban comenzaron a enfermarse, la bautizaron entre caña y jarana con el apodo más fácil de *Salu'i* <enfermadora>, que la representaba mejor.» (A. Roa Bastos, *Hijo de hombre*, 311) = «(...) me pareció prudente (...) despistar, como siempre, frecuentando a mis amigos (?) de Montparnasse y del Barrio: a ese conjunto de catalanes, italianos, judíos polacos y judíos rumanos que constituyen la Escuela de París.» (E. Sábato, *Sobre héroes y tumbas*, 403) = SANTAMARÍA DGA = CONSULTAS

fregadera. f. Molestia excesiva. (Guat.): «Ya viene mi mamá a levantarme. Qué fregadera.» (M. A. Flores, *Los compañeros*, 61) = SANTAMARÍA DGA

fregado -a. p. adj. **(1)** Descompuesta (una cosa); enferma o arruinada (una persona). (CR = Méx., Guat., Hond., Nic. y Col.): «Está fregada la pobre. Y ellos hacer <*sic*> cara triste, pero dan la vuelta y se van. Por eso cuando la enterré (...).» (J. Gutiérrez, *Puerto Limón*, 46) = QUESADA = RABELLA y PALLAIS = FILIPPO **(2)** Fea (una situación); aviada (una persona). (CR = Méx., Guat., Hond. y Nic.): «Y si esos cabrones llegan a enterarse (...), y no sería raro que se enteraran porque yo creo que tienen gente agazapada en los mismos Ministerios, entonces estamos fregados.» (J. Gutiérrez, *Puerto Limón*, 97) = «Vamonós, viejo (...). Aquí la cosa se está poniendo muy fregada.» (C. L. Fallas, *Gentes y gentecillas*, 193) = RABELLA y PALLAIS **(3)** Muy difícil, jodido. (Col. = Nic. y Ec.): «El oro de aquí es el cobre. Es el más apetecido y el más escaso. Conseguir un kilo de cobre es muy fregado.» (J. Dueñas, «El rey de la basura», en: revista *Cromos*, 15/6/1992) = CONSULTAS = RABELLA y PALLAIS

fregona (o: **fregoncita**). f. Mujer o muchacha vulgar. (PR): «(...) cama de urgencia para coitos de urgencia: alguna fregoncita irresistida <que no se resiste> a mi naturaleza galana: el Viejo informa.» (L. R. Sánchez, *La Guaracha del Macho Camacho*, 16) = MALARET = SANTAMARÍA DGA

frente. f. **de frente.** fr. De inmediato, rápidamente. (Perú): «Al fin la vieja aceptó que entrara. 'Eso sí, nos dijo, se van de frente al cuarto y no me salen hasta mañana.» (M. Vargas Llosa, *La ciudad y los perros*, 260) = BENDEZU

fresa. adj. inv.; ú. t. c. s. Formal, estricto en sus ademanes o/y vestimenta (CR): «(...) si por ella fuera vendría al brete* en yins <vaqueros> o en tenis sobre todo porque a la salida jala* en carrera para la Universidad y se siente fuera de nota si anda muy fresa.» (R. Arias, *El emperador Tertuliano...*, 34) = CONSULTAS

fresca. f. Dinero, pasta. (Col.): «Dentro de la alcantarilla yo contaba con mi propia madriguera donde guardaba las cosas más personales: el registro civil, una foto de mi madre y la fresca que juntaba ocasionalmente.» (M. S. Rico Sanín, *El delito de existir*, 73) = CONSULTAS

fría. f. **(1)** Cerveza. (PR, Guat., Pan. = Cuba y Méx.): «(...) ocupa sus manos con *la fría* y el cigarrillo, que ese Winston mezclado con la Schaefer posiblemente apunte hacia el vicio mayor de la tecata*.» (E. Rodríguez Juliá, *El entierro de Cortijo*, 50) = «–(...) ¿Paramos en algún lado a echarnos a tomar (...) una fría?» (M. A. Flores, *Los compañeros*, 29) = «Por supuesto, hay algunos viejos solitarios, sentados en mesitas con sendas 'frías' frente a ellos y tremendas hembras a su lado que esperan en silencio que el espíritu se les caliente.» (D. Robinson, *En las cosas del amor...*, 45) = CONSULTAS = CLAUDIO DE LA TORRE = SANTIESTEBAN = JIMÉNEZ = MORÍNIGO **(2) jugársela(s) fría(s).** fr. Arriesgarse, liarse la manta a la cabeza. (PR): «(...) ella, medio sosita: Estaba muy cansada. Y yo, cada vez más pendejo: Aaaaaah. Entonces pensé: que se joda, me las voy a jugar frías. Y le anuncié que le tenía tremendo chismón sobre su vecino predilecto.» (A. L. Vega, *Pasión de historia*, 79) = CLAUDIO DE LA TORRE

frigorífico. m. Establecimiento industrial en el que se sacrifican las reses y se hacen conservas con su carne. (Arg. = Ur.): «No tiene la sensibilidad o la generosidad para que le duela el país que puede dolerle a un peón de campo o a un obrero de frigorífico.» (E. Sábato, *Sobre héroes y tumbas*, 163) = VERDEVOYE = SANTAMARÍA DGA = CONSULTAS

frijol. m. **(1)** Enredo. (CR): «Mirá Terio, andate a ver cómo anda el frijol en este caso.» (M. Salguero, *Agencia de policía*, 73) = GAGINI = CONSULTAS **(2) frijol de carita.** fr. m. Judía de careta, variedad de frijol blancuzco con una pinta prieta. (Cuba): «Daban una ración buena, aunque siempre era lo mismo: arroz con frijoles negros, blancos o de carita y tasajo.» (M. Barnet, *Biografía de un cimarrón*, 61) = «'Cuando (...) la muerte ronda alguna casa, o que en ella ha elegido a algún familiar le hago una rogación* con gallo, jicotea, frijoles de carita en una jícara, más cuatro palomas blancas (...)'.» (L. Cabrera, *La medicina popular de Cuba*, 159) = PICHARDO **(3) frijol parado.** fr. Frijol cocido y entero. (Guat.): «Las mujeres eran unas crueles embusteras, risa y risa, mientras les vendían tortillas, queso oreado, chorizos, morongas, güisquiles cocidos, yuca, rellenos de plátano, frijoles parados.» (M. A. Asturias, *Viento fuerte*, 11) = ARMAS

frisa. f. Manta, frazada para abrigarse en la cama. (PR = Rep. Dom.): «En una que yo estaba pillándole la frisa debajo del mátres <colchón> para que no se fuera a caer de la cama, toqué algo con la mano.» (A. L. Vega, *Pasión de historia*, 87) = MALARET = SOPENA

frisarse (o: **frizarse**). prnl. intr. Detenerse, pararse en seco, como helado o pasmado –del inglés *to freeze*. (PR): «Como iba a mitad de camino, no me quedó más remedio que frizarme donde mismo estaba (...).» (A. L. Vega, *Pasión de historia*, 65) = CONSULTAS = MAURA = CLAUDIO DE LA TORRE (quien recoge **frisado** con el sentido de 'pasmado')

frito. (1) m. Sopa hecha con vísceras y carne de cerdo. (CR): «Mirá, llegás como caído del cielo; ayer matamos un chanchito <cerdito> para la manteca del gasto y hay carne en cantidad; hasta una parte de la asadura está de chupársela, pues Poloncha hizo un frito que da gusto de comerlo.» (M. Salguero, *Agencia de policía*, 48) = «Ahí mismo preparaban la 'fritanga' o FRITO aprovechando la cabeza y los menudos del cerdo.» (J. Ramírez Saizar, *Folclor costarricense*, 164) = ARROYO = QUESADA = CONSULTAS **(2) frito -a.** adj. Molesto, que causa molestias. (Bol.): «No seas frito –desde la puerta dice el Remy–, la música selecta se escucha con menos ruido.» (R. Poppe, *Después de las calles*, 14) = MUÑOZ REYES

frizarse. prnl. Véase **frisarse.**

frontera. f. **de la frontera.** fr. Dícese de la mercancía de contrabando del Brasil. (Ur.): «Yo lo esperaba con el mate, siempre tratando en vano de matar un recuerdo, armando cigarros flacos con tabaco de la frontera.» (E. Estrázulas, *Pepe Corvina*, 94) = CONSULTAS

frunce. v. **¿qué se te, se le, se os frunce?** fr. ¿Qué quiere (-n -s) –queréis? (Arg.): «–(...) Aquí estoy para servirte. ¿Qué se te frunce?» (L. Marechal, *Adán Buenosayres*, 479) = GOBELLO = VERDEVOYE

fruta. f. **fruta cubierta.** fr. Fruta en almíbar o confitada. (Méx.): «Cuando la maza <masa> dobla su tamaño por tercera vez, se decora con las frutas cubiertas, se barniza con huevo batido y se le pone el azúcar.» (L. Esquivel, *Como agua para chocolate*, 126) = CONSULTAS

frutabomba (o: **fruta-bomba**). f. **(1)** Papaya. (Cuba): «Guayabas de un suave color rojo, amarillas tajadas de naranjas, trozos semiverdes de frutabomba, rodajas de piña y mitades de peras bañadas en un sirope <almíbar> transparente.» (C. Leante, *Padres e hijos*, 47) = SÁNCHEZ-BOUDY = CONSULTAS **(2)** Sexo femenino. (Cuba): «(...) Dopico decía vacilaran* la frutabomba, la pulpa de la frutabomba, y estuvieron mirando, penetrando, comiéndose a la cajera con los ojos (...).» (J. Díaz, *Las iniciales de la tierra*, 61) = SÁNCHEZ-BOUDY = CONSULTAS

fu. adj. inv. **estar fu.** fr. Ser complicado, ser jodido; estar mal. (Cuba): «Los obreros se pusieron a abrir puertas y ventanas, mirando de reojo hacia los cristales. / –Esto está 'fu' –dijo Aparicio.» (J. Soler Puig, *En el año de enero*, 80) = CONSULTAS = SÁNCHEZ-BOUDY

fuego. m. **(1) agarrar fuego.** fr. Incendiarse; dícese especialmente cuando el fuego se propaga con rapidez. (Guat.): «El jardín había agarrado fuego con ferocidad (...).» (D. Liano, *el hombre de Montserrat*, 56-57) = CONSULTAS **(2) cagar fuego.** fr. Fracasar. (Arg.): «(...) recuerda los tres matones abatidos por él a orillas del torrentoso Maldonado, los dos compadritos* que cagaron fuego en La Paternal, los cuatro matarifes vencidos en Liniers y los ocho estudiantes que se dieron a la fuga en el Parque Rancagua.» (L. Marechal, *Adán Buenosayres*, 117) = GOBELLO (quien registra la fr. **cagar la bandera*** con el mismo sentido) **(3) volar fuego.** fr. Cocinar. (CR): «(...) le habían encargado un gallo así de grande, aunque estuviera más duro que una coyunda y tuvieran que volarle fuego parejo* por lo menos dos días.» (M. Salguero, *Agencia de policía*, 29) = QUESADA

fuelle (o: **fueye**). m. **(1)** Nombre popular del bandoneón. (Arg. = Ur.): «Quienes elogian el bandoneón suburbiero; el fuelle desdentado de tres teclas y tuerto de tanto ser manoseado (...).» (R. Arlt, *Las aguafuertes porteñas de Roberto Arlt*, 156) = «Hay un fuelle que rezonga / en la cortada <callejón sin salida> mistonga*.» (A. Le Pera y M. Battistela, «Melodía de arrabal», en: J. Barreiro, *El Tango*, 125) = CASULLO = GOBELLO = CONSULTAS **(2)** Pulmón. (Arg.): «Me duele el fuelle.» (R. Arlt, *Novelas completas y cuentos*, III, 253) = GOBELLO = CASULLO = CONSULTAS

fuente. f. **fuente de soda(s).** fr. Heladería, o bar donde se toman bebidas no alcohólicas –excepto cerveza. (Méx., Col, Ch.): «(...) tomar un bus que la dejaba a tres cuadras <bocacalles> del hotel, detenerse en la fuente de sodas a tomarse una malteada de chocolate con su cerecita de copete (...).» (C. Fuentes, *La frontera de cristal*, 157) = «Como Alfredo gastaba con ellos la plata que sustraía de la tienda de sus padres, entonces, cuando no iban a la tan afamada y destruida 'zona', visitaban fuentes de soda o invitaban peladas* al cine.» (U. Valverde, *Bomba Camará*, 29) = «(...) deshizo las horas siguientes (...) bajando* cervezas en la fuente de soda.» (A. Skármeta, *Ardiente Paciencia*, 99) = CONSULTAS = FILIPPO

fuera. adv. **de ahí en fuera.** fr. Véase **ahí.**

fuerte. **(1)** m. Moneda de cinco bolívares. (Ven.): «–¡Bueno! ¡qué cará! Vamos a comer. ¡Un fuerte, vale* Luciano! Se gana más que con las maletas, ¿ah, mi hermano?» (G. Meneses, *Campeones*, 18) = TEJERA **(2)** m. Alcohol de alta graduación. (Par. = Méx.): «Cierto –admitió el hombrecito–. Clavado* que ahí hubiera ido primero a picar del fuerte como siempre.» (A. Roa Bastos, *El baldío*, 48) = SANTAMARÍA DGA **(3) echar fuerte.** fr. Chirriar, crujir; quejarse. (Guat.): «Hubo que tirarse al suelo. La cama no dejaba de echar fuerte, traquido y traquido. Un mueble abuelo que no estaba para que lo resmolieran.» (M. A. Asturias, *El señor presidente*, 82) = CONSULTAS **(4) pitar del fuerte.** fr. Véase **pitar.**

fuerza. f. **(1) una fuerza de.** fr. Un montón, una gran cantidad de. (Ec.): «– (...) Ar <al> Guayas yevan <llevan> ostiones de peña e <de> la Puntilla, de San Miguer <Miguel>, der guabo y de una juerza <fuerza> de partej más <partes más>.» (D. Aguilera Malta, *Don Goyo*, 86) = «(...) si usted lo convence, le voy a contar una fuerza de cosas.» (P. J. Vera, *El Destino*, 72) = CONSULTAS **(2) fuerzas vivas.** fr. f. pl. Personas encargadas de la producción, la industria y el comercio. (Rep. Dom. = Arg.): «(...) el síndico Hermógenes Tineo decidió convocar a todas las fuerzas vivas a una reunión en la bodega.» (C. E. Deive, «En el pueblo hay guerrilleros», en: J. Alcántara, *Antología de la literatura dominicana*, 120) = CONSULTAS

fuga. f. **(1) ley fuga.** fr. f. Véase **ley* fuga. (2) de fuga.** fr. Fugado. (Guat.): «–Vengo de fuga. / El hombre dejó de tapar las mazorcas y acercóse al jinete para servirle más café.» (M. A. Asturias, *El señor presidente,* 187) = CONSULTAS

fulero -a. adj. **(1)** Falso; difícil. (Arg. = Ur.): «(...) / que las cosas que te digo / son verdades al revés; / campaneá* que son fuleras / y mirá lo que te espera / si en mentiras no creés.» (O. Arona, «Mentiras criollas», en: J. Barreiro, *El Tango,* 195) = CONSULTAS **(2)** Feo, malo; cobarde. (Arg.): «(...) quedaba fulero andar pajeándose (...).» (R. Tizziani, *Los borrachos en el cementerio,* 78) = GOBELLO = CASULLO = CONSULTAS

fumada. f. Burla, broma; cosa que carece de importancia. (Perú): «Un año en la cárcel –dijo Chacón– es una fumada; cinco años son cinco fumadas.» (M. Scorza, *Redoble por Rancas,* 28) = MALARET

fumadera. f. Acción y efecto de fumar mucho ciertas substancias. (PR = Col.): «(...) hasta que llegue hasta mi Ferrari aquel narcómano rehabilitado que pide en nombre de los Hogares Crea: ayúdenos a construir un Hogar Crea en cada pueblo del país: medio país en la fumadera (...).» (L. R. Sánchez, *La Guaracha del Macho Camacho,* 125-6) = HAENSCH y WERNER

fumar. tr. Burlarse de uno, engañarle. (Bol., Arg.): «Sí, tienes que cuidarte, Gordito (...). Pero a mí no me fuman.» (R. Poppe, *Después de las calles,* 31) = «Comete un error inmenso / quien de la suerte presuma, / otro más hábil lo fuma, / en un dos por tres lo pela <deja sin nada>.» (J. Hernández, *Martín Fierro,* II, versos 3.109-12) = SANTAMARÍA DGA

fumatélico. m. Cigarrillo. (Perú): «–Adentro, cadete –dijo. Y añadió, en voz baja: –Estése tranquilo. Cuando cambie la guardia, le pasaré un fumatélico.» (M. Vargas Llosa, *La ciudad y los perros,* 288) = CONSULTAS

fundamento. m. Objeto de adoración, divinidad de religiones afrocubanas. (Cuba): «Cazaban gentes como si fueran animales para cogerles la cabeza y las ponían en sus casas a la vista de todo el mundo, y sus fundamentos bebían sangre humana.» (L. Cabrera, *La sociedad secreta abakuá,* 36) = CONSULTAS

fundillo. m. Trasero. (Guat. = Ec.): «Después de bañarme me echa polvos en todas partes, en los brazos, en el pechito, en la paloma*, en el fundillo, en las piernas.» (M. A. Flores, *Los compañeros,* 64) = MORÍNIGO = JARAMILLO DE LUBENSKY

fundo. m. Gran propiedad rural. (Ch.): «NEGRA Y FRÍA era la noche en torno y encima del rancho de José María Pincheira, uno de los últimos del fundo Los Perales.» (M. Rojas, *El delincuente... y otros cuentos,* 73) = CONSULTAS

fúnebre. m. Carroza fúnebre. (Arg.): «De entre los vecinos se ofrecieron; el dueño del almacén se encargó de la partida, el colchonero del *fúnebre* y del cajón, mientras rodeada de sus conocidas, ocupábase en vestir el cuerpo la viuda. (...) Fueron cuatro los coches: el fúnebre con plumeros negros y una figura como de ángel, fabricada arriba, hincada y de cruz. (...) Seguía un carruaje de luto detrás del fúnebre.» (E. Cambaceres, *En la sangre,* 78 y 82-3) = CONSULTAS

funebrero. m. Empleado de una funeraria. (Arg.): «Sí, era una jugada colosal: un directo a la mandíbula de los curas, de los funebreros, de la Municipalidad, de los floristas, de los enterradores, de los marmoleros, de todos los vivillos, en fin, que negociaban con la muerte.» (L. Marechal, *Adán Buenosayres,* 262) = VERDEVOYE

funeración. f. **funeraciones.** pl. Funerales, exequias –pop. (Perú): «Si muere –dijo el Ladrón de Caballos–, le regalaremos buenas funeraciones.» (M. Scorza, *Redoble por Rancas,* 26) = CONSULTAS

fungir. intr. Hablando de una cosa, hacer las veces de. (Guat. = Arg.): «El dicho de una persona no hace prueba, salvo los casos especificados en los códigos, cuando el dicho de la policía funge como plena prueba.» (M. A. Asturias, *El señor presidente,*140) = MORÍNIGO

futbolito. m. Futbolín. (Ch = Arg.): «(...) a falta de estadio en el pueblo, los jóvenes pescadores satisfacían sus inquietudes deportivas con el lomo curvo sobre las mesas de futbolito.» (A. Skármeta, *Ardiente Paciencia,* 30) = CONSULTAS

G

gabacha. f. Guardapolvo, mandil; puede ser prenda masculina. (Guat., CR): «El criado se acercó a servir. Lucía gabacha blanca y en la gabacha bordada con cadenita roja la palabra 'Gambrinus'.» (M. A. Asturias, *El señor presidente,* 253) = «Don Salomón Morales usaba camisas de cuello parecido al que tienen las gabachas de los médicos (...).» (C. L. Argüello Segura, *Cuentos de Sábalo Grande,* 49) = CONSULTAS

gabán. Especie de poncho. (Méx.): «Los jorongos y los gabanes son sarapes más pequeños (...).» (R. D. Lechuga, *El traje indígena de México,* 178) = MALARET

gacho -a. adj. Fresco, sin escrúpulos; cruel, despiadado. (CR = Méx.): «(...) hay empréstitos gachos que nos tienen agarrados del cogote (...).» (Q. Duncan, *Final de calle,* 70) = CONSULTAS

gafo -a. adj. Pobre. (Guat.): «Doña Chón habría querido darles sus gaznatadas, que veneno y bastante tenían para ella con ser gafos (...).» (M. A. Asturias, *El señor presidente,* 160) = CONSULTAS = ARMAS

gagón. m. Ser mitológico, especie de perro que denuncia o muerde a sus víctimas. (Ec.): «¿Conoce usted a los gagones? (...) Pertenecen a la familia perruna; son pequeñitos y graciosos; representan a los que viven mal (...), vagan durante las noches, sólo durante las noches, por las plazuelas calladas, por las callejas dormidas. Y cuidado que son peligrosos: si a usted le vieron y le tienen mala voluntad, le hincan los dientes en la rodilla y no lo sueltan hasta que raya el alba.» (P. Palacio, *Obras Completas,* 311) = «–'Los gagones' en devuelta*, son hijos der Patica. Son como perritos que ladran en la noche, debajo de las casas donde argún compadre está viviendo con su comadre. Eso, claro, es pecao mortal.» (A. Ortiz, *El espejo y la ventana,* 57) = CONSULTAS

gaita. m. y f. Gallego -a, y, por extensión, español –fest. y desp. (Ur., Arg.): «¿Y nosotros los veteranos? ¿Nosotros los carrozas, como dicen los gaitas?» (M. Benedetti, *Primavera con una esquina rota,* 94) = «(...) el gaita continúa mal pensado (...).» (R. Arlt, *Las aguafuertes porteñas de Roberto Arlt,* 168) = CONSULTAS = GOBELLO = CHIAPPARA = TERRERA = MORÍNIGO

gajo. m. **(1)** Fragmento de una cosa cualquiera; empléase también como insulto. (CR = Col.): «Por todas partes encuentran ahora huellas de las recientes explosiones: rocas pulverizadas, grietas enormes, grandes gajos de piedra y, en el aire, todavía, el olor acre de la pólvora quemada.» (C. L. Fallas, *Gentes y gentecillas,* 222) = «En la mano un gajo 'e vela, aunque me queme la esperma me la quito y grito ¡uepa!» («La reina de la cumbia», canción interpretada por Margarito y su Cocoloco, discos Fuentes, Medellín) = «Si no obedece, prepárese a pasar socando* el culo de miedo las pocas noches que le quedan, gajo de hijueputa.» (H. Solís Bolaños, *Geometría de infamias y ternuras,* 36) **(2)** Recipiente mágico en el que se han echado objetos para iniciar a un nuevo miembro de la regla de congo. (Cuba): «Con las palabras de un Taita: 'Gajo quiere decir que en mi Nganga <cazuela*> uno se juró –inició– y que de mi Prenda* le hice un resguardo: que nació de mi Prenda. Empezará con él a hacer bien a la humanidad, a hacer méritos'.» (L. Cabrera, *Reglas de Congo,* 223) = CONSULTAS

galaico -a. m. y f. Término que designa al español peninsular. (Arg.): «Ayudado por mi pinta de galaico* almacenero / (...) / y mi anillo de hojalata con espejo* vichadero, / me he fritado muchos vivos, como ranas al sartén <*sic*>.» (E. Escaris Méndez, «Barajando», en: J. Barreiro, *El Tango,* 54) = CONSULTAS

galán. **(1)** interj. que se usa para llamar a un desconocido. Caballero. (PR): «(...) si todas las *ochas** permanecen conmigo entonces no habrá jodiendas, *galán.*» (E. Rodríguez Julián, *El entierro de Cortijo,* 19) = CLAUDIO DE LA TORRE **(2) estar galán -ana.** fr. adj. En una mala situación. (CR): «Ahora sí que estamos galanes, Meterio.» (M. Salguero, *Agencia de policía,* 46) = «¡Ay! ¡Ay! ¡Ay! Yo creo que me lisié un pie. Ahora sí que estoy galán.» (C. Lyra, *Cuentos de mi tía Panchita,* 143) = CONSULTAS

galera. m. En una cárcel, cada una de las salas que albergan a los reclusos. (Cuba = Méx.): «(...) Menegildo preguntó cándidamente si al salir de la prisión le darían aquellas fotos. Una orden breve lo dejó sin respuesta. –¡A la galera 17! –Un brigada lo empujó hacia un vestíbulo enrejado.» (A. Carpentier, *Écue-Yamba-O,* 127) = CONSULTAS = SANTIESTEBAN

galerita. f. Diminutivo de **galera**, sombrero hongo duro. (Arg.): «*Trae su arcaico levitón de Odesa y se toca de una galerita cocheril que hace juego con el levitón.*» (L. Marechal, *Adán Buenosayres,* 58) = GOBELLO

galerón. m. Sombrero de copa alta de grandes dimensiones. (Arg.): «(...) transformado luego en el tío Sam, los tentó con la gloria de convertirlos <a los argentinos> en una estrella más de su galerón ilustre y la de hacerlos figurar en una película de *cow-boys.*» (L. Marechal, *Adán Buenosayres,* 221) = CONSULTAS = VERDEVOYE

galerudo -a. adj. Tocado con un sombrero de copa alta (galera o galerón*), o con un bombín. (Arg.): «(...) en algunos lugares debimos abrirnos paso a golpes de puño que caían en las panzas fofas, en las cabezas galerudas o en los enlevitados traseros de los Personajes.» (L. Marechal, *Adán Buenosayres,* 607) = VERDEVOYE

galope. m. **macho de dos galopes.** fr. Véase **macho.**

galponero. m. Peón de estancia encargado de la limpieza, carga y descarga de los galpones. (Arg.): «Toda esa tarde me la pasé acarreando paja de los pesebres a los zanjones por un trecho de unas diez cuadras. Cuando llegaba al galpón, cargaba el carro el galponero, dejando clavada en la carga la horquilla.» (R. Güiraldes, *Don Segundo Sombra,* 27) = ABAD DE SANTILLÁN

gallada (o: **gallá**). f. Reunión de gente mala. (Pan., Ch. = Col.): «(...) Juan, ni entonces, ni ahora, fue de la gallada de las calles 38 y 39, porque él vivía allá, en la vía España, aislado (...).» (G. Guardia, *El último juego,* 20) = «La gallá está a balazos en la calle (...).» (A. Skármeta, *Ardiente Paciencia,* 152) = «(...) algunos presos (...). Habían perdido toda expresión... / –¡Está triste la gallada! –murmuró el cabo.» (M. Rojas, *El delincuente... y otros cuentos,* 133) = CONSULTAS = SANTAMARÍA DGA = HAENSCH y WERNER

galleador -a. adj. Jactancioso, presumido. (Perú): «(...) la lista de los pendencieros y galleadores, como los llamaban en el pueblo, no <había> tenido merma alguna.» (E. López Albújar, *Nuevos Cuentos Andinos,* 103) = CONSULTAS

gallego -a. adj. Anticuado, trasnochado. (PR): «Ese detalle le añade gravedad a la solemnidad, es como si no hubiera forma de evitar la elegancia un poco *aguacatona** y *gallega* de los muertos vestidos con flus <flux: terno>.» (E. Rodríguez Juliá, *El entierro de Cortijo,* 29) = CONSULTAS = CLAUDIO DE LA TORRE

gallero. m. Solista que abre el canto en fiestas y ceremonias afrocubanas. (Cuba): «El que levantaba <abría> el canto se llamaba Gallo Makuta. Los bailarines, hombres y mujeres, le respondía al Gallo* o gallero, plantado en medio de un coro de cantadores.» (L. Cabrera, *Reglas de Congo,* 78) = CONSULTAS

galleta. **(1)** f. Mujer del soldado, concubina. (Méx.): «Eran voces de hombres y de mujeres. Pasaron frente a nosotros todavía medio ensombrecidos por la noche, pero pudimos ver que eran soldados con sus galletas.» (J. Rulfo, *El llano en llamas,* 106) = «No se perdió mucha tropa porque el tren iba atestado casi de puras mujeres, galletas y vivanderas, la alegría de los regimientos.» (J. J. Arreola, *La feria,* 21) = «(...) el capitán García me mandó a un chiquillo hijo de una de las galletas que andaban en la tropa.» (E. Poniatowska, *Hasta no verte Jesús mío,* 219) = CONSULTAS = SANTAMARÍA DM = JIMÉNEZ **(2)** f. Juego que consistía en romper varias galletas con el pene. (Cuba): «Los negros tenían afanes de buenos competidores en el juego. Yo me acuerdo de uno que le llamaban 'la galleta'. La operación para ese juego era de poner en un mostrador de madera, o en un tablón cualquiera, cuatro o cinco galletas duras de sal y con el miembro masculino golpear fuerte sobre las galletas para ver quién las partía. El que las partía ganaba. Eso traía apuestas de dinero y trago. Lo jugaban igual negros que blancos.» (M. Barnet, *Biografía de un cimarrón,* 26) = CONSULTAS **(3)** f. Nudo que por broma se hace en la ropa de otra persona. (Perú = Ven., Col., Par., Ur. y Arg.): «El dormir con los otros significaba para mí una prueba de resistencia contra un cúmulo de menudas perversidades: almohadazos y zapatazos anónimos a medianoche; *galletas* en mis medias, que en la mañana tenía que deshacer rabiosamente (...).» (E. López Albújar, *De mi casona,* 38) = TEJERA = MORÍNIGO = HAENSCH y WERNER (quienes lo registran para bañistas) **(4)** adj. Que se ocupa de almacenar los alimentos de la tropa, más particularmente de almacenar las galletas que solían comer los soldados. (Par. = Méx.): «Yo creía que eso solamente dicen los oficiales 'galletas' de la intendencia de Puerto Casado. ¡Para ellos sí terminó la guerra tan linda! Para ellos y los emboscados de la retaguardia.» (A. Roa Bastos, *Hijo de hombre,* 394-5) = «Los encargados de manejar las provisiones que se enviaban al frente éramos de 8 a 10 tenientes y Aspirantes a Oficiales; y aunque yo no era oficial, era el verdadero teniente 'galleta', porque a mi cargo directo estaban las grandes estibas de bolsas de galleta que se almacenaban en el Depósito A.» (H. C. Sosa Tenaillon, *Cincuenta años después*, 25) = JIMÉNEZ **(5) galletas con grasa.** fr. f. pl. Cierto tipo de galletas baratas hechas a base de grasa vacuna. (Par.): «*Panadería Guaraní – Asunción. Especialidad en palitos* y galletas con grasa...*, ofrecía el letrero pintado al costado del ex furgón de reparto.» (A. Roa Bastos, *Hijo de hombre*, 331) = CONSULTAS **(6) galletas de soda.** fr. f. pl. Galletas cuadraditas, sin grasa ni azúcar. (PR, CR, Perú): «Y en el ventorrillo hubo compras precipitadas: velas de esperma, gas para los faroles, galletas de soda, fósforos 'Tres Estrellas', azúcar* segunda.» (R. Marqués, *La víspera del hombre*, 65) = «Te traje unas naranjas –sacó dos y un paquete de galletas de soda de los bolsillos y los colocó en la hondura de las sábanas.» (J. Gutiérrez, *Puerto Limón*, 132) = «(...) el último lameculos de la provincia sabía que apoderarse de esa moneda, teóricamente equivalente a cinco galletas de soda o a un puñado de duraznos, significaría algo peor que un carcelazo.» (M. Scorza, *Redoble por Rancas*, 16) = CONSULTAS

galletazo. m. Bofetón. (Cuba): «–(...) Nadie, ninguno de mis amos me había puesto la mano encima todavía. El mayoral me tumbó en el suelo de un galletazo, hizo que dos morenos me sujetasen por los pies y las manos y me estuvo dando *cuero** hasta cansarse (...).» (C. Villaverde, *Cecilia Valdés*, 234) = PICHARDO

gallina. f. **(1)** Mujer –pop. (Cuba): «Los hombres de campo no se acostumbraban al baile tan encerrado. Además, las gallinas salían y era ahí donde había que atraparlas. Cuando veía que una hembra salía, me le acercaba y la invitaba a beber o comer algo.» (M. Barnet, *Biografía de un cimarrón*, 70) = CONSULTAS = SANTIESTEBAN **(2) gallina de palo.** fr. f. Iguana. (Ec. = CR): «(...) saboreaba la iguana entre dormido y despierto. Esa iguana que es tan sabrosa como una gallina. Gallina de palo la llaman.» (A. Ortiz, *Juyungo*, 11) = CONSULTAS = QUESADA **(3)** Véase también **baile* de gallina.**

gallinazo. m. **(1)** Cierto árbol. (CR): «Algunos de los árboles más grandes en este hábitat y que causan admiración por sus dimensiones son el espavel, el ceiba (...), el higuerón (*Ficus sp.*), el guayabón (*Terminalia chiriquensis*), el gallinazo (*Schizolobium parahybum*) –muy vistoso en época seca por sus flores amarillas– (...).» (M. A. Boza, *Parques nacionales*, 84) = CONSULTAS **(2)** Hombre galanteador y mujeriego. (Col.) = «(...) los tradicionales gallinazos, algunos de los cuales debieron ser frenados en sus ímpetus de conquista.» (art. anónimo public. en el diario de Bogotá *El Tiempo*, 2/9/91) = «El gallinazo, mucho menos romántico que el tenorio español, pero sujeto a cursilerías mayores que las de aquél, es una curiosa mezcla de playboy y casanova (...).» (D. Samper Pizano, *A mí que me esculquen*, 183) = CONSULTAS = HAENSCH y WERNER

gallito. m. **(1)** Planta trepadora silvestre cuyas flores se parecen a la cabeza de un gallo; esta flor. (PR = Col.): «(...) más acá, las yerbas, las florecitas silvestres –rubias y rojas, azules y violetas; los *gallitos*, los *paragüitas*, la flor rosada del *morivivi**, las matitas que tanto me entretuvieron en la niñez...–.» (E. Laguerre, *La llamarada*, 158) = SANTAMARÍA DGA **(2)** ú. t. c. adj. Matón, hombre jactancioso y también pendenciero. (Arg. = Ur.): «Habían de querer probarlo largándole de tapado algún gallito.» (E. Cambaceres, *En la sangre*, 91) = CONSULTAS

gallo. m. **(1)** Tortilla blanda de maíz, servida con frijoles, carne, etc. (CR): «(...) cinco viejillas preparando gallos y haciendo el café (...).» (M. Salguero, *Agencia de policía*, 21) = ARROYO = CONSULTAS **(2)** Solista que abre el canto en fiestas y ceremonias afrocubanas. (Cuba): «El que levantaba <abría> el canto se llamaba Gallo Makuta. Los bailarines, hombres y mujeres, le respondían al Gallo o gallero*, plantado en medio de un coro de cantadores.» (L. Cabrera, *Reglas de Congo*, 78) = ORTIZ **(3)** Sexo femenino. (El Salv.): «Manuela tiene un gallo / pero qué gallo grande tiene Manuela / que siempre lo anda escondido / porque tiene muy afilada la espuela./» (Canción popular) = «En el Salvador, el 'gallo' es vulgarmente el sexo femenino (...).» (F. Metzi, *Por los caminos de Chalatenango*, 47) = CONSULTAS **(4)** Cigarrillo de marihuana. (PR): «Vitín prendió un gallo y nos ofreció pero Pucho le dijo que él no se arrebataba* en horas de trabajo.» (A. L. Vega, *Pasión de historia*, 80) = CONSULTAS = CLAUDIO DE LA TORRE **(5)** Mecha de pelo. (Méx.): «Es un hombre muy alto, peinado de raya, que siempre tiene un gallo levantado.» (J. Ibargüengoitia, *Dos crímenes*, 48) = CONSULTAS **(6)** En las minas de salitre, bracero sustituto de otros trabajadores. (Ch.): «Llegó cada 'gallo' golpeado, / vino cada uno de los lamentos: / entraron como fantasmas / de pálida voz triturada / y salieron de sus manos <las de Recabarren> / con una nueva dignidad.» (P. Neruda, «Recabarren», en: *Canto general*, I, 122) = SOPENA = SANTAMARÍA DGA **(7) gallo monda(d)o.** fr. m. Gallo de mísera apariencia, maltrecho. (PR): «Éste era un gallo doméstico, un gallo respetable, no un gallo 'mondao' como esos de pelea.» (A. Díaz Alfaro, *Terrazo*, 98) = CONSULTAS **(8) gallo navajero.** fr. m. Gallo provisto de espuelas cortantes; persona peligrosa. (Perú): «–No, no bromeas, niña. ¿Y qu'ibas a hacé <qué ibas a hacer> allí con ese hombre. Un granito e maí <de maíz> para semejante gallo navajero.» (E. López Albújar, *Matalaché*, 134) = CONSULTAS **(9) gallo de pelea.** fr. m. Gallo de riña. (Col. y otros): «Nadie supo entonces en qué momento empezó a tocar las campanas en la torre, y a ayudarle a misa al padre Antonio Isabel, sucesor de

El Cachorro, y a cuidar gallos de pelea en el patio de la casa cural.» (G. García Márquez, *Cien años de soledad*, 162) = CONSULTAS (véase también **pelea* de gallos**) **(10) gallo pinto** (o: **gallopinto**). fr. Arroz con frijoles, calentado en la sartén; aunque se toma en cualquiera de las comidas, los campesinos suelen tomarlo como desayuno (CR = Nic., Pan. y otros): «(...) el plato más común para el desayuno es el *gallo pinto* (arroz con frijoles).» (M. Ross, *Al calor del fogón*, 55) = «(...) las casonas viejas con gente mayor adentro, veíanse fresquitas y despedían aromas de café acabadito de chorrear*, gallo pinto, huevos revueltos y a muchas cosas más (...).» (M. Benavides, *Los hijos de Mariplata*, 42) = QUESADA = MALARET = CONSULTAS = RABELLA y PALLAIS **(11) gallo de tapada.** fr. m. Persona peligrosa. (Perú): «(...) ya no eres gallo de tapada; / mientras tú vas de bajada / ya empiezo a subir el monte.» (E. López Albújar, *Matalaché*, 191) = CONSULTAS **(12) este gallo tiene alguna pepa*.** fr. Esta persona tiene alguna honda preocupación. (Ec.): «–(...) Yo siempre había pensado: este gallo tiene alguna pepa*... Por eso anda solo y no le gusta divertirse, como los demás...» (N. Estupiñán Bass, *Cuando los guayacanes florecían*, II, 39) = CONSULTAS **(13) mamar gallo.** fr. Tomar el pelo. (Col. = Ven., Arg.): «(...) aprendió la lengua florida de los vaporinos, les mamaba gallo en latín, se emborrachaba con ellos en los tugurios de maricas del mercado (...).» (G. García Márquez, *El otoño del patriarca*, 149) = «Por supuesto, la etimología del verbo *mamar gallo* y de los términos que de él se derivan (mamagallista, mamagallismo, mamagallístico, mamadera* de gallo) admite versiones de muy variada raíz. (...) Algunos aseguran que nace de cierta práctica erótica que no viene al caso describir, pero que es fuente de insatisfacciones múltiples. Y otros afirman que la expresión se forjó en el rudo ambiente de las galleras, donde (...) se llama 'mamar gallo' a la práctica consistente en morder las patas del gallo y untarlas con aguardiente (...).» (D. Samper Pizano, *Mafalda, Mastropiero y otros gremios paralelos*, 137-8). = HAENSCH y WERNER = TEJERA (véase también **mamadera de gallo**) **(14) meter el gallo al saco.** fr. Meter en cintura, dominar a alguien. (Ven.): «(...) hubo una del demonio, por aquellas palabras tan sucias que salían de la boca de su esposo, a quien ella juzgaba un santurrón. Entonces estaban recién casados, y no había podido todavía meter el gallo al saco.» (M. V. Romero García, *Peonía*, 145) = CONSULTAS **(15) ser mucho gallo.** fr. Ser muy astuto. (Perú): «Después le decía, para hacerle creer que se trataba de una atención especial: –No lo digas. Lo hago contigo solamente... / Era mucho gallo don Cipriano.» (C. Alegría, *Los perros hambrientos*, 125) = CONSULTAS **(16) pelar gallo.** fr. Morir. (Méx.): «Cuando de pronto comenzó a sentirse el sol, el Manteca gritó de pronto: –Güero <rubio> Margarito, ya tu asistente quiere pelar gallo. Dice que ya no puede andar.» (M. Azuela, *Los de abajo*, 108) = SANTAMARÍA DGA **(17) salirle gallo** a uno. fr. Salirle el tiro por la culata. (Col.): «(...) *no debo perder, necesitamos esa plata, yo no sé por qué apostamos tanto, pero Alfredo me forzó, estaba seguro que le ganaría lejos y me salió gallo* (...).» (U. Valverde, *Bomba Camará*, 27) = CONSULTAS

gallopinto. m. Véase **gallo* pinto.**

gamba. f. **(1)** En los árboles majestuosos, parte de las raíces que aflora y les da el aspecto de la base de un cohete. (CR): «Los chanchos <de monte, o jabalíes> se metieron dentro de unas gambas de un gigantesco árbol de 40 metros de altura, y cuando tratábamos de tapar con palos algunas salidas, los animales saltaron (...).» (M. Salguero, *A la caza del coyote*, 11) = QUESADA (véase también **bamba**) **(2)** Hablando del ser humano, pierna. (Col., Ur., Arg.): «Decían los entrenadores que tenía las piernas más largas del fútbol colombiano, que podría jugar desde la bomba central sin mover más que las gambas.» (D. Samper Pizano, *A mí que me esculquen*, 239) = «(...) mientras ellos sesteaban a gamba suelta.» (M. Benedetti, *Primavera con una esquina rota*, 133) = «(...) lleno de pendejitas* en malla <bañador> se ven las gambas bien (...).» (M. Puig, *La traición de Rita Hayworth*, 161) = CONSULTAS = CASULLO = GOBELLO = CHIAPPARA = TERRERA **(3)** Billete de cien pesos. (Arg.): «(...) al fin y al cabo fueron cuatro gambas (...).» (R. Tizziani, *Los borrachos en el cementerio*, 26) = CASULLO = GOBELLO = TERRERA

gambetear. tr. Hurtar el cuerpo, esquivar. (Arg. = Col.): «Varios muchachos, gambeteando a pie y a caballo, se daban de vejigazos o se tiraban bolas de carne (...).» (E. Echeverría, *El matadero*, 102) = «Los chúcaros corrían como gamas y, al verse apareados*, se sentaban gambeteando de lo lindo.» (R. Güiraldes, *Don Segundo Sombra*, 107) = «(...) en brillante jugada, gambeteando a la entera delantera boquense <del Boca Júniors> se acerca al arco y ¡gol! (...).» (M. Puig, *La traición de Rita Hayworth*, 167) = «(...) una vez que discutimos / me tiraste con los tarros*, / que si no los gambeteo / estaba lista, no sé...» (C. E. Flores, «Lloró como una mujer», en: J. Barreiro, *El Tango*, 190) = CONSULTAS = TERRERA = HAENSCH y WERNER

gambusino. m. Minero que busca yacimientos minerales, especialmente de oro, en placeres. (Col. = Méx.): «Es cierto que, muy de vez en cuando, los buscadores de oro llegan hasta esta altura del río para lavar las arenas de la orilla en las bateas de madera. El humo acre de tabaco ordinario me anuncia el arribo de los gambusinos.» (A. Mutis, *La Nieve del Almirante*, 123) = SANTAMARÍA DGA

gamín. m. Golfillo, pilluelo. (Bol. = Col. y Ec.): «Alguna vez hemos tenido que denunciar, ante el comisario, casos de apedreaduras*, por bandas de gamines, a los prisioneros enfermos.» (A. Guzmán, *Prisionero de guerra*, 224) = MALARET = SOPENA = HAENSCH y WERNER

gamonal. **(1)** m. Latifundista, terrateniente que explota a sus peones –no es necesariamente un cacique. (Ec. = Ven., Col., Perú y Bol.): «(...) Alberto Montoya con sus novedades traídas de la ciudad: palabras desconocidas, el rasgar de las erres*, los zapatos de charol, los sombreros de colores chillones, las murmuraciones contra el Cura, la especialización continua en modales y aires de gamonal.» (J. Icaza, *Cholos*, 34) = CONSULTAS = JARAMILLO DE LUBENSKY = HILDEBRANDT P **(2)** adj. Ostentoso. (Ec.): «En aquellos momentos –explosión de prosa gamonal– se subrayaba en él todo lo grotesco de su adiposa figura.» (J. Icaza, *El Chulla Romero y Flores*, 3) = SOPENA

gana. f. **(1) ganas.** pl. Ahínco. (El Salv. = CR y Col.): «Los pescozones les caían a la par de los culatazos, en las orejas, en la espalda, culatazos y puntillazos con las botas que hasta la saliva se les salía a los guardias de las ganas con que les daban.» (M. Argueta, *Un día en la vida*, 79) = CONSULTAS **(2) de gana –1.** fr. Sin intención determinada. (Ec.): «De ver tu cara tan fiera / Yo de gana me reí, / Pues viéndome en un espejo / Que yo soy más fiero vi.» (J. L. Mera, *Cantares del pueblo ecuatoriano*, I, 75) = «De gana tan* habrás encontrado este libro (...).» (G. A. Jácome, *Porqué se fueron las garzas*, 18) = CONSULTAS = MALARET = MORÍNIGO **(3) de gana –2.** fr. En vano, inútilmente. (Ec.): «Pero esperé de gana, porque no fue ese día ni el siguiente. (...) / Gracias, doctor, de gana se ha molestado.» (G. A. Jácome, *Porqué se fueron las garzas*, 36 y 165) = CONSULTAS

ganarse. prnl. tr. ind. Refugiarse, abrigarse en. (Arg.): «Recordarán que quedamos / sin tener dónde abrigarnos; / ni ramada ande <donde> ganarnos, / ni rincón ande meternos, / ni camisa que ponernos, / ni poncho con que taparnos.» (J. Hernández, *Martín Fierro*, II, versos 1713-8) = SANTAMARÍA DGA

gancho. m. **(1)** Brazo. (PR = Rep. Dom.): «(...) en el desespero, tiré el gancho a ciegas y le agarré una mano.» (A. L. Vega, *Pasión de historia*, 65) = CONSULTAS **(2)** Sobresaliente (en un examen, la calificación máxima es de 'tres ganchos' ya que el jurado se compone de tres profesores). (Ur.): «Una generación que podía servir de ejemplo a cualquier otra: sacaban dos o tres ganchos en cada materia (...).» (H. Alfaro, *Por la vereda del sol*, 77) = CONSULTAS **(3) hacerle gancho a uno con otra persona** (o : **hacer gancho entre dos personas).** tr. Ayudar a un enamorado para que pueda entrevistarse con la persona a quien quiere. (Arg.): «La rabia mía es una: Celina quiso hacerle gancho al hermano con Mabel, y Usted sabe que Juan Carlos la afiló <flirteó con ella> un poco, pero después dejaron.» (M. Puig, *Boquitas pintadas*, 26) = VERDEVOYE

ganga. f. **(1)** m. y f. Negro o negra oriunda de la comarca africana Gangá (es más difundida la forma **gangá**). (Cuba): «Los gangas eran buenos. Bajitos y de cara pecosa. Muchos fueron cimarrones.» (M. Barnet, *Biografía de un cimarrón*, 34) = PICHARDO (quien recoge la forma **gangá**) **(2)** Poder mágico que tiene uno. (Cuba): «A mi gran sorpresa sé de ñáñigos que comulgan y confiesan anualmente. Muchos, también son masones, hijos de Santos, (...), o 'manejan' una ganga.» (L. Cabrera, *La sociedad secreta abakuá*, 278) = CONSULTAS

garabatero. m. **(1)** Obrero que en la zafra separa el bagazo con un garabato. (Cuba): «Tiempo después murió el amo, y Tadeo dejó la cocina y salió otra vez a buscar trabajo al campo. Durante las zafras era garabatero.» (L. Cabrera, *Reglas de Congo*, 22) = CONSULTAS **(2)** Persona que suelta **garabatos***, o sea, palabrotas. (Ch.): «Como a los once años entré a trabajar a la casa de don Arturo Alessandri el viejo (se ríe), era buen patrón, pero más garabatero (...).» (testimonio cit. por C. Urrutia, *Historia de las poblaciones* callampas*, n° 11, p. 79) = CONSULTAS = MORALES PETTORINO, PEÑA ÁLVAREZ y QUIROZ MEJÍAS

garabato. m. Véase **garabatero.**

garabito -a. m. y f. Persona joven. (Arg.): «Cadenero* de buen porte, / garabito a la piú <más> bella, / (...).» (E. Dizeo, «Copen la banca», en: J. Barreiro, *El Tango*, 144) = GOBELLO = CONSULTAS (véase también **garabo -a**)

garabo -a. m. y f. ú. t. c. adj. Joven. (Arg.): «Viejo smoking de los tiempos / en que yo tan bien tallaba*, cuanta papusa* garaba / en tu solapa lloró.» (C. E. Flores, «Viejo smoking», en: J. Barreiro, *El Tango*, 111) = «(...) Una mina / ya sin chance <posibilidades> por lo vieja, / que sorprende a su garabo / en el trance de partir / (...).» (C. E. Flores, «Lloro como una mujer», en: J. Barreiro, *El Tango*, 189) = GOBELLO = CONSULTAS (véase también **garabito -a**)

gargantilla. m.; ú. t. c. adj. inv. Caballo que tiene una mancha larga de color blanco en la garganta. (Arg.): «El gargantilla se alzó 'como leche hervida'. Valerio, de cuerpo pequeño y ágil, seguía a maravilla los lazos de una 'bellaqueada*' sabia en vueltas, sentadas, abalanzos y cimbrones.» (R. Güiraldes, *Don Segundo Sombra*, 48) = VERDEVOYE

garifo -a. adj. Vivo. (Arg. = Bol.): «Mis tres caballos estaban más que cansados; el reservado, trasijado* después de nuestra lucha; el redomón no me parecía por demás garifo.» (R. Güiraldes, *Don Segundo Sombra*, 171) = MORÍNIGO

garnacha. f. **a la garnacha** (o : **a la pura garnacha**). fr. Por fuerza. (Guat. = Hond.): «(...) Chamarrita les ofrecía devolverles la tierra que con el pretexto de abolir las comunidades les arrebataron a la pura garnacha.» (M. A. Asturias, *El señor presidente*, 250) = CONSULTAS = SANTAMARÍA DGA

garra. f. Agresividad, vigor. (Bol., Méx.): «Éramos más efectivos ese medio día. Peleábamos con más garra.» (R. Poppe, *Después de las calles*, 71) = SOPENA = SANTAMARÍA DGA (Véase también **garrudo**)

garrón. m. **(1)** Servicio o favor gratuito, especialmente, el que da una prostituta al que, sin ser su rufián, le resulta grato. (Arg.): «Garrón, en su origen, quiso definir el asalto, luego (...) el término continuó ampliándose.» (R. Arlt, *Aguafuertes porteñas*, 117) = GOBELLO **(2) de garrón.** fr. Sin pagar, gratuitamente, de gorra. (Ur., Arg.): «Conflicto de CUTCSA <compañía de autobuses>. El terrorismo viaja de garrón.» (Sergio Israel, en: semanario *Brecha*, 15/7/94) = «(...) y a la hora de pagar / te rajás*; / p'andar de garrón / vos sos un campeón.» (M. Romero, «Estampilla», en: J. Barreiro, *El Tango*, 180) = CONSULTAS = GOBELLO = CASULLO = CHIAPPARA = TERRERA = MORÍNIGO (véanse también **garronear** y **garronero**) **(3) meter la pata hasta el garrón.** fr. Véase **pata.**

garronear. intr.; ú. t. c. tr. Comer o divertirse a costa ajena, vivir de gorrón; obtener algo gratuitamente. (Arg.): «(...) la mina <mujer> se la ablanda a usted, a mí o a cualquiera, y se pone a garronear.» (R. Tizziani, *Los borrachos en el cementerio*, 59) = GOBELLO = MORÍNIGO (quien recoge la forma intr. –véanse también **garrón** y **garronero**)

garronero. m. El que come y se divierte a costa ajena. (Arg.): «El parásito jovial, o el 'garronero', como lo llamamos nosotros en nuestra 'fabla' gentil y armoniosa (...) es un ente no abstracto y metafísico (...) es un ser de carne que anima y contribuye al engrandecimiento de la economía de nuestro país haciendo que los otros gasten por ellos y por él.» (R. Arlt, *Aguafuertes porteñas*, 116) = GOBELLO (véanse también **garrón** y **garronear**)

garrote. m. **(1) jugar garrote.** fr. Ser muy abundante. (Ven.): «–(...) Lo que es ahorita, ahorita las cosas no están buenas. Anda el plomo jugando garrote.» (A. Uslar Pietri, *Las lanzas coloradas*, 94) = TEJERA = CONSULTAS **(2)** Véase **garrotero.**

garrotero. m. Usurero, prestamista. (Cuba): «Su padre era garrotero, y él recordaba con demasiada claridad aquel negocio, y sabía que la revolución había liberado a los pobres de la presión de la usura (...).» (J. Díaz, *Las iniciales de la tierra*, 105) = «En nuestro país, por extensión, se llama de forma figurada 'garrotero' a aquellos usureros que extorsionaban al pueblo en beneficio propio.» (África, «El garrote* en Cuba», en: revista *Bohemia*, 9/2/90) = CONSULTAS = SÁNCHEZ-BOUDY (quien registra la fr. **¡de garrotero tendría mucho éxito!** con el sentido de '¡cómo agarra!', '¡cómo acogota!') = SANTIESTEBAN

gas. (1) m. Queroseno. (Guat., El Salv. = Cuba): «Ya allí, toma la botella de gas, le quita el tapón y vierte un poco de líquido sobre los leños muertos, luego enciende un fósforo (...).» (L. de Lion, *El tiempo principia en Xibalbá*, 29) = «Le voy a echar un poquito de gas a la leña.» (M. Argueta, *Un día en la vida*, 88) = ARMAS = CONSULTAS **(2) estar gas.** fr. Estar enamorado. (Guat.): «Al principio, yo, que estaba bien gas por él, le borraba a puros besos largos aquel interminable pasar de muertos en cajones de todos colores.» (M. A. Asturias, *El señor presidente*, 169) = CONSULTAS = SANTIESTEBAN

gaseosa. f. **gaseosa a bolita.** fr. f. Bebida refrescante que en vez de cápsula tiene una esfera de vidrio en el interior de la botella; para destaparla se presiona la bolita. (Ur.): «Desde días atrás se había programado (...) ir al Parque Urbano a comer churros, tomar cerveza (los chicos, gaseosas a bolita o Bilz), andar en los juegos (...).» (H. Alfaro, *Por la vereda del sol*, 46) = CONSULTAS

gata. f. **(1)** Empleada doméstica, sirvienta. (Méx.): «Los conductores dentro de sus coches pasan junto a ellas y no las ven. O tan poco. No importan. Son las criaditas, las gatas domingueras.» (E. Poniatowska, en: A. Gutiérrez, *Se necesita muchacha*, 15) = «Ambrosio está loco, ha obligado a la criada a usar perfume y rasurarse los sobacos, ¿tú crees?, la pobre gatita se va a sentir gente decente (...).» (C. Fuentes, *La frontera de cristal*, 25) = SANTAMARÍA DGA (en **gato -a***) = VELASCO = JIMÉNEZ = MORÍNIGO = CONSULTAS (véase también **gatero**) **(2) a gatas, a gatitas.** fr. A duras penas; apenas, con dificultades, o reticencias. (Par., Arg. = Méx., Col., Bol. y Ur.): «Yo apenas si puedo saber cuando tocan una polca. –dijo el cívico–. Y a gatas.» (A. Roa Bastos, *Hijo de hombre*, 104) = «(...) bajaban algunos negros que andaban* de ordenanza en el congreso o en alguna que otra repartición <servicio administrativo> nacional. Algunos, viejos, como el pardo Elizalde, a gatas si podía caminar, el pobre, pero áhi <*sic*> se aparecía para la fiesta de la patrona.» (E. Sábato, *Sobre héroes y tumbas*, 95) = SANTAMARÍA DGA = MALARET = VERDEVOYE = CONSULTAS = HAENSCH y WERNER

(quienes registran la fr. **verse a gatas** con el sentido de 'hallarse en peligro, apuros, dificultades')

gatero -a. adj. Aficionado a las sirvientas o **gatas***. (Méx.): «¡Ah, qué don Pedro! –dijo Damiana–. No se le quita lo gatero... yo le hubiera dicho a la Margarita que el patrón la necesitaba para esta noche, y él no hubiera tenido ni la molestia de levantarse de su cama.» (J. Rulfo, *Pedro Páramo*, 110) = CONSULTAS

gatillero. m. Pistolero. (PR): «El auto en que viajaban los matadores resultó ser hurtado en el área metropolitana de San Juan. / Uno de los gatilleros se desmontó del auto y le hizo los disparos a F. G. En la escena se recuperaron 16 casquillos de bala calibre nueve milímetros.» (*El Nuevo Día*, 30/4/94) = CONSULTAS

gato. m. **(1)** Mozo. (Guat.): «Se me acercó un gato. / ¿Taxi, señor?» (M. A. Flores, *Los compañeros*, 72) = SOPENA **(2)** Cierto pastel rectangular, compuesto de dos tapas unidas con miel. (CR): «Pasó por la pastelería donde le ofrecieron vender gatos, cachos, orejas, pestiños con tapa de dulce y cajetas de leche.» (G. Kearney, «Un turista en Costa Rica», en: *La Nación* de San José, dic. de 1989) = QUESADA = CONSULTAS **(3)** Véanse **gata** y **gatero.**

gavilán. m. **(1)** Negociante que comercia con los objetos abandonados en la aduana. (CR): «Todo el negocio nace cuando los gavilanes visitan los almacenes fiscales para ver la mercancía.» (Patricia Leiton, «Gavilanes controlan subastas», en: *La Nación*, 13/5/91) = «De acuerdo con la policía, en el negocio participan muchos *gavilanes* más, a quienes se vincula con estafas por $ 300 millones, aproximadamente.» (Irene Vizcaíno, «Gavilanes sospechosos de estafas en Registro», en *La Nación*, 19/7/94) = CONSULTAS **(2)** Árbol muy majestuoso, notable por el tamaño excepcional de sus gambas*. (CR = Nic.): «Las especies de árboles más comunes son el cedro macho (*Carapa guianensis*), el gavilán (*Pentaclethra macroloba*) (...).» (M. A. Boza, *Parques nacionales*, 214) = CONSULTAS = QUESADA = RABELLA y PALLAIS **(3)** Tela de algodón a rayas. (Méx.): «Hasta muy recientemente, los chontales de Oaxaca solían usar el 'gavilán', que es una tela rayada de algodón blanco (...).» (R. D. Lechuga, *El traje indígena de México*, 177) = CONSULTAS **(4)** Hierro cortante. (Ec.): «Los tumbadores empuñaban las hachas blancas del feroz filo no de nuevas. I <Y> comenzó el trabajo. / (...) los gavilanes de las hachas le daban claras chispas de regalo al sol mañanero.» (J. Gallegos Lara, «Los madereros» en: *Los que se van*, 120) = CONSULTAS

gavilla. f. **hacerle gavilla** a alguien. fr. Atacar entre varios a una sola persona. (Ec.): «No peliaba <peleaba>, porque naide quería peliá conmigo... Y si hubiera peliado, me hubieran hecho 'gavilla'... Me tenían miedo...» (N. Estupiñán Bass, *Cuando los guayacanes florecían*, I, 94) = CONSULTAS

gavillero. m. Bandido, bandolero; miembro de una gavilla de asaltantes. (Rep. Dom., Méx.): «En sus anécdotas figura el gavillero Rafael Lucas, que asaltaba (...) en el paso del Naranjal.» (R. Lacay Polanco, «La Bruja», en: S. Nolasco, *El cuento en Santo Domingo*, 192) = «Apulco está sobre una barranca y San Pedro a las orillas del río Armería. También en el cuento «El llano en llamas» aparece ese río de mi infancia. Allí se escondían los gavilleros. Porque a mi padre lo mataron unas gavillas de bandoleros que andaban allí, por asaltarlo no más.» (J. Rulfo, *Toda la Obra*, 816) = RODRÍGUEZ = OLIVIER = SOPENA (véase también **gavilla**)

gavión. m. Seductor, conquistador, don Juan. (Arg.): «Fuiste compadre del gavión y de la mina <mujer> / y hasta comadre del bacán* y la pebeta <niña>.» (E. S. Discépolo y C. Marambio, «El choclo», en: J. Barreiro, *El Tango*, 124) = «(...) / te engrupieron* los otarios*, / las amigas, el gavión; / (...).» (C. E. Flores, «Mano a mano», en: J. Barreiro, *El Tango*, 191) = CONSULTAS = GOBELLO

gaviota. f. **(1) apelar a las de gaviota.** fr. Huir, tomar las de Villadiego. (Arg.): «(...) el viejo ganó la puerta / y apeló a las de gaviota.» (J. Hernández, *Martín Fierro*, II, versos 2.587-8) = CONSULTAS **(2) ¡a volar, gaviotas!** fr. que se utiliza para mandar a alguien a paseo. (Méx.): «Yo la vida no la tengo comprada para andarla perdiendo en las jodederas* que discurren sus mercedes. ¡Así que a volar, gaviotas!» (E. Poniatowska, *Hasta no verte Jesús mío*, 196) = CONSULTAS

general. m. Véase **generales.**

generala. f. Juego en el que se lanzan cinco dados y deben componerse ciertas figuras similares a las del póker. (Ur., Arg.): «(...) nadie advertía ni a nadie le importaba si preferíamos ir a jugar al truco o la generala en el Sportman o el Saroldi.» (H. Alfaro, *Por la vereda del sol*, 76) = «(...) y mentira que viene tomado, si se viene furioso es que perdió a la generala (...).» (M. Puig, *La traición de Rita Hayworth*, 180) = GOBELLO = CONSULTAS

generalazo. m. Pronunciamiento hecho por un general o militares de alta graduación. (Ec.): «(...) un generalazo hasta las últimas consecuencias clausurando colegios y universidades (...).» (G. A. Jácome, *Porqué se fueron las garzas*, 157) = CONSULTAS

generales. m. pl. Datos personales. (Méx., Guat.): «Para que me dejaran entrar en el Hospital

Naval tuve que dar mis generales y cincuenta pesos al cabo de guardia (...).» (J. Ibargüengoitia, *Dos crímenes*, 209) = «(...) no sabía su nombre, ni su cara, ni su procedencia, ni sus generales, ni sus huellas digitales (...).» (M. A. Flores, *Los compañeros*, 228) = CONSULTAS

geniable. adj. De buen genio, que congenia fácilmente con los demás –pop. (Ec.): «–(...) ¡Semejante patroncito, tan buen mozo, tan **geniable** y tan rico! Con el tiempo no ha de haber chiquilla que se le escape... (...) Iba cayendo en gracia Roberto, que también era guapo y **geniable**, y como Jorge se cuidaba exclusivamente de atender a Zoilita, aquél se dedicó a entretener a las demás muchachas que pronto le tuvieron confianza, y la fiesta fue rodando con espontaneidad y alegría.» (J. R. Bustamante, *Para matar el gusano*, 32 y 36) = CONSULTAS

gente. (1) adj. Bien vestido. (PR): «(...) ¿a quién veo? Nada más y nada menos que a Don Danilo The Ripper, gente, parado <de pie> en la luz de la esquina en un Mitsubishi negro y con tremenda jevita <muchacha> al lado.» (A. L. Vega, *Pasión de historia*, 77) = CONSULTAS **(2) gente de voy.** fr. Gente estúpida. (Guat.): «(...) tengo que hacerlo todo (...) porque me ha tocado gobernar en un pueblo de gente de voy (...).» (M. A. Asturias, *El señor presidente*, 257) = CONSULTAS **(3) como la gente.** fr. Como Dios manda. (Arg.): «Antes de andar haciéndome el 'taita', tenía por cierto que aprender a carnear, enlazar, pialar, domar, correr como la gente en el rodeo (...).» (R. Güiraldes, *Don Segundo Sombra*, 54) = VERDEVOYE

gil -a. m. y f. Bobalicón, gilí. (Arg. = Cuba, Méx. y Col.): «La gente me ha engañao / desde el día en que nací, / las hembras se han burlao, / la vieja la perdí. / No ves que estoy en yanta* / y bandeao <bandeado*> por ser un gil.» (E. S. Discépolo, «Tres esperanzas», en: I. Vilariño, *Tangos*, 66) = «Mucha distancia para fracasar, para ponerse a trabajar como un gil recién llegado.» (R. Tizziani, *Los borrachos en el cementerio*, 31) = «(...) ella, con un coso* mayorengo <oficial de policía> y gran bacán*, / (...) en la lona de los giles me tendió en el cuarto round.» (E. Escaris Méndez, «Barajando», en: J. Barreiro, *El Tango*, 54) = GOBELLO = CASULLO = CHIAPPARA = SANTIESTEBAN = JIMÉNEZ = HAENSCH y WERNER

gila. f. Muchacha; enamorada. (Perú): «Un altoparlante alquilado en Cerro de Pasco transmitía la música de unos discos prestados por un agente viajero. / *Yo la quería, patita, / era la gila más buenamoza del callejón*, / se lamentaba la vitrola <victrola> desencadenada en la confusión de sentimientos.» (M. Scorza, *Redoble por Rancas*, 83) = SOPENA = CONSULTAS

gilada. f. Conjunto de '**giles***', gilís, tontos. (Arg. = Ur.): «Ustedes los entrerrianos <de la provincia de Entre Ríos> son unos cursis. Sacáte el cine de la cabeza, que eso es para la gilada.» (Copi, *La vida es un tango*, 66) = GOBELLO = CASULLO = CONSULTAS

gilastro. m. Tonto. (Arg.): «No sé por qué dicen que no hay más otarios <tontos> / que todos son ranas* y taita <matones> a la vez, / si por cada vivo marca el calendario / más de cien gilastros que nacen por mes.» (H. N. Behety, «Todavía hay otarios», en: J. Barreiro, *El Tango*, 207) = GOBELLO = CASULLO = CONSULTAS

ginebra. f. Bebida alcohólica obtenida por destilación de la cebada. (Arg.): «Los hombres, por su lado, se acercaban al despacho de los frascos, que hoy habíamos contemplado con Pedro, y allí hacían gasto de ginebra, anís Carabanchel y caña* de durazno o guindado.» (R. Güiraldes, *Don Segundo Sombra*, 69) = CONSULTAS

girón (o: **jirón**). m. Serie de cuadras o manzanas; calle. (Perú): «Casi de repente, llegando a la cima de la lomada, se entra al girón Bolívar. (...) Es, pues, la calle de los vecinos*, de los principales*. Calle larga, angosta, bien cuidada, con aceras de piedra pulida. El girón Bolívar comienza en la plaza* de Armas, sigue derecho tres o cuatro cuadras, cae después en una quebrada ancha, y termina en la plaza del ayllu <comunidad> de Chaupi.» (J. M. Arguedas, *Yawar Fiesta*, 9) = MALARET (**girón** es ortografía más frecuente que **jirón**)

glacis (o: **glácil**). m. Explanada de cemento que se usa en las haciendas para secar al sol los granos de café o de maíz. (PR): «La puerta abierta del despacho proyectaba un rectángulo amarillento sobre el cemento del glacis.» (R. Marqués, *La víspera del hombre*, 11) = «Estamos todos reunidos junto a un largo almacén de paredes de ladrillos, en un glacis en el patio de la hacienda.» (E. Laguerre, *La llamarada*, 102) = ÁLVAREZ NAZARIO = MAURA (quien recoge **glácil**)

globa. f. Pelota de fútbol. (Ur.): «Lo cierto fue que cuando el golerito estiró como siempre su camiseta para recibir la globa, la potencia que ésta le traía venció irremediablemente aquella ostentación, se le coló entre las piernas y rodó sin apuro por el césped hasta cruzar la línea de gol.» (M. Benedetti, *La borra del café*, 37) = «(...) Schiaffino era un genio aun sin la globa.» (M. Benedetti, *Primavera con una esquina rota*, 33) = CONSULTAS

globo. m. Infundio, patraña; mentira. (Arg. = Cuba): «Si no charlaras tanto –le dice–, no soltarías esos globos.» (L. Marechal, *Adán Buenosayres*, 400) = GOBELLO = SANTIESTEBAN

gobernadora. f. Arbusto cauchífero (*Zygophyllum tridentatum*) de las llanuras secas del centro y del norte, de unos dos metros de altura; tiene propiedades antirreumáticas y diuréticas. (Méx.): «'La gobernadora, señor. Una plaga que nomás espera que se vaya la gente para invadir las casas. Así las verá usted'.» (J. Rulfo, *Pedro Páramo*, en: *Toda la Obra*, 184) = «Les decía que pusieran un vaso de agua a serenar o tomaran miel virgen (...), o gobernadora en ayunas...» (E. Poniatowska, *Hasta no verte Jesús mío*, 247) = SANTAMARÍA DGA y DM

godo. m. y adj. **(1)** Español peninsular de la época colonial o de la Independencia. (Perú = Bol.): «El Ñato era también artista en esto de retocar y habilitar una moneda de cobre. Y su habilidad era tal que hasta se atrevía con los cuatro corbatones* o bolivianos, a los que, ignoro con qué procedimiento, les daba ese aspecto de vejez de los pesos godos, que cuando pagaba con uno de ellos no había más que recibir y guardar.» (E. López Albújar, *De mi casona*, 105) = CONSULTAS = MUÑOZ REYES **(2)** Rico y poderoso, integrante o descendiente de las familias españolas oligárquicas; criollo rico. (Perú = Ven.): «–(...) no se les deja meter la mano en todas las cosas de los godos. Porque aquí, ño <don> Parcemón, no hay más hombres libres que los godos.» (E. López Albújar, *Matalaché*, 94) = TEJERA **(3)** Decíase de la persona que, cualquiera que fuese su origen, era partidaria del régimen colonial, y más especialmente de la monarquía. (Ven. = Arg. y otros): «–Bueno, Natividad. Pero tú no has pensado una cosa. ¿De qué lado nos vamos a meter? / –¿Cómo, de qué lado? / –(...) ¿De qué lado? Si nos hacemos godos o republicanos. (...) los godos tienen bandera colorada y gritan: '¡Viva el rey!» (A. Uslar Pietri, *Las lanzas coloradas*, 76) = CONSULTAS = TEJERA **(4)** Conservador, más especialmente partidario del partido conservador –a partir de la segunda mitad del siglo XIX hasta el siglo XX inclusive. (Col. = Ven.): «(...) había venido él en el tumulto de la guerra con un trapo colorado en la cabeza gritando en las treguas de los delirios de las calenturas que viva el partido liberal carajo, viva el federalismo triunfante, godos de mierda (...).» (G. García Márquez, *El otoño del patriarca*, 143) = «Si el fútbol llega al concejo, los godos tendrán que llegar vestidos de azul, los liberales de rojo (...).» (D. Samper Pizano, *A mí que me esculquen*, 227) = FILIPPO = HAENSCH y WERNER = SANTAMARÍA DGA = TEJERA = MORÍNIGO

gofio. m. **comer** (o: **hablar**) **gofio.** fr. m. Hablar o hacer naderías o tonterías. (Cuba): «(...) fíjate en lo que haces. Ten mucho cuidado. No te vayas a poner a comer gofio.» (J. Soler Puig, *En el año de enero*, 200) = CONSULTAS = SÁNCHEZ-BOUDY

gol. m. **(1) gol de palomita.** fr. Gol consecutivo a un cabezazo en plancha (o sea gol que mete el jugador echándose hacia adelante y aterrizando sobre los brazos tras haber golpeado la pelota con la cabeza). (Arg.): «(...) en brillante jugada, gambeteando* a la entera delantera boquense <del Boca Júniors> se acerca al arco y ¡gol!, gol de palomita brillantemente marcado por la revelación de todos los tiempos...» (M. Puig, *La traición de Rita Hayworth*, 167) = CONSULTAS = VERDEVOYE **(2) meter un gol.** fr. Engañar al cónyuge. (CR): «Y le fue bien que se casó con ese Alma de Dios de Juan Rafael, porque yo creo que le metió el gol y que antes de casarse con él...» (H. Elizondo Arce, *Memorias de un pobre diablo*, 40) = «¡Marido modelo! (...) ¿Y quién te ha dicho que en este mundo existe, a todo lo largo de una vida matrimonial, un solo hombre que no le haya metido un gol a su mujercita?» (P. L. Acuña, *Gallo pinto*, 124) = CONSULTAS

goleta. adj. m. y f. De mala calidad, chapurreado, hablando de un idioma. (PR): «Apenas podía disimular un temblor telenovelesco de labios cuando tuve que saludar a Paul en mi francés goleta (...).» (A. L. Vega, *Pasión de historia*, 12) = CONSULTAS

golfín. m. Cierto juego que se practica durante el velorio de un niño. (Ec.): «–Sigamos con el velorio. Juguemos ahora con el *Golfín, golfín de la buena ballena*. / –¿Cuál? ese que se dice: '¿En quién mancha?' (...) / éste es un juego del mismo chigualito <ritual fúnebre con ocasión del velorio de un niño>.» (A. Ortiz, *Juyungo*, 212) = CONSULTAS

golilla (o: **golía**). f. Agresividad, audacia; fanfarronada. (Hond.): «Deja que suba a sacarnos ese Palomo –dice Holguín–. Ya verás lo que pasa.¡No va <a> alcanzar ni a pedacitos! ¡Lo van a tener que venir a recoger por libras, como en carnicería! ¡Nos vamos a salir del cuarto, pero no cuando él diga! ¡Que suba a ver si tiene tantos 'güevos', así como 'golilla'!» (R. Amaya Amador, *Prisión Verde*, 280) = «(...) listos para bajarle las golías al enemigo que por allí se asomara.» (M. Funes, *El Serio*, 105) = CONSULTAS

golillero. m. Provocador, fanfarrón; presumido. (Hond.): «–Oigan a ese golillero de Tivicho berreando a lo bruto. –Ahora no hay quien le calle una nueva tonada. –Siempre es así –comenta Marcos, despectivamente–, se las pica de poeta, músico y cantante.» (R. Amaya Amador, *Prisión Verde*, 318) = «–Tipos <cobardes> esos, yo los conozco bien, dijo un viejo general de cerro (...). Quisiera verlos (...) con el rifle al hombro, como anduve yo con los indios de Intibucá <departamento de Honduras>, de otros tiempos. Golilleros, los de ahora. Aquellos sí que eran combates (...).» (M. Funes, *El Serio*, 156) = CONSULTAS

golondrina. adj.; ú. t. c. s. Trabajador rural temporero. (Par. = Ur. y Arg.): «–¿Tenía un entierro

<tesoro enterrado> aquicito y se fue allá lejos a dejar los bofes como peón golondrina? –le interrumpe Manuel, indignado no se sabe si contra la idiotez del bracero o la patraña del recién llegado.» (A. Roa Bastos, *El baldío*, 53) = CONSULTAS = GOBELLO

golosear. tr. Desear sexualmente a alguien; apetecer una comida. (Cuba): «La Pájara siempre había goloseado a Nicotiano y ahora le parecía un sueño *poseerlo*.» (R. Vázquez Díaz, *La isla del Cundeamor*, 165) = CONSULTAS

golpe. m. **(1)** Variante rápida del joropo; hay varias clases de golpe –el aragüero, el llanero, el mirandino y el oriental. (Ven.): «Pocos momentos después bailaba yo un golpe aragüeño <de Aragua> con la madre del muertecito quien, según costumbre, preside estas fiestas como una Pascua.» (M. V. Romero García, *Peonía*, 306) = «(...) se instalaron un tocador de tambor y un maraquero*, y comenzaron interminables 'golpes' de Aragua.» (A. Uslar Pietri, *Las lanzas coloradas*, 79) = TEJERA = CONSULTAS **(2) a** (o: **al**) **golpe de.** fr. Cerca de, alrededor de una hora o tiempo no muy exacto –se suprime a veces el artículo definido que suele preceder a la hora mencionada. (Perú = Ven.) = «El primero que generalmente llegaba a golpe de seis era don Tomás Sierra (...).» (E. López Albújar, *De mi casona*, 115) = TEJERA **(3) golpe de río.** fr. Riada violenta y ruidosa que sigue a una intensa lluvia. (PR): «El anuncio de destrucción y muerte parecía fundir en un solo desamparo hombres, cosas y animales. Y el caracol de Marcela anunciando el 'golpe' del río parecía acoger en sus notas el eco de corazones que descubrían por vez primera la hermandad y la tolerancia.» (R. Marqués, *La víspera del hombre*, 65) = DÍAZ MONTERO **(4) golpe de teléfono.** fr. Llamada telefónica. (Arg.): «–¿Qué haría usted? / –Pues nada –cacareó el viejito–: darle un golpe de teléfono a Macoco Funes, el senador, para que clausurara este odioso clandestino*.» (L. Marechal, *Adán Buenosayres*, 537) = CONSULTAS **(5) ¡un solo golpe al caite!** fr. que se refiere a la orden militar con la que se regulaba la marcha de los soldados rasos. (Guat.): «(...) los albañiles, al darse cuenta de que era carro <coche> de militar, comenzaron a chiflar y a cantar: / –¡Un sólo <solo> golpe al caite, un sólo golpe al caite, un sólo golpe al caite! ¡Un, dos, tres, march <*sic*>!» (D. Liano, *el hombre de Montserrat*, 132) = CONSULTAS

golpear. intr.; ú. t. c. tr. Aspirar profundamente el humo del cigarro o cigarrillo. (CR, Ec.): «Yo acababa de aprender a golpear el cigarrillo, y sentíame muy orgulloso.» (C. L. Fallas, *Marcos Ramírez*, 191) = «Pero también (...) le pide que (...) no fume, que lo hace tan mal que resulta catastrófico verla engullir el humo para luego, sin golpear, soltarlo en tres bocanadas intermitentes sobre la cara de alguien (...).» (J. García Calderón, *La tarde del antihéroe*, 9) = ARROYO

goma. f. **(1)** Gastritis alcohólica, náuseas debidas al etilismo; resaca. (Guat., CR, Hond., Pan. = Méx., El Salv. y Nic.): «Después del accidente, su vieja hizo una misa de acción de gracias. Si hubiera sabido que íbamos socados* y con putas no hace ni droga*. Nos hincaron a los cinco y el cura maje* nos echó agua bendita. Mejor nos hubiera dado un trago. Todavía estábamos de goma.» (M. A. Flores, *Los compañeros*, 31) = «Ustedes lo que quieren es que mi marido y mi amiga paladeen el traguito y que yo sufra la goma.» (P. L. Acuña, *Ropa tendida*, 20) = «(...) las faltas de apetito que provoca la goma.» (M. Funes, *El Serio*, 61) = «No podía sostener nada con las manos, a duras penas los dedos entre tanta tembladera de la goma.» (E. Chuez, cuento «Tragolargo», en: *Revista Lotería*, n° 365, marzo de 1987, p. 121) = QUESADA = MEMBREÑO = SANTAMARÍA DM = ARMAS = RABELLA y PALLAIS **(2)** Porra de goma. (Arg.): «–¿Y la goma? / Nos miramos espantados. Teníamos horror de la 'goma', ese bastón que no deja señal visible en la carne; el bastón de goma con que se castiga el cuerpo de los ladrones en el Departamento de Policía cuando son tardíos en confesar su delito.» (R. Arlt, *Novelas completas y cuentos*, I, 50) = CASULLO = GOBELLO = CONSULTAS **(3) goma loca.** fr. f. Pegamento muy fuerte que tiene la reputación de pegarlo todo. (CR): «Déjese una barbilla bien tuanis <estupenda>. Eso le dará un color de intelectual, que no es jugando. En caso de ser lampiño, córtese unas mechas (...) y pégueselas con goma loca (...).» (Remo, «Guía para el perfecto bombeta*», en: revista *El Relincho*, n°3, 1991) = CONSULTAS

gomón. m. Aumentativo de **goma***, malestar consecutivo a una borrachera. (CR): «Andaba de un gomón hijueputa anoche se me fue la mano y llegué a la choza* hasta el rabo*.» (R. Arias, *El emperador Tertuliano...*, 15) = CONSULTAS

gordo -a. m. y f. **(1)** Término usado entre esposos, muchas veces en vocativo. (CR = Ur. y Arg.): «Te la estás buscando gorda no sigás ve que aquí yo mando (...).» (R. Arias, *El emperador Tertuliano...*, 103) = CONSULTAS **(2)** Término que puede emplearse para llamar la atención de una persona o designar a ésta, sin que por eso sea necesariamente gorda. (Perú = Arg.): «–(...) La iba a matar. Sólo para darse gusto. Me sofoqué, gordo, me volé*. No pude aguantar tanta porquería.» (M. Vargas Llosa, *Lituma en los Andes*, 32) = CONSULTAS **(3) gorda.** f. Tortilla de maíz más gruesa que la común, bola de masa ligeramente aplastada con las manos. (Méx.): «Ya alíviese usted para que me eche mis gordas calientes.» (E. Poniatowska, *Hasta no verte Jesús mío*, 302) = SANTAMARÍA DM

gordolobo. m. Guarapo, aguardiente de caña ordinario de la región de Barranquilla. (Col.): «(...) dónde te habrás perdido en la parranda sin término del (...) gordolobo (...).» (G. García Márquez, *El otoño del patriarca*, 75) = « 'Gordon' es el nombre de una conocida marca de ginebra inglesa envasada en botellas que ostentan en el marbete la figura de un lobo. Por la semejanza del color del ron blanco con el de la ginebra, el pueblo de la Costa Atlántica bautizó su bebida predilecta 'gordolobo', asociando 'gordon' con 'lobo'.» (FILIPPO) = CONSULTAS

gorguera. m. y f. Dignatario, persona de la alta sociedad. (Hond.): «(...) aquella idea de los zapatos, le martillaba constantemente. Un hombre calzado tenía otro aspecto y ahí donde sólo los gorgueras se daban ese lujo, usarlos ellos, los Canos, les hubiera prestigiado más.» (R. Amaya Amador, *Los brujos de Ilamatepeque*, 41) = «En la prensa sólo sacaban a la gente distinguida, a las gorgueras (...).» (R. Amaya Amador, *Cipotes*, 48) = CONSULTAS

gorrión (o: **gorrión chicharra**). m. Variedad de gorrión tropical autóctono de Puerto Rico, que sólo anida en esa isla; tiene un plumaje de color castaño grisáceo en el dorso, amarillo en las alas, verde oliva en la frente y el cuello, y blancuzco en el vientre. (PR): «Una bandada de gorriones aterrizó su alegría voladora en una cepa de arrocillo*.» (E. Laguerre, *La llamarada*, 230) = MAURA = CONSULTAS

gorro. m. **apretarse el gorro.** fr. Huir, tomar las de Villadiego. (Arg.): «Y aguante el que no se anime / a meterse en tanto engorro, / y si no aprétese el gorro / o para otra tierra emigre; / pero yo ando como el tigre / que le roban los cachorros.» (J. Hernández, *Martín Fierro*, I, versos 1.111-6) = CONSULTAS

gorrudo. m. Bajo los gobiernos de Porfirio Díaz, soldado federal; después, durante el periodo armado de la Revolución, guerrillero revolucionario. (Méx.): «–Allí vienen ya los gorrudos –clamaron con azoro los vecinos de Fresnillo cuando supieron que el asalto de los revolucionarios a la plaza de Zacatecas había sido un fracaso.» (M. Azuela, *Los de abajo*, 63) = CONSULTAS

gotear(se) (o: **gotearse como guanábana madura**). prnl. Caerse, hablando de una persona. (PR = Rep. Dom.): «–Baja ya, ¡contra*! que no voy a morderte. ¿O quieres que sacuda el árbol hasta que te gotees?» (R. Marqués, *La víspera del hombre*, 85) = ÁLVAREZ NAZARIO

gótico. adj.; ú. t. c. m. Véase **niño* gótico.**

gozar. tr. Usar, lucir. (Nic. = CR): «Ella va a planchar muy humildemente la ropa que goza la mujer hermosa del terrateniente.» (C. Mejía Godoy, canción «Cristo ya nació en Palacagüina») = CONSULTAS

gracias. f. pl. **de usted son las gracias.** fr. Gracias a usted. (Guat.): «–Muchas gracias –dijo Camila– (...). / –¡De usted son las gracias, niña!» (M. A. Asturias, *El señor presidente*, 239) = CONSULTAS

grajeo. m. Abrazo. (PR): «(...) le cayó un mal de risa que el primo bombero aplacó con pulsado grajeo de la cintura (...). Ella, humedecida de labios, seductora, lo detuvo con un susurro cálido que invitaba a más grajeo (...).» (L. R. Sánchez, *La Guaracha del Macho Camacho*, 145-6) = CLAUDIO DE LA TORRE

grama. f. Hierba corta; césped. (Guat., Hond., Nic., Bol. = Cuba, El Salv., Arg. y otros): «(...) hombres y más hombres y más hombres, que se desplazaban por las calles gritando, ya no vivas, sino amenazas, agitando los sombreros, blandiendo los machetes; o se apiñaban en la plaza a pisotear la grama, qué lujo salvaje acabar con el parque inglés del alcalde, que ya debía estar colgado de un palo, darle viaje p'al <para el> suelo a la estatua del dictador (...).» (M. A. Asturias, *Los ojos de los enterrados*, 460-461) = «La Central era un grupo de oficinas y 'bungalows' diseminados en un amplio espacio de terreno sembrado de grama, laureles y palmeras; su intenso verdor contrastaba con el gris de las paredes y el rojo vivo de los tejados de zinc.» (R. Amaya Amador, *Prisión Verde*, 28) = «(...) estábamos sentados en la grama del Parque Central de León <Nicaragua> (...).» (O. Cabezas, *La montaña es algo más que una inmensa estepa verde*, 23) = «Acomodáronse en cuclillas los unos, y recostados en alfombras que fueron extendidas sobre la grama, los otros, para recibir la merienda después de haber agotado los primeros vasos de garapiña y aloja de San Pedro.» (H. Guzmán Arze, *Borrasca en el valle*, 152) = SANTAMARÍA DGA = RUBIO = RABELLA y PALLAIS = PICHARDO = VERDEVOYE (véase también **gramal**)

gramal. m. Terreno cubierto de hierba corta o de césped; el césped mismo. (Hond., Bol. = Cuba, Guat. y otros): «Este gringo, por demás simpático, era el dueño de una hermosa mula que había logrado educar. Siempre, después del pienso casero, la dejaba en libertad para que retozara a su gusto en la plaza y otros gramales de la localidad.» (M. A. Rosa, *Tío Margarito*, 144) = «Los de su generación recuerdan cómo, cabalgado <*sic*> en un asno, llevaba la recua de sus tíos a pastar en unos gramales baldíos que entonces había no muy lejos del pueblo.» (J. Lara, *Yanakuna*, 57) = CONSULTAS (véase también **grama**)

granadera. (1) Granadera. f. Música marcial con la que se hacen honores al Pabellón Nacional, al Presidente de la República o al Congreso en pleno. (Guat.): «La Marcha de Radetzsky fue sustituida por la Granadera y el locutor por la imagen de todo el Estado Mayor Presidencial (...).» (D. Liano, *el hombre de Montserrat*, 79-80) = ARMAS = RUBIO **(2)** f.; ú. t. c. adj. Dícese de las botas propias de los granaderos. (Par. = Arg.): «Las teas le iluminan los ojos claros, la barba dorada, la camisa en jirones, las sucias botas granaderas.» (H. Rodríguez-Alcalá, *Relatos de Norte y Sur*, 17) = SANTAMARÍA DGA

grande. f. El premio gordo de la lotería. (Arg. = Ur.): «Eso, bien entendido, si era que antes no lograba lo que andaba persiguiendo, como quien decía ponerse las botas, sacarse la grande, pescar un buen casamiento (...).» (E. Cambaceres, *En la sangre*, 151) = «–¡Ah! ¡Si ganamos la grande!» (R. Arlt, *Entre crotos y sabihondos*, 41) = SOPENA = VERDEVOYE = CONSULTAS

grandulón -a. adj. Necio, tonto. (Arg.): «(...) los grandulones que lo farreaban*, incapaces de tomar en serio nada que no fuera Perón o el partido del domingo con Ferrocarril Oeste (...).» (E. Sábato, *Sobre héroes y tumbas*, 227 = CONSULTAS = VERDEVOYE

granea. f. Cosecha, recolección del café, grano por grano. (CR): «Generalmente se efectúan dos graneas, dos buenas 'cogidas' y una última que recibe el nombre de 'REPELA'.» (H. Muñoz Ureña, *Cuentos de sabor a espanto de gentes sencillas*, 100) = SANTAMARÍA DGA (quien recoge **granear** con el sentido de 'coger el choclo grano por grano')

granera. f. Granero. (PR): «Junto a ella hiciéronse tres casas; en una constituyéronse seis secaderas* (...); en otra un almacén; una granera para las cosechas (...).» (M. Zeno Gandía, *La Charca*, 42) = CONSULTAS

granjería. f. Comida variada, a base sobre todo de frituras –pop. (Cuba): «Uno le daba un medio o dos <a la vendedora> y a comer frituritas de yuca, de carita, de malanga, buñuelos... veinte cosas más. A todas esas comidas les decían *granjerías.* Los días de fiesta salían más vendedoras a la calle que en otros días.» (M. Barnet, *Biografía de un cimarrón*, 137) = CONSULTAS

grano. m. **grano malo.** fr. m. Carbunco, enfermedad del ganado, transmisible al ser humano. (Ur. = Arg.): « 'La Pancha', así se llamaba la mujer, era experta en yuyos y milagrera. No había enfermedad conocida que ella no curase, desde la 'paletiya <paletilla> caída' hasta el 'grano malo'.» (E. Amorim, *La carreta*, 58) = GARZÓN

granza. f. Cascajo rojo de ladrillos que se emplea en las canchas de tenis o en los paseos de los jardines. (Arg.): «La nube de gas se expande en los jardines sembrados de granza roja y palmeras africanas.» (R. Arlt, *Novelas completas y cuentos*, II, 204) = GOBELLO = CONSULTAS

grapa (o: **grappa**). f. Aguardiente de calidad inferior. (Arg. = Ur.): «(...) no habría consentido nunca en emprender negocio alguno aventurero sin hacerse antes propicios a los dioses mediante una libación entusiasta de aguardiente catamarqueño, guindado montevidense, caña del Paraguay, zingani de Bolivia, grappa de Cuyo, pisco chileno y otros licores favorables a tan piadosa liturgia.» (L. Marechal, *Adán Buenosayres*, 186) = «Pancho le contestó que no sacara otra vez ese tema y apuró la copita de grapa.» (M. Puig, *Boquitas pintadas*, 65) = MORÍNIGO = GOBELLO = CONSULTAS

grasa -ita. **(1)** m.; ú. t. c. adj. De origen humilde. (Par., Arg.): «Para qué se me habrá ocurrido meterle el bolazo <disparate> de que los grasas despilfarran tanto como los de arriba.» (A. Roa Bastos, *El baldío*, 27) = «Mi teoría es que si tenés un apellido grasa tenés que defenderte como gato panza arriba, che. Imaginate que soportás la desgracia de llamarte Pedro Mastronicola.» (E. Sábato, *Sobre héroes y tumbas*, 257) = CASULLO = GOBELLO = TERRERA = CONSULTAS **(2) dar grasa.** fr. Embetunar. (Méx.): «Un bolero <limpiabotas> le dio grasa a los zapatos hasta dejarlos relucientes como espejos.» (R. Bernal, *El complot mongol*, 78) = SANTAMARÍA DGA = CONSULTAS

grasería. f. Establecimiento industrial donde se sacrifican reses para beneficiar su grasa. (Arg.): «¿Pa qué servían las mujeres? Pa que se divirtieran los hombres. ¿Y las que salían fieras y gritonas? Pa la grasería seguramente (...).» (R. Güiraldes, *Don Segundo Sombra*, 33) = SANTAMARÍA DGA

grela (ú. t. el m. **grelo**). f. Mujer, hembra. (Arg.): «Por tu milagro de notas agoreras / nacieron, sin pensarlo, las paicas* y las grelas, / (...).» (E. S. Discépolo y C. Marambio, «El choclo», en: J. Barreiro, *El Tango*, 123) = «¿Saben a qué vino Jesús en la tierra? A salvar a los turros*, a las grelas, a los chorros*, a los fiocas <rufianes>.» (R. Arlt, *Novelas completas y cuentos*, II, 216) = CONSULTAS = GOBELLO = CASULLO

grelo. m. Véase **grela.**

grifársele el pellejo a uno. Véase **pellejo.**

grilla. f. **(1)** Residuo del cigarrillo de marihuana. (PR): «Si nos salimos de los cursos de Literatura Puertorriqueña y del manual de Manrique Cabrera, Lloréns Torres <barrio muy popular de San Juan> significa *teca*, tumbe**, Marvin Santiago (...)

*cañona**, *cuqueo**, *grilla*, *perico** y las terribles marcas de los *alacranes**.» (E. Rodríguez Juliá, *El entierro de Cortijo*, 13) = CONSULTAS = CLAUDIO DE LA TORRE **(2)** Chica, muchacha a la moda y de vida bastante libre. (PR): «(...) la grilla ésta tenía como un aquel en los ojos, qué sé yo, como una gracia en el andar (...).» (A. L. Vega, *Pasión de historia*, 68) = CLAUDIO DE LA TORRE

gringo -a. adj. y s. m. y f. Designó principalmente, entre los extranjeros, a los italianos, o a cualquier europeo de idioma distinto al español exceptuando a los portugueses y a los turcos, y cualquiera que fuese su apariencia física. (Par., Arg.): «Yo no sé si todos ustedes oyeron que había varios rusos peleando en el Chaco, a nuestro lado. (...) Eran militares de raza. (...) Se creyó que aquellos gringos podrían ser útiles en servicios auxiliares o para hacer mapas.» (H. Rodríguez-Alcalá, *Relatos de Norte y Sur*, 50) = «Era un gringo tan bozal, / que nada se le entendía. / ¡Quién sabe de ande* sería! / Tal vez no juera cristiano, / pues lo único que decía / es que era *pa-po-litano* <napolitano>.» (J. Hernández, *Martín Fierro*, I, versos 847-52) = «No, era indigno, indecoroso lo que intentaba, se quedaría, fuera de ello lo que fuere, aguantaría, se había de saber* obligar él <el hijo de un inmigrante italiano> a quedarse y a aguantar, exclamaba, '¡mandria, collón, gringo, tachero!', se llamaba en el rabioso desdén que de sí propio la conciencia de sus flaquezas le inspirara.» (E. Cambaceres, *En la sangre*, 116-7) = «Vos sos la ñata* Pancracia, / hija del tano* Genaro, / un goruta <tarugo> flaco y alto / que laburaba <trabajaba> en la Boca. / ¿No te acordás, gringa loca, / cuando piantaste <dejaste> al asfalto?» (E. P. Maroni, «Tortazos», en: J. Barreiro, *El Tango*, 208) = INSCHAUSPE = CONSULTAS

griseta. f. Mujer de origen social humilde y de vida airada. (Arg.): «Han caído tus acciones en la rueda de grisetas / y al compás del almanaque se deshoja tu ilusión, / y ya todo te convida pa'ganar cuartel de invierno / (...).» (H. Zubiría Mansilla, «Enfundá la mandolina*», en: J. Barreiro, *El Tango*, 179) = CONSULTAS = GOBELLO

gruesa. adj. f. Embarazada. (Ur. = Arg.): «(...) los montevideanos gustaban mudarse de un barrio a otro con frecuencia (...). Procuraban nuevas relaciones, otras experiencias y cambios de aire (o escaparle a la maledicencia, si la señorita de la casa había quedado 'inesperadamente' gruesa).» (H. Alfaro, *Por la vereda del sol*, 22) = CONSULTAS

grupo. m. **(1)** Mentira, engaño, embuste. (Arg., Ur.): «(...) eso de la catarsis aristotélica con la tragedia es puro grupo, que hay que ver los boletos* que se mandan estos griegos.» (E. Sábato, *Abaddón el exterminador*, 908) = «(...) un guapo que, de grupo, se hizo cartel / a giles* engrupía* pa'chupar de ojo* / con famosas hazañas que no eran de él.» (R. Aubriot Barboza, «As de cartón», en: J. Barreiro, *El Tango*, 169) = CONSULTAS = CASULLO = GOBELLO = CHIAPPARA = TERRERA (véase también **engrupir**) **(2)** **sin grupo.** fr. Bromas aparte. (Arg. y Arg. < Par.): «Y es que es lindo bailar, piba <chica>. Es lindo, sin grupo.» (R. Arlt, *Las aguafuertes porteñas de Roberto Arlt*, 159) = «(...) un enano sin grupo los ojos saltones los bracitos cortos patizambo escrofuloso ¡puf! una porquería de enano (...).» (A. Roa Bastos, *El baldío*, 117) = VERDEVOYE

gruta. f. Bosquecillo silvestre en la ladera de una elevación. (Ur.): «En el norte de nuestro país gruta no significa cueva o caverna sino monte arbóreo en la ladera pedregosa de cuchillas, sierras o cerros.» (G. Wettstein, *Nuestra Tierra*, I, 24) = CONSULTAS

guaba. f. **importarle** a alguien **una guaba.** Importarle un pepino. (Ec.): «I se iba a Guerta <sic> Mardita. Sin importarle una guaba la penación* del moreno que estaba allí enterrado con la mujer i <y> los hijos a los que mató.» (J. Gallegos Lara, «La Salvaje» en: *Los que se van*, 179) = CONSULTAS

guácima. Véase **guásima.**

guacharaca. f. Ave (*Ortalis raficauda* u: *O. guttata*) que vive en los bosques, de grito muy estrepitoso y carne apreciada, por lo que se le caza a menudo; por ser pesado su vuelo, suele saltar de rama en rama o correr por el suelo. (Ven. = Col.): «–¡Oh, qué personalidad tan importante es la de nuestro querido jefe Tío Tigre! –prorrumpió con un silbido admirativo Ña Guacharaca.» (A. Arraiz, *Tío Tigre y Tío Conejo*, 33) = TEJERA = HAENSCH y WERNER

guachito. m. Aguardiente que los asistentes toman uno después de otro en la misma copa. (Ec.): «(...) doña Camila, botella y copa en mano, víctima de generosa borrachera, se dedicó a repartir aguardiente, murmurando ante cada invitado: –Guachito. Tome no más. Sin hacer caras. Sin escupir. Sin dejar las sobras de los secretos.» (J. Icaza, *El Chulla Romero y Flores*, 28) = SOPENA = CONSULTAS (véase también **guacho**)

guacho. **(1)** m. Soldado federal, del interior de la República. (Méx.): «A los heridos déjenlos encima de algo para que los vean los guachos; pero no se traigan a nadie.» (J. Rulfo, *El llano en llamas*, 97) = SANTAMARÍA DGA = MALARET **(2)** m. Aguardiente ordinario. (Ec.): «Doña Luisa María estaba con la botella en la mano y brindaba 'un guachito'.» (E. Terán, *El cojo Navarrete*, 94) = SANTAMARÍA DGA = CONSULTAS **(3)** m. Cordero huérfano, sin madre. (Ur.): «Teníamos quinta, chacra, plantío de eucaliptos.

Criaba cerdos, pavos, gallinas, guachos, hacía quesos y manteca.» («Programa Acción Universitaria», en: G. Wettstein, *Nuestra Tierra*, I, 24) = CONSULTAS **(4) guacho -a** (o: **huachito -a**). En vocativo, es fórmula de cariño. (Ch. < CR): «¿Qué te crees, huachito, que uno no tiene nervios?» (J. Gutiérrez, *Te acordás hermano*, 167) = CONSULTAS **(5) en guacho.** fr. Dícese de la manera de beber el aguardiente, tomándolo los asistentes uno después de otro en la misma copa. (Ec.): «Todos se animaron. Menudearon las copas. –¡En guacho!– gritó una mujer, cogiendo una botella y una copa para ir repartiendo a cada uno su ración en el mismo recipiente.» (J. Icaza, *Cholos*, 141) = CONSULTAS **(6) arroz guacho.** fr. Véase **arroz**.

guadaña. f. En el fútbol, zancadilla enérgica. (Arg.): «(...) un saque* de guadaña de esas que te la debo*.» (J. Cortázar, *Rayuela*, 256) = CONSULTAS

gualdrapa. f. Carne magra, nervuda. (Perú): «Allí –rojos y blancos– estaban los restos de una oveja: lanas, gualdrapas y huesos revueltos.» (C. Alegría, *Los perros hambrientos*, 133) = CONSULTAS

gualicho. m. Filtro para conseguir el amor de una persona, o amuleto de grandes virtudes – no es necesariamente maléfico. (Arg.): «(...) nenguna mujer quedrá tener amores conmigo. Yo le pido, pues, ya que tan poco me ha agraciao, que me dé un gualicho pa podérmelas conseguir.» (R. Güiraldes, *Don Segundo Sombra*, 77) = «(...) una tal doña Tecla que habíamos conocido en el velorio de Robles y que, según las malas lenguas, no tenía rival como trotadora de Salamancas*, administradora de gualichos, componedora de roturas y rompedora de integridades.» (L. Marechal, *Adán Buenosayres*, 477) = GOBELLO = MORÍNIGO = VERDEVOYE

guampa (o: **huampa**). f. **(1)** Cierta paloma. (Perú): «–¿Y cómo andas de puntería? / –Igualito a mi padre. / –(...) Puedes matar **huampas** al vuelo. / –Y picaflor también.» (E. López Albújar, *Nuevos Cuentos Andinos*, 109) = CONSULTAS **(2)** Vaso rústico hecho de cuerno de res. (Par. = Arg. y Ur.): «Numerosos grupos jugando al truco y (...) bebiendo interminables guampas de tereré <mate frío>.» (A. Roa Bastos, *Hijo de hombre*, 245) = SANTAMARÍA DGA **(3) clavar las guampas.** fr. Morir, espichar, estirar la pata. (Arg.): «(...) Di Fiore inicia su elogio del calzoncillo largo: –Nuestros gigantes padres lo usaban –dice–, y esa prenda les confería una seguridad y un decoro verdaderamente patriarcales. Lo usan todavía los viejos políticos de ahora, que se eternizan en el poder y no se deciden a clavar las guampas.» (L. Marechal, *Adán Buenosayres*, 404) = VERDEVOYE

guampudo -a. adj. Véase **guampa.**

guanábana. f. **gotearse como guanábana madura.** Véase **gotearse.**

guanábano. m. Hombre necio e incapaz. (Col. = PR, Am. Centr. y Ven.): «(...) ya para entonces no distinguía muy bien quién era quién en el tropel de colegialas de uniformes iguales que le sacaban la lengua y le gritaban viejo guanábano cuando trataba de cautivarlas con los caramelos del embajador Rumpelmayer (...).» (G. García Márquez, *El otoño del patriarca*, 223-4) = MALARET

Guanacia. f. El Salvador. (El Salv.): «¿Se imaginan lo que la guanacia <*sic*> habría inferido al mundo y a la historia en este terreno? No, no se lo pueden imaginar. Yo sí. Salú <salud>. La onda* no habría estado muy lejos de esto: (...).» (R. Dalton, *Pobrecito poeta que era yo...*, 173) = CONSULTAS

guanaco. m. **(1)** Apodo que se les da a los salvadoreños y también a los guatemaltecos, y que dan estos últimos a todo el que, siendo centroamericano, no es de su país o no es oriundo de la capital. (Guat., El Salv. y Am. Centr. < Cuba): «El indio, para gastar, saca el pañuelo y tiene que desanudarlo a fuerza de uña y dientes, y por eso no gasta tan fácilmente como nosotros que lo 'andamos*', como dice el guanaco Villamil, en todas las bolsas y por puños.» (M.A. Asturias, *Viento Fuerte*, 103) = «(...) el guanaco tiene predilección por el comunismo, desde mil novecientos treinta y dos.» (M. Argueta, *Un día en la vida*, 136) = «Yo le respondí: 'A cagar, guanaco!'..., y eso fue lo último que le dije... / –¿Guanaco? / –Así les dicen a los salvadoreños...» (J. Díaz, *Las palabras perdidas*, 189) = MEMBREÑO (véase también **guanacia**) **(2)** Tanqueta provista de lanza de incendios que permite rociar a los manifestantes con una mezcla de agua y distintos productos químicos. (Ch.): «Que viene el guanaco / y detrás los pacos <carabineros>, / la bomba adelante / la paralizante / también la purgante / y la hilarante.» («Mobil oil especial», canción de Víctor Jara) = CONSULTAS

guanajo -a. m. y f. **hacerse el guanajo.** fr. Hacerse el tonto. (PR = Cuba): «–Ay, no se jaga <haga> el guanajo, viejo.» (R. Marqués, *La carreta*, 28) = MALARET = CLAUDIO DE LA TORRE = ÁLVAREZ NAZARIO = SANTIESTEBAN

guandal. m. Terreno inundado, lodazal. (Ec.): «–¿Ya llegamos a los guandales de San Pablo? ¡A desnudarse, mujeres! – gritó Cangá. Dos pantanos, a poca distancia el uno del otro, se divisaban a lo lejos, con su superficie viscosa de algas.» (A. Ortiz, *Juyungo*, 109) = CORNEJO

guandero. m. Persona que transporta heridos, enfermos, u objetos pesados en andas llamadas

/guandos/. (Ec.): «Sin embargo, los blancos* la festejaron <la inauguración del ferrocarril> con una alegría que los guanderos no entendieron y se sentaron a ver pasar a su retumbante hambreador. Hasta entonces, ellos habían transportado, desde Quito hasta las provincias del norte, todos los trapiches, las plantas eléctricas, los telares para las fábricas textiles, los automóviles, los camiones, toda clase de maquinaria. De otra manera, cómo pes*. Los traían en guandos, por el camino que bordeaba las lagunas de Mojanda (...).» (G. A. Jácome, *Porqué se fueron las garzas*, 75) = SOPENA = CONSULTAS

guandul. m. Fruto del guandú. (Rep. Dom. = Col.): «El Padre Liranzo concluyó su parva comida –moro* con guandules, longaniza rehogada, tostones* y café– (...).» (C. E. Deive, «En el pueblo hay guerrilleros», en: J. Alcántara, *Antología de la literatura dominicana*, 122) = CONSULTAS = HAENSCH y WERNER

guango (o: **huango**). m. **(1)** Trenza de pelo, tanto de los hombres como de las mujeres indígenas. (Ec.): «El cabello es signo de fortaleza y virilidad. (...) Sería uno de los más fuertes motivos, por los cuales el indígena de algunas comunidades conserva su **guango** (trenza).» (A. y. P. Costales, *El Quishihuar*, I, 256) = «Una indiecita de cinco años está detrás del maguey, viéndolos por entre las hojas. (...) le <la> han peinado con goma de calabaza, tan apretadamente, que el pequeño huango se le alza.» (A. Cuesta y Cuesta, *Los hijos*, 21) = «Así siento más que es mi mujer, cuando me da de comer lo que ella cocina para mí y cuando después del baño* me trenza el guango.» (G. A. Jácome, *Porqué se fueron las garzas*, 14) = MALARET = MATEUS = CONSULTAS (véase también **guangudo -a**) **(2)** Copo, husada. (Ec.): «–Lo que de los propios no se espera, se recibe mejor de los ajenos– chapurró una de las que estaban en espectativa desde el chozo, conversando con el **guango** de lana sucia, atravesado en el trípode de capulí sin labrar.» (S. Núñez, *Tierra de lobos*, 42) = CONSULTAS **(3)** Machete de hoja ancha, corta y algo encorvada. (Méx.): «–(...) Lo vi que se movía en dirección de un tejocote <especie de ciruelo> y que agarraba el guango que yo siempre tenía recargado allí. Luego vi que regresaba con el guango en la mano.» (J. Rulfo, *El llano en llamas*, 52) = «Estamos haciendo la limpia con guango, machete corto y ancho, de punta encorvada.» (J. J. Arreola, *La feria,* 12) = CONSULTAS

guangudo -a. adj.; ú. t. c. s. Dícese sobre todo del hombre andino oriundo del campo y que, siguiendo la tradición indígena, lleva todavía el pelo largo y trenzado. (Ec.): «(...) un vecindario que iba desde el indio guangudo –cholo por el ambiente y las costumbres impuestas– hasta el señor de oficina (...).» (J. Icaza, *El Chulla Romero y Flores*, 50) = «(...) auncuando <aun cuando> me doy cuenta de las sonrisitas que provoca pareja tan desigual; auncuando <aun cuando> –felizmente ella no entiende– me acuchillen por la espalda: Ve el <al> guangudo con mamaniña*. Adió <adiós> el pendejo con gringa (...).» (G. A. Jácome, *Porqué se fueron las garzas*, 13) = CONSULTAS (véase también **guango**; así como el antónimo ecuatoriano de **guangudo**, que es **joto**)

guano. m. Dinero. (Cuba = PR): «Ningún asesino iba a ser patriota. Lo que sí eran muy incendiarios. Llegaban a donde estaba un hacendado y le preguntaban: 'Bueno, ¿y el guano qué?' Si el hacendado decía que no daba nada, ellos amenazaban con incendiar los campos.» (M. Barnet, *Biografía de un cimarrón*, 107) = SANTIESTEBAN = MALARET = MAURA = SANTAMARÍA DGA

guapo -a. (1) adj. Que resiste, aguanta el trabajo, el frío o cualquier cosa. (Arg.): «(...) y aunque pa el frío soy guapo, / ya no me quedaba un trapo / ni pa el frío, ni pa el calor.» (J. Hernández, *Martín Fierro*, II, 2.142-4) = CONSULTAS = VERDEVOYE **(2) ¡guapo!** (o: **¡guapu!**). interj. con la que se espanta a ciertos animales como las aves de rapiña. (Perú): «–(...) Yo soy un mozo (...) sin personeros que puedan gritarme **¡guapu!** cuando vengan los gavilanes a llevarme.» (E. López Albújar, *Nuevos Cuentos Andinos*, 18) = CONSULTAS

guara. f. Tropa, montón, multitud –pop. (Perú): «Y si no pudieran acorralarte te pregonarían y una vez pregonao, ¡virgen santa!, la guara e <de> gente que s'echaría <se echaría> a rastriarte <rastrearte>.» (E. López Albújar, *Matalaché*, 91) = CONSULTAS

guaracheras. f. Mangas muy anchas guarnecidas de volantes. (PR): «El 9 de octubre cumplo treinta y seis años, y entonces tendré que explicarle a mi hijo *rockero* que el primerísimo combo* de Cortijo aún usaba guaracheras...» (E. Rodríguez Juliá, *El entierro de Cortijo,* 30) = CONSULTAS

guaranguaje. m. Chusma. (Arg.): «Sin embargo, comer puchero y asado, beber vino carlón* del almacén y vivir en los andurriales, en medio de la chusma, entre el guaranguaje del barrio del alto...» (E. Cambaceres, *En la sangre*, 136-7) = CONSULTAS

guaranguero -a. m.; ú. t. c. adj. Nuevo rico; indio adinerado. (Ec.): «(...) el indio no es tan solo la tarjeta postal de los tejedores de Quinchibuela, a los que los mestizos llaman envidiosamente guarangueros porque brincando por sobre las trancas, esquivando todas las zancadillas que ellos nos ponen, cayendo y levantando, hemos dejado de vivir en chozas-nidos-bocabajo (...).» (G. A. Jácome, *Porqué se fueron las garzas*, 77) = CONSULTAS = JARAMILLO DE LUBENSKY (quien lo recoge c. adj.)

guarapería. f. Tienda donde se vende el guarapo o aguardiente de caña; sitio en que se elabora. (Ec. = Col.): «(...) iban los sábados a la feria a vender los ponchos y se quedaban en la guarapería.» (G. A. Jácome, *Porqué se fueron las garzas*, 287) = CONSULTAS = SANTAMARÍA DGA = SOPENA = HAENSCH y WERNER

guaraperismo. m. Afición excesiva al guarapo o aguardiente de caña. (Ec.): «(...) inoculación de todas las enfermedades, no tratamiento y sus resultados; trabajo forzado, explotación, látigo, maltrato en todas sus sutilezas, guaraperismo, alcoholismo (...).» (G. A. Jácome, *Porqué se fueron las garzas*, 297) = CONSULTAS

guarapero -a. adj. Aficionado al guarapo, o sea, al aguardiente de caña. (Ec. = Col.): «Guaraperos sin faltar un día, recogidos de cuneta después del último gruñido.» (G. A. Jácome, *Porqué se fueron las garzas*, 236) = CONSULTAS = SOPENA = HAENSCH y WERNER

guarapo. m. **(1) guarapo -illo.** Infusión de hierba(s) medicinal(es). (PR = Ven.): «Esta vez no había habido 'palo*' de cañita*, sino un guarapo de saúco y jengibre preparado al instante por la 'india' en el fogón de tres piedras.» (R. Marqués, *La víspera del hombre*, 52) = DÍAZ MONTERO = TEJERA **(2)** Jugo de piña fermentado. (Ven. = Méx.): «(...) no era un espectáculo trivial ver a Mamá, (...) sirviendo poco a poco, de un jarro de cristal, en donde flotaban cortezas de piña, unas doradas copas de guarapo fuerte (...).» (T. de la Parra, *Las memorias de Mamá Blanca*, 27) = SANTAMARÍA DGA **(3) guarapo -ito.** Café colado muy claro. (Ven.): «–Bueno, viejo ¿te preparo ya el guarapito caliente?» (G. Meneses, *Campeones*, 83) = TEJERA **(4) aguársele** (o: **enfriársele**) **el guarapo** a uno. fr. Acobardarse; perder el entusiasmo. (Ven.): «–Yo serví con el general Miranda. A ese hombre se le enfriaba el guarapo. En aquella tropa no se peleaba nunca. Todo el tiempo los jefes se lo pasaban en banquetes y fiestas y discurseaderas*.» (A. Uslar Pietri, *Las lanzas coloradas*, 116) = TEJERA = MORÍNIGO **(5) castigarle** (o: **menearle**) **el guarapo a** uno. fr. Golpear, azotar, castigar corporalmente. (Cuba = Ven.): «¡Nada peor que la condición de negro...! Por cualquier falta le *meneaban el guarapo*, y, ¡ay, niño! silbaba la cáscara* de vaca o el matanegro* sobre las espaldas contraídas.» (A. Carpentier, *Écue-Yamba-O*, 93) = «Abusaban <los contramayorales negros> de sus poderes y arbitrariamente 'les meneaban el guarapo', es decir, les pegaban a los <esclavos> que les eran antipáticos, vengaban viejas rencillas tribales, y descargaban todo su rencor en las mujeres <esclavas> que no respondían a sus avances*.» (L. Cabrera, *Reglas de Congo*, 40) = TEJERA = MORÍNIGO

guarda. **(1)** f. Guarnición tejida, franja. (Arg.): «(...) la sábana está bordada con florcitas que no son de verdad y una guarda cosida las va enlazando de una punta a la otra de la cama (...).» (M. Puig, *Boquitas pintadas*, 177-8) = VERDEVOYE **(2)** m. **guarda** (o: **guardabarranca**, o: **guardabarranco**). m. Pájaro cantor de las selvas, de color pardo. (Guat. = Méx., El Salv. y Nic.): «–La tierra cae soñando de las estrellas, pero despierta en las que fueron montañas, hoy cerros pelados de Ilóm, donde el guarda canta con lloro de barranco, vuela de cabeza el gavilán (...).» (M. A. Asturias, *Hombres de maíz*, 11) = «Un animal llamado Guarda Barranca se quejó en la puerta del Lugar de la Abundancia.» (*Anales de los Xahil*, cit. por R. Castellanos en: *Balún-Canán*, 217) = «(...) son muchos los indios que venden cenzontles <especie de mirlos>, guardabarrancos y otros pajaritos canoros.» (L. Cardoza y Aragón, *El Río*, 111) = CONSULTAS = SANTAMARÍA DGA **(3)** m. Cobrador de los transportes públicos. (Ur. = Arg.): «El bolichito <tasca> de Carrasco que les recomendó el guarda del 104 tenía una rusticidad que les pareció bienhechora.» (C. Martínez Moreno, *Coca*, 140) = «En cuatro patas se puso a buscar mientras crecía la risa del conductor y el guarda.» (E. Estrázulas, *Pepe Corvina*, 44) = «Un guarda descendió con cara de aburrido y se encaminó al excusado. El motorman <maquinista> y el otro guarda cruzaron hasta el Barrilito (...). Volvieron los hombres y el tren se puso en marcha...» (H. Conti, *En vida*, 34) = VERDEVOYE = CONSULTAS

guardabarranca (o: **guardabarranco**). Véase **guarda.**

guardamano. m. Especie de machete. (Ec.): «Y casito lo friega el Cocambo; lo fue peinando con el guardamano filudo <afilado>.» (A. Ortiz, *Juyungo*, 221) = CONSULTAS = JARAMILLO DE LUBENSKY

guardapolvo. m. Delantal de escolar, médico, enfermera, *etc.* (Guat., Arg.): «Por él lloraban los mingitorios públicos y el viento metía ruido de zopilotes <buitres> en los árboles del parque, descoloridos, color de guardapolvo.» (M. A. Asturias, *El señor presidente*, 54) = «–Las enfermeras andan con los guardapolvos todos gastados y sin almidonar.» (M. Puig, *La traición de Rita Hayworth*, 26) = CONSULTAS = VERDEVOYE

guardarse. prnl. Retirarse, recluirse. (Ch.): «A las ocho de la tarde debemos guardarnos en las cabañas*.» (H. Valdés, *Tejas Verdes*, 183) = CONSULTAS

guardavecino. m. División lateral de los balcones de hierro forjado, elemento ornamental y de protección. (Cuba): «Carlos salió al balcón sin responder. Se agarró al guardavecino, una clave de sol fundida en hierro (...).» (J. Díaz, *Las iniciales de la tierra*, 121) = «Y presenció el musgo adherido a las rocas de la iglesia y la herrumbre sobre los guardavecinos de la plazoleta (...).» (M. Pereira, *El Ruso*, 10) = CONSULTAS

guaricha. f. **(1)** India joven, en general soltera. (Ven.): «Y mientras las guarichas se dedicaban a aquellas alegres faenas, las viejas taciturnas y celosas de la tradición montaban guardia día y noche en torno a la clausura de palma donde se estaba efectuando el misterio.» (R. Gallegos, *Canaima*, 323) = TEJERA **(2)** Esposa, o concubina del soldado, que lo seguía cuando se desplazaba la tropa. (Ec.): «No obstante que, en la mayoría de los casos, cuenta <el soldado> con la ayuda de su mujer, que trabaja. Y estamos ya en el dominio de la 'guaricha'. En el Ecuador, se llama así a las mujeres, legítimas o no, de los soldados. (...) Son sus compañeras inseparables. Les ayudan inclusive en las batallas. (...) Les acompañan en las movilizaciones, con hatos y garabatos. Y, desde luego, con sus hijos. (...) Ella trabajará para sostener a los hijos comunes y pagar la habitación que ocupan.» (A. F. Rojas, *La novela ecuatoriana*, 152-153) = CORNEJO = SANTAMARÍA DGA (véase también **enguaricharse**)

guaro. m. Todo licor o alcohol fuerte. (Guat.): «–Es la úlcera que me está chingando <molestando>. / –¿Muchas preocupaciones? / –¡Qué! Es que uno come sin disciplina. Y la hartadera de guaro.» (D. Liano, *el hombre de Montserrat*, 73) = RUBIO

guásima (o: **guácima**). f. El castigo, o la Justicia, porque del árbol llamado 'guácima' se ahorcaba a los condenados. (Cuba): «A mi entender, se metió en la guerra para que no lo cogiera la *guásima*, porque era un criminal.» (M. Barnet, *Biografía de un cimarrón*, 179) = CONSULTAS = MALARET (quien recoge la fr. **darle a** uno **guásima** con el sentido de 'ahorcar')

guataca. f. Oreja. (Cuba): «–(...) ¿No me oyes?... ¿Estás sorda?... Destúpete <límpiate> las guatacas...» (R. Ortega, *La aventura de la Cruz Pinera*, 14) = SANTIESTEBAN = MALARET

guatín. m. Tuza real –roedor (*Dasyprocta punctata*, o: *D. aguti*). (Ec. = Col.): «(...) se habían ido adentro, muy adentro de la montaña, a silbar guatines.» (N. Estupiñán Bass, *Cuando los guayacanes florecían*, I, 46) = SANTAMARÍA DGA = HAENSCH y WERNER

guato. m. Cordel; cuerda. (Ec.): «Desde esa noche ya tuve otro guato con que soguiarme <soguearme*> y pasarme dando y dando vueltas alrededor de la estaca.» (G. A. Jácome, *Porqué se fueron las garzas*, 31) = CONSULTAS = SOPENA

guatón. adj. **tener guatón** a alguien. fr. adj. Tenerle harto, hacerle perder la paciencia. (Ch.): «–Cuente algo que no sea de reyes, pues, señor. / –Sí, pues, don Vicho*, ya nos tiene guatones con los reyes y los príncipes.» (M. Rojas, *El delincuente... y otros cuentos*, 107) = CONSULTAS

guaya. f. Tejido hecho de una mezcla de tela y hule que sirve, por ejemplo, para fabricar correas de transmisión; puede designar también un cable de alambre grueso. (Col.): «Ernesto sacó su perica*, Alfredo su guaya, los pitos de los autos nos llegaban desde lejos, no era nada.» (U. Valverde, *Bomba Camará*, 31) = CONSULTAS = FILIPPO

guayaba. f. **(1)** Tobillo. (Ec.): «–(...) pues el pobre no come ni duerme a gusto, dende que vido <vio> al Belisario con un machete ar <al> cinto que le llegaba hasta la **guayabita**.» (J. A. Campos, *Cosas de mi tierra*, 35) = SOPENA **(2)** pl. Ojos de una persona –especialmente cuando son saltones. (CR): «(...) pelaba* <abría> del todo las grandes guayabas (...).» (C. L. Fallas, *Mamita Yunai*, 158) = MALARET = MORÍNIGO = CONSULTAS **(3)** El poder supremo; la presidencia de la República. (Guat.): «Fue cuando la cosa andaba bien y todo el mundo creía que ya tomábamos la guayaba.» (M. A. Flores, *Los compañeros*, 28) = RUBIO = MORÍNIGO **(4) hijo de la guayaba.** fr. Véase **hijo.**

guayabito. m. Ratoncito. (Cuba): «(...) Gipsy jugaba con él como una gata con un guayabito (...).» (J. Díaz, *Las iniciales de la tierra*, 78) = CONSULTAS = SÁNCHEZ-BOUDY

guayabo. m. **(1)** Garrote. (CR): «Don Pepe <José Figueres Ferrer> está al mando de 'la finquilla' y siempre sale con sus chayotadas* de 'lo que se gastó en confites*', de que 'hay que volar* guayabo' o de que le escribe discursos a Robert Vesco.» (C. Morales, *¡... Y no los dejen respirar!*, 58) = CONSULTAS **(2)** Resaca, malestar consecutivo a una borrachera. (Col.): «Y en efecto, toda la tarde del sábado y la mañana del domingo, al restablecerse del guayabo, las mujeres corretearon por la playa y entre cocoteros, perseguidas por hombres fofos y ventrudos que emitían grititos de niños (...).» (O. Collazos, *De putas y virtuosas*, 30) = «Y sabe quiénes son adictos al Necrotón, bomba química para despejar guayabos tenaces.» (D. Samper Pizano, *A mí que me esculquen*, 100) = «(...) Sara Noriega (...) se espantó con la palidez de Santiago Nasar. Pero él la tranquilizó. / –¡Imagínese, niña Sara –le dijo sin detenerse–, con este guayabo!» (G. García Márquez, *Crónica de una muerte anunciada*, 164) = FILIPPO = CONSULTAS = HAENSCH y WERNER

guayco. f. Véase **huaico.**

guayquero (o: **guaiquero**). m. Indio bravo y depredador. (Arg.): «–Se ha hecho chúcaro como guayquero...» (R. Güiraldes, *Don Segundo Sombra*, 128) = CONSULTAS

güeleflor. adj. y s. Véase **hueleflor.**

güelemil. m. inv. Multitud, sinnúmero. (PR): «(...) subieron de un tirón los güelemil escalones de la morada virgiliana.» (A. L. Vega, *Pasión de historia*, 135) = CONSULTAS

güesera. f. Desguace. (CR): «Mi herma* andaba en una güesera consiguiendo un resorte que se le quebró (...).» (R. Arias, *El emperador Tertuliano...*, 88) = CONSULTAS

güevo. m. **manda güevo.** interj. que expresa el colmo o la indignación. (CR): «Manda güevo me faltó cualquier cochinada como setenta votos (...).» (R. Arias, *El emperador Tertuliano...*, 99) = CONSULTAS

güey. m. Véase **buey.**

guía. f. **(1)** Mineral muy rico que, tras rápida selección, puede exportarse sin tratamiento. (Bol.): «Los carreros empujando carros 'decauville' que desde los parajes de la explotación llevan la carga hasta la jaula y de allí a la superficie, donde otros los transportan al desmonte, la cancha mina o el andarivel, ya se trate de caja* inservible, de broza que necesita ser pallada <seleccionada> o de guía que no requiere ningún tratamiento por su riqueza natural.» (F. Ramírez Velarde, *Socavones de angustia*, 160) = MUÑOZ REYES **(2)** Extremo saliente de crecimiento de una rama o de un renuevo. (Bol. y otros): «(...) cuidaba de las plantas con tierna solicitud, sobre todo a los viejos parrones cuyas guías se enredaban al molle con un chorro de savia ansiosa de crecimiento.» (H. Guzmán Arze, *Borrasca en el valle*, 151) = SANTAMARÍA DGA = MUÑOZ REYES

guiar. tr.; ú. t. c. intr. Conducir un coche. (PR, CR, Arg.): «–Vas a guiar el coche.» (R. Marqués, *La víspera del hombre*, 192) = «(...) empieza a dormirse en todas partes, aun cuando guía su carro <coche>.» (V. A. Mora Rodríguez, *La película*, 94) = «'GUÍE DESPACIO CURVA A 50 METROS'.» (M. Puig, *Boquitas pintadas*, 245) = CONSULTAS

guille. m. Aire de grandeza, de superioridad. (PR): «–Vamos a chequiar <examinar> el cuarto a ver, ordenó Vitín con su guille de Comandante Cero.» (A. L. Vega, *Pasión de historia*, 82) = CONSULTAS = CLAUDIO DE LA TORRE

guinda. f. **(1)** Cuesta empinada; barranco. (PR): «Y empezó a llamar: –Tona, Tona... Y la voz pastosa se perdió en la guinda como un lamento.» (A. Díaz Alfaro, *Terrazo*, 68) = «La casa de la calle Luchetti, casa de dos aguas y palo de mangó, vendida. La guinda de Barranquitas con tala de guineos congos, vendida.» (L. R. Sánchez, *La Guaracha del Macho Camacho*, 104) = MALARET = ÁLVAREZ NAZARIO = MAURA (véase también **guindo**) **(2)** Evacuación (término militar). (El Salv.): «Las guindas se tornaron tranquilos paseos y estábamos casi convencidos de que nuestro territorio no sólo estaba controlado, sino que era un territorio liberado, a pesar de las continuas advertencias del mando.» (F. Metzi, *Por los caminos de Chalatenango*, 151) = CONSULTAS **(3)** Pelota de fútbol o de rugby. (Ur. = Arg.): «La pelota quedó mágicamente aprisionada entre el caño y la red... Nadie, entre los jugadores del Nacional, se decidía a bajar esa guinda.» (H. Alfaro, *Por la vereda del sol*, 132) = CONSULTAS

guindado -a. adj. Dícese de la persona que gusta de ir detrás de otros sin ser llamado o invitado. (CR): «(...) pero mientras fue a volver la tortilla al comal <sartén>, vino de nuevo la muñeca a acomodarse sobre la pelota de masa. Mirá, muñequita, no seas tan guindada (...).» (C. Lyra, *Cuentos de mi tía Panchita*, 104) = QUESADA

guindo. m. Barranco. (Nic., CR = Guat.): «Entonces acampamos allí en aquella falda <de la montaña> totalmente inclinada, que solamente poner las hamacas en un árbol, era sumamente difícil y ya acostado en la hamaca, si te inclinabas a un lado, tocabas con la mano el suelo, y si te inclinabas al otro, mirabas <veías> para abajo el gran guindo (...).» (O. Cabezas, *La montaña es algo más que una inmensa estepa verde*, 153) = «¿No conocés del guindo que hay, que no para hasta llegar al Río (...)?» (M. Salguero, *Agencia de policía*, 122) = RABELLA y PALLAIS = CONSULTAS (véase también **guinda**)

guinea. f. Gallina de Guinea. (PR, Par.): «–(...) El condenao siempre corrió máh que una guinea.» (R. Marqués, *La carreta*, 104) = «No faltó alguna burlona rechifla al paso de los carromatos aéreos, que se adueñaban tardíamente del cielo de la base como dos pavos de monte entre guineas.» (A. Roa Bastos, *Hijo de hombre*, 270) = CONSULTAS

guineo. m. Plátano que se come como fruta. (Rep. Dom. = Col.): «–Esos son helicópteros. Los muertos hoy van a gotear* como guineos maduros.» (C. E. Deive, «En el pueblo hay guerrilleros», en: J. Alcántara, *Antología de la literatura dominicana*, 121) = HENRÍQUEZ UREÑA = HAENSCH y WERNER

guiña. f. Mala suerte. (Ven. = Col.): «Una cosa única, increíble, una cosa que no le pasa en el mundo entero sino a este pedazo de Juan, que es el dios de la guiña, el Júpiter de la mala suerte.» (T. de la Parra, *Las memorias de Mamá Blanca*, 52) = MALARET

guiso. (1) m. **estar en el guiso.** fr. Estar en la onda, de última moda. (PR): «Y esa guaracha por ser tan de verdad se va al cielo de la fama, a los primeros pupitres de la popularidad, al repertorio de cuanto combo* está en el guiso (...).» (L. R. Sánchez, *La Guaracha del Macho Camacho*, 101) = CONSULTAS **(2) guiso -a.** adj. Vago, golfo. (Ur.): «–Tá que sos guisa! ¡Te va'a ver <va a ver> y v'a mandarte <va a mandarte> que le cebés mate!... ¡No te asomés, cristiana!» (E. Amorim, *La carreta*, 65) = SANTAMARÍA DGA

guita. m.; ú. más en pl. Centavo, moneda. (Arg.): «(...) por cinco guitas en la carnicería le tiro un hueso fenómeno y me sigue <el perro> todo el día si yo quiero.» (M. Puig, *La traición de Rita Hayworth*, 168) = CASULLO = GOBELLO = TERRERA

güitite. m. Arbusto (*Acnistus arborescens*) muy común. Antiguamente, se usaba su hoja para curar hemorroides y encerar pisos; en la actualidad, se cuelgan matas de este arbusto de las vallas o de los aleros de las casas porque es el hábitat predilecto de las orquídeas. (CR): «Sin embargo, como nuestro grupo era muy pobre y no había plata para cera, teníamos que substituirla por hojas de güitite.» (H. Elizondo Arce, *La calle, Jinete y yo*, 29) = QUESADA = GAGINI = CONSULTAS

gurbia. f. Dinero. (CR): «(...) y para colmo ya habían cerrado el Banco y entonces, disimulando, ir hasta el bufete de Federico a buscar una gurbia que éste tenía guardada.» (J. Gutiérrez, *Murámonos Federico*, 139) = GAGINI = CONSULTAS

gurda. f. **a la gurda.** fr. pond. A lo grande, por todo lo alto; en gran escala. (Arg.): «Hace rato que te juno <veo> / que sos un gil* a la gurda, / pretencioso cuando curda <borracho>, / engrupido* y charlatán.» (L. J. Traverso, «Uno* y uno», en: J. Barreiro, *El Tango*, 209) = CONSULTAS = CASULLO = GOBELLO

gurupa. f. Lío formado por el poncho y las ropas. (Par. = Arg.): «Volví a zancadas a la tienda creyendo encontrar en ella a mi ordenanza. Pero Aquino no aparecía por ningún lado. Distinguí su *gurupa* y su manta en el suelo, pero no su carabina, de la que nunca se separaba.» (H. Rodríguez-Alcalá, *Relatos de Norte y Sur*, 63) = MORÍNIGO

gusanera. f. Conjunto de anticastristas o **gusanos***. (Cuba, y Cuba < Ur.): «Fidel acuñó eso de 'gusanera' para denigrar en bloque a todos los que nos fuimos del paraíso socialista.» (R. Vázquez Díaz, *La isla del Cundeamor*, 175) = «Con voz estentórea y crudo acento montevideano, hacía vibrar una de las consignas que aquella jocunda multitud coreaba: '¡Pin, pon, fuera, abajo la gusanera!'» (M. Benedetti, *Primavera con una esquina rota*, 59) = CONSULTAS

gusano. (1) m. Parte media de la espiga de los instrumentos que sirven para taladrar, o moler. (Méx. = Ch.): «–Abuela, el molino no sirve, tiene el gusano roto. / –Esa Micaela ha de haber molido molcates en él.» (J. Rulfo, *Pedro Páramo*, 17) = SANTAMARÍA DGA **(2) gusano -a.** adj. y sust. m. y f. Cubano anticastrista. (Cuba): «–Yo estaba preso... / –¿Preso? ¿Por qué? / –Por gusano. / –¿Quién tú? / –Yo... El Fígaro. Para que veas (...). Fue antes de Girón (...). Y había mucha gente en la valla que era gusana. Bueno, yo no sabía mucho de revolución...» (M. Cossío Woodward, *Sacchario*, 108) = «Sin duda hay verdaderos 'gusanos' en Miami, pero no todos lo somos.» (R. Vázquez Díaz, *La isla de Cundeamor*, 175) = CONSULTAS (véase también **gusanera**) **(3) matar el gusano.** fr. Matar la pena, o cualquier deseo vehemente. (Ec.): «Y en el interior, en el rincón pestilente y oscuro, están los borrachos, los que beben todos los días, los que matan el gusano a diario.» (J. R. Bustamante, *Para matar el gusano*, 235) = MALARET = CONSULTAS

H

habanero. m. Licor fuerte, muy conocido en México, originario de La Habana, pero hecho en Veracruz; es la marca «Habanero 130». (Méx.): «El cantinero (...) se acerca a la mesa de los jugadores con dos vasos y la botella de habanero.» (P. I. Taibo II, *Sombra de la sombra*, 15) = SANTAMARÍA DGA = CONSULTAS

haber. intr. **¡Qué hubo** (o: **¡quiubo!** o: **¡qué húbole**)**!** fr. de saludo –fam. ¡Hola! (Méx., Ven., Ch. = El Salv., CR, Col. y otros): «Yo, metidas las manos en los bolsillos, los saludé familiarmente: / «–Qué húbole... / Respondió uno: / –Pos* ya ve usted: aquí con el Jefe.» (M. L. Guzmán, *El águila y la serpiente*, 413) = «Los saludó desde la roca con su antiguo grito de guerra: / –¡Qué hubo! ¿Se es o no se es?» (R. Gallegos, *Canaima*, 26) = «En ese momento un amigo lo llamó: /–¡Oye, Pedro, oh! / –¡Qué hubo! / –¿Qué andas haciendo por acá?» (M. Rojas, *El delincuente...y otros cuentos*, 114) = MORÍNIGO = CONSULTAS = HAENSCH y WERNER

habilitada. p. adj. f. Preñada. (CR): «(...) una chancha <cerda> habilitada y algunas gallinas (...).» (F. Dobles, *Historias de Tata Mundo*, 248) = «Entre campesinos, una vaca *habilitada* es la que ha sido cubierta por el toro.» (GAGINI) = QUESADA (para una vaca) = CONSULTAS

habilitador. m. Reclutador de una finca. (Méx. = Guat.): «Un día pidió mi papá doce pesos a un habilitador de los que andan enganchando* gente para llevarla a trabajar a las fincas.» (R. Pozas, *Juan Pérez Jolote*, 24) = ARMAS

hablada. f. Conversación informal, chisme. (CR, Col. = Nic.): «(...) ¿qué culpa tiene mi hija 'e <de> las habladas de papá?» (C. L. Fallas, *Gentes y gentecillas*, 286) = « 'No lo previne porque pensé que eran habladas de borracho', me dijo.» (G. García Márquez, *Crónica de una muerte anunciada*, 24) = SOPENA = CONSULTAS = HAENSCH y WERNER = RABELLA y PALLAIS

hablado. m. Manera de hablar. (CR): «(...) un señor moreno, de como cincuenta años de edad y con el hablado de medio guanacasteco <habitante de la región de Guanacaste>.» (M. Salguero, *Agente de policía*, 39) = CONSULTAS

hacer. (1) tr. ind. Follar, joder. (Méx., Guat., Col., Par., Ur.): «Bien vale sus doscientos pesos y nunca se me ha hecho con una china.» (R. Bernal, *El complot mongol*, 30) = «(...) ellas, eternamente bocarriba, pasivas, odiando mientras recibían a los hombres; ellos amando a la Virgen mientras hacían, se movían sobre sus mujeres (...).» (L. de Lion, *El tiempo principia en Xibalbá*, 58) = «(...) yo no sé por qué habrá tanto misterio con estas cosas, yo no veo en qué está el problema, porque si desde pelado* le enseñaran a comerse* una hembra y lo dejaran hacer con la novia, pero aquí hasta un beso lo miran mal (...).» (U. Valverde, *Bomba Camará*, 49) = «(...) y vos sabés lo que contó doña Pachú que le contó a ella Panchita, que para salir por las noches tiene que hacer con todos los guardias y que pobrecitos éstos se quedan tan cansados que (...).» (J. Aymar, H. Duarte, M. Azuaga, *Rasmudel*, 31) = «Ante su inexplicable silencio, insistió Clorinda: –¿No te gusto, hablá? Y él respondió, fuera de sí: –¡El finau <el muerto> no me deja!... ¡Maldito sea!...¡Desde hace tiempo no puedo hacer!...» (E. Amorim, *La carreta*, 39) = CONSULTAS **(2) hacerle** (o: **hacerles**) **a** más sustantivo. fr. Comportarse como lo que se especifica. (Méx.): «–(...) pero ¿por qué, compañero Martínez, le haces al ermitaño? Sabía que andabas de misionero (...).» (A. Yáñez, *La creación*, 162) = CONSULTAS **(3) hacer de.** fr. Hacerse de. (Par.): «Nadando en piscinas de aguas templadas, rodeadas de quitasoles multicolores con gente ociosa y rica que dormitaba en reposeras y con mozos de smoking rojo, que trajinaban con bebidas heladas, hice de amigos, hice de socios e hice de cómplices (...).» (M. Halley Mora, *Los hombres de Celina*, 133) = CONSULTAS **(4) hacerse** (o : **hacérselo -a**). prnl. tr. dir. o ind. Follar, poseer sexualmente. (Arg.): «(...) y después que me lo haga yo y el paraguayo, te lo vas a hacer vos también, pendejo de mierda, que nunca cogiste en tu vida (...).» (M. Puig, *La traición de Rita Hayworth*, 213) = GOBELLO = VERDEVOYE **(5) hacer dar miedo.** Véase **miedo. (6) hacer hambre.** fr. Véase **hambre. (7) hacer a un lado.** fr. Véase **lado. (8) hacer hervir.** fr. tr. que expresa una agresión, un ataque contra el complemento. (Bol.): «El chofer y su ayudante aparecieron abajo: –¡Bajen pues! –gritó, y agregó triunfante: –¡Hemos traído una pesada*!... / –¡Una pesada! / –¡Una pesada! / –¡Ahora los haremos hervir!... –prorrumpieron todos con alegría.» (F. Medina, *Los muertos están cada día más indóciles*, 127) = MUÑOZ REYES **(9) hacer papa.** Véase **papa. (10) hacer la tarde.** fr. Véase **tarde. (11) hacer repelar.** Véase **repelar. (12) no le hace.** fr. neg. No tiene importancia. (Col.): «–Pero será un hijo ilegítimo. –dijo. / –No le hace –dijo ella–. Ahora Arcadio me trata bien. Si le obligo a que se case, después se siente amarrado y la paga conmigo.» (G. García Márquez, *La mala hora*, 76) = CONSULTAS

hacha. f. **(1) de hacha y tiza.** fr. De pelo en pecho, de rompe y rasga. (Arg. = Ur.): «(...) lo primero que se nos ocurre (...) es abrir de par en par las dos hojas de la puerta y que vaya entrando gente, la muchachada, el elemento nuevo y de acción, ¡los de hacha y tiza!...» (E. Cambaceres, *En la sangre*, 156) = VERDEVOYE = CONSULTAS **(2) volar hacha.** fr. Cortar leña. (CR = Hond.): «El viernes muy de mañana se puso en camino con cinco mulas y todo el día no hizo más que volar hacha.» (C. Lyra, *Cuentos de mi tía Panchita*, 126) = CONSULTAS (véase también **volar machete***)

halador (o: **halador de azada).** m. Bracero encargado de deshierbar arrancando el pasto. (PR): «Sufrió la mar* negra en los cañaverales e hizo toda clase de trabajos: 'pinche*', 'cuartero*', ayudante de los que trabajan con tractores y camiones, 'halador de azada', cortador de caña, toda la bárbara labor cañaveral.» (E. Laguerre, *La llamarada*, 105) = CONSULTAS

halar. Véase **halador.**

hallarse. prnl. intr. Estar muy a gusto; ser feliz. (Par. = Arg.): «–(...) Me hallo cuando soy como quiero ser. / Me hallo. Misteriosa síntesis de la plenitud que los paraguayos encontramos en una corrupción feliz del idioma. Me hallo, que equivale a ser feliz. Y a encontrarse consigo mismo.» (M. Halley Mora, *Los hombres de Celina*, 135) = MORÍNIGO

hambre. f. **hace** (o: **hacía, hizo** *etc.*) **hambre.** fr. que dice la persona hambrienta. (Méx.): «–Bueno, chicos –terció la segunda tiple–, muy sabrosa la conversación; pero yo tengo que volver dentro de media hora, para la segunda función, y hace hambre. ¿Quiere venir conmigo al café? –dijo a Gabriel– (...).» (A. Yáñez, *La creación*, 151) = CONSULTAS

harina. f. Dinero. (CR = Cuba): «Yo tenía claro el negocio apenas pude me conseguí la harina y ahora la doña tiene una boutique propia le va de lo más tuanis <estupendo>.» (R. Arias, *El emperador Tertuliano...*, 59) = «Vaya al Teatro Nacional a ver cuanta carajada* se presente ahí. (...) Si no tiene harina, que no me extraña, pida prestado, pero vaya.» (Remo, «Guía para el perfecto bombeta», en: revista *El Relincho*, n° 3, 1991) = CONSULTAS = SANTIESTEBAN

hartado -a. p. adj. Orgulloso, presumido. (CR): «Cada día se ve más vieja y ya se le notan las patas de gallo. Es una gran hartada. ¡Es plomo, plomísima!» (P. L. Acuña, *Güi pi pía*, 25) = QUESADA = CONSULTAS

hartar(se). intr. o tr.; ú. t. c. prnl. Comer –pop. (Guat.): «Pior <peor> si por pararnos a hartar nos cae <llega> la jura*. Ahora sospechan de todo el mundo. / (...) me dio hambre, ¿qué decís si nos vamos a hartar algo y de paso nos echamos un trago?» (M. A. Flores, *Los compañeros*, 30 y 130) = «Miles de hormigas todas juntas que se convertían en una sábana negra. Donde pasaban dejaban todo pelón*. Flores, árboles, plantas grandes y chicas, todo se lo hartaban.» (D. Liano, *el hombre de Montserrat*, 108) = RUBIO

harto -a (o: **jarto -a).** adj. Aburrido. (Col.): «Muy querido Daniel: Otra vez la cosa tuvo color* de hormiga, pero no alcanzó ni para página social. Los hospitales son jartísimos.» (A. Cepeda Samudio, carta a D. Samper Pizano, *A mí que me esculquen*, 33) = «Se darán cuenta de que el bridge es jartísimo, pero las columnas de bridge son fascinantes.» (D. Samper Pizano, *A mí que me esculquen*, 98) = '¡Qué jarto!' (CONSULTA) = FILIPPO

hartón. m. Variedad de plátano (*Musa paradisiaca*) de gran tamaño. (Ec. = PR, Méx. y Col.): «–Yo conozco dos <variedades de plátano>: er <el> **barraganete*** y el **domínico*.** / –Entonces no conoces nada: hay el hartón, el guineo (...) y un pilo* más.» (J. A. Campos, *Cosas de mi tierra*, 75) = CONSULTAS = ÁLVAREZ NAZARIO = SANTAMARÍA DGA = SOPENA

hasta. (1) prep. que, seguida de un adv. de tiempo y de un verbo, equivale a 'sólo', 'sólo en el momento de'. (Méx., Guat., El Salv. = Hond., Nic., CR, Ven., Col. y Ch.): «Asomaron los fulgores del sol, y hasta entonces pudo verse el despeñadero cubierto de gente: hombres diminutos en caballos de miniatura.» (M. Azuela, *Los de abajo*, 10) = «¿Por qué hasta ahora reparo en que son muchos los indios que venden cenzontles <especie de mirlos> (...)?» (L. Cardoza y Aragón, *El Río*, 111) = «Y cómo son sus ojos vistos directamente, le pregunto. Es mejor que me los vea hasta llegar al río, dice.» (M. Argueta, *Un día en la vida*, 191) = CONSULTAS = KANY = FILIPPO **(2)** prep. Antes –ante un verbo, puede implicar la negación /no/, aun cuando ésta no se utiliza. (CR = Hond.): «Es sistemática la supresión de la negación *no*, como complemento de la preposición *hasta*: 'Hasta mañana iré a casa.» (C. Láscaris, *El costarricense*, 163) = CONSULTAS

haya. f. Nombre de varios árboles *(Oxandra laurifolia; O. virgata; O. lanceolata; Aydendrum argentum).* (PR): «–(...) ¿Por qué, pongamo <pongamos> por caso, si hay palos de moca* y de haya pa' <para> hacer duelas si van a traer bocoyes del lao allá del mar?» (E. Laguerre, *La llamarada*, 134) = SANTAMARÍA DGA = MORÍNIGO

heder(se). intr.; suele ser prnl. tirarse pedos. (Bol.): «–(...) ¡Camaleona*! ¡Hasta qué hora has de heder!...» (J. Lara, *Yanakuna*, 110) = PAULOVICH

herma. m. Hermano –por aféresis. (CR): «Mi herma andaba en una güesera* consiguiendo un resorte que se le quebró (...).» (R. Arias, *El emperador Tertuliano...*, 88) = CONSULTAS

hermano. m. Fantasma. (CR): «Y si seguís diciendo que el muerto soy yo, a lo mejor vas a pasar una temporadilla encerrado y ahí sí que me gustaría ver la cara que ponés a media noche, que es la hora en que salen los difuntos, si te quedás solo íngrimo en la jerusa <cárcel>. Palabra que ahí sí te sale el Hermano.» (M. Salguero, *Agente de policía*, 71) = GAGINI

hervir. hacer hervir. Véase **hacer* hervir.**

hidalgo. m. Moneda de oro de diez pesos, creada en 1905, y que ya no existe. (Méx.): «Tendió un sarape en el suelo y sobre él vació el talego de hidalgos relucientes como ascuas de oro.» (M. Azuela, *Los de abajo*, 94) = SANTAMARÍA DGA

hidráulica. f. Instalación que sirve para el primer tratamiento de los granos maduros del café después de recogidos éstos. (PR): «De los cestos pasaban los chorros de cereza* a los sacos grises en donde debían ser conducidos a las hidráulicas.» (M. Zeno Gandía, *La Charca*, 126) = CONSULTAS

hielo. m. **hacerle hielo a** alguien. fr. Ignorar a alguien para molestarlo. (Perú): «Lo raro, pensó Alberto, es que nadie se puso de acuerdo para hacerle hielo. Y ha sido mejor que si se hubieran puesto de acuerdo.» (M. Vargas Llosa, *La ciudad y los perros*, 316) = CONSULTAS

hierbaguinea (o: **hierba guinea**)**.** f. Planta gramínea *(Panicum maximum)* que se siembra como pasto para el ganado. (PR = Cuba): «Y después, la siembra de yerba guinea (...).» (R. Marqués, *La víspera del hombre*, 136) = SANTAMARÍA DGA = PICHARDO (quien recoge **yerba de guinea**)

hierbal (o: **yerbal**)**.** m. Campo de hierba mate. (Par. < Bol. y otros): «Al comenzar enero, en un contingente pequeño de cuatro prisioneros venidos de los hierbales de Charará, llega mi amigo Echenique (...).» (A. Guzmán, *Prisionero de guerra*, 229-230) = SOPENA

hierbilla. f. Véase **yerbilla.**

hígado -a. adj.; ú. t. c. m. y f. Pesado, molesto; persona pesada. (CR = Cuba): «A veces papá me cae hígado. (...) Papá anda siempre de mal genio (...). / ¿Beto? Algunas veces me cae bien, pero otras me cae hígado.» (J. Gutiérrez, *Murámonos Federico*, 29 y 115) = GAGINI = MEJÍA PRIETO = CONSULTAS = SANTIESTEBAN

higiénicos. m. pl. Aseos, servicios. (Ec.): «Inspecciona, acompañado por los concejales, los callejones fétidos de mierda y desperdicios, y promete una inmediata pavimentación, higiénicos.» (E. Cárdenas, *Juego de mártires*, 102) = CONSULTAS

higienizarse. tr. Lavarse. (Arg. = Ur.): «Al final me decidí por lavarme la cabeza e higienizarme un poco en general pero sin meterme en la tina y sin esperar más de una hora hasta que se calentaran las dos ollas.» (M. Puig, *La traición de Rita Hayworth*, 272) = MORÍNIGO = CONSULTAS

higüera. f. Vasija hecha con el fruto de la güira. (PR): «Ni sufro ni ehtoy <estoy> contenta. Me siento vasía <vacía> como una higüera.» (R. Marqués, *La carreta*, 133) = ÁLVAREZ NAZARIO

hijo. m. **(1) hijo de la chingada.** fr. El mayor insulto en México –equivaldría a algo así como 'hijo de la mujer violada', 'hijo de la jodida'. (Méx.): «Toda la angustiosa tensión que nos habita se expresa en una frase que nos viene a la boca cuando la cólera, la alegría o el entusiasmo nos llevan a exaltar nuestra condición de mexicanos: ¡Viva México, hijos de la chingada! (...) Con ese grito, que es de rigor gritar cada 15 de septiembre, aniversario de la Independencia, nos afirmamos y afirmamos a nuestra patria, frente, contra y a pesar de los demás. ¿Y quiénes son los demás? Los demás son los 'hijos de la chingada': los extranjeros, los malos mexicanos (...). / La Chingada es la Madre abierta, violada o burlada por la fuerza. El 'hijo de la Chingada' es el engendro de la violación, del rapto o de la burla. Si se compara esta expresión con la española 'hijo de puta', se advierte inmediatamente la diferencia. Para el español la deshonra consiste en ser hijo de una mujer que voluntariamente se entrega, una prostituta; para el mexicano, en ser fruto de una violación.» (O. Paz, *El laberinto de la soledad*, 69 y 72) = «'Hijo de la guayaba, de la tiznada, de la chingada' salmodía el viejo (...).» (F. del Paso, *José Trigo*, 143) = CONSULTAS (véanse también **chingar**, y **chingón**) **(2) hijo de la guayaba.** fr. parecida a **hijo de la chingada** –vulg. (Méx.): «–(...) ¡ay jijo <hijo> de la guayaba si me redotan*!... Porque entonces vuelvo y lo tizno*... / Al oír la injuria, eché mano de un pisapapeles de cristal que estaba sobre mi mesa e hice ademán de arrojarlo a la cabeza del zapatista*, mientras preguntaba lleno de ira: / ¿Hijo de qué?» (M. L. Guzmán, *El águila y la serpiente*, 398) = «'Hijo de la guayaba, de la tiznada, de la chingada' salmodía el viejo (...).» (F. del Paso, *José Trigo*, 143) = CONSULTAS **(3) hijo de puya** (o: **hijo e puya**). fr. euf. Hijo de puta. (Ven.): «–¡Ah, hijo e puya este Cirilo!» (A. Uslar Pietri, *Las lanzas coloradas*, 77) = TEJERA **(4) hijo de la tiznada.** fr. de insulto muy grave –tanto como la que sigue. (Méx.): «–Y cómo no le metió usté un balazo a ese jijo <hijo> de la tiznada de Victoriano Huerta? –dijo Villa a Pani en medio del relato que éste le hacía de la muerte de Madero.» (M. L. Guzmán *El águila y la serpiente*, 54) = «'Hijo de la guayaba, de la tiznada, de la chingada' salmodía el viejo (...).» (F. del Paso, *José Trigo*, 143) = MALARET = CONSULTAS **(5) hijo de la tostada.** fr. de insulto muy grave –tanto como las precedentes. (Méx.): «–(...) todavía no nace el hijo de la tostada que nos insulte a nosotros sin más ni más.» (M. L. Guzmán, *El águila y la serpiente*, 220) = MALARET = CONSULTAS **(6) encajarle un hijo** a una mujer. Hacerle una tripa, empreñarla. (Arg.): «–(...) Lo que sí cuando vengas te voy a decir unas cuantas sobre ese sinvergüenza. / –¿Quién, Juan Carlos? ¿o el doctor Aschero? / –No, el sinvergüenza que te encajó un hijo.» (M. Puig, *Boquitas pintadas*, 156) = CONSULTAS

¡híjole! (o: **¡ijíjole!**). excl. que denota asombro. (Méx.): «¡Híjole, trabajar con usted!» (J. García Ordoño, *Tres crímenes y algo más*, 71) = CONSULTAS

hijuela. f. Hilera o calle truncada por otra de mayor longitud. (CR): «Las diferentes parcelas o cortes que componen una plantación de café tienen generalmente forma irregular, esto da como resultado, que unas calles o hileras son más cortas que otras. A las de menos longitud se les <las> llama hijuelas.» (H. Muñoz Ureña, *Cuentos con sabor a espanto de gentes sencillas*, 109) = QUESADA

hilar. v. **hilar de hambre.** fr. Pasar hambre. (CR): «(...) ya llevaba su tiempo fiándole su bastimento al indio porque no podía sufrir que naide hilara de hambre.» (F. Dobles, *Historias de Tata Mundo*, 218) = GAGINI (quien da la fr. : 'Vamos a almorzar, que todos estamos hilando de hambre.') (véase también **filo**)

hilo (o: **jilo**). **(1) al hilo.** fr. A hilo, sin interrupción. (Méx., Arg.): «(...) aceptó la cuba libre que le ofrecí. Se la tomó al hilo, luego otra y la tercera se la sirvió él mismo, sin pedir permiso.» (J. Ibargüengoitia, *Dos crímenes*, 9) = «(...) y si el partido <de billar> lo gano largo los tacos, toco la bola blanca de marfil contra la yeta <mala suerte> y cinco generalas* al hilo nunca me gané, pero tres-cuatro tres-cuatro me las hago.» (M. Puig, *La traición de Rita Hayworth*, 161) = VERDEVOYE **(2) al hilo de.** fr. Pendiente de, pidiendo encarecidamente. (PR): «Ahora mismo comentan las vicisitudes de un gran señor que 'anda por ahí esambrío <hambriento>, al jilo de un chispito* de pan, dispué <después de> que tenía tanta soberbia'.» (E. Laguerre, *La llamarada*, 135) = CONSULTAS **(3) de un hilo.** fr. Sin interrupción, sin cesar. (Méx.): «Zoraida se aburre de estar aquí. No lo confiesa porque sabe que la voy a regañar. Pero se aburre de un hilo.» (R. Castellanos, *Balún-Canán*, 184) = SANTAMARÍA DGA **(4) escaparse con el hilo en una pata.** fr. Librarse a duras penas pero con gran habilidad de un gran peligro. (Arg.): «(...) de la indiada disparé, / pues si me alcanza me mata, / y, al fin, me les escapé / con el hilo en una pata.» (J. Hernández, *Martín Fierro*, I, versos 615-618) = MORÍNIGO = CONSULTAS

hinchado -a (o: **hinchao,** o: **jinchao -a**). p. adj. Pálido, de color blanco; decíase las más veces del campesino afectado por enfermedades como la anemia, la malaria o la ascitis. (PR): «Me tiés <tienes> rabia polque <porque> te cogí el otro día apretándote con el jinchao ése. (...) – CHAGUITO. – (*Desde afuera.*) ¡Acaba, acaba, jinchá der demonio!» (R. Marqués, *La carreta*, 13 y 48) = GAZTAMBIDE ARRILLAGA = ÁLVAREZ NAZARIO (véase también **hincho -a**)

hinchahuevos. m. y f. Cargante. (Arg. = Ch. y Ur.): «(...) no leí ni uno de los novelones que me dio, 'quedemos amigos, no importa todo lo que pasó' la hinchahuevos y como despedida me encajó los libros (...).» (M. Puig, *La traición de Rita Hayworth*, 172) = MORÍNIGO = CONSULTAS

hinchao -a. Véase **hinchado.**

hinchar. tr. **(1)** Ser hincha de un equipo deportivo. (Ur., Arg.): «Hinchando un poco», relato de G. Wettstein, en: *Nuestra tierra*, I, 79) = CONSULTAS = VERDEVOYE **(2) hinchar los huevos.** Véase **huevo.**

hincho -a (o: **jincho -a**). adj. Pálido, descolorido. (PR): «Estoy chumbona*; eso acá <en Francia> no es pecado pero allá <en Puerto Rico> me costaría la mitad del *fan club* callejero. Jincha también, lo cual le encantaría a Mami, adicta a la pomada Porcelana.» (A. L. Vega, *Pasión de historia*, 27) = CONSULTAS = DÍAZ MONTERO = MALARET = ÁLVAREZ NAZARIO (véase también **hinchado**)

hipato -a (o: **jipato -a**). m. Que padece ictericia; de color amarillo o pálido. (PR, Ven.): «(...) la *jipata* señora de moño calza tenis* (...).» (E. Rodríguez Juliá, *El entierro de Cortijo*, 18) = «Lo malo, dijo un jipato de los que ya no tenían sangre, es la calentura.» (A. Croce, *La roca desnuda*, 19) = CONSULTAS = DÍAZ MONTERO = TEJERA

hobo. m. Fruto del hobo o jobo –es agridulce, de color amarillo o rojo y algo mayor que una uva. (Ec.): «Primero llegaron a Ambuquí y lo dejaron frutecido de hobos.» (G. A. Jácome, *Porqué se fueron las garzas*, 203) = JARAMILLO DE LUBENSKY = CONSULTAS

hocicar. intr. Ceder, dejar de resistir. (Arg.): «Siga un consejo, no se enamore / y si una vuelta le toca hocicar, / fuerza, canejo*, sufra y no llore / que un hombre macho no debe llorar.» (M. Romero, «Tomo y obligo», en: J. Barreiro, *El Tango*, 70) = GOBELLO = CONSULTAS

hocico. m. **(1) limpiarse el hocico.** fr. prnl. tr. ind.; ú. t. c. intr. Murmurar. (Arg.): «Estos diablos de milicos / de todo sacan partido: / cuando nos vían riunidos <veían reunidos> / se limpiaban los hocicos. // Y decían en los jogones <fogones> / como por chocarrería: / 'con la Bruja y Picardía / van a andar bien las raciones'.» (J. Hernández, *Martín Fierro*, II, versos 3.773-80) = CONSULTAS **(2) ventearse el hocico.** fr. Véase **ventearse la boca*.**

hocicón -ona. adj. Persona que habla de más o de manera inoportuna o grosera. (Méx.): «Efrén era muy hocicón. El que fue de muy buen carácter era mi hermano Emiliano.» (E. Poniatowska, *Hasta no verte Jesús mío*, 30) = CONSULTAS (SANTAMARÍA DM recoge **hociquear** con el sentido de 'maltratar de palabra áspera u groseramente, sobre todo abusando de superioridad jerárquica')

hociquear. intr. Véase **hocicón.**

hoja. f. **(1) cigarro de hoja.** fr. m. Véase **cigarro. (2) hoja de pascua.** fr. f. Véase **pascua. (3) hoja realera.** Véase **realera.**

hojaldre. m. **hojaldres con azúcar.** pl. Cierta torta. (Guat.): «(...) canasto sobre canasto, pagodas que dejaban en el aire olor a hojaldres con azúcar y ajonjolí tostado.» (M. A. Asturias, *El señor presidente*, 95) = CONSULTAS

hojota. f. Forma equivocada por ojota. (Bol. = Ec.): «(...) el confuso vocerío se traslada a la casa patronal, añadiendo a la bulla del mujerío el chancleteo de las hojotas masculinas sobre los movedizos ladrillos del corredor que mira a los corrales por una puerta desquiciada.» (H. Guzmán Arze, *Borrasca en el valle*, 40) = CONSULTAS

hombre. m. **hombre de la víbora.** fr. Vendedor de ungüentos, charlatán. (Arg.): «Todos éstos parecen disfrazados y falsificadores internacionales, gente que vende tónico para el pelo y hombres de la víbora.» (E. Sábato, *Sobre héroes y tumbas*, 324) = VERDEVOYE

hombrear. tr. **(1)** Ayudar, arrimarle el hombro a alguien. (CR = Méx. y Col.): «Recuerdo que hasta una contribución tuvimos que hacer durante unos meses para hombrearlos en sus crujidas (...).» (F. Dobles, *Historias de Tata Mundo*, 218) = SANTAMARÍA DGA **(2)** Cargar algo o a alguien sobre los hombros. (Arg.): «Los peones me observaban. Un muchachón dijo, comentando mi respuesta: –Vendrá a conchabarse pa hombrear bolsas.» (R. Güiraldes, *Don Segundo Sombra*, 26) = VERDEVOYE

home. m. Una de las posiciones del juego de béisbol. (Rep. Dom.): «(...) aquella insistente cojera... que sin embargo no te impedía correr de home a primera*.» (R. del Risco Bermúdez, «Ahora que vuelvo, Ton», en: J. Alcántara, *Antología de la literatura dominicana*, 131) = CONSULTAS

hondear(se) (o: **jondear-se).** tr. y prnl. intr. Tirar(se). (PR): «(...) unos niños desnudos se 'jondeaban' de cabeza al río desde unas lajas (...).» (A. Díaz Alfaro, *Terrazo*, 86) = ÁLVAREZ NAZARIO

honorable. m. y f. Título de cortesía de los jueces, diputados, etc. (Bol. = Ec.): «Contó una, diez, cien veces a cuantos se pusieron a su alcance (...) los pormenores de una 'tenida*' con el diputado de la provincia, el subprefecto y otras eminencias. '¡Qué gaznate se gasta... el honorable, ché' se explayaba el hombre. (...) Bebe y bebe como si tal cosa'.» (J. Lara, *Yanakuna*, 34) = SOPENA = JARAMILLO DE LUBENSKY

hora. f. **(1) mala hora.** fr. f. Hora desgraciada, de la muerte. (Col. y otros): «–Aureliano –le dijo entonces Úrsula–, prométeme que si te encuentras con la mala hora, pensarás en tu madre.» (G. García Márquez, *Cien años de soledad*, 154) = CONSULTAS **(2) a la hora de los mameyes*.** fr. En el momento de la verdad, en el momento crucial. (PR, Cuba): «Mucho gritar Luzbel, ése es, ése es y a la hora de los mameyes me dejaron solo.» (L. R. Sánchez, *Quíntuples*, 52) = «Si ahí la gente se hubiera revirado, todo hubiera sido distinto. No hubieran ocurrido tantas cosas. Pero a la hora de los mameyes nadie echó cuerpo ni palabra.» (M. Barnet, *Biografía de un cimarrón*, 189) = CONSULTAS = SÁNCHEZ-BOUDY = SANTIESTEBAN

horitita. adv. Ahorita –pop. (Méx.): «–Bueno, horitita mero* nos formamos y ganamos así pa la estación.» (M. L. Guzmán, *El águila y la serpiente*, 300) = CONSULTAS = SANTAMARÍA DGA

hormiga. f. **(1) hormiga arriera.** fr. f. Cierta hormiga, que suele cargar trocitos de hojas. (CR, Pan.): «Solera parecía concentrado en mirar una hilera de hormigas arrieras que como veleros diminutos, llevaban a cuestas hojitas diez veces más grandes que sus cuerpecillos.» (J. Gutiérrez, *Murámonos Federico*, 45) = «Por tanto, como hormigas arrieras, apretadamente unos tras el otro, muchos viajeros cargados de maletas (...).» (C. G. W. Cubena, *Los nietos de Felicidad Dolores*, 10) = QUESADA **(2) ponerse color (de) hormiga.** fr. Véase **color.**

hormiguero. m. Hormiguillo, enfermedad de los cascos de las caballerías, que las va desgastando. (Arg.): «Antes de andar haciéndome el 'taita', tenía por cierto que aprender a (...) curar el mal del vaso, el haba, los hormigueros y qué sé yo cuántas cosas más.» (R. Güiraldes, *Don Segundo Sombra*, 54-5) = CONSULTAS

hornado (u: **hornado -a,** o: **de hornado**). m. (o: adj. o: fr. adv.) Dícese del pernil de cerdo asado, o de cualquier manjar preparado en el horno. (Ec.): «Y todos me olvidarán cuando el acto religioso concluya con libaciones, platillos* de hornado, cohetes y bailes.» (E. Cárdenas, *Juego de mártires*, 144) = CONSULTAS = CARVALHO-NETO = JARAMILLO DE LUBENSKY

hornalla. f. Hornillo de una cocina. (Par., Arg.): «Al salir enciende la luz del pasillo y pasa a la cocina. Sobre la hornalla hay una sartén con sobras de frituras, entre la grasa endurecida.» (A. Roa Bastos, *El baldío*, 29) = «Era un angosto recinto de madera y de zinc, en el cual era dado ver una cocina de hierro, con sus dos hornallas (...).» (L. Marechal, *Adán Buenosayres*, 266) = VERDEVOYE

hornear. tr. Activar, precipitar la madurez de una fruta enhornándola; metáforicamente, provocar cierto estado de ánimo en una persona. (Perú): «Los que quieren hornear al Nictálope le susurran que Ignacia <su esposa> lo entregó y se exceden hasta afirmar que su miseria alargó la mano para recibir esa mañana un puñado de billetes anaranjados.» (M. Scorza, *Redoble por Rancas*, 226-227) = ARONA

hornilla (o: **horniya**). f. Hornillo portátil donde se hace fuego para guisar. (Bol. = PR y Col.): «La madre dice, quédense, les pondré la caldera en la hornilla, no tardará en hervir (...).» (R. Poppe, *Después de las calles*, 256) = MAURA = HAENSCH Y WERNER

horqueta. f. Honda, especie de tirachinas. (Ec.): «Cogió la horqueta. Estiró los elásticos, probándolos. Luego los tendió con el terrón en el cuero. (...) Al fin, vibraron los elásticos soltados de la mano; se oyó, un segundo, zumbar la piedra y vibrar la horqueta.» (E. Gil Gilbert, *Nuestro pan*, 58) = CONSULTAS

hoyo -ito. m. Hoyuelo, juego de muchachos. (Arg.): «El zaguán, más tarde, los patios de las imprentas, el vicio fomentado, prohijado* por el ocio, el cigarro, el hoyo, la rayuela y los montones de cobre, el naipe roñoso, el truco* en los rincones.» (E. Cambaceres, *En la sangre*, 71) = SANTAMARÍA DGA = SOPENA (que recogen la forma **hoyito**)

huacho. m. Véase **guacho.**

huaico (o: **guayco**). f. Depresión de terreno, quebrada. (Ec.): «Cheme decía que el lindero de su finca con la de Olave estaba encima de una 'guayco' y Olave que no...» (N. Estupiñán Bass, *Cuando los guayacanes florecían*, I, 127) = CONSULTAS = JARAMILLO DE LUBENSKY

huampa. f. Véase **guampa.**

huango. Véase **guango.**

hubo. ¡Qué hubo! (o: **¡qué húbole!**) Véase **haber.**

hueco. m. **(1)** Agujero. (Perú): «(...) y además comencé a estornudar porque cuando la saqué al patio no me puse los zapatos y todo mi pijama está lleno de huecos (...).» (M. Vargas Llosa, *La ciudad y los perros*, 173) = CONSULTAS **(2)** Homosexual, afeminado. (Guat.): «No te quiero... (...) Porqué < porque> no te manchas las manos con mierda... (...) Y por hueco.» (L. de Lion, *El tiempo principia en Xibalbá*, 71) = ARMAS = RUBIO

hueleflor. adj. y s. Tonto, necio. (PR): «–¡Arre allá!... ¡Gaznápiros!... Sois unos *hueleflores...*» (M. Zeno Gandía, *La Charca*, 28) = ÁLVAREZ NAZARIO = MALARET

huelemil. Véase **güelemil.**

huera. adj. f. Hablando de una mujer, estéril. (Par.): «–(...) Mi cuerpo me grita que soy huera cada vez que un hombre está conmigo y me llena de semilla.» (M. Halley Mora, *Los hombres de Celina*, 40) = CONSULTAS

huerco. m. Niño. (Méx.): «Oiga, doña Luz, ¿no espera huerco? (...) Es que anoche la soñé que estaba embarazada.» (J. A. De La Riva y F. Sánchez, *Pueblo de madera*) = MEJÍA PRIETO = JIMÉNEZ

huertista. m. y f.; ú. t. c. adj. Partidario de Victoriano Huerta. (Méx.): «Vio Miguel Alessio los cañoneros huertistas desde la cima del cerro que había escogido como atalaya (...).» (M. L. Guzmán, *El águila y la serpiente*, 95-6) = CONSULTAS

hueso. m. **(1)** Empleo público; prebenda. (Guat., CR = Cuba, Méx. y Nic.): «Ahora que te voy a decir, está más difícil que cuando yo entré conseguir hueso en la secreta.» (M. A. Asturias, *El señor presidente,* 46) = «(...) y además a vos te sirve porque si mañana o cualquier día te echan de este puesto, podés pedir hueso de músico y no te morís de hambre.» (M. Salguero, *Agencia de policía,* 107) = CONSULTAS = SANTIESTEBAN = JIMÉNEZ = RABELLA y PALLAIS **(2) huesos.** interj. que se usa sólo en pl. y con sentido negativo; ¡quiá! (Guat.): «Enderecé la valija, la pulsié <pulseé>, traté de somatarla* varias veces para que asentara todo por dentro, pero huesos, pesaba quintales la maldita.» (M. A. Flores, *Los compañeros,* 14) = ARMAS

huéspeda. f. **contar sin la huéspeda.** fr. No prever un suceso adverso. (Arg.): «Imposible; costaba más el alquiler de la casa, de una casa en el centro como la que él quería. Había contado sin la huéspeda... dos mil pesos... ¡lejos iba a poder ir con semejante miseria!... Creía tener mucho más...» (E. Cambaceres, *En la sangre,* 141) = CONSULTAS

Huesuda (la) (o: **la huesuda).** f. La Muerte. (Méx., Arg.): «Me respondió que al hijo* de la chingada se lo podía llevar la huesuda (...).» (J. García Ordoño, *Tres crímenes y algo más,* 92) = «Una noche, la Huesuda me vistió el alma de duelo, / mi querida madrecita se me fue a vivir con Dios /(...).» (A. J. Tagini, «La gayola», en: J. Barreiro, *El Tango,* 62) = CONSULTAS = GOBELLO

hueva. f. **(1)** Mina; tesoro. (Arg.): «Pero en el cuarto del zaguán, en la salita de recibo de su suegro, era donde debía estar lo gordo, la hueva.» (E. Cambaceres, *En la sangre,* 209) = SEGOVIA **(2)** Pereza. (Méx.): «Ese hombre fácilmente podría dormir a un batallón completo con sus historias. Escucharlo era de hueva completa.» (L. Esquivel, *La ley del amor,* 64) = JIMÉNEZ **(3)** f. pl. Testículos. (Col., Ch.): «¿Qué piso? preguntó el ascensorista. Mis hueviiiitas, contestó el enano.» (disco *Nenadas con la Nena Jiménez,* Pirata Records, sin ind. de país ni de fecha) = «–(...) Andar sin carnet es lo mismo que andar sin huevas. Te vai <vas> a acordar.» (H. Valdés, *Tejas Verdes,* 104) = CONSULTAS **(4) hueva(s).** m. Tonto. (Perú = Col.): «¿Qué esperas, huevas?» (M. Vargas Llosa, *La ciudad y los perros,* 31) = BENDEZU = CONSULTAS = HAENSCH y WERNER **(5) por las puras huevas del diablo.** fr. Sin explicación, sin razón. (Perú): «Los civiles terminan resolviendo todo. En el Perú, uno es militar por las puras huevas del diablo.» (M. Vargas Llosa, *La ciudad y los perros,* 163) = CONSULTAS

huevada -ita. f. Tontería, disparate, bobada. (Ec., Bol., Ch. = Arg.): «En fin, yo nunca tuve ninguna gran aventura con nadie, apenas (...) esas huevaditas en las que la otra persona se muestra como una profesional y resulta nada más que una putita sin experiencia y sin esperanza.» (J. Dávila Vázquez, *El círculo vicioso,* 13) = «(...) hay el peligro de regresar revisionista, de tener en la cabeza solamente conceptos de paz, de emulación y demás huevadas.» (R. Poppe, *Después de las calles,* 123) = «¿Es una huevada lo que le pregunté, don Pablo?» (A. Skármeta, *Ardiente Paciencia,* 26) = JARAMILLO DE LUBENSKY = MUÑOZ REYES = MALARET = SANTAMARÍA DGA

huevearse (o: **hueviarse).** prnl. tr. Robar. (Guat., El Salv.): «¡Se han hueviado a la Virgen! – decía en la puerta de la iglesia la presidenta de la Sociedad de las Hijas de María. / (...) Habían entrado platicando mientras se acercaban al camarín cuando de pronto se encontraron que éste estaba vacío. Enmudecieron» (L. de Lion, *El tiempo principia en Xibalbá,* 62) = «(...) dejando desde luego a salvo el derecho de propiedad que legalmente prueben los poseedores de los que hayan comprado (porque los que se los hayan hueviado no tienen derecho a nacas <nada>) (...).» (R. Dalton, *Pobrecito poeta que era yo...,* 92) = ARMAS = RUBIO (véase también **hueveo**)

hueveo. m. Robo. (Guat.): «Enfrente el INVI: instituto nacional de la vivienda: gran hueveo del gobierno: casas para pobres: cuento de hadas.» (M. A. Flores, *Los compañeros,* 32) = RUBIO (véase también **huevear**)

huevo. m. **(1) huevos a la ranchera** (o: **huevos rancheros).** fr. pl. Huevos revueltos con salsa de tomate y ají, o con carne. (Méx., Perú = Guat., Col. y otros): «Luisa me trajo los huevos rancheros, la jarrita de café y el pan.» (J. García Ordoño, *Tres crímenes y algo más,* 93) = «(...) ascendí del desteñido café al jugo de frutas tropicales, al café con leche y a los huevos a la ranchera.» (M. Scorza, *La danza inmóvil,* 137) = CONSULTAS = RUBIO **(2) huevo perico.** fr. Véase **perico. (3) echar huevo.** fr. Fornicar. (Méx.): «Mira, *primer mayor,* ahora en la noche vamos a 'echar huevo'. (...) Sólo el ladino llegó y me dijo: 'Mira María, si te dejas* conmigo, te echo fuera <de la cárcel>.'» (R. Pozas, *Juan Pérez Jolote,* 88) = CONSULTAS **(4) hinchar los huevos.** fr. Mostrar decisión, valentía. (Guat.): «(...) no me queda otra que armarme de coraje o, como dicen en mi tierra, de hinchar los 'güevos' (que ya de por sí están bien hinchados los pobrecitos).» (L. E. Rivera, *Velador de noche, soñador de día,* 136) = CONSULTAS **(5) poner un huevo.** fr. Cometer un error. (PR): «Me agarró las manos que, malrayo me parta, estaban sudadas y gritó: ¡Ay nene, he puesto un huevo terrible!... / Terrible era poco decir. Le había dado con ponerse a rebuscar en la basura de Don Danilo (...) y el viejo la había mangado* como quien dice in fraganti.» (A. L. Vega, *Pasión de historia,* 79) = CLAUDIO DE LA TORRE **(6) ser de a huevo** (o: **dia-**

güevo). fr. Tener valor. (Guat.): «Un hombre, el más bravo del pueblo, el más diagüevo, otro no lo hubiera hecho, se desesperó tanto que hizo un disparo al aire.» (L. de Lion, *El tiempo principia en Xibalbá*, 9) = ARMAS

hule. m. **(1) hule -ito.** Condón. (Méx.): «Claro que si estás urgido de mujer, una, o las dos, podríamos hacer el sacrificio. Por supuesto con hulito, ya sabes, el Sida no respeta.» (J. García Ordoño, *Tres crímenes y algo más*, 29) = JIMÉNEZ **(2)** Cualquier tira de caucho o banda elástica. (CR = Guat.): «(...) saqué con mucha ostentación mi flecha*, coloqué en ella la piedrecilla más redonda que encontré en la bolsa, y estirando bien los hules apunté detenidamente (...) y en un instante que creí propicio disparé el flechazo*.» (C. L. Fallas, *Marcos Ramírez*, 110) = RUBIO

humarse (o: **jumarse).** prnl. intr. Emborracharse. (CR): «Y al final se iban a humarse con los cinco colones que les pagaban y con la garrafa de guaro <aguardiente de caña> que algún tagarote de por ahí regalaba.» (Q. Duncan, *Final de calle*, 62) = CONSULTAS

humero. m. Humareda, fumosidad. (PR = Col.): «(...) el humero comiéndole los ojos.» (L. R. Sánchez, *La Guaracha del Macho Camacho*, 177) = MALARET = HAENSCH Y WERNER

humo. m. **(1) írsele al humo** a alguien, o a algo. fr. Precipitarse, abalanzársele a alguien, o ir en pos de algo. (Arg. = Méx. y Ur.): «(...) tres jayanes se le han ido al humo y se le cuelgan de los hombros, el cuello y la cintura.» (L. Marechal, *Adán Buenosayres*, 118-119) = MORÍNIGO = GOBELLO = CONSULTAS **(2) tornar a las del humo.** fr. Irse. (Guat.): «Estuvo en el rancho un ratito y tornó a las del humo. Pero ya regresaba... Entraba y salía. Iba y volvía.» (M. A. Asturias, *El señor presidente*, 186) = CONSULTAS

I

ideoso -a (idioso -a). adj. Antojadizo, lunático; temeroso y mañoso. (Arg. = Col.): «–Me han dicho que los animales d'esta cría saben* salir flojos de cincha*. –No, señor; son medioh'idiosos no más, son.» (R. Güiraldes, *Don Segundo Sombra*, 31) = ABAD DE SANTILLÁN = MORÍNIGO = HAENSCH y WERNER

idóneo -a. m. y f. Persona sin título profesional, pero que tiene autorización legal; más particularmente, practicante de farmacia. (Par. = Arg. y otros): «(...) mi misión la cumplí instruyendo a un idóneo de farmacia de apellido Acosta, a quien dejé varias máscaras y el equipo de purificación de agua con suficiente cantidad de Polvos de Lampert. (...) Allí, después, vino a vivir conmigo otro reservista, idóneo dentista, de apellido Pompa.» (H. C. Sosa Tenaillon, *Cincuenta años después*, 88 y 91) = SOPENA = VERDEBOYE = CONSULTAS

igualado -a. adj. Irrespetuoso; dícese de la persona que se toma más confianza de la debida. (Méx. = Guat. y El Salv.): «Gálvez toma el brazo de la muchacha y lo alza con violencia en señal de triunfo. Ella le da un manotazo. / –¿No les decía que ustedes son unos aprovechados? Suélteme, pues, igualado.» (A. Yáñez, *La creación*, 158) = MALARET = RUBIO = SANTAMARÍA DGA

iguana. f. Cierto juego de niños. (Ec.): «Con ellos –los 'conchistas'*– habían jugado desde chicos en el río a la 'iguana' y a la 'pega'*.» (N. Estupiñán Bass, *Cuando los guayacanes florecían*, I, 45) = CONSULTAS

imbabura. f. Canoa grande. (Ec. = Col.): «Por entre los muelles, estaban acoderadas balsas de plátano; imbaburas de piezas, cargadas de cocos secos; pequeñas balandritas, de cuyas cubiertas salían volutas de humo azulino de estopa; docenas de canoas menores y una que otra lancha de motor.» (A. Ortiz, *Juyungo*, 139) = CORNEJO = CONSULTAS

imbancable. adj. Insoportable. (Ur.): «El domingo, cuando fui a visitar al abuelo le pregunté qué quería decir imbancable y él se rió y me explicó con muy buenos modos que quería decir insoportable.» (M. Benedetti, *Primavera con una esquina rota*, 136) = CONSULTAS (véase también **bancar**)

inca (o: **Inca**). m. Cierta marca de cigarros. (Perú): «Pero el que estaba registrando al Rulos dijo: 'éste está lleno de plata y de incas, qué tesoro'.» (M. Vargas Llosa, *La ciudad y los perros*, 204) = «–(...) ¿quién tiene un cigarrito para este fosforito? / Si no se lo ofrecían, no hablaría. Le alargaron un *Inca*. Chupó el humo con ansiedad.» (M. Scorza, *Redoble por Rancas*, 91) = CONSULTAS

incendio. m. **hablar incendios contra** alguien. fr. Decir cosas terribles de alguien. (Perú): «(...) se puso a hablar incendios contra Cava, serrano de mierda, se fregó por bruto, y todo el serrano, como si él tuviera la culpa de que lo fueran a expulsar.» (M. Vargas Llosa, *La ciudad y los perros*, 150) = CONSULTAS

inconveniente. m. Riña, pendencia sin consecuencias. (Arg.): «Elegí ése <ese pasaporte falso> porque en un tiempo tuve un inconveniente con Ferrari Hardoy y se me presentaba la oportunidad de cometer algunas fechorías en su nombre.» (E. Sábato, *Sobre héroes y tumbas*, 399) = CONSULTAS

india. f. **(1) ¡ni qué india envuelta!** fr. ¡Qué niño envuelto! ¡Ni qué niño muerto! (Guat.): «¿La patria? ¡Sálvese, general, yo sé lo que le digo; qué patria ni qué india envuelta!» (M. A. Asturias, *El señor presidente*, 64) = CONSULTAS **(2) ser la india.** fr. Véase **ser el indio***.

indigenado. m. Conjunto de (los) indígenas. (Ec.): «(...) conmigo han venido luchando por aliviar en algo la situación del indigenado (...).» (G. A. Jácome, *Porqué se fueron las garzas*, 291) = CONSULTAS

indio -a. m. y f. **(1) indio desnudo.** fr. m. Árbol que suele perder la piel, dejando aparecer una madera rojiza. (CR): «Otras especies de árboles presentes son el indio desnudo (*Bursera simaruba*) y el madroño (...).» (M. A. Boza, *Parques nacionales*, 14) = CONSULTAS = QUESADA (véase también **indio pelado**) **(2) indio mostrenco.** fr. de insulto grave. (Perú): «El amo (...) clavó en el pobre siervo una mirada escrutadora y sombría, terminando (...) por interrogarle <al mayordomo de la hacienda>: / –¿Qué es de Aureliano? ¿Dónde está metido ese indio mostrenco? / –Con su yunta, taita <patrón>.»

(E. López Albújar, *Nuevos Cuentos Andinos*, 38) = CONSULTAS (véase también **mostrenco**) **(3) indio togado.** fr. Dícese del hombre de origen indígena que siente orgullo por haberse aculturado. (Ec.) : «Así siento más que <Karen> es mi mujer, cuando me da de comer lo que ella cocina para mí y cuando después del baño* me trenza el guango*. Entonces, Andrés Tupatauchi, hasta te inflas. En esos ratos, qué bien que te queda eso de 'indio togado'.» (G. A. Jácome, *Porqué se fueron las garzas*, 14) = CONSULTAS **(4) indio pelado.** fr. Véase **indio desnudo. (5) indio verde.** fr. Manera despectiva de hablar de o a un indígena, subrayando su origen somático indoamericano –pop. (Ec.): «Anda como señor, el indio verde. (...) / Los indios verdes iguales a nosotros, sus patrones.» (G. A. Jácome, *Porqué se fueron las garzas*, 46 y 102) = CONSULTAS (véase también **culo* verde**) **(6) ser el indio** (o: **la india**). fr. Ser un esclavo, un sirviente. (Guat.): «(...) le dice que no le esperé, porque, achís, yo no soy su india para enfriarme el trasero en ese poyo que está como su linda cara.» (M. A. Asturias, *El señor presidente*, 230) = CONSULTAS

infeliz. adj. Aplícase a la persona a la que se le quiere restar importancia. (Arg. = Méx. y Guat.): «–¿Te acordás? Yo tenía para vos cara de infeliz. No hablés. Y vos no sabías lo que yo estaba sufriendo.» (R. Arlt, *Los siete locos*, 137) = MORÍNIGO

inflar. (1) tr. Molestar, jorobar. (Par. = Ur. y Arg.): «–'Pero, ¿ya viene otra vez a inflarme? ¡Retírese de acá!' Y siguió con unas cuantas groserías más (...).» (H. C. Sosa Tenaillon, *Cincuenta años después*, 64) = CONSULTAS **(2) inflarse.** prnl. intr. Quedarse visiblemente embarazada una mujer, tener bombo –pop. (Ec.): «Volvió a suceder lo que todos esperaban. Ña Andrea se infló. Y ña Andrea tuvo una hija: la Gertru.» (D. Aguilera Malta, *Don Goyo*, 102) = CONSULTAS

influencia. f. Influenza, gripe española. (Méx. = Nic. y otros): «Acuérdate de Urbano Gómez, hijo de don Urbano, nieto de Dimas, aquel que dirigía las pastorelas* y que murió recitando el 'rezonga ángel maldito' cuando la época de la influencia.» (J. Rulfo, *El llano en llamas*, 142) = CONSULTAS = RABELLA y PALLAIS

ingerir lazos, ingerir el lazo. fr. Véase **lazo.**

injerto. m. Persona o animal que procede de un cruce. (Ven. = Perú): «Empujé la mula cuesta abajo, en toda la velocidad de su galope. Hubiera querido darle alas al injerto para llegar en seguida.» (M.V. Romero García, *Peonía*, 330-1) = SANTAMARÍA DGA

insumir. tr. Tardar, invertir cierto tiempo en la realización de algo. (Par. = Ur. y Arg.): «(...) el magro suplemento dominical no podía insumirme más de un par de horas (...).» (A. Roa Bastos, *El baldío*, 168) = CONSULTAS

insurgente (o: **Insurgente**). adj.; ú. t. c. s. Partidario de la independencia de Venezuela. (Ven.): «–(...) los insurgentes tienen bandera amarilla y gritan: '¡Viva la libertad!'» (A. Uslar Pietri, *Las lanzas coloradas*, 77) = CONSULTAS

intención. f. **en intención.** fr. Para tal fin (en contexto religioso). (Guat.): «(...) que esa niña no se muera (...) te dejo esta candela en intención y me voy confiada en tu poder (...).» (M. A. Asturias, *El señor presidente*, 185) = CONSULTAS

interior. m. Servicio sanitario. (CR = Nic.): «Como anécdota espacial, es especialmente llamativo para un extranjero el que se use la voz *interior* para designar los servicios higiénicos.» (C. Láscaris, *El costarricense*, 131) = CONSULTAS = RABELLA y PALLAIS

interiorizar, interiorizarse de. tr., o prnl. tr. ind. Informarse detalladamente de algo. (Bol. = Ur. y Arg.): «Se interiorizaba de los programas y horarios y se perdía sin dejar noticias ni rastros de existencia.» (R. Poppe, *Después de las calles*, 39) = SANTAMARÍA DGA = CONSULTAS

intervenir. tr. Ocupar y controlar un lugar. (Bol. = Ur. y Arg.): «–Desde ayer la mina está intervenida por el ejército.» (F. Medina, *Los muertos están cada día más indóciles*, 86) = CONSULTAS

intestino. m. **mover el intestino.** fr. Defecar. (Arg. = Ur.): «–(...) Nadie puede resistir una quincena sin mover el intestino.» (L. Marechal, *Adán Buenosayres*, 143) = CONSULTAS

invernador. m. Persona que se dedica al engorde del ganado en los invernaderos. (Arg.): «Los invernadores, tostados por el sol, calculaban ganancias o pérdidas, tirándose el bigote o rascándose la barbilla.» (R. Güiraldes, *Don Segundo Sombra*, 91) = SOPENA = CONSULTAS = VERDEVOYE

ir. intr. **(1) ir que.** fr. Apostar a que. (Méx.): «–(...) ¿Voy que hasta se te olvidó por qué viniste a dar aquí?» (M. Azuela, *Los de abajo*, 32) = CONSULTAS = KANY **(2) irse a bañar.** fr. se usa en las loc. **¡vete** (o: **váyase,** o: **iros,** *etc.*) **a bañar!** fr. que se dice para mandar a paseo. (Méx. = Arg.): «–'Es arte burgués, enervante.' –'Amigo: el arte es universal ¿no lo dijo Chavalinski?' –Váyase usted a bañar.'» (A. Yáñez, *La creación*, 217) = CONSULTAS **(3) irse changando.** Véase **changando. (4) irse de.** fr. Comenzar a hacer algo. (Perú): «(...) suéltalo. No puedes irte de puñetazos con una criatura.» (M. Vargas Llosa, *La ciudad y los perros*, 274) = CONSULTAS **(5) írsele a una mujer.** fr. Acostarse con ella. (Par.): –«'Yo me le iría a Paulina, pero tengo miedo de preñarla'.» (G. Casaccia, *La Babosa*, 62) = CONSULTAS **(6) va y** (o: **y va de**) más verbo. fr. Muletilla usada en la conversación o narración para anunciar una anécdota. (Hond., El Salv., Nic., CR = Arg.): «(...) y, como quien no quiere la cosa, va y le echa pesca al santo papel y, sin dar lugar a que la Chimuz se lo arrebate, lo despliega y lee.» (R. Amaya Amador, *Cipotes*, 68) = «Y va de hablar paja*: de fútbol, de cueros* y hasta de política...» (R. Dalton, *Pobrecito poeta que era yo...*, 61) = «¿Quién me lo manda? –va y le pregunta el beduino, cauteloso, sin atreverse a extender la mano para recibirlo.» (S. Ramírez, *Un baile de máscaras*, 204) = «(...) no se fijó en el suelo y va y le arrió con el dedo gordo a una piedra que estaba salida (...).» (M. Salguero, *Agencia de policía*, 23) = «Va y un día, viniendo yo en mi mula por entre* el bananal, noté a la distancia que había un carro detenido y algunos hombres gesticulaban alrededor.» (F. Dobles, *Historias de Tata Mundo*, 190) = QUESADA = CONSULTAS **(7) ahí va.** fr. con que se denota aprobación, asentimiento. (Ur. = Arg.): «–Aquí no te dejan jugar <al fútbol> libremente. Hay una mentalidad que te aplasta. / –¿Quién tiene esa mentalidad, los preparadores, los dirigentes? / –Ahí va. Ellos y también tus padres. No los míos, los padres en general.» (en: semanario *Brecha*, 24/11/94) = CONSULTAS **(8) irla de** más sustantivo o adjetivo. fr. Atribuirse o fingir cierta condición o estado de ánimo. (Arg. = Ur.): «El patrón la va de cabrero*.» (J. Cortázar, *El examen*, 53) = CONSULTAS

ireme (o: **íreme**, o: **Ireme**). m. Espíritu ancestral, espectro de los antepasados; se le llama popularmente Diablito. (Cuba): «La *escoba* amarga* en la diestra, y el *Palo Macombo* –cetro de exorcismos– en la siniestra. ¡Ireme, ireme! ¡La Potencia* rompió, yamba-ó! El Diablito* se adelantó, brincando de lado como pájaro en celo, al ritmo cada vez más imperioso del tamborcito.» (A. Carpentier, *Écue-Yamba-o*, 149) = «A ese Ireme o espíritu <Akurumina>, todos los años se le hacía en el río <en África> un sacrificio humano.» (L. Cabrera, *La sociedad secreta Abakuá*, 160) = CONSULTAS

irredento -a. adj. Aplicado a personas, empedernido, incurable. (Col.): «(...) era de dominio público que apenas si podía con sus rústicas botas de caminante irredento en la casa decrépita cuyo servicio se había reducido entonces a tres o cuatro ordenanzas (...)». (G. García Márquez, *El otoño del patriarca*, 252) = «(...) para ver a la ávida clientela de orientales y suramericanos perder su dinero como si estuvieran en Montecarlo pero con maneras de metecos irredentos.» (A. Mutis, *Ilona llega con la lluvia*, 69) = SANTAMARÍA DGA

izquierdista. m. Durante la guerra del Chaco, soldado que se hería voluntariamente la mano izquierda para ser enviado a retaguardia. (Par. = Bol.): «Con la mano derecha manejó el fusil, y se disparó un tiro en la izquierda. (...) / Este fue uno de los casos de los famosos 'izquierdistas'. Así se llamaban <llamaba>, en el Chaco, a los que se herían a sí mismos por no querer seguir combatiendo. Todos presentaron el común denominador de herirse en la mano izquierda.» (H. C. Sosa Tenaillon, *Cincuenta años después*, 59-60) = MUÑOZ REYES

J

jabado -a. adj. Hablando de las aves, que tiene dos o tres colores que se van alternando regularmente. (Cuba): «Mientras tanto <el brujo> cría un gallo que no sea blanco ni jabado.» (L. Cabrera, *Reglas de Congo*, 161) = PICHARDO = ORTIZ

jabón. m. **(1)** Miedo, susto. (Arg. = Ur.): «Se vinieron en tropel / haciendo temblar la tierra. / No soy manco pa la guerra / pero tuve mi jabón (...).» (J. Hernández, *Martín Fierro*, I, versos 547-550) = VERDEBOYE = CONSULTAS **(2) jabón de coche.** fr. m. Jabón ordinario de grasa de cerdo. (Guat.): «(...) les infundía pavor que les fueran a hacer jabón de coche, como a los chuchos, o a degollarlos para darle de comer a la policía.» (M. A. Asturias, *El señor presidente,* 178) = CONSULTAS **(3) jabón de monte.** fr. Jabón basto de gran valor detergente, fabricado a domicilio por gentes pobres. (Col.): «Pidieron agua abundante, jabón de monte y estropajo, y se lavaron la sangre de los brazos y la cara, y lavaron además las camisas, pero no lograron descansar.» (G. García Márquez, *Crónica de una muerte anunciada*, 127) = FILIPPO **(4) jabón de reuter** (o: **jabón Reuter).** fr. m. Cierto tipo de jabón barato. (Guat., Nic., Col., Par.): «(...) lo inútil de las manos en las manos..., en el jabón de reuter..., en el jardín del libro de lectura..., en el lugar del tigre... (...).» (M. A. Asturias, *El señor presidente,* 178) = «Apenas había dado la vuelta tu abuela Luisa, cuando descubrió el beduino el rostro inmóvil de Macabeo Regidor enzarzado en el enjambre florido de letras de plata del espejo en que se anunciaban los jabones *Reuter*, la lumbre del cigarrillo, prendida en sus labios, inmóvil también.» (S. Ramírez, *Un baile de máscaras*, 48) = «(...) lo sumergía en las aguas lustrales de la bañera de peltre con patas de león y lo jabonaba con jabón de reuter y lo despercudía con estropajos (...).» (G. García Márquez, *El otoño del patriarca*, 175) = «Quince minutos después un cortés oficial me invitó a pasar al despacho del Comisario, que olía a *jabón Reuter y loción after shave.*» (M. Halley Mora, *Los hombres de Celina*, 26) = CONSULTAS

jagüilla (o: **jagüiya).** f. Puerco salvaje o jabalí. (Hond.): «(...) puso su dedo índice verticalmente sobre su boca en un gesto de ¡silencio!; luego señaló una partida de jagüillas o 'chanchos <puercos> de monte' que descendía a beber agua frente a nosotros, por el lado opuesto de la laguna.» (M. A. Rosa, *Tío Margarito*, 96) = MEMBREÑO

jaiba. f. Boca. (Cuba): «A ellos, sin embargo, les parece que eso no es ni remotamente comparable a estar ocho o nueve horas al rayo del sol, doblando la cintura, sudando la gota gorda para hacer tres o cuatro tongas <pilas> que parece que no las brinca un chivo y que luego viene la alzadora* con su jaiba hidráulica como un cangrejo hambriento y las levanta en un dos por tres.» (M. Cossío Woodward, *Sacchario*, 188) = SÁNCHEZ-BOUDY (quien recoge **abrir la jaiba** con el sentido de 'abrir la boca')

jalada. f. **(1)** Carga, cantidad de algo. (CR): «En aquellos días, estaba redondeándome una jalada de madera para un amigo mío (...).» (F. Dobles, *Historias de Tata Mundo*, 164) = QUESADA **(2)** Suspensión en un examen. (Perú): «Ya fuera porque lo hubiese obtenido <mi título de abogado> a costa de muchas **jaladas** y aplazamientos, o porque no supiera yo explotarlo, lo cierto era que ningún rendimiento apreciable sacaba de él.» (E. López Albújar, *Nuevos Cuentos Andinos*, 73) = CONSULTAS **(3)** Mentira evidente. (Méx.): «Jaladas, me dice. Los obreros apenas sobrepasan el salario mínimo.» (J. García Ordoño, *Tres crímenes y algo más*, 76) = CONSULTAS

jalado -a. adj. **(1)** Demacrado, pálido. (El Salv., CR): «En esta cara jalada que me véis <*sic*>, lo peor es el catarrón (...).» (R. Dalton, *Pobrecito poeta que era yo...*, 91) = «Porque feo y jalado como era a ella no le había interesado.» (Q. Duncan, *Kimbo*, 91) = QUESADA = CONSULTAS **(2)** Borracho. (Col., Ec. = Cuba, Guat. y Nic.): «Ya ves hermano, el marica se ha portado legal*, se ha ido bastante jalado y ha pagado todo (...).» (U. Valverde, *Bomba Camará*, 54) = «¡Cusumbo está borracho! / –Todo ejtamoj <todos estamos> medio jalaos... / Iban haciendo equis y cetas <zetas> en el trayecto.» (D. Aguilera Malta, *Don Goyo*, 55) = FILIPPO = CONSULTAS = HAENSCH y WERNER = SANTIESTEBAN = ARMAS = RABELLA y PALLAIS **(3)** Excesivo, irreal. (Méx.): «Tus moditos de amar <a México> son medio jalados. Vivimos de milagro. Yo a veces pienso que esto es el infierno.» (J. García Ordoño, *Tres crímenes y algo más*, 87) = CONSULTAS

jalar. **(1)** intr. Ponerse en marcha, en acción o en actividad; actuar. (Méx.): «–(...) Sea lo que fuere, debes aceptar. Es la hora de que jalemos todos parejo*.» (M. L. Guzmán, *El águila y la serpiente*, 365) = «Vamos a organizarnos de una vez por todas, pasa la palabra. / –Las muchachas pocas veces jalan –meneó la cabeza Villarreal–. En cambio si fueran hombres...» (C. Fuentes, *La frontera de cristal*, 166) = SANTAMARÍA DGA = CONSULTAS **(2)** tr. Suspender en un examen. (Perú): «Es un buen tipo, nunca jala en los exámenes.» (M. Vargas Llosa, *La ciudad y los perros*, 149) = COROMINAS **(3)** tr. Cargar, transportar. (Guat., Nic., CR): «–¿Quieres que lleve algo? / –No estaría mal que te pasaras jalando dos pasteles bien cremosos, de ser posible con sus respectivas fresitas en el lomo.» (L. E. Rivera, *Velador de noche, soñador de día*, 96) = «Una vez me zafé <descoyunté> la mano, jalando agua; llegó un sobador* a engonzármela* (...).» (S. Ramírez, *La marca del Zorro*, 31) = «Al ratico de haberse abierto la Agencia se presentó Joaquín Gallinita a denunciar que le habían robado el saco de gangoche <tela burda> en que jala las gallinas.» (M. Salguero, *Agencia de policía*, 29) = QUESADA = CONSULTAS **(4)** **jalar** (o: **jalarle**). intr. o tr. Irse, marcharse. (Méx., Hond., CR = Nic. y Bol.): «Por nada se cambia la comidita mexicana, *pero el año entrante, otra vez, a jalarle p'al Norte, donde está el dinero, y el trabajo a la mano, y los five and ten, y la luz eléctrica.*» (C. Fuentes, *La región más transparente*, 181) = «Lo del médico no fue más que cebo para que la mocería no se jalara.» (A. P. Sánchez, *Ambrosio Pérez*, 67) = «Jalemos a Plaza Víquez.» (H. Elizondo Arce, *Adiós Prestiño*, 23) = SANTAMARÍA DGA = QUESADA = CONSULTAS = RABELLA y PALLAIS **(5)** tr. Sentir una descarga eléctrica. (CR): «Pues sí, una vez me metí en una casa de por la Nunciatura, con las paredes altas, y dicen que con electricidad en los alambres de arriba. Nada me jaló y tín tín tín, en tres pasos me subí por el muro.» (A. Chase, *Ella usaba bikini*, 66) = QUESADA **(6)** **jale.** interj. Vámonos, vamos; ya. (CR): «Condenación mil veces, condenación al infierno y jale.» (Q. Duncan, *Una canción en la madrugada*, 64) = «Era él más fuerte pero jale juntos maje* y sus ojos y mocos lacrimosos sonrieron.» (H. Solís Bolaños, *Sexto: no exterminar*, 50) = QUESADA = CONSULTAS **(7)** intr. Ser potente un coche. (CR): «¡Qué va, no jala ese carro!» (CONSULTA) **(8)** **jalarse –1.** prnl. intr. Emborracharse. (Cuba = Col.): «–Oye, pero tú quieres que me 'jale'? Voy por el cuarto vaso...» (J. Soler Puig, *En el año de enero*, 233) = CONSULTAS = HAENSCH y WERNER **(9)** **jalarse –2.** prnl. tr. Cometer, realizar. (CR): «Según él nadie más ha hecho un viaje tan bonito como el que se jaló a Puntarenas.» (M. Salguero, *Agencia de policía*, 82) = «Pero el morenillo de Alajuela, aquel que se jaló la gran hazaña de incendiar el Mesón de Walker, no quiso ser menos (...).» (F. Dobles, *Historias de Tata Mundo*, 252) = CONSULTAS **(10)** **jalarse –3.** prnl. tr. Beberse. (Hond., Ec. = Méx.): «–(...) ¡Jalate un buen trago!» (R. Amaya Amador, *Prisión Verde*, 164) = «Ahora sí que estoy con gusto / Tocando mi guitarrita, / Y en junta de mis amigos / Jalándome una copita.» (J. L. Mera, *Cantares del pueblo ecuatoriano*, II, 118) = CONSULTAS = SANTAMARÍA DM **(11)** **jalarse una parada.** fr. Véase **parada.** **(12)** **jalar pata.** Véase **pata.** **(13)** **jalarse una torta.** fr. Véase **torta.** **(14)** Véase también **halar.**

jalón. m. **(1)** Distancia más bien larga, recorrido, trayecto, trecho; fig., etapa. (Guat., Hond. = Méx., Bol., Ch. y Arg.): «–Te dejo, Andresito, porque tengo que ir por este lado en busca de un compañero, y el jalón es largo.» (M. A. Asturias, *Los ojos de los enterrados*, 280) = «Lo que caracteriza en este día a los elementos que han participado en la primera conferencia de marxistas, es el júbilo, la satisfacción sincera de haber cubierto un jalón fundamental en el camino de la revolución hondureña.» (R. Amaya Amador, *Destacamento Rojo*, 161) = SANTAMARÍA DM = VERDEVOYE **(2)** Hecho de llevarse a alguien en autostop –ú. t. en la fr. **dar jalón**. (Guat., El Salv. = Hond. y CR): «Los indios que pasaban cargando bultos, a los lados de la autopista, estaban emponchados y tenían las caras tostadas por el sol. De vez en cuando, había algún turista europeo pidiendo jalón.» (D. Liano, *el hombre de Montserrat*, 101) = «Sin embargo estaba allí con su camión y su aspecto de trabajador, sucio y sudoroso. (...) *Chero* <amigo>*: déme un jalón rápido, por favor. Me vienen siguiendo y me van a matar.*» (R. Dalton, *Pobrecito poeta que era yo...*, 86) = ARMAS = RUBIO = QUESADA = CONSULTAS **(3)** Trago, sorbo (de una bebida alcohólica). (Guat. = Méx., Nic. y CR): «Sirvió Revolorio, Tacuatzín pagó y bebió a jaloncitos. No era mataburro*. Era trago <licor> fino. –¡Misericordia de Dios, que todavía hay de esto!» –dijo saboreando a jaloncitos aquel licor en olla de barro (...).» (M. A. Asturias, *Hombres de maíz*, 172) = RUBIO = SANTAMARÍA DM

jalonazo. m. Esfuerzo brutal dado para sacar, extraer o arrancar algo; tracción, tirón. (CR = Méx. y Nic.): «–(...) Tía Rita es una chola <mestiza> gruesa (...), grandes patillas, mucha barba y su buen bigote. ¡Un verdadero angelito! No se afeita pa <para> que no se le tupa la cosa, y pa cada fiesta se da sus buenas lloradas <lloraderas> aclarándose la pelusada <pelusa, vello> a jalonazos; ¡pobrecilla, hombré, no te rías, eso duele...!» (C. L. Fallas, *Gentes y gentecillas*, 159) = SANTAMARÍA DM

jamaica (o: **agua de jamaica**). f. (o fr. f.). Infusión muy popular, refrescante y diurética, hecha con una planta del mismo nombre. (Méx.): «(...) había desaparecido para regresar con una caja de fichas de hueso, un paquete de tacos de longaniza y una jarra enorme de agua de jamaica que pronto pasó de boca en boca.» (P. I. Taibo II, *Sombra de la sombra*, 217) = MALARET = SANTAMARÍA DGA

jamo. m. Red en forma de manga. (Cuba): «Cada vez que una sardina* me cruzaba por el lado, yo lanzaba el jamo y la atrapaba.» (M. Barnet, *Biografía de un cimarrón*, 185) = PICHARDO = SANTIESTEBAN

jamón. m. **(1) dar jamón.** fr. Tocar a una mujer con fines libidinosos. (Cuba): «(...) abandonamos el aula marchando a los acordes de la trompeta del Rolo. / ¡Inmorales! –dijo una pepilla*. / Boby se viró y le dio jamón.» (J. Díaz, *El cojo*, 150) = SÁNCHEZ-BOUDY **(2) estar** (o: **pegarse) al jamón.** fr. Estar en una situación ventajosa, o agarrarse a ella. (Cuba = PR): «¿Tú no estás viendo que lo único que hacen los políticos es aprovecharse de los comemierdas* como tú para pegarse al jamón?» (J. Díaz, *Las iniciales de la tierra*, 105) = CONSULTAS = MAURA

janeiro. m. Tipo de hierba para ganado (*paspalum*). (Ec.): «Bajo los tamarindos, janeiro de tronco <tallo> fuerte, arriba rabo de gallo –cabezón– y abajo peludo como una araña 'matacaballo'. Al caminar se tenía la impresión de hacerlo sobre un colchón de resortes, tan tupido estaba el pasto.» (E. Gil Gilbert, *Nuestro pan*, 130) = «Así (...) se hundieron <los vacunos> en el verde del janeiro.» (D. Aguilera Malta, *Don Goyo*, 24) = TOBAR GUARDERAS

jangueo. m. Holgazanería. (PR): «Este *madamo** está con los panas* del barrio en el vacilón* del *jangueo*.» (E. Rodríguez Juliá, *El entierro de Cortijo*, 53) = CLAUDIO DE LA TORRE

jaquetonería. f. Orgullo, vanidad. (PR): «Un engreimiento, una jaquetonería, (...), un yo sí y qué pasa, engalanan la palabra corteja*.» (L. R. Sánchez, *La Guaracha del Macho Camacho*, 38) = CONSULTAS

jarabe. m. Baile popular que se parece al zapateado; música o canto que lo acompaña. (Méx.): «A los que lo tacharon de renegar su nacionalismo anterior, contestó con la segunda sinfonía: 'mestiza', dividida en cuatro movimientos: huapango <baile popular en tarima o entablado>, alabado <canto devoto que se entonaba al principiar y terminar las faenas agrícolas>, sandunga* y jarabe (...).» (A. Yáñez, *La creación*, 260) = MALARET = SANTAMARÍA DGA = CONSULTAS

jarana. f. Deuda o prenda. (CR): «Y lo que él le debía al Banco, sin contar sus jaranas con los usureros, no eran ni sesenta mil colones.» (J. Gutiérrez, *Murámonos Federico*, 114) = «(...) ahora había depositado un amigo mío de Nueva Jersey mil quinientos dólares para la fianza, y otros 500 dólares para el pasaje del avión. (...) O sea que ya tenía una jarana como de 5.000 dólares.» (M. Salguero, *A la caza del coyote*, 35) = CONSULTAS = QUESADA

jardinera. f. Carro ligero de dos ruedas en el que los vendedores ambulantes transportan sus mercancías. (Ur. = Par. y Arg.): «Chuiquiño pidió permiso en la estación, y con su caballo, que desató de la jardinera del bolichero (...), se fue derecho al rancherío que se extiende a lo largo del camino sembrado de pantanos.» (E. Amorim, *La carreta*, 137) = MORÍNIGO

jarocho. adj. Véase **odio* jarocho.**

jartera. f. Aburrimiento. (Col.): «Uy, no: abuela si no, qué jartera.» (D. Samper Pizano, *A mí que me esculquen*, 44) = FILIPPO = CONSULTAS = HAENSCH y WERNER

jarto -a. adj. Véase **harto -a.**

jaula. f. **(1)** Vehículo en que la policía transporta a los presos. (Ven. = Cuba): «¡Vienen dos jaulas! ¡Estamos cercados!... ¡nos jodimos!» (A. González León, *País portátil*, 24) = TEJERA = SANTIESTEBAN **(2) jaula de palito.** fr. f. Jaula de varillas de mimbre. (Guat.): «(...) manchaban las camisas blancas de los marchantes cargados de tinajas, escobas, cenzontles en jaula de palito (...).» (M. A. Asturias, *El señor presidente*, 237) = CONSULTAS

jayán -ana. adj. Grosero. (Nic.): «(...) y apenas se vieron y reconocieron, se entregaron entre ellos dos a un jolgorio de saludos jayanes, chistes obscenos y risotadas vulgares (...).» (S. Ramírez, *Un baile de máscaras*, 124) = RABELLA y PALLAIS

jeba. f. Mujer joven y, en general, agraciada. (Cuba = PR): «El baño de las jebas. A lo mejor allí no buscan. Entro. (...) La puerta está escrita, creía que las jebas no. 'Mi novio la tiene así de grande'.» (J. Díaz, «El cojo», en: A. Flores, *Narrativa hispanoamericana...*,146-147) = MAURA

jebe. m. Caucho, goma elástica producida por la hevea, planta del caucho; en general, toda materia algo elástica. (Perú y otros): «(...) le había visto la cara a la miseria, a la verdadera, a esa dolorosa miseria de *chaqué*, sombrero de copa, cuellos de jebe y bolsillos limpios (...).» (E. López Albújar, *De mi casona*, 159) = SANTAMARÍA DGA (quien recoge el primer sentido) = SOPENA = CONSULTAS

jefe. m. **jefe político.** fr. Jefe de la administración pública y de la policía de una parroquia rural. (Ec.): «(...) sí, esta es una gran una grandísima ayuda que me dan para moralizar mi gobierno, para castigar en forma e-jem-pla-ri-za-do-ra al abusivo del jefe político de de de ah, ya, gracias, de Imbaquí.» (G. A. Jácome, *Porqué se fueron las garzas*, 99) = CONSULTAS (véanse también **tenencia*** y **teniente* político**)

jerga (o: **jergas**). f.; ú. a menudo en pl. Manta pequeña de lana o algodón que se coloca, con otras dos o tres, entre la sudadera y la carona del recado de montar, para que éste no lastime el lomo del caballo. (Arg. = Méx., Par. y Ur.): «Poncho, jergas, el apero, / las prenditas, los botones, / todo, amigo, en los cantones / jue <fue> quedando poco a poco; / ya nos tenían medio loco / la pobreza y los ratones.» (J. Hernández, *Martín Fierro*, I, versos 643-648) = «No hay querencia mejor que el lomo de sus caballos para un resero, ni cama más acomodadita que sus jergas y sus pellones.» (R. Güiraldes, *Don Segundo Sombra*, 126) = MORÍNIGO = CONSULTAS = SANTAMARÍA DGA

jergón. m. **(1)** Serpiente venenosa –pop. (Perú): «(...) decenas de víboras ondulan lenta, flemosa y mortalmente. ¡Jergones! Jergones de tierra, no pueden ser. Jergones de agua, tampoco.» (M. Scorza, *La danza inmóvil*, 64) = SANTAMARÍA DGA = SOPENA **(2)** Cierto gallo de riña. (Bol.): «Los jergones, con tumultuoso latir de alas grises, eran un pasmo de coraje con su crispada plumajería.» (H. Guzmán Arze, *Borrasca en el valle*, 32) = CONSULTAS

jerónimo. m. **sin jerónimo de duda.** fr. Sin duda alguna –viene de «sin género de duda». (Guat.): «En cuanto vean donde afilar las de gato, todos se meterán a ver qué sacan, sin jerónimo de duda...» (M. A. Asturias, *El señor presidente*, 72) = CONSULTAS

Jesús. m. **estar con el Jesús en la boca.** fr. Véase **boca.**

jetón -a. adj.; ú. t. c. s. Mentiroso. (CR): «No sean jetones, manada de envidiosos. Respeten.» (F. Dobles, *Historias de Tata Mundo*, 174) = «FUNCIONARIO. –(...) Me pasé la noche pensando en... / SECRETARIA. –¿En mí? ¡Jetón! / FUNCIONARIO. –¡Qué palabrota en boca de una chiquita tan linda! / SECRETARIA. –Y qué mentira en boca de un hombre tan feo.» (A. Cañas, *La Segua y otras piezas*, 73) = QUESADA

jíbaro -a. **(1)** m. y f. Expendedor de drogas, camello. (Col.): «Una de las zonas duras de Bogotá, donde hay jíbaros, putas, ladronas, policías, niñas pobres (...).» (M. S. Rico Sanín, *El delito de existir*, 30) = CONSULTAS **(2)** **estar jíbaro -a.** fr. adj. que se dice de la persona que no ha sido bautizada todavía; salvaje, huraño. (Ec.): «–(...) esa gente no quiere irse sin que antes haya bautizado a sus hijos que están jíbaros, a que se vayan al cielo cuando el castigo venga...» (E. Cárdenas, *Juego de mártires*, 71) = CONSULTAS

jijez. f. Cosa increíble. (Méx.): «–Podría convertirse en abstemio, Juan. / –Esto sería una jijez (...).» (J. García Ordoño, *Tres crímenes y algo más*, 87) = CONSULTAS

jilo. Véase **hilo.**

jinchado -a. Véase **hincha(d)o.**

jincho -a. Véase **hincho.**

jinetear. intr. Follar. (Ur. = Arg.): «–¿Dónde aprendiste a jinetear? –De chica, en una estancia. Mi padre era puestero y yo caí en la bobada de acostarme con el capataz. Mi padre lo mató de una puñalada...» (E. Amorim, *La carreta*, 35) = VERDEVOYE (en Cuba, se llama **jineteras** a las prostitutas)

jipato -a. Véase **hipato.**

jirón. m. Véase **girón.**

jocote. m. **(1)** Especie de ciruelo (*Spondias purpurea*). (Méx. = Guat., Hond., Nic., CR y Col.): «Detrás de las bardas de piedra cabecean los árboles: jocotes, con sus frutos amarillos, ácidos.» (R. Castellanos, *Balún Canán*, 240) = SANTAMARÍA DGA = MEMBREÑO = RABELLA y PALLAIS = HAENSCH y WERNER (véase también **tronador**) **(2)** Dedo del pie. (CR): «¿Qué vendés, decime? ¿Los zapatos? ¿Y vas a llegar de regreso a tu patria, hijo pródigo, con los jocotes al aire?» (J. Gutiérrez, *La hoja de aire*, 32) = «El dedo gordo del pie es el *jocote*, por su parecido con esa fruta.» (C. Láscaris, *El costarricense*, 193) = QUESADA = CONSULTAS

joda. f. **(1)** Diversión, holgorio. (Ur., Arg.): «La patrona* no entiende, no hay caso, que la confraternidad no se puede calificar como 'joda con atorrantes'.» (semanario *Brecha*, 30/12/94) = «(...) y dentro de diez días ya estoy en esa pensión podrida esperando las vacaciones de invierno y el verano, tres meses de joda corrida y no le hice caso a Mita (...).» (M. Puig, *La traición de Rita Hayworth*, 161) = CASSULLO = CHIAPARRA = CONSULTAS **(2)** Mentira, broma. (Ur. = Arg.): «Estos andan en ropero. Parece joda pero ahí los tenés. Y el remo era una escoba.» (E. Estrázulas, *Pepe Corvina*, 157-8) = CONSULTAS = GOBELLO **(3)** Algo molesto o perjudicial. (Méx., Col. = Arg.): «Todos estaban amolados y la joda iguala.» (C. Fuentes, *La frontera de cristal*, 210) = «–De todos modos voy a renunciar a esta joda –le dijo a Villamizar con su lengua florida–. Estamos aquí de puro pendejos.» (G. García Márquez, *Noticia de un secuestro*, 34) = CONSULTAS = MORÍNIGO **(4)** **tomar en joda.** fr. Tomar a broma.

(Arg.): «–Quién te dice –comentó Díaz–, vo so <vos sos> el Cristo y ahora nosotro te estamo tomando en joda.» (E. Sábato, *Sobre héroes y tumbas*, 229) = GOBELLO

jodedera. f. Bobería; cosa molesta. (Méx.): «Yo la vida no la tengo comprada para andarla perdiendo en las jodederas que discurren sus mercedes. ¡Así que a volar, gaviotas*!» (E. Poniatowska, *Hasta no verte Jesús mío*, 196) = CONSULTAS

jojoto -a. adj. Dañado, inútil; débil, pálido. (PR): «El hombre que trabaja la tierra no pué gahtarse <no puede gastarse> el lujo de tenel muchah ideah. La única idea que le jase felis <hace feliz> eh <es> la de la tierra. Lah demáh lo van poniendo jojoto.» (R. Marqués, *La carreta*, 27) = MAURA = SANTAMARÍA DGA = MALARET

jondear(se). Véase **hondear(se).**

jopo. m. Copete, cabello levantado sobre la frente; metafóricamente, cabeza. (Ur. = Arg.): «Por otra parte el champán (...) se me había subido al jopo y me hacía ver dos escalones por cada uno de la escalera (...).» (M. Benedetti, *La borra del café*, 71) = CONSULTAS = CASULLO = GOBELLO

jorga -uita. f. Grupo de gente de mal vivir. (Ec.): «(...) ustedes –y yo– no somos más que una jorguita de amargados e impotentes que nos masturbamos con el cerebro ante la ficticia presencia de una puta del cine.» (E. Cárdenas, *Juego de mártires*, 52) = MORÍNIGO

jornada. f. Véase **ornada.**

joroba. f. Maletero de un coche. (CR): «Echaron marcha atrás los carros y a nosotros nos fueron metiendo en las jorobas de los vehículos.» (M. Salguero, *A la caza del coyote*, 29) = CONSULTAS

jorobar. tr. e intr. **qué jorobar.** fr. Interjección de fastidio, irritación, asombro, etc. (Ur. = Arg.): «Por algo yo mismo había colaborado vendiendo la mitad de mis muebles. Qué jorobar...» (E. Estrázulas, *Pepe Corvina*, 157-8) = CONSULTAS

jorro -a. adj. Aplícase al tabaco de mala calidad, que arde mal. (Cuba = PR): «Sus necesidades eran pocas, sus placeres... se reducían (...) a fumar tabaco, tabaco jorro, apagón*, y por supuesto y sobre todo, a bailar.» (L. Cabrera, *Reglas de Congo*, 110) = SANTAMARÍA DGA

joto. adj. m. Aplicado a los hombres de origen indígena, que lleva el pelo corto. (Ec.): «<Mariano Guamán> no fue un renegado de su raza y de sus costumbres, como otros que, dejada su condición pobre o miserable, (...), abandonan el traje, el modo de vivir y se amestizan. Contra éstos, por lo contrario, esgrimía sus furores. Cuando veía a un indio con calzón largo y el cabello cortado, no podía menos de zaherirle. –Ya estás 'joto'– lo reprochaba.» (A. F. Rojas, *Un idilio bobo*, 155) = CONSULTAS (véase también **guangudo -a**, que es lo contrario de **joto**)

joya. f. Poza de quebrada o de río donde suelen bañarse los muchachos. (PR): «Al llegar a la joya de una quebrada, el caballo se espantó y me tiró por la cabeza.» (A. Díaz Alfaro, *Terrazo*, 75) = DÍAZ MONTERO (véase también **rejoya**)

joyete. m. **cagar más arriba del joyete.** fr. Querer vivir por encima de sus medios; tener pretensiones exageradas. (PR): «(...) los menos ricos que quieren cagar más arriba del joyete (...).» (R. L. Sánchez, *La Guaracha del Macho Camacho*, 108) = CONSULTAS

juan. **(1)** m.; ú. m. en pl. Soldado de línea. (Méx., Bol.): «Es tarde. Pancracio, de un tajo, le ha rebanado el cuello, y como de una fuente borbotan dos chorros escarlata. –¡Mueran los juanes!... ¡Mueran los mochos*!...» (M. Azuela, *Los de abajo*, 58) = JIMÉNEZ = CONSULTAS = MORÍNIGO = SANTAMARÍA DGA **(2) llamarse Juan.** fr. Darse por desentendido. (Arg.): «–Nos mata el orgullo, amigo. Cuando un hombre nos insulta, lo mejor que podríamos hacer es llamarnos Juan. Pero tenemos nuestro orgullo, que nos hace querer hablar mah'alto <más alto>, y una palabra trai <trae> otra y al fin no queda más que el cuchillo.» (R. Güiraldes, *Don Segundo Sombra*, 163) = VERDEBOYE (quien recoge **¡Juan!** con el sentido de 'inones!')

judas. m. **(1)** Policía. (Méx.): «Leoncio es un conocido traficante, protegido de Guajardo y otros judas.» (J. García Ordoño, *Tres crímenes y algo más*, 24) = CONSULTAS **(2)** Véase **ser el pie* de Judas.**

judicial. m. Agente de la policía de investigación. (Guat.): «Hubo un momento de desconfianza en los ojos del judicial, pero duró poco.» (D. Liano, *el hombre de Montserrat*, 12) = RUBIO

judío. **(1)** m. Pájaro negro con reflejos azulados. (Cuba = PR): «En cambio, el descuaje del arbolado, el cultivo general de la mesa, particularmente de aquella parte que iban recorriendo nuestros dos viajeros, habían ahuyentado los pájaros de cuenta, y apenas si se veían uno que otro grupo de judíos de vuelo pesado y penetrante graznido (...).» (C. Villaverde, *Cecilia Valdés*, 171) = PICHARDO = SANTIESTEBAN = MAURA **(2)** m. Hechizo maléfico. (Cuba): «Si iban a preparar una cazuela bruja (...), la hacían los martes. Así tenía más fuerza. Se preparaba con carne de res y huesos de cristianos, de las canillas principalmente. Las canillas son buenas para los judíos.» (M. Barnet, *Biografía de un cimarrón*, 119) = CONSULTAS **(3) judío -a.** adj. cuyo sentido racista es malo, de influencia nefasta. (Cuba): «También es verdad que la cazuela* tenía su piedra de rayo y su piedra de aura, que eran nada menos que judías.» (M. Barnet, *Biografía de un cimarrón*, 120) = ORTIZ **(4)** adj. Hablando de las personas, sin bautizar. (Cuba): «Porque morían muchos bebitos, morían 'judíos', se pretendió que fuese obligatorio bautizarlos a los cuarenta días de nacidos (...).» (L. Cabrera, *Reglas de Congo*, 25) = CONSULTAS **(5)** adj. cuyo sentido racista es perverso, traidor, en el que no se puede confiar. (Ec.): «–(...) Don Caslo está charlando mucho con don Goyo. Malo. Don Caslo es muy judío.... Vos no le conocés. Por arriba tiene mala fama. ¡Dicen que se ha comío <comido*> argunas <algunas> corvinas*!» (D. Aguilera Malta, *Don Goyo*, 62) = CONSULTAS

¡juega! excl. ¡De acuerdo! ¡Hace! (Méx.): «(...) yo me voy con los compañelos <compañeros> a la casa donde están los esquiloles <esquiroles> y les metemos el susto allí, no aquí. –Juega, te doy diez minutos.» (P. I. Taibo II, *Sombra de la sombra*, 117) = CONSULTAS

juego. m. **(1)** Logia secreta de la secta ñáñiga. (Cuba): «Al fin, viendo el empeño que tenían los criollos en pertenecer a su sociedad <los carabalís>, les propusieron que si querían formasen juego aparte, y que mediante cien pesos, que les exigían, los bautizarían al estilo de África: a lo cual accedieron, formando desde entonces un primer juego, compuesto de veinte y cinco criollos, todos de La Habana y de casas ricas. Este primer juego se formó en Regla (...).» (L. Cabrera, *La sociedad secreta abakuá*, 50) = ORTIZ = SANTIESTEBAN **(2)** Fuego. (Ur., Arg. y otros): «–Dame juego. Pue <pues> sí. El mundo es una inmundicia.» (F. Espínola, *Veladas del fogón*, 24) = «Daban entonces las ARMAS / pa <para> defender los cantones, / que eran lanzas y latones* / con ataduras de tiento <correas>... / Las de juego no las cuento, / porque no había municiones.» (J. Hernández, *Martín Fierro*, I, versos 456-462) = CONSULTAS **(3) juego carteado.** fr. El que depende más de la habilidad o de las fullerías de los jugadores que de la mera suerte. (Arg.): «Pa <para> tayar <tallar>, tome la luz, / dé la sombra al alversario <adversario>, / acomódese al contrario / en todo juego cartiado: / tener ojo ejercitao / es siempre muy necesario.» (J. Hernández, *Martín Fierro*, II, 3.139-44) = CONSULTAS **(4) juego de palo.** fr. m. Sesión religiosa de los negros congos. (Cuba): «La anciana de un Central matancero <de Matanzas>, que acudía a los 'juegos de palo' con el mismo fervor que a las fiestas de Ocha <dios lucumí> (...).» (L. Cabrera, *Reglas de Congo*, 122) = CONSULTAS (véanse también **palo** y **palero**) **(5) darse juego de pileta.** fr. Tener que afrontar una situación desagradable o peligrosa. (Arg.): «Poco a poco todo ha ido / de cabeza pa'l empeño, / se dio juego de pileta / y hubo que echarse a nadar.» (C. E. Flores, «Viejo smoking», en: J. Barreiro, *El Tango*, 110) = CONSULTAS = GOBELLO

jugada. f. Pelea de gallos. (PR): «Juan Pedro, don Flor y yo fuimos a la jugada de gallos. (...) A algunos metros del sitio de la jugada, en el camino, empezamos a ver grupos de gente jugando 'cara o cruz'.» (E. Laguerre, *La llamarada*, 136) = CONSULTAS

jugado -a. adj. **(1)** Experto, experimentado –es sólo masc. cuando se trata de asuntos amorosos. (CR = Col. y Arg.): «Él, que tenía fama de conquistador en el barrio, no encontraba palabras en ese momento. Carraspeó, y la risa de ella cortó el hielo. 'Y me habían dicho que eras muy jugado'.» (J. Pinto, *Los marginados*, 26) = SOPENA = HAENSCH y WERNER **(2)** Dícese del que ha hecho ya su apuesta. (Arg.): «–Vamos <apostamos> ciento cincuenta? / El hombre rió de muy buena gana y, ya con voz natural, cerró la broma: –No, gracias; estoy jugado.» (R. Güiraldes, *Don Segundo Sombra*, 138) = CONSULTAS

jugar. **(1)** intr. Oficiar, hablando de los sacerdotes o brujos congos. (Cuba): «La habitación que les está destinada <a las cazuelas* mágicas> en las moradas más espaciosas de Mayomberos <brujos congos> que disfrutan de bienestar, permanece cerrada los días en que 'no juegan'.» (L. Cabrera, *Reglas de Congo*, 152) = CONSULTAS (véase también **palo**) **(2)** tr. Hablando de un espectáculo, de una comedia, *etc.*, representarlos. (Arg.): «¿Y si no fuese un drama, sino una comedia inefable del gran Autor? Entonces habría que jugarla como los niños, con inocencia y alegría.» (L. Marechal, *Adán Buenosayres*, 417) = CONSULTAS **(3) ¡No juegue!** interj. de protesta, contrariedad o rechazo. (Ven.): «–(...) te vas para tu tierra? / –A jugar en Puerto Rico unos meses. ¿Te parece malo? / –¿A mí? ¡No juegue! ¿qué puede importarme a mí que tú juegues en Puerto Rico o no juegues?» (G. Meneses, *Campeones*, 38) = TEJERA **(4) jugarse con** alguien. fr. Burlarse de él. (Ven.): «–¡Si es una mecha*, mamá; como él se juega tanto conmigo!...» (M. V. Romero García, *Peonía*, 243) = CONSULTAS **(5) jugar garrote.** fr. Véase **garrote.** **(6) jugarle las lloronas al caballo.** fr. Véase **lloronas.**

jumil. m. Cierto insecto comestible (*Atizes toxconensis*, o *Euschistus zopilotensis*) de la familia *pentatomidae.* (Méx.): «De ahí* en fuera, como Nacha se había encargado de su educación culinaria, Tita no sólo comía lo acostumbrado, sino que comía, además, jumiles, gusanos de magüey, acosiles, tepezcuintle, armadillo*, *etc.* ante el horror de Rosaura.» (L. Esquivel, *Como agua para chocolate*, 26) = MEJÍA PRIETO = MORÍNIGO

jumo -a. **(1)** adj.; ú. t. c. m. y f. Ebrio, borracho. (Ec. = Col. y otros): «–(...) estaba tan jumo que él no se acuerda que me ha contado esto...» (N. Estupiñán Bass, *Cuando los guayacanes florecían*, II, 39) = CONSULTAS = HAENSCH y WERNER **(2)** **amarrarse una juma.** fr. f. Emborracharse, coger una mona. (CR = Col.): «(...) después de la gran juma que se amarraron. Hoy los tengo castigados que no los dejo salir de la agencia, para que aprendan a no tomar (...).» (M. Salguero, *Agencia de policía*, 21) = GAGINI = QUESADA = HAENSCH y WERNER

junta. f. Compañía, amistad. (Guat., Par.): «Es necesario que busqués <busques> el camino del bien, esas juntas (...) no te van a llevar a ninguna parte (...).» (M. A. Flores, *Los compañeros*, 13) = «(...) este muchacho no es buena junta; muy cabezudo, muy farrista; seguro que ya anda con mujeres y todo; te va a perder..., te va a perder...» (R. Bareiro Saguier, *Ojo por diente*, 47) = RUBIO (véase también **juntilla**)

juntar. tr. Recoger un objeto del suelo. (CR): «Se agachó y juntó un peso, grande, redondo, dorado.» (F. Dobles, *Historias de Tata Mundo*, 70) = «(...) ella dejó caer su pañuelito, y el hijo del rey casi se desnariza por juntarlo (...).» (C. Lyra, *Cuentos de mi tía Panchita*, 106) = QUESADA = CONSULTAS

juntilla (o: **juntiña**). f. Amistad continuada. (PR = Rep. Dom.): «(...) cosas de muchacho travieso, (...), amistades dañinas. (...). Las juntillas, claro (...). Las juntillas con las que armó, allá para febrero, el atentado que aquí se cronica (...).» (L. R. Sánchez, *La Guaracha del Macho Camacho*, 189-90) = CONSULTAS = MALARET (quien recoge la forma **juntiña**) (véase también **junta**)

junto -a. m. y f. ú. t. c. adj. Amancebado. (Guat., Ec.): «Ahora ya no estaba más junta sino casada (...).» (L. de Lion, *El tiempo principia en Xibalbá*, 22) = «Supo Roberto por Ramón que la simpática longa* era la prometida de Andrés a quien seguía ya con el almuerzo, porque ya **andaban juntos**, es decir, vivían maritalmente según la costumbre de los indios de adelantarse al matrimonio.» (J. R. Bustamante, *Para matar el gusano*, 123) = CONSULTAS

jura. f. Policía –institución. (Guat.): «Pior <peor> si por pararnos a hartar* nos cae <llega> la jura. Ahora sospechan de todo el mundo.» (M. A. Flores, *Los compañeros*, 30) = ARMAS = MORÍNIGO

juramento. m. Iniciación a la religión conga. (Cuba): «Las ceremonias más importantes son los 'juramentos' (...) los llantos, las comidas de muertos.» (L. Cabrera, *Reglas de Congo*, 153) = CONSULTAS

juro. m. Insecto muy pequeño que chupa la sangre. (Ec.): «Imágenes confusas circulaban al principio por su cerebro afiebrado, como circulaban impertinentes los mosquitos y los juros.» (A. Ortiz, *Juyungo*, 105) = CONSULTAS

justo -a. adj.; ú. t. c. s. m. y f. **(1)** **a lo justo.** fr. Con exactitud, sin error de cálculo. (Arg.): «¿Seis, siete, ocho años? ¿Qué edad tenía a lo justo cuando me separaron de la que siempre llamé 'mama' (...)?» (R. Güiraldes, *Don Segundo Sombra*, 11) = CONSULTAS **(2)** **cantar** (o: **decir,** o: **ser**) **la justa.** fr. f. Decir (o: ser) la verdad que otros esconden, ignoran o temen decir. (Ur. = Arg.): «Arrancó la campaña <electoral> con aquello de que '*Jorge Batlle le canta la justa*'. Pero en eso se quedó y el disco se raya.» (H. Alfaro, en: semanario *Brecha*, 24/11/94) = CONSULTAS

juzgar (o: **jusgar**). tr. Espiar, atisbar. (Guat.): «Cuando se pone la faja yo ya me levanté <*sic*>, y me voy a escondidas a jusgarla. Dice mi mamá que es pecado jusgar a la gente.» (M. A. Flores, *Los compañeros*, 64) = ARMAS

K

kilo. m. Véase **quilo.**

L

laberinto. m. Escándalo, bullicio, barullo. (Perú): «–La gente dice que usted matará a Montenegro. En la calle hay laberinto.» (M. Scorza, *Redoble por Rancas*, 47) = MORÍNIGO = SOPENA

laborero. m. Empleado superior de una mina; dirige las labores inferiores bajo las órdenes del administrador. (Bol. = Ch.): «(...) los laboreros que dirigen el trabajo <de los peones> y que a fuerza de experiencia, son expertos mineros cuyo conocimiento bien pueden envidiar los ingenieros titulados.» (F. Ramírez Velarde, *Socavones de angustia*, 160) = SANTAMARÍA DGA

labrado -a. adj. Aplicado a una persona, fina, linda. (Ec.): «–La indiecita es labrada, no te acuerdas que el padre fue chazo*... –Y eso qué?...: el indio es indio y, por más que se mezcle a los blancos, siempre saldrá ordinariote y basto.» (M. Corylé, *Mundo pequeño*, 98) = CONSULTAS

lácteo. adj. **bar lácteo.** fr. Véase **bar.**

lado. m. **(1) lado del cuchillo.** fr. m. En general, lado derecho. (Arg.): «(...) no dejés que hombre ninguno / te gane el lao del cuchillo.» (J. Hernández, *Martín Fierro*, II, 2.407-8) = CONSULTAS **(2) lado del lazo.** fr. m. Lado derecho. (Arg.): «El animal se abalanzó, manoteando en el aire, y se trabó en dos corcovos duros, para volvérseme, en un cimbrón, sobre el lado del lazo, con lo que perdió pie.» (R. Güiraldes, *Don Segundo Sombra*, 155-156) = ABAD DE SANTILLÁN **(3) el otro lado.** fr. m. Los Estados Unidos de América. (Méx.): «Estaba pensando que a lo mejor (...) un día de éstos me voy pa'l otro lado.» (J. A. De La Riva y F. Sánchez, película *Pueblo de madera*) = CONSULTAS **(4) ganarle** a uno **el lado de las casas.** fr. Ganar su confianza. (Arg.): «Para ganarle el 'lao de las casas' al 'mayor', me acerqué a su caballo, le bajé el recado dándole vueltas las matras <mantas de lana del caballo> para que se orearan y pregunté a Goyo dónde debía largarlo.» (R. Güiraldes, *Don Segundo Sombra*, 26-27) = «(...) haciéndose el mansito, el humilde, el mosca muerta, a fuerza de arte, de maña y de zorrería concluir por ganarle el lado de las casas, por cortarle el ombligo a toda esa gente.» (E. Cambaceres, *En la sangre*, 167) = VERDEVOYE **(5) ver el buen lado** (o: **el lado bueno) de la taba.** fr. Ver el lado positivo de una cosa. (Arg.): «Horas antes había visto el buen lado de la taba, cuando el chico de lo de Don Feliciano miraba asombradamente mis pilchas y aposturas de resero <arreador de ganado>; y no me había acordado <de> que el huesito tenía otra parte designada con un nombre desdoroso.» (R. Güiraldes, *Don Segundo Sombra*, 54) = CONSULTAS

lagartijas. f. pl. Flexiones para ejercitar la fuerza de los brazos. (CR = Ur.): «Por las noches corría en el campo de juegos para desentumecerse, se elevaba en las barras de los columpios bajos, en su afán llenó un viejo saco de arena y trapos para golpear, hacía lagartijas y cuanto creyera le daría fuerza.» (U. Quesada, *Ese día de los temblores*, 27) = CONSULTAS

lagartijo. m. Perteneciente al Partido Liberal o Amarillo. (Ven.): «Sepan que los lagartijos no son como los ponchos*. Cumplen con su palabra y pagan bien.» (A. González León, *País portátil*, 156) = TEJERA

lagarto. m. Caimán. (Méx., Ec. = CR y otros): «La encrucijada donde el tigre <jaguar> salta sobre su presa. La cueva remota donde amenaza el hambre del leoncillo*. Y el llano que ayuda la carrera cautelosa de la zorra. Y la playa donde deposita sus huevos el lagarto.» (R. Castellanos, *Balún-Canán*, 193) = «–No comás tanto dulce, que te cría lombrices. (...) No te riás, sinvergüenza. ¿No sabés lo que les pasa a los muchachos que se atracan así? (...) Se los come el lagarto, cuando se van a bañá, porque el lagarto también es dulcero.» (A. Ortiz, *Juyungo*, 180) = SANTAMARÍA DGA = CORNEJO = CONSULTAS

laica (o: **laika,** o: **laiqa).** f. Bruja. (Bol.): «Algún adversario, alguna mala persona pudo haber ocurrido <recurrido> a la laiqa para causarle daño.» (J. Lara, *Yanakuna*, 15) = CONSULTAS

laja. f. Especie de arena blanquecina utilizada para limpiar objetos metálicos o para fregar los trastos de cocina. (Hond.): «(...) ese olor a masa es lo que me arruina:/ ni con naranja agria, ni con buena laja / me quito del todo esa tufazón <tufarada>...» (M. A. Rosa, *Tío Margarito*, 156) = MEMBREÑO

lambeojos (o: **lameojos**). m. y f.; ú. t. c. adj. Adulador. (PR = Rep. Dom.): «Es un hombre muy amigo de halagar a los que están sobre él y de torturar a los que él cree que están más bajos que él. Con los de arriba es 'lameojos', rastrero; con los 'de abajo' es cruel, duro, desconsiderado.» (E. Laguerre, *La llamarada*, 112) = «(...) *Mire, y que tirarse a la calle por el Cortijo eshe* <ese>, *chorro'e* <chorro de> *lambeojos, e* <es> *que este país eshtá* <está> *del carajo (...).*» (E. Rodríguez Juliá, *El entierro de Cortijo*, 70) = MALARET = ÁLVAREZ NAZARIO

lambeplato(s). fr. m. y f. Pobre diablo, muerto de hambre. (Ven. y otros): «Una noche, Carmelina le contó a Luciano que Teodoro le había preguntado cuál de los dos le gustaba más. / –¿Tú, qué le contestaste? / –Yo le dije que tú sabías brindar, que no eras un lambeplato como él.» (G. Meneses, *Campeones*, 15) = SANTAMARÍA DGA = MORÍNIGO

lambido -a. adj. **(1)** Comilón; goloso. (PR): «–(...) ¡Tú sabeh <sabes> que me ehtá <está> dando pena no jabele dao <haberle dado> un cantito* e durse e <de dulce de> coco! (...) ¡Con lo lambío que eh <es>!» (R. Marqués, *La carreta*, 104) = MAURA = CONSULTAS **(2)** Tacaño. (Ec.): «Arzobispo González Suárez, dioslepague, si defendió <a los indígenas>, si mezquinó* de taita-curas abusivos, arrechos, lambidos desde siempre mesmo <mismo>.» (G. A. Jácome, *Porqué se fueron las garzas*, 235) = CONSULTAS **(3)** Entrometido, farolero; descarado. (Perú = PR, Rep. Dom., Méx., Col. y Ec.): «–Calla, vos, lambida (...); no te metas en cosas e <de> los hombres.» (C. Alegría, *Los perros hambrientos*, 75) = MALARET = MORÍNIGO

lameojos. adj. Véase **lambeojos.**

lamido -a. adj. Abusivo, confianzudo. (Guat.): «En los alrededores pululaban los orejas*. Eran bajos o altos, siempre gordos, (...) siempre altaneros, siempre ladinos <astutos>, siempre lamidos.» (D. Liano, *el hombre de Montserrat*, 65) = RUBIO

lampa. f. **tirar lampa.** fr. Manejar la azada, labrar la tierra. (Perú): «–¿Y en tu tierra <la costa>, sargento, cuánto ganan? / –Nosotros por *tirar lampa*, recoger algodón, cosechar arroz o maíz, un sol cincuenta.» (E. López Albújar, *Cuentos andinos*, 74) = «Nosotros mismos reconocemos que a cinco mil metros de altura es bravo* tirar lampa.» (M. Scorza, *Redobles por Rancas*, 50) = «Huarcaya había picado piedras, tirado lampa y sudado a la par con éstos en la carretera a medio hacer (...).» (M. Vargas Llosa, *Lituma en los Andes*, 67) = CONSULTAS

lampacear. tr. o intr. Limpiar el piso de la casa con una escoba gruesa de fibra vegetal. (Nic.) : «(...) Matilde (...) estuvo apurando a todas las del servicio a barrer y lampacear bien la casa, y en especial el aposento de Don Oliverio (...).» (S. Ramírez, *Castigo divino*, 142) = RABELLA Y PALLAIS

lampar. tr. Robar. (Arg.): «Largaron el periodismo (...) y comenzaron a lampar carteras en las ferias (...).» (R. Arlt, *Entre crotos y sabihondos*, 44) = GOBELLO

lámpara. f. Simulacro, apariencia. (CR): «Al principio era super seria no hablaba con nadie y trabajaba muy duro no es como el Asceta Minofén que es pura lámpara (...).» (R. Arias, *El emperador Tertuliano...*, 107) = CONSULTAS

lamparita. f. Bombilla eléctrica. (Guat. = Ur. y Arg.): «Un ojo se le paseaba por los dedos de la mano derecha como una luz de lamparita eléctrica.» (M. A. Asturias, *El señor presidente*, 58) = CONSULTAS

lampo. m. Porción de terreno. (PR): «Desde aquel sitio se divisaba un mundo de verdura. Por detrás, un lampo extenso de selva virgen rematando en una cima abrupta (...).» (M. Zeno Gandía, *La Charca*, 2) = CONSULTAS

lanar. m.; ú. más en pl. Ovino. (Arg.): «Con tío Francisco, los dos a caballo, recorríamos aquella escena desolada, cuereando reses muertas, vigilando la punta de lanares que sobrevivían en la loma, descubriendo y juntando los vacunos perdidos entre cañadones y pajonales.» (L. Marechal, *Adán Buenosayres*, 414) = CONSULTAS

lance. m. **(1)** Conquista amorosa, aventura sentimental, tentativa de seducción. (Méx., Nic., CR, Pan., Col. = Ur. y Arg.): «Ha habido más de un lance penoso que pudo tener un fatal desenlace, cuando algún caballero ofendido se echó en pos del agresor para castigarlo.» (J. J. Arreola, *La feria*, 124) = «Y bien podía en ese momento asegurarse a sí misma que no había existido en su vida otra noche igual de desconsuelo más que aquella del lance en el excusado cuando el general Paulino Chica, revólver en mano, le decía, apartando la vista: señorita, bájese por favor el camisón (...).» (S. Ramírez, *Un baile de máscaras*, 178) = «Pero me gusta trabajar de guarda en las fábricas, para cuerdiar* chiquillas. Para hacerme lancecillos cuando estoy trabajando.» (A. Chase, *Ella usaba bikini*, 70) = «Fue un día en la playa, de olas indecisas y brisa atrevida donde se... bueno, en realidad ya se conocían, e incluso Cupido ya los tenía flechados, pero fue ese día en la playa donde los lances de flirteo y coquetería comenzaron.» (D. Robinson, *En las cosas del amor...*, 56) = «También es cierto que el rector era loco y estaba tirándome el lance.» (U. Valverde, *Bomba Camará*, 76) = QUESADA = CONSULTAS (véase también **lancear**) **(2)** **tirarse un lance** (o: **tirarse**

a un lance). fr. Tentar la suerte. (Arg.): «–¡Dejáme que me tire un lance! –le rogó el muñeco, y por segunda vez trató de saltar a la platea.» (L. Marechal, *Adán Buenosayres*, 713) = MORÍNIGO

lancear. (1) intr. o tr. Flirtear; seducir. (CR): «Contiene (...) consejos para (...) lancear chiquillas en La Terraza (...).» (R. Arias, *El emperador Tertuliano*.., 133) = CONSULTAS (véase también **lance**) **(2)** tr. Robar carteras o alhajas en la calle o en los transportes públicos –a veces con una pinza, unas tijeras o un trozo de alambre llamado lanza*. (Arg.): «(...) cuando no era junado <conocido> por los tiras*, / la lanceaba sin temer el manyamiento <rueda de presos para reconocer a un delincuente> (...).» (A. Marino, «El ciruja», en: J. Barreiro, *El Tango*, 55) = GOBELLO = CONSULTAS (véase también **lancero**)

lancero. m. Ratero, carterista. (Arg.): «Un vocerío ronco vomitaban estos racimos espatarrados en los bancos (...) entre los cuales se deslizaban los 'lanceros' de traje adecentado (...).» (R. Arlt, *Los siete locos*, 186) = CASULLO = CONSULTAS (véase también **lancear**)

lanceta. f. Aguijón. (Bol. = Méx., Guat., Perú y Ch.): «Voy en el grupo de transportes. Una carreta con dos bueyes que conduce un paraguayo analfabeto, de labio leporino. Este campesino de dieciocho años martiriza a los bueyes con la lanceta del guión* de tacuarilla <bambú>.» (A. Guzmán, *Prisionero de guerra*, 171) = MALARET

lancha. f. Véase **lancharse.**

lancharse. prnl. intr. Hablando de los sembríos, dañarse a causa de la enfermedad causada por el parásito llamado lancha* –que resiste a fumigaciones. (Ec.): «Pero los granos o se helaban o se **lanchaban** o se pudrían, y ya por falta de lluvias y ya por el mucho llover (...) lo cierto era que más resultaban el trabajo y las angustias que la ganancia.» (J. R. Bustamante, *Para matar el gusano*, 127) = TOBAR DONOSO = JARAMILLO DE LUBENSKY

lanza. f. Véase **lancear.**

lanzado -a. adj. Persona expulsada. (Ch.): «A veces hay lanzamientos y tenemos que albergar a los lanzados.» (testimonio cit. por C. Urrutia, *Historia de las poblaciones* callampas*, n° 11, p. 65) = CONSULTAS

lapa. f. **(1)** Papagayo (*Ara macao*, o: *A. ambigua*). (CR): «La lapa roja *(Ara macao)* es una de las aves más bellas de los bosques costarricenses.» (M. A. Boza, *Parques nacionales*, 82) = CONSULTAS = QUESADA **(2)** Mitad de una calabaza grande y achatada. (Perú = Ch.): «(...) meses con fuentes de aves (...) *lapas* de dulce, palillos de balsa (...).» (E. López Albújar, *Matalaché*, 169) = «Le llevaba el alimento en una gran lapa (...).» (C. Alegría, *Los perros hambrientos*, 63) = CONSULTAS = MORÍNIGO

lapón. m. Perro. (Perú): «–(...) Yo soy un mozo pobre, ciego, sin juicio y sin **lapones** que ladren en mi favor y me defiendan (...). / –(...) Pregúntale <a tu hija> qué hace el nuevo alcalde en las noches por el corral de tu casa, cuando los **lapones** duermen.» (E. López Albújar, *Nuevos Cuentos Andinos*, 18 y 25) = CONSULTAS

largar. (1) tr. Despedir, expulsar. (CR = Bol.): «(...) un buen día intriga y logra que al hondureño lo larguen de la finca con música a otra parte, y me lo dejen con todo y familia a la intemperie (...).» (F. Dobles, *Historias de Tata Mundo*, 220) = FERNÁNDEZ NARANJO **(2) largarse.** prnl. intr. Echarse. (Ch.): «(...) mirándome no más* cuando me encuentra por ahí, como si se me fuera a largar encima.» (J. Donoso, *Coronación*, 136) = CONSULTAS

largo (o: **tirar largo).** fr. Véase **tirar.**

las de Quico y Caco. fr. Véase **Quico.**

lastrada. f. Véanse **lastrar** y **lastre.**

lastrar(se). intr.; ú. t. c. prnl. tr. Comer. (Arg.): «Mira esa barra <grupo de amigos> cómo lastra.» (J. Cortázar, *El examen*, 199) = CASULLO = GOBELLO (quienes registran también **lastre** con el sentido de 'comida'; CASULLO añade **lastrada** con el de 'vómito')

lastre. m. Véanse **lastrada** y **lastrar.**

lata. f. **(1)** Sable –desp.; vaina del mismo. (Arg.): «(...) y a mí no me gusta andar / con la lata a la cintura.» (J. Hernández, *Martín Fierro*, I, versos 2.063-64) = CONSULTAS = VERDEVOYE; véase también **latón. (2)** Objeto cualquiera de metal –desp. (CR): «¿No sabe –me dijo una vez poniéndolo con todo y leontina en la mano– que este no es un reloj cualquiera? Repare en esas iniciales. Son las de Porfirio Díaz. (...) Es que no es cualquier hijo de madre el que puede andar con una lata que ha sido de un presidente de Méjico (...).» (F. Dobles, *Historias de Tata Mundo*, 98) = CONSULTAS **(3)** Balde, cubo. (Méx.): «Una vez, me cargaron con una lata que pesaba mucho, y al querer caminar se me cayó, y regué por el suelo la trementina.» (R. Pozas, *Juan Pérez Jolote*, 18) = CONSULTAS **(4)** Cualquier vehículo. (CR): «(...) hay que agarrar una lata hasta el centro y otra para la choza* (...).» (R. Arias, *El emperador Tertuliano*..., 130) = CONSULTAS **(5) estar en las latas.** fr. No tener dinero. (CR): «El Capitán Austerín dice que está en las latas que no tiene un cinco* que no quiere una jarana* nueva (...).» (R. Arias, *El emperador Tertuliano...*, 37) = CONSULTAS **(6) meter mano en la lata.** fr. Véase **mano.**

latir. v. **latirle** algo a alguien. intr. Tener una corazonada, sospecha o presentimiento de algo. (Méx. = Ur.): «–Pues a mí sí se me figura que es el barrigón ése que estaba en medio y ni alzó los ojos. Me late que es él... Me equivoco pocas veces, don Pedro.» (J. Rulfo, *Pedro Páramo*, 102) = «–Me late que no viene a eso que usté teme, compadre –notó Anastasio.» (M. Azuela, *Los de abajo*, 26) = MORÍNIGO = SANTAMARÍA DM = CONSULTAS

latilla. f. Astilla. (Ec.): «La muchacha puso la ropa húmeda dentro del tarro que bullía, y atizó el fuego con chamizas y latillas de guadúa seca.» (A. Ortiz, *Juyungo*, 218) = CONSULTAS

latón. m. **(1)** Sable –desp. (Arg.): «Daban entonces las ARMAS / pa defender los cantones, / que eran lanzas y latones / con ataduras de tiento <correas> .../ Las de juego* no las cuento, / porque no había municiones.» (J. Hernández, *Martín Fierro*, I, versos 456-462) = VERDEVOYE = CONSULTAS **(2)** Cubo, especialmente para la basura; balde. (Cuba = PR, Perú, Par., Ur. y Arg.): «(...) sigo mi camino, que es <las calles> Infante y Humboldt, caminando, y llego a una parte oscura donde hay latones higiénicos de Salubridad y oigo que sale una canción de los latones de basura y empiezo a darle vueltas a ver cuál es el latón que canta (...).» (G. Cabrera Infante, *Tres tristes tigres*, 277) = «El latoncito de agua / que mamá me mandó a buscar / le diste una pata'a / y a la hoya fue a parar.» (canción «A Papá» interpretada por Celia Cruz, discos *Vaya Records Inc.*, Nueva York, 1977) = SÁNCHEZ-BOUDY = SANTIESTEBAN = MORÍNIGO = VERDEVOYE

latonería. f. Hojalata, o tienda en que se vende. (Bol.): « '¡Vamos a volcarlo!...' grita alguien. (...) y sin más, como si se tratara de un objeto sin peso, el auto se inclina lentamente; el conductor apenas tiene tiempo de saltar y echar a correr. / Con ruido de latonería y vidrios rotos, el coche queda con las ruedas al cielo, en medio de una multitud que ha ido creciendo (...).» (F. Medina, *Los muertos están cada día más indóciles*, 162-163) = CONSULTAS

laucha. f. Cierto ratón –ú. mucho en la fr. **peor es mascar lauchas**, que significa 'peor es nada', 'menos da una piedra'. (Ch.): «–¿Qué se hizo mi compadre? / –Hace rato que pasó para adentro con la Lucy. (...) Peor es mascar lauchas.» (J. Donoso, *El lugar sin límites*, 144) = CONSULTAS

lavado -a (o: **lavadito -a).** adj. Dícese de la persona mestiza de piel clara, y también de su piel. (PR, Ec.): «(...) mulata lavadita es.» (L. R. Sánchez, *La Guaracha del Macho Camacho*, 23) = «Sin ser un adonis, indio lavado, medio blanquito, las mujeres le ayudaron a vivir.» (J. Icaza, *El Chulla Romero y Flores*, 14-15) = CONSULTAS

lavativa. f. **(1)** Daño, mala pasada, destrozo, acto ilícito. (Ven.): «–(...) ¡Los godos* serán malucos, pero más lavativas han hecho los republicanos!» (A. Uslar Pietri, *Las lanzas coloradas*, 82) = TEJERA = CONSULTAS **(2) echar (una, alguna, la, mucha, tanta) lavativa.** fr. f. tr.; ú. t. en pl. Perjudicar, dañar. (Ven.): «–(...) San José carpinteaba y la Virgen rezaba el rosario. Pero ellos vivían en la hacienda de un hombre maluco que les echaba muchas lavativas a los pobres negros y a todas las gentes. / (...) –Todos los hombres son malucos, mi hija. (...) Se pueden engañar. Pueden echar una lavativa sin querer.» (A. Uslar Pietri, *Las lanzas coloradas*, 23-24) = TEJERA (véase también **lavativoso**)

lavativoso -a. adj. Fastidioso. (Ven.): «–¡Ajá! ¿Con que les robaron los caballos? ¡Mire, pues! ¡Qué gente más lavativosa!» (A. Uslar Pietri, *Las lanzas coloradas*, 119) = TEJERA = CONSULTAS (véase también **lavativa**)

Lázaro. mal de Lázaro. fr. m. Véase **mal.**

lazo. m. **(1)** Cordel de mezcal o pita que puede servir para diferentes usos domésticos. (Guat., Hond.): «(...) se lavó la cara, el pelo, las orejas, el cuello, los brazos, tuvo que quitarse la camisa para lavarse el pecho (...). De un lazo arrebató una toalla. Secóse rápidamente (...).» (M. A. Asturias, *Los ojos de los enterrados*, 356-357) = «(...) los mozos que habían sacrificado al toro más gordo de la hacienda, ahora extendían la carne sobre los tablones y lazos de la cocina (...).» (M. A. Rosa, *Tío Margarito*, 109) = MEMBREÑO **(2) dar lazo.** Después de que el animal está enlazado, dejar que se desenrollen todos los rollos del lazo sin que éste se enrede. (Arg.): «(...) todavía me quedan rollos / por si se ofrece dar lazo.» (J. Hernández, *Martín Fierro*, II, 4.809-10) = CONSULTAS **(3) ingerir** (o: **injerir) lazos** (o: **un, el lazo).** fr. Operación que consiste, para componer un lazo roto, en unir las dos partes siguiendo su misma trama. (Arg.): «Dimos agua a nuestros caballos, los bañamos, arreglamos nuestras prendas de trabajo, ingiriendo un lazo aquél a quien se le había cortado, cosiendo éste un maneador*, el otro acomodando sus bastos o un bozal.» (R. Güiraldes, *Don Segundo Sombra*, 170) = VERDEBOYE **(4) lado del lazo.** fr. m. Véase **lado.**

lebranche (o: **lebrancho).** m. Pez (*Mugil brasilensis*) que vive en los costas del Atlántico y en las aguas salobres de las desembocaduras de los ríos; se parece a la anguila. (Col.): «(...) el corazón me dice que nos vamos a ver muy pronto en los profundos infiernos, yo más torcido que un lebranche con este veneno y usted con la cabeza en la mano buscando dónde ponerla (...).» (G. García Márquez, *El otoño del patriarca*, 27) = CONSULTAS = HAENSCH y WERNER (quienes registran **lebranche**)

lebrón -a (o: **lebroncito -a).** adj. Valentón e insolente. (Méx.): «Pero hay veces que quieren hablar ronco y golpeado... y uno es lebroncito de por sí...y no le cuadra que nadie le pele* los ojos... Y, sí señor, sale la daga, sale la pistola...» (M. Azuela, *Los de abajo*, 41) = MALARET

lechar. (1) tr. Ordeñar. (Hond. y Am. Centr. = Col., Ec., Ch. y Arg.): «(...) para que no quede vaca sin lechar, para todo aquello que significa entrada de dinero, para todo eso estaba hecho Don Nicasio.» (A. P. Sánchez, *Ambrosio Pérez*, 22) = MORÍNIGO = MALARET **(2)** intr. o tr. Blanquear. (Ec.): «Y apenas comenzó a lechar la laguna <la madre>, había salido de la choza, loma arriba.» (G. A. Jácome, *Porqué se fueron las garzas*, 218) = MORÍNIGO (quien lo recoge c. tr.)

leche. f. **(1)** Suerte. (Perú = Méx., CR, Ur. y Arg.): «¿Ves esta cicatriz? Y él no se hizo nada, no es justo. ¡Tiene una leche!» (M. Vargas Llosa, *La ciudad y los perros*, 84) = CONSULTAS = JIMÉNEZ (véase también **lechero -a**) **(2) leche de María.** fr. Véase **maría. (3) leche (de) tigre.** fr. f. Huevos batidos en leche con azúcar y buena dosis de aguardiente –embriaga mucho. (Ec.): «(...) brindó a pico de botella. / –Toma, compadre Segundo, leche de tigre. Estando buena <está buena>. Hasta quita la fiebre. / (...) Vencidos por el alcohol, varios disparataban, otros se adormecían. Las mujeres, ya piques*, descuidaron a sus chicos (...).» (A. Ortiz, *Juyungo*, 83) = CARVALHO-NETO = CONSULTAS **(4) leche dormida.** f. Leche hervida con azúcar y otros ingredientes. (CR): «(...) acostumbran traerles a sus enfermos las comidas más típicas: mazamorra, leche dormida (...).» (P. L. Acuña, *Ropa tendida*, 59) = «(...) la expresión leche dormida para referirse a aquella deliciosa leche cuajada, preparada con azúcar, canela y corteza de limón.» (M. Ross, *Al calor del fogón*, 48) = CONSULTAS

lechera. f. Vaca lechera. (Par. = Méx. y Arg.): «Pensaba que le venía bien su visita a Areguá para ir a Esquivel y averiguar el precio de unas lecheras que quería comprar.» (G. Casaccia, *La Babosa*, 117) = SANTAMARÍA DGA

lechería. f. Establecimiento en que se despachan bebidas como leche, café, *etc.*, así como pasteles y demás artículos de repostería. (Arg.): «No vayas a lecherías a pillar <tomar> café con leche, / (...).» (E. Trongé, «Seguí mi consejo», en: J. Barreiro, *El Tango*, 201) = SOPENA = CONSULTAS

lechero -a. (1) m. Cierto árbol (*Euphorbia latassi*) de savia lechosa, y con cuya madera los indios suelen construir sus chozas. (Ec.): «(...) tenían que subir casi por el mismo palo del anochecer por el cual maromeaban las gallinas para llegar a dormir en los lecheros y capulíes. / (...) una mañana subieron loma arriba hasta donde vivía el lechero centenario, el árbol totémico.» (G. A. Jácome, *Porqué se fueron las garzas*, 40 y 93) = SANTAMARÍA DGA = SOPENA = MORÍNIGO **(2) lechero -a.** adj.; ú. t. c. s. Aplícase al que tiene suerte o sabe aprovechar las ocasiones. (CR = Nic.): «El pobre se echó de panza dando alaridos. No le pasó nada al muy lechero, pero nos quedamos sin café y sin amigo: no volvió más.» (Q. Duncan, *Final de calle*, 103) = GAGINI = RABELLA y PALLAIS = SOPENA = CONSULTAS (véase también **leche**)

lechina. f. Varicela. (Ven.): « 'Las niñitas –había decretado Papá– deben estar siempre al aire libre; no importa que se asoleen; bajo ningún pretexto deben ir nunca a Caracas, ni a cualquier otro lugar poblado, donde pueden coger el sarampión, la tos ferina, la difteria o la lechina'.» (T. de la Parra, *Las memorias de Mamá Blanca*, 98) = TEJERA

legal. adj. Estupendo; excelente en su género. (Col. = Perú): «(...) nos reíamos al ver al dueño tras la refrigeradora mirando el cuerpo apretadito* y legal de la mesera sirviendo los frescos (...).» (U. Valverde, *Bomba Camará*, 33) = SANTAMARÍA DGA = CONSULTAS

legista. adj.; ú. t. c. m. Véase **médico legista.**

legua. f. **(1) en la legua.** fr. Por ahí, en algún sitio indeterminado. (Méx.): «De México me llamaban los amigos: qué andaba haciendo en la legua, perdiendo el tiempo, desperdiciando oportunidades, renunciando al sitio en que se me necesitaba dentro del sacudimiento artístico del país.» (A. Yáñez, *La creación*, 121) = CONSULTAS **(2) hacer la legua.** fr. Hacer proselitismo. (Méx.): «(...) le conocieron cuando hacía la legua como maestro de misiones rurales, promoviendo la demagogia musical (...).» (A. Yáñez, *La creación*, 287) = CONSULTAS

lengua. f. **(1)** Lengua negroafricana o amerindia, por oposición al castellano. (Cuba, Méx. = Guat.): «Manolo les pidió que cantaran algo antes, en castilla*, no en lengua, para no quedarse en blanco (...).» (J. Díaz, *Las iniciales de la tierra*, 39) = «Yo les hablaba palabras en castilla* y palabras en la lengua (...).» (R. Pozas, *Juan Pérez Jolote*, 53) = ORTIZ = ARMAS **(2) en media lengua.** fr. Con palabras alusivas. (Arg. = Ur.): «(...) insistió con sus palabras en media lengua (...).» (M. Puig, *El beso de la mujer araña*, 274) = CONSULTAS **(3) morderse** (o: **sangrarse) la lengua.** fr. que se dice irónicamente a una persona que no hace lo que dice o lo que aconseja a los demás. (Méx.): «(...) el músico preguntó en tono irónico: /–¿Crees que Pandora me aconsejaría dejar ir la oportunidad? / –Claro que no, si de oportunismo se trata –repuso Cabrera rencorosamente. /–Te sangras la lengua, compañero.» (A. Yáñez, *La creación*, 297) = CONSULTAS **(4) tener la lengua pelada.** fr. Hablar demasiado. (Arg.): «–Yo jui <fui> –agregué– el que espantó el redomón ayer noche en las quintas del pueblo. Lejos de la exclamación que esperaba, mi hombre se puso a observarme con atención, como si algo curioso hubiese esperado encontrarme en mi semblante. –La lengua –dijo– parece que la tenés pelada. Comprendí y se me encendió la cara. Don Segundo temía una indiscreción y prefería no conocerme.» (R. Güiraldes, *Don Segundo Sombra*, 30-31) = CONSULTAS (Véase **pelar**) **(5) volar lengua.** fr. Irse de la lengua; hablar. (Guat., CR): «(...) los pordioseros que dormían en el Portal la noche del crimen, ya volaron lengua, y que hasta con frijoles* se sabe quiénes se pepenaron* al coronel.» (M. A. Asturias, *El señor presidente*, 46) = «Emeterio casi no hablaba (...). Esto de veras que era cosa rara porque hay que ver lo bueno que es para volar lengua el Ayudante.» (M. Salguero, *Agencia de policía*, 67) = CONSULTAS **(6) lengua de vaca.** fr. Arbusto de hojas duras y largas; éstas úsanse en infusiones para atraer la buena suerte o como adorno. (Cuba): «El Moro sale a buscar hierbas para hacer sus famosos cocimientos: siguaraya, palo* jeringa, yagruma, tomillo, almácigo, lengua de vaca, (...) hojas y raíces de todo tipo que todo lo sanan (...).» (M. Cossío Woodward, *Saccharío*, 95) = CONSULTAS

lengüetear. intr. Charlar. (Arg.): «Dentra al centro un indio viejo / y allí a lengüetear se larga; / quién sabe qué les encarga; / pero toda la riunión <reunión> / lo escuchó con atención / lo menos tres horas largas.» (J. Hernández, *Martín Fierro*, II, versos 265-270) = VERDEVOYE

lente. m. o f. **(1) lentes para el sol.** fr. m. pl. Gafas ahumadas. (Ch.): «Aún están sobre la mesa (...) los grandes lentes redondos para el sol que ha olvidado.» (H. Valdés, *Tejas Verdes*, 11) = CONSULTAS **(2) tirar el** (o: **la**) **lente.** Observar, lanzar una mirada. (Arg.): «(...) gambeteando* el lente que tira el botón*.» (C. E. Flores, «Corrientes y Esmeralda», en: J. Barreiro, *El Tango*, 121) = «(...) / tirale el lente a las minas (...) /. (E. Trongé, «Seguí mi consejo», en: J. Barreiro, *El Tango*, 200) = GOBELLO = CONSULTAS **(3) volar lente.** fr. Mirar. (Guat.): «(...) el guía hablaba con voz monótona, nadie dijo nada, todo el mundo callado (...), choteando*, volando lente (...).» (M. A. Flores, *Los compañeros*, 231) = ARMAS

león (o: **leoncillo**). f. Puma. (Méx. = Nic., CR, Col. y otros): «La encrucijada donde el tigre <jaguar> salta sobre su presa. La cueva remota donde amenaza el hambre del leoncillo.» (R. Castellanos, *Balún-Canán*, 193) = SANTAMARÍA DGA = RABELLA y PALLAIS = CONSULTAS = HAENSCH y WERNER

leonera. f. Depósito de detenidos en cuarteles de policía o tribunales; lugar de reunión de delincuentes. (Arg. = PR y Ec.): «La luz entraba al salón por los vidrios de la banderola teñidos de azul, de forma que la leonera de muros pintados de gris (...).» (R. Arlt, *Novelas completas y cuentos*, I, 309) = CASULLO = GOBELLO = MORÍNIGO

leopoldina. f. Cadenilla del reloj de bolsillo. (Méx. = Cuba): «–¿De veras, curro*?... Mire, si me hace esa valedura*, pa <para> usté es el reló con todo y leopoldina de oro, ya que le cuadra tanto.» (M. Azuela, *Los de abajo*, 96) = SANTAMARÍA DGA = ORTIZ

lepra. f. Marca dejada en el cuerpo –por ejemplo, por un chupetón o una herida. (Méx.): «–No, compadre Demetrio –observó gravemente Anastasio Montañés–; hay que amansarlas <a las mujeres> primero... ¡Hum, pa <para> las lepras que me han dejado en el cuerpo las mujeres!... Yo tengo mucha experencia <experiencia> en eso...» (M. Azuela, *Los de abajo*, 24) = CONSULTAS

lerdo. adj. **hacer ojo lerdo.** Véase **ojo.**

lesera. f. Bobería, simpleza. (Ch.): «(...) fíjate que la chiquilla por fin se decidió y se llevó al hombre para la pieza*, ya estaba bueno de leseras (...).» (J. Donoso, *El lugar sin límites*, 124) = CONSULTAS

leso -a. adj. **hacer leso -a.** fr. Engañar a alguien, dársela con queso. (Ch.): «–¿Trato hecho, Manuela? / –Trato hecho. / –Vamos a hacer leso a don Alejo.» (J. Donoso, *El lugar sin límites*, 124) = CONSULTAS

leva. f. Levita. (Guat., Hond., CR, Ec. = Méx. y Col.): «El carricoche del Auditor de Guerra asomó a la esquina de casa del licenciado Abel Carvajal, en el momento en que éste salía de bolero <chistera> y leva hacia palacio.» (M. A. Asturias, *El señor presidente*, 94) = «(...) el abogado (...), debido al calor y a su obesa contextura, se había despojado de la leva de casimir, corrido el nudo de la corbata y abierto el cuello de la camisa.» (R. Amaya Amador, *Prisión Verde*, 33) = «Parecía un figurín, porque andaba de leva, tirolé* y bastón.» (C. Lyra, *Cuentos de mi tía Panchita*, 76) = «Er <el> Teatro es juna <una> gallera grande, toa <toda> llena de una covachería donde van las señoritas mujeres, y unas bancas de iglesia resbalosas donde van los jombres <hombres>. Al vé á tanta jente <gente> de leva me quedé aculao*.» (J. A. Campos, *Linterna mágica*, 22)

= CONSULTAS = MEMBREÑO = SANTAMARÍA DM = MATEUS = HAENSCH y WERNER

levantador -a. m. y f. Persona que conquista, enamora con facilidad a las chicas o a los chicos. (PR): «En la universidad, la levantadora, la *femme fatale* era mi alma Vilma.» (A. L. Vega, *Pasión de historia*, 10) = CLAUDIO DE LA TORRE = CONSULTAS

levantar. tr. **(1) levantar(se).** Conquistar a alguien del sexo opuesto. (Cuba, Ec. = Nic., Ven. y Arg.): «La cosa, me dijo, es que levanté en claro a Ingrid (...), la levanté y me la llevé para la posada de la calle Ochenticuatro, me dijo, y después de estar ya adentro dijo que no y que no y que no y tuve que salir de nuevo, y todo esto en taxi.» (G. Cabrera Infante, *Tres tristes tigres*, 165) = «Tenía curiosidad de conocerle <conocerla>, de ver qué tal era la gringa que se había levantado el Andrés.» (G. A. Jácome, *Porqué se fueron las garzas*, 303) = RABELLA y PALLAIS = TEJERA = CASULLO = GOBELLO (véase también **levante**) **(2)** Conseguir dinero o cualquier otra cosa valiéndose de ciertas habilidades. (Ven.): «(...) soy un padre de familia, estoy levantando honradamente la moneda, el pan de mis hijos (...).» (A. González León, *País portátil*, 84) = TEJERA **(3)** Recoger apuestas. (Ur. = Arg.): «A los vecinos les gusta encontrarse allí con el zapatero, el médico, el que levanta quiniela (...).» (H. Alfaro, *Por la vereda del sol*, 44) = CONSULTAS = CHIAPARRA **(4)** Robar algo que se encuentra en el camino y que está aparentemente abandonado. (Arg.): «–¿Te animás a levantar un auto?» (R. Tizziani, *El desquite*, 187) = MORÍNIGO **(5)** Llevarse. (Ur.): «Las chanchitas* y los roperos* –esa presencia ominosa de la ciudad– levantaban peatones que en 18 de Julio se habían limitado a recoger del suelo volantes* con proclamas opositoras.» (H. Alfaro, *Por la vereda del sol*, 214) = CONSULTAS

levantavidrios. m. Elevalunas. (Arg.): «(...) aire acondicionado. Levantavidrios eléctricos. Y cierre central de puertas.» (anuncio en: *Ronda Aerolíneas Argentinas*, julio de 1996, 29) = CONSULTAS (véase también **alzavidrios**)

levante. m. Conquista amorosa, ligue; mujer fácil. (Guat., Pan. = Col. y Arg.): «Las que sirven son muy feas. Levantes con chancro.» (M. A. Flores, *Los compañeros*, 216) = «También por ahí anda el tipo aquel que se les declaraba a las 'chichis*', luego les paga y sube con ellas para, al día siguiente, llenarse la boca con la historia del 'levante'.» (D. Robinson, *En las cosas del amor...*, 45) = ARMAS = RUBIO = CONSULTAS = FILIPPO = HAENSCH y WERNER = GOBELLO = CASULLO (véase también **levantar**)

ley. f. **(1)**. Mala voluntad. (CR = Ec.): «Usted le tenía ley. Hay testigo de que más antes ya lo había querido machetear.» (F. Dobles, *Cuentos escogidos*, 48) = MORÍNIGO **(2) a la ley de nada.** fr. En absoluto. (PR): «(...) no quiere dormirse a la ley de nada para el Momento Supremo.» (A. L. Vega, *Pasión de historia*, 132) = CONSULTAS **(3) estar uno a ley de.** fr. Faltar todavía cierto tiempo para que pueda hacer algo. (PR): «Me acuerdo que esa noche me alegré de estar a ley de dos semanas para largarme.» (A. L. Vega, *Pasión de historia*, 77) = CONSULTAS

libra. f. Moneda equivalente a diez soles. (Perú): «De esas <mujeres> hay en los burdeles de cualquier ciudad, a libra.» (E. López Albújar, *Nuevos Cuentos Andinos*, 167) = SANTAMARÍA DGA = SOPENA

librar(se). tr. **(1)** Entregar(se); abandonar(se). (Arg. = Ur.): «Madre, ¿ha reflexionado en los peligros que acechan a su criatura, si usted la deja librada, como en este caso, a las tentaciones de la calle?» (L. Marechal, *Adán Buenosayres*, 390) = CONSULTAS = SANTAMARÍA DGA (para la forma pronominal) **(2) librarla.** fr. Empezar a hacer lo que nunca se había hecho; tener su primera relación sexual. (PR): «(...) acabadito de graduar de la escuela superior, sin haberla librado todavía, aparte de unos cuantos matesitos* bobos con dos o tres nenas en el carro <coche> de Vitín (...).» (A. L. Vega, *Pasión de historia*, 63) = CONSULTAS = CLAUDIO DE LA TORRE (véase también **librar la coca***)

libre (o: **carro libre**). m. (o: fr. m.). Taxi libre para cortos trayectos. (Ven.): «¿Y después, a la hora de bajar, si el bicho* estaba repleto? Tonterías. Un *libre* es lo mejor.» (A. González León, *País portátil*, 14) = TEJERA

libreta. f. **libreta de cheques.** f. Talonario. (Arg. = Ur.): «–Muerta de amor durante ocho días justos –aclaró don Celso–. Hasta que mi amigo Tosto, el fabricante de pastas, le abrió su corazón y su libreta de cheques.» (L. Marechal, *Adán Buenosayres*, 534) = CONSULTAS

liga. f. Maleficio que la mujer le hace al hombre para que no la abandone. (Ec.): «–(...) ¿saben lo de la 'liga'? Cuando una mujer lo liga* a uno, uno está perdido... La mujer hace lo que quiere... Uno no la puede dejar por nada del mundo...» (N. Estupiñán Bass, *Cuando los guayacanes florecían*, II, 34) = CONSULTAS (véase también **ligar**)

ligar. **(1)** intr. o tr. Observar lo que no se debe. (PR): «Mis doce años de educación cristiana me cayeron sólidamente encima. Pero como ya estaba allí, ligué para adentro lo mejor que pude. No vi nada para quitarle el sueño a uno.» (A. L. Vega, *Pasión de historia*, 73) = CLAUDIO DE LA TORRE (véanse también **ligón** y **ligonería**) **(2) ligar(se).** tr.; ú. t. c. prnl. tr. Recibir o contraer algo. (Ur., Arg. = Cuba y Ch.): «Todos corrieron como gacelas de Walt Disney, pero yo debo haberlo hecho como tortuga de Samaniego ya que en la huida me ligué un sablazo en la espalda, además de un rasgón en la camisa.» (M. Benedetti, *La borra del café*, 116) = «La Inés es tonta y no sabe que si empieza a llorar se liga más cintazo todavía (...)./ (...) el perro que tiene el Gurí duerme con el Gurí en la alcantarilla y si liga algún hueso ya el Gurí se lo habrá pelado antes (...).» (M. Puig, *La traición de Rita Hayworth*, 23 y 158) = CASULLO = GOBELLO = SANTIESTEBAN (quienes recogen la forma no prnl.) **(3)** tr. Ingerir, tomar algún licor. (Ur.): «(...) (yo también había ligado dos copas) (...).» (M. Benedetti, *La borra del café*, 71) = CONSULTAS **(4)** tr. Hacer entrar en un empleo. (Guat.): «–Pero ái <ahí> está que esa vez no me ligó, y eso que aquél era muy al pelo para los tercios...» (M. A. Asturias, *El señor presidente*, 272) = CONSULTAS **(5)** tr. Embrujar una mujer a un hombre para que no la abandone. (Ec.): «–(...) Cuando una mujer lo liga a uno, uno está perdido... La mujer hace lo que quiere... Uno no la puede dejar por nada del mundo...» (N. Estupiñán Bass, *Cuando los guayacanes florecían*, II, 34) = CONSULTAS (véase también **liga**)

ligero -a. adj. Hábil, pícaro. (Arg.): «(...) están el jovato <viejo> de la escopeta y un pendejo* con pinta de ligero.» (R. Tizziani, *El desquite*, 63) = CONSULTAS

ligón. m. Mirón, persona que observa lo que no debe. (PR): «(...) así de neocriollo resultó el primer *round* sexual de la pareja que, en la intensidad del arrebato pasional, no sintió la mirada vidriosa del ligón matinal parapetado en la maleza...» (A. L. Vega, *Pasión de historia*, 123) = CONSULTAS = CLAUDIO DE LA TORRE (véanse también **ligar** y **ligonería**)

ligonería. f. Afición a mirar a escondidas lo que no se debe, a portarse como un mirón. (PR): «–La ligonería debe ser cosa de familia– concluye Emanuel, verificando la insistencia con que los enfoca el primo Aníbal.» (A. L. Vega, *Pasión de historia*, 134) = CONSULTAS (véanse también **ligar** y **ligón**)

lija. f. Aguardiente de calidad mediocre. (Hond. = Nic.): «–(...) les declaro que mi trago predilecto es el guaro <aguardiente de caña>, la pura lija.» (M. Funes, *El Serio*, 149) = CONSULTAS = RABELLA y PALLAIS

limitado (o: **aviso limitado**). m. Anuncio clasificado. (Col.): «Las páginas de limitados muestran hasta dónde hay cosas insólitas en el mercado.» (D. Samper Pizano, *A mí que me esculquen*, 105) = CONSULTAS

limoncillo. m. Cierta planta –distinta del limonero. (Rep. Dom.): «(...) respirar el olor de los cerezos, de los limoncillos (...).» (R. del Risco Bermúdez, «Ahora que vuelvo, Ton», en: J. Alcántara, *Antología de la literatura dominicana*, 137) = HENRÍQUEZ DE UREÑA = RODRÍGUEZ = OLIVIER

limoneño -a. Vecino u oriundo del pueblo de Limones, en la costa ecuatoriana. (Ec.): «El limoneño se alejó de los dos libertos.» (N. Estupiñán Bass, *Cuando los guayacanes florecían*, II,29) = CONSULTAS

limpiar. tr. Matar, asesinar. (Ur. = Cuba): «Estuve en más de un enfrentamiento, y en varias ocasiones estuvieron a punto de limpiarme, y yo también estuve a punto de liquidar a alguno...» (M. Benedetti, *Primavera con una esquina rota*, 125) = CONSULTAS = SANTIESTEBAN

limpio. m. **(1)** Claro. (Cuba, CR, Ec.): «(...) Leonardo, advirtiendo su imprudencia, (...) la coge de la mano, le da los dictados más cariñosos, la <le> pide mil perdones y la saca al limpio, invirtiendo el orden de la marcha.» (C. Villaverde, *Cecilia Valdés*, 225) = «Después de mucho andar sin lograr el cometido*, los duendes, ignorando que alguien los perseguía, llegaron a un 'limpio' en el terreno y comenzaron a bailar al compás de una musiquilla rara ejecutada por uno de sus compañeros.» (H. Muñoz Ureña, *Cuentos con sabor a espanto de gentes sencillas*, 16) = «Caminó algunos minutos hasta llegar a un limpio. Le llamó la atención aquel claro (...).» (A. Ortiz, *Juyungo*, 222) = ORTIZ = SANTIESTEBAN = QUESADA **(2)** Muselina. (Méx.): «Después se pasaba la 'decocción' por un limpio y se le añadían unas gotas de aguardiente.» (L. Esquivel, *Como agua para chocolate*, 70) = CONSULTAS

limpión. m. Espacio libre en un bosque o en un pastizal. (Par., Arg.): «Por fin llegamos a una limpiada entre cocoteros. Debía de ser su lugar de estacionamiento habitual porque el limpión estaba cruzado en todas direcciones por las huellas viejas y nuevas de las gomas <neumáticos>.» (A. Roa Bastos, *Hijo de hombre*, 171) = «Ya antes de salir, dos aguaceros nos castigaron de soslayo, muy de paso, dejando la tierra fofa de los callejones, corrales y limpiones, como con sarpullido.» (R. Güiraldes, *Don Segundo Sombra*, 166) = ABAD DE SANTILLÁN

lindo -a. adj. Véase **parejo.**

línea. f. **(1)** Sedal para pescar. (Par. = Ur. y Arg.): «Compré al lanchero una línea casi nueva con un buen anzuelo, que había tendido a secar en la proa.» (A. Roa Bastos, *Hijo de hombre*, 252) = CONSULTAS **(2) La Línea.** Extensión geográfica de las plantaciones bananeras establecidas a lo largo de la costa atlántica del istmo centroamericano. (CR y Am. Centr.): «–Ujum. Está llegando gente todos los días. Y dicen que el otro sábado viene un contratista'e <de> La Línea con toda una cuadrilla'e piones <de peones> pa <para> los trabajos del Beneficio*.» (C. L. Fallas, *Gentes y gentecillas*, 24) = «De un rancho destartalado se asomaron unas mujeres que me pareció haber conocido antes, en alguno de los ramales de la Línea, y que aceptaron encantadas la propaganda que les ofrecí.» (C. L. Fallas, *Mamita Yunai*, 20) = QUESADA = CONSULTAS **(3) línea amable.** fr. Teléfono verde; número de teléfono puesto gratuitamente a disposición del público. (Col.): «Denuncie ante la Empresa el exceso de velocidad, la conducción peligrosa y toda irregularidad que observe durante el viaje a las oficinas del Terminal* de Transportes de Santafé de Bogotá, en cada agencia seccional o en nuestra línea amable (...).» (billete de bus de la Empresa Expreso Bolivariano, S.A., 1996) = CONSULTAS

líquido -a. adj. Exacto, justo; solo, único. (CR = Hond., Méx. y Nic.): «(...) <por fin> encontraron una líquida bolla <bollo> de pan añejo y un puñado de azúcar que fue un verdadero hallazgo, ya que, según supe después, el azúcar era artículo de lujo en toda la región.» (C. L. Fallas, *Mamita Yunai*, 23-24) = MEMEBREÑO = SANTAMARÍA DM

lira. f. Pieza de metal en forma de lira que sirve para sostener el quinqué en las casas pobres; ese mismo quinqué. (PR = Cuba y Ch.): «Cuando la sirvienta hubo encendido la lira, atraídos por un suave y requeridor 'Entren', entramos a la sala.» (E. Laguerre, *La llamarada*, 49) = SANTAMARÍA DGA = PICHARDO = MORÍNIGO = CONSULTAS

lista. f. **irse como lista de poncho.** fr. Hacer algo, o realizarse algo sin interrupción. (Arg.): «Y mientras se sacudía / refregándose la vista, / yo me le fui como lista <como lista de poncho>/ y áhi no más me le afirmé / (...).» (J. Hernández, *Martín Fierro*, versos 1.603-6) = CONSULTAS

listo -a. adj. **estar lista -a**. fr. Estar vencido por cualquier adversidad. (Arg.): «Estoy lista, sonada*, cuando sea el diluvio, y el juicio final, yo quiero irme con Juan Carlos.» (M. Puig; *La traición de Rita Hayworth*, 32) = GOBELLO

liviana. f. Ametralladora liviana. (Bol., Par.): «Una liviana, escondida en el monte, dispara sobre el puesto, y dos que parecen ubicadas a intervalos estudiados, disparan también, haciendo crepitar el paraje con sus ráfagas ululantes.» (A. Guzmán, *Prisionero de guerra*, 74) = «(...) levantando a su gente y cuidando que todo estuviera listo, hasta el último cargador de sus livianas.» (H. Rodríguez-Alcalá, *Relatos de Norte y Sur*, 52) = CONSULTAS

lo. (1) en lo que. conj. Mientras. (PR): «En lo que Dalia abría la puerta del vecino con la llave que le encontramos en el bolsillo, yo velaba que nadie fuera a venir por el pasillo.» (A. L. Vega, *Pasión de historia*, 84) = CONSULTAS **(2) lo de.** fr. A o en casa de. (Arg. = Ur.): «Ese fue el tiempo mejor / que yo he pasado tal vez. / De miedo de otro tutor / ni aporté por lo del Juez.» (J. Hernández, *Martín Fierro*, II, 2.747-50) = «–¿Y te acordás de las fiestas en lo de Raynoso, ande* nos conocimos?» (R. Güiraldes, *Don Segundo Sombra*, 92) = ABAD DE SANTILLÁN = VERDEVOYE = CONSULTAS **(3) lo más.** adv. Véase **más. (4) lo que.** conj. En cuanto. (Arg.): «Y ya caliente Barullo, / quiso seguir la chacota. / Se le había erizado la mota / lo que empezó la reyerta.» (J. Hernández, *Martín Fierro*, II, 2.583-6) = CONSULTAS **(5) lo que sea de cada quien.** fr. Lo que corresponda a cada uno. (Méx.): «Había dado de sí todo lo que tenía que dar; aunque fue muy servicial, lo que sea de cada quien.» (J. Rulfo, *Pedro Páramo*, 98) = CONSULTAS

lobo. m. Lobo marino, foca. (Arg. = Ur.): «Y cuando sin trapo alguno / nos haiga <haya> el tiempo dejao / yo le pediré emprestao / el cuero a cualquiera <cualquier> lobo / y hago un poncho, si lo sobo, / mejor que poncho engomao.» (J. Hernández, *Martín Fierro*, I, versos 2.077-82) = CONSULTAS

loca. f. **(1)** Homosexual. (Arg.): «Porque se daba cuenta que yo era loca es que <era por lo que> no me quería dar calce*.» (M. Puig, *El beso de la mujer araña*, 72 = GOBELLO **(2) a la loca.** adv. En desorden, a ciegas. (Perú): «Y yo comencé a patearlo y a darle manazos* a la loca hasta que a jalones me sacó de la playa.» (M. Vargas Llosa, *La ciudad y los perros*, 274) = CONSULTAS

loco -a. Véase **loca.**

locomoción. f. Transporte público. (Ch.): «Sí, estamos tranquilos, no hay problemas, y más ahora que el Gobierno nos dijo que nos iba a alargar la locomoción porque somos muchos en la población, como dos mil.» (Testimonio cit. por C. Urrutia, *Historia de las poblaciones callampas*, n° 11, p. 44) = «Por las noches Santiago tenía el aspecto de una ciudad devastada por un cataclismo, las calles permanecían oscuras y casi vacías porque pocos se atrevían a circular a pie, la locomoción colectiva funcionaba a medias por las huelgas y la gasolina estaba racionada.» (I. Allende, *Paula*, 205) = CONSULTAS

locha. f. Moneda que equivale a la octava parte de un bolívar. (Ven.): «–(...) Si meten a José Luis será para no pagarle o para darle tres lochas en cada juego.» (G. Meneses, *Campeones*, 20) = TEJERA = MORÍNIGO

lodera. f. Guardabarros. (Guat.): «La vieja vestida de negro con pañolón morado, pujó al apearse del carruaje, asiéndose a una de las loderas con la mano regordeta y tupida de diamantes.» (M. A. Asturias, *El señor presidente*, 150) = CONSULTAS

lomerío -a. m. y f. Extensión de lomas, de colinas. (Cuba = Méx. y Guat.): «Estuvimos semanas sin ver a nadie; sólo con los caos <especie de cuervos> y las cotorras, como si los dos fuéramos los únicos humanos en todo el lomerío.» (J. Soler Puig, *El nudo*, 36) = SOPENA = MORÍNIGO (quien registra el femenino)

lomo. m. **lomo negro.** fr. m. Federalista partidario de las tesis políticas de Manuel Dorrego. (Arg.): «Te doy el dato que casi toda mi familia ha sido unitaria o lomos negros, pero que ni Fernando ni yo lo somos.» (E. Sábato, *Sobre héroes y tumbas*, 56) = CONSULTAS

lonchera. f. Fiambrera, tartera. (PR = Nic. y Col.): «Y con el sano propósito de echarse al cuerpo los sándwiches de atún y el jugo de piña Lotus que el siempre precavido Don Virgilio les había endilgado* en una lonchera, fueron a alinearse bajo un palo de pana*.» (A. L. Vega, *Pasión de historia*, 113) = «(...) iJuanita, la lonchera, que me voy!» (R. Marqués, *La carreta*, 147) = CONSULTAS = RABELLA y PALLAIS = HAENSCH y WERNER

lonchería. f. Tienda pequeña donde se sirven platos ligeros, como tortillas, *etc.* (Méx. = Col.): «Por fin se detuvo ante una pequeña lonchería, donde tres o cuatro obreros comían en las mesas más apartadas de la entrada.» (P. I. Taibo II, *Sombra de la sombra*, 158) = SANTAMARÍA DGA = MORÍNIGO = HAENSCH y WERNER

longa. Véase **longo -a.**

Longinos. como Longinos. fr. En camisa; casi desnudo. (Arg. y otros): «Y esos pobres infelices, / al volver a su destino, / salen como unos Longinos / sin tener con qué cubrirse.» (J. Hernández, *Martín Fierro*, II, versos 3.679-72) = CONSULTAS

longo -a (o: **longuito -a**). m. y f. Indio joven. (Ec.): «Roberto se quedaba en la era, y se daba su paseo por la deshoja a ver a las **longas** que salían a la cosecha como para una fiesta, muy limpias y relucientes, ostentando en las torneadas gargantas la vistosa **gargantilla** de abalorios policromos, y las camisas bordadas también de diversos colores, con los brazos, pies y parte de las piernas desnudos, tersos, incitantes...» (J. R. Bustamante, *Para matar el gusano*, 27) = «......Llegó peludo y palurdo / el longo desde los cerros, / tal como si ellos cosieran / en su cabeza sus ramas / (...).» (G. H. Mata, *Chorro Cañamazo*, 23) = «Era tan buena la Amita Maestra, que hasta consentía que sus longas que iban a la escuela fueran cargando a las huahuas <niñas de teta> (...).» (M. Corylé, *Gleba*, 44) = «(...) se había aficionado de <*sic*> ella el presidente por ser una longa guapa (...).» (G. A. Jácome, *Porqué se fueron las garzas*, 16) = SANTAMARÍA DGA = CONSULTAS

lonja. f. Tralla del látigo. (Arg. = Ur.): «El jinete, que me pareció enorme bajo su poncho claro, reboleó* la lonja del rebenque contra el ojo izquierdo de su redomón*.» (R. Güiraldes, *Don Segundo Sombra*, 17) = «(...) sobó y resobó entre sus duras manos la lonja de su rebenque, y, tras un estudioso mutismo, se ofreció a comprarme aquellas mil hectáreas.» (L. Marechal, *Adán Buenosayres*, 591) = MORÍNIGO = VERDEVOYE = CONSULTAS (Véase también **lonjazo**)

lonjazo. m. Golpe dado con la lonja* o tralla de un látigo, o con la extremidad de un objeto usado como látigo. (Bol., Arg.): «Dos lonjazos en la espalda con su cinturón de cuero.» (A. Guzmán, *Prisionero de guerra*, 178) = «(...) todo ello bajo el sol ardiente, la humedad y el bordoneo de los tábanos que picaban y se dormían ahítos de sangre, hasta que los reventaba yo a lonjazos en el pescuezo de las yeguas.» (L. Marechal, *Adán Buenosayres*, 414) = CONSULTAS = VERDEVOYE = MALARET (quienes recogen **lonja** con el sentido de 'tralla de látigo')

lonjear (o: **lonjiar**). tr. Azotar; magullar. (Arg.): «–Vamoh'a <vamos a> ver lo que decís cuando el recao te dentre a lonjiar las nalgas.» (R. Güiraldes, *Don Segundo Sombra*, 37) = CONSULTAS

loquero. m. Manicomio. (Arg.): «(...) el verbo en pasado daba a las paredes del loquero el siniestro significado que verdaderamente tienen.» (E. Sábato, *Sobre héroes y tumbas*, 246) = VERDEVOYE

lora. f. **(1)** Mujer de costumbres libres, ramera. (Par. = Arg.): «Salu'í <la enfermera> seguía siendo para todos, la putita de la laguna, la 'lora' del barrio *Psitacosis*, que también a ella debía su nombre.» (A. Roa Bastos, *Hijo de hombre*, 313) = CASULLO = VERDEVOYE **(2)** Llaga de mal aspecto y de difícil curación. (Ec. = PR, Ven.): «Se miró estudiosamente la llaga de la pierna, y preguntó: –¿No será mal de pian, esta *lora*? –No, no es así la buba. Yo la tengo bien conocida. Más bien creo que es la pudridora que le ha picado en algún desmonte.» (A. Ortiz, *Juyungo*, 103) = SANTAMARÍA DGA **(3)** Serpiente larga, de color verde. (CR): «Calero le <les> tenía horror a las culebras. Pero nosotros también caminábamos con los ojos bien abiertos y el oído atento a los rumores del charral*. De pronto Calero pegaba un grito que nos helaba la sangre: –¡¡Miiiren!!– Y con ojos espantados señalaba una *lora* que se resbalaba por la ramazón.» (C. L. Fallas, *Mamita Yunai*, 135) = QUESADA =

CONSULTAS **(4)** Cierta tortuga marina (CR): «Además de la baula*, ocasionalmente llegan tortugas lora (*Lepidochelys olivacea*) a desovar en playa Grande.» (M. A. Boza, *Parques nacionales*, 50) = CONSULTAS **(5) dar lora.** fr. Provocar el escándalo público y la crítica social. (Col.): «(...) y el pobre tonto se comió el cuento de cerrarle las piernas y hacerme la adolorida, qué virgen iba a estar, harta lora había dado (...).» (U. Valverde, *Bomba Camará*, 21) = FILIPPO = CONSULTAS

loriga(d)o -a. adj. Dícese del gallo o de la gallina de color gris o cenizo con pintas blancas. (PR): «Y a las preguntas temblorosas de asombro que formulaba su mente contestaba el toro empadrinando* a la Pinta, el manilo pisando* a la gallina *lorigá*, el perro canelo calmando la irritación de <la perra> Nubia (...).» (R. Marqués, *La víspera del hombre*, 130) = ÁLVAREZ NAZARIO

lorita. f. Pequeño insecto de color verde, y de vida efímera. (Arg.): «Las loritas, las dicen loritas que son verdes como los loros, pero más chicas que un mosquito, como un mosquito recién nacido verde, que anoche yo estaba con el velador prendido a repasar las tablas y se llenó de loritas, los bichitos de la luz que viven una noche sola.» (M. Puig, *La traición de Rita Hayworth*, 107) = CONSULTAS

luchar (o: **luchar con**). tr.; ú. t. c. tr. ind. Conquistar a una mujer. (Guat., Nic.): «Volvió al fondín*, con el pretexto del vuelto, a ver la impresión que su salida repentina había hecho al de la banquita y lo encontró luchando con la fondera*. (...) / Y ya no pude volar más vidrio*, porque en eso regresó la Masacuata, y yo, ya sabés, me puse a querérmela luchar...» (M. A. Asturias, *El señor presidente*, 40 y 49) = «(...) es cierto que usted es mi padre y no lo niegue, qué no me ve en el talante lo mucho que nos parecemos, a mi mamá usted la luchó sin su gusto cuando iba ella a lavar ropa a la laguna, y para qué nos mandó a llamar si no pensaba cumplirnos.» (S. Ramírez, *Un baile de máscaras*, 81) = CONSULTAS

luego. adv. **(1)** A veces, de vez en cuando. (Méx. = PR, Col., Perú y Par.): «–(...) Vas en caballos* de hacienda, como luego dicen.» (A. Yáñez, *La creación*, 81) = MORÍNIGO **(2) tal luego.** fr. adv. Véase **tal. (3) tan luego.** Véase **tan. (4) para luego** (o: **paluego) es tarde.** fr. Véase **tarde.**

lueguito. adv. En seguida. (Guat., Ch. = Méx., Pan., Col. y Arg.): «Tengo que levantarme lueguito si quiero ir al cine.» (M. A. Flores, *Los compañeros*, 62) = «(...) lueguito va a ser madre soltera.» (A. Skármeta, *Ardiente Paciencia*, 60) = MORÍNIGO = SOPENA = HAENSCH y WERNER

luisón. m. Lobisón, ser fabuloso noctámbulo capaz de transformarse en cualquier animal, facultad que según creencias populares sólo tienen los séptimos hijos varones. (Par. = Ur. y Arg.): «(...) perro de Belcebú; lo que te merecés es que te deje en ayuno y abstinencia durante una novena por lo menos (...) luisón, cancerbero. (...) / Timoteo iba a correr pero se dio cuenta <de> que el luisón le iba a alcanzar en seguida; de repente se acordó <de> que tenía su rosario bendecido en el bolsillo, sacó y empezó a hacer cruces en la dirección del maldito. Al séptimo pase con la crucecita de plata, dicen que el luisón se paró en seco, casi se cayó de culo, y de allí donde estaba, se dio vuelta y rajó* a toda bala*, aullando.» (R. Bareiro Saguier, *Ojo por diente*, 74-75 y 78) = «Es bien sabido que las mujeres nunca se vuelven *luisón*, palabra que no tiene femenino.» (R. Bareiro Saguier, *El séptimo pétalo del viento*, 132) = MORÍNIGO

luminaria. f. Estrella, persona que sobresale extraordinariamente en su profesión. (CR, Col. = Arg.): «El Casalino de mi cuento era un hombre de mucho mundo. Había sido una luminaria del fútbol italiano, y después jugó con Estudiantes de la Plata, en Argentina, hasta que su estrella se le oscureció del todo.» (C. L. Argüello, *Cuentos de Sábalo Grande*, 64) = «Alexandra andaba con un camarógrafo cazando luminarias de un extremo a otro del país. En los tres meses que duró la campaña desfilaron unas cincuenta personalidades.» (G. García Márquez, *Noticia de un secuestro*, 223) = CONSULTAS

luna. f. **(1)** Mal humor. (Ec., Arg. = Ur.): «Ave María, señora, / esto sí que no me gusta: / Con su luna y con su gesto / Más que el demonio me asusta.» (J. L. Mera, *Cantares del pueblo ecuatoriano*, II, 68) = «(...) y yo le dije que era un carrero el Héctor y ella me dice 'No seas gilastra <tonta>' y se reía, y Berto con luna recién levantado también se reía.» (M. Puig, *La traición de Rita Hayworth*, 123) = SANTAMARÍA DGA = VERDEVOYE **(2)** Menstruación, mes. (Méx. = Cuba): «–Pero además hay algo para estos días. Cosas de las mujeres, sabe usted. ¡Oh!, cuánta vergüenza me da decirle esto, don Fulgor. Me hace usted que se me vayan los colores. Me toca la luna. ¡Oh!, qué vergüenza.» (J. Rulfo, *Pedro Páramo*, 43) = SANTAMARÍA DGA = SANTIESTEBAN

lunada. f. Reunión campestre con amigos. (Méx.): «Tita había aceptado acompañar a John a una lunada en un rancho vecino para festejar que la acababa de dar de alta.» (L. Esquivel, *Como agua para chocolate*, 95) = CONSULTAS

lungo -a. m. y f. Grandote y delgado. (Arg. = Ur.): «(...) se da toda la vuelta para que no lo vean que entra en lo de la tetuda de la lavandería, si lo agarra la lunga o su reverendo marido y padre espiritual de todos nosotros le cuesta el puesto al Charrúa* (...).» (M. Puig, *La traición de Rita Hayworth*, 209) = «Dónde estaban las armas? Quiénes eran los capos? Dónde vivía el lungo? Cuál era el aguantadero*? Habían tenido conexión con el ataque de la Calera?» (E. Sábato, *Abaddón el exterminador*, 1.116) = CHIAPPARA = TERRERA = CONSULTAS

lunita. f. Juego infantil. (Cuba): «–(...) hemos jugado juntos a la gallina ciega y a la lunita, hemos crecido el uno al lado del otro, sin pensar en amores, al menos por mi parte.» (C. Villaverde, *Cecilia Valdés*, 270) = CONSULTAS

lustrada. f. Acción y efecto de limpiar, y sacar brillo a los zapatos, los pisos o los vehículos. (Guat. = Ur. y Arg.): «–¿Me estás dando una buena lustrada? –preguntó el oreja <espía> al patojo <niño>. / –Simón* –le contestó el niño–. Mire, a ver. / El esbirro bajó el periódico y asomó el hocico sobre las páginas para controlar el trabajo del lustrador <limpiabotas>.» (D. Liano, *el hombre de Montserrat*, 67) = ARMAS = RUBIO = CONSULTAS (véase también **lustre**)

lustrar. tr. Limpiar, embetunar y sacar brillo a los zapatos. (Rep. Dom., Perú = Hond., Ur. y Arg.): «(...) dejar que termines de lustrarme los zapatos (...).» (R. del Risco Bermúdez, «Ahora que vuelvo, Ton», en: J. Alcántara, *Antología de la literatura dominicana*, 137) = «Había demorado lo menos media hora en arreglarse, lustrar los zapatos (...).» (M. Vargas Llosa, *La ciudad y los perros*, 190) = CONSULTAS = GOBELLO (en **lustrada**)

lustre. m. Acción y efecto de limpiar, de sacar brillo a los zapatos. (Guat.): «(...) se lanzó trapo en mano y con gran entusiasmo a la última parte del lustre, cuando las puntas de los zapatos deben quedar como un espejo (...).» (D. Liano, *el hombre de Montserrat*, 68) = ARMAS = RUBIO (véase también **lustrada**)

lustrín. m. Almidón. (Perú): «La escrupulosidad es como la goma de lustrín, buena para darle tiesura y brillo a las pecheras y los cuellos, pero que de nada sirven <sirve> cuando la camisa es de lana.» (E. López Albújar, *Nuevos Cuentos Andinos*, 96) = CONSULTAS

lutona. f. Fantasma en forma de mujer. (Ec.): «Decían que una 'lutona', como llamaba la superchería* pueblerina a fantasmas y aparecidos, salía por las madrugadas de las habitaciones de los frailes y sombras siniestras se diluían por las paredes de la sacristía, adjunta a la iglesia.» (O. Castillo, *Sed en el puerto*, 100) = MALARET

luz. f. **luz mala.** fr. Fuego fatuo. (Arg. = Ur.): «Y dicen que dende <desde> entonces, / cuando es la noche serena, / suele verse una luz mala / como de alma que anda en pena.» (J. Hernández, *Martín Fierro*, I, versos 1.257-60) = «Pasé al lado del cementerio y un conocido resquemor me castigó la médula, irradiando su pálido escalofrío hasta mis pantorrillas y antebrazos. Los muertos, las luces malas, las ánimas, me atemorizaban ciertamente más que los malos encuentros posibles en aquellos parajes.» (R. Güiraldes, *Don Segundo Sombra*, 16) = VERDEVOYE = CONSULTAS

luzazo (o: **luzaso**). m. **(1)** Alumbrón repentino, chorro súbito de luz fuerte. (Guat.): «De la ventana rota, partieron dos granadas, que cayeron en medio de los dos <soldados>. Un luzazo y como monigotes, los cuerpos se levantaron un momento y fueron a caer despatarrados por los costados.» (D. Liano, *el hombre de Montserrat*, 55) = «Siempre el luzazo cuando abre la puerta.» (M. A. Flores, *Los compañeros*, 61) = ARMAS = RUBIO **(2)** Idea repentina; idea digna de encomio. (Guat.): «(...) García tuvo la impresión de haber visto ya la cara del esbirro. / '¡Claro!', tuvo un luzazo. 'Este es el oreja <espía> que dejé ayer junto al cadáver de Montserrat!'.» (D. Liano, *el hombre de Montserrat*, 68) = CONSULTAS = RUBIO

LL

llama(d)o. m. Reparto gratuito de carne de ganado vacuno a un grupo de gente. (Ec.): «El 'llamao' estuvo bueno. Seis reses* fueron despostadas <descuartizadas> para los facciosos que junto con algunos curiosos venidos de los contornos –especialmente de la hacienda 'El mango'– no pasaban de cuatrocientos.» (N. Estupiñán Bass, *Cuando los guayacanes florecían*, I, 84) = CONSULTAS

llamarada. f. **llamarada de petate.** fr. Dícese de algo intenso, pero de muy corta duración. (Méx.): «–Lo conozco y temo que sea una llamarada de petate –comentaba Gerardo Cabra (...). También me impresionó con sus 'genialidades'. Llamaradas de petate, repito.» (A. Yáñez, *La creación*, 282) = CONSULTAS

llamingo. m. Llama, mamífero rumiante. (Ec.): «Ya éramos maltones* cuando descubrimos que los llamingos se separaban de la manada para eso <acoplarse>, se escondían como gentes (...).» (G. A. Jácome, *Porqué se fueron las garzas*, 316) = MATEUS

llamo. m. Llama, mamífero rumiante. (Perú = Bol.): «–Sí, la chacra* y los llamos valen mucho; a veces más que la mujer, pero la tuya vale más que todos tus ganados.» (E. López Albújar, *Nuevos Cuentos Andinos*, 139) = SOPENA

llanta. f. Neumático. (PR, Méx., Guat., CR, Ec., Par. = Hond., Nic., Col., Ur. y Arg.): «Un poco más adelante vio un pequeño camión destartalado al cual el conductor le estaba cambiando una llanta.» (R. Marqués, *La víspera del hombre*, 74) = «La oficina de Henry Peltzer estaba cubierta de fotografías de automóviles; llantas colocadas sobre pedestales, reluciente su caucho nuevo, sus caprichosos dibujos geométricos.» (P. I. Taibo II, *Sombra de la sombra*, 127) = «En el avión se durmió y lo despertó solamente el impacto de las llantas del tren de aterrizaje cuando estaban llegando al aeropuerto.» (D. Liano, *el hombre de Montserrat*, 127) = «Al llegar a la ciudad de Alajuela se detuvo en una estación de gasolina y mientras le llenaban el tanque y le revisaban la presión de las llantas telefoneó a su esposa.» (F. Dobles, *Los años, pequeños días*, 12) = «(...) los indios que viven cerca de los centros urbanos, han cambiado, aún para el uso diario, las *ojotas* <alpargatas> de durísimo cuero, con zandalias <sandalias> de caucho fabricadas de llantas envejecidas de automóvil.» (L. Monsalvo Pozo, *El Indio*, 294) = «(...) volvieron a salir al camino, que sólo dejaba ver a trechos entre la maleza los raspones colorados de la tierra, en el antiguo carril de las llantas.» (A. Roa Bastos, *Hijo de hombre*, 407) = QUESADA = CONSULTAS = RABELLA y PALLAIS = HAENSCH y WERNER (véase también **llantera**)

llantera. f. Sitio donde se fabrican y/o se venden llantas*. (Méx.): «(...) quién iba a pensar que ya no había seguridad ni en las oficinas de la llantera de Peltzer.» (P. I. Taibo II, *Sombra de la sombra*, 130) = CONSULTAS

llantero -a. adj. Relativo a las llantas*. (Méx.): «No estaba mal que el dueño de la única industria llantera de México regateara como el tendero de la esquina.» (P. I. Taibo II, *Sombra de la sombra*, 129) = CONSULTAS

llave. **(1)** m. Vocativo que se usa entre amigos o cómplices –ú. t. con posesivo. (Ven. = Col.): «Arrímese, mi llave –dijo el hombre perfumado de Bond Street (...).» (A. González León, *País portátil*, 78) = TEJERA = CONSULTAS = HAENSCH y WERNER (véase también **enllave**) **(2)** f. Valor añadido, beneficio que se saca de un local comercial en el momento de venderlo o de alquilarlo. (Ur. = Arg.): «(...) el bar estuvo varios años en sus manos y prosperó y pudo sacar de él una buena llave (...).» (C. Martínez Moreno, *Coca*, 154) = CONSULTAS **(3) llaves.** f. pl. Cerrojos. (Guat.): «Rotos los espejos, destrozados los armarios, violadas las llaves, papeles y trajes y muebles y alfombras, todo ultrajado (...).» (M. A. Asturias, *El señor presidente*, 87) = CONSULTAS **(4) llave de agua.** fr. f. Grifo. (Ch.): «(...) hay una llave de agua y una pileta* que sirve de lavadero.» (M. Rojas, *El delincuente... y otros cuentos*, 18) = CONSULTAS

llavería. f. En las mansiones de las grandes propiedades agrícolas, pieza donde se guardan las llaves de las dependencias. (Ch.): «Los cuatro perros se precipitaron hacia el camión, que se acercaba por la avenida de palmeras, y atacaron su caparazón brillante, rasguñándolo y embarrándolo en cuanto se detuvo frente a la llavería.» (J. Donoso, *El lugar sin límites,* 111) = CONSULTAS

llenar. tr. o intr. Dar satisfacción. (CR): «Existía el derecho de probarlas. Si las chicas no llenaban, el indio las devolvía y le retornaban la vaca.» (P. L. Acuña, *Gallo pinto,* 23) = QUESADA = CONSULTAS

llevar. **(1) llevarla.** fr. Dirigirse a un lugar. (CR): «¿Para dónde la lleva?» (C. Lyra, *Cuentos de mi tía Panchita,* 187) = «¿Pa ónde la lleva, amigo?» (C. L. Fallas, *Mamita Yunai,* 96) = QUESADA = CONSULTAS **(2) llevar de arriba.** fr. Véase **llevárselas de arriba.** **(3) llevar puta.** fr. Véase **puta.** **(4) llevar la rejodida a uno.** fr. Véase **rejodida.** **(5) no llevar.** fr. En el juego de dominó, no tener ficha para colocar. (Cuba): «Efectivamente, no lleva. No tiene. Busca y busca, pero no encuentra.» (M. Cossío Woodward, *Sacchario,* 145) = CONSULTAS **(6) llevar(se).** tr.; ú. t. c. prnl. tr. indir. Apreciar(se), tener buenas relaciones, llevarse bien con. (Cuba, Perú = CR y Ur.): «El lucumí y el congo no se llevaban tampoco. Tenían la diferencia entre los santos y la brujería.» (M. Barnet, *Biografía de un cimarrón,* 33) = «No me llevaba con mis compañeros, conversaba con ellos en las clases, pero a la salida me despedía ahí mismo.» (M. Vargas Llosa, *La ciudad y los perros,* 58) = CONSULTAS = SANTIESTEBAN **(7) llevárselas de arriba.** fr. Conseguir algo sin dar golpe. (Arg., Ur.): «–Divertirse es presumir de gallo y meterse en travesuras, cuando uno cree llevárselas de arriba.» (R. Güiraldes, *Don Segundo Sombra,* 162) = VERDEVOYE = CONSULTAS

llorador -a. adj. Véase **bomba* lloradora.**

llorar. intr. Se dice del asado cuya grasa gotea a causa del calor de las llamas o de las brasas. (Ur.): «Un rato después el asado empieza a 'llorar' (gotea la grasa derretida por el calor) y cuando se considera dorado o medio asado, se le da vuelta.» (R. Bouton, «La vida rural en el Uruguay», en: G. Wettstein, *Nuestra Tierra,* II, 70) = CONSULTAS

llorona. f. **(1)** Cierto marisco de color claro. (Ec.): «Y, al final, <el veneno> los mataría. Y no sólo a los peces. A las jaibas. A los ostiones*. A las patas* de mula. A las conchaprietas*. A los mejillones. A las lloronas.» (D. Aguilera Malta, *Don Goyo,* 9) = CONSULTAS **(2) jugarle las lloronas al caballo.** fr. pl. Hincarle las espuelas al caballo, para exasperarlo. (Arg.): «Y en las playas corcoviando / pedazos se hacía el sotreta, / mientras él por las paletas / le jugaba las lloronas; / (...).» (J. Hernández, *Martín Fierro,* I, versos 175-178) = CONSULTAS

llovido -a. p. adj. Dícese de la ropa que cae descuidadamente, o de la silueta delgada y borrosa de la persona que viste así. (Arg.): «–(...) es alta, bien formada, aunque pechugona no, porque en esa época se usaba la silueta llovida.» (M. Puig, *El beso de la mujer araña,* 57) = VERDEVOYE (por lo que a la ropa se refiere)

lloviznero. m. Llovizna, lluvia. (PR): «Iba envuelto en una capa porque no cesaba el lloviznero.» (E. Laguerre, *La llamarada,* 128) = CONSULTAS

M

mabí (o: **maví**). m. Refresco picante preparado con azúcar negra fermentada en agua; té de la corteza del árbol del mismo nombre, y una corta medida de esta misma bebida hecha anteriormente; se le atribuyen propiedades afrodisíacas. (PR): «Los que iban o venían con sus bestias se detenían a echar un vistazo en el bazar o la quincalla*, a hacer una comprita en el colmado, o a tomar un maví en el cafetín.» (R. Marqués, *La víspera del hombre*, 186) = «El asombro se derrama como maví espumoso, como cerveza espumosa (...).» (L. R. Sánchez, *La Guaracha del Macho Camacho*, 242-243) = MALARET = ÁLVAREZ NAZARIO = CONSULTAS

macá. m. Juego de azar que se practica en garitos con baraja española. (Par.): «–(...) ¿quién consiguió la libre práctica de ese sano deporte de las riñas de gallos? Antes no se jugaba en este pueblo sino truco, macá, chiquichuela* (...).» (R. Bareiro Saguier, *Ojo por diente*, 56) = CONSULTAS

macaco -a. **(1)** m. y f. En sentido despectivo, brasileño. (Ur. = Par. y Arg.): «–Es muy caprichosa <Brandina, la 'brasilerita> (...). ¡Cuando anda con pájaros en la cabeza, se emperra como buena macaca!» (E. Amorim, *La carreta*, 157) = MALARET = CONSULTAS **(2)** adj.; ú. t. c. s. Mañoso; caballo que tiene mañas. (Arg.): «Su ocupación era cualquiera, porque lo mismo le daba lucirse en un redomón macaco, en una faena de horquilla, o trabajando de pie en el corral.» (R. Güiraldes, *Don Segundo Sombra*, 160) = VERDEVOYE (quien lo registra como sustantivo) **(3)** m. Policía. (PR): «–Pero es que los macacos andan por el monte. ¿No los viste ayer? Tuviste que esconderte para que no te vieran.» (M. Zeno Gandía, *La Charca*, 50) = CONSULTAS

macana. f. **a la macana.** fr. que expresa incredulidad. (Bol.): «–(...) Abelillo se fue esta mañana. (...) –A la macana, ¿se ha ido? y justo ahora que precisamos votos. ¿Cúando vuelve?» (R. Poppe, *Después de las calles*, 178) = PAULOVICH

maceta (o: **maseta**). **(1)** f. Persona lenta, indolente, haragana (de ordinario por su pertenencia a una clase social favorecida). (Hond. = Méx.): «–¡Las macetas! –exclamó Palomo, con un tono de rencor e inocultable envidia. –¿Los reconociste? –Sí, son ellos, unos ricachos del 'otro lado' del valle. Reconocí a un tal Lupe Sierra. –¡Ah, son hacendados!» (R. Amaya Amador, *Prisión Verde*, 100) = SANTAMARÍA DM **(2)** adj. Avaro, mezquino, miserable. (PR): «–¡Viejo maceta! Sólo cinco cuerdas <de terreno> –le decía furioso a Juana–. Si no te iba a dar veinte no te debió dar ninguna.» (R. Marqués, *La víspera del hombre*, 30) = «Modestia aparte, la naturaleza jamás fue maseta conmigo, eso lo saben los que saben (...).» (A. L. Vega, *Pasión de historia*, 47) = MALARET = CLAUDIO DE LA TORRE **(3) por la maceta.** fr. Bien hecho, elegante, estupendo. (PR): «Cortijo, lo mismo que Maelo, *se dejó la chiva después de viejo* (...) para estar *por la maceta* en la nueva *movida* de la salsa*.» (E. Rodríguez Juliá, *El entierro de Cortijo*, 345) = CLAUDIO DE LA TORRE

maceteado -a. adj. Fornido. (Perú): «Y Cava es bajo, pero eso sí, muy maceteado. No tiene cuerpo, es todo cuadrado, ya me había fijado.» (M. Vargas Llosa, *La ciudad y los perros*, 203) = HILDEBRANT = BENDEZU

macetero. m. Maceta. (Ec. = PR, Perú, Ch. y Arg.): «Mi pecho es un macetero / Que echa flores a montones; / Unas se abren y otras cierran, / Y otras quedan en botones.» (J. L. Mera, *Cantares del pueblo ecuatoriano*, I, 114) = «Sopla un viento liviano que esparce (...) el aroma de la malva olorosa que crece, verde y apretada, dentro de los maceteros de barro vidriado.» (E. Cárdenas, *Juego de mártires*, 76) = SANTAMARÍA DGA

macuco. **(1)** m. Cierto juego de adultos. (Col.): «(...) andaban <los esclavos> tirados por los suelos en cualquier rincón, raspando el cucayo* de los calderos de arroz para comérselo, o jugando al macuco y a la tarabilla en la fresca de los corredores.» (G. García Márquez, *Del amor y otros demonios*, 21) = CONSULTAS **(2) macuco -a.** adj. Notable; grande, hermoso. (CR, Ch., Arg.): «Sin embargo, comencé a sospechar de un gordillo, de buen cuerpo, macuco, pero más bajo que yo; me cayó muy mal.» (M. Salguero, *A la caza del coyote*, 32) = «Éste es un reloj macuco. Anda mejor que el de la iglesia.» (M. Rojas, *El delincuente ... y otros cuentos*, 84) = «Y ya dentró* en una arboleda macuca, que no dejaba pasar ni un rayito de la noche estrellada.» (R. Güiraldes, *Don Segundo Sombra*, 78) = MALARET = SANTAMARÍA DGA = GOBELLO

macuta (o: **makuta**). f. Música y baile de los negros congos. (Cuba): «Los días de fiesta de los congos había toque de makuta con tres tambores, de seis de la tarde a doce de la noche.» (L. Cabrera, *La sociedad secreta abakuá*, 66) = CONSULTAS

macuto. m. Objeto utilizado para protegerse, hacer conjuros, brujerías; amuleto congo. (Cuba): «Y entre esos conocimientos esenciales a la conservación y protección de la vida les enseñó <el Dios Sambi> cómo confeccionar (...) un Macuto, 'lo que le sirve a un hombre para hacer el bien o el mal, curar o matar, le viene de Sambi, que nos dio la vida y la muerte, la muerte por desobedientes'.» (L. Cabrera, *Reglas de Congo*, 124) = «Un día que yo estaba de paso por allí <el congo viejo> me sentó solo en un lugar, me miró y empezó a decirme: 'Criollo, camina allá adonde yo te diga, que yo te va <voy> a regalá <regalar> a ti una cosa'. Yo me figuraba que era dinero o algún *macuto*, pero nada de eso.» (M. Barnet, *Biografía de un cimarrón*, 118) = CONSULTAS

machaca. f. Cierto pez de río. (CR): «Y sin embargo Epifanio era capaz todavía de reírse solo o de pasarse una tarde entera sentado sobre los talones pescando machacas a la orilla del río.» (J. Gutiérrez, *Murámonos Federico*, 69) = QUESADA

machacante. m. Empleado sin trabajo fijo, aprendiz. (Cuba): «Un chofer, al que había conocido de muchacho en el colegio, me dio trabajo en su camión, de machacante.» (J. Soler Puig, *En el año de enero*, 179) = CONSULTAS

machacatambores. m. y f. Tamborero –desp. (Guat.): «Murga de mugrientos, soplacobres, rascatripas y machacatambores.» (M. A. Asturias, *El señor presidente*, 25) = CONSULTAS

machete. m. **(1)** Cierto pez de mar, que tiene muchas espinas. (Perú = Arg. y Ur.): «El machete es un pescao <pescado> que nadie puee <puede> comé <comer>: la mar lo hizo de pura epina <espina> (...).» (A. Gálvez Ronceros, *Monólogo desde las tinieblas*, 39) = SANTAMARÍA DGA = CONSULTAS = SOPENA **(2) volar machete.** fr. Limpiar la tierra de hierbas con el machete, chapear. (CR): «Preferible era volar machete todo un santo día.» (C. Lyra, *Los otros cuentos*, 29) = «Ni q'iuno juera <que uno fuera> un esclavo pa' estar cada día a las puras seis comenzando a volar machete, con el condena'o café t'uavía <todavía> sin bajar*, siquiera.» (A. Portocarrero, *Negro desgraciado*, 69) = QUESADA (véase también **volar hacha***)

machetón. **(1)** **¡machetón -ona!** adj. utilizado para insultar a una personal. (Guat.): «–¡Shó! –le gritó un soldado. –¡Será tu cara, machetón! –¡Vaya, señora, siga su camino.» (M. A. Asturias, *El señor presidente*, 93) = CONSULTAS **(2) machetona.** adj. f. Dícese de la mujer que tiene narices grandes y curvas. (Ec.): «Las **ñatas** mucho me gustan, / Con ellas sólo me meto; / Las mujeres machetonas / Me dan miedo y las respeto.» (J. L. Mera, *Cantares del pueblo ecuatoriano*, II, 70) = CONSULTAS

macho -a (o machito -a). **(1)** m. y f. Norteamericano o europeo; rubio. (CR): «Hacía meses de meses que los recibidores de banano tenían órdenes de rechazar la fruta de los productores particulares a como hubiera lugar, porque la demanda allá en la tierra de los 'machos' estaba floja (...).» (F. Dobles, *Historias de Tata Mundo*, 189) = «El Chiricano <oriundo de la prov. panameña de Chiriquí> fue por mucho tiempo mandador de la Compañía, y parece qu'era muy jodido con la gente. Lo cierto del caso es qu'era hombre de pocos amigos y muy mal querido por todos; pero estaba bien puesto con los machos.» (C. L. Fallas, *Mamita Yunai*, 84) = «Quedó viudo con una hija y esta hija era una niña muy linda: parecía una machita por lo rubia y lo blanca que la había hecho Nuestro Señor.» (C. Lyra, *Cuentos de mi tía Panchita*, 103) = CONSULTAS **(2) macho -a.** adj. Tonto, estúpido. (Guat.): «Un carro <coche> le salió del lado opuesto, agarrando mal la curva. (...). Lo esquivó. Abrió el vidrio y con todos los pulmones les gritó: '¡Maaaachos!'.» (D. Liano, *el hombre de Montserrat*, 135) = ARMAS = RUBIO **(3) montado** (o: **bien montado**) **en el macho.** fr. Dícese de la persona que domina una situación, que actúa con autoridad o sin muchos miramientos. (Guat.): «(...) <el teniente> García ni le contestó. El otro, ofendido, pensó: '–Militares de mierda, siempre bien montados en el macho'.» (D. Liano, *el hombre de Montserrat*, 131) = CONSULTAS **(4) pararle** a alguien **el macho** (o: **los machos**). fr. Pararle los pies, contenerlo. (Ec., Perú = PR, Méx. y Col.): «(...) 'Por fin hubo quien le pare el macho' (...).» (J. Icaza, *El Chulla Romero y Flores*, 63) = «(...) los comerciantes de la plaza* de Armas, orgullosos de que un yanahuanquino le hubiera parado el macho a un badulaque huancaíno, lo contrataron para descargar, por cien soles mensuales, las mercaderías.» (M. Scorza, *Redoble por Rancas*, 19-20) = MALARET = SANTAMARÍA DGA y DM = HAENSCH y WERNER

machota. f. **a la machota.** fr. Descuidadamente; burda y groseramente. (Col. = Cuba): «El cascarón vacío, embutido de trapos y cal viva, y cosido a la machota con bramante basto y agujas de enfardelar, estaba a punto de desbaratarse cuando lo pusimos en el ataúd nuevo de seda capitonada.» (G. García Márquez, *Crónica de una muerte anunciada*, 123) = HAENSCH y WERNER = MALARET

madamo. m. Jefe. (PR): «Este *madamo* está con los panas* del barrio en el vacilón* del *jangueo**.» (E. Rodríguez Juliá, *El entierro de Cortijo*, 53) = CONSULTAS

madera. Véase **papel* madera.**

maderismo. m. Movimiento e ideal político de Francisco Madero. (Méx.): «Tres años de intensa actividad política habían transcurrido desde los albores del maderismo (...).» (M. L. Guzmán, *El águila y la serpiente*, 319) = CONSULTAS (véase también **maderista**)

maderista. m. y f.; ú. t. c. adj. Propio de las ideas, o partidario del presidente Francisco Madero. (Méx.): «Aquéllos eran luchadores experimentados; combatientes, hechos en la revolución maderista, cuyo ejemplo podían y aun debían seguir los rebeldes primerizos.» (M. L. Guzmán, *El águila y la serpiente*, 9) = «Después lo pasaron a gendarme y cuando era gendarme se vino la revolución maderista.» (E. Poniatowska, *Hasta no verte Jesús mío*, 40) = CONSULTAS (véase también **maderismo**)

madral. m. **madral de.** fr. Gran cantidad de lo que se especifica. (Méx.): «Ésta es la verdad hace <desde hace> un madral de años.» (J. García Ordoño, *Tres crímenes y algo más*, 52) = CONSULTAS

madre. (1) f. Lío. (CR, Col.): «¡Meterse con los periodistas es la madre...!» (A. Chase, *Ella usaba bikini*, 104) = «...va la madre si no la meto (...).» (U. Valverde, *Bomba Camará*, 27) = CONSULTAS **(2) madre del agua.** fr. Según una creencia popular de origen africano, serpiente mítica que vive en el manantial de los ríos y provoca sus crecidas para poder bajar hasta el mar y reproducirse allí. (Ec.): «Según el viejo, la madre del agua era una descomunal serpiente de siete cabezas. (...) En las regiones montañosas y selváticas donde moraba, había un silencio de muerte. (...) Cada cincuenta años, la madre del agua, más gruesa que cualquier tronco de la jungla, hacía su salida al mar. (...) Arrancaba los árboles y los matorrales, y arrojándolos a la gran creciente del río Esmeraldas, se sumergía bajo ellos, y así escondida, bajaba al Gran Océano, para juntarse a sus amantes.» (A. Ortiz, *Juyungo*, 156) = CONSULTAS **(3) a toda madre.** fr. Muy bien –ú. en las fr. **llevarse** (o: **sentirse**) **a toda madre**. (Méx.): «Ese <anuncio medicinal> le gustaba particularmente, por el tono semirreligioso que tenía, el aire santurrón, acentuado por la cara benevolente del anciano que tomaba Tanlac y se sentía a toda madre.» (P. I. Taibo II, *Sombra de la sombra*, 67) = «(...) de veras quería llevarse a toda madre con ella porque Dios les había asignado el mismo camión <autobús>, pero que si seguía dando consejos no pedidos, de plano iban a dejar de hablarse (...).» (C. Fuentes, *La frontera de cristal*, 142) = CONSULTAS **(4) cagarse en su madre.** fr. pop. Espichar, morir. (PR): «(...) un veterano vietnamero* de tripas ametralladas, Pijuán Gómez, le garantiza la mitad de su pensión de soldado esquizoide, además de nombrarla heredera universal de sus bienes por si me cago en mi madre primero que tú.» (L. R. Sánchez, *La Guaracha del Macho Camacho*, 19) = CONSULTAS **(5) dar en la madre.** fr. Golpear duramente; matar. (Méx.): «Le dieron en la madre en el baño de su vieja. (...) Dos balazos, ora* sí de frente, en el lado derecho de su cara.» (J. García Ordoño, *Tres crímenes y algo más*, 35) = CONSULTAS (véanse también **madrear** y **madriza**) **(6) de madres.** fr. Impresionante. (Guat.): «(...) un cuchillo de madres y una tabla de madera donde picará la carne (...).» (M. A. Flores, *Los compañeros*, 82) = RUBIO **(7) importar madre** (o: **madres**). fr. No importar un bledo. (Méx.): «La tira* me importa madres, jefe.» (J. García Ordoño, *Tres crímenes y algo más*, 74) = CONSULTAS **(8) la madre de.** fr. que pondera la calidad de lo que se especifica. (PR): «Dalia se recostó en la pared y nos dimos la madre de las miradas largas.» (A.L. Vega, *Pasión de historia*, 89) = CONSULTAS **(9) no tener madre.** fr. No tener corazón, tener malos sentimientos. (PR): «O el viejo está archichocho. O Guiomar no tiene madre. O las dos.» (A. L. Vega, *Pasión de historia*, 105) = MALARET = CONSULTAS **(10) ¡Por la madre!** fr. Expresión de sorpresa. (Ch.): «Y éste vio, lleno de sorpresa, que el condenado era el hombre que un día le diera un peso para vino. / –¡Por la madre! El caballero del peso... gritó.» (M. Rojas, *El delincuente... y otros cuentos*, 115) = CONSULTAS **(11) sacarle la madre** a alguien. fr. Insultarle. (Ec. = Ven.): «–(...) Es mi partido el que decide sacarles la madre, ¿no?» (E. Cárdenas, *Juego de mártires*, 112) = TEJERA **(12) sacarse la madre por** alguien o algo. fr. Trabajar mucho por él. (Ec.): «Me saqué la madre por él, por su triunfo (...).» (E. Cárdenas, *Juego de mártires*, 86) = CONSULTAS **(13) una pura madre.** fr. Nada de nada. (Méx.): «Parece que ellos estudiaron para el negocio, como el Licenciado. Y yo estudié una pura madre.» (R. Bernal, *El complot mongol*, 187) = CONSULTAS

madrear. tr. Pegar. (Méx.): «–Esa mano nunca se va a componer si sigue madreando gente– (...).» (P. I. Taibo II, *Sombra de la sombra*, 46) = «Su esposo cada día la golpeaba más. Ya no lo soportaba. Pero ahora, el colmo era que había madreado a su abuelita, y eso sí que no se lo iba a permitir.» (L. Esquivel, *La ley del amor*, 115) = CONSULTAS (véanse también **madre** y **madriza**)

madrepeña. f. Arbusto que vive en la sierra, agarrado a las peñas. (Méx.): «¿A los hermanos nuestros que desafían las tempestades adheridos a sus rocas como la madrepeña?» (M. Azuela, *Los de abajo*, 125) = CONSULTAS

madrileña. f. Mantilla. (Guat.) «(...) y las fotografías de sus tías (...) y las de sus amigas de entonces, unas con mantón de Manila, (...) otras retratadas de indias con sandalias, güipil <huipil: túnica descotada sin mangas y vistosamente bordada>, tocoyal <cordón usado como adorno en la cabeza> y un cántaro en el hombro, o fotografiadas con madrileña, lunares postizos y joyas (...).» (M. A. Asturias, *El señor presidente*, 78) = CONSULTAS

madrina. f. Grupo de caballerías, cualquiera que sea su utilidad o cometido. (Ven.): «–No corra, blanco –me gritó–; estos animales no hacen nada en la madrina. Entonces recordé que otro llanero me había dicho que el ganado en sociedad se torna lerdo y paciente, al revés de lo que le sucede al hombre.» (M. V. Romero García, *Peonía*, 113-4) = CONSULTAS

madriza. f. Golpiza. (Méx.): «Horas después <de delatar a sus compañeros>, en los separos*, recibió una imponente madriza de sus compañeros de orgía, que acababan de ser detenidos.» (V. A. Maldonado, *La noche de San Bernabé*, 22) = JIMÉNEZ (véase también **madre** y **madrear**)

madrota. f. Ama de un prostíbulo. (Méx.): «Siete putas y su madrota y un gringo desaparecido, asesinado o quién sabe. » (C. Fuentes, *El naranjo*, 211) = CONSULTAS = JIMÉNEZ (véase también **padrote**)

madurero (o: **pájaro madurero**). m. (o fr. m.). Pájaro de color amarillo y negro que se alimenta de plátanos maduros. (Ec.): «'(...) en la mañana salen los pájaros madureros y charos* asombrados (...)'.» (A. Ortiz, *Juyungo*, 142) = CONSULTAS

maduro. m. Plátano muy maduro. (Ec. = PR, Nic. y Am. Centr., Col.): «(...) un día que viajaba en su lancha 'Carmelita' por el tortuoso río 'Naranjal', llevando unos cientos de cabezas de maduro y verde* para venderlos en Guayaquil, naufragó la embarcación, yéndose con el Montubio, dos peones y los plátanos, al fondo.» (M. Corylé, *Gleba*, 65) = MORÍNIGO = RABELLA y PALLAIS = HAENSCH y WERNER

máe (o: **maje**). m. Tío, persona en general; es jerga juvenil generalizada –en este caso la J se pronuncia en forma muy atenuada, hasta desaparecer casi por completo; últimamente incluso ha llegado a desaparecer en la grafía. (CR): = «No votes, mAe.» (lema anarquista, con la A dentro de un círculo, campaña electoral del 94) = «Tenía una sed espantosa el partido estuvo durísimo porque Tertu no llegó y tuve que jugar de defensa lo que más me cuadra* es el extremo derecho mi juego no es de contención y los máes del otro equipo se me iban perdimos cuatro a dos pero no hay nada.» (R. Arias, *El emperador Tertuliano...*, 15) = CONSULTAS **(2)** Véase también **maje.**

maestro. m. **(1)** Forma de tratamiento de cierto respeto. (Ch. = Cuba y Méx.): «–Nada, pues, señor, ¿qué va a pasar? el maestro que me convidó a su casa (...).» (M. Rojas, *El delincuente... y otros cuentos*, 20) = CONSULTAS = SANTIESTEBAN **(2) maestro chasquilla.** fr. Artesano que lo repara todo a su manera. (Ch. < CR): «Allí encontré pega con el tuerto Ávalos, en la radio, haciendo de todo un poco: locutor, maestro chasquilla, sonidista*...» (J. Gutiérrez, *Te acordás hermano*, 159) = CONSULTAS

mahomo (o: **majomo**). m. Árbol (*Lonchocarpus sp.*) de las leguminosas que mide unos 6 o 7 metros de alto, tiene flores de color violeta y frutos oblongos comestibles. (Ven.): «(...) en la horqueta de un mahomo, estaba una *soy* sola*, a la orilla del pajizo nido, dando al aire sus notas melancólicas y arrobadoras como el tinte todo de la selva venezolana.» (M. V. Romero García, *Peonía*, 111) = TEJERA

mahón -ones. m.; ú. más en pl. Pantalones vaqueros, tejanos, para hombres o mujeres; pantalones de diario para hombres. (PR): «Éste es Benny en mahones, polo shirt y zapatos* tennis (...).» (L. R. Sánchez, *La Guaracha del Macho Camacho*, 67) = «La pizpireta mulatita que destaca la sabrosura de su *culito contento* con esos mahones cuya costura trasera Chardón abre los gajos de la *nies**, mira a la doña* como si no entendiera (...).» (E. Rodríguez Juliá, *El entierro de Cortijo*, 19-20) = «El mahón de mi divorciada favorita se veía super-suculento en la luz violeta.» (A. L. Vega, *Pasión de historia*, 64-65) = CONSULTAS

maicero. m. Campesino; rústico, inculto. (CR): «(...) yo soy maicero: no me hablés con palabras de libros.» (Q. Duncan, *Final de calle*, 37) = QUESADA

majagua. f. Tira de líber que se obtiene generalmente de la majagua. (PR = Col.): «Junto al tronco gigantesco y añoso descubrió la balsa. (...) Subió a ella, y soltando la amarra de majagua, empuñó la enorme vara de bambú.» (R. Marqués, *La víspera del hombre*, 40) = SOPENA = MALARET

majarete. m. Dulce a base de harina de arroz, azúcar, canela y leche de coco. (PR = Cuba): «Entonces se molía el maíz de la tala* o el arroz criollo y la harina servía para confeccionar la clásica marota* y los deliciosos mundonuevos* y majaretes.» (E. Laguerre, *La llamarada*, 120) = «Bajo el granado, Doña Irene había hecho colocar una mesa con las golosinas: dulce de grosellas, refresco de tamarindo, majaretes, mampostiales*.» (R. Marqués, *La* *víspera del hombre*, 227) = «La canela me agrava. No puedo comer tembleque*, arroz con leche, majarete, ninguna golosina polvoreada con canela. Pronto empiezo a estornudar.» (L. R. Sánchez, *Quíntuples*, 59) = ÁLVAREZ NAZARIO = GAZTAMBIDE ARRILLAGA = SANTIESTEBAN

maje. **(1)** m. y f.; ú. t. c. adj. Tonto, idiota. (Guat., El Salv. = Méx. y CR): «Después del accidente, su vieja hizo una misa de acción de gracias. Si hubiera sabido que íbamos socados* y con putas no hace ni droga*. Nos hincaron a los cinco y el cura maje nos echó agua bendita. Mejor nos hubiera dado un trago. Todavía estábamos de goma*.» (M. A. Flores, *Los compañeros*, 31) = «(...) mejor andar armado que bien acompañado, sobre todo en esos tiempos en que no hay trabajo y los pobres majes sin empleo ligero-luego se dedican a la cirugía nocturna (...). / (...) Pero es que ustedes cayeron con él por majes. Todo el mundo sabía en México que desde hacía cinco años no daba para más.» (R. Dalton, *Pobrecito poeta que era yo...*, 60 y 177) = RUBIO = QUESADA = JIMÉNEZ = CONSULTAS **(2)** Véase **máe.**

majomo. Véase **mahomo.**

mal. m. **(1) mal de pelea.** fr. m. Histeria. (PR): «Don Goyito y don Jeró Cora sujetaban a la Susana, a la cual le había dado el 'mal de pelea'.» (A. Díaz Alfaro, *Terrazo*, 59) = ÁLVAREZ NAZARIO = MALARET **(2) mal que.** conj. conc. Aunque. (Méx.): «(...) se dejaba llevar por aquellos amigos que conoció en Europa, mal que le chocara la confianza súbita de su trato, lindante con la grosería (...).» (A. Yáñez, *La creación*, 59) = CONSULTAS **(3) mal viento** (o: **mal-viento).** fr. m. Véase **viento.**

mala. f. **(1)** La mala suerte. (Ven. = Arg.): «(...) se volvió loco cuando le llegó la mala.» (A. Croce, *La roca desnuda*, 26) = CONSULTAS **(2) a la mala.** fr. Con mala intención. (Perú): «Nunca se te paran de frente, siempre hacen las cosas a la mala, por detrás.» (M. Vargas Llosa, *La ciudad y los perros*, 201) = CONSULTAS **(3) mala palabra.** fr. f. Véase **palabra.**

malabar. m. **(1)** Arbusto (*Gardenia florida*) de las rubiáceas, de unos dos metros de altura, que tiene grandes hojas verdes y ovaladas, y flores muy fragantes; suele cultivarse en los jardines. (Ven.): «Las rosas, las azucenas, los malabares, los claveles, las violetas y los jazmines vertían su esencia embriagadora.» (M. V. Romero García, *Peonía*, 121) = TEJERA **(2)** Flor, blanca y muy olorosa, de la *Gardenia florida.* (Ven.): «–Yo soy el Cucarachero* –dijo débilmente–. Canto al sol, a la luna, a las estrellas; a la tarde que se evapora sobre las colinas; a la mañana que abre los malabares y echa a volar las mariposas (...).» (A. Arraiz, *Tío Tigre y Tío Conejo*, 27) = TEJERA

malacara. adj.; m. y f. Caballo o yegua que tiene la cara blanca (o sólo una lista vertical blanca en la frente), y todo el resto de la cabeza de color oscuro. (Par. = Arg.): « Un parejero malacara que no tenía contrario en todo Kaaguasú. (...) Yo pensé que estaba mirando cómo el Sargento hacía tornear a su malacara mientras lo llevaba, sin poder decir nada.» (A. Roa Bastos, *Hijo de hombre*, 207-208) = VERDEVOYE = SANTAMARÍA DGA

malaguaje. m. **de malaguaje.** fr. De mala calidad, pobre. (Cuba): «En altares de 'malaguaje' –los más pobres– las botellas que lo adornaban se vestían de papel crepé, y en botellas, flores de papel y velas de sebo, consistía su decoración.» (L. Cabrera, *Reglas de Congo*, 101) = CONSULTAS

malagueña. f. **a la malagueña.** fr. Por las malas, con violencia. (Méx.): «Fue a la malagueña, jefe. Ni traía pleito con el ñero*. (...) me dejó ir el fierro y me perforó las tripas.» (J. García Ordoño, *Tres crímenes y algo más*, 67) = JIMÉNEZ

malanga. f. **(1)** Lío. (Cuba): «Se hacían la figuración de que la guerra era un juego. Por eso, cuando la malanga se puso dura, empezaron a echar para atrás.» (M. Barnet, *Biografía de un cimarrón*, 156-157) = SÁNCHEZ-BOUDY **(2)** Dinero, pasta, cuartos. (Hond.): «(...) me aflojó la 'malanga' sin muchas preguntas.» (R. Amaya Amador, *Prisión Verde*, 116) = «–(...) Ustedes los hombres sólo salen a botar la malanga. –Bueno, ña Felipa, la malanga siáce <se hace>... ¡créigamelo <créamelo> que siáce! –Claro que siáce, pero da lástima botarla.» (D. Laínez, «Timoteo se divierte», en: A. Caballero y F. Salvador, *Teatro en Honduras*, II, 21) = CONSULTAS

malanota (o: **mala nota).** Véase **nota.**

malayo. m.; ú. t. c. adj. Cierto tipo de gallo de pelea. (Cuba): «Galleros con sus malayos rasurados en la mano. (...) –¡Le llevé dié pesos a Napolión <Napoleón> cuando dolmía <dormía>! Y arruché* con la misma con los dos gallo malayo <gallos malayos> que etaba preparando pa la pelea del domingo.» (A. Carpentier, *Écua-Yamba-O*, 124 y 138) = CONSULTAS

maletas. f. pl. Alforjas. (Arg. = Ch.): «De ver tanto desamparo / el corazón se partía; / había madre que salía / con dos, tres hijos o más, / por delante y por detrás, / y las maletas vacías.» (J. Hernández, *Martín Fierro*, II, versos 3.511-6) = SANTAMARÍA DGA

malgrado. adv. A pesar de, pese a. (Arg.): «No pudimos contener la risa, malgrado el asombro que nos causó esa tranquilidad que llegaba a la inconsciencia.» (R. Güiraldes, *Don Segundo Sombra*, 20) = CONSULTAS

maligna. f. Lo malo, el mal. (PR): «(...) el hijo de Perucho Cepeda recorría así la fama, desde lo notable hasta lo notorio, su tropezón con la *maligna* también es una cruz que arrastrará hasta el final de sus días.» (E. Rodríguez Juliá, *El entierro de Cortijo,* 68) = CONSULTAS

malinchismo. m. Admiración exagerada hacia lo extranjero y muy especialmente lo norteamericano. (Méx.): «El concuñado, como para disculparse, hizo gala de cigarrillos americanos, filtro blanco... como vivía por 'los Nortes'. Malinchismo. (...) ¿Traería también dólares?» (F. del Paso, *José Trigo,* 178) = CONSULTAS (véase también **malinchista**)

malinchista. adj. Aficionado a todo lo extranjero –especialmente a lo norteamericano. (Méx.): «(...) el pueblo mexicano no perdona su traición a la Malinche. (...) De ahí el éxito del adjetivo despectivo 'malinchista', recientemente puesto en circulación por los periódicos para denunciar a todos los contagiados por tendencias extranjerizantes. Los malinchistas son partidarios de que México se abra al exterior (...).» (O. Paz, *El laberinto de la soledad,* 78) = «Por sus ideas comenzó a ser tachado de 'malinchista'. (...) Pero su obra fue depurando acentos, en persecución de un lenguaje patrio.» (A. Yáñez, *La creación,* 129-130) = CONSULTAS (véase también **malinchismo**)

malogrado. m. Perjudicado, herido. (Perú): «'(...) ¿no ve que estos animales se están matando?' Llovía de todas partes, es la pura verdad, suerte que no hubo un malogrado.» (M. Vargas Llosa, *La ciudad y los perros,* 61) = CONSULTAS

maloja. f. **no haberle echado maloja** a alguien. fr. que se dice a la persona demasiado familiar, que se propasa con uno. (Cuba): «–¿Qué haces por estos barrios, chiquete? –le preguntó el oficial, con mayor familiaridad. –Sírvase decirme, señor mío –replicó el de las entradas, enfadado– ¿cuándo y dónde le he echado maloja? –¡Hombre! –repuso el oficial bastante mortificado–, esas son palabras mayores.» (C. Villaverde, *Cecilia Valdés,* 164) = SÁNCHEZ-BOUDY = MALARET

malón. m. **(1)** Grupo de personas que irrumpen para molestar. (Arg.): «Y no ha tenido tiempo de sacar su cuchillo y de ponerlo en cruz sobre la vaina, cuando el malón invisible pasa volando sobre su techo con el ímpetu del huracán.» (L. Marechal, *Adán Buenosayres,* 184) = VERDEBOYE **(2)** Ataque en general. (Par. y otros): «Aquellos escalofríos... me galopaban por la piel como un malón de hormiguitas feroces, con patitas de hielo.» (M. Halley Mora, *Los hombres de Celina,* 32) = CONSULTAS

maloso -a. adj. **(1)** Enfermo, quebrantado. (Rep. Dom.): «Ay Marcial, he pasado todo el día maloso de una fiebre loca (...).» (N. Caro, «Cielo Negro», en: S. Nolasco, *El cuento en Santo Domingo,* 42) = RODRÍGUEZ = OLIVIER **(2)** Que tiene maldad. (Méx., Perú): «Qué bonito tu vestido (...) te lo digo como cumplido, ingenuamente, no soy maloso.» («Prietita Clara», canción interpretada por Amparo Ochoa, discos Pueblo, México DF) = «(...) muera el quinto, no pongan esas caras de malosos que reviento de risa, chajuí, chajuá.» (M. Vargas Llosa, *La ciudad y los perros,* 68) = BENDEZU

malta. f. Cántaro grande en que se guarda la chicha. (Ec.): «Una malta de amarilla*, / Papas y cuy <cochinillo de Indias> con ají, / Yo rasgueando mi guitarra, / Tu cantando junto a mí.» (J. L. Mera, *Cantares del pueblo ecuatoriano,* II, 118) = CONSULTAS

maltón -ona (o: **maltoncito -a**)**.** m. y f.; ú. t. c. adj. Persona o animal joven de desarrollo precoz. (Ec. = Perú, Bol., Ch. y Arg.): «El alumnado era de tan variado tamaño como los canutos de una marimba, igual. Desde chirringos <pequeñitos> hasta maltones abobados a quienes por un lado les entraba y por el otro les salía.» (A. Ortiz, *Juyungo,* 42) = «Y, de todas direcciones, venían indios viejos (...), jóvenes robustos y fuertes y hasta longuitos* maltones.» (M. Corylé, *Gleba,* 21) = «Cuando confesaba a longas* maltonas y a hijas de María se tardaba más y salía del confesionario coloradote (...).» (G. A. Jácome, *Porqué se fueron las garzas,* 121) = CONSULTAS = MATEUS = MORÍNIGO = MUÑOZ REYES

malviento. m. Véase **viento.**

malla. f. Valla. (CR): «Entonces nos saltamos la malla y nos robamos la bola.» (M. Salguero, *A la caza del coyote,* 20) = «Al pie de la colina de tierra arcillosa, el acceso al basurero estaba restringido por una malla metálica que lo separaba de las vecindades (...).» (F. Contreras Castro, *Única mirando al mar,* 20) = CONSULTAS

mallorca (o: **mayorca**)**.** m. Especie de anisado, licor preparado con aguardiente, azúcar y anís. (Ec.): «Qué baba apestosa a moyorca le escurría de los labios.» (J. Gallegos Lara, «El tabacazo*», en: *Los que se van,* 107) = «–Viva la copa del estribo... La copa del jefe.. Ya mismo caen las guambritas <muchachas>... El patrón Rafico nos brindó champaña... Con una <botella> de mallorca es suficiente...» (J. Icaza, *El Chulla Romero y Flores,* 74-75) = «El Coronel evocó entonces el buen mallorca de barril que empezó a tomar en su pueblo natal (...).» (N. Estupiñán Bass, *Cuando los guyacanes florecían,* I, 55) = CARVALHO-NETO = CONSULTAS

mamá. f. **de la época de Mamá Camota.** fr. Véase **época.**

mamada. f. Beneficio obtenido sin esfuerzo. (Méx.): «El mundo de los violentos: secuestradores, asaltantes, asesinos, se hallaba mullidamente rodeado por un colchón de plumas de estafadores, carteristas, timadores, vividores, apaches*, cafishos <rufianes>, damas de la noche (...), charlatanes medicinales, inventores de mamadas.» (P. I. Taibo II, *Sombra de la sombra*, 189-190) = SANTAMARÍA DGA

mamadera. f. **mamadera de gallo.** fr. f. Tomadura de pelo, chunga. (Col., Ven.): «En aquel Congreso de 1967, García Márquez muestra su predilección por la *boutade* (la 'mamadera de gallo' de los costeños) y desconcierta al auditorio.» (O. Collazos, *García Márquez: la soledad y la gloria*, 122) = «Por supuesto, la etimología del verbo *mamar gallo** y de los términos que de él se derivan... (mamagallista, mamagallismo, mamagallístico, mamadera de gallo) admite versiones de muy variada raíz.» (D. Samper Pizano, *Mafalda, Mastropiero y otros gremios paralelos*, 137-138) = CONSULTAS = HAENSCH y WERNER = TEJERA (véase también **mamar gallo***)

mama(d)o -a. p. adj. Tonto, estúpido, mentecato. (PR): «–¿Y tú qué haces ahí, *mamao*? –dijo Ciro de mal talante a Marcelo.» (M. Zeno Gandía, *La Charca*, 56) = «(...) *ése tiene cara de mamao...*» (E. Rodríguez Juliá, *El entierro de Cortijo*, 13) = CONSULTAS = ÁLVAREZ NAZARIO = CLAUDIO DE LA TORRE

mamaniña (o: **mama niña).** f. Esposa que pertenece a una clase sociocultural alta; gringa –pop. (Ec.): «(...) auncuando me doy cuenta de las sonrisitas que provoca pareja tan desigual; auncuando –felizmente ella no entiende– me acuchillen por la espalda: Ve el <al> guangudo* con mamaniña. Adió <adiós> el pendejo con gringa (...).» (G. A. Jácome, *Porqué se fueron las garzas*, 13) = CONSULTAS

mamantón. m. El que va a la cárcel por primera vez. (Ven.): «¡Habíamos <estábamos> noventa y ocho presos políticos en aquella mazmorra! (...) cuando estaba en estas cosas, ocupación u obligada del *mamantón*, me llamó el alcalde <alcaide>.» (M. V. Romero García, *Peonía*, 321) = TEJERA

mamao. Véase **mama(d)o.**

mamar. (1) intr. Sentirse frustrado, decepcionado. (Col.): «(...) lo que no me gusta es que Gustavo se hizo amigo de Teresa (...) de pronto me la quita y me deja mamando.» (U. Valverde, *Bomba Camará*, 48) = FILIPPO = CONSULTAS **(2) mamarse.** prnl. tr. Hacer algo por obligación, no tener más remedio que hacerlo. (Ven.): «(...) pero el agente no respondió nada y arrancó la camioneta y Nicolás tuvo que mamarse treinta kilómetros a pie, bajo un aguacero (...).» (A. González León, *País portátil*, 82) = TEJERA **(3) mamar gallo.** fr. Véase **gallo.**

mambo. m. Canción mágica de los sacerdotes-brujos congos, cantada a media voz. (Cuba): «El Mayombero <sacerdote-brujo> toma la tibia de un esqueleto o un cuerpo para establecer contacto con el espíritu. (...) Golpea tres veces el suelo con los puños, luego traza con tiza blanca un signo que cubre con tres montoncitos de pólvora, los enciende, y con mambos, cantos que se entonan a media voz, los llama y conmina.» (L. Cabrera, *Reglas de Congo*, 123) = CONSULTAS

mameluco. m. **(1)** Nombre que dieron los españoles a los mestizos de portugueses e indígenas del Brasil, que esclavizaban a las poblaciones indígenas del Paraguay y de Misiones. (Par. = Ur. y Arg.): «–El Karaí Guasú mandó tumbar las casas de los ricos y voltear los árboles –contaba–. Quería verlo todo. A toda hora. Los movimientos y hasta el pensamiento de sus contrarios, vendidos a los mamelucos y porteños.» (A. Roa Bastos, *Hijo de hombre*, 26) = MORÍNIGO = SOPENA **(2)** Mono, buzo, traje de faena. (Col., Ec., Ch., Arg. = Ur.): «Asustada, escapó corriendo del dormitorio, y antes de llegar al portón una guardiana gigantesca con un mameluco de mecánico la atrapó de un zarpazo y la inmovilizó en el suelo con una llave maestra.» (G. García Márquez, *Doce cuentos peregrinos*, 109) = «(...) se fijaba en los 'piqueros*', que en su mayor parte eran obreros que discutían de box <boxeo> , de toros, de política, de todo. / Un muchacho de mameluco se sentó distraído en la misma mesa (...).» (G. Bueno, *Siembras*, 33) = «El viejo se quitó la parte superior del grasiento mameluco azul y se sentó en la cama para que Griselda le sacara la parte de abajo.» (L. Sepúlveda, *Nombre de torero*, 150) = «Después entraron en el bar: hombres de mameluco azul y sacos <chaquetas> de cuero, con botas y borceguíes conversaban ruidosamente, tomaban café y ginebra, comían enormes sándwiches (...).» (E. Sábato, *Sobre héroes y tumbas*, 548) = VERDEBOYE = CONSULTAS **(3)** Prenda de vestir para mujeres o niños, que consiste en un pantalón y pechera suspendidos de los hombros con bridas. (PR = Cuba y Col.): «La Clienta tardó en salir para crear expectativa. Cuando lo hizo por fin, portadora de estrechísimo y reveladorísimo mameluco de seda negro y encaramada en elegantes tacones tipo zanco, el gígolo <*sic*> le abrió la puerta del auto y la recibió con un beso que nuestra observadora calificó de 'sacacorchos'.» (A. L. Vega, *Pasión de historia*, 50) = «De las reflexiones lo fue sacando la algarabía de los niños campesinos que penetraban en el vetusto salón*. Los mamelucos de tirillas manchosas de plátano, las melenas lacias y tostadas (...).» (A. Díaz Alfaro, *Terrazo*, 95-96) = CONSULTAS = SANTIESTEBAN = HAENSCH y WERNER (quienes lo registran con el sentido de 'traje de bebé de una sola pieza')

mamey. (1) m.; ú. t. c. adj. Cosa o situación ventajosa y fácil de conseguir, ganga; muy fácil de realizar. (PR = Cuba, Col.): «(...) confiaba en que el conocimiento le llegara por el fenómeno de ósmosis: ¡qué mamey!» (L. R. Sánchez, *La Guaracha del Macho Camacho*, 129) = MALARET = SÁNCHEZ-BOUDY = HAENSCH y WERNER (quienes lo registran c. adj.) **(2) mameyes.** m. pl. Véase **hora* de los mameyes.** **(3)** adj. Tonto, simple. (Ec. = Cuba): «–Es el Cura quien lo exige. –Dígale al Cura que no sea mamey.» (J. A. Campos, *Cosas de mi tierra*, 32) = CONSULTAS **(4) con la boca es un mamey.** Véase **boca.**

mamichula. f. Niña bonita. (PR): «(...) espera el paso de los soneros* una *tremenda* mamichula con los pantalones más apretados *a este lado de la Providencia.*» (E. Rodríguez Juliá, *El entierro de Cortijo*, 67) = CONSULTAS

mamila. f. Biberón. (Méx.): «Ese coronel Gómez seguro de chico le <les> robaba las mamilas a sus hermanos.» (P. I. Taibo II, *Sombra de la sombra*, 140) = SANTAMARÍA DGA

mamitas. m. inv. Afeminado, pusilánime, cobarde. (CR): «Respóndale como hombre, o compre perro, yo estoy en contra de los mamitas y admiro a los machos...» (C. Morales, *¡... Y no los dejen respirar!*, 92) = QUESADA

mamitico -a. adj. Pobrecito. (Ec.): «(...) el bienaventurado del sacristán, a quien nadie le había conocido un vicio –tan mamitico el Pancho– (...).» (G. A. Jácome, *7 cuentos*, 98) = JARAMILLO DE LUBENSKY

mampostial. m. Barra rectangular de dulce de coco hecho a base de pulpa rallada de coco, azúcar mascabada y especias. (PR): «Bajo el granado, Doña Irene había hecho colocar una mesa con las golosinas: dulce de grosellas, refresco de tamarindo, majarete*, mampostiales.» (R. Marqués, *La víspera del hombre*, 227) = ÁLVAREZ NAZARIO

man. m. Hombre; puede ser interj. (PR, CR, Col.): «(...) santificado sea Tu Nombre, o sea que venga a nos el reino de tu motor y tu carrocería. Y man, perdona el pecado de correrte como si fueras tortuga, amén.» (L. R. Sánchez, *La Guaracha del Macho Camacho*, 185-186) = «¡Lo que yo quiero saber es cómo mataron al man!« (A. Chase, *Ella usaba bikini*, 104) = «(...) es una herencia de siglos, man (...).» (E. Rosero, *El incendiado*, 22) = CONSULTAS = HAENSCH y WERNER

maná. m. Patatas. (PR): «–Pues mira –dijo Leandra– tráeme un *medio* de maná...» (M. Zeno Gandía, *La Charca*, 148) = CONSULTAS

manaba. m. y f.; ú. t. c. adj. Persona oriunda de la provincia costeña de Manabí; matón, sicario. (Ec.): «–(...) ¡Pa conseguir una mujer blanca, hay que sudar la gota!... / –¡Y hay que ser blanco! –intervino Tiburcio–. Pero eso no le hace, porque, Cipriano, puedes echarte una mano de pintura blanca y ya quedas como el 'manaba' –y señaló a Moreira.» (N. Estupiñán Bass, *Cuando los guayacanes florecían*, II, 19) = CONSULTAS = CORNEJO

manazo. m. Manotazo, manotada. (CR, Perú): «¿Saben el chile <chiste> nuevo que le hicieron a Carazo <el Presidente de la República>? y calda* el que no se ría o se lleva su manazo.» (C. E. Saborío, *Rimas negras*, 12) = «Y yo comencé a patearlo y a darle manazos a la loca* hasta que a jalones me sacó de la playa.» (M. Vargas Llosa, *La ciudad y los perros*, 274) = CONSULTAS = SOPENA

mancaperro (o: **manca perro).** m. Especie de ciempiés de color negruzco y de anillos escamosos. (Cuba): «(...) el Mayombero <brujo congo> necesita: araña peluda, alacrán, manca perro, ciempiés, caballito del diablo, grillo, murciélago, tierra de (...) cementerio, diente o colmillo de muerto, hueso de la mano o de los pies.» (L. Cabrera, *Reglas de Congo*, 145) = PICHARDO

mancarrón. m. Persona torpe y ordinaria. (Arg. = Perú): «(...) todos se casaron con las de sus pueblos, los desgraciados, acá ninguna es bastante para ellos y después cuando se aparecen después de la luna de miel con la mujer, resultan cada porquería de no creer, acá se meten con las más jovencitas, después se aparecen con un mancarrón...» (M. Puig, *La traición de Rita Hayworth*, 120) = SANTAMARÍA DGA

mancarronada. f. Conjunto de mancarrones o animales equinos en general. (Arg.): «Hacía rato ya, los refucilos grietaban las nubes renegridas del horizonte sur. La hacienda, nerviosa, se iba asustando por grados. La mancarronada relinchaba con desasosiego y, nosotros mismos, sentíamos la desazón del tiempo como nuestra.» (R. Güiraldes, *Don Segundo Sombra*, 166-7) = ABAD DE SANTILLÁN

mancha(d)o -a. p. adj. **estar mancha(d)o del plátano.** fr. Ser un puertorriqueño típico del campo, un jíbaro; no tener suerte. (PR): «A Peyo no le gustaba que le llamaran mister: 'Yo he sido batatero* de la Cuchilla, y a honra lo llevo. (...) Estoy manchao del plátano (...).» (A. Díaz Alfaro, *Terrazo*, 96) = CONSULTAS

manchita. f. **(1)** Juego de niños en el que todos corren tras uno que lleva un objeto, para quitárselo, pasando dicho objeto de mano en mano. (Arg. = Bol.): «(...) / en la carpeta <tapete verde> a un mulita* / se le conoce al sentarse / y conmigo era matarse, / no podían ni a la manchita.» (J. Hernández, *Martín Fierro*, II, 3.161-2) = MALARET = MORÍNIGO **(2)** Véase también **mancha.**

manda güevo. fr. Véase **güevo.**

mandar. **(1) mandar botando.** fr. tr. Despedir de un empleo o cargo. (Ec.): «No sé, hijo. Me mandarán botando del cargo.» (G. A. Jácome, *Porqué se fueron las garzas*, 97) = CONSULTAS **(2) mandar sacando a** alguien. fr. tr. Echarle fuera. (Ec.): «(...) el padrecito Sevilla dijó <dijo> que más bien inquietaba <ella> a la Doncella, turbando la hora de su muerte, y le mandó sacando.» (M. Corylé, *Gleba*, 97) = CONSULTAS **(3) mandar trapiando** (o: **trapeando**) a alguien. fr. tr. Echar, expulsar. (Ec.): «Qué asquerosidad. Indios afrentosos. La policía debería mandarles trapiando.» (G. A. Jácome, *Porqué se fueron las garzas*, 226) = CONSULTAS **(4) mandarse –1.** prnl. tr. Tragarse, atizarse. (PR, Arg.): «(...) la palangana de cuajo que se mandó de una sentada (...).» (L. R. Sánchez, *La Guaracha del Macho Camacho*, 22) = «(...) hoy domingo lo tendría que hacer cagar de un balazo, en la barriga, que se le escapen por el agujero de la bala todos los ravioles que se mandó hoy (...).» (M. Puig, *La traición de Rita Hayworth*, 211) = VERDEVOYE **(5) mandarse –2.** prnl. tr. Poseer sexualmente a alguien. (CR, Arg. = Cuba): «(...) aquella vez en Florencia que casi se manda una italianilla detrás de una escultura de Miguel Ángel.» (R. Arias, *El emperador Tertuliano...*, 93) = «Y el psicoanalista interpreta que ella lo desea sexualmente, y encima piensa que si la besa y si hasta consigue mandársela completa, entonces le va a quitar de la cabeza esas ideas raras de que es una mujer pantera.» (M. Puig, *El beso de la mujer araña*, 44) = CONSULTAS = VERDEVOYE = SANTIESTEBAN **(6) mandarse –3.** fr. prnl. intr. Irse, marcharse. (CR = Ec., Perú, Par., Ch., Ur. y Arg.): «Los domingos el emperador Tertuliano se levanta temprano se baña con energía y enfundado en sus mejores yins <vaqueros> agarra la moto y se manda para el pueblo (...).» (R. Arias, *El emperador Tertuliano...*, 85) = CONSULTAS **(7) mandar(se) (a) cambiar.** fr. tr. Despedir(se) –ú. en la fr. fam. **te mandas a cambiar**. (Ch.= Ec. y Perú): «–Sacai <sacas> las cartas y te mandai <mandas> a cambiar (...).» (A. Skármeta, *Ardiente Paciencia*, 152) = CONSULTAS = MALARET **(8) mandarse (a) mudar.** fr. Largarse, irse a otra parte; desaparecer. (Par. = Ec., Perú, Ch., Ur. y Arg.): «Vos viniste a sentarse <sentarte> con nosotros; te aburría la teología, me dijiste en guaraní, y te mandaste mudar al poco rato.» (H. Rodríguez-Alcalá, *Relatos de Norte y Sur*, 71) = «(...) el padre viene de tarde en tarde, bautiza a los *mita'í* <niños>, casa a unos cuantos amancebados, cobra sus diezmos y se manda a mudar.» (R. Bareiro Saguier, *Ojo por diente*, 37) = MALARET = JARAMILLO DE LUBENSKY = VERDEVOYE **(9) ¿mande** (o: **mándeme**)**?** interrog. de tercera persona que se emplea para pedirle a alguien que repita algo que no se ha oído. (Méx. = Hond. y Ec.): «–Qué rico está el licorcito, ¿verdad? / – ¿Mande usted? / –Te veo muy distraída Tita, ¿te sientes bien?» (L. Esquivel, *Como agua para chocolate*, 17) = «–¿No han venido los demás? / –¿Mándeme? / –Que si no ha venido nadie.» (F. del Paso, *José Trigo*, 341) = CONSULTAS

mandolina. f. **enfundar la mandolina** (de algo). fr. Retirarse de una actividad. (Ur., Arg.): «Pero entonces, viejito, enfundemos la mandolina del Campeonato Mundial (...) y dejémonos de darle manija* al país con la loca ilusión del celeste* imperio.» (H. R. Alfaro, «Hinchando* un poco», en: G. Wettstein, *Nuestra tierra*, II, 79) = « 'Enfundá la mandolina, ya no estás pa' serenatas' / te aconseja la chirusa <muchacha> que tenés en el bulín* / (...).» (H. Zubiría Mansilla, «Enfundá la mandolina», en: J. Barreiro, *El Tango*, 179) = CONSULTAS

manducarse. prnl. tr. ind. poseer sexualmente.Tirarse (Perú): «Y todos comenzaron a burlarse y a decir 'te la tiras, bandolero', pero no era verdad, ni siquiera se me había pasado por la cabeza todavía manducarme a una perra.» (M. Vargas Llosa, *La ciudad y los perros*, 180) = BENDEZU

maneador. m. Soga de cuero sobado, que se lleva atada de la silla, y que el hombre de campo utiliza para atar o trabar el caballo. (Arg. = Ven. y Ur.): «Le saqué el freno que recién se estaba acostumbrando a cascar; le aflojé el maneador lo más posible para que bebiera tranquilo. El bayo se arrimó al agua (...).» (R. Güiraldes, *Don Segundo Sombra*, 62) = MALARET = ABAD DE SANTILLÁN = TEJERA = CONSULTAS

manear. tr. En general, atar las manos o las patas unas a otras. (Col. y otros): «En la cocina donde los siete Asís habían descargado las bestias, la viuda se paseaba entre un reguero de pollos maneados, legumbres y quesos (...) impartiendo instrucciones a las sirvientas.» (G. García Márquez, *La mala hora*, 139) = SANTAMARÍA DGA = CONSULTAS

manejadora. f. Niñera, chacha. (Cuba): «Recuerdo que vi unos niños jugando en el parque al doble sol del cemento y el cielo mientras tres negritas –las manejadoras, sin duda– conversaban a la sombra de los flamboyanes en flor.» (G. Cabrera Infante, *Tres tristes tigres*, 149-150) = SANTIESTEBAN = MALARET = SANTAMARÍA DGA

manera. f. **qué manera de.** fr. de asombro. Cuánto. (Perú): «–Pelearon sin hacer ruido –dijo el teniente; consideraba lo ocurrido con sorpresa ya, con cierto entusiasmo deportivo–. Yo los habría puesto en su sitio. Qué manera de darse, qué tal* par de gallitos. Va a pasar un buen rato antes de que se le componga esa cara .¿Por qué pelearon?» (M. Vargas Llosa, *La ciudad y los perros*, 298) = CONSULTAS

manga. f. **por angas o por mangas.** fr. Por una razón o por otra, por fas o por nefas. (Ch. = Perú y Arg.): «–(...) Nos somete a alguna prueba estúpida y acertemos o no, por angas o por mangas, nos propina sus sonoros puntapiés en el culo.» (H. Valdés, *Tejas Verdes*, 134) = MALARET = MORÍNIGO = SANTAMARÍA DGA

mangal. m. Sitio poblado de mangos. (Par. = Col. y otros): «Afuera, el espeso follaje del mangal sesieaba <seseaba> dolorido, castigado por el viento sur (...).» (M. Halley Mora, *Los hombres de Celina*, 157) = MORÍNIGO = HAENSCH y WERNER

mangar. tr. **(1)** Coger *in fraganti*, pillar a alguien que hace algo malo. (PR): «Una de las muchachas de Sanciones Corporales me lo siguió por un par de días, cosa de captarle la programación, no me fuera a mangar él a mí en la movida.» (A. L. Vega, *Pasión de historia*, 46) = CLAUDIO DE LA TORRE = CONSULTAS **(2)** Entender, darse cuenta de algo. (PR): «Manguen bien la situación: ella se había recostado bocabajo en el sofá (...).» (A. L. Vega, *Pasión de historia*, 64) = CONSULTAS

mangle. m. **picar mangle.** fr. Cortar árboles de mangle; vivir de ese trabajo. (Ec.): «–Que queremoj <queremos> gorver <volver> a picar mangle, don Goyo. Que no podemoj pejcar <podemos pescar>.» (D. Aguilera Malta, *Don Goyo*, 83) = CONSULTAS

manglero. m. Hombre que se gana la vida cortando árboles de mangle. (Ec.): «–(...) Aquí toiditos <todititos> –esde <desde> que nacen– son mangleros. Aprienden <aprenden> a tirar er <el> hacha* e <en> la barriga e <de> la mama. / –¿De verdad? / –Y yo tengo que casarme con un manglero.» (D. Aguilera Malta, *Don Goyo*, 50) = CONSULTAS = JARAMILLO DE LUBENSKY

mango. m. **(1)** Peso, o dinero en general; moneda nacional. (Guat., Ur., Arg.): «(...) cien mangos quedaban, con eso pagué el pasaje del avión (...).» (M. A. Flores, *Los compañeros*, 203) = «–(...) cuarenta y siete mil mangos en la valija. –Francos –corrigió Castro.» (H. Conteris, *La cifra anónima*, 126) = «Todos luchan para tener unos mangos ¿para qué?» (E. Sábato, *Sobre héroes y tumbas*, 229) = RUBIO = CONSULTAS = CASULLO = GOBELLO CHIAPPARA = SOPENA **(2)** Persona atractiva, bien parecida. (Guat. = Méx., CR y Col.): «Por lo general mi poca serenidad corre el peligro de venirse al suelo delante de una cara bonita, y ésta era más que bonita: un verdadero 'mango', como decimos en jerga guatemalteca, y para el colmo la <el> pijama se le pegaba al cuerpo de una manera alarmante.» (L. E. Rivera, *Velador de noche, soñador de día*, 33) = SANTAMARÍA DM = JIMÉNEZ = FILIPPO = HAENSCH y WERNER = CONSULTAS **(3) mango puerta.** fr. m. Parte de la portezuela que se usa para cerrarla. (PR): «En un auto Odsmobile, propiedad del occiso, se encontraron con $ 290 en el cenicero y $ 120 en el mango puerta del pasajero.» (diario *El Nuevo Día* de San Juan, 30/4/94) = CONSULTAS

mangó. m. **(1)** Mango. (PR) = «Para colmo, empecé a tener problemas con la secretaria del tipo, una antigüedá ambulante que se había dado cuenta de mi 'enchule*' con su jefe y me ponía cara* de mangó verde cada vez que me sintonizaba el canal.» (A. L. Vega, *Pasión de historia*, 47) = ÁLVAREZ NAZARIO **(2) cogerle** a alguien **de mangó bajito.** fr. Abusar de alguien, tomarlo por tonto. (PR): «Se pone seria. Se la acaba la cuerda. Cierra la lata de galletas Keeblers. Por siaca <por si acaso> la están cogiendo de mangó bajito.» (A. L. Vega, *Pasión de historia*, 128) = CLAUDIO DE LA TORRE **(3) poner cara de mangó verde.** fr. Véase **cara.**

mangotín. m. Variedad del mango o mangó*, de fruto más pequeño pero más sabroso. (PR): «¡Oh, mis andanzas entre árboles, en el cacahuatal de Abra Honda, en el cerro de los mangotines!» (E. Laguerre, *La llamarada*, 230) = ÁLVAREZ NAZARIO = SANTAMARÍA DGA

maní. m. **(1) maní, Maní.** Juego afrocubano acompañado de cantos, en el que los participantes trataban de golpearse brutalmente. (Cuba): «Otra de las grandes diversiones que recordaban mis viejos amigos eran los juegos de Maní, y fueron los matanceros <habitantes de Matanzas> –dicen ellos– los que más se distinguieron en estos bárbaros torneos que consistían, puestos en fila los jugadores, en dar vueltas cantando, asestándose grandes golpes que fracturaban huesos, rompían dientes y narices o en ocasiones dejaban tuerto (...). A los juegos de maní acudía toda la gente de nación*, y se jugaba en toda la Isla.» (L. Cabrera, *Reglas de Congo*, 92-93) = «Lucas era muy brujero y muy dado al maní. Era buen bailador. Él siempre me decía: '¿Cómo tú no aprende <aprendes> a jugá maní?' Y yo le decía: 'No, porque el que me dé una trompada a mí le doy un machetazo'.» (M. Barnet, *Biografía de un cimarrón*, 83) = ORTIZ = MALARET **(2)** Dinero en general. (PR = Cuba): «Que no es lo mismo maniobrar que obrar maní –dijo La Madre (...).» (L. R. Sánchez, *La Guaracha del Macho Camacho*, 239) = MALARET = MAURA

manigua. f. Juego del monte, en casa particular y entre personas de confianza. (Cuba): «Por las noches, se ponía en casa de las señoras Gómez la manigua que luego fue monte, y yo debía al momento pararme al espaldar de la silla <de mi señora> con los codos abiertos cuidando así que los de pie no se le echasen encima o rozasen con el brazo sus orejas.» (J. F. Manzano, *Autobiografía de un esclavo*, 101) = PICHARDO

maniguazo. m. Manigual. (Cuba): «Un obenekue <miembro de la secta secreta ñáñiga> de toda la confianza de los Jefes, que cobra por esta comisión <eliminar simbólicamente a otro obenekue culpable> un derecho de setenta y cinco centavos, va a arrojar a un maniguazo los restos de la vela, el maní <cacahuete>, el ajonjolí y otros ingredientes que han servido para el maleficio.» (L. Cabrera, *La sociedad secreta abakuá*, 254) = PICHARDO

manija. f. **(1) dar manija.** fr. Meter cizaña; azuzar. (Ur. = Arg.): «Y el que les da manija es el viejo.» (E. Estrázulas, *Pepe Corvina*, 36) = CONSULTAS **(2) darle manija a** alguien **con** algo. fr. Repetirle algo hasta la saciedad. (Ur. = Arg.): «Pero entonces, viejito, enfundemos la mandolina* del Campeonato Mundial (...) y dejémonos de darle manija al país con la loca ilusión del celeste* imperio.» (H. R. Alfaro, «Hinchando* un poco», en: G. Wettstein, *Nuestra tierra*, II, 79) = CONSULTAS = VERDEVOYE **(3) tener la manija.** fr. Tener el poder; tener una recomendación que permite salir adelante. (Arg.): «(...) le gustara o no a más de cuatro, el muchacho tenía la manija.» (R. Tizziani, *El desquite*, 92) = GOBELLO = CASULLO

manijera. f. Manija del rebenque. (Arg.): «–Chinita– dije casi fuerte, y mordí la manijera del rebenque mirando hacia adelante, para abstraerme en otra cosa.» (R. Güiraldes, *Don Segundo Sombra*, 44) = VERDEVOYE = CONSULTAS

manila. adj. Amarillo oscuro o mostaza. (PR): «(...) la colección de mujeres jóvenes desnudas que había dentro del sobre manila (...).» (A. L. Vega, *Pasión de historia*, 87) = CONSULTAS

manita. f. **echar una manita.** fr. Ayudar. (Guat. = CR): «(...) hacia donde la Masacuata, a ver si aún era tiempo de echar una manita en el rapto de la niña (...).» (M. A. Asturias, *El señor presidente*, 68) = CONSULTAS

mano. **(1)** f. Conjunto de cinco elementos: unidad numérica a la que muchas veces se recurre en el campo para contar las mazorcas de maíz, los racimos de plátanos, o cualquier otro producto agrícola. (Hond. = Méx., Guat., Nic. y Am. Centr.): «En la región de Occidente (Honduras) (...) una mano de elotes corresponde a cinco mazorcas de maíz tierno.» (J. Muñoz Tábora, *Folklore y Educación –Honduras*, 114) = «Cuidado con las manos.» (rótulo de secciones de lavado de ciertas bananeras) = MEMBREÑO = SANTAMARÍA DM = ARMAS = RUBIO = RABELLA y PALLAIS **(2)** f. Grupo o lote de cinco objetos de la misma clase. (Guat. y Am. Centr. = Méx.): «El chaneque <guía> se detuvo a encender otra raja de ocote y anunció que llevaba gastadas cuatro manos, veinte astillas de aquella madera colorada. Le quedaban treinta.» (M. A. Asturias, *Los ojos de los enterrados*, 162) = MEMBREÑO = SANTAMARÍA DM **(3)** f. Cantidad que cabe en las dos manos. (Ec.): «Por una mano de papas / Y un pedacito de carne, / ¿Sujetarme tú pretendes? / ¡Anda sujeta a tu madre!» (J. L. Mera, *Cantares del pueblo ecuatoriano*, II, 104) = CONSULTAS **(4)** f. Cada uno de los sub-racimos del racimo de plátanos –aunque no sean cinco. (Guat., CR = Cuba): «El racimo lo están pagando a veinticinco centavos oro, de nueve manos.» (M. A. Asturias, *Viento fuerte*, 87) = «(...) cogí mi machete y me les fui al cuerpo a los matones* de banano, le di a un vástago y lo doblé, le apeé la fruta; doblé el otro y de otro filazo le coseché las nueve manos del racimo.» (F. Dobles, *Historias de Tata Mundo*, 205) = RUBIO = CONSULTAS = SANTIESTEBAN **(5)** m. Amigo, compañero –es abrev. de 'hermano'. (PR, Méx., Guat., Hond., El Salv., CR, Ven., Col. = PR): «*Mera**, mano, una peseta*...* (E. Rodríguez Juliá, *El entierro de Cortijo*, 14) = «(...) no con estos, mano..., no con estos...» (M. Azuela, *Los de abajo*, 22) = «Encontró a sus compañeros más blancos que la pared y con las canillas temblándoles. 'Te vinieron a buscar, mano', le dijeron.» (D. Liano, *el hombre de Montserrat*, 89) = «Otro asunto es con los que sí están jodidos; porque de que hay jodidos sí hay, mano, no hace falta ser Mandrake para darse cuenta.» (R. Menjívar Ochoa, *Historia del traidor de nunca jamás*, 21) = «(...) todos estaban borrachos, tirados en el piso de los corredores de la casa del tendero. Durmiendo la mona los encontró el capataz y despertándolos les ordenó que se alistaran para salir de regreso. / En un rincón unos indios conversan de esta guisa: / –(...) qué riata <reata*> los <nos> pusimos. / –Sí, mano, cuánto los <nos> bebimos de güisque <whisky>. Toda la pasteca* que los <nos> pagaron.» (A. P. Sánchez, *Ambrosio Pérez*, 49) = «Mire, mano ¿cuándo me va a dar mi parte en los haberes?» (F. Dobles, *Historias de Tata Mundo*, 245) = «–¡Ah!, 'mano' Pedro –gritaba una voz recia y desafinada de campesino–. « (A. Uslar Pietri, *Las lanzas coloradas*, 91) = «(...) tranquilo, mano, tranquilo.» (U. Valverde, *Bomba Camará*, 30) = FILIPPO = MEJÍA PRIETO = RUBIO = CONSULTAS = TEJERA **(6)** f. Suceso, acontecimiento. (Ch.): «Iba yo para una fiesta / cuando me pasó esta mano.» («Iba yo para una fiesta», canción tradicional interpretada por Víctor Jara) = CONSULTAS **(7) a manos lavadas.** fr. f. Sin haber hecho nada. (Ec.): «Deberíamos acorralarla los tres. Que ella escoja. / Qué se han creído cojudos <tontos>, que yo le <la> voy a trabajar tanto tiempo para que ustedes quieran <acostar-

se con ella> a manos lavadas. Si resulta, me resulta a mí.» (G. A. Jácome, *Porqué se fueron las garzas*, 305) = CONSULTAS **(8) mano blanca.** fr. m. Caballo que tiene una mancha blanca en sólo una de sus manos. (Arg.): «El mano blanca tomó ventaja, como de medio cuerpo.» (R. Güiraldes, *Don Segundo Sombra*, 141) = CONSULTAS **(9) mano pancha.** fr. m. Pederasta. (Col.): «(...) le vinieron con la novedad de que al nuncio lo estaban paseando en un burro por las calles del comercio bajo un chaparrón de lavazas de cocina que le vaciaban desde los balcones, le gritaban mano pancha, miss vaticano, dejad que los niños vengan a mí (...).» (G. García Márquez, *El otoño del patriarca*, 146) = CONSULTAS **(10) mano de piedra.** fr. f. Cierto pedazo de carne muy dura. (CR): «Una mano de piedra o cacho de lomo de 1-1/2 kilo (...) golpeada y adobada la víspera (...).» (F. de Echandi, *Cocinando con Florita*, I, 43) = CONSULTAS **(11) jugar de manos.** fr. f. Practicar un boxeo no deportivo, por diversión o en una riña. (Guat.): «(...) las risotadas de los hombres que, en el patio, jugaban de manos.» (D. Liano, *el hombre de Montserrat*, 73) = CONSULTAS **(12) meter mano.** fr. f. Enfrentarse a una situación, actuar –ú. t. en la fr. m. **meta mano**, que se dice de una persona muy emprendedora. (PR): «–Compatriota– dijo el héroe nacional con fuerza poco usual para un difunto meta mano, ¿qué pasa?» (A. L. Vega, *Pasión de historia*, 118) = CLAUDIO DE LA TORRE **(13) meter la mano en la lata.** fr. f. Robar dinero en su trabajo o, tratándose de un político, de la administración. (Ur. = Arg.): «–*Esas no son urnas, son latas* –exclamaría Wilson sacudiendo la melena–; *en las urnas se depositan votos y en las latas del Cilindro todo el mundo metió la mano.*» (H. Alfaro, *Por la vereda del sol*, 195 –citando al político uruguayo Wilson Ferreira Aldunate) = CONSULTAS **(14) meter mano con** alguien. fr. f. Acostarse con esta persona. (PR): «Para colmo, pensé en lo lejos que estaba de llegar a meter mano con ella y eso me deprimió más todavía. ¿Por qué no me había enredado con Maritza, la prima de Pucho, que tenía un enfoque* tremendo conmigo y fama de aflojar* fácil?» (A. L. Vega, *Pasión de historia*, 75) = CLAUDIO DE LA TORRE **(15) parar a mano.** fr. f. Parar un animal estando a pie, y usando tan sólo el freno, el bozal o la faja que el hombre de campo lleva bajo el tirador o cinto. (Arg.): «Él me enseñó los saberes del resero, (...), el entablar* una tropilla y hacerla parar a mano en el campo, hasta poder agarrar los animales por donde y como quisiera.» (R. Güiraldes, *Don Segundo Sombra*, 63) = ABAD DE SANTILLÁN **(16) quemarla** (o: **quemarle**) a uno **la** (o: **una**) **mano.** fr. f. Dar una palmada en la mano de uno a modo de saludo. (PR): «Cuando iban saliendo, Vitín se vira de momento*, me tiende la mano y cuando se la voy a quemar, me encuentro con una cajetilla de Winston. Dáselos, dice, pa que se fume uno cuando se le pase la jaqueca...» (A. L. Vega, *Pasión de historia*, 84) = CONSULTAS

manotear. tr. Apoderarse con las manos de algo; birlar. (Ur., Arg.): «Casilda intentó manotear las bridas del corcel, pero al acercarse, sólo consiguió ponerlo más brioso.» (E. Amorim, *La carreta*, 26) = «Y cuando se iban los indios / con lo que habían manotiado <manoteado>, / salíamos muy apuraos / a perseguirlos de atrás; / si no se llevaban más / es porque no habían hallado.» (J. Hernández, *Martín Fierro*, I, versos 469-474) = VERDEVOYE

manque. conj. conc. Aunque –pop. (Ven., Ec., Perú = Rep. Dom., Méx., Col. y Arg.): «–Manque también llevo recao <recado> del general pa <para> el jefe civil del puerto.» (R. Gallegos, *Canaima*, 75) = «–Anda, contesta... ¿Erej er mesmo di <eres el mismo de> antes? ¿Me quieres tuavía <todavía> como me lo juraste? ¿Le darás argo <algo> a tu hijita? Manque ella no necesita con er favor de Dios, pero siempre er <el> cariño er <del> padre...» (J. Gallegos Lara, «El tabacazo*», en: *Los que se van*, 103) = «–(...) Manque me rajasen* no lo diría.» (E. López Albújar, *Matalaché*, 132) = TEJERA = MORÍNIGO = CONSULTAS

manta. f. **(1)** Cierto baile popular. (Col.): «(...) dónde te habrás perdido en la parranda sin término del maranguano <filtro> y (...) el gordolobo* y la manta de bandera (...).» (G. García Márquez, *El otoño del patriarca*, 75) = MALARET **(2)** Pantalla de cine. (Guat.): «En la Plaza Central, se alzaba por las noches la clásica manta de las vistas a manera de patíbulo, y exhibíanse fragmentos de películas borrosas a los ojos de una multitud devota (...).» (M. A. Asturias, *El señor presidente*, 109) = CONSULTAS **(3)** Pañuelo grande de seda, lana o algodón o punto que, doblado por dos esquinas, se ponen las mujeres alrededor del cuerpo o sobre la cabeza, y que cubre gran parte del cuerpo. (Cuba): «Luego al punto las dos hermanas menores fueron en busca de la mayor y de sus características *mantas* y juntas rodearon a la madre para pedirle sus órdenes.» (C. Villaverde, *Cecilia Valdés*, 61) = PICHARDO **(4)** adj.; ú. t. c. s. Perteneciente a la cultura preincaica de la región costeña de Manta. (Ec.): «De los ámbitos universitarios extrajo la figuración del gran jefe, sumo sacerdote de los ritos sangrientos, un gigantón descrito por la tradición de los mantas.» (G. A. Jácome, *7 cuentos*, 76) = CONSULTAS **(5) mantas.** f. pl. Ciertos mosquitos. (Ec.): «Hundidos los pies en el terreno fangoso, mortificados por nubes densas de 'mantas', 'clavos*' y zancudos, esperaron largo tiempo.» (N. Estupiñán Bass, *Cuando los guayacanes florecían*, I, 90) = CONSULTAS (véase también **manta blanca**) **(6) manta blanca** (o: **mantablanca**). fr. f.; ú. t. en pl., y en m. Nube de mosquitos o jejenes. (Ec.): «La sombra se hacía más densa por momentos, la bajamar, total. Enjambres de mantas blancas, de jejenes hambrientos invadieron el ambiente.» (A. Ortiz, *Juyungo*, 24) = «(...) sonaban en el silencio los manotazos con que ambos se mataban los mantablancas.» (J. Gallegos Lara, «El tabacazo*», en: *Los que se van*, 102) = CONSULTAS = JARAMILLO DE LUBENSKY (véase también **manta**) **(7) quitar la manta.** fr. Lograr que una mujer viva o se case con uno. (Perú): «Una india de *pata* al suelo*, que, a la primera intención, se dejó *quitar la manta* por el gringo y lo siguió como una cabra.» (E. López Albújar, *Cuentos andinos*, 87) = CONSULTAS

mantarraya. f. Cierta raya llamada también manta, propia del mar de las Antillas. (Col. = CR): «(...) atigrado por los charcos de luz del cobertizo en un éxtasis de mantarraya bocarriba en el fondo de un estanque (...).» (G. García Márquez, *El otoño del patriarca*, 118) = CONSULTAS

manteado. m. Toldo. (Méx. = Arg.): «(...) en la plaza que rodea al templo se instalan los puestos y los manteados.» (R. Castellanos, *Balún-Canán*, 36) = SANTAMARÍA DGA

manteca -quita. (1) m. Gallina, cobarde; quejica. (Arg.): «–Y vos no seas tan impresionable, mantequita.» (M. Puig, *El beso de la mujer araña*, 165) = VERDEVOYE **(2) pasar por manteca a** alguien. fr. tr. Engañarle. (CR = Col.): «Pero también no faltan damas que parecen mosquitas muertas y al marido lo han pasado por manteca varias veces.» (P. L. Acuña, *Gallo pinto*, 124) = FILIPPO = HAENSCH y WERNER **(3) sacar manteca.** fr. Estrecharse varias personas que están en un mismo lugar, empujándose con el cuerpo, por ejemplo, para dar cabida a otras. (Ec.): «–(...) A ver, saquen manteca para no ir tan apretaditos. ¿A dónde vamos? Digan ustedes. / Enciende el motor y arranca velozmente.» (E. Cárdenas, *Juego de mártires*, 56) = MATEUS

mantecoso -a. adj. Fastidioso. (Méx.): «Al gobierno por rastrero y a ustedes porque no son más que unos móndregos <mandrias> bandidos y mantecosos ladrones.» (J. Rulfo, *Pedro Páramo*, 101) = MALARET

mantenerse. prnl. Estarse, quedarse. (Guat.): «(...) sus compañeros (...) o leían los periódicos o se mantenían platicando o mataban el tiempo chuleando* a las secretarias.» (D. Liano, *el hombre de Montserrat*, 89) = RUBIO

mantengo. m. Mantenimiento, sustento que se recibe del Gobierno. (PR): «Y después, el vagar sin casa y el bochornoso 'mantengo'.» (A. Díaz Alfaro, *Terrazo*, 47) = ÁLVAREZ NAZARIO

mantuano -a. adj.; ú. t. c. m. y f. Decíase de la persona que pertenecía a la clase de los criollos ricos durante la Colonia y durante las guerras de Independencia. (Ven.): «–Usted sí es criollo. Pero como tiene cara de mantuano.» (A. Uslar Pietri, *Las lanzas coloradas*, 137) = CONSULTAS = TEJERA = MORÍNIGO

manzana. f. Cubo de rueda o de carro. (PR, Ven. = Col.): «Las ruedas son muy resistentes: gruesas llantas de hierro, camones de roble, radios y manzanas de ausubo <sapotáceo de madera roja y fuerte>.» (E. Laguerre, *La llamarada*, 110) = «(...) me senté sobre la manzana de una rueda vieja envuelto en mi capote.» (M. V. Romero García, *Peonía*, 259) = ÁLVAREZ NAZARIO = SANTAMARÍA DGA

mañana. f. **hacer la mañana.** fr. Ir a tomar copas en un bar, para matar el tiempo durante la mañana. (Arg.): «Después de dos días de marcha, sin peripecias, llegamos al pueblo de Navarro un domingo por la mañana. Tomando una calle poblada, pasamos por la plaza frente a la iglesia petisa, y nos bajamos en un almacén a hacer la mañana.» (R. Güiraldes, *Don Segundo Sombra*, 82) = CONSULTAS = VERDEVOYE

mapa. adj. inv. Desagradable, molesto; sucio. (Ec.): «Si a mis padres algún día / Yo llegare a darles yerno, / No piense usted, mapa cuerno*, / Que el dichoso usted sería.» (J. L. Mera, *Cantares del pueblo ecuatoriano*, II, 104) = «–(...) como no tengo ningunas mapa obligaciones: soy librecita de hacer lo que me da la gana.....» (M. Corylé, *Gleba*, 96) = CONSULTAS

mapear (o: **mapiar**). intr. **(1)** Superarse una persona a sí misma. (PR): «Y las dos veces que me he perdido el show de Iris Chacón en la televisión me han contado que Iris Chacón ha mapeado, ha barrido, ha acabado.» (L. R. Sánchez, *La Guaracha del Macho Camacho*, 18) = CONSULTAS **(2)** Véase **mapo.**

mapeo. m. Acción y efecto de levantar un mapa. (Par. = Bol. y otros): «La información había sido proporcionada por un ruso blanco, reputado indigenista, incorporado a la Escuela Militar de entonces en calidad de profesor, que tenía en su haber una serie de exploraciones y mapeos de la región occidental.» (H. C. Sosa Tenaillon, *Cincuenta años después*, 33) = CONSULTAS

mapo. m. Fregona, palo largo con trapo para fregar el suelo. (PR): «(...) el hollín y el polvo le percuden las plantas. Y el mapo no perdona.» (A. L. Vega, *Pasión de historia*, 55) = CONSULTAS = MAURA

maquila. f. **(1)** Fábrica ensambladora situada en un país de la periferia (Tercer Mundo) y que produce para un país del centro. (Méx. y otros): «A lo largo de la frontera oigo el nombre de mi poderoso hermano. (...) Carreteras. Maquilas. Burdeles. Bares. (...) / (...) la madre en otra maquila, el hermano preparando burritos* en un Taco Bell (...).» (C. Fuentes, *La frontera de cristal*, 126 y 272) = CONSULTAS (véanse **maquiladora** y **maquilar**) **(2) de maquila.** fr. Muy popular; adocenado, de poco mérito. (Méx.): «–Puede rodar en el montón de músicos de maquila.» (A. Yáñez, *La creación*, 37) = CONSULTAS

maquiladora. f. Empresa de montaje, que goza de franquicia y está obligada a exportar su producción. (Méx. = CR y otros): «(...) las maquiladoras que le <les> permitían a los gringos ensamblar textiles, juguetes, motores, muebles, computadoras <ordenadores> y televisores con partes fabricadas en los EE.UU., ensemblados en México con trabajo diez veces menos caro que allá y devueltas al mercado norteamericano del otro lado de la frontera con el solo pago de un impuesto al valor añadido (...).» (C. Fuentes, *La frontera de cristal*, 144) = «En Matamoros, mujeres de una maquiladora trabajaban con combinaciones altamente tóxicas de PCB.» (El Fisgón, *Me lleva el TLC*, 79) = CONSULTAS (véanse **maquila** y **maquilar**)

maquilar. intr. y tr. Practicar la **maquila***. (Méx., CR y otros): «En realidad maquilamos partes para juguetes electrónicos.» (J. García Ordoño, *Tres crímenes y algo más*, 23) = «Uniforme Kelinda 100% calidad y servicio. Somos fabricantes, no maquilamos.» (anuncio publicitario, en: *La Nación* de San José, 26/7/96) = CONSULTAS (véanse **maquiladora** y **maquila**)

máquina (o: **maquinón**). f. o m. Automóvil, turismo. (PR, Cuba): «(...) irrumpió en la marquesina el maquinón de maquinones (...).» (L. R. Sánchez, *La Guaracha del Macho Camacho*, 69) = «–¿Cómo el capitán no los lleva? En la máquina cabrían todos. (...) / –El capitán Gómez dice que él no es criado de nadie –explicó Armentero–. Su máquina es particular. Para nosotros están las guaguas <ómnibus>.» (J. Soler Puig, *En el año de enero*, 19) = CLAUDIO DE LA TORRE = ORTIZ = SANTIESTEBAN

maquinilla. f. Máquina de escribir. (PR): «Bien lejos estaba aún de pasar a maquinilla la monografía que consumía sus días y sus noches de Joven Investigador Ansioso por Contribuir al Rescate de Nuestra Historia.» (A. L. Vega, *Pasión de historia*, 101) = CONSULTAS

mar. f. **(1) la mar en coche.** fr. Un montón de cosas. (Arg. = Ur.): «(...) que joda más y un día le digo al viejo del *Kama Sutra* y la mar en coche.» (M. Puig, *La traición de Rita Hayworth*, 174) = VERDEBOYE = CONSULTAS **(2) sufrir la mar negra.** fr. Sufrir mucho, pasar las de Caín. (PR): «Sabré tener paciencia, para complacer al Padre, que se conforma con ponernos a prueba aunque suframos la mar negra.» (E. Laguerre, *La llamarada*, 84) = CONSULTAS **(3) mar-pacífico** (o: **mar pacífico).** fr. m. Tulipán (*Hibiscus rosa-sinensis*). (Cuba = Am. Centr.): «Las horas de la tarde son gratas allí, con la sombra del techo de guano cayendo sobre los canteros y el aire tibio, moviendo los mar-pacíficos.» (C. Leante, *Padres e hijos*, 12) = PICHARDO = SANTAMARÍA DGA

marabú. m. Cierto arbusto espinoso que se reproduce mucho. (Cuba): «No existe junto al camino sino un opulento marabú, de escasa altura y espinoso follaje (...). Se acerca lenta y cautelosamente al arbusto.» (M. Cofiño López, *La última mujer y el próximo combate*, 180) = «La negra mata de marabú donde fijó la nueva meta también era blanca, con el tronco doblado y los gajos aleteantes (...).» (J. Díaz, *Las iniciales de la tierra*, 159) = CONSULTAS

maragato -a. m. y f.; ú. t. c. adj. Nativo del Departamento de San José. (Ur.): «Luis Alberto Lobatti, jefe de policía de San José, preocupado por el aumento de la violencia doméstica en el departamento maragato.» (*La República*, diario de Montevideo, 15/7/93) = CONSULTAS

maraquear. tr. Sacudir de un lado a otro los dados u otra cosa. (Ven.): «–Va Pérez Brindis, Sucesores, contra Vellorini Hermanos, con purguo <caucho> y todo. ¡Y maraquee bien los dados!» (R. Gallegos, *Canaima*, 69) = SANTAMARÍA DGA = TEJERA = MORÍNIGO

maraquero. m. Tocador de maracas. (Ven. = Col. y otros): «Por la noche celebraron el triunfo. / En medio de la plaza pusieron pipas de aguardiente a caño* libre; se instalaron un tocador de tambor y un maraquero, y comenzaron interminables 'golpes*' de Aragua.» (A. Uslar Pietri, *Las lanzas coloradas*, 79) = TEJERA = HAENSCH y WERNER = CONSULTAS

marcante. m. Apodo. (Par.): «(...) tenía que replicar al que se atreviera a llamarla 'la Babosa' y 'solterona arpía'. Muchos ya en el pueblo la nombraban, a sus espaldas, con ese *marcante*, que era como aliarse con el cura muerto y darle la razón.» (G. Casaccia, *La Babosa*, 271-272) = «Recomenzó la lista con los marcantes de la gente: 'Lorito cuarto cuatrero', (...), 'Vela de sebo cuatrero', 'Burro lápiz cuatrero'...» (R. Bareiro Saguier, *Ojo por diente*, 28) = CONSULTAS

marcar. **(1)** tr. Hablando de un niño, tomarlo o llevarlo en brazos. (Ec. = Col.): «Yo solita me vine **marcando** a mi **niñito**.» (R. Andrade, *Pacho Villamar*, 229) = CONSULTAS = HAENSCH y WERNER **(2)** tr. Controlar, vigilar a alguien sin descuidarse –proviene del lenguaje futbolístico; puede usarse metafór. (Ur.): «(...) había que vigilar los precios y calcular todas las comisiones y balancear bien los gastos. De lo contrario el general, que es un lince, nos habría aventajado siempre. Yo lo marcaba, como dicen ustedes. Vaya si lo marcaba (...).» (C. Martínez Moreno, *Coca*, 67) = CONSULTAS **(3)** intr. Visitar a la novia, o estar juntos los novios, hasta horas determinadas por los padres. (CR = Arg.): «Algunos días cuando llegaba a marcar se sentaba en un sillón a conversar con papá y se quedaban los dos dormidos.» (Josette Altman, «José tiene una mirada muy intensa», en: *Revista Rumbo*, 2/11/93) = «La solución es que te decidás y dejés a una de las dos. No se puede marcar a la misma hora en dos lugares diferentes causando la envidia de los que no tenemos ni una. ¡Buchón*!» (Profesor Sarandajo, «Horoscoloco», en: revista *El Relincho*, n° 2, 1991) = CONSULTAS = QUESADA

marcha. f. **marcha del pato.** fr. Marcha en cuclillas y con las piernas separadas. (Perú): «'Marcha del pato en el sitio', y ahí mismito comenzamos a saltar con las piernas abiertas.» (M. Vargas Llosa, *La ciudad y los perros*, 149) = CONSULTAS

marchanta. f. **(1)** Mujer comerciante. (Rep. Dom.): «Una marchanta vaciaba su canasta de casa en casa.» (C. E. Deive, «En el pueblo hay guerrilleros», en: J. Alcántara, *Antología de la literatura dominicana*, 116) = CONSULTAS **(2)** Vendedora habitual de alguien. (Méx.): «(...) cada rato andaba en pleito con las marchantas en la plaza del mercado porque le querían dar muy caro los jitomates, pegaba de gritos <*sic*> y decía que la estaban robando.» (J. Rulfo, *El llano en llamas*, 143) = «Mi madre tentó la pechuga de los guajolotes <pavos>, los sopesó. –Están flacos, marchanta. –Pero de aquí al día de la fiesta tienen tiempo de engordar. Bien valen sus veinte reales cada uno.» (R. Castellanos, *Balún-Canán*, 260) = SANTAMARÍA DGA **(3) tirar a la marchanta.** fr. Tirar monedas u otra cosa para que varias personas puedan recoger lo arrojado. (Arg.): «Y los dos cupés llegando ahora de la iglesia, entre un revoltijo de chiquilines que gritan: '¡Padrino*! ¡Padrino* pelado!' Y él, Reynoso, que se apea del carruaje y tira puñados de cobres* a la marchanta; y los cobres que tintinean en el suelo, y los chiquilines que se arremolinan y buscan monedas entre las patas de los caballos.» (L. Marechal, *Adán Buenosayres*, 264) = VERDEVOYE = CONSULTAS

marchante. m. Amante, novio, querido. (PR, Ec.): «La puerta principal está condenada y también las otras seis. Una tiene las celosías rotas, obra de algún marchante novelero.» (A. L. Vega, *Pasión de historia*, 117) = Todos los diablos tienen / Cuernos y colas, / Porque son los marchantes / De nuestras cholas*.» (J. L. Mera, *Cantares del pueblo ecuatoriano*, II, 90) = CONSULTAS = CORNEJO = CLAUDIO DE LA TORRE

margallate (o: **margayate**). m. Desorden, confusión, lío. (Méx.): «(...) parada allí en la frontera, esperando pasar entre ese margallate de la manifestación (...).» (C. Fuentes, *La frontera de cristal*, 272) = JIMÉNEZ

maría. f. **(1)** Taxímetro. (CR): «Yo tomé un taxi en el centro de San José. Cuando le pagué 150 colones se puso furioso. No traía puesta la maría (...).» (J. Valverde, *En la mira*, 80) = CONSULTAS **(2)** Cierto pájaro selvático. (Ec.): «–Yo luei <lo he> oído <el grito del puma>... Ej <es> una voz como e <de> vieja. Medio como er <el> grito er <del> patillo u <o> de la maría...» (J. Gallegos Lara, «Los madereros» en: *Los que se van*, 118) = CONSULTAS **(3)** Árbol tropical (*Calophyllum calaba*, o: *Callophyllum lucidum*), llamado también **palo maría** o **cachicamo**, cuya resina, llamada **resina de María**, **leche de María**, **bálsamo de María**, **varillo** o **cimarrón**, tiene propiedades medicinales. (Ven. = Méx. y Col.): «Bosques. El árbol inmenso del tronco velludo de musgo (...), las rojas marías. El bosque tupido que trenza el bejuco.» (R. Gallegos, *Canaima*, 14) = SANTAMARÍA DGA = TEJERA **(4) las tres marías.** fr. que designa las tres bolas o boleadoras del gaucho. (Arg.): «Dios le perdone al salvaje / las ganas que me tenía... / Desaté las tres marías / y lo engatusé a cabriolas. / ¡Pucha*!... si no traigo bolas / me achura <mata a tajos> el indio ese día.» (J. Hernández, *Martín Fierro*, I, versos 595-600) = CONSULTAS

mariachi. adj.; ú. t. c. s. Partidario del presidente Rafael Ángel Calderón Guardia (1940-1944) durante la guerra civil de 1948; por extensión, partidario de su hijo Rafael Ángel Calderón Fournier (1990-1994). (CR): «Por todas partes oíamos a los calderonistas*, o mariachis como los llamábamos, imaginando ver sus ojos en la oscuridad, oír sus risas en el viento, mirar* sus disparos como una pesadilla.» (Q. Duncan, *Final de calle*, 39) = CONSULTAS

mariguano -a (o: **marihuano -a**). m. y f.; adj. Dícese de la persona que fuma marihuana. (PR = Méx.): «(...) los mariguanos de Villa Caparra son felices como lombrices.» (L. R. Sánchez, *La Guaracha del Macho Camacho*, 242) = MALARET = SANTAMARÍA DGA

marimba. f. **(1)** Uno de los nombres de la marihuana. (Col.): «Todo aquel que hiriere a otro en disputa por posesión de marimba, monte* (...), recibirá como pena el cobro de un tiro penal contra su propia valla.» (D. Samper Pizano, *A mí que me esculquen*, 103) = CONSULTAS = HAENSCH y WERNER **(2)** Prole numerosa. (CR = Guat. y Nic.): «Y no echaba las criaturas al mundo como Dios manda, sino que cada rato salía mi señora con guápiles <gemelos>. En un momento se llenaron de chiquillos. ¡Y había que ver lo que era mantener aquella marimba!» (C. Lyra, *Cuentos de mi tía Panchita*, 37) = «Pero no piense, tata <papá> que es por usted. Es por mí, y por esa marimba –añadió el hijo, y volvió* a ver a tres de sus mocosillos que andaban merodeando cerca (...).» (F. Dobles, *Historias de Tata Mundo*, 68) = QUESADA = CONSULTAS = RUBIO = RABELLA y PALLAIS **(3)** Paliza. (Arg. y otros): «(...) como entró a escasear el vento* / me diste cada marimba / que me dejaste de cama / con vistas al hospital...» (C. E. Flores, «Lloró como una mujer», en: J. Barreiro, *El Tango*, 190) = CASULLO = GOBELLO = MORÍNIGO

marimbo. m. Güiro –árbol tropical. (PR): «Una caja disonante hecha en el fruto hueco y disecado del *marimbo*, generalmente encorvado como una cimitarra, con una superficie rayada en la parte anterior, formando líneas estrechas y paralelas al través.» (M. Zeno Gandía, *La Charca*, 66) = DÍAZ MONTERO = CONSULTAS

mariposa. f. **(1)** Temple en el cocido de las melazas en los trapiches. (Ven.): «–Todavía no hay mariposa; pero ya éste <este fondo, esta caldera> estará de pasar a la tacha <aparato donde se evapora el jarabe>.» (M. V. Romero García, *Peonía*, 143) = MORÍNIGO **(2)** Cierta pieza de música popular. (Perú): «(...) toda esa música ajimordiente y revoloteadora, flor de galpón, deletérea, opiante, con pretensiones de poesía picaresca, improvisada por la musa popular, como la resbalosa*, el agua* de nieve, la moza* mala, la mariposa, el tondero, el pasillo y el danzón...» (E. López Albújar, *Matalaché*, 194) = CONSULTAS

mariposo. m. Homosexual. (Col.): «Siempre quiero dejar la ciudad, / Hace tiempo, pero no he podido / Trasladarme pa' un sitio tranquilo, / Donde no haya rencor ni maldad, / Ni raponeros*, ni pedigüeños, / Ni mariposos, ni locos, ni ná.» (canción «La ciudad», en: *Colombia La Ceiba*, ASPIC France, X 55504, 1989) = CONSULTAS

mariquita. f. Marihuana. (Guat.): «Lo peor es cuando hablan de la Revolución mientras fuman mariquita (...).» (M. A. Flores, *Los compañeros*, 219) = RUBIO

marmota. adj. Tonto. (Arg.): «(...) te piantaron del laburo <echaron del trabajo> / por marmota y por sebón*...» (C. E. Flores, «Lloró como una mujer», en: J. Barreiro, *El Tango*, 189) = CONSULTAS

marolo. m. Cabeza. (Arg.): «(...) con el marolo que tiene no le cuesta el estudio (...).» (M. Puig, *La traición de Rita Hayworth*, 210) = CONSULTAS = VERDEVOYE

maromear. intr. Hacer pruebas de equilibrio; bailar en la cuerda floja. (Perú = Col.): «(...) escalaban los techos, removían el jardín, ensordecían con sus gritos, toreaban al carnero, maromeaban en el gimnasio.» (E. López Albújar, *De mi casona*, 32) = SOPENA = HAENSCH y WERNER

marota. f. Plato popular muy alimenticio, hecho a base de harina de maíz con leche, sal y azúcar. (PR): «El cura ehtaba <estaba> metío <metido> en tó <todo>, jahta <hasta> en el plato de marota.» (R. Marqués, *La carreta*, 15) = «Entonces se molía el maíz de la tala* o el arroz criollo y la harina servía para confeccionar la clásica marota y los deliciosos mundonuevos* y majaretes*.» (E. Laguerre, *La llamarada*, 120) = CONSULTAS = MORÍNIGO = ÁLVAREZ NAZARIO = GAZTAMBIDE ARRILLAGA

mar-pacífico. fr. m. Véase **mar.**

marquesina. f. Terraza situada en la entrada de una casa, con o sin techo. (PR): «(...) irrumpió en la marquesina el maquinón* de maquinones (...).» (L. R. Sánchez, *La Guaracha del Macho Camacho*, 69) = CONSULTAS = MAURA

marquillar. tr. Marcar, poner una señal. (Arg.): «Con las cartas de la vida por mitad bien marquilladas / (...) / me largué por esos barrios a encarnar el espinel*.» (E. Escaris Méndez, «Barajando», en: J. Barreiro, *El Tango*, 54) = CONSULTAS

marro. m. Mazo. (Méx.): «–Déjalo chino, déjalo, traes la mano muy jodida– dijo Martín quitándole un marro de la mano y machacando él los clavos de cabeza doble.» (P. I. Taibo II, *Sombra de la sombra*, 40) = MALARET

martín. m. **martín fierro.** fr. m. Postre popular compuesto de una rebanada de queso y una rebanada de carne de membrillo. (Ur.): «Y el hombre frugal, el de un churrasco, un martín fierro y un yogur, debe a los 75 años cargar la casa al hombro... y partir.» (H. Alfaro, *Por la vereda del sol*, 208) = CONSULTAS (se llama en Arg. **postre del vigilante**)

mas. conj. **¡masque!** (o: **¡masque, pues!**). fr. excl. ¡No importa! (Ec.): «¿Ya dizque vas a casarte? / –Dios va a ayudar a esta pobre. / –¡**Atatay** <qué asco>, con ese fiero! / –¡**Masque**, pues: al fin es hombre.» (J. L. Mera, *Cantares del pueblo ecuatoriano*, II, 81) = CONSULTAS

más. adv. **(1) más luego.** fr. Más tarde. (Ec.): «–(...) La muerte no me asusta. Puede venir ahora mismo o más luego.» (N. Estupiñán Bass, *Cuando los guayacanes florecían*, II, 26) = CONSULTAS **(2) más mejores.** fr. adv. Más bien. (Ec.): «Ah, el San Agatón te jugó sucio. Por qué no le velaste más mejores a san Antoñito Males. Él dicen que es más milagriento*.» (G.A. Jácome, *Porqué se fueron las garzas*, 96) = CONSULTAS = JARAMILLO DE LUBENSKY **(3) más que.** fr. adv. Nada más que –pop. (Méx.): «A diario vemos encumbrarse a muchachas sin pizca de facultades, más que para pescar al empresario, al periodista o al rico que les abra camino.» (A. Yáñez, *La creación*, 151-152) = CONSULTAS **(4) más que fuera.** fr. No faltaba más. (Guat.): «¡Más que fuera, toque, toque, no tenga cuidado!» (M. A. Asturias, *El señor presidente*, 126) = CONSULTAS **(5) más que sea.** fr. conj. Aun cuando sólo sea, por lo menos. (Ec. = Méx., CR, Par. y Arg.): «(...) y la caterva de palanquiadores*, adulones, chupamedias*, (...) a conseguir la bequita para el guagua, el empleíto masquesea <más que sea> de portero (...).» (G. A. Jácome, *Porqué se fueron las garzas*, 64) = CONSULTAS = SANTAMARÍA DGA = MORÍNIGO **(6) ahí no más.** fr. Inmediatamente, en seguida. (Arg. = Nic., Ur.): «Ahí no más comprendí que este mundo no podía ser más que una cagada*.» (E. Sábato, *Abaddón el exterminador*, 789) = CONSULTAS = RABELLA y PALLAIS **(7) de lo más aquel.** fr. adv. De modo muy gracioso. (PR): «Entonces Él se le queda mirando a Ella. Y se sonríe de lo más aquel. Y dice, con una voz que quiere pero no puede ser ajena: / –Ay nena, menos mal que tú y yo nunca nos casamos...» (A. L. Vega, *Pasión de historia*, 58) = CONSULTAS **(8) lo más.** adv. De lo más, muy. (Arg.): «De acuerdo a lo que hemos estudiado en el colegio, un crimen termina por volverlo loco al delincuente, ¿y cómo es que en la realidad vos hacés uno y te quedás lo más tranquilo?» (R. Arlt, *Los siete locos*, 81) = CONSULTAS **(9) no más** (o: **nomás**) **-1.** fr. adv. Nada más, solamente. (Perú, Par. = Bol y otros): «La plaza es grande. No hacen barreras especiales para los capeadores; abren un choclón* no más en el centro de la plaza. (...) El toro se queda a la orilla del hueco, resoplando con furia.» (J. M. Arguedas, *Yawar Fiesta*, 39) = «'Dos se desgraciaron*, seis se hirieron nomás'.» (R. Bareiro Saguier, *Ojo por diente*, 76) = MUÑOZ REYES **(10) no más -2** Pues –ú. sobre todo después de un verbo. (Méx., Guat., CR, Ec., Ch., Arg.): «–¡Mire nomás! Tan delicados ni me gustan.» (A. Yáñez, *La creación*, 111) = «–(...) ¿Qué decís si nos juntamos en un café? / (...) –Cómo no, vos, con mucho gusto. –le respondió. –Nomás decime dónde.» (D. Liano, *el hombre de Montserrat*, 16-17) = «¿Cuándo dijo que venía? En cuanto no más le mande la plata para los pases*.» (M. Salguero, *Agencia de policía*, 89) = «–(...) creyen <*sic*> no más <los estudiantes> que, por la chulla* leva* que tienen puestos <*sic*> y las malacrianzas que aprienden <*sic*> en los colegios de los sachamasones <seudo masones>, ya son gentes, y andan persiguiendo a los pobres hijos de una, sólo porque somos cholas*.» (M. Corylé, *Gleba*, 98) = «La Manuela nomás, la que puede bailar hasta la madrugada y hacer reír a una pieza llena de borrachos (...).» (J. Donoso, *El lugar sin límites*, 132) = «Alguna le iban a armar, era seguro, alguna historia, alguna agarrada a trompadas iba a tener de entrada no más.» (E. Cambaceres, *En la sangre*, 91) = SANTAMARÍA DGA = CONSULTAS **(11) no más luego.** fr. No más*. (Par. < Bol.): «–(...) es posible que se haya vuelto loco. / – Y parece no más luego que es así.» (A. Guzmán, *Prisionero de guerra*, 140) = CONSULTAS **(12) mas que.** Véase también **masque.**

masa. f. Pastel dulce. (Arg.): «Ya un gringo había instalado una carpa con comida, masas y beberaje*.» (R. Güiraldes, *Don Segundo Sombra*, 135) = «(...) los dueños del próspero 'Clavel Rojo' de la progresista ciudad de Paraná, con anexo de productos caseros de la mejor calidad para la mesa, escabeche de salmón y arenque, relleno para pastel cáucaso, masas surtidas (...).» (M. Puig, *La traición de Rita Hayworth*, 201) = VERDEVOYE

mascada. f. Suma de dinero. (Ec.): «Esa noche matamo <matamos> al mayordomo de la hacienda 'El maracumbo'... Llevaba plata <dinero> pa <para> pagar a los peones... Cogimo <cogimos> buena 'mascada'... Lo echamo <echamos> también al mar...» (N. Estupiñán Bass, *Cuando los guayacanes florecían*, I, 94) = CONSULTAS

mascar. intr. **(no) mascar(se).** prnl. tr. (No) Tener que aguantar algo o a alguien. (PR = Ven.): «(...) imaginando lo cómodo que estaría Don Virgilio, espatarrado en su colchón ortopédico (...) mientras ellos se mascaban aquel monumental tostón de cemento armado.» (A. L. Vega, *Pasión de historia*, 119) = TEJERA (quien señala la fr. **no mascar** con el sentido de 'no aguantar')

mascota. f. Cualquier animal familiar. (PR, Arg. = Cuba y CR): «No se admiten mascotas.» (rótulo de una lavandería de San Juan de Puerto Rico) = «La industria de las mascotas se halla desarrollada a <hasta> tal punto que <X y X>, por ejemplo, dedican su vida a atender a los perros, motivo por el cual cuentan con una gran cantidad de servicios: cría y exposición, hotel, colonia, paseos y baño a domicilio.» (*Ronda Aerolíneas Argentinas*, julio de 1996, 24) = CONSULTAS = SANTIESTEBAN

maseta. Véase **maceta.**

mashorca. f. Instrumento de tortura, del tamaño de una mazorca de maíz y parecido a ella, que se utilizaba para imponerles un suplicio afrentoso y cruel a los adversarios políticos de Juan Manuel Rosas. (Arg.): «–(...) preparen la mashorca y las tijeras. ¡Mueran los salvajes unitarios!» (E. Echeverría, *El matadero*, 110) = CONSULTAS = SANTAMARÍA = SOPENA (que recogen en **mazorca** el sentido de 'suplicio afrentoso y cruel impuesto por un gobierno tirano')

masón. Véase **sombrero* (de) masón.**

mas que (o: **masque** o: **masqué**). Véase **mas.**

mata. f. **(1)** Seguido del nombre de cualquier vegetal, designa a este último. (Cuba, Méx., Hond., CR, Ec., Col. = Nic. y otros): «(...) en Ocean Drive las matas de uvas* caletas se debatían y sonaban (...).» (R. Vázquez Díaz, *La isla del Cundeamor*, 139) = «Pitirre se llevó a la niñita entre unas matas* de trueno.» (J. J. Arreola, *La feria*, 131) = «(...) pasó la máquina con su resoplido de vapor arrastrando una veintena de plataformas cargadas de varas de tarro*, una especie de bambú, que serían para soporte de las matas de banano y sujetar los racimos, evitando su derrumbe por los vientos fuertes del norte.» (R. Amaya Amador, *Destacamento Rojo*, 64) = «Sobre un pedazo de la calle, frente a unas cuantas matas de cafeto florecidas, estaba la pandilla del barrio (...).» (H. Elizondo Arce, *Adiós Prestiño*, 34) = «Se agazapó con destreza, para ocultar su presencia entre unas matas de platanillo*. (...) Las batatillas* corrían profusamente por los troncos y las copas de los arbustos, y se aventuraban hasta cubrir las matas de platanillo y hoja blanca que, por las noches, semejan almas en pena, con las fúnebres ofrendas de los helechos virginales.» (A. Ortiz, *Juyungo*, 29 y 110) = «Pero la terraza de baldosas ajedrezadas donde Nena Daconte tocaba el saxofón era un remanso en el calor de las cuatro, y daba a un patio de sombras grandes con palos de mango y matas de guineo, bajo los cuales había una tumba con una losa sin nombre, anterior a la casa y a la memoria de la familia.» (G. García Márquez, *Doce cuentos peregrinos*, 222) = ORTIZ = MORÍNIGO = SANTAMARÍA DGA = SOPENA = CONSULTAS (véase también **matón**) **(2)** Divinidad, o grupo religioso adicto a ella. (Cuba): « 'Todos los que salían de una misma mata' (Fundamento*) 'quiero decir, los Mayomberos <brujos congos> hijos de una casa, (...), eran unidos como los dedos de las manos'.» (L. Cabrera, *Reglas de Congo*, 134) = CONSULTAS **(3) mata de.** fr. Muestra ejemplar de lo que se expresa. (Cuba = Ven.): «Las Villas era la mata de los bandoleros. Allí pululaban.» (M. Barnet, *Biografía de un cimarrón*, 102) = CONSULTAS = TEJERA **(4) ir a la mata.** fr. Ir a lo esencial, al grano. (Cuba): «Si usted desea ir a la mata, según aconsejan los más conocedores, debe dirigirse a la peña de X... y Y..., de la cual se habla como si se tratara de un mito.» (revista *Sol y son 18*, 46) = CONSULTAS

mataburro. m. Ron ordinario. (Guat. y Am. Centr. = Col. y Ec.): «Sirvió Revolorio, Tatacuatzín pagó y bebió a jaloncitos*. No era mataburro. Era trago <licor> fino.» (M. A. Asturias, *Hombres de maíz*, 172) = MALARET

matacaballo. m. Pajarito negro cuculídeo. (Ch. = Bol.): «Pero no sólo mares / o tempestuosas / cordilleras andinas / procreadoras / de pájaros terribles, / eres, / oh delicada patria mía: / entre tus brazos verdes / se deslizan / las diucas matutinas, / (...) / el canastero y el matacaballo, / (...) / la perdiz olorosa y el relámpago / de los fosforescentes picaflores.» (P. Neruda, «Oda a las aves de Chile», en: *Odas elementales*, 33) = MORÍNIGO

matada. f. Hecho de matar. (Méx.): «Comprendió que no se podía ser débil en esto de la matada: o se hacía con firmeza o sólo se causaba un gran dolor.» (L. Esquivel, *Como agua para chocolate*, 39) = CONSULTAS

matagatos. m. Revólver de pequeño calibre. (Arg.): «Tenía un rifle 22, para cazar, y un matagatos.» (E. Sábato, *Sobre héroes y tumbas*, 60) = VERDEVOYE

matambre. m. Cadáver. (Arg.): «–Esperá ahora... a ver... que te envuelvo en la frazada como un matambre.» (M. Puig, *El beso de la mujer araña*, 146) = VERDEVOYE

matanegro. m. Bejuco que sirve de látigo. (Cuba): «¡Nada era peor que la condición del negro...! Por cualquier falta le *meneaban el guarapo**, y, ¡ay niño!, silbaba la 'cáscara* de vaca' o el matanegro sobre las espaldas contraídas.» (A. Carpentier, *Écue-Yamba-O*, 93) = PICHARDO

matapalo. f. Serpiente venenosa de la costa – pop. (Ec.): «(...) el montuvio o nativo de las montañas <selvas> de la Costa: macho, audaz, valiente, hábil tumbador del cacao y astuto matador de la *tigre*, la equis* y la matapalo*: serpientes peligrosas de las montañas occidentales.» (M. Corylé, *Gleba*, 64) = CONSULTAS

matar. tr. **(1)** Estudiar con ahínco una asignatura. (Ec.): «Mataba todas las materias para ser uno de los mejores en el curso y para que ella se fijara en mí.» (G. A. Jácome, *Porqué se fueron las garzas*, 33) = CONSULTAS **(2) matar el bicho.** fr. Véase **bicho. (3) matar culebra (como).** fr. Véase **culebra. (4) matar la culebra.** fr. Véase **culebra.**

matasano (o: **árbol de matasano**). m. **(1)** Árbol tropical de la familia del cochizapote o zapotillo. (Guat. = Méx., Hond., El Salv., Nic. y CR): «Arriba, en lo alto, se columpiaba con el viento un árbol de matasano. Tendía sus ramas sobre una hondonada siempre verde. El verdor cenizo del matasano, cenizo amarillento, contrastaba con la joyosa esmeralda de la hondonada.» (M. A. Asturias, *Week-end en Guatemala*, 107) = MEMBREÑO = SANTAMARÍA DM **(2)** La fruta, comestible, del mismo árbol. (Guat. = Méx., Hond., El Salv., Nic. y CR): «(...) grandes piñas, papayas, naranjas, plátanos, matasanos, mangos, etc., etc.; –estas frutas son para limpiar el intestino y dejar descansar el estómago (...).» (M. A. Rosa, *Tío Margarito*, 39) = MEMBREÑO = SANTAMARÍA DM

mataserrano. m. Cierto árbol tropical de la costa. (Ec.): «Un cabeza* e <de> mate aislado de su banda i <y> perseguido por el aguaje saltaba al techo por uno de los mataserranos de la orilla.» (J. Gallegos Lara, «Al subir el aguaje», en: *Los que se van*, 142) = CONSULTAS = JARAMILLO DE LUBENSKY

matate. m. Bolsón de pita de maguey u otra fibra que se lleva al hombro. (Guat.): «Y Gallina sacó de un matate que traía al hombro una manta llena de maíz blanco (...).» (L. de Lion, *El tiempo principia en Xibalbá*, 50) = ARMAS = RUBIO

matavaca. m. Cuchillo grande, como el de los carniceros. (Cuba): «Le meto un cuchillo en la garganta (...). Le meto un matavaca.» (J. Díaz, *Las iniciales de la tierra*, 72) = CONSULTAS

mate. m. **(1)** Semilla de ciertos bejucos, usada por los chicos para jugar, o que les sirve de moneda en sus juegos. (Cuba): «Prefirió siempre (...) el juego de papalotes en el placer de Peñalver, o el de mates en la plazuela de San Nicolás, o el del picado*, en las paredes de la iglesia de Jesús María.» (C. Villaverde, *Cecilia Valdés*, 246) = PICHARDO **(2) pelado a mate.** fr. Dícese de la persona de cabeza rasurada. (Ec.): «Vio cómo unos blancos bebían en algazara, acompañados de negros pelados a mate o con cortes cuadrados.» (A. Ortiz, *Juyungo*, 51) = CONSULTAS **(3)** Véase **matesito.**

mateo. m. Cochero de plaza; caballo de coche de plaza. (Arg.): «(...) y es muy triste eso de verte esperando a la fulana / con la pinta de un mateo desalquilado y triste.» (H. Zubiría Mansilla, «Enfundá la mandolina*», en: J. Barreiro, *El Tango*, 178) = GOBELLO

material. m. **de material.** fr. De fábrica, hecho con ladrillos, o/y piedra, o/y argamasa. (Arg. = Ur., Col.): «Frente al despacho había un par de columnas de material, sujetando una enramada que unía el abrigo de la casa al de un patio de paraísos* nudosos.» (R. Güiraldes, *Don Segundo Sombra*, 48) = VERDEVOYE = CONSULTAS = HAENSCH y WERNER

matesito. m. Acto de estar con una muchacha a solas. (PR): «(...) acabadito de graduar de escuela superior, sin haberla librado* todavía, aparte de unos matesitos bobos con dos o tres nenas en el carro <coche> de Vitín (...).» (A. L. Vega, *Pasión de historia*, 63) = CLAUDIO DE LA TORRE

matinal. f. Sesión de mañana de un espectáculo. (Guat.): «Hoy me va a llevar al cine. A la matinal del Palace.» (M. A. Flores, *Los compañeros*, 56) = ARMAS = RUBIO

mato. m. **(1)** Arbusto (*Bromis*, o: *Canavalia*, o: *Guilandia*); las semillas aovadas del mismo, de corteza dura y sustancia interior blanca y venenosa que, sin embargo, usan los muchachos en sus juegos. (PR): «Entonces me guindó el collar de matos rojos en el cuello (...).» (A. L. Vega, *Pasión de historia*, 110) = MALARET = SANTAMARÍA DGA = SOPENA = ÁLVAREZ NAZARIO **(2)** Saurio de un metro de largo incluyendo la cola, de escamas marrones, negruzcas o verdes, y de hábitos terrestres. (Ven.): «La Lapa <paca> tiene una casa de pensión, el Araguato <mono> es maestro de escuela, el Comején <termita> trabaja en las obras públicas, el Mato vende verduras y legumbres (...).» (A. Arraiz, *Tío Tigre y Tío Conejo*, 36) = TEJERA **(3) mato de agua.** fr. m. Saurio de un metro de largo, que tiene el cuerpo lleno de manchas oscuras; es buen nadador y se alimenta de huevos de aves. (Ven.): «*La iguana y el 'mato' de agua / se fueron al Orinoco; / la iguana no volvió nunca / ni el 'mato' de agua tampoco...*» (A. Uslar Pietri, *Las lanzas coloradas*, 117) = CONSULTAS = TEJERA

matón. m. Matorral o maleza más o menos alta que se encuentra de trecho en trecho en los campos no cultivados. (Hond., CR = Col.): «Por doquiera se miraba* a la gente campesina caminar como apesadumbrada por un gran dolor, con la mirada perdida entre los matorrales del senderito tortuoso y estrecho, que parecía como quererlos aprisionar entre sus matones de espino blanco.» (A. P. Sánchez, *Ambrosio Pérez*, 7) = «(...) cogí mi machete y me les fui al cuerpo a los matones de banano, le di a un vástago y lo doblé, le apeé la fruta (...).» (F. Dobles, *Historias de Tata Mundo*, 205) = CONSULTAS = HAENSCH y WERNER (véase también **mata**)

matona. f. Pistola. (Méx.): «–¿Dónde está tu matona, hijo* de la chingada? / Señalé el escritorio. Fue, abrió el cajón, sacó mi treinta y ocho especial siempre reluciente, acercó el cañón a sus narizotas.» (J. García Ordoño, *Tres crímenes y algo más*, 34) = CONSULTAS

matonear. intr. Tratar de dominar por medio de amenazas. (Perú): «Jaguar, qué te pasa, si no me meto contigo, no te sulfures, matoneas sin motivo.» (M. Vargas Llosa, *La ciudad y los perros*, 240) = CONSULTAS

matonil. adj. Bravucón; provocativo. (Ec.): «(...) con el peludo sombrero de copa echado matonilmente detrás de la oreja izquierda (...).» (M. Corylé, *Gleba*, 39) = CORNEJO

matrimonio. m. Fiesta de casamiento, bodas. (Ec., Col., Ch. = CR): «Un matrimonio es una fiesta popular, y parece cosa muy puesta en razón que, mientras alguien se casa, todo el vecindario tenga derecho de beber de lo fuerte y de comer **seco* de chivo**.» (J. A. Campos, *Cosas de mi tierra*, 41) = «Pero también he tenido que cubrir asesinatos en cantinas y matrimonios de actrices de cine.» (D. Samper Pizano, *A mí que me esculquen*, 289) = «¿(...) parece un matrimonio, con toda la platería de regalo?» (J. Donoso, *Coronación*, 143) = CONSULTAS

matutino. m. Cierto juego infantil. (Ec.): «Allá, en el pueblo, cuando la noche era clara y no muy fría, jugábamos en las calles al pan* quemado, a los colores, al matutino.» (E. Cárdenas, *Juego de mártires*, 11) = CONSULTAS

maula. f. **¡la maula!** fr. excl. que indica sorpresa, admiración. (Ur.): «–Son forasteros –comentaron en voz baja–. ¡La maula que traen cosas!» (E. Estrázulas, *Pepe Corvina*, 76) = CONSULTAS

maví. m. Véase **mabí.**

maya. f. **(1)** Bromeliácea parecida al agave que sirve para hacer cercas. (PR): «(...) detrás de un cordón* de mayas estaba el jumento de Mano Encho, amigo inseparable de Chelores.» (E. Laguerre, *La llamarada*, 130) = ÁLVAREZ NAZARIO (Véase también **mayal**). **(2)** Cerca de colindancia hecha con las plantas espinosas llamadas mayas*. (PR): «Yo me bajé del caballo, salté la maya y fui a unirme a Lope, que dirigía la tarea.» (E. Laguerre, *La llamarada*, 196) = CONSULTAS

mayal. m. Sitio donde abundan las mayas*. (PR): «No podía haber pasado <el toro> a las otras fincas, porque no había boquetes en los mayales, ni en las alambradas de las guardarrayas <calle que separa los sembrados>.» (A. Díaz Alfaro, *Terrazo*, 23) = ÁLVAREZ NAZARIO

mayorca. m. Véase **mallorca.**

mayordomo. m. Dignatario religioso de los congos. (Cuba): «Cuando el Mayordomo termina su función prepara unos polvos, (...) un 'amarre*', y compone el amuleto que se necesita, un remedio, *etc.* (...).» (L. Cabrera, *Reglas de Congo*, 123) = CONSULTAS

mayorengo. m. Oficial de policía y, por extensión, cualquier persona con mando. (Arg.): «Mientras yo tiraba siempre con la mula bien cinchada / ella, en juego con un coso* mayorengo y gran bacán*, / se tomaba el Conte Rosso <se iba>, propiamente acomodada, / (...).» (E. Escaris Méndez, «Barajando», en: J. Barreiro, *El Tango*, 54) = CONSULTAS = CASULLO = GOBELLO

mazamorra. f. **(1)** Alud de barro, tan peligroso como los de nieve. (Bol.): «–Ni el demonio pasaría a pie en este instante. El agua es poca, pero tiene mucha fuerza. Además, miren: viene la *mazamorra*–. Una masa terrosa avanzaba, llenando el cauce hasta tocar con los *reparos** de piedra y troncos levantados en lo alto.» (A. Arguedas, *Raza de bronce*, 40-41) = «–Puede que la quebrada meta bulla por los pedrones que arrastre. –No. Es posible que traiga mazamorra. Está lloviendo sobre Maica Monte, donde nace el río Condorillo, rectificó el viejo Cresencio. Este riacho de lama muchas veces nos hizo perder las sementeras y trajo el hambre a nuestros ranchos.» (H. Guzmán Arze, *Borrasca en el valle*, 14) = MALARET = FERNÁNDEZ NARANJO **(2)** Intriga, lío, enredo. (Par. = Col.): «–(...) Hagan ustedes lo que quieran. Yo no... A mí no me metan en esa mazamorra...– dijo volviendo la espalda (...).» (A. Roa Bastos, *El baldío*, 136-137) = MORÍNIGO (quien recoge la fr. col. **menear la mazamorra** con el sentido de 'intrigar')

mazorca. f. Véase **mashorca.**

meadero (o: **miadero**). m. Órgano sexual de la mujer –pop. (Ec.): «–Ya vej <ves>. Lo que te icía <decía>... Miadero probao, miadero orvidao <olvidado>. Voj <vos> ya habis <te has> cansao de mí.» (D. Aguilera Malta, *Don Goyo*, 77) = CONSULTAS

mecida. f. Hecho de mecerse. (CR): «Tras dos o tres viajes por más agua y unas cuantas mecidas a la hamaca, llegó por fin la codiciada tarde.» (H. Elizondo Arce, *La calle, Jinete y yo*, 23) = «Fue entonces cuando recordó a su abuelo y resolvió, para comenzar, no contestar nada antes de completar quince mecidas en su poltrona.» (J. Gutiérrez, *Murámonos Federico*, 38) = CONSULTAS

mecha. f. **(1)** Broma, chanza mortificante. (Ven. = Col. Perú y Bol.): «–¡Si es una mecha, mamá; como él se juega* tanto conmigo...» (M. V. Romero García, *Peonía*, 243) = TEJERA = SOPENA = SANTAMARÍA DGA **(2)** **¡Ah mecha!** Véase **¡qué mecha!** **(3)** **de mecha.** fr. En broma. (Ven. = Col.): «–Pero hay cosas que no se dicen ni de mecha; porque aunque una sea pobre, debe de ser <debe ser> decente con la gente.» (M. V. Romero García, *Peonía*, 243) = SOPENA = SANTAMARÍA DGA **(4)** **disparar(se) la mecha.** fr. Realizar un trabajo duro, dar el callo. (Cuba): «A los lucumises <negros oriundos de la región africana de Lucumí> no les gustaba el trabajo de la caña y muchos se huían. Eran los más rebeldes y valentones. Los congos, no; ellos eran más bien cobardones, fuertes para el trabajo, y por eso *se disparaban la mecha* sin quejas.» (M. Barnet, *Biografía de un cimarrón*, 34) = CONSULTAS = SÁNCHEZ-BOUDY (quien recoge **mecha** con el sentido de 'trabajo' o 'mucho trabajo') **(5)** **¡qué mecha!** (o: **¡ah**

mecha!). interj. que expresa contrariedad o contratiempo. (Ec. = Ven.): «¿Y sus vacaciones? Qué mecha. Todo el mundo quería saber acerca de mis vacaciones.» (E. Cárdenas, *Juego de mártires*, 28) = CONSULTAS = TEJERA

mechadera. f. Pelea. (Perú): «Qué mechadera, muchachos, no dejan uno sano, ha llegado el momento de la revancha.» (M. Vargas Llosa, *La ciudad y los perros*, 60) = «El viejo reconoció a uno de los granputas de la ronda. Se levantó dispuesto a la mechadera.» (M. Scorza, *Redoble por Rancas*, 136) = BENDEZU = SOPENA (véase también **mecharse**)

mecharse. prnl. intr., o tr. ind. Pelearse. (Perú): «Y entonces comenzaron a insultarnos para bajarnos la moral. (...) 'cierren las jetas o nos mechamos ahora mismo'.» (M. Vargas Llosa, *La ciudad y los perros*, 68) = CONSULTAS (véase también **mechadero**)

mechero. m. Cierto quinqué utilizado por la gente pobre. (Ec. = Col.): «Esa noche leímos hasta que se nos acabó el querosín <queroseno> del mechero.» (G. A. Jácome, *Porqué se fueron las garzas*, 124) = CONSULTAS = HAENSCH y WERNER

media cuchara. fr. f. Véase **cuchara.**

mediamañana. f. Tentempié que se toma entre el desayuno y el almuerzo; momento en que se toma. (Par.): «Fue la parábola dibujada en el Cuaderno de Bitácora. Aprendida de memoria, debía ser recitada todas las mediamañanas.» (J. Aymar, H. Duarte y M. Azuaga, *Rasmudel*, 60) = SOPENA

médico. m. **médico legista.** fr. m. Médico forense, o médico que se ocupa de los aspectos legales de la medicina. (Par. = Méx., Col. y Arg.): «Conseguí un empleo de visitador médico, me hice amigo de unos médicos legistas e ingresé en un curso para médico forense.» (H. C. Sosa Tenaillon, *Cincuenta años después*, 62) = MORÍNIGO

medio. m. **(1)** Cantidad de dinero. (Perú): «'Ir y decirle qué ganamos con no aceptar un medio, deja que nos mande un cheque cada mes (...)'.» (M. Vargas Llosa, *La ciudad y los perros*, 17) = CONSULTAS **(2)** adv. que, ante v. personales, significa 'a medias'. (Méx., CR, Col., Ur.): «Cuando medio sané, empecé a ir a la plaza (...).» (R. Pozas, *Juan Pérez Jolote*, 50) = «(...) con una mano se medio arregla el pelo (...).» (C. L. Fallas, *Gentes y gentecillas*, 96) = «El viejo se removió al escucharnos*, medio lo vimos sentarse a medias sobre la estera, desnudo y todo lleno de pelos blancos.» (E. Rosero Diago, *Cuento para matar un perro y otros cuentos*, 134) = «Fue entonces que <cuando> vio a *la cosa*... Había apartado sin esfuerzo aparente la rejilla y medio se asomaba por el caño.» (O. Prego Gadea, «El mundo del subsuelo» en: *Los dientes del viento*, 70) = CONSULTAS

mediodía. m. **de mediodía abajo.** fr. Después de mediodía. (PR): «Me pidió que me quedase a almorzar con ellos para salir de mediodía abajo y accedí complacido.» (E. Laguerre, *La llamarada*, 44) = CONSULTAS

mejicaneada f. véase **mejicanear.**

mejicanear. tr. Quitarle un delincuente a otro parte de su botín. (Arg.): «Yo no te acusé de querer mejicanearme.» (R. Tizziani, *Noches sin lunes ni soles*, 37) = GOBELLO = VERDEVOYE (quienes registran **mejicano*** con el sentido de 'asaltante de contrabandistas') = TERRERA (quien recoge **mejicaneada** con el sentido de 'acción de robar a contrabandistas') = CONSULTAS

mejicano. m. Véase **mejicanear.**

mejido. m. Postre de yema batida con azúcar y otros ingredientes; natillas. (Ec.): «Y las empanadas se comen inmediatamente después de fritas. Así el mejido está cremoso y exquisito.» (M. O. Fried, *Comidas del Ecuador*, 105) = MATEUS

mejor. Véase **mejores.**

mejora. f. Casucha, chabola. (Ch.): «El domingo 9 de marzo de 1969, a las 7.00 A.M., tropas de carabineros, en número de doscientos, asaltaron (...) a un grupo de noventa y una familias que habían levantado sus mejoras en los terrenos baldíos adyacentes a las obras de construcción del matadero frigorífico de Puerto Montt.» (C. Urrutia, *Historia de las poblaciones* callampas*, n° 11, p. 11) = CONSULTAS

mejorarse. prnl. intr. Dar a luz la mujer. (CR = Col. y Ch.): «Tengo un año de vivir juntada con el papá de mis hijos, pero él me dio vuelta* con una joven de 16 años, nueve días antes de mejorarme de mi último hijo.» (carta de una lectora al *Diario Extra*, 19/1/1993) = «(...) el dar a luz es *mejorarse*. Prácticamente, este verbo ha perdido su uso general, para quedar limitado a la acepción señalada.» (C. Láscaris, *El costarricense*, 191) = «Estoy recién mejorada.» (programa televisivo *En la mira*, de Canal 7, 20/7/1992) = CONSULTAS = HAENSCH y WERNER

mejores. más mejores. fr. adv. Véase **más.**

melcocha. f. **(1)** fig. Cosa o persona meliflua, cursi. (Col. = Cuba): «(...) mucha melcocha romántica y mucho retruécano que responde a ingenio verbal pero no a convicciones frente a la vida.» (D. Samper Pizano, *A mí que me esculquen*, 344) = CONSULTAS = SANTIESTEBAN **(2)** Enredo. (CR): «Calladita la rebelde fue y convenció a otras, las otras la siguieron, primero unas pocas, luego muchas legiones. Hasta que se rompió la ronda y se armó la gran melcocha.» (J. Gutiérrez, *Murámonos Federico*, 110) = CONSULTAS

melcocho. m. Pastel de tuna de pasta blanda. (Guat.): «Intenta romper con los dientes la tela finísima de la sombra que le separa del hormiguero humano que en la pequeña colina se instala bajo toldos de petate a vender juguetes, frutas, melcochos (...).» (M. A. Asturias, *El señor presidente*, 182) = CONSULTAS

melodio. m. Armonio, órgano pequeño parecido al piano. (Ec. = Col.): «Deja para el altar de Santa Teresita, para un melodio y otras cosas de la iglesia.» (M. Corylé, *Gleba*, 96) = «(...) pagaste por las ofrendas florales y el hisopo de agua bendita y el melodio y su conocido desinflarse en ajenos ayes y el sitio para la tumba en el panteón <cementerio> de indios (...).» (G. A. Jácome, *Porqué se fueron las garzas*, 317) = SOPENA = HAENSCH y WERNER

mellicera. f. Oveja que pare mellizos. (Bol.): «Una mañana Wayra encontró dos fetos en el redil. Una mellicera había malparido.» (J. Lara, *Yanakuna*, 43) = CONSULTAS

menas. f. pl. **de todas menas.** fr. De todas clases, de todas las especies. (Arg., Bol.): «(...) hay sabios de todas menas, / mas digo, sin ser muy ducho: / es mejor que aprender mucho / el aprender cosas buenas.» (J. Hernández, *Martín Fierro*, II, versos 4.609-12) = SANTAMARÍA DGA = MORÍNIGO

menear. tr. **(1) menear pitas.** fr. Véase **pitas. (2) meneárselas** algo a alguien. fr. No importarle. (PR): «Oigan esto otro: a mí todo me resbala. Oído a esto, oído presto: a mí todo me las menea: y, en seguida, arquea los hombros, tuerce la boca, avienta la nariz, apaga los ojos: clisés seriados del gentuzo *a mí me importa todo un mojón* de puta* (...).» (L. R. Sánchez, *La Guaracha del Macho Camacho*, 79) = CONSULTAS

mensualidad. f. Menstruación. (PR): «Simplemente María tiene facultades espirituales en premio al castigo de sus muchos bigotes que le salieron cuando tenía doce años y le vino la primera mensualidad– dijo La Madre.» (L. R. Sánchez, *La Guaracha del Macho Camacho*, 64) = CONSULTAS

mensuario. m. Periódico que se publica cada mes. (PR): «(...) mejoran su oficio chulatorio mediante la lectura del mensuario *Sexología* (...).» (L. R. Sánchez, *La Guaracha del Macho Camacho*, 140) = MORÍNIGO

mentas. f. pl. Lo que se dice, se refiere. (Ur. = Arg.): «(...) un tape <indio tape> de alpargatas bigotudas* que viajaba impaciente por incorporarse a las tropas revolucionarias para calzar botas de potro que, según mentas, repartirían en la patriada*.» (E. Amorim, *La carreta*, 120) = VERDEVOYE

mera. fr. ¡Mira! ¡Oye! (PR): «*Mera, mano*, una peseta**... (...) *Mera* que estas adolescentes cocolas* van y vienen por todo el salón formando una tropilla conspirativa (...).» (E. Rodríguez Juliá, *El entierro de Cortijo*, 14 y 19) = CLAUDIO DE LA TORRE = CONSULTAS

merendar. intr. Tomar la comida de la noche, cenar. (Méx. y otros): «(...) se fue a la cama sin merendar.» (J. J. Arreola, *La feria*, 154) = CONSULTAS (véase también **merienda**)

merienda. f. Comida de la noche, cena. (Ec. y otros): «Lo contemplaba mientras me servía la merienda e iba confirmando mis sospechas. (...) Esa noche, a las diez, abandoné mi pieza*.» (P. J. Vera, *El Destino*, 57) = JARAMILLO DE LUBENSKY = CONSULTAS (véase también **merendar**)

mero. (1) adj.; ú. t. c. adv., y sirve para dar más relieve a lo que se especifica; mismo. (Méx., Guat. = Nic.): «Aquello está sobre las brasas de la tierra, en la mera boca del infierno.» (J. Rulfo, *Pedro Páramo*, 9) = «García le pasó <al policía> el carnet por la cara. El hombre estudió el documento como un pastor la Biblia. Lo devolvió, circunspecto, mientras anotaba el nombre en un registro de la época de Mamá Camota*. / –¿Motivo? / –Cita con su mero jefe –respondió García.» (D. Liano, *el hombre de Montserrat*, 65-6) = CONSULTAS = RUBIO = SOPENA = RABELLA y PALLAIS **(2)** adj. Grande. (CR): «¡Qué mero animal –dijo el mayor–. Se ve que usted no es nuevo en estos llanos.» (F. Dobles, *Historias de Tata Mundo*, 142) = CONSULTAS **(3)** adj. con valor de adv. Verdaderamente, muy. (Méx., Guat.): «No podría yo contarles los detalles de por qué y cómo se desbocó el caballo, porque yo venía mero adelante.» (J. Rulfo, *El llano en llamas*, 162) = «Sí, es mera buena. Sin embargo, no se podía hablar ante ella con toda confianza y estuvo mejor que se largara.» (M. A. Asturias, *El señor presidente*, 121) = ARMAS = SOPENA **(4)** Véase también **mera. (5) mero mero.** fr. m. persona relevante. Pez gordo. (Méx. = Guat): «(...) se acabó la lana <el dinero>, llegó la crisis, entambaron <encarcelaron> al empresario, al funcionario, al mero mero, y ni así se acaba la corrupción (...).» (C. Fuentes, *La frontera de cristal*, 272) = «A nosotros se nos quedó la fama, pero los meros meros están aquí.» (J. J. Arreola, *La feria*, 87) = CONSULTAS

merodear. tr. Andar buscando o apoderarse de algo de manera más o menos ilícita. (Bol. y otros):

«(...) la turba de Larati regresó a los cañadones del pastoreo a merodear los despojos de la contienda.» (H. Guzmán Arze, *Borrasca en el valle*, 74) = SANTAMARÍA DGA

mesa. f. **(1) mesa** (o: **mesita) de luz.** fr. f. Mesa de noche, mesilla. (Arg.): «El ya mencionado jueves 23 de abril de 1937 Juan Carlos Jacinto Eusebio Etchepare se despertó a las 9:30 cuando su madre golpeó a la puerta y entró al cuarto. Juan Carlos no contestó a las palabras cariñosas de su madre. La taza de té quedó sobre la mesa de luz.» (M. Puig, *Boquitas pintadas*, 61) = «Después abandonó la ventana, y tomando el orinal que yacía en su mesa de luz orinó de pie, con una dignidad que Diógenes Laercio hubiese atribuido a su tocayo el del barril.» (L. Marechal, *Adán Buenosayres*, 63) = VERDEVOYE **(2) mesa de picar.** fr. f. Mesa para aperitivos. (PR): «(...) doblaba el mandil, guardaba el mandil en la gaveta única de la mesa de picar (...).» (L. R. Sánchez, *La Guaracha del Macho Camacho*, 238) = CONSULTAS **(3) mesa escritorio.** fr. f. Mesa bastante lujosa, hecha a propósito para servir de escritorio. (Par.): «El ángel <de bronce>, que tiene una espada en la mano, resplandece como recién fundido y lanza reflejos irisados sobre los papeles que cubren la mesa escritorio.» (H. Rodríguez-Alcalá, *Relatos de Norte y Sur,* 88) = CONSULTAS **(4) mesa ratona.** fr. f. Mesa baja. (Arg. = Ur.): «(...) todos los muebles (consolas, mesas ratonas y divanes mullidos) estaban forrados de seda o laqueados en diversos tonos de celeste.» (Copi, *La vida es un tango*, 22) = VERDEVOYE = CONSULTAS **(5) tender la mesa.** fr. Poner la mesa. (Arg. = Col.): «(...) los cinco fantasmas taciturnos y el mozo decadente que les tendía la mesa junto al palco volvieron sus ojos hacia los forasteros y se quedaron inmóviles (...).» (L. Marechal, *Adán Buenosayres*, 292) = CONSULTAS = HAENSCH y WERNER

mesero. m. Peón indígena que trabaja en una hacienda a cambio de ciertas ventajas en especie. (Ec.): «Estos *indios libres*, además de ser jornaleros, trabajan también como *meseros*, *acudes** o, según los llama el Código de Trabajo, como 'yanaperos' o 'ayudas*'. Todos estos nombres designan una misma modalidad del peonismo: la de los que se comprometen a trabajar en la hacienda dos o tres días al mes en cambio de los pastos o de la leña de la finca.» (L. Monsalve Pozo, *El Indio. Cuestiones de su vida y de su pasión*, 408) = CONSULTAS

mesón. m. **(1)** Mesa grande. (Col., Ch. = Perú): «(...) vimos (...) el largo mesón de tablones bastos con los platos de sobras del almuerzo dominical interrumpido por el pánico (...). / (...) sesenta perros iguales que nadie supo cuándo saltaron de entre los mesones de legumbres y cayeron encima de Leticia Nazareno y el niño (...).» (G. García Márquez, *El otoño del patriarca*, 5-6, y 199) = «Esas mujeres caminaron un día a lo largo de unos toscos mesones examinando los despojos, unas llaves, un peine, un chaleco azul, algo de pelo o unos pocos dientes, y dijeron: éste es mi marido, éste es mi hermano, éste es mi hijo.» (I. Allende, *Paula*, 311) = CONSULTAS **(2)** Mostrador de bar, barra. (Ch.): «(...) quizás tuvieran (...) vinos aguardando sus labios sedientos detrás de miles de mesones de remotos bares.» (J. Donoso, *Coronación*, 134) = «(...) siguió el rumbo de su adorada hasta el mesón del bar (...).» (A. Skármeta, *Ardiente Paciencia*, 32) = «(...) el cantinero, afirmado en el mesón, se distraía mirando volar las moscas (...).» (M. Rojas, *El delincuente... y otros cuentos*, 117) = «Aquí me tiene hoy / Detrás de este mesón inconfortable / Embrutecido por el sonsonete / De las quinientas horas semanales.» (N. Parra, *Poemas y antipoemas*, 73) = MALARET = CONSULTAS

mesticería. f. Conjunto de mestizos –pop. (Perú): «Y estas canciones (...) comenzaron a escucharse con deleite primero, y después con religiosidad, atrayendo al rancho de José Manuel a toda la negrería del contorno y a la mesticería modesta de la hacienda, ávidas siempre de fiesta y holganza.» (E. López Albújar, *Matalaché*, 87) = CONSULTAS

mestizo. m. Acemita, pan de afrecho. (Ec. = Ch.): «(...) le daba una buena ración de mestizos y un plato de su pobre locro <plato de carne, patatas, maíz *etc.*>.» (M. Corylé, *Gleba*, 100) = SANTAMARÍA DGA

meta. (1) meta más infinitivo. adv. que tiene valor de gerundio y subraya la acción indicada por el verbo. (Ur. = Arg.): «Un domingo venía mirando para adelante, meta pedalear porque estas bicicletas de fierro pesan un mundo* y no tienen cambios ni frenos tienen (...).» (Xavier Uranga, en: semanario *Brecha*, 14/1/1994) = CONSULTAS **(2) meta** más sustantivo. Dale que dale. (Arg.): «Durante la semana, meta laburo <trabajo>, / y el sábado a la noche sos un doctor, / (...).» (R. Fontaina y V. Soliño, «Garufa», en: J. Barreiro, *El Tango,* 183) = CONSULTAS = VERDEVOYE **(3) (de) meta y ponga.** fr. adv. Dale que dale; hablando de una persona, que no se para en barras. (Arg.): «Gran vivillo de aspamento*, malandrín de meta y ponga, / atajate este ponchazo* que te voy a sacudir...» (E. Cadícamo, «¡Che, Bartolo!», en: J. Barreiro, *El Tango*, 174) = VERDEVOYE = CONSULTAS

metamano (o: **meta mano).** Véase **mano.**

metedura. f. Enamoramiento; apasionamiento. (Arg.): «Y pensar que (...) / (...) esto que es hoy un cascajo / fue la dulce metedura / donde yo perdí el honor / (...).» (E. Santos Discépolo, «Esta noche me emborracho», en: J. Barreiro, *El Tango*, 58) = GOBELLO = CONSULTAS (véase también **metejón**)

metejón. m. Enamoramiento; apasionamiento. (Arg. = Ur.): «(...) al fin y al cabo tu metejón con Haydée Amundsen te hace igualmente digno de la horca y la epístola.» (L. Marechal, *Adán Buenosayres*, 68) = «(...) pues comprende que la vida / fue tan sólo un metejón / al perder la fe querida / de su pobre corazón.» (A. Le Pera y M. Battistella, «Me da pena confesarlo», en: J. Barreiro, *El Tango*, 88) = GOBELLO = VERDEVOYE = CONSULTAS (véase también **metedura**)

meter. (1) meterse. prnl. tr. Ingerir licor. (CR): «Y al salir después de las cinco de la tarde se metió un par de tragos fuertes en una cantina frente al Parque Central (...).» (F. Dobles, *Cuentos escogidos*, 43) = CONSULTAS (ARMAS lo recoge en Guat. con el sentido de 'comer'; QUESADA recoge en CR **metérselo**, y FILIPPO **metérselas** en Col., con el sentido de 'beber habitualmente') **(2) meter en la sopa.** fr. Véase **sopa. (3) meter flota.** fr. Véase **flota.**

metra. f. Canica. (Ven.): « (...) cada esquina, cada corredor, cada terrón me hablaba el lenguaje de las memorias infantiles. Allí –me decía– jugué a las metras con Antonio; (...) en aquella casa estaba la escuela...» (M. V. Romero García, *Peonía*, 106) = MALARET = TEJERA

mezcalera. f. Extensión cubierta de magueyes. (Méx.): «(...) cuando el reparto, la mayor parte de la Cuesta de las Comadres nos había tocado por igual a los sesenta que allí vivíamos, y a ellos, a los Torricos, nada más un pedazo de monte, con una mezcalera nada más, pero donde estaban desperdigadas todas las casas.» (J. Rulfo, *El llano en llamas*, 45) = CONSULTAS

mezquinar. tr. Defender, proteger a alguien; librarle de un castigo. (Ec. = Col.): «Arzobispo González Suárez, dioslepague <*sic*>, sí defendió <a los indígenas>, sí mezquinó de taita-curas abusivos, arrechos, lambidos* desde siempre mesmo <mismo>.» (G. A. Jácome, *Porqué se fueron las garzas*, 235) = MALARET = SOPENA = CONSULTAS

mi. Forma apocopada coloquial de 'mira'. (Méx.): «–¡Mi qué cara pone!...» (M. Azuela, *Los de abajo*, 19) = CONSULTAS

miadero. m. Véase **meadero.**

miami (o: **ventana miami**). f. (o: fr. f.). Persiana de tablillas fijas. (PR): «Miro a través de las miamis. (...) El sol se metió por las ventanas miamis y llenó el cuarto de líneas de luz.» (A. L. Vega, *Pasión de historia*, 25 y 87) = CONSULTAS

mica. f. **(1)** Resaca, malestar después de una borrachera. (CR): «Y no sea que lo traen borracho, es que después pasa hasta una semana y quince días que no se le baja la mica (...).» (F. Contreras Castro, *Única mirando al mar*, 80) = CONSULTAS **(2)** Bacinilla. (Col.): «(...) los vio cagándose en las ánforas de alabastro a pesar de que ella les advirtió que no, señor, que no eran excusados portátiles sino ánforas rescatadas de los mares de Pantelaria, pero ellos insistían en que eran micas de ricos (...).» (G. García Márquez, *El otoño del patriarca*, 57) = SANTAMARÍA DGA = HAENSCH y WERNER

mico. m. **(1)** Juego de cartas. (Cuba): «Había muchos tipos de barajas. A unos les gustaba jugar a la cara*; a otros al mico, donde se ganaba mucho, pero yo prefería el *monte*, que nació en las casas particulares y después se repartió al campo.» (M. Barnet, *Biografía de un cimarrón*, 26) = CONSULTAS **(2)** Engaño. (Cuba): «Me quitó el peso por adelantado, como si yo fuera a hacerle un 'mico'.» (J. Soler Puig, *En el año de enero*, 205) = CONSULTAS **(3) mico –miquillo.** Pequeño. (PR): «–(...) Pero por lo menoh <menos> loh americanoh jablan <hablan> claro y tién <tienen> chavos <ochavos, dinero>. Y pagan, ¿sabeh?, pagan. Paese <parece> que en inglés no exihte <existe> la palabra 'mico'.» (R. Marqués, *La carreta*, 87) = CONSULTAS = CLAUDIO DE LA TORRE (quien recoge el sust. **miquillo** con el sentido de 'menor') **(4) Mico (el).** Apodo de Mario Sandoval Alarcón, célebre por su anticomunismo. (Guat.): «(...) y al final el Mico quería darnos atole con el dedo <quería engañarnos>.» (D. Liano, *el hombre de Montserrat*, 112)= CONSULTAS

micro. m. y f. Autobús, colectivo para el transporte de personas. (Ch., Arg.): «Alberto canta y pide en las micros.» (L. Torres, *Memorias de Copo de Nieve*, 40) = «–(...) dejamos las maletas en la estación de micros.» (M. Puig, *Boquitas pintadas*, 240) = GOBELLO = CONSULTAS

miche. f. Dim. de Mercedes, designa el coche del mismo nombre. (Ec.): «(...) me conduce por unos corredores secretos que dan a un patio con muchas miches flamantes, me abre la puerta de uno de esos carros <coches> y le ordena al chofer (...).» (G. A. Jácome, *Porqué se fueron las garzas*, 65) = CONSULTAS = JARAMILLO DE LUBENSKY

miedo. m. **hacer dar miedo.** fr. Infundir miedo, dar miedo –pop. (Ec.): «–¡Me hacés dar miedo!» (D. Aguilera Malta, *Don Goyo*, 72) = CONSULTAS

mientras. adv. **en mientras** más indic. Mientras, en tanto –se considera incorrecto, o propio de la gente del campo. (Méx.): «–(...) me llamo el coronel Cristóbal Fierro, de Sinaloa, aunque me crié en Sonora, y anduve siempre con mi general Obregón que me acababa de mandar aquí en mientras toma la presidencia (...).» (A. Yáñez, *La creación*, 20-1) = CONSULTAS

miércoles. m. **(1) a la miércoles.** fr. A la mierda –euf. que denota sorpresa, extrañeza, etc. (Ur. = Arg.): «–(...) ¿Qué hacían metidos en un galeón? –Estábamos buscando el mapa del paraíso terrenal.» / –¡A la miércoles...!» (E. Estrázulas, *Pepe Corvina*, 122) = CONSULTAS **(2) de miércoles** (o: **de la miércoles).** fr. Sin valor; con negación, significa 'ni un ápice'. (Arg.): «(...) les declaró sin ambages que no los había metido en aquel potrero de miércoles para que se dedicaran al macaneo <engaño> libre, sino para que llevasen a cabo una gesta de la cual saldrían o apaleados o cubiertos de laureles.» (L. Marechal, *Adán Buenosayres*, 189) = CONSULTAS **(3) en la loma de la miércoles.** fr. Lejos; muy lejos. (Arg.): «–(...) Pero, ¡animales! ¿dónde creen ustedes que nos encontramos? –¡En la loma de la miércoles! –respondió Pereda sin ocultar su enojo.» (L. Marechal, *Adán Buenosayres*, 195) = CONSULTAS **(4) una miércoles.** fr. Nada. (Arg.): « –(...) yo no entiendo una miércoles de clasicismo.» (L. Marechal, *Adán Buenosayres*, 162) = CONSULTAS

mierda. (1) f. Término despectivo con el que miembros del ejército gubernamental designaban a la 'subversión' o a los partidarios de la 'revolución'. (Guat.): «El sargento les gritaba, preguntándoles <a los campesinos indígenas> si estaban metidos en la *mierda*. / –¡Aquí están, miren! –insistía–. ¡Aquí está tu nombre, ve! En la mierda están ustedes (...). / –(...) Gente hay de sobra en el mundo y de la mierda no debe quedar ni la semilla, ¿me oyeron? ¡Ni la semilla!» (D. Liano, *el hombre de Montserrat*, 116-117) = CONSULTAS **(2)** f. Término despectivo que indica alguna cosa en forma indefinida. (Ch. = Arg.): «–(...) Aquí somos 'mi soldado', 'mi sargento', 'mi oficial' o lo que mierda sea.» (H. Valdés, *Tejas Verdes*, 55) = CONSULTAS **(3) hacerse mierda.** fr. Estrellarse, hacerse daño físicamente, de manera grave que puede llegar hasta la muerte. (Guat. = Ch., Ur. y Arg.): «(...) se fue a hacer mierda contra un poste y se mató.» (D. Liano, *el hombre de Montserrat*, 32) = «Este Rata siempre fue loco para manejar <conducir>. Una vez nos hicimos mierda por Iztapa. Dimos cinco vuelcos en el carro <coche>.» (M. A. Flores, *Los compañeros*, 31) = CONSULTAS = RUBIO

mijo -a (o: **mijito -a).** fr. m. y f. Hijo mío. (PR, Guat., Ch. = Col., Arg. y otros): «–Tó <todo> depende del humor en que uno se encuentre, mijo. Y ésa, aunque no lo parese <parece>, tiene maloh cahcoh <malos cascos*>. Salió a la difunta...» (R. Marqués, *La carreta*, 39) = «¡Carajito*! ¡Sos mijo, por eso te aguanto!» (M. A. Asturias, *Viento fuerte*, 37) = «El Premio Nobel de Literatura, mijo. (...) uno como ése, mijito, le pidió (...).» (A. Skármeta, *Ardiente Paciencia*, 20 y 141) = CONSULTAS = RUBIO = HAENSCH y WERNER

milicada. f. Grupo o conjunto de militares –pop. (Ec.): «Tal como los matarifes del trágico pinochopinochet (...). Como toda la milicada de todos los países envilecidos por las dictaduras castrenses.» (G. A. Jácome, *Porqué se fueron las garzas*, 157) = CONSULTAS

milonga. f. **(1)** Fiesta en la que se baila. (Arg.): «*Sábado 15, San Enrique, emperador*. Milonga íntima en casa de Mabel, despedida zaguán. El mundo es mío.» (M. Puig, *Boquitas pintadas*, 51) = CONSULTAS = GOBELLO **(2)** Mujer de alterne. (Arg.): «(...) ¡vuelta a lo mismo! no sólo lo tratás de sinvergüenza a él sino que también de... milonguita a mí! ¿estás loco o qué te pasa?» (M. Puig, *La traición de Rita Hayworth*, 237) = GOBELLO = CONSULTAS **(3)** Vida disipada; juerga. (Arg.): «(...) / la milonga entre magnates / con sus locas tentaciones / donde triunfan y claudican / milongueras* pretensiones / se te ha entrado muy adentro / en el pobre corazón.» (C. E. Flores, «Mano a mano», en: J. Barreiro, *El Tango*, 191) = CONSULTAS **(4) llorar la milonga.** fr. Quejarse, lamentarse. (Ur. = Arg.): «No es necesario llorar la milonga.» (M. Benedetti, *Primavera con una esquina rota*, 35) = CONSULTAS = CHIAPPARRA

milonguero -a. adj. Aficionado a la vida disipada. (Arg.): «(...) / la milonga* entre magnates / con sus locas tentaciones / donde triunfan y claudican / milongueras pretensiones / se te ha entrado muy adentro / en el pobre corazón.» (C. E. Flores, «Mano a mano», en: J. Barreiro, *El Tango*, 191) = CONSULTAS

milla. f. **a las millas.** fr. Rápidamente. (PR): «Me vestí a las millas pero tuve que volver a quitarme la blusa. Me la había puesto al revés (...).» (A. L. Vega, *Pasión de historia*, 33) = CONSULTAS

millaje. m. Registro, récord. (PR = Cuba): «O sea Papi, que si tú haces una pista <autopista> bien hecha donde la juventud pueda envenenar* sus paletas* con un millaje Marysol MALARET: puertorriqueña Miss Universo y gloria nacional por decreto.» (L. R. Sánchez, *La Guaracha del Macho Camacho*, 76) = CONSULTAS

millón. m. **a millón.** fr. Con un malestar fuerte. (PR = Cuba): «Mi heroísmo me valió un abrazo que no me pude gozar y un 'ay nene, por poquito te agarra, lo vine a ver cuando ya estaba en el ascensor' que me puso el intestino a millón.» (A. L. Vega, *Pasión de historia*, 74) = CONSULTAS = SANTIESTEBAN

millonaria. f. Firma, rúbrica -fest.; ú. t. en fr. como **estampar** (o: **poner) la millonaria**. (Ch., Arg.): «–Póngame la millonaria, maestro.» (A. Skármeta, *Ardiente Paciencia*, 15) = «(...) no se les pediría que estamparan la millonaria.» (J. Cortázar, *Rayuela*, 247) = SANTAMARÍA DGA = SOPENA

mimosear. tr. Hacer mimos, cariños. (Arg. = Ur.): «Tampoco sería una señora, una de esas jóvenes señoras que ella había servido y cuyos esposos mimosean dulcemente a medida que la preñez avanza sus sufridores vientres.» (R. Arlt, *Los siete locos*, 221) = MALARET = MORÍNIGO = CONSULTAS

mina. (1) f. Tambor de forma tubular, de unos dos metros de largo. (Ven.): «¡Que la mina está templada / para sonar el tiquiquitaqui.» («Barlovento» –joropo venezolano) = CONSULTAS = TEJERA **(2)** f. y m. Negro o negra oriundo de esa comarca de África. (Cuba, Perú): «Buscando con quien hablar e informarme sobre los congos, (...), tuve la suerte aquel día, de toparme con un antiguo vecino de 'Las Cañas' de Don Juan Poey, que aunque era descendiente 'por parte de madre' de minas (...) ('de esas minas que comían tierra, se abrían heridas, se echaban a las calderas, se mutilaban o suicidaban con tal de no doblar el lomo') de congos sabía mucho.» (L. Cabrera, *Reglas de Congo*, 71) = «(...) ese negro chala* de mis pecados. / ¿Qué es eso de chala? / –Que no es congo, ni mina, ni carabalí, ni mandinga, sino otra casta.» (E. López Albújar, *Matalaché*, 36) = PICHARDO = CONSULTAS

minero. f. **irse de minero.** fr. Morirse. (Méx.): «Estás jodido, Juan y peor vas a estar. Tus clientes se chingan y se van de minero.» (J. García Ordoño, *Tres crímenes y algo más*, 117) = CONSULTAS

minga. expr. de negación absoluta que puede equivaler a 'no', 'nada', 'nunca' etc. (Ur., Arg.): «Mamá sostenía que para prevenir nuestros resfríos y catarros del invierno no había nada mejor que aquellos solazos, sin minga de preocupación por el ozono.» (H. Alfaro, *Por la vereda del sol*, 45) = «Recordaba aquellas horas de garufa <juerga> / cuando minga de labura <trabajo> se pasaba / (...).» (A. Marino, «El ciruja*», en: J. Barreiro, *El Tango*, 55) = GOBELLO = CHIAPARRA = CONSULTAS

mingo. m. **(1)** Tercero en el juego del tresillo; tercero en general, representante o enviado. (PR): «(...) los mercaderes del templo echemos: mingos de moscovitas, el compadrazgo con Mao, fámulos de Fidel (...).» (L. R. Sánchez, *La Guaracha del Macho Camacho*, 215) = CONSULTAS = MALARET = SOPENA (que recogen la primera acepción) = CONSULTAS **(2)** Víctima expiatoria, aguantapesares. (Cuba = Col.): «–Eso no se le hace a un hombre, coño –repite ahora, una y otra vez. / –Es verdad, compadre, le han cogido a usted de mingo.» (M. Cossío Woodward, *Sacchario*, 148) = SOPENA = HAENSCH y WERNER

minguear. v. **minguearse.** prnl. Hacerse el **mingo**, o sea el delicado. (CR): «(...) yo nada más quiero jalar rápido para los estados <Estados Unidos> por mí está en todas si ustedes me compran o sea máes* pero si se minguean se lo vendo al administrador el mae me hizo una oferta super tuanis <estupenda> mentendés.» (R. Arias, *El emperador Tertuliano...*, 46) = CONSULTAS

mío. m. Véase **miomío.**

miomío. m. Hierba venenosa (*Baccharis cordifolia*) que crece en las praderas; llámase también **mío** o **romerillo**. (Ur. = Arg.): «Se vieron en el camino del indio Ita. Un sendero viboreante, entre matas de miomío y cola-de-zorro*.» (E. Amorim, *La carreta*, 57) = MORÍNIGO

miquillo. m. Véase **mico.**

mirá. v. **¡mirá con quién!** fr. excl. de valor interrogativo; ¿quién lo creería? (Guat.): «¡Mirá con quién, con los hombres! (...) Bueno, si yo le fuera a contar (...).» (M. A. Asturias, *El señor presidente*, 119) = CONSULTAS

mirante (o: **Mirante**; ú. en la fr. **Yvyra Mirante**). f. (o: fr. f.). Hoja vegetal que se puede utilizar para escribir. (Par.): «Lo escribí yo mismo, en una hoja vegetal parecida al papel madera, que se llama 'Yvyra Mirante', utilizando una máquina de mala muerte.» (H. C. Sosa Tenaillon, *Cincuenta años después*, 127) = CONSULTAS

mirar. tr. Ver. (Guat., Hond., CR = Nic.): «La cabeza se le miraba pequeña de tan alto.» (M. A. Asturias, *Viento fuerte*, 83) = «Por doquiera se miraba a la gente campesina caminar como apesadumbrada por un gran dolor, con la mirada perdida entre los matorrales del senderito tortuoso y estrecho, que parecía como quererlos aprisionar entre sus matones* de espino blanco.» (A. P. Sánchez, *Ambrosio Pérez*, 7) = «Los bananales me hastiaron y volví a mi llanura. Y no volví a mirar a mi amigo de otros tiempos (...).» (H. Elizondo Arce, *Memorias de un pobre diablo*, 35) = CONSULTAS = RABELLA y PALLAIS

mirasol. m. Garza. (Arg.): «(...) alentaba (...) un mundo volátil rico hasta la locura: flamencos y cigüeñas, mirasoles y gaviotas, cuervos y cisnes, alegremente instalados en aquel paraíso de aguas quietas y de juncos vibrantes.» (L. Marechal, *Adán Buenosayres*, 414) = CONSULTAS = VERDEVOYE

mirla. f. Chica, muchacha. (Col.): «...va la madre* si no la meto, en el ladito le debo pegar y se irá al hoyo, siempre la he hecho, imposible que me vaya a fallar, por qué habrá tanta mirla, me ponen nervioso, los muchachos tienen las esperanzas cifradas en mí (...).» (U. Valverde, *Bomba Camará*, 27) = CONSULTAS

mismas. **(1)** m. Gran amigo. (Guat.): «–La primera vez que quise entrar a la policía secreta –contaba el del farol–, era 'polis' un mismas mío que se llamaba Lucio Vásquez, el Terciopelo.» (M. A. Asturias, *El señor presidente*, 271) = CONSULTAS **(2) ¡qué mismas!** fr. excl. de enfado. ¡Caramba! (Guat.): «–¡Cállese –intervino el oficial–, o la rompemos! –¡La rompemos, qué mismas!» (M. A. Asturias, *El señor presidente*, 93) = CONSULTAS

mismo. **(1)** adv. enfát. Realmente, de veras. (Ec.): «(...) no vaya a ser que sepa mismo y que como hermano que es se sienta lastimado en su amor propio (...).» (G. A. Jácome, *Porqué se fueron las garzas*, 98) = CONSULTAS = JARAMILLO DE LUBENSKY **(2) ya mismito.** fr. adv. Ahora mismo –pop. (Ec.): «(...) venía la voz clara de la gorda Cristobalina. / –Apúrense, muchachos, que ya mismito va a está <estar> el café.» (A. Ortiz, *Juyungo*, 95) = CONSULTAS = JARAMILLO DE LUBENSKY

mistongo -a. adj. Humilde, muy pobre. (Arg.): «Hay un fuelle* que rezonga / en la cortada <callejón sin salida> mistonga.» (A. Le Pera y M. Battistela, «Melodía de arrabal», en: J. Barreiro, *El Tango*, 125) = CASULLO = GOBELLO = CONSULTAS

mita. f. **(1)** Ración de agua que le toca a cada cual. (Bol. = Ch.): «(...) las querellas que menudeaban acerca de las medianerías de tapiales, uso de mitas de agua, discordias por abigeato y hurto, y otros pleitos que podían suscitarse entre litigantes del mismo vecindario.» (H. Guzmán Arze, *Borrasca en el valle*, 85) = «En cuanto se abría sobre los montes el capullo del amanecer, <Hipólito Jaillita> dejaba libres las zanjas de regadío para que la mita de aguas bañara los alfalfares.» (H. Guzmán Arze, *Borrasca en el valle*, 151) = SANTAMARÍA DGA = SOPENA **(2)** Trabajo a destajo que se hace por turno. (Bol. = Arg.): «Pedro Gutiérrez. Treinta y dos mitas. Dos bolivianos por mita. Total ganado, sesenta y cuatro bolivianos.» (F. Ramírez Velarde, *Socavones de angustia*, 8) = «Aquí, ellos, los mineros, también han confeccionado su escala, pero de distinción más simple, señalando las casas <tienduchas> desde 'la uno' a <*sic*> 'la diez', y a la que asistirán según la mita semanal.» (F. Medina, *Los muertos están cada día más indóciles*, 53) = VERDEVOYE

mitasa. f. Prenda que cubría la pierna hasta la rodilla. (Méx.): «(...) Rodolfo Fierro llegó a la Secretaría de Guerra (...). (...) su hermosa figura se conservaba íntegra. Ostentaba, como siempre, aquel admirable par de mitasas que adquirían en sus piernas un vigor de línea único y cabal.» (M. L. Guzmán, *El águila y la serpiente*, 401) = CONSULTAS

moca. f. Árbol corpulento y frondoso, de madera de color negro en varios tintes de modo que hay **moca amarilla**, **colorada** y **negra** *(Andira racemosa, grandiflora, inermis; Voucapen americana; Geoffroya inermis)*. (PR = Ven.): «Erguíanse, semiocultando la casa-vivienda, unos altos bucares <papilionácea>, guamás, mocas...» (E. Laguerre, *La llamarada*, 132) = SANTAMARÍA DGA = MORÍNIGO

mocha. f. Machete del campesino cuya hoja se ensancha hacia la punta, que termina en una punta cuadrada o redonda; cualquier machete campesino. (Cuba = Méx.): «Una masa de caña era interrumpida bruscamente por el frente de avance de un corte. Negros con anchos sombreros blandían sus mochas pringosas de almíbar; un tajo en la base, otro para tumbar el cogollo y el tronco era lanzado al montón más próximo...» (A. Carpentier, *Écue-Yamba-O*, 123) = ORTIZ = SANTIESTEBAN = SANTAMARÍA DGA (véase también **mochazo**)

mochazo. m. Golpe dado con la mocha* o machete. (Cuba): «Una vez otro brujo, Eligio Marquetti, ese era un negro criollo, para probar su Nganga <cazuela* mágica>, le mandó un mochazo a Lincheta. Le tumbó una mano; no movía los dedos, no podía llevarse la comida a la boca.» (L. Cabrera, *Reglas de Congo*, 205) = CONSULTAS

mocho. **(1)** m. Machete, en general ya gastado o sin punta. (PR): «–(...) Llevo mi *mocho*, y voy resuelto a hacerle cara a todo el barrio.» (M. Zeno Gandía, *La Charca*, 68) = ÁLVAREZ NAZARIO = DÍAZ MONTERO **(2) mocho -a.** adj.; ú. t. c. s. m. y f. Conservador clerical; beato, rata de sacristía. (Méx.): «–¡A darles!... ¡A no dejar un mocho vivo! –exclamaron todos a una.» (M. Azuela, *Los de abajo*, 50) = MALARET = SANTAMARÍA DGA = JIMÉNEZ **(3) meterle a** alguien **(los) mochos –1.** m. Engañarle. (PR): «(...) esta especie de Doña Juana mitómana que le mete mochos a su dizque mejor amiga con la mayor sangre fría (...).» (A. L. Vega, *Pasión de historia*, 28) = CLAUDIO DE LA TORRE = CONSULTAS **(4) meterle a** alguien **los mochos –2.** fr. Intimidarle, amedrentarle con amenazas. (PR): «–Lo que me figuro –decía Deblás– es que el asunto te ha metido los mochos. / –¿Acobardarme yo? No me conoces...» (M. Zeno Gandía, *La Charca*, 49) = MAURA = ÁLVAREZ NAZARIO = MALARET = CONSULTAS

modo. m. **ni modo.** fr. equivalente a 'sí' o a 'claro'. (Guat.): «–¿Onde <adónde> va, señor? –canturreó el hombre. / –Para dentro, ni modo –se insolentó García. / –Pos* no se puede.» (D. Liano, *el hombre de Montserrat*, 95) = ARMAS

mohoso -a. adj. Dícese de la persona que vive aislada, sin tomar parte en las fiestas. (Perú): «(...) un par de criollos apellidados Merino, a quienes, más que por el apelativo, conocían por el apodo de *los Mohosos* o *Mogosos*, como decía el vulgo, medio misóginos (...) compraron la casa y se metieron a vivir en ella como unos enclaustrados.» (E. López Albújar, *De mi casona,* 12) = SOPENA

mojado. m. Emigrado ilegal a Estados Unidos (Méx., CR = Am. Centr. y otros): «(...) eran demasiados, ellos no podían contratar a cincuenta y cuatro mojados (...).» (C. Fuentes, *La frontera de cristal,* 300) = «Nos llevaron a una ciudad cercana, Laredo, Texas. Tiene un cuartel especial para los mojados.» (M. Salguero, *A la caza del coyote* p. 31) = CONSULTAS

mojinetero -a. adj. Que pertenece al mojinete de un rancho, o sea al frontón triangular de las dos paredes más altas que sostienen el caballete. (Arg.): «(...) tío Francisco armaba el esqueleto de la ranchería, con sus palos esquineros y mojineteros, con sus cumbreras y sus quinchos de paja (...).» (L. Marechal, *Adán Buenosayres,* 414) = CONSULTAS = VERDEVOYE

mojino. m. Animal de color de chocolate con hocico negro. (Méx.): «Va en el mejor caballo que hay en su casa, que es como quien dice en toda la región, ese mojino (...) que a cada momento parece que va a aventarlo de la silla, si Odilón se descuida.» (J. J. Arreola, *La feria,* 43) = MORÍNIGO

mojito. m. Bebida hecha con jugo de limón verde, azúcar, agua con gas, ron y hojitas de hierbabuena. (Cuba, Cuba < Ch.): «Pedí un mojito y me entretuve contemplando, jugando, teniendo entre las manos aquella metáfora de Cuba. Agua, vegetación, azúcar (prieta), ron y frío artificial. Todo bien mezclado y metido en un vaso.» (G. Cabrera Infante, *Tres tristes tigres,* 321) = «(...) preparaba dos mojitos muy cargados de ron y con demasiada hierbabuena para el tamaño de los vasos.» (R. Vázquez Díaz, *La isla de Cundeamor,* 163) = «¿Nos echamos unos mojitos?» (L. Sepúlveda, *Nombre de torero,* 127) = ORTIZ = SANTIESTEBAN = CONSULTAS

mojo. m. **(1)** Salsa a base de aceite de oliva o manteca de tocino, con cebolla, alcaparras, pimiento, ají, laurel y sal, cocida y servida con viandas pero más a menudo con pescado. (PR): «En el campo se pasa mal. La comida es pobre: arroz y habichuelas, mojo, (...) arencas* de agua, bacalao, sopa* larga y mucha agua para rellenar.» (A. Díaz Alfaro, *Terrazo,* 89-90) = MAURA = ÁLVAREZ NAZARIO **(2)** Moho. (Ec. y otros): «De estar un ratito libre / Confieso que tengo antojo; / De tanto estar en la cárcel / Ya me va criando mojo.» (J. L. Mera, *Cantares del pueblo ecuatoriano,* II, 35) = SANTAMARÍA DGA = CONSULTAS

mojón. m. **me importa todo un mojón de puta.** fr. vulg. Me importa un pepino. (PR): «(...) *a mí me importa todo un mojón de puta* (...).» (L. R. Sánchez, *La Guaracha del Macho Camacho,* 24) = CONSULTAS

mojonear. intr. Tomarse el tiempo necesario antes de hacer algo; hacerse el remolón. (PR): «Y el ex <marido> a todo pulmón: ¡Si no abres, te tumbo la puerta! / Dalia me mira, mojonea, se aguanta y por fin, abre.» (A. L. Vega, *Pasión de historia,* 76) = MAURA = CONSULTAS

mole. m. Muelle. (Ch.): «Sentado en el mole donde los pescadores ofrecían sus mariscos (...).» (A. Skármeta, *Ardiente Paciencia,* 51) = CONSULTAS

moledero. m. Mesa grande de cocina; tabla al lado del fregadero. (CR): «Tomó taza tras taza de manzanilla y caña agria, levantó sola la pesada tabla del moledero cuando en otras ocasiones no se animaba ni a moverla.» (J. Pinto, *Los marginados,* 17) = QUESADA = GAGINI = ARROYO = CONSULTAS

moletón. m. Tela para filtrar líquidos. (Par.): «Estas <las aguas superficiales> se clarificaban con un coagulante (alumbre) y su pureza bacteriológica se aseguraba con permanganato de potasio. El sistema se completaba con un filtro, hecho de una tela especial que, decían, se llamaba 'moletón' y carbonato de sodio para neutralizar la acidez que dejaba el alumbre.» (H. C. Sosa Tenaillon, *Cincuenta años después,* 87) = CONSULTAS

molleja. f. Punto blando en el centro de la cabeza; mollera. (PR): «(...) te jah metío <has metido> demasiadah ideah en la molleja.» (R. Marqués, *La carreta,* 27) = CONSULTAS

mollito -a. m. o f. Especie de lentejuela. (Cuba = Bol.): «Un joven Palero* 'da vista sencilla con alumamba, que es limo del lecho del río, miel de tierra, la de la colmena que se encuentra en la cavidad de un árbol podrido. Mezcla el limo y la miel con ogén <ojén>, mejorana, geranio y siete mollitas amarillas, y lava los ojos'.» (L. Cabrera, *Reglas de Congo,* 158) = MALARET

momento. m. **(1) a momentos.** fr. De manera intermitente. (Bol.): «Dormimos a momentos despertando al ruido cada vez más lejano y más cansado de la batalla.» (A. Guzmán, *Prisionero de guerra,* 81) = CONSULTAS **(2) de momento.** fr. De repente. (PR): «Cuando iban saliendo, Vitín se vira de momento, me tiende la mano y cuando se la voy a quemar*, me encuentro con una cajetilla de Winston.» (A. L. Vega, *Pasión de historia,* 84) = CONSULTAS

momio -a. adj. Reaccionario, conservador, carca. (Ch.): «Les quitaban los lugares a los compañeros y se los daban a los momios, hasta que nosotros nos avisamos y comenzamos a montar la vigilancia.» (testimonio cit. por C. Urrutia, en: *Historia de las poblaciones* callampas*, n° 11, p. 84) = «–(...) Antes de llegar a casa compré algunas cosas en el almacén de la esquina, cuya propietaria es momia. ¿No me miró de una manera especial?» (H. Valdés, *Tejas Verdes*, 23) = CONSULTAS (y confirmación del autor)

mona. f. Cara, cabeza, crisma. (CR): «–Mi hermano jugó una vez la yunta'e güeyes <de bueyes> de papá... Y el viejo le rajó la mona con un garrote...» (C. L. Fallas, *Gentes y gentecillas*, 31) = ARROYO

monda. f. Castigo fuerte, que muchas veces consistía en azotes. (Cuba): «Al día siguiente, por quítame allá esas pajas, como suele decirse, enseguida me dieron mi buena monda, me pusieron una gran mordaza y me pararon en un taburete en medio de la sala con unos motes, de los que me acuerdo, por detrás y por delante.» (J. F. Manzano, *Autobiografía de un esclavo*, 68) = PICHARDO

monda(d)o -a. p. adj. Véase **gallo* monda(d)o.**

mondonguera. f. Criada, mondonga –desp. (Cuba): «Así se fue viviendo hasta la noche en que Cimarrón se encerró demasiado tiempo en el cuarto de una mondonguera.» (A. Carpentier, *Cuentos completos*, 130) = SOPENA

monear. tr. Treparse a un árbol como mono. (Ven.): «(...) Camacho cumplía todas las pruebas. Moneó hasta arriba el cocotero más alto de la playa de Maiquetía.» (G. Meneses, *Campeones*, 8) = TEJERA = SANTAMARÍA DGA

moneda. f. **de moneda.** fr. Rico, con dinero (Col.): «(...) parece que es de moneda, ha pagado ambas cuentas (...).» (U. Valverde, *Bomba Camará*, 53) = CONSULTAS

monga. f. Gripe, influenza; enfermedad en general. (PR): «Expectoraba muy a menudo. Díjome: / –Me está llevando el diablo con esta monga. Y yo que tengo un catarro encerrado...» (E. Laguerre, *La llamarada*, 59) = «Tengo una monga del carajo. Hasta siento un principio de fatiga en el pecho, regresión absoluta a mi infancia de casa de madera.» (A. L. Vega, *Pasión de historia*, 25) = «–Ha tenío <tenido> un principio de monga.» (R. Marqués, *La carreta*, 143) = MAURA = GAZTAMBIDE ARRILLAGA = ÁLVAREZ NAZARIO

mongo -a. adj.; ú. t. c. s. Falto de fuerzas o energías; que padece parálisis; torpe, bobo o que no sirve. (PR = Cuba): «Pío Pachú no es ningún mongo.» (E. Laguerre, *La llamarada*, 228) = «(...) no hay que permitir que la Comisión de Derechos Civiles estropee y desfigure con su pelea monga la claridad meridiana de los acontecimientos.» (L. R. Sánchez, *La Guaracha del Macho Camacho*, 212) = «(...) traté par de veces de hacerla reír con unos chistes que lo que daban era asco de lo mongos.» (A. L. Vega, *Pasión de historia*, 66) = MAURA = ÁLVAREZ NAZARIO = CLAUDIO DE LA TORRE = MALARET = SOPENA = CONSULTAS = SANTIESTEBAN

mongón. m. Especie de mono, de color negro, cuya sangre supuestamente cura enfermedades de las vías respiratorias. (Ec.): «De improviso, Manuel Remberto se incorporó para toser. Una bocanada de sangre encharcó el piso de caña picada. / –Está jodido, compá <compadre> –exclamó, algo apenado, el cholo–. Esa es la paletera*. Pero no se preocupe, eso se cura facilito, tomando sangre de mongón. / –(...) tomar sangre caliente de ese mono es como la mano de Dió <Dios> pa <para> los que están del pulmón (...). Por estas montañas saben andá en grandes manadas los mongones.» (A. Ortiz, *Juyungo*, 104) = CONSULTAS

monguera. f. Flojera, pereza. (PR): «El sol le quema la monguera (...).» (L. R. Sánchez, *La Guaracha del Macho Camacho*, 59) = MAURA = MALARET = SOPENA

monicongo. m. Muñeco más o menos ridículo; úsase sobre todo en la fr. **no ser más que un monicongo pintado en la pared**, que significa 'ser la quinta rueda del coche', 'ser el pito del sereno'. (Col.): «(...) ya no soy más que un monicongo pintado en la pared en esta casa de espantos donde le era imposible impartir una orden que no estuviera cumplida desde antes (...).» (G. García Márquez, *El otoño del patriarca*, 235) = MALARET = SANTAMARÍA DGA = SOPENA = HAENSCH y WERNER (quienes indican el sentido de la palabra aislada **monicongo**)

monina. m. Hermano en la religión Abakuá. (Cuba): «Ese <un gallego residente en Cuba> llegó a ser un potentado muy conocido. Y cuando era millonario, unos viejos moninas lo fueron a ver para que pagara <sus cuotas>; dijo que no: que él era hombre de negocios, que ya no le hacía falta ser abakuá.» (L. Cabrera, *La sociedad secreta abakuá*, 52) = CONSULTAS

monitor. m. Colegial encargado de vigilar a los demás colegiales. (Perú = Arg.): «Ese año saqué notas altísimas en el Colegio y los profesores me trataban bien, me ponían de ejemplo, me hacían salir a la pizarra, a veces me nombraban monitor y los muchachos del Sáenz Peña me decían chancón*.» (M. Vargas Llosa, *La ciudad y los perros*, 58) = CONSULTAS

monja. f. Cierta bebida. (Méx.): «Mezclaban el anís dulce con cubitos de hielo y eso daba la *monja*, una bebida nubosa que se subía rapidito, como beberse el cielo, muchachas, como emborracharse de nubes (...).» (C. Fuentes, *La frontera de cristal*, 23) = CONSULTAS

mono. **(1) mono -a.** m. y f. Palabra despectiva con la que los serranos designan a los habitantes de la Costa. (Ec.): «–Oiga, majadero, le contestó, debe saber usted, que si vuelve a insultarme, le abro de un machetazo. Los serranos no somos *aguantadores* de insultos de *monos.* ¿Comprende?» (L. A. Martínez, *A la Costa*, 221) = «–(...) buscan serranos porque dizque son sumisos y cobran menos. –¿Menos que allá en la tierra? –No; aquí <en la Costa> pagan más. Pero a los serranos menos que a los monos, siempre.» (E. Gil Gilbert, *Nuestro pan*, 188) = CORNEJO = CONSULTAS **(2)** m. Persona cualquiera, individuo; persona extraña o desconocida. (Ur. = Arg.): «Pero declaré y el mono que me tomaba la declaración le dijo a la guardia que me pasaran al patio y me sentaran allí, en un banco (...).» (C. Martínez Moreno, *Coca*, 119) = «Hay que enchalecarlos a esos monos. El chivudo <barbudo> no deja dormir a nadie con el violín.» (E. Estrázulas, *Pepe Corvina*, 36) = CONSULTAS = CHIAPPARA **(3)** Sexo de la mujer. (Méx., CR): «(...) una mama, la segunda me mete el dedo por el ano, la tercera me besa los huevos, la cuarta me pone el mono en la boca, la quinta me chupa las tetillas, la sexta me lame los dedos de los pies (...).» (C. Fuentes, *El naranjo*, 202) = «–¿Metérsela? Pero qué, dónde. / –Esto, la paloma*. / –¿La pistolilla? / –Sí, huevinches <idiota>, por el monito.» / –¡Por el monito! Y ¿se puede?» (F. Dobles, *Los años, pequeños días*, 40) = CONSULTAS **(4) mono -a** (o: **re-mono -a**). adj.; ú. t. c. s. m. y f. Dícese de la persona que se siente a gusto. (Méx.): «(...) penetró a <en> la sala, buscando sitio casi a tientas, 'como buen provinciano, *re-mono*'.» (A. Yáñez, *La creación*, 148) = CONSULTAS **(5) monos.** m. pl. Tiras cómicas, o dibujos animados. (Méx.): «El caricaturista Cabral regocijaba con anécdotas de redacción, de galanterías y de agravios provocados por la 'comedia humana' de sus 'monos'.» (A. Yáñez, *La creación*, 215) = «Tarjetas postales, anuncios de películas, cajetillas de cigarros, cajitas de cerillos <cerillas>, corcholatas* de refrescos, revistas de monos, todo lo acomodó doña Zarina con un celo que desesperaba a sus hijos (...).» (C. Fuentes, *La frontera de cristal*, 15) = CONSULTAS **(6) hacerse la del mono.** fr. Hablando de un hombre, masturbarse. (Arg. = Ur.): «(...) no se da cuenta que un tipo con el marolo* del Charrúa no puede haberse hecho las pajas que se ha hecho el paraguayo, o Colombo, y además un tipo que ya tiene su mina <chica> ¿qué necesidad tiene de hacerse la del mono? (...).» (M. Puig, *La traición de Rita Hayworth*, 211) = CONSULTAS

monologuista. m. y f. Artista profesional que recita monólogos. (Ch.): «(...) Mr Jaiva, parodista*, imitador, monologuista. Gran éxito en los mejores casinos de Sudamérica.» (M. Rojas, *El delincuente... y otros cuentos*, 91) = CONSULTAS

montada. f. Grupo de soldados a caballo. (Guat., Hond. = Méx. y Nic.): «Una polvareda rojiza cerca de las estrellas fue todo lo que vieron de la montada que pasaba al galope por el sitio del que se acababa de apartar.» (M. A. Asturias, *El señor presidente*, 190) = «–(...) Muchos por andar hablando babosadas*, se fueron a picar piedra a los caminos o a traer zacate <hierba> para las bestias de la montada.» (M. Funes, *Oro y Miseria*, 139) = SANTAMARÍA DGA y DM = MEMBREÑO

montado -a. p. adj. **(1)** Véase **montar. (2) montado -a en el macho.** fr. Véase **macho.**

montal. m. Monte tupido . (Perú): «Sus ojos se familiarizaron con el montal verdegrís y la mancha roja de los peñascos.» (C. Alegría, *Los perros hambrientos*, 64) = CONSULTAS

montañero -a. (1) m. y f. Habitante de la jungla o selva tropical. (Ec.): «Una caja vacía, un potrillo* de buena madera, al garete, sin dueño, y el techo del rancho de un miserable montañero, les hacían sospechar a ambos la presencia de algún ahogado.» (A. Ortiz, *Juyungo*, 157) = «A lo lejos (... sonaban broncos, elementales y sin gusto tres 'churos*' de los montañeros.» (N. Estupiñán Bass, *Cuando los guayacanes florecían*, I, 61) = CONSULTAS **(2)** adj. De la jungla o selva tropical. (Ec.): «Las malas yerbas, los bejucos y las lianas crecían cubriéndolo todo; las aromáticas plantas de chillangua y chirarán, que salpica <salpican> de gusto la comida montañera.» (A. Ortiz, *Juyungo*, 11) = CONSULTAS

montar. (1) tr. Dominar, humillar. (Ec. y otros): «Para mí no hay más hombre que los demás. Pero, eso sí... que nadie se me quiera montar.» (A. Ortiz, *Juyungo*, 58) = SANTAMARÍA DGA **(2)** intr. o tr. Hablando de un médium o de un dios, posesionarse de uno o de una de los fieles durante una sesión de santería*. (Cuba): «–'(...) Un día en una sesión tuve la inspiración de llamar a San Miguel, que bajó y agarró <se posesionó de> a una muchacha. Dio tres patadas en el suelo y habló. Los videntes vieron a San Miguel Arcángel con el Diablo a sus pies. –Me han llamado –dijo el Santo 'montado'.» (L. Cabrera, *Supersticiones y buenos consejos*, 21) = CONSULTAS (véase también **montado**) **(3)** tr. Enojar. (Guat.): «(...) el coronel se va a montar y (...) nos va a mandar arrestar (...).» (M. A. Flores, *Los compañeros*, 116) = RUBIO

monte. m. **(1)** Planta silvestre, que no se cultiva. (Méx., Ec. y otros): «–(...) preguntá dónde vive don Jaime Rovelo. Le precisa que arranquen el monte de su patio.» (R. Castellanos, *Balún-Canán*, 62) =

«–La tunda* es jodida, palabra –siguió don Clemente– (...). Cuando pasa los esteros, les da de comer <a los niños> camarones crudos y les echa ventosidades en la cara, como si hubiera bebido ese monte que mientan pedorrera, para atontarlos (...).» (A. Ortiz, *Juyungo*, 146) = SANTAMARÍA DGA **(2)** Uno de los nombres de la marihuana. (CR, Col.): «Estaban en una fiesta y ni se dieron cuenta, porque estaban bailando y fumando monte como locos.» (A. Chase, *Ella usaba bikini*, 66) = «Todo aquel que hiriere a otro en una disputa por posesión de marimba*, monte o maracachafa, recibirá como pena el cobro de un tiro penal contra su propia valla.» (D. Samper Pizano, *A mí que me esculquen*, 103) = QUESADA **(3) coger el monte.** fr. Desaparecer, huir, irse. (PR, Ven.): «Te doy pan pero desaparécete, coge el monte, esfúmate bien esfumado como un personaje que se esfuma en una novela de Agatha Christie, le dije.» (L. R. Sánchez, *Quíntuples*, 52) = «–José dice que va a coger el monte, con el Caracortá.» (A. Croce, *La roca desnuda*, 96) = CONSULTAS = CLAUDIO DE LA TORRE (quien recoge esta fr. en **coger**) = TEJERA **(4) estar de monte a monte.** fr. Dícese de un río que anda muy crecido. (Perú): «(...) la gente se daba cita en la orilla para verlo cruzar el río cuando estaba de *monte a monte* (...), es decir, cuando se desbordaba sobre sus márgenes y alcanzaba una profundidad de cinco a seis metros y más de cien de anchura (...).» (E. López Albújar, *De mi casona*, 40) = CONSULTAS **(5) pechar monte.** fr. Abrirse paso trabajosamente por la selva o el monte. (Bol.): «Andamos pechando monte, todo el santo día, bajo el sol canicular que parece evaporarnos la sangre.» (A. Guzmán, *Prisionero de guerra*, 83) = MUÑOZ REYES (quienes recogen la expresión en **pechar**)

montera. f. Borrachera. (Hond.): «–(...)¡Qué raro! ¡Lucio Pardo, en día de pago, sin ponerse una montera de Cristo y señor mío!» (R. Amaya Amador, *Prisión Verde*, 317) = SOPENA

montería. f. Establecimiento para explotar maderas preciosas, situado generalmente en medio de las selvas. (Méx. = Guat.): «Claro, allí estaban sonsacándolos <a los indios> los dueños de las monterías, extranjeros a los que no les interesa más que la prosperidad de su negocio y que enganchaban a los indios para llevárselos de peones a las madererías o de recolectores en los cafetales de la costa.» R. Castellanos, *Balún-Canán*, 95) = SANTAMARÍA DGA

montonera. f. Amontonamiento de personas o animales, que forman un entrevero desordenado y peligroso. (Arg. = Col. y Ur.): «Las bestias se sumían en el agua, bebiendo atropelladamente. Otras se echaban. Otras les pasaban por encima con peligro de ahogarlas. Nosotros no teníamos más tarea que la de impedir las montoneras y ordenar en lo posible aquel tumulto.» (R. Güiraldes, *Don Segundo Sombra*, 93-4) = CONSULTAS = HAENSCH y WERNER

montura. f. **(1)** Silla de montar. (Arg.): «JERGA*. Especie de pequeña alfombra, tejido basto y grueso de lana, que se pone sobre el lomo del caballo para que no lo lastime la montura.» (S. M. Lugones, nota al verso 369 de la Primera Parte de *Martín Fierro* de J. Hernández) = SANTAMARÍA DGA = CONSULTAS **(2) rayar la montura** (o: **el caballo**, o: **el flete**). fr. Véanse **rayar el caballo***, y **rayar el flete***.

moña. f. En el fútbol, movimiento hecho con el cuerpo para escapar a un rival; regate. (Ur.): «Personalmente, me deleitaban las moñas de Aníbal Ciocca (...).» (H. Alfaro, *Por la vereda del sol*, 78) = CONSULTAS

moño. m. **(1) corbata de moño.** fr. Véase **corbata. (2) corbata de moño bohemio.** fr. Véase **corbata.**

moñón -ona. adj.; ú. sobre todo en f. Que tiene mucho pelo. (Ec.): «–Es que anoche vi al tintín*, señorita. / –¡Qué tintín ni qué tontería! / –De verdad. El tintín que se abaja* a las mujeres moñonas.» (A. Pareja Diezcanseco, *La Beldaca*, 96) = CONSULTAS

moquillento -a. adj. Que tiene mocos que le cuelgan de la nariz; por extensión, sucio. (Ch.): «La Manuela nomás*, la que puede bailar hasta la madrugada y hacer reír a una pieza llena de borrachos y con la risa hacer que olviden a sus mujeres moquillentas (...).» (J. Donoso, *El lugar sin límites*, 132) = CONSULTAS

mora. f. Árbol tropical (*Chlorophora*, o: *Viburnum*, o: *Zizyphus*, *etc.*) de grandes dimensiones. (Ven.): «La mora gigante del ramaje sombrío inclinado sobre el agua dormida del caño (...).» (R. Gallegos, *Canaima*, 14) = SANTAMARÍA DGA

mora(d)o. (1) morado (o: **palo del morado**). m. (o: fr. m.). Cierto árbol tropical que da caucho. (Ven.): «–¿Para dónde la lleva, amigo? / –Para el morado. Este es el año de hacerse rico. Se espera un buen invierno <estación de las lluvias> y será mucha la goma que habrá en los palos del morado.» (R. Gallegos, *Canaima*, 182) = CONSULTAS **(2) morado -a.** adj. Cobarde. (Arg.): «Se venían tan calladitos / que yo me puse en cuidao; / Tal vez me hubieran bombiado <bombeado*> / y me venían a buscar; / mas no quise disparar, / que eso es de gaucho morao.» (J. Hernández, *Martín Fierro*, I, versos 1487-92) = SOPENA = VERDEVOYE

moralón. m. Cierto árbol *(Coccobalo grandifolia)* estimado por su madera rojiza, pesada y de fácil pulimento. (PR): «Prefiero un buen caballo; una casa venerable de ausubo y moralón, con techo a cuatro aguas, amplio balcón, resistente (...).» (E. Laguerre, *La llamarada*, 186) = MAURA = ÁLVAREZ NAZARIO = SANTAMARÍA DGA

morcilla. f. Mujer gorda y coloradota. (Ec.): «Antes que tenías algo, / Te hacía sentar en silla; / Ahora que no tienes nada, / **Pampapi tiari** <siéntate en el suelo>, morcilla.» (J. L. Mera, *Cantares del pueblo ecuatoriano*, 93) = CONSULTAS

morder. intr. y tr. Recibir un soborno. (Méx., CR): «El soborno se llama 'morder'.» (O. Paz, *El laberinto de la soledad*, 71) = «No sólo debía evitar que a mí me quitaran dinero; debía evitar que a los compañeros les robaran o los mordieran, porque si les quitaban cien o más dólares yo los perdía ya que era responsable de todos.» (Miguel Salguero, *A la caza del coyote*, 67) = SANTAMARÍA DGA = JIMÉNEZ

morete. m. Moradura en la piel. (Méx. = Guat., Hond. y CR): «El músico estuvo a punto de revelar (...) el doloroso dominio de sus celos al descubrir moretes y otras huellas en el cuerpo de su amiga (...).» (A. Yáñez, *La creación*, 255) = MALARET = SANTAMARÍA DM y DGA = MEMBREÑO = ARMAS = RUBIO = CONSULTAS

morfar. **(1)** intr. o tr. Comer(se). (Arg. = Ur.): «Hoy se lleva a empeñar / al amigo más fiel. / Nadie invita a morfar...» (E. Cadícamo, «Al mundo le falta un tornillo», en: J. Barreiro, *El Tango*, 162) = «(...) 'con todo lo que morfa se vuelve puro culo y panza este enano, si no se mueve (...)'.» (M. Puig, *La traición de Rita Hayworth*, 129) = CASULLO = GOBELLO = TERRERA **(2)** Poseer sexualmente a una mujer. (Arg.): «La cuestión es que la cita tuvo lugar y las pibas no se dejaron tocar la epidermis ni por equivocación, a pesar de lo cual los dos canallitas a la noche contaron de que se las habían morfado.» (M. Puig, *La traición de Rita Hayworth*, 265) = GOBELLO

moriche. m. Chinchorro hecho generalmente con fibras de la palmera 'moriche'. (Ven.): «Hablamos naderías; llegada la hora de la siesta, nos tendimos diagonalmente, él en un moriche y yo en una hamaca, cuya apología haré cualquier día, por ser ella mi constante inspiradora.» (M. V. Romero García, *Peonía*, 158) = SANTAMARÍA DGA = TEJERA

moridero. m. Lugar insalubre, donde se puede morir o se muere. (Col. = Ec.): «(...) me llegué por casualidad hasta aquel moridero de indios.» (G. García Márquez, *Crónica de una muerte anunciada*, 142) = SOPENA = CORNEJO

morito. m. Niño sin bautizar. (Ec.): «A la mañana, el negrito Emérido no pudo levantarse. La fiebre y el vómito lo tenían postrado. (...) María de los Ángeles dijo: –Para mi ver, es ojo*. –Ya está muy grande para que lo ojeen –replicó don Cristo. Eso sólo le da a los moritos tiernos.» (A. Ortiz, *Juyungo*, 148) = CONSULTAS

moriviví. m. Sensitiva *(Mimosa pudica)*, planta rastrera que parece morir cuando se la pisa, y que revive poco después. (PR): «Iban guiados por un muchacho sucio, de unos catorce o quince años, con unos pies duros, a prueba de *pringamoza** y *moriviví*. (...). ¡La cabecita rosada del moriviví, la flor sangrienta de la amapola, el júbilo blanco de los duendes*!» (E. Laguerre, *La llamarada*, 59 y 221) = MAURA = MALARET = GAZTAMBIDE ARRILLAGA = DÍAZ MONTERO

morlaco. **(1)** m. Dinero; unidad de dinero que hoy se aplica al quetzal. (Guat.): «–(...) ¿Tenés suficiente para los primeros meses? Mirá, aquí tengo quince morlacos, a ver si te sirven.» (M. A. Flores, *Los compañeros*, 46) = ARMAS = RUBIO = SANTAMARÍA DGA **(2)** **morlaco -a.** adj.; ú. t. c. s. Natural de la ciudad serrana de Cuenca, o de su región. (Ec.): «Aquí el pueblo morlaco. Un tanto sombrío, es decir meditativo, religioso, casi místico, es decir, enteramente permeable para la trayectoria espiritual.» (M. M. Muñoz Cueva, *Cuentos morlacos*, 14) = «El Montubio que la engendrara en una Morlaca vivísima, dicharachera, coqueta, linda criolla que lo enloqueciera.» (M. Corylé, *Gleba*, 64) = MATEUS = CARVALHO-NETO = CONSULTAS

moro. **(1)** m. pl. Frijoles negros; ú. en la expresión **moros y cristianos**. (Cuba): «(...) *Deliciosos moros sabrosos negros, Entre* queriendo anunciar frijoles negros y el arroz con frijoles apodado en La Habana moros y cristianos, que dijo que era una invitación expresa a André Gide (...).» (G. Cabrera Infante, *Tres tristes tigres*, 346) = SANTAMARÍA DGA = CONSULTAS = SANTIESTEBAN **(2)** m. sing. o pl. Plato de comida que incluye arroz y habichuelas –también se le llama **congrí**. (Rep. Dom.): «El padre Liranzo concluyó su parva comida –moro con guandules*, longaniza rehogada, tostones* y café– (...).» (C. E. Deive, «En el pueblo hay guerrilleros», en: J. Alcántara, *Antología de la literatura dominicana*, 122) = RODRÍGUEZ = OLIVIER = MALARET **(3)** **moro -a.** adj. Dícese del caballo o yegua que presenta una mezcla de pelos blancos y negros, con neto predominio de los negros, de modo que es más oscuro que el tordillo. (Arg.): «(...) andaba <el viejo Vizcacha> siempre en un moro, / metido en no sé qué enriedos <enredos>, / con las patas como loro, / de estribar entre los dedos.» (J. Hernández, *Martín Fierro*, II, 2.171-4) = CONSULTAS **(4)** **(ser) moro al agua.** fr. Estar en peligro de muerte, o derrotado. (Guat.): «Vos decís que tosía y la tos no es ninguna buena recomendación, sobre todo por aquí, onde <don-

de> el que tose es moro al agua.» (M. A. Asturias, *Viento fuerte,* 59) = ARMAS **(5) mirar** (o: **ver**) **moros con tranchete.** fr. Ver peligros imaginarios. (Méx.): «–Ya sé que no me van ustedes a creer –nos dijo esa vez el Berrueco–, pero les aseguro que es cosa cierta, rigurosamente cierta. Un general de los más inmediatos a Carranza ha conchabado al Gaucho Mújica para que vaya a asesinar a mi general Villa. (...) / –Usted, amigo Berrueco –dijo Domínguez–, anda mirando moros con tranchete.» (M. L. Guzmán, *El águila y la serpiente,* 324-325) = CONSULTAS **(6) moros y cristianos.** m. pl. Arroz y frijoles negros. (Cuba = Ec.): «(...) *Deliciosos moros* sabrosos negros, Entre* queriendo anunciar frijoles negros y el arroz con frijoles apodado en La Habana moros y cristianos, que dijo que era una invitación expresa a André Gide (...).» (G. Cabrera Infante, *Tres tristes tigres,* 346) = CONSULTAS = CARVALHO-NETO

morocho -a. adj. De tez morena; es a veces eufemismo por persona negra. (Ur., Arg. = Col. y otros): «Marta Luz era una morena distinta a las que había en las tierras del Capitán, 'una morocha' como dicen en el Río de la Plata; una mestiza de facciones ligeramente achatadas y de pelo espontánea o artificialmente lacio.» (C. Martínez Moreno, *Coca,* 87) = «Un hombre de chambergo*, morocho, reía histéricamente y tiraba piedras (...).» (E. Sábato, *Sobre héroes y tumbas,* 277) = CONSULTAS = SANTAMARÍA DGA = VERDEVOYE = HAENSCH y WERNER

morochucos. m. pl. Tribu de indígenas que vivían en la pampa del mismo nombre, en el departamento de Ayacucho. (Perú): «La guerra de 1879, (...) la perdimos. (...) ¡Y cómo no perderla si el nuevo Presidente, General Iglesias, salió a combatir a los morochucos vestido y armado por los chilenos!» (M. Scorza, *Redoble por Rancas,* 218) = SANTAMARÍA DGA

morón -ona. adj. Estúpido, muy lento para entender. (PR): «(...) en mi opinión, o la tipa es morona o es de ésas que se pelan por coger fuete pa <para> su propio fondillo.» (A. L. Vega, *Pasión de historia,* 49) = MAURA = CLAUDIO DE LA TORRE

morrito. m. Véase **morro.**

morro. m. **(1) morro** (o: **morrito,** o: **árbol de morro).** Güira (árbol). (Hond. = Rep. Dom., Méx., Guat. y El Salv.): «Inmenso desierto cubierto de grama* seca y de cardos. Si se encuentra una sombra es media sombra, porque al morro y a la cagalera* les da vergüenza interceptar del todo la luz del astro rey.» (M. A. Rosa, *Tío Margarito,* 84) = ARMAS = SANTAMARÍA DGA y DM **(2) morro** (o: **morrito).** Fruto del **árbol del morro,** del que se hacen recipientes para la cocina. (Rep. Dom., El Salv. = Méx., Guat. y Hond.): «–Dios se lo pague todo –dijo el peregrino al devolver vacío el morrito de café.» (J. Acosta hijo, «A mí no me apunta nadie con carabina vacía», en: S. Nolasco, *El cuento en Santo Domingo,* 31) = «Un morro nos sirvió de globo terráqueo (...): expliqué el origen del día y la noche, la materia y su capacidad de transformación.» (F. Metzi, *Por los caminos de Chalatenango,* 105) = RODRÍGUEZ = OLIVIER = ARMAS = SANTAMARÍA DGA y DM

morroñoso -a. adj. Áspero, rugoso. (Guat. = Nic.): «Al decir así el sacristán restregó la espalda en el muro morroñoso para botarse los piojos.» (M. A. Asturias, *El señor presidente,* 14) = CONSULTAS = RABELLA y PALLAIS

morrudo -a. adj. **(1)** Fornido, recio. (Par. = Arg.): «Era una morruda campesina de edad indefinible.» (A. Roa Bastos, *Hijo de hombre,* 216) = VERDEBOYE **(2)** Importante, de mucha monta. (Arg.): «No se trataba de cuatro reales, era morrudo el negocio, era un platal... (...).» (E. Cambaceres, *En la sangre,* 211) = CONSULTAS

mortero. m. Lanzacohetes (o mortero de feria); fuegos artificiales. (Guat. y otros): «Las bombas voladoras eran colocadas (...) por muchachones que hacían sus primeros tanes* en los morteros, y otros, más adiestrados, tan pronto como el proyectil caía en el mortero dejando fuera la punta de la mecha como la cola de una rata, aproximaban el tizón y... pon...pon...pon... estallidos violentos, terráqueos, seguidos de roncas detonaciones en medio de la celeste inmensidad ya con estrellas.» (M. A. Asturias, *Hombres de maíz,* 158) = CONSULTAS

mortiño. m. Cierto fruto silvestre (*Vaccinium mortinia*) del páramo, parecido al arándano. (Ec.): «Al cruzar la olorosa vegetación del páramo, olor a musgo, a zagalitas, a huaicundos <plantas parásitas>, se fueron empipando <ahitando> de mortiños, (...) de cerotes*.» (G. A. Jácome, *Porqué se fueron las garzas,* 195) = SANTAMARÍA DGA = CODERO EB = TOBAR GUARDERAS = CONSULTAS

morusa. f. Pelo enmarañado, o buena porción del mismo. (PR = Rep. Dom. y Ven.): «JUANITA. –(*Entrando por el fondo y peinándose con energía).* Ay, mamá, no chille tanto. Me va a reventar er <el> tímpano. / DOÑA GABRIELA. (*Molesta).* (...) ¡Deja de rahquetearte <peinarte> la morusa y has <haz> lo que te digo.» (R. Marqués, *La carreta,* 6) = CONSULTAS = MORÍNIGO

mosaico. m. Moza. (Arg.): «Era un mosaico diquero* / que yugaba* de quemera* / (...).» (A. Marino, «El ciruja*», en: J. Barreiro, *El Tango,* 56) = «–¿Y qué tal *mosaico* era la ñata Froilán? (...).»

(L. Marechal, *Adán Buenosayres*, 267) = GOBELLO = CONSULTAS

moscabar. tr. Amelazar el jugo de la caña –operación que contribuye a aislar el azúcar. (Cuba): «En los cachimbos* se *moscababa* el azúcar.» (M. Barnet, *Biografía de un cimarrón*, 17) = CONSULTAS

mosqueador -a. adj. Dícese del animal que suele mover la cola y las orejas, la mayoría de las veces para espantar los insectos. (Arg.): «(...) en coche de plaza, en un cascajo roñoso, tirado por dos sotretas <caballos viejos> mosqueadores (...).» (E. Cambeceres, *En la sangre*, 148) = CONSULTAS

mosquetear. tr. Mirar sin participar. (Arg. = Bol. y otros): «En el tranvía, en el ómnibus, en el tren (...) nunca el pasajero (...) con su apremiante 'con su permiso' le pide paso. Ud. cree que es para piantar <irse> y el otro se instala bonitamente del lado de la rúa o de los alambrados, mientras que Ud. queda para mosquetear.» (R. Arlt, *Las aguafuertes porteñas de Roberto Arlt*, 170) = MALARET = SANTAMARÍA DGA = MORÍNIGO

mosquito -a. adj.; ú. t. c. s. Indio *Mízquito*, o zambo de la costa atlántica. (CR = Nic. y otros): «Un secreto que me dio un zambo mosquito.» (C. Lyra, *Los otros cuentos*, 129) = «(...) fueron Yngleses é indios *Mosquitos* los que asaltaron y ganaron el fuerte (...).» (documento de 1749 cit. por L. Fernández, *Colección de documentos para la historia de Costa Rica*, vol. 2, 397) = CONSULTAS = QUESADA

mostacilla. m. o f. Chiquillo, o concurrencia de chiquillos. (Arg.): «Los jóvenes, los muchachos, no pasan de seguir siendo muchachos para ellos <los viejos>, mostacilla...(...).» (E. Cambaceres, *En la sangre*, 155) = CONSULTAS = VERDEVOYE

mosto. m. Vino. (Ch.): «(...) mientras el caballero le estará atracando* tupido* al mosto (...).» (M. Rojas, *El delincuente... y otros cuentos*, 74) = CONSULTAS

mostrenco. **(1)** m.; ú. t. c. adj. Bisoño, inexperto –hablando especialmente de un militar. (Bol.): «Nos quitamos las blusas y arremetemos contra el tuscal* con denuedo muscular. Como todos los macheteros somos 'mostrencos', improvisados, nos lastimamos deplorablemente con los espinos (...) en forma de uñas de gato.» (A. Guzmán, *Prisionero de guerra*, 53) = MUÑOZ REYES **(2)** m. Uno de los insultos más graves. (Perú): «–Y por eso yo le voy a abrir la puerta a tiros a ese mostrenco, luego que el día claree.» (E. López Albújar, *Nuevos Cuentos Andinos*, 120) = CONSULTAS (véase también **indio* mostrenco**)

mota. f. Véase **moto -a.**

mote. m. **como mote.** fr. En abundancia. (Ch.): «Ganaba plata como mote. Y tanta llegó a ganar que se volvió pretencioso y fantástico.» (M. Rojas, *El delincuente... y otros cuentos*, 109) = MALARET = SANTAMARÍA DGA

motea(d)o -a. p. adj. Estar bajo los efectos de la marihuana. (PR): «Usa esas gafas oscuras que en mi adolescencia eran signo seguro del *moto**, de estar *moteao*.» (E. Rodríguez Juliá, *El entierro de Cortijo*, 19) = CLAUDIO DE LA TORRE

motelear. motelear con alguien. tr. ind. Tener una aventura amorosa, acostarse con esta persona. (PR): «(...) se enteró de que yo moteleaba con uno de mis primos de La Cantera– dijo La Madre.» L. R. Sánchez, *La Guaracha del Macho Camacho*, 60) = CONSULTAS

moto (o: **mota**). **(1)** m. Marihuana. (PR, Méx.): «Usa esas gafas oscuras que en mi adolescencia eran signo seguro del *moto*, de estar *moteao**.» (E. Rodríguez Juliá, *El entierro de Cortijo*, 19) = «Ahora que si a usted no le gusta ni la música clásica ni la popular, para no entrar en más problemas, dése un buen toque de mota e imagínese que está en un concierto de los Rollings Stones, espero que le funcione.» (L. Esquivel, *La ley del amor*, 5) = CONSULTAS = CLAUDIO DE LA TORRE **(2) moto -a.** m. y f. Becerro sin su madre, y, por extensión, huérfano. (Hond., CR = Nic.): «Observó con detenimiento a la muchacha descalza y vestida de luto. La había visto muchas veces en la calle. –¿Tú eres la hija de una señora que murió en la vecindad? –Sí, señora Romo: soy Catica, la hija de Natalia Cueto, que en paz descanse. Murió de cáncer en el Hospital San Felipe. –Lo siento, muchacha. Es triste quedarse mota a tu edad. Pero debes tener familia que te proteja ¿no es así?» (R. Amaya Amador, *Cipotes*, 147) = «(...) la señora Nicolasa –pues así se llamaba– arrolló los petates* para el otro barrio, y la miniatura de José Blas, con seis años justos, fue entregada a su padrino don Sebastián Solano (...). Cuando entró a la escuela, alguno de sus compañeros, con atisbos de encono, le llamó el *moto* y así se prosiguió apellidándole dentro y fuera de su casa.» (J. García Monge, *El moto*, 20) = MEMBREÑO = QUESADA = RABELLA Y PALLAIS

motora. f. Motocicleta. (PR): «(...) motoras que cabriolean por los viales* escasos (...).» (L. R. Sánchez, *La Guaracha del Macho Camacho*, 36) = CONSULTAS

motorista. m. Taxista. (Ec.): «Venía triunfal entre sus <partidarios> motoristas que gritaban por todos los motores de sus carros <coches>.» (M. Corylé, *Gleba*, 143) = CONSULTAS

motoso- a. adj.; ú. t. c. m. y f. Serrano, campesino; rústico –desp. (Perú): «Las otras eran unas cholas de poco más o menos. Motosas, chapudas*, escandalosamente bastas (...).» (E. López Albújar, *Nuevos Cuentos Andinos*, 161) = MORÍNIGO = SOPENA

movida. f. **(1)** Aventura amorosa informal; persona objeto de ella. (Méx.): «¿No sería su novia o movida? Los veo medio amartelados.» (V. A. Maldonado, *La noche de San Bernabé*, 76) = JIMÉNEZ **(2)** Asunto sucio, maquinación, conspiración. (Guat.): «–Era uno de los abogados más tramposos del país. Si él tenía un caso, seguramente se trataba de una movida no sólo baja sino peligrosa. Juego clandestino, droga, prostitución, todo eso.» (D. Liano, *el hombre de Montserrat*, 32) = «Siempre pensé que esa movida era (...).» (M. A. Flores, *Los compañeros*, 197) = ARMAS = RUBIO

movilidad. f. Automóvil. (Ec., Bol.): «–(...) Ahora que me acuerdo, llevaráse no más* el automóvil. El Jefe se pone caliente cuando le falta su movilidad.» (J. Icaza, *El Chulla Romero y Flores*, 101) = «Sólo había un gentío amontonado frente al edificio y en toda la calle el piteo de las movilidades estacionadas.» (R. Poppe, *Después de las calles*, 65) = CONSULTAS

movilización. f. Medio o medios de transporte. (Ch.): «No hay agua ni luz en las calles. (...) Movilización escasa a más de cinco cuadras de distancia.» (informe cit. por C. Urrutia, en *Historia de las poblaciones* callampas*, n° 11, p. 41) = CONSULTAS

movilizarse. prnl. intr. Desplazarse. (Ch.): «Me movilizaba en el autobús del colegio, era la primera que recogía por la mañana y la última que dejaba por la tarde (...).» (I. Allende, *Paula*, 77) = CONSULTAS

moza. f. **moza mala.** fr. Cierta música, y baile popular de pañuelo –que también se llama marinera. (Perú): «(...) toda esa música ajimordiente y revoloteadora, flor de galpón, deletérea, opiante, con pretensiones de poesía picaresca, improvisada por la musa popular, como la resbalosa*, el agua* de nieve, la moza mala, la mariposa*, el tondero, el pasillo y el danzón...» (E. López Albújar, *Matalaché*, 194) = CONSULTAS

mozada. f. Conjunto de jóvenes; ú. más en el campo. (Perú, Ur.): «Toda la mozada giraba en torno suyo (...).» (E. López Albújar, *Nuevos Cuentos Andinos*, 23) = «Se repartió la moneda, pedazos de papel secante, entre la mozada más decidida.» (E. Amorim, *La carreta*, 28) = CONSULTAS

mozambique. m. Pájaro negro muy común, del tamaño de un mirlo, que suele vivir en bandadas; llámase también **chango*.** (PR): «El negro y lustroso mozambique de ojos cerúleos era cobarde y esquivo al golpe.» (A. Díaz Alfaro, *Terrazo*, 53) = «Cuando soltaba el moño apretado, la mata de pelo negra y brillante, como plumaje de mozambique, le caía lacia más abajo de las caderas.» (R. Marqués, *La víspera del hombre*, 53) = GAZTAMBIDE ARRILLAGA

mozo -a. m. y f. Conviviente. (Col.): «Nunca dejó de pagarme, me dejaba los billetes en el nochero*, aunque le decía que no me pagara, que para eso era mi mozo.» (O. Collazos, *De putas y virtuosas*, 34) = FILIPPO = HAENSCH y WERNER = CONSULTAS

mozotal. m. Matorral, lugar lleno de mala hierba llamada **mozote*.** (CR): «La maldita mostacilla* inundaba los mozotales y la piel se cubría de millones de bichos que atormentaban la epidermis con una picazón infernal.» (H. Elizondo Arce, *La calle, Jinete y yo*, 44) = CONSULTAS

mozote. m. Véase **mozotal.**

múcaro. m. Cierto búho casi siempre rojizo por encima y claro por debajo. (PR): «Repercutía, produciendo eco, el medroso cantar de los múcaros...» (E. Laguerre, *La llamarada*, 204) = «Y de la espesura subía nítida la voz del coquí y el canto ocasional del múcaro.» (R. Marqués, *La víspera del hombre*, 216) = MAURA = SANTAMARÍA DGA = SOPENA

mucha (-ita). f. Beso –es voz de origen quechua. (Ec.): «–¿Quisieras una muchita? / (...).» (J. L. Mera, *Cantares del pueblo ecuatoriano*, II, 101) = «Señorá deme <déme> una mucha. / Señora deme una mucha. / Cuando al cholo* tan* le diste / Cuanti más al general.» (canción popular con leve adaptación en los dos versos finales, interpolada por J. Icaza en *Cholos*, 143) = CONSULTAS = GUEVARA LVPPE (véase también **muchar**)

muchá. voc. Apócope de /muchachos/. (Guat.): «(...) no se preocupen, muchá, (...) no voy a decir nada.» (M. A. Flores, *Los compañeros*, 50) = RUBIO

muchacha. f. **(1) muchacha de adentro.** fr. f. Véase **adentro. (2) muchacha (de) puertas-adentro.** fr. f. Véase **puerta.**

muchacho. m. **(1)** Cierto corte de carne de vaca. (Col.): «Se golpea el muchacho con un mazo, para ablandarlo, se adoba con la mostaza, la cebolla larga, vinagre, sal y pimienta, frotándolos bien. Se deja hasta el día siguiente. (...) Se pone la carne en una sartén (...).» (C. Ordóñez, *Gran libro de la cocina colombiana*, 113) = CONSULTAS **(2) muchacho de capitán.** fr. m. Marinero que se ocupa del servicio del capitán. (Ch.): «(...) había desertado de un vapor en que servía como muchacho de capitán.» (M. Rojas, *El delincuente... y otros cuentos*, 38) = CONSULTAS

muchar(se). tr. Besar(se). (Ec.): «¿Cierto será que el <lago> Cotocachi es guarmi <mujer> del <volcán> Imbabura? / Así diciendo viven. (...) / Y cuando en las noches de relámpagos se prende y apaga el cielo, es porque se están muchando.» (G. A. Jácome, *Porqué se fueron las garzas*, 196) = GUEVARA LVPPE = CONSULTAS (véase también **mucha**)

muchico. m. Sombrero viejo. (Ec.): «(...) y, qué coincidencia, en medio del público, precisamente, dos <indios> guangudos*, bien chantados <puestos> sus muchicos.» (G. A. Jácome, *Porqué se fueron las garzas*, 267) = CONSULTAS

muda. f. Caballos de refresco. (Ur. = Arg.) «Una lucecita roja –de cigarro encendido–, al frente de la tropa, localizaba al jinete que servía de señuelo. Y, con él, la tropilla de 'la muda' que venía bufando, ansiosa por llegar a la aguada.» (E. Amorim, *La carreta*, 155) = MORÍNIGO = SAUBIDET

mudada. f. Muda, ropa para cambiarse; se usa habitualmente para designar la ropa exterior. (Guat., Hond., Nic., Ec. = Cuba y El Salv.): «Conforme a instrucciones entregué personalmente al susodicho Vich, de quien he procurado transcribir la declaración al pie de la letra, ochenta y siete dólares por el tiempo que estuvo preso, una mudada de casimir de segunda mano, un pasaje para Vladivostok.» (M. A. Asturias, *El señor presidente*, 285) = «No tenía segunda mudada y, para amortajarlo, cooperaron dos campeños <campesinos>; uno dio una camisa vieja y, el marido de Rufina, un pantalón muy usado, aunque limpio.» (R. Amaya Amador, *Prisión Verde*, 223) = «También <María del Pilar> le mandaba <a Oliverio Castañeda>, metida en una funda de almohada, su ropa de cama, y sus cosas de tocador; y colgada en una percha, una mudada limpia que ella dio a planchar.» (S. Ramírez, *Castigo Divino*, 219) = «¿Qué es pes <pues>, fiesta tendrás, Andrés? –me averiguó la Mila que me preparaba la mejor mudada.» (G. A. Jácome, *Porqué se fueron las garzas*, 33) = MEMBREÑO = CONSULTAS = RABELLA y PALLAIS = SANTIESTEBAN

mudar. v. Véase **mandarse* mudar.**

mueble. m. Casa, hotel de citas. (Ur. = Arg.): «(...) él me agarró fuerte y empezó a besarme y entonces, pero recién esa noche, no antes, nos fuimos a un mueble (...).» (C. Martínez Moreno, *Coca*, 113) = CONSULTAS = CASULLO = GOBELLO = CHIAPARRA (véase también **amueblada**)

muérgano. m. **(1)** Caballo sin brío. (Ec.): «–¿Qué le pasará al muérgano ese? –preguntó Lastre. –Nada –repuso el viejo desde la hamaca–. Ese es un caballo loco.» (A. Ortiz, *Juyungo*, 146) = CONSULTAS **(2)** Bestia de carga o cualquier otro animal doméstico, en general de poca utilidad. (Ven.): «–(...) Le eché látigo al caballo, un 'muérgano' más flaco que un arpa (...).» (A. Uslar Pietri, *Las lanzas coloradas*, 116) = TEJERA **(3)** Sujeto de poca importancia, vil y despreciable, que no sirve para nada –desp. (Col. = Ven. y Ec.): «No me toque, muérgano asqueroso –dijo ella.» (O. Collazos, *De putas y virtuosas*, 38) = FILIPPO = TEJERA = MATEUS = MALARET

muertaje. m. Gran cantidad de muertos. (Ven.): «–(...) Cuanto español le caía en manos al general Arismendi lo hacía fusilar. ¡Todas las mañanas había ese muertaje!» (A. Uslar Pietri, *Las lanzas coloradas*, 116) = CONSULTAS

muertero. m. Gran cantidad de muertos. (Ven.): «–Esta es una guerra que va llegando a punto. Ahora que hay ese muertero, ahora es que <cuando> es guerra. ¡La guerra es para matar gente! (...) – (...) Yo me mamé* con el general Bolívar la campaña desde Cúcuta hasta Caracas. Ahí sí fue verdad que hubo plomo. Por donde uno pasaba no quedaba sino el 'muertero'. Ese sí es un jefe.» (A. Uslar Pietri, *Las lanzas coloradas*, 59 y 116) = TEJERA

muerto. m. **echarse** (o: **tirarse) a muerto.** fr. Hacerse el muerto, no dar golpe. (Arg.): «Y los jefes acabaron por acostumbrarse al hombre que 'se tira a muerto'. Primero protestaron contra 'ese inútil'; luego, hartos, le dejaron hacer, y el hombre que 'se tira a muerto' florece en todas las oficinas, en todas nuestras reparticiones <negociados> nacionales.» (R. Arlt, *Entre crotos y sabihondos*, 1115) = VERDEVOYE = CONSULTAS

mufla. f. Silenciador de coche. (CR = Ch.): «A la cola se agregaron varios cacharros de los muchachos. El más nuevo, sin guardabarros y con la mufla abierta. ¡Cómo serían los otros!» (J. Gutiérrez, *Te acordás hermano*, 197) = CONSULTAS

mugre. **(1)** adj.; ú. t. c. s. Mugriento, sucio; despreciable. (Col., Ven., Ec. = CR): «Por parecer más fieles al supuesto origen popular del bambuco, muchos de estos compositores imaginan términos que los campesinos colombianos no han escuchado* en su mugre vida.» (D. Samper Pizano, *A mí que me esculquen*, 71) = «Allá están las cornisas mugres agujereadas por los disparos.» (A. González León, *País portátil*, 225) = «¡Silencio, mugres!» (N. Estupiñán Bass, *Cuando los guyacanes florecían*, I, 26) = HAENSCH y WERNER (quienes lo registran c. m. y f.) = CONSULTAS **(2) sacar la mugre.** fr. Dar una paliza. (Perú): «–Vaya –dijo el capitán. Y agregó con repentino mal humor: –Sáqueles la mugre a esos ociosos.»

(M. Vargas Llosa, *La ciudad y los perros*, 164) = BENDEZU = CONSULTAS

mujerear. intr. Ser aficionado a las mujeres, parrandear con ellas. (Perú. = Col.): «(...) todos los hombres, cual más, cual menos, mujerean y maltratan.» (E. López Albújar, *Matalaché*, 56) = SOPENA = HAENSCH y WERNER

mujerero. adj.; ú. t. c. m. Mujeriego. (Ec. = Méx., Am. Centr., Col., Ven., Perú y Ch.): «...Pero volviendo al sargento Lastre, ¡hombre berraco* era! ¡Y qué mujerero, el maldito! Por una mujer blanca daba la vida.» (N. Estupiñán Bass, *Cuando los guayacanes florecían*, II, 82) = MORÍNIGO

mula. **(1)** f. Enfermedad venérea. (Arg.): «Yo me acuerdo cuando apenas te saqué de perdedora / y una cama en el Fernández <hospital de Buenos Aires> para curarte te palmé* / porque un novio de esos lindos, de esos Bebés que hay ahora, / te encajó esa hermosa mula, reservada y pateadora, / (...).» (E. Escaris Méndez, «La Cornetita», en: J. Barreiro, *El Tango*, 186) = CONSULTAS **(2)** f. Tambor congo. (Cuba): «El <baile> que más recuerdo es la yuka*. En la yuka se tocaban tres tambores: la caja, la mula y el cachimbo*, que era el más chiquito.» (M. Barnet, *Biografía de un cimarrón*, 27) = «–(...) Tres tambores la formaban <la orquesta>. El cachimbo*, que es el tambor que marca; la caja, que es el más sonoro, que da los golpes, y la mula que lleva el compás.» (L. Cabrera, *Reglas de Congo*, 77) = CONSULTAS **(3)** f. Mentira, engaño. (Par., Arg. = Ur.): «(...) tantas veces me habían arrimado* cosas que no había hecho. Sin embargo, aquí no había mula; esos ojos, la boca, casi con el mismo bigote, la inclinación de la cabeza. (...) diría que era yo mismo.» (R. Bareiro Saguier, *Ojo por diente*, 100-101) = «–¡Y las historias que tuve que inventar!... A mamá le dije que la había robado en el momento de embarcarse con sus tíos para Europa... una 'mula' más grande que una casa.» (R. Arlt, *Los siete locos*, 193) = CHIAPPARA = MORÍNIGO = CASULLO = GOBELLO = MALARET **(4) mula** (o: **mulita***, aunque se usa mucho más **mula**, que se empleaba en la España del Siglo de Oro)**.** f. Mujer que convive con un sacerdote –se cree que la pena por sus pecados la cumplen vagando de noche bajo forma de una mula. (Perú, Bol.): «El venerable párroco acostumbraba ir de tertulia todas las noches en pos de la jícara de soconusco <chocolate>, a casa de una señora de muchos respetos. A poco de tales visitas apareció el cartelillo: / Mula de cura / Tiene herradura.» (R. Palma, *Tradiciones Peruanas*, II, 268) = «–¡Yo no quiero ser 'mula'! ¡Dicen que las 'mulas' van al infierno! Yo no quiero ir al infierno! (...) –¡¿Qué quieres, mula arrecha*?! ¡Yo no tengo hermana como tú!» (J. Lara, *Yanakuna*, 163 y 179) = MORÍNIGO = CONSULTAS = COSTAS ARGUEDAS = MUÑOZ REYES (véase también **mulita**) **(5)** f. Camello, persona que pasa droga. (CR y otros): «La mayoría son correos o 'mulas' de organizaciones encargadas de introducir pequeñas cantidades de cocaína.» (Ángel Penelas, « 'Mulas' y 'correos' de la cocaína en cárceles de Europa», en: *La Prensa Libre*, 30/7/1993) = CONSULTAS **(6)** f. Ficha de dominó que lleva dos números idénticos. (Méx.): «Con la otra mano voltea la mula de doses y la empuja suavecito por encima del mármol.» (P. I. Taibo II, *Sombra de la sombra*, 11) = CONSULTAS = JIMÉNEZ **(7)** adj. Reacio, remiso; perezoso. (Perú): «–(...) Para eso te he encargado que me vigiles todo, ¿has oído?, todo, especialmente a ese condenado de Aureliano, a quien voy notando, de poco tiempo a esta parte, un poco mula para el trabajo.» (E. López Albújar, *Nuevos Cuentos Andinos*, 38-9) = CONSULTAS **(8) cuando la mula tumba a Genaro.** fr. f. En momentos difíciles. (Cuba): «(...) este último <el hechicero nigromante>, precisamente por brujo, no ha dejado de ser un personaje muy solicitado, igualmente influyente, poderoso en ocasiones, 'pues se le va a buscar cuando la mula tumba a Genaro' (...).» (L. Cabrera, *Reglas de Congo*, 120) = CONSULTAS **(9) espantar la mula.** fr. f. Irse rápidamente. (Cuba): «¿Y qué quieres que haga yo? ¿Que vaya y le diga al cabo Linares que espante la mula?» (J. Soler Puig, *En el año de enero*, 73) = CONSULTAS **(10) Mala Mula** (o: **Mujer Mula**, o: **Mula ánima,** o: **Mula Sin Cabeza**)**.** fr. f. Véase **Alma* Mula.**

Mulánima (o: **Mula ánima**)**.** f. Véase **Alma* Mula.**

mulita. **(1)** f. Variedad de armadillo. (Arg. = Ur.): «De hambre no pereceremos, / pues según otros me han dicho / en los campos se hallan bichos / de los que uno necesita... / gamas, matacos, mulitas, / avestruces y quirquinchos <armadillos>.» (J. Hernández, *Martín Fierro*, I, versos 2.215-20) = VERDEVOYE = CONSULTAS **(2)** m. o f.; ú. t. c. adj. f. Dícese de la persona inexperta, floja o cobarde. (Arg.): «El que no sabe, no gana / aunque ruegue a Santa Rita; / en la carpeta <tapete verde> a un mulita / se le conoce al sentarse; / y conmigo, era matarse, / no podían ni a la manchita*.» (J. Hernández, *Martín Fierro*, II, versos 3157-62) = CONSULTAS = MORÍNIGO = SOPENA **(3)** f. Copa muy pequeña para tomar aguardiente. (Perú): «Rajas era un zambo viejo y apenas se entendía lo que hablaba; todo el tiempo pedía mulitas de pisco.» (M. Vargas Llosa, *La ciudad y los perros*, 289) = «Iba y venía de grupo en grupo, brincando, bailoteando, picoteando de las copas y botellas, sirviendo mulitas de pisco y a ratos imitando a un oso.» (M. Vargas Llosa, *Lituma en los Andes*, 101) = CONSULTAS **(4)** f. Mujer que convive con un sacerdote. (Perú = Bol.): «–(...) ¿Y <qué traes> para doña Santosa? ¿Qué le diré a la mulita del **taita**

cura cuando me pregunte por lo de ella?» (E. López Albújar, *Nuevos Cuentos Andinos*, 113) = CONSULTAS (véase también **mula**, que es la forma más empleada)

multa. f. Planta trepadora cuya fruta redonda, negra y pequeña –llamada también morta o murta–, gusta mucho a ciertos pájaros como el ruiseñor, y se usa para preparar el 'ron con multa'. (PR): «Se pasó 'mamplé <ron corriente> con multa' y café negro.» (A. Díaz Alfaro, *Terrazo*, 60) = MAURA = GAZTAMBIDE ARRILLAGA = ÁLVAREZ NAZARIO

mundial. adj. Increíble –ú. t. c. f. en la fr. **jugarle la mundial** a alguien, con el sentido de 'decirle algo increíble'. (Cuba): «Rosendo y Jorge se compraron la idea, mundiales esas mujeres (...).» (J. Díaz, *Las iniciales de la tierra*, 81) = CONSULTAS

mundo. m. **un mundo** (o: **un mundo de**). fr. adv. Mucho; una gran cantidad de lo que se especifica. (Ch., Perú, Ur. = Col.): «–(...) dame el número de la hostería. / –Uno. / –Te debe haber costado un mundo memorizarlo.» (A. Skármeta, *Ardiente Paciencia*, 74) = «Me parece que hace un mundo de tiempo que no nos reunimos los tres que quedamos del círculo, desde que lo metieron adentro al serrano y tratábamos de descubrir al soplón.» (M. Vargas Llosa, *La ciudad y los perros*, 240) = «Un domingo venía mirando para adelante, meta* pedalear porque estas bicicletas de fierro pesan un mundo y no tienen cambios ni frenos tienen (...).» (Xavier Uranga, en: semanario *Brecha*, 14/1/94) = CONSULTAS = HAENSCH y WERNER

mundonuevo (o: **mundo nuevo**). m. Crema hecha a base de maíz tierno rallado, azúcar y leche de coco. (PR): «Entonces se molía el maíz de la tala* o el arroz criollo y la harina servía para confeccionar la clásica marota* y los deliciosos mundonuevos y majaretes*.» (E. Laguerre, *La llamarada*, 120) = MAURA = ÁLVAREZ NAZARIO

muñeca. m. Persona muy hábil; jockey. (Arg.): «(...) me asegura mi datero* que la corre un gran muñeca / y que paga por lo menos treinta y siete a ganador.» (J. Rial, «Preparate pa'l domingo», en: J. Barreiro, *El Tango*, 157) = CONSULTAS

muñeco. m. **(1)** Muerto. (Col.): «Cuando a uno se lo llevan los polis, le dan palizas (...) después lo sueltan, a no ser que se le <les> vaya la mano y lo dejen a uno muñeco.» (M. S. Rico Sanín, *El delito de existir*, 74) = CONSULTAS = HAENSCH y WERNER (quienes registran la fr. **hacer muñeco a** alguien con el sentido de 'matar a alguien') **(2)** m. pl. Nervios, nerviosismo; preocupaciones. (Ven.): «Revisté tres excelentes escopetas, con todos sus enseres; un cuchillo de monte, regalo del general Alcántara, aquel canillón* que le echó a tierra los muñecos al compadre Guzmán; un puñal corzo <*sic*>y una hoja toledana que usó mi tío en sus campañas.» (M. V. Romero García, *Peonía*, 158) = SOPENA **(3) estar con todos los muñecos en el cuerpo.** fr. Estar nervioso. (Perú): «Ya se había oscurecido y yo seguía en un rincón de la glorieta, con todos los muñecos en el cuerpo, así que bajé y volví a las cuadras, casi corriendo.» (M. Vargas Llosa, *La ciudad y los perros*, 247) = HILDEBRANDT (véase también **muñequito**) **(4) hacer muñeco a** alguien. fr. Véase **muñeco (1).**

muñequeado -a. p. adj. Nervioso. (Perú): «El pobre cholo Cava, a cualquiera se le ponen los nervios como alambres, y el Esclavo con su pedazo de plomo en la cabeza, es natural que todos estemos muñequeados.» (M. Vargas Llosa, *La ciudad y los perros*, 187) = HILDEBRANDT

muñequito. m. **muñequitos.** pl. Tebeos, tiras cómicas. (Cuba): «Gustaba Clemente / de sentarse por la tarde en el quicio de la puerta de los vecinos, / a leer los periódicos. Los muñequitos / se los regalaba a los niños (...).» (R. Alcides, «Vida de Clemente», en: *Poesía Cubana de la Revolución*) = «Me pasaba el día leyendo *Cuentos de brujas* (¿tú no leías los muñequitos de las brujas?) y de vampiros, Drácula (...).» (M. Cossío Woodward, *Saccchario*, 150) = CONSULTAS = SÁNCHEZ-BOUDY

musaraña. f. Enredo de cosas o de conocimientos. (PR): «DON CHAGO. –(...) ¿De ónde <dónde> saca ese muchacho tanta musaraña si casi no ha salío del barrio? / JUANITA. –Y yo qué sé. A menoh <menos> que no sea de loh libroh y loh periódicoh.» (R. Marqués, *La carreta*, 28) = CLAUDIO DE LA TORRE

musgo -a. adj. Musgoso, o sucio de musgo. (Méx.): «La polvareda ondulosa e interminable se prolongaba por las opuestas direcciones de la vereda, en un hormiguero de sombreros de palma, viejos kakis mugrientos, frazadas musgas y el negrear movedizo de las caballerías.» (M. Azuela, *Los de abajo*, 125) = CONSULTAS

N

nabo -a. m. y f.; ú. t. c. adj. Tonto, bobo. (Ur., Arg.): «En resumidas cuentas, el Nabo es el primero que recibe en la frente la aceituna lanzada por la honda que trajo el Vivo.» (Damocles –seudónimo de M. Benedetti–, «La farra celeste», en: G. Wettstein, *Nuestra Tierra*, II, 89) = «'Oreste, ¿te has mirado la cara?', 'Oreste, mírate la cara.' Ve en el aire su cara de nabo (...).» (H. Conti, *En vida*, 24) = CONSULTAS = CHIAPPARA

nácar. adv. neg. Nada. (Guat.): «Pasaron una, dos, tres, cuatro, cinco, seis, siete pasadas, y el bandiquete <bandido> no encontró nácar.» (M. A. Flores, *Los compañeros*, 24) = RUBIO

nacer. tr. Engendrar. (Méx.): «–Pero usté me nació. Y usté tenía que haberme encaminado, no nomás* soltarme como caballo entre las milpas <campos de maíz>.» (J. Rulfo, *El llano en llamas*, 136) = CONSULTAS

nación. (1) nación, naciones. m.; ú. m. en pl. Usábase para designar a todo extranjero que no hablaba español, generalmente –pero no siempre– con excepción de los italianos 'gringos*'. (Arg.): «Quedó en su puesto el nación / y yo fi <fui> al estaquiadero.» (J. Hernández, *Martín Fierro*, I, versos 874-876) = «–Po'l lao <por el lado*> del lazo se desmontan los naciones –insistí.» (R. Güiraldes, *Don Segundo Sombra*, 69) = INSCHAUSPE **(2) de nación.** fr. Oriundo de África. (Cuba): «El lucumí y el congo no se llevaban* tampoco. Tenían la diferencia entre los santos y la brujería. Los únicos que no tenían problemas eran los viejos de nación.» (M. Barnet, *Biografía de un cimarrón*, 33) = «–(...) Esta era una enseñanza africana, y yo a nadie le llamo pobre. Cuando tuve en mis ojos juicio con que mirar las cosas del mundo, comprobé que era verdad esto que nos decían los viejos de nación.» (L. Cabrera, *Supersticiones y buenos consejos*, 28) = «Marcial autorizó danzas y tambores de Nación, para distraerse un poco en aquellos días olientes a perfumes de Colonia, baños de benjuí, cabelleras esparcidas, y sábanas sacadas de armarios que, al abrirse, dejaban caer sobre las lozas un mazo de vetiver.» (A. Carpentier, *Cuentos completos*, 73) = CONSULTAS

nacional. m. Billete de un peso –ú. ahora humorísticamente. (Arg.): «(...) '¡Qué vas a ganar!, le contestó el surí <avestruz>, muerto de risa. '¿Van tres nacionales?', lo desafió la garrapata. '¡Pago*!', aceptó el surí.» (L. Marechal, *Adán Buenosayres*, 544) = CONSULTAS = GOBELLO

naco -a. m. y f. Indio; tonto; persona de clase social baja –la evolución semántica es racista. (Méx.): «¿Por qué todos tan prietos, tan de a tiro* nacos?» (C. Fuentes, *La frontera de cristal*, 206) = VELASCO = JIMÉNEZ = MORÍNIGO

nada. (1) no haber nada que hacer. fr. Ser evidente. (Perú = Arg.): «Los perros son bien fieles, más que los parientes, no hay nada que hacer. La Malpapeada es chusca, una mezcla de toda clase de perros, pero tiene un alma blanca.» (M. Vargas Llosa, *La ciudad y los perros*, 173) = CONSULTAS **(2) no tener nada**. fr. No tener importancia. (Guat.): «–Pero no tiene nada, ¿verdad? –¡Más* que fuera, toque, toque, no tenga cuidado!» (M. A. Asturias, *El señor presidente*, 192) = CONSULTAS

nalga. f. **pior es nalgas.** fr. Peor es nada, menos da una piedra. (Guat.): «–Una espada no vale tanto; bueno..., ni que fuera de oro, pero pior es nalgas.» (M. A. Asturias, *El señor presidente*, 159) = CONSULTAS

nápoles. m. Napolitano, o italiano en general. (Arg.): «Un nápoles mercachifle / que andaba con un arpista / cayó también en la lista / sin dificultá ninguna.» (J. Hernández, *Martín Fierro*, II, 3217-3220) = VERDEVOYE = CONSULTAS

naranja. f., y adj. **(1) no pasa naranja.** fr. No pasa nada, todo está bien. (Ur. = Arg.): «Trabajadores de Crush siguen sin cobrar. No pasa naranja.» (en: semanario *Brecha*, 15/7/1994) = CONSULTAS **(2)** Véase **tatú naranja.**

naricear (o: **nariciar).** tr. Olfatear. (Ec. = Perú): «Nariciando nariciando el aire, habrán dado con que ya estaba cerca la navidad (...).» (G. A. Jácome, *Porqué se fueron las garzas*, 253) = MORÍNIGO

narigueta. adj. inv. en sing.; ú. t. c. s. Narigudo. (Arg.): «Turco agrimensor narigueta, todo peludo, panzón, ojos de huevo frito, si lo quiero será por lo bueno. Bueno y sonso (...).» (M. Puig, *La traición de Rita Hayworth*, 118) = SOPENA = CONSULTAS

nariz. f. **Nariz del Diablo.** fr. Paso que se abrió con dinamita en la cordillera para que el ferrocarril uniese la Sierra y la Costa. (Ec.): «–Don Santander, cuente cómo se hizo la Nariz del Diablo. / (...) ¿cuánto tiempo estuvo en ese trabajo? / –Lo menos, tres años.» (E. Gil Gilbert, «El negro Santander», en: *Obras Escogidas*, I, 85) = CONSULTAS = JARAMILLO DE LUBENSKY

natural. m. Indígena o indio –es un término usado tanto por los indígenas cuando se refieren a sí mismos, como por los representantes de otros grupos socio-étnicos cuando hablan de aquéllos. (Ec.): «Ha sabido* haber otros naturales más pobres, más hambriados <hambrientos>, naturales que viven gota a gota (...).» (G. A. Jácome, *Porqué se fueron las garzas*, 209) = CONSULTAS = JARAMILLO DE LUBENSKY

navaja. f. **navaja cacha blanca.** Véase **cacha*-blanca.**

navajero. Véase **gallo* navajero.**

navegante. m. Cierto plato popular. (Méx.): «Y como otras veces, su madre se las arregló para prepararle un poco de café y cocerle unos 'navegantes', que no eran más que nopales sancochados, pero que al menos servían para engañar el estómago.» (J. Rulfo, «El gallo de oro», en: *Toda la Obra*, 324) = CONSULTAS

negra. f. **(1)** Chica –puede ser desp. (Bol., Arg.): «Las hicieron entrar al Centro y las putearon* de lo lindo. Ellas tuvieron que salirse pronto, antes que cante el gallo. Iban desconcertadas las negras.» (R. Poppe, *Después de las calles*, 30-1) = «(...) aproveché para largar, tres semanas de vacaciones quedaban y con las negras iba a tener que coger.» (M. Puig, *La traición de Rita Hayworth*, 159) = CONSULTAS **(2)** Dado falso o marcado. (Hond.): «El dueño de la mesa toma prestamente los dados, observándolos a la luz de la vela. Los tira nuevamente, diciendo: –¡Es una negra! –¡UNA NEGRA! La indignación de todos los presentes se hace manifiesta y, al instante, se lanzan amenazadores contra el hombre que ha hecho trampa con dados compuestos.» (R. Amaya Amador, *Prisión Verde*, 174) = CONSULTAS **(3)** Botella de tres cuartos de litro. (Méx.): «Cuando supieron qué tanto dinero gasté, empezaron a servir el aguardiente del garrafón. Sacaron primero dos litros y una *negra*.» (R. Pozas, *Juan Pérez Jolote*, 66) = CONSULTAS **(4) todo ha sido la negra.** fr. Todo ha ido muy mal. (Ec.): «–Pues ejtamoj <estamos> de malas. Dende <desde> que salimos, too <todo> ha sío <sido> la negra.» (D. Aguilera Malta, *Don Goyo*, 80) = CONSULTAS

negrada. f. Proletariado. (Arg. = Ur.): «–Habría que matar a toda la negrada (...). Ya las personas decentes no podemos ni andar por las calles.» (E. Sábato, *Sobre héroes y tumbas*, 255) = CONSULTAS = GOBELLO

negreador. m. Chico que sale con una mujer ligera, ligón. (Bol.): «(...) unas birlochitas* vinieron a buscar al Remy y demás compinches. ¡Uy!, no te imaginas. Entraron acá como conquistadoras netas. Preguntaron por ellos y ¡carajo!, daba risa la situación en que se pusieron los negreadores.» (R. Poppe, *Después de las calles*, 30) = MUÑOZ REYES (quien registra como VERDEVOYE **negrear** con el sentido de 'alternar con propósitos eróticos con mujeres del bajo pueblo')

negrear. intr. Salir con una chica de condición social humilde. (Bol. = Arg.): «Le aconsejan busque otros campos de acción para sus conquistas. Los colegios fiscales por ejemplo. A propósito, el Remy puede guiarlo, él sabe dónde hay birlochas* para negrear a gusto y barato y sin complicaciones.» (R. Poppe, *Después de las calles*, 30) = MUÑOZ REYES = PAULOVICH = VERDEVOYE

negro -a. (1) m. y f. Hijo de negro e india, o de negro y europea; **zambo***. (Ec.): «(...) <Artemio Calderón> el marido, un zambo bien educado, toleraba acomplejado y de buen grado, la conducta dispendiosa de su mujer rubia. (...) 'Artemio Calderón, será muy rico' –decían– 'pero no deja de ser negro'; 'aunque la mona de seda se vista, mona se queda'.» (A. Ortiz, *El espejo y la ventana*, 14) = CONSULTAS **(2) negro -ito.** m. Danzante que en ciertas ceremonias indígenas hace sonar carracas y lleva un látigo en torno al cuello. (Perú): «–(...) Tú no has ayudado todavía a todas las fiestas que se celebran en el pueblo (...). No has sido Atahualpa, Huáscar, Pizarro; ni huanca, negro (...).» (E. López Albújar, *Nuevos Cuentos Andinos*, 14) = CONSULTAS **(3) negro -a.** adj. Maldito –por influencia de la etnohistoria. (Perú y otros): «(...) pasaba una negra montada en una burra. La negra iba peleando con el animal (...). –¡(...) bura mardrita <maldita>! / Más adelante le dijo: / –¡Bura negra! / Salí de mi huerta a mirar y vi que la burra era blanca.» (A. Gálvez Ronceros, *Monólogo desde las tinieblas*, 27) = CONSULTAS **(4)** Véase también **negra.**

nene. m. **(1)** Sujeto de temer. (Arg.): «(...) el criollista Pereda trastabilló como si le hubiesen dado una puñalada, y tartamudeando respondió al filósofo que dentro de una hora le mostraría dos 'nenes' como para cortar el hipo.» (L. Marechal, *Adán Buenosayres*, 197) = GOBELLO = CONSULTAS **(2)** Variedad de frijol pequeño y rojo. (CR): «Caramba, cómo alumbra la luna este palo. Claritico como la luz del día –contestó Emeterio– hasta casi se pueden ver los nenes en las ramas.» (M. Salguero, *Agencia de policía*, 69) = QUESADA = CONSULTAS

nervadura. f. Conjunto de nervios de animales con el que se hacen látigos. (Bol.): «(...) se armaron de fierros, hondas, chuzos y látigos de nervadura para seguir al amo que cabalgaba con la escopeta en el arzón, cuidado por el mayordomo que hacía el oficio de espaldero*. (...) Restallaban los látigos de nervadura de toro sobre las cabezas.» (H. Guzmán Arze, *Borrasca en el valle*, 72-73) = CONSULTAS

ni. conj. **(1) ni de.** fr. Buena cantidad de, mucho. (Arg.): «Si al que nos presentó / lo llego a capturar, / ni de castaña* / va a ligar*!» (M. Romero, «Estampilla», en: J. Barreiro, *El Tango*, 180) = CONSULTAS **(2) ni qué india envuelta.** fr. Véase **india. (3) ni quien.** adv. Véase **quien.**

nido. m. **patearle el nido a uno.** fr. Desbaratarle los planes. (Arg. = Ur.): «–¡Cuándo*! –gruñó entonces Rivera en tono adulador– ¡Al *taita* <padre> Flores nadie le pateaba el nido!» (L. Marechal, *Adán Buenosayres*, 268) = GOBELLO = VERDEVOYE = CONSULTAS

nies. f. En la horcajadura de la mujer, lo que no es ano 'ni es' vagina. (PR): «La pizpireta mulatita que destaca la sabrosura de su *culito contento* con esos mahones* cuya costura trasera Chardón abre los gajos de la *nies*, mira a la doña como si no entendiera (...).» (E. Rodríguez Juliá, *El entierro de Cortijo*, 19-20) = CONSULTAS

nigua. f. **(1)** Árbol (*Zizuphus saeri*) que crece entre espinares; fruta del mismo, pequeña y de color entre blanco y amarillo. (Ven.): «–Aquí es peor. ¿No ve que el trigo ya no se da y las papas apenas nacen como si fueran niguas?» (A. Croce, *La roca desnuda*, 71) = TEJERA **(2)** Persona muy ambiciosa. (Ven.): «(...) ese hombre es una nigua y mientras pueda sacar un poquito de plata está pegado.» (G. Meneses, *Campeones*, 83) = TEJERA **(3) hacerse nigua.** fr. Desaparecer, hacerse humo. (Bol.): «–¿Y qué se han hecho los demás alcahuetes? –preguntó al ver desierto el patio. Luego él mismo se contestó: –Se han hecho nigua. Es así cuando se presenta el macho.» (J. Lara, *Yanakuna*, 283) = MUÑOZ REYES

niña. f. **(1)** Título que se suele dar a la maestra de escuela. (CR): «Los niños oyen con mucho gusto a la niña Adriana, su maestra, cuando ella les habla de la belleza y de la utilidad de los árboles.» (*Mi hogar y mi pueblo* –anónimo–, 97) = «–(...) en la escuela nuestra última preceptora había sido la niña Laura –una señora mayor de la que nunca supe por qué llevaba un 'niña' por delante (...).» (H. Elizondo Arce, *Adiós Prestiño*, 72) = CONSULTAS **(2)** Mujer de toda edad. (Ch. = Nic.): «(...) me convidó a su casa, diciéndome que había unas niñas que cantaban (...).» (M. Rojas, *El delincuente... y otros cuentos*, 20) = CONSULTAS = RABELLA y PALLAIS **(3) estar, ser niña.** fr. Ser virgen. (Ven.): «–Pues bien; ya sabe que existe una historia en esa familia, que no quiso contar la mujer de Toribio. Esa historia es que Andrea, su prima de usted, no está niña como se cree. –Ya lo supongo; lejos de estar niña, la creo una mujer hecha y derecha.» (M. V. Romero García, *Peonía*, 310) = CONSULTAS = TEJERA

niño. m. **(1) El Niño.** Corriente marítima cálida que en la época de la Navidad baja desde la línea ecuatorial hacia el sur de la costa sudamericana del Pacífico, provocando cada seis o siete años lluvias torrenciales. (Ec., Perú = Ch.): «Usualmente esta corriente que se acentúa en diciembre, coincidiendo con la Navidad, razón por la que se llama El Niño, llega hasta Paita, al N. del Perú, pero en los años anormales avanza mucho más al sur, a veces hasta Chile, originando bruscos cambios en el clima del litoral de ambos países.» (F. Terán, *Geografía del Ecuador,* 209) = «Ese movimiento se produce suavemente todos los años, pero cuando la intensidad crece se presenta el Fenómeno del Niño que nos tocó vivir a nosotros y (...) la cosa llega a adquirir niveles de catástrofe, barriendo carreteras, desapareciendo puentes, destruyendo ciudades.» (A. Bryce Echenique, *La última mudanza de Felipe Carrillo*, 13) = CONSULTAS **(2) niño gótico.** fr. Dícese del mozalbete malcriado y procaz que molesta a las chicas con palabras o gestos indecorosos. (PR = Cuba): «Narciso Escobar, un niño gótico muy presumido, era víctima propicia de las sátiras de Rafael.» (E. Laguerre, *La llamarada*, 39) = SANTAMARÍA DGA

no. neg. **(1) no hay sino.** Véase **sino. (2) no más.** Véase **más. (3) no que ái.** fr. Véase **ahí.**

nochero. m. **(1)** Velador o mesa de noche. (Col.): «Nunca dejó de pagarme, me dejaba los billetes en el nochero, aunque le decía que no me pagara, que para eso era mi mozo*.» (O. Collazos, *De putas y virtuosas*, 34) = SANTAMARÍA DGA = SOPENA **(2)** ú. t. c. adj. Coche, o caballo que se utiliza o trabaja de noche. (Arg.): «(...) más allá distinguía (...) el rascarse del caballo nochero en el palenque.» (L. Marechal, *Adán Buenosayres*, 28) = GOBELLO

nodriza. f. Imperdible. (Col.): «Además, en las escuelas de esa época sólo se recibían hijos legítimos de matrimonios católicos, y en el certificado de nacimiento que habían prendido con una nodriza en la batita de Aureliano cuando lo mandaron a la casa, estaba registrado como expósito.» (G. García Márquez, *Cien años de soledad*, 413) = CONSULTAS = HAENSCH y WERNER

nomás. adv. Véase **más.**

nombre (o: **nombré).** interj. que denota asombro o indignación. (El Salv. = CR): «Nombré. La clásica es la que inventó Caburro: 'punto y coma, punto y coma'.» (R. Dalton, *Pobrecito poeta que era yo...*, 164) = CONSULTAS

normalista. m. y f. Maestro o maestra que acaba de graduarse en una escuela normal. (Col., Perú): «El doctor Giraldo la había visto la tarde de su llegada, con su escuálido uniforme de normalista y sus zapatos de hombre, averiguando en el puerto quién le cobraba menos por llevarle el baúl hasta la escuela. Parecía dispuesta a envejecer sin ambiciones en aquel pueblo cuyo nombre vio escrito por primera vez (...) en la papeleta que sacó de un sombrero cuando sortearon entre once aspirantes seis puestos disponibles.» (G. García Márquez, *La mala hora*, 81) = «La víspera de Año Nuevo descubrió que a su mujer le batía el puré* un normalista recién llegado.» (M. Scorza, *Redoble por Rancas*, 161) = HAENSCH y WERNER = SANTAMARÍA DGA

norte. m. Lluvia menuda y fría; véase **nortear.**

nortear. (1) intr. Lluvia menuda y fría acompañada de viento norte. (PR y otros): «Amaneció norteando. El cielo estaba oscuro, húmedo el paisaje. (...) Salí fuera, al cañaveral. Iba envuelto en una capa porque no cesaba el lloviznero*.» (E. Laguerre, *La llamarada*, 128) = ÁLVAREZ NAZARIO = SANTAMARÍA DGA **(2) nortearse.** prnl. Desorientarse, perderse. (Méx.): «Y para mayores señas podemos decirle que por esa calle de la Crisantema corren varios pares de vías, así que no hay manera de nortearse (...).» (F. del Paso, *José Trigo*, 12) = JIMÉNEZ

nota. f. **(1)** Estado físico y mental fuera de lo normal, debido a la droga o al alcohol. (PR, Cuba = Col.): «Sin duda había llegado a Lloréns <barrio muy popular de San Juan>, (...) esta vez con los ojos inyectados de sangre vidriosa (*Vaya mi pana*, alcoholado en los ojos...*) y la nota altísima (...).» (E. Rodríguez Juliá, *El entierro de Cortijo*, 14) = «Vamos, chico –dijo, ayudándolo a incorporarse–, tienes una nota del carajo*.» (J. Díaz, *Las iniciales de la tierra*, 71) = CONSULTAS = MAURA = CLAUDIO DE LA TORRE = SANTIESTEBAN = HAENSCH y WERNER (quienes registran la fr. **estar en la nota** con el sentido de 'estar bajo los efectos de una sustancia estimulante o alucinógena') **(2)** Alegría, entusiasmo. (PR): «Traté de mantenerme cool para bajarles la nota, no fueran a ponerse con una de esas loqueras <locuras> de ellos. Pero no fue fácil.» (A. L. Vega, *Pasión de historia*, 77) = CLAUDIO DE LA TORRE **(3) buena nota.** fr. adj. Estupendo. (CR): «Es cariño amor mucho cariño los viejos* han sido muy buena nota conmigo.» (R. Arias, *El emperador Tertuliano...*, 84) = CONSULTAS **(4) mala nota** (o: **malanota).** fr. adj.; ú. t. c. s. f. Muy malo –lo contrario de **buena nota**; cosa muy mala. (CR): «(...) nunca le dieron la maldita visa <el visado> manda güevo* qué super malanota (...).» (R. Arias, *El emperador Tertuliano...*, 121) = CONSULTAS **(5) estar en la nota.** fr. Véase **nota (1).**

noticiero. m. Diario hablado, informativo; boletín de noticias televisado o por radio. (Col., Ec., Bol. = CR, Ur. y Arg.): «Veían juntos los programas de Alexandra, y compartían los noticieros de radio y televisión.» (G. García Márquez, *Noticia de un secuestro*, 183) = «Y vinieron inmediatamente las reseñas de los combates, las descripciones de los cadáveres (...). Me dio mucho miedo. Los noticieros no duraron mucho.» (E. Cárdenas, *Juego de mártires*, 134) = «Inclusive escuchar la radio era un problema. Se debía sintonizar con poco volumen y tenerla encendida el tiempo que duraban los noticieros.» (R. Poppe, *Después de las calles*, 186) = JARAMILLO DE LUBENSKY = HAENSCH y WERNER = CONSULTAS

novenario. m. Bocabajo, castigo de nueve azotes, que consistía en azotar al esclavo durante nueve días seguidos. (Cuba): «Si el amo está en el ingenio de buena gana le sirve de padrino al esclavo culpable. Intercede, suspende el novenario, le hace quitar los grillos o lo libra del cepo.» (L. Cabrera, *Reglas de Congo*, 39) = ORTIZ

nube. f. Sombra que se produce cuando el cielo está encapotado. (PR): «Doña Lela estaba continuamente llamándome la atención. ¡Mucho ojo con la nube puesta! ¡Mucho cuidado con pasar caliente bajo árboles de sombra 'pasmuna*'!» (E. Laguerre, *La llamarada*, 168) = CONSULTAS

nuca. f. **tener a** alguien **en la nuca.** fr. Tenerle inquina. (Guat.): «(...) como ya me tenía en la nuca, ahora sale de mí achacándome la muerte de un coronel.» (M. A. Asturias, *El señor presidente*, 63) = CONSULTAS

nudera. f. Paliza dada con el puño cerrado, con los nudillos. (Pan.): «Así marchaba la cosa, hasta que se oyó un alboroto en una de las esquinas: un tipo perseguido por una de las damas es interceptado por uno de los saloneros* y le dan tal 'nudera' que hasta Fede aprovecha para meterle un par de 'cochazos*'.» (D. Robinson, *En las cosas del amor...*, 48) = CONSULTAS

nudo. m. **nudo potreador.** fr. Especie de nudo que usa la gente del campo para domar o atar potros (Arg.): «–(...) ¿Nos hará creer que no sabe jinetear un caballo, ni hacer un nudo potreador, ni echar un pial <lazo> de sobre lomo, ni mancornar un novillo?» (L. Marechal, *Adán Buenosayres*, 296) = CONSULTAS

nula. f. **hacerle una nula** a alguien. fr. Traicionarle. (Ec.): «Compadre que a la comadre / Bonita quiere y adula, / No está muy lejos de hacerle / A su compadre una nula.» (J. L. Mera, *Cantares del pueblo ecuatoriano*, II, 89) = CONSULTAS

nulificar. tr. Anular –política o/y socialmente. (Méx.): «Las medidas necesarias para nulificar a Carranza y acabar con Villa venían a resolverse, como quiera que se las abordase, en un problema militar (...).» (M. L. Guzmán, *El águila y la serpiente*, 363-364) = SANTAMARÍA DGA

Ñ

ñame. m. **hasta el ñame.** fr. A fondo. (PR): «–¡Ahora es que vamos!, gritaba Vitín metiendo paleta* hasta el ñame en lo* que Pucho y yo nos resignábamos a estirar la pata antes de haber votado por primera vez.» (A. L. Vega, *Pasión de historia*, 78) = CONSULTAS

ñaño -a. m. y f. Hermano –puede ser el hermano menor, el hermano mellizo (como en el ej. adjunto), o el hermano mayor. (Ec. = Arg): «¿Quién lloraba al Andrés? ¿Era la hermana a quien le dolía la separación quizá definitiva del ñaño porque ya casado con gringa <norteamaricana> se quedaría para siempre en los Estados <Unidos>?» (G. A. Jácome, *Porqué se fueron las garzas*, 61) = MORÍNIGO = CONSULTAS

ñañola. f. Abuela. (Guat.): «–¡Perdón, ñañola, perdón!» (M. A. Asturias, *El señor presidente*, 24) = CONSULTAS

ñato -a. s. m. y f. **(1) ñato -a** (o: **ñatito -a**). Chico –término de cariño, aunque puede ser lo contrario. (Ch., Bol., Arg. y otros, menos Méx.): «–Oye, ñato, ¿qué vamos a hacer?» (M. Rojas, *El delincuente... y otros cuentos*, 98) = «El Centro se ha vuelto la sala de esperar ñatas*. Que si está fulanita, que si está sutanita <zutanita>; a buscar ñatas nomás* vienen y a veces se toca violín* sin querer.» (R. Poppe, *Después de las calles*, 23) = «–¡Estás en la palmera*, ñato! (...) ¿Quién sube a un andamio, sabiendo el teorema de Pitágoras?» (L. Marechal, *Adán Buenosayres*, 583) = CONSULTAS **(2)** Persona –puede ser desp. (Arg.): «Pero poco aproveché / de fatura <acción> tan lucida: / el diablo no se descuida, / y a mí me seguía la pista / un ñato muy enredista / que era Oficial de partida.» (J. Hernández, *Martín Fierro*, II, versos 3.241-6) = MORÍNIGO **(3)** m. Persona en general; tipo, tío. (Arg.): «Un balazo lo tumbó / En Thames y Triunvirato <esquina de Buenos Aires cercana al cementerio de Chacarita>; / Se mudó a un barrio vecino, / El de la Quinta* del Ñato.» (J. L. Borges, *Obra poética*, 308) = CONSULTAS **(4) ñatas.** f. pl. Narices. (Perú y otros): «–(...) pa <para> que los deos <dedos> me se <se me> encabriten y to <todo> este carnavá <carnaval> de negros se ría en mis ñatas.» (E. López Albújar, *Matalaché*, 88) = SANTAMARÍA DGA

ñeque. m. **tener** (o: **traer**) **ñeque.** fr. Tener, traer mala suerte. (Cuba): «Al amanecer buscaron una cueva de techo más bajo, donde el hombre tuvo que entrar en cuatro patas. Allí, al menos, no había huesos de aquellos que para nada servían, y sólo podían traer ñeques y apariciones de cosas malas.» (A. Carpentier, *Cuentos completos*, 124) = ORTIZ = SÁNCHEZ-BOUDY = SANTIESTEBAN

ñero. m. Amiguete, compinche, socio –es forma abreviada de /compañero/. (Méx. = Guat. y Col.): «Fue a la malagueña*, jefe. Ni traía pleito con el ñero. (...) me dejó ir el fierro y me perforó las tripas.» (J. García Ordoño, *Tres crímenes y algo más*, 67) = JIMÉNEZ = MORÍNIGO

ñoco -a. adj.; ú. t. c. s. **no ser pellizco de ñoco.** Véase **pellizco.**

ñora. f. Término de cortesía que se aplica a la mujer, apócope de señora (Ch. = Col.): «–¡Cómo se le ocurre, 'ñora que Pablo va a andar preocupándose de eso!» (A. Skármeta, *Ardiente Paciencia*, 63) = CONSULTAS = HAENSCH y WERNER

ñu. m. Tratamiento equivalente a /don/; es propio del mundo rural. (Bol.): «–¡Este **ajito*** –exclamó con sarcasmo ñu Isicu– se está haciendo el muerto como la q'arachupa*!» (J. Lara, *Yanakuna*, 280) = CONSULTAS

ñudo. m. **al ñudo.** fr. De balde, inútilmente; sin motivo. (Arg. = Bol.): «Volvía al cabo de tres años / de tanto sufrir al ñudo, / resertor <desertor>, pobre y desnudo, / a procurar suerte nueva, / y lo mesmo que el peludo / enderecé pa <para> mi cueva.» (J. Hernández, *Martín Fierro*, I, versos 1.003-8) = MALARET = MORÍNIGO

O

obelisco. m. Tulipán asiático (*Hibiscus rosinensis*). (Méx.): «Aquí nadie me hace nada. Mi madrina no me regaña porque me vea comiéndome las flores de su obelisco, o sus arrayanes, o sus granadas.» (J. Rulfo, *El llano en llamas*, 91) = SANTAMARÍA DGA

obituario. m. Esquela de defunción. (Méx. = Nic.): «La posibilidad de mi extraña muerte apenas mereció un breve obituario en el *Los Angeles Times*.» (C. Fuentes, *El naranjo*, 229) = CONSULTAS = RABELLA y PALLAIS

obligación. f. Pequeño regalo, generalmente en especie, que se le hace a un pariente con el motivo de una ceremonia (matrimonio, entierro, *etc.*). (Ec.): «A poco, fueron llegando los acompañantes, '*obligación*' en mano. (...) / Amortiguada la pena, comenzó la fiesta del viaje del angelito-guagua <niño muerto> a su cielo.» (G. A. Jácome, *Porqué se fueron las garzas*, 220) = CARVALHO-NETO = CONSULTAS

obra. f. **obra negra.** fr. En la construcción de un edificio, cimientos y conjunto de las paredes maestras, obra en bruto. (Méx., Col.): «Cuando di el enganche* estaban por terminar la obra negra; pude ordenar modificaciones (...).» (J. García Ordoño, *Tres crímenes y algo más*, 8) = «Los instalaron en una casa todavía en obra negra y en un mismo dormitorio que parecía más bien un calabozo de dos metros por dos (...).» (G. García Márquez, *Noticia de un secuestro*, 68) = CONSULTAS = HAENSCH y WERNER

obsequiar. tr. Regalar. (Perú = Méx. y otros): «Regreso del desierto donde he caído mucho; / retira la cicuta y obséquiame tus vinos (...).» (C. Vallejo, *Los heraldos negros*, 68) = CONSULTAS

observar. tr. Poner peros, reparos a algo; hacer una observación a alguien. (Perú = Arg.): «–(...) Y lo mejor de este cholo es su gran espíritu de disciplina. Jamás me observa una orden y siempre la cumple fielmente.» (E. López Albújar, *Nuevos Cuentos Andinos*, 85) = CONSULTAS = SANTAMARÍA DGA = MORÍNIGO

obstinado -a (u: **ostinao-a**). adj. Desesperado, o desesperante; exasperado, o exasperante. (CR = Nic.): «Además es tuanis <estupendo> estar saludando a todo el mundo aunque uno no salga electo se da a conocer y de pronto consigue alguna chambilla <trabajito> por ahí una carajada* nueva algo que no sea ese brete* tan ostinao.» (R. Arias, *El emperador Tertuliano...*, 97) = QUESADA = CONSULTAS = RABELLA y PALLAIS

ocupar. tr. Utilizar, emplear; explotar. (Hond., Nic., CR = El Salv.): «(...) cuando los Sarmiento se alegraban, lo hacían de veras, sin medida en los gastos, para que todos gozaran. Para eso se ocupa el dinero, expresaban con los ojos llenos de gozo.» (M. Funes, *Oro y Miseria*, 88-9) = «El siguiente oficio que aprendió mi papá fue el de labrador, esa gente que desbroza a golpe de hacha los troncos de madera que se ocupan para fabricar las estructuras de las casas, vigas, horcones, soleras.» (S. Ramírez, *La marca del Zorro*, 19) = «Mi mamá cocina los alimentos con electricidad. También ocupamos la fuerza eléctrica en el aparato de radio, la lavadora y la plancha.» (*Mi hogar y mi pueblo* –anónimo–, 20) = CONSULTAS = RABELLA y PALLAIS

ocha. f. Divinidad afroamericana. (PR): «Sobre su camiseta roja (...) aparece el amasijo de collares, los detentes* de la santería cocola*, que a Obatalá encomiendo mi espíritu y si todas las *ochas* permanecen conmigo entonces no habrá jodiendas, *galán**.» (E. Rodríguez Juliá, *El entierro de Cortijo*, 19) = CONSULTAS

ocho. m. Figura en forma de ocho que se describe al bailar la milonga o el tango al estilo arrabalero. (Arg. = Ur.): «–(...) Tenía la milonga en la sangre; y en el *canyengue* <estilo arrabalero de bailar el tango> se mandaba unos ochos que hacían salir virutas del piso.» (L. Marechal, *Adán Buenosayres*, 267) = GOBELLO = CONSULTAS

odio. m. **odio jarocho.** fr. Odio extremado. (Méx.): «Leonardo odia con odio jarocho a la tira*.» (J. García Ordoño, *Tres crímenes y algo más*, 84) = CONSULTAS

oeste (u: **Oeste**). m. Película del oeste. (Ec.): «Y los Oestes actuales son una estafa: Ringo es un figurín, nada más. Y doscientos muertos en cada película, por lo menos: verdaderas masacres.» (E. Cárdenas, *Juego de mártires*, 26) = CONSULTAS

oficina. f. Locales de administración. (Ch.): «(...) estábamos borrachos en la oficina Baquedano (...).» (M. Rojas, *El delincuente... y otros cuentos*, 63) = CONSULTAS

oficio. m. **siete oficios.** m. sing. Véase **sieteoficios.**

ofrecer. v. **si se ofrece.** fr. A lo mejor, quizás. (Méx.): «Acaba de moverse. Si se ofrece, ya va a despertar.» (J. Rulfo, *Pedro Páramo*, 52) = CONSULTAS

ojalá. interj. **ojalá y** (u: **ojalá y que**). Ojalá. (Méx.): «Ojalá y ella pudiera hacer lo mismo, pero no se atrevía.» (L. Esquivel, *Como agua para chocolate*, 94) = «Ojalá y que me cumplan la última voluntad.» (J. J. Arreola, *La feria*, 159) = CONSULTAS

ojeado -a (u: **ojiada**). m. y f. Mal de ojo. (Ec.): «Déjame, no quiero que me bañes nuevamente, a las cinco de la madrugada, en el chorro helado del grifo para curarme el espanto, quitarme el ojeado, el mal aire, el hechizo.» (E. Cárdenas, *Juego de mártires*, 75) = «(...) <el> brujo esperaba la noche para curar a alguien del mal-viento* o de la ojiada.» (G. A. Jácome, *Porqué se fueron las garzas*, 288) = CONSULTAS

ojete. adj. Malvadísimo, muy malo; infame, ruín, despreciable. (Méx.): «–Eran chinos ellos también, Tomás, chinos como tú, pero ojetes.» (P. I. Taibo II, *Sombra de la sombra*, 183) = CONSULTAS = JIMÉNEZ

ojito. m. **(1) de ojito.** fr. Por su linda cara, sin que le cueste nada. De bóbilis bóbilis. (Arg.): «(...)¡quién le diera andar bien con ella, tener su bravo* camote <galanteo> del país con una así, de copete, de campanillas... aunque más no hubiese sido, por lo pronto, que de ojito, que se fijara en él, que le hiciese caso... después... quién sabía después, tantas vueltas daba el mundo!...» (E. Cambaceres, *En la sangre*, 144) = CONSULTAS (véase también **de ojo***) **(2) hacer ojitos de cangrejo.** fr. Gesto injurioso que consiste en poner el pulgar entre el índice y el dedo de en medio; algunos lo hacen con ambas manos, que luego se llevan a los ojos moviendo los dedos, enferma que se parecen efectivamente a ojos de cangrejo. (Guat.): «(...) el camión se iba y los albañiles de lejos le hacían ojitos de cangrejo.» (D. Liano, *el hombre de Montserrat*, 136) = CONSULTAS

ojo. m. **(1)** Mal de ojo. (Ec.): «A la mañana, el negrito Emérido no pudo levantarse. La fiebre y el vómito lo tenían postrado. (...) María de los Ángeles dijo: –Para mi ver, es ojo. –Ya está muy grande para que lo ojeen –replicó don Cristo–.» (A. Ortiz, *Juyungo*, 148) = CONSULTAS **(2) ojó.** Véase la entrada siguiente. **(3) ojo de buey.** fr. Semilla que sirve de talismán. (Cuba): «(...) avanzaba Pinpín Miranubes dejando ver en su pecho descubierto un cayabo <mate> 'ojo de buey' acordonado al cuello (...); mientras caminaba de trecho en trecho bajaba la cabeza en un desesperado intento de besar la semilla (...).» (R. Castro Mosqueda, *Verónico*, 179) = CONSULTAS **(4) ojo de gallo** (o: **ojuégayo).** fr. Aversión, odio. (Hond.): «–(...) Se miáse <me hace> que me tienen ojuégayo. Sólo yo soy pa <para> todo.» (A. P. Sánchez, *Ambrosio Pérez*, 86) = MORÍNIGO **(5) ojo de perdiz.** fr. Especie de caoba. (Cuba): «¡Las preciosas maderas de caoba, ojo de perdiz, de caracolillo*, de cedro, se utilizaron para polines <travesaños> de ferrocarril!» (L. Cabrera, *La medicina popular de Cuba*, 143) = CONSULTAS **(6) ojo de pollo.** fr. Cierta puntada que ordena los dobladillos de un juego de cama. (Ec.): «(...) la almohada de su cama le espiaba por el dobladillo del ojo de pollo.» (A. Yáñez Cossío, *Bruna Soroche y los tíos*, 103) = CONSULTAS **(7) ojo en tinta.** fr. Ojo morado. (Bol.): «No pocas veces aparecían <los muchachos> sin darse cuenta, peleando. Alguno se iba con un ojo en tinta, o rengo de un pie, o con algún chichón en el cráneo.» (J. Lara, *Yanakuna*, 24) = CONSULTAS **(8) dar con el ojo del hacha.** fr. Golpear con la parte posterior y plana del hacha, usándola como maza. (Arg.): «(...) el zorro volvió a gritarle: 'Vea, mi amigo, esa bolsa está medio flojona; déle con el ojo del hacha y aplástenla un poquito.' El hombre agarró el hacha, y le pegó al tigre hasta dejarle muerto.» (L. Marechal, *Adán Buenosayres*, 545) = CONSULTAS **(9) de ojo.** fr. Gratuitamente. (Arg.): «(...) un guapo que, de grupo*, se hizo cartel / a giles* engrupía* pa'chupar de ojo / con famosas hazañas que no eran de él.» (R. Aubriot Barboza, «As de cartón», en: J. Barreiro, *El Tango*, 169) = CONSULTAS (véase también **de ojito***) **(10) empavonar un ojo.** tr. Poner un ojo morado. (Arg.): «–¡Dale, Seleuco! –lo azuzó Crisanto–. ¡Empavonale un ojo!» (L. Marechal, *Adán Buenosayres*, 539) = CONSULTAS = VERDEVOYE **(11) hacer ojo lerdo.** fr. Hacer la vista gorda. (Arg.): «(...) había tanta escasez de carne y tantos hambrientos en la población, que el señor juez tuvo a bien hacer ojo lerdo.» (E. Echeverría, *El matadero*, 108) = CONSULTAS **(12) ni qué ojo de hacha.** fr. negat. ¡Ni qué ocho cuartos! ¡Ni qué niño muerto! (Méx.): «–¡No, qué tío Nazario ni qué ojo de hacha!» (M. Azuela, *Los de abajo*, 30) = CONSULTAS **(13) parar los ojos –1.** fr. Abrir los ojos de par en par. (CR): «(...) reían parando los ojos, enseñando los dientes y el galillo.» (C. L. Fallas, *Mamita Yunai*, 145) = CONSULTAS **(14) parar los ojos –2.** fr. Echar miradas cariñosas, mirar con ternura. (CR): «–(...) ellas cantaban y se retorcían y paraban los ojos frente a la ventana, con ganas de enamorar al viejo.» (C. L. Fallas, *Gentes y gentecillas*, 185) = CONSULTAS **(15) pelar el (un, los) ojo(s).** fr. Estar sobre aviso; estar atento; mirar con atención. (Mex., Guat., CR, Ven. = Col.): «Ah –peló de burla los ojos Dinorah pero no dijo nada más (...).» (C. Fuentes, *La frontera de cristal*, 143) = «En medio de la ventolera que armóse allí, los criollos asistían con los ojos pelados sin entender nada (...).» (M. A. Asturias, *Viento fuerte*, 47) = «Tené <Ten> mucho cuidao. De hoy en adelante tenés que dormir pelando un ojo y no podés emborracharte más.» (C. L. Fallas, *Gentes y gentecillas*, 87) = «(...) ya tiene la navaja en el hueco de la mano, ya está cerca de Luciano, cuando un grito del negro Duzán detiene todos los ruidos del mabil <burdel>. / –¡Pela el ojo, Luciano!» (G. Meneses, *Campeones*, 95) = QUESADA = TEJERA = FILIPPO = CONSULTAS = HAENSCH y WERNER **(16) picar el ojo.** fr. Guiñar el ojo. (PR, Col.): «–Sin embargo, ha ido usté varias veces a casa de Juan Pedro. / Picó el ojo con malicia y yo, poniendo un tantico de ingenuidad en el gesto (...).» (E. Laguerre, *La llamarada*, 94) = «Me metí como un ratoncito debajo de la lona con que se arropaba mi Ramón y al hacerlo vi que el Edgar me picaba el ojo maliciosamente y me demostraba con un movimiento de cabeza que todo había salido a pedir de boca.» (G. Santamaría, *Morir último*, 21) = CONSULTAS = HAENSCH y WERNER **(17) ponerle** a alguien **los ojos verdes.** fr. Engañarle, hacerle creer una mentira. (Méx.): «A mí se me hace que tú y ella me están poniendo los ojos verdes.» (E. Poniatowska, *Hasta no verte Jesús mío*, 154) = SANTAMARÍA DM **(18) tirarle ojo** a alguien. fr. Espiar. (CR): «Nosotros, como ella no podía vernos, pasamos todos los días haciendo el trabajo y tirándole ojo.» (A. Chase, *Ella usaba bikini*, 21) = CONSULTAS **(19) volar ojo.** fr. Mirar en forma disimulada; observar. (Guat., CR): «Lucio Vázquez, quien a instancias de la *Masacuata* y de Camila volaba ojo desde la puerta de El Tus-Tep <nombre de un bar>, se quedó sin respiración al ver que agarraban a la esposa de Genaro Rodas.» (M. A. Asturias, *El señor presidente*, 90) = «Tío Conejo, mientras tanto, estaba volando ojo para todos lados.» (C. Lyra, *Cuentos de mi tía Panchita*, 133) = CONSULTAS = QUESADA = ARMAS

ojó. interj. que expresa indiferencia o desprecio. (Ec.): «Voy al Ejido a coger / Unas rosas y otras flores, / Y ojó, aunque te lastimes, / Allí pondré mis dolores.» (J. L. Mera, *Cantares del pueblo ecuatoriano*, I, 137) = «–Ojó pes..., he de decir no más que juí <fui> onde la ña <señora> Ángela y que ella me mandó a una parte.» (G. H. Mata, *Sumag Allpa*, 138) = CONSULTAS

óleo. m. **hacer óleos.** fr. Tirar objetos a todas direcciones para que sean apañados por otros. (CR): «Un momento después estaba yo (...) repartiendo frutas y golosinas, para terminar haciendo óleos de dinero que los chiquillos se disputaban furiosamente, revolcándose en el polvo de la calle.» (C. L. Fallas, *Marcos Ramírez*, 80) = QUESADA

oliscoso -a. adj. Hediondo, que apesta –pop. (Ec.): «–(...) Cuando regresamoj <regresamos> a la canoa, onde habíamoj dejao <habíamos dejado> a uno pa <para> que cuidase der <del> peje, encontramoj que lo que habíamoj ejado <dejado> ya ejtaba <estaba> muy oriscoso <oliscoso>.» (D. Aguilera Malta, *Don Goyo*, 81) = CONSULTAS

olla. f. **(1)** Situación muy difícil –ú. t. en la fr. **estar en la olla.** (Col.) = «(...) en esa olla encuentra uno mucho espécimen raro, especialmente gente viciosa.» (M. S. Rico Sanín, *El delito de existir*, 30-31) = CONSULTAS = HAENSCH y WERNER **(2)** Cavidad natural entre la garganta y la parte superior del esternón, tanto de los hombres como de los cuadrúpedos, por donde se puede herirlos de muerte. (Arg.): «(...) le sumí el cuchillo en la olla, hasta la mano.» (R. Güiraldes, *Don Segundo Sombra*, 119) = CONSULTAS = VERDEVOYE **(3) parar la olla.** fr. Dar de comer a toda la familia. (Arg. = Ur.): «Son muy lindas las teorías sociales, pero cuando hay que parar la olla, como vulgarmente se dice, entonces, amiguito, hay que agachar el lomo (...).» (E. Sábato, *Sobre héroes y tumbas,* 164) = VERDEVOYE = CONSULTAS

olleta. f. Olla pequeña. (Ec.): «Vieron algo, por fin: la piedra de moler morocho <maíz morocho>, en primer término, y desperdigadas, las olletas de barro y demás trastos de cocina (...).» (J. R. Bustamante, *Para matar el gusano*, 175) = TOBAR DONOSO

olletón. m. Petardo, cohete. (Ec.): «Cien olletones y otras tantas camaretas <morteros> atronarían el espacio (...) y contrató la famosa banda musical de Oña para que tocara sus mejores 'Alza* que te han visto', 'Sanjuanitos*' y 'Tonos del Niño' en la recepción al Señor Gobernador.» (M. Corylé, *Gleba*, 38) = CONSULTAS

ollísima. f. Olla de gran tamaño. (Ec.): «(...) tenía que madrugar y menear horas enteras en unas ollísimas el almíbar hasta que se iba endureciendo y después había que trastornarlo en moldes chiquitos en forma de pescados (...).» (J. E. Adoum, *Entre Marx y una mujer desnuda*, 50) = CONSULTAS

ombligada. f. Acción y efecto de **ombligar*.** (Col.): «Lo único importante es no bañarse durante el tiempo de la ombligada (...).» (P. Leyva, *Colombia / Pacífico*, 346) = CONSULTAS

ombligar. tr. Determinar ritualmente cuáles son las características de un recién nacido. (Col.): «Ella ombligaba en tiempo de luna llena (...) / El ombligado no puede comer hueso de los animales con que es tratado, de la carne sí, pero sólo de la pulpa.» (P. Leyva, *Colombia / Pacífico*, 346) = CONSULTAS (véase también **ombligada**)

ombligo. m. **(1) dejar el ombligo enterrado.** fr. Véase **tener el ombligo enterrado (2) echar**

ombligo. fr. Estar visiblemente embarazada una mujer, estar con bombo. (Par.): «Les envidiaría tal vez sus zapatos de taco alto, los vestidos de todos colores, ajustados a las estrechas cinturas y aun a los abultados vientres de las señoras preñadas, 'echando ombligo'.» (A. Roa Bastos, *Hijo de hombre*, 310) = CONSULTAS **(3) tener** (o: **dejar**) **el ombligo enterrado** en algún lugar. fr. Tener cariño al lugar donde se ha nacido, porque en él se enterró el ombligo de uno al nacer, muchas veces con la placenta de la madre. (Guat., Col. = CR y Ant.): «Y a este pueblo vos regresaste; vos, el que aquí dejó enterrado su ombligo (...).» (L. de Lion, *El tiempo principia en Xibalbá*, 31) = «Dondequiera que vayan, recordarán que tienen el ombligo enterrado en este pueblo.» (G. García Márquez, *La mala hora*, 172-173) = CONSULTAS = QUESADA

onda. f. **(1)** Moda. (Arg. = Ur.): «Y como el snobismo de los muchachos es infinito, hay cuerda para rato. ¡Qué digo! Hay cuerda para siempre, porque cada día aparece una nueva onda. Primero el neorrealismo italiano (...).» (E. Sábato, *Abaddón el exterminador*, 734) = CONSULTAS **(2)** Asunto. (El Salv. = CR y Hond.): «¿Se imaginan lo que la guanacia* habría inferido al mundo y a la historia en este terreno? No, no se lo pueden imaginar. Yo sí. Salú <salud>. La onda no habría estado muy lejos de esto (...).» (R. Dalton, *Pobrecito poeta que era yo...*, 173) = CONSULTAS **(3)** Borrachera provocada por alcohol o drogas. (Col. = Guat): «Después de su devoción por los santos, tenían la del Rovignol, un tranquilizante que les permitía cometer en la vida real las proezas del cine. 'Mezclado con una cerveza uno entra en onda enseguida –explicaba un guardián <de los rehenes>.» (G. García Márquez, *Noticia de un secuestro*, 71-72) = RUBIO **(4) buena** (o: **mala**) **onda.** fr. Dícese de una cosa o persona con la que se está globalmente de acuerdo (o en desacuerdo). (Ur.): «Tres o cuatro horas de dimes y diretes tipo buena onda, pero con una dosis razonable de veneno (...).» (H. Alfaro, *Por la vereda del sol*, 216) = CONSULTAS **(5) armar la onda.** fr. Peinarse de cierto modo. (Perú): «Había demorado lo menos media hora en arreglarse, lustrar* los zapatos, dominar el impetuoso remolino del cráneo, armar la onda.» (M. Vargas Llosa, *La ciudad y los perros*, 190) = CONSULTAS

onde. prep. **(1)** A (dativo). (Perú): «'Señor, a toítos <toditos> les dites <diste> compañera, menos onde mí'.» (C. Alegría, *Los perros hambrientos*, 47) = CONSULTAS **(2)** Cuando; véase **donde***. (CR = Nic.): «Y onde le puso la mano en la espalda sintió que aquello era cosa del otro mundo y se le grifó el pellejo* (...).» (C. L. Fallas, *Marcos Ramírez*, 35) = CONSULTAS = RABELLA y PALLAIS

operar. tr. Manejar un aparato. (Col. y otros): «(...) eran reservistas y estaban por tanto en capacidad de operar un fusil (...).» (G. García Márquez, *La mala hora*, 124) = MORÍNIGO

opilarse. prnl. **(1)** intr. Hartarse. (CR): «Detrás de la casa, de aquel lao, hay un palo'e <palo de> nances <cierta cereza tropical> dulcitos: ¡el que quiera comer nances, que madrugue, porque son del que los junte* 'e primero! Y el que piense opilarse trepándose al palo, ¡ah carambas!, pa <para> que no sea necio ni bote los verdes, mi vieja me lo apea a cuerazos.» (C. L. Fallas, *Gentes y gentecillas*, 213) = QUESADA **(2) opilarse con.** tr. indir. Aprovechar. (CR): «Yo fui el que después me opilé con la negrita. ¡Muy caliente la negrita, caray!» (C. L. Fallas, *Gentes y gentecillas*, 234) = «¿No ha oído lo que andan contando? Que el propio Felipe Araujo, el guarda de *Las tres* (...) lo dejó entrar en el socavón a opilarse con todo el mineral que quiso.» (F. Dobles, *Historias de Tata Mundo*, 170) = QUESADA

opio. m. Cosa o persona pesada y aburrida. (Arg. = Ur.): «(...) para ella el mundo resulta de la lucha entre Opio y Monada. (...). Ejemplos : –¡Qué opio de novela! – ¡Mira, perdoname, pero lo que tengo que contarte es un opio. – La pintura de Clorindo es un opio.» (E. Sábato, *Sobre héroes y tumbas*, 254) = GOBELLO = CONSULTAS (véase también **opioso**)

opioso -a. adj. Aburrido, fastidioso. (Arg.): «(...) como su admiración es tanta que no pueden conservarla guardada, resuelven enviarla en forma de epístolas opiosas a los periódicos.» (R. Arlt, *Nuevas aguafuertes*, 74) = VERDEVOYE = CONSULTAS (véase también **opio**)

opuesto -a. adj. Buscapleitos; rebelde. (CR = Nic.): «Te damos eso si vas y le rompés la trompa a aquel chiquillo... ¡Es un mocoso muy opuesto!» (C. L. Fallas, *Marcos Ramírez*, 33) = ARROYO = CONSULTAS = RABELLA y PALLAIS

ora. adv. **ora sí.** fr. Eso sí. (Méx.): «Le dieron en la madre* en el baño de su vieja. (...) Dos balazos, ora sí de frente, en el lado derecho de su cara.» (J. García Ordoño, *Tres crímenes y algo más*, 35) = CONSULTAS

orden. f. **(1)** Pedido, ración. (CR, Col.= Nic.): «(...) antes los Superlimpios eran recibidos a lo grande pedían una orden de surtidas (...).» (R. Arias, *El emperador Tertuliano...*, 81) = CONSULTAS = FILIPPO = RABELLA y PALLAIS (véase también **ordenar**) **(2) su orden.** fr. A la orden. (Par.): «Juan Llanos salió de la habitación y llamó a su ordenanza. / –Mi catre, en medio del patio. / –*Su orden* –contestó el soldado.» (H. Rodríguez-Alcalá, *Relatos de Norte y Sur*, 120) = CONSULTAS

ordenar. tr. Pedir, en un bar o un restaurante. (Col., Ec., Arg. = Cuba, Nic. y CR): «De modo que el viernes al almuerzo, mientras trataba de poner la cabeza en su puesto, ordenó un filete de ternera con papas fritas y una botella de vino.» (G. García Márquez, *Doce cuentos peregrinos*, 237) = «La luz del restorán deslumbró nuestros ojos. (...) Nuestro ayudante se sentía acoquinado del ambiente, pero le di ánimos a que se tomara la libertad de ordenar lo que más le placiera.» (R. Descalzi, *Los murmullos de Dios*, 57-58) = «Juan Carlos aceptó acompañarlo hasta un corral de hacienda a pocos kilómetros del pueblo, pero antes ordenó un café y telefoneó (...).» (M. Puig, *Boquitas pintadas*, 64) = CONSULTAS = RABELLA y PALLAIS (véase también **orden**)

ordeña. f. Vaca de ordeño. (Méx.): «Fue una vez que encontramos unas ordeñas por aquí, sin saber quién era el dueño. Fue esa vez en que, por no querer hacer ruido, no matamos las vacas a balazos sino que las degollamos a cuchillo.» (J. Rulfo, *El llano en llamas*, en: *Toda la Obra*, 86) = CONSULTAS

ordeñe. m. Ordeño. (PR, Ur.): «¿Y los ordeñes por la madrugada los sábados y los domingos? (...) Pirulo ya había empezado a sentir un frío extraño en el corazón, *Félix no vino al ordeñe esta mañana*, y por ello agradeció la orden que le ponía en movimiento y le evitaba pensar en su recién despierta inquietud.» (R. Marqués, *La víspera del hombre*, 197 y 249) = «Se dispone también de casa para el mayordomo (...), un galpón de esquila de 11 mts por 25, otro de ordeñe y cremería* (...).» (Anónimo, «Paysandú en su bicentenario», en: G. Wettstein, *Nuestra Tierra*, I, 73) = CONSULTAS

oreja. f. **(1) amugar las orejas.** fr. Echarlas hacia atrás, hablando de las caballerías. (Ven.): «Quise forzar la <mula> amarilla, pero no se hallaba a su gusto en presencia de aquella trinchera movediza: amugaba las orejas, raboteaba* y daba señales inequívocas de susto y desagrado (...).» (M. V. Romero, *Peonía*, 107) = CONSULTAS **(2) parar las orejas.** fr. Erguir las orejas (un animal). (CR = Méx.): «La perrilla movió la cola, paró un poco las orejas, pero no se decidía del todo a atender el llamado de la muchacha (...).» (C. L. Fallas, *Gentes y gentecillas*, 36) = SANTAMARÍA DM **(3) parar la(s) oreja(s).** fr. Aguzar el oído, prestar atención. (El Salv., CR, Col., Ec., Perú, Arg. = Méx. y Ven.): «Si estamos solos y paramos bien la oreja, podemos averiguar muchos secretos y platicar un rato con ellos.» (C. Lars, *Tierra de infancia*, 147) = «Tío Conejo se escondió entre unos charrales* y paró la oreja para ver en qué estaban.» (C. Lyra, *Cuentos de mi tía Panchita*, 147) = «–Parece extraño que puedas tomar tus experiencias personales para reconstruir el destino de un dictador. Aquí cualquier psicoanalista pararía las orejas...» (P. A. Mendoza, *El olor de la guayaba*, 127) = «No podíamos dormir tranquilos sintiendo las carreras de los cuyes <conejillos de Indias> debajo de la tarima de dormir, parando la oreja a lo que esos diablos se pasaban conversando toda la noche.» (G. A. Jácome, *Porqué se fueron las garzas*, 118) = «No sigas haciéndote el loco, Felipe, y para bien la oreja.» (A. Bryce Echenique, *La última mudanza de Felipe Carrillo*, 28) = «Yo paraba la oreja para ver cuál de los tres hablaba con el lunfardo <jerga bonaerense> de los marineros y por ahí les soltaba comentarios a propósito del barco para ver si alguno pisaba el palito*.» (J. Cortázar, *Relatos*, 321) = QUESADA = FILIPPO = CONSULTAS = SANTAMARÍA DM = TEJERA **(4) pelar la oreja.** fr. Aguzar el oído. (Guat.): «A una seña del Auditor, los policías que esperaban a la puerta pelando la oreja, se lanzaron a golpear a los pordioseros.» (M. A. Asturias, *El señor presidente*, 15) = CONSULTAS

orejear (u: **orejiar**). intr. Escuchar disimuladamente; espiar, atisbar. (El Salv., Ec. = Méx., Nic., CR y Am. Centr., Arg.): «Los caporales de las fincas son los más culebras <delatores>, ellos siempre están orejeando para los dueños de las fincas.» (M. Argueta, *Un día en la vida*, 55) = «Afuera se sentía el alto bulto del Imbabura <volcán de la Sierra ecuatoriana> orejiando la conversación.» (G. A. Jácome, *Porqué se fueron las garzas*, 99) = RABELLA y PALLAIS = GAGINI = SANTAMARÍA DM = SOPENA = GOBELLO

orejero -a. adj. Receloso, inquieto. (Ec. = PR, Am. Centr., Pan., Ven., Col.): «Orejero por la seriedad con que tomaba lo que creí una broma, comencé a defenderme con un montón de peros (...).» (G. A. Jácome, *Porqué se fueron las garzas*, 30) = VÁZQUEZ = MORÍNIGO = SOPENA

orejón -ona. adj. Tonto, bobo. (Guat. = Hond.): «Le digo que yo no iba a ser tan orejón de matar a ése por el placer de matarlo, y que al obrar así obedecía órdenes del Señor Presidente...» (M. A. Asturias, *El señor presidente*, 138) = SANTAMARÍA DGA = CONSULTAS

orejudo. m. Miembro o simpatizante del partido conservador. (Arg.): «–(...) ¿Te acordás cuando nos agarramos a piñas <trompadas> con los *orejudos*?» (L. Marechal, *Adán Buenosayres*, 582) = GOBELLO = CONSULTAS

organillo (u: **organillo de boca**). m. Armónica. (Méx. = Par.): «(...) convertí a la música en agencia popular de humildes; (...) fueron ellos quienes me enseñaron en la música un sentido y rumbos nuevos; (...) en los instrumentos primitivos, en las flautas de carrizo y barro, en los organillos de boca, en los cantos rurales (...).» (A. Yáñez, *La creación*, 107) = MORÍNIGO (quien registra con el mismo sentido **organito*** en Ur. y Arg.; FERNÁNDEZ NARANJO registra **órgano** en Bolivia con el mismo sentido)

organito. m. **(1)** Organillo, órgano pequeño o piano provisto de un cilindro y púas. (Arg.): «Al girar <el tiovivo> dejaba oír una música gangosa, como de organito (...).» (L. Marechal, *Adán Buenosayres*, 615) = «(...) donde van los organitos / sus lamentos rezongando, / está la piba esperando / que pase el muchacho aquel.» (P. Contursi, «Ventanita de arrabal», en: I. Vilariño, *Tangos*, 33) = VERDEVOYE **(2)** Véase también **organillo.**

órgano. m. Véase **organillo.**

orilla. f. **hacer orilla.** fr. Ser abundante. (PR): «Mucha señora deprimida... He dicho que está la señora deprimida que hace orilla...» (L. R. Sánchez, *La Guaracha del Macho Camacho*, 47) = MALARET

orín. m. **volar orines.** fr. pl. Orinar. (Nic.): «Es un invierno <estación lluviosa> para volar orines.» (C. A. Ramírez Fajardo, *Lengua madre*, 16) = CONSULTAS

orinal. m. Urinario, mingitorio. (Col.): «El alcalde siguió directamente hasta el fondo del salón (...). Abrió la puerta del orinal, echó una mirada en el depósito, y luego regresó al mostrador.» (G. García Márquez, *La mala hora*, 125) = CONSULTAS

orión. m. Sombrero masculino de copa hundida y ala angosta, adornada ésta con una cinta. (Arg. < Par.): «(...) tuve que volver un poco atrás al momento antes del grito y ver a los dos el de la verja y el del abrigo y orión casi pegados pero sin tocarse (...) las caras se me juntaban por momentos de suerte que parecía una sola bajo ese sombrero (...).» (A. Roa Bastos, *El baldío*, 121) = GOBELLO = CONSULTAS

orita. adv. En seguida. (Guat. y otros): «–Orita mismo voy para allá (...).» (D. Liano, *el hombre de Montserrat*, 90) = CONSULTAS

ornada. f. (corrupción de **jornada***). Composición de música popular llamada también son*, y baile que se hace al compás de la misma. (Ven.): «El *son** había terminado, y se preparaban a bailar otro. Un compadre de Méndez se nos acercó preguntando: –¿No bailan ustedes esta *ornada*?» (M. V. Romero García, *Peonía*, 299) = CONSULTAS

oro. m. **ponerla de oro.** fr. Cometer un error garrafal. (Ven.): «El profesor Mochuelo salió de la pieza dando un portazo, furibundo. / –Ahora sí que la pusimos de oro –fue a comunicarles a sus superiores–. El zángano ese nos ha resultado un poeta, que no sirve para nada.» (A. Arraiz, *Tío Tigre y Tío Conejo*, 32) = TEJERA

ortofónica. f. Fonógrafo. (Col., Perú, Bol.): «Un disco cantaba en la ortofónica.» (G. García Márquez, *La mala hora*, 111) = «–Anda a hacer ganguear la ortofónica mientras nosotros quemamos unos tiros. Quizá le guste a Riverita disparar con música.» (E. López Albújar, *Nuevos Cuentos Andinos*, 91) = «(...) daba cuerda a una ortofónica elegante.» (F. Ramírez Velarde, *Socavones de angustia*, 155) = CONSULTAS

oso. m. **(1)** Bravucón, perdonavidas. (Cuba): «(...) sostenía que cualquier *dotol* <doctor> vestido de dril blanco y escoltado por tres *osos* blandiendo garrotes, así fuese liberal o conservador, era un elemento de trascendental importancia para el porvenir de la nación (...).» (A. Carpentier, *Écue-Yamba-O*, 112) = SANTIESTEBAN = MORÍNIGO = SANTAMARÍA DGA **(2)** Chasco. (Col.): «Compañero –le dije–. Me parece fundamental llegar unidos a las elecciones presidenciales para no repetir el oso de las parlamentarias.» (D. Samper Pizano, *A mí que me esculquen*, 94) = CONSULTAS

ostinao-a. Véase **obstinado**.

ostión. m. Ostra común, aunque sea pequeña. (Ec. = PR y CR): «Y, al final, <el veneno> los mataría. Y no sólo a los peces. A las jaibas <cangrejos>. A los ostiones.» (D. Aguilera Malta, *Don Goyo*, 9) = CONSULTAS = MAURA = GAGINI

otra. f. Otra posibilidad. (Guat.): «Hay que irse a la mierda <a cualquier lado> antes que nos den candela*. Bueno, ni modo, ¿y qué otra?» (M. A. Flores, *Los compañeros*, 26) = CONSULTAS

ovario. m. **(no) tener los ovarios de.** fr. Tener (o no tener) una mujer el ánimo, el valor de hacer lo que se especifica. (PR): «(...) le escribí: una larga carta llena de interrogaciones, de consejos, de todo lo que no había tenido los ovarios de decirle.» (A. L. Vega, *Pasión de historia*, 35-36) = CONSULTAS

overo. m. **ponerlo overo a** alguien. **fr.** Reprenderle con acritud. (Arg.): «(...) tolerar de él en silencio que lo hubiese puesto overo, y como si no bastara todavía, como si aún no fuese suficiente tener que aguantar a la vieja ahora (...).» (E. Cambaceres, *En la sangre*, 196) = VERDEVOYE = CONSULTAS

P

paca-paca (o: **pacapaca**). f. Cierta lechuza, que trae mala suerte. (Perú): «(...) Y yo desde una hamaca, / desde un siglo de duda, / cavilo tu horizonte y atisbo, lamentado / por zancudos y por el estribillo gentil / y enfermo de una 'paca-paca'.» (C. Vallejo, *Los heraldos negros*, 126) = «Una pacapaca empezó a silbar desde un sauce que cabeceaba a la orilla del río; la voz del pájaro maldecido daba miedo. El charanguero* corrió hacia el cerco del patio y lanzó pedradas al sauce; todos los cholos lo siguieron.» (J. M. Arguedas, *Relatos completos*, 122) = MORÍNIGO

pacificarse. prnl. intr. Rendirse, abandonar la guerrilla y entregarse a las fuerzas gubernamentales. (Méx. y otros): «Estábamos allí, empezando a sentir que ya no servíamos para nada. Y de no saber que nos colgarían a todos, hubiéramos ido a pacificarnos.» (J. Rulfo, *El llano en llamas*, 99) = CONSULTAS

paco. m. **(1)** Alpaca. (Perú = Ch. y Arg.): «Entonces sobrevendría el embargo, y el embargo tendría que recaer en la chacra*, en las llamas y pacos, en los alfalfares (...).» (E. López Albújar, *Nuevos Cuentos Andinos*, 138) = MORÍNIGO **(2)** Fajo de billetes de banco, dinero. (Arg. = Ur.): «–(...) ¿Qué hiciste del *paco* metido en la calceta?» (L. Marechal, *Adán Buenosayres*, 609) = GOBELLO = CONSULTAS **(3)** Cierto juego de cartas. (Méx.): «Tenía tal fama ese pueblo para el despilfarro, que aparte del sitio oficial dedicado a las 'partidas', se jugaba brisca, conquián, siete y medio y paco, no sólo en aquel lugar, sino en cualquier cantina, tienda o botica y hasta en las bancas de la plaza* de armas.» (J. Rulfo, «El gallo de oro», en: *Toda la obra*, 342) = CONSULTAS **(4)** adj. Mentiroso, falso. (Arg.): «Pero qué había de aprender / al lao de ese viejo paco (...).» (J. Hernández, *Martín Fierro*, II, versos 2.259-60) = MORÍNIGO **(5) paco mocho** (o: **paco**). m.; ú. más c. fr. m. Envoltorio usado en ciertas estafas haciendo creer que contiene dinero –es el equivalente del 'timo de la estampita' español. (Arg.): «–¿No será el 'paco mocho' éste?» (R. Arlt, *Novelas completas y cuentos*, II, 230) = CASULLO = GOBELLO = CONSULTAS

pacotilla. f. **bonguear la pacotilla.** fr. fig. Sobre la acepción que puede tener esta fr. en Venezuela, véase la parte final del art. **bonguear.**

pachito. m. **pachitos.** pl. Ovejas, corderos –forma pop. del campo. (Perú): «–Ya casi no tenemos ovejas, doctor –dijo Abdón Medrano–. Han muerto la mitad de nuestros pachitos.» (M. Scorza, *Redoble por Rancas*, 172) = CONSULTAS

pacho. m. **(1)** Suceso simpático, divertido. (CR): «A mí me han pasado pachos muy vacilones*.» (A. Chase, *Ella usaba bikini*, 68) = «Ayer fue un pacho Sexy Tos se echó a pista y vino con un vestido media cuarta arriba de la rodilla se armó un alboroto de risas y aplausos y ella tan colorada (...).» (R. Arias, *El emperador Tertuliano...*, 120) = CONSULTAS **(2)** Véase también **pachito.**

pachón. m. Especie de puercoespín grande, que se desplaza con lentitud. (Ec.): «Envidió a las iguanas (...). Hasta al pachón. Al pesado pachón, que se arrastra erizado de púas sobre los polvos encendidos.» (D. Aguilera Malta, *Don Goyo*, 43) = CONSULTAS

pachorro -a. adj. Perezoso, pachorrudo. (Ur. = PR): «La vio repechar, con sus bueyes pachorros, la cuesta empinada, y oyó los gritos de Matacabayo, entre el crujir del techo y el rechinar de los ejes.» (E. Amorim, *La carreta*, 56-7) = SANTAMARÍA DGA

pachuco -a. **(1)** m. y f. Joven inmigrado que se caracteriza por vestidos y comportamientos llamativos. (Méx.): «Como es sabido, los 'pachucos' son bandas de jóvenes, generalmente de origen mexicano, que viven en las ciudades del Sur <de Estados Unidos> y que se singularizan tanto por su vestimenta como por su conducta y su lenguaje. (...) El 'pachuco' no quiere volver a su origen mexicano; tampoco –al menos en apariencia– desea fundirse a la vida norteamericana. Todo en él es impulso que se niega a sí mismo, nudo de contradicciones, enigma.» (O. Paz, *El laberinto de la soledad*, 13) = CONSULTAS = MORÍNIGO **(2)** m. y f.; ú. t. c. adj. Citadino de malos modales; aplícase también a la manera de hablar propia de esta persona –es jerga informal urbana. (CR): «(...) malditos pachucos no respetan nada alguien había retocado con un spray <aerosol> un rotulito en el parque ahora decía no pisar* en el césped.» (R. Arias, *El emperador Tertuliano...*, 93) = «(...) veía con horror cómo se le transformaba vertiginosamente del chiquito inocente y prisionero, en lo que ella llamaba 'un pachuquillo de la calle' (...).» (F. Contreras Castro, *Los Peor*, 173) = «Suele decirse que el habla pachuca se concentra en los alrededores del Mercado de Carretas de San José, pero personalmente no estoy de acuerdo (...). Los pachuquismos* proceden de bailongos* y salas de fiestas (...).» (C. Láscaris, *El costarricense*, 207) = QUESADA = CONSULTAS (véase también **pachuquismo**)

pachuquismo. m. Palabra o expresión propia de **pachucos***. (CR): «En este estudio no voy a recoger pachuquismos. Los hay abundantes, pero suelen ser de corta vida, como las modas. Me interesan los vocablos permanentes de uso general, y no simplemente los excepcionales de un sector.» (C. Láscaris, *El costarricense*, 207) = «(...) el pachuquismo y la delincuencia en pleno festín ante las miradas atónitas de la concurrencia que se preguntaba azorada qué se había hecho la ciudad orgullosa de sus maestros y de sus escuelas.» (Julio Rodríguez, «En vela», en: *La Nación* de San José, 1/7/1996) = CONSULTAS (véase también **pachuco -a**)

padre. (1) m. Persona que domina a otra –denota o anuncia una oposición violenta. (Méx.): «–¡No corran, mochos*!... vengan a conocer a su padre Demetrio Macías...» (M. Azuela, *Los de abajo*, 13) = «La frase 'Yo soy tu padre' no tiene ningún sabor paternal, ni se dice para proteger, resguardar o conducir, sino para imponer una superioridad, esto es, para humillar.» (O. Paz, *El laberinto de la soledad*, 73) = CONSULTAS **(2)** adj. Tremendo –puede emplearse ante un sustantivo femenino. (Méx., Perú, Arg. = Cuba): «Verás qué padres fiestas arma Bobó.» (C. Fuentes, *La región más transparente*, 155) = «(...) le entró un verdadero ataque de tos convulsiva con vómitos y una meada padre.» (A. Bryce Echenique, *La última mudanza de Felipe Carrillo*, 56) = «Sí ha sido un día padre, y lo que nos espera.» (J. Cortázar, *Rayuela*, 131) = MEJÍA PRIETO = CONSULTAS = SANTIESTEBAN **(3) nombrar padres y madres.** fr. Insultar, denostar mentando a la madre y al padre de alguien. (Méx.): «A falta de insolencias suficientemente incisivas, acudían a nombrar padres y madres en el bordado más rico de indecencias.» (M. Azuela, *Los de abajo*, 38) = CONSULTAS

padreo. m. Apareamiento, acoplamiento. (Perú): «Que se intervenga en el padreo de las bestias está bien. Y por lo mismo su acoplamiento a nadie humilla ni encela. Pero arrojar (...) a una mujer casi impúber a un hombre, (...) es un delito (...).» (E. López Albújar, *Matalaché*, 30) = CONSULTAS

padrino. m. **(1)** El que ayuda al domador. (Arg.): «Las tres primeras yeguas salieron mansas, dando trabajo sólo a los padrinos. La cuarta quiso librarse del bulto que pesaba en sus lomos, pero fue vencida por las manos potentes del domador, que le impedía agachar la cabeza.» (R. Güiraldes, *Don Segundo Sombra*, 32) = CONSULTAS **(2) ¡padrino pelado!** (o: **padrino pelón).** interj. Grito con el que los chicos piden monedas en la calle al padrino de un bautizo o de una boda. (Arg.): «Y los dos cupés llegando ahora de la iglesia, entre un revoltijo de chiquilines que gritan: '¡Padrino! ¡Padrino pelado!' Y él, Reynoso, que se apea del carruaje y tira puñados de cobres* a la marchanta*; y los cobres que tintinean en el suelo, y los chiquilines que se arremolinan y buscan monedas entre las patas de los caballos.» (L. Marechal, *Adán Buenosayres*, 264) = «Y aquellos pebetes <niños>, gorriones de barrio, / acuden gritando: '¡Padrino pelado!'» (J. Cantuarias, «¡Padrino pelado!», en: J. Barreiro, *El Tango*, 126) = GOBELLO = CONSULTAS

padrote. m. Chulo, proxeneta. (Méx.): «Muchos rateros y más de una docena de putillas y padrotes, a quienes el progreso pilló desprevenidos, buscaron formas de vida más decentes y con menos riesgos.» (V. A. Maldonado, *La noche de San Bernabé*, 8) = «También es posible que fueran esposas y putas, conceptos que no se oponen. O amantes de padrote baratón.» (J. García Ordoño, *Tres crímenes y algo más*, 28) = MORÍNIGO (véase también **madrota**)

pagar. v. **(1) ¡pago!** interj. que significa que se acepta una apuesta. (Hond., Arg. = Col. y Ur.): «Este, que ha ganado, toma su dinero y el cubilete. Varios jugadores hacen apuestas, hablando al unísono: / –¡Paro*! / (...) –¡Pago al paro*!» (R. Amaya Amador, *Prisión verde*, 171) = «Entonces la garrapata le dijo: '¿A que te gano una carrera?' '¡Qué vas a ganar!', le contestó el surí <avestruz>, muerto de risa. '¿Van tres nacionales*?', lo desafió la garrapata. '¡Pago!', aceptó el surí.» (L. Marechal, *Adán Buenosayres*, 544) = CONSULTAS = HAENSCH y WERNER **(2) dejar pagando.** fr. Véase **dejar.**

paica. f. **(1)** Ramera. (Ur. = Arg.): «Venimo <venimos> como las moscas al dulce –agregó un tropero medio tomado <borracho>–. ¡Con unas paicas ansina <así> es lindo mojarse el traste*!» (E. Amorim, *La carreta*, 21) = CONSULTAS = VERDEVOYE = SOPENA **(2)** Muchacha, moza –puede ser desp. (Arg.): «Por tu milagro de notas agoreras / nacieron, sin pensarlo, las paicas y las grelas*, / (...).» (Discépolo y Marambio, «El choclo», en: J. Barreiro, *El Tango*, 123) = GOBELLO = CASULLO = CONSULTAS

paila. f. Recipiente de metal, loza o hierro esmaltado, provisto de un mango, que suele usarse para cocinar. (Ven.): «Cuando Pura entró nuevamente a su cuarto, llevando una paila de café caliente, su padre la esperaba (...).» (G. Meneses, *Campeones*, 84) = TEJERA

pailón. m. Remolino que se forma en los ríos caudalosos. (Ven.): «Por julio, cuando el Orinoco muestra toda su hermosura y su grandeza al alcanzar la plenitud de su crecida anual, cuando son más suntuosas las puestas de sol que hacen de oro y sangre el gran río, cuando sopla el barinés* largo y recio y braman enfurecidos los pailones de la Laja de la Zapoara, suelen remontar la corriente grandes cardúmenes de peces (...).» (R. Gallegos, *Canaima*, 25) = MALARET = TEJERA

paisa. m. y f. Extranjero. (Ec.): «La diferencia en el trato de los paisas y sobre todo de las paisas, los sorprendía <a los emigrados otavaleños> halagadoramente. / (...) Ha vuelto el Facundo. ¿Le han visto? (...) Como paisa no más* está hablando.» (G. A. Jácome, *Porqué se fueron las garzas*, 242-243) = SOPENA

paisanada. f. Paisanaje. (Arg. = Ur.): «La paisanada, a caballo, se había desparramado a lo largo de los andariveles en forma de boleadoras de dos (...).» (R. Güiraldes, *Don Segundo Sombra*, 136) = VERDEVOYE = CONSULTAS

paja. f. **(1)** Mentira. (Col.): «–Aclaremos esto sin más paja –dijo Villamizar–. ¿Qué es lo que está pasando?» (G. García Márquez, *Noticia de un secuestro*, 200) = HAENSCH y WERNER = SOPENA **(2) pura paja.** fr. que expresa duda, cólera, menosprecio o ironía al denunciar una mentira o una promesa sin cumplir. (El Salv., Col. = CR): «Ustedes hablan pura paja: que la revolución, que vamos a zampar en el comunismo, que en el comunismo es más chévere el volado*.» (R. Menjívar Ochoa, *Historia del traidor de nunca jamás*, 23) = «(...) la voz sobre esta película era que Dean había muerto filmándola y lo habían remplazado con otro para las escenas finales: pura paja (...).» (D. Samper Pizano, *A mí que me esculquen*, 314) = FILIPPO = CONSULTAS **(3) estar con** (o: **tener) la paja tras la oreja.** fr. Estar con la mosca en (o detrás de) la oreja. (CR y Amér. Centr.): «Hum, pero mi agüelo estaba con la paja tras la oreja y no quería tocar nada de aquello.» (C. L. Fallas, *Gentes y gentecillas*, 306) = QUESADA = MALARET = CONSULTAS **(4) hablar paja.** fr. Hablar sólo estupideces. (El Salv., CR = Col.): «Y va* de hablar paja: de fútbol, de cueros* y hasta de política...» (R. Dalton, *Pobrecito poeta que era yo...*, 61) = «(...) no hablés tanta paja ni andés de chichosa* por eso perdiste el último carajillo*.» (R. Arias, *El emperador Tertuliano...*, 103) = CONSULTAS = FILIPPO = HAENSCH y WERNER **(5)** Véase **cola* de paja**.

pajal. m. Pajonal, matas de paja. (Arg.): «Después de aquella desgracia / me refugié en los pajales; / anduve entre los cardales / como bicho sin guarida.» (J. Hernández, *Martín Fierro*, I versos 1.909-12) = CONSULTAS

pajarear(se). prnl. intr. Ahuyentar(se). (Perú = Col. y otros): «–(...) nada de imposible tiene que (...) se haga la desentendida y se pajaree dejándolos solitos.» (E. López Albújar, *Matalaché*, 125-126) = SANTAMARÍA DGA = HAENSCH y WERNER (quienes lo registran c. no prnl. y tr.)

pajarito. m. **creer en pajaritos** (o: **en pajaritos preñados).** fr. Ser muy ingenuo, caerse del nido. (El Salv., Col. = Ven.): «(...) a partir de mañana el Gobierno dejará de creer en pajaritos preñados con respecto a nosotros, pues se anunció que vendrá un tipo especialmente nombrado por la Secretaría de Información de la Presidencia de la República para revisar previamente todo el material a transmitir.» (R. Dalton, *Pobrecito poeta que era yo...*, 306) = «'Regalo* moto Monochop Yamaha', decía hace poco un aviso. ¿Regalo? para los que crean en pajaritos preñados.» (D. Samper Pizano, *A mí que me esculquen*, 106) = CONSULTAS = HAENSCH y WERNER = TEJERA

pájaro. m **(1)** Cierto aire popular bailable, alegre, generalmente acompañado de una poesía en la que figura la palabra /pájaro/. (Ven.): «–No se vayan –dijo Pascual el de los cuernos–, que van a tocar un pájaro. Y la música, de melancólica, se tornó viva, aguda, alegre como una mañana de Pascua, como un beso de la primavera. Cantaba el maraquero: 'Pajarillo alegre / no hay como el gonzal*, / que de día y de noche / siempre ha de cantar'.» (M. V. Romero García, *Peonía*, 300) = SOPENA = MORÍNIGO **(2) pájaro** (o: **pajarazo).** Maricón. (CR = Cuba): «(...) es el colmo este país está hecho mierda (...) un tanate* de pajarazos besándose en los rincones y las dos hembras también (...).» (R. Arias, *El emperador Tertuliano...*, 156) = QUESADA = CONSULTAS = SANTIESTEBAN **(3) pájaro baco** (o: **pájaro vaca,** o: **pájaro vaco).** fr. m. Ave zancuda (*Trigrisoma sp.*, o *Nycticorax*) de unos 70 centímetros de largo, de plumas veteadas de negro y pardo, vientre leonado y pico largo y fuerte; suele quedarse escondida en los juncos, alzando el pico al cielo; su grito recuerda el mugido del toro. (Ven.): «–(...) ¿Quién vive ahí? –le preguntó al Pájaro Baco, que estaba inmóvil, estático, con los ojos cerrados y el pico hacia el cielo, entre los juncos de la orilla del río.» (A. Arraiz, *Tío Tigre y Tío Conejo*, 53-54) = TEJERA **(4) pájaro madurero.** Véase **madurero. (5) volársele a uno los pájaros.** fr. Perder los estribos, enfadarse mucho. (Ur. = Bol. y Arg.): «El comisario era un hombre obeso, gran comilón, de excelente carácter. Cuando 'se le volaban los pájaros' no había fuerza capaz de contenerlo. Su labio inferior caído esbozaba una mueca peligrosa.» (E. Amorim, *La carreta*, 16) = MALARET

pajarón -ona. adj. Bobalicón. (Ch. = Ur. y Arg.): «–No sea pajarona (...).» (A. Skármeta, *Ardiente Paciencia,* 66) = MORÍNIGO = CONSULTAS

paje. m. Camarero, mozo. (Ec.): «–Y qué trabajo vas a tener? / –De paje. (...) Miguel observaba de hito en hito el comedor donde había instalado el señor Miñutes una pequeña cantina*, con el expreso objeto de vigilar a los pajes y a los comensales.» (G. Bueno, *Siembras,* 88 y 89-90) = CONSULTAS

pajero. (1) m.; ú. t. c. adj. Masturbador consuetudinario. (Perú, Par. = Cuba, Méx., Ur. y Arg.): «–¿Vamos a dormir una siesta o qué? –dijo ella. –No te enojes –balbuceó Alberto–. No sé qué me pasa. –Yo sí –dijo ella–. Eres un pajero.» (M. Vargas Llosa, *La ciudad y los perros,* 97) = «–¿Le estás aplaudiendo a tu macho? –le preguntó a Celina, amablemente. / –No. Le estoy llamando a un mozo pajero –replicó ella con la misma sutileza.» (M. Halley Mora, *Los hombres de Celina,* 66) = BENDEZU = SANTIESTEBAN = JIMÉNEZ = CONSULTAS **(2) pajero -a.** adj. De los pajonales. (Arg.): «Me habían dado por compañeros dos mocetones de unos veinte años. Uno alto, aindiado, lampiño. El otro rubio y flaco, con ojos sesgados de gato pajero.» (R. Güiraldes, *Don Segundo Sombra,* 105) = CONSULTAS

pajilla. f. **(1)** Paja rastrera, delgada y elástica que, una vez seca, sirve para hacer colchones, sombreros u otras cosas. (Ec.): «Casi todos usaban sombreros de 'pajilla', y los barboquejos se los agarraban de los ojales de las camisas con pecheras.» (N. Estupiñán Bass, *Cuando los guayacanes florecían,* II, 61) = MATEUS = CONSULTAS **(2)** Sombrero de paja. (Ven.): «Preparando las palabras adulonas apareció el antiguo pitcher del 'Nueva York', ahora manchado de perezas y miseria; rascándose la oreja, con la pajilla sobre la frente, miraba buscando a Fajardo.» (G. Meneses, *Campeones,* 70) = TEJERA

pajizo. m. Pajillero, el que suele masturbarse. (Col.): «Por eso es que me salen tantos barros, por esa maldita paja, porque soy un pajizo degenerado (...).» (U. Valverde, *Bomba Camará,* 49) = FILIPPO = HAENSCH y WERNER

pajonal. m. Paraje anegado, en donde crece la paja enmarañada y alta; los hay muy extensos, y algunos, a la distancia, aparecen en la planicie como bosques; son los oasis de la pampa. (Arg.): «Temerosos del salvaje, / acogiéronse al abrigo / de aquel pajonal amigo, / para de nuevo su viaje / por la noche continuar; / descansar allí un momento, / y refrigerio y sustento / a la flaqueza buscar. / Era el adusto verano. / Ardiente el sol como fragua, / en cenagoso pantano / convertido había al agua / allí estancada, y los peces, / los animales inmundos / que aquel bañado habitaban / muertos el aire infectaban, / (...) aquí se vía <veía> / al voraz cuervo, tragando / lo más asqueroso y vil; / allí la blanca cigüeña, / el pescuezo corvo alzando, / en su largo pico enseña / el tronco de algún reptil; / (...).» (E. Echeverría, *La cautiva,* 170) = ABAD DE SANTILLÁN (la def. es del propio E. Echeverría)

pajuelazo. m. Latigazo. (Méx.): «Y dio un pajuelazo contra los burros, sin necesidad, ya que los burros iban mucho más adelante de nosotros (...).» (J. Rulfo, *Pedro Páramo,* 10) = SANTAMARÍA DM

pajuera. adv. **de pajuera.** adv. De otra parte; de la provincia; del campo. (Arg.): «–Puede venir uno de pajuera –apoyé significativamente.» (R. Güiraldes, *Don Segundo Sombra,* 39) = CONSULTAS

pajuncia (o: **pajunsia**). f. Montón de paja, de bejucos, yerbas secas, cáscaras de café secas, *etc.* (PR): «Sus dedos, anchos y aplastados en la punta, barrían las monedas como escoba de pajuncia que barriera polvo (...).» (M. Zeno Gandía, *La Charca,* 40) = MAURA = CONSULTAS

pala. f. **(1) echar, tirar** o **volar pala.** fr. f. Cavar; trabajar con la pala. (CR, Ven., Perú): «Pos* ahí siempre volando pala ende ñor Juaquín.» (C. Salazar Herrera, *Cuentos de angustias y paisajes,* 144) = «Se había enmontado otra vez, así que no quedaba sino subir y ponerse a echar pala y barretón*.» (A. Croce, *La roca desnuda,* 20) = «Allá abajo, en el campamento, (...) se movían los peones. Unas hormiguitas. Los que no estaban dinamitando el túnel o tirando pala tenían ahora su recreo; se estarían comiendo sus fiambres.» (M. Vargas Llosa, *Lituma en los Andes,* 43) = CONSULTAS (véase también **tirar* lampa***) **(2)** Véase también **pala-pala** (o: **palapala**).

palabra. f. **mala palabra.** fr. f. Término soez, palabrota. (Perú, Arg. y otros): «(...) me contó historias cochinas, aunque sin decir malas palabras.» (M. Vargas Llosa, *La ciudad y los perros,* 300) = «(...) no hay que mentir, niños, no se muerdan las uñas, no escriban malas palabras en las paredes, no se debe faltar a clase (...).» (E. Sábato, *Abaddón el exterminador,* 1.090) = CONSULTAS

palana. f. Pala, lampa, azada. (Perú): «Mientras la mayor parte de los otros peones serranos sacaban apenas una tarea al día, (...) él (...) sacaba tres cada dos y a veces hasta cuatro, vertiendo sobre el duro prosaísmo de los picos y las palanas toda la poesía de las canciones y los **tristes** del folklore (...). / (...) aparecieron los comisionados, armados de picos y palanas (...).» (E. López Albújar, *Nuevos Cuentos Andinos,* 154 y 199) = MORÍNIGO = SOPENA

palanca. f. **(1)** Pértiga que se clava en el fondo de un río para dirigir y hacer avanzar una embarcación; garrocha. (Ec. = Ven., Col. y otros): «Al llegar a Teaone el Aspirante ordenó a Héctor Angulo tomar el canalete de popa y a Roberto Bone coger la palanca de proa.» (N. Estupiñán Bass, *Cuando los guayacanes florecían*, II, 142) = TEJERA = HAENSCH y WERNER = SOPENA (véase también **palanquero**) **(2)** Aguijada. (Ec.): «Los peones a caballo cantaban aún. Dirigiendo con sus palancas puntonas* el andar de los bueyes.» (J. Gallegos Lara, «Los madereros» en: *Los que se van*, 116) = «Los vaqueros agitaban sus palancas en lo alto. Montados en sus caballos ágiles y fuertes.» (D. Aguilera Malta, *Don Goyo*, 15) = CONSULTAS

palangana. f. Parte posterior de un camión o camioneta, que sirve para transportar cargas pesadas. (Guat.): «El camión se comenzó a venir para atrás. Los albañiles, parados <de pie> en la palangana, gritaban y se reían. (...) García vio por el retrovisor que tenía otro carro <coche> pegado. Comenzó a sonar la bocina con ganas.» (D. Liano, *el hombre de Montserrat*, 135-136) = ARMAS = RUBIO

palanqueador (o: **palanquiador**). m. Enchufado, persona que se vale de la recomendación de otra para obtener algún beneficio. (Ec.): «(...) y la caterva de palanquiadores, adulones, chupamedias* (...) a conseguir la bequita para el guagua, el empleíto masquesea <más* que sea> de portero (...).» (G. A. Jácome, *Porqué se fueron las garzas*, 64) = CONSULTAS

palanquiador. m. Véase **palanqueador.**

palanquero. m. Hombre que, armado de una pértiga llamada **palanca***, dirige una embarcación pequeña por el cauce más apropiado de un río. (Ec.): «Las mujeres, con sus hijos, caminaban por las riberas hasta donde podían, para aligerar la carga de las embarcaciones y facilitar el trabajo de los palanqueros.» (A. Ortiz, *Juyungo*, 53) = SOPENA = CONSULTAS

palanqueta. f. Pan de trigo alargado y angosto, que se usa para los emparedados. (Ec.): «El Cura despertó con hambre y pidió el almuerzo. / –¿Qué almuerzo? preguntó Guadalupe azorada. / –¿Cuál ha de ser? El mío. Mi pollo, mis tallarines, mi palanqueta, mi chocolate.» (J. A. Campos, *Linterna mágica*, 27) = MATEUS

pala pala (o: **palapala**). m. Baile popular de Santiago del Estero y de Tucumán, en el que los danzantes imitan con los ponchos la riña entre caranchos (aves falcónidas, *Poliborus plancus*). (Arg.): «(...) con una gracia de autómata, el Neocriollo se puso a bailar el malambo, la cueca, (...) el pala pala, (...), el pericón, la huella y el chamamé.» (L. Marechal, *Adán Buenosayres*, 223) = MORÍNIGO = VERDEVOYE = CONSULTAS

palenque. m. **(1)** Lugar aislado en el que, durante la colonia, los negros cimarrones se refugiaban, cultivándolo y reproduciendo allí ciertas formas culturales africanas. (Cuba, Pan., Col. = PR,): «Actualmente su culto (el de Oké) es limitado, pero durante la Colonia fue adorado en los palenques por los esclavos cimarrones, especialmente por los provenientes de Abeokuta e Ibadán, donde era muy popular.» (N. Bolívar Aróstegui, *Los Orishas en Cuba*, 88-9) = «(...) se dedicaron al cimarronaje, estableciendo un palenque en un lugar secreto a orillas del río Bayamón.» (C. G. W. Cubena, *Los nietos de Felicidad Dolores*, 76) = «Sin embargo, los dramas más terribles no pasaban a la historia, pues ocurrían entre la población negra, donde escamoteaban a los mordidos para tratarlos con magias africanas en los palenques de cimarrones.» (G. García Márquez, *Del amor y otros demonios*, 23) = ORTIZ = MORÍNIGO = SOPENA = CONSULTAS **(2)** Vivienda colectiva de indios, hecha con madera y que tiene techo de palma. (CR): «(...) llegaban hasta mí rumores apagados de conversaciones lejanas (...). Aguzaba el oído y me internaba un poco entre* el monte, hasta que divisaba la columna de humo flotando entre las copas de los árboles o veía asomar el agudo techo de un palenque.» (C. L. Fallas, *Mamita Yunai*, 44-45) = «¿Y cómo eran las viviendas de los indios? Las tenían de diferentes formas. El palenque redondo, terminado como una olla volcada, empajado desde el suelo.» (P. Solano, «Los indios de Talamanca» en: *Tradición oral indígena costarricense*, Vol. I, año 1, n° 2, p. 5) = GAGINI = QUESADA = CONSULTAS

palero -a. m. y f. Brujo o santero* que utiliza sobre todo varias especies de árboles o palos para sus brujerías. (Cuba): «Las lluvias de este mes <mayo> (...) sacramentan y dan fuerza a los 'trabajos*' de Paleros y Santeros*. «(L. Cabrera, *Supersticiones y buenos consejos*, 22) = »La historia de otra palera, que también curaba con agua, ha sido narrada por Emilio Sánchez (...).» (L. Cabrera, *La medicina popular de Cuba*, 139) = ORTIZ = SÁNCHEZ-BOUDY

paleta. f. **(1)** Acelerador. (PR): «O sea Papi, que si tú haces una pista <autopista> bien hecha donde la juventud pueda envenenar* sus paletas con un millaje* tipo Marysol MALARET: puertorriqueña Miss Universo y gloria nacional por decreto.» (L. R. Sánchez, *La Guaracha del Macho Camacho*, 76) = «–¡Ahora es que vamos!, gritaba Vitín, metiendo paleta hasta el ñame* en lo* que Pucho y yo nos resignábamos a estirar la pata antes de haber votado por primera vez.» (A. L. Vega, *Pasión de historia*, 78) = CONSULTAS (véase también **paletazo**) **(2)** Antiguo juego criollo, parecido al base-ball norteamericano. (CR): «Muy cerca de la casa de mis abuelos estaban la plazuela de la Agonía y la hermosa plaza de El Llano, que todos los muchachos de la barriada aprovechábamos, en las tardes de verano, para jugar fútbol, croquet y paleta (...).» (C. L. Fallas, *Marcos Ramírez*, 183) = QUESADA

paletazo. m. **meter el paletazo.** fr. Pisar el acelerador. (PR): «(...) meto el paletazo por toda la calle París y veo que el Ferrari sonríe de dicha (...).» (L. R. Sánchez, *La Guaracha del Macho Camacho*, 254) = CONSULTAS

paletear. tr. Dícese del jinete que ejerce una presión con su caballo contra la paleta de un vacuno o de otro caballo, para que éste tome la dirección deseada. (Arg.): «Por fin un toro, más haragán o más pesado, cayó entre el alazán y el overo. Lo paletearon hasta echarlo por entre los médanos.» (R. Güiraldes, *Don Segundo Sombra*, 107) = VERDEVOYE

paletera (o: **paletero**). f. o m.; ú. t. c. adj. Tuberculosis. (Ec.): «De improviso, Manuel Remberto se incorporó para toser. Una bocanada de sangre encharcó el piso de caña picada. / –Está jodido, compá <compadre> –exclamó, algo apenado, el cholo*–. Esa es la paletera. Pero no se preocupe, eso se cura facilito, tomando sangre de mongón*.» (A. Ortiz, *Juyungo*, 104) = CORNEJO

palito. m. **(1)** Cierto tipo de pan crocante en forma de palito que se suele comer con el café. (Par.): «*Panadería Guaraní – Asunción. Especialidad en palitos y galletas* con grasa...*, ofrecía el letrero pintado al costado del ex furgón de reparto.» (A. Roa Bastos, *Hijo de hombre*, 331) = CONSULTAS **(2) palito de enredos.** fr. Paño de lágrimas, confidente, el que ayuda a resolver problemas. (CR): «Los dos vivos eran muy ruines con la madre y nunca le hacían caso, pero el tonto era muy bueno con ella y era el palito de sus enredos.» (C. Lyra, *Cuentos de mi tía Panchita*, 31) = CONSULTAS = ARROYO **(3) a palitos.** fr. En situación difícil, en peligro. (Guat. y CR): «(...) si no la cosa iba a estar más que fregada. Ya el año que pasó se la vieron a palitos a causa de eso.» (M. A. Asturias, *Viento fuerte*, 26) = «Muchas veces se vieron a palitos, cuando la madre estuvo enferma un mes y luego cuando ha escaseado el trabajo; entonces han tenido que empeñar hasta el modo de andar.» (C. Lyra, *Los otros cuentos*, 139) = QUESADA = CONSULTAS **(4) buscar con palito de romero.** fr. Buscar con suma diligencia. (Ec.): «Mula que no tenga mañas, / Y cosa ajena sin pero, / No he de hallar, por más que busque / Con palito de romero.» (J. L. Mera, *Cantares del pueblo ecuatoriano*, I, 74) = CONSULTAS **(5)** Véase también **palo. (6) pisar el palito.** fr. m. Caer en la trampa. (Arg.): «Yo paraba la oreja* para ver cuál de los tres hablaba con el lunfardo <jerga> de los marineros y por ahí les soltaba comentarios a propósito del barco para ver si alguno pisaba el palito.» (J. Cortázar, *Relatos*, 321) = MORÍNIGO = VERDEVOYE = CONSULTAS **(7)** Véase también **palo.**

palizada. f. Conjunto de troncos y maderas que arrastran los ríos, especialmente cuando están crecidos. (Perú = Col. y Ec.) = «Encontrábame yo recostado en la barandilla del puente, acabado ya de bañarme, entretenido en ver las palizadas que pasaban, cuando un vocear lamentoso me sacó de mi contemplación.» (E. López Albújar, *De mi casona*, 40-41) = MORÍNIGO = HAENSCH y WERNER

palma. f. **(1) palma carata.** fr. Palmera llamada también **carata***, y palma de la misma, que sirve para hacer techos. (Ven.): «Las blancas fachadas, los techos de palma carata y especialmente los techos de cinc (...) reflejaban el claro fulgor apacible <de la luna>.» (R. Gallegos, *Canaima*, 57) = CONSULTAS **(2) palma redonda.** fr. Véase **carata.**

palmar. v. **(1)** intr. Enfermar. (Arg.): «(...) sin grupo* que llegás / ya me tenés palmao / ¡que no haya un auto / que te cache <coja> de costado!» (M. Romero, «Estampilla», en: J. Barreiro, *El Tango*, 180) = GOBELLO **(2)** tr. Palpar, tocar con las manos. (Arg.): «Volvió a calarse el vilipendiado sombrero, máquinalmente palmó en sus bolsillos cachimba <pipa> y tabaquera.» (L. Marechal, *Adán Buenosayres*, 92) = CONSULTAS **(3)** tr. Pagar. (Arg.): «Yo me acuerdo cuando apenas te saqué de perdedora / y una cama en el Fernández <hospital de Buenos Aires> para curarte te palmé / (...).» (E. Escaris Méndez, «La Cornetita», en: J. Barreiro, *El Tango*, 186) = «(...) el patrón escucha sonriendo mientras que vos palmás el importe de su garrafa de lúpulo.» (R. Arlt, *Nuevas aguafuertes*, 45) = GOBELLO = MORÍNIGO

palmear. intr. o tr. Hacer tortillas de maíz: golpetear con la palma de la mano una bola de masa de maíz para aplanarla y darle forma circular. (El Salv. = Méx. y Am. Centr.): «'Las tortillas son de ayer al mediodía', le digo cuando le sirvo su sartencito <sartencita> con frijoles. 'No tengás cuidado, no vas a palmear en la madrugada sólo por darme gusto', me dice. (...) –A vos por andar con tu tata <padre> te toca hacer trabajo de burro, en vez de ayudarme a mí a desgranar maíz. O a palmear las tortillas o a lavar los trapitos o hacer los frijoles y el maíz.» (M. Argueta, *Un día en la vida*, 40) = CONSULTAS

palmera. f. **dejar** (o: **estar**) **en la palmera.** fr. Estar sin dinero. (Arg.): «Por ser bueno, me pusiste en la miseria, / me dejaste en la palmera, me afanaste <robaste> hasta el color.» (E. S. Discépolo, «Chorra*», en: J. Barreiro, *El Tango*, 175) = «Hablo desde encima del árbol, no estoy 'en la palmera', sino en la acacia.» (R. Arlt, *Los siete locos*, 105) = CONSULTAS = GOBELLO

palmero. m. Palmera; planta de palma. (Ec. = Méx. y Arg.): «Si acaso un poco de la simiente para los palmeros del mañana.» (D. Aguilera Malta, *Don Goyo*, 69) = MORÍNIGO = CONSULTAS

palmista. m. y f.; ú. t. c. adj. Quiromántico. (Perú = PR, Cuba y Méx): «–No le gustaría lo que usted le leyó en la coca –dijo Tomás. / –En la mano –lo corrigió la mujer–. Soy también palmista y astróloga. Sólo que estos indios no se fían de las cartas, ni de las estrellas, ni siquiera de sus manos.» (M. Vargas Llosa, *Lituma en los Andes*, 40-1) = MALARET = MAURA = MORÍNIGO

palmito. m. Surimi. (Col.): «Calamar y palmitos de cangrejo 8100 pesos.» (menú del restaurante «Urbano», Bogotá) = CONSULTAS

palmo. m. Cierta superficie de tierra, parcela. (Bol. = Perú): «Los dueños de Huayllani, perdieron su prestigio de principales propietarios de la zona, al dividir sus haciendas en palmos de labor que los enajenaron a los pequeños agricultores, mestizos casi todos ellos.» (H. Guzmán Arze, *Borrasca en el valle*, 22) = CONSULTAS

palo. m. **(1) palo -ito.** Copa o trago de aguardiente o de otro alcohol fuerte; bebida alcohólica. (PR, Ven. = Cuba): «(...) no olvides que el Bambino era aficionado al palo de bourbon, a las chillas* correcostas* y a las comelatas* pantagruélicas.» (E. Rodríguez Juliá, *El entierro de Cortijo*, 69) = «–Vente. Vamos a tomarnos unos palitos para celebrar la cosa.» (G. Meneses, *Campeones*, 23) = SOPENA = CLAUDIO DE LA TORRE = TEJERA = CONSULTAS = SANTIESTEBAN **(2)** Taza pequeña, hablando del café. (PR): «Ya se han dado cada uno tres palos de café pulla*, Don Virgilio nunca usa azúcar, ese veneno.» (A. L. Vega, *Pasión de historia*, 104) = CONSULTAS **(3) Palo.** En la religión de los congos, espíritu. (Cuba): «Cuando hace falta un gallo, un paquete de velas, lo compran. Pero a todos los <cofrades> 'no los monta* el Palo' (...).» (L. Cabrera, *Reglas de Congo*, 131) = CONSULTAS = SANTIESTEBAN (véase también **casa* de Palo**, y **juego* de palo**) **(4) palo a pique.** fr. Serie de postes clavados de punta, uno junto a otro, para cercar un terreno en la pampa; puede formar un recinto de forma redonda o cuadrada, y suele estar rodeada de una zanja. (Arg.): «(...) se notan varios corrales de palo a pique de ñandubay con sus fornidas puertas para encerrar el ganado.» (E. Echeverría, *El matadero*, 99) = «Éramos cuatro en el corral de palo a pique.» (R. Güiraldes, *Don Segundo Sombra*, 154) = CONSULTAS **(5) palo de.** fr. aum. o ponderat. inv. (CR, Ven. = Nic., Col.): «Perdí la carta y no recuerdo los detalles que me daba, pero eso sí un palo de noticia (...).» (P. L. Acuña, *Gallo pinto*, 70) = «–(...) Eso de que el general Boves anda robando... Ese es un palo de hombre.» (A. Uslar Pietri, *Las lanzas coloradas*, 94) = QUESADA = TEJERA = CONSULTAS = RABELLA y PALLAIS = HAENSCH y WERNER (= 'Esta sí que es un palo de mujer' FILIPPO) (véanse también **penco** y **tronco**) **(6) palo de agua.** fr. Aguacero. (Ec. = Ven.): «–Hace un bochorno del diantre –dijo el viejo, al tiempo que observaba el cielo gris–. ¡Va a caer un palo de agua!...» (A. ORTIZ, *Juyungo*, 144) = TEJERA = CONSULTAS **(7) palo de piso.** fr. Fregona. (CR): «Todavía recordamos a la mujer ésta, armada con el palo de piso borrando las huellas que dejaban los pies descalzos de los clientes de su esposo (...).» (C. Lyra, *Los otros cuentos*, 102) = «(...) se iba a sentar al zacate <césped> a limpiarlos con trapos que le robaba al palo de piso de Consuelo (...).» (F. Contreras Castro, *Los Peor*, 128) = QUESADA = CONSULTAS **(8) palo jeringa.** fr. Cierta planta medicinal. (Cuba): «El Moro sale a buscar hierbas para hacer sus famosos cocimientos: siguaraya, palo jeringa, (...) hojas y raíces de todo tipo que todo lo sanan (...).» (M. Cossío Woodward, *Sacchario*, 95) = CONSULTAS **(9) palo largo.** fr. Especie de tambor de los congos de Cuba, llamado también yuca*. (Cuba): «Al tambor le dicen *la yuka* y los congos de Cuba asimismo, solían llamarlo, en criollo, *palo largo*.» (F. ORTIZ, *Nuevo catauro de cubanismos*, 505) = CONSULTAS **(10) palo maría.** fr. Véase **maría. (11) Palo Monte**. fr. Religión y culto de los negros congos. (Cuba): «Las fiestas, los ritos, las ceremonias son más simples, menos costosas en Mayombe o Palo Monte que en el culto lucumí.» (L. Cabrera, *Reglas de Congo*, 123) = CONSULTAS **(12) a medio(s) palo(s).** fr. Medio borracho. (PR): «Comprendí que estaba ya a medios palos por el tufo que le salía de la boca.» (E. Laguerre, *La llamarada*, 124) = MAURA = ÁLVAREZ NAZARIO (quienes lo recogen como singular) **(13) dar el palo.** fr. Ser estupendo, impresionar bien. (PR): «(...) un bembé <fiesta> con el sonero* mayor pleneando* sobre la tumba sí que daría el *palo*.» (E. Rodríguez Juliá, *El entierro de Cortijo*, 88) = MAURA = CONSULTAS **(14) dar palo.** fr. Censurar, vituperar. (Arg., Ur.): (...) y aquellos que en esta historia / sospechen que les doy palo, / sepan que olvidar lo malo / también es tener memoria.» (J. Hernández, *Martín Fierro*, II, 4.885-8) = CONSULTAS **(15) dar un palo.** fr. Causar sorpresa o admiración. (PR = Ven.): «Otra mirada tierna a los rubíes que, a fin de cuentas, no son rubíes pero que bien imitan rubíes, bien que aparentan rubíes, bien que dan un palo, material sintético y qué: lo que importa es que aparenten (...).» (L. R. Sánchez, *La Guaracha del Macho Camacho*, 199) = MALARET **(16) darse el** (o: **un**) **palo.** fr. Beber ron, o cualquier alcohol fuerte. (PR): «(...) se daba el palo como si fuera jugo de china* (...).» (A. L. Vega, *Pasión de historia*, 71) = MAURA = ÁLVAREZ NAZARIO **(17) jugar palo.** fr. Practicar la brujería o la religión conga. (Cuba): «Después del juicio, ¡siete días jugando palo sin que nadie le molestara!, y más nunca <nunca más> se metieron <los jueces> con él.» (L. Cabrera, *Reglas de Congo*, 205) = CONSULTAS

(18) llamar palo. fr. Invocar a los espíritus (Cuba): «Los días más a propósito para 'llamar palo', (...) maleficiar o exorcizar, 'quitar un daño', curar, son los sábados y los domingos (...).» (L. Cabrera, *Reglas de Congo*, 152) = CONSULTAS **(19) llevar palo.** fr. Recibir golpes. (CR): «La vieja ha llevado palo durante los últimos siete años. (...) Los últimos siete años han sido un calvario.» (V. A. Mora Rodríguez, *La película*, 64) = CONSULTAS **(20) pasado -a de palos.** fr. adj. Ebrio, borracho. (Ven.): «Los invitados seguían bebiendo y comiendo y algunos ya estaban pasados de palos (...).» (A. González León, *País portátil*, 155) = CONSULTAS (véase también **pasado**) **(21) trabajar palo.** fr. Hacer brujerías. (Cuba): «Un hombre puede criar un diablillo. Sí, señor, un diablillo. Un congo viejo del ingenio Timbirito fue quien me enseñó a hacerlo. No hacía más que decirme que yo tenía que aprender a trabajar palo.» (M. Barnet, *Biografía de un cimarrón*, 118) = CONSULTAS **(22) trabajo de palo.** fr. m. Véase **trabajo. (23)** Véase también **palito.**

paloma. f. **(1)** Sexo masculino, polla. (Guat., El Salv., CR, Col. = Méx. y Nic.): «(...) muchachos sin calzón, con la paloma al aire (...).» (M. A. Asturias, *Week-end en Guatemala*, 148) = «Estirame el pie... Mi mano... Me pica la paloma...» (F. Metzi, *Por los caminos de Chalatenango*, 199) = «–¿Metérsela? Pero qué, dónde. / –Esto, la paloma. / –¿La pistolilla? / –Sí, huevinches <idiota>, por el monito*.» / –¡Por el monito! Y ¿se puede?» (F. Dobles, *Los años, pequeños días*, 40) = «(...) parlamentando a gritos con desnudos de alcurnia que accionaban con una mano, excelencia, y con la otra se tapaban la escuálida paloma pintorreteada (...).» (G. García Márquez, *El otoño del patriarca*, 245) = QUESADA = FILIPPO = HAENSCH y WERNER = SANTAMARÍA DM **(2)** Estirada de un arquero de fútbol. (Ur.): «Cuando los tiros de los delanteros rivales eran fuertes y esquinados, se mandaba tremendas palomas y despejes de puño y era muy aplaudido por los cuarenta espectadores.» (M. Benedetti, *La borra del café*, 37) = CONSULTAS **(3) paloma, -ita.** En el fútbol, hecho de jugar con la cabeza una pelota que pasa muy baja. (Ch. = Arg.): «(...) Campos en una palomita gloriosa de los tiempos en que el equipo de fútbol (...).» (A. Skármeta, *Ardiente Paciencia*, 124) = CONSULTAS (véase también **gol* de palomita**)

palomaría. m. Véase **santamaría.**

palomear (o: **palomearse**). tr.; ú. t. c. prnl. Disparar y herir o matar a alguien con arma de fuego, especialmente a traición. (Perú): «–(...) Aquí hay que dormir con un ojo cerrado y otro abierto. ¿Por qué crees que se palomearon a Grausito en Cotabambas? Porque se durmió con los dos ojos (...).» (E. López Albújar, *Nuevos Cuentos Andinos*, 84) = SOPENA (que recoge la forma no prnl.)

palomo -a. adj. Dícese del yeguarizo, pero también del vacuno, de pelaje completamente blanco; puede tener a veces las verijas y el hocico rosados. (Arg. = Col.): «(...) los torunos* se toparon de firme. (...) El palomo se arqueó como víbora, mezquinando el flanco, y el otro, sobrándose, fue a dar contra el caballo de Demetrio.» (R. Güiraldes, *Don Segundo Sombra*, 169) = ABAD DE SANTILLÁN = VERDEVOYE = HAENSCH y WERNER

palonear. tr. Aporcar las plantas; remover la tierra. (Ec.): «Más allá, un sembrado de trigo, tapiz primoroso de pulido y tierno verdor; y en seguida, papas en flor, en matas enormes, cuajadas de lindas flores, lilas, en surcos anchos, altos, paloneados ya.» (J. R. Bustamante, *Para matar el gusano*, 174) = MATEUS = TOBAR DONOSO = SOPENA

paluego es tarde. fr. Véase **tarde.**

palpitar. intr. o tr. Adivinar, intuir. (Ur., Arg.): «Ya estaba el rebenque en el aire. Pero Luciano, que iba graduando sus palabras al mismo tiempo que palpitando los movimientos del panadero, sacó la daga (...).» (E. Amorim, *La carreta*, 116-117) = «Vos no hagás correr la bola* / entre gente que palpita, / porque estos datos* polenta* / se brindan por amistad.» (J. Rial, «Preparate pa'l domingo», en: J. Barreiro, *El Tango*, 157) = CONSULTAS = GOBELLO

palla. f. **(1)** Mujer indígena de alcurnia. (Perú = Ec.): «Las pallas, aquenando hondos suspiros, / como en raras estampas seculares, / enrosarian un símbolo en sus giros.» (C. Vallejo, *Los heraldos negros*, 97) = CONSULTAS **(2) pallas.** f. pl. Cuadrilla de personas, las más de las veces muchachos indígenas y cholas*, que danzan en las ferias, con vara adornada entre las manos, especialmente con ocasión de la Navidad. (Perú): «Y era un homenaje a la Virgen todo ese esforzado y doloroso afán, por lo que detrás del anda iban las pallas y concurrentes cantando: *Eso y mucho más / merece la Señora. / Eso y mucho más / Nuestra Salvadora.*» (C. Alegría, *Los perros hambrientos*, 117) = MALARET

pampa. (1) m. Indio de la Patagonia, o, más generalmente, indio que vive en la pampa; persona que tiene antepasados indígenas. (Arg.): «(...) y si no lo han oservao <observado> / ténganló <*sic*> dende hoy presente, / que todo pampa valiente / anda siempre bien montao.» (J. Hernández, *Martín Fierro*, II, versos 510-516) = «Al frente de la tropa van Justino y el pampa Casiano, uno a la derecha y el otro a la izquierda; todos llevan en el interior del chambergo* una fresca rama de duraznillo blanco, porque ya es casi mediodía y el sol dispara sus rayos verticales (...).» (L. Marechal, *Adán Buenosayres*, 373) = GOBELLO = SANTAMARÍA DGA = CONSULTAS

(2) pampa -ita. f. Espacio despejado, aunque sea de poca extensión. (Ec.): «Las yuntas desembocan por la vuelta de la manga. En la pampita del playón*.» (J. Gallegos Lara, «Los madereros», en: *Los que se van*, 116) = CONSULTAS **(3)** adj. Aplícase a un vacuno o a un equino que tiene blanca la parte anterior de la cabeza, así como uno o los dos costados de la misma, siendo todo lo demás de otro color. (Ur., Arg.): «Marcelino Chaves frunció el ceño cuando se cruzó con su compañero de faena, que arreaba al 'Bichoco', al 'Colorao' y al 'Indio', junto con otros bueyes 'pampas'.» (E. Amorim, *La carreta*, 163) = «(...) era un cebruno pampa, feo como él solo, cabezón y patudo, cuya osteología se destacaba en relieve bajo la piel raída y sucia.» (L. Marechal, *Adán Buenosayres*, 199) = SAUBIDET = VERDEVOYE **(4)** adj. Pampeano. (Arg.): «Uno y otro quedaron aturdidos en el suelo durante el tiempo que se necesita para recorrer dos leguas pampas a caballo.» (L. Marechal, *Adán Buenosayres*, 620) = CONSULTAS **(5) en pampa** (o: **en pampas**). fr. De par en par. (Nic.): «(...) abrió las puertas en pampas, se salió al corredor de la calle y dio un grito (...).» (S. Ramírez, *Un baile de máscaras*, 119) = RABELLA y PALLAIS

pampón. m. Corral de gran extensión. (Bol. = Perú): «Los indios entendían la misteriosa movilidad de las masas de piedra que caen y se derrumban, se equilibran y se fragmentan caprichosamente en los pampones (...).» (H. Guzmán Arze, *Borrasca en el valle*, 59) = MUÑOZ PÉREZ = CONSULTAS

pan. m. **(1)** Colina de forma cónica. (Cuba): «La cumbre de un *pan* lejano era barrida constantemente por las nubes.» (A. Carpentier, *Écue-Yamba-O*, 52) = PICHARDO **(2)** Vulva de la mujer. (Col.): «Y bueno, el coño no se lo vimos. Coño: no nos gusta esta palabra. Es mejor panecillo, se la oímos por primera vez al Tártaro, cuando estuvimos en casa de Coci. Vio a Trinidad y entonces nos murmuró: 'Qué pan, hermanos, qué pan'.» (E. Rosero Diago, *El incendiado*, 27) = FILIPPO = HAENSCH y WERNER **(3) pan bon.** fr. Pan dulce, moreno y con frutas; es comida típica de la zona del Caribe. (CR): «Esta improvisación hace las veras* de horno, en el que se doran tres grandes bolas de 'pan bon'.» (A. Portocarrero, *Negro desgraciado*, 33) = QUESADA = CONSULTAS **(4) pan dulce.** fr. Bollo con frutas confitadas, piñones, etc., que se prepara esencialmente para las fiestas de fin de año. (Arg. = Ur.): «Año nuevo, vida nueva, pensaba Marcelo con piadosa ironía, viendo a esos desesperados en busca de una esperanza propiciada con pan dulce y sidra, con sirenas y gritos.» (E. Sábato, *Abaddón el exterminador*, 1108) = CONSULTAS **(5) pan francés.** fr. Abucheos que consisten en series de tres palmoteos acompañados a veces de pataleo y de la expresión «¡Pan francés!», separados por una breve pausa. (Arg.): «(...) y el gozo público se manifestó en silbatinas entusiastas, *panes franceses*, exclamaciones obscenas y pedorreos de imitación bucal (...).» (L. Marechal, *Adán Buenosayres*, 212) = GOBELLO = CONSULTAS **(6) pan quemado.** fr. Juego infantil que consiste en esconder alguna cosa, e indicar al que la busca si se acerca o aleja diciéndole 'frío', 'tibio' o 'caliente'. (Ec.): «Allá, en el pueblo, cuando la noche era clara y no muy fría, jugábamos en las calles al pan quemado, a los colores, al matutino.» (E. Cárdenas, *Juego de mártires*, 11) = JARAMILLO DE LUBENSKY **(7) pan sobao.** fr. Pan de manteca. (PR): «El hombre le puso en la mano un pedazo de pan 'sobao'. / –Esto llena más que el guineo –dijo.» (R. Marqués, *La víspera del hombre*, 75) = MAURA = CONSULTAS **(8) andar** (o: **estar**) **como pan que no se vende.** fr. Andar de aquí para allá, sin objeto. (Arg.): «Cuando es manso el ternerito / en cualquier vaca se priende <prende>; / el que es gaucho esto lo entiende / y ha de entender si le digo / que andábamos con mi amigo / como pan que no se vende.» (J. Hernández, *Martín Fierro,* II, versos 427-432) = CONSULTAS **(9) como pan bendito.** fr. Muy poco. (Arg.): «¡Todo es como pan bendito! / y sucede, de ordinario, / tener que juntarse varios / para hacer un pucherito.» (J. Hernández, *Martín Fierro*, II, versos 3.835-8) = CONSULTAS **(10) echar panes.** fr. Echar bravatas. (Arg.): «(...) en fin, para no echar panes, / salimos por esas lomas / lo mesmo <mismo> que las palomas / al juir <huir> de los gavilanes.» (J. Hernández, *Martín Fierro*, I, versos 567-570) = VERDEVOYE

pana. s. **(1)** f. Fruta del árbol del pan. (PR): «Algunos se volvían pronto, llevando aguacate, panas, gallinas ahogadas, los restos del desastre.» (E. Laguerre, *La llamarada*, 171) = «¿Fue culpa de las panas por haber estado demasiado verdes <maduras>? ¿O de los vientos por soplar con demasiado ardor? (...) Lo cierto es que de repente se desprendió uno de esos robustos frutos del Trópico y fue a dar, con toda la ingenua fuerza de la que son capaces las panas, en el mismo medio de un parabrisas demasiado confiado.» (A. L. Vega, *Pasión de historia*, 116) = MAURA = DÍAZ MONTERO = SANTAMARÍA DGA (véase también **árbol* de pana**) **(2) Pana** (o: **pana**). f. Carretera panamericana. (Ec. y otros): «Una nueva carretera, la 'Pana', que había quedado en construcción, pasaba ya por el pie de Quinchibuela, hecha un huracán de carros <coches>.» (G. A. Jácome, *Porqué se fueron las garzas*, 39) = CONSULTAS **(3)** f. Especie de ave acuática. (Bol.): «A su paso, las gaviotas levantaban el vuelo lanzando agudos chillidos, (...), las *panas* <se> zambullían o se ocultaban entre los gramadales, sacando sólo la cabeza negra, que brillaba como flores entre las verdosas algas.» (A. Arguedas, *Raza de bronce*, 141) = CONSULTAS **(4)** f. Especie de patata. (Par. y otros): «Ningún veneno quedó sin conocer: Ungüentos y polvos, licores y frutas, caramelos y pastillas, brebajes y humos y hasta el silencio y la palabra. Eliodoro eligió sus instrumentos, (...) la pana verde, las hierbas.» (J. Aymar, H. Duarte y M. Azuaga, *Rasmudel*, 61) = SANTAMARÍA DGA = SOPENA **(5)** m. y f. Amiguete. (PR, Ec.): «El pana Wilkins <cantante> estaba cooperando buenagente <*sic*> con *El sucesor*, base ideológica de mi movida.» (A. L. Vega, *Pasión de historia*, 64) = «No, él no será nunca el de antes. Nunca más será mi turi <hermano>, mi pana, mi propio.» (G. A. Jácome, *Porqué se fueron las garzas*, 62) = MAURA = CLAUDIO DE LA TORRE = CONSULTAS **(6) pana fuerte.** fr. m. y f. Amigo íntimo, mejor amigo. (PR): «El libreto no era muy novedoso; un macho desechado sorprende a la ex en pleno encarame* con su pana fuerte.» (A. L. Vega, *Pasión de historia*, 7-8) = CLAUDIO DE LA TORRE

pancha. Véase **mano* pancha.**

panchana. f.; ú. t. c. adj. Cierta especie de loro. (Ec. = Col.): «(...) surcaba rauda una gran canoa. (...) Llena de numerosa familia que parloteaba sin cesar, como una bandada de loras panchanas.» (A. ORTIZ, *Juyungo*, 25) = SANTAMARÍA DGA = SOPENA (quienes lo recogen como sustantivo)

panchito. m. Especie de ruleta, en la cual un muñeco pesca el número premiado; este muñeco. (CR): «¡Voy a hacer un *Panchito*! –dije de pronto a Tomasito–. ¡Vas a ver qué cosa más bonita!» (C. L. Fallas, *Marcos Ramírez*, 41) = ARROYO

pancho -a. m. y f. Nombre que en Cuba daban los españoles a las personas oriundas de la isla cuando ignoraban sus nombres. (Cuba): «Verá allí unos Panchos con plumas en las patas, cascabeles en la centura <cintura>, una sombrereta (...).» (L. Cabrera, *La sociedad secreta abakuá*, 52) = CONSULTAS

panda. f. Cierto juego de niños. (Ec.): «Habían jugado en las pampas*, por las noches, la 'panda', el 'cuche', el 'Tío Taitaco*'.» (N. Estupiñán Bass, *Cuando los guayacanes florecían*, I, 45) = CONSULTAS

pandar. tr. Envolver algo en hojas grandes –como de banano por ejemplo. (Ec.): «Decía que la mama les mandaba a decí <decir> que le regalaran un poco de ceniza, lo pandaba en unas hojas pa hacé creé <para hacer creer> que en verdá lo llevaba a la casa, se metía adentrito del camino, pa la ceja del monte, y se comía el pandao...» (N. Estupiñán Bass, *Cuando los guayacanes florecían*, I, 70) = CONSULTAS

pandereta (o: **pandereto).** m. y f. Predicador evangélico o de otra secta. (CR): «(...) aquí no se arrima nunca un médico ni un trabajador social, aquí no se arriman ni siquiera esos panderetas que andan en los buses hablándole a la gente de la perdición de sus almas (...).» (F. Contreras Castro, *Única mirando al mar*, 122) = «Ahora sí es indiscutible que el Asceta Minofén se hizo pandereto tiene el escritorio lleno de salmos El Señor es mi pastor nunca me falta en verdes pastos (...).» (R. Arias, *El emperador Tertuliano...*, 22) = CONSULTAS

panete. m. Tonto, imbécil. (Arg.): «¡Victoria! / (...) / ¡Se fue mi mujer! / Me da tristeza el panete, / chicato* inocente, / que se la llevó...» (E. S. Discépolo, «Victoria», en: J. Barreiro, *El Tango*, 211) = CONSULTAS = GOBELLO

panico. Hermanita –es dim. del quechua *pani* 'hermana'. (Ec.): «¿Qué es pes <pues>, fiesta tendrás, Andrés? –me averiguó la Mila que me preparaba la mejor mudada*. No, panico, no tengo fiesta.» (G. A. Jácome, *Porqué se fueron las garzas*, 33) = CONSULTAS

panilla. f. Pana, terciopelo. (Bol. = Méx.): «Sabasta dispuso también que el ataúd se tapizara con la mejor panilla, por cara que fuese, y que llevara molduras anchas, doradas.» (J. Lara, *Yanakuna*, 22) = SANTAMARÍA DGA

panocha. f. Vulva de la mujer, coño. (Col. = Méx.): «(...) cuando quitó la tranca de la puerta no pudo evitar otra vez la mano de gavilán carnicero. 'Me agarró toda la panocha', me dijo Divina Flor.» (G. García Márquez, *Crónica de una muerte anunciada*, 25) = CONSULTAS = HAENSCH y WERNER = JIMÉNEZ

panóptico. m. Cárcel circular dispuesta de modo que desde su centro se puedan vigilar todas sus partes interiores. (Col., Ec., Bol. < Par.): «En el panóptico de Riohacha, donde estuvieron tres años en espera del juicio porque no tenían con qué para pagar la fianza para la libertad condicional, los reclusos más antiguos los recordaban por su buen carácter y su espíritu social, pero nunca advirtieron en ellos ningún indicio de arrepentimiento.» (G. García Márquez, *Crónica de una muerte anunciada*, 80-81) = «(...) aparecieron como una docena de indios mal encarados y peor vestidos; todos ellos sabían del Panóptico de la Capital <Quito> o, siquiera, de la inmunda cárcel de Cuenca.» (M. Corylé, *Gleba*, 40) = «Nos trasladaron <a nosotros, prisioneros paraguayos, de un colegio de Sucre> al Panóptico. Era una cárcel especial, con celdas individuales, en la que constantemente <los carceleros bolivianos> nos arrojaban baldes de agua.» (H. C. Sosa Tenaillon, *Cincuenta años después*, 159) = CONSULTAS

pantaleta (s). f. (ú. t. en pl. en PR). Pantalones bombachos de mujer; braga. (PR, Guat. = Méx., Col., Ven. y Perú): «–Mamá, ¿aónde ehtán lah pantaletah colol <están las pantaletas color> rosa?» (R. Marqués, *La carreta*, 5) «(...) él (...) te bajaba la pantaleta (...).» (M. A. Flores, *Los compañeros*, 101) = = MALARET = STEEL = MAURA = CONSULTAS = SOPENA **(2) ¡qué pantaletas...!** fr. exclam. ¡Qué caradura! – empléase para subrayar que el asunto del que se habla está fuera de lugar. (PR): «(...) los había entrevistado uno por uno con la excusa barata de una encuesta sobre la población de origen corso en Puerto Rico, qué pantaletas...» (A. L. Vega, *Pasión de historia*, 69) = CONSULTAS

pantalón. m. **(1) pantalón bombilla** (o: **de bombilla**). fr. m. Pantalón angosto y más estrecho en los tobillos. (Arg. = Ur.): «(...) sólo le faltaban el pantalón de bombilla, los tacones altos, la chaqueta corta, el pañuelo de seda y el chamberguito* que Juan usaba en 1900 (...).» (L. Marechal, *Adán Buenosayres*, 108) = CONSULTAS **(2) pantalones brincacharcos.** fr. Pantalones que llegan más arriba del tobillo. (PR): «(...) se descubrió vestido con la camisa blanca percudida, la faja a la cintura y el pantalón anchote y brincacharcos de un jíbaro (...).» (A. L. Vega, *Pasión de historia*, 100) = CLAUDIO DE LA TORRE = GAZTAMBIDE ARRILLAGA **(3) pantalón de baño.** fr. m. Bañador para hombres. (Col.): «El bogotano se despoja del pantalón de baño floreado, donde siempre queda cerca de media arroba de arena, se ducha y se viste para ir a comer bajo la luna en algún restaurante del lugar.» (D. Samper Pizano, *A mí que me esculquen*, 82) = CONSULTAS

pantalla. f. Abanico. (Arg. y otros): «Apenas se sentaron, unos muchachos churrísimos* les trajeron pantallas y un vasito de ginebra.» (Copi, *La vida es un tango*, 152) = CONSULTAS = SANTAMARÍA DGA

pantanero. m. **(1)** Terreno muy resbaladizo, ensopado por las lluvias o una crecida; pantano. (Ven. = Col.): «Venía chorreando el agua, chorreando, chorreando, como si ordeñaran el cielo. (...) Los caballos planeaban, ¡zuaj! y se iban de boca por el pantanero.» (A. Uslar Pietri, *Las lanzas coloradas*, 7) = MALARET = HAENSCH y WERNER = SOPENA = CONSULTAS **(2)** Hombre que, en una región de pantanos, guía a todos aquellos que no conocen la zona. (Ur.): «¿El vecindario? Un viejo ciego (...) y, por último, dos sujetos, perseguidos siempre por los comisarios, que, con sus mujeres, viejas quitanderas*, hacían el oficio de pantaneros sin darse cuenta.» (E. Amorim, *La carreta*, 137) = CONSULTAS

panzón -ona. (1) panzón -ona (o: **panzoncito-a**). m. y f. Niño. (CR): «Yo tengo muchos panzoncitos a la cola, y allí no hay casas ni nada. Esos son trabajos pa <para> solteros y pan para hoy y hambre pa mañana –arguyó uno.» (C. L. Fallas, *Gentes y gentecillas*, 201) = «Otro día entre cuantos, dijo* a morirse la menor de las panzoncillas que tenía.» (F. Dobles, *Historias de Tata Mundo*, 67) = CONSULTAS **(2) ir panzón (-ona) con.** fr. adj. Estar harto de. (CR): «No me llenés la cachimba* (...), que ya voy panzón con las mariconadas de ese negro 'jueputa'.» (A. Portocarrero, *Negro desgraciado*, 57) = CONSULTAS

paña. m. Persona de raza blanca; es voz despectiva de la costa atlántica, alteración de 'España'; también se dice **pañaman** en algunas zonas. (CR): «No era deseable la mezcla con la población local. 'Los paña tienen piojos', solían decir los abuelos.» (Q. Duncan, *El negro en Costa Rica*, 102) = «En la costa atlántica se usa pañaman o paña para referirse a personas de origen español, o a las que hablan castellano.» (L. Palmer, *Wa' apin man*, 30) CONSULTAS

pañoso -a. adj. Que tiene paños, o sea manchas oscuras en la piel, particularmente en la cara. (Bol. = Col. y Perú): «(...) las seducciones de su primera juventud estaban llenas de turbios reproches porque redujeron a la ruina a la mozuela de Chimboco, ahora mujer blanda, pañosa y agobiada por prematuras dolencias.» (H. Guzmán Arze, *Borrasca en el valle*, 92) = HAENSCH y WERNER = ARONA (Suplemento)

papa. (1) f.; ú. t. c. adj. f. Persona o cosa formidable, linda o muy hermosa; maravilla; maravilloso. (Arg.): «El programa es una papa de internacionalismo fraternal con la urgencia del hambre y del macaneo <disparate>.» (R. Arlt, *Entre crotos y sabihondos*, 73) = «Viejo smoking cuántas veces / la milonguera más papa / el brillo de tu solapa / de estuco y carmín manchó, / (...).» (C. E. Flores, «Viejo smoking», en: J. Barreiro, *El Tango*, 111) = «(...) disfrazada de rica estás papa, / lo mejor que yo vi en Carnaval.» (F. García Jiménez, «Carnaval», en: J. Barreiro, *El Tango*, 119) = GOBELLO = CASULLO = CONSULTAS = TERRERA (quien lo recoge sólo para las mujeres) **(2) papa blanca.** fr. f. Variedad de patata. (Perú): «*Hay muchas clases de papa: (...) la papa blanca que se reserva para los gastos de la casa.*» (M. Scorza, *Redoble por Rancas*, 123) = CONSULTAS **(3) hacer papa.** fr. Arruinar. (Guat. = Arg.): «La lluvia hizo papa la mañana sin sol.» (M. A. Asturias, *El señor presidente*, 249) = CONSULTAS **(4) quemar las papas.** fr. Tomar mal cariz un asunto. (Perú, Ch. = Bol. Ur. y Arg.): «*Ustedes son puras bocas. Correrán cuando las papas quemen.*» (M. Scorza, *Redoble por Rancas*, 82) = «Arrímese más p'acá <para acá> / aquí donde el sol calienta / si usté está acostumbrado a dar volteretas, / y ningún daño le hará / estar donde las papas queman.» (Canción «Ni chicha ni limoná» de V. Jara) = SOPENA = MUÑOZ REYES = CONSULTAS **(5) tener la papa en la mano.** fr. Tener fácil acceso a algo, disponer de una cosa sin dificultad. (CR): «Ulate tiene la papa en la mano, ahora, pero ya vendrá el día.» (Q. Duncan, *Final de calle*, 65) = QUESADA = CONSULTAS **(6) ¡una papa partida!** fr. que expresa que un ser se parece mucho a otro. (Bol.): «Cuando su amor de padre, sustrayéndole a sus múltiples quehaceres le obligaba a detenerse frente al niño dormido en la hamaca, se perdía en la ilusión de estarse contemplando a sí mismo, tan fielmente reproducido en él se consideraba. '¡Una papa partida! –exclamaba para sus adentros. –¡Si es mi retrato!'» (J. Lara, *Yanakuna*, 248) = CONSULTAS

Papa. s. **estar, ser de Papa Upa** (o: **ser el papaúpa**). fr. Muy bueno; se emplea sobre todo hablando de manjares. (Cuba): «'Estar', 'ser de Papa Upa' (...), quería decir, y todavía hay cubano castizo que emplee esta expresión, algo que está o sabe muy bien, que es de buena calidad (...).» (L. Cabrera, *Reglas de Congo*, 98) = CONSULTAS = SÁNCHEZ-BOUDY

papacara. f. Nieve –pop. (Ec.): «(...) así apocamiento, así diosolopay <Dios se lo pague>, así pura intemperie, / somos papacara (...).» (G. A. Jácome, *Porqué se fueron las garzas*, 227) = MALARET = SANTAMARÍA DGA = MORÍNIGO = SOPENA

papada. f. **(1)** Bobería, necedad. (Hond. = Guat. y Nic.): «Una noche Samayoa pidió a Luján que leyera en voz alta, a lo que éste accedió, complacido: pero, al poco rato, desde uno de los cuartos contiguos, la airada voz de un hombre, protestó: / –¡Carajo! ¿Es que nos van a desvelar por estar leyendo papadas? / –¡Papadas son las que estás diciendo vos! –gritó otro, contestándole.» (R. Amaya Amador, *Prisión Verde*, 208) = MEMBREÑO = SOPENA **(2)** Cuento(s), historia(s), chisme(s); mentira(s). (Hond. = Guat. y Nic.): «–(...) Conmigo no hay enfermedad que pueda. A la Martha Sánchez, también le voy a sacar toda el agua que tiene en la sangre, porque eso es lo que tiene: agua. / –Dicen que es mal que le han echado a la pobre. / –Papadas. Martha Sánchez está hidrópica.» (R. Amaya Amador, *Los brujos de Ilamatepeque*, 61) = MEMBREÑO **(3)** Cachivache(s), chuchería(s). (Hond. = Guat. y Nic.): «(...) divertir el ojo con tanta papada que traen los turcos* a la capital...» (M. A. Rosa, *Tío Margarito*, 159) = MEMBREÑO

papagallo (o: **papagayo**). f. Cierta serpiente venenosa de la Costa. (Ec.): «–(...) Y el viejo <curandero> siguió silbando... Y vino la capitana*, y me pasó y me repasó como la equis*... Y vino la coral*, y vino la papagallo, y vino la berrugosa*, (...), y vino la pudridora*, y vino la pastilla*, y vino la pichindé, y se pasearon lo que quisieron encima de mi espalda y su jueron <fueron>...» (N. Estupiñán Bass, *Cuando los guayacanes florecían*, I, 117-118) = CONSULTAS

papagayo. f. Véase **papagallo.**

papalinas. f. pl. Rodajas o tiras de patatas fritas y sazonadas con sal. (Guat.): «Era, en efecto, una película que García estaba viendo en el 'Venecia', mientras se comía una bolsa de papalinas.» (D. Liano, *el hombre de Montserrat*, 125) = RUBIO

papaya. f. **(1)** Bebida gaseosa dulce cuyo sabor recuerda el de la papaya. (Bol.): «–Quiero pisco puro –digo. / –A mí con papaya –dice el carpintero. / El líquido y los vasos en las manos morenas y regordetas producen un juego fantástico de ruidos tintineantes y movimientos precisos.» (F. Medina, *Los muertos están cada día más indóciles*, 41) = MUÑOZ REYES **(2)** Sexo de la mujer, vulva. (Cuba = PR y otros): «(...) rescatar para la gran poesía metáforas del habla popular como, por ejemplo, esa 'papaya' para aludir al sexo femenino, una expresión vulgarísima que en el contexto del poema (...) se convierte en un hallazgo (...).» (J. Díaz, *Las palabras perdidas*, 227) = CONSULTAS = SANTIESTEBAN = MAURA

papayera. f. Grupo folclórico, musical y de danzas, compuesto por aficionados, que recorre las calles de los pueblos para interpretar piezas típicas de la región. (Col.): «Trajeron además un espectáculo de bailarines, y dos orquestas de valses que desentonaron con las bandas locales, y con las muchas papayeras y grupos de acordeones que venían alborotados por la bulla de la parranda.» (G. García Márquez, *Crónica de una muerte anunciada*, 65) = CONSULTAS = HAENSCH y WERNER

papazo (o: **papaso**). m. Pelo de los negros cuando ha sido alisado y peinado al cepillo. (PR): «Antes de Ismael Rivera conocimos a Roy Rosario, el negrito del papazo, maraquero y sonero* clásico de guaracheras* que junto al Sammy Ayala del güiro completaba la pareja de bailarines.» (E. Rodríguez Juliá, *El entierro de Cortijo*, 33) = CONSULTAS = MAURA = CLAUDIO DE LA TORRE

papel. m. **(1)** Licencia dada por el amo a un esclavo o a un peón para que éste pudiera buscar otro amo. (Cuba = Méx.): «El papel (así se llamaba por antonomasia en Cuba) en cuestión firmado por don Cándido, rezaba poco más o menos como sigue: 'Concedo papel a mi esclava María de Regla, para que en el término de diez días a la fecha, busque acomodo o amo en la ciudad. Es criolla, racional, inteligente y ágil (...). Se le da papel porque ella lo ha pedido. No ha conocido más amos que aquel donde nació y el que ahora la vende. Habana, etc.'» (C. Villaverde, *Cecilia Valdés*, 261) = SANTAMARÍA DGA **(2) papel madera.** fr. Papel de estraza, para envolver. (Par., Arg.): «Jadeaba ella bajo el peso de un gran paquete envuelto en papel madera y sujetado con un recio cordel.» (M. Halley

Mora, *Los hombres de Celina*, 77) = «(...) con mi hermana miramos el bulto envuelto en papel madera y atado con mucho hilo sisal.» (J. Cortázar, *Relatos*, 153) = CONSULTAS = VERDEVOYE

papelazo. m. Actuación vergonzosa o ridícula, papelón. (Cuba): «Y haré un papelazo porque el otro día cuando pasó y me miró fue como una insolación que me cosquilleaba por todo el cuerpo.» (M. Cofiño López, *La última mujer y el próximo combate*, 252) = «–Dar parte a los rebeldes –rezongó–, para tirarnos un papelazo, si estamos equivocados o ellos se enteran... No señor. Lo que tenemos que hacer es vigilar nosotros, sin formar aspavientos.» (J. Soler Puig, *En el año de enero*, 141) = CONSULTAS

papelillo. m. Rizo del pelo hecho con tiras de papel enrollado. (PR): «(...) que si me despinto el pelo, que si me pinto el pelo otra vez, que si los rolos*, que si la peluca, que si me voy a hacer papelillos (...).» (L. R. Sánchez, *La Guaracha del Macho Camacho*, 80) = MALARET = MAURA

papeluchero. m. Picapleitos. (Perú): «Eso era cosa de salvajes y propia para beneficiar al juez de paz, al escribano, a los papelucheros, al cura y hasta a los mismos **yayas***, quienes sabían sacar de ésto <esto> buena renta.» (E. López Albújar, *Nuevos cuentos andinos*, 23) = CONSULTAS = SOPENA

papo -a. m. y f.; ú. t. c. adj. Bobo, necio, alelado. (Guat., Hond., Nic. = CR y otros): «En seguida, al despegarse la copa vacía de los labios, exclamó: –¡Papos eran esos que se mandaron al otro lado al coronel, de volver por el portal!» (M. A. Asturias, *El señor presidente*, 47) = «–(...) No hay que ser papo y sacar dólares de cualquier parte y de cualquier manera.» (R. Amaya Amador, *Prisión Verde*, 116) = «–No me lo van a creer ustedes (...), pero todos, y más el gobierno, ven al minero como a un papo.» (M. Funes, *Oro y Miseria*, 135) = CONSULTAS = SANTAMARÍA DGA = RABELLA y PALLAIS = GAGINI (véase también **papa**).

papusa. f. Mujer hermosa –hipocor. (Ur., Arg.): «(...) tenía que salir / con los bolsillos llenos de piropos inéditos / (...) / con los bolsillos llenos de lugares comunes / tangos en estado de merecer (..;) / por ejemplo fuiste papusa del fango.» (M. Benedetti, *El cumpleaños de Juan Ángel*, 46) = «Viejo smoking de los tiempos / en que yo tan bien tallaba*, cuanta papusa garaba* / en tu solapa lloró.» (C. E. Flores, «Viejo smoking», en: J. Barreiro, *El Tango*, 111) = GOBELLO = CONSULTAS

paquete. m. **(1)** Bulo, infundio; mentira. (Cuba = PR, Ur. y Arg.): «Una vez me puse a decir que lo de los americanos en Santiago de Cuba era un *paquete* y que ellos no habían tomado aquello de por sí.» (M. Barnet, *Biografía de un cimarrón*, 189) = SÁNCHEZ-BOUDY = CONSULTAS = SANTIESTEBAN = MAURA = CASULLO (véase también **paquetero**) **(2) hacer, meter (el,** o: **un) paquete.** fr. Engañar. (PR, Cuba = Arg.): «–Así que ni hermana ni hermano, ¿okei? Tremendo paquete me quiso meter...» (A. L. Vega, *Pasión de historia*, 69) = «–Sí, está bueno ya de meter paquetes.» (M. Cossío Woodward, *Sacchario*, 126) = CONSULTAS = MAURA = SÁNCHEZ-BOUDY = CASULLO (véase tambien **paquetero**)

paquetero -a. adj. Mentiroso. (Cuba = PR): «La voz del cocinero, advirtiendo: / –No le vayan a creer más a este viejo paquetero.» (M. Cossío Woodward, *Sacchario*, 79) = CONSULTAS = MAURA (véase también **paquete**)

paquetón -a. adj. Muy elegante, peripuesto. (Arg.): «(...) el tercer personaje (...) era un vejete paquetón y lleno de ínfulas que, ni dormido ni absorto, miraba en torno suyo con el gesto de quien padece un agravio inferido a su honor.» (L. Marechal, *Adán Buenosayres*, 530) = «Pero sí –insistió don Amancio–, aquel mocito paquetón.» (E. Sábato, *Abaddón el exterminador*, 774) = CONSULTAS = VERDEVOYE

para. prep. **(1)** A, hacia. (Ch. = Arg.): «(...) todo el mundo supo de antemano, que para la noche se bailaría *La Vela*...» (A. Skármeta, *Ardiente Paciencia*, 133) = CONSULTAS **(2) para ante.** fr. adv. Delante de. (Arg.): «La situación se agravaba entre tanto, bien pronto le sería imposible disimularla a los ojos de la madre, del padre; para ante la familia, para ante el público mismo, ¿cómo más tarde, de qué manera ocultarla (...)?» (E. Cambaceres, *En la sangre*, 188) = CONSULTAS **(3) para que.** fr. conj. Como si. (Guat.): «(...) por onde vamos a pasar nosotros no pasan sino los meros hombres, soy yo quien se lo digo. ¡Ay, vida, para que fueras eterna...!» (M. A. Asturias, *El señor presidente*, 195) = CONSULTAS

parabrisa. m. Fanal que protege un candelabro. (PR): «(...) la mesa-consola de caoba con tope de aceitillo*, sobre la cual un parabrisa de cristal tallado protegía el candelabro de bronce con bujía a medio consumir.» (R. Marqués, *La víspera del hombre*, 137) = CONSULTAS

paracaidista. m. Aprovechado, persona que llega justo al momento de empezar una fiesta, sin haber sido invitada. (CR = PR, Guat., Nic. y Col.): «Llegó el día de la fiesta. La iglesia se encontraba invadida por los invitados, los padrinos y los paracaidistas.» (P. L. Acuña, *Gallo pinto*, 18) = «Se conocieron en una fiesta en la casa de ella, cuando José María llegó de «paracaidista», y fue un amor a primera vista.» (Maylen Brenes, «Profesión: agricultor», en: *Ventana*, 8/5/1993) = QUESADA = MAURA =

ARMAS = RABELLA y PALLAIS = FILIPPO = HAENSCH y WERNER = CONSULTAS

paraco. m. Montón informe; nido de avispas o de abejas. (Col.): «(...) iba viendo al pasar el paraco de luces de la ciudad sin mar en todas las ventanas (...).» (G. García Márquez, *El otoño del patriarca*, 267) = HAENSCH y WERNER = MALARET = SOPENA

parada. f. **(1)** Trampa, asechanza. (Perú): «–(...) seguramente te ha puesto ya paradas, como el zorro cuando quiere entrar al corral. / –Yo también se las he puesto (...). Lo tengo bien vigilado. No se mueve sin que yo sepa dónde.» (E. López Albújar, *Nuevos Cuentos Andinos*, 107) = SOPENA **(2)** Meter la pata, trastada. (CR): «Les dije que tuvieran cuidado al tirarlas <las bombetas>, no fueran a jalarse* una parada como la otra vez que Melquíades le dio fuego a una bomba (...).» (M. Salguero, *Agente de policía*, 12) = QUESADA = CONSULTAS **(3)** Acción valerosa. (CR = Col.): «(...) por eso será que algunos crén <creen> que soy valiente. Y no te estés creyendo: yo también me he jalao <jalado*> mis paraditas.» (C. L. Fallas, *Gentes y gentecillas*, 88) = QUESADA = HAENSCH y WERNER **(4)** Fanfarronería. (CR, Bol. = Arg.): «(...) tampoco él pudo jalarse* la parada de subir hasta la cruz de la torre de la iglesia, yo sí (...).» (F. Dobles, *Cuentos escogidos*, 77) = «–¿Pura parada? –contesta Ramírez–. ¿Es que no ha matado con sus propias manos a varios soldados en momentos de irritación?» (A. Guzmán, *Prisionero de guerra*, 62) = PAULOVICH = CONSULTAS **(5)** Traje, ropa limpia o nueva. (Ec., Arg.): «Un aguacero de orines lo abrazó como beta que se enreda al bramadero. / ...I <Y> era er <el> terno blanco, er nuevo de ir a Guayaquil! / ¡Mardecida sea la vieja i su mama que la parió! Me ha fregao la parada.» (E. Gil Gilbert, «Juan del diablo» en *Los que se van*, 94) = «Sin una mano que venga / a llevarme una parada, / sin una mujer que alegre / el resto de mi vivir...» (C. E. Flores, «Viejo smoking», en: J. Barreiro, *El Tango*, 111) = CONSULTAS **(6)** Situación difícil o adversa. (Ur. = Arg.): «Intuí desde la tribuna, en los entreveros, el mechón lacio de Lorenzo Fernández, que en las paradas bravas (para él lo eran todas) le caía sobre los ojos (...).» (H. Alfaro, *Por la vereda del sol*, 131) = CONSULTAS **(7) tirar una** (o: **la**, o: **cualquiera**) **parada.** fr. En el juego de dados, apostar; en la guerra, adelantarse al rival en el ataque –en el ej. propuesto, el personaje juega con esta bisemia. (Ven.): «(...) puso los dados sobre la mesa e interpeló <Ardavín> a Marcos altaneramente: / –Bueno, joven. ¿Ha venido usted a jugar o a buscar lo que no se le ha perdido? / (...) –¿Qué le diré, coronel? –repuso–. Ganas de tirar una paradita no me faltan. / Ardavín se llevó la diestra a la empuñadura del revólver. (...) Marcos continuó, sonriente: –No es de eso, coronel. / –¡Ah! Creí que se trataba de una parada de hombres. ¿Es de plata <dinero> entonces?» (R. Gallegos, *Canaima*, 67) = TEJERA **(8) topar la parada.** fr. En el juego de dados, aceptar una apuesta en una partida de mano. (Ven.): «–(...) Voy con usted, joven. ¡Topo la parada! / Recogió los dados y volvió a sacudirlos en el hueco de la diestra (...).» (R. Gallegos, *Canaima*, 68) = CONSULTAS

parado -a. p. adj. **(1) frijol parado.** fr. m. Véase **frijol. (2)** p. adj. **bolear parado -a.** fr. adj. tr. Véase **bolear. (3) estar (bien) parado -a con** alguien. fr. Gozar de su favor o protección. (CR = Col.): «Caray, si hasta a su mesa me convidaba de cuando en cuando los domingos (...). lo que se llama estar bien parado con el patrón. No, te vuelvo a decir, nada tengo que reclamarle a don Graciano.» (F. Dobles, *Historias de Tata Mundo*, 126) = HAENSCH y WERNER

paragua (o: **paraguas**). m. Paraguayo. (Ur. = Arg.): «Además, había agregado, él es paraguayo y no sé cómo se le caerá al viejo que yo esté liada con un extranjero. (...) ¿Que qué me dijo? Que si los uruguayos eran tan feos para que yo hubiera tenido que elegir a un paraguas.» (M. Benedetti, *La borra del café*, 153) = CONSULTAS

paraguayo. m. Cigarro que se hacía con tabaco paraguayo, o de regiones del norte de la Argentina. (Arg.): «Dejando señalada el profesor la misma lección para otra vez, fue la clase despedida, no sin antes declarar aquél que eran todos una tropa de haraganes y encender a la vez tranquilamente un paraguayo con anís.» (E. Cambaceres, *En la sangre*, 96) = CONSULTAS

paragüita -o. m. Hongo. (PR): «(...) más acá, las yerbas, las florecitas silvestres –rubias y rojas, azules y violetas; los *gallitos*, los *paragüitas*, la flor rosada del *moriviví**, las matitas* que tanto me entretuvieron en la niñez...–.» (E. Laguerre, *La llamarada*, 158) = ÁLVAREZ NAZARIO

paraíso. m. Árbol del paraíso, llamado también acederaque, o cinamomo (*Melia azederach*). (Méx., Par., Ur., Arg.): «Fue la última vez que te vi. Pasaste rozando con tu cuerpo las ramas del paraíso que está en la vereda y te llevaste con tu aire sus últimas hojas.» (J. Rulfo, *Pedro Páramo*, 122) = «Con gusto hubiera tirado el traje y los zapatones flamantes al medio de la trocha para juntarme de nuevo con ellos, quebrar* trompos (...) o liarme a moquetes bajo los paraísos y las ovenias de la plazoleta.» (A. Roa Bastos, *Hijo de hombre*, 94) = «Ya bajo la enramada haciendo lonjas, o sentado junto al tronco de un paraíso, se lo <le> veía invariablemente trabajar en algún apero.» (E. Amorim, *La carreta*, 5) = «Luego miró los árboles enfilados en la vereda <acera>: los paraísos no le recordaban ya el cuerpo selvático de Irma, porque sus hojas de oro se desprendían sin ruido, planeaban en el aire, llovían silenciosas, pedacitos de muerte.» (L. Marechal, *Adán Buenosayres*, 89) = SANTAMARÍA DGA = SAUBIDET = MORÍNIGO

paraná. m. Gramínea que sirve de forraje. (Cuba): «A muchos les decían ranchadores* que a la hora de pelear se quedaban con los matules <las mochilas> en un lugar del monte o la sabana, ocultos en el partillo* o el paraná, hasta que terminaba el combate.» (J. Almeida Bosque, *El General en Jefe Máximo Gómez*, 55) = SANTAMARÍA DGA (J. Rulfo emplea varias veces la palabra **paranera**)

parapara. f. Semilla del árbol llamado paraparo o parapara; es diminuta, esférica y muy dura. (Ven.): «'Cuando nació Papá Dios <Jesucristo> estaba chiquitico, chiquitico, como una parapara. (...)'» (A. Uslar Pietri, *Las lanzas coloradas*, 23) = TEJERA

parar. (1) intr. Pasar el tiempo. (Perú): «Pero al momento debía juntarse con nosotros, siempre fuimos sus patas*. No comprendo por qué para solo.» (M. Vargas Llosa, *La ciudad y los perros*, 240) = BENDEZU **(2)** tr. Levantar, edificar. (Pan., Nic. y otros): «Trabajaron muy rápido (...) y en unos días pararon las cuatro paredes y el techo (...).» (R. Leis, «La Antena» (cuento), en: *Revista Lotería*, n° 364, enero-febrero de 1987, pág. 141) = «(...) yo vivo aparte en una ranchita* que paré con la mujercita (...).» (O. Cabezas, *La montaña es algo más que una inmensa estepa verde*, 216) = CONSULTAS **(3)** prnl. intr. **parársele** a uno. fr. Erguírsele el pene. (Méx., CR, Perú = Guat., Ur. y Arg.): «Aléjese del licor, porque produce impotencia y es terrible tener a mano un buen culo y que no se pare.» (J. García Ordoño, *Tres crímenes y algo más*, 137) = «(...) Tobi me preguntó, tapándose los ojos con la mano porque tiene los ojos azulillos y el sol lo hace lloriquear, que si ya se me paraba.» (J. Gutiérrez, *Murámonos Federico*, 137) = «'Sí' admitió él sin mirarla, tratando de concentrarse en la 'Crítica del programa de Erfurt' para que la pinga* no se le parara escandalosamente.» (M. Scorza, *La danza inmóvil*, 118) = QUESADA = ARMAS = CONSULTAS **(4) parar a mano.** fr. Véase **mano. (5) parar los ojos.** fr. Véase **ojos. (6) parar las orejas.** fr. Véase **oreja.**

parcero. m. Tratamiento que se dan compañeros de trabajo, socios, *etc.*, que comparten los mismos peligros, los mismos problemas. (Ec.): «–(...) Las mujeres son así, parcero.» (A. ORTIZ, *Juyungo*, 165) = CONSULTAS

parche. m. **(1)** Indigente. (Col.): «Otros, como un *parche* que habita bajo la carrera* séptima, hacen fogatas cerca a <de> la entrada de la alcantarilla.» (J. R. Navia, «Viaje al lado oscuro de Bogotá», en: *El Tiempo* de Bogotá, 10/2/1992) = CONSULTAS **(2)** Lugar de la calle donde duerme el indigente. (Col.): «En el parche vivíamos como seis ñeros <hombres>, casi todos de la misma edad.» (M. S. Rico Sanín, *El delito de existir*, 30) = CONSULTAS

pardo -a. m. y f. Descendiente de la unión de blanco con indio o con negro en diversos grados; decíase de cualquier persona que no era de raza blanca. (Ven.): «–Es <Miranda> un pardo infame. Viene a robar y a matar. (...) El rey, el capitán general, su padre, los esclavos, los nobles, los plebeyos, los blancos, los pardos, todas las figuras jerarquizadas que poblaban su mundo negaban esa ideología.» (A. Uslar Pietri, *Las lanzas coloradas*, 38 y 44) = CONSULTAS = TEJERA

parecer. intr. **tal parece que.** fr. Según parece, aparentemente. (Méx.): «–Este pueblo está lleno de ecos. Tal parece que estuvieran encerrados en el hueco de las paredes o debajo de las rocas.» (J. Rulfo, *Pedro Páramo*, 45) = CONSULTAS

parejería. f. Pedantería, vanidad, arrogancia. (PR = Cuba y Ven.): «(...) ella declara con morisquetas de parejería (...).» (L. R. Sánchez, *La Guaracha del Macho Camacho*, 15) = MALARET = MAURA

parejo. (1) m. Pareja, compañera o compañera de baile. (PR): «(...) ha llorado como una huerfanita porque no tiene parejo (...).» (L. R. Sánchez, *La Guaracha del Macho Camacho*, 228) = «Ahí viene el Misterioso Extraño. Ahora está vestido de cartero. La penumbra alimenta la magia, el dulce anonimato del parejo. La viuda se abre al vicio solitario (...).» (A. L. Vega, *Pasión de historia*, 94) = MALARET = MAURA **(2) parejo -a.** adj. Apto para todo trabajo; que tiene grandes cualidades. (Arg.): «El se llamaba Patrocinio Salvatierra y vivía como a unas ocho leguas de distancia, en una tierra linda y pareja.» (R. Güiraldes, *Don Segundo Sombra*, 115) = VERDEVOYE **(3)** adj. Se dice de una persona con quien se puede contara; fiel, solidaria; servicial. (Hond. = Méx.): «–¡No, compañero (...), hombres como yo no se venden por un trago! ¡Me ofende sólo el hecho de que me supongas capaz de una sinvergüenzada! ¡Yo soy compañero parejo!» (R. Amaya Amador, *Prisión Verde*, 249) = «(...) un cura bonachón y parejo, que oficiaba desde hacía años en iglesias y ermitas, regadas en pueblos y aldeas.» (M. Funes, *Oro y Miseria*, 88) = SANTAMARÍA DM **(4) parejo.** adv. Muy fuerte, reciamente. (Méx., CR): «–Vienen del Norte, arriando parejo con todo lo que encuentran... Son poderosos.» (J. Rulfo, *Pedro Páramo*, 111) = «–(...) Sea lo que fuere, debes aceptar. Es la hora de que jalemos* todos parejo.» (M. L. Guzmán, *El águila y la serpiente*, 365) = «(...) le habían encargado un gallo así de grande, aunque estuviera más duro que una coyunda y tuvieran que volarle fuego* parejo por lo menos dos días.» (M. Salguero, *Agencia de policía*, 29) = SANTAMARÍA DGA **(5) duro y parejo.** adj. y adv. Véase **duro.**

pargo -a. adj. Perezoso. (CR): «Altura y Pelos son las secretarias del jefe Anti Tertulio y también son unas grandes pargas pero nadie les da bola* porque están muy viejas de todas maneras siempre fueron feas.» (R. Arias, *El emperador Tertuliano...*, 18) = CONSULTAS

parlante. m. Altavoz. (Col., Bol., Par., Arg. = Nic. y Ur.): «Después de rezar, permaneció en un éxtasis quejumbroso en la mecedora de mimbre, sin darse cuenta de cuándo dieron las nueve ni de cuándo se apagó el parlante del cine y quedó en su lugar la nota de un sapo.» (G. García Márquez, *La mala hora*, 116) = «Sólo que tuvimos que escapar, dejando fusil y municiones, barranco abajo, cuidándonos de no ser tocados por la luz de los reflectores que buscaban a más gente para despacharlas, como ellos amenazaban por sus parlantes.» (R. Poppe, *Después de las calles*, 248) = «En una carpintería mandamos hacer una silla alta, con pasamanos, para poder hablar en público. Entonces no había micrófonos, ni amplificadores, ni parlantes.» (H. C. Sosa Tenaillon, *Cincuenta años después*, 125) = «–Equipo de sonido con lector de discos compactos, radio cassette AM/FM stereo, cuatro parlantes y antena eléctrica.» (anuncio en: *Ronda Aerolíneas Argentinas*, julio de 1996, pág. 17) = CONSULTAS = RABELLA y PALLAIS

paro. m. Suerte en el juego de dados en que se apuesta todo el dinero de una vez. (Hond., CR, = Méx., Guat. y Nic.): = «Este, que ha ganado, toma su dinero y el cubilete. Varios jugadores hacen apuestas, hablando al unísono: / –¡Paro! / (...) / –¡Pago* al paro!» (R. Amaya Amador, *Prisión Verde*, 171) = «(...) si la postura es de paro, necesariamente se gana o se pierde todo el dinero de una vez.» (C. L. Fallas, *Gentes y gentecillas* –Glosario–, 339) SANTAMARÍA DM

parodista. m. y f. Artista que hace o representa parodias como profesión. (Ch. = Ur.): «Hacía su debut esa noche y estaba anunciado como un número de gran atracción: 'Mr Jaiva, parodista, imitador, monologuista*' (...).» (M. Rojas, *El delincuente..., y otros cuentos*, 91) = CONSULTAS

parque. m. Municiones, balas o cartuchos para la guerra. (Méx., Hond., Nic., CR, Pan., Col., Bol. = Cuba y Guat.): «Traen sus carros* apretados de bueyes, carneros, vacas. Furgones de ropa; trenes enteros de parque y armamentos, y comestibles para que reviente el que quiera.» (M. Azuela, *Los de abajo*, 68) = «–Para no gastar parque, esos condenados (...) usan sólo el machete o el mecate <la soga>, con el quiorcan <que ahorcan>, a cualquier cristiano, que les venga en gana.» (M. Funes, *Oro y Miseria*, 33) = «La verdad es que desde el envío de las cien ARMAS de guerra y el parque que recibimos de Costa Rica en enero de ese año, nunca nos llegó ningún otro cargamento.» (S. Ramírez, *La marca del Zorro*, 221) = «Cuando se acababa la batalla y los que habíamos sido escogidos para que les quitáramos a los muertos las ARMAS y el parque, y les diéramos cristiana sepultura, recorríamos el monte (...).» (A. Portocarrero, *Negro desgraciado*, 60) = «(...) los guerrilleros inquietos, yendo de cuarto en cuarto, viniendo, empaquetando las ARMAS (...), guardando la gran cantidad de municiones y parques que había sobrado (...).» (G. Guardia, *El último juego*, 187) = «(...) dotaba a los cuarteles de ocho cartuchos de fogueo por cada diez legítimos y les mandaba pólvora revuelta con arena de playa mientras él mantenía el parque bueno al alcance de la mano en un depósito de la casa presidencial (...).» (G. García Márquez, *El otoño del patriarca*, 17) = «Esa noche, como las muchas y anteriores veces, nos jugamos la vida y defendiéndonos, cada uno por turno, disparaba el parque repartido.» (R. Poppe, *Después de las calles*, 244) = SANTAMARÍA DGA y DM = MEMBREÑO = GAGINI = FILIPPO = ARMAS = SANTIESTEBAN

parqueo. m. Aparcamiento, estacionamiento. (Cuba, Guat. = CR): «(...) y después aquel solar que ya no está, porque ahora hay un parqueo.» (M. Cofiño López, *La última mujer y el próximo combate*, 162) = «(...) entró al parqueo del centro comercial Morazán. Relumbraban el asfalto y el cemento. (...) bajó del carro <coche> y entró al café.» (D. Liano, *el hombre de Montserrat*, 17) = CONSULTAS = SANTIESTEBAN = ARMAS

parrilla. f. **(1)** Portaequipaje de una bicicleta o de una motocicleta. (Col., Ch. = Ur. y Arg.): «Se fueron en la motoneta, Homero conduciendo y Lázara en la parrilla, abrazada a su cintura.» (G. García Márquez, *Doce cuentos peregrinos*, 52) = «(...) los tres volúmenes amarrados a la parrilla de la bicicleta (...).» (A. Skármeta, *Ardiente Paciencia*, 50) = CONSULTAS **(2)** Arbusto (*Ribes magellanicus*), común en Chile. (Ch.): «Las canoas atracaron a una suave playa bordeada de juncales, mata negra, calafates y, más al interior, parrillas y robles.» (F. Coloane, *El último grumete de la Baquedano*, 109) = CONSULTAS = MORÍNIGO

parte. f. **(1) de mi parte.** fr. A mi cargo, a mi cuenta. (Guat.): «(...) de mi parte queda lo que <usted> ordene. Sí, usté, estoy dispuesto a ayudarle en todo (...).» (M. A. Asturias, *El señor presidente*, 71) = CONSULTAS **(2) mandarse la parte.** fr. Presumir, darse pisto, simular. (Par., Ur., Arg.): «Parece que desde que le visitó la Señora no sale más de su casa. Parece que ahora se manda más la parte.» (J. Aymar, H. Duarte y M. Azuaga, *Rasmudel*, 38) = «Y Manini Ríos jugando al cronista de deportes y mandándose después la parte porque encuentra la tarea sacrificada.» (H. R. Alfaro, «Hinchando un poco», en G. Wettstein, *Nuestra Tierra*, II, 78) = «–(...) ¡Vea qué desesperados esfuerzos hace por imitar la facha de Caronte! / Y dirigiéndose al del mono azul: –¡Che, gallego! –le gritó–. ¡No te mandés la parte!» (L. Marechal, *Adán Buenosayres*, 486) = CONSULTAS = CHIAPPARA

partidario. m. Aparcero. (Ec., Perú): «(...) los diferentes tipos del país que rodeaban a la figura de la chulla* como en una vitrina de museo: la chola de follones* de bayetilla, (...); el cholo campesino de zamarros lanudos, de poncho fino, de bufanda al cuello, de zapatos de becerro con rechín, de diente de oro –mayordomo, arriero, partidario, escribiente de latifundio–.» (J. Icaza, *El Chulla Romero y Flores*, 37) = «Como consecuencia del minifundio numerosas familias complementan su economía alquilando fundos de propietarios que no los cultivan, o bien recurren al sistema de 'partidario', consistente en buscar a una persona que sea propietaria de tierra y mediante un acuerdo trabajan la parcela a medias o al partir. El propietario proporciona el terreno y la semilla para el sembrío, a cambio de ello el prestatario se compromete a efectuar las labores agrícolas necesarias. Los gastos que ocasiona el cultivo son cubiertos en cantidades iguales por ambas partes.» (J. Matos Mar, *El valle de Yanamarca*, 183) = TOBAR DONOSO

partillo. m. Hierba bastante alta. (Cuba): «A muchos les decían ranchadores* que a la hora de pelear se quedaban con los matules en un lugar del monte o la sabana, ocultos en el partillo o el paraná*, hasta que terminaba el combate.» (J. Almeida Bosque, *El General en Jefe Máximo Gómez*, 55) = CONSULTAS

parva. f. **(1)** Gran cantidad de aves, especialmente, aves de corral. (Arg.): «(...) como una parva sobre un chingolo.» (R. Güiraldes, *Don Segundo Sombra*, 28) = SANTAMARÍA DGA **(2)** Montón de mies colocado al lado de otros en la era, esperando la máquina trilladora; están todos dispuestos convenientemente y protegidos para resistir los fenómenos atmosféricos durante mucho tiempo. (Arg. = Ur.): «Del galpón nos dirigimos a una carpa <tienda de campaña> improvisada con las lonas de las parvas, donde nos tentó una hilera de botellas y misteriosas canastas (...).» (R. Güiraldes, *Don Segundo Sombra*, 66) = MORÍNIGO **(3)** Tentempié que, después del desayuno, toman los campesinos y los trabajadores de construcción y otras tareas entre las nueve y las diez de la mañana; en el campo, se les lleva a veces esta comida ligera ahí donde trabajan. (PR): «Al día siguiente por la mañana trabajó con Luis en la tala*. Luego, no supo qué hacer. Luis se fue a la casa* grande para ayudar en la limpieza del establo. A él no le invitaron. Se comió su parva y empezó a aburrirse.» (R. Marqués, *La víspera del hombre*, 91) = ÁLVAREZ NAZARIO = MORÍNIGO = DÍAZ MONTERO

parvada. f. Grupo de aves adultas. (Méx.): «Por el techo abierto al cielo vi pasar parvadas de tordos, esos pájaros que vuelan al atardecer antes que la oscuridad les cierre los caminos.» (J. Rulfo, *Pedro Páramo*, 57) = SANTAMARÍA DM = COROMINAS

¡pasa! Voz que se usa en el campo para espantar a los animales. (Ec.): «De la casa más próxima gritaron: / –Espanten a los perros. / –¡Pasa, 'Leal'! / –¡Pasa, 'Vencedor'! /–¡Pasa! / Los perros, como si no hubieran oído.» (D. Aguilera Malta, *Don Goyo*, 48) = CONSULTAS

pasada. f. **(1)** Llamada de atención; reprimenda, lección. (CR = Nic.): «Y el Canuto me ha dado una pasada que de mucho me ha servido en la vida, créamelo usté.» (C. L. Fallas, *Gentes y gentecillas*, 232) = QUESADA = CONSULTAS = RABELLA y PALLAIS **(2)** Estadía corta en algún lugar. (Ch.): «Recordé a Sarita durante su pasada por Hamburgo.» (L. Sepúlveda, *Mundo del fin del mundo*, 64) = CONSULTAS **(3) pasada de cargo.** fr. f. Ceremonia del mundo rural que consiste en **pasar el cargo***, o sea, en comprometerse uno a ser el padrino de una fiesta religiosa, costeando los gastos de ésta, lo que le confiere prestigio social. (Ec.): «Los sábados y domingos son, ciertico, días de fiesta para los dos, para ella es su happy week-end, para mí es como pasada de cargo, con vísperas y todo, con banda de músicos, con convite. / (...) Siguieron los abusos, las pasadas de cargo, los jueves de corpus, los responsos, el santo tal, la virgencita cual.» (G. A. Jácome, *Porqué se fueron las garzas*, 13 y 235-236) = CONSULTAS

pasado. **(1)** m. Golosina preparada con tajadas de plátano muy maduro secado al sol y envuelta en la cáscara seca del mismo plátano; estas golosinas se preparan y se venden en el puerto de Puntarenas –dícese también '*banano pasa*'. (CR): «Y, como don Gerardo había regresado el día anterior de un viaje al puerto de Puntarenas, trajo inmediatamente unos *pasados*, tres hermosos plátanos maduros, muchos marañones y una bolsa de papel llena de bizcocho y me tiró todo esto al techo, donde yo lo iba pescando al vuelo.» (C. L. Fallas, *Marcos Ramírez*, 71) = ARROYO = QUESADA = CONSULTAS **(2) pasado -a.** adj. Borracho. (CR, Arg.): «Los amigos ocasionales, agradecidos de la bebida de aquella tarde, estuvieron muy de acuerdo en llevar a feliz término lo sugerido. / Ñor Durán tomó sus sacos blancos y un poco más 'pasadito' que de costumbre, inició la marcha, seguido por tres acompañantes.» (H. Muñoz Ureña, *Cuentos con sabor a espanto de gentes sencillas*, 50) = «(...) / si algo me retraso te encuentro con trompa*, / si vengo pasado, ni me querés ver.» (A. Irusta, «Tenemos que abrirnos*», en: J. Barreiro, *El Tango*, 204) = CONSULTAS **(3) pasado -da** (o: **pasao -pasá**). adj. Se dice de algo que produce sumo placer, especialmente de la mujer de belleza incitante. (Rep. Dom. = Cuba): «–(...) La muchacha ta <está> pasá <pasada> –agregó otro–. ¡Qué buena hembra!» (M. Enríquez Ureña, «La conga se va...», en: S. Nolasco, *El cuento en Santo Domingo*, 132) = MALARET

pasaje. m. Música y baile popular de ritmo algo más lento que el del joropo venezolano. (Col. = Ven.): «Porque en el llano tenemos / Todavía mucha riqueza, / Tenemos la mejor música, / Empezando por la nuestra, / Pasaje, contrapunteo*, / Poema y música recia (...).» (canción «Criollito de pura cepa», en: *Colombia La Ceiba*, ASPIC Editions France, X 55504, 1989) = CONSULTAS = TEJERA

pasamano. m. Vara que sirve para ayudarse a subir o a estar parado. (Perú): «Llegó el Expreso. Estaba lleno. Quedaron de pie, cogidos del pasamano.» (M. Vargas Llosa, *La ciudad y los perros*, 83) = CONSULTAS

pasar. (1) pasado de palos. fr. Véase **palo. (2) pasándola** (o: **por ahí pasándola**). fr. que significa que uno sigue viviendo sin mayor novedad. (Guat.): «–Soy Filiberto, ¿qué tal vos? / –Muy bien, gracias (...). Y vos, ¿qué es ese milagro? –Pues nosotros por ahí pasándola –dijo Filiberto.» (D. Liano, *el hombre de Montserrat*, 16) = CONSULTAS **(3) pasar por manteca.** Véase **manteca. (4) pasarse.** prnl. tr. Cubrir el macho a la hembra. (CR): «Por cierto que de camino recogimos al nica <nicaragüense> aquel que violó una de las muchachas de Santa Elena. (...) oímos los gritos y cuando llegamos el hijueputa se la estaba pasando.» (Q. Duncan, *Final de calle*, 105) = QUESADA **(5) pasársele las canelas.** fr. Véase **canela.**

pascua. f. Planta *(Euphorbia punica* o: *E. pulcherrima)* de bellas flores rojas que florece para Navidad. (PR = Cuba y Col.): «¡Noche de San Silvestre! (...) Hay iluminación extraordinaria. No es para menos con la fiesta que se celebra: 'Se echa la casa por la ventana'. El tabique luce nuevos adornos: unas hojas de catálogos y anuncios de medicinas pegados a las tablas. También, hojas de pascua.» (E. Laguerre, *La llamarada*, 121) = SANTAMARÍA DGA = PICHARDO = HAENSCH y WERNER

pascuero. m. **Viejo Pascuero.** fr. San Nicolás, Colacho, Santa Claus, Papá Noel, *etc.* (Chile): «Qué mierda tiene Usted, Viejo Pascuero, en el corazón y en la cabeza, dejando debajo de mi cama un trompo, una corneta y una pelota de plástico.» (*Viejo Pascuero*, cortometraje de Jean-Baptiste Huber, producido por SAME Films, 1993) = CONSULTAS

pase. m. **(1)** Precio de un billete de bus, pasaje; también se usa para otros medios de transporte. (CR): «¿Cuándo dijo que venía? En cuanto no más* le mande la plata para los pases.» (M. Salguero, *Agencia de policía*, 89) = CONSULTAS **(2)** Bocanada de cigarrillo de marihuana o de otra droga. (PR): «Vitín prendió un gallo* y nos ofreció pero Pucho le dijo que él no se arrebataba* en horas de trabajo. (...) Ustedes se lo pierden, dijo Vitín y se dio otro pase para meternos fiero*.» (A. L. Vega, *Pasión de historia*, 80) = CONSULTAS **(3) dar el pase a.** fr. Engañar alabando. (Guat.): «Con nadita que fuera contra él creiba <creía> lo que se le contaba, o cuando era para darle el pase de su talento.» (M. A. Asturias, *El señor presidente*, 169) = CONSULTAS **(4) pase inglés.** fr. m. Cierto juego de dados. (Arg. = Ur.): «Esquina porteña, tu rante <pobre> canguela* / se hace un mélange de caña*, gin fitz, / pase inglés y monte, bacará y quiniela, / curdelas <borracheras> de grapa* y locas* de pris <cocaína>.» (C. E. Flores, «Corrientes y Esmeralda», en: J. Barreiro, *El Tango*, 120) = CONSULTAS

paseando. v. **andar paseando** (o: **pasiando**). intr.; ú. t. c. tr. Cortejar a escondidas a una mujer. (Arg.): «'Las ARMAS son necesarias / pero naides sabe cuándo; / ansina, si andás pasiando, / y de noche sobre todo, / debés llevarlo de modo / que al salir <desenvainar> salga cortando'.» (J. Hernández, *Martín Fierro*, II, 2.409-14) = CONSULTAS

pasear (o: **pasiar**). v. **pasearse en.** fr. tr. ind. **(1)** Arruinar, echar a perder. (CR = Guat., Hond. y Nic.): «Yo lo conozco bien: es terrible y sin asco pa <para> pasiarse en otro, a la mala o a como sea.» (C. L. Fallas, *Gentes y gentecillas*, 58) = «Sanó, y todavía le quedaron seis <vidas>, para seguir jorobando en las minas y para, ¿no lo adivinan?, pasearse unos meses después en Eliécer Mena, que sólo una vida tenía, por cierto no muy aseada.» (F. Dobles, *Historias de Tata Mundo*, 176) = QUESADA = GAGINI = ARMAS = CONSULTAS = MEMBREÑO = RABELLA y PALLAIS **(2)** Tener relaciones sexuales con una mujer. (CR, Hond.): «Para que no digan, desde temprano le voy a advertir que si no canta nos vamos a pasear en su mujer. (...) Nos la vamos a comer* allí mismo, en frente del carajo*, todos los seis, uno por uno.» (Q. Duncan, *Kimbo*, 29) = «–(...) <la muchacha> le dijo quel <que el> gringo **si**abiya <**se** había> repasiao <repaseado> en ea <ella>.» (M. A. Rosa, *Tío Margarito*, 162) = CONSULTAS **(3)** Dejar a una soltera embarazada. (CR): «Ah, pero si yo he conocío una muchacha <conocido a una muchacha> en su casa, honradita; me he enamorado de ella y he querido casarme y ella me ha despreciao; y si después, porque un carajito* de esos que se la pican se ha pasiado en ella, entonces sí se quiere agarrar de mí, como agarrándose de un clavo ardiendo... iah, no, no, ya eso es muy distinto, Felipe! iNo me caso con ella, por más que la quiera!» (C. L. Fallas, *Gentes y gentecillas*, 289) = CONSULTAS

paseo. m. Música y danza popular de la costa atlántica, de ritmo ligero, que se baila en parejas con pasitos arrastrados. (Col.): «Hace tiempo que no hago un merengue, / Hace tiempo que no hago un paseo.» (canción «La ciudad», en *Colombia La Ceiba,* ASPIC Editions France, X 55504, 1989) = CONSULTAS = HAENSCH y WERNER

pasilla. f. Especie de chile delgado, rojo y muy picante; llámase también **chile pasilla**. (Méx.): «(...) decidió que comería chuletas de cerdo en chile pasilla, una doble ración.» (P. I. Taibo II, *Sombra de la sombra*, 54) = SANTAMARÍA DGA

pasión. **(1)** f. Cabellos crespos de los negros, pasas –hoy es popular, y hasta vulgar. (Cuba): «(...) ustedes son muy fisnos <finos> y muy curtos <cultos> y muy decentes para esta negra. (...) Vamos le dije que nadie te va a comer. A mí, me preguntó, sin preguntar, comerme a mí. Mira, me dijo y levantó la cabeza, primero me los como a ustedes todos junticos antes que me toque uno de ustedes un solo rizo de mi pasión argentina, dijo, y se halaba el pelo, duro <*sic*>, dramática o cómicamente.» (G. Cabrera Infante, *Tres tristes tigres*, 122) = CONSULTAS = SANTIESTEBAN **(2)** m. Funcionario encargado de organizar el carnaval. (Méx.): «En la casa del nuevo ***pasión*** del barrio de San Juan estaba todo preparado para recibir a los grandes señores.» (R. Pozas, *Juan Pérez Jolote*, 106) = CONSULTAS

pasmada. f. Llaga purulenta. (Méx.): «iEsas viejas! iViejas y feas como pasmadas de burro!» (J. Rulfo, *El llano en llamas*, 168) = MORÍNIGO (quien lo registra como adj.) = CONSULTAS

pasmarse. prnl. tr. ind. Enconársele a uno una herida o llaga; suspenderse el brote de la viruela hemorrágica (hecho que suele preceder a la muerte). (Arg.): «Se le pasmó la virgüela <viruela hemorrágica> / y el pobre estaba en un grito; / me recomendó un hijito / que en su pago había dejado.» (J. Hernández, *Martín Fierro*, II, versos 904-912) = CONSULTAS

pasme. m. **(1)** Susto. (PR): «Después se oyeron otros golpes pero sin ruidos. Ea diablos, ¿y esa lucha libre?, dije yo, tratando de quedar bien después del último pasme.» (A. L. Vega, *Pasión de historia*, 66) = CLAUDIO DE LA TORRE **(2)** Estupefacción. (PR): «–Dígame Emanuel: ¿Usted cree en la Obra? / (...) Magno es el pasme.» (A. L. Vega, *Pasión de historia*, 104) = CLAUDIO DE LA TORRE

pasmuno -a. adj. Crónico, hablando de males o enfermedades; que provoca pasmo crónico. (PR): «iMucho cuidado con pasar caliente bajo árboles de sombra 'pasmuna'!» (E. Laguerre, *La llamarada*, 168) = ÁLVAREZ NAZARIO

paso. m. **(1)** Vado de un río. (Ur., Arg. = CR): «'El Paso de Mataperros', bordeado por un boscaje seco, pleno de resaca*. (...) Hacía apenas unos quince días que el arroyo se había salido de su cauce, arrastrando cuanta basura hallara por las riberas.» (E. Amorim, *La carreta*, 54) = «En efecto, el decimosexto día de la carestía <de carne a causa de las inundaciones>, víspera del día de Dolores, entró a nado por el paso de Burgos al matadero del Alto una tropa de cincuenta novillos gordos.» (E. Echeverría, *El matadero,* 96) = CONSULTAS = MORÍNIGO **(2)** Sitio de la ribera de un río en el que se acoderan las canoas. (Ec.): «(...) bajó al 'paso'. Allí estaba la canoa (...), dejándose acariciar por la corriente.» (N. Estupiñán Bass, *Cuando los guayacanes florecían*, I, 86) = CONSULTAS

pasojo. m. **de agua.** fr. Terrón reseco y filudo. (Méx.): «–(...) Sí, llueve poco. Tan poco o casi nada, tanto que la tierra, además de estar reseca y achicada como cuero viejo, se ha llenado de rajaduras y de esa cosa que allí llaman 'pasojos de agua', que no son sino terrones endurecidos como piedras filosas, que se clavan en los pies de uno al caminar, como si allí hasta a la tierra le hubieran crecido espinas.» (J. Rulfo, *El llano en llamas*, 121) = CONSULTAS

pasoso -a. adj. Dícese del cabello crespo. (Cuba): «Llega Moisés con su hamaca. Así, sin camisa, parece un mulato cimarrón. (...) Pies descalzos. La hamaca al hombro, como un saco. Y el pelo erizado, pasoso.» (M. Cossío Woodward, *Sacchario*, 97) = CONSULTAS

pasta. f. **aflojársele a uno la pasta.** fr. No tener capacidad o ánimo suficiente para hacer algo. (Col. = Arg.): «Pero Indalecio Pardo encontró a Santiago Nasar llevado del brazo por Cristo Bedoya entre los grupos que abandonaban el puerto, y no se atrevió a prevenirlo. 'Se me aflojó la pasta', me dijo.» (G. García Márquez, *Crónica de una muerte anunciada*, 163) = VERDEVOYE

pastero. m. El que recoge el pasto. (CR = Ur.): «Y yo había decidido decirle que me diera el oficio de pastero. Es el más pesado, uno se empapa al recoger el pasto y acomodarlo en la carreta.» (J. Pinto, *Los marginados*, 64) = CONSULTAS

pastilla. f. Cierta serpiente venenosa de la Costa. (Ec.): «–(...) Y el viejo <curandero> siguió silbando... Y vino la capitana*, y me pasó y me repasó como la equis*... Y vino la coral*, y vino la papagallo*, y vino la berrugosa*, (...), y vino la pudridora*, y vino la pastilla, y vino la pichindé, y se pasearon lo que quisieron encima de mi espalda y su jueron <fueron>...» (N. Estupiñán Bass, *Cuando los guayacanes florecían*, I, 117-118) = CONSULTAS

pastito. m. Césped fino, de buena calidad. (Arg.): «Hay unos pocos árboles, que se ve que crecen a duras penas, pero lo que no se ve es césped, por ninguna parte. Mita plantó pastito inglés ya dos veces, calculando especialmente el mes de abril, y sin embargo no le creció.» (M. Puig, *La traición de Rita Hayworth*, 10-1) = CONSULTAS

pasto. m. Hierba en general. (Ec., Arg. = Col. y Ur.): «Se dejó absorber por la oscuridad de unos barrios carentes de alumbrado público (...). Y desembocó, fatigado, en una amplia explanada de pasto marchito: sobre ella se alzaban las carpas mohosas de un parque de diversiones para niños pobres.» (E. Cárdenas, *Juego de muñecos*, 127) = «(...) cuando Efraín sufre tanto las lágrimas le van corriendo por la cara y algunas caen sobre la tumba y sobre el pasto (...).» (M. Puig, *La traición de Rita Hayworth*, 187) = CONSULTAS = VERDEVOYE = HAENSCH y WERNER

pastora. f. Planta (*Euphorbia pulcherrima*) de grandes flores rojas o amarillas. (CR): «Algunas otras figuras del mismo material <papel> hacían esfuerzos por parecerse, en aras de la buena intención de mi abuela, a unas hojas de pastora o a flores al reventar.» (H. Elizondo Arce, *La calle, Jinete y yo*, 36) = QUESADA = CONSULTAS

pastorear. tr. **(1)** Pacer, pastar. (Col.): «(...) se despertaba a saltos imprevistos, pastoreaba el insomnio, arrastraba sus grandes patas de aparecido por la inmensa casa en tinieblas (...).» (G. García Márquez, *El otoño del patriarca*, 253) = SOPENA (que lo da como intr.) **(2)** Mimar, regalar. (CR = Nic. y Col.): «Y como yo no me quedo con basura en el ojo, un lunes de plaza que me encontré a Eustaquio Méndez por Alajuela, le metí unos tragos, los <lo> pastoreé de lo lindo y acabé por hacerlo <hacerle> contarme todo el tamal*, ya sin hojas.» (F. Dobles, *Historias de Tata Mundo*, 60) = RABELLA y PALLAIS = FILIPPO

pastorela. f. Obrita teatral, representada en la época navideña; suele girar en torno al anuncio del nacimiento del niño Jesús que hace el Arcángel San Miguel a unos pastores. (Méx. = Hond.): «Acuérdate de Urbano Gómez, hijo de don Urbano, nieto de Dimas, aquel que dirigía las pastorelas y que murió recitando el 'rezonga ángel maldito' cuando la época de la influencia*.» (J. Rulfo, *El llano en llamas*, 142) = SANTAMARÍA DGA = CONSULTAS

pata. s. **(1)** m. y f. Amigo, compañero. (Cuba, Perú = Arg. y otros): «–Belencita, mulata hija de isleño y arará*, era la pata del diablo, y para reír le tiró este canto, en la bagasera <bagacera>, a la mujer de Fermín (...).» (L. Cabrera, *Reglas de Congo*, 90) = «Pero después <la perra Malpapeada> se hizo mi pata y cambió de maneras. Los sábados se ponía medio rara y se prendía a mí como una lapa.» (M. Vargas Llosa, *La ciudad y los perros*, 186) = SANTIESTEBAN = BENDEZU = SOPENA = VERDEVOYE **(2)** f. Patilla de gafas. (Col.): «(...) con unas pantuflas de desahuciado y los espejuelos de una sola pata amarrada con hilo de coser (...).» (G. García Márquez, *El otoño del patriarca*, 257) = CONSULTAS **(3)** f. Pie humano. (Guat. = Ur.): «Cual caricia en la barbilla, el lustrador tocó, con el índice, la punta del zapato. 'Cambio', dijo. El oreja <espía>, sin dejar de leer los deportes, quitó la pata y puso la otra sobre la horma de madera que coronaba el arconcillo. El lustrador repitió la operación.» (D. Liano, *el hombre de Montserrat*, 67) = RUBIO **(4) pata caliente.** fr. m. o f. Persona que pasa mucho tiempo fuera de casa. (CR): «Y así fue: la viejita estaba en la cocina en pleitos con el fuego y echando de menos a Juan, que de unos días para acá se le había vuelto muy pata caliente (...).» (C. Lyra, *Cuentos de mi tía Panchita*, 34) = QUESADA = CONSULTAS **(5) pata de gallina –1.** fr. f. Gramínea silvestre, rastrera, abundante en época de lluvias; puede servir de pasto para los animales, y se usa en infusiones como diurético. (Cuba): «Dentro de la cazuela* ponían pata de gallina, que era una yerba con paja de maíz para asegurar a los hombres.» (M. Barnet, *Biografía de un cimarrón*, 24) = «La grama y la pata de gallina son diuréticos. Se endulzaba su cocimiento con ojimiel simple, y se le echaban 20 gramos de sal de nitro.» (L. Cabrera, *La medicina popular de Cuba*, 118) = PICHARDO = MORÍNIGO **(6) pata de gallina –2.** fr. f. Asiento pequeño o taburete de tres pies. (Nic.): «(...) la cocina, unas patitas de gallina, con una mesa chiquita, rústica, una hamaca, una cama, el fogón (...).» (O. Cabezas, *La montaña es algo más que una inmensa estepa verde*, 165) = «(...) el Globo Oviedo trata de afirmar bajo su nalgatorio el banquito* pata de gallina en que se ha sentado.» (S. Ramírez, *Castigo divino*, 88) = CONSULTAS **(7) pata de mula.** fr. f. Cierta concha de gran tamaño. (Ec.): «Y, al final, <el veneno> los mataría. Y no solamente a los peces. A las jaibas. A los ostiones*. A las patas de mula.» (D. Aguilera Malta, *Don Goyo*, 9) = CONSULTAS **(8) pata de perro.** fr. m. y f. Dícese de la persona callejera, andariega. (Méx.): «Mi padre traía el mandado y se lo dejaba en la puerta porque mi mamá no estaba acostumbrada a andar de pata de perro.» (E. Poniatowska, *Hasta no verte Jesús mío*, 34)

= SANTAMARÍA DM **(9) pata rajada.** fr. m. y f. Pobre; que suele andar descalzo y que por eso tiene rajada la planta de los pies. (Méx.): «Esa currita es igual a usté. No es pata rajada como nosotros.» (M. Azuela, *Los de abajo,* 87) = CONSULTAS **(10) con la pata al** (o: **en el**) **suelo.** fr. f. Descalzo. (Col., Ec.): «(...) un indio puro, incierto, que andaba con la pata en el suelo mi general porque los hombres bragados no podemos respirar si no sentimos la tierra (...).» (G. García Márquez, *El otoño del patriarca,* 60) = HAENSCH y WERNER = CONSULTAS **(11) de pata al suelo.** fr. f. Dícese de quien suele andar descalzo. (Perú = Ec.): «Una india *de pata al suelo,* que, a la primera intención, se dejó *quitar la manta** por el gringo y lo siguió como una cabra.» (E. López Albújar, *Cuentos andinos,* 87) = CONSULTAS **(12) en patas.** fr. f. Descalzo. (Ur., Arg.): «Cándido, el loco del Paso* de las Piedras, suele salir al encuentro de los forasteros. Descamisado, sucio y en patas, responde invariablemente a quien le dirige la palabra: –El lau <lado> flaco, ¿sabe? El lau flaco.» (E. Amorim, *La carreta,* 99) = «–(...) Media Villa Urquiza era suya. ¡Y pensar que llegó a Buenos Aires en patas!» (L. Marechal, *Adán Buenosayres,* 250) = VERDEVOYE **(13) hacer patas con** (o: **hacer la pata a**). fr. f. Lisonjear, adular. (Ec.): «–Es que el Telmo está de servicio por este lado. El pobre tiene que hacer patas con los jefes. Toditos quieren algo, exigen algo. A Dios gracias el negocio es socorrido.» (J. Icaza, *El Chulla Romero y Flores,* 124) = SOPENA = CONSULTAS **(14) jalar pata.** fr. f. Caminar mucho. (PR): «–Prepárate a jalar pata –decía– que tengo hormigas en las batatas*. / Y caminamos mucho, mucho (...).» (A. L. Vega, *Pasión de historia,* 34) = CONSULTAS **(15) meter la pata hasta el garrón.** fr. f. Hacer una gran metedura de pata. (Arg. = Ur.): «(...) si alguien me pregunta en qué consiste un hogar bien constituido, de acuerdo a un criterio estrictamente burgués (me estoy portando bien, no uso términos en lunfardo ni meto la pata hasta el garrón), diré que el hogar bien constituido sería aquel donde la selección de los giles* (¡ya me bandié*!) se hace con un perfecto criterio científico.» (R. Arlt, *Entre crotos y sabihondos,* 76) = CONSULTAS **(16) meter las patas.** fr. f. Meter la pata. (Guat. = CR): «(...) voy a hacer un corcho*, voy a meter las patas (...).» (M. A. Flores, *Los compañeros,* 178) = CONSULTAS **(17) quedarse cual sus patas.** fr. f. Fracasar rotundamente. (CR): «(...) sin aguardar más razones, dijo por aquí es camino, y tía Zorra se quedó cual sus patas.» (C. Lyra, *Cuentos de mi tía Panchita,* 155) = ARROYO = CONSULTAS **(18) tirarle las patas** a alguien. fr. f. Hacer nacer, hablando del partero o de la partera –empléase como insulto. (Arg.): «(...) bien podía haberse ido a repasar al seno de la grandísima perra que le había tirado las patas!...» (E. Cambaceres, *En la sangre,* 123) = CONSULTAS = CASULLO **(19) volar pata.** fr. f. Caminar. (CR): «(...) siempre me ha de tocar el de arriba, para que tenga que volar pata como un desgraciado.» (M. Salguero, *Agencia de policía,* 103) = CONSULTAS

patada. f. Tufo, hediondez –también es corriente en lenguaje oral el adjetivo **pateón**, con el sentido de 'nauseabundo'. (CR): «La pipa le dará categoría y prestancia. Como el tabaco es muy caro, además nocivo y usted es un limpio, agarre aserrín vulgar (...) tíñalo de café oscuro y póngale pacholí para la patada.» (Remo, «Guía para el perfecto bombeta*», en: revista *El Relincho,* año 1, n° 3, 1991, p. 25) = CONSULTAS

patadura. m. Persona inhábil o poco diestra; aplícase especialmente a un jugador de fútbol sin cualidades técnicas. (Ur., Arg.): «Mientras la cabalgata del estadio pasa, vi pila* de pataduras y de jugadores maravillosos.» (H. Alfaro, *Por la vereda del sol,* 131) = «Piantate <vete> de la cancha, / dejale el puesto a otro, / de puro patadura / estás siempre en orsay <fuera de juego>.» (E. Carrera Sotelo, «Patadura», en: J. Barreiro, *El Tango,* 197) = CONSULTAS = CHIAPPARA

patapila. adj. y m. Persona que camina descalza –durante la guerra del Chaco, fue insulto utilizado por los bolivianos para designar a los paraguayos que solían andar descalzos. (Bol. < Par.): «En La Paz estuvimos <los prisioneros paraguayos> primeramente en el Colegio Militar, y luego nos trasladaron a Tarata, provincia de Cochabamba, a un colegio de Franciscanos. La comida era buena, pero por un tiempo seguían tratándonos de 'pilas* cobardes', 'patapilas', 'cojudos*', etc., sobre todo cuando las noticias llegadas del frente no eran muy halagüeñas.» (H. C. Sosa Tenaillon, *Cincuenta años después,* 159) = MUÑOZ REYES

patato -a. adj. Rechoncho, chaparro. (Cuba): «La guardia <civil> iba siempre a caballo, aunque una parte hacía servicio de infantería. Los que cogían el caballo eran los más forzudos. En la guardia civil no había ese hombre patato, chiquito, ¡qué va! (...).» (M. Barnet, *Biografía de un cimarrón,* 111) = MALARET = MORÍNIGO

pateada. f. Pateadura. (Guat. = Arg.): «Era alto y bien plantado, con treinta y cinco años bien vividos en los cuarteles, lo que a la reciedumbre natural añadía un vigor proveniente de marchas forzadas, castigos, pateadas, plantones y, sobre todo las buenas comidas que en su casa se las hubiera soñado.» (D. Liano, *el hombre de Montserrat,* 12) = MORÍNIGO = SOPENA

patear. tr. **(1)** Causar dolores de estómago. (CR): «Oh barbaridad; bastante le dije que no comiera tanto frito*; que la carne de chancho siempre es buena para patearlo a uno.» (M. Salguero, *Agencia de policía,* 53) = QUESADA = CONSULTAS **(2) pateárse-**

la. fr. Fumar marihuana. (PR): «Si nos salimos de los cursos de Literatura Puertorriqueña y del manual de Manrique Cabrera, Lloréns Torres significa *teca**, *tumbe**, Marvin Santiago que *se la patea*, *cañona**, *cuqueo**, *grilla**, *perico** y las terribles marcas de los *alacranes**.» (E. Rodríguez Juliá, *El entierro de Cortijo*, 13) = CONSULTAS

patente. s. **(1)** m. Cuero recubierto con un barniz muy duradero. (Ven. = Ch.): «–(...) Me las llevo a ustedes para Caracas y tú allá en el estadio bien vestida ¿oíste? con medias de seda y zapatos de patente.» (G. Meneses, *Campeones*, 43) = TEJERA = CONSULTAS **(2)** f. Placa de matrícula de un vehículo para acreditar que se pagaron los impuestos de tránsito. (Ch. < CR = Ur. y Arg.): «En un santiamén les intercambiaron las patentes a los dos camiones, y nos trepamos en la nueva cabina.» (J. Gutiérrez, *Te acordás hermano*, 167) = MORÍNIGO = CONSULTAS

pateón -ona. adj. Véase **patada.**

paterna (o: **paterno**). f. y m. Árbol de gran tamaño, de la familia del ingá o guamo y parecido al algarrobo; produce unas frutas verdes en forma de vainas achatadas, largas y anchas, cuyas semillas son comestibles, lo mismo que la materia blanca y dulce que las envuelve; la fruta misma. (Guat., El Salv., Hond. = Méx.): «(...) las <pepitas> de las paternas, más verdes que negras, que también resistían el tiempo y la intemperie (...).» (M. A. Asturias, *Los ojos de los enterrados*, 223) = «(...) fuma puros de jugo de paterna (...).» (R. Dalton, *Pobrecito poeta que era yo...*, 173) = «Verde el vestido por fuera, / blanca su lana por dentro. (¿...?): / La paterna.» (J. Muñoz Tábora, *Folklore y educación – Honduras*, 161) = MEMBREÑO = SANTAMARÍA DM

paterno. m. Véase **paterna.**

patero -a. m. y f.; ú. t. c. adj. Embustero, mentiroso. (Hond.): «–(...) son <muchos> los que se me van debiendo la mesa. Unos por enfermedad y otros porque se matan en las minas, o borrachos en los días de pago. Por los que se matan en las minas, me da lástima, pobrecitos, pero <a> esos pateros, sí que no los quiero, por sinvergüenzas (...).» (M. Funes, *Oro y Miseria*, 128) = SOPENA

patillo. m. Cierta ave marina. (Perú): «Había muchos chicos en la playa; algunos, parados en la orilla, tiraban al agua piedras chatas que rebotaban como patillos.» (M. Vargas Llosa, *La ciudad y los perros*, 273) = CONSULTAS

patinar. intr. Dudar, vacilar. (Cuba): «–(...) yo quiero que me digas si eso es justo... / –Bueno, yo... / –No patines... Dime si es justo o no es justo.» (J. Soler Puig, *En el año de enero*, 103) = CONSULTAS

patito. adj. **de color patito.** fr. De color amarillo claro. (Arg. = Ur.): «(...) entre sus manos enfundadas en guantes de color patito, el sensible malevo <matón> estrechaba y tenía un arpa de latón llena de cintajos (...).» (L. Marechal, *Adán Buenosayres*, 612) = «(...) esa muchacha (...) me abandonó, posiblemente por un hombre de pelo rizado, que había leído a Jean Cocteau y usaba guantes de color patito.» (R. Arlt, *Novelas completas y cuentos*, I, 299) = MORÍNIGO = CONSULTAS

pato. **(1) pato -a.** m. y f. Persona que carece de dinero. (Ur., Arg.): «(...) / ¡Pato! / Fuiste en todo momento. / ¡Pato! / Aunque quieras despistar.» (R. Collazos, «Pato», en: J. Barreiro, *El Tango*, 199) = «No puede negarse que el que se plancha el pantalón es el prototipo del pato.» (R. Arlt, *Entre crotos y sabihondos*, 156) = CONSULTAS = GOBELLO = CASULLO = MORÍNIGO **(2) pato marino.** fr. m. Cierta especie de pato. (Ch.): «Miro al cielo y respiro. Una bandada de patos marinos pasa en V sobre nuestras cabezas.» (H. Valdés, *Tejas Verdes*, 99) = CONSULTAS **(3) mirar como pato el arriador*.** fr. Véase **arriador.**

patota. f. Pandilla de gamberros o maleantes; grupo de amigos o conocidos. (Arg. = Col. y Ur.): «–Bueno –dijo–. La trifulca se armó en el baile de las chinas* Froilán. Se tangueba en el patio a raja cincha*; y la cosa fue bien hasta que de repente cayó el *tirifilo* <pisaverde> con su *patota*. Venían todos medio en curda (...).» (L. Marechal, *Adán Buenosayres*, 269) = CASULLO = GOBELLO = HAENSCH y WERNER (quienes lo registran con el sentido de 'grupo de amigos o conocidos')= CONSULTAS

patriarcas. f. pl. Pies. (CR = Guat.): «(...) lo malo fue que de ahí en adelante hay unas bajadas que si no se anda uno listo tiro a tiro va a aterrizar de fondillo; cuanto más si uno no clava bien las patriarcas.» (M. Salguero, *Agencia de policía*, 45) = QUESADA = ARMAS = CONSULTAS

patrio. m. Caballo mostrenco que pasaba a propiedad de la Patria, y solía llevar cortada la mitad de la oreja; díjose también de las ovejas. (Arg.): «Es <el gaucho> como el patrio de posta: / lo larga este, aquel lo toma.» (J. Hernández, *Martín Fierro*, I, 1.325-7) = CONSULTAS = VERDEVOYE

patrón -ona. s. **(1)** f. **patrona.** Mujer, esposa. (Arg., Ur.): «(...) generala* en el Café, Fóbal y Carreras el sábado y el domingo, con ravioles hechos por la patrona, jamás he podido comer ravioles como los que hace la patrona.» (E. Sábato, *Abaddón el exterminador*, 1091) = «La patrona no entiende, no hay caso, que la confraternidad no se puede calificar como 'joda* con atorrantes'.» (en: *Brecha*, 30/12/1994) = CONSULTAS **(2)** Forma de tratamiento de subordinación. (Ch.): «(...) San Pedro quiso retroceder, (...), pero Jesús lo detuvo. Avanzó hacia el borracho y le preguntó: / ¿Qué quieres, hijo mío?/ Pero el Chuico murmuró: –Tengo sed, patrón, mucha sed.» (M. Rojas, *El delincuente... y otros cuentos*, 111) = SANTAMARÍA DGA **(3) patrón grande** (o: **patrona grande**). fr. m. o f. Hacendado, latifundista, con respecto a los peones, o a los administradores o/y mayordomos. (Ec.): «El patrón grande murió el 8 de este mes, de pulmonía. Se lo llevaron a Quito y no volvió. En su reemplazo ha venido a hacerse cargo de la hacienda, el hijo mayor, don Rodrigo (...).» (N. Estupiñán Bass, *Cuando los guayacanes florecían*, I, 77) = CONSULTAS

patrullar. tr. Servirle de guía a uno; acompañarlo. (Par.): «–¿Qué hacés aquí, escondido (...)? –Estoy enfermo... –susurró el otro. –¡De miedo! Andá a patrullar a Jara.» (A. Roa Bastos, *Hijo de hombre*, 330) = CONSULTAS

pava. f. **(1) pava -ita.** Ave nocturna, cuyo canto supuestamente trae mala suerte. (Ven.): «La noche era silenciosa. A veces de lo lejos venía el aullido triste de un perro, o un canto de pavita, monótono y de mal agüero.» (A. Uslar Pietri, *Las lanzas coloradas*, 96) = TEJERA = CONSULTAS **(2)** Mala suerte. (Col., Ven.): «(...) estaba <Cristóbal Colón> (...) condenado a vagar de sepulcro en sepulcro hasta la consumación de los siglos por la suerte torcida de sus empresas, porque ese hombre tenía la pava, mi general, era más cenizo que el oro (...).» (G. García Márquez, *El otoño del patriarca*, 258-9) = «–Tú y yo aprendimos en Venezuela una cosa que nos ha servido de mucho en la vida: la relación que existe entre el mal gusto y la mala suerte. La 'pava', como llaman los venezolanos a este efecto maléfico que pueden tener objetos, actitudes o personas de gusto rebuscado.» (P. A. Mendoza, *El olor de la guayaba*, 167) = TEJERA = SOPENA (véase también **empavado -a**) **(3)** Flequillo, fleco de pelo que cae sobre la frente. (CR = Nic.): «El señor diputado fue al excusado a peinarse la pava (...).» (L. E. Arce, *El lupanar*, 22) = QUESADA = CONSULTAS = RABELLA y PALLAIS **(4)** Sombrero de la gente del campo, tanto de hombres como de mujeres, hecho con la palma yarey. (PR): «Domingo tecleaba convulsamente la raída pava entre los nudosos dedos de capá prieto. Apretujó con fuerza el machete (...).» (A. Díaz Alfaro, *Terrazo*, 26) = «Un caballejo escuálido, cargado con sacos de carbón vegetal, había salido a la carretera. Se tranquilizó <Pirulo> al ver al hombre que lo conducía. Iba descalzo y llevaba una pava de alas anchas.» (R. Marqués, *La víspera del hombre*, 73) = CONSULTAS = MAURA = ÁLVAREZ NAZARIO **(5)** Ritmo y baile criollos muy populares desde el siglo XVIII. (Ven. = Col.): «El cornetín con su llanto metálico quemaba el compás del ritmo criollo, se enredaba a la voz del grupo cantador que echaba al aire el bamboleo tenebroso de la música venezolana. / Baila la pava / mi coronel. / Baila la pava / mi capitán. / Baila la pava / mi general. / Baila la pava / mi comandante. / Caimán Durán, apretado a su pareja, se movía junto a Teodoro Guillén, mientras Pura y Luciano discutían bailando más lejos.» (G. Meneses, *Campeones*, 92) = TEJERA = CONSULTAS

pavera. f. Niñería, tendencia a reírse todo el tiempo propia de la edad del pavo. (PR): «Allí nos quedamos un buen rato, recordando los años locos, pasándonos la bota, Vilma y Carola riéndose con la eterna pavera que sólo se comparte en la irresponsabilidad total o en la absoluta certeza de la tragedia.» (A. L. Vega, *Pasión de historia*, 34) = «–(...)¿Tú te creeh (...) que a misañoh <mis años> estuviera yo arrehmillada* todo el tiempo como una pollita de quince. No, hijo, no. Esah cosah se dejan para lah nenah con pavera como la hija de Tomáh.» (R. Marqués, *La carreta*, 155) = CONSULTAS = MAURA = CLAUDIO DE LA TORRE

pavita. f. Bombín. (Ec. = Arg.): «Chaquets <chaqués> cola de pato, levas*, sombreros de copa o tarros* de unto, pavitas, mocoras <sombreros de pita>, jipijapas.» (M. Corylé, *Gleba*, 37) = SANTAMARÍA DGA

pavote -a. adj. Tonto. (Arg.): «–¿Lo conocés a este mozo? (...) Parece medio pavote, ¿no?» (R. Güiraldes, *Don Segundo Sombra*, 22) = CONSULTAS

pebre. m. Salsa fría, compuesta de cebolla, cilantro, ají, muy finamente picados –ú. t. metafór. c. amenaza. (Ch.): «–Te las vai <vas> a arreglar conmigo, (...), si no hay <has> dicho la verdad. Te voy a hacer pebre.» (H. Valdés, *Tejas Verdes*, 47) = CONSULTAS (definición del autor)

peca. f. Trampa en el juego de naipes o de azar; trampa en general. (Arg.): «–Venga a verlo cómo ha quedado el ángel (el ángel que tuvo la vida más accidentada que el inventor de la 'peca', y padeció persecuciones de justicia).» (R. Arlt, *Las aguafuertes porteñas de Roberto Arlt*, 212) = CASULLO = GOBELLO (quien además registra **pequero** con el sentido de 'fullero') = CONSULTAS

pechar. v. **pecharse.** prnl. Encontrarse. (Rep. Dom.): «–Le <les> pediré limosna a los romeros cuando nos pechemo <pechemos>.» (J. Acosta hijo, «A mí no me apunta nadie con carabina vacía», en: S. Nolasco, *El cuento en Santo Domingo*, 30) = RODRÍGUEZ = OLIVIER

pecho. m. **picado del pecho.** fr. adj. Tuberculoso, tísico. (PR = Ant.): «–Recuerdo que cuando yo era aún chiquitina vivía aquí, en esta casa, una mujer tísica. Era joven, pero estaba casi en los huesos. (...) Habíanle recetado leche de burra –antes recetaban leche de burra a los picados de pecho– y ella vino aquí, donde nunca faltaban esos animales. La pobre murió (...).» (E. Laguerre, *La llamarada*, 193) = MALARET

pedo. **(1) pedo -a.** adj. Borracho. (Méx.): «Esto le pareció a la señora Barroso una buena idea política (...) pero no tenía palabras para comunicársela a sus cuatitas <amiguitas> que por lo demás ya estaban bien pedas. (...) Leonardo no estaba borracho.» (C. Fuentes, *La frontera de cristal*, 27) = VELASCO **(2) al pedo.** fr. m. En balde, inútilmente. (Ur., Arg.): «–Si hubo naufragio no quedó nada –pronosticó el Bonito–. El Polonio es así. –Y si avisamos. –Es al pedo. Hasta mañana.» (E. Estrázulas, *Pepe Corvina*, 89) = «–¿No ves que el andar saltando al pedo no lleva a nada bueno?» (R. Güiraldes, *Don Segundo Sombra*, 73) = CONSULTAS = CASULLO = CHIAPPARA **(3) a los pedos.** fr. m. Apresuradamente. (Arg. = Ur.): «Salió a los pedos arrastrado por una mano invisible que lo zarandeaba como a una maraca y sus pasos resonaron escalera abajo.» (H. Conti, *En vida*, 21) = CONSULTAS **(4) de pedo** (o: **de puro puro pedo**). fr. m. Por casualidad. (Arg. = Ur.): «–¿Así que usted cree todavía en esa condenada nebulosa? ¿Y que la nebulosa empezó a girar de puro pedo?» (L. Marechal, *Adán Buenosayres*, 694) = CHIAPPARA = CONSULTAS

pedorrera. f. Cierta planta, con la que se hacen infusiones. (Ec.): «Cuando <la tunda*> pasa los esteros, les da de comer camarones crudos y les echa ventosidades en la cara, como si hubiera bebido ese monte* que mientan pedorrera, para atontarlos (...).» (A. ORTIZ, *Juyungo*, 146) = CONSULTAS

pedrada. f. **a la pedrada.** fr. Manera de llevar el sombrero echado a la nuca. (Perú = CR, Col., Ven. y Bol.): «Avanzaban al galope. Pronto estuvieron cerca. Sus ponchos flotaban al viento y tenían el sombrero de junco a la pedrada.» (C. Alegría, *Los perros hambrientos*, 50) = SANTAMARÍA DGA

pedrón. m. Piedra grande, peñasco. (Perú): «Erguido sobre la loma o un pedrón, era un incansable vigía de la zona.» (C. Alegría, *Los perros hambrientos*, 41) = SANTAMARÍA DGA

pega. f. **(1)** ú. m. en pl. Cualquier dolor abdominal. (CR = Nic.): «Las pegas es una enfermedad costarricense, ni el nicaragüense ni el salvadoreño conocen las pegas.» (un médico, en el programa de TV *En la mira*, 20/7/1992) = QUESADA = YGLESIAS = CONSULTAS **(2)** Juego de niños en el que uno persigue a los demás para capturar a uno de ellos antes de que todos se refugien en un sitio previamente señalado. (Ec. = Col.): «Con ellos –los 'conchistas'*– habían jugado desde chicos en el río a la 'iguana'* y a la 'pega'.» (N. Estupiñán Bass, *Cuando los guayacanes florecían*, I, 45) = CONSULTAS = HAENSCH y WERNER

pegado. p. **(1) de pegado a.** fr. adv. Junto a, al lado de. (Guat.): «(...) invitar a la vecina de pegado a la casa, al vecino gordo de enfrente, a la vecina de a la vuelta.» (M. A. Asturias, *El señor presidente*, 58) = CONSULTAS **(2) dejar** (o: **quedar**) **pegado -a.** fr. Dejar (o quedar) en ridículo. (Ur. = Arg.): «(...) recordaron el largo trecho que hicieron juntos defendiendo banderas comunes cuando no se quedaba pegado por hacerlo y cuando se quedaba pegado también...» (H. Alfaro, *Por la vereda del sol*, 229) = CONSULTAS = CHIAPPARA

pegante. m. Pegamento, cola. (Col.): «Estábamos en una ferretería donde nos vendían el pegante que soplábamos*. / (...) Me sollaba* con pegante o en ocasiones me daba en la cabeza* con basuco* (...).» (M. S. Rico Sanín, *El delito de existir*, 61 y 78) = CONSULTAS

pegar. v. **(1)** intr. o tr. Conseguir, lograr. (CR = Méx. y Nic.): «¡Pegué el gordo!» (F. Dobles, *Cuentos escogidos*, 30) = CONSULTAS = RABELLA y PALLAIS **(2)** tr. Apretar. (Perú): «–La sacas a bailar y la pegas –dijo Emilio–. A la disimulada te vas hacia un rinconcito para que no te oigan las otras parejas.» (M. Vargas Llosa, *La ciudad y los perros*, 147) = CONSULTAS **(3) pegar bueyes.** fr. Dormirse. (CR): «A mí me cogió un gran perezón y estaba ya por pegar bueyes (...).» (M. Salguero, *Agencia de policía*, 24) = GAGINI **(4) pegar en** una cosa. fr. Dedicarse a algo para hacerlo bien. (PR): «–(...) Claro que yo te ayudaría en lah siembrah. Y jahta tú podríah pegar en otra cosa que te guhtara máh...» (R. Marqués, *La carreta*, 156-157) = CONSULTAS **(5) pegar(la).** fr. f. Tener suerte en algo, acertar, obtener lo que se desea. (Arg. = CR, Col. y otros): «Ellos venían a cantar. A probarse la voz. A ver si la pegaban.» (R. Arlt, *Las aguafuertes porteñas de Roberto Arlt*, 223) = MORÍNIGO = CONSULTAS = HAENSCH y WERNER (en CR, se reduce a **pegar**) **(6) pegarse –1.** prnl. intr. Quedar encenagado un coche. (CR): «A dos kilómetros de distancia del pueblo, nos pegamos por primera vez. El jeep se quedó en un solo lugar, licuando el barro chocolatoso, con las cuatro llantas* encadenadas, mientras nosotros esperábamos un milagro sentados dentro del jeep y con cara de aburridos.» (C. L. Argüello, *Cuentos de Sábalo Grande*, 29) = CONSULTAS **(7) pegarse –2.** prnl. tr. Relacionado con una comida o bebida, consumirla. (Rep. Dom., Ven.): «(...) acordaron pegarse unos tragos en el colmado de Moncito Pimentel (...).» (C. E. Deive, «En el pueblo hay guerrilleros», en: J. Alcántara, *Antología de la literatura dominicana*, 120) = «–(...) con eso le pago al musiú y me pego un berro*, que con algo hay que celebrar el Carnaval.» (G. Meneses, *Campeones*, 83) = TEJERA **(8) pegarse a** más infinitivo. fr. Dedicarse a realizar la acción que se especifica. (Ven.): «(...) para eso se pega un hombre a trabajar!...» (G. Meneses, *Campeones*, 72) = RODRÍGUEZ = TEJERA

pegue. m. **darle un pegue a** alguien. fr. Asaltarle; darle una paliza. (Méx.): «Hazles ver que no andas jugando ni divirtiéndote. Dales un pegue y ya verás cómo sales con centavos de este mitote <riña>.» (J. Rulfo, *Pedro Páramo*, 112) = CONSULTAS

peinar la culebra. fr. Véase **culebra.**

peine. m. **peine de manola.** fr. Cierto tipo de peineta de mujer. (Guat.): «(...) en el peinado pompeyano un magnífico peine de manola que le daba aspecto de tarasca.» (M. A. Asturias, *El señor presidente*, 145) = CONSULTAS

peineta. f. Peine común de dientes gruesos y dientes finos. (Ch. = Col.): «(...) trató (...) de abreviar con dos golpes de peineta su melena (...).» (A. Skármeta, *Ardiente Paciencia*, 9) = RODRÍGUEZ = SANTAMARÍA DGA = HAENSCH y WERNER

pela. f. Paliza, azotaina. (PR = Cuba, Méx., Amér. Centr., Col., Ven. y Perú): «Deja grave a esposa tras pela a macanazos. (...) Fue tal la 'pela' que recibió N. R. que prácticamente su rostro quedó desfigurado, según se señala. El caso fue sometido al juez de Distrito J. A. P. O., quien por la gravedad de la paliza impuso al furioso marido fianza de $20 mil (...).» (*El Nuevo Día*, 30/4/1994) = CONSULTAS = SANTIESTEBAN = MORÍNIGO = HAENSCH y WERNER

pelacara. m. Bandolero de la provincia de Esmeraldas que tras matar y despojar a sus víctimas solía arrancarles la piel de la cara para hacerlas irreconocibles. (Ec.): «–Ya se han de estar pudriendo en las mazmorras colombianas... / – ¿Quiénes? / –Los famosos pelacaras, hijo. En tiempos de Obdulio Sánchez, Valverde y Caravalí, no se podía viajar por dentro, es decir por las trochas*, porque ellos asaltaban a toda canoa. (...) / – ¿Y por qué los llamaban así? / –Porque a sus víctimas les quitaban el pellejo de la cara para que nadie pudiera reconocerlos.» (A. ORTIZ, *Juyungo*, 18-19) = El 'pelacara' y el curandero sonrieron.» (N. Estupiñán Bass, *Cuando los guyacanes florecían*, I, 68) = CONSULTAS

pelada. f. **(1)** Cantidad mínima que le corresponde a alguien. (Arg.): «Probablemente lo primero <había hecho el suegro> en odio a él, su yerno, (...), por quitarle, ya que no todo, parte de lo que la ley le daba, de los derechos que, como a marido de la hija, el Código le acordaba*... Tal vez dejando a ésta su legítima pelada y disponiendo del resto en favor de otros...» (E. Cambaceres, *En la sangre*, 211-212) = CONSULTAS **(2)** Vergüenza, chasco. (CR): «El Emperador Tertuliano opina que no debe comprarse el bar (...) es un color* máes* una chichera <chichería> tan denigrante es una pelada para todos.» (R. Arias, *El emperador Tertuliano...*, 40) = QUESADA = CONSULTAS **(3) la Pelada.** f. La Muerte. (Ch. = Cuba, Ec. y Arg.): «–(...) ¡No es broma ver que a un hombre tan fuerte como un roble se lo lleva la Pelada sin decir ni ¡ay!» (M. Rojas, *El delincuente... y otros cuentos*, 82) = RODRÍGUEZ = CASULLO = MORÍNIGO = SANTAMARÍA DGA **(4) pelada de frente.** fr. f. Chasco, desilusión. (Arg.): «(...) lo que únicamente le estaba dando que pensar, era que fuese a correrse la voz, a divulgarse y a llegar a oídos de la muchacha su pelada de frente...» (E. Cambaceres, *En la sangre*, 165) = MORÍNIGO

peladera. f. Acción y efecto de dejar 'peladas', es decir, arruinadas, a ciertas personas. (Arg.): «Me había ejercitao al naipe, / el juego era mi carrera; / hice alianza verdadera / y arreglé una trapisonda / con el dueño de la fonda / que entraba en la peladera.» (J. Hernández, *Martín Fierro*, II, 3.097-3.102) = CONSULTAS

peladingo -a. adj.; ú. t. c. s. Desnudo. (Perú): «Siento en el ovario / un dolor profundo; / es el peladingo / que ya viene al mundo.» (M. Vargas Llosa, *La ciudad y los perros*, 175) = CONSULTAS

pelado -a. (1) m. y f. Muchacho, chico –puede ser despect. o cariñoso. (Col. = Nic. y CR): «(...) Alfredo se la cuadró*, y siempre ha sido él tumbador de peladas (...).» (U. Valverde, *Bomba Camará*, 28) = «Teleteatros espléndidos que para los pelados resultaban jartísimos* y la inefable película de monos animados del gato Félix.» (D. Samper Pizano, *A mí que me esculquen*, 314) = FILIPPO = HAENSCH y WERNER = RABELLA y PALLAIS = CONSULTAS **(2) pelado -a.** adj. Desnudo, sin vestidos. (CR = Méx.): «–(...) ¡Allí <en la costa norte de Honduras> es onde <donde> se conocen los hombres de verdá! Primero anda un hombre pelao, que faltarle su güena pistola.» (C. L. Fallas, *Gentes y gentecillas*, 229-230) = SANTAMARÍA DM **(3) lengua pelada.** fr. f. Véase **lengua. (4) padrino pelado.** fr. Véase **padrino.**

pelar. v. **(1)** tr. Abrir; desnudar y mostrar el cuerpo o parte de él. (CR = Nic., Ven. y Col.): «(...) pelaba del todo las grandes guayabas*.» (C. L. Fallas, *Mamita Yunai*, 158) = CONSULTAS = RABELLA y PALLAIS = TEJERA = HAENSCH y WERNER **(2)** tr. Sacar (un arma). (Arg. = Cuba y otros) «Peló la espada y se vino / como a quererme ensartar, / (...).» (J. Hernández, *Martín Fierro*, I, versos 1.819-20) = TERRERA = CASULLO = SANTIESTEBAN **(3)** tr. Castigar, azotar. (Ven. = Col.): «Me seguían pelando la espalda.» (A. Croce, *La roca desnuda*, 78) = TEJERA = HAENSCH y WERNER **(4)** tr. No lograr lo que se desea, fracasar, fallar. (Ven.): «–Pues yo tiré y lo *pelé* (...) pero no quiero que se lo digan a mi mujer, porque me haría *dejar el pelero**: ella sabe que yo no *pelo* un tiro.» (M. V. Romero García, *Peonía*, 269-70) = TEJERA = SOPENA **(5)** intr.; ú. t. c. prnl. Morir. (Méx. = Guat.): «(...) le tuvieron que poner una inyección de quién sabe qué, para que volviera del susto... Más valía que no hubiera vuelto, si de todos modos se iba a pelar...» (J. J. Arreola, *La feria*, 11) = ARMAS **(6) pelar bolero.** fr. Véase **bolero. (7) el diente** (o: **pelar los dientes**). Véase **diente. (8) pelar el, un ojo.** fr. Véase **ojo. (9) pelar la oreja.** fr. Véase **oreja. (10) pelarse.** prnl. tr. o intr. Pelarse la piel de las nalgas cabalgando. (Arg.): «Si salen <los gringos*> a perseguir / después de mucho aparato, / tuitos <toditos> se pelan al rato / y va quedando el tendal <gran cantidad de cuerpos tendidos>; (...).» (J. Hernández, *Martín Fierro*, I, versos 925-928) = CONSULTAS **(11) pelárselas.** fr. Ufanarse, jactarse. (Col.): «Después supe que el mejor equipo de la ciudad lo había contratado, mi equipo querido, el gran equipo rojo que en ese año iba para campeón que se las pelaba (...).» (U. Valverde, *Bomba Camará*, 68) = CONSULTAS **(12) pelar por** un arma o alguna otra cosa. fr. Echar mano de ella, empuñarla para usarla. (Ven.): «–(...) Cuando Matías ve la gente, pela por la lanza y se abre* con el potro. Los otros se paran viendo lo que pasaba.» (A. Uslar Pietri, *Las lanzas coloradas*, 8) = «–(...) Pele por su revólver para que arreglemos de una vez cuentas confusas.» (R. Gallegos, *Canaima*, 73) = TEJERA

pelargonia. f. Pelargonio, planta geraniácea. (Bol.): «(...) ya no atinaba con el gobierno de los rapaces, uno de los cuales alzó en alto el jarrón de las pelargonias y lo dejó caer al suelo.» (J. Lara, *Yanakuna*, 84) = SANTAMARÍA DGA

pele. no hay pele (o: **sin pele**). fr. neg. No hay error posible, sin equivocación posible; al canto. (Ven.): «Me van a agarrar. Me darán golpes por el camino y a la entrada de la Digepol <policía> comenzarán a golpearme, no hay pele, siempre hacen eso (...).» (A. González León, *País portátil*, 232) = TEJERA

pelea. f. **(1) pelea de gallos.** fr. f. Riña de gallos con apuestas. (Guat., Col.): «Ahora se veía en un patio grande rodeado de máscaras, que luego se fijó que eran casas atentas a la pelea de gallos.» (M. A. Asturias, *El señor presidente*, 23) = «Inteligente, simpático, sanguíneo, hombre de buen comer y fanático de las peleas de gallos, había sido en cierto momento el adversario más temible del coronel Aureliano Buendía.» (G. García Márquez, *Cien años de soledad*, 129-30) = CONSULTAS (véase también **gallo* de pelea**) **(2) hacerse el pelea monga** (o: **peleamonga**). fr. Hacerse el tonto, el bruto; obtener algo con persuasión fingiéndose tonto. (PR): «A Peyo le gustaba hacerse el 'tonina*', el 'pelea monga'*, y exageraba siempre su condición de campesino.» (A. Díaz Alfaro, *Terrazo*, 86) = CONSULTAS = MAURA

peleamonga. m. y f. Véase **pelea.**

pelecho. (1) m. Piel vieja de la serpiente, especialmente de la víbora, que acaba de mudar. (Arg.): «(...) no tengo condición de víbora p'andar mudando pelechos ni mejorando el traje.» (R. Güiraldes, *Don Segundo Sombra*, 176) = ABAD DE SANTILLÁN **(2) pelecho -a.** adj. Que acaba de cambiar las plumas. (Par.): «El araräkä le respondió con su zafaduría <grosería>, escondiendo como siempre bajo las alas la cabeza pelecha.» (A. Roa Bastos, *Hijo de hombre*, 267) = CONSULTAS

pelero. m. **botar, dejar, largar el pelero.** fr. Huir, escabullirse, fugarse. (Ven.): «(...) no quiero que se lo digan a mi mujer, porque me haría *dejar el pelero* (...).» (M. V. Romero García, *Peonía*, 269-270) = CONSULTAS = TEJERA

pelo. m. **(1) pelo cortado a huacalito.** fr. Pelo cortado circularmente, como si se hubiera rapado cuanto rebasaba de una calabaza o huacal de forma redonda. (Guat.): «Lo vieron hacer el gesto algunos patojos <niños> mocosos y panzones, con el pelo cortado a huacalito (...).» (D. Liano, *el hombre de Montserrat*, 131) = CONSULTAS **(2) pelo(s) de alambre.** fr. Línea de alambre de púas que se usa en los cercados. (PR): «No comenté sus palabras y él se fue. Vi que se dobló al pasar entre dos pelos de alambre, y entonces piqué mi caballo hacia la casa.» (E. Laguerre, *La llamarada*, 153) = ÁLVAREZ NAZARIO = DÍAZ MONTERO **(3) pelo de gato.** fr. Llovizna (CR): «Ahora estaban cayendo las 'navidades', como les llamaba Única a esas lluviecillas de pelo de gato que igual caen en las calles atiborradas de Sannicolases y ofertas de fin de año de San José, como caen en el basurero (...).» (F. Contreras Castro, *Única mirando al mar*, 64) = CONSULTAS = QUESADA **(4) pelo de púas.** fr. Véase **pelo de alambre. (5) pelo quebrado.** fr. Pelo ondulado. (Méx.): «–'Yo la conozco'– gritó un muchachito de pelo quebrado (...).» (A. Yáñez, *La creación*, 101) = CONSULTAS **(6) cargar pelos.** fr. tr. ind. Tener miedo a una persona. (Guat.): «(...) ese coronel (...) al que todos le cargaban pelos, se lo volaron sin revólver ni fierro, con sólo apretarle el pescuezo (...).» (M. A. Asturias, *El señor presidente*, 47) = ARMAS **(7) darle a** alguien **hasta entre el pelo.** fr. Pegarle mucho o excesivamente. (PR): «–(...) La prósima ves <próxima vez> que se te ocurra dar gritoh como una loca o que se te ocurra ponerte a romper cosas te voy a dar hasta entre el pelo.» (R. Marqués, *La carreta*, 155) = ÁLVAREZ NAZARIO = CONSULTAS **(8) de al pelo.** fr. Muy bien. (Guat.): «El Terciopelo, le clavamos porque era muy de al pelo y corría unos terciotes.» (M. A. Asturias, *El señor presiden-*

te, 232) = CONSULTAS **(9) de un pelo.** fr. De un solo color, hablando de equinos; el tener una tropilla 'de un pelo' era motivo de orgullo. (Arg.): «(...) se presentaba la ocasión de cumplir con un deseo largo tiempo acariciado: aviarme de tropilla de un pelo.» (R. Güiraldes, *Don Segundo Sombra*, 134) = CONSULTAS **(10) encontrarle un pelo de la cola** a alguien o a algo. fr. Encontrarle y poner en evidencia un defecto que carece de importancia. (Ch.): «(...) capaces de noquear a quien le encontrara un pelo en la cola a la Unidad Popular (...).» (A. Skármeta, *Ardiente Paciencia*, 132) = MALARET = MORÍNIGO (quienes recogen la fr. **ser** una cosa **de pelos en la cola** con el sentido de 'ser de poca importancia') = SANTAMARÍA DGA **(11) por un pelo y** (o: **por un pelo y no). fr.** Casi. (Guat.): «García metió gas y rebasó a una camioneta. Por un pelo y no se chocan con un carro <coche> que venía en sentido contrario y que se llevó, como un pañuelo al viento, el bocinazo de protesta.» (D. Liano, *el hombre de Montserrat*, 97-8) = ARMAS

pelón. (1) m. Niño. (CR = Guat.): «El alegre <salió del hospital> con el pelón en brazos (...).» (F. Dobles, *Historias de Tata mundo*, 74) = ARMAS **(2)** m. Soldado de línea, soldado federal. (Méx.): «–(...) ¡Hijo de...! ¡Toma!... ¡En la pura calabaza <cabeza>! ¿Viste?... Hora pal <Ahora para el> que viene en el caballo tordillo... ¡Abajo, pelón!...» (M. Azuela, *Los de abajo*, 11) = «(...) se pusieron a disparar contra un pelotón de pelones, que resultó ser todo un ejército.» (J. Rulfo, *Pedro Páramo*, 111) = SANTAMARÍA DGA y DM **(3) pelón -a.** adj. Descubierto, desnudo; rapado, calvo; hablando de un terreno, deforestado o sin vegetación. (Méx., Guat. = Col. y otros): «Se nos quedó mirando cuando nos íbamos cada quien por su lado para repartirnos la muerte. Y él parecía estar riéndose de nosotros, con sus dientes pelones, colorados de sangre.» (J. Rulfo, *El llano en llamas*, 108) = «Miles de hormigas todas juntas que se convertían en una sábana negra. Donde pasaban dejaban todo pelón. Flores, árboles, plantas grandes y chicas, todo se lo hartaban*.» (D. Liano, *el hombre de Montserrat*, 108) = CONSULTAS = SANTAMARÍA DGA = RUBIO **(4)** adj. Árido. (Méx.): «Pero le tenía aprecio a aquella tierra; a esas lomas pelonas tan trabajadas y que todavía seguían aguantando el surco (...).» (J. Rulfo, *Pedro Páramo*, 42) = SANTAMARÍA DM **(5)** adj. Dificultoso, difícil; escaso. (Méx.): «Contraté para trabajar la tierra a un mayordomo, con sueldo de un peso diario. Él a su vez apalabró ocho peones o gañanes con paga de cincuenta centavos pelones (...).» (J. J. Arreola, *La feria*, 11) = JIMÉNEZ **(6)** Véase **padrino* pelón.**

pelota. f. **(1)** Béisbol. (Cuba, Caribe < Col.): «También me gustaba jugar pelota... pero era malo.» (J. Soler Puig, *En el año de enero*, 187) = «(...) a la gente le sobra demasiado tiempo para pensar, y buscando la manera de mantenerla ocupada restauró los juegos florales de marzo y los concursos anuales de reinas de la belleza, construyó el estadio de pelota más grande del Caribe e impartió a nuestro equipo la consigna de victoria o muerte (...).» (G. García Márquez, *El otoño del patriarca*, 40) = SANTIESTEBAN = CONSULTAS **(2)** f. Persona zonza. (Col.): «Debíamos tener cara de pelotas, preguntándolo.» (E. Rosero Diago, *El incendiado*, 13) = FILIPPO **(3).** m. inv. **pelotas frías**. Cobarde. (Par.): « 'Vaya usted y ponga orden donde esos pelotas frías no supieron cumplir con su deber' me espetó no más al entrar yo en su despacho (...).» (A. Roa Bastos, *El baldío*, 60) = CONSULTAS **(4) (no) darle pelota a alguien.** fr. (no) Hacerle caso, (no) prestarle atención. (CR = Ur., Arg.): «Mirá: si estamos por defender la libertad y toda esa cosa hay que ser consecuentes, ¿no te parece? Si no, después la gente no nos va a dar pelota.» (Q. Duncan, *Kimbo*, 55) = QUESADA = CASULLO = GOBELLO = CHIAPPARA = CONSULTAS **(5) ser pelota.** fr. Tener importancia, alto rango o influencia. (CR): «Se reunió un gran gentío en el salón del palacio: el rey con su hija en su trono, los ministros, los duques, los marqueses y cuanta persona que era gran pelota en el país.» (C. Lyra, *Cuentos de mi tía Panchita*, 17) = ARROYO = QUESADA = CONSULTAS **(6) tirar pelota.** fr. Flirtear, coquetear. (CR): «Archi Tertulio pasa frente a la Biblioteca con aire ausente no se da cuenta de las chiquillas que le tiran pelota (...).» (R. Arias, *El emperador Tertuliano...*, 147) = CONSULTAS

pelotero. m. **(1)** Jugador de béisbol. (PR, Cuba, Col. = Nic. y otros): «(...) una sociedad que requiere ejemplaridad para sus peloteros y baloncelistas (...).» (E. Rodríguez Juliá, *El entierro de Cortijo*, 68) = «Ahora pequeñas gimnastas ejecutaban una complicada coreografía con aros y cintas. Detrás avanzaban ciclistas y peloteros (...).» (R. Ortega, *La aventura de la Cruz Pinera*, 160) = «Billy Sánchez de Ávila, su marido, que conducía el coche, era un año menor que ella, y casi tan bello, y llevaba una chaqueta de cuadros escoceses y una gorra de pelotero.» (G. García Márquez, *Doce cuentos peregrinos*, 217) = MAURA = HAENSCH y WERNER = MORÍNIGO = RABELLA y PALLAIS **(2) pelotero -a.** adj. Entrometido. (CR): «¡Ay qué santico este más pelotero! –pensó Uvieta (...).» (C. Lyra, *Cuentos de mi tía Panchita*, 25) = ARROYO = QUESADA = CONSULTAS

pelotones. m. pl. Testículos –pop. (PR): «(...) el Papá de Sheila es un cornudo con unos pelotones de aúpa de los que le parte <parten> el vivir a cualquiera.» (L. R. Sánchez, *La Guaracha del Macho Camacho*, 253) = CONSULTAS

pelotudo -a. m. y f.; ú. t. c. adj. **(1)** Majadero, estúpido. (Ec., Par., Arg. = Col. y Ur.): «Si unos cristeros* pelotudos y unas damísimas riobambenses corcovean en los pretiles pidiendo una catedral (...).» (G. A. Jácome, *Porqué se fueron las garzas*, 174) = «Sentencia confirmada en la Cámara de Apelaciones, ya me lo esperaba; que se joda por no darme el caso; yo hubiera podido arreglarle la cosa sin necesidad de pleito (...) bien merecido tiene, por pelotudo...» (R. Bareiro Saguier, *Ojo por diente*, 62) = «Y la conserje la mira como diciendo esta pelotuda qué habla, si vino una amiga a verla por eso se asusta, de oír unos pasos (...).» (M. Puig, *El beso de la mujer araña*, 40) = JARAMILLO DE LUBENSKY = GOBELLO = CASULLO = HAENSCH y WERNER = CONSULTAS

pelucón. m. Onza de oro de la época colonial, pelucona. (Perú = Méx.): «–(...) no pude menos que soltar en el azafatito ese, que usted me presentó tan humildemente, las trece moneditas de las arras en forma de trece pelucones relucientes. Como que los había limpiado la víspera, con mucha prolijidad, la misma doña Manuela.» (E. López Albújar, *Matalaché*, 148) = CONSULTAS = JIMÉNEZ (quien recoge el lema con el sentido de 'moneda de plata de un peso')

peludear. intr. Bregar; salvar con dificultad un mal paso. (Ur.): «Los vio venir en dos carros tirados por mulas. Los vio caer en el mal paso, encajándose uno tras otro en el ojo del pantano. 'Peludiaron' desde las nueve de la mañana hasta la entrada del sol.» (E. Amorim, *La carreta*, 6) = SANTAMARÍA DGA

peludista. adj. Simpatizante, adicto, o relativo al radical Hipólito Yrigoyen, Presidente de la República Argentina en 1916-22 y 1928-30, apodado 'El Peludo*' por sus adversarios –por ser muy reservado como el animal del mismo nombre. (Arg.): «Seis años de inactividad pasaron los devotos al régimen peludista.» (R. Arlt, *Entre crotos y sabihondos*, 181) = CONSULTAS = GOBELLO

peludo. **(1)** m. Trance, apuro, mal paso; contratiempo. (Ur. = Arg.): «–Sí, hombre, si nos saca del 'peludo' tendrá unos reales... –se apresuró a afirmar el hombre.» (E. Amorim, *La carreta*, 139) «–Ahá. ¿Qué li <le> ha pasao al hombre? –me interroga don Olimpo. / –Un inesperado peludo. / –Ahá. Ta <está> bien. Mañana lo saquemos <sacamos>, don*.» (L. M. Güinasso, «Uruguay tibia Arcadia», en: G. Wettstein, *Nuestra Tierra*, I, 113) = CONSULTAS = CHIAPARRA (quien da el verbo **peludear***) **(2)** m. Armadillo. (Arg. = Ur.): «(...) aborto de la noche, aquella figura parecía el fantasma de un *peludo* gigante cuyo enorme caparazón irradiaba cierta luz fosforescente muy viva.» (L. Marechal, *Adán Buenosayres*, 206) = VERDEVOYE = CONSULTAS (véase también **peludista**) **(3)** m. Curda, mona, borrachera. (Arg.): «CIRO (*Asustado, a Luis Pereda*) ¡Santa *Madonna*! ¿Qué tiene? PEREDA (*Recogiendo el vaso caído*) Un *peludo* negro.» (L. Marechal, *Adán Buenosayres*, 318) = CONSULTAS = CASULLO = GOBELLO **(4)** **peludo -a.** adj. Peliagudo, difícil. (CR, Arg. = Col.): «(...) resolvió (...) reservarse los consejos sólo si la cosa era de veras peluda.» (J. Gutiérrez, *Murámonos Federico*, 10) = «No era juguete, era serio, era peludo el negocio ése.» (E. Cambaceres, *En la sangre*, 138) = CONSULTAS = HAENSCH y WERNER

pella. f. Manta de grasa de los ovinos y vacunos. (Arg.): «Con mi padrino nos arrimamos a un cordero de pella dorada por el fuego. ¡Carnecita sabrosa y tierna! 'Lástima no tener dos panzas', decía con desconsuelo Don Segundo.» (R. Güiraldes, *Don Segundo Sombra*, 90) = VERDEVOYE = CONSULTAS

pellejo. m. **grifársele el pellejo a** uno. fr. Tener la piel de gallina. (CR): «Y onde* le puso la mano en la espalda sintió que aquello era cosa del otro mundo y se le grifó el pellejo (...).» (C. L. Fallas, *Marcos Ramírez*, 35) = CONSULTAS

pellizco. m. **no ser pellizco de ñoco.** fr. No ser cosa fácil, no ser grano de anís. (PR): «Lo de Beauchamp y Rosado <personajes históricos de Puerto Rico> no había sido ningún pellizco de ñoco (...).» (A. L. Vega, *Pasión de historia*, 101) = MAURA (en **ñoco**) = CLAUDIO DE LA TORRE

penación. f. Alma en pena, o hecho para un alma de vagar por el mundo de los vivos. (Ec.): «I se iba a Guerta Mardita. Sin importarle una guaba* la penación del moreno que estaba allí enterrado con la mujer i los hijos a los que mató.» (J. Gallegos Lara, «La Salvaje» en *Los que se van*, 179) = CONSULTAS

penar (o: **andar penando**). intr. Estar recogiendo los pasos, hablando de los aparecidos en un lugar, para terminar de arreglar algún asunto que dejaron pendiente cuando estaban vivos y tener así la conciencia tranquila. (Ec., Perú, Par.): «–(...) La gente empezó después a decí <decir> que mi taita penaba en la trocha*... que lo vían <veían> ahí todas las noches, como buscando algo, como escarbando...» (N. Estupiñán Bass, *Cuando los guayacanes florecían*, I, 95) = «–(...) ¡En ese cuarto no pué entrá <puede entrar> Casilda, niña! / –¿Acaso penan? –preguntó el ama, riéndose.» (E. López Albújar, *Matalaché*, 47) = «(...) cuando se suelta la persecución, los que pueden se van lejos, al otro lado del río, los que no, se quedan a la orilla de los caminos, esperando que un cristiano caritativo les prenda una vela, para evitar que su alma ande penando por ahí, asustando a la gente y a las vacas.» (R. Bareiro Saguier, *Ojo por diente*, 33-4) = SOPENA = SANTAMARÍA DGA = MORÍNIGO

penca. **(1)** f. Látigo trenzado ordinario. (Ch.): «Entonces le pegué al caballo un chinchorrazo* con la penca en el cogote (...).» (M. Rojas, *El delincuente... y otros cuentos*, 77) = RODRÍGUEZ = MORÍNIGO = SANTAMARÍA DGA (véase también **pencazo**) **(2)** f. Carrera de caballos que se realiza fuera de un hipódromo, en sendas rectas. (Arg. = Ur.): «(...) que vos sos una potranca / para una penca cuadrera* / (...).» (C. E. Flores, «Canchero», en: J. Barreiro, *El Tango*, 142) = CASULLO = GOBELLO = CONSULTAS **(3)** adj. inv. De poco valor. (Ch. < CR): «Mi guardarropa no sólo era muy penca sino que hubiera quedado nadando en la maleta.» (J. Gutiérrez, *Te acordás hermano*, 146) = CONSULTAS

pencazo. m. **(1)** Gran cantidad de algo, montón, caterva, ristra. (Nic., Hond.): «–(...) pasamos la noche, aguantando en descampado el gran pencazo de agua que no amainaba.» (S. Ramírez, *La marca del Zorro*, 115) = «–(...) esas máquinas que braman día y noche, desde hace un pencazo de años.» (M. Funes, *Oro y Miseria*, 133) = RABELLA y PALLAIS **(2)** Latigazo, golpe dado con la penca*. (Ch. = Nic.): «El caballo no se movió. Le pegué otro pencazo.» (M. Rojas, *El delincuente... y otros cuentos*, 77) = CONSULTAS = RABELLA y PALLAIS

penco. m. **(1)** Cabuya, pita. (Ec.): «Por entre los claros que dejaban los pencos, crecidos en el límite del sendero, solíamos atisbar a nuestro paso el panorama.» (R. Descalzi, *Los murmullos de Dios*, 28) = TOBAR DONOSO = JARAMILLO DE LUBENSKY = SOPENA **(2)** **penco de.** fr. que pondera la belleza o excelencia, por ejemplo, de una mujer. (Pan, Ec. = Rep. Dom.): «(...) hubiera dado dos noches en el *Lincoln Center* por desabrocharle a Antonia la camisa porque es bestial, un penco de hembra, esa Antonia y lo peor es que es fiel a un marido bien bruto que no sabe apreciar la verdadera belleza (...).» (G. Guardia, *El último juego*, 18) = «Yo la enamoraba. Le ofrecía todo, hasta matrimonio, ¿saben? Sólo porque era un penco de hembra, y era de colorcito, y al negro le gusta la pierna blanca, ¿verdad?» (N. Estupiñán Bass, *Cuando los guayacanes florecían*, II, 32) = MALARET = SOPENA (véanse también **tronco** y **palo**)

pendejera. f. Planta silvestre parecida a la berenjena, y que se utiliza como diurético o como veneno. (Cuba): «Un kantión –veneno– muy usual, (...), se compone, con otras cosas, de polvos de sapo y semilla de pendejera.» (L. Cabrera, *La sociedad secreta abakuá*, 250) = PICHARDO = SANTIESTEBAN

pendejo -a. m. y f. Adolescente que presume de grande. (Arg. = Par. y Ur.): «(...) están el jovato <viejo> de la escopeta y un pendejo con pinta de ligero*.» (R. Tizziani, *El desquite*, 63) = «(...) lleno de pendejitas en malla <bañador> se ven las gambas* bien (...).» (M. Puig, *La traición de Rita Hayworth*, 161) = MORÍNIGO

pendiente. m. Preocupación, aprensión. (Méx.): «El pendiente de que por la precipitación de los arreglos algo saliera mal, fue vano.» (A. Yáñez, *La creación*, 77) = «La señorita Adelina le respondió que no tuviera pendiente; que ella velaría por mí.» (E. Poniatowska, *Hasta no verte Jesús mío*, 158) = SANTAMARÍA DGA y DM

península. f. Palabra empleada por 'penitenciaría', cárcel; designa más específicamente la prisión central de Tegucigalpa, capital de Honduras, que es una especie de fortaleza bañada en casi todos sus lados por el río Chiquito. (Hond.): «–(...) por andar protestando, muchos ya fueron despachados a la península, bien amarrados.» (M. Funes, *Oro y Miseria*, 188) = «No pudieron contener sus gritos. / –¡Derrocado el tirano! ¡Viva la libertad! / –¡Sube al poder una Junta Militar de Gobierno! / –¡Abran las puertas de esta península! / –¡Apártense, esbirros!» (R. Amaya Amador, *Destacamento Rojo,* 386) = CONSULTAS

pensadora. f. Cabeza. (Arg.): «–(...) ¡El pobre tiene un corso* de contramano en la pensadora!» (L. Marechal, *Adán Buenosayres*, 211) = CASULLO = GOBELLO

pensionado -a. m. y f. Inquilino con comida. (Méx.): «Dizque aquel que tenía metido en su casa ella decía que era su pensionado. Pero más bien era su concubino.» (J. A. de La Riva y F. Sánchez, *Pueblo de madera*) = CONSULTAS

pentecostés. m. y f. Militante de una secta basada en el cristianismo, pentecostista. (PR): «(...) nada y ella como una misma pen. Como una misma pentecostés buscando por toda la calle del Fuego, (...) una hamaca, un coy, una colchoneta (...).» (L. R. Sánchez, *La Guaracha del Macho Camacho*, 144) = MAURA = CONSULTAS

peón. m. **(1)** **peón de a bordo.** fr. Grumete. (Ch.): «Lo tripulaban, Don Checho, hombre parco de palabras, y un peón de a bordo apodado El Socio, que más tarde me dio lecciones de alta cocina navegando a cuarenta nudos y con olas de un metro.» (L. Sepúlveda, *Mundo del fin del mundo*, 86) = CONSULTAS (en Chile, la palabra /grumete/ sólo designa a los de la armada) **(2)** **peón propio.** fr. Peón que pertenece a una hacienda y no puede marcharse de ella por deberle dinero al hacendado. (Ec.): «Pero el Rosendo no era peón propio de la hacienda. (...) había hecho caer de vergüenza a los peones propios.» (G. A. Jácome, *Porqué se fueron las garzas*, 178) = CONSULTAS (dícese también **propio**)

peonía. f. Bejuco medicinal (*Abrus precatorius*) que tiene flores blancas o rojas; las vainas encierran granitos de un rojo vivo con un lunar negro. (Cuba = Col.): «Peonía no sabe si se queda con ojo prieto o colorido.» (L. Cabrera, *Refranes de negros viejos*, sin pág.) = PICHARDO = HAENSCH y WERNER

peor (o: **pior**). adj. **(1) peor** (o: **pior**) **es nada.** m. y f. Véase **peoresnada. (2) peor** (o: **pior**) **es nalgas.** Véase **nalga.**

peoresnada (o: **pior es nada**). m. y f. Cónyuge –humor. (Arg. = Ur.): «A veces, te juro, / hasta me da rabia / que tu pior es nada / te sepa cascar.» (E. Dizeo, «Tan grande y tan sonso», en: J. Barreiro, *El Tango*, 201) = VERDEVOYE = CONSULTAS

pepa. f. **(1)** Píldora anticonceptiva. (Col.): «He querido preguntarle cuáles de las solteras del barrio usan la pepa.» (D. Samper Pizano, *A mí que me esculquen*, 100) = CONSULTAS = HAENSCH y WERNER **(2)** Órgano sexual femenino –vulg. (Ur. = Méx.): «–Vení papito que te doy la pepa. –Perdón, señora pero... –Chupo la pijita, te hago nono*. Vení... cosita divina.» (E. Estrázulas, *Pepe Corvina*, 76) = CONSULTAS = JIMÉNEZ **(3)** Enfermedad de las gallináceas, pepita; ú. también figur. con el sentido de 'problema, preocupación' en la fr. **este gallo* tiene alguna pepa.** (Ec.): «–(...) Yo siempre había pensado: este gallo* tiene alguna pepa... Por eso anda solo y no le gusta divertirse, como los demás...» (N. Estupiñán Bass, *Cuando los guyacanes florecían*, II, 39) = CONSULTAS **(4) pepa** (o: **pepa caliente**). fr. Bala de fusil; balazo. (Ec.): «No me gusta ser soldado / Ni a mi prójimo matar, / Ni que una pepa caliente / me venga frío a dejar.» (J. L. Mera, *Cantares del pueblo ecuatoriano*, II, 128) = MATEUS = CONSULTAS

pepe. m. **(1)** Tetilla de goma de un biberón; el biberón mismo. (Hond.): «Yo tuve más suerte que mis hermanos (...), pues a mi madre se le secó la leche después de que yo naciera, y como no podían pagar una nodriza ni agarraba yo el pepe, tuve que acostumbrarme a alimentarme directamente de las ubres de una cabra (...).» (M. A. Rosa, *Tío Margarito*, 25) = MEMBREÑO **(2)** Miembro de la asociación «**Pe**rseguidos por **P**ablo **E**scobar» creada en enero de 1993. (Col.): «Creo que los Pepes van a seguir con retaliaciones a la familia Escobar.» (titular de una entrevista con Hermilda Gaviria, en *El tiempo* de Bogatá, 9/12/1993) = CONSULTAS

pepenador. m. El que *pepena*, o sea, que vive de lo que encuentra en los basureros. (Méx.): «(...) Nueva York y México, los peligros, la pobreza, la amenaza de sus ciudades, los asaltantes, los policías, los mendigos, los pepenadores, el horror de las grandes ciudades (...).» (C. Fuentes, *La frontera de cristal*, 223) = «Reynoso nunca pudo penetrar el sombrío dominio de Rosalío Valerio, líder de los pepenadores (...).» (V. A. Maldonado, *La noche de San Bernabé*, 101) = JIMÉNEZ

pepepán. m. **(1)** Árbol del pan. (Ec.): «Los condujeron amarrados hasta el sitio en donde se levantaba esbelto un frondoso 'pepepán', que había sido descargado por los soldados.» (N. Estupiñán Bass, *Cuando los guayacanes florecían*, I, 47) = CONSULTAS **(2)** Fruto, pepa del árbol del pan. (Ec.): «(...) como pepepanes con miel, veo que la vida es buena en ese instante.» (A. ORTIZ, *Juyungo*, 161) = CONSULTAS

pepillo -a. m. y f. Muchacho; adolescente inmaduro. (Cuba): «(...) se había pasado días ensayando la cara de carnero degollado (...) que debía poner cuando Juanito el Crimen lo hipnotizara frente a las pepillas.» (J. Díaz, *Las iniciales de la tierra*, 177) = «–¡Inmorales! dijo una pepilla.» (J. Díaz, *El cojo*, 150) = CONSULTAS = SÁNCHEZ-BOUDY

pepino. m. **(1)** Gol. (Arg. = Ur.): «¿Quién describirá la indignación que se apodera de Juancho al oír mencionar aquellos tres *pepinos* aborrecibles?» (L. Marechal, *Adán Buenosayres*, 114) = CASULLO = GOBELLO = CONSULTAS **(2) no ganar** (o: **no hacer, no oír, no saber, no ver**) **un pepino.** fr. No hacer, ganar, etc., nada. (Arg.): «Y con la Paquita le empezamos a hablar al Toto a ver si sabía algo y el Toto no sabe un pepino, que es un poco más chico que nosotras (...).» (M. Puig, *La traición de Rita Hayworth*, 100) = VERDEVOYE

pepo. m. Bala; munición para fusil. (Ec.): «Pásame la canana, Emilio, ya me están faltando pepos.» (E. Cárdenas, *Juego de mártires*, 160) = CONSULTAS

pequén. m. Empanada ordinaria, rellena con carne, cebolla y caldo. (Ch.): «(...) arrebatándole casi los pequenes, calientes, chorreando gotitas de grasa, llenos de oloroso pino*.» (M. Rojas, *El delincuente... y otros cuentos*, 109) = MALARET = MORÍNIGO = SANTAMARÍA DGA

pequenada. f. Conjunto de pequenes*. (Ch.): «Apenas asomaba Pedro en la puerta de su casa y daba su conocido grito de / –¡Recaliente la pequenada! / Los borrachos salían como disparados de las cantinas.» (M. Rojas, *El delincuente... y otros cuentos*, 109) = CONSULTAS

pequenero. m. Vendedor de pequenes*. (Ch.): «Pedro González era pequenero.» (M. Rojas, *El delincuente... y otros cuentos*, 109) = SANTAMARÍA DGA

pequero. m. Véase **peca.**

perder. v. **(1) a perderse.** fr. A toda velocidad. (Ch.): «Corrimos a perdernos.» (L. Torres, *Memo-*

rias de Copo de Nieve, 42) = CONSULTAS **(2) perderse.** prnl. intr. Véase **perdido.**

perdido -a. p. adj. **andar** (o: **estar**) **perdido -a.** fr. No acudir una persona a los sitios donde suelen encontrarla. (Arg. = Ur.): « 'Dende <desde> la anterior remesa <redada> / vos andás medio perdido; / la autoridad no ha podido / jamás hacerte votar: / cuando te mandan llamar / te pasás a otro partido <a otro distrito>.» (J. Hernández, *Martín Fierro*, II, 3.451-6) = CONSULTAS = VERDEVOYE (quien recoge el verbo **perderse**)

perdiz. f. **hacerse perdiz.** fr. Escabullirse, tomar las de Villadiego. (Arg. = Ur.): «–Se ha hecho perdiz, se ha hecho humo el napolitano... ¡Ah, canalla, sinvergüenza!... ¡Ha de estar por ahí escondido, durmiendo la mona o echando el alma en algún rincón!...» (E. Cambaceres, *En la sangre*, 130-131) = «Ya estaba, pues, viendo la manera de hacerme perdiz, cuando (...).» (L. Marechal, *Adán Buenosayres*, 706) = SOPENA = CONSULTAS

perdurar. tr. Hacer durar, hacer perdurar. (Col.): «–(...) es la sangre del Padre la que nos trajo a esta casa: es causa de nuestro nacimiento. / –Es el afán de ella de perdurar su memoria.» (A. Cepeda Samudio, *La casa grande*, 212) = CONSULTAS

peregrina. f. Coscojita, juego de muchachos. (PR = Cuba y Col.): «Raúl propuso la peregrina y la cuica* como medios de estimular la participación de todos.» (R. Marqués, *La víspera del hombre*, 228) = MAURA = SANTIESTEBAN = HAENSCH y WERNER = MALARET = SOPENA

perfección. f. **perfecciones.** pl. Facciones, rasgos de la cara. (Méx. = Col.): «(...) se trataba de un Argüello. Las facciones, las perfecciones como acostumbraban decir las gentes de por aquellos rumbos, lo proclamaban así.» (R. Castellanos, *Balún-Canán*, 210) = SANTAMARÍA DGA

pergamino. m. Endocarpio o cascarilla blanca que cubre los granos de café después de secos. (PR, CR = Col.): «A veces le llevaban sacos de café en *pergamino* para preparar en su máquina.» (M. Zeno Gandía, *La Charca*, 43) = «De las estufas sale el café en 'pergamino' ya que cada grano está fuertemente protegido por una fina cascarita que tiene la apariencia de este material.» (H. Muñoz Ureña, *Cuentos con sabor a espanto de gentes sencillas*, 100) = ÁLVAREZ NAZARIO = DÍAZ MONTERO = ARROYO = QUESADA = FILIPPO = HAENSCH y WERNER

pergenio. m. Niño muy despabilado. (Arg.): «Bueno, hablemos de otras cosas, tengo unas ganas bárbaras de que me veas al pergenio mío, es un negrito precioso, a la noche yo me la paso mirándolo dormir (...).» (M. Puig, *La traición de Rita Hayworth*, 293) = VERDEVOYE

perico. m. **(1)** Hecho de enamorar a una chica hablando largamente con ella. (PR): «(...) quiso decir más de la cuenta con ese erótico pase de *perico.*» (E. Rodríguez Juliá, *El entierro de Cortijo*, 71) = CLAUDIO DE LA TORRE **(2)** Piropo. (CR): «Saludó con una gran reverencia a la niña y le hizo un perico.» (C. Lyra, *Cuentos de mi tía Panchita*, 83) = ARROYO = QUESADA = GAGINI **(3)** Especie de cotorra –pajarito verde más pequeño que el que describe el DRAE. (CR = Ven.): «(...) del tupido ramaje de los higuerones se levantaban grandes bandadas de piapias <urracas> y de pericos que huían hacia el Sur lanzando agudos chillidos.» (C. L. Fallas, *Marcos Ramírez*, 192) = CONSULTAS **(4)** Cocaína. (PR, CR = Méx.): «Si nos salimos de los cursos de Literatura Puertorriqueña y del manual de Manrique Cabrera, (...) Lloréns Torres <barrio muy popular de San Juan> significa *teca**, *tumbe**, Marvin Santiago (...) *cañona**, *cuqueo**, *grilla**, *perico* y las terribles marcas de los *alacranes**.» (E. Rodríguez Juliá, *El entierro de Cortijo*, 13) = «Empecé a fumar yerba, terroncitos de azúcar con elesedé, pinchazos con perfume, perico en la mañana, valium en la tarde (...).» (A. Chase, *Ella usaba bikini*, 74) = MAURA = CLAUDIO DE LA TORRE = CONSULTAS = JIMÉNEZ **(5) perico** (o: **huevo perico).** Huevo revuelto. (Col.): «Bogotá (...) tiene (...) una talentosa cocina local representada en especialidades de la calidad del ajiaco y el chocolate santafereño, siempre acompañados con tamales, pericos, almojábanas, colaciones, tortas y mil exquisiteces más.» (C. Ordóñez, *Gran libro de la cocina colombiana*, 182) = MORÍNIGO = CONSULTAS **(6) echar perico.** fr. Charlar, estar de palique. (Méx.): «–Por mí, estoy en lo dicho. Tú dirás; pero ya es mucho echar perico. Si quieres que pose, váyanse saliendo pronto para arreglarme.» (A. Yáñez, *La creación*, 103) = MALARET = SANTAMARÍA DGA

perifoneador -a. m. y f. Locutor, comentarista de radio. (Ven.): «(...) el perifoneador de los juegos hacía vivir en los altoparlantes su entusiasmo (...).» (G. Meneses, *Campeones*, 29) = CONSULTAS

perinolear. tr. Hacer girar como perinola. (Perú): «(...) la vieja regañona, haciendo perinolear al aire el huso mientras barbotea un rosario interminable de conjuros (...).» (E. López Albújar, *Cuentos andinos*, 43) = CONSULTAS

periquear (o: **periquiar).** tr. Pelar la pava, piropear, requebrar (a una mujer); lisonjear. (CR = Hond.): «–(...) Y va* de periquiar <periquear> a la mujer: 'Qué rico que está todo esto, ¿sabe?, me desiara <deseara> yo en casa una mujer así (...).» (C. L. Fallas, *Gentes y gentecillas*, 306) = ARROYO = QUESADA = GAGINI = MEMBREÑO

periquito. m. **hacer periquitos.** fr. Dar consistencia a las melazas cuando están hirviendo. (Ven.): «En tanto, mi tío había cogido el remillón <totuma> y había recorrido los tres fondos <calderas> que estaban hirviendo. / Se fue al de boca y quitó cachazas <espumas> y puso cal; vino al siguiente y lo espumó; pasó al otro y le hizo periquitos.» (M. V. Romero García, *Peonía*, 142) = MORÍNIGO

perlón. m. Cuenta que las más veces imita el oro y se utiliza para fabricar collares o pulseras. (Ec.): «(...) las manos no se detuvieron ante el ruido de alarma de las gualcas <collares> de perlones (...).» (G. A. Jácome, *Porqué se fueron las garzas*, 200) = CONSULTAS = JARAMILLO DE LUBENSKY

peronía. f. Cierta planta cuyas semillas se usan como cuentas para collares, rosarios, pulseras, así como en sonajeros. (PR): «Cocó toca la bomba* más pequeña; Marcelo maneja el *fuá;* Marcos, el mozuelo avispado, ha convertido su corazón en peronías y lo ha encerrado en las maracas...» (E. Laguerre, *La llamarada*, 226) = MAURA = ÁLVAREZ NAZARIO = GAZTAMBIDE ARRILLAGA

perra. f. **¡a la perra con...!** fr. excl. ¡Al diablo! (Guat.): «¡Estáte quieto! ¡A la perra con vos!» (M. A. Asturias, *El señor presidente*, 92) = CONSULTAS

perraje. m. Gran pañuelo de lana o algodón con dibujos multicolores, que las indígenas usan en las zonas de clima frío para cubrirse. (Méx., Guat.): «Mi nana <madre> se puso su tzec nuevo, el borda do con listones de muchos colores; su camisa de vuelo y su perraje de Guatemala.» (R. Castellanos, *Balún-Canán*, 18) = «Pero la Concha (...) se levantó de la mesa, se fue al cuarto, agarró su perraje y abrió la puerta de calle.» (L. de Lion, *El tiempo principia en Xibalbá*, 31) = MORÍNIGO = ARMAS

perreta. f. Rabieta. (Cuba): «Hasta Adelaida le quitó a Emmita su carricoche* el otro día para traer los mandados de la tienda. Total, se los mandaron por mensajero, pero la chiquita orquestó tremenda perreta (...).» (V. Agostini, *Filin*, 27) = MALARET

perrillo (o: **perriyo**). m. Machete largo y fino. (PR): «Y alza el perrillo que fulge y corta las sombras apretadas.» (A. Díaz Alfaro, *Terrazo*, 37) = MAURA = ÁLVAREZ NAZARIO

perro. m. **(1)** Nombre que los negros mayomberos dan al iniciado o al médium. (Cuba): «–(...) Cuando a aquel niño lo sacan del monte, se sabe quién es su protector, pues van 'perros' y el espíritu monta* y todo lo dice.» (L. Cabrera, *Reglas de Congo*, 24) = CONSULTAS **(2)** Cierto juego de naipes. (Hond.): «–Los amigos que se disputaban la atención de distraernos con fiestecitas caseras u otras entretenciones <otros entretenimientos>, a menudo nos invitaban a jugar lotería de cartón, damas, ajedrez, perro con naipe español (...).» (A. Oquelí, *El Gringo Lenca*, 95) = CONSULTAS **(3) perro viejo late sentado.** fr. proverbial que da a entender que una persona de experiencia actúa pausadamente. (Ven. = Ec. y otros): «–¡Jm! Pero... como dice el dicho que perro viejo late sentao <sentado>...» (R. Gallegos, *Canaima*, 75) = CONSULTAS **(4) amarrar un perro.** fr. Dejar una deuda sin pagar. (CR): «(...) hacían falta dos mil cañas* la verdad tenía razón las cogí para pagar un perro que dejé amarrado en el Magdalena.» (R. Arias, *El emperador Tertuliano...*, 59) = CONSULTAS **(5) dar perro (de) muerto.** fr. Estar en algún sitio sin hacer nada. (Cuba): «A cada rato había niños huidos. Daban *perro de muerto* en las casas para no trabajar.» (M. Barnet, *Biografía de un cimarrón*, 82) = SÁNCHEZ-BOUDY **(6) hacerse el perro rengo.** fr. Hacerse el tonto. (Perú): «–Tu libreta e conscrición melitar <de conscripción militar>. Te estás haciendo el perro rengo...» (C. Alegría, *Los perros hambrientos*, 37) = CONSULTAS

perseguidora. f. Coche celular. (Cuba): «En la calle se veían tres perseguidoras.» (J. Díaz, *El cojo*, 146) = «Luego docenas y docenas de perseguidoras y filas y más filas de motociclistas uniformados.» (V. Agostini, *Bibijaguas*, 114) = CONSULTAS = SANTIESTEBAN

persiana. f. Pecho, esternón. (Arg.): «Cuando un malandrín que le va a dar una puñalada en el pecho a un consocio, le dice: 'te voy a dar un puntazo en la persiana', es mucho más convincente que si dijera: 'voy a ubicar mi daga en su esternón.» (R. Arlt, *Aguafuertes porteñas*, 156) = GOBELLO

peruano. m. Caballo fino. (CR): «Tío Conejo los cogió, y metiéndole los talones al ruco <matalón> salió disparado y dijo a mano* Juan Piedra: –Como estamos ai <ahí> no masito, présteme el peruanito y ahorita se lo mando con el muchacho. Es para no apearme.» (C. Lyra, *Cuentos de mi tía Panchita*, 182) = ARROYO = CONSULTAS

perudo -a. adj. Prognato. (Arg.): «Di vuelta al tirador <cinturón>, conté hasta cien pesos, en billetes de diez y de cinco, y se los alcancé al perudo, que esperaba cortésmente sin mirar para mi lado.» (R. Güiraldes, *Don Segundo Sombra*, 139) = VERDEVOYE

pesada. f. Ametralladora pesada. (Bol., Par.): «El chofer y su ayudante aparecieron abajo: –¡Bajen pues! –gritó, y agregó triunfante: –¡Hemos traído una pesada!... / –¡Una pesada!... / –¡Una pesada!... / –¡Ahora los haremos hervir*!... prorrumpieron todos con alegría. (...) En la carrocería del vehículo, cubierta por una lona verde, estaban la ametralladora pesada y las cajas con cintas de proyectiles.» (F. Medina, *Los muertos están cada día más indóci-*

les, 127 y 129) = «Durante todo el día continuaban tiritando a ratos, como atacados de chucho <fiebre producida por el paludismo>, bajo las ráfagas de las pesadas bolivianas.» (A. Roa Bastos, *Hijo de hombre*, 277) = CONSULTAS

pesa(d)o -a. adj. Maldito, que trae mala suerte. (PR): «Ruedan algunos cuentos sobre el 'Mangosal de los Mayordomos'; era lo que se llama 'un sitio pesao'. (...) Durante mucho tiempo este sitio fue un avivador de rencores.» (E. Laguerre, *La llamarada*, 85) = CONSULTAS

pesca(d)o (o: **pescao frito**). adj. (o: fr. adj.). Bobo. (PR): «–(...) Y mira, mira a Filomena. Cómo se le va conociendo ya la barriga. Pues y luego, tan *changa* <afectada en sus modales> y tan *pescao frito.*» (M. Zeno Gandía, *La Charca*, 65) = CONSULTAS = CLAUDIO DE LA TORRE = MAURA (quien recoge la fr. **hacerse el pescao frito** con el sentido de 'hacerse el inocente')

pesebrera. f. **(1)** Recinto o cobertizo donde se guardan caballos o mulas. (Ch. = Col.): «(...) eran caballos celestes que galopaban (...) para ir a acunarse en sus pesebreras.» (A. Skármeta, *Ardiente Paciencia,* 135) = CONSULTAS = HAENSCH y WERNER **(2)** Depósito de piensos. (Arg.): «Estaba Barsut sentado bajo el triángulo de la pesebrera metálica, entre los muros de madera de un box (...).» (R. Arlt, *Los siete locos*, 136) = CONSULTAS

pesera. f. Pequeño bus de transporte colectivo. (Méx.): «Estaba parada <de pie> frente al mercado de las Flores, en la avenida Revolución, para tomar una pesera, cuando Lopitos pretendió detenerla.» (V. A. Maldonado, *La noche de San Bernabé*, 8) = CONSULTAS

peseta. f. **(1)** Moneda de veinticinco centavos de dólar estadounidense o de peso cubano. (PR, Cuba): «(...) *Mera*, mano*, una peseta...*» (E. Rodríguez Juliá, *El entierro de Cortijo*, 14) = «(...) no te vayas sin tirarme un par de tapas* que estoy en carne*. / Pinpín Miranubes introdujo la mano en el bolsillo (...) y le alargó al amigo las dos pesetas que precisaba (...).» (R. Castro Mosqueda, *Verónico*, 145) = CONSULTAS = SÁNCHEZ-BOUDY **(2)** Moneda de veinticinco céntimos de colón; aunque desapareció a principios de los años 90, la palabra ya no se usaba. (CR): «El primero que pagó la peseta como tributo confiscatorio y sin recibo de respaldo, fue el hijo de don Gregorio, el dueño de la Botija.» (H. Elizondo Arce, *Adiós, Prestiño*, 37) = ARROYO = QUESADA = CONSULTAS **(3) caerle a uno la peseta.** fr. Caer en la cuenta. (CR): «A lo mejor me cae la peseta y reconozco que el tema es muy interesante.» (F. Durán Ayanegui, *Opus 13 para cimarrona*, 33) = QUESADA = CONSULTAS

pesetera. f. Prostituta de ínfima clase. (Ec. = Méx. y Guat.): «Sus problemas sexuales los resolvía siempre en el Guayas. (...) Cogía cualquier mujer de esas peseteras. Y les largaba tres o cuatro veces la piedra*.» (D. Aguilera Malta, *Don Goyo*, 94) = MALARET = MORÍNIGO = SOPENA = CONSULTAS

peso. m. **(1)** Dólar estadounidense. (PR): «Y se portó bien. Me adelantó treh pesoh.» (R. Marqués, *La carreta*, 77) = «Allí, muy cerca, el venerable molino que montó Juan Pedro y que se tragó algunos miles de pesos según me dijo Rosado en otra ocasión.» (E. Laguerre, *La llamarada*, 102) = MAURA = CONSULTAS **(2)** Voz popular que designa la moneda nacional. (CR = Nic. y otros): «Luchi desnuda ante los reflectores por treinta pesos de noche, explotada por los mafiosos que integran esa escoria humana que trafica con el hambre de las hijas de los barrios.» (H. Elizondo Arce, *Adiós, Prestiño*, 22) = «Pagaría las deudas, cinco hijos en seis años le habían absorbido no sólo el salario semanal en la finca en que trabajaba antes, sino que la deuda con el pulpero ya pasaba de los cien pesos.» (J. Pinto, *Los marginados*, 80) = CONSULTAS = RABELLA y PALLAIS **(3) peso del día.** fr. Mediodía. (CR): «Siguió su camino y allá en el peso del día, vio unas palmeras de coco cargaditas de frutas.» (C. Lyra, *Cuentos de mi tía Panchita*, 16) = GAGINI **(4) ser otros veinte pesos.** fr. Ser harina de otro costal. (Cuba): «–Yo estoy enamorado de otra. (...) / Esos son otros veinte pesos –dijo–; pero si quieres volver, ya sabes dónde puedes encontrarme.» (R. Vázquez Díaz, *La isla del Cundeamor*, 231) = CONSULTAS = SANTIESTEBAN

pesquisa. m. Agente de la policía de investigación. (Ec. = Arg.): «–No vaya, señor. Regrese breve*. ¡Los pesquisas!» (J. Icaza, *El Chulla Romero y Flores*, 97) = «–(...) No se lo vayan a contar a ningún pesquisa, porque me matan...» (N. Estupiñán Bass, *Cuando los guayacanes florecían*, II, 100) = «Acto seguido, los pesquisas procedieron a apresar a los civiles propaladores de esos rumores falsos.» (G. A. Jácome, *Porqué se fueron las garzas*, 158) = CORNEJO = SOPENA = CONSULTAS

peste. (1) m. y f. Persona que infunde asco. (Ec.): «Ya este mundo está caduco, / Ya no más dizque se muere. / Ojalá se muera hoy mismo: / ¡Para lo que vale el peste!» (J. L. Mera, *Cantares del pueblo ecuatoriano*, I, 75) = CONSULTAS **(2) peste cristal.** fr. f. Viruelas. (Ch.): «... las siguientes enfermedades: RUBIOla, sarampión, peste cristal, bronquitis (...).» (A. Skármeta, *Ardiente Paciencia,* 143) = CONSULTAS

pesto. m. Castigo, paliza –ú. también en la fr. **dar el pesto.** (Arg.): «Te acordás de esos tiempos, pibe. Qué pestos. Había cada pesado que te la voglio dire <tremendo>.» (J. Cortázar, *Relatos*, 330) = CASULLO = GOBELLO = CONSULTAS

pesuña. f. Véase **pezuña.**

petaca. f. **(1)** Artesa hecha con la espata que envuelve la flor de la palma real, y que usan las lavanderas como recipiente para lavar la ropa; suele usarse también para llevar frutos encontrados al azar en el campo. (PR = Rep. Dom.): «Levantóse un cuchicheo entre las lavanderas, y yo, que soy algo timidote, apenas las miré. (...) Tenían las diligentes manos metidas en la espuma que llenaba las petacas.» (E. Laguerre, *La llamarada,* 61) = MAURA = ÁLVAREZ NAZARIO = MALARET = DÍAZ MONTERO **(2)** Véase el adj. **petacón.**

petacón -ona. adj. Remolón, pachorrudo. (Ven. = Col., Arg.): «–Los <perros> de Alcántara eran muy buenos. / –¡Ya se ve!... / *Tigre* es petacón. / –No puede ser de otra manera, porque no es nativo.» (M. V. Romero García, *Peonía,* 272) = SANTAMARÍA DGA = HAENSCH y WERNER

petacudo -a. adj. Pesado, barrigón; lento, perezoso, que se mueve con dificultad a causa de su peso. (Bol.): «–¿Qué tienes, mocosa? Te estoy viendo más petacuda que de costumbre. Apenas te estás moviendo.» (J. Lara, *Yanakuna,* 106) = MUÑOZ REYES

petate. m. **(1)** Véase **petatero. (2) arrollar los petates** (o: **arrollar los petates para el otro barrio).** fr. Morirse. (CR): «(...) la señora Nicolasa –pues así se llamaba– arrolló los petates para el otro barrio, y la miniatura de José Blas, con seis años justos, fue entregada a su padrino don Sebastián Solano (...). Cuando entró a la escuela, alguno de sus compañeros, con atisbos de encono, le llamó el *moto** (...).» (J. García Monge, *El moto,* 20) = ARROYO (quien recoge **arroller los petates**) = CONSULTAS **(3) llamarada de petate.** fr. f. Véase **llamarada.**

petatero. m. **el mero* petatero.** fr. El jefe, el que manda más –viene del **petate** en el que se sentaban los jefes indígenas. (Méx.): «–(...) Es orden de mi general. / –¿De qué general? / –Pos* de mi general Villa. ¿De quién había de ser? Del mero* petatero, del que manda aquí.» (M. L. Guzmán, *El águila y la serpiente,* 411) = MALARET = SANTAMARÍA DGA = CONSULTAS

petizo -a. adj. **quedarse** (o: **volverse) petizo -a.** fr. Comer hasta hartarse, saciarse. (Ur.): «A ella le estaba permitido (...) ir a la quinta y comer fruta 'hasta quedarse petiza' de tanto engullir.» (E. Amorim, *Horizontes y bocacalles,* 25) = CONSULTAS

pezuña. f. Adehala, cantidad de dinero añadida. (Ec. = Pan.): «–La otra liza <pescado> sale de la **pezuña** que hay que pedirle ar viejo después del comprao.» (J. A. Campos, *Cosas de mi tierra,* 62) = CORNEJO = MORÍNIGO

piahe (o: **piachi).** m. Sacerdote, brujo o curandero indígena; herbolario. (Ven.): «Es el ñopo o yopo un polvo negruzco extraído de cierta planta herbácea, que absorbido a modo de rapé produce extraños efectos alucinatorios que los piaches indios utilizan cuando han de desempeñar sus funciones de adivinos (...). / Un indio albino, (...) piachi de las tribus mariquitares (...).» (R. Gallegos, *Canaima,* 247 y 298) = TEJERA = SANTAMARÍA DGA

pialador. m. Enlazador de a pie, cuya armada se cierra en las manos del animal en movimiento. (Arg.): «–Conocí un pialador que de apurao se enredaba en la presilla –comentó Don Segundo– y el mozo de mi cuento tal vez juera'e la familia.» (R. Güiraldes, *Don Segundo Sombra,* 75) = ABAD DE SANTILLÁN

piano. m. **tocar el piano** (o: **tocar el piano al revés).** fr. Hurtar, robar gracias a la habilidad de los dedos. (Cuba = PR, Arg.): «(...) de toda la 'conguería' eran ellos <los congos gangá> los mejores, los que más apreciaban los amos por su buen carácter y 'porque no tocaban el piano' (...).» (L. Cabrera, *Reglas de Congo,* 60) = SANTAMARÍA DGA = MAURA = GOBELLO

pica. f. **(1)** Vía poco transitable y provisional, camino en mal estado, senda estrecha, trocha abierta en terreno montañoso. (Hond., Ven., Ec. = PR, Méx., Guat. y Col.): «La muerte le sorprendió a doscientos kilómetros de Yoro <Honduras>, en una época que <en que> no existían caminos sino picas (...).» (A. Oquelí, *El Gringo Lenca,* 92) = «Mejor entonces si dejábamos la orilla del lago y nos íbamos por la pica de salir a las aldeas del distrito de Jáuregui, que tenían muchas tierras.» (A. Croce, *La roca desnuda,* 19) = «(...) la pica parecía una serpiente inmensa tirada en la verdura (...).» (A. Ortiz, *Juyungo,* 101) = SANTAMARÍA DM = MATEUS = MALARET = TEJERA = MAURA **(2) pica-y-huye.** fr. Cierta hormiga venenosa. (Ven.): «–¿Tengo el honor de hablar con la Cucarachita Martínez? ¡Tanto gusto, señorita! Yo soy Pica-y-huye, repórter de *El Animal Independiente.*» (A. Arraiz, *Tío Tigre y Tío Conejo,* 78-79) = CONSULTAS **(3) no ser poca pica.** fr. No ser floja tarea, no ser cosa fácil. (PR): «A los setentinueve, haber descubierto el secreto de la síntesis no es poca pica.» (A. L. Vega, *Pasión de historia,* 121) = CONSULTAS

picada. f. Vado estrecho. (Arg. = Nic. y Ur.): «Dando de beber a mi caballo en la picada de un río, revisé cinco años de andanzas gauchas.» (R. Güiraldes, *Don Segundo Sombra,* 182) = SANTAMARÍA DGA = RABELLA y PALLAIS = CONSULTAS

picado. **(1)** m. Juego de muchachos, que consiste en tirar objetos a una pared para que reboten y caigan lo más cerca posible del jugador precedente. (Cuba): «Prefirió siempre (...) el juego de papalotes en el placer de Peñalver, (...), o el del picado, en las paredes de la iglesia de Jesús María.» (C. Villaverde, *Cecilia Valdés*, 246) = PICHARDO **(2) picado -a.** adj. Rápido, ligero, ágil (p. ej. el modo de andar). (Hond., Guat.): «Iban con paso picado y saltón encaramándose más y más en la montaña enhiesta del Carbón.» (A. P. Sánchez, *Ambrosio Pérez*, 13) = «(...) el viejo Bastianón, sin apurar el paso que ya llevaba picado, salió en busca del que venía con la carta de Bastiancito.» (M. A. Asturias, *Viento Fuerte*, 68) = MORÍNIGO **(3) estar picado por saber** algo. fr. Tener curiosidad, estar deseoso de saber algo por haberlo conocido en parte. (Ec.): «–Es que tengo unos papeles que le saqué del bolsillo al serrano que maté al último... y estoy picao por saber qué dicen...» (N. Estupiñán Bass, *Cuando los guayacanes florecían*, I, 75) = CONSULTAS = JARAMILLO DE LUBENSKY **(4) picado del pecho.** fr. Véase **pecho.** **(5)** Véase también **picar.**

picanear. tr. Torturar con picana. (Méx.): «Así le sucedió al *Zopilote*, que tras de resistir con estoicismo las primeras 'calentaditas*', confesó cuando le picanearon, para que no le aplicaran más corriente, que él había sido quien violó a la maestra (...).» (V. A. Maldonado, *La noche de San Bernabé*, 22) = CONSULTAS

picano. m. Minero. (Ch.): «Era 'picano' el maestro Huerta. / Medía 1.95 m. / Los picanos son los que rompen / el terreno hacia el desnivel, / cuando la veta se rebaja. / 500 metros abajo, con el agua hasta la cintura, / el picano pica que pica. / (...) / El maestro Huerta, gran picano, / parecía que llenaba el pique* / con sus espaldas.» (P. Neruda, «Canto general de Chile», en: *Canto general*, II, 53) = CONSULTAS

picante. m. Plato con mucho ají <pimiento>, preparado con carne vacuna, pollo o lengua. (Bol. = Perú): «Una chola obesa y mofletuda comía a carrillos llenos un 'picante' de papas y pollo sirviéndose con las regordetas manos.» (F. Ramírez Velarde, *Socavones de angustia*, 91) = MUÑOZ REYES = CONSULTAS

picantería. f. Figón donde se venden guisos preparados con mucho pimiento, generalmente para campesinos u obreros. (Ec., Perú = Hond., Col., Bol. y Ch.): «La camioneta (...) se detiene junto a la picantería de la Juana.» (E. Cárdenas, *Juego de mártires*, 57) = «(...) prefería a la comida del hotel la de las picanterías (...).» (E. López Albújar, *De mi casona*, 67) = SOPENA = MORÍNIGO = CONSULTAS = HAENSCH y WERNER

picapalo (o: **pica-palo**). m. (o: fr. m.). Pájaro carpintero. (Ur.): «El zumbido de los insectos, el arrullo de las torcazas, el coletazo de una tararira en la corriente, el trabajo de un pica-palo en un tronco..., mil voces sordas y secretas, vagos estremecimientos brotan clandestinos en el silencio.» (A. D. Gravina, «Fronteras al viento», en G. Wettstein, *Nuestra Tierra*, I, 40) = CONSULTAS

picapica (o: **pica pica**). f. (o: fr. f.). Planta trepadora (*Banisteria cornifolia*, *Dalechampia tiliifolia*, o también *Mucuna pruriens*) que sirve para distintos usos, sobre todo medicinales. (Cuba = Ven.): «La pica pica <se ingería> con sirope en vomitivos y vermífugos.» (L. Cabrera, *La medicina popular de Cuba*, 118) = SANTAMARÍA DGA = TEJERA

picar. v. **(1)** tr. Cortar en dos, generalmente en dos partes iguales. (Cuba): «(...) cuando me dijeron que a Fausto, un primo mío, el médico le iba a cortar una pierna, me fui a verlo. (...) Y recé tres veces la oración que la vieja me enseñó. (...) Esto que le cuento, ahí está Fausto que lo desmienta si es capaz, fue a las seis de la tarde, y a las diez de la noche no había que picarle la pierna.» (L. Cabrera, *Reglas de Congo*, 201) = PICHARDO **(2)** tr. Iniciar a alguien en una religión afrocubana. (Cuba): «–(...) fui en la fecha que el muerto me marcó a Alacranes, a casa del arriero, y todo era verdad. Allí me picaron (...), y fuimos al monte; cavamos y se encontró el *Nkiso* (el caldero*), allí donde mismito el muerto me había dicho que estaba.» (L. Cabrera, *Reglas de Congo*, 193) = CONSULTAS **(3)** tr. Herir de gravedad o matar con cuchillo. (Ven.): «–(...) Tiene una navaja linda, largota, con cacha blanca. (...) Donde lo encuentro lo pico, dijo él.» (G. Meneses, *Campeones*, 74) = CONSULTAS **(4)** tr. Contagiar una enfermedad venérea. (Ec.): «En medio de todos los cholos* pescadores, echó la confidencia: –Me picó la puta er <del> Guayas.» (D. Aguilera Malta, *Don Goyo*, 58) = CONSULTAS **(5)** intr. Marcharse, caminar. (PR): «–¿Qué haces aquí? / –Vine a hacer las compras de Leandra. / –Bueno..., ya las hiciste..., vete: *pica* ligero...» (M. Zeno Gandía, *La Charca*, 49) = CONSULTAS = MALARET **(6) picarse.** prnl. intr. Embriagarse. (Méx., Nic. = PR, Guat., Col. y Arg.): «El pobre se pasó la noche atendiendo a unos viajantes que se picaron con las copas.» (J. Rulfo, *Pedro Páramo*, 123) = «(...) la mayoría andan picados porque las hechiceras les han estado repartiendo garrafones de guaro <aguardiente> (...).» (S. Ramírez, *Un baile de máscaras*, 220) = CONSULTAS = RABELLA y PALLAIS = MAURA = HAENSCH y WERNER = MORÍNIGO **(7) picar el ojo.** fr. Véase **ojo.** **(8) mesa de picar.** fr. f. Véase **mesa.** **(9)** Véase también **picado.**

picarada. f. Broma, picardía. (PR): «Algunas mujeres reían alegremente ante las picaradas de los chistosos.» (M. Zeno Gandía, *La Charca*, 46) = CONSULTAS

pica-y-huye. fr. f. Véase **pica.**

pico (o: **picó**). m. **(1)** Órgano sexual masculino. (Ch.): «¡Qué le va a molestar, si éste es maricón! ¿Tenís <tienes> pico?» (H. Valdés, *Tejas Verdes*, 166) = CONSULTAS **(2) picó.** expr. excl. que denota asombro. (Par. < Bol.): «Tres soldados y un clase* de la guardia (...) se resignan a espectar la escena, diciendo con un asombro de niños: / –Picó, es posible que se haiga <haya> vuelto loco.» (A. Guzmán, *Prisionero de guerra*, 140) = CONSULTAS **(3) pico blanco.** fr. Caballo con una mancha blanca en el extremo de la nariz. (Arg.): «Unos decían: 'se ha muerto', otros aseguraban que el pico blanco, desbocado, se había llevado por delante como siete hombres de a pie.» (R. Güiraldes, *Don Segundo Sombra*, 140) = ABAD DE SANTILLÁN **(4) pico de plata.** fr. Pajarillo (*Sporifila intermedia*) de plumas grises y canto agradable. (Ven.): «–(...) ya tienes que vivir desconsolada el resto de tus días –comentó el Pico de Plata–. (A. Arraiz, *Tío Tigre y Tío Conejo*, 85) = TEJERA = CONSULTAS **(5) encaramarse en** (o: **por**) **el pico de la botella.** fr. Véase **montarse en** (o: **por**) **el pico de la botella. (6) estar en el pico del aura.** fr. Estar bajo la amenaza persistente de un peligro. (Cuba): «(...) su dinero es de herencia y de negocios, fuera de Batista, pero a mí me parece que también todo lo suyo está en el pico del aura con esta gente.» (J. Soler Puig, *En el año de enero*, 96) = CONSULTAS **(7) montarse en** (o: **por**) **el pico de la botella.** fr. Medrar. (Ven.): «–La situación está buena para un hombre atrevido. Ahorita cualquier gallo-loco se puede montar por el pico de la botella.» (A. Uslar Pietri, *Las lanzas coloradas*, 100) = TEJERA **(8) subirse en** (o: **por**) **el pico de la botella.** fr. Véase **montarse en** (o: **por**) **el pico de la botella. (9) volar pico.** fr. Hablar. (CR): «Cuando la Teresilla Navas llegaba a 'volar pico' con mi tía, era su cantadita de siempre la de que la capital, en donde ella se hallaba 'concertada', era lo más elegante del mundo y el sitio más 'canela'* de la tierra.» (H. Elizondo Arce, *Memorias de un pobre diablo*, 73) = QUESADA (véase también **volar lengua***)

picota. f. Piqueta, o azada. (Bol. = Ch.): «Ante los estragos de la mancha turbia que crecía sin contención, los hombres (...) tuvieron que romper con sus picotas la antigua presa que carecía de compuertas, soltando al río el caudal que atropellaba amenazante (...).» (H. Guzmán Arze, *Borrasca en el valle*, 40) = SANTAMARÍA DGA

picotear. tr. Picar, trozar. (Cuba): «El asado del <puerco> macho de los rurales fue a mí al que le tocó; y no sólo eso, sino que tuve que ayudar a Pura María a picotearlo y a arreglar la mesa con tal que la comelata* quedara como don Generoso quería.» (R. Castro Mosqueda, *Verónico*, 29) = CONSULTAS = SANTIESTEBAN

picurearse. prnl. intr. Escabullirse, escaparse hábilmente llevándose algo. (Ven.): «–¿Querrá decir que ya lleva la intención de picurearse? / –No, señor. Encarnación Damesano sabre cumlí <cumplir> sus compromisos.» (R. Gallegos, *Canaima*, 184-5) = TEJERA

pichado -a. p. adj. Dícese de la persona que se cohíbe por haber quedado en ridículo; avergonzado, acobardado; que se avergüenza y enrojece fácilmente. (Par.): «No... eso no es cierto, eso inventaron ellos, de puro pichados; mi parejero <caballo de carrera> ganó en buena ley.» (R. Bareiro Saguier, *Ojo por diente*, 56) = CONSULTAS = SANTAMARÍA DGA = MORÍNIGO

pichar. v. **(1)** intr. En el juego de béisbol, lanzar la pelota al bateador. (PR = Cuba y CR): «(...) la negrada santurcina <del barrio de Santurce, en San Juan> que asistía al Sixto Escobar cuando Rubén *el divino loco* Gómez *pichaba* contra San Juan (...).» (E. Rodríguez Juliá, *El entierro de Cortijo*, 89) = MAURA= SANTIESTEBAN = CONSULTAS **(2)** tr. Tirar, soltar, lanzar una palabra; ú. en la fr. **pichar la directa** con el sentido de 'hablar claro'. (PR = Cuba): «Yo entendí que me estaba pichando la directa para que echara* y la dejara sola.» (A. L. Vega, *Pasión de historia*, 66) = CONSULTAS = SANTIESTEBAN **(3) pichar(se).** intr., o prnl. tr. Realizar el acto sexual, o tirarse (a una mujer). (Col.): «Dicen que se encamó* con una morena y que después de pichársela se despertó sin un centavo y sin ropas.» (O. Collazos, *De putas y virtuosas*, 27) = CONSULTAS = HAENSCH Y WERNER **(4) picharse.** prnl. intr. Véase **pichado -a.**

pichazo. m. Golpe. (CR): «(...) a unos máes* les agarró* por joderme todo el mundo sabe que en esas carajadas* no aguanto ni medio y les iba a pegar un buen pichazo pero Vespasiano y la doña me agarraron.» (R. Arias, *El emperador Tertuliano...*, 16) = CONSULTAS

piche. m. **(1)** Miedo, temor; timidez. (Cuba = Arg.): «–(...) cogí *piche* y *dende* <desde> ese día la tengo <esa prenda> *enterráa*.» (C. Villaverde, *Cecilia Valdés*, 250) = PICHARDO= MALARET **(2)** Armadillo pequeño. (Arg.): «En semejante ejercicio / se hace diestro el cazador; / cai <cae> el piche engordador, / cai el pájaro que trina. / Todo bicho que camina / va a parar al asador.» (J. Hernández, *Martín Fierro*, II, versos 445-450) = VERDEVOYE **(3)** adj. Escaso, poco. (Ven.): «(...) recibimos esos centavos piches en las manos, los que nos dieron como si fuera una limosna (...).» (A. Croce, *La roca desnuda*, 59) = TEJERA

pichel. m. Frasco para transportar bebida. (Arg.): «Calentamos los gargueros / y nos largamos muy tiesos, / siguiendo siempre los besos / al pichel y, por más señas, / íbamos como sigüeñas <cigüeñas> / estirando los pescuesos <pescuezos>.» (J. Hernández, *Martín Fierro*, I, versos 1.663-8) = CONSULTAS

pichico. m.; ú. m. en pl. Falange, hueso de una pata de vacuno, que para divertirse usan los chicos del campo para simular rebaños, o que sirven para jugar a la taba. (Arg.): «Cargaba bien una taba / porque la sé manejar; / no era manco en el billar, / y, por fin de lo que esplico, / digo que hasta con pichicos / era capaz de jugar.» (J. Hernández, *Martín Fierro*, II, versos 3.199-204) = «Nuestros caballos se hundían en la blancura del suelo hasta arriba de los pichicos.» (R. Güiraldes, *Don Segundo Sombra*, 106) = CONSULTAS = VERDEVOYE

pichicho -a. m. y f. Nombre que se les da a los perros mansos -hipocor. (Par. = Ch. y Arg.): «El perro olisqueba el aire; comenzó a aullar bajito. Cristoso le acarició la cabeza (...). / –Pichicho, pichicho –murmuró Crisanto comprensivo (...).» <don Tito> asestó una contundente patada en las costillas del perro. / Al recibir el puntapié, el pichicho lanzó un chillido agudo (...).» (R. Bareiro Saguier, *Ojo por diente*, 72) = SANTAMARÍA DGA

picholeo. m. Deformación de pichuleo, especulación o negocio de poca monta. (Arg. = Méx.): «(...) algo como una simple bolada* de aficionado, un simple picholeo para empezar.» (E. Cambaceres, *En la sangre*, 218) = CONSULTAS = MORÍNIGO

pichón. m. **(1)** Cría de cualquier ave, excepto de gallina. (El Salv., Par., Arg. = Antillas, Méx., Col. y otros): «(...) me hacía beber agua del pico de una jarrilla. Parecía yo un pichón huérfano de perico a algo así.» (R. Dalton, *Pobrecito poeta que era yo...*, 408) = «(...) todo lo malo que los unió en el pasado: la rivalidad por Petronila, el empujón de Eulogio que lo volteó <derribó> de un árbol para evitar que atrapara el pichón de calandria, quebrándole el pie en la caída (...).» (A. Roa Bastos, *El baldío*, 53) = «(...) un pajarito, (...), anda a saltitos sobre el césped del Parque Colón, buscando alguna pajita para su nido, algún grano perdido de trigo o de avena, algún gusanito de interés alimenticio para él o para sus pichones.» (E. Sábato, *Sobre héroes y tumbas*, 34) = SANTAMARÍA DGA = CONSULTAS = HAENSCH y WERNER **(2)** Descendiente de trabajadores de la caña de azúcar, sea jamaiquino, o haitiano, martiniqueño, *etc.* (Cuba < Pan.): «Eran **chombos***, **pichones** y **cocolos***: orgullosos hijos y nietos de los heroicos obreros que décadas atrás, buscando el nuevo Dorado, habían emigrado a Panamá principalmente de la Barbados, la Jamaica, la Martinica, la Guadalupe, la Trinidad y otras islas antillanas (...).» (C. G. W. Cubena, *Los nietos de Felicidad Dolores*, 12) = CONSULTAS **(3) pichón de.** fr. Aprendiz de algo; persona que se parece a lo que luego se especifica. (CR = Guat.): «Nadie, viéndome, podría adivinar al pichón de escritor.» (J. Gutiérrez, *Te acordás hermano*, 146) = CONSULTAS = 'Fulano es un pichón de cura' (CONSULTA) = RUBIO **(4) pichón de minero.** fr. Cierto pájaro salvaje que, en opinión de algunos, sólo canta ahí donde se encuentra un yacimiento de oro. (Ven.): «De vuelta a Caracas (...) llevó (...) un pichón de minero de los bosques del Cuyuní, pájaro salvaje que, según la leyenda, no canta sino donde hay yacimientos auríferos, de lo cual le viene el nombre. (...) / el pichón de minero, no pudiendo acostumbrarse al cautiverio de la jaula, murió a los pocos días (...).» (R. Gallegos, *Canaima*, 79) = CONSULTAS **(5) ponerle pichón al asunto.** fr. Olvidarlo. (PR): «Le recomendé que se hiciera de la vista* larga, se buscara otro apartamento y le pusiera pichón al asunto.» (A. L. Vega, *Pasión de historia*, 70) = MAURA = CLAUDIO DE LA TORRE

pie. m. **(1) ser el (mismo) pie de Judas.** fr. Ser muy travieso, ser de la piel del diablo. (Perú = Guat. y Ch.): «Cuando me vio instalado en la casona tuvo para mí una frase de ternura: '(...) ¿Conque se viene usted a vivir entre nosotros? ¡Bien! Cuidado no más* con mis otros nietos, que son el pie de Judas. Cuando te hagan algo avísame'.» (E. López Albújar, *De mi casona*, 59) = MALARET **(2) tener el pie (bastante) duro.** fr.Tener fuerzas, estar fuerte. (Par.): «(...) el oficial mandó repartir la ración de agua (...) – (...)¡Los demás esperen en sus unidades! ¡El resto del agua se va a mandar a la línea! ¡Veo que todavía tienen el pie bastante duro! ¡Pueden ir a pelear!» (A. Roa Bastos, *Hijo de hombre*) = CONSULTAS

piedra. f. **(1)** Droga de diseño, *crack*. (CR): «(...) a más de uno de los hijos de ella se lo habían arrebatado a la muerte en plena crisis por abundancia de la piedra (...).» (F. Contreras Castro, *Los Peor*, 138) = CONSULTAS **(2) piedra** (o: **piedrecita**) **de la tiñosa*.** fr. Piedra de valor mágico que traería el aura tiñosa del mar y que servía para preparar amuletos llamados prendas*. (Cuba): «(...) la piedra de la tiñosa* era buena por lo fuerte. Había que estar preparado al momento en que la tiñosa fuera a poner los huevos. Ella ponía dos siempre. Uno de ellos se cogía con cuidado y se sancochaba. Al poco rato se llevaba al nido. Se dejaba ahí hasta que el otro sacara su pichón*. Entonces el sancochado, seco así como estaba, esperaba a que el aura tiñosa fuera al mar. Porque ella decía que ese huevo iba a dar pichón también. Del mar traía una virtud. Esa virtud era una piedrecita arrugada que se ponía en el nido al lado del huevo. La piedrecita tiene un brujo* muy fuerte. A las pocas horas salía el pichón del huevo sancochado. (...) Con esa piedrecita se preparaba la prenda* (...).» (M. Barnet, *Biografía de un cimarrón*, 116) = CONSULTAS **(3) botar la piedra.** fr. Desahogarse sexualmente. (Ec.): «–Ya botaste la piedra... Entonces, sí. (...) Vio cómo se arrojaba encima de una mujer. De una mujer desnuda (...).» (D. Aguilera Malta, *Don Goyo*, 56) = CONSULTAS **(4) largarle la piedra a** una mujer. fr. Eyacular en ella –vulg. (Ec.): «Sus problemas sexuales los resolvía siempre en el Guayas. (...) Cogía cualquier mujer de esas peseteras*. Y les largaba tres o cuatro veces la piedra.» (D. Aguilera Malta, *Don Goyo*, 94) = CONSULTAS **(5) dar** (o: **tener**) **piedra libre.** fr. Dar, tener campo libre para hacer algo. (Arg. = Ur.): «–(...) El Horacio a que me refiero les da piedra libre a los vates para introducir neologismos a rajacincha*.» (L. Marechal, *Adán Buenosayres*, 666) = CONSULTAS = VERDEVOYE (quien recoge **tener piedra libre**) **(6) mano de piedra.** fr. Véase **mano. (7) tres piedras.** fr. pond. De muy buen parecer; muy bien. (Guat. = Méx.): «(...) en la Casa Nueva tenían presa, del orden del Auditor de Guerra, una muchachona muy tres piedras.» (M. A. Asturias, *El señor presidente*, 135) = «Como era un tipo mero* alegre, no tuvo problemas en encontrar compañeros de parranda, y, encima, pistudos*. Había uno, usted, que era tres piedras, caedor* bien, de buen plantón*.» (D. Liano, *el hombre de Montserrat*, 77) = «Anoche trajeron el vestido, el sastre de la esquina me lo hizo. Desde hacía días había ido a probármelo y me quedó tres piedras (...).» (M. A. Flores, *Los compañeros*, 59) = MALARET

piel. f. **piel eriza.** fr. Piel de gallina. (CR): «(...) y el tono de su voz le puso a doña Tomasa la piel eriza.» (Q. Duncan, *Final de calle*, 78) = QUESADA = CONSULTAS

pierna. f. **(1) cigarrillo de pierna.** fr. Véase **cigarrillo. (2) bolear la pierna.** fr. Pasar la pierna sobre el lomo del caballo para montarlo o para echar pie a tierra; también pasarla sobre la cabeza del animal para evitar una caída. (Arg.): «Cuanto* le bolié la pierna, sentía que tenía <el caballo> el lomo arqueado como el de un barril, y me acomodé lo más fuerte que pude. Coligiéndome* bien fijo, dije despacio, sin ostentación (...): –Lárguelo no más.» (R. Güiraldes, *Don Segundo Sombra*, 155) = VERDEVOYE

pieza. f. **(1)** Querida, concubina. (Cuba): «–(...) lo primero é dejal la mujel esa. Búccate <búscate> otra pieza por ahí. Disen que el elemento etá pulpa* en el pueblo. ¡Debe habel ca <cada> negritilla, caballero...!» (A. Carpentier, *Écue-Yamba-O*, 110) = MORÍNIGO **(2)** Habitación, dormitorio. (Ec., Ch., Ch. < CR): «Esa noche, a las diez, abandoné mi pieza.» (P. J. Vera, *El destino*, 57) = «(...) fíjate que la chiquilla por fin se decidió y se llevó al hombre para la pieza, ya estaba bueno de leseras* (...).» (J. Donoso, *El lugar sin límites*, 124) = «Después, llena de rubores, me dijo, óyeme esto: '¿Sería mucho atrevimiento pedirle a un literato que fuéramos a mi pieza?' (...).» (J. Gutiérrez, *Te acordás hermano*, 35) = CONSULTAS

pifiar(se). tr. ind.; ú. t. c. prnl. Equivocarse en algo, llevarse un chasco; fracasar. (Ur. = CR, Ec., Perú, Ch. y Arg.): «Que te quede claro, pues: pifiaste en el parentesco.» (T. de Mattos, *¡Bernabé, Bernabé!*, 28) = MORÍNIGO = CONSULTAS

pigua. f. Véase **pihua.**

pihua (o: **pigua**). f. Pájaro de mal agüero. (Col.): «(...) interrumpía de pronto un viaje recién iniciado porque oyó cantar la pigua sobre su cabeza (...).» (G. García Márquez, *El otoño del patriarca*, 93) = FILIPPO

pijazo. m. Golpe, latigazo, sopapo (El Salv., Nic. = Hond.): «Bueno, nos dijimos, ¿esto es el hospital? El día que nos den un pijazo ¡estamos listos!» (F. Metzi, *Por los caminos de Chalatenango*, 173) = «Alzó el puño enguantado Nuestro Amo, sin mostrar ánimo de violencia ni enseñar ningún propósito de daño, fue el guante a rozar, apenas, la barbilla de Quevedo, y bastó aquel leve gesto para que cayera el otro fulminado (...). Quevedo ya no despertó, pues fue en verdad soberano el pijazo, en apariencia suave, que Jesucristo, con su fuerza beatífica, le había dado.» (S. Ramírez, *Un baile de máscaras*, 127) = RABELLA y PALLAIS

pije. adj. Elegante, sin sentido peyorativo; hijo de ricos. (Bol. = Perú y Ch.): «Ese cariño empalagoso al escuchar que mi hijo lindo tiene que ir muy pije (...).» (R. Poppe, *Después de las calles*, 140) = MALARET = MORÍNIGO = CONSULTAS

pijotear. tr. Escatimar, cicatear, mezquinar. (Arg.): «Lo agarramos mano a mano / entre los dos al porrón; / en semejante ocasión / un trago a cualquiera encanta, / y Cruz no era remolón / ni pijotiaba garganta.» (J. Hernández, *Martín Fierro*, I, versos 1.657-62) = VERDEVOYE = CONSULTAS

pijotería. f. Tacañería, mezquindad. (Par., Arg. y otros): «No creo que la pijotería de don Félix le haga tener un gesto como el del suegro de Martos.» (G. Casaccia, *La Babosa*, 98) = «(...) era una miseria, una indecencia, una pijotería sin nombre que, pudiendo, dejara de comprarse lo que le estaba haciendo falta.» (E. Cambaceres, *En la sangre*, 150) = MORÍNIGO = CONSULTAS

pijotero -a. adj. Tacaño, cicatero, de condición ruin. (Par., Arg. y otros): «¡Ojalá se cure! Pero los médicos de Asunción son muy pijoteros. Lo único que saben hacer es cobrar.» (A. Roa Bastos, *Hijo de hombre*, 102) = «(...) era el viejo un carcamán <inmi-

grante italiano>, un pijotero; un sinvergüenza.» (E. Cambaceres, *En la sangre*, 101) = MORÍNIGO

pila. (1) m. Perro sin pelos; aplicado a personas, es térm. desp. que se usó en Bolivia, durante la guerra del Chaco, para designar a los paraguayos; pudo ser sustantivo m. y f., y adj. (Bol.): «–Dice que necesitan gente para una operación en que van a caer siquiera diez mil pilas. (...) –¡Aviones enemigos! ¡Aviones! ¡Aviones pilas!» (A. Guzmán, *Prisionero de guerra*, 16 y 38) = MUÑOZ REYES = CONSULTAS **(2) pila de** algo. fr. Gran cantidad, montón de algo. (Ven., Ur. = Cuba, Ch. y Arg.): «–(...) esa pila de negros haraganes y flojos.» (A. Uslar Pietri, *Las lanzas coloradas*, 82) = «Mientras la cabalgata del estadio pasa, vi pila de pataduras* y de jugadores maravillosos.» (H. Alfaro, *Por la vereda del sol*, 131) = CONSULTAS = SANTIESTEBAN

piladora. f. Molino para el arroz. (Col., Ec.): «Su único asidero era una carta para un oscuro partidario del Gobierno que había de encontrar al día siguiente sentado en calzoncillos a la puerta de una piladora de arroz.» (G. García Márquez, *La mala hora*, 148) = «Las piladoras obligan al productor a entregar determinado número de libras por quintal argumentando que el grado de humedad <del arroz> así lo requiere.» (J. Galarza Zavala, *El yugo feudal*, 51) = CONSULTAS

pilcha. f. Mujer querida. (Arg.): «Yo también tuve una pilcha / que me enllenó el corazón, / y si en aquella ocasión / alguien me hubiera buscado, / siguro que me había hallado / más prendido que un botón.» (J. Hernández, *Martín Fierro*, I, versos 1.741-6) = GOBELLO = MORÍNIGO

pileta. f. **darse juego de pileta.** fr. Véase **juego.**

pilo. m. Cantidad; rimero, conjunto. (Ec.): «–Yo conozco dos: er <el> **barraganete*** y el **domínico.** / –Entonces no conoces nada: hay el hartón*, el guineo (...) y un pilo más.» (J. A. Campos, *Cosas de mi tierra*, 75) = MALARET = SOPENA

pilón. m. **(1)** Adehala, cantidad de mercancía que regala el vendedor al comprador. (Méx.): «–(...) se los doy de pilón si me merca todos.» (M. Azuela, *Los de abajo*, 80) = SANTAMARÍA DGA = JIMÉNEZ **(2)** Grifo con un jarro adjunto para beber. (Ch.): «(...) tome agua, es bien buena para quitar la sed. Ahí afuera hay un pilón con chorro macizo.» (M. Rojas, *El delincuente... y otros cuentos*, 118) = MORÍNIGO = SANTAMARÍA DGA

pilona (o: **piloncillo).** f. y m. Muchacha guapa. (CR): «(...) ese demonio de versillo lo compuso porque a mí me gustaba Irene, una pilona de Palmichal, y ella me daba cuerdilla* (...).» (M. Salguero, *Agencia de policía*, 30) = QUESADA

piloncillo. m. Véase **pilona.**

pilongo -a. adj. Dícese de toda persona bautizada en la Iglesia Mayor de la ciudad de Santa Clara. (Cuba): «Makindó consideraba que en la provincia de Santa Clara 'la más sana de Cuba', acaso los congos fueron más numerosos que los lucumí. 'Es posible –me dice un 'pilongo'–, había muchos.» (L. Cabrera, *Reglas de Congo*, 59) = ORTIZ

pilota. f. Timón de una embarcación. (Ec.): «Los mismos dueños de la balsa se fueron guiándola y confiaron la canoa a los pasajeros. Lastre tomó la pilota.» (A. ORTIZ, *Juyungo*, 115) = CONSULTAS

piloto. m. Impermeable. (Arg.): «Esperaba a que otro (...) encontrara el papel en el piloto de Vladimir.» (O. Soriano, *El ojo de la patria*, 156) = GOBELLO = CONSULTAS

piltra. adj. Muy pobre y mal vestido –desus. (Ec.): «Un pobre me enamoraba / Dándome un calé <cuartillo de un real> de peras; / Yo le dije: quita, piltra, / Anda al río y tasca piedras.» (J. L. Mera, *Cantares del pueblo ecuatoriano*, II, 96) = MATEUS = CONSULTAS

pillado -a (o: **piyado -a).** adj. Presumido, engreído, vanidoso. (Arg. = Ur.): «(...) porque al final una mina* pillada es la más fácil de todas porque si se llega a calentar no hay nada que hacer: se deja* (...)». (M. Puig, *La traición de Rita Hayworth*, 173) = VERDEVOYE = TERRERA= CONSULTAS

pillar. (1) pillarse. prnl. tr. dir. Darse cuenta de. (Col.): «Cuando los polis son buena gente, puede uno hasta pillarse lo que hacen y no se meten con uno.» (M. S. Rico Sanín, *El delito de existir*, 80-81) = CONSULTAS **(2) pillar chanchito.** fr. Véase **chanchito.**

pimienta. f. Pelo crespo de los negros. (Ec.): «–¡Y cómo ha cambiado!, ¿no? El pelo lo tiene lisito. Yo en un principio no lo conocí. Las cosas que sacan. (...) yo sí me haría alisá. / –Esa pimienta no te la alisa ni Cristo. ¿Y pa qué? Negro mismo quedás. No hay como lo natural, Azulejo.» (A. Ortiz, *Juyungo*, 137) = CONSULTAS

pincha. f. Trabajo, curre. (Cuba): «El que no trabaja ahora es porque nació vago. Ya hay pincha para todos.» (R. González de Cascorro, *Romper la noche*, 113) = SÁNCHEZ-BOUDY

pinchado -a. p. adj. **(1)** Ufano, vanidoso. (Col.): «(...) ese idiota nos la pagará hoy y su pinchada novia.» (U. Valverde, *Bomba Camará*, 30) = FILIPPO = CONSULTAS = HAENSCH y WERNER **(2)** Desmantelado, descubierto. (Arg.): «El confesionario estaba pinchado.» (O. Soriano, *El ojo de la patria*, 33) = CONSULTAS

pincharse. prnl. Ufanarse. (Col.): «(...) para qué tanto orgullo, ahora te pinchas al andar con esa puta, claro que está mejor que nunca, y vos sos ahora su mozo*, acordale que fui yo quien se la comió* por primera vez (...).» (U. Valverde, *Bomba Camará*, 69) = FILIPPO = CONSULTAS = HAENSCH y WERNER

pinche. m. **(1)** Muchacho que sirve agua a los trabajadores, generalmente en las faenas agrícolas. (PR): «–Blanco*, deme manque* sea un trabajito e pinche que eh <es> cosa de muchachos.» (A. Díaz Alfaro, *Terrazo*, 26) = «Sufrió la mar* negra en los cañaverales e hizo toda clase de trabajos: 'pinche', 'cuartero*', ayudante de los que trabajan con tractores y camiones, «halador* de azada', cortador de caña, toda la bárbara labor cañaveral.» (E. Laguerre, *La llamarada*, 105) = ÁLVAREZ NAZARIO = MAURA **(2)** Empleado –puede ser despect. (Bol. = Arg.): «Se habían llevado preso a un militar jubilado y seguro vigilarían la casa por varias semanas y era posible que los pinches regresen para continuar el saqueo acostumbrado.» (R. Poppe, *Después de las calles*, 158) = SANTAMARÍA DGA = CONSULTAS

pincho. m. Mujer flaca y fea. (Cuba): «Pero estaba malísima, era un casco*, un fleco*, un pincho, una cualquiera de las decenas de sinónimos que designaban a una mujer flaca y fea (...).» (J. Díaz, *Las palabras perdidas*, 195) = CONSULTAS

pinero -a. adj. y com. Habitante de la Isla de Pinos. (Cuba): «–(...) Conoces a los guardafronteras, los meteorólogos, los buzos, los choferes de guagua <bus>... ¿y a los policías también? –Bueno, yo soy pinera, para algo nací aquí, ¿no? –lo interrumpió ella.» (R. Ortega, *La aventura de la Cruz Pinera*, 156) = SANTAMARÍA DGA

pinga -o. f. y m. Sexo masculino, pene, picha. (PR, Cuba, Guat., Col., Perú = Méx., Nic. y Arg.): «(...) tiende una mano para que se la bese un espectador, veleidosa la retira, se la tiende a otro y a otro con el resultado de una danza para pingas.» (L. R. Sánchez, *Quíntuples*, 7) = «Has tenido la pinga de otro hombre dentro de ti.» (R. Vázquez Díaz, *La isla de Cundeamor*, 109) = «Un fenómeno de tal 'envergadura' es digno de estar en un circo, mostrando su prodigiosa pinga de garañón.» (L. E. Rivera, *Velador de noche, soñador de día*, 47) = «Se sentó en uno de los mesones* de carpintero que habían puesto bajo los árboles para el almuerzo de la boda, y se bajó los pantalones hasta las rodillas. 'Estuvo como media hora cambiándose la gasa con que llevaba envuelta la pinga', me dijo Pablo Vicario.» (G. García Márquez, *Crónica de una muerte anunciada*, 99) = «'Sí', admitió él sin mirarla, tratando de concentrarse en la 'Crítica del programa de Erfurt' para que la pinga no se le parara* escandalosamente.» (M. Scorza, *La danza inmóvil*, 118) = CONSULTAS = MAURA = MORÍNIGO = SÁNCHEZ-BOUDY = SANTIESTEBAN = SANTAMARÍA DM = HAENSCH y WERNER

pinganilla. m. y f.; ú. t. c. adj. Petimetre -a, lechuguino -a; bien vestido. (Ec., Ch. = Cuba, Am. Centr., Perú, Bol. y Arg.): «–¡Carajo! *Vos tenís* que ser señor de la *ciudá*; (...). *Tenís* que ser liberal de los buenos (...). *Vos*, eso sí te juro, *tenís* que ser futre <lechuguino>, *pinganilla*, chinchoso*.» (E. Terán, *El cojo Navarrete*, 323) = «Ha vuelto el Facundo. ¿Lo han visto? / Futre <elegante> futre ha venido. / Con pantalón blanco de poliéster en vez del calzoncillo* de lienzo. Pinganilla está.» (G. A. Jácome, *Porqué se fueron las garzas*, 242) = «Entra un soldado –alguien lo saluda como sargento– con cara de putero y pinganilla. No lleva casco, sino gorra, un revólver en el cinto.» (H. Valdés, *Tejas Verdes*, 67) = CALVALHO-NETO = RODRÍGUEZ = MALARET = MORÍNIGO = SANTAMARÍA DGA = CONSULTAS

pinganillo. (1) m. Campesino culturalmente amestizado de la provincia del Chimborazo. (Ec.): «En qué tribunal se ha visto / cambiar el oro por cobre. / Sembrando la yerbabuena... / Dejar un hombre de bien / por un pinganillo y pobre. / Sembrando la yerbabuena...» («Yerbabuena», canción popular citada por A. y P. Costales en: *El Chagra*, 180) = CONSULTAS **(2) pinganillos.** m. pl. Zamarros las más veces de vaqueta, sin o con muy pocas pieles en la parte exterior, ajustados a la pierna con hebillas y correas, y con el empeine cubierto por una especie de visera o botaina; era indumentaria de campesinos desahogados. (Ec.): «Después de dos horas principian a entrar los llamados al patio de la hacienda, caballeros en caballos pelones, desmedrados y de mala estampa, con su indumentaria característica: pantalón de cuero curtido en color amarillo, ceñido a las pantorrillas con hevillas <hebillas> de acero que forma un compuesto de polaina y pantalón y tiene el nombre de *pinganillo*.» (C. Bolívar Sevilla, *Una minga de barbecho*, en: D. Guevara, *Las mingas en el Ecuador*, 119) = «Los pinganillos, según hemos podido observar la vestimenta de algunos indígenas (...), parecen ser piezas de manufactura nativa y con ciertas modificaciones mestizas.» (A. y P. Costales, *El Chagra*, 232) = CONSULTAS **(3) pinganillo -a.** adj. Dícese de la gente de pueblo que viste elegantemente, o que lleva ropa vistosa o nueva. (Ec. = Bol.): «Las cholas* pinganillas o los guambras <muchachos> portadores de los obsequios se encargaban de hacer el escándalo en voz baja (...).» (J. Icaza, *Cholos*, 108) = MATEUS = TOBAR DONOSO = MUÑOZ REYES = MALARET = MORÍNIGO

pingo. m. **(1)** Caballo vivo y corredor. (Ur. = Arg.): «Sujetó su caballo. Se disponía a montar, y el pingo, de lomo duro, caracoleaba.» (E. Amorim, *La carreta*, 126) = SANTAMARÍA DGA **(2)** Véase **pinga.**

pingüino. m. Cierta jarrita de vino, que originalmente tenía forma de pingüino. (Arg.): «El mostrador oscuro con las cicatrices de los cigarrillos, el rostro blando de Pino suspendido sobre el mostrador (...), los pingüinos colgados en fila india del marco del espejo, el reloj eléctrico detenido en las 4 y 10, las mesitas con los manteles salpicados de vino (...).» (H. Conti, *En vida*, 123) = CONSULTAS

pino. m. Carne picada que se pone dentro de las empanadas, pasteles y embutidos. (Ch.): «(...) arrebatándole casi los pequenes* calientes, chorreando gotitas de grasa, llenos de oloroso pino.» (M. Rojas, *El delincuente... y otros cuentos*, 109) = MALARET = SANTAMARÍA DGA = CONSULTAS

pinta. f. **(1)** Faltar los alumnos a la escuela, por irse de paseo; hacer novillos. (Méx., Guat.): «Se transportó al día en que a los 9 años se había ido de pinta con los niños del pueblo. (...) Se fueron a la orilla del río grande para ver quién era capaz de cruzarlo a nado, en el menor tiempo.» (L. Esquivel, *Como agua para chocolate*, 31) = «En Antigua visité los pueblecitos cakchiqueles que la rodean, las ruinas de las iglesias que en los días de pinta escalábamos (...).» (L. Cardoza y Aragón, *El Río*, 628) = SANTAMARÍA DM **(2)** Buena presentación, elegancia en el vestir. (Ch. = Col. y Arg.): «–Por pinta no te gana nadie –dijo don Cosme (...).» (A. Skármeta, *Ardiente Paciencia*, 149) = CONSULTAS = HAENSCH y WERNER = GOBELLO = TERRERA (véase también **pintón**)

pintado. m. Gallo de plumas con pintas. (CR): «Y entonces el Flaco Arroyo echó su gallo, un pintado muy sazón* al que no había quien no apostara, por lo noble y rijioso <rijoso>.» (F. Dobles, *Historias de Tata Mundo*, 161) = CONSULTAS

pintar. v. **(1)** tr. Reconocer, examinar. (CR): «En el periódico del Partido no puedo explicar nada todavía porque me pintan.» (F. Durán Ayanegui, *Opus 13 para cimarrona*, 201) = CONSULTAS **(2)** intr. Presumir. (Arg.): «–Trae pistoleras por pintar.» (E. Echeverría, *El matadero*, 109) = «(...) lo repetía entre dientes, se empeñaba en aprenderlo de memoria para poder darse aires después, andar *pintando* con los otros muchachos de su barrio.» (E. Cambaceres, *En la sangre*, 96) = SOPENA = CONSULTAS **(3) pintarse, pintárselas.** prnl. intr. Huir. (CR = Nic.): «Mirá, este señor se quedó solo porque la mujer se las pintó con otro.» (M. Salguero, *Agencia de policía*, 131) = «Me las pinto. Vos sabés, lo de Dalila me tiene muy ardido y aunque me lleven los diablos dejo la talabartería y me voy a la zona bananera.» (F. Dobles, *Cuentos escogidos*, 80) = CONSULTAS = RABELLA y PALLAIS **(4) pintárselas para.** fr. Ser muy apto para, pintarse solo para. (CR): «Habida cuenta de que me las pinto para redactar y puedo –lo digo porque si no quién– transformar con trucos de estilo lo negro en blanco (...).» (F. Zúñiga Díaz, *Yo no tengo ningún muerto*, 50) = CONSULTAS

pinto -a. adj. Dícese de la persona tiñosa, por el color manchado de la piel; caratoso. (Méx. = Col.): «Al que era pinto, como los de Ixtapa o los de San Lucas, lo dejaban libre porque no servía para soldado. (...) Sólo debían quedarse los que tenían limpio el cuero; y como yo tengo limpio mi cuerpo, sin ninguna lastimadura, allí me dejaron entre los que iban a la cuenta.» (R. Pozas, *Juan Pérez Jolote*, 35) = SANTAMARÍA DGA = MORÍNIGO

pintón. m. Elegancia en el vestir. (Arg.): «Sería fenómeno meterse en Abogacía, el Charrúa se va a la Facultad con un pintón bárbaro, a mí me sale fenómeno el nudo triángulo, lo que me caga* es las corbatas de mi hermano, donde tengo que hacer el nudo está llena de grasa la puta corbata (...).» (M. Puig, *La traición de Rita Hayworth*, 209) = CONSULTAS = GOBELLO (véase también **pinta**)

piña. f. **no haber de piña.** fr. Hablando de una cosa, malograrse, no dar el resultado esperado –pop. (Méx.): «–¡Qué* dijiste: la contento! Pues no hay de piña, niño.» (A. Yáñez, *La creación*, 100) = SANTAMARÍA DGA

piñata. f. Ventajas que, según sus adversarios, los sandinistas no devolvieron después de abandonar el poder. (Nic. < CR): «El político afirmó que 'no les vamos a quitar' las propiedades a los beneficiados con la reforma agraria o con la 'piñata' durante la administración de Daniel Ortega (1979-1990).» (nota de prensa sin firma, en: *La Nación* de San José de Costa Rica, 20/8/1996) = CONSULTAS

piño. m. Porción de ganado. (Ch.): «(...) como cuando a uno se le arranca* un toro bravo del piño.» (M. Rojas, *El delincuente... y otros cuentos*, 78) = «Burros, camellos, autobuses repletos de gente, motocicletas y automóviles se detenían simultáneamente en los semáforos, pastores con el mismo atuendo de sus antepasados bíblicos cruzaban las avenidas arreando piños de ovejas caminando al matadero.» (I. Allende, *Paula*, 96) = MALARET = MORÍNIGO = SANTAMARÍA DGA

piñón. m. **(1) piñón** (o: **piñón de amarillos).** fr. m. Plato al horno hecho con camadas de rebanadas de plátano maduro, con carne picada entre las camadas. (PR): «Como si se tratara de un sandwich cubano o un piñón de amarillos...» (E. Rodríguez

Juliá, *El entierro de Cortijo*, 26) = MAURA = CONSULTAS **(2) piñón florido.** fr. m. Véase **bienvestida.**

piojito (o: **piojo**). m. Niñito. (Arg. = CR): «(...) y hoy no vamos a tener tiempo de jugar a nada porque me atrasé, piojito, pero mañana a la tarde mamá te va a abrigar con la pañoleta nueva y te va a llevar hasta la plaza, que veas pasar los autos (...). (...) todos son chuecos* los piojos como vos, hasta que cumplen dos años (...).» (M. Puig, *Boquitas pintadas*, 176-177) = VERDEVOYE (quien recoge **piojito**) = MORÍNIGO

piola. **(1)** f. Cadena de oro. (Col.): «A 'Tripas' lo conocí una tarde cuando los tombos <policías> lo perseguían por haber robado la piola a una señorona.» (M. S. Rico Sanín, *El delito de existir*, 27) = CONSULTAS **(2)** adj.; ú. t. c. m. y f. Decíase del esclavo que adulaba a sus amos. (Cuba): «En los campos lo gracioso era que muchos cimarrones iban a buscar comida y a proveerse de agua a los ingenios y fincas, encubiertos por los 'carabelas*' (...) que no eran 'piolas' y los protegían.» (L. Cabrera, *Reglas de Congo*, 43) = CONSULTAS **(3)** adj.; ú. t. c. m. y f. Listo, despabilado –puede ser irónico; ú. t. en la fr. **hacerse el piola**. (Ur. y Arg.): «La otra noche, cenando con Chichita, donde todos se hacen los piolas, el candidato a la Intendencia por la Lista 15 (...) contaba de las peripecias con su propio asesor.» (H. Alfaro, en: *Brecha*, 24/11/1994) = «(...) no te van a ir a preguntar nada. Además ya la abrieron y leyeron <la carta> antes que yo, qué piola que sos.» (M. Puig, *El beso de la mujer araña*, 137) = «Mi novia me puso cara de 'piola'.» (R. Arlt, *Entre crotos y sabihondos*, 28) = CASULLO = GOBELLO = CONSULTAS **(4) aguantar** (o: **aguantarse**) **piola.** fr. Soportar una adversidad sin pestañear, sin chistar. (Arg. = Ur.): «Perdimos, ya sé. Pero ahora nos toca aguantar piola. Somos dos tipos que van a cantar las cuarenta*, es decir dos desgraciados.» (E. Sábato, *Abaddón el exterminador*, 789) = CONSULTAS **(5) ni con piola** (o: **ni con la piola**). fr. ¡A otro perro con ese hueso! (Arg.): «*¿No sabé, acaso, que lo prócere* <los próceres> *siempre terminan pobre y olvidado* <pobres y olvidados>*? A mí, ni con la piola* (...).» (E. Sábato, *Sobre héroes y tumbas*, 114) = VERDEVOYE (véase también **piolín**)

piolín. m. **creerse** (o: **tragarse**) algo **con piolín y todo.** fr. Creerse algo inverosímil, sin pararse a criticarlo. (Arg., Ur.): «–(...) Si lo hubiera demostrado un franchute o un alemán, este señor –y señaló a Tesler– se lo tragaría con piolín y todo.» (L. Marechal, *Adán Buenosayres*, 211) = CONSULTAS

pior (o: **peor**). **(1) pior es nada.** Véase **peoresnada.** **(2) pior es nalgas.** Véase **nalga.**

pipa. s. **(1) pipa** (o: **pipito -a**). f. y m. Rana de color verde, de 6 a 10 centímetros según la especie, y desprovista de tímpanos, lengua y párpados; el macho deposita la freza fecundada en el dorso de la hembra que entonces presenta celdillas hexagonales en las que se alojan los renacuajos. (Ven.): «Cuando ponía sus huevos, su marido se los colocaba sobre el lomo. Entonces la espalda se le hinchaba, formando una especie de celdillas donde los incubaba, y al poco tiempo los muchachos de la escuela venían a curiosear* el extraño espectáculo de una multitud de Pipitos, de color aceitunoso, saliendo, al parecer, del dorso de la madre.» (A. Arraiz, *Tío Tigre y Tío Conejo*, 48-9) = TEJERA = SANTAMARÍA DGA = CONSULTAS **(2)** f. Coco verde y tierno del que generalmente sólo se aprovecha el agua. (Ec. = CR, Pan. y Col.): «En llegando a un caserío, se encontró con que entre los hombres del poblado no había uno que se atreviera a subir a cinco altísimos cocoteros cargados de *pipas* tiernas.» (A. Ortiz, *Juyungo*, 44) = MALARET = CORNEJO = SANTAMARÍA DGA = HAENSCH y WERNER **(3) pipa de diablos.** fr. f. Legión, tropa de demonios. (Ec. = Hond.): «–Le perdonaré, si es juerza <si es forzoso>. / –Con todo tu corazón? / –Con todo mi corazón; pero siempre que se lo lleve una pipa de diablos.» (J. A. Campos, *Linterna mágica*, 130) = SANTAMARÍA DGA

pipón -ona. adj. Barrigón, gordo –dícese también de la mujer embarazada. (Ec. = Col.): «–Y por qué decías que te llamabas Tamborín? / –Porque así me dicen en el pueblo, por lo pipón que soy y lo que me parezco al pescao barrigudo que se llama Tamborín*.» (J. A. Campos, *Cosas de mi tierra*, 60-61) = CONSULTAS = JARAMILLO DE LUBENSKY = MATEUS = HAENSCH y WERNER

pique. **(1)** m. Corte de la caña con el machete. (PR): «Íbamos a empezar el corte en Los Pozos para despachar primero la caña más distante. (...). Los peones escogidos para la tarea del 'pique' siguieron a los caporales hasta Los Pozos.» (E. Laguerre, *La llamarada*, 109) = CONSULTAS **(2)** m. Pozo de mina vertical o inclinado. (Bol., Ch. = Hond.): «–(...) puede ser que tus huesos vayan a dar al pique más hondo de la mina.» (F. Ramírez Velarde, *Socavones de angustia*, 181) = «Yo escuché una voz que venía / desde el fondo estrecho del pique, / como de un útero infernal, / y después asomar arriba / una criatura sin rostro, / una máscara polvorienta / de sudor, de sangre y de polvo.» (P. Neruda, «Los hombres del salitre», en: *Canto general*, I, 170-171) = MUÑOZ REYES = MALARET = MORÍNIGO **(3)** adj. Achispado, semiebrio. (Ec. = Ch.): «–(...) Es un buen puro*. Fabricado con la mejor caña de po arriba e <de por arriba de> Daule <zona de la costa ecuatoriana>... A nadie le ha hecho daño.... / El blanco* –medio pique ya– se paró <se puso de pie>. / –Bueno, pues, carajo... ¡Pero quiero en botella!...» (D. Aguilera Malta, *Don Goyo*, 63) = «Vencidos por el alcohol, varios disparataban, otros se adormecían. Las mujeres, ya piques, descuidaron a sus chicos (...). / El cansancio, el sueño y el puro, tumban. Se reía menos, las voces de los más piques se alzaban destempladas.» (A. Ortiz, *Juyungo*, 83 y 199) = MALARET = MORÍNIGO = CONSULTAS

piquera. f. Taberna de baja categoría. (Méx.): «(...) bebía mezcal hasta caer fulminado en una piquera por el rumbo de Tacubaya junto con unos amigos suyos ex zapatistas (...).» (P. I. Taibo II, *Sombra de la sombra*, 37) = SANTAMARÍA DGA = JIMÉNEZ

piquero. m. Persona que suele comer en una fonda de baja catagoría. (Ec.): «Rigoberto no perdía un solo detalle de la fonda, se fijaba en los 'piqueros', que en su mayor parte eran obreros que discutían de box, de toros, de política, de todo.» (G. Bueno, *Siembras*, 33) = CONSULTAS

pisacorbatas. m. Alfiler de corbata. (Col.): «Luego sacó de un estuche distinto tres pares de mancornas de plata y dos de oro con sus correspondientes pisacorbatas, y un reloj de bolsillo enchapado en oro blanco.» (G. García Márquez, *Doce cuentos peregrinos*, 47) = CONSULTAS

pisada. dar vuelta la pisada. fr. Véase **vuelta.**

pisadera. f. Plataforma de un autobús; cualquier grada, peldaño, *etc.*, para subir o bajar. (Ch.): «Al llegar al autobús me ayudaba a trepar sobre el racimo humano que colgaba de la pisadera, empujándome con ambas manos por el trasero.» (I. Allende, *Paula*, 102) = «(...) Neruda descendió de la pisadera (...).» (A. Skármeta, *Ardiente Paciencia*, 70) = CONSULTAS = SANTAMARÍA DGA

pisado -a. adj.; ú. t. c. m. y f. Término injurioso; el m. puede ser equivalente de 'jodidenculo' –a pesar de ser insulto ú. t. c. trato entre amigos. (Guat., Hond., El Salv. = Méx. y Nic.): «–Esos pisados se despidieron a la francesa.» (L. E. Rivera, *Velador de noche, soñador de día*, 152) = «–¿Es familiar tuyo ese 'pisado'?» (R. Amaya Amador, *Prisión verde*, 269) = «–Dan ganas de quebrarse* a todos estos pendejos, repisados.» (M. Argueta, *Un día en la vida*, 32) = CONSULTAS = ARMAS = RUBIO (véase también **pisar**)

pisar. (1) tr. dir. o ind. Cubrir el pájaro macho a la hembra; fornicar, follar. (PR, Cuba, Méx., Guat., Ec., Ch. = Nic., Arg. y otros): «Y a las preguntas temblorosas de asombro que formulaba su mente contestaba el toro empadronando* a la Pinta, el manilo pisando a la gallina *lorigá** (...).» (R. Marqués, *La víspera del hombre*, 130) = «Como no había mujeres, tenía que quedarme con el gusto recogido. Ni con las yeguas se podía pisar porque relinchaban que parecían demonios.» (M. Barnet, *Biografía de un cimarrón*, 49) = «–Tú, ¡cabrón! –decía uno–, estás pisando a mi mujer. / (...) –Tú también te estás cogiendo a mi mujer.» (R. Pozas, *Juan Pérez Jolote*, 30) = «(...) en la oficina sentadote <sentado muy tranquilamente> y en la casa echadote <acostado>, no debe ni pisar a su mujer para no cansarse (...).» (M. A. Flores, *Los compañeros*, 28) = «La vieja perra... Ella sabe todo, pero el que monta, manda... Con tal que la pise de vez en cuando, le aguanta todo.» (P. J. Vera, *El Destino*, 75) = «No pisar EN el césped.» (grafiti malicioso añadido en un rótulo en Santiago de Chile) = DÍAZ MONTERO = SANTIESTEBAN = SANTAMARÍA DGA = JIMÉNEZ = RUBIO = CONSULTAS = RABELLA y PALLAIS (véase también **pisado**) = MORÍNIGO **(2) pisársela.** fr. Equivocarse. (Arg.): «Se la había pisado... no había más... error de óptica, sin duda... ¡paciencia y barajar!...» (E. Cambaceres, *En la sangre*, 146) = CONSULTAS

pisca (o: **piska**). f. Bolsa para poner la coca. (Perú): «Todos abrieron sus piscas de coca y chakcharon <mascaron la coca> en calma. (...) Llevaban su lazo de cuero enroscado al cuerpo, de sobaco a hombro; su poncho colgado del mismo hombro; y la piska de coca.» (J. M. Arguedas, *Yawar Fiesta*, 92 y 116) = CONSULTAS

piska. f. Véase **pisca.**

piso. m. **(1)** Alfombra generalmente angosta y larga. (Bol. = Perú y Ch.): «–¡Zapatones de lana para el frío!... ¡Pisos de cuero de oveja!» (F. Ramírez Velarde, *Socavones de angustia*, 92) = MALARET = SOPENA **(2) coger el piso.** fr. Acostumbrarse. (PR): «–(...) ¡Pobre vieja! Ehtá <está> tan perdía <perdida> aquí. No digo que a la larga no coja el piso.» (R. Marqués, *La carreta*, 86) = MAURA = CONSULTAS **(3) Quinto Piso.** fr. m. Cementerio. (Cuba): «–Hasta que no se pone la ropa que tiene enterrada cerca de la fosa de un muerto en Quinto Piso, no se le presenta a la Nganga <cazuela* mágica>.» (L. Cabrera, *Reglas de Congo*, 162) = CONSULTAS **(4) piso ejecutivo.** fr. Piso de calidad para altos cargos. (Arg.): «Un auténtico palacio francés en el corazón de La Recoleta <barrio de Buenos Aires>. Reacondicionado con la más moderna tecnología y confort. Con nuevos pisos ejecutivos y pisos para no fumadores, brindando al huésped mayor comodidad.» (anuncio en: *Ronda Aerolíneas Argentinas*, julio de 1996, pág. 83) = CONSULTAS

pisón. m. Rueda que sirve para moler los granos de café todavía provistos de su cascarilla. (PR): «La máquina parecía un circo ecuestre, y el pisón un caballo desbocado en la pista. En el fondo del círculo, de recia madera, había una disimulada compuerta: cuando el círculo se llenaba, a medida que el pisón volteaba, íbanse escapando poco a poco por la compuerta ciertas cantidades de granos que su legítimo dueño no aprovechaba jamás.» (M. Zeno Gandía, *La Charca*, 43) = CONSULTAS

pispar. tr. Hurtar. (Arg. = Bol.): «Calladito la boca, tenía metido en el Banco lo que le había pispado al viejo en el escondite de su escritorio, la suma que había encontrado y de la que no se decía jota en el testamento, ni se había dicho después.» (E. Cambaceres, *En la sangre*, 218-9) = MALARET

pista. f. Parte de una calle reservada a los vehículos. (Perú): «Ella iba por el interior de la calzada, él a la orilla de la pista.» (M. Vargas Llosa, *La ciudad y los perros*, 338) = CONSULTAS

pistola. f. **(1) pistola escuadra.** fr. Pistola automática en forma de escuadra. (Méx.): «Era, en efecto, una pistolita escuadra de calibre 32.» (M. L. Guzmán, *El águila y la serpiente*, 253) = CONSULTAS (véase también **escuadra**) **(2) ¡La (gran) pistola!** (o: **¡A la pistola!**). Excl. más bien vulgar que expresa asombro, o denegación. (Par. = Arg.): «–¡A la pistola! ¿Y qué dijeron?» (A. Roa Bastos, *El baldío*, 141) = «–Vos también ahora sos católico... la gran pistola...» (R. Bareiro Saguier, *Ojo por diente*, 72) = MORÍNIGO **(3) hacer pistola.** fr. Dar o hacer higas, insultar, burlarse de alguien extendiendo el dedo de en medio y cerrando los demás con clara alusión sexual; engañar. (Col.): «(...) le hacen reverencias por delante y le hacen pistola por detrás (...).» (G. García Márquez, *El otoño del patriarca*, 29) = «Consuelo sí les hizo pistola, porque no pudieron hablar más de ella, se dio sus voladas, como cuando estuvo en Bogotá, pero vino y convenció a su marido y ahora se aquietó (...).» (U. Valverde, *Bomba Camará*, 20) = MALARET = FILIPPO = CONSULTAS = HAENSCH Y WERNER

pistolero. m. Policía de la época de Batista. (Cuba): «Después de las seis no pasaban guaguas <autobuses>, ni 'pistoleros', ni nada (...). Nos tuvimos que quedar allí, en plena guerra, en la carretera desolada.» (J. Soler Puig, *En el año de enero*, 179) = CONSULTAS

pistudo -a. adj. Rico, adinerado. (Guat. = PR y Am. Centr.): «Como era un tipo mero* alegre, no tuvo problemas en encontrar compañeros de parranda, y, encima, pistudos.» (D. Liano, *el hombre de Montserrat*, 77) = ARMAS = RUBIO = SANTAMARÍA DGA

pita. f. **(1) fregar, hacer sudar, jorobar, joder,** o: **sobar la pita.** fr. Molestar, dar la lata. (PR, Ec. = Cuba, Col., Perú y Ch.): «(...) unas hembrazas que han formado bonita pareja para jorobar la pita sobre la capota* de un Mustang azul.» (L. R. Sánchez, *La Guaracha del Macho Camacho*, 152) = «–(...) Yo me pusiera ese traje de general con botones de oro, y qué carajo, nadie se atrevería a fregarme la pita.» (G. Bueno, *Siembras*, 75) = CONSULTAS = MALARET = SOPENA = SANTIESTEBAN = HAENSCH Y WERNER **(2) menear pitas.** fr. pl. Buscar influencias. (Guat.): «Yo pensaba volver a suplicarles mañana, menear otras pitas, pedirles que no la dejaran sola en la calle abandonada (...).» (M. A. Asturias, *El señor presidente*, 124) = CONSULTAS

pitada. f. Chupada que se le da al cigarrillo. (Perú, Bol., Ur. = Ch. y Arg.): «Encendí un cigarrillo y le di varias pitadas.» (M. Vargas Llosa, *La ciudad y los perros*, 250) = «Aprendíamos a fumar. Olver ya había superado la fase de las simples pitadas y hacía secos*.» (R. Poppe, *Después de las calles*, 88) = «Entre pitada y pitada, Matacabayo siguió cuidadosamente las maniobras de los forasteros.» (E. Amorim, *La carreta*, 7) = ARONA = SANTAMARÍA DGA = VERDEVOYE = CONSULTAS

pitar. intr. **pitar del fuerte.** fr. Recibir el castigo más duro. (Arg.): «¿Así que se iba a hacer la farsa de que yo era el solo y único culpable? ¿Era un criminal por haberme defendido? Entré a la cocina mal dispuesto. Si un hombre cargara con palabras como las de Paula, 'pitaríamos del fuerte' juntos.» (R. Güiraldes, *Don Segundo Sombra*, 131-132) = CONSULTAS

pitazo. m. Aviso, advertencia. (Méx.): «De todas maneras, por contradicciones de unos y pitazos de otros, las pistas llevaron al Cerro del Judío (...).» (V. A. Maldonado, *La noche de San Bernabé*, 93) = JIMÉNEZ

pitear. intr.; ú. t. c. tr. Hacer sonar el pito, pitar. (Ch. = Am. Centr., Perú y Arg.): «Llegó la hora de la partida. Piteó el tren y se despidieron los que charlaban.» (M. Rojas, *El delincuente... y otros cuentos*, 140) = MALARET = MORÍNIGO = SANTAMARÍA DGA

pito. m. **(1) pito catalán.** fr. Palmo de narices. (Arg. = Ur.): «(...) el médico, que llevándose rápidamente el dedo pulgar a la nariz movió los otros cuatro con el apicarado gesto del 'pito catalán'.» (R. Arlt, *Novelas completas y cuentos*, II, 375) = VERDEVOYE = CONSULTAS **(2) no entender** (o: **no saber,** o: **no ver) un pito.** fr. No saber, o no entender, *etc.*, nada. (Arg., Ur.): «No debí hablar: ninguno entendía un pito.» (L. Marechal, *Adán Buenosayres*, 412) = CONSULTAS

pitorro. m. Ron de pésima calidad, elaborado con miel de purga. (PR): «–¿Y el ron que bebe la gente en el Carrizal? / –Ese es pitorro. ¿No te dije que estaba prohibido?» (R. Marqués, *La víspera del hombre*, 182) = MAURA = ÁLVAREZ NAZARIO

pizarreño. m. Techo de cemento ondulado. (Ch.): «Su casa es una vivienda de emergencia de Corhabit <Corporación de Servicios Habitaciones>, de dos piezas que son los dormitorios, piso de tierra y techo de pizarreño.» (C. Urrutia, *Historia de las poblaciones* callampas*, n° 11, p. 80) = CONSULTAS

pizcador -a. adj. Relacionado con la cosecha, o que sirve para ella. (Méx.): «El interesado volvió por los libros con una canasta pizcadora.» (M. Azuela, *Los de abajo*, 80) = SANTAMARÍA DGA (quien recoge la forma adjetival vinculándola a los seres humanos)

pizcar(se). tr. Hablando del maíz, cosechar(se), recolectar(se). (Méx.): «Era la época en que el maíz ya estaba por pizcarse y las milpas se veían secas y dobladas por los ventarrones que soplan por este tiempo sobre el Llano.» (J. Rulfo, *El llano en llamas*, 101) = SANTAMARÍA DGA

placé. adj. En las carreras de caballos, el que llega en segunda o tercera posición. (Ur. = Arg.): «(...) tenía que salir / con los bolsillos llenos de piropos inéditos (...) / por ejemplo si tu sonrisa corre la monalisa llega placé.» (M. Benedetti, *El cumpleaños de Juan Ángel*, 46) = CONSULTAS

placerío. m. Conjunto de oficiantes de la secta ñáñiga. (Cuba): «La agrupación la rigen los altos sacerdotes (...) asistidos por sus ayudantes, encarnaciones de los fundadores y personajes, trece en total, que crearon en el viejo Calabar la primera 'Potencia' o 'nación'. Se les llama Plazas* en el lenguaje corriente de los ñáñigos (...) y 'placerío' al conjunto de oficiantes.» (L. Cabrera, *La sociedad secreta abakuá*, 20) = CONSULTAS

placero. m. Coche de plaza, simón. (Arg.): «La historia de esa noche rarísima empezó por un placero insolente de ruedas coloradas.» (J. L. Borges, *Obras Completas*, 329) = GOBELLO = VERDEVOYE = CONSULTAS

plaga. f. Mosquitos, zancudos. (Ven., Ec.): «–¿Y piensas que yo hubiera soportado toda una noche en vela, matando plaga?» (M. V. Romero García, *Peonía*, 215) = «(...) venía sentado en popa, fumando un grueso cigarro y esparciendo el humo de manera tal que ahuyentara la plaga que salía de entre los manglares con la vecindad del crepúsculo. / Un mosquito furioso y musical se acercó al oído de Nereida (...).» (A. Ortiz, *La mala espalda*, 73) = TEJERA = CONSULTAS

plagio. m. Detención, secuestro. (Cuba = Ven.): «(...) no obstante que sé que le voy a causar disgusto al amigo Leonardo, contribuyendo al plagio de su amiga.» (C. Villaverde, *Cecilia Valdés*, 278) = CONSULTAS = TEJERA

plan. m. **(1)** Fondo plano de algo (especialmente de un barco, canoa, carreta, *etc.)*. (Ec., Par., Arg. = Méx.): «Llegaron a la canoa. Él la dejó caer suavemente sobre el plan. Le fue levantando poco a poco la bata multicolor.» (D. Aguilera Malta, *Don Goyo*, 72) = «A mediodía llegó una carreta. (...) Con el picador, un mensú <peón> como él, alzaron a Natí, que seguía retorciéndose, y la pusieron en el plan. (...) Durante el traqueteo del viaje, nació la criatura.» (A. Roa Bastos, *Hijo de hombre*, 141) = «Me siento en el plan de un bajo <hondonada> / a cantar un argumento. / Como si soplara el viento / hago tiritar los pastos.» (J. Hernández, *Martín Fierro*, I, versos 43-46) = MORÍNIGO **(2) estar al plan.** fr. Estar dominado, vivir bajo la sujeción de otros. (Ec.): «–(...) En todas partes el negro vive como condenado. El negro siempre está al plan. ¿Por qué? ¿Por qué estamos solamente adebajo <abajo>?» (N. Estupiñán Bass, *Cuando los guayacanes florecían*, II, 26-27) = CONSULTAS

planazo. m. Golpe dado con la parte plana del machete, espada o sable; cintarazo. (Guat., Hond., Ven., Ec. = Cuba, Méx., Nic., CR, Pan., Col., Perú y Arg.): «(...) se enderezó ante su hijo (...) para echarlo de la casa, después de un altercado en que sólo porque ella intervino y se hincó varias veces, el padre iracundo no le dio de filo con el machete al descargarle los planazos con que lo alcanzaba.» (M. A. Asturias, *Viento fuerte*, 157) = «(...) <los prisioneros> ya no sentían los planazos del reluciente Collins <marca de machete>.» (A. P. Sánchez, *Ambrosio Pérez*, 106) = «Instantáneamente sacó el machete y le cruzó la espalda de un planazo.» (A. Uslar Pietri, *Las lanzas coloradas*, 106-107) = «–No hai <hay> nada. Sólo fue un planazo.» (D. Aguilera Malta, «El cholo que se castró» en: *Los que se van*, 174) = TEJERA = CONSULTAS = SANTIESTEBAN = SANTAMARÍA DM = RABELLA y PALLAIS = HAENSCH y WERNER (véase también **planear**)

plancha. f. **(1)** Dentadura postiza. (CR = Ven. y Col.): «(...) venía mascando chicle y cuando lo masca, como tiene una plancha postiza, se le pega la de abajo con la de arriba (...).» (M. Salguero, *Agencia de policía*, 14) = «Se chupó la encía, huérfana de la plancha de dientes (...).» (C. L. Argüello, *Cuentos de Sábalo Grande*, 78) = TEJERA = FILIPPO = CONSULTAS **(2)** Placa que indica el nombre del ocupante de una casa. (Ch.): «(...) mirando los números de las casas y leyendo las planchas que relucían aquí y allá al costado de las puertas.» (M. Rojas, *El delincuente... y otros cuentos*, 53) = CONSULTAS

plancha(d)o -a. p. adj. Listo, ya preparado, bien hecho, hablando de una cosa. (PR): «La conversación fue bien corta: / –¿Ya? / –Planchao. / –¿A qué hora?» (A. L. Vega, *Pasión de historia*, 80) = CONSULTAS = MAURA = CLAUDIO DE LA TORRE (véase también **planchar**)

planchar. v. **(1)** intr. Quedarse una mujer en un baile sin que nadie la saque a bailar. (Ch., Arg. = PR, Perú, Bol., Par. y Ur.): «No puedo quejarme, esa noche no *planché*, como tanto temía, sino que bailé hasta que me salieron ampollas en los pies (...).» (I. Allende, *Paula*, 81) = «El humo era tan espeso que las caras se borroneaban más allá del centro de la pista, de modo que la zona de las sillas para las que planchaban no se veía.» (J. Cortázar, *Relatos*, 468) = MORÍNIGO = CONSULTAS **(2)** tr. Realizar, hacer bien una cosa. (PR): «O sea que cómo planchaste esa compra, Papito Papitote.» (L. R. Sánchez, *La Guaracha del Macho Camacho*, 73) = MAURA = CONSULTAS (véase también **planchado**)

planchón. m. Embarcación chata, sin velas, que tiene como base una plancha de hierro y suele usarse para transportar mercancía. (Col.): «Y ya cuando veníamos para el barco nos hizo desbaratar los morrales, sacar las bayetas y las esteras y nos mandó al almacén por las mantas gruesas. Ya no van en cubierta sino en los planchones, dijo.» (A. Cepeda Samudio, *La casa grande*, 17) = «El ruido del motor se diluye en lo alto y el planchón se desliza sin que suframos su desesperado batallar contra la corriente.» (A. Mutis, *La Nieve del Almirante*, 23) = FILIPPO = HAENSCH y WERNER

planear. tr. Dar golpes con la parte plana del machete u otra arma blanca; dar cintarazos o **planazos***. (CR = Col.): «¿Quién es el que te quiere tirar a la línia* <línea*> ah? – ruge Amado, y sale al corredor planeando su machete.» (C. L. Fallas, *Gentes y gentecillas*, 84) = FILIPPO

planilla. f. Véase **planillero.**

planillero. m. Empleado de una empresa encargado de las 'planillas' o nóminas de los asalariados. (Bol.): «(...) ellos y muchos más son los que a diario pasan por la ventanilla del 'planillero' para hacer su avío de alimentos.» (F. Medina, *Los muertos están cada día más indóciles*, 66) = MUÑOZ REYES

planta. f. **(1)** Cuentos, excusas. (Guat.): «–¡Mirá, callate, a mí no me gustan esas desconfianzas, parecés mujer! ¿Quién te está preguntando nada para que andés con esas plantas?» (M. A. Asturias, *El señor presidente*, 46) = CONSULTAS **(2) de planta.** fr. que se dice de la persona que vive en la casa, trátese de una sirvienta, o de la persona con quien se convive. (Méx.): «En cambio, la muchacha 'de planta' lo mismo sirve para un barrido que para un fregado, su competencia sólo le es reconocida por el núcleo familiar (...).» (A. Gutiérrez, *Se necesita muchacha*, 31) = «No se le conocía ninguna mujer de planta, aunque sí una que otra aventurilla (...) que nunca llegó a ser duradera.» (V. A. Maldonado, *La noche de San Bernabé*, 24) = CONSULTAS

plantaje. m. Catadura, facha. (PR = Col. y Ec.): «En este hombre hay una soledad que se concilia perfectamente con su plantaje un poco *gallego**, *aguacatón**, pasado de moda (...).» (E. Rodríguez Juliá, *El entierro de Cortijo*, 51) = MALARET = SOPENA

plantar. tr. Realizar una ceremonia ñáñiga, lo que muchas veces incluye el sacrificio de algún animal. (Cuba): «En 1879, catorce obenékues <miembros de la secta ñáñiga> presos por complicación en un crimen, 'plantan' en la cárcel e introducen los objetos litúrgicos, en complicidad con los porteros.» (L. Cabrera, *La sociedad secreta abakuá*, 58) = CONSULTAS = SANTIESTEBAN

plante. m. Ceremonia afrocubana de carácter religioso. (Cuba): «–¡Se divertía uno tanto en el ingenio! Un día era un tambor en un Cabildo* de Santo, otro allá un plante de congo, y todos a bailar (...).» (L. Cabrera, *Reglas de Congo*, 58) = CONSULTAS

plantón. m. Apariencia, facha, traza. (Guat.): «Había uno, usted, que era tres piedras*, caedor* bien, de buen plantón.» (D. Liano, *el hombre de Montserrat*, 77) = MALARET = RUBIO

plasta (o: **plasto**). s. **(1)** f. y m. Excremento de animal de forma aplastada; huella que se le parece. (Par. = Méx.): «(...) el extremo de la cruz <que arrastraba la peregrina> continuaba rayando la estela zigzagueante entre los dos plastos de las sandalias sobre el asfalto.» (A. Roa Bastos, *El baldío*, 62-3) = SANTAMARÍA DGA = MORÍNIGO (para la forma femenina y el primer sentido reseñado) **(2) ser una plasta** (o: **ser plastilina**). fr. f. No valer nada; no hacer nada, no moverse, no agitarse. (PR = Cuba): «La Madre deja al nene acostado, soleado, en un recodo del parquecito de la calle Juan Pablo Duarte porque el Nene es una plasta.» (L. R. Sánchez, *La Guaracha del Macho Camacho*, 174) = MAURA = SÁNCHEZ-BOUDY

plástico -a. adj. Persona que, por alarde u ostentación, aparenta pertenecer a las clases altas, aunque no sea cierto. (CR, Pan.): «Se la pasa buscando chiquillas plásticas para montarlas en el auto y viene semana a semana a pedirme dinero.» (Q. Duncan, *Kimbo*, 57) = «Ella era una chica plástica, de esas (...) que cuando se agitan sudan Chanel number three.» (R. Blades, canción *Plástico*) = CONSULTAS

plastilina. f. Véase **plasta.**

plasto. m. Véase **plasta.**

platanal. m. Gran cantidad de dinero. (Ec.): «No me vendría mal dinero contante y sonante para mis elecciones. Ahora que tengo que gastar este *platanal*.» (A. Ortiz, *Juyungo*, 190) = CONSULTAS

platanillo. m. Planta parecida al plátano pero que no da fruto; cañacoro. (Ven., Ec.): «Por sobre un lecho de piedra, bordado de musgos, corría un hilo cristalino y fresco, cuya caída había ido horadando otra roca del fondo, que servía ya de considerable receptáculo, y a la cual sombreaban riquirriquis y platanillos de verdes hojas y negras venas (...).» (M. V. Romero García, *Peonía*, 110) = «Se agazapó con destreza, para ocultar su presencia entre unas matas* de platanillo. (...) Las batatillas* corrían profusamente por los troncos y las copas de los arbustos, y se aventuraban hasta cubrir las matas de platanillo y hoja blanca que, por las noches, semejan almas en pena, con las fúnebres ofrendas de los helechos virginales.» (A. Ortiz, *Juyungo*, 29 y 110) = CONSULTAS = JARAMILLO DE LUBENSKY

plátano. m. **plátano macho.** fr. Plátano grande. (Méx.): «Un menú de arroz con plátanos machos y frijoles a la Tezcucana no la haría quedar mal.» (L. Esquivel, *Como agua para chocolate*, 148) = CONSULTAS = SANTAMARÍA DGA

platar. m. Gran cantidad de dinero. (Arg.): «Nada menos que a un baile lujoso / donde cuesta la entrada un platar.» (F. García JIMÉNEZ, «Carnaval», en: J. Barreiro, *El Tango*, 119) =CONSULTAS

platea. f. **platea alta.** fr. Piso intermedio en un cine. (Perú = Ur.): «(...) cuando estaba de servicio nos hacía pasar a cazuela. Apenas se apagaban las luces nos bajábamos a platea alta.» (M. Vargas Llosa, *La ciudad y los perros*, 178) = CONSULTAS

plateado. m. Desertor, insurrecto que vivía de fechorías; insubordinado. (Cuba): «Al soldado que abandonaba la guardia le decían *plateado*, o sea, traidor, y muchas veces lo ahorcaban.» (M. Barnet, *Biografía de un cimarrón*, 168) = ORTIZ = SANTAMARÍA DGA

platilla. f. dim. frec. de plata 'dinero'. (CR): «No es que partió de cero, pues algo de platilla tenía la familia. Tenían sus pesos*.» (Q. Duncan, *Kimbo*, 27) = «Quiero juntar ligero una platilla pa irme a los infiernos.» (C. L. Fallas, *Gentes y gentecillas*, 119) = CONSULTAS

platillo. m. Plato, manjar preparado. (Ec.): «Y todos me olvidarán cuando el acto religioso concluya con liberaciones <*sic*>, platillos de hornado*, cohetes y bailes.» (E. Cárdenas, *Juego de mártires*, 144) = SOPENA

platina. f. Objeto que sirve para inmovilizar a un preso. (Perú): «Ya no volvió a verse a los esclavos en el cepo por la más leve falta, ni aherrojados con platinas o esposas por una respuesta más o menos dura, o alguna rebeldía.» (E. López Albújar, *Matalaché*, 63) = CONSULTAS

plato. m. **(1)** Jolgorio. (Arg.): «¡Vas a ver qué plato!» (R. Arlt, *Nuevas aguafuertes*, 62) = VERDEVOYE = GOBELLO (quien registra **plato** con el sentido de 'persona o cosa divertida') = CONSULTAS **(2) hacerse el plato.** fr. Divertirse a costa de alguien. (Arg., Ur.): «Mirá peladito, que me dijeron que te pelaron bien, y qué lástima que yo no me puedo hacer el plato viéndote, vos que tenías la melenita de oro (...).» (M. Puig, *El beso de la mujer araña*, 138-139) = VERDEVOYE = CONSULTAS

platón. m. Bandeja, plato grande para servir alimentos o bebidas. (Ven.): «En eso llegaba el mozo del botiquín* con el servicio pedido. De una manotada <Ardavín> barrió del platón las copas de champaña (...).» (R. Gallegos, *Canaima*, 72) = TEJERA

playo. m. Maricón. (CR): «(...) cuando buscaba las hembras en la penumbra descubrió horrorizado las parejas de playos bailando abrazados la imagen de dos carajos* dándose un beso le revolvió el estómago (...).» (R. Arias, *El emperador Tertuliano...*, 149) = CONSULTAS

playón. m. **(1)** Planicie rodeada de bosques. (Ec. = Col.): «Las yuntas desembocan por la vuelta de la manga. En la pampita* del playón.» (J. Gallegos Lara, «Los madereros» en *Los que se van*, 116) = MALARET = SOPENA **(2)** Zona anegadiza. (Col.): «Perteneciente a la Depresión Momposina, esta zona es *anegadiza* y ofrece considerable número de *ciénagas*. Allí son característicos los *playones*, zonas que se inundan en invierno y se cubren de frescos pastos al retirarse las aguas en el verano.» (Hno. J. Ramón, *Geografía de Colombia*, 315) = CONSULTAS

plaza. **(1) plaza** (o: **Plaza**). f. Dignatario religioso ñáñigo. (Cuba): «Los ahijados blancos de Andrés <Andrés Petit> juraron en el año 1857, pero hasta la Nochebuena del 63 no se hizo la consagración de Plazas (No se les distribuyó los cargos que desempeñarían dentro de su Potencia* o agrupación). (...) Toda la Potencia* está presente. Las siete Plazas se sientan a oír y a opinar alrededor de una mesa en medio de la cual se coloca el tambor de Orden (...).» (L. Cabrera, *La sociedad secreta abakuá*, 56 y 251) = CONSULTAS **(2) plaza de armas** (o: **plaza de Armas**, o: **Plaza de Armas**). fr. f. Plaza mayor, plaza más importante de una población. (Méx., Guat., Perú y otros): «Tenía tal fama ese pueblo para el despilfarro, que aparte del sitio oficial dedicado a las 'partidas', se jugaba brisca, conquián <juego de naipes>, siete y medio y paco*, no sólo en aquel lugar, sino en cualquier cantina, tienda o botica y hasta en las bancas de la plaza de ARMAS.» (J. Rulfo, «El gallo de oro», en *Toda la obra*, 342) = «(...) aquél me invitó a tomar un trago en una cantina que viene* quedando arribita de la Plaza* de ARMAS.» (M. A. Asturias, *El señor presidente*, 136) = «La plaza de ARMAS es también de los principales*, más todavía que el girón* Bolívar.» (J. M. Arguedas, *Yawar Fiesta*, 10) = CONSULTAS

plebe. f. **plebe de gente.** fr. f. Mucha gente. (Guat.): «¡Al mudo, lo que estás oyendo, al mudo, al mudo que tiene rabia y que ha mordido a plebe de gente!» (M. A. Asturias, *El señor presidente*, 48) = CONSULTAS

plenear. intr. Tocar las canciones y bailes populares llamados plenas. (PR): «(...) un bembé <fiesta> con el sonero* mayor pleneando sobre la tumba sí que daría el *palo**.» (E. Rodríguez Juliá, *El entierro de Cortijo*, 88) = CONSULTAS

plenero. (1) m. Músico que toca o canta las canciones y bailes populares llamados plenas. (PR): «No somos nada, es verdad, Cortijo lo prueba allá arriba, y yo avanzo en la fila para *saludar por última vez* a mi plenero mayor.» (E. Rodríguez Juliá, *El entierro de Cortijo*, 22) = MAURA = CONSULTAS **(2) plenero -a.** adj. Que se relaciona con las canciones y bailes populares llamados plenas. (PR): «(...) Cortijo retuvo a los bailadores, esos intérpretes gestuales del sabrosón <muy sabroso> tumbao* plenero.» (L. R. Sánchez, *El entierro de Cortijo*, 31) = CONSULTAS

pliegue. m. Golpe. (Méx.): «–(...) ¿y qué te parece que hizo el viejo e porra? Pos* que me pepena <toma> de la mano y me la agarra juerte <fuerte>, juerte; luego comienza a pellizcarme las corvas... ¡Ah, pero qué pliegue tan güeno le he echado!...» (M. Azuela, *Los de abajo*, 36) = CONSULTAS

plomazo. m. **volar plomazo.** fr. Tirotear. (CR): «Pero andáte con cuidado de seguir metiéndote aquí a tirar las iguanas <enaguas>, porque un día me vas a encontrar de mal café* y te vuelo un plomazo.» (A. Portocarrero, *Negro desgraciado*, 57) = CONSULTAS (véase también **volar plomo***)

plomo. m. **(1) entrarle al plomo.** fr. Afrontar la pelea. (Ven.): «El coronal Zambrano, maldiciendo, enarboló el sable desnudo y empezó a llover planazos* sobre las espaldas de los temerosos. / –¡Cobardes! ¡Vamos a entrarle al plomo!» (A. Uslar Pietri, *Las lanzas coloradas*, 102) = TEJERA (quien recoge el sentido de 'pelea') = CONSULTAS **(2) llevar plomo.** fr. Ser objeto de ataques de hecho o verbales. (Ven.): «–(...) es muy posible que mañana no duerman sino los muertos. Así es que, espías o no, mañana van a llevar plomo con nosotros.» (A. Uslar Pietri, *Las lanzas coloradas*, 120) = TEJERA **(3) meter al plomo.** fr. tr. Llevar al combate, arriesgar en la pelea. (Ven.): «–Yo ya les dije que a Roso Díaz no le importaba nada eso, porque de todos modos los va a meter al plomo.» (A. Uslar Pietri, *Las lanzas coloradas*, 120) = CONSULTAS **(4) volar plomo.** fr. Tirotear. (CR): «Mister Bully es posible que fuera un jodido y un tacaño y que había que andar con cuidado con él, porque era de mal genio y no tenía asco para volarle plomo a cualquiera.» (A. Portocarrero, *Negro desgraciado*, 23) = CONSULTAS (véase también **volar plomazo***)

plomoso -a. adj. Delicado. (Guat.): « 'Soy mico, remico y plomoso', respondía a los que le preguntaban por qué se pintaba (...).» (M. A. Asturias, *El señor presidente*, 162) = CONSULTAS

pluma. f. **(1) pluma** (o: **pluma de agua**). f. Grifo, espita, llave. (PR, Cuba = Col.): «(...) oí el chorro de agua. Chequié <miré> la pluma del fregadero y estaba cerrada.» (A. L. Vega, *Pasión de historia*, 87) = «Al cabo, abrió la pluma y lavó el cepillo en el chorro.» (J. Soler Puig, *En el año de enero*, 9) = MAURA = ÁLVAREZ NAZARIO = SANTIESTEBAN = CONSULTAS = HAENSCH y WERNER **(2) de la pluma.** fr. Dícese del caballo que, de los tres que tiraban del quitrín, iba menos cargado. (Cuba): «(...) para no tomar parte directa en el martirio, según dijo, de los caballos, entregó los cordones* del de la pluma a su hermana Rosa, y cerró los ojos mientras duró la bajada.» (C. Villaverde, *Cecilia Valdés*, 189) = PICHARDO

población. f. Barrio pobre, de chabolas. (Ch.): «En el río Mapocho / mueren los gatos / y en el medio del agua / tiran los sacos / pero en las poblaciones / corre la tormenta / hombres perros y gatos / es la misma fiesta.» (Canción «En el río Mapocho» de Víctor Jara) = «Sí, estamos tranquilos, no hay problemas, y más ahora que el Gobierno nos dijo que nos iba a alargar la locomoción* porque somos muchos en la población, como dos mil.» (testimonio cit. por C. Urrutia, *Historia de las poblaciones callampas*, n° 11, p. 44) = «(...) hace alusiones a encuestas en los mercados, en las poblaciones.» (H. Valdés, *Tejas Verdes*, 39) = CONSULTAS

poblador. m. El que vive en un barrio de chabolas o **población***. (Ch.): «(...) se pidió que lo acompañara al sector Irigoin donde los pobladores se estaban tomando terrenos desde el lunes 3 recién pasado.» (testimonio cit. por C. Urrutia, en: *Historia de las poblaciones* callampas*, n° 11, p. 14) = CONSULTAS

poca. f. **(una) poca de.** fr. Una pizca de. (Méx.): «Se aparta entonces del fuego, se deja reposar y se esfuma; se le agrega después otra poca de agua con un trozo de cáscara de naranja.» (L. Esquivel, *Como* *agua para chocolate*, 136) = «(...) los regábamos tres días con una poca de agua (...).» (R. Pozas, *Juan Pérez Jolote*, 78) = «Para bailar la bamba / se necesita una poca de gracia.» («La bamba», tradicional de Veracruz) = CONSULTAS

poco. adv. **a poco.** fr. Acaso, tal vez. (Méx.): «–Pos* según la tele, el TLC es el proyecto económico más ambicioso de toda la historia de México. / –¿Qué? ¿Y a poco quiere decir que es bueno? Lo que hay que saber es cómo nos va a ir a nosotros con el TLC.» (El Fisgón, *¡Me lleva el TLC!*, 17) = «¿A poco te crees muy cuerdo?» (J. García Ordoño, *Tres crímenes y algo más*, 87) = «(...) ¿a poco cree que le voy a regalar mi loza, galleta* de a tres* por quinto?» (E. Poniatowska, *Hasta no verte Jesús mío*, 223) = «(...) por una equivocación nací dentro de este cuerpo tan horroroso. ¿A poco no está feo?» (L. Esquivel, *La ley del amor*, 65) = CONSULTAS

pocho -a. m y f. Mexicano nacido en Estados Unidos o que ha vivido mucho tiempo ahí; el que admira a los tejanos y los toma de modelo. (Méx.): «(...) no hables español, no dejes que te traten de mexicana, pocha o chicana.» (C. Fuentes, *La frontera de cristal*, 271) = JIMÉNEZ = VELASCO = MORÍNIGO

poder. m. Potencia visual, aumento de prismáticos, mira telescópica, *etc.* (Col.): «En el armario tenía además un rifle 30.06 Malincher Schionauer, un rifle 300 Holland Magnum, un 22 Hornet con mira telescópica de dos poderes, y una Winchester de repetición.» (G. García Márquez, *Crónica de una muerte anunciada*, 12) = CONSULTAS

poder. v. **(1) poder contra.** fr. tr. Vencer, dominar. (Guat.): «Se mordió los dientes para poder contra las rodillas. Ya casi no daba paso. Las rodillas tiesas y una comezón fatídica en el cóccix y más atrás de la lengua. Las rodillas. Tenía que arrastrarse.» (M. A. Asturias, *El señor presidente*, 62) = CONSULTAS **(2) no poderle algo a** alguien. fr. Repugnarle. (Guat.): «De no poderle tanto dejar un traste sucio se habría quedado metidita en la cama.» (M. A. Asturias, *El señor presidente*, 133) = CONSULTAS

podrido -a. p. adj. **estar podrido -a.** fr. Estar harto. (CR, Ur. = Arg.): «Nada, Única, lo que pasa es que hay tanta basura en San José, que ya no cabe más aquí y los vecinos de los alrededores ya están podridos de tanta porquería.» (F. Contreras Castro, *Única mirando al mar*, 44) = «Estábamos tan podridos de ese silencio a dos voces (...).» (M. Benedetti, *Primavera con una esquina rota*, 12) = CONSULTAS = GOBELLO

polaca. f.; ú. más en pl. Bota. (Cuba): «Había un tipo de botas que se llamaban polacas; se abotonaban a un solo lado.» (M. Barnet, *Biografía de un cimarrón*, 69) = CONSULTAS

polaco. m. Judío; voz genérica usada para designar a los comerciantes, muchas veces ambulantes y de origen extranjero. (CR = Cuba y El Salv.): «Cuando uno de esos vendedores ambulantes que la gente llama 'polacos' llega a cobrar la tercera cuota de la mercancía vendida a pagos semanales, encuentra una cara nueva porque 'la señora no está'.» (H. Elizondo Arce, *Adiós, Prestiño*, 140) = «El polaco Jeremías de la tienda se salió (...).» (canción «Julieta», interpretada por el grupo Manantial) = QUESADA = CONSULTAS = SANTIESTEBAN

polaina. f. Contrariedad. (Arg.): «Pero no le daba por ahí, no entraba en su reino, no era su fuerte la política, polainas, bromas <molestias> de otra clase, quebraderos inútiles de cabeza... ¿con qué necesidad?» (E. Cambaceres, *En la sangre*, 217) = ABAD DE SANTILLÁN

polca. f. Blusa floja de mujer. (Ec.): «El cadáver quedó solo. Estaba con las quijadas amarradas y vestía burda polca, rebozo azul y tres polleras de colores distintos, mal ceñidas, que le cubrían hasta los tobillos.» (A. Cuesta y Cuesta, *Los hijos*, 188) = «Primero: polcas, rebozos, / polleras de bayetilla; / (...).» (G. H. Mata, *Chorro cañamazo**, 34) = CONSULTAS

polenta. adj. inv. Excelente, de buena calidad. (Arg.): «Vos no hagás correr la bola* / entre gente que palpita*, / porque estos datos* polenta / se brindan por amistad.» (J. Rial «Preparate pa'l domingo», en: J. Barreiro, *El Tango*, 157) = CONSULTAS = GOBELLO = CASULLO

polilla. f. Prostituta. (Perú): «Una vez, en un bulín, el flaco y el zambo Pancracio pelearon por una polilla y Pancracio sacó la chaveta* y le rasgó el brazo a mi amigo.» (M. Vargas Llosa, *La ciudad y los perros*, 289) = «Las putas –polillas, se las llamaba– estaban en las ventanitas, mostrándose a la muchedumbre de presuntos clientes que desfilaban (...).» (M. Vargas Llosa, *El pez en el agua*, 108) = BENDEZU

político. m. Jefe Político, representante de la autoridad en los cantones. (CR): «Ajá, gran vergüenza, con que vos eras el que me jineteabas mi bestia, ya te cogí, y ahorita mismo te vas conmigo adonde el político.» (C. Lyra, *Cuentos de mi tía Panchita*, 181) = ARROYO

pololo. m. Trabajo informal. (Ch.): «El marido, que hace años que está cesante, sólo hace algunos pololos, cuando, por ahí, sale algo.» (L. Torres, *Memorias de Copo de Nieve*, 29) = CONSULTAS

polvero. m. Polvareda. (Cuba = Col.): «Él queda a la orilla del camino, contemplando el yipi <*jeep*> que se aleja, dejando un polvero.» (J. Soler Puig, *El nudo*, 164) = SOPENA = SANTIESTEBAN = HAENSCH y WERNER

polvo. m. **(1) polvo de hornear.** fr. m. Cierto tipo de levadura química que se usa en repostería. (Ur. = Col. y Arg.): «Parece que amasara cuando habla y sí, amasa sus ideas (y las del contrario), estirándolas y haciéndolas crecer como con polvo de hornear (...).» (H. Alfaro, en: *Brecha*, 24/11/1994) = CONSULTAS = HAENSCH y WERNER **(2) saber sacudirse el polvo sobre los bastos.** fr. Saber desempeñarse a caballo, aguantando los corcovos del animal. (Arg.): «Y aunque yo sobre los bastos / me sé sacudir el polvo (...).» (J. Hernández, *Martín Fierro*, II, 1.425-6) = CONSULTAS

polvorita. adj. Vivo, pronto. (Perú): «–La verdá, mi Lusesita <Lucecita>, que no sé qué desí <decir>. Ere <eres> tan polvorita y tan bien hablá <hablada> que todo lo que quisiera desite <decirte> me se <se me> trabuca.» (E. López Albújar, *Matalaché*, 133) = CONSULTAS

polvorosa. f. Polvorón. (Ven. = Col.): «(...) con un gran paño blanco sobre la cabeza y hombros, un espantador de moscas, blanco también, en su mano derecha, y en sus rodillas un amplio azafate poblado de polvorosas, suspiros, yemas, melcochas y coquitos* que brillaban al sol como piedras preciosas, se instalaba todas las tardes una vendedora de dulces.» (T. de la Parra, *Las memorias de Mamá Blanca*, 119-20) = TEJERA = HAENSCH y WERNER

polla. f. **(1)** Véase **pollo. (2) Polla.** Institución encargada de la lotería. (Ch.): «Por suerte contamos con Polla. En Chile, miles de ancianos en diversos hogares, reciben ayuda de Polla. Polla Chilena de Beneficencia entrega más de 34 mil millones de pesos para obras sociales. Prefiera los juegos de Polla; gane y ayude a millones de personas que lo necesitan.» (eslogan publicitario) = CONSULTAS

pollada. f. Buena acción. (CR; el ej. que se pone a continuación es irónico): «Fíjense Uds qué pollada se fueron a jalar*: perder el único rifle de la Agencia.» (M. Salguero, *Agencia de policía*, 70) = ARROYO

polleras. f. pl. fig. Mujeres. (Arg. = Ur.): «–A más de corajudo, este mozo era medio aficionao a las polleras, de suerte que al caer la tarde, cuando dejaba su trabajo, solía arrimarse a un lugar del río ande* las muchachas venían a bañarse.» (R. Güiraldes, *Don Segundo Sombra*, 75) = VERDEVOYE = CONSULTAS

pollero. m. Persona que ayuda a los emigrantes clandestinos que quieren pasarse a Estados Unidos (Méx.): «Eran seis los que, sin conocerse, se encontraron en Tapachula, tratando de confundirse con la población local mientras reunían algo de dinero para pagar al pollero que los llevaría a los Estados Unidos.» (V. A. Maldonado, *La noche de San Bernabé*, 39) = MORÍNIGO

pollo. (1) m. Muchacha. (CR): «Vea, doncito*. Si usté quiere mover el esqueleto esta noche, yo lo llevo a un bateo* bien tuanis <estupendo> donde hay unos pollos posta*.» (H. Elizondo Arce, *Memorias de un pobre diablo*, 76) = CONSULTAS **(2) pollo -a.** m. y f. Novio, chico con quien se sale. (Ec.): «(...) dan paseos en moto, con los brazos de sus pollas entrelazados a sus cinturas. (...) jamás seré una santa: porque voy a crecer, a cumplir quince años, a maquillarme, a usar minifalda, a ir a discotecas, a tener pollos.» (E. Cárdenas, *Juego de mártires*, 96 y 142) = CONSULTAS **(3) echarse el pollo.** fr. prnl. m. Irse, marcharse. (Ch.): «El soldado (...) le dijo a Mario sin mirarlo: / –Échate el pollo, cabrito <muchacho>.» (A. Skármeta, *Ardiente Paciencia*, 154) = CONSULTAS

pollón -a. adj. Pollito, jovencito. (Cuba): «(...) los ñáñigos de antes, cuando yo era pollona, no se parecían a los de hoy, hablando en público de su religión y cantando sus cantos en las bodegas o en el café.» (L. Cabrera, *La sociedad secreta abakuá*, 42) = CONSULTAS

pomagás (plur.: **pomagás**, o: **pomagaces**, o: **pomagases**). m. Árbol (*Syzygium malaccense*) de la familia de las mirtáceas, cultivado en parques y jardines; fruta de esta planta. (Ven.): «–(...) ¡Cará! ¡sí que hay frutas distintas! Hay aguacates y guayabas y pomarrosas y pomagás. En casa de la italianita Giovanina, ellos (...) se robaban los pomagaces por montón.» (G. Meneses, *Campeones*, 76) = TEJERA

pompa. f. Nalga. (Méx.): «Mejor me hago tatuar una pompa y así sólo la ve mi amante en secreto.» (C. Fuentes, *La frontera de cristal*, 100) = JIMÉNEZ

pon. m. **(1)** Asiento gratis que se consigue en un vehículo ajeno; autoestop. (PR): «La machería que me quiere trepar da para mí y cinco mujeres más: los pones que me ofrecen, que si yo me dedicara a coger pon no volvía a saber lo que era treparme a una guagua <bus> por el resto de mis días.» (L. R. Sánchez, *La Guaracha del Macho Camacho*, 18) = MAURA = MALARET = SOPENA **(2) coger pon con** alguien. fr. Hacerse transportar gratuitamente por esta persona. (PR): «Hernández Colón está detrás de mí, hace turno para subir hasta allá... Podría coger pon con él...» (E. Rodríguez Juliá, *El entierro de Cortijo*, 83) = CONSULTAS (véase también **ponero**)

ponchar. v. **(1)** intr. Acabar, terminar. (PR): «Malén consiente, suave, que no se olvide de la salsa soya y los egg rolls, que ponche pronto que ella se sancocha* (...).» (A. L. Vega, *Pasión de historia,* 17) = CLAUDIO DE LA TORRE **(2)** tr. Perforar, picar un billete de teatro, ferrocarril, como contraseña. (PR = Cuba, Rep. Dom. y Méx.): «(...) todos los días a las ocho de la mañana cuando iba a ponchar la tarjeta.» (A. L. Vega, *Pasión de historia,* 47) = MAURA = SANTIESTEBAN = MORÍNIGO **(3) ponchar(se).** tr.; ú. t. c. prnl. Pinchar(se) el neumático de un automóvil. (Cuba = Col.): «–Tú sabes que yo dejo la máquina* frente a casa, por la noche. (...) Pues esta mañana la máquina apareció ponchada. Las cuatro ruedas.» (J. Soler Puig, *En el año de enero,* 44) = MORÍNIGO = CONSULTAS = HAENSCH y WERNER (quienes registran la f. prnl.) **(4) ponchar(se).** tr.; ú. t. c. prnl. intr. Chasquear(se); sorprender, pillar; no aprobar en un examen; en el béisbol, eliminar al bateador que no ha logrado batear después de tres intentos. (PR, Cuba = Ven. y Col.): «Después de comentarse hasta la saciedad una formidable 'sacada* en primera' y la *cubba* del pítcher que logró ponchar al mejor bateador del Central, la conversación derivó hacia la política.» (A. Carpentier, *Écue-Yamba-O,* 111) = «Y menos mal que no fallé, porque podía haber dado en un blanco más estratégico antes de tiempo y ahí sí que me poncho pal carajo per sécula seculórum.» (A. L. Vega, *Pasión de historia,* 65) = MAURA = SÁNCHEZ-BOUDY = SANTIESTEBAN = SOPENA = TEJERA = HAENSCH y WERNER = CONSULTAS

ponchazo. m. Golpe dado con el poncho. (Arg.): «Gran vivillo de aspamento*, malandrín de meta* y ponga, / atajate este ponchazo que te voy a sacudir...» (E. Cadícamo, «¡Che, Bartolo!», en: J. Barreiro, *El Tango,* 174) = VERDEVOYE

ponchera. f. Aljofaina que sirve para lavarse o lavar ropa. (Ven. = Col.): «–(...) Espérese. Voy a traerle agua para que se lave. / Salió, y, al poco tiempo, regresó trayendo la ponchera de agua limpia. Teodoro gozó con el contacto del agua fresca sobre su carne caliente (...).» (G. Meneses, *Campeones,* 45) = TEJERA = HAENSCH y WERNER

poncho -a. **(1)** adj. Perteneciente al Partido Conservador. (Ven.): «(...) el general Víctor Rafael Barazarte, terror de cuanto poncho hijueputa hubiera en el Estado.» (A. González León, *País Portátil,* 155) = TEJERA **(2) guardar** algo **debajo del poncho.** fr. m. Ocultar ideas o intenciones. (Ch. = Arg.): «Quizás nos guardamos algo debajo del poncho. En un lugar como éste nadie va a caer en la debilidad de confiarse a los otros.» (H. Valdés, *Tejas Verdes,* 213) = CONSULTAS **(3) ser de poncho.** fr. m. Ser miserable; ser despreciable. (Ec.): «Muchísimo se habló y se escandalizó en un tiempo con los desfalcos del caballero. ¡Qué desfalcos! Cosa grande. Pero como el personaje no era de poncho, las autoridades al descubrir procedieron con el temor y con el respeto del indio de huasipungo ante el patrón: sombrero en mano, disculpa babosa...» (J. Icaza, *El Chulla Romero y Flores,* 15) = CONSULTAS

poner. tr. **(1) poner asunto.** fr. Véase **asunto.** **(2) ponérsela(s).** fr. Emborracharse. (El Salv. = Méx., Guat., El Salv. y CR): «–¿Sabés una cosa? Desde hoy en la mañana sabía que me la iba a poner. ¡Cabal! Como a las once me encontré con un chero <amigo> en el atrio de la Catedral y hasta ahora hemos estado chupando* en La Florida. ¿Qué te parece?» (D. J. Flakoll y C. Alegría, *Cenizas de Izalco,* 115-116) = MEMBREÑO = SANTAMARÍA DM **(3) ponerse las botas.** fr. Véase **bota.** **(4) saber lo que se ponga.** fr. Véase **saber.**

ponero -a. adj. Dícese de la persona oportunista, que acepta gustosa viajar de balde en vehículos ajenos. (PR): «Los pones* que me ofrecen –dijo La Madre. Lo que pasa es que yo no soy ponera –dijo.» (L. R. Sánchez, *La Guaracha del Macho Camacho,* 60) = CONSULTAS = MAURA

pongo. m. Acequia secundaria de un regadío que lleva agua desde la principal. (Perú): «(...) algunos dueños de tiendas y pongos (...).» (E. López Albújar, *Nuevos Cuentos Andinos,* 80) = SANTAMARÍA DGA

pontezuela (o: **pontizuela**)**.** f. Medialuna de metal que cuelga del freno del caballo. (Arg.): «–No ves que el andar saltando al pedo* no lleva a nada güeno. ¿Te han basuriado, hermano? ¡Pobrecito! ¡Si te has quedado con la pontizuela caída! / Y Pedro aflojaba el labio inferior con expresión que trataba de acercar, lo más posible, a la de un freno con pontezuela.» (R. Güiraldes, *Don Segundo Sombra,* 73) = VERDEVOYE

popotillo. m. Tejido acordonado en sentido longitudinal. (Méx.): «Con los dos pesos que me sobraron me compré un par de medias de popotillo, negras.» (R. Castellanos, *Balún-Canán,* 89) = SANTAMARÍA DGA = MORÍNIGO

Popular (La). fr. Marca de tabaco ordinario. (Arg.): «–¿Unos paquetes de La Popular?» (R. Güiraldes, *Don Segundo Sombra,* 17) = CONSULTAS

por. Véase **estar* por.**

pora. m. y f. Fantasma que cada uno imagina a su manera –suele anunciarse por un silbido. (Par. = Arg.): «Ninguna investigación ha podido aclarar el misterio de los pintores nocturnos. Ni las multiplicadas rondas de los vigilantes; apenas (...) daban la vuelta a la manzana que cuando volvían, ya estaban las terribles acusaciones, goteando su infamia todavía fresca. Es cosa de brujería, son los *poras,* decían los soldaditos (...).» (R. Bareiro Saguier, *Ojo por diente*, 25-6) = MALARET = SOPENA (quienes registran el femenino)

porcelana. f. Platillo para poner la taza. (Guat.): «(...) se acomodaron los dos viejos al lado de una mesa en dos sillas, para leer la carta ante dos copas de aguardiente que acompañó la que servía, con una porcelana que tenía de un lado un puño de sal y del otro tres rodajas de mango verde.» (M. A. Asturias, *Viento fuerte*, 70) = ARMAS

porfirismo. m. Movimiento y/o método autoritario de gobierno del presidente Porfirio Díaz. (Méx.): «Se veía desde entonces cómo iba <Carranza> derecho, sin prestancia guerrera ni austeridad pública, a un mal porfirismo de segunda mano.» (M. L. Guzmán, *El águila y la serpiente*, 339-340) = CONSULTAS

poro. m. **no tener un poro de pendejo - a** (o: **de tonto -a**). fr. No tener pelo de tonto, de pendejo. (PR): «Como yo de pendeja no tengo un poro (...).» (A. L. Vega, *Pasión de historia*, 47) = CONSULTAS

porotos. m. pl. Genérico de comida, –como 'los garbanzos' en España. (Ec.): «Ya te he conseguido un empleíllo que te dé para los porotos.» (M. Corylé, *Gleba*, 147) = SANTAMARÍA DGA

porra. f. **(1)** Grupo de personas que aplauden a un bando. (CR = Nic.): «Al rededor de la cancha, las barras se confundían. Las muchachas en vestido de baño bajaron de sus carrozas y formaron un cordón alegre y bullicioso con gran disgusto de las señoras casadas que estaban entre el público. Eran las porras. Alguien había visto por la televisión que eso se hacía en los Estados Unidos y en honor de nuestro subdesarrollo se había dispuesto imitarlo. Era cuestión, nada más, de cambiar rubias por morenas.» (H. Elizondo Arce, *Adiós Prestiño*, 102) = CONSULTAS = RABELLA y PALLAIS **(2)** Greña, melena, cabello crespo. (Arg. = Bol. y Ur.): «–Mala inclinación tenés –continué, mirando el pelo motoso y desordenado de mi interlocutor–; si fuera el patrón te mandaría cortar la porra pa rellenar pecheras.» (R. Güiraldes, *Don Segundo Sombra*, 27) = «(...) se tapó la porra con la sábana.» (R. Arlt, *Entre crotos y sabihondos*, 197) = MORÍNIGO = GOBELLO = CONSULTAS (Véase también **porrudo**)

porrudo -a. adj. Greñudo, cabelludo. (Arg. = Ur.): «Corcovió el de los tamangos / y creyéndose muy fijo <seguro de sí>: / –'Más *porrudo* serás vos, / gaucho rotoso', me dijo.» (J. Hernández, *Martín Fierro*, I, 1179-82) = MORÍNIGO = GOBELLO = CONSULTAS

portación. f. **portación de arma.** fr. Tenencia de arma. (Par.): «Seguro que no tenés permiso de portación de arma. ¿Ves?, es peligrosísimo; si te pillan vas a la cárcel (...).» (R. Bareiro Saguier, *Ojo por diente*, 60) = CONSULTAS

portasenos. m. Sujetador, sostén. (Par. = Arg.): «Candelabros temblantes. / Sardinas en el piso y en las murallas abiertas el ojo. / Portasenos caídos y pasta de hígado para tus piernas.» (J. Aymar, H. Duarte y M. Azuaga, *Rasmudel*, 24) = GOBELLO

portera. f. Portón de estancia, portilla. (Ur.): «Al llegar a la portera, en uno de cuyos costados mostraban sus chuzas unas pitas, los jinetes descabalgaron.» (F. Espínola, *Veladas del fogón*, 42) = CONSULTAS

portillo. m. **por mi lado no hay portillo.** fr. de uso rural con la que quien la pronuncia da a entender que es totalmente de fiar. (Méx.): «–Se trata, a lo que parece, de seguir peleando. Bueno, pos* a darle; ya sabe mi general, que por mi lado no hay portillo.» (M. Azuela, *Los de abajo*, 121) = SANTAMARÍA DGA

pos. conj. Pues –en posición átona en la frase, como por ejemplo, ante un verbo. (Méx., Guat., CR y otros): «Se entrabrió más la puerta, para que el soldado pasase, y luego se cerró por completo. Al minuto siguiente se abrió otra vez: / –Pos que pasen, si son los que dicen... (...) Pancho Villa estaba ahí.» (M. L. Guzmán, *El águila y la serpiente*, 52) = «–¿Onde <adónde> va, señor? –canturreó el hombre. / –Para dentro, ni modo* –se insolentó García. / –Pos no se puede.» (D. Liano, *el hombre de Montserrat*, 95) = «Pos que encuentre él el daño y que lo arregle, ¡y que se joda, si quiere...!.» (C. L. Fallas, *Gentes y gentecillas*, 45) = CONSULTAS = ARROYO

posmo -a. adj. Podrido, hediondo –hablando especialmente del agua o de la carne. (Ven.): «–(...) en el rancho jallé <hallé> dos casimbas* de agua ya posma... Me las bebí una tras otra (...).» (R. Gallegos, *Canaima*, 230) = TEJERA

posmón -ona. adj.; ú. t. c. m. y f. Pesado, fastidioso; que obra mal. (Ec.): «No ve cómo el rosca* del tal doctor Tupatauchi ha echado a perder el proyecto de los casinos en la laguna? Se ha de haber movido duro y feo la longa* posmona de la hermana.» (G. A. Jácome, *Porqué se fueron las garzas*, 81) = CONSULTAS

posta. (1) f. Centro, puesto, servicio de urgencia. (Perú, Ch.): «Cada vez que el Prefecto o el Diputado prometen una escuela o una posta sanitaria, el optimismo de la Municipalidad reserva un terreno.» (M. Scorza, *Redoble por Rancas*, 194) = «Eran tan frecuentes las corridas a la posta del Hospital de San Antonio (...).» (A. Skármeta, *Ardiente Pacien-*

cia, 144) = CONSULTAS **(2)** f. Corte de carne de vaca o de cerdo sin hueso y sin grasa. (CR): «1 kilo (...) costilla de res*, alipego <corte de carne magra con partes de pellejo> o posta de ratón <músculo> de res (...).» (F. de Echandi, «Receta de olla de carne moderna», en: *Cocinando con Florita,* I, 17) = CONSULTAS **(3)** adj. inv. Muy bueno; hablando de una mujer, hermosa. (CR, Arg.): «Vea, doncito*. Si usté quiere mover el esqueleto esta noche, yo lo llevo a un bateo* bien tuanis <estupendo> donde hay unos pollos* posta.» (H. Elizondo Arce, *Memorias de un pobre diablo,* 76) = «–¡Qué señora posta tiene fulano!» (R. Arlt, *Entre crotos y sabihondos,* 25) = CONSULTAS = GOBELLO = CASULLO

poste. f. **poste restante.** fr. Lista de correos. (Par. = Ur. y Arg.): «Mis primeros pasos ganados en el correo, trabajando de cartero y, luego, como auxiliar de poste restante (...).» (H. C. Sosa Tenaillon, *Cincuenta años después,* 19) = CONSULTAS

postre. m. **postre del vigilante.** fr. Véase **martín* fierro.**

postrera. f. Última leche ordeñada de una vaca; contiene más grasa, y suele reservarse para tomarla al mediodía. (CR = Col. y Ven.): «(...) un pichel lleno de postrera amarillita y acabada de ordeñar (...).» (C. Lyra, *Cuentos de mi tía Panchita,* 39) = QUESADA = GAGINI = ARROYO = FILIPPO = HAENSCH y WERNER = SOPENA = TEJERA

postular. v. **postularse.** prnl. Presentarse como candidato. (Ch. = Arg.): «Ante una inmensa y alegre multitud, hablé yo para renunciar y Allende para postularse.» (A. Skármeta, *Ardiente Paciencia,* 69) = CONSULTAS

postura. f. **(1)** Vestimenta completa, muda. (Ec.): «–(...) dio <el patrón> postura nueva para qui <que> vayamus <vayamos> a misa los dumingos <domingos>.» (G. Bueno, *Siembras,* 62) = CONSULTAS = JARAMILLO DE LUBENSKY **(2)** Las veces que uno se pone o puede ponerse una prenda antes de que sea necesario lavarla. (Arg. = Ur.): «Y vestido blanco última vez en mi vida que me hago uno, lavarlo cada tres posturas si es la semana que no está Yamil, si está Yamil ya dos posturas queda la cintura toda marcada (...).» (M. Puig, *La traición de Rita Hayworth,* 124) = CONSULTAS

potencia. f. Agrupación, sociedad secreta de la secta ñáñiga. (Cuba): «Andrés Petit con ese dinero libertó a unos esclavos de su potencia.» (L. Cabrera, *La sociedad secreta abakuá,* 53) = CONSULTAS = SANTIESTEBAN (véase también **tierra**)

potranquear (o: **potranquiar).** intr. Jugar comportándose como potros; dar saltos, latidos o golpes. (Guat., Ec.): «A las niñas les hace mal el ácido –sermoneaban sus tías en el hotel– quedarse con los pies húmedos y andar potranqueando.» (M. A. Asturias, *El señor presidente,* 81) = «Mi corazón se ponía a potranquiar (...).» (G. A. Jácome, *Porqué se fueron las garzas,* 18) = CONSULTAS

potreador. adj. Véase **nudo* potreador.**

potrear. tr. Dar una paliza a alguien. (Guat. = Perú): «(...) potreó a mis paisanos, los puso en cintura, se repaseó* en ellos y de no ser madre acaba con todos.» (M. A. Asturias, *El señor presidente,* 223) = MORÍNIGO

potreraje. m. Potrero, dehesa; hecho de hacer pastar animales en un potrero. (Ec.): «(...) nosotros teníamos derecho a potreraje para nuestros pocos animalitos (...).» (G. A. Jácome, *Porqué se fueron las garzas,* 269) = SOPENA = CONSULTAS

potrero. m. **mandar al otro potrero.** fr. Mandar al cementerio, matar. (CR): «(...) ahora si le zampo la multa palabra que me manda al otro potrero en un decir amén.» (M. Salguero, *Agencia de policía,* 36) = CONSULTAS.

potro -illo. m. Canoa pequeña. (Ec. = Col.): «–Ahí en esa caletita meté el 'potro'. Yo me salto aquí.» (N. Estupiñán Bass, *Cuando los guayacanes florecían,* I, 89) = «Una caja vacía, un potrillo de buena madera, al garete, sin dueño, y el techo del rancho de un miserable montañero*, les hacían sospechar a ambos la presencia de algún ahogado.» (A. Ortiz, *Juyungo,* 157) = CONSULTAS = MALARET (quien recoge la forma **potrillo**) = HAENSCH y WERNER

pozo. m. Hoyo en el suelo o piso. (Arg. = Ur.): «Vislumbraba los detalles del aposento: las desparejas paredes de barro; el techo de paja, quebrado en partes; el piso de tierra lleno de jorobas y pozos.» (R. Güiraldes, *Don Segundo Sombra,* 99) = CONSULTAS

pradista. adj.; ú. t. c. adj. Partidario del presidente Prado. (Perú): «(...) vino una elección presidencial. Montero y Prado dividieron a Piura en dos bandos (...). Los Seminario aparecieron pradistas (...).» (E. López Albújar, *De mi casona,* 75) = CONSULTAS

prado. m. Danza antigua de pareja. (Arg.): «De su memoria saqué estilos, versadas y bailes de dos, e imitándolo llegué a poder escobillar un gato o un triunfo y a bailar una huella o un prado.» (R. Güiraldes, *Don Segundo Sombra,* 63) = CONSULTAS = VERDEVOYE

precario. m. Tugurio. (CR): «La actual administración ha invertido hasta el momento 4 mil millones de colones, por medio de la CEV, en la erradicación de precarios, que, hasta la fecha suman 131 en la Gran Area Metropolitana.» (E. Mora, «Precarismo* pierde fuerza», en *La Nación*, 23/2/1992) = CONSULTAS

precarismo. m. Apropiación ilegal de un terreno. (CR y otros): «Se ha erradicado muchísimo el precarismo porque la gente sabe que puede optar más fácilmente por una casa dialogando.» (E. Mora, «Precarismo pierde fuerza» en: *La Nación*, 23/2/1992) = CONSULTAS (véase también **precarista**)

precarista. adj.; ú. t. c. m. y f. Persona que se instala en un terreno ajeno o libre y se lo apropia; en lenguaje urbano, vecino de un precario*. (CR): «Una vez el precarista la había dicho: 'Don Federico, usted siquiera tiene amigos, influencias, pero yo?» (J. Gutiérrez, *Murámonos Federico*, 124) = «La zona está poblada de agitadores (...), precaristas de todo tipo.» (Q. Duncan, *Final de calle*, 29) = «En un terreno aledaño que ocupan los precaristas, un contingente de la Guardia de Asistencia Rural (GAR) integrado por unos 60 efectivos, esperaba ayer una orden para ejecutar el desalojo.» (R. Moya, «Tensa situación por precaristas en Guápiles», en: *La Nación*, 10/8/1991) = CONSULTAS (véase también **precarismo**)

precinto (o: **prescinto**). m. Comisaría. (Cuba): «Salimos de nuevo y encontramos el café y por la gente del café, la dirección del prescinto donde se habían llevado al mendigo acusado de robo (...). No estaba allí. El policía lo había soltado en la puerta, ante las bromas de los otros policías (...). / (...) Algunos le llaman, americanizados, Mody. Son los que dicen The Bastill cuando pasan una noche en el precinto (también anglicismo) o un drink of hydrohoney y bailan country-dance, adelantados a su tiempo.» (G. Cabrera Infante, *Tres tristes tigres*, 184 y 366) = CONSULTAS

precisa. f. **(1)** Prisa, urgencia. (CR = Nic.): «Tenía un trabajo'e mucha precisa y me fui oscuro todavía.» (C. L. Fallas, *Gentes y gentecillas*, 176) = «Debo de habérselo metido por la jeta, o por el ojo. Tengo alguna puntería. Para lo que no sirvo es para la desolladura. ¿No ven qué chambonada? Le ensarté el cuchillo en dos o tres lugares. Bueno, también era la precisa. Y a oscuras.» (F. Dobles, *Historias de Tata Mundo*, 142) = GAGINI = ARROYO = CONSULTAS = RABELLA y PALLAIS **(2)** Recomendación, palanca; información reservada. (Par. = Arg.): «No se sabe nada de nada <en la vida>. En esta carrera, nadie tiene la precisa.» (A. Roa Bastos, *El baldío*, 14) = CASULLO = GOBELLO

precisado -a. p. adj. Urgido, apurado, impaciente. (CR = Nic.): «Qué hombre más precisado; ¿por qué tanta carrera?» (M. Salguero, *Agencia de policía*, 47) = «Pero no es porque yo esté precisado, ni porque desee que se haga otra cosa que la que a ti te plazca y convenga. Pero escucha: me da pena que pasen las semanas y no se le haya podido dar respuesta.» (A. Cañas, *La Segua*, 50) = QUESADA = GAGINI = CONSULTAS = RABELLA y PALLAIS

precisar. tr. Urgir. (Guat. = Nic., CR): «–Decile, por vida tuya, que si me quiere recibir, que le traigo una ordencita que me precisa mucho.» (M. A. Asturias, *El señor presidente*, 150) = CONSULTAS = RABELLA y PALLAIS

prenda. f. **(1)** Amuleto al que se atribuye un poder particularmente importante. (Cuba): «El mejor de los resguardos* se hace con piedrecitas. Rellenando una bolsita de cuero fino y colgándosela del pescuezo basta. Lo que no se puede hacer es abandonarla. Hay que darle comida a cada rato, como a las personas. La comida la ordena el dueño de la prenda, que es quien pone los resguardos. Casi siempre se alimentan de ajo y ají guaguao.» (M. Barnet, *Biografía de un cimarrón*, 122) = «–Petit fue a Roma. Habló con el Papa y con los Cardenales; se sentó a su mesa, y de Roma fue al Monte de los Olivos y allí cortó una rama para fundamentar su Prenda.» (L. Cabrera, *La sociedad secreta abakuá*, 35) = CONSULTAS **(2) Prenda.** f. Templo de una religión afrocubana. (Cuba): «En tiempos de epidemia, o 'cuando algo malo viene', el *taita nganga* convoca a todos los 'hijos de la Prenda', y cada uno recibe su grano de maíz, lo guarda en un saquito de tela roja y se lo amarra al cuello.» (L. Cabrera, *La medicina popular de Cuba*, 158) = CONSULTAS **(3) prendas.** f. pl. Objetos personales. (Perú = Ur. y Arg.): «–Vengo a sacar mis prendas, mi teniente. –¿Por qué? –repuso el oficial–. Usted está en el calabozo por orden de Gamboa.» (M. Vargas Llosa, *La ciudad y los perros*, 288) = CONSULTAS

prender. tr. **(1)** Encender, conectar; poner en marcha un vehículo de motor o un aparato eléctrico. (PR = Cuba, Col. y Arg.): «Bajo y ya está Paul prendiendo el carro.» (A. L. Vega, *Pasión de historia*, 27) = SANTIESTEBAN = HAENSCH y WERNER = CONSULTAS **(2) prendérsele a** uno. prnl. Agredirle. (Perú): «Por ejemplo el poeta es otra persona y nadie se le prende ni le dice nada, como si fuera normal verle cara de ahuevado.» (M. Vargas Llosa, *La ciudad y los perros*, 227) = BENDEZU

preparo. m. Trabajo o fórmula mágica. (Cuba): «Se ha dado el caso muchas veces de sirenas que se han llevado a los hombres, que los han metido debajo del mar. Tenían preferencia con los pescadores. Los bajaban y, después de tenerlos un cierto tiempo, los dejaban irse. No sé qué *preparo* hacían para que el hombre no se ahogara.» (M. Barnet, *Biografía de un cimarrón*, 113) = CONSULTAS

presa. f. **(1)** Gallo que pierde en la riña. (PR): «Al pobre herido se le llenó el buche de sangre y de vez en cuando bajaba el pico hasta dar con él en el suelo. Le salía una intermitente e incontenible hemorragia por el pico. La gente se desternillaba gritando. Y de pronto el vencido quedó muerto. Su dueño se puso a gritar: / –¿Cuánto dan por la presa?» (E. Laguerre, *La llamarada*, 137) = SOPENA **(2)** Grupo, tropa. (CR): «Al abrir la puerta, se le vino encima una presa de gallinas que esperaban su comida.» (C. L. Argüello, *Cuentos de Sábalo Grande*, 78) = CONSULTAS

presada. f. Cierta jugada de dados. (Hond.): «El otro (...) tira los dados ante la expectación general. / –¡Presada de cincos!» (R. Amaya Amador, *Prisión verde*, 173) = CONSULTAS

prescinto. m. Véase **precinto.**

presenta(d)o -a. p. adj. Entrometido. (PR): «(...) y cuidao si no le da con empañetarlos <enlucir, rodear de cemento> a ustedes dos también por presentaos.» (A. L. Vega, *Pasión de historia*, 77) = MAURA = CLAUDIO DE LA TORRE

presilla. f. Charretera. (Par.): «Presillas no había. Botas tampoco. Lo único disponible eran polainas.» (H. C. Sosa Tenaillon, *Cincuenta años después*, 89) = SANTAMARÍA DGA = MORÍNIGO

presión. f. Tensión arterial. (Perú, Arg. = Méx. y otros): «El Prefecto, que se dominaba para no abofetear al mequetrefe, recordó su presión.» (M. Scorza, *Redoble por Rancas*, 146) = «(...) y después la madre supo que estaba jodido de la presión en Buenos Aires y lo fueron a buscar y está en la cama (...).» (M. Puig, *La traición de Rita Hayworth*, 168) = CONSULTAS

preso. m. **marchar preso.** fr. Tener que dar la razón a otro en una discusión. (Ur.): «–Usted, que tiene tantas relaciones ilustres en París, ¿no podrá conseguir alguno que escriba gratis? (...) –Tenemos que superar ese estilo provinciano, amiguista. Hoy el periodismo debe ser profesional para que sea eficaz (...). Tenía razón, y yo marchaba preso.» (H. Alfaro, *Por la vereda del sol*, 155) = CONSULTAS

prestar. tr. **(1) presta** (o: **prestá**, o: **preste**). imperat. tr. Dame, o déme. (Méx., Guat.): «–Una contraseña de una caja de seguridad en el Banco de Londres. –A ver, préstela. El licenciado pasó el cartoncillo verde a su amigo (...).» (P. I. Taibo II, *Sombra de la sombra*, 192) = «Ponga por aquí el vas...ito; en esta mesa lo vamos a poner; preste, démelo.» (M. A. Asturias, *El señor presidente*, 165) = CONSULTAS = SANTAMARÍA DGA **(2) prestarse.** prnl. Llevarse en préstamo, pedir prestado. (Perú = Méx., Am. Centr., Ven., Col. y Par.): «Y entonces me acordé que ella se había prestado una vez del panadero un chiste* para leer las historietas.» (M. Vargas Llosa, *La ciudad y los perros*, 237) = «–El gordo no me dejó llevarme ni un centavo –se quejó ella–. El barrigón de mierda ése. No estaba robándole, sólo prestándome algo para llegar a Lima. No tengo un centavo.» (M. Vargas Llosa, *Lituma en los Andes*, 34) = MORÍNIGO = CONSULTAS

preste. m. Persona que preside una fiesta religiosa, y/o está encargada del festejo. (Bol.): «Acto continuo el *preste* cogió una botella de licor de durazno, y sirviendo la primera copa se la ofreció a Choquehuanca (...). Seguidamente fueron bebiendo los demás, y muy pronto, como de costumbre, se entregaron a la más loca de las orgías (...).» (A. Arguedas, «Wuata Wuara», en: *Raza de bronce*, 382) = MUÑOZ REYES

presumir. tr. Enamorar a alguien ostentando su traje, su persona, sus relaciones. (Méx. = Bol. y Arg.): «(...) fui a presentarle a la muchacha, un poco por presumirla y otro poco para que él <Euremio Cedillo> se decidiera a apadrinarnos la boda (...).» (J. Rulfo, *El llano en llamas*, 160) = MORÍNIGO

pretil. m. **(1)** Borde de una acera. (Méx., Col., Bol.): «Allí estaba ya el pueblo. (...) Tuvo la impresión de que lo aplastaba el peso de su hijo al sentir que las corvas se le doblaban en el último esfuerzo. Al llegar al primer tejabán < tejavana>, se recostó sobre el pretil de la acera y soltó el cuerpo (...).» (J. Rulfo, *El llano en llamas*, 150) = «Un hilo de sangre salió por debajo de la puerta, atravesó la sala, salió a la calle, siguió en un curso directo por los andenes <aceras> disparejos, descendió escalinatas y subió pretiles, pasó de largo por la Calle de los Turcos (...).» (G. García Márquez, *Cien años de soledad*, 118) = «(...) se va otra vez frustrado, fracasado para detenerse en el pretil de la vereda <acera> y no sabe, de nuevo, dónde dirigirse (...).» (R. Poppe, *Después de las calles*, 141) = SANTAMARÍA DGA = HAENSCH y WERNER = MORÍNIGO **(2)** Borde reforzado de algo. (Col.): «Después impartió una bendición episcopal, tropezó en el pretil de la puerta y salió dando tumbos.» (G. García Márquez, *Crónica de una muerte anunciada*, 112) = MORÍNIGO **(3)** Poyo de piedra o ladrillos. (Perú = Méx. y Ven.): «A veces prefería quedarme en el zaguán, (...), arrinconado, hecho un ovillo, en alguno de los pretiles del patio, o detrás de la verja (...).» (E. López Albújar, *De mi casona*, 115) = MORÍNIGO

previa. f. Asignatura pendiente que se deja para el curso siguiente. (Col. = Ur. y Arg.): «La adolescencia está demasiado llena de previas, de fogueos, de exámenes, de tareas, de fórmulas de física, de tablas de elementos químicos, de coordenadas polares y de teoremas de Pitágoras, como para que sea agradable.» (D. Samper Pizano, *A mí que me esculquen*, 335) = CONSULTAS

prieta. f. Morcilla. (Ch. < CR): «Venían con kilos de chunchules <yeyunos de vacuno>, prietas, longanizas, y una damajuana de quince litros de vino, aparte de las cervezas que ya traían puestas <ingeridas>.» (J. Gutiérrez, *Te acordás hermano*, 37-38) = CONSULTAS = MORÍNIGO

prima. f. **(1) alzar** (o: **subir**) **la prima.** fr. Estirar la cuerda más aguda de la guitarra; fig., subir el tono, cargar la fuerza de expresión con palabras mordaces. (Arg. = Ur.): «(...) y no se sorprienda naides / si mayor fuego me anima; / porque quiero alzar la prima / como pa tocar al aire*.» (J. Hernández, *Martín Fierro*, II, versos 111-114) = SANTAMARÍA DGA = ABAD DE SANTILLÁN = CONSULTAS **(2) de primas a primera.** fr. De buenas a primeras. (Guat.): «Y la patrulla, por cambiar de paso, la tomaba de primas a primera contra un paseante cualquiera.» (M. A. Asturias, *El señor presidente*, 56) = CONSULTAS

primera. f. **(1)** En el juego de béisbol, cierta posición del campo. (Rep. Dom. = Cuba): «(...) aquella insistente cojera (...) que sin embargo no te impedía correr de home* a primera.» (R. del Risco Bermúdez, «Ahora que vuelvo, Ton», en: J. Alcántara, *Antología de la literatura dominicana*, 131) = CONSULTAS = SANTIESTEBAN **(2) a la primera.** fr. Ya desde la primera vez. (Ec.): «Contaban que a la primera les <las> besaban <a las chicas> tras las esquinas, en los zaguanes de sus casas, en los callejones, en el cine.» (G. A. Jácome, *Porqué se fueron las garzas*, 35) = CONSULTAS

primero Dios. fr. Véase **Dios.**

primiciero. m. En el siglo XX, el encargado de cobrar el diezmo para la Iglesia. (Ec.): «En chagritas <alquerías> entran nomás* primicieros, cuentan diez guachos <surcos> y cosechan uno, en chogllitos <mazorcas tiernas de maíz>, en maicito, en cebadita, en alverjita y si queremos mezquinar, Taitacura nuha <no ha> de bautizar (...).» (G. A. Jácome, *Porqué se fueron las garzas*, 59) = CONSULTAS

primíparo. m. Principiante, novato. (Col.): «Acababa de graduarse <el instructor del sumario>, y todavía llevaba el vestido de paño negro de la Escuela de Leyes, y el anillo de oro con el emblema de su promoción, y las ínfulas y el lirismo del primíparo feliz.» (G. García Márquez, *Crónica de una muerte anunciada*, 157) = CONSULTAS

principal. m. Latifundista. (Perú): «Entonces los hacendados se peleaban porque las carreteras pasaran por sus fincas. Y las carreteras que los ingenieros trazaban, casi siempre daban vueltas, entraban a las quebradas, rompiendo las peñas y roquedales, en meses de meses, a veces en años, porque el camino entrara a las haciendas de los principales.» (J. M. Arguedas, *Yawar Fiesta*, 76) = CONSULTAS

pringamoza (o: **pringamosa**). f. Cierta planta que escuece la piel y cuyas flores, de color violeta, tienen propiedades medicinales. (PR): «Iban guiados por un muchacho sucio, de unos catorce o quince años, con unos pies duros, a prueba de *pringamoza* y *moriviví**.» (E. Laguerre, *La llamarada*, 59) = MAURA

pringapié. m. Diarrea. (El Salv. = CR): «Qué rico el guaro <aguardiente> (...), es bueno hasta para los callos y la caspa y el salpullido y el pringapié (...).» (R. Dalton, *Pobrecito poeta que era yo...*) = CONSULTAS

pringue (o: **pringuito**). m. Pizca, pequeña cantidad de algo. (CR): «Y Juan, que no tenía pringue de malicia, le soltó: –¡Viera, viejo, lo que traigo!» (C. Lyra, *Cuentos de mi tía Panchita*, 43) = «Que dice mamá que si le puede prestar una media libra'e frijoles y un pringuito'e sal.» (C. L. Fallas, *Gentes y gentecillas*, 189) = QUESADA = CONSULTAS

priostazgo. m. Hecho de apadrinar una fiesta religiosa. (Ec.): «Yo, el hijo del sol, rebajado en priostazgos de un dios huayrapamushca <extranjero>, yo, esclavo de su incienso (...).» (G. A. Jácome, *Porqué se fueron las garzas*, 230) = CONSULTAS = JARAMILLO DE LUBENSKY (véanse también **cargo, pasada* de cargo** y **prioste**)

prioste. m. Padrino de una fiesta religiosa, persona que costea los gastos de la misma, ya porque lo ha reclamado, ya porque se le ha designado. (Ec.): «(...) estos afligidos son los obligados priostes de San Luis Obispo que el 19 de agosto en punto alborotan la paz del año entero con volaterías*, camaretas <petardos>, banda de músicos y un mes de borracheras, todo bajo la bendición del párroco, pastor al pie de la letra, quien los deja bienaventuradamente trasquilados.» (G. A. Jácome, *Porqué se fueron las garzas*, 73) = «*Su único esparcimiento* <del indígena> *es la fiesta, cuando le nombra el Cura, prioste, sin que él lo sepa.... Para llevarla a cabo, tiene que robar ganado* (...).» (A. Andrade Chiriboga, *Espigueo*, IV, 115) = «El cura párroco designa priostes para la fiesta de tal o cual santo. La designación se hace con un año de anticipación a fin de que el prioste o padrino de la fiesta tenga tiempo para acumular dinero –prestado o como fuese–, especies y bebidas para la sagrada festividad, de la que, según la Iglesia, saldrá con altísimo mérito ante Dios; a la vez que habrá aumentado su respetabilidad dentro de la sociedad.» (J. Galarza Zavala, *El yugo feudal*, 86-7) = CONSULTAS = TOBAR DONOSO = MALARET = MORÍNI-

GO (quienes recogen la fr. **prioste sin plata**, que designa a la persona que anda muy afanosa) (la forma femenina **priosta** existe pero es poco usada) (véase también **pasar el cargo*** y **priostazgo**)

prisco -a. m. y f. Preso, detenido. (Guat.): «–Una machada de los muchachos. Le dieron una gran vergueada* al Ingeniero Castillo Ibargüen porque no los dejaba rebasar. No sólo <esto> sino que se lo trajeron prisco.» (D. Liano, *el hombre de Montserrat*, 71) = RUBIO

privada. f. Sueño muy profundo. (CR): «Emeterio se arrecostó en la banca del corredor y como seguro no había dormido bien, se dio la gran privada.» (M. Salguero, *Agencia de policía*, 24) = CONSULTAS

privar. v. **(1)** tr. Volverse loco, enloquecer. (Ec.): «No digo que soy bonita, / Ni yo niego mi color; / Pero con mi colorcita / Hago privar al mejor.» (J. L. Mera, *Cantares del pueblo ecuatoriano*, I, 138) = CONSULTAS **(2) privarse –1.** prnl. intr. Desmayarse, perder el conocimento; dícese del gallo de riña cuando ha recibido un espuelazo, las más veces en la cabeza. (PR = Ven.): «La primera pelea que presenciamos duró bastante, porque uno de los gallos 'se privó' y para 'volverle' hubo de apretarle el dedo mayor, morderle la cresta y la rabadilla unas cuantas veces.» (E. Laguerre, *La llamarada*, 137) = DÍAZ MONTERO (quien recoge el p. adj. **privado** con este sentido) **(3) privarse –2.** prnl. intr. Quedarse profundamente dormido; estar profundamente dormido. (Guat., CR = Nic.): «Se adormeció más vencido por el sufrimiento que por el sueño. Los demás temían que se había muerto. Pero no. Se privó con el calorón de la tarde que no llegaba nunca a refrescar del todo.» (M. A. Asturias, *Viento fuerte*, 12) = «Al fin del cuento se privó y entonces el otro aprovechó la oportunidad para quitarle el burro y cambiárselo por otro muy parecido.» (C. Lyra, *Cuentos de mi tía Panchita*, 44) = «Mi agüelo iba bien arrollao <arrollado> en su cobija, sentao en unos sacos, bien privao.» (C. L. Fallas, *Gentes y gentecillas*, 305) = QUESADA = ARROYO = CONSULTAS = RABELLA y PALLAIS

probana. f. **(1)** Muestra que las vendedoras obsequian en el mercado a los clientes potenciales para que éstos puedan probar la mercancía. (Ec.): «–Caseritaaa <clienta>. Tome la probana. / –Rico está. (...) / –Dejen que pruebe.» (J. Icaza, *Huasipungo*, en: *Obras Escogidas*, 144) = CONSULTAS **(2)** En general, primera experiencia agradable que incita a repetirla. (Ec.): «En el callejón mismo me contó lo que había leído. Con semejante probana, desde ese rato nos pusimos a leer. Esa noche leímos hasta que se acabó el querosín <queroseno> del mechero*.» (G. A. Jácome, *Porqué se fueron las garzas*, 124) = CONSULTAS **(3)** Relaciones sexuales antes del matrimonio. (Ec.): «Las gringas y los longos* coinciden: las unas, con eso del sexo libre y 'haz el amor y no la guerra'; los otros, con la costumbre aborigen de primero dar la probana.» (G. A. Jácome, *Porqué se fueron las garzas*, 62) = CONSULTAS

procurar. tr. Buscar la compañía de alguien. (Méx. y Car.): «Por su parte, la muchacha no los procuraba para nada. Llegaba y salía de la casa. Desaparecía unos días. Volvía. Volvía a desaparecer, sin que nunca los viera ni ellos a ella.» (J. Rulfo, «El gallo de oro», en *Toda la obra*, 352) = MORÍNIGO

programa. m. Mujer fácil con la que se establece una relación pasajera. (Ur., Arg.): «(...) me di cuenta de que nos queríamos de verdad, de que no eran macanas ni plata ni programa, que yo lo haría mil veces aunque no me regalara nada (...).» (C. Martínez Moreno, *Coca*, 113) = CONSULTAS = CASULLO = GOBELLO = CHIAPPARA = TERRERA

prohijar. tr. Engendrar. (Arg.): «El zaguán, más tarde, los patios de las imprentas, el vicio fomentado, prohijado por el ocio, el cigarro, el hoyo*, la rayuela y los montones de cobre, el naipe roñoso, el truco* en los rincones.» (E. Cambaceres, *En la sangre*, 71) = CONSULTAS

proliferar. tr. Engendrar en gran cantidad. (Bol. = Ur.): «La ciudad minera prolifera muerte y una vez más se cumplirá el designio.» (F. Medina, *Los muertos están cada día más indóciles*, 94) = CONSULTAS

promedio. m. Beneficio. **no rendir promedio.** fr. No rendir nada, ser un(a) inútil. (PR): «Ahora el mayordomo se agiganta, empuña una larga garrocha y se la hunde en el pecho haciéndolo sangrar: / –Joiss, buey negro, tú estás viejo, tú no rindes promedio.» (A. Díaz Montero, *Terrazo*, 27) = CONSULTAS = MAURA (quien recoge la fr. **dar promedio** con el sentido de 'dar provecho')

promesero -a. m. y f. Peregrino que ha hecho una promesa. (Par. = Col. y otros): «Con la romería de los peregrinos llegó la caterva de vendedores ambulantes, loteros, galleros (...). Diseminados entre el gentío o acantonados en sus toldos de lona, continúan tirando el anzuelo a los promeseros a grito pelado, pelándolos de lo que ya no tienen.» (A. Roa Bastos, *El baldío*, 59) = «Conteste la carta del obispo y dígale que la sequía es un castigo por la desobediencia a la legítima autoridad y que envíe promeseros, conferencistas, predicadores y profetas que muestren con sus artes la conveniencia de someterse a una vida social normada.» (J. Aymar, H. Duarte y M. Azuaga, *Rasmudel*, 35) = SANTAMARÍA DGA = HAENSCH y WERNER = SOPENA

pronto. adv. **tan pronto.** fr. Tan pronto como, en cuanto. (Arg. = Ur.): «Tan pronto fueron aprehendidos partió el tren.» (M. Puig, *Boquitas pintadas*, 190) = CONSULTAS

prontuariar. tr. Hacerle ficha policial a alguien. (Arg.): «(...) está en cana <la cárcel>, prontuariado como agente'e la camorra, / (...).» (E. S. Discépolo, «Chorra*», en: J. Barreiro, *El Tango*, 176) = SOPENA (véase también **prontuario**)

prontuario. m. Ficha policial que recoge los datos relativos a una persona. (Arg. = Ur.): «(...) y tu chanza mejor fue aquel prontuario / por ladrón de gallinas en un corral.» (R. Aubriot Barboza, «As de cartón», en: J. Barreiro, *El Tango*, 170) = SOPENA = CONSULTAS (véase también **prontuariar**)

pronunciados. m. pl. Juego de lotería con figuras. (Guat.): «Sobre la bandera se dibujaban sus manos morenas, como las manos de los campesinos que juegan a los pronunciados en una feria aldeana.» (M. A. Asturias, *El señor presidente*, 206) = CONSULTAS

propina. f. Dinero de bolsillo que los padres dan a los hijos. (Perú): «Podría ir y decirle dame veinte soles y ya veo, (...) pero sería lo mismo que decirle te perdono lo que le hiciste a mi mamá y puedes dedicarte al puterío* con tal que me des buenas propinas.» (M. Vargas Llosa, *La ciudad y los perros*, 171) = CONSULTAS

propio. m. Véase **peón* propio.**

prosa (o: **prosas**). f.; ú. t. en pl. Arrogancia, altanería. (Ec. = Guat., Perú y Ch.): «En aquellos momentos –explosión de prosa gamonal*– se subrayaba en él todo lo grostesco de su adiposa figura (...). / (...) Luis Alfonso sintió que se le relajaba el coraje, que los espejos de cuerpo entero, las cortinas de damasco, los candelabros de plata, los adornos de anémica porcelana, las lámparas de nerviosos cristales –decorado de sus sueños de caballero– se burlaban de sus prosas de juez incorruptible.» (J. Icaza, *El Chulla Romero y Flores*, 3, y 15-16) = MALARET = SOPENA

prosista. adj. inv. en sing. Grave, ceremonioso. (Perú): «Los varayok's saludaban a las niñas <mujeres de alta condición social>, levantando con la mano la falda de sus lok'os <sombreros>. Los cuatro juntos, caminaban prosistas. A tranco largo llegaron a la segunda esquina.» (J. M. Arguedas, *Yawar Fiesta*, 32) = CONSULTAS

protestante. m. y f. Miembro de cualquier organización religiosa, más específicamente cuando éste es de origen norteamericano. (CR): «¿Verdad que los protestantes son unos que andan repartiendo hojas?» (C. Lyra, *Los otros cuentos*, 71) = CONSULTAS

provista. f. Provisiones de un viaje o de un período de tiempo. (Ur. = Par. y Arg.): «Construyó con hojas de palmera su cobertizo (...) dio nombre de cama a ocho varas horizontales, y de un horcón colgó la provista semanal.» (H. Quiroga, *Todos los cuentos*, 80) = MORÍNIGO

pruebas. m. Juegos malabares, o acrobacias de circo. (Ur. = Arg.): «Aquel circo de pruebas en la miseria con sus carretones destartalados, iba a clavar el pico allí.» (E. Amorim, *La carreta*, 8) = VERDEVOYE = CONSULTAS (véanse también **pruebero** y **pruebista**)

pruebero. m. Volatinero o prestidigitador. (Par. y otros): «Con la romería de los peregrinos llegó la caterva de vendedores ambulantes, loteros, galleros, calesiteros, prueberos, contrabandistas, toda la infaltable corte de los milagors de la Virgen.» (A. Roa Bastos, *El baldío*, 59) = CONSULTAS (véanse también **pruebas** y **pruebista**)

pruebista. m. Prestidigitador, malabarista; volatinero. (Ur., Arg.): «Así hizo relación y conoció a los 'pruebistas' de un circo que marchaban hacia el pueblo vecino.» (E. Amorim, *La carreta*, 6) = «El pruebista principal / a enseñarme me tomó, / y ya iba aprendiendo yo / a bailar en la maroma.» (J. Hernández, *Martín Fierro*, II, versos 2.983-6) = VERDEVOYE (véanse también **pruebas** y **pruebero**)

pu. conj. Pues. (Ch.): «–(...) cuando tú dices que el cielo está llorando. ¿Qué es lo que quieres decir?/ –¡Qué fácil! Que está lloviendo, pu'. / –Bueno, eso es una metáfora.» (A. Skármeta, *Ardiente Paciencia*, 22) = CONSULTAS

púa. f. **(1)** Espeto, asador. (Cuba): «A veces, sin sal, cocinado sobre un emparrillado o una púa, un pedazo de carne de caballo o de buey.» (J. Almeida, *El General en Jefe Máximo Gómez*, 106) = CONSULTAS **(2)** Espolón metálico que se pone a los gallos de riña antes de la pelea. (Arg.): «Vinieron los dos dueños con sus respectivos gallos, que se pesaron, colgándolos envueltos en un pañuelo. Después se eligieron las púas, se hizo el depósito de quinientos pesos jugados y cada cual salió a calzar su campeón.» (R. Güiraldes, *Don Segundo Sombra*, 84) = MORÍNIGO **(3)** Aguja de tocadiscos. (Arg. = Ur.): «Aquí el Personaje, cayendo en un triste desvarío, se puso a canturrear su Tema de los Lápices 'con la insistencia de una púa de fonógrafo en un disco rayado', según declaró Schultze más tarde (...).» (L. Marechal, *Adán Buenosayres*, 604) = VERDEVOYE = CONSULTAS

puazo (o: **puaso**). m. Golpe que da un gallo de pelea con el espolón. (Arg. = Par. y Ur.): «(...) el bataraz <gallo de plumas grises y blancas>, cuando se sentía picado en las plumas del cogote, zafaba el encontrón echando casi al suelo la cabeza, de modo que los puazos pasaran por encima, sin herirlo.» (R. Güiraldes, *Don Segundo Sombra*, 85) = SAUBIDET = MORÍNIGO

pucha. f. **(1)** Ramillete de flores –especialmente el que llevan las novias durante la ceremonia nupcial. (PR, Cuba): «(...) pucha de miosotis, pucha de hortensias (...).» (L. R. Sánchez, *La Guaracha del Macho Camacho*, 44) = «Para bailar el zapateo las mujeres se vestían con holán de hilo muy fino y se ponían puchas de flores en la cabeza; de flores finas, nada de silvestres.» (M. Barnet, *Biografía de un cimarrón*, 71) = MAURA = MALARET = ORTIZ = SANTIESTEBAN **(2) ¡pucha!** (o: **¡puchas!**, o: **la pucha!**, o: **¡a la pucha!**). interj. eufem. de /¡puta!/, que se usa para ponderar la calidad o la intensidad de algo. (Par., Ch., Ur., Arg. = Col. y otros): «–(...) ¡La pucha con este calor! Y el locro de las doce todavía está lejos... (A. Roa Bastos, *El baldío*, 49) = «–Puchas que está aburrido esto...» (J. Donoso, *El lugar sin límitas*, 144) = «–¡Sabe que es muy gracioso, amigaso <amigo>, muy gracioso!... ¡La pucha que había sido vivo usté!... (...) ¡Pucha que me voy a rair <reír> con esa treta!» (E. Amorim, *La carreta*, 24) = «Garufa, / ¡pucha, que sos divertido!» (R. Fontaina y V. Soliño, «Garufa», en: J. Barreiro, *El Tango*, 183) = GOBELLO = CONSULTAS = HAENSCH y WERNER (se usa también **puchacai** en Ch. con el mismo valor; véase también **puches**)

¡puchacai! interj. Véase **pucha.**

pucherear. intr. Hacer pucheros; lloriquear. (Col., Arg. = Ur.): «(...) y qué aburrimiento oírla pucherear tesorito con la cara avinagrada (...).» (E. Rosero Diago, *El incendiado*, 52) = «–Hace ocho días justos que no viene a 'La Hormiga de Oro' –pucheréó ella.» (L. Marechal, *Adán Buenosayres*, 93) = VERDEVOYE = CONSULTAS

puches. interj. Eufemismo por /¡puta!/ –véase también **pucha*.** (Guat.): «Y volvió a pensar: –Puches– cuando sintió que algo como sanguaza mojaba su pantalón (...).» (L. de Lion, *El tiempo principia en Xibalbá*, 84) = ARMAS

pucho. m. **(1)** Cigarrillo. (Bol., Ur., Arg. = Col. y Perú): «(...) después de tener la cajetilla de cigarrillos en la mano, golpeando al índice hizo que salieran hasta la mitad. –¿Quieren puchos? –ofreció con voz cansada, monótona.» (R. Poppe, *Después de las calles*, 14) = MORÍNIGO = MUÑOZ REYES = CONSULTAS = HAENSCH y WERNER **(2)** Puñado. (CR = Nic. y Col.): «Pero yo sí te digo que lo que quisiera es agarrar un buen pucho de verdes* e irme un tiempo fuera, hasta Panamá, mientras se calma la cosa...» (A. Chase, *Ella usaba bikini*, 103) = CONSULTAS = RABELLA y PALLAIS = FILIPPO **(3) de a puchos** (o: **de a puchitos**). fr. A puchos, poco a poco. (Arg.): «Don Sixto Gaitán, hombre seco como un bajo salitroso y arrugado como lonja* de rebenque, venía dándonos, de a puchitos, datos sobre la hacienda.» (R. Güiraldes, *Don Segundo sombra*, 95) = CONSULTAS = GOBELLO = VERDEVOYE (quien recoge **a puchitos**) **(4) en el mismo pucho.** fr. Sin interrupción. (Arg. = Ur.): «Y el cantor que se presiente <presente>, / que tenga o no quien le ampare, / no espere que yo dispare* / aunque su saber sea mucho; / vamos en el mesmo pucho / a prenderle hasta que aclare.» (J. Hernández, *Martín Fierro*, II, versos 3.959-64) = CONSULTAS **(5) un pucho (de).** Casi nada (de); un resto de. (Bol., Arg.): «–No te cobraré nada –le dijo–, porque pago un pucho de alquiler. Es pequeño el cuartito, pero hay para ambos.» (J. Lara, *Yanakuna*, 207) = VERDEVOYE = GOBELLO

pudridora. f. Cierta serpiente venenosa (*Bothrops atrox*) de las zonas bajas y húmedas. (Ec. = Col.): «–¿No será mal de pian, esta *lora**? / –No, no es así la buba. Yo la tengo bien conocida. Más bien creo que es la pudridora que le ha picao en algún desmonte. / –Si es así, voy a tener que buscarme un curandero.» (A. ORTIZ, *Juyungo*, 103) = «Y el viejo <curandero> siguió silbando... Y vino la capitana*, y me pasó y repasó como la equis*... Y vino la coral*, y vino la papagallo*, y vino la berrugosa*, (...), y vino la pudridora, y vino la pastilla*, y vino la pichindé, y se pasearon lo que quisieron encima de mi espalda y se jueron <fueron>...» (N. Estupiñán Bass, *Cuando los guayacanes florecían*, I, 117-118) = CONSULTAS = HAENSCH y WERNER

puebla. f. Tejido muy ordinario. (Ec.): «Venía pálido y mojado, vistiendo un pantalón de 'puebla' descolorido y parchado, y una camisa remendada.» (N. Estupiñán Bass, *Cuando los guayacanes florecían*, II, 74) = CONSULTAS

pueblerino -a. adj.; ú. t. c. s. m. y f. Que habita en un pueblo. (Ch. y otros): «(...) el juego propuesto por esa pueblerina (...).» (A. Skármeta, *Ardiente Paciencia*, 32) = SANTAMARÍA DGA

puerta. s. **(1)** m. Portero. (Ur.): «(...) al salir al aire tibio de la calle (...) el puerta nos indicó un vehículo del servicio que nos condujo cortésmente al Cilindro Municipal.» (H. Alfaro, *Por la vereda del sol*, 203-204) = CONSULTAS **(2) en puerta.** fr. Dícese de la primera carta que sale después de haber hecho las apuestas en el juego. (Arg.): «(...) copo y se lo gano en puerta: (...).» (J. Hernández, *Martín Fierro*, II, 2.446) = CONSULTAS **(3) (de) puertas-adentro.** fr. Dícese de la criada que duerme en casa de los patrones. (Ec.): «Nunca el poder judicial había caído tan bajo, con una corte de paniaguados presididos por quien se ufanaba televisoramente de ser la muchacha-de-mano de la dictadura, puertas-adentro y todo-servicio.» (G. A. Jácome, *Porqué se fueron las garzas*, 159) = CONSULTAS

puertear, portear. intr. Salir, tomar la puerta. (Arg.): «Que en puertiando la primera, / ya la siguen las demás (...).» (J. Hernández, *Martín Fierro*, I, versos 1.891-2) = SANTAMARÍA DGA

puesta. f. **puesta del rosario** (o: **de los rosarios).** fr. Ceremonia con la que se celebra la conformidad de las dos familias cuyos hijos van a casarse un mes más tarde. (Ec.): «(...) <llámase la ceremonia> rosario churashca o puesta del rosario. El alcalde de la parcialidad coloca un gran rosario de corales y cuentas de cobre con monedas antiguas de plata ensartadas aquí y allá (...). El alcalde bendice a los novios, enseguida el padre de la novia bendice al novio y el padre de éste a la novia.» (A. Buitrón, *Taita Imbabura*, 53) = «El viejo alcalde está en la puesta de los rosarios, costumbre nuestra que la Mila y su novio han querido cumplir.» (G. A. Jácome, *Porqué se fueron las garzas*, 311) = CALVALHO-NETO = CONSULTAS (vése también **rosario**)

puestero. m. En una estancia, peón encargado de un puesto. (Arg. = Ur.): «Los puesteros tal vez se decidieran también al viajecito para hacer alguna compra necesaria.» (R. Güiraldes, *Don Segundo Sombra*, 33) = VERDEVOYE = CONSULTAS

puesto. (1) darse puesto. fr. Tomarse el tiempo, remolonear. (PR): «–Además, uno no se puede dar mucho puesto; el hombre está baratísimo, tan barato como el percal, y a lo mejor, si se da mucho puesto, se queda sin venta.» (E. Laguerre, *La llamarada*, 84) = «(...) hay que coger guagua <microbus>. Y sábado no es día de semana. Y el chofer se da puesto.» (A. L. Vega, *Pasión de historia*, 56) = «CHAGUITO. – (*Desde afuera)* ¡Juanita! ¡No te des máh puesto, condená!» (R. Marqués, *La carreta*, 47) = CONSULTAS **(2) estar puesto -a con** alguien. fr. adj. Estar en buenos términos con un superior. (CR, Ur.): «Empúnchese desde pequeño, si coge fama de buen peón está puesto con el patrón, –eran las palabras que su padre le repetía casi a diario.» (J. Pinto, *Los marginados*, 90) = CONSULTAS **(3) estar puestos los rosarios.** fr. Véase **rosario. (4) puesto el camino.** fr. adj. Véase **camino.**

pugilatear(se). tr.; o prnl. intr. Molestar(se), preocupar(se). (PR): «Le Jefa me dio 24 horas para someter un plan de trabajo. Eso no me pugilatió gran cosa porque en un par de horas yo te taso a un tipo (...).» (A. L. Vega, *Pasión de historia,* 45) = CLAUDIO DE LA TORRE

pulguerío. m. Gran cantidad de pulgas; pulguera. (Arg. = CR): «–¡Adiós, matrero viejo! ¡Quiera Dios que el pampero te avente con tuito <todito> el pulguerío y tus penas de bichoco y tus diablos y brujerías!»(R. Güiraldes, *Don Segundo Sombra*, 102) = ABAD DE SANTILLÁN = CONSULTAS

pulguiento -a. adj. Que tiene pulgas, sucio, pobre. (Arg. = Ur.): «Pero en ninguna parte había encontrado leones, sino perros pulguientos, y los caballeros más aventureros eran cruzados del tenedor y místicos de la olla.» (R. Arlt, *Los siete locos*, 219) = MALARET = MORÍNIGO = CONSULTAS

pulmón. m. **a pulmón.** fr. De un golpe, a pulso; sin ayuda, por esfuerzo propio. (PR = Ur. y Arg.): «Así es que si se iba a procesar algo, había que metérsele en la propia oficina y fabricarle el cuerno allí mismito: a pulmón.» (A. L. Vega, *Pasión de historia*, 46) = MAURA = CONSULTAS

pulpa. f. **estar pulpa.** fr. Ser admirable, magnífico. (Cuba): «–(...) Lo primero é dejal <es dejar> la mujer esa. Búccate <búscate> otra pieza* por ahí. Disen que el elemento está pulpa en el pueblo. ¡Debe habel ca <cada> negritilla, caballero...!» (A. Carpentier, *Écue-Yamba-O*, 110) = MORÍNIGO

pulsa -o. f. y m. Pulsera, manilla, brazalete. (Cuba = Col.): «La señora de Pérez López es alta, delgada, huesuda (...). Con el brillante como un garbanzo en el dedo, que parece parte de ella. Y las pulsas y el collar. Y las dormilonas.» (R. González de Cascorro, *Romper la noche*, 35) = SOPENA = HAENSCH y WERNER = MALARET = MORÍNIGO (quienes registran el masculino)

pulsearla. fr. **(1)** Esforzarse, intentar conseguir algo. (CR): «Ya vez <ves> que yo hago la juerza y la pulseo lo que puedo pa' que podamos rejuntar la plata que nos falta.» (A. Portocarrero, *Negro desgraciado*, 70) = QUESADA = CONSULTAS **(2)** Tratar de conseguir novio. (CR): «Las patronas las controlan mucho, pero ellas se escapan los domingos al parque, a ver novios o a pulsearla.» (A. Chase, *Ella usaba bikini*, 67) = CONSULTAS

pulso. m. **(1)** Véase **pulsa. (2) echar pulso.** fr. Presumir, darse postín; echárselas de valiente. (Ec.): «–¿Para qué se metería el vecino en cosas de mayores? / –Por echar pulso.» (J. Icaza, *El Chulla Romero y Flores*, 103) = CONSULTAS

pulla. (1) f. Véase **puya, puyazo. (2) pulla.** (véase **puya**, y **café pulla**).

punta. s. **(1)** f. En los bailes, repetición de una pieza de música o de parte de ella. (PR): «–¡Otra *punta*, otra *punta*! –decía un mocetón que remolcaba a compás a una vieja. / Los demás le hacían coro. Habíase terminado la pieza, y los concurrentes querían que la repitieran.» (M. Zeno Gandía, *La Charca*, 65) = MALARET = MAURA **(2) punta(s).** f. Primer aguardiente destilado que sale del alambique; trago. (Ec.): «(...) para darles, a vos y a él, agua* de canela con punta, y así levantarles las fuerzas (...).» (G. A. Jácome, *Porqué se fueron las garzas*, 318) = CONSULTAS = JARAMILLO DE LUBENSKY **(3)** f. Equipo de obreros en las minas, que se turna con otro en el trabajo cada ocho horas. (Bol.): «El perforista de la punta diurna no hace tanto alboroto.» (F. Ramírez Velarde, *Socavones de angustia*, 257) = «La acritud de pasar atrapado por las tinieblas en que vive una 'punta' o turno de labor y el embotamiento que traen las pausas, agotaron la ternura que cabía en su tradición de campesino.» (H. Guzmán Arze, *Borrasca en el valle*, 172) = «Su capacidad de rendimiento dejaba asombrados a superiores y compañeros. Trabajaba lo mismo en punta de día que en punta de noche.» (J. Lara, *Yanakuna*, 59) = MUÑOZ REYES **(4)** f. Extremo de un lugar. (Arg. = Ur.): «(...) un bebe que dicen que era hermoso, y yo en la otra punta de la pieza sin poder verlo, esa pieza con la pintura mal puesta cremita toda descascarada (...).» (M. Puig, *La traición de Rita Hayworth*, 141) = CONSULTAS **(5)** Arma blanca puntiaguda. (Méx.): «Mi abdomen y mi cuello son rocas, aunque por duro que tengas el cuero una bala lo agujerea y una punta lo rasga.» (J. García Ordoño, *Tres crímenes y algo más*, 25) = MORÍNIGO **(6) punta de estaca.** fr. m. Cierto pájaro tropical cuyo canto supuestamente trae mala suerte. (Ec.): «Envidió a las iguanas (...). A los puntas de estaca que se burlan de la eterna tragedia de la montaña. (...) –(...) A mí me paece <parece> que ha pasao una esgracia <desgracia>. Anoche no ha cesao e <de> llorar el 'punta de estaca'.» (D. Aguilera Malta, *Don Goyo*, 43 y 108) = CONSULTAS = JARAMILLO DE LUBENSKY **(7) a punta de.** fr. A fuerza de. (Ec., Ch. = CR, Col. y Arg.): «Cuando te cojan en algo, / Lo que es verdad no has de hablar, / Pues a punta de mentiras / Del apuro has de zafar.» (J. L. Mera, *Cantares del pueblo ecuatoriano*, II, 165) «Caigo muy duramente y al instante me incorporo, a punta de patadas.» (H. Valdés, *Tejas Verdes*, 213) = CONSULTAS = VÁZQUEZ = MALARET = SANTAMARÍA DGA = HAENSCH y WERNER **(8) de punta.** fr. De cabeza, de nariz. (Ch.): «(...) tironeó del brazo al borracho, y éste, desprevenido, dio una brusca media vuelta y se fue de punta al suelo.» (M. Rojas, *El delincuente... y otros cuentos*, 22) = CONSULTAS **(9) echar punta.** fr. Trabajar, seguir adelante, hacer algo. (Guat.): «(...) sos un resentido social que no sabe ni porqué <por qué> se metió <lanzó> a echar punta.» (M. A. Flores, *Los compañeros*, 85) = RUBIO **(10) en puntas de pie.** fr. De puntillas. (Arg. = Ur.): «Uno que otro, cabizbajo, en puntas de pie, aproximábase al muerto y durante un breve instante lo contemplaba.» (E. Cambaceres, *En la sangre*, 79) = CONSULTAS **(11) ir en punta de.** fr. Estar para cumplir lo que se especifica. (Bol. = Ur. y otros): «(...) Pedro, un 'yokalla' <adolescente> que iba en punta de los quince años.» (H. Guzmán Arze, *Borrasca en el valle*, 112) = CONSULTAS

puntada. f.; ú. m. en pl. Idea tonta, descabellada. (Méx.): «(...) su agilidad intuitiva que convertía el trabajo en juego y la solución de problemas en 'puntadas' y 'vaciladas*', como ellos dicen. / (...) era una puntada de loca pretenciosa.» (A. Yáñez, *La creación*, 90 y 100) = MALARET = SANTAMARÍA DGA

puntal. m. Base, elemento importante. (Arg. = Ur.): «*Y ahí tené, sin ir más lejo, al negro Seoane, la célebre Chancha Seoane, que fue el puntal de lo Diablo Rojo por varia temporada. (...) Era (...) la pesadilla de lo arquero de su tiempo.*» (E. Sábato, *Sobre héroes y tumbas*, 113) = CONSULTAS

puntepié. de puntepié. adv. De puntillas. (Guat.): «(...) acercándose al idiota de puntepié y, en son de broma, le gritó (...).» (M. A. Asturias, *El señor presidente*, 11) = CONSULTAS

punteral. m. Arbusto o árbol *(Guettarda parviflora* o *Casearia sp.)* que suele crecer en tierras cálidas. (Ven.): «–(...) de allá regresaba pa <para> mi tarimba <cobertizo> del punteral (...).» (R. Gallegos, *Canaima,* 228) = TEJERA

puntero -a. adj.; ú. t. c. m. Delantero, el que va delante, guía. (Par., Ur. = Arg.): «A media mañana, los camiones llegaban a un cañadón. (...) Parado en el estribo del puntero, Otazú los enumeró hasta once con soñolientos balanceos de cabeza.» (A. Roa Bastos, *Hijo de hombre*, 326-7) = «Matacabayo no siempre se acercaba al fogón de los punteros.» (E. Amorim, *La carreta*, 120) = SANTAMARÍA DGA = VERDEVOYE

punto. m. **(1)** Tío, tipo. (Arg.): «(...) porque al final una mina* pillada* es la más fácil de todas porque si se llega a calentar no hay nada que hacer: se deja*, porque está convencida de que ningún punto la puede largar (...).» (M. Puig, *La traición de Rita Hayworth*, 173) = CONSULTAS = TERRERA = GOBELLO **(2)** Cierto baile popular. (Cuba, CR = Am. Centr., Col. y otros): «Los himnos religiosos, aullados por jamaiquinos, alternan con puntos guajiros escandidos por un incisivo teclear de claves*.» (A. Carpentier, *Écue-Yamba-O*, 35) = «Gritan todos incitando a la pareja que ya levanta polvo del piso y hace estremecerse la casilla, suda Jerónimo, ruge la marimba acelerando aún el arrebatado ritmo del Punto, y la vieja Micaela parece tener alas en los pies y balines en la cintura (...).» (C. L. Fallas, *Gentes y gentecillas*, 96) = MORÍNIGO = QUESADA = GAGINI = FILIPPO = CONSULTAS **(3)** Persona fácil de engañar. (Arg. = Ur.): «(...) de ese modo están al lado en la cartelera de los diarios y el punto que no cae en la trampa del <cine> Lorraine, cae en la del Loire, antes de perderse en las taquillas enemigas (...).» (E. Sábato, *Abaddón el exterminador,* 733) = CASULLO = CHIAPPARA = CONSULTAS **(4) a punto de piragua.** fr. Al máximo, muy frío, a punto de hielo. (PR): «Los Viejos, como siempre: encerrados en el cuarto con el aire acondicionado a punta de piragua (...).» (A. L. Vega, *Pasión de historia,* 76) = CONSULTAS **(5) meter punto.** fr. Estimular, azuzar. (Perú): «No una sino varias copas se metieron entre pecho y espalda el subprefecto y el alférez <Culebrón>. El primero creyó conveniente bromear y meter punto: –Sí, mi alférez, porque ahí andan diciendo: 'Culebrón no hace nada...'.» (C. Alegría, *Los perros hambrientos,* 85) = CONSULTAS **(6) no darse punto de** más sustantivo. fr. No concederse un momento de. (Méx.): «Gabriel Martínez no se dio punto de descanso, aunque desde un momento le salieron intrigas (...).» (A. Yáñez, *La creación,* 271) = CONSULTAS **(7) no darse punto en,** más infinitivo. fr. Realizar la acción indicada sin cuidado, sin preocuparse por los buenos modales. (Méx.): «Se come y se bebe en estilos variados: (...) corifeos del discurso que desatienden las viandas o izan con el tenedor trozos de carne que no llevan a la boca, o al contrario, los que agazapándose no se dan punto en comer ni hacen caso de la conversación (...).» (A. Yáñez, *La creación,* 161) = CONSULTAS **(8) ponerle los puntos a uno.** fr. Bajarle los humos. (Arg.): «A un gallego recién desembarcado acababan de *ponerle los puntos* (...).» (E. Cambaceres, *En la sangre,* 100) = CONSULTAS

puntón -ona. adj. Terminado en forma de punta –pop. (Ec.): «Los peones a caballo cantaban aún. Dirigiendo con sus palancas* puntonas el andar de los bueyes.» (J. Gallegos Lara, «Los madereros» en: *Los que se van,* 116) = CONSULTAS

punzón. m. Asador. (Col.): «'Qué vaina', –dijo el hombre–, y con un punzón descorchó la botella que había bajado del armario (...).» (A. Cepeda Samudio, *La casa grande,* 162-3) = SANTAMARÍA DGA

puñal. m. Muchacho –es despec. (Méx.): «Está contigo el puñal ése, ¿verdad?» (J. García Ordoño, *Tres crímenes y algo más,* 13) = CONSULTAS

puñalada. f. **aspar** a alguien **a puñaladas.** tr. Herir con puñal, coser a puñaladas. (Ec.): «A la otra banda del río / Llamado Culapachán, / Asparon a puñaladas / Al pobre de Tacuamán.» (J. L. Mera, *Cantares del pueblo ecuatoriano,* II, 124) = MATEUS

puño. m. **a puños cerrados.** fr. A pierna suelta. (Arg.): «El pueblo dormía aún a puños cerrados (...).» (R. Güiraldes, *Don Segundo Sombra,* 24) = CONSULTAS

pupero -a. adj. Que llega hasta el ombligo. (Ec.): «Negros el calzón y el poncho pupero, contrastando con la blancura de la cotona (...).» (M. Corylé, *Gleba,* 31) = CONSULTAS

pupilo -a. m. y f. Estudiante interno en un colegio o escuela. (Arg. = Ur. y Ch.): «(...) me cuenta de la prima grande que está pupila en Lincoln y les hace cosas a las monjas, de noche se levanta descalza con otras y se van algunas chicas al baño a leer novelas y se meten en la cocina a robar galletitas (...).» (M. Puig, *La traición de Rita Hayworth,* 74) = SANTAMARÍA DGA = CONSULTAS

pupo. m. **(1)** Ombligo. (Ec. = Col., Arg. y otros): «Se levanta un revuelo de risas por la cara que ha puesto el agredido al mirarse el ombligo por la larga ventana que dejó abierta en la cotona la urgencia del curandero –Uuu... Pupo al aire– exclama alguien.» (J. Icaza, *Huasipungo,* 49) = CONSULTAS = SANTAMARÍA DGA = HAENSCH y WERNER = GOBELLO **(2)** Mote despectivo que se daba a los soldados voluntarios de la provincia del Carchi o del norte de la República, por ir mal vestidos y con el ombligo <pupo> al aire. (Ec.): «El Escuadrón 'Yaguachi', terror de las ciudades y de las mujeres jóvenes; el 'Carchi', constituído <sic> de 'pupos' que saben entrar hasta en el alma del enemigo, ensombrerados de altas copas blancas.» (E. Terán, *El cojo Navarrete,* 205) = TOBAR GUARDERAS = CONSULTAS **(3)** Cualquier habitante de la provincia del Carchi y de la zona del Chota. (Ec.): «Villalobos y Cerón, como es natural, se incorporaron a los colombianos (...). / A poco, los dos *pupos* –y muy que pupos– renunciando a sus cabalgaduras, intentaron proseguir su viaje a Ipiales (...).» (S. Núñez, *Tierra de lobos,* 254) = CONSULTAS

puré. m. **batirle el puré a** una mujer. fr. Acostarse con ella. (Perú): «La víspera de Año Nuevo descubrió que a su mujer le batía el puré un normalista* recién llegado.» (M. Scorza, *Redoble por Rancas,* 161) = CONSULTAS

pureado -da. p. adj. Borracho; dícese de la persona que ha tomado demasiado aguardiente puro. (Ec.): «–Sin tragos, don Verduga era un buen hombre, pero pureado... ¡Dios me libre!» (A. ORTIZ, *Juyungo,* 67) = CONSULTAS (véase también **puro**)

purete. adj. Aguafiestas, soso; sin sustancia, de mala calidad. (CR): «(...) entre todos podemos comprar también la verdulería que está a la par y remodelar bien tuanis <estupendamente> la vara* máes* no sean puretes (...).» (R. Arias, *El emperador Tertuliano...,* 45) = CONSULTAS

puro. (1) puro -ito. m. Aguardiente puro. (Ec.): «¡Pero tomen.....! exclamaba, escanciando sin cesar el 'puro' a sus convidados. A mí me gusta que todos tomen..... Porque ¡para qué! cuando es de beber, se bebe, ¿no es verdad, compadre Anacleto?»

(J. A. Campos, *Linterna mágica*, 80) = «Bailes de marimba, donde el humo del tabaco y el olor de puro Palma se mezclaban con el sudor de los sobacos de las negras, que se retorcían al compás de una *caderona**.» (A. ORTIZ, *Juyungo*, 105) = «–¡Rositicaaa! –Mandeee –respondió una voz desde el interior de la casa. –Unas dos copitas dobles de puro.» (J. Icaza, «Sed», en: *Obras escogidas*, 865) = «Al final –vacíos dos litros de purito–, con mueca de no me importa en los labios y en los hombros (...) el Mono Araña dejó caer pesadamente su cabeza entre los brazos cruzados sobre el tablero mugriento de la mesa.» (J. Icaza, *El Chulla Romero y Flores*, 69) = SANTAMARÍA DGA = SOPENA (véase también **pureado -a**) **(2) pura vida.** fr. Véase **vida. (3) a la pura quien vive.** fr. Sin orden ni concierto, sin ton ni son. (Guat.): «(...) habían encendido unos foquitos* pelados que habían amarrado a la pura quien vive en los postes de madera que circundaban el patio.» (D. Liano, *el hombre de Montserrat*, 66) = ARMAS **(4) apagar el puro.** fr. Morir. (CR): «Por eso, cuando nos llegue la hora de 'apagar el puro', esperamos que a nuestros pobres recuerdos, se unan los pocos chistes con que tratamos de divertir a las gentes.» (P. L. Acuña, *Ropa tendida*, 86) = CONSULTAS **(5) puro por.** fr. adv. Sólo para, sólo por; puras ganas de. (Ven.): «En el pueblo estaban locos por saber. Mandaban a los muchachos a comprar aguacates y a traer regalos, puro por averiguar.» (A. González León, *País portátil*, 139) = CONSULTAS

pus. m. Baño de vapor. (Méx. = Guat.): «El *pus* que usó mi madre cuando yo nací, y que está junto a la casa, ha sido remendado* ya.» (R. Pozas, *Juan Pérez Jolote*, 15) = CONSULTAS

puta. f. **(1) p'tas (putas).** fr. excl. que expresa fuerte convicción. (Ch.): «–¡P'tas que me gustaría ser poeta!» (A. Skármeta, *Ardiente Paciencia*, 23) = «Putas que te tengo ganas, flaco*. Putas que te tengo ganas.» (H. Valdés, *Tejas Verdes*, 170) = CONSULTAS **(2) echando putas.** fr. A gran velocidad, a todo gas. (Arg.): «El cajetilla le metió fierro* a la *voituré* y salió echando putas.» (L. Marechal, *Adán Buenosayres*, 112) = CONSULTAS **(3) en puta.** fr. En grandes cantidades. (Guat., CR): «Siempre le daban los canastos más pesados porque / ¡El Caballo Loco aguanta en puta!» (M. A. Flores, *Los compañeros*, 70) = «(...) el sobrinillo mío está vendiendo un bar que deja en puta es una chichera pero deja en puta (...).» (R. Arias, *El emperador Tertuliano...*, 26) = RUBIO = CONSULTAS **(4) la gran puta con,** más sustantivo. fr. usada para maldecir, echar pestes contra algo o alguien. (Guat.): «–¡Qué pasó, qué pasó! –salió somatando* la puerta de la oficina alguno que debía de ser jefe de algo– ¡La gran puta con el relajo!» (D. Liano, *el hombre de Montserrat*, 70) = CONSULTAS **(5) llevar puta.** fr. Dejar en mala situación. (Guat.): «¡Si no capturaron anoche al general, ya me llevó puta!» (M. A. Asturias, *El señor presidente*, 91) = CONSULTAS **(6) ni por puta** (o: **ni por el putas**, o: **ni a putas**). fr. De ninguna manera. (Guat., Arg. = Col.): «Mis prejuicios pequeñoburgueses no desaparecen ni a putas.» (M. A. Flores, *Los compañeros*, 32) = «Lo que es al ruso no le hago un laburo <trabajo> más ni por puta.» (R. Tizziani, *Los borrachos en el cementerio*, 29) = RUBIO = CONSULTAS = HAENSCH y WERNER (quienes registran **ni por el putas**)

puterío. m. Conjunto de prostitutas. (Perú): «Podría ir y decirle dame veinte soles y ya veo, se le llenarían los ojos de lágrimas y me daría cuarenta o cincuenta, pero sería lo mismo que decirle te perdono lo que le hiciste a mi mamá y puedes dedicarte al puterío con tal que me des buenas propinas*.» (M. Vargas Llosa, *La ciudad y los perros*, 17) = GARZÓN = SEGOVIA

putilla (o: **putiya**). f. Avecilla de plumaje gris, que suele alimentarse de larvas cerca de los ríos, en aguas claras. (PR): «La luna, cuyos rayos se filtraban a través de los árboles y guayabos (...) brillaba fantásticamente. (...) Oíase el monótono croar de los sapos, el agudo rumor de los coquíes, el zurrido del carrao vigilante, la queja lastimera de las putillas.» (E. Laguerre, *La llamarada*, 172) = MAURA

puya. (o: **pulla**). s. **(1)** m. Café solo, cargado y sin azúcar. (PR): «–Negro, no se vaya a dil <ir> sin el puya, que ayel no probó ni bocao.» (A. Díaz Alfaro, *Terrazo*, 28) = ÁLVAREZ NAZARIO = CONSULTAS **(2)** f. **puya** (o: **pulla**). Canción satírica. (Cuba): «A estas puyas se les llamaba también 'Macaguardias' y cantos de cañaveral. Eran ARMAS que esgrimían las mujeres contra sus rivales (...).» (L. Cabrera, *Reglas de Congo*, 89) = CONSULTAS **(3) puya -ita.** f. Moneda de un centavo de bolívar. (Ven.): «Seguramente, Teodoro ya estaba borracho; sí, seguramente don Luisito le dio unas puyas... (...). / –(...) Tengo que llevar mis cuentas claras. Si no, se me van las puyitas.» (G. Meneses, *Campeones*, 24 y 75) = TEJERA **(4)** f. Pulla. (CR = Ven.): «Villegas, que al lado izquierdo, en el asiento del medio, canaleteaba <remaba> con cierto desgano, no parecía tener igual prisa y volteando la cabeza hacia Miguel, le lanzó su puyita.» (A. Portocarrero, *Negro desgraciado*, 55) = TEJERA **(5) hijo'e puya.** fr. Véase **hijo.**

puyar. tr. Herir, punzar con púa u objeto semejante terminado en punta. (Ec. = Ant., Am. Centr. y Col.): «Alzó la vista al cielo puyado de lucecitas guiñadoras.» (A. ORTIZ, *Juyungo*, 16) = SANTAMARÍA DGA

puyazo (o: **pullazo**). m. Pulla, indirecta. (Arg.): «No había requiebro ni guasada que no hallara un lugar en mi cabeza, de modo que fui una especie de archivo que los mayores se entretenían en revolver con algún puyazo, para oírme largar el brulote*.» (R. Güiraldes, *Don Segundo Sombra*, 13) = CONSULTAS

puyero -a (o: **pullero -a**). adj. Aficionado a decir o cantar puyas* o pullas. (Cuba): «'Todos los africanos son puyeros', opina Otako, 'mas ninguno lo es tanto como el congo' (...) que las prodiga <las puyas*> improvisándolas o acuñadas en refranes, para reír o hacer reír.» (L. Cabrera, *Reglas de Congo*, 91) = ORTIZ

puyón. m. Cierto mosquito de color rojo y de picada muy dolorosa. (Ec. = Ven.): «Atravesando los enormes matorrales. (...) Espantando los puyones fastidiosos.» (D. Aguilera Malta, «El cholo que se castró», en *Los que se van*, 171) = JARAMILLO DE LUBENSKY = TEJERA

Q

q'arachupa. f. Véase **carachupa.**

qoqo. m. Véase **coco.**

que. pr. rel. **(1) ¡Qué (...)!** excl. que equivale a ¡Para qué (...)! (Méx., Bol. y Arg. = CR): «–Qué dijiste: la contento! Pues no hay de piña*, niño.» (A. Yáñez, *La creación*, 100) = «¡Qué me vas a llevar a Piribebuy! Indiferente y pausado huyes en silencio como una sombra líquida lamida por el sol.» (A. Guzmán, *Prisionero de guerra*, 204) = «–¡Cállese! –le ordenó–. ¡Qué tanto grito!» (L. Marechal, *Adán Buenosayres*, 280) = CONSULTAS **(2)** adv. Acaso. (Ch. = CR y Arg.): «–¿Que no le vio el bolsón?/ –Claro que le vi el bolsón.» (A. Skármeta, *Ardiente Paciencia,* 59) = CONSULTAS **(3) ¿Qué?** inter. ¿Por qué? (Ven. = CR y otros): «(...) Luciano dijo, capachero*: –¿Qué me ves* tanto, Teodoro?» (G. Meneses, *Campeones*, 40) = CONSULTAS **(4) ¡qué dizqué!** fr. excl. Véase **dizque. (5) cuando que.** fr. conj. adv. Véase **cuando.**

quebrada. f. Cierta figura del baile del tango y la milonga en la que se contonean fuertemente las caderas. (Arg.): «–(...) llegabas a la milonga, y tu inercia inconmensurable desaparecía en los mil cortes*, ochos* y quebradas de un tango.» (L. Marechal, *Adán Buenosayres*, 610) = «En las pobres fiestas de conventillo, donde la quebrada y el corte* estaban prohibidos y donde se bailaba todavía con mucha luz (...).» (J. L. Borges, *Obras Completas*, 1.026) = CONSULTAS = GOBELLO (MORÍNIGO lo registra en Par. y en Ur. con el sentido de 'contoneo exagerado del cuerpo mientras se baila.')

quebradita. f. Cierto baile. (Méx.): «(...) ella iba nomás* los viernes al Excalibur a bailar la quebradita con los hombres que todos eran iguales, todos bailaban con el sombrero blanco puesto (...).» (C. Fuentes, *La frontera de cristal*, 271) = CONSULTAS

quebrado -a. p. adj. **(1) los domingos quebrados del mes.** Véase **domingo**. **(2) pelo quebrado.** fr. Véase **pelo.**

quebrar. v. **(1)** tr.; ú. t. c. prnl. tr. Dar una paliza, destruir; matar. (Méx., Guat., El Salv., Perú = Col.): «–(...) se alebrestó no poco cuando supo que lo iba yo a quebrar, y se puso a ofrecerme cosas. Me juró y rejuró que iría a matar a Carranza con tal que yo lo perdonara.» (M. L. Guzmán, *El águila y la serpiente*, 329) = «(...) bien le va a caer irse un su poco a la selva, ya va a ver. Allí sí se hace carrera, si es que no se lo quiebran a uno.» (D. Liano, *el hombre de Montserrat*, 112-3) = «–Dan ganas de quebrarse a todos esos pendejos, repisados*.» (M. Argueta, *Un día en la vida*, 32) = «Cómete* a la novia del poeta. Te juro que si el poeta se mueve, lo quiebro.» (M. Vargas Llosa, *La ciudad y los perros*, 109) = RUBIO = CONSULTAS = HAENSCH y WERNER **(2)** tr. Hacer girar un caballo, o algún objeto. (Par. y otros): «Con gusto hubiera tirado el traje y los zapatones flamantes al medio de la trocha para juntarme de nuevo con ellos, quebrar trompos y jugar a las bolitas (...).» (A. Roa Bastos, *Hijo de hombre*, 94) = SANTAMARÍA DGA (a propósito de un caballo) **(3) quebrar con alguien.** fr. tr. ind. Romper las relaciones con alguien. (Arg. = Méx., Pan., Par. y Ur.): «(...) ¡habría sido imperdonable de su parte, como para quebrar con él, como para echarlo en hora mala y no volver a hablarle en la vida!...» (E. Cambaceres, *En la sangre*, 162) = MORÍNIGO **(4) quebrarse.** prnl. intr. Desdecirse. (Méx.): «–Si no son ustedes gachupines <cachupines, españoles establecidos en América>, me quiebro y no he dicho nada; pero si lo son, lo dicho se dijo y venga lo que venga.» (M. L. Guzmán, *El águila y la serpiente*, 220) = CONSULTAS

quedada. adj. f. Solterona. (Méx. = Rep. Dom. y Nic.): «(...) algunas viejas quedadas se aprovecharon para echar de cabeza <denunciar> a más de una muchacha decente, diciendo que la habían visto entrar y salir de tal o cual casa* colorada.» (J. J. Arreola, *La feria*, 71) = JIMÉNEZ = MORÍNIGO

queda(d)o -a. p. adj. Conservador. (Ch.): «Usté que era el más quedao / ¿se quiere adueñar del baile?» (Canción «Ni chicha ni limoná» de V. Jara) = CONSULTAS

quedar. intr. **quedarse.** prnl. **(1)** Morirse alguien. (Ven.): «Yo me les quedé subiendo la cuesta. (...) / Si ellos quieren que yo los bendiga desde el cielo, deben portarse como hombres» (A. Croce, *La roca desnuda*, 26 y 28) = TEJERA **(2) quedarse en veremos.** fr. Anularse, no cuajar un proyecto o quedar pendiente de solución. (Ur. = Col. y Arg.): «Lo del puerto se quedó en veremos. El gobierno de Santos había concertado con inversionistas ingleses (...) el contrato de su construcción. Tajes lo desestimó, resarciendo con 900.000 pesos en títulos de deuda, por la cancelación del compromiso, a los interesados ingleses.» (C. Machado, *Historia de los Orientales*, 227) = CONSULTAS = HAENSCH y WERNER **(3) quedarse riendo.** fr. Según una leyenda indígena, sufrir un castigo que consiste en el que divinidades arrojan la cabeza de alguien a un lago o laguna, donde se convierte en calavera. (Perú): «–(...) No des, pues, lugar a **quedarte riendo** dentro de las aguas cristalinas de <la laguna> de **Puma-Saca.**» (E. López Albújar, *Nuevos Cuentos Andinos*, 20) = CONSULTAS

quema. f. Vertedero donde se quema basura. (Par. = Arg.): «Ya no se trataba de acarrear cargas de ladrillos de la quema, desde Costa* Dulce hasta Sapukai.» (A. Roa Bastos, *Hijo de hombre*) = SANTAMARÍA DGA = GOBELLO (véase también **quemero**)

quemada. (1) f. Quemadura, herida o cicatriz causada por el fuego, un ácido, *etc.* (Ven. = Col. y otros): «Era una mujer, una mendiga, (...) <que tenía> en la cara la cicatriz de una quemadura enorme (...). / –(...) Usted tiene una quemada grande, es verdad; pero eso se le quita con el tiempo, y tampoco es una cosa así que dé asco...» (A. Uslar Pietri, *Las lanzas coloradas*, 140-3) = HAENSCH y WERNER = SOPENA (quien lo recoge con el sentido de 'quemadura, incendio') **(2)** p. adj. f. Véase **caña* quemada.**

quemar. v. **(1)** tr. Herir o matar a una persona con arma de fuego. (Méx., Col., Perú = Ven. y Arg.): «–¡Hum, cuánto requisito!... Yo lo quemaba y ya –exclamó Pancracio despectivo.» (M. Azuela, *Los de abajo*, 25) = «El alcalde los apartó a golpes, se puso de espaldas contra la puerta, y encañonó a todos. / –Al que dé un paso lo quemo.» (G. García Márquez, *La mala hora*, 178-9) = «–Disimulemos nuestras caballerías y esperemos. (...) Yo me adelantaré y avisaré tirando piedrecitas. No vaya a ser que quememos a inocentes.» (M. Scorza, *Redoble por Rancas*, 211) = CONSULTAS = SANTAMARÍA DGA = JIMÉNEZ = SOPENA = CASULLO **(2) quemarla** (o: **quemarle**) **a** uno **la** (o: **una**) **mano.** fr. Véase **mano. (3) quemar con** alguien. fr. Despedirse de alguien dándole una palmada en la mano a modo de saludo. (PR): «Frente a casa y antes de bajarme <del coche>, quemé con los panas* y les dije que se quedaran (...), que a lo mejor los iba a necesitar.» (A. L. Vega, *Pasión de historia*, 78) = CONSULTAS

quemero -a. m. y f. Recogedor o vendedor de basura. (Arg.): «Era un mosaico* diquero* / que yugaba* de quemera / hija de una curandera, / mechera <ladrona de tiendas> de profesión.» (A. Marino, «El ciruja*», en: J. Barreiro, *El Tango*, 56) = GOBELLO = CONSULTAS (véase también **quema**)

querendona. f. Filtro de amor –pop. (Ec.): «–(...) Le dije: si la niña Mercedes no te quiere por las buenas, dale la 'querendona'. (...) / Andá onde <donde> doña Isidora y decile <dile> que te prepare la 'querendona' pa dársela a una hembra que no quiere hacerte caso.» (N. Estupiñán Bass, *Cuando los guayacanes florecían*, II, 332-333) = CONSULTAS

querer. v. **(1)** tr. Aceptar, reconocer; admitir. (Perú): «(...) sobre todos aquellos cortesanos del vicio, <la coca> tiene la sinceridad de no disfrazarse, tiene virtud de su fortaleza y la gloria de no ser vicio. ¿Que sí lo es? Bueno, quiero que lo sea. Pero será en todo caso un vicio nacional, un vicio del que deberías enorgullecerte.» (E. López Albújar, *Cuentos andinos*, 144) = CONSULTAS **(2) hasta que quiso.** fr. Hasta la saciedad. (Ven.): «El otro día se le cayó a José Luis de entre las manos un batazo que era difícil. El negro Julio lo regañó hasta que quiso. ¡Sí que había cambiado José Luis en poco tiempo! Nunca, en tiempos de La Playita hubiera aguantado palabras fuertes de nadie.» (G. Meneses, *Campeones*, 21) = CONSULTAS

queresero -a. adj. Hablando de insectos, que ponen sus huevos en cuerpos orgánicos vivos o en descomposición. (Ec.): «Entonces agonizaban <los porteros*> ahorcados junto con los estertores musicales que quedaban cerdeando en el silencio paramero, como moscas quereseras.» (G. A. Jácome, *Porqué se fueron las garzas*, 76) = CONSULTAS

querido -a. adj. Encantador. (Col.): «(...) cómo está de querida la de suéter rojo (...).» (U. Valverde, *Bomba Camará*, 102) = CONSULTAS = HAENSCH y WERNER

quesillo. m. Queso blanco fresco hecho en casa, generalmente con leche de oveja. (Ec., Bol.): «El jueves, apenas amanecido, se le veía, montado en una yegua tuerta y seguido por dos o tres rondas*, rodeando su Pueblo, (...), en busca de gallinas, cuyes, huevos y quesillos para el Señor Gobernador (...).» (M. Corylé, *Gleba*, 35) = «(...) portando la una <de las indias> un cordero gordo y la otra una gallina amarrada de las patas y un canasto de huevos y 'quesillo', llegaron a la casa de la hacienda.» (F. Ramírez Velarde, *Socavones de angustia*, 82) = CONSULTAS = MUÑOZ REYES

queso. m. **queso de capas.** fr. Queso fresco guatemalteco; se conserva envuelto en hojas de plátano entre cuatro tablillas de madera. (Guat.): «(...) prepararse un buen desayuno compuesto de huevos estrellados con chirmol <plato picante>, frijolitos con queso de capas y pan con café.» (D. Liano, *el hombre de Montserrat*, 27) = CONSULTAS

quicio. m. Escalón colocado debajo del espacio destinado a una puerta. (CR): «Ella se sentó a llorar en el quicio de la puerta.» (C. Lyra, *Cuentos de mi tía Panchita*, 77) = QUESADA

Quico. las de Quico y Caco. fr. Las mayores travesuras. (Perú): «–Este sabe las de Quico y Caco –dice Emilio, señalando al Bebe–. ¡Qué sapo*!» (M. Vargas Llosa, *La ciudad y los perros*, 144) = CONSULTAS

quiebraplata (o: **quiebraplato**). m. Luciérnaga. (Nic.): «Los maizales se prendieron, los quiebraplatas se estremecieron / llovió luz por Mogalpa, Telpaneque y Chichigalpa.» («El Cristo de Palacagüina», canción de Carlos Mejía Godoy) = VALLE

quien. pr. rel. **(1) quién dizque.** Véase **dizque. (2) ¿Quién quita...?** fr. inter. Véase **quitar. (3) ni quien.** fr. adv. No hay quien. (Méx.): «A usted ni quien le menoscabe lo hombre que es.» (J. Rulfo, *Pedro Páramo*, 38) = CONSULTAS **(4) sin quién.** fr. adv. Sin nadie. (Guat.): «¡Pobrecita! Murió llorando porque nos dejaba sin quién en el mundo. De necesidad...» (M. A. Asturias, *El señor presidente*, 191) = CONSULTAS

quilero. m. Pequeño contrabandista. (Ur.): «Hay un camino en mi tierra / del pobre que va por pan: / camino de los quileros / por las sierras de Aceguá.» (O. Rodríguez Castillos, «Cantos del norte y del sur», en: G. Wettstein, *Nuestra tierra*, I, 122) = CONSULTAS

quilo (o: **kilo**). m. Moneda de un centavo; centésima parte del peso. (Cuba): «Yo me volví al campo sin un kilo en el bolsillo. Me licencié temporalmente.» (M. Barnet, *Biografía de un cimarrón*, 193) = «–¡Pero qué puta! / –¡Y nosotros que la creíamos una niña (...). / ¡Ah, no; ésa se acuesta conmigo de todas maneras! / –Pero si tú no tienes un kilo... / –¡Pero tengo otra cosa que le va a gustar más!» (C. Leante, *Padres e hijos*, 55) = SANTAMARÍA DGA = SOPENA (que recoge la forma **kilo**)

quincalla -ita. f. Quincallería, ferretería. (PR): «Hace algunos años un peón viejo montó un negocito de cafetín. Y al poco tiempo otro montó una quincallita. Se defienden bien. (...) Las plantas bajas de esa hilera eran negocios: bazares, quincallas, colmados, o cafetines.» (R. Marqués, *La víspera del hombre*, 102 y 185) = MAURA = SANTAMARÍA DGA = SOPENA

quincho (o: **quincha**). m. (o: f.) Quincha, enramado de juncos con el que se afianza un techo; pared de paja, totora, cañas, *etc.* (Arg. = Col. y Ur.): «(...) me recibió en su casa de barro y quincho (limpia como un oro) y entre mozas que resumaban <rezumaban> una frescura de aljibe.» (L. Marechal, *Adán Buenosayres*, 590) = SANTAMARÍA DGA = HAENSCH y WERNER (quienes registran la forma femenina) = CONSULTAS

quino. m. Bingo. (Méx.): «(...) le había dicho Villa a Carlitos Jáuregui: 'Cuando yo tome Ciudad Juárez, amiguito, le voy a regalar los *quinos* en premio de lo que hizo por mí.' Y, en efecto, Jáuregui usufructuaba ahora los famosos quinos.» (M. L. Guzmán, *El águila y la serpiente*, 195) = CONSULTAS

quinquina. f.; ú. t. c. adj. Designa cierta variedad de hormiga de color negro. (Ec.): «Atrajo familias negras como mortecina a gallinazos, como la panela a las hormigas quinquinas.» (A. Ortiz, *Juyungo*, 34) = CONSULTAS

quinta. f. **(1)** Cierto tipo de propiedad en las cercanías de una ciudad. (Arg. = Ur.): «El edificio que ocupaba el Astrólogo estaba situado en el centro de una quinta boscosa.» (R. Arlt, *Los siete locos*, 43) = COROMINAS = SANTAMARÍA DGA = MORÍNIGO = CONSULTAS **(2)** Conjunto de casas con salida común. (Perú): «La Quinta de Alcanfores parecía deshabitada.» (M. Vargas Llosa, *La ciudad y los perros*, 75) = CONSULTAS **(3) la Quinta del Ñato.** fr. El cementerio. (Arg.): «Un balazo lo tumbó / En Thames y Triunvirato <esquina de Buenos Aires cercana al cementerio de Chacarita>; / Se mudó a un barrio vecino, / El de la Quinta del Ñato*.» (J. L. Borges, *Obra poética*, 308) = CASULLO = GOBELLO = CONSULTAS

quipa. f. Caracola guerrera de los indígenas. (Ec.): «La quipa gritaba reivindicaciones y la bocina lloraba, con voces de ultratumba, por los indios que caerían en esa lucha desigual de razas.» (M. Corylé, *Gleba*, 22) = SOPENA = CONSULTAS

quitada. f. Movimiento que hacen los hombres en el baile llamado sanjuanito, con un pañuelo. (Ec.): «–¡Ahora un 'sanjuán'! / (...)–¡Con quitadas! / (...) Los cuerpos de las muchachas ondulan. Los pañuelos de los hombres flotan en el aire. Las formas ejecutan ondulaciones voluptuosas.» (H. Salvador, *Universidad Central*, 215-6) = CONSULTAS

quita(d)o -a. p. adj. **(1)** Dícese de la persona que ha abandonado alguna mala costumbre. (PR): «El Cheo *quitao*, alejado de las drogas y la jodedera, bien casao, tranquilo y hasta un poco patriarcal, respira ese sosiego sólo dable a los hombres que han ido al infierno con pasaje de regreso... (...) *tú sae* <sabes>, *estoy quitao, pero hay que estar en algo mi gente* <sic>, *es la vanidad*, ¿no es así?, Cheo bolerista sentimental y sonero* principalísimo después del gran Maelo...» (E. Rodríguez Juliá, *El entierro de Cortijo*, 22-23) = CONSULTAS **(2)** Dícese de la persona que se echa para atrás de hacer algo, o que no quiere hacer una cosa. (CR): «Pero es importante recalcar la dureza ante la adversidad que el Asceta siempre tuvo aún después de pasar las noches más terribles con Pollo Hermoso quitadísima y él deseándola como un loco (...).» (R. Arias, *El emperador Tertuliano...*, 101) = CONSULTAS

quitagoma. m. Aguardiente que se toma para suprimir los efectos de una borrachera. (Guat.): «(...) en la cartera tengo veinte (...) y en el escondite tengo quince. Pero eso me tiene que servir para el quitagoma.» (M. A. Flores, *Los compañeros*, 39) = RUBIO (véase **goma**)

quitanda. f. (ú. sobre todo en sing.). Golosinas campesinas (empanadas, pasteles, tortas, dulces, etc.). (Ur.): «Una vieja de voz nasal, regañona y tramposa, misia Rita, se encargaba de cobrar el precio de la quitanda, no perdonando un vintén <céntimo de peso uruguayo> y devolviendo los cambios de moneda casi siempre con beneficio para ella.» (E. Amorim, *La carreta*, 18) = MALARET

quitandera. f. Vendedora ambulante de quitanda*; prostituta. (Ur. = Arg.): «Pero llegó el hastío del comisario, junto con la protesta de los vecinos, que no podían tolerar por más tiempo a las quitanderas (...). Aunque el asistente hizo la siesta con una de las quitanderas, por la noche comenzó la marcha.» (E. Amorim, *La carreta*, 90) = CONSULTAS = GOBELLO

quitao -a. p. adj. Véase **quita(d)o.**

quitar. v. **quién quita.** fr.; ú. t. c. inter. A lo mejor, tal vez. (Guat. = C.R., Col.): «Debía pasar a pedirle a Jesús de la Merced. ¿Quién quita le hace el milagro?» (M. A. Asturias, *El señor presidente*, 85) = «(...) de repente se para, quién quita.» (M. A. Flores, *Los compañeros*, 115) = RUBIO = SANTAMARÍA DGA = CONSULTAS = HAENSCH y WERNER

R

rabipelado (o: **rabipelada**). m. (o f.) Rabopelado, zarigüeya (*Didelphis marsupialis*). (Ven. = Col.): «–Nuestro querido Tigre está en el apogeo de sus facultades intelectuales –declaraba respetuosamente el doctor Rabipelado.» (A. Arraiz, *Tío Tigre y Tío Conejo*, 34) = TEJERA = CONSULTAS = HAENSCH y WERNER (quienes registran la forma fem.)

rabirrubia. f. Pez marino de cola ahorquillada y rubia, de carne apreciada (*Mesoprion Chrysurus*). (Cuba): «(...) su mar <de Cuba> está infestado de tiburones, sin embargo se pescan peces muy bellos, en opinión de viejos naturalistas, más que los del Mediterráneo; y exquisitos, como el pargo, las rabirrubias, las cabrillas, el mero, la sierra, la lisa...» (L. Cabrera, *La medicina popular de Cuba*, 169) = PICHARDO = SANTIESTEBAN

rabo. s. **(1)** m. **rabo de batata.** fr. m. Frutos del batatal de inferior calidad o muy pequeños, y que se dejan para alimento de cerdos. (PR): «–Tengo que sancocharle <sancocharles> unos rabitos de batatas a los nenes –díjome Ramona–. Usted perdone que no pueda atenderle.» (E. Laguerre, *La llamarada*, 98) = DÍAZ MONTERO **(2) rabo de candela.** fr. m. Llamas que rematan las torres de perforación en los campos petrolíferos –pop. (Ven.): «Se fueron más adentro, más lejos de los rabos de candela que alumbraban el camino en la oscuridad.» (A. Croce, *La roca desnuda*, 82) = CONSULTAS **(3) rabo de hueso** (o: **equis* rabo de hueso,** o: **rabo e güeso**). fr. f. Serpiente venenosa muy peligrosa. (Ec.): «–(...) Tenía argo <algo> de canillera <temblor causado por el miedo> yo! Más pior cuando vide a la cabecera e la talanquerita* e la vieja una calavera. I más pior tuavía <todavía> cuando salió arrastrándose una rabo e gueso di adebajo e la cama...» (J. Gallegos Lara, «El tabacazo*», en: *Los que se van*, 106) = «La plata. La mardita <maldita> plata! se le enroscó en el corazón, tal* que una equis rabo de hueso.» (D. Aguilera Malta, «El cholo que odió la plata», en *Los que se van*, 30) = «–(...) la contra de la rabo de hueso están en el centro de la tierra.» (A. Ortiz, *Juyungo*, 164) = CONSULTAS (véase también **equis**) **(4) rabo de junco** (o: **rabo'e junco**). fr. m. Véase **rabojunco. (5) hasta el rabo.** fr. m. Borracho. (CR): «Andaba de un gomón* hijeputa anoche se me fue la mano y llegué a la choza* hasta el rabo.» (R. Arias, *El emperador Tertuliano...*, 15) = CONSULTAS **(6) parar el rabo –1.** fr. m. Escoger a una mujer, dejar de ser un mariposón. (PR): «(...) la ejemplaridad de la pareja, la dedicación del marido, la sorpresa de todo el valle cuando se supo que había parado el rabo...» (A. L. Vega, *Pasión de historia*, 22) = CONSULTAS **(7) parar el rabo –2.** fr. m. Llevarse un buen chasco, avergonzarse o desistir avergonzado de un empeño. (Ven.): «Paró ese rabo y se fue como cotejo* en mogote, ido <loco> de bola*, con todo y pacto con Mandinga.» (A. Uslar Pietri, *Las lanzas coloradas*, 8) = CONSULTAS = TEJERA

rabojunco. m. Cierta ave de patas largas y rabo delgado que suele aparecer en tiempos de tormenta o de barrunto*. (PR): «Pirulo contempló (...) cómo un rabojunco, cruzando en vuelo casi ceremonial, destacaba su silueta negra y presagiosa contra un cielo enrojecido y absurdo.» (R. Marqués, *La víspera del hombre*, 61) = CONSULTAS = DÍAZ MONTERO (quien recoge la forma **rabo'e junco**)

rabón -cito. m. Cierto machete corto. (Ec.): «Desyerbó arroz. Con un raboncito brillante. (...) Él no había tenido niñez, ni juegos, ni alegría. Recordó que el rabón de desyerbar jamás se fue de su mano.» (D. Aguilera Malta, *Don Goyo*, 14 y 32) = SOPENA

rabona. f.; ú. t. en pl. Acción de faltar a clase, de hacer novillos. (Arg. = Ur.) = «(...) las rabonas en pandilla para pescar mojarras y *dientudos* * en el bajo de la Recoleta o en la Boca (...)..» (E. Cambaceres, *En la sangre*, 98) = CONSULTAS = GOBELLO (quien registra las fr. **hacer rabona** y **hacer la rabona**)

rabonear. tr. Recortar las cerdas de la cola de un equino o vacuno; cortarle el rabo. (Arg.): «Un paisano que me había llamado la atención por su fisonomía taimada, tomó una vaca al cruce y la raboneó.» (R. Güiraldes, *Don Segundo Sombra*, 112) = VERDEVOYE

rabotear. intr. Menear o mover la cola los animales. (Ven.): «Quise forzar la <mula> amarilla, pero no se hallaba muy a su gusto en presencia de aquella trinchera movediza: amugaba las orejas*, raboteaba y daba señales inequívocas de susto y desagrado (...).» (M. V. Romero García, *Peonía*, 107) = TEJERA

racional. m.; ú. m. en pl. Nombre con el que los indoamericanos designan a los representantes más o menos auténticos de la civilización occidental. (Ven.): «(...) lo aleccionaban dos indios de las riberas del <río> Acarabisi que tenía a su servicio personal: uno, joven y hermoso, (...) pescador y cazador destrísimo, que así le procuraba alimentación variada, y el otro, ya viejo, que se la aderezaba como lo habían enseñado otros *racionales* de quienes fue cocinero.» (R. Gallegos, *Canaima,* 212) = CONSULTAS

radio. f. **radio bemba** (o: **radiobemba).** fr. f.; ú. t. c. adj. Rumor, chisme; chismoso. (Cuba, Pan. = CR): «–Pensaba contárselo hoy. / –Radio bemba llegó primero.» (R. Vázquez Díaz, *La isla del Cundeamor,* 122) = «Hay una radiobemba entre nosotros derramando como agua sucia el chisme de que yo no tengo mucho interés en que mi hija se case (...).» (C. G. W. Cubena, *Los nietos de Felicidad Dolores,* 76) = SANTIESTEBAN = CONSULTAS

radiobemba. f. y adj. Véase **radio* bemba.**

ragú. m. Hambre intensa, carpanta. (Arg.): «Usted está tentado de (...) indagar en qué momento preciso (...) reaparecerá en el cenit de su 'ragú' el mozo.» (R. Arlt, *Nuevas aguafuertes,* 28) = MORÍNIGO = CASULLO = GOBELLO = CONSULTAS

raicero. m. Raigambre, multitud de raíces. (Ec. = PR, Am. Centr., Col. y Ven.): «Haciendo un gran esfuerzo, apenas distinguió vetazos <vetas, cuerdas> del raicero.» (D. Aguilera Malta, *Don Goyo,* 8) = MALARET = SANTAMARÍA DGA = SOPENA

rajacincha. a rajacincha (o: **a raja cincha**). fr. Sin medida; hasta reventar. (Arg. = Ur.): «Lo único cierto era que la muerte de los otros te despertaba un hambre voraz, un descarado júbilo de sentirte vivir a raja cincha (...). / «–(...) El Horacio a que me refiero les da piedra* libre a los vates para introducir neologismos a rajacincha.» (L. Marechal, *Adán Buenosayres,* 250 y 666) = VERDEVOYE = CONSULTAS

rajado -a. p. adj. Generoso, espléndido. (CR): «¡Ah, carambas y qué señora más rajada, hombré! –añadió Felipe, admirado–. Tu güena semana'e trabajo te regaló.» (C. L. Fallas, *Gentes y gentecillas,* 279) = ARROYO

rajante. adj. Dícese del sol quemante, ardiente. (Ur. = Arg.): «(...) protegido por un trecho de sombra bajo el sol rajante.» (E. Estrázulas, *Pepe Corvina,* 112) = CONSULTAS

rajar. v. **(1) rajar(se).** intr.; ú. t. c. prnl. intr. Huir, marcharse, escapar. (Par., Ur., Arg. = Cuba): «Timoteo iba a correr pero se dio cuenta <de> que el luisón* le iba a alcanzar en seguida; de repente se acordó <de> que tenía su rosario bendecido en el bolsillo, sacó y empezó a hacer cruces en la dirección del maldito. Al séptimo pase con la crucecita de plata, dicen que el luisón se paró en seco, casi se cayó de culo, y de allí donde estaba, se dio vuelta y rajó a toda bala*, aullando.» (R. Bareiro Saguier, *Ojo por diente,* 78) = «Ahora montar <la moto> arrancar y rajar.» (H. Conteris, *La cifra anónima,* 34) = «–Rajá; ¿para qué tienes piernas?» (R. Arlt, *El juguete rabioso,* 53) «(...) y a la hora de pagar / te rajás; / p'andar de garrón* / vos sos un campeón.» (M. Romero, «Estampilla», en: J. Barreiro, *El Tango,* 180) = CONSULTAS = CASULLO = GOBELLO = CHIAPPARA = SANTIESTEBAN (véase también **raje**) **(2)** tr. Lanzar, soltar. (Par. = Arg.): «Y si alguno ahora me preguntara qué es lo que estoy escribiendo y para qué, no sabría qué decirle. Tal vez me enojaría y volvería a rajarles una palabrota furiosa.» (A. Roa Bastos, *El baldío,* 36) = CONSULTAS **(3)** tr. Apabullar, vencer, aplastar; no aprobar a un alumno en un examen. (Perú = PR y Col.): «–Pero no se lo irás <dirás> vos. Es secreto entre las dos y narie <nadie> más. Tu negra vieja lo guardará bien guardadito. Manque* me rajasen no lo diría.» (E. López Albújar, *Matalaché,* 132) = MORÍNIGO = HAENSCH y WERNER **(4) rajarse.** Mostrarse generoso –véase **rajado. (5) rajando.** Véase **sacar* rajando.**

raje. m. Huida. (Arg.): «Yo me las tomé*. Reconozco que es un raje, sí, seré inmadura pero no aguantaba más.» (E. Sábato, *Abaddón el exterminador,* 734) = CONSULTAS

rajo. m. Corte o concavidad que se forma en una mina por la explotación del mineral siguiendo la veta. (Bol.): «A esa hora la mina mostraba febril actividad obrera: los centenares de barreteros perforando la roca en los diversos parajes; lúgubres topes de las galerías, rajos peligrosos y recortes a rompe-caja*.» (F. Ramírez Velarde, *Socavones de angustia,* 160) = MALARET = MUÑOZ REYES

ralear(se). intr.; ú. t. c. prnl. Separarse los miembros de un grupo, dispersarse. (Bol. = Arg.): «Los hombres se ralearon con cierto temor ante la proximidad de la muerte, hasta quedar de último el viejo curaca (...).» (H. Guzmán Arze, *Borrasca en el valle,* 75) = SANTAMARÍA DGA

ralo -a. adj. **(1)** adj. adv. De golpe. (Guat.): «El oficial escupió ralo.» (M. A. Asturias, *El señor presidente,* 173) = CONSULTAS **(2)** Dícese de toda sustancia inconsistente o licuada; particularmente del café, y de un tipo de mantequilla líquida acondicionada en botellas. (Hond. = CR): «En la mesa grande, para el almuerzo y cena, no faltaban las ensaladas, sopas y verduras, quesillos frescos, mantequilla rala (...).» (M. A. Rosa, *Tío Margarito*, 43) = ARMAS = CONSULTAS

ramo. m. **ramos generales.** fr. pl. Almacén o tienda de aldea donde se vende una gran variedad de productos. (Ur., Arg.): «Tambores <ciudad uruguaya>, orgullosa de su creciente progreso, contaba con una escuela pública, una sucursal del Banco de la República, dos médicos, una farmacia, una panadería y varios comercios de ramos generales.» (E. Miranda, «La Gruta de los Helechos», en G. Wettstein, *Nuestra Tierra*, I, 23) = «(...) algún sulky, caballos atados en el palenque del almacén de ramos generales, galpones de zinc, una volanta de capota negra (...).» (E. Sábato, *Abaddón el exterminador*, 1.135) = CONSULTAS

rana. m.; ú. t. c. adj. Astuto, hablando de un hombre. (Arg.): «El bulín* de la calle Ayacucho / que en mis tiempos de rana alquilaba, / (...).» (C. E. Flores, «El bulín* de la calle Ayacucho», en: J. Barreiro, *El Tango*, 122) = «Del barrio La Mondiola sos el más rana / (...).» (R. Fontaina y V. Soliño, «Garufa», en: J. Barreiro, *El Tango*, 183) = «(...) una función para empleados y familias de la compañía 'Alpargatas', que los ranas del <cine> Ópera consultaban en el programa.» (J. Cortázar, *Relatos*, 441) = GOBELLO = CONSULTAS = MORÍNIGO = CASULLO (quien recoge **ranada** con el sentido de 'astucia', 'picardía')

ranada. f. Véase **rana.**

rancha -ita. f. Vivienda rudimentaria, barraca, cabaña; choza de hojalata. (Hond., Nic., Ch.): «Las lluvias han arreciado y correntadas <torrentes> de agua barren el piso de las ranchas.» (A. P. Sánchez, *Ambrosio Pérez*, 52) = «(...) yo vivo aparte en una ranchita que paré* con la mujercita (...).» (O. Cabezas, *La montaña es algo más que una inmensa estepa verde*, 216) = «(...) el día que nos vinimos / a la toma* 'e terreno / se armaron algunas ranchas / en esta casa primero.» (Canción «La carpa de las coligüillas*» de V. Jara) = CONSULTAS

ranchador (o: **rancheador**). **(1)** m. Persona encargada de buscar a los negros cimarrones. (Cuba): «(...) en la cimarronada que acaudillara Golomón, al escapar de una plantación de caña de azúcar, los perros agarraron a muchos esclavos que fueron rematados luego por los ranchadores.» (A. Carpentier, *Guerra del tiempo*, 55) = «A mí me gustaba ir a las lomas de noche. Las lomas eran más tranquilas y seguras. Difícilmente llegaban allí ranchadores y animales jíbaros.» (M. Barnet, *Biografía de un cimarrón*, 51) = «(...) había los expertos en cazar negros, los rancheadores que 'rancheaban*', es decir, los que se dedicaban a perseguirlos <a los cimarrones> con sus perros infernales que paralizaban de espanto a los fugitivos.» (L. Cabrera, *Reglas de Congo*, 43) = ORTIZ **(2)** adj. Aplicábase a los perros encargados de perseguir a los esclavos huidos. (Cuba): «(...) aquel palenque, donde los negros y las negras, librados de mastines ranchadores, se hallaban muy a gusto, en una constante paridera de mujeres y perras.» (A. Carpentier, *Guerra del tiempo*, 60) = PICHARDO

ranchar. v. **(1) ranchar(se).** intr.; ú. t. c. prnl. Quedarse en un lugar; hospedarse, pernoctar. (Ven., Ec.): «–(...) Esta es la mejor posada del pueblo. Aquí rancha toda la gente que pasa.» (A. Uslar Pietri, *Las lanzas coloradas*, 92) = «(...) el chofer le deja a mi general para <para pasar la noche con la amante>, y él viene a rancharse.» (G. A. Jácome, *Porqué se fueron las garzas*, 47) = SOPENA = CONSULTAS **(2)** tr. Véase también **ranchear.**

rancheador. m. Véase **ranchador.**

ranchear (o: **ranchar**). v. **(1)** tr. Buscar a los negros cimarrones en ranchos o palenques* para matarlos o volver a esclavizarlos. (Cuba): «(...) había los expertos en cazar negros, los rancheadores* que 'rancheaban', es decir, los que se dedicaban a perseguirlos <a los cimarrones> con sus perros infernales que paralizaban de espanto a los fugitivos.» (L. Cabrera, *Reglas de Congo*, 43) = ORTIZ **(2)** intr. Comer. (Par.): «Gamarra sacó su ración de fierro* e invitó a Mongelós. –¡A ranchear! Se sentaron los dos junto al camión y empezaron a devorar ávidamente las galletas duras como guijarros y la carne enlatada.» (A. Roa Bastos, *Hijo de hombre*, 348) = «Se podía encender fuego bajo los aromitas*. (...) Las galletas redondas estallaban quebradas por el revés de las cucharas. Eran las únicas detonaciones. Rancheaba la tropa.» (H. Rodríguez-Alcalá, *Relatos de Norte y Sur*, 49) = CONSULTAS

ranchera (a la). fr. **huevos a la ranchera.** fr. m. Véase **huevos.**

rancherío. m. Aldehuela; conjunto de ranchos. (Par. = PR, Guat., Col., Bol., Chile, Ur. y Arg.): «Isla Po-í no era sino un rancherío grande, con techos de paja y cualquier chispa que prendiera en ella hubiera ocasionado incendios imposibles de controlar.» (H. C. Sosa Tenaillon, *Cincuenta años después*, 107) = MORÍNIGO = HAENSCH y WERNER = MUÑOZ REYES

ranchero -a. adj. **huevos rancheros.** fr. Véase **huevos.**

ranero -a. adj. De mal aspecto, pobre; que vive al margen de la ley –se deriva de un barrio de chabolas de Buenos Aires llamado el Barrio de las Ranas. (Arg.): «–Botines de tacón alto, boa ranera en el pescuezo (...).» (L. Marechal, *Adán Buenosayres*, 269) = CASULLO = GOBELLO

rango. m. Juego de la pídola. (Ur. = Arg.): «(...) jugar al rango, a la payana <los cantillos>, a la rayuela, al balero <boliche>, al yo-yo, a la bolita* (...).» (H. Alfaro, *Por la vereda del sol*, 27) = MORÍNIGO = GOBELLO

rapadura (o: **raspadura**). f. sing. **(1)**. Azúcar sin purificar, que a veces se presenta en forma de pilones. (Guat., Hond. = Cuba, Méx. y CR): «Su existencia se alimentaba de esa remota esperanza, negra y dulce como la rapadura.» (M. A. Asturias, *El señor presidente*, 207) = «(...) muerden con avidez sendos pedazos de rapadura (...).» (A. P. Sánchez, *Ambrosio Pérez*, 44) = MEMBREÑO = SANTAMARÍA DGA y DM = PICHARDO **(2)** Masa en forma de panecillo, hecha con azúcar mascabada, o con miel de caña, a la que a veces se añade leche, o coco rallado. (Ur. = Arg. y Amér. del Sur): «Le hablo de ese negocio que han formau <formado> las carperas* en combinación con su gente. Cuando se les acaban las fritangas y la rapadura empiezan a vender lo que no puede permitirse...» (E. Amorim, *La carreta*, 23) = SANTAMARÍA DGA = VERDEVOYE

rápida. f. Prostituta. (Ec.): «–Y*, qué fin tiene la pobre Luz. / –Dizque se ha reunido con las *rápidas.* Esa mala vida miso <misma> quizó <quiso> la perra.» (M. Corylé, *Gleba*, 94) = CONSULTAS

raponero -a. m. y f. Ladrón que roba en las calles mediante el procedimiento del tirón. (Col.): «Siempre quiero dejar la ciudad, / Hace tiempo, pero no he podido / Trasladarme pa' un sitio tranquilo, / Donde no haya rencor ni maldad, / Ni raponeros, ni pedigüeños, / Ni mariposos*, ni locos, ni ná.» (canción «La ciudad», en: *Colombia La Ceiba*, ASPIC France, X 55504, 1989) = CONSULTAS

rasca. adj.; ú. t. c. m. De aspecto miserable. (Ch.): «(...) popularmente conocido como el 'rasca Reina', apodo que heredó (...).» (A. Skármeta, *Ardiente Paciencia*, 105) = CONSULTAS

rascado -a. adj. Quisquilloso. (Guat.): «–¡No, hombre, no, qué rascado sos vos! / –¡Mirá, callate, a mí no me gustan esas desconfianzas, parecés mujer!» (M. A. Asturias, *El señor presidente*, 46) = CONSULTAS

rascando. v. Véase **salir* rascando.**

rascatripas. m. y f. inv. Persona muy pobre, hambrienta. (Perú): «(...) prosiguió la lectura del expediente, calmosamente. No se sorprendieron los comuneros. Los rascatripas del Perú conocen perfectamente la ínfima importancia de sus negocios y están siempre dispuestos a esperar horas, días, semanas, meses.» (M. Scorza, *Redoble por Rancas*, 171-172) = CONSULTAS

rascar. v. **rascarle el ala a una mujer.** fr. Véase **ala.**

rasgar. tr. **(1)** Hablar de alguien insultándolo. (Ec.): «(...) quiso levantarse de su sillón jefatural para leer la comunicación comentándola con 'mis empleados', para delante de ellos rasgar los <a los> roscones* insolentes, <a los> los hijues <hijos de>, <a los> los indioemierdas <indios de mierda> que le provocaba cada renglón (...).» (G. A. Jácome, *Porqué se fueron las garzas*, 100) = CONSULTAS **(2) rasgar las erres.** fr. Véase **erre.**

raspa. f. **(1)** Sobras de comida. (Méx.): «–¡Hum, yo ya sé! –repone una vieja que lleva un costal de raspas para recoger 'lo que Dios quiera dar'–.» (M. Azuela, *Los de abajo*, 92) = SANTAMARÍA DGA **(2) raspa -ita.** Billete de lotería instantánea. (CR): «Después del almuerzo el Roco Estándar y su Homólogo estaban felices porque se habían pegado mil cañas* con una raspita y querían comprarse un parker de oro (...).» (R. Arias, *El emperador Tertuliano...*, 23) = «Está en una fase positiva. Compre lotería, raspitas, ruleta, dados, juegue bingo; apueste a los caballos y compre tiempos*.» (Profesor Sarandajo, «Horoscoloco», en revista *El Relincho*, n° 3, 1991) = CONSULTAS (véase también **raspadita**)

raspabalsa. m. Pez que vive en los esteros y suele acercarse a las balsas y rasparlas por debajo. (Ec.): «Dejó la chichería a cuidado de la madre. Pretextando ir a lavar una ropa al estero. (...) Lavó de apuro. Agachada en la balsa. / Al pie de ella saltaba como un puñado de chispas blancas i <y> brillantes la chautiza <pez diminuto>. Un raspabalsa crugía <crujía> abajo.» (J. Gallegos Lara, «El tabacazo*», en *Los que se van*, 103) = CONSULTAS

raspacachos. m. Regaño. (Ch.): «Pues el poeta P., quizás para vengarse de haber recibido algunos raspacachos y no los honores que esperaba (...).» (H. Valdés, *Tejas Verdes*, 113) = SANTAMARÍA DGA

raspadilla. f. **ni de raspadilla.** fr. Ni de broma. (Perú): «*Pásame la agüilla* / pásame la agüilla /* tarareó el Comandante Bodenaco. (...) / *Yo no te la paso / ni de raspadilla.*» (M. Scorza, *Redoble por Rancas*, 216) = MALARET

raspadita. f. Billete de lotería instantánea. (CR = Nic. y Ur.): «Indudablemente que, con el vuelto, se compró una raspadita, por el Mercado, y casi se cae al suelo cuando terminó de rasparla: 2.000.000:

¡dos millones: dos millones: dos millones...!» (A. Chase, *Ella usaba bikini*, 48) = QUESADA = CONSULTAS = RABELLA y PALLAIS (véase también **raspa -ita**)

raspado. m. Hielo picado y rociado con jarabe colorante; granizado. (Hond. = Méx., Nic. y Col.): «La sirvienta de Rufina, muchacha pálida y desnutrida, pero agradable, junto a una nevera donde se consumía un trozo de hielo, anunciaba las mercancías llamando a los clientes con voz enternecedora. / –¡Vengan, señores! ¡Se acaban los raspados de leche y de piña (...)! ¡Raspados requetebuenos, pa' matar el calor...!» (R. Amaya Amador, *Prisión verde*, 77) = SANTAMARÍA DM = RABELLA y PALLAIS

raspadura. f. Véase **rapadura**.

raspaje. m. Legrado. (Arg. = Ur.): «(...) le explicó que había hecho todo lo posible para abortar, menos el raspaje, porque odiaba el sufrimiento tanto como adoraba comer caramelos y bombones, leer revistas de radio y escuchar música melódica.» (E. Sábato, *Sobre héroes y tumbas*, 24) = MORÍNIGO = CONSULTAS

raspar. v. **(1)** tr. Rapar. (Méx.): «–(...) Cuando mi tío César me contó que se metía con las indias –y el montón de muchachitos medio raspados, medio ladinos <medio castellanizados> que andan desparramados por estos rumbos no lo dejan mentir–, dije, caray, se necesita estar muy urgido, tener muchas ganas.» (R. Castellanos, *Balún-Canán*, 164) = SANTAMARÍA DGA **(2)** tr. Matar, destruir –pop. (Méx.): «–De nada, patroncito, de nada; no se acalore: no más* fue un decir. Pero por lo demás no me rajo: si me redotan*, vuelvo, vuelvo y lo raspo.» (M. L. Guzmán, *El águila y la serpiente*, 398) = CONSULTAS **(3) andar** (o: **pasar, salvarse,** *etc.*) **raspando –1.** fr. Dificultosamente, a duras penas; dícese cuando una acción estuvo a punto de no realizarse. (Par. = Arg., Méx. y Ch.): «–Te salvaste raspando, Rivas –siguió diciendo.» (A. Roa Bastos, *Hijo de hombre*, 331) = CONSULTAS = SOPENA **(4) andar raspando –2.** Aproximarse a un modelo. (Arg.): «(...) llevaba (...) una corbata plastrón de color de miel, en cuyo centro ardía una perla que si no era de oriente le andaba raspando.» (L. Marechal, *Adán Buenosayres*, 612) = CONSULTAS

raspita. f. Véase **raspa**.

rasquetear. tr. Raspar, limpiar. (Arg. = Ur.): «Raba pensó en que el día había sido liviano, sin cortinados que lavar o pisos de madera que rasquetear.» (M. Puig, *Boquitas pintadas*, 88-9) = VERDEVOYE = CONSULTAS

rastrillar. tr. Accionar el percutor de un arma de fuego para que esté lista para disparar. (Ec., Perú, Arg. = Ven., Col. y otros): «Unos se tendieron en una cuneta y armaron una ametralladora; otros se parapetearon tras los macizos puntales de guayacán de la casa situada en la esquina y rastrillaron sus fusiles.» (N. Estupiñán Bass, *Cuando los guayacanes florecían*, II, 105) = «En el Puesto, los guardias civiles rastrillaron sus fusiles.» (M. Scorza, *Redoble por Rancas*, 62) = «Ahí no más ¡Cristo me valga! / rastrillar el jusil siento; / me agaché, y en el momento / el bruto me largó un chumbo <una bala>; / mamao <borracho>, me tiró sin rumbo / que si no, no cuento el cuento.» (J. Hernández, *Martín Fierro*, I, versos 865-870) = MALARET = MORÍNIGO = TEJERA = HAENSCH y WERNER = SOPENA

rastrillo. m. Maquinilla de afeitar. (Méx.): «Mire, me faltan unos paquetes de cigarrillos, una loción Jockey Club, rastrillos, de los de rasurar, la revista Cinelandia y hasta unas latas de atún.» (J. A. de La Riva y F. Sánchez, *Pueblo de madera*) = CONSULTAS

rata. f. **hacerse la rata.** fr. Hacer novillos. (Arg. = Ur.): «No se hicieron la rata. Nunca se hicieron la rata.» (R. Arlt, *Entre crotos y sabihondos*, 134) = CONSULTAS = GOBELLO

ratón. m. **(1)** Momento, rato, especialmente cuando es agradable. (PR): «El primo bombero le prometió un tumbaíto <tumbadito*> el jueves entrante: que ratón bueno vamos a pasar.» (L. R. Sánchez, *La Guaracha del Macho Camacho*, 146) = CONSULTAS **(2)** Cobarde. (Cuba): «(...) la máquina* apareció ponchada*. Las cuatro ruedas. Y tenía un letrero en el capó con pintura roja. Un letrero de una sola palabra. Una palabra infame. (...) Decía 'Ratón'.» (J. Soler Puig, *En el año de enero*, 44) = CONSULTAS **(3)** Intoxicación provocada por el alcohol o el tabaco. (Ven.): «(...) oyó que llamaban a la puerta preguntado por él y la barragana contestaba despreciativa: / –Ahí está durmiendo su borrachera. (...) / –Bueno, coronel, ya he tenío <tenido> gusto de saludarlo. Que se le pase pronto ese ratón. / –Que me tiene loco, chico. No sé ni lo que digo.» (R. Gallegos, *Canaima*, 74 y 77) = TEJERA

ratona. adj. f. **mesa** (o: **silla**) **ratona.** fr. f. Véase **mesa* ratona, silla* ratona.**

raya. f. **(1)** Deuda –porque entre analfabetos se contaba trazando una raya en un palo. (Arg. y otros): «Yo también dejé las rayas... / en los libros del pulpero.» (J. Hernández, *Martín Fierro*, I, versos 965-966) = CONSULTAS **(2)** Anotación en forma de raya que se hace cada vez que un peón cumple un día de trabajo en una hacienda; suele trazarlas el mayordomo. (Ec.): «Humildes y silenciosos acercábanse <los peones> al mayordomo, quien en el corredor y ante una mesa, hojeaba el libro de **rayas;** iba llamándoles, uno por uno, y en su presencia, marcaba tantas rayas, como días habían trabajado.» (M. A. Corral, *Las cosechas*, 176) = «–(...) tienes unos cinco sucres para el arreglo del altar? Claro que no me vas a negar, ya que ayer les pagaron lo de las rayas.» (G. Bueno, *Siembras*, 15) = CONSULTAS = JARAMILLO DE LUBENSKY (véase también **rayador**) **(3)** Paga, sueldo. (Méx. = Nic.): «Los de Comitán se emborrachaban y se peleaban cada día de raya. Cuando estaban borrachos cambiaban las mujeres unos con otros.» (R. Pozas, *Juan Pérez Jolote*, 30) = «¿Vienes a pagar? Porque hoy es día de raya.» (J. A. de La Riva y F. Sánchez, *Pueblo de madera*) = CONSULTAS = RABELLA y PALLAIS **(4) detener(se), parar(se) a** (o: **en**) **raya.** fr. Parar(se) en seco. (CR, Ec.): «Al llegar a los higuerones, con una noche tan oscura, que difícilmente se veían las manos, los viajeros se detuvieron en raya, porque comenzaron a escuchar* ruidos estrafalarios.» (H. Muñoz Ureña, *Cuentos de sabor a espanto de gentes sencillas*, 50) = «De pronto una descarga venida del lado de la playa rompió el silencio del paraje. Las bestias se pararon a raya.» (N. Estupiñán Bass, *Cuando los guayacanes florecían*, II, 47) = CONSULTAS **(5) estar en la raya.** fr. Estar para morirse. (CR): «Las viejas dicen de alguien que murió, que 'estaba en la raya' (...).» (A. Cañas, *La Segua*, 217) = ARROYO = CONSULTAS **(6) pasar raya.** fr. Determinar los jornales que se deben a los peones en función de los días trabajados en una hacienda. (Ec.): «Los cosecheros reunidos en el patio le esperaban para **pasar raya**, y recibir el dinero ganado en la semana. (...) Humildes y silenciosos acercábanse al mayordomo, quien en el corredor y ante una mesa, hojeaba el libro de **rayas;** iba llamándoles, uno por uno, y en su presencia marcaba tantas rayas, como días habían trabajado.» (M. A. Corral, *Las cosechas*, 175-176) = CONSULTAS (véase también **rayador**)

rayado -a. (1) m. y f.; ú. t. c. adj. Dícese del deportista o simpatizante del Club Atlético Peñarol de Montevideo. (Ur.): «Pero entonces, viejito, enfundemos la mandolina* del Campeonato Mundial (...) y dejémonos de darle manija* al país con la loca ilusión del celeste* imperio. / Y a propósito, ¿cuándo juegan los rayados?» (H. R. Alfaro, «Hinchando* un poco», en: G. Wettstein, *Nuestra tierra*, II, 79) = «(...) y así el descanso se vino, / con la ventaja 'rayada' / que por lo visto hasta ahí / estaba justificada (...).» (El gauchito del talud –seudónimo de Carlos Modernell–, en: *El País* de Montevideo, 10/10/1994) = CONSULTAS **(2)** Véase también **rayar.**

rayador. m. En las haciendas y en las fábricas, persona que paga los jornales. (Méx.): «Frecuentaban ese burdel religiosamente, cada vez que el rayador les entregaba sus respectivos jornales (...).» (F. del Paso, *José Trigo*, 210) = SANTAMARÍA DGA = SOPENA (véase también **raya**)

rayar. tr. **(1)** Iniciar a alguien en la religión conga o Regla de congo; se suele hacer, entre otras cosas, practicando incisiones en la piel del iniciado con un cuchillo. (Cuba): «Los 'rayados', 'jurados' en las Reglas de congos (...) se consideran unidos por un lazo sagrado de parentesco místico y (...) hablan y rezan en su lengua.» (L. Cabrera, *Reglas de Congo*, 121) = CONSULTAS **(2) rayar el caballo** (o: **el flete**, o: **la montura**, *etc.*). fr. Véanse **caballo** y **flete.**

raza. f. **con raza.** fr. Con aplomo, frescura o desfachatez. (Perú): «Ahora tienes que acostumbrarte a llevar a tu pareja como se debe. No tengas miedo, la chica se da cuenta ahí mismo. Plántale la mano encima, con raza.» (M. Vargas Llosa, *La ciudad y los perros*, 143) = HILDEBRANDT = BENDEZU

razano -a. adj. De buena raza, hablando de las caballerías; en zona rural, puede aplicarse a las personas. (Ec.): «–A ver, a ver ¿cuáles son esas chiquillas? / –¡Oh! un mundo, patroncito. (...) Y su merced que es una bala y que va resultando peor que el compadre y **razano** y **garañón** como no hay otro.» (J. R. Bustamante, *Para matar el gusano*, 32) = SOPENA

rea. f.; ú. t. c. adj. Prostituta de ínfima clase. (Arg.): «(...) las maestras reas que andan con los viajantes (...).» (M. Puig, *La traición de Rita Hayworth*, 85) = CASULLO = CONSULTAS (véase también **reo -a**)

real. m.; ú. t. en pl. Dinero. (Ven.): «–Un fuerte* no te lo puedo dar. Si quieres dos bolos*... (...) No es necesario que me los devuelvas, ¿sabes?. (...) Gano real (...).» (G. Meneses, *Campeones*, 53) = «–Yo haré real en la guerra, 'Carvajala', y te daré bastante.» (A. Uslar Pietri, *Las lanzas coloradas*, 138) = TEJERA

realengo -a. adj. Vago, desocupado, holgazán. (Rep. Dom. = PR y Méx.): «Ella conoció a Lico Bueyón, hombre realengo del Sur (...).» (R. Lacay Polanco, «La Bruja», en: S. Nolasco, *El cuento en Santo Domingo*, 192) = SANTAMARÍA DGA

realera. f. (ú. t. c. adj. en la fr. **hoja realera**). Cuchillo largo y angosto de los campesinos. (CR = Col.): «Otros que allí estaban se fueron apartando; esperaban oír campanear las realeras.» (F. Dobles, *Historias de Tata Mundo*, 135) = GAGINI = ARROYO = QUESADA = FILIPPO

realero. m. Cantidad grande de dinero, dineral. (Ven.): «–Y gastó un realero. Figúrate: traer cemento y trabajadores y todas las cosas hasta allá.» (G. Meneses, *Campeones*, 54) = TEJERA

realizar. tr. **(1)** Separar, sacar, hablando de metales. (Bol.): «Reinició el trabajo *realizando* el metal.

De los escombros dejados por los dos tiros de dinamita, fue separando el metal rico del muy pobre y de la *caja** que es la roca sin metal.» (F. Ramírez, *Socavones de angustia*, 20) = CONSULTAS **(2)** Hacerse cargo de, entender; darse cuenta de. «Realicé que <yo> era un chico, un gaucho desamparado, y que de golpe perdía algo a lo cual había vivido aferrado.» (R. Güiraldes, *Don Segundo Sombra*, 173) = CONSULTAS = ABAD DE SANTILLÁN

reata (o: **riata**). f. **(1)** Borrachera, mona. (Hond. = Guat.): «(...) todos estaban borrachos, tirados en el piso de los corredores de la casa del tendero. Durmiendo la mona los encontró el capataz y despertándolos les ordenó que se alistaran para salir de regreso. / En un rincón unos indios conversan de esta guisa: / –(...) qué riata los <nos> pusimos. / –Sí, mano*, cuánto los <nos> bebimos de güisque <whisky>. Toda la pasteca* que los <nos> pagaron.» (A. P. Sánchez, *Ambrosio Pérez*, 49) = MEMBREÑO **(2)** fam. Valiente –puede ser irónico, como en el ej. adjunto. (Hond. = Méx. y Nic.): «–¡Vean al hombrote (...) cómo se raja al primer grito! (...) ¡Como todo desvergonzado, es 'la reata' ante los hombres!» (R. Amaya Amador, *Prisión verde*, 281) = SANTAMARÍA DGA y DM = RABELLA y PALLAIS **(3)** Tunda de azotes; paliza, golpiza. (CR = Guat.): «No sólo has llevado buena reata aquí en la tierra, sino que querés ir a chasparriarte <chasparrearte: chamuscarte> por toda la eternidad en los infiernos –le fue diciendo entretanto.» (F. Dobles, *Historias de Tata Mundo*, 85) = GAGINI = CONSULTAS **(4) dar reata** (o: **riata**). fr. Pegar, azotar; dar una buena paliza. (Guat. = Méx., Hond., El Salv. y CR): «Hablaba de triunfo contra la subversión y de defensa de la democracia. / –¡Ora <ahora> sí les dimos riata! –gritó Vargas.» (D. Liano, *el hombre de Montserrat*, 60) = ARMAS = SANTAMARÍA DM **(5) echar reata** (o: **riata**). fr. Disparar con ARMAS de fuego; combatir con coraje para conseguir algo; pelear. (Guat.): «Pensó que para el asesor <militar> daba lo mismo Guatemala o Salvador o Medio Oriente. Lo principal era echar riata.» (D. Liano, *el hombre de Montserrat*, 47) = ARMAS = RUBIO

rebalsar. intr. Desbordarse. (Arg.): «Y le hago comer cordero hasta que rebalsa, y cuando traigo el pastel ya no tiene hambre (...).» (M. Puig, *La traición de Rita Hayworth*, 131) = VERDEVOYE

rebolear. tr. Agitar o hacer girar con la mano un lazo, la tralla de un rebenque o boleadoras. (Arg. = Ur.): «El jinete, que me pareció enorme bajo su poncho claro, reboleó la lonja* del rebenque contra el ojo izquierdo de su redomón*.» (R. Güiraldes, *Don Segundo Sombra*, 17) = SAUBIDET = CONSULTAS

rebozo. m. **(1)** Vestido masculino, especie de paño de gente pobre, que sólo cubre los hombros. (Perú = Méx., Am. Centr., Col., Par., Chile, Ur. y Arg.): «¡Y encontrándose en medio de tal tribulación, ir cincuenta indios a pedir acomodo! Jadeaban y gemían bajo los rebozos y ponchos rotosos <desharrapados> llenos de polvo.» (C. Alegría, *Los perros hambrientos*, 109) = SANTAMARÍA DM = MEMBREÑO **(2)** Manta o manto cuadrangular y amplio que usan las mujeres indígenas para salir, generalmente sin flecos, de tela más bien fina de algodón, seda o lana, y que les cubre la cabeza y la espalda. (Par.= Méx., Am. Centr., Chile, Ur. y Arg.): «(...) caminando <los movilizados> tranquilos junto a familiares –especialmente madres de fortaleza desdibujada por rebozos o mantos– llevando el pequeño avío –¿último obsequio?– como si con ello quisiesen prolongar el adiós que, pluguiera a la Virgen, no fuera el definitivo.» (H. C. Sosa Tenaillon, *Cincuenta años después*, 11) = MORÍNIGO = MUÑOZ REYES

rebujar. tr. Revolver, desordenar; poner algo manga por hombro. (Ven.): «Carmelita, después del sopapo que le asestó mi tío, rebujaba toda la casa. / Tiraba muebles contra el suelo; sacudía colchas y sábanas; volteaba baúles y amontonaba vestidos. / –¡Me voy! –gritaba– (...).» (M. V. Romero García, *Peonía*, 166) = CONSULTAS

rebusca -quita. f. Provecho accesorio e ilícito. (Ec. = Col. y Arg.): «–Nada, cholito*. Ganado en buena lid. La camisa para mí... La franela* para vos... / –Cuando Dios quiere dar. / –Algo por la mala noche. / –Una rebusquita que llaman.» (J. Icaza, *El Chulla Romero y Flores*, 114) = MORÍNIGO = SOPENA = CONSULTAS

recado. m. Silla de montar anticuada, con cabezadas de madera y alas de suela. (Par., Ur., Arg.): «Se fueron los dos por la picada <senda>. Chaparro delante, con la pierna enganchada en la cabeza del recado.» (A. Roa Bastos, *Hijo de hombre*, 136) = «Ni bien* Adela se fue, el padre Rosales montó en su cabalgadura encaminándose a Valle Pucú. Sosteníase desgarbadamente en el recado, y cualquier jinete hubiera notado al primer vistazo que le faltaba habilidad para montar.» (G. Casaccia, *La Babosa*, 123-124) = «Era y es (la silla de montar llamada bastos) la montura* más usada, casi exclusivamente, en las provincias <argentinas> del litoral; en las mediterráneas prima el *recado* y, en las andinas, el recado de cabezadas muy altas.» (S. M. Lugones, nota al verso 3.741 del *Martín Fierro* de J. Hernández, ed. Alianza Editorial, 159) = MORÍNIGO = CONSULTAS

recalar. intr. Ir a parar, ir a dar. (Col. = Cuba, CR, Méx., Guat., Ven. y Arg.): «En sus parrandas, Amalia Cifuentes Mora recalaba en el llanto mientras escuchaba una y mil veces la letra de una misma canción.» (O. Collazos, *De putas y virtuosas*, 17) = MORÍNIGO = SANTIESTEBAN

recamarero -a. m. y f. Persona encargada del servicio de las habitaciones en una casa o en un hotel. (Méx.): «El chofer, la cocinera, esposa de éste, y una recamarera fueron al cine, mientras Antonio esperaba a cierta gente.» (J. García Ordoño, *Tres crímenes y algo más*, 19) = SANTAMARÍA DGA

recién. adv. **(1)** Solamente, apenas. (Perú, Arg. = Bol.): «(...) con suerte regresaría recién mañana.» (A. Bryce Echenique, *La última mudanza de Felipe Carrillo*, 116) = «Yamil dice que asusta <el instructor> a la gente, la gorda del almacén se resbaló y se soltó del borde <de la piscina>, y al fondo, y salía, toda asfixiada y se volvía a hundir y recién la tercera vez que apareció la sostuvo el instructor.» (M. Puig, *La traición de Rita Hayworth*, 128) = VERDEVOYE = MUÑOZ REYES = CONSULTAS = '¡Recién llegas!» (CONSULTA) **(2)** Ahora. (Bol. = Arg.): «En cuanto ella se ponía a gemir, gritaba furioso: '¡De esto recién vas a llorar!' y de un puntapié la hacía rodar por el suelo.» (J. Lara, *Yanakuna*, 93) = SOPENA = CONSULTAS

recocha. f. Véase **recochar.**

recochar. tr. ind. Parrandear. (Col.): «(...) nos separamos porque el tiempo me lo impedía, aunque de vez en cuando me iba a recochar con ellos, o contratábamos partidos contra las otras cuadras con apuestas (...).» (U. Valverde, *Bomba Camará*, 67) = CONSULTAS = FILIPPO (quien recoge **recocha** con el sentido de 'parranda') = HAENSCH y WERNER

recogida. f. Prostituta. (Perú): «(...) vecino de la jaula donde los guajolotes <pavos> escandalizaban menos que los gatos en celo, menos que las recogidas en las esquinas sobre cuya gordura transpiraban los estudiantes con suerte.» (M. Scorza, *La danza inmóvil*, 136) = CONSULTAS

recordar. tr. Despertar a una persona dormida. (Méx. = Arg.): «–Falta poco. Si por algo te estoy hablando es para que despiertes. Me encomendaste que te recordara antes del amanecer.» (J. Rulfo, *Pedro Páramo*, 51-52) = SANTAMARÍA DGA = CONSULTAS

recorte. m. Porción de terreno que se le asigna a un peón cauchero o a un buscador de oro para que lo explote. (Ven.): «–Infierno que ya usté debe de tené <tener> su gente completa y los recortes repartíos <repartidos> –díjole a Marcos Vargas–; pero, por vida suyita, déme un desechito (...). / Pero así también usufructuaba lo ajeno, (...) irrumpiendo con su gente a rumbear* balatá* en términos de empresas ya establecidas o a pedir recortes en los yacimientos auríferos que otros hubiesen descubierto (...)*.» (R. Gallegos, *Canaima*, 221 y 235) = CONSULTAS

recova (o: **recoba**). f. **(1)** Soportal. (Arg.): «Pronto llegó a la recova y dirigiéndose sin vacilar a una de aquellas puertas cerradas y silenciosas, la abrió y entró.» (E. Sábato, *Sobre héroes y tumbas*, 285) = VERDEVOYE = CONSULTAS **(2)** Mercado o tienda de comestibles; especie de bar o de restaurante popular. (Bol.): «Durmió otra vez al raso y a la mañana siguiente, con los pocos reales que había ganado se encaminó a la recova en pos de desayuno. Decenas de obreros y de colegiales se arracimaban en torno a enormes cántaros (...).» (J. Lara, *Yanakuna*, 194) = MUÑOZ REYES

rectamente. adv. Directamente. (Ch.): «(...) a pesar de su aire de indignación, de su chaqué y de sus protestas de honradez, fue enviado rectamente a la cárcel.» (M. Rojas, *El delincuente... y otros cuentos*, 125) = CONSULTAS

rechiflarse (de). prnl. tr. ind. Apartarse con enojo (de). (Arg.): «Rechiflate del laburo <trabajo>, no trabajés pa' los ranas*, / (...).» (E. Trongé, «Seguí mi consejo», en: J. Barreiro, *El Tango*, 200) = ABAD DE SANTILLÁN = GOBELLO = CONSULTAS

rechinar. v. **rechinarse.** prnl. intr. Requemarse alguna bebida o comida. (CR = Méx., Hond., Col., Ch. y otros): «Y lo único que me dio fue una taza de café rechinado (...).» (M. Salguero, *Agencia de policía*, 96) = GAGINI = MALARET = FILIPPO = HAENSCH y WERNER

rechoncho -a. adj. Acalorado. (Col.): «Clotilde Armenta recordaría siempre que el talante rechoncho del coronel le causaba una cierta desdicha (...).» (G. García Márquez, *Crónica de una muerte anunciada*, 93) = SOPENA

redoblona. f. Cierta apuesta clandestina en carreras de caballos. (Arg.): «(...) aunque él le hubiera hablado de unas redoblonas para la próxima 'reunión*', no se sentía del todo seguro.» (R. Arlt, *Los siete locos*, 243) = MORÍNIGO = CONSULTAS

redomón -a. m. y f.; ú. t. c. adj. Aplícase a cualquier animal que no ha sido domado del todo. (Arg. y Arg. < Par.): «El jinete, que me pareció enorme bajo su poncho claro, reboleó* la lonja* del rebenque contra el ojo izquierdo de su redomón.» (R. Güiraldes, *Don Segundo Sombra*, 17) = «(...) la cosa es que el domador acababa de recibir unos tigres medio redomones a los que no había tenido mucho tiempo para adiestrar (...).» (A. Roa Bastos, *El baldío*, 118) = SANTAMARÍA DGA (quien lo recoge c. adj.) = VERDEVOYE (quien lo recoge c. m.) = CONSULTAS

redondela. f. Redondel. (Perú): «A la mitad del cerro, separados por cuatro o cinco metros, se divisaban los blancos: unas redondelas perfectas.» (M. Vargas Llosa, *La ciudad y los perros*, 161) = CONSULTAS

redondo -a. adj. Véanse **cuarto* redondo** y **tienda* redonda.**

redotar. tr. Forma popular por 'derrotar'. (Méx., Arg.): «–Bueno, patrón: me llevo ésa. Pero, ¡ay jijo <hijo> de la guayaba* si me redotan!... porque entonces vengo y lo tizno*...(...) si me redotan, vuelvo, vuelvo y lo raspo*.» (M. L. Guzmán, *El águila y la serpiente*, 398) = «–(...) Lo he *redotao* en *güena* ley, guitarra contra guitarra.» (L. Marechal, *Adán Buenosayres*, 217) = CONSULTAS

refacción (o: **refaisión**). f. Dinero que se toma en préstamo para reintegrarlo con la venta de la cosecha; avío, auxilio. (PR = Cuba): «Por dos semanas consecutivas le habían negado la refacción.» (E. Laguerre, *La llamarada*, 219) = MAURA = DÍAZ MONTERO = SANTAMARÍA DGA = SANTIESTEBAN

refacciona(d)or -ora. adj. Dícese de la persona o del organismo que adelanta dinero a un campesino, pagándose con los frutos de la cosecha cuando se vende ésta. (PR): «–(...) Las compañías refaccionaoras <refaccionadoras> se combinan para fijarnos precio de compra, y usté ta cogío <está cogido> por el cuello.» (A. Díaz Alfaro, *Terrazo*, 40) = CONSULTAS

refaccionar. intr. Tomar la refacción o algún refrigerio. (Guat.): «Mientras refaccionaba, le contó a su mujer los sucesos del día.» (D. Liano, *el hombre de Montserrat*, 20) = RUBIO

refajo. m. Mezcla de varias bebidas o licores. (Col.): «La Coca-Cola, no nos metamos mentiras, no tiene par como refresco; puede que la Colombiana* le gane cuando de combinar un refajo se trata, o que el Guaraná brasileño mezcle mejor con la ginebra.» (D. Samper Pizano, *A mí que me esculquen*, 110) = FILIPPO = CONSULTAS = HAENSCH y WERNER

refalar. tr. Robar, hurtar. (Arg. = Bol., Ch., Par. y Ur.): «(...) le refalé el anillo que él sabía* llevar con un zarzo*.» (J. L. Borges, *Obras Completas,* 1035) = GOBELLO = MORÍNIGO = CONSULTAS

refilar. intr. o tr. Tocar ligeramente. (Ec. y otros): «En los grandes potreros la majada refilaba la hierba.» (R. Descalzi, *Los murmullos de Dios*, 34) = SANTAMARÍA DGA = MORÍNIGO

refrendar. tr. Refrenar. (Perú): «Las montañas son caravanas en descanso, evoluciones en tregua, cóleras refrendadas, partos indefinidos.» (E. López Albújar, *Cuentos andinos*, 10) = CONSULTAS

refrigerador. m. Cárcel. (Méx.): «Siete putas y su madrota* y un gringo desaparecido, asesinao o quién sabe. Entonces sí que nos meten al refrigerador, Otis.» (C. Fuentes, *El naranjo*, 211) = CONSULTAS

refucilar. v. Véase **refusilar.**

refundir. tr. **(1)** Poner en sitio seguro, guardar con sumo cuidado. (Méx.): «–(...) Los administradores son una partida de sinvergüenzas. El último que tuve está todavía refundido en la cárcel.» (R. Castellanos, *Balún-Canán*, 76) = SANTAMARÍA DGA = MORÍNIGO **(2)** Perder, hundir a alguien. (Méx. = Arg.): «Tras asistir a un desahogo de pruebas en el Juzgado XI, donde el licenciado había desplegado sus dotes para que refundieran a un futbolista segundón* que había creído que su habilidad en el campo de Pachuca (...) lo protegía de haber tratado de seducir con violencia a una muchacha (...) se habían ido a la casa vacía de Verdugo (...).» (P. I. Taibo II, *Sombra de la sombra*, 191) = MORÍNIGO

refusilar (o: **refucilar**). intr. Relampaguear. (Arg. = Ec. y Bol.): «(...) refusilaban sus ojos como dos noches de tormenta.» (L. Marechal, *Adán Buenosayres*, 218) = VERDEVOYE = VÁZQUEZ = MUÑOZ REYES

regadera. f. Depósito en el que se almacena la cantidad de agua necesaria para tomar una o más duchas; el chorro de agua obtenido mediante ese sistema para ducharse. (Méx. = Guat. y Col.): «En la parte trasera del patio, junto a los corrales y el granero, Mamá Elena había mandado instalar una regadera rudimentaria. Se trataba de un pequeño cuarto construido con tablones unidos, sólo que entre uno y otro quedaban hendiduras lo suficientemente grandes como para ver, sin mayor problema, al que estuviera tomando el baño*. (...) Tenía una caja como a dos metros de altura con capacidad para 40 litros, a la cual se le tenía que depositar el agua con anterioridad, para que pudiera funcionar utilizando la fuerza de gravedad.» (L. Esquivel, *Como agua para chocolate*, 42) = «Si usted se encuentra en esta categoría, de seguro no sólo conoce muy bien la letra de las arias y los duetos sino que se los sabe de memoria y los tararea en la regadera de vez en cuando.» (L. Esquivel, *La ley del amor*, 2) = CONSULTAS = SOPENA = HAENSCH y WERNER

regalar. v. **(1)** tr. Vender muy barato, de modo que se considera casi un regalo; dar por cortesía o de forma cortés. (Col., CR): «'Regalo moto Monochop Yamaha', decía hace poco un aviso. ¿Regalo? para los que crean en pajaritos* preñados.» (D. Samper Pizano, *A mí que me esculquen*, 106) = «¿Me regala el periódico de hoy?» (CONSULTAS) **(2) regalarle a** una mujer. fr. Parir. (CR): «Ni me digás, a mi mujer le regalaron un día de estos y no tenemos ni para las mantillas.» (J. Pinto, *Los marginados*, 57) =

«¡Pues vean ustedes: ya le regalaron! ¡Y mañana apenas cumple ocho meses de casada! ¡Qué cosa! ¡Se quiere una morir de espanto!» (H. Elizondo Arce, *Memorias de un pobre diablo,* 40) = QUESADA = CONSULTAS

regalía. f. Dulces de cocina destinados para regalos, obsequios. (PR): «Esta tarde se hicieron las *regalías*: esponjados*, dulce de batata, pasteles para los más allegados y otras golosinas.» (E. Laguerre, *La llamarada,* 121) = CONSULTAS

regar. intr. o tr. Difundir, propalar, o simplemente decir una mentira. (PR, CR): «Una vampira, una manganzona <holgazana>, una culisucia que regó que yo era una quitamachos– dijo La Madre.» (L. R. Sánchez, *La Guaracha del Macho Camacho,* 60) = «Hola, ñatica, ¿Qué hay del amor? Ai <ahí> andan regando que usté está en grandes con tío Tigre...» (C. Lyra, *Cuentos de mi tía Panchita,* 185) = MALARET = QUESADA (quien recoge la fr. **regar bolas** con este sentido)

regencia. f. Tela de algodón para vestidos de mujer; especie de zaraza. (PR = Col.): «Las muchachas engalanábanse con vestidos de regencia o de lino amarillo o rojo, y cintas de colores vivos.» (M. Zeno Gandía, *La Charca,* 59) = MALARET = SOPENA

regenta. f. Administradora de un prostíbulo. (Arg.): «Fíjese que en tanto yo hablaba, el batón* de la prostituta se había entreabierto encima de sus senos, (...) de pronto la regenta golpeó con el nudillo de los dedos en la puerta, ella miró en su dirección (...).» (R. Arlt, *Los siete locos,* 216) = CONSULTAS

regla (o: **Regla**). f. Secta afrocubana. (Cuba): «(...) nos define las actividades místicas de la Regla del Santo Cristo del Buen Viaje y el ideal religioso que perseguía Andrés Petit.» (L. Cabrera, *La sociedad secreta abakuá,* 35) = CONSULTAS

regresar. tr. Llevar a alguien al punto de partida. (Méx.): «Lo malo está que Natalia y yo lo llevamos a empujones, cuando él ya no quería seguir, cuando sintió que era inútil y nos pidió que lo regresáramos.» (J. Rulfo, *El llano en llamas,* 78) = SANTAMARÍA DGA

reguerete. m. Gran cantidad de cosas en desorden. (PR): «–(...) No se ocupa de la casa. ¡Fíjate qué reguerete! Nunca mi casa había ehtao tan tirá <estado tan tirada>. *(Empieza a recoger.)*» (R. Marqués, *La carreta,* 102) = MAURA = CONSULTAS = MORÍNIGO

reguero. m. Conjunto de cosas dispersas y revueltas. (Cuba = CR): «–(...) Hay huellas de lucha aquí; ramas partidas, reguero de hojas...» (R. Ortega, *La aventura de la Cruz Pinera,* 137) = CONSULTAS

rehender. v. Véase **rejender.**

rehusar. v. **rehusarse (a).** fr. prnl. intr. o tr. ind. Negarse (a). (Arg. y otros): «Se rehusó, protestó en un principio la infeliz (...).» (E. Cambaceres, *En la sangre,* 139) = CONSULTAS

reina. f. **reina de la noche.** fr. Planta (*Datura arborea*) cuyas flores blancas y acampanadas se abren de noche y difunden un aroma embriagador y penetrante; es alucinógena. (CR): «Luego, las 'reinas de la noche' destapaban el pomo de sus esencias al reclamo de las primeras constelaciones.» (C. Salazar Herrera, *Cuentos de angustias y paisajes,* 57) = «(...) es un exquisito coctel de hojitas de reina de la noche con chinchiví <*ginger beer*>.» (R. Arias, *El emperador Tertuliano,* 104) = QUESADA = GAGINI = CONSULTAS

reinado. m. Cabildo*, grupo religioso y cultural afrocubano. (Cuba): «En la antigua ciudad de Sancti Spíritus, nos cuenta el Comandante Gajate, los dos Cabildos* o 'reinados' más populares de las 'naciones*' africanas fueron el Congo y el Carabalí.» (L. Cabrera, *Reglas de Congo,* 95) = PICHARDO

reinita. f. Pájaro *(Coereba portoricensis)* muy común; hay 36 especies, cuyos colores alternan el gris, el negro, el blanco y el amarillo. (PR): «Una que otra vez llegaba una reinita, o un picaflor, o una torcaz, picaba aquí y allí y se iba.» (E. Laguerre, *La llamarada,* 229-30) = MAURA = ÁLVAREZ NAZARIO = SANTAMARÍA DGA

reír. intr. **quedarse riendo.** Véase **quedar.**

reja. f. Cárcel, chirona. (Nic. = Hond. y Méx.): «–Por hablantín no se puede meter a la reja a nadie.» (S. Ramírez, *Castigo Divino,* 261) = MEMBREÑO = SANTAMARÍA DM

rejender. tr. Caminar, andar una distancia que se considera larga. (PR): «Tenemoh <tenemos> que rejender cuatro quilómetroh por esah piedrah pa <esas piedras para> llegar a la carretera.» (R. Marqués, *La carreta,* 6) = ÁLVAREZ NAZARIO

rejera. f. Vaca lechera. (Ec.): «Aturdido por el estruendo de la llamada de las rejeras y el lamento de los chumbotes*. (...) / Le habían asignado más rejeras que ordeñar.» (D. Aguilera Malta, *Don Goyo,* 16 y 32) = SOPENA = CONSULTAS

rejodida. f. **llevar la rejodida a** uno. fr. Estar en mala situación. (Méx.): «A usted ni quien le menoscabe lo hombre que es; pero me lleva la rejodida con ese hijo de la rechintola <ese hijo de puta> de su patrón.» (J. Rulfo, *Pedro Páramo,* 38) = SANTAMARÍA DM

rejoya. f. Depresión de terreno; hondura, barranco. (PR): «Luego se dirigió hacia una rejoya entre árboles en la colindancia de los Cocos, donde el Josco solía sestear.» (A. Díaz Alfaro, *Terrazo*, 23) = MAURA = CONSULTAS

relación. f. Estrofa poética que durante un baile popular cada miembro de una misma pareja recita como respuesta o continuación a lo que uno de los dos había dado, al suspender por un momento la danza. (Arg. = Ur.): «A mi vez fui parte del cuadro con Don Segundo y mi elegida. Era un gato <danza popular bailada por una o dos parejas> con relación. / Cuando quedamos aislados en el silencio, deletrié <deletreé> claramente mis versos: / *'Para venir a este baile puse un lucero de guía, / por que supe que aquí estaba la prenda que yo quería.'* / Por la derecha dimos una vuelta y zapateamos una mudanza. Quieto esperé la respuesta, que vino sin tardar: / *'De amores me estás hablando, yo de amores nada sé. / Pero si en amor sos sabio, se me hace que aprenderé.'*» (R. Güiraldes, *Don Segundo Sombra*, 71-2) = SAUBIDET = VERDEVOYE

relágrima. adj.; ú. t. c. s. Muy malo, que se queja mucho. (Guat.): «–¡Por usté, pues! (...) ¡Porque lo que es ese licencioso me tengo sabido que es un relágrima!» (M. A. Asturias, *El señor presidente*, 163) = CONSULTAS

relajiento -a. m. y f. Persona amante de la holgazanería. (Méx.): «Los vándalos, los relajientos, incluso los asesinos, tomaron la delantera.» (V. A. Maldonado, *La noche de San Bernabé*, 140) = CONSULTAS

relinchar. intr. Protestar. (Cuba): «Deja que sigan aumentando los sin trabajo, que la gente empiece a relinchar.» (J. Soler Puig, *En el año de enero*, 104) = CONSULTAS

relojear. tr. Examinar, observar atentamente y con disimulo, espiar. (Arg. = Ur.): «¿Y el placer de salir a la calle con ella prendida de un brazo mientras los 'tiras*' lo relojean?» (R. Arlt, *Los siete locos*, 56) = «Y tantas veces que después del colegio en Paraná me iba al río a pescar y pitar detrás de las barrancas, ¿por qué no habré vuelto al negocio? a relojear como cagabas* a los gallegos <españoles> (...).» (M. Puig, *La traición de Rita Hayworth*, 207) = MORÍNIGO = CASULLO = VERDEVOYE

rellenar. v. Véase **relleno.**

relleno. m. Terraplén. (Bol. = Ch.): «El portón claveteado de forja antigua y herrumbrosa, los alares carcomidos, el relleno de maguey y caña (...) hablaban de otras épocas (...).» (H. Guzmán Arze, *Borrasca en el valle*, 22) = CONSULTAS (MATEUS registra en Ec. el v. **rellenar** con el sentido de 'terraplenar')

remar. v. **(1)** intr. Irse. (CR): «(...) conoció una gringa increíble en una disco <discoteca> super en todas mentendés el máe* rema para los estados <Estados Unidos> con la gringa que es de michigán (...).» (R. Arias, *El emperador Tertuliano...*, 33) = CONSULTAS **(2)** tr. Vencer, sobreponerse a. (Bol.): «(...) así que así, remando las desgracias la he sacado señorita <bien criada, educada>.» (R. Poppe, *Después de las calles*, 21) = CONSULTAS

remate. m. **de remate.** fr. Para mal de males –es de sentido neg. (Méx.): «(...) cuando el espinazo se me saltó por encima de la cabeza, cuando ya no podía caminar. Y de remate, el pueblo se fue quedando solo (...).» (J. Rulfo, *Pedro Páramo*, 65) = CONSULTAS

remazo. m. Impulso que da el que rema –pop. (Ec.): «(...) viajaban ya a las islas. (...) El remazo de los hombres tenía cada vez más vigor.» (D. Aguilera Malta, *Don Goyo*, 56) = CONSULTAS

remendar. tr. Reparar, arreglar cualquier cosa. (Méx. y otros): «El *pus** que usó mi madre cuando yo nací, y que está junto a la casa, ha sido remendado ya (...).» (R. Pozas, *Juan Pérez Jolote*, 15) = CONSULTAS

remendona. f. Taller de zapatero remendón. (CR): «Recuerdo que mi padrastro tenía entonces una remendona, en un modesto local, allá por la esquina de 'La Golondrina' (...).» (C. L. Fallas, *Carlos Ramírez*, 83) = CONSULTAS = ARROYO

remera. f. Camiseta sin cuello ni botones, parecida a la que llevan los marineros. (Arg. = Ur.): «(...) un morocho <moreno> musculoso, vestido con una remera ajustada.» (R. Tizziani, *El desquite*, 174) = GOBELLO = MORÍNIGO = CONSULTAS

remesa. f. Promoción de alumnos; conjunto de personas o de animales. (Par. = Arg.): «Estando así las cosas, ingresé en la Escuela Militar y allí conocí a Alfredo Stroessner, Marcel Samaniego y a los hermanos Brítez, que ya estaban en el tercer curso. El recuerdo que tengo de ellos es el mejor. Formaban parte de una buena remesa de cadetes.» (H. C. Sosa Tenaillon, *Cincuenta años después*, 26) = CONSULTAS = VERDEVOYE (quien lo registra con el sentido de 'tropa de vacunos que se envía de un lugar a otro')

remesón. m. Véase **remezón.**

remezón (o: **remesón**). m. **(1)** Racha de viento. (Par.): «A cada rato perdía el compás y tenía que volver a trotar para acortar la distancia, en medio de los remezones lentos y ácidos que los envolvían <a todos> con el polvo.» (A. Roa Bastos, *Hijo de hombre*, 408) = CONSULTAS **(2)** Estremecimiento, escalofrío. (Ec.): «Con un poco de repugnancia, levantó el vaso. Pasado el primer remezón, le <lo> entró <bebió el aguardiente> suavecito.» (D. Aguilera Malta, *Don Goyo*, 61) = CONSULTAS **(3) a remezones** (o: **a remesones**). fr. A intervalos. (Par. = Bol.): «El sueño, el calor, el polvo, nos apretaban contra la madera del banco <del ferrocarril>. Yo me dormía a remezones.» (A. Roa Bastos, *Hijo de hombre*, 107) = SANTAMARÍA DGA = MORÍNIGO

remisión. f. Talón de multa de circulación; la multa misma. (Guat.): «(...) si me ponen remisión se la llevo a (...) y me la quita (...).» (M. A. Flores, *Los compañeros*, 146) = ARMAS

remoler (o: **resmoler**). v. **(1)** Tratar mal. (Guat.): «La cama no dejaba de echar fuerte, traquido y traquido. Un mueble abuelo que no estaba para que lo resmolieran.» (M. A. Asturias, *El señor presidente*, 62) = CONSULTAS **(2) re(s)molerse.** prnl. intr. Inquietarse, preocuparse, angustiarse. (Méx. = Guat.): «–¿Para qué se va usted a resmoler de balde, niña Matilde? Mejor pídale a don César que le dé una soplada* y así se averigua su voluntad.» (R. Castellanos, *Balún-Canán*, 120) = CONSULTAS

remuda. f. Bestia de tiro o silla que se lleva en un viaje para relevar a un animal cansado. (Méx.): «(...) Usted se ha de acordar cómo también arribita del Temaxcal nos dimos aquel encontronazo con los federales, guiados por los Pelejas, cuando ellos dizque se habían quedado un poquito atrás para darle agua a la remuda.» (J. Rulfo, *Juan Rulfo*, –variante–, en: *Toda la obra*, 82, nota 53) = CONSULTAS

rendir. v. **rendir el sombrero.** fr. Véase **sombrero.**

renegar. intr. Enfurecerse, enojarse. (Méx. = Arg.): «No me iré. Bien sabes que estoy aquí para cuidarte. No importa que me hagas renegar, te cuidaré siempre.» (J. Rulfo, *Pedro Páramo*, 92) = MORÍNIGO

renta. f. Alquiler. (Méx., Pan. = CR y otros): «Necesitamos guías de turistas, choferes, líneas de autobuses, agencias de renta de autos, jeeps color de rosa (...).» (C. Fuentes, *El naranjo*, 254) = «Hace poco decidí quejarme con Miss Delia. Fui a su despacho, le hablé sobre las vecinas y de cómo me estaban destruyendo. / Disgustada, me gritó con su acento antillano preguntando si inventaba excusas para no pagarle la renta.» (C. de Castro, *El camaleón*, 23) = CONSULTAS (véase también **rentar**)

rentar. tr. Alquilar algo a otra persona para que lo use; tomar en alquiler. (Méx., Guat. = CR y otros): «Rente un carro <coche>.» (anuncio en el aeropuerto de México D.F., 1981) = «Alguien me informó que en la hacienda de la Cofradía del Rosario había un tractor desocupado y por fortuna me lo rentaron.» (J. J. Arreola, *La feria*, 39) = «Selma vino a cenar al hotel. Conversamos y comimos entre las molestas interrupciones que impone mi trabajo (clientes que llegan, clientes que parten, que piden llamadas telefónicas, que rentan cuartos, etc.).» (L. E. Rivera, *Velador de noche, soñador de día*, 125) = CONSULTAS (véase también **renta**)

reo -a. m. y f.; ú. t. c. adj. Arrabalero; humilde, pobre, vago. (Arg. = Ur.): «(...) y cruza el cielo el aullido / de algún perro vagabundo / y un reo meditabundo / va silbando una canción.» (J. González Castillo, «Silbando», en: J. Barreiro, *El Tango*, 129) = «En tu esquina rea, cualquier cacatúa / sueña con la pinta de Carlos Gardel.» (C. E. Flores, «Corrientes y Esmeralda», en: J. Barreiro, *El Tango*, 121) = CONSULTAS = CASULLO = GOBELLO (véase también **rea**)

reparar. v. **(1)** intr. Hablando de un caballo, encabritarse; fig., hablando de un vehículo, dar tumbos, traquetear. (Méx.): «El automóvil es un monstruo que bufa y echa humo. Y en cuanto nos traga se pone a reparar frecuentemente sobre el empedrado. Un olfato especial lo guía contra los postes y las bardas para embestirlos. Pero ellos lo esquivan graciosamente (...).» (R. Castellanos, *Balún-Canán*, 22) = SANTAMARÍA DGA = MORÍNIGO = MALARET (quienes recogen el primer sentido) **(2)** tr. Examinar, observar. (Col. = Bol.): «(...) le entregó el sombrero de cintas de colores. La vicaria se lo mostró a la abadesa cuando estaban buscando a la niña, y la abadesa no dudó de quién era. Lo agarró con la punta de los dedos y lo reparó a la distancia del brazo. / 'Toda una señorita marquesa con un sombrero de maritornes', dijo.» (G. García Márquez, *Del amor y otros demonios*, 88-89) = MUÑOZ REYES

reparo. m. Muro de piedra, cemento o troncos que se levanta como defensa contra un río. (Bol.): «Una masa terrosa avanzaba, llenando el cauce hasta tocar con los *reparos* de piedra y troncos levantados en alto.» (A. Arguedas, *Raza de bronce*, 41) = MUÑOZ REYES

repartimiento. m. **repartimiento de los esclavos.** fr. m. Edificio o parte de él que servía de vivienda a los esclavos, barracones. (Ven.): «Iba fuera de la raya de sombra de la pared del repartimiento de los esclavos, por cuya ancha puerta salía la tiniebla acumulada a deshacerse en el aire. (...) El repartimiento de los esclavos quedaba vecino de la casa.» (A. Uslar Pietri, *Las lanzas coloradas*, 9 y 21) = CONSULTAS

reparto. m. Terreno que se vende en parcelas para construir casas en una población o un suburbio; barrio. (Nic., Cuba = Méx.): «Me llamo Francisco y soy medio bizco. / Me hizo Dios así y me hacen rueda en las polvaredas del reparto Schick.» (canción «Panchito Escombros» de Carlos Mejía Godoy) = «(...) los domingos había que salir a arreglar jardines por los repartos de gente acomodada (...).» (R. González de Cascorro, *Romper la noche*, 10) = CONSULTAS = SANTAMARÍA DGA = MORÍNIGO = SOPENA

repasado -a. m. y f. Limpieza rápida que se hace con un trapo, pasada. (Arg.): «(...) a lo que Chichín <el camarero>, mirando al techo, suspendiendo el repasado de su vaso, con los ojos cerrados, después de mover los labios (como quien revisa la lección) respondió (...).» (E. Sábato, *Sobre héroes y tumbas*, 112) = VERDEVOYE (quien recoge la forma femenina)

repasear. v. **(1) repasearse en** alguien. prnl. tr. ind. Insultarle gravemente. (Guat.): «(...) potreó* a mis paisanos, los puso en cintura, se repaseó en ellos y de no ser madre acaba con todos.» (M. A. Asturias, *El señor presidente*, 223) = CONSULTAS **(2)** Véase también **pasearse en.**

repela. f. Tercera y última cosecha del café. (CR): «Generalmente se efectúan dos graneas*, dos buenas 'cogidas' y una última que recibe el nombre de 'REPELA'.» (H. Muñoz Ureña, *Cuentos de sabor a espanto de gentes sencillas*, 100) = QUESADA = GAGINI

repelar. v. **hacer repelar.** fr. tr. ind. Hacer rabiar, enojar, molestar. (Méx.): «–(...) Mire, curro*; a mí me cuadra mucho hacer repelar a los federales, y por eso me tienen mala voluntad.» (M. Azuela, *Los de abajo*, 38) = CONSULTAS

repellar. v. **(1)** tr. Alisar. (Guat.): «Y cada cazador-guerrero tomó una jícara, sin despegársela del aliento que le repellaba la cara (...).» (M. A. Asturias, *El señor presidente*, 261) = CONSULTAS **(2) repellarse.** prnl. intr. o tr. Hartarse; llenarse. (CR): «(...) los empecé a echar raticos afuera para que se repellaran solos <los chanchos> y me aflojaran <dejaran> un poco con la comedera.» (M. Salguero, *Agencia de policía*, 101) = CONSULTAS = ARROYO (quien lo da como tr. en la fr. **repellarse la panza**)

repente. m. **de repente.** adv. A lo mejor, quizás; dentro de poco. (Méx., Perú = Am. Centr., Bol., Ur. y Arg.): «–Aquí, de repente, nos vamos a morder unos con otros.» (R. Amaya Amador, *Prisión Verde*, 304) = «–(...) Ya debería estar acá. (...) A lo mejor no es culpa de ellas. De repente no las dejaron salir.» (M. Vargas Llosa, *La ciudad y los perros*, 194) = CONSULTAS = KANY

repentín. m. Corto lapso de tiempo. (Guat.): «Repentín de vida que duró lo que tardaron el sacristán y el estudiante en atravesar el atrio de la Catedral.» (M. A. Asturias, *El señor presidente*, 288) = CONSULTAS

repicar. v. **a repicar con volteadora.** fr. Véase **volteadora.**

repisar. tr. Véase **pisar.**

repunte. m. Primera crecida del año de los ríos, ocasionada por las lluvias de enero y febrero. (Perú): «¿Quién pues, levantaría las tomas* de agua, quién abriría las acequias, quién remendaría los relejes, quién arreglaría las compuertas, cuando los repuntes de enero y febrero, cuando las avenidas que bajan de todos los cerros (...) llenaran de piedras, de champa <tepe> y arenas las tomas?» (J. M. Arguedas, *Yawar Fiesta*, 14) = MORÍNIGO

repuntero. m. Que hace el repunte o rodeo. (Perú): «(...) '¿Lo quiere <al perro> pa <para> ovejero o pa otra cosa?'. Y el aludido podía contestar: 'Es pa cuidar la casa' o 'pa rodear yeguas y vacas'. El repuntero Manuel Ríos respondió de esta manera.» (C. Alegría, *Los perros hambrientos*, 24) = CONSULTAS

res. f. Animal vacuno. (Cuba, Guat., Arg. = Hond., CR, Col., Par. y otros): «Si iban a preparar una cazuela* bruja de mayombe judío, la hacían los martes. Así tenía más fuerza. Se preparaba con carne de res y huesos de cristianos, de las canillas principalmente.» (M. Barnet, *Biografía de un cimarrón*, 119) = «Hogareña comida criolla al mediodía: puchero patriarcal con carne de res, hortaliza y hierbas de la región (...).» (L. Cardoza y Aragón, *El Río*, 137) = «Carniábamos <carneábamos> noche a noche / alguna res en el pago; / y, dejando allí el resago <rezago> / alzaba <el viejo Vizcacha> en ancas ante el cuero tras cuero que lo vendía a un pulpero / por yerba <mate>, tabaco y trago.» (J. Hernández, *Martín Fierro*, II, versos 2.180-6) = SANTIESTEBAN = MEMBREÑO = MORÍNIGO = CONSULTAS = HAENSCH y WERNER

resbalada. f. Resbalón. (Arg.): «Para el lado del señuelo, las apartadas habían rastrillado el piso y largos rastros de resbaladas recordaban posibles golpes.» (R. Güiraldes, *Don Segundo Sombra*, 113) = ABAD DE SANTILLÁN

resbaladizo. ser de resbaladizo. fr. fig. Ser de cuidado, no ser de fiar. (Par.): «–(...) 'Procurador mafioso, se las da de Doctor; pero es mejor andar bien con él, es de resbaladizo'.» (R. Bareiro Saguier, *Ojo por diente*, 63) = CONSULTAS

resbalosa. f. **(1)** Baile popular antiguo, similar a la zamacueca. (Perú = Ch. y Arg.): «(...) toda esa música ajimordiente y revoloteadora, flor de galpón, deletérea, opiante, con pretensiones de poesía picaresca, improvisada por la musa popular, como la resbalosa, el agua* de nieve, la moza* mala, la mariposa*, el tondero, el pasillo y el danzón...» (E. López Albújar, *Matalaché*, 194) = MORÍNIGO = VERDEVOYE **(2)** Aire musical y canción adoptada como emblema por los de la Mazorca. f. (Arg.): «Un hombre, soldado en apariencia, sentado en una de ellas <de las sillas>, cantaba al son de la guitarra la resbalosa, tonada de inmensa popularidad entre los federales (...).» (E. Echeverría, *El matadero*, 111) = VERDEVOYE **(3) tocar la resbalosa.** fr. f. Manera de provocar la muerte lenta de alguien por degüello. (Arg.): «–Degüéllalo, Matasiete: quiso sacar las pistolas. Degüéllalo como al toro. /Pícaro unitario. Es preciso tusarlo. / –Tiene buen pescuezo para el violín. / –Tocale el violín*. / –Mejor es resbalosa.» (E. Echeverría, *El matadero*, 110) = VERDEVOYE

rescatista. m. Persona que revende. (Bol. = Méx.): «De la misma escuela de economía del chacarero <granjero> de marras, pero muy diligente en sus trajines de rescatista y corredor de productos, resultó el Gallero don Rosendo.» (H. Guzmán Arze, *Borrasca en el valle*, 45) = SANTAMARÍA DGA = SOPENA

resentir. tr. Vejar, causarle resentimiento a alguien –pop. (Bol.): « '(...) No he sabido portarme y los he resentido'. Se le agolparon las lágrimas y decidió ir a desagraviarlos. Ellos no estaban enojados. Se rieron de sus lágrimas (...).» (J. Lara, *Yanakuna*, 113) = CONSULTAS

reservada. f. Cuerpo judicial de la policía secreta. (Méx.): «La segunda vez que vinieron los de la reservada me mostraron la foto de un hermano de ese coronel.» (P. I. Taibo II, *Sombra de la sombra*, 169) = CONSULTAS = JIMÉNEZ

reservado. m. Animal que parece manso, y siendo en realidad astuto y reacio, trata de tirar al jinete. (Ur., Arg.): «Será <el siete oficios*> otro día domador, entendiéndose con el rezago de la tropilla, reservados llenos de vicios, a los que los mensuales <peones> cobardes no se le animan porque no tienen necesidad de romperse los huesos porque sí (...).» (J. J. Morosoli, «El siete oficios*», en: G. Wettstein, *Nuestra tierra*, II, 21) = «Mi reservado me costó un día de lucha, bellaqueando* al menor descuido bajo el lazo, en una atropellada*, por cualquier motivo.» (R. Güiraldes, *Don Segundo Sombra*, 170) = CONSULTAS

resguardo. m. Amuleto protector. (Cuba): «Los congos usaban muchos tipos de resguardos. Un palito cualquiera o un hueso podían ser buenos resguardos. Yo usé algunos estando en Ariosa. En la guerra también. Llevaba uno que me ayudó mucho. Nunca me mataron gracias a él.» (M. Barnet, *Biografía de un cimarrón*, 121-2) = CONSULTAS

resina. f. **resina de María.** fr. Véase **maría.**

resmoler. tr. Véase **remoler.**

resolana. f. **(1)** Reverberación del sol, resol. (Par. = Col., Arg. y otros): «Por el corredor, la alta bayoneta del centinela cortaba la resolana, acompasadamente, cada tres minutos, frente a la celda.» (H. Rodríguez-Alcalá, *Relatos de Norte y Sur*, 81) = MORÍNIGO = HAENSCH y WERNER = SOPENA = VERDEVOYE **(2)** Calor moderado del sol; resplandor. (Col. y otros): «(...) entró una mulata de servicio a recoger los huevos, sintió <él> la resolana de su edad, el rumor de su corpiño, se le echó encima (...).» (G. García Márquez, *El otoño del patriarca*, 114) = MORÍNIGO = HAENSCH y WERNER

responsero -a. m. y f. Persona que reza o canta responsos. (Ec.): «A medio día, los responseros comenzaban a irse dejando antes junto a las cruces repuestas ese día, un montoncito de mote <maíz cocido> que era por todos respetado.» (G. A. Jácome, *Porqué se fueron las garzas*, 209) = CONSULTAS

restaurantero. m. Dueño de un restaurante. (Méx., Ec.): «Verdaderamente, todo México está aquí –pensó el restaurantero– y sonrió al ver entre los asistentes al director de uno de los periódicos que más lo habían atacado.» (V. A. Maldonado, *La noche de San Bernabé*, 77) = «De la noche a la mañana era ya restaurantero y, en realidad, era copropietario de un restaurante.» (J. García Calderón, *La tarde del antihéroe*, 13) = CONSULTAS

resto. m. **un resto.** adv. Mucho. (Méx. = Arg.): «–(...) El niño come. Y come un resto. Nada menos hoy al mediodía se zampó media docena de tortillas.» (J. Rulfo, «Un pedazo de noche», en: *Toda la obra*, 313) = CONSULTAS

reta (o: **retada).** f. Reprimenda, rapapolvo. (Bol. = Ch.): «Lloraba por la reta que le esperaba al día siguiente. Por miedo al padre. Decía que quizás lo iba a reñir, a golpear.» (R. Poppe, *Después de las calles*, 245) = CONSULTAS

retaceo. m. Crédito bancario insuficiente. (Arg. = Par. y Ur.): «Pensó en los sucesivos retaceos del caserón, no se habrían decidido o no habrían sabido desprenderse de objetos y muebles: muebles y sillas derrengadas (...).» (E. Sábato, *Sobre héroes y tumbas*, 86) = MORÍNIGO

retacón -ona. adj. Rechoncho, de baja estatura y grueso. (Arg. = Ur.): «El más viejo de los hombres que nos ayudaba, montado en un tostado* retacón, enlazaba los potros que nosotros volteábamos de un pial <peal>, para embozarlos y enriendarlos en el suelo.» (R. Güiraldes, *Don Segundo Sombra*, 154) = SAUBIDET = VERDEVOYE = CONSULTAS

retada. f. Véase **reta.**

retajado. m. Véase **retarjo.**

retajo. m. Véase **retarjo.**

retallones. m. pl. Sobras de comida. (Ven.): «–(...) Voy a bandiarme <bandearme> con los retallones de la <semana> pasada.» (R. Gallegos, *Canaima*, 227) = CONSULTAS = TEJERA

retarjo. m. Animal castrado –aplicado a una persona, es insulto grave. (Arg.): «Instigado por el fondero* Gómez, dije una vez 'retarjo' al cartero Moreira, que me contestó 'iguacho!', con lo cual malicié que en torno mío también existía un misterio que nadie quiso revelarme.» (R. Güiraldes, *Don Segundo Sombra*, 13) = CONSULTAS = MORÍNIGO (quien recoge **retajo** y **retajado**)

retobón -ona. adj. Reacio, rebelde. (Arg.): «Lo jorobaba mucho (...). Porque era muy retobón.» (E. Sábato, *Sobre héroes y tumbas*, 88) = MORÍNIGO

retoma. f. Volver a tomar por la fuerza algún sitio, baluarte o fortificación. (Par.): «El cabo al mando del puesto cayó en el sorpresivo ataque, pero los otros cinco pudieron escapar e informar al Comando de Casanillo de los sucesos. Se ordenó la retoma, que el Tte. 1°. Ernesto Scarone no logró, pero el Capitán Abdón Palacios pudo hacerlo más tarde.» (H. C. Sosa Tenaillon, *Cincuenta años después*, 38) = CONSULTAS (véase también **retomar**)

retomar. tr. Reconquistar. (Par.): «Al observar lo que ocurría, las tropas de Sinesio Ortiz reaccionaron de inmediato: se adelantaron para retomar las posiciones de su primera línea defensiva abandonada rato antes.» (H. C. Sosa Tenaillon, *Cincuenta años después*, 69) = CONSULTAS

retranca. f. **echarse** (o: **sentarse**) **en la retranca.** fr. Abandonar algo, desistir de un empeño; no hacer algo, escaquearse. (Arg.): «(...) que yirando <dando vueltas> siempre algún rebusque se encuentra y siempre para adelante que él que se sentó en la retranca se jodió y va muerto (...).» (M. Puig, *La traición de Rita Hayworth*, 171) = CONSULTAS = MORÍNIGO

retrechero -a. adj. **(1)** Dícese de la persona recelosa, o que se resiste, altanera. (Col. = Ven. y Arg.): «(...) le propuso secuestrársela como hizo con tantas mujeres retrecheras que habían sido sus concubinas (...).» (G. García Márquez, *El otoño del patriarca*, 16) = HAENSCH y WERNER = SANTAMARÍA DGA = TEJERA = MORÍNIGO **(2)** Dícese de gestos, acciones o conductas procaces y altaneras. (Ven.): «El doctorcito lanzó una carcajada retrechera.» (G. Meneses, *Campeones*, 51) = TEJERA

retruque. m. Réplica áspera y firme. (Arg. = Ur.): «–No –volvió a interrumpir el viejito–, si es ladinazo pa'l retruque.» (R. Güiraldes, *Don Segundo Sombra*, 53) = MORÍNIGO = CONSULTAS

reunión. f. Carreras hípicas de un día. (Arg.): «El enfermero tenía cara de bellaco, y aunque él le hubiera hablado de unas redoblonas* para la próxima 'reunión', (...) no era cuestión de jugar.» (R. Arlt, *Los siete locos*, 243) = CONSULTAS

reventadero. m. Rompeolas, lugar donde revientan las olas, rompiente. (CR): «Cerca de las diez de la noche, (...) avistó la silueta de la barca que entraba por el reventadero, y unos minutos después, pasaba frente a ellos, río arriba.» (A. Portocarrero, *Negro desgraciado*, 123) = MORÍNIGO

reventón. m. Chasco, fracaso. (CR): «Es curioso; la primera vez que te vi sentí algo muy raro. Pero vos andabas enredada con Juan Manuel y, además, sabía que estabas muy mal acostumbrada. Por eso me hacía el tonto: no quería llevarme un reventón.» (C. L. Fallas, *Gentes y gentecillas*, 212) = CONSULTAS = ARROYO

reversa. f. Marcha atrás de los vehículos automotores; ú. también fig. en la fr. **dar** (o: **echar**) **reversa.** (PR, Méx., Col. = Cuba): «Cuando se me presentó la oportunidad de dar reversa, me sorprendió mi propia indiferencia ante el clásico trauma de la separación.» (A. L. Vega, *Pasión de historia*, 7) = «Gerardo Cabrera echó reversa en la trayectoria purista que había adoptado (...), pero sin volver al sano realismo de sus obras primitivas (...).» (A. Yáñez, *La creación*, 269) = «(...) el Mercedes estacionó detrás y lo dejó sin posibilidades de reversa.» (G. García Márquez, *Noticia de un secuestro*, 11) = MORÍNIGO = CONSULTAS = HAENSCH y WERNER (quienes registran **echar reverso -a**)

reverso. Véase **reversa.**

revirado. m. Plato típico de la región del Alto Paraná. (Arg. < Ur.): «Harto ya de revirados y yopa-rás, que el pregusto de la huida tornaba ya indigestos (...).» (H. Quiroga, *Todos los cuentos*, 81) = CONSULTAS

revolcada. f. **(1)** Hecho de revolcarse. (Méx.): «La revolcada en el piso que sufrió a causa del aventón <empujón> que le dio el torbellino de gallinas, se los había dejado <los dientes> llenos de tierra.» (L. Esquivel, *Como agua para chocolate*, 154) = CONSULTAS **(2)** Paliza, zurra. (Guat.): «Ya no encontró a los asesores argentinos, que después de la revolcada que les dieron los ingleses <en las Malvinas>, se habían regresado a su rancho.» (D. Liano, *el hombre de Montserrat*, 131-2) = RUBIO

revolear. v. Véase **rebolear.**

revoltura. f. Mezcla, revoltijo. (Méx. = Rep. Dom., Cuba y Ch.): «–De chile, de queso y de picadillo, como quien dice, la revoltura– comenta Pandora (...).» (A. Yáñez, *La creación*, 160) = MALARET = SANTAMARÍA DGA

revolvera. f. Estuche de cuero para guardar un revólver, y que se lleva encima. (Par.): «Calzaba polainas, y rodeaba su cintura un ancho cinto de cuero con *revolvera* y varias carteras* con sus hebillas relucientes (...).» (G. Casaccia, *La Babosa*, 162) = CONSULTAS

revuelta. f. **(1)** Momento de ciertos bailes como el joropo en que se intensifica el ritmo de la música, y en que el bailador hace una pirueta. (Ven.): «–Te advierto –me dijo Méndez– que en la revuelta debes dejar la pareja. (...) En efecto, cosa de diez minutos después de haber principiado, la música se avivó; el arpista pulsó las cuerdas con más energía que de costumbre; el maraquero agitó sus instrumentos como en vertiginoso torbellino; un zapateo general se sintió en la sala y los hombres hicieron una pirueta mientras las mujeres pasaban en una vuelta por debajo de su brazo. Entonces nos separamos nosotros, que habíamos invitado; quedaron ellas solas bailando, y cada una le extendió el pañuelo al que fue más de su agrado.» (M. V. Romero García, *Peonía*, 299) = CONSULTAS = TEJERA **(2) de revuelta.** fr. Hablando de un cheque, falsificado, sin fondos. (Ec.): «–(...) ¿Acepta un cheque? (...) Un cheque de mi jefe. Un cheque oficial. Mire... / '¿No será de revuelta?', se dijo el hombre del cigarro disculpándose hábilmente (...).» (J. Icaza, *El Chulla Romero y Flores*, 93) = CONSULTAS

reyada. f. Celebración del día festivo de Reyes. (PR): «Estas fiestas le traían recuerdos gratos de tiempos idos. Tiempos de la reyada, tiempos de comparsa.» (A. Díaz Alfaro, *Terrazo*, 90) = CONSULTAS = MAURA (quien recoge **reyar** con el sentido de 'festejar durante las Navidades, especialmente antes o después del día de los reyes Magos')

reyar. intr. Véase **reyada.**

reyuno. m. Calzado fuerte de los soldados. (Par.): «–¿Pero por qué vinimos a matarlos nosotros? Somos descalzos como ellos... –Ahora no –le interrumpió Luchí–. Llevamos los reyunos del ejército.» (A. Roa Bastos, *Hijo de hombre*, 209) = «El caminar era otra tortura (...) Donna y Recalde, como sus zapatones (reyunos) se inutilizaron, caminaban descalzos. Sufrieron muchísimo.» (H. C. Sosa Tenaillon, *Cincuenta años después*, 48-9) = MORÍNIGO

rezador -ora. m. y f. Brujo, hechicero. (Perú): «Avanza usted por el camino y encontrará una casa de cañas medio ladeada. Ahí vive el rezador. Es un negro que lleva una buena carga de años encima. (...) seguramente encontrará una ronda de gallinas y pollos, perros y gatos en el cuarto de entrada que le sirve al rezador para espantar los sustos*.» (A. Gálvez Ronceros, *Monólogo desde las tinieblas*, 31) = CONSULTAS

rezago. m. Cierta calidad de tabaco en rama. (Cuba): «Los campesinos, endomingados, lucían guayaberas crudas y rezagos en el colmillo.» (A. Carpentier, *Écue-Yamba-O*, 69) = SOPENA

rialada. f. **echar rialada.** fr. tr. ind. Enganchar, enrolar. (Méx.): «Y ya cuando le faltaba poco para morir vinieron las guerras esas de los 'cristeros' y la tropa echó rialada con los pocos hombres que quedaban <en el pueblo>.» (J. Rulfo, *Pedro Páramo*, 85) = CONSULTAS

riata. f. Véase **reata.**

ribete. m. **de ribete.** fr. Además, para colmo; por cierto. (CR = Col.): «Anda y anda, le agarró la noche en despoblado y de ribete comenzó a llover.» (C. Lyra, *Cuentos de mi tía panchita*, 38) = «(...) tía Josefina, quien de ribete no era ni la pobre ni la atrasada ni la lerda de la familia, como todos los demás.» (F. Dobles, *Cuentos escogidos*, 84) = CONSULTAS = HAENSCH y WERNER

rienda. f. **(1) rienda arriba.** fr. Hablando del caballo, con las riendas sobre el pescuezo, suelto. (Arg.): «(...) con pacencia <paciencia los indios> lo manejan <el caballo> / y al día siguiente lo dejan / rienda arriba junto al toldo.» (J. Hernández, *Martín Fierro*, II, 1.428-30) = CONSULTAS **(2) riendas de domar.** fr. Especie de riendas pesadas y sencillas, desprovistas de adorno. (Arg.): «Había riendas de domar, / frenos y estribos quebraos.» (J. Hernández, *Martín Fierro*, II, 2.613-4) = CONSULTAS **(3) andar de rienda.** fr. No usar freno de hierro, sino bocado de cuero. (Arg.): «(...) pues hay pocos domadores / y muchos grangoyadores <frangolladores> / que andan de bozal y rienda.» (J. Hernández, *Martín Fierro*, II, 1.458-60) = CONSULTAS **(4) no ser de arriar con las riendas.** fr. Ser difícil de vencer. (Arg.): «Y mientras se arremangó / yo me saqué las espuelas, / pues malicié que aquel tío / no era de arriar con las riendas.» (J. Hernández, *Martín Fierro*, I, 1.203-6) = CONSULTAS

rifar. tr. **rifársela.** fr. Ser valiente y peleador. (Ven. = Méx.): «–¿Nada más que bravucón? No seas tonto tú. Bien sabes que sí se la rifa Teodoro Guillén.» (G. Meneses, *Campeones*, 74) = MORÍNIGO (quien recoge **rifar el cuero** con el sentido de 'pelear, desafiarse')

ripiado -a. p. adj. Véase **ripiar(se).**

ripiar(se). tr.; ú. t. c. prnl. intr. Destruir(se), deshilachar(se), generalmente en partes más largas que anchas. (Cuba = Col.): «Para conseguir trabajo era mejor ir a esos ingenios un poco ripiado, con sombrero de guano o jipijapa.» (M. Barnet, *Biografía de un cimarrón*, 84) = «–(...) no sé qué idea me dio a hacerle caso a aquel viejo sucio y ripiado.» (L. Cabrera, *Reglas de Congo*, 197) = «Más de una vez le había ripiado los pantalones a dentelladas.» (R. Vázquez Díaz, *La isla de Cundeamor*, 184) = CONSULTAS = PICHARDO = ORTIZ = SANTIESTEBAN = HAENSCH y WERNER

risa. f. **tentarse de la risa.** fr. No poder contener la risa. (Arg. = Ur.): «–Mita y Sofía Cabalús se tuvieron que ir del ensayo porque se tentaron de la risa.» (M. Puig, *La traición de Rita Hyaworth*, 14) = CONSULTAS

rizador. m. Bigudí, rulos (Col., Ec.): «Lloviznaba sin ruidos, en la casa continua silbaba el turpial y su mujer hablaba (...). / Tenía puesta una bata raída y la cabeza cubierta de rizadores.» (G. García Márquez, *La mala hora*, 141) = «Inventa cualquier pretexto y escabúllete de su agrietada presencia y sus rizadores sobre el pelo teñido.» (E. Cárdenas, *Juego de mártires*, 84) = CONSULTAS

robacoches. m. Persona que roba coches. (Méx. y otros): «El automóvil, un Caribe adquirido en abonos, con un magnífico stereo comprado de chueco* a algún robacoches, estaba ahí, intacto, con la portezuela abierta y la llave puesta.» (V. A. Maldonado, *La noche de San Bernabé*, 21) = CONSULTAS

robo. m. **(1) robo** (o: **robito) de pastoreo.** fr. Campo ajeno en el que los animales en tránsito pueden pastar gratuitamente. (Arg.): «Tal vez una tropa de carros eligió el sitio, con el fin de hacer noche, aprovechando un robito de pastoreo para sus animales.» (R. Güiraldes, *Don Segundo Sombra*, 143) = CONSULTAS **(2) ser robo.** fr. Ser muy fácil, ser coser y cantar. (Arg. = Ur.): «(...) yo les hice otra embestida / pues entre dos era robo; / y el Cruz era como lobo / que defiende su guarida.» (J. Hernández, *Martín Fierro*, I, versos 1.627-32) = CONSULTAS = VERDEVOYE (quien recoge **robar** con el sentido de 'triunfar fácilmente')

rocillo -a. adj. De color rojizo, refiriéndose a un caballo. (Ch.): «Partimos para una fiesta / en mi yegüita rocilla / y la <le> dije a mi negrita / agárrate Catalina.» (Canción «La diuca» de Víctor Jara) = CONSULTAS

roco -a. adj. ú. t. c. s. Viejo; tío –desp. (CR = Nic.): «Anoche me emborraché con un cubano de esos que manejan el mercado negro. Fue una juerga de espanto. ¡Espléndido y botaratas el roco! Todo lo pagaba en dólares, aunque dice que Fidel lo echó de Cuba sin un centavo en los bolsillos.» (H. Elizondo Arce, *Adiós, Prestiño*, 22) = «(...) me encontré con un roco borracho, como profesor de algo, que me invitó a entrar (...).» (A. Chase, *Ella usaba bikini*, 68) = «Entonces entré a trabajar donde un doctor, pero el doctor como que se enamoró de mí y me invitaba a pasear por la Sabana <parque público de San José> en carro y la señora lo supo y me dijo un chorro de cosas porque la roca era muy celosa.» (H. Elizondo Arce, *Memorias de un pobre diablo*, 91) = CONSULTAS = QUESADA (quien lo recoge como adjetivo) = RABELLA y PALLAIS

rocola. f. Tocadiscos de ciertos lugares públicos, que funciona con monedas. (CR = Méx., Guat. y otros): «Y por eso ya el dueño del salón de baile, confesado y comulgado, le ha quitado a la rocola el trapo rojo que le echó encima a las seis del lunes santo.» (H. Elizondo Arce, *La calle, Jinete y yo*, 75) = QUESADA = SANTAMARÍA DM = CONSULTAS = RUBIO

rocoto -a. m. y f. Nombre con el que se designa despectivamente a un indio –procede del quichua /*rucutu*/, 'ajo'. (Ec.): «El rocoto es insoportable. Le queda viendo a uno, esperando que se le salude.» (G.A. Jácome, *Porqué se fueron las garzas*, 46) = CORDERO = GUEVARA CQE = JARAMILLO DE LUBENSKY = CONSULTAS = MORÍNIGO

rocheo. m. Alboroto, agitación. (PR): «Me dijo que tenía algo muy importante que discutir conmigo pero que allí no, que si demasiado rocheo y demasiada gente.» (A. L. Vega, *Pasión de historia*, 68) = CLAUDIO DE LA TORRE

rochuno. f. Moneda falsa. (Bol.): «Porque las ventas, de la mano del cliente pasaban a la bolsa, deteniéndose, los reales, entre los dedos de la chichera el tiempo justo para que ella comprobase, mordiéndolos, que no eran rochunos, y los billetes sólo a efecto de demostrar su buen estado.» (J. Lara, *Yanakuna*, 107-108) = MUÑOZ REYES

rodada. f. Caída y revolcón de un caballo o de una persona durante una carrera. (Arg.): «De pronto, la gente que me codeaba empezó a pesarme, como un caballo que lo ha apretado a uno en la rodada.» (R. Güiraldes, *Don Segundo Sombra*, 73) = ABAD DE SANTILLÁN = VERDEVOYE

rodaja. f. Dinero. (Guat.): «(...) le envía rodaja de vez en cuando (...).» (M. A. Flores, *Los compañeros*, 222) = RUBIO

rodeada. f. Recorrido en torno a un lugar –pop. (Ec.): «En cuanto a los alimentos, éstos sobrarían, con la soberbia rodeada que se dio por el Pueblo; hasta una ternerita se trajo del cerro (...).» (M. Corylé, *Gleba*, 38) = CONSULTAS

rodeo. m. **(1)** Conjunto de los animales reunidos mediante un rodeo. (Arg.): «El rodeo no comprendía su libertad. Los primeros en irse caminaban despacio husmeando alrededor.» (R. Güiraldes, *Don Segundo Sombra*, 115) = CONSULTAS **(2) parar rodeo.** fr. Reunir el ganado –por cualquier motivo que sea. (Ur. = Arg.): «Matacabayo no siempre se acercaba al fogón de los punteros*. Y cuando dejaba su carreta, paraba rodeo a fin de que se hallasen presentes los cuatro hombres que le respondían.» (E. Amorim, *La carreta*, 120) = SAUBIDET

rojo. m. Billete de mil colones. (CR): «Sólo me aventé* un horno de microondas y me encontré como diez rojos en un sobre.» (A. Chase, *Ella usaba bikini*, 68) = «(...) si tiene poca harina* puede ir al <hotel> que queda en el centro y si viene muy limpio, hay otro que le cobran con un rojo por día.» (G. Kearney, «Un turista en Costa Rica», en *La Nación*, dic. de 1989) = «Por eso el brinco que todos pegaron cuando Tertu se paró de pronto y puso un rojo sobre la mesa tomen máes* para la cuenta (...).» (R. Arias, *El emperador Tertuliano...*, 164) = CONSULTAS

rolar. tr. Andar y tratar con gente. (Arg. = Perú y Ch.): «Vinieron unos señores Rodríguez, tres hermanos dignos de rolar con las primeras familias del país.» (D. F. Sarmiento, *Facundo*, 73) = MORÍNIGO = GOBELLO = CONSULTAS

rolo. m. **(1)** Bigudí, o rizo del pelo hecho con él. (PR = Cuba): «(...) que si me despinto el pelo, que si me pinto el pelo otra vez, que si los rolos, que si la peluca (...).» (L. R. Sánchez, *La Guaracha del Macho Camacho*, 80) = CONSULTAS = SANTIESTEBAN **(2)** Porra de policía. (Ven.): «Todos saltaron, enarbolando los rolos o las metralletas.» (A. González León, *País portátil*, 24) = TEJERA **(3) seguir de rolo.** fr. Seguir corriendo o circulando, sin parar o cambiar de rumbo. (PR): «Don Danilo y su acompañante (...) siguieron de rolo hasta Santurce <barrio de San Juan> y por toda la Ponce de León <gran avenida de San Juan> hasta la parada quince, sede por excelencia de Dominicanía y capital antigua del pecado.» (A. L. Vega, *Pasión de historia*, 78) = CONSULTAS

rollo. m. **(1)** Dinero, pasta. (Arg.): «Era rumboso el viejo, como todos los criollos de su tiempo, le gustaba andar platudo, jamás se le caía el rollo del bolsillo.» (E. Cambaceres, *En la sangre*, 208) = CONSULTAS = VERDEVOYE (quien recoge la fr. **largar el rollo** con el sentido de 'tirar la casa por la ventana, gastar mucho') **(2) tener un rollo de esa cabuya,** o: **de** algo. fr. Conocer de sobra un asunto o una situación. (Ven.): «(...) dijo que de eso él tenía un rollo. Siempre estaban esos jefes poniéndose de parte de los que tenían la plata <el dinero> burriada*.» (A. Croce, *La roca desnuda*, 59) = TEJERA

romana. f. **cargarle la romana** a alguien. fr. Exagerar la culpa o los defectos de alguien. (Arg.): «De uno en uno les fui ignorando para que no pudieran cargarme la romana.» (J. Cortázar, *Un tal Lucas*, 35) = MORÍNIGO = CONSULTAS

romerillo. m. Véase **miomío**.

romero. m. **buscar con palito de romero.** fr. Véase **palito.**

romo. m. Ron, aguardiente de caña. (PR = Rep. Dom. y Ven.): «Venía alegre, con el 'romo haciéndole cosquillas en el estómago como un diablillo'. (...) –Las haciendas deante <de antes> eran otra cosa. Se vivía mejorcito. No había tanto orgullo como hora mesmo. Se sacaban muchos bocoyes <barriles> de azúcar, miel, romo.» (E. Laguerre, *La llamarada*, 126 y 134) = MALARET = TEJERA

rompecota. f. Arbusto de follaje espeso. (PR): «En las frondas, entre las matas de salvia, higuillo, albahaca, santamaría* y rompecota, juega y se lamenta el viento.» (E. Laguerre, *La llamarada*, 158) = MAURA

rompedor. m. Galán, don Juan. (Arg.): «Durante la semana, meta* laburo <trabajo> / y el sábado a la noche sos un doctor, / te encajás las polainas y el cuello duro / y te venís p'al centro de rompedor.» (R. Fontaina y V. Soliño, «Garufa», en: J. Barreiro, *El Tango*, 183) = CONSULTAS

romper. tr. **(1)** Apalear; hacer apalear. (Guat.): «No hay duda que yo me iba a manchar las manos por un baboso así... / –¡Respete al tribunal, o lo rompo!» (M. A. Asturias, *El señor presidente*, 138) = CONSULTAS **(2) romper(se).** intr. Esforzar(se). (Arg.): «Existía (...) la posibilidad de que no se rompieran demasiado.» (R. Tizziani, *Noches sin lunas ni soles*, 84) = MORÍNIGO **(3) romper todo.** fr. Véase **todo.**

rompimiento. m. Fiesta más o menos clandestina que acompaña a la iniciación de los ñáñigos. (Cuba): «El más genial de los políticos había sido aquel futuro representante que repartía tarjetas redactadas en dialecto *apapa*, prometiendo rumbas democráticas y libertad de *rompimientos* para ganarse la adhesión de las Potencias ñáñigas. (...) / Y como la policía estaba sobre aviso, los primeros rompimientos se llevaron a cabo con el mayor secreto.» (A. Carpentier, *Écua-Yamba-O*, 114 y 169) = CONSULTAS

ron. m. **ron cañita.** fr. m. Ron puro, de baja calidad, hecho ilegalmente en alambique a partir de azúcar de caña. (PR): «(...) cuando Pirulo llegó enloquecido, dando gritos de '¡Hay que salvar a San Isidro!', el padrastro lo abofeteó brutalmente. Envueltas en vaho de ron cañita le salieron las palabras: / –¡Sálvate tú si puedes, puñeta!» (R. Marqués, *La víspera del hombre*, 66) = MALARET = CONSULTAS (véase también **cañita**)

roncador -ora. adj. Dícese del caballo de carrera que se ahoga al recibir el viento de frente, y emite un sonido parecido al ronquido; ú. t. metafór. (Arg.): «(...) / no tenés chance* ninguna, / pa'mí que sos roncador.» (E. Dizeo, «Pan comido», en: J. Barreiro, *El Tango*, 197) = GOBELLO = CONSULTAS

roncear (o: **ronciar**). intr. y tr. Espiar, acechar, atisbar. (Méx. = Guat.): «Se acercaba a roncear por los empedrados de la majada (...).» (R. Castellanos, *Balún-Canán*, 173) = SOPENA

ronciar. v. Véase **roncear.**

roncha. f. Círculo de gente, especialmente de mirones. (Méx.): «(...) todo el mundo estaba ocupado en la baraja; ya haciendo roncha alrededor de los jugadores o participando en las apuestas, por lo cual, a pesar del gentío que hormigueaba por todas partes, el silencio parecía dominar al pueblo.» (J. Rulfo, «El gallo de oro», en: *Toda la obra*, 342-3) = CONSULTAS

ronda. m. Policía subalterno que ayuda en las rondas a un superior. (Ec.): «El Mateo Tirado era el brazo derecho del Gobernador de la Provincia. El jueves, apenas amanecido, se le veía, montado en una yegua tuerta y seguido de dos o tres rondas, rodeando su Pueblo, (...), en busca de gallinas, cuyes, huevos y quesillos* (...).» (M. Corylé, *Gleba*, 35) = CONSULTAS

rondín. m. Armónica. (Perú = Ec.): «¡Ver a nuestro pueblo desde un abra, desde una cumbre donde hay saywas <montículos mágicos> de piedra, y tocar en quena o charango <cierta bandurria>, o en rondín, un huayno <canción lírica indígena> de llegada!» (J. M. Arguedas, *Yawar Fiesta*, 8) = SANTAMARÍA DGA = SOPENA = CARVALHO-NETO

ropero. m. Coche celular de la policía. (Ur.): «Las chanchitas* y los roperos –esa presencia ominosa de la ciudad– levantaban* peatones que en 18 de Julio se habían limitado a recoger del suelo volantes* con proclamas opositoras.» (H. Alfaro, *Por la vereda del sol*, 214) = CONSULTAS

roquerío. m. Conjunto de rocas; roquedal. (Ch.): «(...) la filtró entre las grietas del roquerío donde frotaban sus tenazas los cangrejos (...).» (A. Skármeta, *Ardiente Paciencia*, 115) = CONSULTAS

roquero -a. m. y f. Aficionado a la música rock, por oposición a los cocolos*, o sea a los aficionados a la salsa*; encierra un valor sociológico: los **roqueros** suelen pertenecer a la clase media alta, los **salseros*** a clases más populares. (PR): «(...) no les basilaba* demasiado que su nene, roquerito estofón* de San Ignacio <colegio religioso de San Juan> se la pasara parriba y pabajo con unos cocolos* de la Gabriela Mistral <escuela laica de San Juan>.» (A. L. Vega, *Pasión de historia*, 67) = CONSULTAS

rosa. f. **(1) rosa de cachirulo.** f. Cierta flor. (Guat.): «(...) tirado en el patiecito oloroso a rosas de cachirulo que seguía a la trastienda (...).» (M. A. Asturias, *El señor presidente*, 84) = CONSULTAS **(2) rosa de Castilla.** fr. Cierta planta verbenácea del género *Lippia* (*L. umbellata*, o: *L. bicolor*) –llamada a veces **salvia* real**. (Méx.): «Parece botón de rosa de Castilla.» (M. Azuela, *Los de abajo*, 35) = SANTAMARÍA DGA **(3) rosa de cruz, rosa de montaña.** fr. Véase **rosacruz.**

rosacruz (o: **rosa de cruz**, o: **rosa de montaña**). f. (o: fr. f.). Árbol (*Brownea sp.*) de la familia de las leguminosas, de unos veinte metros de altura, cuyas flores (llamadas **rosas de montaña**) tienen un poder astringente. (Ven.): «Al otro lado, cedros seculares y caobos gigantescos, envueltos en mantos de enredaderas (...); rosacruz, de cuyas raíces manan los arroyos que se convierten en cascadas bulliciosas.» (M. V. Romero García, *Peonía*, 110) = TEJERA

rosario. m. **(1) estar puestos los rosarios.** fr. Haberse celebrado ya la ceremonia de los esponsales, entre los indígenas. (Ec.): «Creerá el caripendejo del novio que porque ya están puestos los rosarios, ya <podrá acostarse con ella>.» (G. A. Jácome, *Porqué se fueron las garzas*, 313) = CONSULTAS (véase también **puesta* del rosario**) **(2) llegar** (o: **caer***) **al Rosario.** fr. Llegar a la hora del rosario. (Arg.): «(...) yo soy forastero y he caído* al Rosario / llevando a los tientos* un güen <buen> entripao <enojo o secreto disimulado>.» (J. Navarrine, «A la luz del candil», en: J. Barreiro, *El Tango*, 49) = CONSULTAS

rosca. m. Nombre despectivo que algunos no indígenas dan a los indios. (Ec.): «Te sobra plata, rosca bandido. –Dios so'lu pay <se lo pague>.» (J. Icaza, «Sed», en: *Obras Escogidas*, 867) = «Muchas noches, muchos días sonaron en mis orejas (...) los insultos: indioemierda erda erda erda, rosca atrevido ido ido ido.» (G. A. Jácome, *Porqué se fueron las garzas*, 37) = CONSULTAS = SOPENA (véanse también **roscón**, **rosquete** y **rosquilla**)

roscón. m. **(1)** Indígena –desp. (Ec.): «(...) con estos **roscones** arreados y ociosos que no son capaces de apurarse si no se les calienta <pega>. (...) ¡ah! **runas** para beber; por ser indios será que no les entran razones.» (J. R. Bustamante, *Para matar el gusano*, 43) = «–Ni un centavo partido más a los mitayos! (...) sepa que son mis propios esos indios y que deben estarse contentos y por bien pagados de ser pertenencia de Don Casiano Quiroz y Lovillos! Eso! ¿Qué mayor felicidad quieren los **roscones**?» (G. H. Mata, *Sal*, 16) = CONSULTAS = JARAMILLO DE LUBENSKY (véanse también **rosca**, **rosquete** y **rosquilla**) **(2)** Golpe en la cabeza. (Guat.): «Estos se arrancaban el sombrero de petate, lo somataban en el suelo y se cogían la cabeza a roscones.» (M. A. Asturias, *El señor presidente*, 249) = CONSULTAS

roseta. f. Producto espinoso de cualquier yerba. (Ur.): «Para hacerlo enojar, no había nada tan eficaz como tirarle abrojos o rosetas en el poncho.» (E. Amorim, *La carreta*, 114) = SANTAMARÍA DGA

rosita. m. **hacerse el rosita.** fr. Hacerse el melindroso. (CR): «¡Más bien estaría bailando de la contentera*! Yo sí que me haría el rosita como vos.» (C. Lyra, *Cuentos de mi tía Panchita*, 132) = GAGINI

rosquero -a. adj.; ú. t. c. m. y f. Que forma parte de la 'rosca', o sea, de la oligarquía. (Bol.): «La risa de la gente amontonada alrededor provoca la ira del conductor que sacando casi medio cuerpo por la ventanilla, los insulta a gritos: '¡Salvajes!... ¡Andan por las calles como animales!...' y sigue tocando bocina. '¡Vamos a volcarlo!...' grita alguien. '¡Sí! ¡Este debe ser un rosquero!...' y sin más, como si se tratara de un objeto sin peso, el auto se inclina lentamente.» (F. Medina, *Los muertos están cada día más indóciles*, 162) = MUÑOZ REYES (quien lo recoge como adj.)

rosquete. m. **(1)** Indígena –desp. (Ec.): «(...) terminó de disparar todas las porquerías que quiso, hasta que se dejó caer en el viejo sillón de pajilla destripada sudando todavía todo un amasijo de roscas*, roscones*, rosquetes, rosquillas*, (...) verdugos* (...).» (G. A. Jácome, *Porqué se fueron las garzas*, 101) = CONSULTAS (véanse también **rosca**, **roscón** y **rosquilla**) **(2)** Homosexual; excesivamente delicado o zalamero. (Perú): «Ocho gargantas aflautadas siguen entonando ayes femeninos; algunos excitados unen el pulgar y el índice y avanzan las roscas hacia Alberto. '¿Yo, un rosquete?, dice éste. ¿Y qué tal si me bajo los pantalones?' (...). / (...) me arden las manos de tanto zumbar* a este rosquete.» (M. Vargas Llosa, *La ciudad y los perros*, 41 y 142) = «Dionisio estaba enterado de todo. (...) Este rosquete borrachín era cómplice, sin duda.» (M. Vargas Llosa, *Lituma en los Andes*, 101) = BENDEZU (véase también **rosquetería**) **(3) entregar el rosquete.** fr. Morirse. (Arg.): «Digo que yo con estos ojos mortales casi lo he visto entregar el rosquete a la Santísima.» (R. Arlt, *Las aguafuertes porteñas de Roberto Arlt*, 229) = GOBELLO

rosquetería. f. Hecho propio de un homosexual; zalamería excesiva. (Perú): «El cantinero circulaba entre las mesas (...) haciendo las payasadas de cada noche: pasos de baile, dar de beber él mismo a los clientes (...) y animarlos a que, ya que no había mujeres, bailaran entre hombres. Sus disfuerzos* y rosueterías irritaban a Lituma (...).» (M. Vargas Llosa, *Lituma en los Andes*, 70) = CONSULTAS (véase también **rosquete**)

rosquilla. m. Indígena –desp. (Ec.): «(...) terminó de disparar las porquerías que quiso, hasta que se dejó caer en el viejo sillón de pajilla destripada sudando todavía todo un amasijo de roscas*, roscones*, rosquetes*, rosquillas (...), verdugos* (...).» (G. A. Jácome, *Porqué se fueron las garzas*, 101) = CONSULTAS

rotar. intr. Cambiar frecuentemente de lugar de trabajo. (Méx.): «Marina le preguntó a Dinorah si había rotado mucho, éste era su primer trabajo pero oía que las muchachas se cansaban pronto de una ocupación y se iban a otra.» (C. Fuentes, *La frontera de cristal*, 142) = CONSULTAS

rotativo. m. Cine de sesión continua. (Ch.): «(...) consumió una comedia de Rock Hudson y Doris Day en el rotativo (...).» (A. Skármeta, *Ardiente Paciencia*, 99) = CONSULTAS

roznar. intr. **(1)** Emitir un animal, especialmente el tigre, su sonido vocal característico. (Ven.): «–(...) y asina <así> estuvimos toa <toda> la noche en vela, yo y aquella fiera: yo raspando mi machetico, ya sin juerzas <fuerzas> para sacale <sacarle> chispas contra la topia <piedra del fogón>, y el tigre roznando ajuera <afuera> sin atreverse a dentrá <entrar>...» (R. Gallegos, *Canaima*, 230) = TEJERA **(2)** Véase roznido.

roznido. m. Ruido producido por ciertas armas al golpear entre ellas o al ser accionadas. (Ven.): «–(...) cuando sabe que en tal parte se está preparando una matazón, allí mismo amarra su magaya <alforja> rumbo para allá, a soltar entre el roznido de los machetes y los tarrayazos* de los tiros su grito jacarandoso: "¡Qué hubo*! ¿Se es o no se es?"» (R. Gallegos, *Canaima*, 299) = CONSULTAS

ruana. f. **ponerse de ruana.** fr. tr. Deshonrar, desprestigiar, humillar; manejar a una persona o cosa con facilidad. (Col.): «Quiere saberlo todo y pide explicación a los brujos estos de todo lo que hacen y por qué. Se necesitaba un costeño para ponerse esta organización de ruana.» (A. Cepeda Samudio, carta a D. Samper Pizano, en: *A mí que me esculquen*, 270) = FILIPPO = CONSULTAS = HAENSCH y WERNER

rueda. f. **rueda de Chicago.** fr. Rueda grande de las ferias, noria en la que las personas pueden elevarse a gran altura. (Guat. = CR): «Con ruido de rueda de Chicago que comienza a agarrar aviada*, el carro <coche> retrocedió (...).» (D. Liano, *el hombre de Montserrat,* 135) = CONSULTAS

rufo. m. Azotea –es anglicismo. (CR): «La Casilda se tiró del rufo de su edificio esta madrugada. Un décimo piso. (...) A las doce de la noche le avisaron que el viejo había fallecido llamando su nombre y a las cuatro de la mañana se voló de la azotea.» (V. A. Mora Rodríguez, *La película*, 85) = CONSULTAS

rula. f. Cuchillo de monte; machete. (Col.): «–Los soldados tienen máuser. Nosotros no tenemos nada: la requisa hasta cargó con las rulas.» (A. Cepeda Samudio, *La casa grande*, 111) = MALARET

rulear (o: **ruliar**). intr. Dormir. (CR): «El güila <niño> B sigue llorando porque el carrito nuevo era la bomba de incendios y el güila C le quebró la escalera. / O sea que ruliar es un sueño y el Capitán Austerín está despierto pero no hace nada para calmar al güila B (...).» (R. Arias, *El emperador Tertuliano* ..., 16) = CONSULTAS

ruletero. m. Chofer que trabaja por horas. (Guat.): «Desconfiado el ruletero. Yo aplastado, hundido, reclinado, recostado (...) <en el> taxi.» (M. A. Flores, *Los compañeros*, 73) = MORÍNIGO

rumbeada. f. Orientación; dato, informe. (Arg.): «(...) tengo una rumbeada papa* que pagará buen sport* / me asegura mi datero* que la corre* un gran muñeca* / y que paga por lo menos treinta y siete a ganador.» (J. Rial, «Preparate pa'l domingo», en: J. Barreiro, *El Tango*, 157) = CONSULTAS

rumbear (o: **rumbiar**). **(1)** intr. Vagar, errar por un sitio desconocido o intransitable tratando de orientarse. (Ven.): «–(...) escuché voces de gente rumbiando por la montaña <selva>...» (R. Gallegos, *Canaima,* 230) = TEJERA **(2)** tr. Buscar -pop. (Ven.): «–(...) Como le dije el domingo, pa quedá <quedar> bien con usté me fui a rumbiá <rumbiar> balatá*, Guarampín arriba, dispuesto a internarme hasta las cabeceras del <río> Barima, y asina <así> lo hice buscando madera.» (R. Gallegos, *Canaima,* 228) = CONSULTAS

rumbo. m. **(1) de rumbo.** fr. De fiesta; muy hermoso, de rechupete. (PR = Rep. Dom.): «Visten bonitos trajes y medias de seda y calzan zapatillas 'de rumbo'.» (E. Laguerre, *La llamarada*, 122) = MORÍNIGO **(2) por el rumbo.** fr. Por ahí, en los alrededores. (Méx.): «No dejarse ver por el rumbo, no fuera a ser que los 'propietarios' de la muchacha la encontraran.» (P. I. Taibo II, *Sombra de la sombra*, 110) = CONSULTAS

rumbón. m. Fiesta improvisada, jolgorio –las más veces con música. (PR): «El *títere* <pilluelo> (...) exalta la emblemática del rumbón callejero.» (E. Rodríguez Juliá, *El entierro de Cortijo*, 19) = «La agradecida víctima del siniestro (...) llegó en medio de la algarabía general y allí se formó el rumbón celebratorio. Mandaron a buscar pasteles, guineítos sancochaos y cervezas. Y hasta los bomberos se atracaron el banquete improvisado.» (A. L. Vega, *Pasión de historia*, 139) = CONSULTAS = CLAUDIO DE LA TORRE

runa. adj. inv. en sing. De mala calidad; vulgar, ordinario. (Ec. = Col.): «–(...) Vino a decirle que era piedra runa, que no valía nada, pero no se la devolvió... El negro bobo se hizo loco... El gringo se hizo rico...» (N. Estupiñán Bass, *Cuando los guayacanes florecían*, II, 79) = CONSULTAS = MORÍNIGO = HAENSCH y WERNER

rural. s. **(1)** m. Durante el período de la Revolución mexicana, soldado del Gobierno destinado a actuar fuera de las ciudades. (Méx.): «Hacía una semana que los rurales no nos daban reposo en una de aquellas encarnizadas persecuciones suyas en que tan a menudo estuvimos a punto de morir.» (M. L. Guzmán, *El águila y la serpiente*, 355) = CONSULTAS **(2)** f. Coche familiar, ranchera. (Arg.): «(...) podía suceder muy bien que esa gente viniese a buscarlo en un taxi o en un coche particular. Como yo no iba a perder la más brillante oportunidad de mi vida por olvido de una combinación tan groseramente previsible, mantuve estacionada en la cercanía una rural que me facilitó R., uno de mis socios en la falsificación de billetes.» (E. Sábato, *Sobre héroes y tumbas*, 361) = VERDEVOYE = CONSULTAS

ruta. f. Autobús. (Cuba): «Eso lo comprendían ahora finalmente, en aquella misma esquina de 12 y 23 (...) y hacia detrás, casi con elegancia, el Ten Cents de Woolworth's y las paradas de la ruta 32 hacia la playa, la 28 para el stadium del Cerro, la 2 para la Víbora (...).» (M. Cossío Woodward, *Sacchario*, 131) = «(...) en eso vio una ruta 57, redobló hasta alcanzarla, montó por detrás y se dedicó a mirar las fachadas y jardines de las impresionantes casonas criollas del Vedado que desfilaban por la ventanilla.» (J. Díaz, *Las palabras perdidas*, 77) = CONSULTAS

S

sabanear. tr.; ú. t. c. intr. Seguirle los pasos a alguien o a un animal; vigilarlo, perseguirlo, buscarlo. (Nic. = Guat., Ven. y Col.): «Mi situación, ya para entonces, se había vuelto difícil en Estelí <Nicaragua>. La guardia, que andaba detrás de mis pasos, no me dejaba en paz. Me acosaban en la calle, me buscaban en mi casa, vigilaban a mi papá, a mis familiares, me sabaneaban por todos lados.» (S. Ramírez, *La marca del Zorro*, 55) = RABELLA y PALLAIS = MORÍNIGO = TEJERA = HAENSCH y WERNER

sabaneo. m. Acción y efecto de sabanear, o sea de recorrer a caballo la sabana para inspeccionar o reunir ganado. (Ven.): «Allí era también el ejercicio saludable (...), el buen sudar, la carrera a caballo en la maniobra del sabaneo para recoger el ganado que hubiera que encerrar en los corrales (...).» (R. Gallegos, *Canaima*, 288) = TEJERA

sabañón. m. Persona codiciosa, ávida –pop. (Par.): «(...) él en veinte años de estrecheces y privaciones apenas si había podido guardar algo. 'Esos sabañones de la capital se lo llevan todo', solía murmurar a algunos desconocidos, refiriéndose a lo que tenía que entregar a la Curia.» (G. Casaccia, *La Babosa*, 34) = CONSULTAS

saber. v. **(1)** intr.; ú. t. c. tr. Soler. (Hond., Ec., Arg. = Méx., Am. Centr., Ven., Col., Perú y Bol.): «–(...) Vamos a festejarlos como se debe, pues ustedes no saben venir por esta casa que es de ustedes.» (M. Funes, *Oro y Miseria*, 84) = «Ha sabido haber otros naturales* más pobres, más hambriados <hambrientos (...).» (G. A. Jácome, *Porqué se fueron las garzas*, 209) = «–Me han dicho que los animales d'esta cría saben salir flojos de cincha*.» (R. Güiraldes, *Don Segundo Sombra*, 31) = KANY = ABAD DE SANTILLÁN = VERDEVOYE = CONSULTAS = HAENSCH y WERNER **(2) saber lo que se ponga.** fr. Poseer conocimientos muy variados. (Ur.): «Es un sujeto metódico, que sabe lo que se ponga.» (C. Martínez Moreno, *Coca*, 181) = CONSULTAS **(3) a saber Dios.** fr. Véase **Dios.**

sabienque. adj. Véase **-enque.**

sabino. m. Nombre que se da a dos pináceas, el ahuehuete (*Taxodium mucronatum*) y el tacaste (*Juniperus mexicana*). (Méx.): «Muy abajo el río corre mullendo sus aguas entre sabinos florecidos; meciendo su espesa corriente en silencio.» (J. Rulfo, *El llano en llamas*, 62) = SANTAMARÍA DGA = CONSULTAS

sabroso -a (o: **sabrosón -ona).** adj. Persona que gusta de vivir a costa de los demás; se emplea sobre todo en la fr. **vivir de sabroso** (o : **de sabrosón**). (Cuba = PR): «–(...) ¿Te crees que vamos a poder seguir aquí de 'sabrosones'?» (R. Ortega, *La aventura de la Cruz Pinera*, 133) = SANTIESTEBAN = MALARET

saca. f. Destilería clandestina de aguardiente, alambique. (Nic., CR = Col.): «(...) tenían una saca de cususa, ese guaro <aguardiente> que destilan con alambiques en la montaña.» (S. Ramírez, *La marca del Zorro*, 76) = «Una hora río abajo de donde estuvo la primera saca, Ramón Jiménez empezó a destilar de nuevo aguardiente clandestino.» (C. Salazar Herrera, *Cuentos de angustias y paisajes*, 144) = «Uh, yo hace años que no lo fabrico, pero cuando tenía saca no era una saca cualquiera. Mi guarito <aguardiente> era de los que hacen ver ángeles y serafines.» (F. Dobles, *Historias de Tata Mundo*, 20) = QUESADA = GAGINI = ARROYO = SANTAMARÍA DGA = MORÍNIGO = CONSULTAS (véase también **sacadera**)

sacada. f. En el béisbol, eliminación de un corredor por no haber llegado a una base antes de que sea la bola interceptada por la defensa. (Cuba): «Después de comentarse hasta la saciedad una formidable 'sacada en primera' y la *cubba* del pítcher que logró ponchar* al mejor bateador del Central, la conversación derivó hacia la política.» (A. Carpentier, *Écue-Yamba-O*, 111) = CONSULTAS

sacadera. f. Destilería clandestina de aguardiente. (Hond. = El Salv. y Méx.): «Don Lencho conservaba una buena provisión de guaro <aguardiente> añejo, pues tenía como otros, una fuerte sacadera (...). El aguardiente que clandestinamente fabricaba, en la estribación de la montaña, no se parecía al infernal que vendía el gobierno, al pobre pueblo que lo consumía sin medida.» (M. Funes, *Oro y Miseria*, 85) = SANTAMARÍA DM (véase también **saca**)

sácalas (o **sacalas**). adj.; ú. t. c. s. Entrometido, lenguaraz, fisgón. (CR): «Ya se había dado cuenta de que la señora Mencha lo estaba atisbando, vieja sácalas, y agitó los dedos con un gesto de iguana adormilada a manera de saludo, tomá, pedo de sacristía, para que sepas que te conozco, sanguijuela.» (J. Gutiérrez, *Murámonos Federico*, 9) = QUESADA = ARROYO = CONSULTAS

sacamanteca. m. Juego de muchachos que consiste en formar una línea y en empujarse en sentido contrario para echar a los de los extremos. (Perú = Méx.): «Aquellas eran las noches de las risas ahogadas, del sacamanteca, que hacía saltar al del extremo (...).» (E. López Albújar, *De mi casona*, 89) = SANTAMARÍA DGA

sacar. v. **(1)** tr. Levantar. (Guat.): «–¡Curioso! –observó el aparecido sacando su voz sobre los lamentos del Pelele.» (M. A. Asturias, *El señor presidente*, 27) = CONSULTAS **(2)** tr. Hablando de un sentimiento como el miedo o la rabia, infundirlo. (Méx. = Ch.): «–(...) Si son pocos, les damos hasta no dejar uno; si son muchos aunque sea un buen susto les hemos de sacar.» (M. Azuela, *Los de abajo*, 9-10) = CONSULTAS = SANTAMARÍA DGA **(3) sacar cachita.** fr. Véase **cachita. (4) sacar canas verdes.** fr. Véase **cana. (5) sacar franco.** fr. Divertir. (Guat.): «–¡Haceme cosquillas! / –No, hombre, si no es por sacarte franco; es cierto, créelo que es cierto (...).» (M. A. Asturias, *El señor presidente*, 48) = CONSULTAS **(6) sacar la mugre.** fr. Véase **mugre. (7) sacar rajando.** fr. Expulsar con violencia. (Arg. = Ur.): «Y no se quiso venir conmigo <el perro> nunca, como el galgo de la chacra, que se me vino, pero Mita lo sacó rajando, y después se lo agarraron los del almacén.» (M. Puig, *La traición de Rita Hayworth*, 158) = CONSULTAS = VERDEVOYE

saco. m. **(1) saco** (o: **saco largo**). Americana más larga, y a veces de más prestigio que la chaqueta*; solía llevarse con corbata. (Bol.): «Dichosos tiempos aquellos, como decía Cide Hamete Benengeli, en que a uno todo le venía por herencia. Hasta el saco largo y la corbata. (...) cada cual había de resignarse con su suerte y vivir chaqueta* con chaqueta y saco con saco. Porque el saco y la chaqueta* eran naturalmente como el aceite y el vinagre. Saco y chaqueta* cuidaban sus dimensiones inclusive por fracciones de centímetro. Cuando por descuido del sastre una chaqueta rebasaba su límite siquiera en unos milímetros, el escándalo alborotaba al pueblo (...) hasta que la prenda, avergonzada, tuviera que rectificarse. (...). Prestó <don Encarno> sumas apreciables a gentes de saco y corbata, con muy buenos réditos.» (J. Lara, *Yanakuna*, 56 y 64) = CONSULTAS **(2)** Véase **traje de saco. (3) echarse al saco.** fr. Matar. (CR): «Allí habían <había> hombres que tenían su panteoncito aparte con la gente que habían matao; bruto de esos que se había echao al saco ciento y pico'e viejos*.» (C. L. Fallas, *Gentes y gentecillas*, 230) = CONSULTAS

sacón. m. Chaqueta amplia. (Perú): «Sin bulla, lentamente, se despojó del pijama de franela azul y se vistió. Echó sobre sus hombros el sacón de paño.» (M. Vargas Llosa, *La ciudad y los perros*, 12) = CONSULTAS

sacha. adj. inv. Seudo, fingido. (Ec.): «–(...) Así miso <mismo> el Juancho, hecho el sacha masón, desde que jue al Guayáquil <fue a Guayaquil>, no hizó bendiciar <hizo bendecir> ningún paño (...).» (M. Corylé, *Gleba*, 12-3) = CONSULTAS

sala. f. **Sala Cuarta.** fr. f. Tribunal Constitucional. (CR): «Este proyecto de Ley una vez aprobado en la Comisión Legislativa Plena I fue enviado a la Sala Cuarta, hace varias semanas, para que los Magistrados los analizaran y determinaran si ésta era inconstitucional (...).» (Katty Fernández, «Sala Cuarta elimina cuatro feriados», *La Prensa Libre*, 30/7/1994) = «Chaverri agregó que esta resolución viene a demostrar que las manifestaciones del PUSC sobre esta acción gubernamental, no fueron politiqueras y hoy cuentan con el respaldo del la Sala IV.» (Heidy Arce, *La Prensa Libre*, 23/7/1994) = «(...) eso significaría un recurso de amparo en la Sala IV; también amenazaron con tomar fuertes medidas si el gobierno no deponía el decreto.» (F. Contreras Castro, *Única mirando al mar*, 110)= CONSULTAS

salación. f. Mala suerte, 'sal'; problema, lío. (Cuba): «La vieja se preguntó si su hijo no habría sido víctima de alguna brujería disuelta en una taza de café. ¡Cuando menos se lo piensa uno le echan la salación...!» (A. Carpentier, *Écue-Yamba-O*, 82) = ORTIZ = SÁNCHEZ-BOUDY = SANTIESTEBAN

saladitos. m. pl. Tapas saladas, pequeña porción de alimentos salados para abrir boca. (Cuba): «Pedimos cerveza y saladitos.» (G. Cabrera Infante, *Tres tristes tigres*, 301) = CONSULTAS

salamanca. f. Cueva donde los brujos practican sus brujerías. (Arg. = Ch.): «(...) una tal Doña Tecla que habíamos conocido en el velorio de Robles y que, según las malas lenguas, no tenía rival como trotadora de Salamancas <*sic*>, administradora de gualichos*, componedora de roturas y rompedora de integridades.» (L. Marechal, *Adán Buenosayres*, 477) = MALARET

salamiento. m. Mal de ojo, maldición hecha por una persona contra otra. (PR): «El salamiento me lo hizo la corteja* de uno de mis primos de La Cantera cuando se enteró de que yo moteleaba* con uno de mis primos de La Cantera (...). Y la vampira, la manganzona <holgazana>, la culisucia se fue derechito al centro espiritista de Toya Gerena y me hizo un salamiento con batata mameya y churra* de cabro (...).» (L. R. Sánchez, *La Guaracha del Macho Camacho*, 60) = CONSULTAS

salar. m. Desierto de sal, salina. (Ch. = Bol y Arg.): «(...) comprendo que resulte enigmático un país que nace en el helado Polo Sur y llega hasta los salares y desiertos donde no llueve hace un siglo.» (P. Neruda, *Confieso que he vivido*, 193) = MORÍNIGO = CONSULTAS

salario. m. **salario escolar.** fr. m. Ahorro obligatorio del trabajador, que se le vuelve a entregar en enero. (CR): «(...) la propuesta del salario escolar es buena porque al final del año cada trabajador podrá contar con un salario adicional, el cual no es regalado sino producto de su propio ahorro.» (Representante sindical entrevistado por Lizbeth Rivera, «Salario escolar debe ser para todos», en: *La Prensa Libre*, 22/7/1994) = «La Unión Costarricense de Cámaras y Asociaciones de la Empresa Privada (UCAEP) continúa hoy su lucha para que el Gobierno desista de establecer el salario escolar.» (Miguel Muñoz, *La Prensa Libre*, 11/7/1994) = CONSULTAS

salida. f. **cortar para la salida.** fr. Desafiarse dos estudiantes con el propósito de pelearse a la salida de las clases. (Ur.): «Quedaban como cuentas pendientes, como cortadas para la salida sin concreción.» (H. Alfaro, *Por la vereda del sol*, 61) = CONSULTAS

salir. v. **(1) salir de** alguien. fr. Separarse de alguien. (PR, Perú) = «Como Jefa de Personal, rápido encontró la excusa para salir de la recepcionista que tenían y colocarme a mí en el puesto.» (A. L. Vega, *Pasión de historia*, 46) = «–Es que lo que *Ishaco* hace son perversidades que espeluznan. (...) –Tienes razón. Una bestialidad, que me pone en el caso de salir de él cualquier día.» (E. López Albújar, *Cuentos andinos*, 105-106) = CONSULTAS **(2) salir rascando.** fr. Sufrir consecuencias indirectas de algo en que no se está implicado. (CR): «Tío Tigre le dijo: –Bueno, tía Zorra, cuidado* me va a chamarrear*, porque entonces usté también sale rascando.» (C. Lyra, *Cuentos de mi tía Panchita*, 154) = «Porque si sucede lo contrario y algún revuelca albóndigas objeta, sale rascando más de uno, entre ellos yo, simple escribiente asalariado de la alcaldía.» (F. Zúñiga Díaz, *Yo no tengo ningún muerto*, 51) = CONSULTAS **(3) salir sobrando.** fr. Estar de más una cosa. (Méx.): «El matrimonio no es asunto de si haya o no haya luna. Es cosa de quererse. Y en habiendo esto, todo lo demás sale sobrando.» (J. Rulfo, *Pedro Páramo*, 43) = CONSULTAS

salmuera. f. Mala suerte. (Perú): «Qué salmuera, no sólo por el balazo en la cabeza, encima lo operaron no sé cuántas veces, y encima morirse, no creo que a nadie le haya pasado cosa peor.» (M. Vargas Llosa, *La ciudad y los perros*, 227) = CONSULTAS

salón. m. **(1) salón** (o: **salón de clases,** o: **de la escuela).** Aula, sala para dar clases. (PR, Col., Ch.): «La escuelita tenía dos salones separados por un largo tabique. En uno de esos salones enseñaba ahora un nuevo maestro: Mister Johny Rosas.» (A. Díaz Alfaro, *Terrazo*, 89) = «El único edificio con techo de zinc y paredes de ladrillo es una escuela que sirve también de iglesia cuando llegan las misiones. Consta del salón de clases, un pequeño cuarto para la maestra y los servicios sanitarios que hace mucho tiempo dejaron de usarse y están llenos de verdín y desperdicios indeterminados. (...) Al verlo resucitar en el salón de la escuela y vencer la plaga, vi muy claro en mí.» (A. Mutis, *La Nieve del Almirante*, 61 y 85) = «La maestra me echó del salón y salí en medio de una silbatina feroz a cumplir castigo de pie en un rincón del pasillo con la cara contra la pared.» (I. Allende, *Paula*, 71) = CONSULTAS = HAENSCH y WERNER **(2)** Sala o cuarto de varias camas en un hospital. (CR): «Hoy, cerca del salón de los cardíacos estaban unos médicos discutiendo de política y hacían un alboroto como el de unos italianos jugando a los naipes.» (P. L. Acuña, *Ropa tendida*, 56) = CONSULTAS **(3) salón nocturno.** fr. Sala en la que se toca música y se baila de noche. (Ec.): «También habían organizado conjuntos musicales y de las actuaciones como aficionados en la radiodifusora de Imbaquí y algunas de la capital, habían pasado al profesionalismo y actuaban con buen éxito en hoteles y salones nocturnos.» (G. A. Jácome, *Porqué se fueron las garzas*, 41) = CONSULTAS

saloneo. m. Caverna grande encima de una veta ensanchada para explotar esta última. (Bol.): «El saloneo 'Boya' era como el comienzo del 'Nivel 208', un gran espacio abovedado que resultó de la antigua explotación de un clavo* de estaño.» (F. Ramírez Velarde, *Socavones de angustia*, 162) = MUÑOZ REYES

salonero. m. Camarero, mesero. (CR, Pan.): «Trabajé hasta ya hizo un mes en un restaurante: el mejor trabajo que logré conseguir en doce años. Como mesero le servía whisqui a los que como yo, allá en nuestro país, llegaban a botar el dinero*. Y los clientes, como yo allá, me trataban mal porque soy un salonero, un sirviente y, por qué no decirlo, porque vivo arrimado en su país.» (F. Zúñiga Díaz, *Yo no tengo ningún muerto*, 43) = «Así marchaba la cosa, hasta que se oyó un alboroto en una de las esquinas: un tipo perseguido por una de las damas es interceptado por uno de los saloneros y le dan tal 'nudera*' que hasta Fede aprovecha para meterle un par de 'cochazos*'.» (D. Robinson, *En las cosas del amor...*, 48) = CONSULTAS

salpafuera. m. Correcorre, huida desordenada; pelea, motín. (PR = Cuba): «(...) me di cuenta de que el salpafuera era en el apartamento de al lado.» (A. L. Vega, *Pasión de historia*, 66) = SOPENA = MAURA = SANTIESTEBAN

salpicón -ona. adj. Indecente, grosero –tratándose de una mujer, que hace la calle. (Cuba): «(...) me di a pasear con el dinero. Me lo gasté todo con mujeres salpiconas.» (M. Barnet, *Biografía de un cimarrón*, 95) = PICHARDO (quien lo recoge c. s. m. y f.)

salsa. f. **(1)** Música y baile alegres de origen puertorriqueño, derivados del son cubano, e influidos por la instrumentación del jazz. (PR, Col. = Cuba, Ven. y otros): «(...) y el combo* que no está en la salsa no está en ná <nada>.» (L. R. Sánchez, *La Guaracha del Macho Camacho*, 101) = «Se llamaba Damaris y cantaba salsa, vallenatos* y bambucos <tonadas de un baile popular colombiano y ecuatoriano> durante todo el día con toda la voz y con un oído de artillero (...).» (G. García Márquez, *Noticia de un secuestro*, 75) = MAURA = CONSULTAS = TEJERA **(2)** Paliza, tunda. (PR = Ur. y Arg.): «A ese lo que hay que hacerle es meterle una rica salsa en un callejón oscuro...» (A. L. Vega, *Pasión de historia*, 77) CLAUDIO DE LA TORRE = CASULLO = CONSULTAS

salsero. adj.; ú. t. c. m. y f. Músico que toca salsa*; cantante de salsa; aficionado a la salsa. (Cuba = Ant. y otros): «La panameña baila tamborera / ¡ay! la puertorriqueña es la más salsera / y la dominicana la merenguera / todas me dicen que soy salsera / ¡ay! salsa con más salsa sabe a más salsa.» («Dulce habanera», canción interpretada por Celia Cruz, Discos Vaya Records, Nueva York, 1977) = CONSULTAS (véase también **cocolo** y **roquero**)

salsoso -a. adj. Relacionado con la salsa o aficionado a ella. (PR): «(...) un bailecito salsoso en el Centro Comunal (...).» (E. Rodríguez Juliá, *El entierro de Cortijo*, 19) = CONSULTAS

saltapatrás. m. y f. Persona cuyo color de piel es más oscuro que el de uno de sus padres, saltatrás. (Ec.): «Su papá dice que en la familia hay de todo: negros, indios, mestizos, saltapatrás.» (J. García Calderón, *La tarde del antihéroe*, 11) = CONSULTAS

saltaperico. m. Especie de pequeño petardo hecho a partir de un garbanzo cubierto de pólvora. (Méx.): «Las cucarachas truenan como saltapericos cuando uno las destripa.» (J. Rulfo, *El llano en llamas*, 91) = CONSULTAS = SOPENA

saltar. intr. Salir andando del agua para pisar la ribera. (Ec.): «Alberto Morcú y el 'pelacara*' se bañaban juntos. Se acercó el curandero. / –Barajo* –dijo Morcú, mientras se jabonaba la cabeza–, sigo con la curiosidad... Quiero sabé lo que dicen los papeles del serrano... / –Ahora que saltemos –intervino el curandero–, vamo a vé <vamos a ver> alguno que sepa leé <leer>... (...) / –No, compadre –dijo don Facundo al mismo tiempo que saltó para vestirse. Alberto Morcú y el 'pelacara*' lo siguieron. Quedaban en el río numerosos 'conchistas*' bañándose. El curandero subió también a la orilla y se vistió.» (N. Estupiñán Bass, *Cuando los guayacanes florecían*, I, 73 y 74) = CONSULTAS

salteado. adv. De vez en cuando. (Ur. = Arg.): «Estando yo, comen salteado. Si me voy, se tienen que alimentar a jugo de madreselvas.» (E. Galeano, *La canción de nosotros*, 26) = CONSULTAS

saltearse (o: **no saltearse**). intr.; puede usarse como neg. Al hacer una persona una descripción, (no) olvidarse de parte de la misma. (Arg.): «–Y después la cintura bien ceñida. Y la pollera <falda>... –Describime el escote. No te saltees. –Bueno, es de esa época tan linda en que venía el escote bien bajo, y se alcanzaba a ver el nacimiento de los senos, pero no estaban levantados por el corpiño como dos boyas. (...) –¿Pero en este caso que hay?, ¿mucho o poco?» (M. Puig, *El beso de la mujer araña*, 227) = CONSULTAS

salteña. f. Empanada rellena de carne, huevos duros, pasas, aceitunas, *etc* –viene del nombre de la ciudad argentina de Salta. (Bol.): «(...) si quieren apostemos unas coca-colas con sus salteñas (...).» (R. Poppe, *Después de las calles*, 171) = PAULOVICH = MUÑOZ CUEVA

saltón -ona. adj. **estar**, **poner(se), sentir(se) saltón -ona.** fr. Estar, poner(se), sentirse inquieto o nervioso. (Perú): «Él no tenía ganas de reírse de lo que decía la bruja. A él, oír hablar así, por más que fueran las cojudeces de una farsante o los delirios de una loca, lo ponía saltón. (...) / –(...) ¿No te sientes un gran cojudo <tonto> aquí, en Naccos, Tomasito? / –Me siento saltón, más bien.» (M. Vargas Llosa, *Lituma en los Andes*, 46) = CONSULTAS

salvataje. m. Salvación, rescate. (Arg.): «–(...) ¿Te habían mandado para que te lucieras en un acto de salvataje, o para escribir una crónica? Por tu culpa no dimos los mejores detalles del incendio.» (L. Marechal, *Adán Buenosayres*, 654) = VERDEVOYE

salvia. f. **salvia real.** fr. Véase **rosa* de castilla.**

sama. f. Merienda, o almuerzo. (Bol.): «Próximos a la merienda o 'sama', los hombres maduros solían entregar las herramientas a los rapaces (...).» (H. Guzmán Arze, *Borrasca en el valle*, 10) = «(...) el ordeño de la vaca, el forraje de los burros, el alboroto de los chicos, el fuego en que se sazonaba la sama, todo, se hallaba íntimamente asociado a él.» (J. Lara, *Yanakuna*, 19) = CONSULTAS

sambumbia. f. Instrumento musical que participa del tambor y del violonchelo, muchas veces de fabricación rústica. (Hond. = Guat., El Salv. y Nic.): «Don Eulalio Sánchez era el director del conjunto, compuesto por tres guitarras, un acordeón, una sambumbia y la mandolina, que era el instrumento que él mismo tocaba.» (M. A. Rosa, *Tío Margarito*, 150) = CONSULTAS

sana-sana (o: **sanasana**). m. Principio de una copla (*Sana-sana, culito de rana, sana-sana, mañana por la mañana*) que se le dice a un niño para consolarle cuando acaba de hacerse daño; consuelo. (Ec = PR): «(...) el indio volvió, a la tarde, con la cajita <pequeño féretro> pintada de cielo, con la coronita de papel blanco. Y con el sanasana del aguardiente.» (G. A. Jácome, *Porqué se fueron las garzas*, 220) = CONSULTAS = MAURA

sanate (o: **zanate**). m. Pájaro negro (*Quiscalus macrourus*) muy común en toda la América Central –es hembra del **clarinero***. (Guat. = Méx. y otros): «Pero una vez sí cantaron (...) a las nueve en punto de la noche, de todos sus nidos todos los pájaros: sharas <*Cissilopha san-blasiana*, pájaro de color azul pálido>, sanates, clarineros*, (...) volaron, rondaron el pueblo en busca de una casa, se posaron en el techo, amontonados y ansiosos, y cantaron.» (L. de Lion, *El tiempo principia en Xibalbá*, 61) = ARMAS (quien sólo recoge la grafía con /s/) = SANTAMARÍA DM

sancochar. v. **sancocharse.** prnl. intr. Tener calor. (PR = Col.): «(...) que ponche* pronto que ella se sancocha, que Salvador la está velando hace tres días (...).» (A. L. Vega, *Pasión de historia*, 17) = CLAUDIO DE LA TORRE = FILIPPO

sancocho. m. Asunto embrollado, lío, enredo, tejemanejes. (CR = Méx., Am. Centr. y Col.): «No sé por qué demonios se me hacía simpático ese tipo, a pesar de estar seguro de que él era (...) el que había preparado todo el sancocho electoral.» (C. L. Fallas, *Mamita Yunai*, 51) = SANTAMARÍA DM = HAENSCH y WERNER

sandunga (o: **zandunga**). f. Baile popularísimo del estado de Oaxaca, conocido también en el de Chiapas, así como en Guatemala. (Méx. = Guat.): «A los que lo tacharon de renegar su nacionalismo anterior, contestó con la segunda sinfonía: 'mestiza', dividida en cuatro movimientos: huapango <baile popular en tarima o entablado>, alabado <canto devoto que se entonaba al principiar y terminar las faenas agrícolas>, sandunga y jarabe* (...).» (A. Yáñez, *La creación*, 260) = MALARET = SANTAMARÍA DM y DGA

sangrar. tr. **sangrarse la lengua.** fr. Véase **lengua.**

sangre. s. **(1) sangre charrúa.** fr. f. Valor, coraje que caracterizaría a los uruguayos, y que constituye un verdadero mito en el Uruguay. (Ur.): «El oriental <uruguayo> trabaja cuando está en el pretil: un poquito menos y cae barranca abajo. Claro que cuando no hay más remedio que hacer algo, entonces nos sale de adentro una fuerza acumulada –la sangre charrúa– que aplana cualquier cosa.» (C. Maggi, «El milagro oriental y el hospital de Clínicas», en: G. Wettstein, *Nuestra tierra*, II, 10) = «Gozamos <los uruguayos> (...) de un hemograma de fantasía que nos permite creer en una mayor reciedumbre del oriental: es el mito de la sangre charrúa (...). Hay quienes sostienen que tenemos sangre charrúa porque no tenemos <indios> charrúas.» (C. Maggi, «¿Qué es un oriental?», en: G. Wettstein, *Nuestra tierra*, II, 99-100) = CONSULTAS **(2) sangre de agua.** fr. m. Hombre tímido, pusilánime. (PR): «El otro –un pobre diablo, pusilánime, un 'sangre de agua'– cedió (...).» (E. Laguerre, *La llamarada*, 198) = CONSULTAS **(3) sangre de toro.** fr. m. Arbusto fitolacácea (*Rivina humillis*), cuyas bayas, de color rojo, encierran una materia colorante, y que se emplea como vulneraria. (Arg.): «Cerquita, como de aquí al jogón <fogón>, de la flor que estaba contemplando, se había asentao un flamenco grande como un ñandú y colorao como sangre'e toro.» (R. Güiraldes, *Don Segundo Sombra*, 75) = ABAD DE SANTILLÁN = SANTAMARÍA DGA **(4) aguarse la sangre.** fr. f. Disgustarse, perder el ánimo. (Cuba): «(...) yo no me aguo la sangre con la vida ajena.» (R. Vázquez Díaz, *La isla de Cundeamor*, 95) = CONSULTAS **(5) comer la sangre de alguien.** fr. f. Matarle. (Perú = Ec. y otros): «–Pase lo que pase, <el juez> Montenegro terminará. (...) Yo tengo amigos dispuestos a comer su sangre.» (M. Scorza, *Redoble por Rancas*, 177) = CONSULTAS **(6) hacerse** alguien **mala sangre.** fr. f. Preocuparse, inquietarse mucho, disgustarse. (Col. = PR, Ch., Ur. y Arg.): «(...) los rehenes tuvieron que mediar para que no se batieran a bala. Salvo esa vez, Hero Buss y Richard lo tomaban a la ligera por no hacerse mala sangre.» (G. García Márquez, *Noticia de un secuestro*, 68) = MALARET

sangrero. m. Gran derramamiento de sangre. (Ven.): « '(...) Y salió y empezó a matar muchachos. Daban grima ese sangrero y esa gritería y ese pilón de muertos.» (A. Uslar Pietri, *Las lanzas coloradas*, 24) = TEJERA

sangrigordo -a (o: **sangregordo -a**). adj. Fastidioso, impertinente; antipático. (PR): «–No le jagah

<hagas> caso a ese sangrigordo, Lito.» (R. Marqués, *La carreta,* 67) = MALARET = MAURA = ÁLVAREZ NAZARIO = CLAUDIO DE LA TORRE

sangrón -ona. adj. Sádico; que gusta de maltratar o humillar a otros, particularmente a niños o personas inferiores. (CR): «El langostino corrió a refugiarse debajo de una piedra, porque los peces amigos de la tortuga le iban a pegar por grosero y sangrón.» (M. Benavides, *Los hijos de Mariplata,* 29) = QUESADA = CONSULTAS

sanjuanero -a. adj. Del pueblo de San Juan. (Rep. Dom. = Col.): «Cabalgando en una mula sanjuanera (...).» (J. Acosta hijo, «A mí no me apunta nadie con carabina vacía», en: S. Nolasco, *El cuento en Santo Domingo,* 28) = RODRÍGUEZ = HAENSCH y WERNER

sanmiguel (o: **san miguel**). m. (o: fr. m.). Arbusto ornamental (*Blakea gracilis*) de la zona templada; tiene flores blancas y rosadas. (CR): «Chica y Felicidad fuéronse después de comer al bosque a traer san migueles en botón. (...) Sus hociquillos rojos se confundían con los lindos capullos de esta flor de una trepadora de nuestros bosques.» (C. Lyra, *Los otros cuentos,* 30) = QUESADA = GAGINI = SANTAMARÍA DGA

santamaría. f. Planta verbenácea (*Lantana involucrata*); pero puede tratarse también de la planta clusiácea llamada **palomaría** (*Calophylum antillanum*). (PR): «En las frondas, entre las matas de salvia, higuillo, albahaca, santamaría, y rompecota*, juega y se lamenta el viento.» (E. Laguerre, *La llamarada,* 158) = SANTAMARÍA DGA

santería (o: **Santería**). f. Religión lucumí; culto de los Orichas. (Cuba, Col.): «(...) y a partir de la caída del Presidente Machado, la presencia cada vez mayor de blancos iniciados en la Santería, de devotos que si al principio no confesaban francamente su fe en los Orichas, ya no ocultaban que asistían a sus fiestas.» (L. Cabrera, *Reglas de Congo,* 120) = «Por orden de Dominga de Adviento las esclavas más jóvenes le pintaban la cara con negro de humo, le colgaron collares de santería sobre el escapulario del bautismo (...).» (G. García Márquez, *Del amor y otros demonios,* 21) = CONSULTAS (véase también **santero -a**)

santero -a (o: **Santero-a**). m. y f. Persona que oficia en la religión afrocubana llamada **santería***; curandero. (Cuba): «Rondaba, ahora, en torno a los caseríos, acechando a cualquier hora una lavandera solitaria, o una santera que buscaba culantrillo, retama o pitahaya para algún despojo.» (A. Carpentier, *Cuentos completos,* 129) = «Las lluvias de este mes <mayo> (...) sacramentan y dan fuerza a los 'trabajos'* de Paleros* y Santeros.» (L. Cabrera, *Supersticiones y buenos consejos,* 22) = «La mujer había sido esclava. Era, además, santera y espiritista.» (M. Barnet, «Introducción» a *Biografía de un cimarrón,* 5) = SOPENA

santo. s. **(1) santo chupado** (o: **santa chupada**). fr. m. y f. Cualquier persona tullida o nacida con alguna deformidad física. (Cuba): «A los deformes, y enclenques, los negros les llamaban santos chupados: 'Nacían así porque no tuvieron tiempo para completarse'.» (L. Cabrera, *La medicina popular de Cuba,* 167) = CONSULTAS

santuario -a. adj. Santurrón. (Cuba): «(...) los curas nunca me han entrado por los ojos. Algunos eran hasta criminales. Gozaban de las blancas bonitas y se las *comían* *. Eran carnívoros y *santuarios.* Ellos tenían un hijo y lo hacían ahijado o sobrino. Se los escondían debajo de la sotana. Nunca decían: 'Este es mi hijo'.» (M. Barnet, *Biografía de un cimarrón,* 76) = SOPENA

sapear. tr. Delatar, acusar. (Col. = CR): «Pero aún no salta ningún sapo* a sapear quién pateó la maldita caneca <cubo de la basura>.» (E. Rosero Diago, *El incendiado,* 12) = FILIPPO = QUESADA = CONSULTAS = HAENSCH y WERNER (véase también **sapo**)

sapitos. m. pl. Ejercicio físico consistente en correr a toda velocidad en cuclillas. (Ch.): «(...) 50 metros de sapitos, esto es, correr a toda velocidad en cuclillas (...).» (H. Valdés, *Tejas Verdes,* 134) = CONSULTAS

sapo. **(1)** m. Vulva, sexo de la mujer. (Ec. = Col.): «–Ar <al> fin es lo mesmo <mismo> que el sapo de ellas...» (J. Gallegos Lara, «La Salvaje», en: *Los que se van,* 180) = CONSULTAS = HAENSCH y WERNER **(2)** m. Vaso en el que se sirve cerveza. (Arg.): «El sapo de la cerveza alternaba con el café con leche.» (J. L. Borges, y A. Bioy Casares, *Crónicas de Bustos Domecq,* 91) = GOBELLO **(3) sapo -a.** m. y f. Delator. (Pan, Col. = Nic. y CR): «Ayer trajeron a un hombre por una infracción de tránsito y dijo que en la calle no se puede hablar nada: la ciudad es una inmensa ciénaga llena de *sapos.*» (D. L. Pitty, *El centro de la noche,* 33) = «Pero aún no salta ningún sapo a sapear* quién pateó la maldita caneca <cubo de la basura>.» (E. Rosero Diago, *El incendiado,* 12) = QUESADA = FILIPPO = CONSULTAS = RABELLA y PALLAIS (véase también **sapear**) **(4) sapo -a.** adj. Entrometido. (CR, Col.): «¡Pero ella por sapa los iba a levantar <los ojos>!» (C. Lyra, *Cuentos de mi tía Panchita,* 109) = «El alcalde no frecuentaba la peluquería. Alguna vez había visto el letrero clavado en la pared: *Prohibido hablar de política,* (...) rodó un taburete (...) y se subió en él para desclavar el aviso. (...) 'Nadie puede impedir que la gente exprese sus ideas', prosiguió el alcalde rompiendo el cartón. (...) –Ya ves, Guardiola –sentenció el juez Arcadio–, lo que te pasa por sapo.» (G. García Márquez, *La mala hora*, 107) = QUESADA = FILIPPO = CONSULTAS **(5) sapo -a.** adj. Vivo, astuto; sabio. (Ec., Perú): «Yo creo que decidió ser más sabio que todos nosotros, sapo'e la Grecia. (...) Luego le pusimos nombres 'sapo-con-ropa', 'garabato', 'renacuajo' (...).» (J. E. Adoum, *Entre Marx y una mujer desnuda*, 65) = «–Este sabe los de Quico* y Caco –dice Emilio, señalando al Bebe–. ¡Qué sapo!» (M. Vargas Llosa, *La ciudad y los perros*, 144) = CONSULTAS **(6)** Véase también **sapitos.**

saque. m. **(1)** Acción arriesgada. (Arg.): «Se acabaron esos saques / de cincuenta ganadores.» (L. J. Traverso, «Uno* y uno», en: J. Barreiro, *El Tango*, 209) = CONSULTAS **(2)** Golpe en general; puñetazo. (Arg.): «(...) un saque de guadaña* de esas que te la debo*.» (J. Cortázar, *Rayuela*, 256) = GOBELLO **(3) de un saque**. fr. adv. De un tirón. (Arg.): «De un saque salvé la tapia.» (J. L. Borges y A. Bioy Casares, *Seis problemas para Isidro Parodi*, 24) = GOBELLO

saquito. m. Chaqueta de punto. (Ur. = Arg.): «–Mirá que está frío y te vas a resfriar. Ponete el saquito de lana.» (H. Alfaro, *Por la vereda del sol*, 110) = CONSULTAS

sardino -a. m. y f. Muchacho, adolescente. (Cuba, Col. y otros): Cada vez que una sardina me cruzaba por el lado, yo lanzaba el jamo* y la atrapaba.» (M. Barnet, *Biografía de un cimarrón*, 185) = «Es un sardino de quince años (...).» (E. Rosero Diago, *El incendiado*, 59) = CONSULTAS = HAENSCH y WERNER

sarrapia. f. Semilla perfumada, en forma de almendra (distinta del fruto comestible) del árbol del mismo nombre; una vez machacada, se utiliza en perfumería –se usó también para dar fragancia al rapé. (Ven.): «La <Guayana> (...) del oro que poco aparece y solo para enriquecer avariciosas manos extrañas, la de la sarrapia, apenas, continúa manteniendo la ilusión de riqueza conquistable sólo con unos meses de montaña <selva>. / –¡Esto fue!» (R. Gallegos, *Canaima*, 333-4) = TEJERA = CONSULTAS (véanse también sarrapiar y sarrapiero -a)

sarrapiar. intr. Cosechar la sarrapia*. (Ven.): «–(...) cuando estábamos sarrapiando siempre se llegaba hasta allí en busca de sal y papelón <pan de azúcar sin refinar> (...).» (R. Gallegos, *Canaima*, 298-9) = TEJERA = MORÍNIGO (quien, además de la f. intr., registra una forma tr. con el sentido de «cortar árboles de sarrapia») (véanse también **sarrapia** y **sarrapiero -a**)

sarrapiero -a. adj. Relativo a la explotación de la sarrapia*. (Ven.): «(...) la zona sarrapiera del Bajo Caura, hasta el salto de Pará, se despide con tres grandes árboles que producen de sesenta a ochenta kilos de pepas cada uno (...).» (R. Gallegos, *Canaima*, 298) = TEJERA (véanse también **sarrapia** y **sarrapiar**)

sazón -ona. adj. Maduro, en sazón; adulto. (El Salv., CR = Méx., Am. Centr. y Col.): «–(...) Déme diez centavos de esos <tomates> más sazones, pues. / –Llevá sazones y maduritos pues a la Lupe siempre le gustan los tomates pasados.» (M. Argueta, *Un día en la vida*, 125) = «Y entonces el Flaco Arroyo echó su gallo, un pintado* muy sazón al que no había quién no apostara, por lo noble y rijioso <*sic*>. (...) Y va* nosotros de reírnos, porque sí que era un misterio, sabiéndose, como se sabía, la gran virtud que era Pascuala enfrente de pantalones, a más de que yo estaba lo que se dice bien sazona. Quizá que ya raspando los cincuenta.» (F. Dobles, *Historias de Tata Mundo*, 161 y 184) = SANTAMARÍA DM = QUESADA = CONSULTAS

sebo. m. **(1) hacer sebo.** fr. Holgazanear. (Par., Arg. = Ur.): «–Vamos a meterle <al trabajo>, Perú. Estamos haciendo demasiado sebo y así no rinde el día.» (A. Roa Bastos, *El baldío*, 49) = «(...) los más quedarían de seguro en sus ranchos, 'haciendo sebo', o vendrían a las casas principales a jugar una partida de bochas, en la cancha que había bajo un despejado plantío de moreras.» (R. Güiraldes, *Don Segundo Sombra*, 33) = GOBELLO **(2) poner sebo.** fr. tr. ind. Molestar, fastidiar con bromas o dichos impertinentes. (Col.): «Las enfermeras están bien, pero los médicos ponen mucho sebo. Me auscultan, me regañan y me toman encefaloframas <*sic*> y otras carajadas que parecen palabras inventadas por mí.» (A. Cepeda Samudio, carta a D. Samper Pizano, en: *A mí que me esculquen*, 290) = FILIPPO = HAENSCH y WERNER

sebón -ona. adj. Haragán. (Arg. = Guat.): «(...) te piantaron del laburo <echaron del trabajo> / por marmota* y por sebón...» (C. E. Flores, «Lloró como una mujer», en: J. Barreiro, *El Tango*, 189) = MORÍNIGO

seboruco. m. Campo, monte de poca fertilidad. (PR): «–(...) Da compasión el pobre guácaro <campesino> de los seborucos.» (E. Laguerre, *La llamarada*, 104) = MALARET = DÍAZ MONTERO

seboso -a. adj. Grasiento. (Perú): «La mujer era gorda, sebosa y sucia; los pelos lacios caían a cada momento sobre su frente (...).» (M. Vargas Llosa, *La ciudad y los perros*, 77) = CONSULTAS

secadera. f. Batea ancha de madera, montada en ruedas, que se guarda debajo de la casa y se usa para secar el café. (PR): «La tienda se extendió como enredadera que escala un muro. Junto a ella hiciéronse tres casas; en una constituyéronse seis secaderas, especies de anchas bateas que, rodando sobre ruedecillas de madera, se guardaban debajo del pavimento de la casa, y servían para secar al sol el café (...).» (M. Zeno Gandía, *La Charca*, 42) = DÍAZ MONTERO

seco. **(1)** m. Cantidad de humo de un cigarrillo o de un puro que se absorbe hasta los pulmones. (Bol.): «(...) aprendíamos a fumar. Olver ya había logrado superar la fase de las simples pitadas* y hacía secos. Podía absorber el humo, hablar unas cuantas palabras y luego botar gruesas volutas.» (R. Poppe, *Después de las calles*, 88) = MUÑOZ REYES **(2)** m. Sorbo de alcohol que se bebe de un solo golpe. (Bol.): «(...) empieza el desfile de mineros que de una y otra mesa, vienen con sus vasos de chicha para brindar con Manuel. / –¡Salud, compadre Manuel! ¡Salud, comadrita!... / –¡Seco!... ¡Seco!... –los animan de las otras mesas. (...) / –¡Al seco! ¡Al seco!» (F. Medina, *Los muertos están cada día más indóciles*, 55) = MUÑOZ REYES **(3)** m. Vianda criolla con papas y carne o pescado, sin caldo. (Ec. = Perú): «(...) explica rápidamente que se han terminado los caldos, los secos, los tamales.» (E. Cárdenas, *Juego de mártires*, 57) = MALARET = MORÍNIGO (véase también **seco* de chivo**) **(4)** **seco -a.** adj. Sobrio. (Perú): «Dice que lo pescaron borracho y debe ser la pura verdad, me parece imposible que si lo agarran seco lo hubieran machacado en esa forma.» (M. Vargas Llosa, *La ciudad y los perros*, 199) = CONSULTAS **(5)** adj.; ú. t. c. s. Pobre, falto de dinero. (Ur., Arg.): «¡Pato*! / Fuiste en todo momento. / ¡Pato! / Aunque quieras despistar. / ¡Seco!» (R. Collazos, «¡Pato!», en: J. Barreiro, *El Tango*, 199) = «(...) y ahura que creen / que sos un gran bacán <rico> / mas yo sé, dandy, / que sos un seco / (...).» (A. Irusta, «Dandy», en: J. Barreiro, *El Tango*, 177) = «–¿Qué protestás, atorrante <vago>? Si sos más seco que un ladrillo.» (R. Arlt, *Entre crotos y sabihondos*, 45) = TERRERA = GOBELLO = CASULLO = MORÍNIGO = CONSULTAS **(6)** **seco de chivo.** fr. m. Plato de arroz amarillado con achiote, sobre el que se derrama un estofado de cabra, condimentado con especias, aceite de oliva, ají y ácido de chicha fermentada. (Ec.): «Un matrimonio* es una fiesta popular, y parece cosa muy puesta en razón que, mientras alguien se casa, todo el vecindario tenga derecho de beber de lo fuerte y de comer **seco de chivo**.» (J. A. Campos, *Cosas de mi tierra*, 41) = CORNEJO = CARVALHO-NETO = CONSULTAS

sedán. m. Automóvil cerrado con asientos para un máximo de seis personas; familiar. (Par. y otros): «No subí al sedán sino al convertible <descapotable> (...).» (H. Rodríguez-Alcalá, *Relatos de Norte y Sur*, 102) = MORÍNIGO

seguida. f. **en seguida que.** fr. adv. Tan pronto como. (PR = Ur. y Arg.): «En seguida que se fueron los peones, salí a desensillar mi caballo y retirarme a mi aposento.» (E. Laguerre, *La llamarada*, 158) = CONSULTAS

seguido. adv. A menudo. (Méx., Arg. = CR, Col. y otros): «Es de eso de lo que quizá nos acordemos más seguido: de aquel tanilo que nosotros enterramos en el camposanto de Talpa. (...) Tanilo se nos caía más seguido y teníamos que levantarlo y a veces llevarlo sobre los hombros.» (J. Rulfo, *El llano en llamas*, 63 y 82) = «Un año duró aquello. En mi destino estaría escrito que todo bien era pasajero. Don Fabio dejó de venir seguido.» (R. Güiraldes, *Don Segundo Sombra*, 15) = CONSULTAS = VERDEVOYE

segunda. f. Aporca de los sembrados –especialmente de maíz. (Méx.): «La segunda se da también con arado de dos alas, pero bien abiertas, para que las matas queden bien arropadas con la tierra fresca que derraman.» (J. J. Arreola, *La feria*, 65) = SANTAMARÍA DGA y MORÍNIGO (quienes recogen el verbo **segundar** de sentido deducible)

segundo -a. adj. **(1)** ú. t. c. s. Ordinal que sirve para indicar la ubicación de una calle. (Perú): «La casa de Alberto es la tercera de la segunda cuadra de Diego Ferré.» (M. Vargas Llosa, *La ciudad y los perros*, 101) = CONSULTAS **(2)** Véase **azúcar segunda.**

segundón -ona. adj. De segunda categoría. (Méx. = Arg.): «(...) un futbolista segundón (...) había creído que su habilidad en el campo de Pachuca (no mucha, por cierto, a juicio del poeta) lo protegía de haber tratado de seducir con violencia a una muchacha (...).» (P. I. Taibo II, *Sombra de la sombra*, 191) = CONSULTAS

seis. m. **(1)** **seis bombea(d)o.** fr. m. Seis, baile popular en el que se cantan coplas llamadas bombas*, en las que, interrumpiéndose la música y el baile, se contestan los danzantes de uno y otro sexo. (PR): «–¡Un seis bombeao, Natito! ¡Que venga lo d'antes! ¡Vamos! Repícale que tenga timba*. / (...) Vibró la melodía popular en el cerebro y el corazón. (...) Salieron a bailar viejos y jóvenes. (...) Alguien, un mozo desvaído, le quitó la pareja a Jesús para bailar el 'bombeao'"*. Y cantó: / *La noche está muy oscura, / parece que va a llover; / joven, dígale a su padre / que su yerno quiero ser.* / No fue remisa la muchacha en el responder: / *La noche está muy oscura, / parece que está de luto; / nada le digo a mi padre. / Porque usted no es de mi gusto.* / Mientras cantaban no tocaba la música. Volvía a tocar tan pronto como terminaba la 'bomba'*. Él entonó de nuevo (...).» (E. Laguerre, *La llamarada*, 127) = MAURA = ÁLVAREZ NAZARIO **(2)** **seis chorreao.** fr. m. Variante del baile popular llamado seis. (PR): «–(...) ¿Tú te creeh <crees> que pa ehtar contenta una se tié que pasar la vía <vida> bailando un seis chorreao?» (R. Marqués, *La carreta*, 155) = MAURA = MALARET = ÁLVAREZ NAZARIO (Véase también **chorrea(d)o**)

seleccionado. m. Selección, equipo seleccionado para representar una región o un país. (Perú, Arg. < Ur. y otros): «(...) se había logrado (...) dotar de uniformes al seleccionado de fútbol del departamento; pantalones negros, camisetas amarillas, 'Cerro' escrito en letras azules (...).» (M. Scorza, *Redoble por Rancas*, 182) = «Era el mejor jugador de básquetbol, todos dicen, internacional. Jugó contra los americanos, fue a Chile con el seleccionado, el último año.» (J. C. Onetti, *Los adioses*, 42) = CONSULTAS

sembrar. v. **(1)** tr. Embrujar, especialmente con plantas –pop. (Perú): «–(...) ¡Ah, ese pardo del demonio t'embrujao <te ha embrujado>! Por eso anda metío en no sé qué conchabos con la Martina. Juraría que te ha sembrao.» (E. López Albújar, *Matalaché*, 131) = CONSULTAS **(2) sembrarse.** prnl. intr. Sentarse. (PR): «Me sembré frente al vídeo a chequiar <ver> películas de Brian de Palma para no pecar con el pensamiento.» (A. L. Vega, *Pasión de historia*, 67) = CONSULTAS

sembrío. m. Lugar sembrado. (Perú): «Corre, atraviesa una chacra pisoteando los sembríos. Sus pies se hunden en una tierra muelle; siente en los tobillos las punzadas de las hierbas.» (M. Vargas Llosa, *La ciudad y los perros*, 135) = CONSULTAS

semillón. m. Cierto vino blanco dulce. (Arg.): «*Jueves 27, Santas Ida y Zita.* Falté cita viuda, culpa semillón La Criolla (...).» (M. Puig, *Boquitas pintadas*, 50) = CONSULTAS

sencillero. m. Buhonero que vende a plazos su mercadería. (Ec. = Perú): «Muerte del padre, venta de la covacha, cinco partos de los que sobrevivieron dos niños, huelgas, cesantías, venta de radio y los muebles de sala, enfermedades, casas de empeño, créditos con el sencillero, onomásticos sin música, navidades sombrías.» (P. J. Vera, *El ataúd abandonado*, 71) = MALARET = SOPENA

sentada. f. Figura del tango bailado, en la que la mujer se sienta en un muslo de su pareja, quien entonces le da una palmada en el trasero. (Arg.): «Cuando te quiebras en una sentada / juntando tu carita con la mía, / yo siento que en la hoguera de algún tango / se va a quemar mi sangre el mejor día.» (R. L. Cayol, «Viejo rincón», en: J. Barreiro, *El Tango*, 110) = CONSULTAS = GOBELLO

sentar. v. **sentársele a** alguien. fr. Hacerle sentir su autoridad. (Arg.): «–No es que me haiga maniao <haya maneado>, Don*, pero tengo miedo qu'el patrón se me siente.» (R. Güiraldes, *Don Segundo Sombra*, 36) = CONSULTAS

sentón. m. **de un sentón.** fr. Hablando de la manera de beberse algo, de un tirón. (Méx.): «(...) como para dejar absolutamente claro que con este juego ya no se puede hacer nada, se bebe de un sentón el tequila que le queda en el vaso (...).» (P. I. Taibo II, *Sombra de la sombra*, 11) = CONSULTAS

seña. f. Moneda oficial de cobre del siglo XIX. (Perú = Ven.): «Y sus manos se hundían también, cuando lo creía necesario, en el cajón de la venta, del que extraía los billetes y las *señas* a puñados (...).» (E. López Albújar, *De mi casona*, 98) = TEJERA

señora. f. Tratamiento que se da a los subalternos y puede implicar falta de respeto cuando un criado lo usa para hablar a un ama de casa. (Ec.): «(...) viene <el ama> como siempre a arrear a la chola*. Vicente Agapita ha elaborado su plan. Tiene una idea. Espera el momento oportuno y se decide: / –Oiga, señora Sofía. / –Señora se dice a las cocineras, burra. Ya te he dicho una y mil veces que me debes decir señorita*. ¿Hasta cuándo no aprendes?» (A. Pareja Diezcanseco, *La Beldaca*, 96) = «–Güenas tardis <tardes> señorá, aquí istará <estará> la Franciscaá? / –No –respondió una mujer mestiza, muerta de cólera porque le han dicho señora–, al hospital le <la> shevaron <llevaron>! (...) Nada más que en el camino le arroshó <arrolló> un autocamión, *señor* atrevido, de poco me tratas como a tu criada.» (G. Bueno, *Siembras*, 65-66) = CONSULTAS

separo. m. Celda para incomunicados. (Méx.): «Horas después <de delatar a sus compañeros>, en los separos, recibió una imponente madriza* de sus compañeros de orgía, que acababan de ser detenidos.» (V. A. Maldonado, *La noche de San Bernabé*, 22) = «(...) como era militar y estaba exhibiéndose en la vía pública le dieron quince días de arresto. Y esta sinvergüenza, Angelita, hágame el favor, iba a verlo al separo.» (E. Poniatowska, *Hasta no verte Jesús mío*, 101) = SANTAMARÍA DM = JIMÉNEZ

ser. v. **(1) ser la india.** fr. Véase **india. (2) ser muy de él -ella.** fr. Tener personalidad. (Guat.): «(...) el señor Presidente no le da nada desde que casó con ésta. / –Pero Cara de Ángel es muy de él.» (M. A. Asturias, *El señor presidente*, 244) = CONSULTAS

serenata. f. Plato típico de plátano y otras viandas hervidas, bacalao hervido o asado, servido con aceite de oliva. (PR): «La serenata estuvo regular, le faltaba un poco más de aceite (...), y las panas* estaban maduras.» (E. Rodríguez Juliá, *El entierro de Cortijo*, 65) = «–Ya verá. Vamoh a tener una 'serenata' de viandah y bacalao. No de arrós ni de porquería de lata.» (R. Marqués, *La carreta*, 69) = MAURA = CONSULTAS = ÁLVAREZ NAZARIO

sereta. f. Cabellera larga y despeinada. (PR): «Boté al zafacón <cubo de la basura> peinillas y cepillos para no caer en la tentación de desmontar la sereta grasienta y enredada que tenía por pelo.» (A. L. Vega, *Pasión de historia*, 43) = MAURA = ÁLVAREZ NAZARIO = DÍAZ MONTERO = CONSULTAS

serruchar (o: **serrucharla**). intr. (o tr.) Fornicar. (Arg.): «(...) retozá nomás*, Ñatita*; serruchála y ganá plata / (...).» (E. Escaris Méndez, «La Cornetita», en: J. Barreiro, *El Tango*, 186) = GOBELLO

serrucho. m. Serrano –desp. (Perú): «¿Qué hacía en medio de la puna, entre serruchos hoscos y desconfiados que se mataban por la política y, para colmo, desaparecían?» (M. Vargas Llosa, *Lituma en los Andes*, 13-14) = CONSULTAS

serva. f. Sirvienta, criada –desp. (Arg.): «Ayudado por mi pinta de galaico* almacenero / trabajándose a la serva de una familia de bien, / (...) / me he fritado muchos vivos como ranas al <a la> sartén.» (E. Escaris Méndez, «Barajando», en: J. Barreiro, *El Tango*, 54) = CONSULTAS = GOBELLO

servicia. f. Servicio doméstico obligatorio y gratuito que las mujeres indígenas tenían que hacer en la hacienda del amo; designa también a la mujer que lo realiza. (Ec.): «Habló contra costumbres de pongo <criado indígena> y de servicia.» (G. A. Jácome, *Porqué se fueron las garzas*, 235) = CONSULTAS = JARAMILLO DE LUBENSKY

servicios. m. pl. Obligaciones militares cotidianas. (Perú): «Pronto llegaría el verano; el colegio quedaría desierto, la vida se volvería muelle y agobiante; los servicios serían más cortos, menos rígidos, podría ir a la playa tres veces por semana.» (M. Vargas Llosa, *La ciudad y los perros*, 261) = CONSULTAS

servido -a. p. adj. **(1)** Ya usado, ya utilizado. (Bol. = Arg.): «De buena gana don Encarno la hubiera estrujado como si fuese papel servido.» (J. Lara, *Yanakuna*, 77) = CONSULTAS **(2) hallarse** (o: **ser**) **servido.** fr. adj. Ser atendido. (Guat., Bol.): «–¿Y no es servido, Comandante? –Dios se lo pague, pero acaba, acaba la señora de echarme de comer...» (M. A. Asturias, *El señor presidente*, 192) = «(...) asomaba para ver si todos se hallaban bien servidos y si no faltaba chicha en los jarros (...).» (J. Lara, *Yanakuna*, 90) = CONSULTAS

servirse. prnl. tr. Beber, o comer. (Ec., Bol. = Ur. y Arg.): «–Qué se sirven los señores? –preguntó un muchacho negro desde su uniforme azul. (...) / –Yo quiero de esa champaña que bebe aquel señor de anteojos dorados.» (G. Bueno, *Siembras*, 24) = «–(...) Ha sufrido Ud. un ataque de nerviosidad –le dice el médico y, ofreciéndole una dosis de bromuro con un vaso de agua, añade: / –Sírvase esto.» (A. Guzmán, *Prisionero de guerra*, 141) = MUÑOZ REYES = VERDEVOYE

si. conj. **(1) si al caso.** fr. adv. véase **caso.** **(2) si se ofrece.** fr. Véase **ofrecer.**

sí. adv. afirm. **sí que tan.** fr. Cuán, muy. (Guat.): «De poco le pega un sopapo. / –¡Vos sí que tan chucana! / –¡Ah, sí! ¿verdá? ¡Cómo no, Chon! ¡Cómo no me iba a dejar que me estuvieras manosiando!» (M. A. Asturias, *El señor presidente*, 90) = CONSULTAS

sicote. m. **olerle los sicotes a una mujer.** fr. Andar detrás de ella, tratar de enamorarla. (PR): «–(...) ¿Tú te creeh <crees> que yo voy a tenel <tener> en mi casa un aparato <la radio> que jabla <habla> de mujereh <mujeres> pegándole cuernoh al marío, de ingenieroh que le huelen loh sicoteh a una puta?» (R. Marqués, *La carreta*, 63) = CONSULTAS

siempre. adv. Finalmente, con todo. (Méx. = CR): «–Se fue por esos rumbos. Ya usted oyó adónde tenía que ir. Quizá no venga esta noche. / –¿De manera que siempre se fue? ¿A pesar de usted? / –Sí. Y tal vez no regrese.» (J. Rulfo, *Pedro Páramo*, 59) = «¿Siempre lo vas a hacer o lo hago yo?» (CONSULTA) = CONSULTAS

siestero -a. m. y f. Persona aficionada a dormir la siesta. (Perú): «Era, como buen hijo del medio y de su época, un siestero incorregible. Pasado el almuerzo no se contaba ya con él para nada.» (E. López Albújar, *De mi casona*, 60) = CONSULTAS

siete. la gran siete. fr. que denota admiración, o enfado. (Par., Ur. = Ch. y Arg.): «–Hoy no les traigo pan, se me quemó toda la hornada, y eso que cuidé, la gran siete.» (R. Bareiro Saguier, *Ojo por diente*, 77) = «(...) qué lejos están luisa y jorge y andresito / la gran siete qué complicación ser cabeza de familia / imposible hacer con los botijas* lo que hago con mi burgués (...).» (M. Benedetti, *El cumpleaños de Juan Ángel*, 145) = MORÍNIGO

sietecuero(s). m. sing. Molusco gasterópodo sin concha, parecido a la babosa, que vive en huertas y jardines; su cabeza tiene cuatro tentáculos. (Ven.): «–Una verdadera pieza de valor monetario (...) –sentenció el Sietecueros– (...).» (A. Arraiz, *Tío Tigre y Tío Conejo*, 74) = TEJERA = CONSULTAS

sieteoficios (o: **siete oficios).** m. sing.; ú. t. en pl. Persona que hace diferentes trabajos, sin tener un oficio preciso. (Ec. y Ur.): «Y una vez amansado el chúcaro* de mi sangre, indio mitayo siete oficios, ya van quinientos años.» (G. A. Jácome, *Porqué se fueron las garzas*, 230) = «Me voy a referir al siete oficios, nombre que se da en el campo y aún en el pueblo del Interior, al hombre que brega, que a fuerza de tener muchos oficios no tiene ninguno (...). Hay (...) mil pequeñas changas en las que este hombre puede obtener unos días de actividad (...).» (J. J. Morosoli, «El siete oficios», en: G. Wettstein, *Nuestra tierra*, II, 18 y 20) = CONSULTAS

siguapo. m. Cierto pez o ser mitológico. (Cuba): «Dicen que los siguapos son bajitos y jorobados y que tienen el ombligo botado para afuera. Dicen que andan por los montes y los caminos fumando tabaco y buscando mujeres. Y dicen que nadie les puede seguir porque tienen los pies colocados al revés. Uno se cree que los sigue y lo que se va es alejando.» (M. Cofiño López, *La última mujer y el próximo combate*, 159) = CONSULTAS

silencio. (1) m. **silencio** (o: **Silencio).** Última campanada del día, que indicaba a los esclavos que tenían que irse a dormir a los barracones. (Cuba): «A las nueve en punto había que retirar los cajones* de la rumba porque tocaban el Silencio, el campanazo más grande que había, para ir a dormir. Si por los negros hubiera sido, se hubieran quedado siempre bailando hasta por la madrugada. (...) En Purio había uno <un sereno> gordo que era español. Tocaba la campana para la faina <faena> y el silencio. No hacía más nada.» (M. Barnet, *Biografía de un cimarrón*, 63 y 77) = CONSULTAS **(2)** m. Toque de clarín en el entierro de un notable o de un militar, o que indica que ya terminó la jornada. (Bol. = Arg.): «El corneta (...) toca el largo y tristísimo lamento del adiós, el **silencio** cuyas notas taladran nuestros corazones hasta abrillantarnos los ojos.» (A. Guzmán, *Prisionero de guerra*, 202) = MUÑOZ REYES = CONSULTAS **(3) silencio -a.** adj. Silencioso –por deformación popular; o, en zonas quechuahablantes, por influencia del quechua (que no conoce el adj.). (Ven., Ec., Perú): «–(...) Ya lo he sentío <sentido> pasá <pasar> por la montaña silencia.» (R. Gallegos, *Canaima*, 44) = «(...) subimos al cerro a pastoriar <pastorear>. Íbamos silencios. (...) Entonces sentí que la Mila vino a sentarse a mi lado, silencia.» (G. A. Jácome, *Porqué se fueron las garzas*, 125-126) = «En el barrio, en K'ayau, las mujeres y las criaturas lloraban. Vacío, silencio quedó el ayllu <la comunidad indígena>.» (J. M. Arguedas, *Yawar Fiesta*, 116) = CONSULTAS

silla. f. **(1) silla de viena.** fr. Silla con respaldo de mimbre. (Bol. = Ur. y Arg.): «En un ángulo se extendía un espacioso catre de madera con su cubrecama de caito. Junto a la cabecera, una silla de viena.» (J. Lara, *Yanakuna*, 185) = CONSULTAS **(2) silla ratona.** fr. Silla baja; véase también **mesa* ratona.**

silletazo. m. Hecho de quedarse uno mucho tiempo sentado. (PR): «Emanuel encontró el portón abierto y subió corriendo los cinco pisos. Se detuvo en el descanso final para recuperar el aliento que los frecuentes silletazos de biblioteca le racionaban tan severamente.» (A. L. Vega, *Pasión de historia*, 105) = CONSULTAS

sillita. f. **sillita de oro.** fr. f. Silla de la reina. (Arg.): «Hugo y yo le hicimos la sillita de oro y la llevamos del lado de la puerta blanca.» (J. Cortázar, *Relatos*, 161) = MORÍNIGO

sillonero -a. adj. y m. f. Dícese del equino que admite fácilmente la silla de montar. (Perú = Arg.): «Que el propio altanero Abigeo descendiera de Yanacocha para traerle un caballo –¡el mejor sillonero después del volador *Triunfante*, que en ese momento se ensillaba para Nictálope!– a la insignificante persona del Niño Remigio, parecía brujería.» (M. Scorza, *Redoble por Rancas*, 105) = SOPENA = VERDEVOYE

simón. adv. afirm. Sí –es deformación reciente del adv. afirm. (Guat.): «Metió el trapo entre* el agua y siguió lavando el carro <coche>, sin ganas. '¿Está seguro que a la Embajada de Nueva Granada?', insistió García. 'Simón', afirmó el camarón*.» (D. Liano, *el hombre de Montserrat*, 95) = CONSULTAS

simpatía. f. Ligue, aventura amorosa. (Ur., Arg): «(...) la 'brasilerita' volvió del monte cercano, donde había ido en busca de unas hojas para una 'simpatía' –ya las traía pegada a las sienes– (...).» (E. Amorim, *La carreta*, 162) = «(...) por la misma vereda <acera> vio una muchacha de barrio con un impermeable amarillo y pensó va a hacer compras al almacén o facturas <bollos> para tomar con mate, la madre o el padre jubilado le habría dicho linda tarde para matear con facturas <bollos>, andá y comprá algo, o acaso uno de esos muchachos que ellas llaman simpatía, que estaría franco y habría ido a charlar con ella (...).» (E. Sábato, *Sobre héroes y tumbas*, 534) = CONSULTAS

simpatizar. tr. Caerle simpático a uno, o sentir simpatía por él; hablando de una idea, parecer aceptable. (Méx., Pan. y otros): «Me simpatizaban personas, me gustaba la forma cómo le entraron a la Revolución y cómo salieron de ella sin mancharse.» (P. I. Taibo II, *Sombra de la sombra*, 123) = «Se acordó de cuando conoció a Charo; al principio le cayó mal por ser muy hablantina, pero al escuchar lo que decía halló que tenía sentido y comenzó a simpatizarle.» (D. Robinson, *En las cosas del amor...*, 23) = CONSULTAS

sin. prep. **(1) sin jerónimo de duda.** fr. Véase **jerónimo. (2) sin quién.** fr. Véase **quien.**

sinfonola. f. Fonógrafo al que se le daba cuerda y que tenía una bocina. (Méx.): «(...) –'el sindicato que me honro en representar reclama la supresión de la música burguesa que oyen los camaradas a toda hora en el radio, en las sinfonolas'– (...).» (A. Yáñez, *La creación*, 280) = CONSULTAS

singar. intr. o tr. Follar. (Cuba): «'¡A singarrr!' decían entre divertidas y excitadas por la turbación de los cubanos (...).» (J. Díaz, *Las palabras perdidas*, 110) = «Burruchaga se la estaba singando allí mismo, contra el mostrador.» (R. Vázquez Díaz, *La isla del Cundeamor*, 91) = CONSULTAS = PAZ PÉREZ

singraciada. f. Acontecimiento desgraciado. (Guat.): «Y que por esa singraciada quebramos para siempre jamás con el Señor Presidente.» (M. A. Asturias, *El señor presidente*, 168) = CONSULTAS

sino. conj. **no hay sino.** fr. pop. que expresa que es preciso escoger (en general entre dos opciones); una de dos –pop. (Ven.): «–En la vida no hay sino, o estar arriba, o estar abajo.» (A. Uslar Pietri, *Las lanzas coloradas*, 59) = CONSULTAS

sitiaje. m. Sistema por el que, a cambio del derecho de utilizar los pastos de una hacienda, un campesino se ve obligado a varias prestaciones y pagos anuales en provecho del dueño de la hacienda. (Ec.): «El sitiaje constituye, de por sí, una violenta acusación contra el feudalismo del Ecuador.» (J. Galarza Zavala, *El yugo feudal*,, 49) = CONSULTAS

sitiería. f. Lugar donde hay varias estancias –llamadas sitios. (Cuba): «Algunos <negros libres> trabajaban en las siembras y cuando dejaban el terreno vacío yo aprovechaba y me metía a llevarme las viandas y los cochinos. Casi siempre tenían cochinos en sus conucos <parcelas>. Pero más bien me robaba las cosas de las sitierías, porque había más abundancia de todo. Y era más fácil. Las sitierías eran más grandes que los conucos. ¡Mucho más grandes! Venían siendo como fincas.» (M. Barnet, *Biografía de un cimarrón*, 45-46) = PICHARDO

soba(d)o -a. p. adj. Véase **pan* sobao.**

sobador -a. m. y f. Ensalmador, algebrista. (Nic. = Méx. y Col.): «Una vez me zafé <descoyunté> la mano, jalando* agua; llegó un sobador a engonzármela* (...).» (S. Ramírez, *La marca del Zorro*, 31) = SANTAMARÍA DM = HAENSCH y WERNER

sobadora. adj. f. Véase **culebra* sobadora.**

sobaquera. f. Correa provista de una funda para el revólver, que pasa sobre el hombro y se ajusta bajo el sobaco. (Bol. = Arg.): «Pablo se pone la sobaquera, mete el revólver dentro de ella, escoge una chamarra* ancha y pregunta por la labor realizada en la tarde.» (R. Poppe, *Después de las calles*, 97) = CONSULTAS

sobeo. m. Apero de montar, formado por dos tiras de cuero retorcidas y sobadas, sujetas de la cabezada, y que sirve lo mismo para atar el animal que para manejarlo. (Ur.): «Fue aquello un reventar de animales, de cinchas, de cuartas*, de sobeos.» (E. Amorim, *La carreta*, 6) = BERRO GARCÍA

sobera(d)o. m. **(1)** Piso de la casa, de la choza sobre pilotes. (PR): «Para eso mejor era quedarse en la casucha y tumbarse en una esquina del *soberao.*» (M. Zeno Gandía, *La Charca*, 49) = MALARET = MAURA = ÁLVAREZ NAZARIO **(2)** Depósito que se encuentra entre la parte superior de las paredes y el techo, para guardar las cosechas, alimentos, ARMAS, *etc.* (Ven. = Col.): «(...) ella tenía bastante café en un tarro de los que guardaba en el soberado, en la cocina.» (A. Croce, *La roca desnuda*, 34) = TEJERA = HAENSCH y WERNER

sobetón -ona. adj. Que acaricia. (PR): «Triunfante y pletórica, sobetona con el público.» (L. R. Sánchez, *Quíntuples*, 7) = CONSULTAS

sobrador -a. adj. **(1)** Que adivina las intenciones de los demás, o finge adivinarlas. (Ur. = Arg.): «'El cuentero' levanta la cabeza con humildad y alza los ojos hacia la recia faz del que se expresa con burla 'sobradora'. No se atreve a responder. Sin duda alguna, se le ha presentado, por primera vez, el enemigo inevitable e ignorado del 'cuentero'.» (E. Amorim, *La carreta*, 103) = VERDEVOYE **(2)** Presumido, que se da aires de superioridad y que pretende estar al tanto de lo que se trata. (Perú, Par., Arg. = Ur.): «(...) le pareció que el hombre se reía, con esa risita sobradora que le había escuchado ya la vez anterior, en Pucallpa.» (M. Vargas Llosa, *Lituma en los Andes*, 27) = «El Doctor se tocó las papadas, satisfecho; dio una última palmadita al mozo y le dijo con tono seguro, sobrador: / –Te prometo ocuparme de la deuda que tienen en el Banco; hoy mismo iré.» (R. Bareiro Saguier, *Ojo por diente*, 61-62) = «(...) le dio la explicación de por qué la comida no estaba cómo se debía, pero con una altura que la otra quedó como una tarada. Pero no te creas que estuvo sobrador tampoco, nada, distante, perfectamente dueño de la situación.» (M. Puig, *El beso de la mujer araña*, 68) = GOBELLO = MORÍNIGO (véase también **sobrar**)

sobrar. v. **(1) sobrar(se).** prnl. intr. o tr. Excederse, pasarse de rosca; asumir una actitud de suficiencia y desdén con alguien. (Ur., Arg.): «Cada cual de los grandes lo cuerpeó <lo evitó> al principio, le dijo que sí sobrándolo (...). (J. C. Onetti, *Juntacadáveres*, en: *Obras Completas*, 874) = «Todo está en comenzar bien, porque muy luego el optimismo crece y uno amaña con mayor empeño, siempre que no se quiera sobrar.» (R. Güiraldes, *Don Segundo Sombra*, 154) = MORÍNIGO = GOBELLO (quienes recogen la forma no prnl.; véase también **sobrador**) **(2) salir sobrando.** fr. Véase **salir.**

sobre. m. Cama. (Arg.): «Pibe, andate al sobre, mañana hay que meterle duro* y parejo.» (J. Cortázar, *Relatos*, 327) = CASULLO = GOBELLO (quien registra el fest. **ensobrarse** con el sentido de 'meterse en la cama')

sobrepaso. m. Ambladura. (Arg.): «(...) después de haberse despedido, montaron los forasteros en sus mulas y salieron al sobrepaso.» (R. Güiraldes, *Don Segundo Sombra*, 145) = VERDEVOYE

sobrepuesto. m. Pieza del recado de montar, que se coloca sobre el cojinillo; suele ser de cuero, pero los hay de paño primorosamente bordado. (Ur., Arg.): «El gaucho perdido y el chúcaro <animal arisco> que se esconde; el que no quiere pelear por ninguna causa, pero capaz de hacerse matar por un sobrepuesto o cojinillo; (...).» (E. Amorim, *La carreta*, 128-129) = «A los costados de la entrada, cabalgando unos cuartos de yerba, lucían sus colores vistosos unos sobrepuestos bordados.» (R. Güiraldes, *Don Segundo Sombra*, 88) = SANTAMARÍA DGA

sobresalido -a. p. adj. Engreído, insolente. (Méx.): «(...) en vez de fijarse en lo que le enseñaban nomás* estaba pendiente viendo qué travesura se le ofrecía. Era malcriado, sobresalido, en fin, la cola* de Judas.» (R. Castellanos, *Balún-Canán*, 259) = CONSULTAS

soca. (1) f. Borrachera. (CR): «Lo primero que hizo fue darle guaro <aguardiente> a Juan para que se almadeara; luego lo llevó a acostarse. Pero en medio de la soca que se tenía, el pobre Juan no perdía del todo el sentido y no soltaba el mecate <la soga> con que llevaba amarrado el burro.» (C. Lyra, *Cuentos de mi tía Panchita*, 44) = «–Peguémonos una soca con puro vino pa ver qué es la bulla, ¿quieren?» (C. L. Fallas, *Gentes y gentecillas*, 81) = GAGINI = ARROYO = CONSULTAS (véase también **socar**) **(2)** adj. Véase **caña* soca. (3) amarrarse una soca.** prnl. tr. Pescar una borrachera. (CR): «(...) se amarró una soca estupenda que le duró hasta la madrugada.» (H. Elizondo Arce, *Memorias de un pobre diablo*, 33) = GAGINI = QUESADA

socado -a. p. adj. Borracho. (Guat., CR): «Después del accidente, su vieja hizo una misa de acción de gracias. Si hubiera sabido que íbamos socados y con putas no hace ni droga*. Nos hincaron a los cinco y el cura maje* nos echó agua bendita. Mejor nos hubiera dado un trago. Todavía estábamos de goma*.» (M. A. Flores, *Los compañeros*, 31) = «A mí me contó que donde las Quejido comen muy mal; que en la casa de las Calenturón, cuando el marido llega socado, le pega a la esposa (...).» (P. L. Acuña, *Gallo pinto*, 34) = RUBIO = GAGINI = QUESADA = MORÍNIGO = CONSULTAS (véase también **socar**)

socar. v. **(1)** tr. Atar, apretar, agarrar. (Hond., CR = Cuba, Méx., Nic. y Am. Centr.): «–(...) Tenga cuidado, no se le escape ese picarito. ¡Es peligroso! / –¡Sóquelo fuerte! (R. Amaya Amador, *Prisión Verde*, 261) = «(...) de ahora en adelante iban a socarle las clavijas.» (M. Salguero, *Agencia de policía*, 38) = «Si no obedece, prepárese a pasar socando el culo de miedo las pocas noches que le quedan, gajo* de hijueputa.» (H. Solís, *Geometría de infamias y ternuras*, 36) = MEMBREÑO = QUESADA, = GAGINI = SANTAMARÍA DGA y DM = RABELLA y PALLAIS = CONSULTAS **(2)** tr. Atormentar –hablando por ej. del hambre. (Hond.): «(...) debía distribuir <el sueldo> para la comida, con mucho cuidado, porque si no, a media semana les iba a socar con más fuerza el hambre.» (M. Funes, *Oro y Miseria*, 173) = CONSULTAS **(3)** tr. Sentar mal –hablando por ej. de un alimento o de una bebida. (Hond.): «–(...) el guaro <aguardiente> a mí no me soca, como a otros, que apenas lo ven arrugan la cara, como si fueran mujeres.» (M. Funes, *El Serio*, 149) = CONSULTAS **(4) socar(se).** tr.; ú. t. c. prnl. intr. Emborrachar(se). (CR = Hond.): «Ya te he dicho mil veces que no me acuerdo de nada, pues entre tu mamá y tú se empeñaron en darme tantos tragos que me soqué.» (P. L. Acuña, *Gallo pinto*, 16) = QUESADA = GAGINI = CONSULTAS (véanse **soca** y **socado -a**)

social. m. Amigo íntimo, compadre. (Cuba): «–(...) Este fuego se acabó; / –Menos mal. Me he quedado sin aire... Creo que le atajamos a tiempo./ –Pues sí, mi social.» (M. Cossío Woodward, *Sacchario*, 114) = «En el umbral del sueño logró tenerla, exhibirla delante de sus sociales (...).» (J. Díaz, *Las iniciales de la tierra*, 313) = CONSULTAS (véase también **socio**)

socio -a (o: **socito -a**). m. y f. Amigo íntimo. (Cuba = CR): «Me das la Libreta <de racionamiento>, yo te pago, y una socita mía saca tu cuota.» (J. Díaz, *Las palabras perdidas*, 210) = «–(...) Que se sigan divirtiendo. / –Igual les deseo, ¡mi socio!» (R. González de Cascorro, *Romper la noche*, 17) = CONSULTAS (véase también **social**)

socito -a. s. Véase **socio.**

soco. m. Poste de madera, pilote. (PR): «*La casucha está en un suave acantilado que corre de izquierda a derecha. La estructura está nivelada por largos socos en la* *parte derecha que da a la playa.»* (R. Marqués, *La carreta*, 55) = MAURA = CONSULTAS (véase también **zoco**)

socola. f. Desbrozo; terreno que ha sido limpiado de malezas o árboles y está listo para sembrar. (CR = Col.): «Enfrente del arenal, entre los breñales y socolas donde se riegan los frijoles, ha hecho su sesteo, en este verano, una mesnada castaña de venados.» (A. Herrera García, *Juan Varela*, 26) = «Hoy acostumbraba detenerse donde el negro diariamente, al pasar –en bote– desde su casa, a una socola que estaba trabajando.» (A. Portocarrero, *Negro desgraciado*, 90) = QUESADA = ARROYO = HAENSCH y WERNER

socorro -ito. m.; ú. m. en pl. Anticipos en especies que daban los dueños de latifundio a sus peones hambrientos, por cuenta del salario. (Ec., Perú): «(...) algo que le obligaba al mismo tiempo a ser gentil y dadivoso como un patrón grande en día de gracia y socorros en el latifundio.» (J. Icaza, *El Chulla Romero y Flores*, 96) = «Ya no más preferencias en los socorros y adelantos, ni regalos de baratijas para las fiestas (...).» (E. López Albújar, *Nuevos Cuentos Andinos*, 41) = TOBAR DONOSO = CONSULTAS

soda. f. **(1)** Cafetería. (CR): «Al ser el mediodía, se juntan con disimulo para almorzar en una soda (...).» (H. Elizondo Arce, *Adiós Prestiño*, 95) = «Fue al gimnasio, escuchó la misa, volvió, tomó una taza de café en la soda El Avión, y Emiliano no llegaba.» (L. E. Arce, *El lupanar*, 25) = «(...) en el restaurante de los cubanos, en la soda de Marlene, en la pulpería de...» (A. Chase, *Ella usaba bikini*, 43) = CONSULTAS (véase también **fuente de soda**) **(2) galleta de soda.** fr. Véase **galleta.**

sofrenar. tr. Agarrar, frenar, tomar fuertemente algo. (Arg.): «Ni bien concluyó de hablar esto, ya la bruja, querida de Añang <del demonio> la sofrenó la muerte (...).» (R. Güiraldes, *Don Segundo Sombra*, 77) = CONSULTAS

soguear (o: **soguiar).** tr. Atar con soga. (CR, Ec. = Col.): «¡Pobrecita, morir a los sesenta años cuando el porvenir le sonreía! De esta vez no se escapa que la soguee la pelona.» (P. L. Acuña, *Gallo pinto*, 105) = «Desde esa noche ya tuve otro guato* con que soguiarme y pasarme dando vueltas y vueltas alrededor de la estaca.» (G. A. Jácome, *Porqué se fueron las garzas*, 30) = CONSULTAS = QUESADA = GAGINI = FILIPPO

sol. m. **¿águila o sol?** fr. Véase **águila.**

solar. m. Porción de terreno que se deja sin edificar y se utiliza como huerta o cafetal. (CR = Méx., Hond., Guat., Nic., Col. y Ven.): «(...) el solar con que nos ayudábamos a no morir de hambre ya no le daba ni para los intereses y su acreedor no quería esperar más.« (F. Dobles, *Cuentos escogidos*, 84) = «Detrás de nuestro pequeño solar se extendía la hacienda de don Luis Jiménez (...).» (C. L. Fallas, *Mi Madrina*, 15) = SANTAMARÍA DM = MEMBREÑO = FILIPPO = HAENSCH y WERNER = CONSULTAS

soldadera. f. Mujer de baja condición y malos modales; mujer que acompañaba a la tropa durante el período armado de la Revolución. (Méx.): «Una soldadera, que era su amante, se había enterado de sus actividades y entonces él la había balaceado* despiadadamente antes de que lo denunciara.» (L. Esquivel, *Como agua para chocolate*, 138) = «–(...) tú sabías que yo era mujer con historia... eso sí: salvajemente fiel y ardiente, como soldadera...» (A. Yáñez, *La creación*, 246-247) = «(...) una tarde se juntaron todas las soldaderas y me cercaron.» (E. Poniatowska, *Hasta no verte Jesús mío*, 68) = SANTAMARÍA DGA y DM = STEEL = CONSULTAS

solero. m. Alero de un rancho. (Par. = Arg.): «Otro día nos llevó a su rancho. De un hueco del solero extrajo un pequeño envoltorio. Lo deslió. De un saquito de piel de iguana, entre restos de escayola, sacó un objeto.» (A. Roa Bastos, *Hijo de hombre*, 30) = VERDEVOYE

solfas. m. **(1)** Embustero. (CR): «Sí, callate solfas.» (C. Lyra, *Cuentos de mi tía Panchita*, 133) = CONSULTAS = ARROYO **(2)** Embuste. (CR): «Ya te dije que a mí no me vengas con solfas.» (C. Lyra, *Cuentos de mi tía Panchita*, 172) = CONSULTAS = ARROYO

solfear. tr. Robar. (Arg.): «(...) una mina <mujer> le solfeaba todo el vento* / y jugó con su pasión.» (A. Marino, «El ciruja*», en: J. Barreiro, *El Tango*, 55) = GOBELLO

sólido -a. adj. Apartado, solitario, hablando de un lugar. (CR = Col.): «Tomen en cuenta que ese camino, en aquel tiempo, era mucho más sólido y más oscuro que hoy...» (C. L. Fallas, *Marcos Ramírez*, 51) = ARROYO = QUESADA = GAGINI

solitario. m. Especie de tordo (*Myadestes*) –Fr. J. Santamaría lo asimila al *Turdus audibonii.* (Ec. = Méx.): «Como el solitario / Andaré a buscar / Las torres más altas / Para yo llorar.» (J. L. Mera, *Cantares del pueblo ecuatoriano*, I, 180) = CONSULTAS = SANTAMARÍA DGA

soliviantación. f. Acción y efecto de soliviantar, de alterar, de provocar una rebelión. (Ec.): «Un ambiente de soliviantación, de racismo al revés, comenzó a fermentar en Quinchibuela.» (G. A. Jácome, *Porqué se fueron las garzas*, 43) = CONSULTAS

soliviar. tr. Robar, hurtar –pop. (Arg.): «(...) el frasco de caña*, la cena pagada a escote, robada acaso, *soliviada* del mostrador de un almacén en horas aciagas de escasez. (...) Paciencia, lo habían madrugado los otros... unos cuatro o cinco mil pesos, por la parte que menos, debían haberse soliviado.» (E. Cambaceres, *En la sangre*, 72 y 208) = GOBELLO = CONSULTAS

soltada. f. **a la soltada** (o: **a la soltá**). fr. Al momento. (PR): «Y ya estaba llegando al codo, donde pensaba darle un apretoncito clave y por ahí mismo jalarla para acá y espetarle a la soltá el beso que le tenía en nevera (...).» (A. L. Vega, *Pasión de historia*, 65) = CLAUDIO DE LA TORRE

soltador. m. El encargado de soltar un gallo para la pelea, y de atenderlo durante ésta. (Méx. = Guat.): «Supo entonces que, en este negocio de los gallos, no siempre gana el mejor ni el más valiente, sino que a pesar de las leyes, los soltadores están llenos de mañas y preparados para hacer trampa con gran disimulo.» (J. Rulfo, «El gallo de oro», en: *Toda la obra*, 339) = MALARET = MORÍNIGO

soltar. v. **soltar el trapo.** fr. Véase **trapo.**

sollar. v. **sollarse.** prnl. tr. ind. Perder el juicio, volverse loco –especialmente bajo los efectos de una droga. (Col): «(...) me sollaba con pegante* o en ocasiones me daba en la cabeza* con basuco* (...).» (M. S. Rico Sanín, *El delito de existir*, 78) = HAENSCH y WERNER = FILIPPO

somatar(se). tr.; ú. t. c. prnl. Golpear(se). (Guat.): «Bastián se golpeaba la cabeza con los puños y somataba los pies en el suelo (...).» (M. A. Asturias, *Viento fuerte*, 60) = «(...) poco después de que el sacristán diera la oración, por su misma cuenta dio el aviso somatando tres veces su badajo de una manera triste.» (L. de Lion, *El tiempo principia en Xibalbá*, 62) = «–¡Qué pasó!, ¡qué pasó! –salió somatando la puerta de la oficina alguno que debía de ser jefe de algo–. ¡La gran puta* con el relajo!» (D. Liano, *el hombre de Montserrat*, 70) = ARMAS = RUBIO

sombra. s. **(1) sombra de toro.** fr. m. Árbol (*Agonandra excelsa*; *Jodina rhombifolia*) a cuya sombra prácticamente sólo puede crecer el pasto. (Arg.): «Una tarde, como iba en dirición <dirección> a un sombra'e toro, que era su guarida, vido llegar una moza de linda y fresca que parecía una madrugada.» (R. Güiraldes, *Don Segundo sombra*, 75) = SANTAMARÍA DGA **(2) no dejar sombra.** fr. f. No dar descanso. (PR): «–No se les puede dejar sombra <a los cortadores de caña>, míster.» (E. Laguerre, *La llamarada*, 112) = CONSULTAS **(3) pasarse** algo **por donde le da sombra** a uno. fr. f. Pasárselo por la entrepierna, no importarle. (PR): «Estos indiferentes se *pasan por donde les da sombra* tanto luto, tanta bullanga fúnebre y cangrejera*.» (E. Rodríguez Juliá, *El entierro de Cortijo*, 69) = CONSULTAS

sombrear(se). intr. Ponerse o descansar a la sombra. (Par. = Arg.): «En la siesta soleada, llena de silencio, hasta las casuarinas dormitaban cabeceando en los reflejos. Los animales sombreaban en el monte, el camino hacia el pueblo estaba desierto.» (A. Roa Bastos, *Hijo de hombre*, 194) = SANTAMARÍA DGA

sombrerito. m. Baile popular de ciertas provincias del norte. (Arg.): «(...) el Neocriollo se puso a bailar (...) el sombrerito (...).» (L. Marechal, *Adán Buenosayres*, 223) = CONSULTAS = VERDEVOYE

sombrero. m. **(1) sombrero chicago.** fr. Cierto tipo de sombrero masculino, usado en el siglo XIX. (Perú): «(...) lo encontré tendido en la hamaca, con una caña* de Indias recostada en el pecho, a manera de guitarra, y el sombrero chicago tirado hacia atrás (...).» (E. López Albújar, *De mi casona*, 57) = CONSULTAS **(2) sombrero de carrete.** fr. Véase **carrete. (3) sombrero (de) masón.** fr. Sombrero de Montecristi, panamá. (Perú): «(...) el eterno sombrero blanco de Monte-Cristi, alto y algo cónico, como torre de ajedrez, llamado entonces de masón, que si bien servía para disimular la pequeñez de una estatura, servía también para aumentar la gravedad de un rostro. (...) envuelto en elegante levita y con el ala del sombrero masón caída sobre los ojos, (...)» (E. López Albújar, *De mi casona*, 88 y 120) = CONSULTAS **(4) de a sombrero.** fr. adv. adj. Que conoce bien las cosas, estupendo, formidable. (Guat., Hond.): «Aconséjeme usté, don Miguelito, usté que es tan de a sombrero, qué debo hacer para que ese viejo chelón <RUBIO y blanco> no se quede mi dinero.» (M. A. Asturias, *El señor presidente*, 68) = «–(...)¡Ahora, sí, voy creyendo, amigo Diego, que ustedes hablan de revolución en serio! (...) ¡Les pido mil perdones, muchachos, porque hasta* ahora veo que mis pichones <jovencitos> son de a sombrero!» (R. Amaya Amador, *Destacamento Rojo*, 319) = CONSULTAS **(5) rendirle a uno el sombrero.** fr. Saludarle sacándose el sombrero. (CR, Guat.): «(...) hizo un cohibido saludo que Rodolfo se apresuró a contestar rindiéndole el sombrero.» (C. L. Fallas, *Gentes y gentecillas*, 162) = «Le rendían el sombrero. Era el general Canales. Y el general les contestaba con la voz campanuda: 'Buenas tardes...'» (M. A. Asturias, *El señor presidente*, 78) = CONSULTAS

sombrilla. f. **(1) sombrilla de pobre.** fr. Planta de inmensas hojas; se da en las zonas frías y montañosas y hasta puede tapar a una persona. (CR): «Una especie que se encuentra en taludes, orillas de ríos y áreas abiertas, es la sombrilla de pobre (*Gunnera insignis*), la planta con las hojas enteras más grandes que existe en el país.» (M. A. Boza, *Parques nacionales*, 194) = CONSULTAS = QUESADA **(2) importar** (o: **no importar,** o: **valer) sombrilla.** fr. Importar , valer poco o nada. (Méx.): «Bueno, pues que les vaya bien y que se diviertan mucho. A mí me importa sombrilla.» (E. Poniatowska, *Hasta no verte Jesús mío*, 197) = CONSULTAS = STEEL

son. m. **(1)** Cada una de las partes bailables en que se divide la coreografía del Tumanangue; suele venir acompañada de una serie de romances y de maracas; es propia sobre todo de la gente del campo. (Ven.): «(...) yo me recosté en la pared para oír embebido el *son* que tocaban. / El de las maracas cantaba: / Me monté en un alto pino / a ver si la divisaba, / y como el pino era verde / en vez de verla lloraba. / Lo que no tiene remedio / olvidarlo es lo mejor; / mas yo no puedo olvidar / la que me robó mi amor. / (...) El *son* había terminado, y se preparaban a bailar otro.» (M. V. Romero García, *Peonía*, 295 y 299) = TEJERA = SANTAMARÍA DGA (véase también **revuelta**) **(2)** Baile y música de origen afrocubano, que mezcla ritmos españoles de origen árabe, ritmos amerindios y percusiones afroamericanas. (PR, Perú = Cuba y Pan.): «Y señoras y señores amigas y amigos, el son sabrosón y dulzón me acribilla como los va a acribillar a ustedes, se me van los pies (...).» (L. R. Sánchez, *La Guaracha del Macho Camacho*, 221) = «(...) rematando con una danza nunca oída hasta entonces, epiléptica, lujuriosa, azuzadora, cancanesca, descoyuntante y pegajosa, toda llena de fugas y contrapuntos, y tan comunicativa, que contagió su epilepsia al auditorio. Aquello era un nuevo *son de los diablos*, tal vez de la invención de Matalaché, melódico, clarinesco, original, sin ese tamborileo bárbaro, carraquiento, estúpido del son de los diablos* limeños.» (E. López Albújar, *Matalaché*, 195) = ÁLVAREZ NAZARIO = SANTAMARÍA DGA = SANTIESTEBAN (véase también **sonero**) **(3)** Baile y música popular de origen africano, de movimientos y contoneos sensuales. (Cuba): «En bares, bachas, bachatas, / a los turistas a gatas, / Y a los nativos también, / a todos, el son preciso / José Ramón Cantaliso / les canta liso, muy liso, / para que lo entiendan bien.» (N. Guillén, *El son entero*, 36) = SANTAMARÍA DGA = MORÍNIGO **(4) aquí está tu son, Chabela.** fr. Lema burlón que, en un estandarte característico del desfile bufo del Viernes de Dolores de los estudiantes universitarios, acompaña la figura de un esqueleto pintado que se toma la entrepierna con ambas manos. (Guat.): «Quedaba menos lejos de la Primera de Mayo, colonia <barrio> de fracasados, de la que se había despedido haciendo ojitos* de cangrejo. 'Aquí está tu son, Chabela!', había gritado desde la ventanilla del flete <vehículo de carga> que sacó los últimos bártulos de la casa vieja.» (D. Liano, *el hombre de Montserrat*, 131) = CONSULTAS

sonado -a. p. adj. Reventado, hecho polvo. (Arg.): «Estoy lista*, sonada, cuando sea el diluvio universal, y el juicio final, yo quiero irme con Juan Carlos.» (M. Puig, *Boquitas pintadas*, 32) = GOBELLO = VERDEVOYE (véase también **sonar**)

sonajas. adj.; ú. t. c. s. Bobo, simple. (CR): «¡Qué pendejaditas esas, hombré! Hum, de verdá que ese sonajas tiene cosas de chiquillo.» (C. L. Fallas, *Gentes y gentecillas*, 69) = ARROYO = CONSULTAS

sonar. tr. **(1)** Suspender en un examen. (Arg. = CR): «(...) le iba a decir a Mita o al Toto que no era cierto que me habían sonado en Química sola, en Matemáticas y en Física también.» (M. Puig, *La traición de Rita Hayworth*, 159) = VERDEVOYE = CONSULTAS **(2)** Herir o golpear con violencia, zurrar. (Perú = Cuba): «–Güeno, entón <entonces> suénale –dijo el Julián. / El Blas alzó el látigo, que tenía mango de palo, y lo dejó caer sobre <el perro> Güeso. Zumbó y estalló, aunque con un ruido opaco debido al abundante pelambre. La culebra de cuero se enroscó en un surco ardoroso y candente, punzándole al mismo tiempo con una vibración que le llegó hasta el cerebro como si fueran mil espinas.» (C. Alegría, *Los perros hambrientos*, 57) = CONSULTAS = SANTIESTEBAN

soneo. m. En la música de **salsa***, solo de improvisación que hace el cantante, y al que responde el coro. (PR): «(...) apareció Ismael Rivera, el gran Maelo, el sonero* mayor, el enorme compadre del soneo y el bembé <fiesta familiar>.» (E. Rodríguez Juliá, *El entierro de Cortijo*, 38) = CONSULTAS

sonero. m. Músico que suele tocar los bailes y canciones de origen africano llamados sones*. (PR y PR < Col.): «(...) Cheo bolerista sentimental y sonero principalísimo después del gran Maelo...» (E. Rodríguez Juliá, *El entierro de Cortijo*, 23) = «De paso anotemos que los integrantes de la prestigiosa agrupación han sido (...) y el cantante Ismael Rivera, a quien le decían 'El Sonero Mayor'.» (C. E. Serna S., presentación del disco «La mejor época de Cortijo y su combo*», Discos Fuentes, Medellín, Colombia , 1989) = CONSULTAS

sonidista. m. y f. Persona encargada de los sonidos; técnico del sonido. (Ch. < CR = Arg.): «Allí encontré pega con el tuerto Ávalos, en la radio, haciendo de todo un poco: locutor, maestro* chasquilla, sonidista (...).» (J. Gutiérrez, *Te acordás hermano*, 159) = CONSULTAS

sopa. f. **(1) sopa larga.** fr. Sopa a la que se ha añadido agua para que rinda; sopa con más agua que alimentos. (PR): «Y después de toda esa labor ímproba, vi a estos pobres campesinos comer una 'sopa larga' y rala. Maravilla de la dietética campesina. 'Sopa larga', sopa filosófica, sopa de los miserables.» (A. Díaz Alfaro, *Terrazo*, 41) = CONSULTAS **(2) meter en la sopa.** fr. Meter en un lío, en un berenjenal. (Perú): «(...) a quién le va a asombrar que quiera meternos a todos en la sopa. Dice que dijo: todo el mundo está fregado si me friegan, no me extraña.» (M. Vargas Llosa, *La ciudad y los perros*, 248) = CONSULTAS

sopapo. m. **de sopapo.** fr. De golpe. (Guat.): «(...) un grupo de hombres silenciosos entró en la cantina de sopapo; eran muchos y la puerta no alcanzaba para todos al mismo tiempo.» (M. A. Asturias, *El señor presidente*, 254) = CONSULTAS

sopar. tr. Introducir una cosa sólida en un líquido, mojar, empapar. (Bol.): «(...) se dejan pinchar con los inyectadores que desinfectan la aguja simplemente con una pasada de algodón, sopado en alcohol.» (A. Guzmán, *Prisionero de guerra*, 138) = MUÑOZ REYES

soplada. f. Práctica de los brujos que consiste en soplar algún líquido –muchas veces aguardiente– a la cara o a la parte afectada de la persona enferma o angustiada para aliviarla o curarla. (Méx. = Ec.): «–¿Para qué se va usted a resmoler* de balde, niña Matilde? Mejor pídale a don César que le dé una soplada y así se averigua su voluntad.» (R. Castellanos, *Balún-Canán*, 120) = CONSULTAS (véanse también **soplado**, **soplador**, y **soplar**)

soplado. (1) m. Enfermedad física o psíquica producida por un brujo o bruja a petición de una persona que quiere perjudicar a otra; sólo se la puede curar o aliviar mediante la intervención de otro brujo o bruja. (Ec.): «Este grupo <de los mestizos> sigue creyendo en el **mal viento*, maleficio, soplado** y otras formas, propias de mentes primitivas.» (G. RUBIO Orbe, *Punyaro*, 175) = CONSULTAS **(2) soplado -a.** adj.; la forma m. ú. t. c. adv. Veloz, rápido; apurado. (CR = Cuba y Col.): «Así fue que me alisté como pude con los chuicas <trapos> que hallé a mano y me vine soplada para la iglesia.» (H. Elizondo Arce, *Adiós Prestiño*, 22) = QUESADA = CONSULTAS = SANTIESTEBAN = HAENSCH y WERNER (quienes lo registran c. adv.)

soplador. m. Brujo. (Ec.): «El **maleficio, hechos** o **soplados*** son resultados de la acción de un enemigo, mediante la intervención maléfica de un brujo o soplador y de la hechicería.» (G. RUBIO Orbe, *Punyaro*, 177) = CONSULTAS = SOPENA

soplar. (1) tr. Aliviar o curar a alguien de un mal psíquico o físico soplándole un brujo a la cara o a la parte dañada algún líquido –como aguardiente. (Méx. = Ec.): «–Estoy azarada de estar aquí. Y es necesario que me soples para que se me bajen los colores <la vergüenza> y yo quede en paz. / César respondió gravemente que no pusiera nada en su corazón. Tomó la botella que le ofrecía Matilde, la destapó y se llenó la boca con un sorbo de aquel trago fuerte. Matilde cerró los ojos al recibir, en plena cara, la rociadura. El alcohol le ardía en los párpados. Pero había borrado su vergüenza, la reconciliaba con los dueños de la casa (...). Podía sosegar.» (R. Castellanos, *Balún-Canán*, 121) = CONSULTAS **(2)** tr. Tirarse a una mujer. (Ch.): «Mi vida, yo por ser muchacho diablo / Mi vida, me soplé la cocinera.» («La cafetera», canción tradicional interpretada por V. Jara) = CONSULTAS **(3)** tr. Inhalar, fumar. (Col.): «Estábamos en una ferretería donde nos vendían el pegante* que soplábamos.» (M. S. Rico Sanín, *El delito de existir*, 61) = CONSULTAS **(4) soplarse –1.** prnl. tr. Matar. (Guat.): «(...) ese coronel que decían que mataba una mosca de un tiro a cien pasos... se lo volaron sin revólver ni fierro, con sólo apretarle el pescuezo como gallina... ¡Qué de a zompopo* (...) que se lo soplaron!» (M. A. Asturias, *El señor presidente*, 47) = «–(...) ¡Ya vieron lo que le <les> pasa a los subversivos! Ora <ahora> me dicen quién está metido en la mierda*, si no, nos los soplamos a todos...» (D. Liano, *el hombre de Montserrat*, 116) = CONSULTAS = RUBIO **(5) soplarse –2.** prnl. tr. Realizar una cosa para desembarazarse de ella, despacharla; aguantarla. (Perú): «Iba siempre solo, porque a ninguno de mis amigos del barrio le hacía gracia ir al centro de Lima a soplarse una obra de teatro (...).» (M. Vargas Llosa, *El pez en el agua*, 122) = SANTAMARÍA DGA

sorbete. m. **valer sorbete.** fr. No valer nada –pop. (Méx.): «–(...) y también me llamaste 'décima musa', y en el colmo del frenesí añadiste que comparadas conmigo las nueve <musas> juntas 'valían sorbete' (qué ¿no comenzaban a subírsete las copas para caer en semejante vulgarismo?) (...).» (A. Yáñez, *La creación*, 188) = CONSULTAS

sotanudo. m. Término desp. para designar a un sacerdote católico. (Guat. = Méx., Hond. y Ec.): «–(...) Sólo la Iglesia es tan fuerte <como el ejército> y si por mí fuera ya hubiéramos echado a los curas a patadas en el culo. ¡Sotanudos, intrigantes (...)!» (D. Liano, *el hombre de Montserrat*, 112) = CONSULTAS = SANTAMARÍA DM

sote. interj. fam. que se usa para ahuyentar a un perro. (Perú): «–Sote, Güenamigo –riñó el otro jinete al perro amarillo y éste, con el rabo entre las piernas, se fue a tender a buena distancia.» (C. Alegría, *Los perros hambrientos*, 51) = CONSULTAS

soy. v. **soy sola** (o: **soy-sola** o: **soisola**). fr. f. Pájaro canoro, de canto triste. (Ven.): «(...) en la horqueta de un mahomo*, estaba una *soy sola*, a la orilla del pajizo nido, dando al aire sus notas melancólicas y arrobadoras como el tinte todo de la selva venezolana.» (M. V. Romero García, *Peonía*, 111) = TEJERA

sport. m. Ganancia en las carreras de caballos. (Arg.): «(...) tengo una rumbeada* papa* que ganará buen sport, me asegura mi datero* que la corre un gran muñeca* / y que paga por lo menos treinta y siete a ganador.» (J. Rial «Preparate pa'l domingo», en: J. Barreiro, *El Tango*, 157) = CONSULTAS

subir. tr. **(1)** Follar, montar (a una mujer). (Méx.): «Yo no dije nada a Dominga, ella se dejó, se entregó sin decirme nada; lo hicimos despacio... para no hacer ruido, para que no despertaran los viejos. Esa noche, le <la> subí tres veces, una vez cada hora.» (R. Pozas, *Juan Pérez Jolote*, 75) = CONSULTAS **(2) subírsele a uno.** fr. Tener miedo, acobardarse. (Col.): «¿No quieres venir? ¿Miedo? ¿Te da culillo? (...) ¿Se te subieron?» (E. Rosero Diago, *El incendiado*, 26) = CONSULTAS

sucia. f. **la sucia** (o: **la Sucia**). f. Personaje mítico presente bajo distintos nombres en toda Centroamérica. Es una mujer muy bella que sale por las noches y castiga a los hombres parranderos esperándolos a la vera de los caminos solitarios y se transforma en espanto cuando tratan de seducirla. (El Salv., Hond.): «Sólo miraba sus ojos, sus caderas y los camanances <hoyuelos> pues no dejaba de sonreír. Imagínense, no ocurrírseme que podía tratarse de la sucia.» (M. Argueta, *Un día en la vida*, 188) = «Cuando le hablaban de la Sucia, el tío se sonrojaba y esquivaba toda conversación relacionada con ella. No puedo contarles esa historia –se excusaba–: mi sobrino está muy tierno para escuchar el relato de esa mujer sin pudor, que ha sorprendido con las palabras vulgares de 'tomá tu teta' a cientos de campesinos enamorados en la orilla de las quebradas <arroyos> (...).» (M. A. Rosa, *Tío Margarito*, 86)

sucio. m. Huella que deja lo que ensucia. (PR = Col., Ven. y otros): «Guardó las herramientas y se limpió el sucio de las manos con un puñado de yerba que arrancó de la cuneta.» (R. Marqués, *La víspera del hombre*, 75) = HAENSCH y WERNER = TEJERA

suco -a. adj. RUBIO. (Ec.): «Yo, con mi muñeca blanca, suca, ojiazul, embutida en su blujin <sus pantalones vaqueros>.» (G. A. Jácome, *Porqué se fueron las garzas*, 300) = CONSULTAS = MALARET = MORÍNIGO

suche. m. Pez (*Trichomycterus dispar*) de los ríos y de los lagos, de piel atigrada y sabor exquisito. (Bol.): «–(...) se ahogó una noche cogiendo *suches*.» (A. Arguedas, *Raza de bronce*, 54) = MUÑOZ REYES

sudar. tr. Cocer una carne en su propio jugo, con o sin grasa. (El Salv. = CR): «(...) el pollo sudado con mantequilla y adornado con ensalada rusa (...).» (R. Dalton, *Pobrecito poeta que era yo...*, 32) = CONSULTAS

sudestada. f. Crecida del Río de la Plata sobre la ciudad de Buenos Aires con lluvia tenaz y vientos fuertes del sudeste. (Arg.): «Miraba (...) el río que se extiende casi inmóvil sobre cien kilómetros de ancho, como un apacible lago, y en los días de tempestuosa sudestada como un embravecido mar.» (E. Sábato, *Sobre héroes y tumbas*, 178) = CONSULTAS

suelta. f. Traba. (Col.): «Ya tiene lista la silla / La manta y un par de sueltas / Y una soga suavecita / Pa' reviatarle <conducir> a su bestia, / (...).» (canción «Criollito de pura cepa», en: *Colombia La Ceiba*, ASPIC Editions France, X 55504, 1989) = CONSULTAS

suelto. **(1)** m. Baile popular en el que las parejas bailan sin tocarse. (CR): «Y a las dos de la tarde pidió un suelto y quiso bailarlo con su mujer, pero ésta se negó, y tuvo que buscar otra compañera (...).» (C. L. Fallas, *Gentes y gentecillas*, 94) = «Ellos dejaron, así como los colombianos las danzas tradicionales, como el Tamborcito Porteño, el Suelto y algunas Marineras, que con la gama de bailes interioranos, le dan un tinte también exclusivo.» (J. Ramírez Saizar, *Folclor costarricense*, 117) = CONSULTAS **(2)** m. Baile popular con zapateado, en el que cada bailador enarbola un pañuelo procurando que no lo pise su pareja; mientras se desafían bailando, cántanse estrofas muchas veces mixtas, o sea mitad en castellano, mitad en quechua. (Ec.): «–¿Le han visto bailar a Carlota un suelto? Eso es cosa buena. (...) El zapatero entusiasmado tocó lo mejor de su repertorio: / Huasipungo te'de dar / con vaquitas y terneros. / Riqui maná charingui, longa. / Riqui maná churay. / Al empezar la danza la pareja se miró los pies con detención de gallo que mira a su adversario antes de pelear. Con gesto acometedor y el pañuelo enarbolado la danza se enredó en la música (...). Como en contagio emotivo, la pareja taconeaba el suelo con el pie derecho, inclinando el cuerpo hasta que el pañuelo tope a la tierra, y desde allí se erguía con voluptuosidad ofreciente. (...) Entusiasmada la concurrencia aplaudía y cantaba a coro: / Señorá deme <déme> una mucha*. / Señorá deme una mucha. / Cuando al cholo* tan* le diste / Cuanti más al general. / Desfallecido el general se arrodilló y tendiendo el pañuelo en el suelo dejó que la hembra lo pisara en un revuelo garboso. (...) Había vencido la hembra.» (J. Icaza, *Cholos*, 142-143) = CONSULTAS **(3)** m. pl. Dinero suelto, calderilla. (Ec.): «–(...) no he tenido sueltos, espérate me cambie el cantinero.» (G. Bueno, *Siembras*, 81) = CONSULTAS **(4) suelto -a de cuerpo.** fr. adj. Con despejo y desfachatez. (Arg. = Ur.): «(...) aquí estoy porque he venido..., muy suelto de cuerpo, de visita, como de la casa (...).» (E. Cambaceres, *En la san-*

gre, 170) = CONSULTAS **(5) el diablo suelto.** fr. Véase **diablo.**

suertudo -a. adj. Que tiene suerte, afortunado –pop. (Ec. = Méx., Ven., Perú, Par., Ur., Ch., Arg. y otros): «Y pensando en mi caso, la beca que me dieron para estudiar en este país por siete años y que he creído hasta hoy que me tocó por suertudo (...).» (G. A. Jácome, *Porqué se fueron las garzas,* 17) = CONSULTAS = SANTAMARÍA DGA = TEJERA = MORÍNIGO

suiza. f. Comba. (CR = Cuba): «Venía sosteniéndose en un bordón y pegando brincos como jugando eso que llaman los chiquillos suiza.» (M. Salguero, *Agencia de policía,* 8) = CONSULTAS = SANTIESTEBAN

sujeto. m. **sujeto de avería.** fr. Véase **avería.**

sumidero. m. Tremedal, tembladera. (Arg. <Par.): «Sí, pero esos tachos de basura <llenos de cosas comestibles> en qué barrios y delante de qué casas están, me dice el marido de Julia, friccionando la rodilla de la mujer por debajo de la mesa. En cualquiera, doctor. Vaya y vea, va a encontrarlos hasta en los sumideros de Lacarra y Avenida del Trabajo.» (A. Roa Bastos, *El baldío,* 27) = SOPENA = CONSULTAS

suplementero. m. Vendedor ambulante de periódicos y revistas. (Bol. = Ch.): «¡(...) 'La Razón' de La Paz!... –pasó pregonando un suplementero de rostro amable.» (F. Ramírez Velarde, *Socavones de angustia,* 91) = MUÑOZ REYES = CONSULTAS

surá. m. Nombre de varios árboles. (CR): «De los surás de tronco blanco y elevados penden mechones de una vegetación negruzca, fibrosa y vaga que se convierten dentro del cerebro adormilado, en los jirones de esas soledades desgarrado por los golpes del motor de la lancha.» (C. Lyra, *Los otros cuentos,* 122) = QUESADA = GAGINI

surazo. m. Viento helado que proviene del polo Sur, y que suele producir llovizna o lluvia al encontrarse con vientos calientes del Norte. (Bol. = Par.): «Hay grupos de indios esqueléticos (...) que se acaban entre la tisis y la disentería. Cada surazo acaba con dos y con tres simplemente de frío. Los enterradores están francamente aburridos con su labor (...).» (A. Guzmán, *Prisionero de guerra,* 221) = MUÑOZ REYES

surero -a. adj. Del sur, especialmente del sur de la provincia de Buenos Aires, sureño. (Arg.): «Las colas iban cortadas como una cuarta arriba del garrón. Los estribos, cruzados por delante, hacían grupa bajo los cojinillos: modas sureras.» (R. Güiraldes, *Don Segundo Sombra,* 105) = VERDEVOYE = CONSULTAS

surgente. f. Manantial. (Arg.): «El agua del arroyo es cristalina, fresca, y se ve el fondo pese a que es agua torrentosa que baja con fuerza de la surgente.» (M. Puig, *La traición de Rita Hayworth,* 287) = CONSULTAS

surgidor. m. Especie de petardo. (Perú): «(...) las campanas festejaban la gloria del día, coreadas por las *camaretas* y los restallantes *surgidores,* que iban dejando, al reventar, retorcidos airones de humo blanquecino sobre el límpido espacio.» (E. López Albújar, *Matalaché,* 168) = CONSULTAS

suro (o: **zuro).** m. Caña brava que crece en el páramo. (Ec.): «Ya con el viejo alcalde a la vista, sentado en el corredor*, tejiendo un canasto de suro, completé mi saludo (...).» (G. A. Jácome, *Porqué se fueron las garzas,* 57) = CONSULTAS

suspensor. m. Prenda de ropa interior para deportistas que sostiene y protege los testículos; suspensorio. (Perú, Ur. = Arg.): «(...) pónganse hojas de afeitar en la puntera del zapato como si fueran gallos del Coliseo, llénense de piedras los bolsillos, no se olviden de los suspensores, el hombre debe cuidar los huevos más que el alma.» (M. Vargas Llosa, *La ciudad y los perros,* 61) = «Era muy duro para mí renunciar a ese mundo de maravilla, que empezaba al cambiarme la ropa de calle por el atuendo deportivo (¡incluido un suspensor!) (...).» (H. Alfaro, *Por la vereda del sol,* 25) = CONSULTAS

susto. m. Fuerte crisis nerviosa, o, en ciertas partes (como Jauja), tuberculosis, que algunos atribuyen al demonio. (Perú): «Avanza usted por el camino y encontrará una casa de cañas medio ladeada. Ahí vive el rezador*. Es un negro que lleva una buena carga de años encima. (...) Ahora que va usted allá para que le quite el susto a su hijo, seguramente encontrará una ronda de gallinas y pollos, perros y gatos en el cuarto de entrada que le sirve al rezador para espantar los sustos. De manera que cuando se halla botando al Enemigo del alma del muchacho, los animales le interrumpen a cada momento (...).» (A. Gálvez Ronceros, *Monólogo desde las tinieblas,* 31) = MALARET = MORÍNIGO

T

taba. f. **(1) taba culera.** fr. Taba cargada de modo que tiende a caer con el culo arriba, para que pierda el que la arroja. (Arg.): «(...) aquello era ratonera / en que es más gato el más juerte; / era jugar a la suerte / con una taba culera.» (J. Hernández, *Martín Fierro*, I, versos 807-810) = CONSULTAS = VERDEVOYE **(2) ver el buen lado de la taba.** fr. Véase **lado.**

tabacazo. m. Filtro fabricado con aguardiente y tabaco, para enamorar; puede provocar pérdidas de conciencia, volver loco y hasta provocar la muerte. (Ec.): «–(...) En una botella de puro* se pone media libra e tabaco. Se deja ar sereno una noche. I después se ciesne <cierne>... Er puro ese... / –¿Güeno i vos cual <cuál> li <le> has dao? / –Pa que jué perro? Lei dao er tabacazo...» (J. Gallegos Lara, «El tabacazo», en *Los que se van*, 106) = «–Hay que repetir la dosis <de alcohol>– asentó César Herrera a la oreja de Alzamora. / –Mejor sería un **tabacazo.** Rióse el Herrera, sabihondo en estas cuestiones, candidato a doctor en medicina. (...) Decían todos que ella <la maestra> se había brindado espontáneamente a todos por asegurarse en su puesto. Cuando más bien el **tabacazo** preliminarmente preparado por el Jefe Político, produjo el deseado efecto (...).» (S. Núñez, *Tierra de lobos*, 243 y 250) = CONSULTAS

tabaco. m. **(1)** Cigarrillo, pitillo. (Bol.): «Ella saca su cajetilla de tabacos, invita y prende dos cigarrillos.» (R. Poppe, *Después de las calles*, 149) = SANTAMARÍA DGA **(2) dar para tabaco.** fr. Castigar, sujetar, reducir. (Arg.): «'Si han de darme pa tabaco, / dije, ésta es güena ocasión'.» (J. Hernández, *Martín Fierro*, I, versos 1.497-8) = CONSULTAS

tabaquería. f. Fábrica o taller donde se elabora y se tuerce el tabaco. (Cuba): «–(...) Pantaleón, ¿no te da pena tu pobrecita hermana que sale a la calle con los botines recortados y que tú ganando un centén diario en la tabaquería la tengas tan desguarnecida?» (L. Cabrera, *Supersticiones y buenos consejos*, 28) = ORTIZ = SANTAMARÍA DGA

tabla. f. **dejarle** a uno **tocando tablas.** fr. Malparar, arruinar, abandonar o dejar en gran apuro. (Arg.): « 'Hay gauchos que presumen / de tener damas; / no digo que presumen, / porque se alaban, / y a lo mejor los dejan / tocando tablas.» (J. Hernández, *Martín Fierro*, I, versos 1.963-8) = CONSULTAS

tablita. f. Cierto juego para adultos en el que se apostaba dinero. (PR): «Se jugaba de todo: chapas, baraja, la tablita... (...) Allí, en una 'piña' que jugaba a la tablita, estaba la *Bruja*, en cuclillas, jugándose su *chavito*, como decía.» (E. Laguerre, *La llamarada*, 136) = CONSULTAS

tablón. m. Parcela de terreno preparada para sembrar, o sembrada de maíz, yuca, arroz, caña o de cualquier otra planta –en Venezuela su superficie se estableció por decreto en 1837, y medía casi 7.000 metros cuadrados. (Rep. Dom., Ven. = Col.): «–(...) Si te pasara <pasaras> dos o tres días entre el (...) del tablón aprenderías una cosa buena.» (N. Caro, «Cielo Negro», en: S. Nolasco, *El cuento en Santo Domingo*, 43) = «Cuando en nuestra hacienda, entre los tiernos verdores de los tablones de caña, allá, por el camino que venía de Caracas, como punto en el horizonte asomaba su cabeza venerable, Papá, Mamá y todos los que estuviesen en Piedra Azul se anunciaban mutuamente su presencia con voces de júbilo: / –¡Aquí está primo Juancho (...)!» (T. de la Parra, *Las Memorias de Mamá Blanca*, 49) = «(...) a lo lejos, su mirada podía navegar el verde vivo de los tablones de caña (...).» (A. Uslar Pietri, *Las lanzas coloradas*, 9) = MALARET = TEJERA = HAENSCH y WERNER

tabo. m. Cárcel. (CR): «Venían todos bravos y me pidieron que metiera al tabo al Torcuato, además de zamparle* una multa para recuperar los 20 colones <moneda de Costa Rica> y algo de la pérdida que tuvieron.» (M. Salguero, *Agencia de policía*, 31) = «Porque si digo que sí y luego algún bocón <delator> va con el cuento allá, a todos nos meten al tabo por tres días...» (A. Portocarrero, *Negro desgraciado*, 128) = QUESADA

taca-taca. m. Futbolín. (Ch.): «(...) para (...) desafiarlo a un partido de taca-taca (...).» (A. Skármeta, *Ardiente Paciencia*, 30) = CONSULTAS

taco. m. **(1)** Petimetre, currutaco. (Cuba = PR): «Él recordó el modo en que había visto fumar a los tacos del billar del Arco, frente al Instituto.» (J. Díaz, *Las iniciales de la tierra,* 94) = MALARET **(2)** Tortilla de maíz. (Guat. = Méx.): «(...) comiendo tacos, llenos de manteca rancia (...).» (M. A. Flores, *Los compañeros,* 81) = SANTAMARÍA DGA = MORÍNIGO

tacuara. f. Bambú americano (*Bambusa tacuara,* o *Arundo donax*) de hasta seis metros de altura, utilizado para hacer cañas; caña hueca y grande. (Par. = Bol., Ur. y Arg.): «Más de una vez hubo necesidad de pescar, con tacuara, balde o soga caídos en el fondo del pozo.» (H. C. Sosa Tenaillon, *Cincuenta años después,* 15) = MUÑOZ REYES = MORÍNIGO = SANTAMARÍA DGA

tachador. m. El que tacha*, o sea raya las carrocerías de los coches. (CR): «No se ofenda, pero si el auto no queda a mi responsabilidad, no respondo por lo que le pueda ocurrir, porque por aquí hay muchos tachadores.» (Tomás Zamora Ocampo, «Don*, se lo cuido...», en: *Rumbo,* 14/4/1992) = CONSULTAS

tachar. tr. Véase **tachador.**

tachuela. f. **quedarse tachuela.** fr. Quedar chico. (Pan): «¡Bravo!, adivinaste, hermano. Tío Conejo se queda tachuela a tu lado.» (G. Guardia, *El último juego,* 72) = CONSULTAS

tagarote. m. Hombre mañoso y avariento que en sus tratos procura sacar todas las ventajas para sí. (CR = Guat.): «No sea tagarote porque el que va para el Fondo* es este Ruco.» (C. Lyra, *Cuentos de mi tía Panchita,* 181) = «Y sucedió con ellos dos que allá me quise poner entonces de tagarote con una de las porteñas (...).» (F. Dobles, *Historias de Tata Mundo,* 154) = GAGINI = QUESADA = ARROYO = ARMAS = CONSULTAS

tagüero. m. Persona que se dedica a la recolección del marfil vegetal llamado tagua. (Ec.): «–Por aquí han andao otros tagüeros. Y allí hay un ranchito que nos puede serví <servir>.» (A. Ortiz, *Juyungo,* 165) = CONSULTAS

tahona (o: **Tahona**, o: **tajona**). f. **(1)** Tambor afrocubano, formado por un barrilito y una piel de chivo. (Cuba): «Por ahí <en los barrios del muelle de La Habana> había más rumba que en ningún otro lugar; rumba de cajón* y tambor. Tocaban en unos cajoncitos chiquitos y con tambores que se ponían entre las piernas. (...) / Hubo tiros, puñaladas, jaladera, bronca de todos colores. Las *tahonas* no se callaban.» (M. Barnet, *Biografía de un cimarrón,* 184) = ORTIZ **(2)** Antigua música afrocubana que se bailaba al son del tambor del mismo nombre. (Cuba): «'Cuando yo nací', dice Nino <Nino de Cárdenas> 'los congos apenas tocaban Tahona; pero de aquella tahona salieron los pasos de la conga*, sí, de las congas de hoy para arrollar. Todo lo nuestro viene de atrás'.» (L. Cabrera, *Reglas de Congo,* 80) = ORTIZ

Taitaco. Véase **Tío* Taitaco.**

tajear(se). tr. Cortar(se) o herir(se) con un instrumento o un arma cortante. (PR, Ur., Arg.): «Se cruzan <los jíbaros> de brazos ante la tiranía; no obstante, se tajean, se matan por nimiedades.» (E. Laguerre, *La llamarada,* 111) = «(...) mientras tajeaba un costillar con el humo del fogón que se interponía entre él y Carlitos, dijo secamente (...).» (E. Amorim, *La carreta,* 127) = «En una porfía incontenible <los animales sedientos> atropellaron los alambrados, que primero resistieron, haciéndolos caer. Hasta los enredados no cejaban en su empuje, a pesar de tajearse o caer de lomo.» (R. Güiraldes, *Don Segundo Sombra,* 93) = MORÍNIGO (quien recoge la forma no pronominal)

tajo. m. **(1)** Cantera. (CR): «Cuando Eliseo minaba el tajo, la Cholita estaba ahí, con los brazos cruzados por la espalda, erguida, mirando a los picapedreros.» (C. Salazar Herrera, *Cuentos de angustias y paisajes,* 22) = «En el tajo de Piuta, de donde se extraía la piedra para los trabajos, necesitaban barreneros, y ese sí era un trabajo para él, que ya comenzaba a echar de menos el estampido de la dinamita.» (C. L. Fallas, *Gentes y gentecillas,* 31) = «Tenía 75 años, 50 de los cuales en el tajo. Las rocas son dóciles, pero hay que saber tratarlas, era de lo poco que decía en sus plácidas borracheras dominicales.» (H. Solís Bolaños, *Sexto: no exterminar,* 47) = QUESADA = ARROYO = CONSULTAS **(2)** Tortilla de maíz enrollada que se suele rellenar con trozos de carne, queso y pimiento –es alter. fonética de /taco/. (Hond.): «(...) los mozos que habían sacrificado al toro más gordo de la hacienda, ahora extendían la carne sobre los tablones y lazos* de la cocina, pues urgía empezar a preparar los tajos rellenos que se repartirían en la noche, y los que se mandarían a los vecinos que no pudieran asistir al velorio.» (M. A. Rosa, *Tío Margarito,* 109) = CONSULTAS

tajona. f. Véase **tahona.**

tal. adj. **(1) tal luego.** fr. adv. Precisamente. (Arg.): «–¡(...) yo que lo creía tan caballero, tan decente, tan incapaz... en la confianza que le habíamos dado, abusarse así, engañarnos de ese modo y usted, usted tal luego!...» (E. Cambaceres, *En la sangre,* 196) = CONSULTAS **(2) tal parece que.** fr. Véase **parecer. (3) tal que.** fr. adv. Como, semejante a. (Ec., Arg. y otros): «La plata <dinero>. La mardita <maldita> plata se le enroscó en el corazón, tal que una equis* rabo* de hueso.» (D. Aguilera Malta, «El cholo que odió la plata», en *Los que se van,* 30) =

«Una mancha de gegenes <jejenes> le envolvía tal que sábana negra.» (D. Aguilera Malta, *Don Goyo*, 106) = CONSULTAS **(4) qué tal.** fr. de asombro. Qué. (Perú): «Qué manera* de darse, qué tal par de gallitos. Va a pasar un buen tiempo antes de que se le componga esa cara. ¿Por qué pelearon?» (M. Vargas Llosa, *La ciudad y los perros*, 298) = CONSULTAS

tala -ita. f. Predio sembrado de frutos menores, o preparado para sembrarlos, y que está cerca de la casa. (PR): «–(...) Antes se vivía mejor que ahora porque se encontraba el arroz y otros alimentos en las talas. (...) Eran muchas las cosas que no teníamos que comprar.» (E. Laguerre, *La llamarada*, 95) = «Él tenía su talita de tabaco y podía hablar de esas cosas.» (A. Díaz Alfaro, *Terrazo*, 84) = MAURA = ÁLVAREZ NAZARIO

talanquera. f. **(1)** Puerta de entrada de la cerca exterior de una hacienda. (Cuba): «Con esa operación, la Nganga <cazuela* mágica> está cerca, a la par está lejos, detrás de una talanquera.» (L. Cabrera, *Reglas de Congo*, 140) = CONSULTAS = SANTIESTEBAN **(2)** Tarima que hace las veces de cama. (Ec.): «(...) vide a la cabecera e la talanquerita e la vieja una calavera.» (J. Gallegos Lara, «El tabacazo*», en: *Los que se van*, 106) = CONSULTAS

talanquero. m. Guardián de una talanquera*, portero de una hacienda; se usó sobre todo en los ingenios en la época de la esclavitud. (Cuba): «Los negros desempeñaban otros cargos en el ingenio: guardieros o 'talanqueros' (...) que se situaban en las entradas de fincas e ingenios, carreteros, fogoneros, braceros, boyeros.» (L. Cabrera, *Reglas de Congo*, 218) = ORTIZ

talegazo. m. Golpe; trifulca. (Guat.): «Fueron interrumpidos por el general, que había terminado su consulta. / –¡Bueno señores, agárrense que ahorita comienzan los talegazos! (...) / El general Vargas dijo algo. Ahora, los morterazos cayeron sobre el muro protector.» (D. Liano, *el hombre de Montserrat*, 53-55) = RUBIO

talonera. f. Parte posterior del zapato que asegura el pie. (Arg.): «Calzó <Nélida> un par de alpargatas viejas sin talonera.» (M. Puig, *Boquitas pintadas*, 53) = CONSULTAS = MORÍNIGO

talud. m. En los estadios deportivos, sitio más económico –que se encuentra detrás de las porterías y al nivel del campo. (Ur.): «(...) bien Da Rosa al arbitrar / –pocas figuras brillantes– / (una 'especie' que hay faltante) / y le provoca inquietud / porque piensa en La Celeste / El Gauchito del Talud.» (El gauchito del talud, seudónimo de Carlos Modernell, en: *El País* (de Montevideo), 10/10/1994) = CONSULTAS

tallada. f. Discurso, conversación. (Ec. y otros): «Cuando creí que me iba a soltar un tiro me soltó esta copla: (...) Las mujeres y los gatos / Son de la misma opinión, / Que rompen todos los platos / Por cazar algún ratón. / Hubiera seguido adelante la tallada; pero el sol apretaba de firme y proseguí mi camino (...).» (J. A. Campos, *Cosas de mi tierra*, 102) = CONSULTAS (véase también **tallar**)

tallador. m. **(1)** Sujetador, sostén. (CR): «Necesito arreglar ese condenado tallador, pues me queda muy apretado.» (P. L. Acuña, *Güi pi pi pía*, 26) = QUESADA = CONSULTAS **(2) tallador** (o: **tayador**). El que se arroga o tiene facultad de decisión y la ejerce. (Arg.): «¿Qué quedó de aquel jailaife <ricachón> / que en el juego del amor / decía siempre: 'Mucha efe*, / me tengo pa'tayador'.» (L. J. Traverso, «Uno* y uno», en: J. Barreiro, *El Tango*, 209) = VERDEVOYE (véase también **tallar**)

tallar (o: **tayar**). intr. **(1)** Charlar, conversar. (Par. = Cuba, Ch. y Arg.): «El cura lo pasaba muy divertido. Bromeaban y tallaban, entre una copa y otra, hasta la medianoche.» (A. Roa Bastos, *El baldío*, 138) = MALARET = SANTIESTEBAN **(2)** Apretar mucho una prenda de vestir, un calzado, o, figurad., el tiempo. (CR = Col.): «Para los días Santos o para las fiestas de verano, volvía a sus lares la Teresilla Navas, con el pelo teñido y el vestido tallado, no tanto por el afán de ver a sus paisanos sino por el placer de que la vieran.» (H. Elizondo Arce, *Memorias de un pobre diablo*, 73) = «Voy muy tallada de tiempo» (CONSULTA) = HAENSCH y WERNER **(3) tallar** (o: **tallarla**). intr.; ú. t. c. tr. Predominar; sobresalir, imponerse. (Arg.): «Viejo smoking de los tiempos / en que yo tan bien tallaba / cuanta papusa* garaba* / en tu solapa lloró.» (C. E. Flores, «Viejo smoking», en: J. Barreiro, *El Tango*, 111) = «Adiós, muchachos, ya me voy y me resigno, / contra el destino nadie la talla; / (...).» (C. A. Vedani, «Adiós, muchachos», en: J. Barreiro, *El Tango*, 73) = CONSULTAS = GOBELLO = VERDEVOYE (véase también **tallador**) **(4)** intr. Actuar, participar. (Arg.): «Los otros vigilaban, listos para (...) tallar si el juego no era limpio.» (J. L. Borges, *Obras Completas*, 331) = CONSULTAS

también. adv. que expresa fastidio o reproche. (Ch. = Arg.): «(...) todavía que uno hace el favor de contarles un cuento, se regodean. ¡No cuento nada, también!» (M. Rojas, *El delincuente... y otros cuentos*, 107) = CONSULTAS

tambo. m. **(1)** Barril metálico para el transporte de ciertos líquidos, como la leche. (Hond. = El Salv.): «Cuando tío Margarito entraba cantando en la cocina a las seis de la mañana, después de haber terminado el ordeño y despachado los tambos de leche a Tegucigalpa <capital de Honduras>, junto con otros artículos para la venta, ya se había chupado un par de naranjas (...).» (M. A. Rosa, *Tío Margarito*, 38) = CONSULTAS **(2)** Machete sin filo, o pedazo de machete con su mango o empuñadura. (Ec.): «(...) las mujeres peladoras que se dedicaban a la dura tarea de sacar la corteza de las pepas con machetes y 'tambos' (...).» (N. Estupiñán Bass, *Cuando los guayacanes florecían*, II, 59) = CONSULTAS = CORNEJO

tambor. m. **(1)** Lienzo crudo muy grueso, con el que se hacían los pantalones de los esclavos; aquellos pantalones. (Cuba): «Cuando pasaba algún tiempo y la *esquifación**, que era la ropa de los esclavos, se gastaba, le daban a los hombres una nueva a base de tela de rusia <lienzo grueso>; una tela gruesa y buena para el campo, tambor, que eran pantalones con bolsillos grandes y parados, lonilla y un gorro de lana para el frío.» (M. Barnet, *Biografía de un cimarrón*, 22) = PICHARDO **(2)** Envase metálico cilíndrico usado, por ejemplo, para transportar líquidos. (Par. = Cuba, Méx., Bol., Arg. y otros): «(...) <el agua> tenía mucha materia orgánica, razón por la cual opté por tratarla con permanganato para asegurar, por oxidación, la destrucción de toda contaminación bacteriológica probable. Por esa razón, a todos los tambores que se iban enviando al frente de batalla se le <les> agregaba una dosis de permanganato.» (H. C. Sosa Tenaillon, *Cincuenta años después*, 107) = SANTAMARÍA DGA = MORÍNIGO = MUÑOZ REYES = SOPENA

tamboril. m. Véase **tamborín.**

tamborín (o: **tamboril**). m. Cierto pez de vientre abultado –pop. (Ec.): «–¿Y por qué decías que te llamabas Tamborín? / –Porque así me dicen en el pueblo, por lo pipón* que soy y lo que me parezco al pescao barrigudo que se llama Tamborín.» (J. A. Campos, *Cosas de mi tierra*, 60-1) = CONSULTAS

tamo. m. Rastrojo, caña o tallo que queda en pie después de la siega del maíz. (Ec. = Col. y Arg.): «Vio a sus hijos ¡los cholos*!, revolcaban <se revolcaban> en el **tamo**, con el perro negro.» (A. Cuesta y Cuesta, *Llegada de todos los trenes del mundo*, 203) = SANTAMARÍA DGA = MORÍNIGO

tan. adv. **(1)** antepuesto a un verbo, tanto –pop. (Méx.): «–(...) Estoy por decir que nunca quiso a ninguna mujer como a ésa. Ya se la entregaron sufrida y quizá loca. Tan la quiso, que se pasó el resto de sus años aplastado en un equipal <sillón de varas y cuero>, mirando el camino por donde se la habían llevado al camposanto.» (J. Rulfo, *Pedro Páramo*, 84) = SANTAMARÍA DGA **(2)** Bien. (Ec.): «Señorá deme <déme> una mucha*. / Señorá deme una mucha. / Cuando al cholo tan le diste / Cuanti más al general.» (canción popular con leve adaptación en los dos versos finales, e interpolada por J. Icaza en *Cholos*, 143) = CONSULTAS **(3)** También. (Ec.): «De gana* tan habrás encontrado ese libro para estar así, (...), loco te han de creer.» (G. A. Jácome, *Porqué se fueron las garzas*, 18) = CONSULTAS = JARAMILLO DE LUBENSKY **(4) hacer los primeros tanes.** fr. pl. Hablando de un niño, hacer pinitos; fig., foguearse. (Guat.): «Las bombas voladoras eran colocadas (...) por muchachones que hacían sus primeros tanes en los morteros*, y otros, más adiestrados, tan pronto como el proyectil caía en el mortero dejando fuera la punta de la mecha como la cola de una rata, aproximaban el tizón y... pon... pon... pon... estallidos violentos, terráqueos, seguidos de roncas detonaciones en medio de la celeste inmensidad ya con estrellas.» (M. A. Asturias, *Hombres de maíz*, 158) = CONSULTAS = RUBIO **(5) que tan** más adj. fr. Que está (o: estás, están, *etc.*) tan más adj. (Guat.): «–¿Qué hay de nuevo que tan contento? –gritó Fedina sobándose los pies para meterse en la cama.» (M. A. Asturias, *El señor presidente*, 57) = CONSULTAS **(6) tan luego.** fr. adv. Justamente, precisamente. (Par. = Arg.): «¡Gutiérrez se acababa de casar y tan luego a él le tocaba la suerte!» (H. Rodríguez-Alcalá, *Relatos de Norte y Sur*, 108) = CONSULTAS **(7) sí que tan.** fr. Véase **sí. (8)** Véase también **tano -a. (9)** Véase también **tan-tan** y **tantanes.**

tancazo. m. Levantamiento militar de unidades de tanques. (Ch.): «–¿Qué hiciste el 29 de Junio? (...) –No sé, señor. (...) –Pal <para el> tancazo, huevón <tonto>.» (H. Valdés, *Tejas Verdes*, 171) = CONSULTAS

tanga. f. Palmípeda mediana que habita en las ciénagas, playas y sabanas cercanas al río Madgalena; es de color gris, de grandes ojos rojizos y hermoso aspecto. (Col.): «(...) trataba de ensartar el caviar con tenedor y caminaba como una tanga con las zapatillas de charol (...).» (G. García Márquez, *El otoño del patriarca*, 51) = FILIPPO = HAENSCH y WERNER

tanganazo. m. Puñetazo. (Cuba = Col.): «¡Cógela, cógela y dale un tanganazo que se va!» (R. Castro Mosqueda, *Verónico*, 121) = CONSULTAS = HAENSCH y WERNER

tánica. f. Botella. (Guat.): «Entonces nos fuimos a la barra y pedimos una tánica de Bacardí; cuando sólo quedaba un culito en la botella (...).» (M. A. Flores, *Los compañeros*, 194) = RUBIO

tano -a. m. y f.; ú. t. c. adj. Inmigrante de la Baja Italia, napolitano; por ext., italiano. (Arg. = Ur.): «Primero el neorrealismo italiano, donde los tanos gritan como en la feria* franca (...).» (E. Sábato, *Abaddón el exterminador*, 734) = «(...) ya pasa el tano / por la vedera*.» (A. Vacarezza, «¡Talán,... Talán...!», en: J. Barreiro, *El Tango*, 97) = CHIAPPARA = CONSULTAS

tanque. m. Tierra fangosa, depósito de barro. (PR): «Los caminos casi intransitables, siempre llenos de 'tanques'.» (A. Díaz Alfaro, *Terrazo*, 90) = MAURA

tantadora. f. Mujer encargada de reunir clientes en beneficio de una vendedora dispuesta a despachar su mercancía al por mayor. (Bol.): «(...) recurría a unas especialistas llamadas 'tantadoras', quienes con inimitable habilidad atraían compradoras en una forma bastante parecida a la que usa la gallina para reunir a sus pollos.» (J. Lara, *Yanakuna*, 232) = MUÑOZ REYES (quienes recogen el verbo **tantar** con el sentido de 'reunir')

tan-tan (o: **tantan**). m. Ruido acompasado de instrumentos de percusión o producido por ciertas máquinas. (Ec.): «(...) es tu ritmo de tantanes tamboreros que golpean en tus lomas interiores (...). / En cada casa sonaba el pulso del día con el tan-tan de los telares (...).» (G. A. Jácome, *Porqué se fueron las garzas*, 26 y 40) = CONSULTAS

tantanes. m. pl. Véase **tan-tan.**

tantito. **(1)** adv. Un poco. (Méx., y Méx. < Pan.): «(...) estaban encantadas de salir a pasear, sin exigencias, para tostarse un poco, vacilar* tantito, siestear, en un ambiente distinto...» (C. Fuentes, *El naranjo*, 194) = «Ya aprenderán que un mezcal <aguardiente> sin gusanos no sabe a nada. Espérese tantito y verán.» (D. L. Pitty, *El centro de la noche*, 48) = CONSULTAS **(2) ni tantito.** fr. adv. neg. En absoluto. (Méx.): «Si Pedro le hubiera pedido a Tita huir con él, ella no lo hubiera pensado ni tantito, pero <él> no lo hizo, sino que montando rápidamente en la bicicleta se fue pedaleando de rabia.» (L. Esquivel, *Como agua para chocolate*, 44) = «La conocí un día en que fui a ver si me iba. Pero no me gustó ni tantito.» (F. del Paso, *José Trigo*, 89) = CONSULTAS **(3) tantito -a.** adj. Tanto. (Ch.): «Tantita alegría, que nunca habían tenido (...).» (H. Valdés, *Tejas Verdes*, 131) = CONSULTAS

tanto. **(1) cada tanto.** fr. A cada momento. (Par., Ur., Arg.): «Cada tanto, cada vez que los camioneros se disponían a reanudar la marcha, como si realmente les husmeara la intención, la sombra amarilla del pájaro perro <avión> cruzaba sobre ellos (...).» (A. Roa Bastos, *Hijo de hombre*, 330-331) = «Sin embargo una vez en cada tanto tu voluntad se mezcla con la mía.» (M. Benedetti, «Un padre nuestro hispanoamericano», poema interpretado por Nacha Guevara, disco Hispavox, Madrid 1977) = «Y todos los negros y negras hincados, rezando, y cada tanto largando un grito de la pena muy, muy grande que tiene cada uno adentro.» (M. Puig, *El beso de la mujer araña*, 212) = CONSULTAS **(2) de tanto en tanto.** fr. De vez en cuando. (Par. = Arg.): «Restos de vehículos y osamentas de animales aparecían también de tanto en tanto, jalonando los pasos difíciles de la ruta balizada por la aviación enemiga.» (A. Roa Bastos, *Hijo de hombre*, 319) = CONSULTAS **(3) en tanto que.** fr. adv. Por lo contrario. (Arg.): «Porque muchas veces había sentido esa sensación sobre la nuca, pero era simplemente molesta o desagradable; (...). En tanto que en aquel momento sintió algo distinto.» (E. Sábato, *Sobre héroes y tumbas*, 14) = CONSULTAS **(4) qué tanto.** fr. Hasta qué punto. (Méx.): «Bueno, quién sabe qué tanto estaba convencida de esta resolución y qué tanto le <la> afectó, pues la pobre, con los años, fue perdiendo la razón.» (L. Esquivel, *Como agua para chocolate*, 154) = CONSULTAS

tapa. f. **(1)** Moneda. (Cuba): «(...) no te vayas sin tirarme un par de tapas que estoy en carne*. / Pinpín Miranubes introdujo la mano en el bolsillo (...) y le alargó al amigo las dos pesetas* que precisaba (...).» (R. Castro Mosqueda, *Verónico*, 145) = CONSULTAS **(2) tapa** (o: **tapa de dulce**). Pan de azúcar en forma de cono truncado. (CR): «Aquí estaba el principio de ese verano tan esperado, el comienzo de la molida que no sólo lo <le> haría ganar un buen salario, sino que le daría la satisfacción de producir las tapas de dulce más blancas de la región.» (J. Pinto, *Los marginados*, 131) = «(...) creció gorda y melosa la caña amarilla. Luego hirvieron las pailas y, entre el vuelo de las abejas, los moldes vaciaron una pirámide de rubias tapas de dulce.» (C. Salazar Herrera, *Cuentos de angustias y paisajes*, 86) = QUESADA = ARROYO = CONSULTAS **(3) tapas.** f. pl. Boca, jeta. (Hond. = Nic. y CR): «–(...) Rebentále <reviéntale> las tapas bos <vos> diun <de un> culatazo, pa quiable <que hable>.» (A. P. Sánchez, *Ambrosio Pérez*, 33) = ARROYO (quien registra la fr. **abrir las tapas** con el sentido de 'abrir la boca') = RABELLA y PALLAIS **(4) ni por las tapas.** fr. Ni por el forro, en absoluto (ú. mucho con los verbos **no conocer, no haber visto**). (Arg.): «(...) la gente tiene que creer que estás loco, porque esas cosas no las conocés ni por las tapas.» (R. Arlt, *Los siete locos*, 31) = VERDEVOYE = CONSULTAS **(5) ponerle la tapa a** uno. fr. Taparle la boca a uno, reducirlo a silencio. (Arg.): «(...) y el Toto 'adiós River, buena tapa te puso tu papá, infeliz que sos, no querer el uniforme mejor' (...).» (M. Puig, *La traición de Rita Hayworth*, 190) = CONSULTAS = VERDEVOYE

tapada (o: **topada**). f. Pelea de gallos, en que los animales están tapados antes de que se hagan las apuestas, sin que se les vea el tamaño, peso, espolones, *etc.* (Méx. = PR, Cuba y Perú): «(...) a decir verdad, desde hacía más de un año, cuando perdió su fortuna en las tapadas, no había logrado enderezar cabeza. Y como ahora se le ofrecía la oportunidad de hacerse cargo de la gallera de Dionisio Pinzón, llevando también el encargo de pelear sus gallos, aceptó (...).» (J. Rulfo, «El gallo de oro», en: *Toda la obra*, 342) = SANTAMARÍA DGA = MORÍNIGO = PICHARDO

tapado (o: **tapao**). m. Cosa o persona misteriosa, capaz de ayudar en una empresa. (Arg.): «De golpe, el forastero volvió a crecer en mi imaginación. Era el 'tapao', el misterio, el hombre de pocas palabras que inspira en la pampa una admiración interrogante.» (R. Güiraldes, *Don Segundo Sombra*, 20) = MORÍNIGO = VERDEVOYE = CONSULTAS

tapanco. m. Desván; en el campo, puede hacer también las veces de granero. (Guat.): «Más corriendo que andando, Tono se trepó por una escalera al universo de polvo y oscuridad del tapanco.» (D. Liano, *el hombre de Montserrat*, 89) = ARMAS = RUBIO

tapar. tr. Parar la pelota impidiendo un gol. (Perú): «El rubio hacía de arquero en un garaje, el moreno le disparaba con una pelota de fútbol flamante. 'Tapa ésta, Pluto', decía el moreno.» (M. Vargas Llosa, *La ciudad y los perros*, 30) = CONSULTAS

taponazo (o: **taponaso**). m. Atasco, embotellamiento, retención del tráfico. (PR): «Dalia tardaba en llegar, seguramente estaría metida en el taponazo de la Muñoz Rivera <avenida muy transitada del viejo San Juan>.» (A. L. Vega, *Pasión de historia*, 72) = MAURA = CONSULTAS

taquear. **(1)** intr. Andar haciendo sonar los tacones. (Par. = Arg.): «De pronto entra Muleque taqueando muy excitado, y dice en voz alta (...). (A. Roa Bastos, *El baldío*, 38) = SOPENA = CONSULTAS **(2)** tr. Obstruir, atascar, llenar. (CR, Col.): «El bar (...) resultó peor de lo que cabía imaginarse una chichera <chichería> espantosa llena de borrachos decrépitos y vomitadas y escupitajos y un orinal taqueado desde tiempos inmemoriales.» (R. Arias, *El emperador Tertuliano...*, 32) = «Lo malo es que la misma idea atraviesa la mente de los otros miles de congéneres que veranean, como él, al pie del mar. Así, los restaurantes del puerto viven taqueados, la comida es mala y no alcanza, el servicio es demorado (...).» (D. Samper Pizano, *A mí que me esculquen*, 82) = GAGINI = FILIPPO = HAENSCH y WERNER = CONSULTAS

taquería. f. Venta de tacos, o sea, de tortillas de maíz rellenas. (CR = Méx.): «Es la taquería cercana que a esta hora empieza a recibir los aluviones de clientes: gentes que sólo pueden comerse un taco como almuerzo, matizando con un refresco natural.» (A. Chase, *Ella usaba bikini*, 93) = QUESADA = CONSULTAS = SANTAMARÍA DGA (véase también **taquero**)

taquero -a. m. y f. Persona que hace o vende tacos. (Guat. = Méx.): «(...) es el taquero (...) viste (...) un delantal blanco que le cubre el pecho, el estómago (...).» (M. A. Flores, *Los compañeros*, 82) = SANTAMARÍA DGA (véase también **taquería**)

taquilla. f. Taberna, cantina. (CR): «Cuando yiba <iba> pa la casa me encontré mi compadre Julián y como hacía mucho que no lo vía <veía>, nos juimos juntos a la taquilla de Ñor Tadeo. Nos embuchamos unos traguillos y como al medio día Julián me dejó.» (H. Muñoz Ureña, *Cuentos con sabor a espanto de gentes sencillas*, 29) = GAGINI = QUESADA

taquillero. m. Armario para guardar ropa y efectos personales, taquilla. (Cuba): «Guardamos la ropa en el taquillero y la llave en el bolsillo de mi short.» (R. González de Cascorro, *Romper la noche*, 32) = CONSULTAS

tara. f. Mariposa, en particular, la negra y nocturna, que supuestamente trae mala suerte. (Ven.): «–Mi traje es todavía más lindo –intervenía la Tara–. Ninguna de ustedes tiene un traje de *voile* transparente como yo.» (A. Arraiz, *Tío Tigre y Tío Conejo*, 48) = TEJERA = CONSULTAS

tararse. prnl. intr. Azorarse, cohibirse. (Arg.): «(...) bailando el bolero 'Nosotros' y haciéndome el boludo* le canté un poco y eso fue, dos macanas <mentiras> que se las tragó en seguida, cualquier cosa y ya se tara.» (M. Puig, *La traición de Rita Hayworth*, 157) = GOBELLO = CONSULTAS

tardado -a. p. adj. Que requiere tiempo. (Guat.): «–Es algo muy tardado de platicar por teléfono.» (D. Liano, *el hombre de Montserrat,* 16) = CONSULTAS

tarde. **(1)** adj. Viejo. (Guat.): «Casi todas tenían apodo. *Mojarra* llamaban a la de ojos grandes; si era de poca estatura, *Mojarrita*; si era tarde y jamona, *Mojarrona*.» (M. A. Asturias, *El señor presidente*, 160) = CONSULTAS **(2) hacer** (o: **tomar**) **la tarde.** fr. f. Hacer tiempo tomando copas en un bar. (PR, Arg.): «–Ven acá. ¿No has *tomado la tarde?* / Marcelo hizo un gesto de repugnancia. A él no debieran hacerle tal pregunta: todo el mundo sabía que no bebía. Ciro continuó insistente: / –Quiero que tomes una copa, vamos.» (M. Zeno Gandía, *La Charca*, 56) = «Otra vez que en un boliche / estaba haciendo la tarde, / cayó* un gaucho que hacía alarde / de guapo y de peliador.» (J. Hernández, *Martín Fierro*, I, versos 1.265-8) = CONSULTAS **(3) paluego** (o: **para luego**) **es tarde.** fr. Cuanto antes, mejor. (Guat.): «(...) si puede mandárselo a decir, paluego es tarde.» (M. A. Flores, *Los compañeros*, 113) = CONSULTAS

tarima. f. Cama rústica tejida con varas o tiras de cuero. (Hond. y Am. Centr. = Méx.): «En esta noche de pago, Martín Samayoa y el viejo (...) se tiran en las tarimas de varas acolchonadas con hojas de banano.» (R. Amaya Amador, *Prisión Verde*, 303) = SANTAMARÍA DM

tarjar. tr. Tachar lo escrito. (Ch. = Perú): «(...) en ningún caso sería noble proponerle a Neruda que tarjara sus palabras (...).» (A. Skármeta, *Ardiente Paciencia*, 16) = MALARET = MORÍNIGO = SANTAMARÍA DGA

tarrayazo. m. **(1)** Copa de alguna bebida, más particularmente de alcohol fuerte. (Ven.): «–(...) serán cuando menos las diez... Una buena noche para tirarse unos cuantos tarrayazos de aguardiente.» (G. Meneses, *Campeones*, 86) = TEJERA **(2)** Golpe sorpresivo. (Ven.): «–(...) cuando sabe que en tal parte se está preparando una matazón, allí mismo amarra su magaya <alforja> rumbo para allá, a soltar entre el roznido* de los machetes y los tarrayazos de los tiros su grito jacarandoso: "¡Qué hubo*! ¿Se es o no se es?"» (R. Gallegos, *Canaima*, 299) = TEJERA

tarrear. tr. Poner los cuernos. (Cuba): «(...) Pablo afirmaba que cualquier mujer tenía derecho a tarrear a un tipo que cantara tan mal (...).» (J. Díaz, *Las iniciales de la tierra*, 61) = CONSULTAS

tarro. m. **(1)** Cuerno de animal –o de esposo engañado. (Cuba = Ant. y Méx.): «Entonces, Celorio les daba latas, hierro, picos, rejas y tarros de buey.» (M. Barnet, *Biografía de un cimarrón*, 131) = «(...) *Buey muere con sus tarros / Caballo con sus cascos / Perro con sus dientes / Agongorotí, cá uno con lo suyo.*» (L. Cabrera, *Reglas de Congo*, 162) = PICHARDO = SANTIESTEBAN = SANTAMARÍA DGA **(2)** Sombrero de copa, chistera. (Ec. = Col. y Perú): «Chaquets <chaqués> cola de pato, levas*, sombreros de copa o tarros de unto, pavitas*, mocoras <sombreros de pita>, jipijapas.» (M. Corylé, *Gleba*, 37) = SANTAMARÍA DGA = CONSULTAS **(3)** Buena suerte. (Arg.): «(...) sin tarro de tocarme el Charrúa de celador me jodí todo el año (...).» (M. Puig, *La traición de Rita Hayworth*, 208) = «El primer cascotazo lo acertó de puro tarro (...).» (J. L. Borges y A. Bioy Casares, *Nuevos cuentos de Bustos Domecq*, 101) = CONSULTAS = GOBELLO = CASULLO = MORÍNIGO **(4)** Especie de bambú cuyo tallo hueco y de gran tamaño puede utilizarse como material de construcción, tutor para los bananeros, o recipiente para llevar la bebida al lugar de trabajo. (Hond. = Méx.): «En el pico de cuatro botellas de cerveza se sostienen cuatro candelas encendidas. Afuera sigue la lluvia, fina, incesante. Por entre las varas de tarro que forman las paredes, entra el viento tan frío como el cuerpo del difunto. Las gentes tiemblan y más de una vez se apagan las velas.» (R. Amaya Amador, *Prisión Verde*, 223) = «(...) pasó la máquina con su resoplido de vapor arrastrando una veintena de plataformas cargadas de varas de tarro, una especie de bambú, que serían para soporte de las matas* de banano y sujetar los racimos, evitando su derrumbe por los vientos fuertes del norte.» (R. Amaya Amador, *Destacamento Rojo*, 64) = «Y los hombres fueron partiendo con el recipiente de tarro al hombro y sus respectivos aperos de labor (...).» (R. Amaya Amador, *Prisión Verde*, 87) = SANTAMARÍA DM **(5)** Cualquier lata, sin importar el tamaño, especialmentre para envasar comestibles. (Ch. = Col.): «Hurgué en los tarros de basura buscando un poco de comida.» (L. Torres, *Memorias de Copo de Nieve*, 21) = CONSULTAS = HAENSCH y WERNER **(6)** pl. Zapatos. (Arg.): «(...) una vez que discutimos, / me tirastes con los tarros, / que si no los gambeteo*, / estaba lista, yo sé.» (C. E. Flores, «Lloró como una mujer», en: I. Vilariño, *Tangos*, 44) = «¿Y esos jetras <trajes> tan costosos, / funyi <sombrero> y tarros de un color, / que de puro espamentoso <ostentoso> los tenías al por mayor?» (L. J. Traverso, «Uno y uno», en: J. Barreiro, *El Tango*, 209) = «¿Quiere que me saque los tarros?» (R. Arlt, *Aguafuertes porteñas de Roberto Arlt*, 176) = CONSULTAS = GOBELLO = CASULLO **(7) pegar los tarros.** fr. Poner los cuernos. (Cuba): «Mireya te pegó los tarros porque te perdió el respeto (...).» (R. Vázquez Díaz, *La isla de Cundeamor*, 252) = «Un hombre que tiene la soga en el cuello (...) no puede andar pensando en pegar *tarros*.» (J. Soler Puig, *En el año de enero*, 32) = « 'Gisela me pegó los tarros', dijo Carlos, y notó que el semblante de su amigo se ensombrecía (...).» (J. Díaz, *Las iniciales de la tierra*, 311) = CONSULTAS (véase también **tarrear** y **tarrudo**)

tarrudo -a. adj. **(1) tarrudo** (o: **tarrú**). Cornudo. (Cuba): «Esta tipa es una furrumalla <gentualla> y tú eres tarrudo dos veces. ¿O acaso no sabes que ella es la querida de Bartolo?» (R. Vázquez Díaz, *La isla del Cundeamor*, 229) = «(...) como puta que es se la estaba desquitando con el tarrudo de su marido (...).» (R. Castro Mosqueda, *Verónico*, 109) = «¡Primero muerto que tarrú, cojones!» (J. Díaz, *Las iniciales de la tierra*, 311) = CONSULTAS (véase también **tarrear** y **pegar los tarros***) **(2)** Suertudo. (Arg.): «(...) Casals no se perdió los ravioles del tío, tarrudo de mierda.» (M. Puig, *La traición de Rita Hayworth*, 209) = CONSULTAS = CASULLO (véase también **tarro**)

tártaro. **(1)** m. Bárbaro, atrevido. (PR): «La luz de la cocina estaba prendida y la estatua se veía bien blanca en la penumbra. ¿Esta es?, dijo Vitín, acariciándole una teta. Ni a las estatuas perdonaba ese tártaro.» (A. L. Vega, *Pasión de historia*, 81) = CLAUDIO DE LA TORRE **(2) tártaro -a.** adj. Véase **cuento tártaro.**

tasa. f. Véase **taza.**

tasajear. intr. o tr. Cortar; cortar en pedazos, especialmente la carne. (Guat. = CR y Col.): «Un solo ojo... Se le tasajeaban las palpitaciones. Apretó la mano para destriparlo, duro, hasta enterrarse las uñas en la carne.» (M. A. Asturias, *El señor presidente*, 59) = SANTAMARÍA DM = GAGINI = QUESADA = FILIPPO = ARMAS = HAENSCH y WERNER

tasajo. m. Pedazo de cualquier cosa –de tela, *etc.* (CR): «Esta vez era un chiquito, con la cara chorreada, sucio y con el vestido hecho tasajos y flaco como una lombriz.» (C. Lyra, *Cuentos de mi tía Panchita*, 23) = QUESADA = CONSULTAS

tatabra. f. Tatabro, jabalí, puerco de monte (*Dycotiles torquatus*); o jabalí grande, pecarí labios blancos (*Dycotiles labiatus*). (Ec. = Col.): «Con ellos habían cazado las primeras tatabras y los primeros venados (...).» (N. Estupiñán Bass, *Cuando los guayacanes florecían*, I, 46) = SANTAMARÍA DGA = SOPENA = CONSULTAS = HAENSCH y WERNER

tatadiós. m. Santateresa, mantis religiosa. (Arg.): «La lamparita del patio era pequeña y debido al calor volaban en torno más bichos que de costumbre, tábanos, tatadioses y cascarudos*.» (M. Puig, *Boquitas pintadas*, 143) = VERDEVOYE

tatón. m.; –es aum. de 'tata'. Padre, el que tiene autoridad. (Méx.): «Yo traje a Ernesto y yo lo sostengo, porque es mi gusto. Para algo soy el mero tatón. Y ante todo, está el principio de autoridad, qué caramba.» (R. Castellanos, *Balún-Canán*, 182) = CONSULTAS

tatú. m. **(1)** Hoyo en la tierra usado como refugio antiaéreo, o para almacenar y esconder materiales diversos. (El Salv.): «Reinita era la única sobreviviente de un tatú en el cual había muerto su madre, 3 de sus hermanitos, y 2 compas <amigos> más: Ernesto y Lupe.» (F. Metzi, *Por los caminos de Chalatenango*, 145) = CONSULTAS **(2) tatú naranja.** fr. m. Especie de tatú (armadillo) bueno de comer. (Par.): «(...) comenzaron <los soldados> a alimentarse con lo que iban consiguiendo los indígenas: miel, cogollo de palmas, tatú naranja y otros alimentos propios de la selva.» (H. C. Sosa Tenaillon, 35) = CONSULTAS

taura. m. **(1) taura** (o: **Taura**). Nombre que se dio en el siglo XIX a negros y mulatos oriundos de la parroquia de *Taura* de Guayaquil; seguidores del general-presidente Urbina, son célebres por las tropelías que cometieron a raíz de la abolición de la esclavitud. (Ec.): «(...) un **taura** enfurecido estaba allí tronando y relampagueando contra mi hermano Francisco, quien tenía en la mano una lanza formidable; era la del negro (...).» (J. Montalvo, *Catilinarias*, 89) = CONSULTAS = TOBAR GUARDERAS **(2)** ú. t. c. adj. Valiente, audaz; persona agresiva y peligrosa. (Arg.): «(...) / pero otro amor por aquella mujer / nació en el corazón del taura más mentao / (...).» (L. Bayardo, «Duelo criollo», en: J. Barreiro, *El Tango*, 135) = CASULLO = GOBELLO = CONSULTAS

tayador (m.), **tayar** (v.). Véase **tallador.**

taza (o: **tasa**). f. Canasta, cesto. (Ec.): «El intento de mi madre / Que casarme no procura, / Es tenerme siempre al lado, / Como taza de costura.» (J. L. Mera, *Cantares del pueblo ecuatoriano*, II, 81) = «En Imbabura, durante el tiempo de cosechas de maíz, acostumbran las personas que no tienen terreno, acudir al lugar de la cosecha **llevando agrados***, generalmente aguacates, quesos, naranjas, pan. El dueño de la cosecha, si recibe el agrado devolverá una tasa (canasta) de maíz.» (P. y A. Costales, *El Quishihuar o el Árbol de Dios*, I, 67) = CONSULTAS

té. m. **(1)** Cualquier infusión de plantas. (Par. y otros): «–Estoy enferma, mamá. No puedo comer. Tuve vómitos. / Helena Lazalle le puso una mano sobre la frente y ordenó a la empleada que preparase un té de naranja.» (H. Rodríguez-Alcalá, *Relatos de Norte y Sur*, 38) = SOPENA **(2) té social.** fr. Reunión de sociedad en la que se toma té. (Ch.): «(...) los tés sociales de los turistas frente al televisor.» (A. Skármeta, *Ardiente Paciencia*, 144) = CONSULTAS

teca. f. Droga, especialmente la heroína. (PR): «Si nos salimos de los cursos de Literatura Puertorriqueña y del manual de Manrique Cabrera, Lloréns Torres <barrio muy popular de San Juan> significa *teca*, (...) y las terribles marcas de los *alacranes**.» (E. Rodríguez Juliá, *El entierro de Cortijo*, 13) = MAURA = CONSULTAS (véanse también **tecata**, **tecato -a**, y **teco-a**)

tecata. f. Heroína; jeringuilla. (PR): «(...) ocupa sus manos con *la fría** y el cigarrillo, que ese Winston mezclado con la Schaefer posiblemente apunte hacia el vicio mayor de la tecata.» (E. Rodríguez Juliá, *El entierro de Cortijo*, 50) = CLAUDIO DE LA TORRE (véanse también **teca**, **tecato -a** y **teco -a**)

tecato -a. m. y f. Drogadicto. (PR): «(...) por aquí, frente a mí, pasa ese tecato de ojos a punto de estallar, la camisa por fuera le serviría para arroparse.» (E. Rodríguez Juliá, *El entierro de Cortijo*, 56) = «Se la negocié a Monón Ramos, un tecato que iba a rayarle el número de serie pa vendérsela a un yonqueador <comerciante en coches usados> que él conoce en Barrio Bartolo (...).» (A. L. Vega, *Pasión de historia*, 134) = MAURA = CLAUDIO DE LA TORRE (véanse también **teca**, **tecata** y **teco -a**)

teco -a. m. y f. Drogadicto. (PR): «Traspasar este corredor mítico de violencia es casi asegurarse una *cañona* a manos de algún *teco* de *bejuco** desesperado.» (E. Rodríguez Juliá, *El entierro de Cortijo*, 12) = CLAUDIO DE LA TORRE (véanse también **teca, tecata** y **tecato -a**)

teja. f. **(1)** Billete de cien colones. (CR): «(...) le quedó debiendo cuatro tejas y nunca se las pagó.» (R. Arias, *El emperador Tertuliano...*, 18) = «Después de unos 20 minutos llegaron a su destino y el taxista le informó son 5 tejas.» (G. Kearney «Un turista en Costa Rica», en *La Nación*, dic. de 1989) = CONSULTAS **(2) con las tejas corridas.** fr. Idiota, aturdido. (CR): «Sólo que quedé con las tejas corridas y ya nunca más volví a volar.» (F. Dobles, *Cuentos escogidos*, 80) = CONSULTAS **(3) tejas de palmas.** fr. f. Palmas entretejidas que sirven para hacer paredes de chozas. (Par.): «(...) me tuve que ir con mis bártulos a un rancho de palmas, con paredes de lo que se llama 'tejas de palmas' (...).» (H. C. Sosa Tenaillon, *Cincuenta años después*, 91) = CONSULTAS

tejón. m. Cierto mapache al que en el campo se le atribuye mala influencia. (Ec.): «–(...) ejtamoj <estamos> de malaj. Noj ha de haber miado <meado> argún <algún> tejón.» (D. Aguilera Malta, *Don Goyo*, 86) = CONSULTAS

telescopio. m. Máquina perforadora que en las minas sirve para los trabajos verticales. (Bol.): «(...) tenía que sostener el telescopio en el abdomen, en los músculos del tórax, mientras el endemoniado aparato se sacudía y traqueteaba al funcionar, magullando los músculos, nervios, huesos y hasta las mismas vísceras del obrero.» (F. Ramírez Velarde, *Socavones de angustia*, 252) = CONSULTAS

temar. v. **temar (con).** intr., o tr. ind. Tener una idea fija; insistir en ella en la conversación. (Arg.): «Entraría a indagar, naturalmente, a informarse, a temar, cavilar el viejo.» (E. Cambaceres, *En la sangre*, 167) = GOBELLO

tembleque. m. Dulce hecho con leche de coco, azúcar, vainilla y arroz o maicena. (PR = Col.): «La canela me agrava. No puedo comer tembleque, arroz con leche, majarete*, ninguna golosina polvoreada con canela.» (L. R. Sánchez, *Quíntuples*, 59) = MAURA = ÁLVAREZ NAZARIO = MORÍNIGO

temblorera. f. Vivienda construida con material ligero para alojarse en caso de terremoto. (Guat. = CR): «Encontré la ciudad más en ruinas, la casa de mi niñez desvencijada, y al fondo del último patio, deshecha, la temblorera, casita de tablas para las crisis sísmicas.» (L. Cardoza y Aragón, *El Río*, 153) = ARROYO

temeridad. f. Gran cantidad de algo. (Arg.): «Luego comenzó el alcalde / a registrar cuanto había, / sacando mil chucherías / y guascas y trapos viejos, / temeridá de trevejos <temeridad de trebejos> / que para nada servían.» (J. Hernández, *Martín Fierro*, II, 2.601-6) = VERDEVOYE = CONSULTAS

témpano. m. Iceberg. (Ch.): «El témpano es una masa de hielo que tiene sumergido siete veces el volumen que muestra sobre la superficie (...).» (F. Coloane, *El último grumete de la Baquedano*, 84) = CONSULTAS

templado -a. adj. **(1)** Fuerte, valiente; arrojado. (Cuba): «–(...) Tan templada era que mató a su hijo; sí, porque estos africanos son muy leales en sus cosas.» (L. Cabrera, *Reglas de Congo*, 201) = PICHARDO **(2)** Enamorado. (Perú = Bol. y Ch.): «Está loco por esta chica –dijo–. Templado hasta el cien.» (M. Vargas Llosa, *La ciudad y los perros*, 191) = «–Por lo que me cuentas, ya estabas templado de ella esa noche –afirmó Lituma. (...). Confiesa que le tenías celos.» (M. Vargas Llosa, *Lituma en los Andes*, 34) = MORÍNIGO = ARONA = BENDEZU **(3)** Riguroso, severo, duro. (Col. = PR y Ven.): «Pensé en irme con Ricardo, dejar el estudio, aventurarme y lanzarme de frente a la vida, pero estar solo es muy barro*, es algo templado estar tirado al abandono, y en cambio en casita uno tiene todo y no se preocupa por nada, y la pasa suave, de puro vacilón*.» (U. Valverde, *Bomba Camará*, 12) = FILIPPO = HAENSCH y WERNER

templar. v. **(1)** intr. Hacer el amor, fornicar –pop. (Cuba): «Él (...) encabezó una borrascosa reunión que terminó proclamando ante el Comandante que dirigía el campamento el derecho de los cubanos a templar libremente.» (J. Díaz, *Las palabras perdidas*, 110) = «El sexo es seso, y sonrió, Templar es tan rico, dijo y dejó la frase en el aire...» (J. Díaz, *Las iniciales de la tierra*, 259) = CONSULTAS **(2)** tr. Matar. (Ec. = Perú): «De esos cachudos <soldados del batallón Catorce> infames, / Con tal de comerme* un par, / Aunque me templen mil veces / A la guerra he de marchar.» (J. L. Mera, *Cantares del pueblo ecuatoriano*, II, 135) = CONSULTAS = MORÍNIGO

temporadista. m. y f. Veraneante. (Guat. = Méx.): «Sus tíos, cargados con valijas de ropas ligeras, propias para la costa, esos trajes arrugados como pasas que visten los temporadistas.» (M. A. Asturias, *El señor presidente*, 80) = SANTAMARÍA DM

ten. v. **ten con ten.** fr. m. Muy allegado, íntimo. (Guat.): «–Y desde entonces que este Cara de Ángel andaba en cuentos con el general Canales; era un ten con ten con su hija, la que después fue su mujer.» (M. A. Asturias, *El señor presidente*, 272) = CONSULTAS

tendajón. m. Tendejón. (Méx.): «La plaza estaba muy animada ya, con sus toldos y tendajones varios.» (C. Fuentes, *La frontera de cristal*, 143) = «Abajo estaba la ciudad vieja con su hacinamiento de palacios, conventos y tendajones.» (V. A. Maldonado, *La noche de San Bernabé*, 9) = CONSULTAS

tendal. m. Plataforma de carrizo y palos, sujeta a las paredes de la choza a la altura del techo, y en la que se guarda el maíz. (Ec.): «Todos los días la esposa india sube al tendal y desciende con una canasta llena de mazorcas de maíz.» (A. Buitrón, *Taita Imbabura*, 44) = CONSULTAS

tender. tr. **tender la mesa.** fr. Véase **mesa.**

tendida. f. Salto brusco que da un caballo al asustarse. (Arg.): «Nunca marcaste buen tiempo, / es muy pobre tu corrida, / si no te abrís <te desvías> en el codo* / te mancaste en la tendida...» (E. Dizeo, «Pan comido», en: J. Barreiro, *El Tango*, 197) = CONSULTAS = SANTAMARÍA DGA = MORÍNIGO

tenedora. f. Grupera, baticola. (Hond. = Méx., Guat. y Nic.): «–(...) el mentado animal tiene más fuerza que trece mulas en barajustada (...). Imagínense que me reventó la tenedora y la cincha; la albarda <silla de montar>, a la que había amarrado la punta de la pialera <lazo>, salió más que volando sobre las orejas del caballo. Yo, no digamos, fui a dar con todos mis huesos sobre un cerco <cerca> de alambre (...).» (M. A. Rosa, *Tío Margarito*, 88) = SANTAMARÍA DM

tenencia (o: **Tenencia Política**). fr. f. Jefatura de la administración pública y de la policía de una parroquia rural. (Ec.): «Entonces, esta misma tarde nos juntamos, ¿en tu casa o en la tenencia?» (G. A. Jácome, *Porqué se fueron las garzas*, 97) = «(...) te corresponderá a vos, Gonzalo, la mejor Tenencia Política de la región.» (E. Cárdenas, *Juego de mártires*, 111) = CONSULTAS (véanse también **jefe* político** y **Teniente* Político**)

tener. tr. **tener calzones; tener en la nuca.** fr. Véanse **calzón, nuca.**

tenida. f. **(1)** Fiesta entre amigos. (Nic.): «(...) decidió tu abuelo Teófilo que la mejor manera de mostrar su agradecimiento al agrónomo era ofreciéndole una tenida en su casa (...) y a pesar de venir la invitación de quien venía, se quedaron las viandas en la mesa en sus azafates y platones <fuentes> y los licores servidos en sus copas.» (S. Ramírez, *Un baile de máscaras*, 61) = RABELLA y PALLAIS **(2)** Debate; sesión, reunión. (Bol. = Méx., Ven., Par., Ch. y Arg.): «Contó una, diez, cien veces a cuantos se pusieron a su alcance (...) los pormenores de una 'tenida' con el diputado de la provincia, el subprefecto y otras eminencias. '¡Qué gaznate se gasta... el honorable*, ché' se explayaba el hombre. (...) Bebe y bebe como si tal cosa'.» (J. Lara, *Yanakuna*, 34) = MORÍNIGO = SANTAMARÍA DGA = CONSULTAS

Teniente (o: **Teniente Político**). m. Jefe de la administración pública de una parroquia rural, con responsabilidades policiales. (Ec.): «(...) asesinos, cuatreros, criminales de la peor especie, que ahora ejercían el oficio de verdugos, a las órdenes del Amo Teniente, como rondas* o policías rurales (...). / –Indios ociosos!, –bramó el Teniente– ustedes echadotes en las chozas, tragando (...).» (M. Corylé, *Gleba*, 40) = «–(...) El Teniente Político quiere obligarme a que se la mande <a mi hija> al nuevo patrón, de 'huasicama'.» (N. Estupiñán Bass, *Cuando los guayacanes florecían*, I, 77) = «(...) el mismo presidente le hizo a Quinchibuela parroquia civil y nombró como su primer teniente político a otro de mis tíos (...).» (G. A. Jácome, *Porqué se fueron las garzas*, 16) = CONSULTAS = JARAMILLO DE LUBENSKY (véanse también **jefe* político** y **tenencia**)

tentar. v. **(1) tentarse de.** fr. tr. ind. Sentir la tentación de hacer lo que se especifica. (Arg.): «Y cuando llegan a su mansión, el muchacho se da una ducha, y mientras tanto ella se tienta de buscarle en la ropa las llaves y revisar la gaveta esa de la noche anterior. Y va y revisa los pantalones, y encuentra el llavero, y va corriendo a la gaveta.» (M. Puig, *El beso de la mujer araña*, 176) = CONSULTAS **(2) tentárselas de.** fr. Echárselas, dárselas de. (Guat.): «'Concedida' –dice el Auditor y, tentándoselas de vivo, hace venir una mujer pública.» (M. A. Asturias, *El señor presidente*, 73) = CONSULTAS

tentón. m. Hombre aficionado a manosear mujeres. (Méx. = Guat.): «Por mí no te preocupes, chula –dijo Dinorah–. Yo me sé defender de todos los tentones de la fábrica. Y si me exigen un acostón* para ascender, mejor me cambio de fábrica (...).» (C. Fuentes, *La frontera de cristal*, 142) = ARMAS

tepe. m. **estar tepe a tepe de** (o: **tepeatepe,** o: **tepetepe**). fr. Estar a tope, completamente lleno de lo que se especifica. (PR): «Así fue como la Dalia me capturó. Y tremenda captura, porque cuidao que aquello allí está siempre tepe a tepe de niñas chulas.» (A. L. Vega, *Pasión de historia*, 68) = MAURA = CONSULTAS

tequichazo. m. Golpe contundente. (Ven.): «–(...) Al primero que me toque le zampo un tequichazo.» (G. Meneses, *Campeones*, 95) = TEJERA

tercena. f. Carnicería. (Ec. = Col.): «Y los carniceros norteños pudieron tener sus inmundas tercenas llenas de zonzos <servidores imbéciles> que se disputaban las piltrafas y los huesos con los perros.» (E. Cárdenas, *Juego de mártires*, 43) = CONSULTAS = HAENSCH y WERNER

tercera. f. En el juego de béisbol, cierta posición en el campo. (Rep. Dom. = Cuba, Ven. y otros): «–(...) vamos a sorprenderlos, Ton; toca* por <hacia> tercera y corre mucho.» (R. del Risco Bermúdez, «Ahora que vuelvo, Ton», en: J. Alcántara, *Antología de la literatura dominicana,* 131) = CONSULTAS = SÁNCHEZ-BOUDY

tercerilla. f. Café de ínfima calidad; fig., billete emitido a principios del siglo XX. (CR): «(...) abundaban los billetitos de veinticinco y cincuenta centavos, que el pueblo llama despreciativamente tercerillas.» (C. L. Fallas, *Marcos Ramírez,* 118) = «La esperaba la madre con la comida, que en los últimos tiempos se hiciera más escasa porque así lo exigía el sueldo disminuido con lo de las célebres *tercerillas.*» (C. Lyra, *Los otros cuentos,* 50) = ARROYO = QUESADA

tercero. m. Arroyo formado por la lluvia en las calles bajas de una ciudad. (Arg.): «(...) una vertiginosa alma en pena enhorquetada en zancos, vadeando los torrenciales terceros.» (J. L. Borges, *Obras Completas,* 105) = CONSULTAS = GOBELLO

terciana. f. **terciana muda.** fr. Fiebre que provoca inanición; la gente supersticiosa suele atribuirla a un maleficio. (Perú): «¿Sabes curar el tabardillo, el **costado* blanco**, la angina y la **terciana** muda?» (E. López Albújar, *Nuevos Cuentos Andinos,* 15) = CONSULTAS

tercio. m. Favor, servicio. (Guat.): «–Pero ái está que esa vez no me ligó, y eso que aquél era muy al pelo para los tercios...» (M. A. Asturias, *El señor presidente,* 271) = CONSULTAS

terciopelo. f. Mujer agresiva –viene del nombre de la serpiente más venenosa del país, y suele usarse para designar a la esposa o a la suegra. (CR): «Voy a llamar a mi casa a ver cómo está la terciopelo y los chiquillos... Cuando me tardo se pone loca, llamando a los bares y seguro no sabe que estamos aquí...» (A. Chase, *Ella usaba bikini,* 105) = CONSULTAS

terminal. m. **(1)** Últimos números de un billete de lotería. (Rep. Dom.): «El billetero Custodio, que pregonaba sus terminales (...).» (C. E. Deive, «En el pueblo hay guerrilleros», en: J. Alcántara, *Antología de la literatura dominicana,* 114) = CONSULTAS **(2)** Parada última en los extremos de una línea de transporte público. (Col.): «Denuncie ante la Empresa el exceso de velocidad, la conducción peligrosa y toda irregularidad que observe durante el viaje a las oficinas del Terminal de Transportes de Santafé de Bogotá, en cada agencia seccional o en nuestra línea* amable (...).» (billete de bus de la Empresa Expreso Bolivariano, S.A.) = FILIPPO = CONSULTAS

ternera. f. Reunión, celebración en la que se come a base de carne de ternera. (Ven.): «(...) había organizado en su obsequio una ternera –criollo festín campestre, de carne asada con guasacaca <salsa picante>, copiosamente regada con bebidas espirituosas– en casa de uno de sus mejores amigos (...). / (...) también importaba *whisky* en barricas, para su consumo personal y copioso regalo de sus amigos que a menudo organizaban terneras en <la finca> *El Varadero.*» (R. Gallegos, *Canaima,* 165 y 167) = TEJERA

terrán. m.; ú. t. c. adj. Vagabundo, vago; mujer fácil –el m. es /rante/ al revés, dim. de **atorrante**; el fem. es **atorranta**. (Arg.): «Dandy, / ahora te llaman / los que te conocieron / cuando entonces / eras terrán.» (A. Irusta, «Dandy», en: J. Barreiro, *El Tango,* 176) = CONSULTAS = GOBELLO (véase también **atorrar**)

terrenal. m. Páramo. (Méx.): «Como quien dice, toda la tierra que se puede abarcar con la mirada. Y es de él todo ese terrenal.» (J. Rulfo, *Pedro Páramo,* 10) = CONSULTAS

terroneras. f. pl. Terreno o camino cubierto de barro. (Ur.): «A las dos de la tarde y a la primera cinchada de los yegüeros fue arrastrado de la culata el Ford y puesto lejos de las terroneras.» (L. M. Güinasso, «Uruguay tibia Arcadia», en: G. Wettstein, *Nuestra tierra,* I, 114) = CONSULTAS

terruco. m. Terrorista. (Perú): «–(...) por supuesto, ella nunca oyó hablar de los terrucos ni de la milicia de Sendero <Sendero Luminoso>.» (M. Vargas Llosa, *Lituma en los Andes,* 14) = CONSULTAS

tesón. m. **de tesón.** fr. De golpe. (Guat.): «Mister Gengis se pasó el whisky sin parpadear, de tesón, como el que apura un purgante.» (M. A. Asturias, *El señor presidente,* 253) = CONSULTAS

teyo. m. Paquete de sal, generalmente envuelto en hojas. (Ec.): «–Mira, compadre; tú dando poquito polvo amarillo, yo regalar collar bonito. Si tú no queriendo collar ni tela bonita, yo dando bastante teyo –y mostraba los paquetes de sal sucia recubierta de hojas, el teyo de los <indios> cayapas.» (A. Ortiz, *Juyungo,* 31) = CONSULTAS

tiburón. m. Conquistador, donjuán. (Ur. = Arg.): «El pibe Julio procedió así, vea, procedió así: miraba con paciencia, se entreveraba hasta descubrir a alguno de los que hacían la changa a <se burlaban de> los tiburones.» (J. C. Onetti, *Juntacadáveres,* en: *Obras Completas,* 874) = CONSULTAS = GOBELLO

tiempo. m. **(1)** Billete de lotería. (CR): «Está en una fase positiva. Compre lotería, raspitas*, ruleta, dados, juegos bingo; apueste a los caballos y compre tiempos.» (Profesor Sarandajo, «Horoscoloco», en: *El Relincho*, n° 3, 1991) = CONSULTAS **(2) arreglar** (o: **dar,** o: **firmar) el tiempo.** fr. Despedir a un empleado entregándole la cantidad de dinero por él ganada hasta la misma fecha del despido. (Hond., CR): «(...) con las manos desolladas arrojaban la pala al suelo dispuestos a que les dieran el tiempo de aquel trabajo maldito.» (M. Funes, *Oro y Miseria*, 164) = «–¡Chingados <desgraciados>! ¡Ya la pagarán! ¡Ven conmigo! ¡Yo firmaré el tiempo de todos ésos!» (R. Amaya Amador, *Prisión Verde*, 253) = «–¡Orita <ahorita, ahora mismo> le arreglo su tiempo, gran malcriao, y mañana mismo se me va de la hacienda si no quiere que lo eche con la Autoridá!» (C. L. Fallas, *Gentes y gentecillas*, 212) **(3) del tiempo del ruido.** fr. De una época remota –la fr. se refiere a un período del siglo XVIII en que hubo muchos ruidos terráqueos; aparece levemente transformada en el ej. (Col.): «(...) y vimos entre las camelias y las mariposas la berlina de los tiempos del ruido, el furgón de la peste (...).» (G. García Márquez, *El otoño del patriarca*, 6) = HAENSCH y WERNER = SANTAMARÍA DGA (quien recoge la fr. **ser del tiempo del ruido** con el sentido de 'ser muy viejo') **(4) sacar de tiempo.** fr. Sacar de quicio, exasperar. (PR): «Soy, aunque no lo parezca, un chamaco bastante civilizado. Me saca de tiempo tener que bajar con las baboserías del tipo que quiere cama.» (A. L Vega, *Pasión de historia*, 64) = CONSULTAS **(5) sobre el tiempo.** fr. Con mucha prisa. (Ec.): «Carros <coches> que van y vienen, todos sobre el tiempo.» (G. A. Jácome, *Porqué se fueron las garzas*, 50) = CONSULTAS **(6) vivirse el tiempo** más gerundio. fr. Pasarse el tiempo haciendo lo que se especifica. (Méx.): «(...) mientras él se vive todo el tiempo tomando cervezas en el billar.» (J. Rulfo, *Pedro Páramo*, 24) = CONSULTAS

tienda. f. **tienda redonda.** fr. Tienda, o vivienda pobre que se alquila. (Bol.) «El arribo ruidoso de forasteros corrió de boca en boca por el contorno del barrio, cuyos inquilinos de tiendas redondas y de patios interiores, los acogieron como a personas de un nivel de fortuna que no debían discutir.» (H. Guzmán Arze, *Borrasca en el valle*, 164) = «La chola vivía en una tienda de las llamadas 'redondas'.» (J. Lara, *Yanakuna*, 184-185) = CONSULTAS (véase también **cuarto* redondo**)

tiento. m. **llevar a los tientos.** fr. Llevar atado a la silla de montar; fig., llevar detrás de sí o consigo. (Arg.): «(...) yo soy forastero y he caído* al Rosario* / llevando a los tientos un güen entripao.» (J. Navarrine, «A la luz del candil», en: J. Barreiro, *El Tango*, 49) = MORÍNIGO = CONSULTAS

tierra. f. **(1)** Agrupación secreta de la secta ñáñiga. (Cuba): «–'¡Bah!', nos comenta un matancero <de Matanzas> ochentón, 'nunca se eclipsó el ñáñigo. En la misma cárcel nacían tierras'.» (L. Cabrera, *La sociedad secreta abakuá*, 58) = CONSULTAS (véase también **potencia**) **(2) Tierra Firme.** fr. Pieza bailable de la Costa. (Ec.): «(...) después de tocar una Caramba* cruzada y una Tierra Firme con cambio de pareja, resolvieron echarles un Salango.» (A. Ortiz, *Juyungo*, 195) = CONSULTAS

tieso-tieso (o: **tieso que tieso).** m. Juego de muchachos que consiste en cogerse de las manos, juntar los pies con los del otro, echar el cuerpo hacia atrás y girar hasta que uno se caiga. (Cuba): «(...) tirando de mi mano como si quisiera jugar al tieso-tieso (...).» (G. Cabrera Infante, *Tres tristes tigres*, 146) = SANTAMARÍA DGA

tifoso -a. m. y f. Persona enferma de la fiebre tifoidea. (Par.): «Ya en el <año> 34 enfermé de disentería y paludismo a pesar de que solamente bebía agua hervida. (...) / –'(...) En el caso de un tifoso, como era su caso, por la lesión hepática que produce la enfermedad, un arsenical fuerte era totalmente contraindicado por el arsenicismo agudo que iba a producir'.» (H. C. Sosa Tenaillon, *Cincuenta años después*, 27 y 29) = CONSULTAS

tigre. (1) f. Cierta serpiente venenosa. (Ec.): «(...) el montuvio o nativo de las montañas <selvas> de la Costa: macho, audaz, valiente, hábil tumbador del cacao y astuto matador de *la tigre, la equis *y la matapalo**: serpientes peligrosas de las montañas occidentales.» (M. Corylé, *Gleba*, 64) = CONSULTAS **(2)** adj. Valiente. (Ur. ⟹ Arg.): «Mi nombre es ganapán y soy muy tigre.» (E. Galeano, *La canción de nosotros*, 133) = CONSULTAS = CHIAPPARA

tijera. m. Trasquilador. (Ur.): «(...) los 'tijeras', afanosos, van despojando a las ovejas de su preciosa capa de lana, oro en vellones que el vellonero enrolla y ata en una actividad febril que le quema las manos.» (A. D. Gravina, «Fronteras al viento», en: G. Wettstein, *Nuestra Tierra*, II, 30) = CONSULTAS

tijereta. f. Catre de tijera, catre plegable de lona. (CR): «Duermen en camastros de madera pegados al tabique en doble hilera, una encima de la otra. En la pieza en que vive Jerónimo nadie usa tijereta; llegaron a ese acuerdo para dejar más campo libre en el local y evitar tropiezos cuando llegan muy borrachos a acostarse.» (C. L. Fallas, *Gentes y gentecillas,* 51) = «Por la puerta del fondo, semioculto por una cortina de gangoche <tela burda> y tapado con trapos, un palúdico tiritaba con tanta fuerza que hacía rechinar la tijereta.» (J. Gutiérrez, *Puerto Limón*, 23) = «(...) se había casado con una muchachona alta y delgada como él, y lo único a que acató* fue comprarles una tijereta más grande, para que cupieran juntos.» (F. Dobles, *Historias de Tata Mundo*, 246) = ARROYO = GAGINI = CONSULTAS

tilichera. f. Pequeño mostrador portátil con tapa de vidrio, utilizado por los vendedores ambulantes o buhoneros. (Guat. y Am. Centr. = Méx.): «–(...) <hablaba> por los caminos, cargando todas aquellas porquerías en una gran tilichera que de viaje se acomodaba a la espalda, y al empezar a trabajar se colocaba arriba de la cintura, por delante, valiéndose de una correa de sudada lona con ribetes de cuero.» (M. A. Asturias, *Hombres de maíz*, 150) = MEMBREÑO = SANTAMARÍA DM

tilingo. m. Pájaro de color negro. (Ec.): «–(...) ¿Vos ves ese tilingo que anda por ahí al lado del algarrobo grande que tumbó don Pío? (...) / –¿A que no le pegas un pepo? / (...) Allá el terrón salpicó del golpe que lo deshizo y el pájaro voló ileso.» (E. Gil Gilbert, *Nuestro pan*, 58-59) = CONSULTAS

timba. f. **(1)** Vaso metálico de gran tamaño. (Col.): «La muchacha, casi niña, tocaba la timba, golpeaba el cuero con su mano desnuda, mientras el cantante negro metía su voz por el micrófono (...).» (U. Valverde, *Bomba Camará*, 26) = HAENSCH y WERNER = FILIPPO **(2) tener timba.** fr. Tener bemoles, presentar dificultades. (PR = Cuba y Méx.): « –¡Un seis* bombeao, Natito! ¡Que venga lo d'antes! ¡Vamos! Repícalo que tenga timba.» (E. Laguerre, *La llamarada*, 127) = MALARET = SANTAMARÍA DGA

timbear. intr. Jugar a juegos de azar prohibidos. (Perú, Arg.): «–(...) ¿Tienen permiso para timbear? El servicio no se abandona nunca, salvo muerto. / Alberto entra al baño. Lo miran una docena de rostros fatigados; el humo cubre el recinto como un toldo sobre las cabezas de los imaginarias.» (M. Vargas Llosa, *La ciudad y los perros*, 21) = «(...) se sentaron a timbear. A la segunda mano, se les esfumó el sueño.» (M. Scorza, *Redoble por Rancas*, 124) = BENDEZU = CASULLO = GARZÓN = SOPENA = CONSULTAS

timbero -a. adj.; ú. t. c. s. m. y f. Aficionado a las timbas, a los juegos de azar; fullero. (Perú = Arg.): «Quiere decir que la sección entera debe ser expulsada. Unos por ladrones, otros por borrachos, otros por timberos.» (M. Vargas Llosa, *La ciudad y los perros*, 255) = BENDEZU = CASULLO = GARZÓN = SEGOVIA

timbiriche. m. Tenderete, quiosco de bebidas –en una fiesta o mercado. (Nic. = Méx. y Cuba): «(...) al llegar, debieron abrirse paso con el claxon entre las vendedoras de fritangas y bebidas, instaladas desde el amanecer en el frontispicio, otra vez con sus carretones, toldos y timbiriches.» (S. Ramírez, *Castigo Divino*, 315) = SANTAMARÍA DM = SANTIESTEBAN

timbón -ona (o: **timboncito -a).** adj. Gordo; barrigón. (Guat.): «(...) en algún lado del pueblo otro niño llora y su nana <madre> tal vez se despierta, le cambia el pañal orinado, saca de su cotón* de manta la chiche <pecho> timboncita de leche, se le <la> acerca a la trompita* y él empieza a chuparla vorazmente entre el sueño y el hambre (...).» (L. de Lion, *El tiempo principia en Xibalbá*, 28) = ARMAS = RUBIO

timbrar. intr. Sonar, hablando de un aparato eléctrico o del teléfono. (Col.): «Iba a marcar el número de Rafael Pardo, cuando el teléfono volvió a timbrar.» (G. García Márquez, *Noticia de un secuestro*, 165) = CONSULTAS

timonear. v. **(1)** intr. Conducir el volante de un automóvil o el manillar de una bicicleta; girar. (Guat. = Hond. y Nic.): «(...) se dio cuenta <de> que iba hacia el abismo con un 'bus' cargado de turistas con anteojos negros masticando chicles. Timoneó a tiempo, la parte alta de la carrocería rozó las ramas de los árboles que bordeaban el camino, logrando enfilar a toda velocidad <por> una recta (...).» (M. A. Asturias, *Week-end en Guatemala*, 76) = CONSULTAS **(2)** tr.; ú. t. c. intr. Conducir un coche. (Hond. = Guat., Nic. y Col.): «Dantón volvió a dirigir la palabra a su mujer, mientras timoneaba el automóvil de último modelo.» (R. Amaya Amador, *Destacamento Rojo*, 308) = CONSULTAS = HAENSCH y WERNER

timonero. m. Campesino que guía los bueyes cuando éstos tiran del arado. (PR): «El arado rasga la entraña negra y pródiga. Tello, el timonero, azuza los bueyes: –Ceja, Careto; joise, buey Sombra.» (E. Laguerre, *La llamarada*, 33) = CONSULTAS

tina. f. Fábrica de jabón. (Perú): «Las tinas venían a ser entonces para la industria jabonera lo que los lazaretos para ciertas epidemias: lugares de reclusión y aislamiento.» (E. López Albújar, *Matalaché*, 19) = MALARET

tinaco. m. Recipiente grande para la basura. (Pan.): «Cuando no tenía para la droga se angustiaba al extremo de meterse en un tinaco tapándose para que se lo llevaran con la basura.» (J. Franco, *Las luciérnagas de la muerte*, 15) = CONSULTAS

tinca (o: **tinka).** f. Regalo en licores y dulces que hacen los patrones de una mina a los obreros, con ocasión de una fiesta (como el carnaval), o del descubrimiento de una veta. (Bol.): «Naturalmente, la negativa no era un impedimento para que cada prestamista quedase ganancioso de la 'tinka'.» (J. Lara, *Yanakuna*, 30) = CONSULTAS = MUÑOZ REYES

tinta. f. **ojo en tinta.** fr. m. Véase **ojo.**

tintín (o: **Tin-Tin).** m. Espíritu que supuestamente preña a las mujeres, en especial cuando son cabelludas. (Ec.): «–Es que anoche vi al tintín, señorita. / –¡Qué tintín ni que tontería! / –De verdad. El tintín que se abaja* a las mujeres moñonas*. (...) / –¿Pero cómo es, pues? / –Chiquito con figura de cristiano, del mismo porte que un mono.» (A. Pareja Diezcanseco, *La Beldaca*, 96-7) = «–(...) Er <el> Tin-Tin es un chiquitito que tiene los pies pá'atrás, digamos argo <algo> así como un enano peludo y colorado con un sombrero así de grandote. Y asiguran <aseguran> que se mete en la cama de las muchachas y de las hembras que tienen sus maridos de viaje. Er, entonces, las preña sin que se den cuenta, y ese hijo cuando crece es un cuchucho <es muy aficionado a> pa' las hembras como es er mismo padre. Y a veces también dizque que abusa de las mujeres cuando andan solas en er monte, especialmente de las cejonas y velludas, que son las que más le privan.» (A. Ortiz, *El espejo y la ventana*, 56-57) = CONSULTAS

tinto. m. Café sin leche, café solo –no es necesariamente una infusión de café. (Ec. = Col. y Ven.): «No fumaba nunca y rara vez se sentaba en el bar a beber cerveza. Le gustaba el pocillo de tinto y se deleitaba en él, lo tomaba con lentitud, saboreándolo con placer.» (R. Descalzi, *Los murmullos de Dios*, 27) = CONSULTAS = SOPENA = TEJERA (véase también **café* tinto**)

tiñosa. f. **(1)** Aura tiñosa –ave rapaz diurna, de color negro, que suele poner dos huevos. (Cuba): «Como decía el difunto Juan Mandinga: 'Si la tiñosa quiere sentalse <sentarse>, acabarán por salirle naigas'...» (A. Carpentier, *Écue-Yamba-O*, 97) = «Había que estar preparado al momento en que la tiñosa fuera a poner los huevos.» (M. Barnet, *Biografía de un cimarrón*, 116) = PICHARDO = SÁNCHEZ-BOUDY **(2) piedra** (o: **piedrecita**) **de la tiñosa.** fr. f. Véase **piedra.**

tío. **(1)** m. Demonio de las minas; puede revestir la forma de varios animales, y es muy respetado por los mineros. (Bol.): «(...) *acullicaban* <mascaban coca> hasta la medianoche, de acuerdo con una antigua superstición de los mineros que en esa forma halagan al *tío*, el demonio familiar de las minas.» (F. Ramírez Velarde, *Socavones de angustia*, 21-22) = MUÑOZ REYES **(2) Tío Taitaco.** Cierto juego de niños. (Ec.): «Habían jugado en las pampas, por las noches, la 'panda'*, el 'cuche', el Tío Taitaco'.» (N. Estupiñán Bass, *Cuando los guayacanes florecían*, I, 45) = CONSULTAS

tío-tío. m. Cierto pájaro de la Costa. (Ec.): «Los mangles se inclinaron. Un tío-tío pareció reir <reír>. (...) Persiguió a las iguanas. A las langostas. A los tíos-tíos en época de corte <del maíz>.» (D. Aguilera Malta, *Don Goyo*, 7-8, y 14) = CONSULTAS

típica. f. Orquesta de tango. (Arg.): «No se hablaba mucho, oímos muy bien la típica, rebasada de fuelles y tocando con ganas.» (J. Cortázar, *Relatos*, 462) = GOBELLO = CONSULTAS

tira. s. **(1)** f. Cuerpo de policía de civil. (Méx.): «(...) pude ordenar modificaciones: muros dobles, un pequeño sótano, lugares ocultos que resisten cateos de la tira y visitas de los ratones. (...) / La tira me importa madres*, jefe.» (J. García Ordoño, *Tres crímenes y algo más*, 8 y 74) = CONSULTAS **(2)** m. Policía de civil, detective. (Col., Ur., Arg. = Ch.): «Tuve la impresión de que se trataba de un tira, pero muy pronto me di cuenta que <de que> ya era conocido por los demás.» (M. S. Rico Sanín, *El delito de existir*, 91) = «Llegó el Comisario con dos tiras que lo ayudaban.» (C. Martínez Moreno, *Coca*, 158) = «Los 'tiras' no la molestan. Si cae presa, él la saca.» (R. Arlt, *Los siete locos*, 56) = CONSULTAS = MALARET = GOBELLO = CASULLO = TERRERA = SOPENA **(3) asado de tira.** fr. m. Véase **asado.**

tirada. f. Problema grande. (CR): «(...) el tiempo se desmandó a llover y Desiderio a arder en calenturas, temblar y vomitar hasta volverse del revés. / Ve qué tirada –repitió– de esta no salgo caminando, yo lo sé.» (F. Dobles, *Cuentos escogidos*, 89) = «Tengo dos meses de atraso (...). Ay jueputa gorda* qué tirada.» (R. Arias, *El emperador Tertuliano*, 55) = QUESADA = CONSULTAS

tirante. m. **poner tirante.** fr. Guarecerse, poner tierra de por medio –pop. (Cuba): «Después de la muerte de Cayito un grupo grande de nosotros, los de su regimiento partimos en dirección a un punto llamado Tranca, a *poner tirante*.» (M. Barnet, *Biografía de un cimarrón*, 175) = CONSULTAS

tirar. v. **(1)** tr. ind., o intr. Hacer el amor, follar. (Rep. Dom., Col., Ec. = Cuba y Bol.): «–(...) A Milita se tiró Alberto en el callejonsito <*sic*> (...).» (R. del Risco Bermúdez, «Ahora que vuelvo, Ton», en: J. Alcántara, *Antología de la literatura dominicana*, 133) = «Lo único que lamentaba en aquel momento era haber desperdiciado una noche entera sin amor. La réplica de su marido fue inmediata. –Ahora mismo estaba pensando que debe ser del carajo tirar en la nieve –dijo–. Aquí mismo, si quieres.» (G. García Márquez, *Doce cuentos peregrinos*, 229) = «–(...) <y> antes que vire l'agua vos tiras conmigo so perra!» (J. Gallegos Lara, «Al subir el aguaje», en *Los que se van*, 143) = SANTAMARÍA DGA = CONSULTAS = SANTIESTEBAN = MUÑOZ REYES **(2)** tr. Manejar una herramienta de mango largo. (Ec. = Perú y Bol.): «–(...) Aquí toititos <toditos> –esde <desde> que nacen– son mangleros*. Aprienden a tirar er <el> hacha dentro e <de> la barriga e la mama.» (D. Aguilera Malta, *Don Goyo*, 50) = CONSULTAS (véanse **tirar lampa*** y **tirar pala***) **(3)** tr. ind. Soltar una frase, unas cuantas palabras, *etc.* (PR): «Si molesto, me avisan, dice. El que molesta soy yo, le tira este servidor.» (A. L. Vega, *Pasión de historia*, 76) = CONSULTAS **(4)** tr. Engañar, perjudicar. (CR = Guat.): «Un momento, doñita*, no me esté tirando con sus mentiras.» (S. Rovinski, *Las fisgonas de Paso Ancho*, 23) = ARROYO = QUESADA = ARMAS **(5)** tr. Entregarse a algo. (Col.): «Nos estremecía la música mientras permanecíamos un rato afuera, tirábamos tranquilidad, los nuevos entraban de primeros, atrevidos y afanados.» (U. Valverde, *Bomba Camará*, 100) = CONSULTAS **(6) a tirar de años.** fr. Con el paso del tiempo. (Guat.): «En las cárceles empezaba la agonía de los prisioneros, a quienes se mataba a tirar de años.» (M. A. Asturias, *El señor presidente*, 20) = CONSULTAS **(7) tirar largo.** fr. Irse, huir lejos. (Perú): «–Creo que el cholo ha tirado largo, o estará metido en alguna cueva, de donde sólo saldrá de noche.» (E. López Albújar, *Cuentos andinos*, 37) = SOPENA **(8) tirar ojo.** fr. Véase **ojo. (9) tirarse 1.** prnl. tr. Robar. (Perú): «Lo chapan al serrano Cava tirándose el examen de Química, le hacen su Consejo de Oficiales y le arrancan las hombreras.» (M. Vargas Llosa, *La ciudad y los perros*, 227) = CONSULTAS **(10) tirarse –2.** prnl. tr. Matar. (Guat. = Méx.): «Lo que yo digo es que si ya saben quiénes se tiraron al coronel, no vale la pena que estén esperando que esos señores vuelvan por el portal para capturarlos (...).» (M. A. Asturias, *El señor presidente*, 47) = SANTAMARÍA DM **(11) tirarse –3.** prnl. tr. Despachar, echarse. (CR, Ec.): «Vení y te tirás un trago y llorás, y gritás un poco.» (F. Dobles, *Cuentos escogidos*, 12) = «–Dígale, señora Petita, encargó un vejancón que estaba allí; dígale que se tire un trago de lo fuerte a la salú de su compadre Verrugate, que está presente.» (J. A. Campos, *Cosas de mi tierra*, 141) = CONSULTAS **(12) tirárselas de.** fr. Presumir de. (Col. = CR y Arg.): «(...) no debimos hacer eso nos pueden coger por tirárnoslas de berracos* y mañana con examen de química no he estudiado nada (...).» (U. Valverde, *Bomba Camará*, 32) = CONSULTAS = HAENSCH y WERNER **(13) tirárselo.** fr. Pasarlo. (CR): «(...) se lo tira tuanis <estupendo> porque nunca tiene nada que hacer (...).» (R. Arias, *El emperador Tertuliano...*, 18) = CONSULTAS **(14) tirar(se) contra.** Véase **contra.**

tirito. m. **echar su tirito** (o: **echar tiritos).** fr. Hacer un trabajo ocasional y azarosamente. (Ven.): «–(...) Confiéseme, aquí entre nos, que usted es un sacerdote arrancado que viene a echar su tirito a la aventura del oro.» (R. Gallegos, *Canaima*, 156) = TEJERA

tiro. m. **(1)** Lo esencial, lo importante; lo bueno, lo acertado. (Bol. = Ven): «–No importa, son chacras*. El tiro está en que nosotros dirijamos esto. Lo demás es lo de menos.» (R. Poppe, *Después de las calles*, 56) = CONSULTAS = TEJERA **(2)** Momento. (CR): «No hubo más que esconderse un tiro detrás del poyo de cemento medio quebrado y donde* iba pasando tirársele encima.» (M. Salguero, *Agencia de policía*, 20) = «El Zambo tuvo que tirarse y sacarlo del pelo, pues hubo un tiro en que ya no salía.» (A. Portocarrero, *Negro desgraciado*, 136) = CONSULTAS **(3) a tiro.** fr. De acuerdo. (CR): «(...) que entablaron conversación con Emeterio primero y después con Tencho y que eran así como muy de a tiro y con las faldas afuera (...).» (M. Salguero, *Agencia de policía*, 20) = ARROYO = CONSULTAS **(4) caballo de tiro.** fr. m. Véase **caballo. (5) cocer a tiros.** fr. Coser a tiros, acribillar a balazos. (Guat.): «En vez de decidirse a cocerlos a tiros –como fue su primer impulso– y dejar a sus hijos huérfanos de madre, se decidió por hacer silenciosamente las valijas y dejarlos huérfanos de padre.» (L. E. Rivera, *Velador de noche, soñador de día*, 133) = CONSULTAS **(6) de a tiro** (o: **de al tiro**, o: **dealtiro**, o: **dialtiro**) **–1.** fr. adv. Completamente, del todo; de modo tal. (Méx., Guat., El Salv. = Nic. y CR): «Siento que me quedé dormido de a tiro y que cuando desperté estaba en mi catre (...).» (J. Rulfo, *El llano en llamas*, 74) = «–¡No sias <seas> desasiado <desaseado>! ¡Vos sí que dialtiro sos cualquiera; no tenés gota de educación!» (M. A. Asturias, *El señor presidente*, 90) = «(...) le voy a decir que si de al tiro alguien me tuviera que hacer la defensa, yo le pondría ipsofactamente el clavo* en las manos a usté.» (R. Dalton, *Pobrecito poeta que era yo...*, 68) = JIMÉNEZ = MORÍNIGO = CONSULTAS **(7) dealtiro –2.** fr. adj. inv. Descuidado, haragán. (Guat.): «–¿La sentaste? / –Pues naturalmente, ya ni que fuera dealtiro...» (M. A. Asturias, *Viento fuerte*, 37) = ARMAS

tirolés (o: **tirolé).** m. Sombrero hongo, bombín. (CR, Ven.): «Parecía un figurín, porque andaba de leva*, tirolé y bastón.» (C. Lyra, *Cuentos de mi tía Panchita*, 76) = «Un doctorcito joven –anteojo, bastón, tirolés ladeado– afirmó. / –Le duele el brazo.» (G. Meneses, *Campeones*, 51) = GAGINI = ARROYO = SANTAMARÍA DGA (quien recoge **tirolé**)

tirón. m. **ganarle el tirón a** uno. fr. Ganarle por la mano, adelantársele, atacar el primero. (Par., Arg.): «–Al principio creí que el viejo me iba a hablar de Julio. Pensé que alguien le había venido con el cuento y quise ganarle el tirón. Estuve a punto de decírselo todo.» (A. Roa Bastos, *El baldío*, 161) = «(...) les conocí la intención / y solamente por eso / es que les gané el tirón, / sin aguardar voz de preso.» (J. Hernández, *Martín Fierro*, I, versos 1.519-22) = MALARET = CONSULTAS

tiznado -a. (1) adj. De piel oscura. (CR): «Ves, a la tía Mónica sí le va muy bien la piel... le tapa el güecho <bocio>; tía Rita parece un esquimal tiznao...» (C. L. Fallas, *Gentes y gentecillas*, 159) = QUESADA = CONSULTAS **(2) tiznada** (o: **Tiznada).** f. Personaje imaginario del mismo tipo que la 'Chingada', muchas veces representativo de la muerte; Pelona –se emplea también en la expresión 'hijo de la tiznada', que es el insulto más grave. (Méx. < Guat., Pan.): «Al despedirnos, la sencillez de su hombría encontró, mexicanamente, las palabras justas. Nos dijo con llaneza y con calor: 'Procuren que no se los lleve la tiznada...' « (L. Cardoza y Aragón, *El Río*, 595) = «El color moreno de Fernando semejaba atraer extrañamente a la mujer que nos había mandado a la tiznada (...).» (D. L. Pitty, *El centro de la noche*, 49) = MALARET **(3) hijo de la tiznada.** fr. Véase **hijo (4)** Véase también **tiznar.**

tiznar. tr. Destruir, hacer polvo –pop. (Méx.): «–(...) ¡ay jijo <hijo> de la guayaba* si me redotan*!... Porque entonces vengo y lo tizno... / –(...) por no quedarme cerca de usted, soy capaz de irme hasta en burro. / –Pos* ya lo sabe: si intenta írseme lo tizno.» (M. L. Guzmán, *El águila y la serpiente*, 398 y 415) = CONSULTAS (SOPENA lo registra con el sentido de 'fastidiar')

tocador. m. **(1)** Músico de orquesta popular. (Cuba): «Los *tocadores* amigos de Usebio eran una palpitante emanación de buena vida, y se jactaban continuamente de haberse corrido rumbas en compañía de unas negras que eran el diablo.» (A. Carpentier, *Écue-Yamba-O*, 70) = CONSULTAS **(2)** Llamador. (Guat.): «Que dispensaran la alarma y el madrugón, pensaba, tocador en mano ya para llamar de nuevo. Pero venían a abrir o no venían a abrir.» (M. A. Asturias, *El señor presidente*, 86) = CONSULTAS

tocar. tr. e intr. En el juego de béisbol, golpear la pelota con el bate. (Rep. Dom. y otros): «–(...) vamos a sorprenderlos, Ton; toca por <hacia> tercera* y corre mucho.» (R. del Risco Bermúdez, «Ahora que vuelvo, Ton», en: J. Alcántara, *Antología de la literatura dominicana*, 131) = CONSULTAS

tocón -ona. adj.; u. t. c. m. Dícese del cuchillo, machete, etc., de hoja estropeada o que ha perdido las cachas. (Ven. = Col.): «–(...) un toc-toc que escuché en la montaña silencia* me hizo detenerme mirando arriba. Era (...) un purgüero <cauchero> de los suyos, con tó <todo> y espuelas calzás <calzadas>, dándole el morao <morado*> con su machetico tocón, encaramao en la horqueta. (...) / –(...) Yo lo que hago es abrirle <a la goma> el camino con el tocón (...).» (R. Gallegos, *Canaima*, 221 y 223) = TEJERA = CONSULTAS

todo. m. **romper todo.** tr. Destacar, sobresalir. (Ur.): «El que rompe todo (no me refiero a las calles) es Mariano Arana. No todos los montevideanos le votarán pero todos le quieren.» (H. Alfaro, en: *Brecha*, 24/11/1994) = CONSULTAS

togado. adj. **indio togado.** fr. m. Véase **indio* togado.**

tojo. m. Piedra que se desprende en una galería o pozo minero. (Bol.): «Está muy malo el lugar. Hay mucho tojo y a cada rato se producen pequeños derrumbes.» (F. Ramírez Velarde, *Socavones de angustia*, 257) = MUÑOZ REYES

toldería. f. Conjunto de toldos o carpas, a semejanza de los que usaban los indígenas nómadas. (Ur. = Arg.): «Las inmediaciones de la toldería eran recorridas por un gentío abigarrado de zafados chiquillos, de chinas* alegres y fumadores dicharacheros.» (E. Amorim, *La carreta*, 15) = SAUBIDET = CONSULTAS

toldo. m. Mosquitero. (Col., Ec. = PR y Perú): «En el dormitorio nupcial de Leticia Nazareno, (...), vimos una cama buena para desafueros de amor con el toldo de punto convertido en un nidal de gallinas (...).» (G. García Márquez, *El otoño del patriarca*, 48) = «Por las noches, se escuchó el jadear de su cuerpo unido al de ña Andrea debajo de los toldos.» (D. Aguilera Malta, *Don Goyo*, 101) = HAENSCH y WERNER = MORÍNIGO = MAURA

tolete. m. Sexo masculino, polla. (PR = Cuba): «(...) el primo bombero intentó serenar los aspavientos del tolete. El primo bombero la empujó sin disimulos hasta una estiba* de pavos plásticos (...). Ella, humedecida de labios, seductora, lo detuvo con un susurro cálido que invitaba a más grajeo* (...).» (L. R. Sánchez, *La Guaracha del Macho Camacho*, 197) = SÁNCHEZ-BOUDY = SANTIESTEBAN

tolo -ito. m. Recipiente para transportar cosas. (Méx.): «A veces se acercaba a ronciar <roncear> por los empedrados de la majada, con un tolito lleno de frijol haciendo equilibrio sobre su cabeza.» (R. Castellanos, *Balún-Canán*, 173-174) = CONSULTAS

tolondrón. m. Ruido. (Par.): «Aquella noche lejana estaba viva en mí, al borde del inmenso tolondrón de las bombas, de donde parecía sacar toda su pesada tiniebla.» (A. Roa Bastos, *Hijo de hombre*, 182) = CONSULTAS

tolva. f. **(1)** ú. t. c. adj. Camión volcador. (Ch.): «(...) se me ocurre que es un camión tolva y que (...) vamos a ser volteados en un precipicio.» (H. Valdés, *Tejas Verdes*, 52) = CONSULTAS **(2)** Volquete. (Perú): «Iban sentados entre costales de mangos (...) en la tolva de un camión viejísimo y sin lona para la lluvia.» (M. Vargas Llosa, *Lituma en los Andes*, 58) = CONSULTAS **(3)** Cargador de la pistola llamada escuadra*. (Guat.): «Se había acercado al cadáver (...). / Alguien le había descargado la tolva, al infeliz, con pésima puntería y una gran suerte. Sólo uno de los tiros parecía mortal, el de la cabeza. (...) tal vez el primer tiro fue el mortal y después, de la pura cólera, le descargó la pistola.» (D. Liano, *el hombre de Montserrat*, 11) = CONSULTAS = ARMAS

tollo. m. Vástago, tallo del plátano. (CR): «Córtate unas hojas de tollo y te las traes para taparnos un poquillo.» (M. Salguero, *Agencia de policía*, 42) = QUESADA = CONSULTAS

toma. f. Ocupación colectiva de un terreno. (Ch.): «Ya se inició la toma / compañero callá la boca / cuidado con los pacos <policías> / que pueden dejar la escoba*.» (Canción «La toma» de V. Jara) = «Luis Espinoza Villalobos fue detenido (...) por haber participado en seis tomas anteriores.» (C. Urrutia, *Historia de las poblaciones* callampas*, n° 11, 14) = CONSULTAS

tomar. v. **(1) tomárselas.** fr. Irse. (Arg. = Ur.): «Yo me las tomé. Reconozco que es un raje*, sí, seré inmadura pero no aguantaba más.» (E. Sábato, *Abaddón el exterminador*, 734) = CHIAPPARA = CONSULTAS **(2) tomarse de.** prnl. tr. ind. Agarrarse de. (Arg.): «Al entrar al comedor empezó <Juan Carlos> a notar los síntomas de sus habituales acaloramientos. Su madre y Celina estaban sentadas a la mesa. Juan Carlos se tomó de su silla, pensó en volver al dormitorio y acostarse, ellas lo miraron, Juan Carlos se sentó.» (M. Puig, *Boquitas pintadas*, 63) = CONSULTAS **(3) tomar la (primera) comunión** (o: **tomar una comunión).** fr. Véase **comunión.**

tondero. m. Cierto baile afroperuano muy movido de la Costa, y, por extensión, culo. (Perú): «Tan alegre y sabroso era verte menear tu animadísimo tondero, vulgo culo, como decía mi padre (...).» (A. Bryce Echenique, *La última mudanza de Felipe Carrillo*, 27) = CONSULTAS

tonga. f. En la Costa, comida típica a base de arroz cocido con carne o pescado, envuelto en una hoja de plátano. (Ec.): «El jornalero suele almorzar en el mismo sitio de la labor; al efecto, lleva desde la mañana su 'tonga' (...).» (J. de la Cuadra, *El montuvio ecuatoriano*, en: *Obras Completas*, 903) = CARVALHO-NETO

tongo. m. **(1)** Sombrero hongo. (Ec., Ch. = Perú): «(...) el más allegado miembro de la familia corre hacia el recién llegado para recibirle el sombrero y el bastón. / El visitante se resiste a entregar esas prendas, (...) pero al fin triunfa en la campaña el atento contendedor y desaparece con los trofeos de su victoria: *el tongo y la caña*, que van a parar a los dormitorios (cuando no hay sombrerera y bastonera) y se colocan encima de las camas.» (J. A. Campos, *Linterna mágica*, 97) = «Llevaba puesto un tongo, su tongo de galán cómico (...).» (M. Rojas, *El delincuente... y otros cuentos*, 95) = MALARET = SANTAMARÍA DGA = MORÍNIGO **(2)** Rollo de billetes de banco. (Ec.): «–(...) Veamos si es que este negrito tiene el tongo.» (A. Ortiz, *Juyungo*, 24) = CONSULTAS

tonina. s. inv. en sing. Véase **tonino -a.**

tonino -a. adj.; ú. t. c. s. inv. en sing. bajo la forma **tonina** –c. en el ej. que sigue. Pasmado, alelado. (PR): «A Peyo le gustaba hacerse el 'tonina', el 'pelea* monga', y exageraba siempre su condición de campesino.» (A. Díaz Alfaro, *Terrazo*, 86) = MALARET = MAURA = CONSULTAS

tontear. intr. Vagar sin rumbo fijo. (CR): «Con sólo pasar por la Plaza de la Cultura, sentarse en los rodillos, tonteando, a ver gringas en shorts, o quedarse viendo las hamacas de cabuya.» (A. Chase, *Ella usaba bikini*, 70) = «El Capitán Austerín tiene rato de andar tonteando por todo el edificio (...).» (R. Arias, *El emperador Tertuliano...*, 91) = QUESADA = CONSULTAS

tonto -a (o: **tontón -ona).** adj. Grande –ú. mucho la forma aument. (CR): «Pensó que (...) el cielo ya lo estaba recibiendo con lluvia de monedas, y de las de antes, así tontas, grandes como tortillas.» (F. Dobles, *Historia de Tata Mundo*, 70) = CONSULTAS

topa. f. **a la topa tolondra.** fr. Sin reflexión, reparo o advertencia. (Col.): «La mujer me dijo: 'Ella mastica a la topa tolondra, un poco al desgaire, un poco al desgarriate'.» (G. García Márquez, *Crónica de una muerte anunciada*, 125) = CONSULTAS = FILIPPO = HAENSCH y WERNER

topada. f. **(1)** Encuentro entre dos personas, que puede ser violento. (Arg.): «Por fin en una topada / en el cuchillo lo alcé / y como un saco de güesos / contra el cerco lo largué.» (J. Hernández, *Martín Fierro*, I, versos 1.231-4) = CONSULTAS **(2)** Véase **tapada.**

topado -a. m. y f.; ú. t. c. p. adj. Animal o persona de grandes cualidades; aguerrido, capaz. (Guat.): «Este Corsario Negro es un topado y sólo se metió a pirata, a depredador, para vengar a sus hermanos.» (M. A. Flores, *Los compañeros*, 43) = RUBIO

topador. m. El que vende objetos robados. (CR): «Sólo que el propietario, si topador era, si bien no podía ingeniárselas para vivir libre de sospechas, sí se las ingeniaba muy bien para salir libre de culpas.» (H. Elizondo Arce, *Adiós Prestiño*, 66) = CONSULTAS

topar. tr. **(1) topar(se).** tr.; ú. t. c. prnl. tr. Pelear con alguien cuerpo a cuerpo, darle (o darse) trompadas. (Ur. = Méx.): «Lo vi entrado en años; no le tuve miedo. ¡Suerte que no me tocó toparlo!»

(T. de Mattos, *¡Bernabé, Bernabé!*, 78) = CONSULTAS = MORÍNIGO **(2) topar la parada.** fr. f. Véase **parada.** **(3)** Véase también **topo.**

topo. (1) m. Dado para jugar. (PR): «Me prestó estos topos que sólo saben ganar.» (L. R. Sánchez, *Quíntuples*, 53) = MAURA = CONSULTAS **(2) topo** (o: **topito**). m. Cima destacada de un cerro, colino o morro. (Ven.): «–Tomemos este camino –me dijo– para que veas mejor lo que quiero enseñarte; llegaremos a un topito desde el cual se domina todo el valle, y luego te dejaré en el camino real.» (M. V. Romero García, *Peonía*, 158-159) = SANTAMARÍA DGA = TEJERA **(3) ¡Topo!** interj. verbal que confirma la validez de una apuesta y debe preceder al lanzamiento de los dados. (Ven.): «–(...) Ya está hecho el juego. Di topo y echa los dados. (...) / –¡Topo, dije! (...) / –Diga topo, joven –intervino el casa*, creyendo que Marcos iba a echar los dados sin cumplir aquel requisito indispensable para la validez de una jugada.» (R. Gallegos, *Canaima*, 66 y 69) = CONSULTAS (véase también **topar**)

toquido. m. Llamada a una puerta. (Guat.): «Al toquido de Vásquez saltó de la cama a la puerta sofocada, con el resuello grueso como cepillo de lavar caballos.» (M. A. Asturias, *El señor presidente*, 68) = CONSULTAS

toquilla. adj. De paja toquilla, o sea, hecho con la paja de la palmera toquilla. (Ec.): «Llegó un indio –centenario roble montañez– el sombrero toquilla, viejísimo como él, en la mano (...).» (M. Corylé, *Gleba*, 12) = CONSULTAS

torbellino (o: **Torbellino).** m. Baile afroamericano de marimba, que se baila por parejas. (Ec.): «A los primeros sones de un Torbellino, Angulo fue sacudido por su sangre negra y tomando a Eva por su dorado brazo entró en la pista: pecho contra senos, vientre con vientre caliente, pierna varonil junto a volumen de otro muslo.» (A. Ortiz, *Juyungo*, 196) = CONSULTAS = CARVALHO-NETO = MORÍNIGO

torcer. tr. Perjudicar; matar. (Méx.): «Los detectives somos pendejos, Garospín. Los de verdad, los que ignoramos el argumento de la película. A mí me contrató Jesús Díaz y lo torcieron.» (J. García Ordoño, *Tres crímenes y algo más*, 73) = CONSULTAS

torcido -a. p. adj. Dícese de la persona que sufre desgracias sucesivas; desafortunado. (CR = Méx., Hond., Nic. y Am. Centr.): «–(...) no jugués más, hombré; estás torcido.» (C. L. Fallas, *Gentes y gentecillas*, 27) = MEMBREÑO = JIMÉNEZ = RABELLA y PALLAIS = MORÍNIGO

torcidura. f. Fatalidad, desgracia. (Guat.): «Pero –mi torcidura– como no sé leer, en lugar de ese aviso arranqué el papel del jubileo de la madre del Señor Presidente...» (M. A. Asturias, *El señor presidente*, 200) = CONSULTAS

tordillo -a. adj.; ú. t. c. s. De color gris –puede aplicarse a las personas. (Arg.): «El patrón, hombre fornido, de barba tordilla, nos daba las buenas noches con sonrisa socarrona.» (R. Güiraldes, *Don Segundo Sombra*, 67) = CONSULTAS

tordo. m. Pájaro negro con reflejos verdes (*Molothrus bonariensis*) de las cucúlidas, que desova en nido ajeno, no se ocupa de sus hijuelos, y suele pararse en el lomo de los vacunos de los que come la bosta; dícese también de un ventajista o de un vividor. (Arg. y otros): «¿Por qué no había espantado de su vecindad a ese embeleco pegajoso? 'Si tiene gusto –me dije– en andar con ese tordo en el lomo, que la aproveche'.» (R. Güiraldes, *Don Segundo Sombra*, 130) = SANTAMARÍA DGA

torear. tr. Tratar de seducir, de enamorar. (Ec.): «–Andá con cuidado, Cipriano, la niña Miche te está toreando. / –¿Cómo, cómo dice, don Facundo? (...). / –La niña Miche te está enamorando, ¿no lo habías notado?» (N. Estupiñán Bass, *Cuando los guayacanes florecían*, II, 22) = CONSULTAS

tormentera. f. Barraca de dos aguas, con techo de cinc clavado en tierra, en la que se refugia el campesino con su familia en época de ciclones; suele servir también para guardar herramientas y otros usos. (PR): «La casita pareció de pronto un bazar de pueblo. Hubo que guardar el velocípedo en la tormentera junto a las gallinas echadas. (...) El grito de '¡Temporal!' empezó a resonar ahora en la montaña con un acento nuevo de inexorable inminencia. / Y las tormenteras viejas fueron reparadas febrilmente. Y los que no tenían tormenteras sintieron la urgencia de construir una a toda prisa. Y se clavaron puertas. Y se clavaron ventanas.» (R. Marqués, *La víspera del hombre*, 29 y 64) = MAURA = ÁLVAREZ NAZARIO = DÍAZ MONTERO

tornar. v. **tornar a las del humo.** fr. Véase **humo.**

torniquetero -a. adj. Dícese del poste que sostiene los torniquetes que permiten tensar una alambrada. (Arg.): «(...) monté sin vacilar en el caballo nochero*, fui a Las Armas y regresé aún no sé cómo, a través de juncales densos, metido en el aguazal hasta la cincha, provocando en la noche un vasto azoramiento de alas, adivinando tranqueras y aflojando alambradas en los palos torniqueteros.» (L. Marechal, *Adán Buenosayres*, 415) = VERDEVOYE = CONSULTAS

toro. m. **(1)** Persona muy notable por poseer una habilidad determinada. (Cuba): «Allí, en horas de retreta, los habitantes paseaban en círculo, interminablemente, para oír el cornetín solista, 'toro' en el arte de perfilar un aria de la *Traviata* o un final de danzón arrumbado*.» (A. Carpentier, *Écue-Yamba-O*, 139) = CONSULTAS **(2) toro candil.** fr. Toro de fuego. (Par.): «Oí que hablaban de nuevos disturbios en Asunción. Hoy habrá allá festejos por el día de San Blas, patrono del Paraguay. En Itapé solíamos tener hasta toro candil (...).» (A. Roa Bastos, *Hijo de hombre*, 252) = MORÍNIGO **(3) sangre de toro.** fr. m. Véase **sangre. (4) sombra de toro.** fr. m. Véase **sombra.**

torta. f. **(1)** Problema, chasco, trastada, metedura de pata. (CR): «Es cierto completamente cierto dice el Capitán Austerín Liberación es un partido corrupto ahí se tapan unos las tortas de otros.» (R. Arias, *El emperador Tertuliano...*, 121) = «Cuando se calmó un poquito fui a decirle que si le podía ayudar en algo y me dijo: ya que hicieron la torta, ahora vayan a ver cómo me arrreglan a Chabela.» (M. Salguero, *Agencia de policía*, 38) = QUESADA = ARROYO = CONSULTAS **(2) buenas son tortas.** fr. Bueno es lo concreto –última parte del refrán 'A falta de pan, buenas son tortas'. (Guat.): «¿Las leyes? ¡Buenas son tortas! Sálvese, general, porque le espera la muerte!» (M. A. Asturias, *El señor presidente*, 64) = CONSULTAS **(3) jalarse una torta, un tortón –1.** fr. Cometer una trastada, meter la pata. (CR): «¡Lléves' <llévese> esa cosiaca <cosa: se trata de un fusil> que está allí, porque si no lo que soy yo me jalo una toorrrta!» (C. L. Fallas, *Mamita Yunai*, 62) = «(...) se jaló un tortón. –¿Un tortón? –Sí. ¿Qué sabe uno? A lo mejor metió las de andar <la pata>.» (Q. Duncan, *Una canción en la madrugada*, 69) = QUESADA = CONSULTAS **(4) jalarse una torta** (o: **jalarse torta) –2.** fr. Quedarse embarazada una mujer soltera. (CR): «¿Dónde querés que me quede con esta panza? ¿Dónde querés que tenga a mi hijo? Conocés que no puedo volver a mi casa, pues bien claro me lo advirtieron mis papás, cuando comenzaron a correrte para que no siguieras visitándome. Que si metía cabeza y me jalaba una torta, me hiciera de cuenta que ya no tenía ni padres ni hermanos, y que no se me ocurriera poner los pies de nuevo en la casa (...).» (A. Portocarrero, *Negro desgraciado*, 70) = «Dice la Gurrumina que tiene que ir donde el dermatólogo porque se le están haciendo muchas espinillas donde el ginecólogo porque un día de tantos se va a jalar torta donde el oftalmólogo porque le duele la vista y donde el sicólogo porque si no se va a volver loca.» (R. Arias, *El emperador Tertuliano...*, 89) = QUESADA = CONSULTAS

tortear. intr.; ú. t. c. tr. Aplaudir. (Méx.): «(...) los vagos zapateaban al pasar el ritmo de todos conocidos, o simplemente lo tortean con las manos.» (J. J. Arreola, *La feria*, 125) = MORÍNIGO

tortilla. f. **darse vuelta la tortilla.** Véase **vuelta.**

tortolear. tr. Disparar a alguien. (Ec.): «¿Y si los chapas <policías> nos tortolean? / (...) Tonces <entonces> que maten nomás*.» (G. A. Jácome, *Porqué se fueron las garzas*, 215) = CONSULTAS

tortón. m. Véase **torta.**

tortuguismo. m. Huelga de celo. (CR): «Lo siento claro: el 'tortuguismo', como malicioso y voluntario retraso de funciones asumidas a cambio de un salario, entraña una merma de rendimiento que deja sin contraprestación efectiva parte de ese salario. Lo que significa que el tortuguismo se roba esa parte.» (Ricardo Daniel González, «Temas del momento», en *La Prensa Libre*, 17/8/1994) = «Los puertos de Limón desde hace algunas horas iniciaron el tortuguismo, como medida de presión ante la 'negligencia' de la empresa (...).» (Katty Fernández, «Tortuguismo hoy en puertos de Limón», en *La Prensa Libre*, 27/7/1994) = «Siendo él Secretario General del Sindicato se decretaron tres días de tortuguismo para ganar un conflicto colectivo (...).» (R. Arias, *El emperador Tertuliano...*, 25) = CONSULTAS

toruno. m. Toro mal castrado, al que le falta un testículo, y que sigue solicitando vacas; se considera como agresivo. (Arg.): «–Hi de p... en el toro. –Al diablo los torunos del Azul. –Malhaya el tropero que nos da gato por liebre.» (E. Echeverría, *El matadero*, 104) = «Aprovechando el desparramo de la tropa, los torunos se toparon de firme. (...) Aunque el toruno no tuviera del lado derecho más que un pedazo de asta quebrada y gruesa, se la encajó al mancarrón por las verijas, bajándole las tripas.» (R. Güiraldes, *Don Segundo Sombra*, 169) = SANTAMARÍA DGA

tos. f. **darle tos a** uno. fr. Molestarle –pop. (Méx.): «–¿Y a ti te da tos por eso?» (M. Azuela, *Los de abajo*, 111) = CONSULTAS

tosca. f. Piedra grande, peña. (Arg.): «(...) los compañeros se rieron y le dijeron que le había tocado un terreno de tosca, la piedra más dura de la pampa.» (M. Puig, *Boquitas pintadas*, 79) = CONSULTAS

toscano. m. Cigarro de mala calidad y muy fuerte, que suele fumarse cortado en dos partes. (Ur., Arg.): «El Lito, tan gordo que dormía sentado, hacía la guardia en la puerta, con el toscano en la boca.» (E. Galeano, *Días y noches de amor y de guerra*, 142) = «Volvió a quedarse pensativo, masticando el toscano apagado.» (E. Sábato, *Sobre héroes y tumbas*, 550) = GOBELLO

tostada. f. Sombrero de paja. (Ec.): «Lucía muy almidonado y planchado, con tostada nueva y los zapatos, amarrados por los cordones, en la cintura.» (A. Ortiz, *Juyungo*, 14) = CONSULTAS

tostado –a. **(1)** m. Alazán oscuro. (Arg.): «El más viejo de los hombres que nos ayudaba, montado en un tostado retacón*, enlazaba los potros que nosotros volteábamos de un pial, para embozarlos y enriendarlos en el suelo.» (R. Güiraldes, *Don Segundo Sombra*, 154) = SAUBIDET **(2)** p. adj. Chiflado. (Cuba): «No dormir a la luz de la luna. Enloquece. (...) 'El que comprenda que anda un poco *tostado* (...) que no se exponga mucho a la luz de la luna (...)'. Su influencia es irresistible para locos y desequilibrados de ambos sexos.» (L. Cabrera, *Supersticiones y buenos consejos*, 49) = CONSULTAS = SANTIESTEBAN **(3) hijo de la tostada.** fr. Véase **hijo.**

tostón. m. Rodaja de plátano verde frita. (PR, Rep. Dom.): «Doña Reme les había preparado sendos platos-que-no-se-los-saltaba un cabro* de asopao* de pollo con tostones y ensalada (...).» (A. L. Vega, *Pasión de historia*, 134-135) = «El Padre Liranzo concluyó su parva comida –moro* con guandules*, longaniza rehogada, tostones y café– (...).» (C. E. Deive, «En el pueblo hay guerrilleros», en: J. Alcántara, *Antología de la literatura dominicana*, 122) = MAURA = HENRÍQUEZ UREÑA = RODRÍGUEZ

traba. f. Estado de alteración psico-física producido por una droga. (Col.): «A este grupo pertenece Rubén, un hombre que canta canciones de Piero en medio de sus *trabas*.» (J. R. Navia, «Viaje al lado oscuro de Bogotá», en: *El Tiempo* de Bogotá, 10/5/1992) = HAENSCH y WERNER

trabajar. tr. Hacer brujerías. (Cuba = Ven.): «Bejuco poseía una finca en Artemisa y allí daba culto a sus Orishas y recibía hospitalariamente a sus innumerablas amigos y consultantes. Fue como el lucumí Okují, Ta Pablo Alfonso, su maestro, y el famoso Adechina, su amigo, uno de los grandes Santeros* de aquella época, depositario genuino de la religión lucumí –Yoruba. Pero Bejuco no ignoraba los secretos de la magia de los congos, y 'trabajaba' en ambos campos.» (L. Cabrera, *Reglas de Congo*, 209) = CONSULTAS = TEJERA (véanse también **trabajar palo*** y **trabajo* de palo**)

trabajo. m. **(1)** Aborto. (PR): «–(...) Doña Celinda le ehtaba jasiendo <estaba haciendo> un trabajo. De pronto so vorvió <volvió> como loca, salió corriendo y se tiró al mar.» (R. Marqués, *La carreta*, 108) = CONSULTAS **(2)** Brujería, hechizo realizado por un brujo. (Cuba = PR): «Las lluvias de este mes <mayo> (...) sacramentan y dan fuerza a los trabajos de Paleros* y Santeros*.» (L. Cabrera, *Supersticiones y buenos consejos*, 22) = CONSULTAS = MAURA **(3) trabajo de palo.** fr. Brujería. (Cuba): «La gente hablaba de Osma como si fuera brujo. A mí no me consta. Ahora, yo creo que tiene que haber habido algo de eso, porque esa cuadrilla, para caminar como caminaba, necesitaba su *trabajo de palo*.» (M. Barnet, *Biografía de un cimarrón*, 108) = CONSULTAS

trabar. v. **(1)** tr. Hacer. (Guat.): «–Sin duda tiene otras heridas –La del labio pa mí que se la trabaron con navaja de barba, y lo despeñaron aquí, no vaya usté a creer, para que el crimen quedara oculto.» (M. A. Asturias, *El señor presidente*, 28) = CONSULTAS **(2)** tr. Burlarse de alguien, engañarle. (Hond. = Méx. y Guat.): «(...) el peculiar hedor de la suciedad de los gatos le hizo ver que había caído ingenuamente en una trampa y que, ahora, hasta sus ropas estaban sucias. Andaba visiblemente desconcertado. Y los muchachos, que iban comprendiendo el artificioso engaño, reían a carcajadas, apartándose de él y gritándole: / –¡Caquegato <caca de gato>! ¡Es caquegato! ¡Te trabaron Folofo y Chito!» (R. Amaya Amador, *Cipotes*, 132) = SANTAMARÍA DM **(3) trabarse.** prnl. intr. Ponerse bajo los efectos de una droga. (Col.): «Allí <en las alcantarillas> cocinan, duermen, *se traban*, guardan droga y cosas robadas...» (J. R. Navia, «Viaje al lado oscuro de Bogotá», en *El Tiempo* de Bogotá, 1/5/1992) = HAENSCH y WERNER **(4)** Véase también **trabado.**

trabuco. m. Cigarro, puro tosco, de vitola corta y gruesa. (Ur.): «(...) el viejo, sacando chispas a su yesquero de pedernal, encendía el grueso 'trabuco' y aspiraba con mucha calma el humo.» (F. Espínola, *Veladas del fogón*, 22) = SOPENA

tractomula. f. Camión articulado, con remolque. (Col.): «Cuando una tractomula chocó contra el bus de los Estefan, durante una gira en marzo de 1990, la espalda de la cantante se quebró en dos partes y quedó temporalmente paralítica.» («En la Gloria, por ahora», art. sin firma, en: *El Tiempo*, 11/8/1996) = CONSULTAS

traga. m. Empollón. (Ur. = Arg.): «Santiago era el traga, por supuesto, pero sobre todo era buena gente. Sabía de botánica y marxismo y filatelia y poesía de vanguardia y además era un fichero vivo de historia del fútbol.» (M. Benedetti, *Primavera con una esquina rota*, 33) = CONSULTAS (véase también **tragalibros**)

tragalibros. m. Empollón. (Arg.): «(...) ya van cinco minutos pero tarda un poco en hacer dormir, cloroformo de la concha* de tu hermana, y vos no empecés a aflojar Colombo, que se retuerza este petiso tragalibros, que ya va a caer dormido aunque no quiera (...).» (M. Puig, *La traición de Rita Hayworth*, 213) = VERDEVOYE (véase también **traga**)

tragante. m. Sumidero, boca de alcantarilla. (Cuba): «(...) toda la plaza de la Catedral se hallaba inundada de tanto llover. (...) Un estruendo de voces hizo correr al Ruso detrás de la gente, sorteando tragantes desbordados.» (M. Pereira, *El Ruso*, 10) = SANTAMARÍA DGA

trago. m. **en tragos.** fr. En estado de embriaguez. (Perú): «(...) el sargento que había dispuesto esta transformación <la imposición de direcciones prohibidas en todo el pueblo> en tragos no tuvo más remedio que cumplir sus propias órdenes: veintitrés pobres diablos fueron conducidos al puesto antes de que se cancelaran las novedosas disposiciones.» (M. Scorza, *Redoble por Rancas*, 135) = CONSULTAS

traguear (o: **traguitear**). intr.; ú. t. c. tr. Beber –cuando se trata de bebidas alcohólicas. (Guat., Ec. = Nic. y Am. Centr.; Ven. y Col.): «–(...) Y qué resolvieron... Traguitearon mucho es lo único que sé... / –Resolvimos que hay que botar* al gobierno...» (M. A. Asturias, *Week-end en Guatemala*, 175) = «Habían bebido harta cerveza, muertos de sed, en aquel día caluroso de veranillo, entre el invierno y **tragueaban** ya coñac (...).» (J. R. Bustamante, *Para matar el gusano*, 219) = MALARET = MORÍNIGO = RABELLA y PALLAIS (quienes recogen **traguear**)

traído -a (o: **tráido -a**). **(1)** m. y f. Novio o novia. (Guat., Perú): «(...) posadas en las que era clásica la venta de zacate <hierba forrajera>, la moza con traído en el Castillo de Matamoros y la tertulia de arrieros en la oscuridad. (...) Pero yo me hice una brochota* grande, pues desde que vi entrar al traído se me puso que... que ahí había gato encerrado (...).» (M. A. Asturias, *El señor presidente*, 29 y 49) = «–(...) Lo que no podemos descubrí es quién es la traída que lo tiene así atortolao.» (E. López Albújar, *Matalaché*, 124) = «–(...) Estaba **huachita*** y medio desconsolada por la pérdida de su **tráido** (...).» (E. López Albújar, *Nuevos Cuentos Andinos*, 161) = CONSULTAS **(2) alzar el tráido.** fr. Provocar una pelea. (CR): «Un día de éstos me alzó el tráido porque según sus cuentas hacían falta dos mil cañas* (...).» (R. Arias, *El emperador Tertuliano...*, 59) = CONSULTAS

trajinar. tr. Recorrer –pop. (Par.): «Con las vías el pueblo comenzó a desperezarse. El andén de tierra soltaba su aliento bajo los pies desnudos que lo trajinaban.» (A. Roa Bastos, *Hijo de hombre*, 22-23) = CONSULTAS

tramero. m. Vendedor de los puestos de venta de un mercado. (CR): «Los niños de la calle, los conductores de los autobuses, los barrecaños*, los taxistas que lavan su auto en la madrugada con el agua de los parques, los trameros del mercado... casi todo el mundo lo sabe (...).».» (F. Contreras Castro, *Los Peor*, 180) = QUESADA = CONSULTAS (véase también **tramo**)

tramo. m. Puesto, establecimiento de venta en un mercado. (CR): «Y no la hallamos en el mercado de Alajuela, qué la íbamos a hallar. Alguien nos dijo que desde mucho tiempo atrás no tenía allí el tramo (...).» (F. Dobles, *Cuentos escogidos*, 85) = «(...) desde su descubrimiento del Mercado Central se pasaba las horas en los herbarios conociendo minuciosamente cada planta nueva, cada hoja, cada raíz, cada zumo lechoso de cuanto árbol medicinal le dieran cuenta los herbolarios de los tramos y los de los puestos callejeros, que ya le habían tomado cariño también.» (F. Contreras Castro, *Los Peor*, 23) = QUESADA = CONSULTAS (véase también **tramero**)

trampa. f. Tienda, negocio comercial; cualquier establecimiento, grande o pequeño, donde alguien espera clientes. (Guat.): «(...) paró el jeep a la orilla de la carretera y se metió a una trampita que surgía como espejismo entre la arboleda enana de la selva. (...) –¿Tiene Coca-Cola? –le dijo <a la vendedora>.» (D. Liano, *el hombre de Montserrat*, 126) = RUBIO

trancarse. prnl. Emborracharse. (CR = Col.): «Y dicho lo anterior se bebió corcor <de una vez> un gran trago así de grande. 'Tené cuidado, vos con sólo el olor te trancás'.» (M. Salguero, *Agencia de policía*, 49) = «Media hora después, íbamos mi compadre y yo bien trancados para el rancho. Yo veía tambalearse las casas y los árboles, sentía cada oreja del tamaño de un ayote.» (H. Elizondo Arce, *Memorias de un pobre diablo*, 92) = «Quiero embriagarme, vivir tranca'o, prefiero un trago que una mujer.» («Himno al guaro <aguardiente>», canción tradicional interpretada por Lorenzo Salazar, Sony Music de Centroamérica, San José, 1995) = QUESADA = CONSULTAS = FILIPPO

trancazo. m. Cualquier golpe fuerte; golpe fuerte dado con el puño. (Rep. Dom., Ven. = Col.): «(...) la vida era lo mismo, 'un gustazo: un trancazo', para todos.» (R. del Risco Bermúdez, «Ahora que vuelvo, Ton», en: J. Alcántara, *Antología de la literatura dominicana*, 133) = «–A la Purita yo le voy a dar unos trancazos.» (G. Meneses, *Campeones*, 94) = HENRÍQUEZ UREÑA = TEJERA = HAENSCH y WERNER

tranque. m. Situación embarazosa, brete; paralización en unas negociaciones. (PR): «(...) fue lo único que se me ocurrió decir por aquello de salir del tranque.» (A. L. Vega, *Pasión de historia*, 89) = CONSULTAS = MAURA

tranquera. f. **tranquera de aguja.** fr. Talanquera cuyas trancas verticales, agujereadas, soportan varios largueros. (Perú): «A la chacra*, muy bien guardada por un tupido cerco de zarzas y pencas, se ingresaba por una tranquera de aguja. Se llama así a la que consta de dos maderos paralelos, plantados en tierra, que sostienen largueros de madera en los huecos que ambos tienen practicados a igual altura. El hombre obtiene paso para sí y los animales grandes haciendo correr los largueros. Los perros, desde luego, pasaban tranquilamente bajo la última vara.» (C. Alegría, *Los perros hambrientos*, 78) = CONSULTAS

transitar. tr. Recorrer. (Arg. < Ur.): «(...) en la claridad estrecha del corredor que transitaban mucamas y las viejas señoritas que volvían del paseo digestivo por el parque (...).» (J. C. Onetti, *Los adioses*, 74) = CONSULTAS

trapeada (o: **trapiada**). f. Regañada, reprimenda. (CR, Pan. = Guat.): «Vea, padrecito, y ahí perdone: cuando quisimos hacerlo al principio el cura que ya es muerto se negó y nos dio la gran trapeada.» (F. Dobles, *Cuentos escogidos*, 33) = «Después de esa 'trapeada', el espíritu de Víctor quedó bajo la planta de su pie izquierdo, prometiéndose para sus adentros jamás volver a tocarle el susodicho tema.» (D. Robinson, *En las cosas del amor...*, 24) = ARMAS = CONSULTAS = QUESADA = GAGINI = ARROYO ('trapiada') (véanse también **trapeador**, **trapear** y **trapo**)

trapeador. m. Utensilio para fregar sin arrodillarse, fregona. (Guat.): «–¿Aló <¿Diga?> contestó su mujer y él se la imaginó con el trapeador en la mano y un pañuelo en la cabeza.» (D. Liano, *el hombre de Montserrat*, 43) = ARMAS = RUBIO (véanse **trapeada**, **trapear,** y **trapo**)

trapear. tr. **(1)** Regañar. (CR = Guat.): «Ya ve; y usted todavía trapeándome como si no fuera suficiente con lo que me pasó.» (M. Salguero, *Agencia de policía*, 123) = «Callate, tonto de mis culpas, y no me volvás a salir con tus tonteras. Y lo trapió y le dijo unas cosas que no me atrevo a repetir.» (C. Lyra, *Cuentos de mi tía Panchita*, 15) = «¿Y ahora por qué me llamaste? / –Para trapearte. /El negro alzó los brazos al cielo. / –Sí, claro, vos hiciste una vaina* muy mal hecha.» (J. Gutiérrez, *Puerto Limón*, 69) = QUESADA = GAGINI = ARROYO ('trapiar') = ARMAS = CONSULTAS (véanse también **trapeada, trapeador** y **trapo**) **(2) mandar trapeando** (o: **trapiando**) a alguien. fr. tr. Véase **mandar.**

trapero. m. Trapo o escoba que lleva un trapo en una de sus extremidades para limpiar el suelo. (Col.): «En el corredor se cruzó con Divina Flor que llevaba un cubo de agua y un trapero para pulir los pisos de la sala.» (G. García Márquez, *Crónica de una muerte anunciada*, 167) = CONSULTAS = FILIPPO = HAENSCH Y WERNER

trapiche. m. Robo de poca importancia. (Méx.): «(...) el chino pensó que se había montado un enjuague para robarle centavitos a la fábrica. En esto, Tomás era muy claro. Los trapiches de los empleados de confianza eran cosa de ellos. Si hubiera sido un sindicalizado, otro gallo hubiera cantado, porque había un código implícito que decía muy claramente que un trabajador peleaba de frente contra la fábrica, que si quería más dinero lo ganaba en el combate sindical, pero no robaba.» (P. I. Taibo II, *Sombra de la sombra*, 43) = CONSULTAS

trapichero -a. adj. Hábil, enredador. (Méx.): «Es un tipo silencioso, trapichero, sucio de mirada y de pensamiento.» (P.I. Taibo II, *Sombra de la sombra*, 163) = SOPENA

trapo. m. **(1) el, ese, este, aquel trapo de.** fr. despect. para designar una cosa o a una persona cualquiera. (PR): «Y él no entendía bien la caña. No la quería. Soñaba siempre con el trapo e café. (...) Quería ese trapo e <de> gallo como si fuera una jembra. (...) Ehtá en San Juan, en la capital. Donde no hay que ser un trapo e peón pa vivil.» (R. Marqués, *La carreta*, 10, 11 y 23) = CONSULTAS = MAURA **(2) no dejarse hacer trapo.** fr. No dejarse humillar. (Ec.): «(...) qué le habrá hecho <ella> que se vino enojado como se vino y para que hoy le <la> haya dejado ir sin hacerse diabuenas <de a buenas>. Bienhecho que <él> no se deje hacer trapo. (...) la gringa ha de pensar que porque es natural* <ella> le ha de tratar como quiera a mi hermano.» (G. A. Jácome, *Porqué se fueron las garzas*, 309) = CONSULTAS **(3) soltar el trapo.** fr. Hacer su vida. (Méx.): «(...) se lo agradezco. La vieja tendrá al menos con qué entretenerse mientras yo suelto el trapo.» (J. Rulfo, *Pedro Páramo*, 103) = CONSULTAS

traposo -a. adj. Harapiento. (Perú = Bol. y Ch.): «–¿Conque el marido de mi hermana ha sido el ladrón? Peor entonces; tendré que ensuciar en él mi cuchillo dos veces; darle dos golpes en el corazón a ese traposo.» (E. López Albújar, *Nuevos Cuentos Andinos*, 136) = MUÑOZ REYES = MORÍNIGO

traqueado -a (o: **traquiado -a**). p. adj. Avezado, acostumbrado. (Ec.): «(...) no sé si por muy traquiadas, por muy golosas o por raza, eran rapiditas rapiditas.» (G. A. Jácome, *Porqué se fueron las garzas*, 24) = SOPENA

traquear. tr. Hacer crujir las articulaciones de los dedos. (Cuba): «(...) hizo una serie de ejercicios apoyándose en las puntas de los dedos, luego se los estiró haciéndolos traquear.» (J. Díaz, *Las iniciales de la tierra*, 68) = CONSULTAS

trascender. intr., o tr. ind. Oler mal. (Ec.): «Casado yo, cuando pobre, / Mi mujer no me quería; / Todo yo le trascendía / Sólo a sulfato de cobre.» (J. L. Mera, *Cantares del pueblo ecuatoriano*, II, 73) = CONSULTAS

trascuerdo -a. adj. **estar trascuerdo -a.** fr. Estar equivocado, no recordar bien. (Ec.): «–(...) Yo dejé la mercancía donde don Lucho Toapanta... ¡No! No estoy trascuerdo. ¡Ahí la dejé!» (N. Estupiñán Bass, *Cuando los guayacanes florecían*, II, 93) = CONSULTAS

trasijado -a. p. adj. Cansado por exceso de trabajo. (Arg.): «Mis tres caballos estaban más que cansados; el reservado, trasijado después de nuestra lucha; el redomón no me parecía por demás garifo*.» (R. Güiraldes, *Don Segundo Sombra*, 171) = ABAD DE SANTILLÁN

traste. m. **mojarse el traste con una mujer.** fr. Poseerla sexualmente –vulg. (Ur.): «Venimo <venimos> como las moscas al dulce –agregó un tropero medio tomado–. ¡Con unas paicas* ansina es lindo mojarse el traste!» (E. Amorim, *La carreta*, 21) = CONSULTAS

trastumbar. tr. Trasponer. (Méx.): «Después de trastumbar los cerros, bajamos cada vez más. Habíamos dejado el aire caliente allá arriba y nos íbamos hundiendo en el puro calor sin aire.» (J. Rulfo, *Pedro Páramo*, 9) = SANTAMARÍA DM

trasuntar. tr. Presentir, sospechar. (PR): «–El nene ta <está> malo. / –Lo trasuntaba: ¡suerte perra!» (A. Díaz Alfaro, *Terrazo*, 34) = CONSULTAS (MAURA recoge **trasunto** con el sentido de 'presentimiento vago')

trasunto. m. Véase **trasuntar.**

tratarse. prnl. intr. Curarse. (CR = Arg.): «Bueno, el otro día se puso mi señora muy mala, con un gran dolor en la boca del estómago (...). Yo quería llevarla, o al menos mandarla afuera, para que se tratara (...).» (A. Portocarrero, *Negro desgraciado*, 25) = CONSULTAS

traumar. tr. Traumatizar. (Par. = Arg.): «Aquellos soldados parecían tan traumados por el contraste sufrido, que ni siquiera podían escuchar tiros hacia la retaguardia.» (H. C. Sosa Tenaillon, *Cincuenta años después*, 178) = CONSULTAS

travesear (o: **travesiar**). tr. Tocar. (CR): «Yo la estuve travesiando, por lo que deben haber encontrado las marcas de mis dedos.» (A. Chase, *Ella usaba bikini*, 20) = CONSULTAS

travesera. f. Cierta hierba medicinal. (Cuba): «El Moro sale a buscar hierbas para hacer sus famosos cocimientos: siguaraya, (...), yagruma, tomillo, almácigo, lengua* de vaca (...) travesera (...) hojas y raíces de todo tipo que todo lo sanan (...).» (M. Cossío Woodward, *Sacchario*, 95) = CONSULTAS

trazo. m. **comerse el** (o: **un**) **trazo.** fr. Equivocarse, errar. (Ven.): «–(...) hasta se me ha presentado otro negocio que también parece bueno. Una sastrería, que no las hay aquí que valgan la pena. Y como yo conozco el oficio y hasta ahora no me he comido un trazo...» (R. Gallegos, *Canaima*, 197) = TEJERA

treinta-treinta. m. Fusil utilizado en el período armado de la Revolución Mexicana, y al que designaba su calibre. (Méx.): «–Bueno –dijo Demetrio–; ya ven que aparte de mi treinta-treinta, no contamos más que con veinte armas.» (M. Azuela, *Los de abajo*, 9) = «–(...) Aquí llegan con su dinero y nos lo dejan para que compremos treinta-treintas y parque*.» (M. L. Guzmán, *El águila y la serpiente*, 49) = CONSULTAS

treintayuno (o: **treinta y uno,** o: **treintaiuno,** o: **treintauno).** m. Potaje típico a base de tripas de ganado vacuno y ají. (Ec.): «En el caso de días de feria y los domingos en que <los indígenas> oyen misa, las horas y costumbres cambian con frecuencia, porque al almuerzo o **cucabi** (avío) llevado de la casa –consistente en cereales o tubérculos cocinados– se suman el **yaguarlocro** (una sopa de papas y sangre de res* victimada) y el **treinta y uno** o **pusún** (intestinos de ganado vacuno cocinados.» (G. Rubio Orbe, *Punyaro*, 88) = CONSULTAS = JARAMILLO DE LUBENSKY

trejo -a. adj. Animoso, valeroso. (Perú): «Una tropita de k'ayaus, los más trejos, escogidos por el varayok' Alcalde, se acercaron al Misitu.» (J. M. Arguedas, *Yawar Fiesta*, 123) = CONSULTAS

tren. m. **(1) tren a leña.** fr. m. Tren de leña. (Par. = Arg.): «Los vieron la multitudinaria Concepción, el hervidero de Puerto Casado, y la soledad de Bahía Negra, y a muchos los condujeron los pequeños e infatigables trenes a leña, resoplando por una larga y angosta trocha, como si quisieran hacerlos llegar descansados a su destino final.» (H. C. Sosa Tenaillon, *Cincuenta años después*, 12) = CONSULTAS **(2) tren jamaiquino.** fr. Antiguo aparato para elaborar el azúcar en los ingenios. (Cuba): «La casa de calderas o de ingenio, era tan fuerte como vasta (...). Debajo de su cubierta de tejas coloradas se abrigaban, el trapiche, la máquina de vapor y el tren Jamaiquino de elaborar el azúcar, montado sobre tres hornos o fornallas.» (C. Villaverde, *Cecilia Valdés*, 195) = PICHARDO **(3) en tren** más adj. fr. inv. En plan, mostrando lo que se especifica. (Arg.): «Adán Buenosayres avanzó en tren decidido, y próximo al zaguán clavó una mirada gorgonesca en las adolescentes, que retrocedieron.» (L. Marechal, *Adán Buenosayres*, 102) = CONSULTAS **(4) estar en tren de.** fr. Ir dispuesto a, o estar haciendo o aparentando lo que se especifica. (Arg.): «Y ya que estoy en tren de confidencias le voy a decir cómo fue que me dejé marcar para toda la vida.» (M. Puig, *Boquitas pintadas*, 28) = CONSULTAS

trenza. f. Lucha; disputa. (Par. = Arg.): «–(...) Fue un remedio desesperado que se me antojó para evitar una matanza. –¡A la pucha*! ¿Y por qué iba a ser la trenza?» (A. Roa Bastos, *El baldío*, 138) = VERDEVOYE (véanse también **trenzada** y **trenzarse**)

trenzada. f. Pelea, riña de palabra o de obra. (Arg.): «(...) les contaba trenzadas fenomenales / en que siempre jugaba rol principal.» (R. Aubriot Barboza, «As de cartón», en: J. Barreiro, *El Tango*, 169) = CONSULTAS = GOBELLO = VERDEVOYE (véanse también **trenza** y **trenzarse**)

trenzarse. prnl. Trabarse dos o más personas en una disputa o discusión, o en una pelea. (CR, Ch. = Col., Arg. y otros): «Con mucha frecuencia me trenzaba en fieras peleas con muchachos de mi tamaño o un poco más grandes que yo (...).» (C. L. Fallas, *Marcos Ramírez*, 72) = «Se trenzaban en una lucha aparatosa, se mordían, se retorcían el cuello, se pateaban los genitales y se metían los dedos en los ojos (...).» (I. Allende, *Paula*, 49) = ARROYO = FILIPPO = CONSULTAS = GOBELLO (véanse también **trenza** y **trenzada**)

tres. m. **(1)** Instrumento de música popular, especie de bandurria que consta de tres cuerdas dobles. (Cuba = PR): «Una guitarra perezosa y el agrio *tres* esbozaban un motivo.» (A. Carpentier, *Écua-Yamba-O*, 47) = ORTIZ = CONSULTAS **(2) de a tres por quinto.** fr. Desprovisto de valor. (Méx.): «(...) ¿a poco* cree que le voy a regalar mi loza, galleta* de a tres por quinto?» (E. Poniatowska, *Hasta no verte Jesús mío*, 223) = CONSULTAS **(3) de tres por cinco.** tr. Pequeño, débil. (Arg.): «–¡Ríase! –le ordenó el ingeniero. Marta dejó escapar una risita, sólo una risita de tres por cinco. –¡Más fuerte! –volvió a ordenarle su hipnotizador.» (L. Marechal, *Adán Buenosayres*, 173) = CONSULTAS **(4) tres piedras.** fr. adj. inv. Véase **piedra.**

trigueño -a. adj. Negro –eufemíst.; de tez oscura. (PR): «Don Danilo y su acompañante, que resultó ser una muchacha joven, trigueña y bastante pintorretiada, siguieron de rolo* hasta Santurce <barrio de San Juan> y por toda la Ponce de León <gran avenida de San Juan> (...).» (A. L. Vega, *Pasión de historia*, 78) = MAURA = ÁLVAREZ NAZARIO = CONSULTAS

trilla. f. Sendero, vereda. (PR = Rep. Dom., Méx. y Col.): «Luego se echó los zapatos al hombro y subió por la pendiente siguiendo la trilla que conducía a la carretera.» (R. Marqués, *La víspera del hombre*, 72) = MALARET

trillar (o: **triyar**). intr. Buscar a un hombre o a una mujer para tener relaciones sexuales. (Ur. = Arg.): «Para colmo ella se llamaba Birgitta y salía a trillar por las estaciones del metro.» (F. Butazzoni, *El tigre y la nieve*, 21) = CONSULTAS = CHIAPPARA

trinca (o: **Trinca**). f. Grupo político de los pudientes –puede ser desp. (Ec.): «'Así ha de escarmentar', comento buscando una pared amplia para la inscripción de nuestros lemas: Paz, Pan, Trabajo con... Muerte a las Trincas con... Al triunfo con...» (E. Cárdenas, *Juego de mártires*, 110) = CONSULTAS = JARAMILLO DE LUBENSKY

trincar. tr. **trincarle** algo a alguien. fr. Tener la corazonada de que. (Arg.): «Sí, pero espera que me trinca que nos están espiando.» (J. Cortázar, *Deshoras*, 89) = CONSULTAS = VERDEVOYE

trinco -a. adj. Incapaz de moverse o de hablar. (PR): «Estaba trinco, dijo, trinco y jincho* y la voz le temblaba.» (A. L. Vega, *Pasión de historia*, 70) = MAURA

trincha. f. Cada uno de los bollos que tiene una barra de pan. (Par.): «Sólo apareció ella cuando de la mesa desaparecía la última trincha de pan que acompañó mi desayuno.» (M. Halley Mora, *Los hombres de Celina*, 49) = CONSULTAS

trinchar. v. **(1)** intr. Tener éxito. (Méx.): «–Señores, tienen garantías de que en caso de que el golpe fracase, tendrán ustedes depositado en una cuenta L. A., medio millón de dólares cada uno. –¿Y en caso de que trinchemos? –El 3%, para cada uno, de los actuales impuestos sobre la explotación y la exportación.» (P. I. Taibo II, *Sombra de la sombra*, 242) = CONSULTAS **(2)** tr. Tirarse a una mujer. (Par.): «–¡Mujer y basta! –Me acuerdo antes de la guerra... –dijo Otazú con despreciativa jactancia–. Todos íbamos a su rancho. ¡Hasta yo la trinché!» (A. Roa Bastos, *Hijo de hombre*, 336) = CONSULTAS

trinquete (o: **trinquetón -ona**). m. y f. Dícese de la persona que tiene corpulencia y fuerza. (Méx.): «Es una trinquetona que más bien parece pastora de barro de las que venden los custitaleros.» (R. Castellanos, *Balún-Canán*, 164) = SANTAMARÍA DGA = MORÍNIGO (quienes recogen la fr. **¡qué trinquete de hombre!**)

trío. m. Los tres caballos dispuestos para tirar del quitrín o volante, más especialmente para viajes por el campo; el caballo cabalgado de izquierda se llamaba de la monta, y el de derecha de la pluma*. (Cuba): «–A Leocadio <dile> que dé bastante maíz y yerba al trío moro y al trío dorado; porque tienen que emprender largo viaje pasado mañana. –*¿Va a salí lamo* <el amo>*?* / –No, tía Juana, Rosita y yo, que vamos a pasar las Pascuas en la Vuelta Abajo.» (C. Villaverde, *Cecilia Valdés*, 175) = PICHARDO

tripero. m. Tripas. (Ven.): «Casi todos son mozos, y en alta voz chancean de manera macabra. Cerca del fuego, uno dice al otro: / –¡Ah, mi vale*! Coma bastante, porque lo que es mañana le sacan el tripero.» (A. Uslar Pietri, *Las lanzas coloradas*, 116) = CONSULTAS = TEJERA

triple. m. **(1)** Guitarrilla de tres cuerdas. (PR): «Los instrumentos eran tres: una guitarra grande, el *cuatro*; otra más pequeña, el *triple*, y un cuerpo disonante llamado *güiro*.» (M. Zeno Gandía, *La Charca*, 66) = CONSULTAS **(2)** Emparedado con tres capas de pan. (Arg. = Ur.): «–¿Bendecir qué, Beba? –preguntó el Dr. Arrambide, con su escepticismo a priori, mientras se servía un triple de jamón y lechuga.» (E. Sábato, *Abaddón el exterminador*, 762) = CONSULTAS

tripón -ona. m. y f. Muchacho pequeño. (Ven. = Méx.): «Confieso que hallaría nueva fuerza en cada beso de mi mujer, cuando, desfallecido y triste, regresara por las tardes al caliente hogar; me sentiría más hombre cuando me viera renovar en los tripones, y tomaría más vida, porque me animaría entonces ese doble egoísmo de esposo y padre.» (M. V. Romero García, *Peonía*, 235-236) = TEJERA = MORÍNIGO

trique (o: **triqui**, que es la forma más usual). m.; ú. m. en pl. Trastos, cacharros. (Méx. = Guat.): «–(...) allí hay muchos triques y entre los triques una petaquilla con dibujos de concha...» (M. Azuela, *Los de abajo*, 92) = «Tomó una gran cazuela de barro y la llevó a guardar al ahora cuarto de los triques (...). A la muerte de Mamá Elena vieron que ya nadie lo pensaba utilizar como lugar para bañarse (...) y tratando de darle alguna utilidad lo convirtieron en el cuarto de los trebejos.» (L. Esquivel, *Como agua para chocolate*, 114) = SANTAMARÍA DGA = JIMÉNEZ = MORÍNIGO

trocha. f. **(1)** Brazo de mar; estero bastante estrecho por el que se puede navegar en canoa. (Ec.): «En tiempos de Obdulio Sánchez, Valverde y Caravalí, no se podía viajar por dentro, es decir por las trochas, porque ellos <los pelacaras*> asaltaban a toda canoa.» (A. Ortiz, *Juyungo*, 18-9) = «La canoa recibía ya las caricias de las olas que entraban por el brazo. Se internaron después por una trocha casi cerrada. Había un remanso completo.» (N. Estupiñán Bass, *Cuando los guayacanes florecían*, I, 89) = CONSULTAS **(2)** Vía del tren. (Guat., CR): «Seguí adelante (...) hasta cruzar los rieles de trocha angosta.» (M. A. Asturias, *Week-end en Guatemala*, 13) = «Llegaron a Siquirres y en el patio de la estación don Héctor detuvo el vehículo. Había que cambiarlo de vía. Ambos se bajaron, alzaron el pesado carromato en vilo y lo acomodaron en la otra trocha.» (J. Gutiérrez, *Puerto Limón*, 173) = CONSULTAS

trompa. f. **(1)** Boca de una persona. (CR, Méx, Guat. = Col.): «Encaramada en una gran escalera, apeando* mangos del arbolón que frente a la casa había, para darnos gusto por la trompa a las carretadas de nietos que iríamos llegando unos tras otros.» (F. Dobles, *Historias de Tata Mundo*, 234) = «Y yo nada más un besito en el cachete. Y tan linda trompita que tiene.» (R. Bernal, *El complot mongol*, 92) = «(...) en algún lado del pueblo otro niño llora y su nana <madre> tal vez se despierta, le cambia el pañal orinado, saca de su cotón* de manta la chiche <el pecho> timboncita* de leche, se le <la> acerca a la trompita y él empieza a chuparla vorazmente entre el sueño y el hambre (...).» (L. de Lion, *El tiempo principia en Xibalbá*, 28) = QUESADA = ARROYO = CONSULTAS = ARMAS = FILIPPO = HAENSCH Y WERNER **(2)** Cara de enfado, y el que la pone –ú. t. en las fr. **estar con trompa**, **estirar** y **poner trompa**. (Méx., Arg. = Col.): «(...) le decían en el pueblo 'el espíritu rudo', 'el enconchado' 'el trompas' (...).» (A. Yáñez, *La creación*, 31) = «Hace ya algún tiempo que vengo observando / un raro misterio en tu modo de ser, / si algo me retraso te encuentro con trompa / (...).» (A. Irusta, «Tenemos que abrirnos», en: J. Barreiro, *El Tango*, 204) = SANTAMARÍA DGA = CONSULTAS = VERDEVOYE = HAENSCH Y WERNER **(3)** Parte delantera de un vehículo –especialmente de una locomotora. (Méx., Guat., CR = Col.): «(...) unos catorce chavos* como él de veintitantos años, sentados en las trompas de los carros <coches> estacionados, esperando a los clientes de esta noche (...).» (C. Fuentes, *La frontera de cristal*, 298) = «(...) era inútil tener las ventanillas del carro <coche> abiertas porque de todos modos se sudaba a chorros. La carrocería quemaba y de la trompa salía un vaporcito que, como un lente, creaba espejismos. (...) / La trompa del carro <coche> hendía el aire y cada quien tendía a callar, a sumergirse en los propios pensamientos.» (D. Liano, *el hombre de Montserrat*, 93 y 100) = «Y yo ansiaba poder hacer un viaje de esos, ojalá encajado en la trompa de la locomotora y bien tiznado y con mis overoles <mono> manchados de aceite, para ir luciéndome así ante los ojos envidiosos de toda la gente que me viera pasar.» (C. L. Fallas, *Marcos Ramírez*, 293) = QUESADA = SANTAMARÍA DGA = FILIPPO = CONSULTAS **(4) chupar trompa.** fr. Besar(se) en la boca. (Col.): «Alberto esperaba a Luz Betty, no es necesario apurarme, además ayer bailé mucho, yo sólo quiero agarrarla bien pegaditos y chuparle trompa, y sudar mucho es muy barro*.» (U. Valverde, *Bomba Camará*, 100) = HAENSCH Y WERNER

trompeadura. f. Serie de trompadas. (Perú = Bol. y Arg.): «(...) entre esas medidas estaba la de sacarme inmediatamente de la escuela, amén de una trompeadura que sirviera de ejemplo a los padres candelejones <cándidos> (...).» (E. López Albújar, *De mi casona*, 141) = MALARET = SOPENA

trompeta. adj. inv. en género. Mañoso; enredador. (Arg.): «–¡Mentiz <mentís>, trompeta! –le gritó Seleuco, yéndosele al humo*.» (L. Marechal, *Adán Buenosayres*, 539) = TERRERA = CONSULTAS

trompetilla. f. Silbido hecho con los labios para imitar un pedo, y que se emite en señal de burla. (PR = Cuba, Méx.): «Era un hombrecillo de voz atiplada que hablaba mucho de su irresistibilidad para las mujeres, y sus palabras eran siempre recibidas con trompetillas entre los demás compañeros.» (E. Laguerre, *La llamarada*, 39) = MALARET = MAURA = SANTIESTEBAN

trompezar. v. **trompezarse.** prnl. tr. ind. Acostarse con. (Perú): «'Que no se te antoje, indio faltativo* (...) con (*sic*) trompezarte con mi mujer. Yo tengo en mi casa un buen cuchillo y una buena carabina'.» (E. López Albújar, *Nuevos Cuentos Andinos*, 142) = CONSULTAS

trompiezo. m. Adulterio. (Perú): «–Perdón por el 'trompiezo', que es la primera vez...» (E. López Albújar, «El trompiezo», en: *Nuevos Cuentos Andinos*, 141) = CONSULTAS

trompilla. f. Aro que se sujeta al hocico del cerdo. (CR): «Les puse trompilla <a los chanchos> para que no me escarbaran el cerco ni la milpa <el maizal>, y les abrí un boquete para que salieran.» (M. Salguero, *Agencia de policía*, 101) = QUESADA = GAGINI

trompo. m. **como trompo en la boca.** fr. Dícese del caballo que tan bien obedece a la rienda que es capaz de dar vueltas como un trompo. (Arg.): «El pampa* educa al caballo / como para un entrevero. / Como rayo es de ligero / en cuanto el indio lo toca; / y, como trompo en la boca, / da güelta sobre de <sobre> un cuero.» (J. Hernández, *Martín Fierro*, II, 1.395-400) = CONSULTAS

trompudo -a (o: **trompúo -a**). adj. **(1)** Que tiene los labios muy salientes, hocicudo. (CR, Ec. = PR, Rep. Dom., Am. Centr., Col. y Arg.): «Es una muchacha muy bella; su tío abuelo Bully tenía bien pronunciadas las características de la raza negra africana: color charol, nariz aplastada y labios trompudos.» (A. Portocarrero, *Negro desgraciado*, 34) = «(...) entró en el billar del trompudo Cañas (...).» (J. Icaza, *El Chulla Romero y Flores*, 60) = QUESADA = ARROYO = GAGINI = MAURA = FILIPPO = HAENSCH y WERNER = CONSULTAS = MALARET = SOPENA **(2)** ú. t. c. s. Dícese especialmente de las personas de raza negra. (CR): «¿Por qué a esa trompuda la pueden venir a ver y a una no? –protestó una vieja de una cama del frente, largas greñas cenicientas cayéndole sobre los ojos.» (J. Gutiérrez, *Puerto Limón*, 132) = CONSULTAS

tronador (o: **jocote* tronador**). m. Cierta variedad de jocote <ciruela>, más grueso y carnoso que el común. (CR = Nic.): «Y en lugar de darme cruces, sacó del bolsillo de su enagua media docena de jocotes tronadores, que todavía estoy saboreando (...) porque me gustan mucho los tronadores.» (F. Dobles, *Historia de Tata Mundo*, 235-236) = «Después que pasaron la quebrada de los Abarca, en donde hay unos palos de jocotes tronadores que echan unos hasta que se me hace la boca agua cuando me acuerdo (...).» (M. Salguero, *Agencia de policía*, 67) = QUESADA = CONSULTAS

tronar. tr. **(1)** Pasar por las armas, matar a tiros, fusilar –especialmente cuando se aplica a la ejecución sumaria que la Policía hace de los supuestos malhechores. (Méx., Guat., Hond. = Cuba, Nic. y Am. Centr.): «–Bueno –habló Demetrio–, puedes irte a tu pueblo; pero cuidado con ir a decir a nadie una palabra de lo que has visto, porque te trueno. Daría contigo aunque te escondieras en el centro de la tierra.» (M. Azuela, *Los de abajo*, 50) = «(...) Lucio me había dicho que estaba de turno en espera de un mudo con rabia que me contó después que tenía que tronarse.» (M. A. Asturias, *El señor presidente*, 136) = «(...) <el jefe> se vuelve colérico y ordena a los soldados: / –¡Quédense aquí! ¡Yo solo me basto! ¡Voy a darme el gusto de tronar a este parlanchín!» (R. Amaya Amador, *Destacamento Rojo*, 97) = CONSULTAS = SANTAMARÍA DM y DGA = MEMBREÑO (Apéndice de J. Cisneros) = SANTIESTEBAN = RABELLA y PALLAIS **(2) tronar los dedos.** fr. Véase **dedo.**

troncal. adj.; ú. t. c. f. Vía de ferrocarril; dícese especialmente de una línea de ferrocarril o de una carretera principal. (Guat., El Salv. = Méx., Hond. y Arg.): «El jeep viró casi en ángulo recto, al apartarse de la carretera troncal, por un camino de tierra zigzagueante y pedregoso (...).» (M. A. Asturias, *Torotumbo*, 61) = «Es malo el camino este, el que empalma con la troncal del norte.» (M. Argueta, *Un día en la vida*, 79) = MORÍNIGO = CONSULTAS

tronco. (1) adj. Extraordinario, muy grande. (PR): «Crecía allí un tronco platanal. Las pomposas hojas trazaban gallardas curvas desde el tronco hasta cerca del suelo, formando entre todas una cripta verde, un trecho movedizo que sombreaba el monte.» (M. Zeno Gandía, *La Charca*, 52) = MAURA = CONSULTAS **(2) tronco de** hombre, **de** mujer, **de** carro <coche>, *etc.* fr. m. Hombre magnífico, mujer bellísima, *etc.* (PR y Nic. = Ven. y Col.): «(...) sin haberla librado* todavía, aparte de unos cuantos matesitos* bobos con dos o tres nenas en el carro de Vitín, y presentárseme aquel tronco de mujer de treinta años así porque sí, como si me la hubieran puesto los Reyes sin yo portarme bien...» (A. L. Vega, *Pasión de historia*, 63) = «Como guitarrista soy tronco de marido, hasta en el amor hay que ser musical (...).» (canción «La guitarra y la mujer» de Carlos Mejía Godoy) = CLAUDIO DE LA TORRE = MAURA = RABELLA y PALLAIS = CONSULTAS = HAENSCH y WERNER (véanse también **palo** y **penco**)

troneo. m. Justicia, juez. (PR): «Lo natural era correr a la llanura, presentarse a la justicia, contárselo todo. –*Señor juez, en mi barrio quieren matar a un hombre...* Sí, derecho al troneo. Pero, ¿y luego? Vengan las pruebas (...).» (M. Zeno Gandía, *La Charca*, 81) = CONSULTAS

tronera. f. Abertura practicada en la parte inferior de las tapias, a modo de desagüe. (Méx.): «La cerca de piedra culebreaba mucho al subir y bajar por las lomas (...). Cuando menos acordamos*, estaban ya, mero* enfrente de nosotros, todos desguarnecidos. (...) Casi tapaban el agujero de las troneras con su bulto, de modo que aquello era como tirarles a boca de jarro y hacerles pegar tamaño respingo de la vida a la muerte sin que apenas se dieran cuenta.» (J. Rulfo, *El llano en llamas*, 94-95) = CONSULTAS

tronquero. m. Bandido, asesino, sicario que suele cometer sus fechorías con la ayuda de otro; ú. m. en pl. (Ec.): «(...) avanzaron hasta el lugar en donde descansaban los cadáveres de los dos manabitas <habitantes de la provincia de Manabí>. Dos conchistas* que afirmaron conocerlos, dijeron, poniendo la cara hacia el sol: / (...) – 'Tronqueros' de Manabí... / –¿Los recogemos? –¡Quién va a recoger esos perros!» (N. Estupiñán Bass, *Cuando los guayacanes florecían*, II, 50) = CONSULTAS

tropeada. f. Arreo, acción y efecto de conducir tropas de ganado. (Ur. = Arg.): «Ahora, donde se den cosas como una disparada* a medianoche, esa es tropeada que no se olvida más.» (J. C. da Rosa, «De sol a sol», en G. Wettstein, *Nuestra Tierra*, II, 28) = CONSULTAS = VERDEVOYE (véase también **tropear**)

tropear. tr. Conducir tropas de ganado o carga de cualquier otra cosa. (Ur. = Arg.): «–(...) A ver si nos meten presos por tropear carabinas.» (E. Amorim, *La carreta*, 123) = SANTAMARÍA DGA = MORÍNIGO = VERDEVOYE (quienes lo registran para tropas de ganado; véase también **tropeada**)

tropezar. tr. Tropezar con. (Ven.): «¿Quién iba a alarmarse porque un hombre llevara un maletín? ¡Cualquiera que lo tropezara y sintiera algo duro y pesado!» (A. González León, *País portátil*, 14) = CONSULTAS

truco. m. Especie de mus, cuyas reglas varían según los países. (Arg. = Ur.): «El zaguán, más tarde, los patios de las imprentas, el vicio fomentado, prohijado* por el ocio, el cigarro, el hoyo*, la rayuela y los montones de cobre, el naipe roñoso, el truco en los rincones.» (E. Cambaceres, *En la sangre*, 71) = CONSULTAS = GOBELLO

truchero. m. Dueño de un tenducho, vendedor de comestibles al por menor, pulpero. (Hond. = CR): «(...) hablaba con don Chombo de problemas tan profundos como la aritmética de la balanza, en la que el truchero era un sabio.» (R. Amaya Amador, *Cipotes*, 236) = MORÍNIGO

trucho -a. adj. Dícese de lo que se hace de manera falsa, con componendas –es término difundido en la década de los ochenta, y muy de moda a raíz de la corrupción política. (Ur. = Arg.): «Estos mismos grupos han ganado (...) una licitación trucha para instalar los canales <de televisión> por cable de Montevideo.» (Carlos Amorim, en: semanario *Brecha* de Montevideo, 7/6/1996) = CONSULTAS = GOBELLO

trueno. m. **(1)** Fiesta ruidosa, escandalosa. (Arg. = Ven.): «(...) oíalos él en los corrillos, en los grupos de estudiantes, hablar, conversar, de sus amores, de las mujeres, del mundo, de sus queridas del teatro, de sus noches de trueno, de juegos y de orgía...» (E. Cambaceres, *En la sangre*, 109) = MALARET = MORÍNIGO **(2)** Locura, trastorno mental. (Ur.): «Está clavado*: los hijos heredaron el trueno.» (E. Estrázulas, *Pepe Corvina*, 36) = CONSULTAS **(3)** Arbolillo (*Ligustrum lucidum*) frondoso, procedente de Asia, que se usa para adornar calles y paseos. (Méx.): «Pitirre se llevó a la niñita entre unas matas* de trueno.» (J. J. Arreola, *La feria*, 131) = SANTAMARÍA DGA

trusa. f. **(1)** Bañador, tanto de hombre como de mujer. (PR, Cuba): «Usaba un traje muy ceñido que le destacaba los senos. / Envidié a la trusa y sobre todo al agua.» (E. Laguerre, *La llamarada*, 100) = «Justino, en trusa, se había instalado en la arena frente al hotel, donde varios huéspedes tomaban el ya picante sol de la mañana.» (R. Ortega, *La aventura de la Cruz Pinera*, 126) = CONSULTAS = SANTIESTEBAN **(2)** Pantalones de hombre. (Col.): «Entre ellos <los guardianes>, uno distinto y extraño que parecía sacado de una película truculenta. Lo llamaban el Gorila (...). En vez de los pantalones cortos de todos usaba una trusa de gimnasta. Tenía el pasamontañas y una camiseta apretada que mostraba el torso perfecto (...).» (G. García Márquez, *Noticia de un secuestro*, 119) = SOPENA =CONSULTAS

tubo. **(1)** m. Teléfono; auricular del teléfono. (Par., Ur., Arg.): «–Llámala– se dijo. Sé caballero. Y descolgó el tubo para discar <marcar>; pero temió que ella se decidiese a llamar en ese momento y lo volvió a colgar.» (H. Rodríguez-Alcalá, *Relatos de Norte y Sur,* 80) = «Me despiertan los timbrazos largos del teléfono. Manoteo el tubo; se me cae de las manos.» (E. Galeano, *Días y noches de amor y de guerra,* 103) = «Mi primer movimiento fue el de telefonear a José Antonio, pero Victoria me arrebató el tubo.» (L. Marechal, *Adán Buenosayres,* 596-597) = GOBELLO **(2)** m. Grifo, llave. (CR): «Paro aquí el parte porque Piche de Agua se está lavando el barro en el tubo de la Agencia y todo lo está pringando de agua con tierra.» (M. Salguero, *Agencia de policía,* 27) = «Llegó donde el enfermo y para disimular, se puso a darle cada hora una cucharada de lo que traía en una botella y que no era otra cosa que agua del tubo con anilina.» (C. Lyra, *Los cuentos de mi tía Panchita,* 87) = QUESADA = CONSULTAS **(3)** adj. inv. Dícese de la ropa de vestir muy ceñida al cuerpo. (PR): «La falda tubo lila está estrujada. (...) En eso, por suerte, llegó ella. Con un look bien de oficina: medias náilon, traje tubo, tacos, cartera combinada (...)» (A. L. Vega, *Pasión de historia,* 56 y 72) = CONSULTAS = MAURA **(4) por un tubo y siete llaves.** fr. Por mucha cantidad. (PR): «(...) ha comprao tierra por un tubo y siete llaves (...).» (A. L. Vega, *Pasión de historia,* 127) = CONSULTAS = CLAUDIO DE LA TORRE

tuca. s. **(1)** f. Tronco de árbol listo para ser aserrado, troza. (Hond., Nic., CR): «Como lo había ordenado el patrón, Ambrosio Pérez formó parte de la cuadrilla de arreadores* de trozos o tucas, por el río Pataste <Honduras> (...).» (A. P. Sánchez, *Ambrosio Pérez,* 78) = «Y las tucas van bajando por el Río Escondido <Nicaragua> / con los patos gritando cua-cua-cua, y los ecos, / los ecos, mientras el remolcador va con las tucas / resbalando sobre el verde río de vidrio / hacia el Atlántico...» (E. Cardenal, «La hora O», en: Fr. de Asís Fernández, *Poesía política nicaragüense,* 120) = «Los aguaceros no le hacen nada y tenemos varias tucas cortadas. Más de una hacha se nos mochó alistándolas.» (J. Pinto, *Los marginados,* 106) = QUESADA = GAGINI = CONSULTAS **(2)** m. Refugio rudimentario. (Par.): «(...) oficiando el padre Valdez una misa bajo los árboles, se oyeron dos tiros de fusil. Era la alarma de un inminente ataque aéreo. El oficio religioso fue suspendido de inmediato y con nuestro uniforme blanco nos lanzamos apresuradamente a los 'tucas' (...).» (H. C. Sosa Tenaillon, *Cincuenta años después,* 139) = CONSULTAS

tucán. m. Billete de cinco mil colones <moneda costarricense>. (CR): «Diiiiiisculpen laaa mooolestiaada mas <damas> y caaaaballeeeeeeeeros, yo venía a ver siusteedes podían aaayudarmecon uuun diez, un cinco, un colón, un tucán, lo que uuustedes tengan guuustoes para ayudarlea mi mamá (...).» (F. Contreras Castro, *Los Peor,* 176) = CONSULTAS

tuco. m. Parte o porción de alguna cosa, pedazo, trozo. (Hond., Nic., CR, Ec. = Pan.): «–(...) Apenas almorzamos un tuco de yuca con chile <pimiento> y sudamos como burros en cuesta.» (R. Amaya Amador, *Los brujos de Ilamatepeque,* 96) = «(...) te (...) vendían <la brillantina> (...) en un tuquito de papel (...).» (O. Cabezas, *La montaña es algo más que una inmensa estepa verde,* 13) = «(...) se asomó por la ventanita alta y se puso a comerse un tuco de queso, y a arrojarle boronitas <migajas de pan> en la cara.» (C. Lyra, *Los cuentos de mi tía Panchita,* 168) = «Los mangles estaban divididos en tucos de una longitud casi exacta. Empezaron a cargar las canoas. Cada quien se apropió de un pedazo y se lo echaron al hombro yendo a depositarlo en la canoa.» (D. Aguilera Malta, *Don Goyo,* 69) = QUESADA = ARROYO = GAGINI = RABELLA y PALLAIS = MEMBREÑO = CORNEJO = GUEVARA CQE = CONSULTAS

tuerca. adj.; ú. t. c. m. Aficionado a los automóviles, especialmente a las carreras; conocedor de mecánica automotriz. (Ur. = Arg.): «De niño yo fui medio 'tuerca'.» (E. Estrázulas, *Pepe Corvina,* 60) = CONSULTAS = CHIAPPARA

tuerce. m. Infortunio, desgracia. (El Salv. = Méx., Hond., Nic. y CR): «–Es lo que yo digo, cuando el tuerce llega pues ya estamos arruinados don Sebas (...).» (M. Argueta, *Un día en la vida,* 181) = MEMBREÑO = JIMÉNEZ

tuero. m. Juego del escondite. (Guat.): «Camila tuvo la impresión que estaba jugando al tuero.» (M. A. Asturias, *El señor presidente,* 81) = SANTAMARÍA DGA = SOPENA = CONSULTAS

tufazo. Véase **tufo.**

tufo -azo. m. Resabio, resaca. (PR): «(...) acaba de encontrar al marido postrado en una cama con un tufazo de atómico* y tremendo chichón en la cabeza...» (A. L. Vega, *Pasión de historia,* 88) = SOPENA

tulpa. f. Hogar, fogón indígena formado de tres piedras, o cada una de estas piedras. (Ec. = Col.): «La mama Rusiaro se había levantado temprano a moquiar <moquear> soplando la tulpa (...).» (G. A. Jácome, *Porqué se fueron las garzas,* 83) = CONSULTAS = JARAMILLO DE LUBENSKY = HAENSCH y WERNER

tumba. f. **(1)** Tambor de origen africano. (Cuba): «(...) en una grabación, donde él tocaba la batería y yo repicaba con mi tumba y a veces me cruzaba.» (G. Cabrera Infante, *Tres tristes tigres,* 92) = SÁNCHEZ-BOUDY = MALARET = SANTAMARÍA DGA **(2)** Pedazo de carne magra de mala calidad, que se come hervida; es comida de presos y soldados. (Arg.): «Sin sueldo y sin uniforme / lo pasa uno aunque sucumba; /

confórmesé <*sic*> con la tumba / y si no... no se conforme.» (J. Hernández, *Martín Fierro*, II, versos 3.613-6) = «(...) los ladrones esperando (...) el atardecer con la 'tumba' horrible humeando en el tacho.» (R. Arlt, *Novelas completas y cuentos*, III, 253) = MORÍNIGO = CONSULTAS (véase también **tumbear** o: **tumbiar**) **(3) tumba francesa.** fr. f. Cierto baile popular de negros. (Rep. Dom. = Cuba): «Beniamo <veníamos> de la tumba francesa, ¿sabe? Dede <desde> chiquita aprendí a bailala <bailarla> (...).» (M. Enríquez Ureña, «La conga se va...», en: S. Nolasco, *El cuento en Santo Domingo*, 126) = RODRÍGUEZ DEMORIZI = PICHARDO

tumbadito (o: **tumbaíto**). m. Cierto baile popular y su música. (PR): «El primo bombero le prometió un tumbaíto el jueves entrante: que ratón* bueno vamos a pasar.» (L. R. Sánchez, *La Guaracha del Macho Camacho*, 146) = MAURA

tumbado. m. **(1)** Cielo raso de las habitaciones. (Ec.): «En alto porcentaje se conservan las casas con una o dos piezas, que sirven para llenar todas las necesidades; en ellas no existen **tumbados** (cielo razo <cielo raso>); los pisos son de tierra (...).» (G. Rubio Orbe, *La población rural ecuatoriana*, 158) = TOBAR GUARDERAS = TOBAR DONOSO = MORÍNIGO **(2)** Techo interior de una habitación, que forma el piso de un desván. (Ec. = Col.): «(...) imaginé los laberintos, los abismos, lagos y bosques de hongos que encerrará en su interior el tumbado: nunca he puesto los pies ahí: tenía miedo (...).» (E. Cárdenas, *Juego de mártires*, 77) = «En una de las piezas altas de la casa quedaba el inevitable hueco por donde subían a los tumbados los peones-albañiles, cogedores de goteras (...).» (M. Corylé, *Gleba*, 139) = HAENSCH y WERNER **(3) tumba(d)o.** Véase **tumbao.**

tumbadora. f. Tambor de madera de origen africano, con parche de cuero; es de dos tipos: la 'hembra', más grande, tiene un sonido más grave que el 'macho'. (PR, Cuba): «(...) las figuras de los que rompieron a bailar y bailotear en el pasillo estrecho <del bus>, (...), la espalda del chofer hecha tumbadora por un técnico de refrigeración que se reveló como arreglista musical.» (L. R. Sánchez, *La Guaracha del Macho Camacho*, 22) = «Algunas <mulatas> procedían de los solares <casas de vecindad>, las humildes cuarterías donde, a toda hora, se bebía alcohol y sonaban los cueros de la tumbadora.» (*Sol y son*, n° 18, 33) = «Con un par de claves*, Bárbara llevaba el compás, al tiempo que Gamaliel y Mariazinha habían establecido un diálogo de instrumentos de percusión, él con la tumbadora, y ella con un tambor batá.» (R. Ortega, *La aventura de la Cruz Pinera*, 149) = SÁNCHEZ-BOUDY = CONSULTAS

tumbao. m. Ritmo. (PR, Pan. y otros): «Pero mientras el jazz perdía el baile que lo caracterizó en la época *swing*, Cortijo retuvo a los bailadores, esos intérpretes gestuales del sabrosón <muy sabroso> tumbao plenero*.» (E. Rodríguez Juliá, *El entierro de Cortijo*, 31) = «Por la esquina del viejo barrio lo vi pasar / con el tumbao que tienen los guapos al caminar.» («Pedro Navaja», canción de Rubén Blades, Fania Records, Nueva York, 1978) = CONSULTAS

tumbar. tr. **(1)** Robar, birlar. (PR = Col.): «(...) se le ha perdido la trompeta, la solicita entre los empujones y los gritos, ¿no se la habrían *tumbao*? (...).» (E. Rodríguez Juliá, *El entierro de Cortijo*, 88) = CONSULTAS = CLAUDIO DE LA TORRE (véase también **tumbe**) **(2)** Dejar, abandonar, ya no preocuparse por algo. (PR): «–Tumbe eso, viejo, túmbelo.» (R. Marqués, *La carreta*, 16) = CONSULTAS = CLAUDIO DE LA TORRE **(3)** Sonsacar con chantajes. (PR): «(...) me le acerqué para invitarla a un jugo en la cafetería del parque con los dos o tres billes <billetes> que le había tumbado al Viejo en un momento de debilidad.» (A. L. Vega, *Pasión de historia*, 68) = CONSULTAS **(4) tumbar caña.** Véase **caña.**

tumbe. m. **(1)** Robo, atraco. (PR = Col.): «Si nos salimos de los cursos de Literatura Puertorriqueña y del manual de Manrique Cabrera, Lloréns Torres <barrio muy popular de San Juan> significa *teca**, *tumbe* (...).» (E. Rodríguez Juliá, *El entierro de Cortijo*, 13) = «Él, que a fuerza de tumbes ya casi casi tiene en su puerquito plástico <hucha> los quinientos dolores <dólares> para el televisor a color que requiere Doña Reme de regalo de madres...» (A. L. Vega, *Pasión de historia*, 131) = CONSULTAS = MAURA = CLAUDIO DE LA TORRE = HAENSCH y WERNER **(2)** Acto de conseguir a una chica, de acostarse con ella. (PR): «Vitín y Pucho me decían que yo era el Pendejo nacional, que hace ratos que ellos le hubieran dado el tumbe (...).» (A. L. Vega, *Pasión de historia*, 64) = CLAUDIO DE LA TORRE

tumbear (o: **tumbiar**). intr. Comer la carne hervida llamada tumba*. (Arg.): «Tenía reseco el cuerpo como carne de charque, y no pensaba más que en 'tumbiar' y echarme aunque fuera en los ladrillos. –¿Seguirán marchando cuando acaben de comer?» (R. Güiraldes, *Don Segundo Sombra*, 52) = MORÍNIGO = CONSULTAS

tumbilla (o: **tumbía,** o: **tumbíya**). f. Canastilla de junco o de mimbre trenzado. (Hond. = Am. Centr.): «–(...) Hace ya tanto tiempo que estás en ese corredor con tu tumbíya, remienda que remienda.» (A.P. Sánchez, *Ambrosio Pérez*, 24) = MALARET (quien recoge **tumbía**)

tumbo. m. Nombre vulgar de varias plantas pasifloráceas (*Passiflora membranacea*, *P. quadrangularis*, *P. mollissima*), y más particularmente de su fruto, algo mayor que la granadilla. (Bol. = Ven., Col.,

Ec. y Perú): «Diamantinos colibríes venían a libar la miel de los *tumbos*, y revoloteaban, haciendo cabrillear al sol, como piedras preciosas, sus plumas metálicas y doradas (...).» (A. Arguedas, *Raza de bronce*, 62) = MUÑOZ REYES = SANTAMARÍA DGA

tumidez. f. Tumor. (PR y otros): «El hambre y la uncinariosis chupan en los exhaustos organismos. La miseria de los harapos denuncia la dolorosa tumidez. Sobre las cenizas del fogón bien que pueden 'pasar las culebras*'... ¡y ese llanto inquietante de una niñez desvalida!» (E. Laguerre, *La llamarada*, 169) = CONSULTAS

tuna. f. Borrachera –ú. t. en la fr. adj. **a tuna** 'borracho'. (Guat.): «Como a las once regresaron el Rata y Cabezotas totalmente a tuna, se caían, se abrazaban (...), se carcajeaban (...), trastabillaban, se tomaban otro trago (...).» (M. A. Flores, *Los compañeros*, 32) = ARMAS = RUBIO = MORÍNIGO

tunda. f. Ser legendario de la Costa, especie de duende. (Ec.): «–La tunda es jodida, palabra –siguió don Clemente–; yo he topado su rastro cuando he andado monteando. La una pata <una de sus patas> es como de cristiano, pero la otra es de molinillo. Siempre cufiando <acechando> las casas donde hay criaturas. Si la muy astuta ve a un chico, se transforma en seguida, por malas artes, en persona conocida del muchacho o en animalito de la casa. Entonces se lo lleva al monte con engaño. Cuando pasa los esteros, les da de comer camarones crudos y les echa ventosidades en la cara, como si hubiera bebido ese monte* que mientan pedorrera, para atontarlos (...). Oiga, y esas ventosidades diz que hieden a cobre. Después los lleva a su cueva, que siempre la hace entre los guaduales <bambudales> espinosos, y los va secando, secando con su mal bajo, hasta que los deja en los puritos huesos.» (A. Ortiz, *Juyungo*, 146) = CARVALHO-NETO (véase también **entundar**)

tupido. adv. Con frecuencia y mucho tesón; duro y parejo. (Ch. = Méx., Bol. y Arg.): «(...) mientras el caballero le estará atracando* tupido al mosto* (...).» (M. Rojas, *El delincuente..., y otros cuentos*, 74) = MALARET = MORÍNIGO = SANTAMARÍA DGA

tupina. f. Instrumento acerado para deshojar las mazorcas. (Ec.): «Los trabajadores deshojaban las mazorcas, ayudados de la **tupina,** con asombrosa destreza. (...) hundían las afiladas **tupinas** en la mazorca, partiendo en dos su vestidura de hojas, que, en las matas, quedaban vacilando como alas inertes de palomas; luego, arrancaban el grano y lo echaban en los sacos.» (M. A. Corral, *Las Cosechas*, 94 y 102) = CONSULTAS

tupir. (1) intr. Crecer. (CR): «Hum, esto va pa largo, ¿saben? Y los ríos se van a botar <derramar> ajuera <afuera>... Carambas*, y si la cosa tupe nos vamos a tener que comer hasta los perros.» (C. L. Fallas, *Gentes y gentecillas*, 181) = «Como la cosa estaba tupiendo a más y mejor, lo <le> dije a Emeterio que fuera a darse una vuelta para visitar las pulperías y prevenir a la gente de que tuviera cuidado.» (M. Salguero, *Agencia de policía*, 28) = CONSULTAS **(2)** tr. Engañar; robar. (Cuba): «–(...) Ma Luciana Fariñas no sabía leer ni escribir, ni sumar ni restar, pero no había quien la engañara. Uno llamado Pedro Lara le compraba tabaco, y como los viejos no entendían más que números cerrados, peso fuerte, peseta fuerte, siete reales fuertes, *etc.,* Pedro Lara creyó que la había tupido. Cogió el dinero, setenta matules <rollos de tabaco> a $1.75 igual a un peso fuerte. La vieja desgranó su mazorca. Mandó buscar a Pedro Lara: dinero no tá <está> completo. Tiempo bobo acabá.» (L. Cabrera, *Reglas de Congo*, 203) = «(...) claro que ellos no podían creer esas patrañas, tienen que ver claro. ¡Estaría bueno que también hubieran tupido a Dios!» (J. Soler Puig, *En el año de enero*, 53) = SÁNCHEZ-BOUDY = SANTIESTEBAN

turco -a. (1) s. m. y f.; ú. t. c. adj. Comerciante sedentario sirio, o siriolibanés –a veces del norte de África. (Cuba, Hond., El Salv., Nic., Ven., Col., Ec., Par., Ur. = Méx., Guat., Arg. y otros): «Se ponían <las mujeres esclavas> argollas de oro en las orejas y dormilonas. Estas prendas se las compraban a los moros o turcos que iban de vez en cuando a los mismos barracones.» (M. Barnet, *Biografía de un cimarrón*, 22) = «(...) divertir los ojos con tanta papada* que traen los turcos a la capital...» (M. A. Rosa, *Tío Margarito*, 159) = «–(...) piensa en las amistades de tu hija. Los niños que van allí no son de buena familia, hasta turcos hay.» (D. J. Flakoll, y C. Alegría, *Cenizas de Izalco*, 49) = «En esa parte céntrica, hacia el parque, se ubicaban las tiendas de abarrotes <comestibles> y telas, algunas de ellas propiedad de los turcos, como la de Basilio Savany Farach (...).» (S. Ramírez, *La marca del Zorro*, 25) = «La mayor, María Carlota, se huyó con un turco comerciante, adinerado y barrigón.» (G. Meneses, *Campeones*, 68) = «(...) atisbaba (...) los baratillos de los turcos descoloridos por el sol (...).» (G. García Márquez, *El otoño del patriarca*, 18) = «–(...) Además, hay otra ventosa que me chupa la sangre. / ¿Cuál? / –La turca. / –¿Qué turca? / –La turca comerciante, que tiene la manía de fiar sus mercaderías, e incita a la familia para que le saque a crédito las cosas que vende.» (J. A. Campos, *Cosas de mi tierra*, 78) = «Frente a la estación están los depósitos de una bodega y las tiendas de los turcos hacen doler los ojos con sus paredes que parecen bañadas en cal viva.» (A. Roa Bastos, *Hijo de hombre*, 23) = «Una de las tantas veces que se alejó del fogón (...) más o menos a la una de la madrugada, al agacharse, sintió un inconfundible olor a jabón de turco.» (E. Amorim, *La carreta*, 156) = SÁNCHEZ-BOUDY =

ARROYO = TEJERA = SANTAMARÍA DGA y DM = HAENSCH y WERNER = CONSULTAS = JIMÉNEZ = VERDEVOYE **(2)** Toda persona radicada en América y de habla árabe, cualquiera que sea su profesión. (Ec. = Ven.): «En Sangolquí <pueblo de la sierra ecuatoriana> eran conocidos con el nombre de los «turcos», denominador común que suelen sus habitantes dar a todos los que hablan el árabe.» (L. A. Robayo, *Pedro Tipán*, 39) = CONSULTAS = TEJERA **(3)** Buhonero siriolibanés. (Arg.): «Como un turco me eché a la espalda recado y ropa.» (R. Güiraldes, *Don Segundo Sombra*, 24) = CONSULTAS **(4) con más embrollos, más embrollado que negocio de turco.** fr. Véase **embrollado**, **embrollo.**

ture (o: **turo**). m. Silleta de madera, cubierta de paño o de cuero, de respaldo inclinado hacia atrás. (PR): «Tambaleándose llegó Tello al bohío. Se deja caer pesadamente en un ture.» (A. Díaz Alfaro, *Terrazo*, 36) = «Donde estábamos, la saluca, reducidísima, con un cajón, un ture, mi silla, un banco y una tosca mesa por todo ajuar.» (E. Laguerre, *La llamarada*, 96) = ÁLVAREZ NAZARIO = MAURA (quien recoge **ture**)

turno. m. Fiesta para recaudar fondos. (CR): «(...) en un turno que hicieron para remendar <reparar> la ermita la Auristela midió la distancia, vio que ya lo iba pudiendo, y se metió a mandonear <dirigir> las rifas y las bombetas*, con lo que el turno dio muy buena cosecha.» (F. Dobles, *Historias de Tata Mundo*, 47) = QUESADA = ARROYO = GAGINI = CONSULTAS

turro -a. m. y f. **(1)** Malvado, malintencionado; desvergonzado. (Arg.): «–¿Y quién te ha dicho que yo no sea un turro?» (E. Sábato, *Sobre héroes y tumbas*, 229) = «¿Saben a qué vino Jesús en la tierra? A salvar a los turros, a las grelas*, a los chorros*, a los fiocas <rufianes>.» (R. Arlt, *Novelas completas y cuentos*, II, 216) = CHIAPPARA = CASULLO = MORÍNIGO **(2) turro -a** (o: **turrito, -ita**). Torpe, tonto, estúpido. (Arg.): «La turrita está con que tengo el pelo largo, me cago en ella, lo que tienen estas minas <mujeres> en la cabeza (...).» (M. Puig, *La traición de Rita Hayworth*, 157) = «(...) pegó sus labios a mi oreja y me gritó en son de burla: –¿Qué haces, *turrito*?» (L. Marechal, *Adán Buenosayres*, 608) = «Traigan a la turrita esa y a Buzzo.» (E. Sábato, *Abaddón el exterminador*, 1.118) = GOBELLO = CHIAPPARA = MALARET = CONSULTAS

turumbas. f. pl. **hacerse turumbas por.** fr. Desvivirse por. (Ec.): «'José se hace turumbas por complacerla'.» (G. A. Jácome, *Porqué se fueron las garzas*, 135) = CONSULTAS

tusa. (1) f. Pelo, cabellos –pop. (Bol.): «Estos le vieron con la tusa apelmazada por el sudor, con el casco en la mano y una azorada violencia en la trabazón del gesto acre y decidido.» (H. Guzmán Arze, *Borrasca en el valle*, 186) = CONSULTAS **(2)** adj. inv. Tonto, de escasa inteligencia. (PR = Ven. y Col.): «Y eh que esoh 'mihteh' <es que esos míster> del gobierno son ahora paraoh como ehpequeh y no se saben reíl. (...) Noh quieren jasel tan tusa y tan repunanteh como elloh.» (R. Marqués, *La carreta*, 16) = CONSULTAS = TEJERA = HAENSCH y WERNER **(3)** f. Véase **tusero.**

tusar. tr. **tusar a la federala.** fr. Cortar las patillas y las barbas de los partidarios de los unitarios, para asemejarlos a los federales partidarios de Rosas que llevaban bigotes. (Arg.): «–A ver las tijeras de tusar mi caballo: túsenlo a la federala.» (E. Echeverría, *El matadero*, 112) = CONSULTAS

tusca. f. Cierta acacia (*Acacia aroma*); véase **tuscal.**

tuscal. m. Lugar cubierto de arbustos espinosos llamados **tuscas***. (Bol.): «Nos quitamos las blusas y arremetemos contra el tuscal con denuedo muscular. Como todos los macheteros somos 'mostrencos*', improvisados, nos lastimamos deplorablemente con los espinos (...) en forma de uñas de gato.» (A. Guzmán, *Prisionero de guerra*, 53) = MUÑOZ REYES

tuse. m. Crin recortada del caballo. (Arg.): «Entonces mis ojos cayeron sobre el tuse de mi caballo. Del tuse pasé al cogote tranquilo del animal, distraído en su tranco.» (R. Güiraldes, *Don Segundo Sombra*, 174) = ABAD DE SANTILLÁN = VERDEVOYE

tusero (o: **tucero**). m. Hoyo donde viven los pequeños roedores llamados tusas o tuzas* (taltuzas, *Geomys mexicanus*). (Méx.): «–(...) ¿Has visto cómo sacan la cabeza las ardillas por la boca del tusero cuando uno se los llena de agua?» (M. Azuela, *Los de abajo*, 51) = CONSULTAS

tuto. m. **estar como tuto.** fr. Estar furioso. (Arg.): «'Necesito hablar con usted: tenga a bien pasar por mi casa hoy a las cuatro'. / Estaba como tuto el individuo, se le conocía.» (E. Cambaceres, *En la sangre*, 194) = CONSULTAS

tuya. f. Alondra de la sierra. (Perú): «En el amanecer, sobre el cielo frío, tras del filo de las montañas aparece el sol; entonces las tuyas y las torcazas cantan, sacudiendo sus alitas (...).» (J. M. Arguedas, *Yawar Fiesta*, 15) = CONSULTAS

tuza. f. Véase **tusero.**

U

una. **(1)** **una y una.** fr. f. (ú. t. el m. **uno y una**). Música y baile parecidos a los del zapateado. (PR): «Natito Rondón, Juan *Perdío* y Cehíto Cruz hicieron las delicias de los fiesteros, cantando décimas y *una y unas* y tocando cuatro, guitarras y maracas.» (E. Laguerre, *La llamarada*, 101) = MALARET = ÁLBAREZ NAZARIO = SANTAMARÍA DGA **(2)** Véase también **uno.**

ungüento. m. **ungüento del soldado.** fr. Pomada contra las ladillas. (Guat. = Méx.): «¡Que dice queeee... le traiga unos cuatro riales de ungüento del soldado en cuanto abran la botica!» (M. A. Asturias, *El señor presidente*, 12) = CONSULTAS = JIMÉNEZ

uno. adj. **(1)** **uno y diez y ocho.** fr. m. Toque de corneta que ordena dispersión de las tropas. (Ec.): «Mis amigos muchos fueron / Cuando tuve harto sancocho; / Cuando con hambre me vieron, / Tocaron uno y diez y ocho.» (J. L. Mera, *Cantares del pueblo ecuatoriano*, I, 64) = CONSULTAS **(2)** **uno y una.** fr. m. Véase **una* y una.** **(3)** **uno y uno.** fr. m. Apuesta casi mínima en las carreras de caballos. (Arg.): «Ya no hay paddock <recinto de lujo de los hipódromos> en las carreras / y hoy, si no te ve ninguno, / te acoplás con uno y uno... / ¡Qué distinto era tu tren!» L. J. Traverso, «Uno y uno», en: J. Barreiro, *El Tango*, 209-210) = CONSULTAS

untada (o: **untada de la mano**). f. (o: fr. f.). Soborno. (Hond. = Cuba, Méx. y Col.): «–(...) al Juez le damos una untadita de la mano y ya saben.» (A. P. Sánchez, *Ambrosio Pérez*, 72) = CONSULTAS = SANTAMARÍA DM = HAENSCH Y WERNER

untadera. f. véase **untado -a.**

untado -a. p. adj. Dícese de la persona que provoca el amor de los demás gracias a una substancia supuestamente mágica con la que ha sido untada. (Ven.): «Había que cuidarlas <a las muchachitas>, si no queríamos desgraciarlas*. (...) El General y todos los que mandaban estaban untados, era cierto. Nosotros no podíamos hacer nada.» (A. Croce, *La roca desnuda*, 37) = TEJERA (quien registra **untadera** con el sentido de 'substancia mágica que provoca el amor hacia quien la usa')

uña. f. **(1)** Instrumento de oficina que sirve para desengrapar las hojas. (CR): «(...) abre la gaveta del escritorio busca la engrapadora la uña y los lápices (...).» (R. Arias, *El emperador Tertuliano...*, 111) = CONSULTAS **(2)** **uña de gato –1.** fr. f. Nombre de varias plantas; generalmente se trata de acacias y mimosas. (Par. = Arg.): «Durante más de quince días le hice probar todos los remedios caseros que conozco, infusiones, purgas, abortivos de uña-de-gato.» (A. Roa Bastos, *Hijo de hombre*, 372) = SANTAMARÍA DGA = MALARET = CONSULTAS **(3)** **uña de gato –2.** fr. f. Aplícase también a las espinas de esos mismos árboles. (Par.): «A veces las tunas y las uñas de gato de los guaimipirés <arbustos espinosos> se enganchaban al pasar en las mantas y vendas, descubriendo de golpe muñones recién cosidos.» (A. Roa Bastos, *Hijo de hombre*, 315-316) = MALARET y SANTAMARÍA DGA (por lo que a la planta se refiere)

upa. **(1)** m. y f.; ú. t. c. adj. Idiota, tonto –es voz de origen quechua. (Ec.): «Upas, colgados en un reír lelo, porque no saben si babean en esta o en lotra <la otra vida>, y que un día anochecen en lotra.» (G. A. Jácome, *Porqué se fueron las garzas*, 236) = MORÍNIGO **(2)** **de Upa-Upa.** Muy bueno, excelente en su especie. (Cuba): «(...) 'de Upa–Upa', quería decir, y todavía hay cubano castizo que emplee esta expresión, algo que está o sabe muy bien, que es de buena calidad (...).» (L. Cabrera, *Reglas de Congo*, 98) = CONSULTAS (Véase también **Papa**)

upe. interj. con la que se anuncia una visita en vez de tocar el timbre, al encontrar abierta la puerta por ejemplo; es abreviatura de 'Guadalupe', en referencia a la invocación 'Ave María Purísima; aquí le traigo de parte de Nuestra Señora la Virgen de Guadalupe'. (CR): «Una persona llega ante el portón; no golpea en la puerta (...); con una voz media, mesurada, sin gritar, dice: ...*upe.* Y lo dice alargando la *u*, y cortando con una *e* breve.» (C. Láscaris, *El costarricense*, 199) = CONSULTAS

urna. f. Ataúd. (Ven.): «Al tener noticias de una defunción, Vicente, madrugando si era menester, daba el pésame en términos muy corteses como de costumbre, para terminar diciendo: / –Y por la 'urna', ya lo saben, no se angustien, yo se la traigo a la nochecita. / Aquel día renunciaba a todo jornal. Comenzaba por pasar la mañana entera de arriba abajo, en las pulperías, en las casas de los medianeros y en los ranchos de los peones, preguntando en todas partes 'que si por casualidad' no tendrían unas tablas o unos cajoncitos viejos que le regalaran.» (T. de la Parra, *Memorias de Mamá Blanca*, 80) = TEJERA

uva. f. **(1) café (en) uva.** fr. m. Véase **café. (2) uva caleta.** fr. Uvero *(Coccobola uvifera)*, árbol frecuente en las playas tropicales. (Cuba): «(...) iba delante, internándose en el monte de uvas caletas para atravesarlo con rumbo a la playa.» (R. Ortega, *La aventura de la Cruz Pinera*, 87) = «(...) en Ocean Drive las matas* de uvas caletas se debatían y sonaban (...).» (R. Vázquez Díaz, *La isla del Cundeamor*, 139) = «Manolito y su mujer van delante. Mi mujer me hace señas. Nos detenemos bajo la sombrilla de guano, esperando a que regresen. No regresan. Se pierden tras las uvas caletas de más allá.» (R. González de Cascorro, *Romper la noche*, 47) = CONSULTAS (véanse también **caleta** y **caletón**) **(3) uva de la mar, de la playa, de playa, playera.** fr. Uvero *(Coccobola uvifera)*, árbol frecuente en las playas tropicales. (PR = Méx.): «Y abrió la marcha en el ascenso a lo alto de la duna, siguiendo una trilla que serpenteaba entre uvas playeras, hicacos y cactos espinosos. Ya se percibía el bramido del mar como la voz de un toro en celo.» (R. Marqués, *La víspera del hombre*, 108) = MAURA = SANTAMARÍA DGA = CONSULTAS

V

va y. fr. v. Véase **ir.**

vaca (o: **baca, vaquita**). **(1)** f. Cantidad de dinero que ponen varias personas para pagar juntas algo; gasto a prorrata. (Guat., Hond., CR, Bol. = Cuba, Nic., Col., Ec., Ch. y Arg.): «(...) se ofrece para ir a comprarla. Aclara que no con su pisto <dinero> porque no tiene, hay que hacer una vaca. Cuánto tenés vos. Yo sólo puedo poner un peso.» (M. A. Flores, *Los compañeros*, 84) = «–Lo que podemos hacer (...) es una vaca y con ello comprar algo para comer juntos. / –Y también para beber algo (...). / –¡Aprobado! / Hacen la contribución y traen latas de conservas, pan (...).» (R. Amaya Amador, *Destacamento Rojo*, 121) = «Si esa es la situación, no hay más que hacerle una vaca y que se vaya.» (M. Salguero, *A la caza del coyote*, 50) = «–Te han hecho pagar? –ríe Néstor– pobrecita. –Es en broma –dice Mavel– hemos hecho una vaquita.» (R. Poppe, *Después de las calles*, 181) = CONSULTAS = SANTAMARÍA DM = MORÍNIGO = SANTIESTEBAN = RABELLA y PALLAIS = FILIPPO = HAENSCH Y WERNER (quienes registran la fr. **hacer una vaca** con el sentido de 'reunir dinero entre varias personas' = MATEUS = QUESADA = GOBELLO **(2)** m. Tonto. (Ch. < CR): «Un tomatazo que llegó por el aire le reventó en la cara y le botó el pito al vaca.» (J. Gutiérrez, *Te acordás hermano*, 200) = CONSULTAS **(3)** Faltar a clase; hacer novillos. (Perú): «–(...) ¿Y vas al colegio puntualmente? ¡Cuidado con las *vacas*!» (E. López Albújar, *De mi casona*, 51) = MALARET (véase también **vaquero**) **(4) lengua de vaca.** Véase **lengua. (5) pájaro vaca.** Véase **pájaro* baco. (6) vaca de agua** (o: **vaca marina**). fr. f. Manatí. (Ec. y otros): «Escuchó al roncador entre el laberinto de las raíces colgantes. La vaca de agua, acaso, tuvo una llamada imponente.» (D. Aguilera Malta, *Don Goyo*, 9) = SANTAMARÍA DGA **(7) estar en vaca con uno.** fr. Estar confabulado con él. (Arg.): «Toda tu sabiduría / has de mostrar esta vez; / ganarás sólo que <siempre que> estés / en vaca con algún santo: / la noche tiene su canto, / y me has de decir cuál es.» (J. Hernández, *Martín Fierro*, II, versos 4.145-50) = CONSULTAS

vacaje. m. Vacada, rebaño de vacas. (Arg.): «El vacaje que debía haber en esos campos, vista su riqueza en pastos, no había comenzado a vivir todavía y a gatas* unos pajaritos cantaban bajito, como una canilla que gotea.» (R. Güiraldes, *Don Segundo Sombra*, 153) = VERDEVOYE

vacamuerta. f. Violación. (Col.): «Al otro día, los muchachos vendrán a jugar y comentarán que hubo violación. / –¡Miren! / –Anoche hicieron vacamuerta.» (U. Valverde, *Bomba Camará*, 32) = «Cada noche más de muchos salen a buscar a cualquier india, oye bien, para hacerle la vacamuerta. Por eso sería muy pero muy malo verte salir de noche porque vos no eres ninguna blanca y a vos también te hacen la vacamuerta así como así y a la fuerza.» (E. Rosero Diago, *Cuentos para matar un perro...*, 136) = CONSULTAS

vaciado -a. p. adj. Harto; malhumorado. (Col.): «Me tienen vaciado –dice. Hay por ahí un Liceo León de Greiff, y el teléfono de mi casa no hace sino conectar llamadas de personas que preguntan si ya están abiertas las matrículas.» (D. Samper Pizano, *A mí que me esculquen*, 291) = FILIPPO = CONSULTAS

vacilada. f. Juerga, borrachera. (Méx.): «(...) su agilidad intuitiva que convertía el trabajo en juego y la solución de problemas en 'puntadas*' y 'vaciladas', como ellos dicen.» (A. Yáñez, *La creación*, 90) = SANTAMARÍA DGA = SOPENA

vacilador -a. adj.; ú. t. c. s. Juerguista, el que vacila*. (Col.): «Muchos creen que tengo un fracaso encima, pero no me arrepiento, ese golpe me sirvió, dejaré de ser el vacilador que todos deseaban, tomaré las cosas en serio (...).» (U. Valverde, *Bomba Camará*, 16) = CONSULTAS

vacilar (o: **basilar, bacilar**). v. **(1)** intr. o tr. Pasarlo bien, gozar; parrandear, estar medio ebrio. (PR, Cuba, CR, Col. = Méx. y otros): «Lo mío es comer y vacilar– dijo La Madre, limpiándose los restos del mondongo en la blusa, satisfecha como una perra.» (L. R. Sánchez, *La Guaracha del Macho Camacho*, 179) = «–Se han perdido lo mejor de la mañana. Vino un conjuntico <de músicos> y la gente vaciló de lo lindo.» (R. González de Cascorro, *Romper la noche*, 16) = «Hice lo que no pude hacer aquí: ¡vacilar como Dios manda! Empecé a fumar hierba, terroncitos de azúcar con elesedé, pinchazos con perfume (...).» (A. Chase, *Ella usaba bikini*, 74) = «Todas las noches, mientras los cuadernos reposaban en la soledad, se iban a vacilar, a tocar las jóvenes queridas*, y así fueron aprendiendo el olor de las calles de su barrio.» (U. Valverde, *Bomba Camará*, 28) = CONSULTAS = MAURA = CLAUDIO DE LA TORRE = SANTIESTEBAN = QUESADA = CONSULTAS = MALARET = SÁNCHEZ-BOUDY **(2)** tr. ind. Gustar, agradar; hacer gozar. (PR, Cuba): «Los viejos estaban encantados de tenerme otra vez en la jaula. A ellos no les basilaba demasiado que su nene, roquerito* estofón* de San Ignacio <colegio religioso de San Juan> se la pasara parriba y pabajo con unos cocolos* de la Gabriela Mistral <escuela laica de San Juan>.» (A. L. Vega, *Pasión de historia*, 67) = «Desde primer año la gente lo decía./ –Tremenda loca, y le gustan los alumnos. (...) Te vacila –me decían– está metida contigo.» (J. Díaz, «El cojo», en: A. Flores, *Narrativa hispanoamericana...*, 149) = CONSULTAS **(3)** tr. Embromar, burlarse de, tomarle el pelo a alguien. (Méx., Col., Ec. = CR): «(...) de pronto me vino la idea de que mi porvenir está en el teatro (...). Lo primero que pensé fue venir contigo; luego dije: 'me va a vacilar y a desanimar'.» (A. Yáñez, *La creación*, 100) = «(...) al que me moleste, le pego, y vacilaré a los maestros, y robaré los útiles de los demás (...).» (U. Valverde, *Bomba Camará*, 95) = «Los jóvenes eran una nueva versión de naturales*. (...) se los <les> oía sonoros, vacilando inclusive a las gringas <norteamericanas> y vacilándolas en inglés.» (G. A. Jácome, *Porqué se fueron las garzas*, 40) = SOPENA = CONSULTAS = QUESADA **(4)** tr. Mirar con picardía y lujuria. (Cuba): «Los demás Bacilos volvían a vacilar a la mulata a través de los vasos (...).» (J. Díaz, *Las iniciales de la tierra*, 51) = CONSULTAS

vacilón (o: **basilón**). m. **(1)** Fiesta, jolgorio, disfrute. (PR, Cuba, CR, Col. = Guat. y Pan.): «(...) las señas del narcisismo y el vacilón arrabalero permanecen aún cuando revelan un cambio...» (E. Rodríguez Juliá, *El entierro de Cortijo*, 19) = «(...) una voracidad enloquecida que lo llevó al centro de la gozadera (...), del vacilón...» (J. Díaz, *Las iniciales de la tierra*, 230) = «Se hacían algunas patrullas de rutina, por taparle el ojo al macho*, pero más bien eran un vacilón, porque nos traíamos unas botellas de guaro <aguardiente> y empinábamos bonito el codo.» (A. Portocarrero, *Negro desgraciado*, 121) = «(...) en cambio en casita uno tiene todo y no se preocupa por nada, y la pasa suave, de puro vacilón.» (U. Valverde, *Bomba Camará*, 13 = MAURA = CLAUDIO DE LA TORRE = SANTIESTEBAN = ARMAS = MALARET = CONSULTAS **(2)** Burla, broma. (PR = Col.): «Para sorpresa mía, lo oyeron todo sin basilones y estuvieron de acuerdo con la versión de Dalia.» (A. L. Vega, *Pasión de historia*, 77) = CLAUDIO DE LA TORRE = HAENSCH Y WERNER **(3) vacilón -ona.** ú. t. c. adj. Agradable, simpático. (CR = Col.): «Así era ella. Un poco reservada, pero cordial y hasta vacilona, cuando le daba por contar historias.» (A. Chase, *Ella usaba bikini*, 26) = CONSULTAS

vaco. pájaro vaco. fr. m. Véase **pájaro* baco.**

vagoneta. f. Camión de carga utilizado principalmente para acarrear material de construcción o recoger basura. (CR): «(...) un montón de cables, telegramas, radiogramas y cartas procedentes de todos los países del orbe, tanto que la Dirección de Correos se vio obligada a alquilar cinco vagonetas de la Municipalidad para movilizar tal correspondencia (...).» (H. Elizondo Arce, *Adiós Prestiño*, 128) = CONSULTAS

vaina. f. **(1)** Tontería, disparate, broma; cuento, promesa sin cumplir. (CR, Ven., Col. = Bol. y otros): «Y dio una vuelta entera sobre una rama de sandal, ese árbol que los interioranos llaman carao y que dicen que se parece al matrimonio en que al principio es sólo flores y al final es sólo vainas.» (H. E. Arce, *Memorias de un pobre diablo*, 80) = «–Déjate de vainas... vamos... pon las manos así...» (A. González León, *País Portátil*, 27) = «–Vamos a matar a Santiago Nasar –dijo <Pablo Vicario>. / Tenían tan bien fundada su reputación de gente buena, que nadie les hizo caso. 'pensamos que eran vainas de borrachos', declararon varios carniceros (...).» (G. García Márquez, *Crónica de una muerte anunciada*, 85) = CONSULTAS = TEJERA = MUÑOZ REYES **(2)** Cosa en general; cualquier asunto. (CR, Col., Ch. = Ven. y otros): = «Está demasiado viejo (...) para andar en esas vainas.» (Q. Duncan, *Final de calle*, 54) = «(...) le encantaban las peleas de gallo, el humor de las mulatas, la cumbia, como a nosotros mi general, la misma vaina (...).» (G. García Márquez, *El otoño del patriarca*, 147) = «Dile a tu mamá que te explique la vaina ésa de la música del universo.» (I. Allende, *Paula*, 210) = CONSULTAS = TEJERA **(3)** Cosa o persona que causa problemas, calamidad. (Rep. Dom. = Ven.): «Si en lugar de esa voz suya, que era una vaina, le hubiese Dios otorgado otra más ajustada al oficio (...) las ventas serían mayores (...).» (C. E. Deive, «En el pueblo hay guerrilleros», en: J. Alcántara, *Antología de la literatura dominicana*, 116) = OLIVIER = TEJERA **(4)** Bebida compuesta de champaña o cerveza, huevo batido y otros ingredientes como canela por ejemplo. (Ch. < CR): «Le gusta el bigotito de espuma que le deja la vaina en el labio (...).» (J. Gutiérrez, *Te acordás hermano*, 178) = CONSULTAS = MORÍNIGO = SANTAMARÍA DGA **(5) ¡Ah, vaina!** (o: **¡buena vaina!**, o: **¡qué buena vaina!**). interj. que denota impaciencia o disgusto. (Ven.): «Tenía media hora de retraso y en estas cosas, ya lo sabes, no se puede fallar. ¡Buena vaina!, dijo.» (A. González León, *País portátil*, 46) = TEJERA **(6) de vaina.** interj. Por casualidad; por los pelos. (Ven.): «–¡Qué berraquera*, ala! ¿Ustedes vienen de allí? / –Claro– respondió Eduardo–. ¡Nos salvamos de vaina!» (A. González León, *País portátil*, 29) = «<El General> Le hizo poner un par de grillos y de vaina lo soltaron. Uno de sus compadres le pidió al General que lo sacara y le ofreció que respondía por él. Si no, se pudre en el calabozo.» (A. Croce, *La roca desnuda*, 38-9) = TEJERA **(7) hacerse el** (o: **la**) **vaina.** fr. Hacerse el tonto (o: la tonta). (Cuba): «(...) cuando lloro tengo que hacerme el vaina y meterme en el excusado (...) para hacerlo bien (...).» (R. Castro Mosqueda, *Verónico*, 42) = «No te hagas el vaina, viejo –murmuró–. Tú sabes que ningún periódico se atreve.» (J. Soler Puig, *En el año de enero*, 104) = CONSULTAS **(8) la misma vaina.** fr. f. que expresa igualdad, identidad –fam. (Col. = CR y otros): «(...) le encantaban las peleas de gallos, el humor de las mulatas, la cumbia, como a nosotros mi general, la misma vaina (...).» (G. García Márquez, *El otoño del patriarca*, 147) = CONSULTAS **(9) ni de vaina(s).** fr. Ni hablar. (Col. = Ven.): «(...) le pidió como penitencia que permitiera el regreso al país de las comunidades de pobres para que volvieran a hacerse cargo de orfanatos y hospitales y otras casas de caridad, pero él la envolvió en el aura lúgubre de su rencor implacable, ni de vainas, suspiró, no había un poder de este mundo ni del otro que lo hiciera contrariar una determinación tomada por él mismo de viva voz (...).» (G. García Márquez, *El otoño del patriarca*, 176) = TEJERA **(10) ¿Qué hay de vainas?** fr. inter. ¿Qué hay de nuevo? (Col.): «–¿Qué hay de vainas? –preguntó. / –Nada –respondió el peluquero.» (G. García Márquez, *La mala hora*, 136) = CONSULTAS **(11) salirse de la vaina –1** fr. Estar en vilo, estar volado; brincar de impaciencia. (Arg.): «¿Qué se hicieron las huestes filodramáticas que hacían en los teatritos de barrio su 'Juan José' o su 'cena de las Burlas', ante el sollozo de las muchachas, el moqueo de las viejas y la bronca de los compadritos* que se salían de la vaina?» (L. Marechal, *Adán Buenosayres*, 672) = SOPENA = SANTAMARÍA DGA **(12) salirse de la vaina –2.** Excederse, propasarse en algo. (Arg.): «(...) la vieja gasta mucho en Europa, yo mismo aquí suelo salirme de la vaina.» (E. Cambaceres, *En la sangre*, 157) = CONSULTAS

vainilla. f. **(1)** Casquillo de cartucho. (Par. y otros): «'La ametralladora es un arma automática que por efecto del retroceso y en combinación con un recuperador carga y dispara, extrae y arroja las vainillas vacías'.» (R. Bareiro Saguier, *Ojo por diente*, 125) = CONSULTAS **(2)** Cierto tipo de bizcocho alargado de masa esponjosa. (Ch. = Arg.): «–¿Hay bizcochos? / –No; vainillas.» (M. Rojas, *El delincuente..., y otros cuentos*, 43) = CONSULTAS = VERDEVOYE

vainillar. tr. Calar; hacer vainicas. (Arg.): «–(...) María Justa ya tenía su ajuarcito hecho. ¡Qué sábanas! Todas vainilladas por ella, con esas manos de ángel que tiene para la aguja.» (L. Marechal, *Adán Buenosayres*, 245) = VERDEVOYE

vale (o: **bale**). m. **(1)** Campesino. (Rep. Dom.): «Al paladear esa bebida el bale azuano* recordó (...) el sabor inconfundible del aguardiente (...).» (J. Acosta hijo, «A mí no me apunta nadie con carabina vacía», en: S. Nolasco, *El cuento en Santo Domingo*, 30) = SOPENA **(2)** Amigo, compañero. (Méx., Ven., y Ven. < CR = Col.): «–Yo estoy de centinela, oí ruido entre las yerbas y grité: '¿Quién vive?', 'Carranzo*', me respondió este vale...» (M. Azuela, *Los de abajo*, 17-18) = «–(...) Yo tengo que hablar una cosa con el vale Lucianito. Por ahora no me voy.» (G. Meneses, *Campeones*, 12) = «Y debemos apurarnos, vale, porque los Siglos de Oro también se pasman.» (J. Gutiérrez, *Te acordás hermano*, 130) = MALARET= MORÍNIGO = JIMÉNEZ = TEJERA

valedura. f. Servicio, favor hecho gratuitamente a un amigo o camarada. (Méx.): «–(...) mire, si me hace esa valedura, pa usté es el reló con todo y leopoldina* de oro, ya que le cuadra tanto.» (M. Azuela, *Los de abajo*, 96) = MALARET = MORÍNIGO

valenciana. f. Encaje. (Arg.): «–(...) La blusa trae un cuellito alto que cierra una corbatita del mismo género, y sus mangas tienen botamangas* que terminan en un volado con las mismas alforzas y valencianas del *jabot*.» (L. Marechal, *Adán Buenosayres*, 145) = VERDEVOYE

valentino. m. Cadenilla o brazalete con una placa con inscripción, usado tanto por mujeres como por hombres. (PR): «La verán esperar en un sofá: (...) en el tobillo izquierdo un valentino con dije (...).» (L. R. Sánchez, *La Guaracha del Macho Camacho*, 13) = MAURA = CONSULTAS

valer. valer decirlo. fr. Ser digna de mención una cosa. (Méx.): «–¿No lo has investigado? / –No. No vale decirlo.» (J. Rulfo, *Pedro Páramo*, 85) = CONSULTAS

valijera. f. Maletero de un automóvil, portaequipajes. (Nic.): «(...) el Capitán Ortiz, el pañuelo en las narices, fue hasta la valijera de su automóvil en busca del cran <cigüeñal>.» (S. Ramírez, *Castigo Divino*, 425) = SOPENA

vals. m. **vals criollo.** fr. m. Cierto baile popular peruano. (Perú): «Ahora con ritmo de bolero. Luego fue con música de mambo y de vals criollo.» (M. Vargas Llosa, *La ciudad y los perros*, 47) = CONSULTAS

valla. f. **(1)** En el fútbol, meta, red, malla. (CR, Ch. = Arg.): «Alzaste la vista antes de lanzar el tiro frente al portero de Paso Ancho, aquel de quien se decía que no permitía en su valla ni el ingreso de una mosca.» (H. Elizondo Arce, *Adiós Prestiño*, 105) = «(...) cuando la chica hizo tronar el metal de la valla con un gol (...)» (A. Skármeta, *Ardiente Paciencia*, 31) = CONSULTAS **(2) valla** (o: **valla de gallos).** f. (o: fr. f.). Edificio compuesto de una estacada circular o poligonal, con gradas y techo, y en cuyo centro lidian gallos, en medio del público; cancha para peleas de gallos. (Cuba): «(...) les permiten visitar a los esclavos de otros ingenios e ir a las vallas de gallos (...).» (L. Cabrera, *Reglas de Congo*, 45) = PICHARDO = SANTIESTEBAN

vallenato. m. Véase **ballenato.**

valluno -a. adj.; ú. t. c. m. y f. Relacionado con un valle; habitante de un valle. (Bol. = Col.): «(...) la plácida serenidad del invierno valluno que derrama su delicado cromatismo por todos los rastrojos que se ciñen al regazo de la cordillera. (...) se propuso seguir al servicio del nuevo amo de Larati, confiando en que éste dejaría la sierra para huir a la planicie donde suelen vegetar los terratenientes abrumados por aquella aridez que fatiga los ojos del valluno.» (H. Guzmán Arze, *Borrasca en el valle*, 29 y 61) = MUÑOZ REYES = CONSULTAS = HAENSCH Y WERNER

vamos. m. v. **(1)** Inicio de las carreras de caballos; ú. t. fig. con el sentido de 'principio'. (Arg.): «No te violentes al vamos porque la tirada es larga / (...).» (J. Rial, «Preparate pa'l domingo», en: J. Barreiro, *El Tango*, 157) = CONSULTAS **(2) desde el vamos.** fr. Desde el inicio, de entrada. (Arg. = Ur.): «Aquí hay que flagelar de entrada con un título de envergadura. Está muy bien (...). Hay que darles con el hacha desde el vamos.» (E. Sábato, *Abaddón el exterminador*, 895) = CONSULTAS = VERDEVOYE

vanidosa. f. Polvera. (CR): «Son las tres y Sexy Tos frente a la vanidosa se retoca la punta de la nariz (...).» (R. Arias, *El emperador Tertuliano...*, 69) = CONSULTAS

vaporino. m. Marinero que trabaja en barcos de vapor. (Ec.): «Los vapores permanecían fondeados en el puerto dos o tres días hasta recibir los cargamentos. Unas veces los vaporinos venían a tierra a beber en las cantinas (...).» (N. Estupiñán Bass, *Cuando los guayacanes florecían*, II, 63) = «(...) sonríen, trayendo a la memoria los inocentes juegos de chicuelos en la extensa playa de la Ensenada. Ellos también son tan cholos* como aquellos, pero un día se fueron en los barcos de carrera, como la mayoría de la población, llevando sus recuerdos y sus prejuicios, para luego volver con otros recuerdos y otros prejuicios. Otros cholos, los 'vaporinos'.» (O. Castillo, *Sed en el puerto*, 35-36) = CONSULTAS

vaquear. intr. Cuidar el ganado, arrearlo o pastorearlo. (Ec.): «Cusumbo ordeñó. Después de vaquear. Montado en la briosa potranca. Llevando el ganado lerdo y silencioso, sobre los potreros verdeantes. (...) Los vaqueros agitaban sus palancas* en lo alto.» (D. Aguilera Malta, *Don Goyo*, 15) = SOPENA = CONSULTAS (véase también **vaqueo**)

vaqueo. m. Rodeo o arreo del ganado. (Ec.): «Por la tarde, si no desyerbaba, tenía que buscar las vacas paridas. O empezar el vaqueo sobre los potreros sin fin.» (D. Aguilera Malta, *Don Goyo*, 32) = CONSULTAS (véase también **vaquear**)

vaquero. m. **(1)** Alumno que falta a la escuela. (Perú): «(...) exhibía en la puerta de la escuela a los vaqueros con una corona de cartón, y en la que se leía algún letrero infamante.» (E. López Albújar, *De mi casona*, 139) = MALARET (véase también **vaca**) **(2) vaquero -a.** adj. Tozudo, atrevido. **a lo vaquero.** fr. Hablando de una tarea o de una forma de actuar, varonil. (PR): «Tuve la ingenuidad de pensar que iba a emprender una tarea 'a lo vaquero', tal como la vieron mis ojos infantiles en el cine.» (E. Laguerre, *La llamarada*, 54) = MAURA = CONSULTAS

vaquerote. adj. Dícese de la persona que obra con rudeza o fuerza. (PR): «Emanuel sale, tirando vaquerote la puerta (...).» (A. L. Vega, *Pasión de historia*, 116) = CONSULTAS (véase también **vaquero -a**)

vaqueta. f. **(1)** Suela de cuero para hacer los zapatos ordinarios de la gente del campo; sandalia. (Cuba): «Los hombres se ponían botines con elásticos en el tobillo. Pero ésos eran los que tenían dinero. Yo, por ejemplo, nada más que tenía era un par de zapatos de piel, bajitos, y mis vaquetas.» (M. Barnet, *Biografía de un cimarrón*, 69-70) = PICHARDO **(2) carrera vaqueta.** fr. f. Véase **carrera.**

vaquetón. m. Individuo cínico. (Méx.): «–(...) ¿Y para qué lo iba a querer yo, si su padre no era más que un vaquetón?» (J. Rulfo, *El llano en llamas*, 172) = SANTAMARÍA DGA = JIMÉNEZ

vaquita. f. Véase también **baca** y **vaca.**

vara. s. **(1)** f. Cosa, asunto. (CR = El Salv.): «La verdad es que si uno no se pone las pilas <se sacude las pulgas> no sale adelante esa vara de andar pichuleando <regateando> con un sueldito es una pura tuza <tusa: cosa de poco valor> llega uno a roco* sin un pinche <mal> catre donde caer muerto.» (R. Arias, *El emperador Tertuliano...*, 59) = QUESADA = CONSULTAS **(2)** f. Mentira, cuento, exageración; fantasía. (CR): «Todo lo pagaba en dólares, aunque dice que Fidel lo echó de Cuba sin un centavo en los bolsillos. Varas del maje*, ¿no lo creés?» (H. E. Arce, *Adiós Prestiño*, 22) = «Este carajo*, jue <fue> dispensarista <empleado en un dispensario> y enfermero, allá en la Compañía Bananera; pero ahora le ha 'dao la vara' de hacerse pasar por doctor.» (C. L. Argüello, *Cuentos de Sábalo Grande*, 33) = CONSULTAS **(3)** f. Unidad de moneda. (Guat.): «El tipo pidió otra y pagó con un billete de cien varas.» (M. A. Asturias, *El señor presidente*, 49) = CONSULTAS **(4)** f. Influencia, poder; enchufe. (Perú): «(...) sucedía que sus adversarios hacían eficaces gestiones con una gran 'vara' y el codiciado puesto de subprefecto corría riesgo.» (C. Alegría, *Los perros hambrientos*, 82) = «El primer día el administrador me preguntó si tenía experiencia. Le dije que ninguna. Silbó, intrigado. '¿O sea que entraste por vara?' Así era.» (M. Vargas Llosa, *El pez en el agua*, 252) = CONSULTAS **(5) vara en tierra.** fr. m. Rancho pequeño e improvisado, sin horcones. (Cuba): «Atravesando los Topes de Collantes pidió albergue para pasar la noche a un viejo manco y miserable que encontró en aquella serranía habitando un vara en tierra.» (L. Cabrera, *Reglas de Congo*, 193) = PICHARDO **(6) cien varas.** fr. f. Aproximadamente cien metros; en zonas urbanas, equivale a la distancia entre dos calles. (CR): «Cerca de la pulpería El Buen Amor, a doscientas varas del higuerón.» (S. Rovinski, *Las fisgonas de Paso Ancho*, 31) = «Aunque mi abuelo había vendido ya el trapiche, poseía aún, a más del solar* inmenso, poblado de chayoteras y de árboles frutales, un precioso potrero en el mismo barrio, a sólo doscientas varas de la casona, con grandes higuerones y multitud de guayabos (...).» (C. L. Fallas, *Marcos Ramírez*, 182) = CONSULTAS **(7) cigarro de a vara.** fr. m. Véase **cigarro.**

varado -a. p. adj. **andar** (o: **quedar**) **varado -a.** fr. Dícese de lo que, por ser abundante, tiene muy poco valor. (Ec. = Perú y Ch.): «–(...) los que fueron ar <al> Guayas no han podío mercar naa <nada>, porque llegaron tarde y er <el> peje se les quedó varao.» (D. Aguilera Malta, *Don Goyo*, 82) = MALARET = CONSULTAS

varear. tr. Hacer correr un caballo a lo largo de cierto número de varas, para tenerlo preparado y liviano antes de una carrera o de esfuerzos particulares; puede emplearse en sentido figurado. (Ur., Arg.): «Antes de dar comienzo a la función, allá por las siete de la noche, había habido una violenta escena en el redondel <del circo>. Mientras Matacabayo vareaba el tordillo* de las 'Hermanas Felipe', apareció Casilda, en actitud beligerante.» (E. Amorim, *La carreta*, 25) = «(...) ella es la que varea a la primeriza para que levante únicamente 'viajes*' para usted (...).» (R. Arlt, *Los siete locos*, 56) = GOBELLO = CASULLO = CONSULTAS

varejón -ona (o: **varejoncito -a**)**.** adj. Dícese del adolescente muy crecido; el dim. significa crecido, ya adolescente. (Méx. = PR, Guat. y Col.): «Una vez me acuerdo, ya era yo varejoncita, ya me gustaba presumir, cuando llegaron los custitaleros <buhoneros> a la feria de San Caralampio.» (R. Castellanos, *Balún-Canán*, 89) = CONSULTAS = MAURA (quien recoge **varejón -ona** con el primer sentido) = HAENSCH Y WERNER

varilla. f. **(1) echar esa, la, una varilla; echar varillas –1.** fr. Causa daño(s) o perjuicio(s). (Ven.): «Guaireño templado y echador de varillas.» (G. Meneses, *Campeones*, 23) = TEJERA **(2) echar varilla(s) –2.** fr. Bromear. (Ven.): «–¡Guá! ¿Te felicito o te compadezco? / –¡No eche varillas mi hermano!» (G. Meneses, *Campeones*, 74) = TEJERA **(3) hacer varilla** (o: **pintar la varilla**)**.** fr. Ir bien vestido sacando pecho o presumiendo. (PR): «–Sí, ar dijunto le guhtaba <al difunto le gustaba> pintar la varilla. Pa jasele sentil picasón a lah mosah <para hacerles sentir picazón a las mozas> del barrio.» (R. Marqués, *La carreta*, 35) = MAURA = CONSULTAS

varillo. m. Véase **maría.**

varita. m. Policía encargado de regular el tráfico urbano. (Bol.): «Deshicimos la caseta del varita y obstaculizamos el tránsito formando barricadas.» (R. Poppe, *Después de las calles*, 206) = MUÑOZ REYES

vaticano -a. m. y f.; ú. t. c. adj. Católico –desp. (Cuba): «(...) primero, perdimos el pacto por tu culpa; segundo, no fuiste a la bronca contra Washington; tercero, sigues empatado* con una vaticana.» (J. Díaz, *Las iniciales de la tierra*, 125) = CONSULTAS

vecino. m.; ú. mucho en pl. Habitante no indígena, rico, y/o de más prestigio social o socio-político de un pueblo. (Perú): «Casi de repente, llegando a la cima de la lomada, se entra al girón* Bolívar. / –¿Qué? –dicen los forasteros. Se sorprenden. / Es, pues, la calle de los vecinos, de los principales.» (J. M. Arguedas, *Yawar Fiesta*, 9) = CONSULTAS

vedera. f. Acera –es metátesis del americanismo vereda que tiene el sentido de 'acera'. (Arg.): «Hoy ya libre'e la gayola y sin la mina <mujer> / campaneando* un cacho'e sol en la vedera / piensa un rato en el amor de la quemera* / y solloza en su dolor.» (A. Marino, «El ciruja*», en: J. Barreiro, *El Tango*, 56) = CONSULTAS = GOBELLO

veinte. m. Moneda de veinte centavos. (Méx.): «Dejó los cuatro centavos y tomó el veinte.» (J. Rulfo, *Pedro Páramo*, 18) = SANTAMARÍA DM

veinticuatro. m. Serpiente muy venenosa que pertenece al género *Patoquilla* (*Thanatophis patoquilla*). (Ven. = Col.): «(...) las fieras (...) y el veinticuatro de las mordeduras tremendas, la culebra cuaima del veneno veloz (...).» (R. Gallegos, *Canaima*, 17) = SANTAMARÍA DGA

vejiga (o: **vejiga de los tabacos,** o: **de los cigarros**). f. (o: fr. f.). Tabaquera, preparada con una vejiga de animal. (Cuba): «Después del café sacó don Cándido la vejiga de los tabacos <cigarros>, y metió en ella el brazo hasta el codo; tan honda era. (...) Tirso, que andaba por allí, viéndole desdoblar la gran vejiga de los cigarros, le acercó el braserillo.» (C. Villaverde, *Cecilia Valdés*, 58 y 112) = PICHARDO

vejigo -a. m. y f. Niño –puede ser desp. (Cuba = Col.): «Entre el parto y la cuna y luego el médico, el vejigo se está llevando todo lo que gano. Está muy raquítico para sus cuatro meses.» (J. Soler Puig, *En el año de enero*, 29) = «(...) allá dormimos con los demás primitos, todos en una cama, y por la mañana no se sabe cuál vejigo fue el que se orinó.» (S. Paz, «Bajo el sauce llorón», en: A. Flores, *Narrativa hispanoamericana...*, 363) = «Yo era muy chiquito entonces, pero ya estoy incorporado. Desde lo de Girón me incorporé. No me querían aceptar, por lo vejigo, pero mentí.» (R. González de Cascorro, *Romper la noche*, 23) = CONSULTAS = HAENSCH Y WERNER

velación. f. Ceremonia religiosa en la que el Santísimo está expuesto a la adoración de los fieles. (Méx.): «Aquel cadáver pesaba mucho en el ánimo de todos. Estaba sobre una tarima, en medio de la iglesia, rodeado de cirios nuevos, de flores, de un padre que estaba detrás de él, esperando que <a que> terminara la velación.» (J. Rulfo, *Pedro Páramo*, 29) = SOPENA

veladero. m. Sitio encubierto en el que el cazador espera la caza; terreno abierto desde donde se vigila el ganado en marcha. (Ven.): «(...) nunca falla <Juan Solito> cuando se le encarga matar un tigre. Así, íngrimo y solo como lo ha visto, pues ni perro carga, se mete en la montaña y se pasa toda una noche en el veladero.» (R. Gallegos, *Canaima*, 47) = TEJERA

velar. tr. Tener bajo vigilancia a una mujer soltera, o a una pareja de novios. (PR): «–(...) Sería mamá la que me cuidaría a mí. Y tú volveríah <volverías> a velarme.» (R. Marqués, *La carreta*, 125) = CONSULTAS = ÁLVAREZ NAZARIO

velón. m. Persona que se presenta cuando se come y se bebe con la intención de ser invitado –ú. sobre todo en la fr. **más se afana** (o: **se preocupa**) **el velón que el dueño de la olla,** con el sentido de 'más se preocupa la persona poco interesada en un asunto que la que está directamente interesada en él'. (Ec.): «–Hombre –intervino Cirilo– ¡qué cosa más curiosa que es ésta! ¡Más se afana el velón que el dueño de la olla!» (N. Estupiñán Bass, *Cuando los guayacanes florecían*, II, 25) = MORÍNIGO = CORNEJO

vellonera. f. Instrumento de música pregrabada, que funciona con una moneda. (PR): «(...) la guaracha del Macho Camacho huía de la vellonera del bar (...).» (L. R. Sánchez, *La Guaracha del Macho Camacho*, 239-240) = MALARET

vena. f. **(1)** f. pl. Raíces de árboles y plantas; tallos de plantas trepadoras que se utilizan para atar cosas. (Ec.): «En estos montes padezco / Enredado entre las venas, / Y alzando la vista al cielo / Solito lloro mis penas.» (J. L. Mera, *Cantares del pueblo ecuatoriano*, II, 19) = TOBAR DONOSO = CONSULTAS = SANTAMARÍA DGA **(2) cogerle la vena** a un gallo. fr. Herirlo o matarlo, al destrozarle un vaso sanguíneo importante en el cuello. (PR): «El gallo al cual apostó Flor 'le cogió la vena' al otro en los primeros asaltos. Al pobre herido se le llenó el buche de sangre y de vez en cuando bajaba el pico hasta dar con él en el suelo. Le salía una intermitente e incontenible hemorragia por el pico.» (E. Laguerre, *La llamarada*, 137) = CONSULTAS

venadera (o: **bala venadera**). f.; ú. t. c. adj. Balín para cazar venados. (CR): «(...) sacó un cartucho negro y brillante, cargado con bala venadera.» (C. L. Argüello, *Cuentos de Sábalo Grande*, 74) = GAGINI

venadero. m. Asesino a sueldo, pistolero. (Hond.): «–¿Qué te dijeron? / –¡Ja! ¿Qué me dijeron? Que buscara un par de venaderos para quitarles la vida a ustedes.» (M. Mejía, «Los Chapetones», en: A. Caballero y F. Salvador, *Teatro en Honduras*, II, 12) = MALARET (quien registra **venadear** en Guat. con el sentido de 'matar a una persona en sitio despoblado')

venganza. f. **venganza de Atahualpa.** fr. f. Desarreglo intestinal acompañado de diarreas que afecta a los extranjeros que nos soportan la comida nacional. (Ec.): «(...) su estómago, a pesar de su buena voluntad (...), no soportaba lo que ellos <los indígenas> comían. (Supo que a eso llamaban 'la venganza de Atahualpa', venganza que debía de ser algo comedida conmigo –pensaba–, pero que por lo contrario fue muy cruel).» (G. A. Jácome, *Porqué se fueron las garzas*, 300) = CONSULTAS

venida. f. Orgasmo, eyaculación. (Cuba = CR, Col. y otros): «–Sí –le dije, creyendo que hablaba de Yeats– es un gran poema. (...) / –Prefiero la tercera. / –¿La tercera qué? / – La tercera venida.» (G. Cabrera Infante, *Tres tristes tigres*, 355) = SÁNCHEZ-BOUDY = HAENSCH Y WERNER (quienes registran **venirse** con el sentido de 'tener el hombre el orgasmo')

venir. intr. **(1) venir** más gerundio. fr. Sirve para subrayar la acción expresada por el verbo en gerundio. (Guat.): «(...) aquél me invitó a tomar un trago en una cantina que viene quedando arribita de la Plaza* de Armas.» (M. A. Asturias, *El señor presidente*, 136) = CONSULTAS **(2) venir a ver.** fr. Caer en la cuenta, darse cuenta. (Cuba): «Cuando vino a ver, habían dejado atrás Luyanó y atravesaban el Cerro, un barrio residencial venido a menos (...).» (J. Díaz, *Las palabras perdidas*, 314) = CONSULTAS **(3)** Véase **vente tú. (4) venirse.** Véase **venida.**

ventana. f. **(1)** Galería de una mina. (CR): «Por ese trillo <sendero> se llega a las ventanas. Sus bocas negras se abren en la peña, todas al mismo nivel, a treinta pies de distancia una de la otra. Son galerías estrechas que se internan profundamente para abrirse al final hacia la izquierda y la derecha, formando una T, con brazos de quince pies de longitud cada uno, y que se tocan con los de las otras galerías.» (C. L. Fallas, *Gentes y gentecillas*, 236) = CONSULTAS **(2) ventana miami.** Véase **miami.**

vente tú. m. Fiesta improvisada a la que se invita a amigos y a conocidos. (PR): «(...) tímidamente, sólo después de una brevísima soledad, Cortijo ha vuelto a la veintiuna <parada de la avenida>, al *vente tú* con que fundó el combo*.» (E. Rodríguez Juliá, *El entierro de Cortijo*, 96) = CONSULTAS = CLAUDIO DE LA TORRE

ventear. tr. **(1)** Olfatear, descubrir con el olfato dónde se encuentra un animal o una persona. (Méx.): «Al verlos pasar, casi sentíamos que nos miraban de reojo y como diciendo: 'Ya los venteamos, nomás* nos estamos haciendo disimulados'.» (J. Rulfo, *El llano en llamas*, 102) = CONSULTAS **(2)** Herrar el semoviente que se vende, poniéndole la marca del comprador de modo que indique el traspaso de propiedad. (Hond. = Méx., Guat. y Nic.): «La venta de ganado ha sido buena (...). Se está recogiendo todo mostrenco que encuentran para ponerles <ponerle> el fierro y ventearlos <ventearlo>.» (A. P. Sánchez, *Ambrosio Pérez*, 53) = MEMBREÑO = SANTAMARÍA DM = MORÍNIGO **(3) ventear la boca.** fr. Véase **boca.**

ventero -a. m. y f. Vendedor ambulante, buhonero. (PR = Méx. y Col.): «Era la misma gente que veo todos los sábados. No faltaban las venteras y los venteros: la negra caderuda del pañuelo a cuadros, la blanquilla endeble, el hombre gritador y dicharachero, el muchacho de los dulces morenos...» (E. Laguerre, *La llamarada*, 137) = SANTAMARÍA DGA = HAENSCH Y WERNER

vento. m. Dinero, pasta. (Perú, Arg.): «Si yo tuviera vento y un carrazo rojo no hubiera entrado al colegio ni de a cañones*.» (M. Vargas Llosa, *La ciudad y los perros*, 228) = «(...) me encontraba yo sin vento, / vos amabas el armiño. / Cuántas veces tiritando / los dos juntos a la vidriera, / me decías suspirando: / ¡Ay, amor, si vos pudieras!» (M. Romero, «Aquel tapado de armiño», en J. Barreiro, *El Tango*, 53) = CASULLO = GOBELLO = VERDEVOYE

Venus (o: **don Venus**). Uno de los dim. del nombre Venustiano, que se le daba por ej. a don Venustiano Carranza. (Méx.): «–(...) Si lo sabe don Venus, me destituye.» (M.L. Guzmán, *El águila y la serpiente*, 299) = CONSULTAS

ver. m. **(1)** tr. Mirar. (Ven. y otros): «–¿Qué* me ves tanto, Teodoro?» (G. Meneses, *Campeones*, 40) = CONSULTAS **(2) alzar a ver.** Véase **alzar. (3) venir a ver.** Véase **venir. (4) ya te vi.** fr. m. Bejuco de tallo rojo. (Ec.): «–Este es el bejuco ya te vi. Hay que mentarle su nombre, pa que si uno lo tropieza no haga nada. Si no, quema como candela.» (A. Ortiz, *Juyungo*, 164) = CONSULTAS **(4)** Véase también **veremos.**

veranera. f. Buganvilla. (CR = Col.): «Una veranera roja extendía su sombra violeta sobre el camino amarillo.» (C. Salazar Herrera, *Cuentos de angustias y paisajes*, 98) = QUESADA = CONSULTAS = HAENSCH Y WERNER

verano. m. Época de grandes lluvias. (Par.): «Era época de grandes lluvias (verano) y todo estaba inundado.» (H. C. Sosa Tenaillon, *Cincuenta años después*, 47) = CONSULTAS

verde. **(1)** m. Mate amargo o cimarrón. (Arg.): «Fuimos a la cocina a tomar unos verdes.» (R. Güiraldes, *Don Segundo Sombra*, 175) = CONSULTAS **(2)** m. Dólar estadounidense. (Méx., CR = Col., Arg. y otros): «Debí dejar a éstos con su intriga internacional y echarme tras de esa lana. ¡Pinche <puñetera> intriga internacional! ¡Quinientos mil verdecitos! Ora sí se puso buena la cosa.» (R. Bernal, *El complot mongol*, 134) = «Pero yo sí te digo que lo que quisiera es agarrar un buen pucho* de verdes e irme un tiempo fuera, hasta Panamá, mientras se calma la cosa...» (A. Chase, *Ella usaba bikini*, 103) = CONSULTAS = HAENSCH Y WERNER = VERDEVOYE **(3)** m. Plátano verde. (Ec. = Col.): «Les sirvieron arroz, pescado con coco y mucho verde cocido.» (A. Ortiz, *Juyungo*, 114) = «Los hombres se acercaban a la candelada. Uno de ellos cocinaba. Muchos pelaron verdes i <y> los metieron a asar en las brasas.» (J. Gallegos Lara, «Los madereros» en: *Los que se van*, 117) = «(...) un día que viajaba en su lancha 'Carmelita' por el tortuoso río 'Naranjal', llevando unos cientos de cabezas de maduro* y verde para venderlos en Guayaquil, naufragó la embarcación, yéndose con el Montubio, dos peones y los plátanos, al fondo.» (M. Corylé, *Gleba*, 65) = MALARET = MORÍNIGO = CONSULTAS **(4)** m. Mancha verde que persiste en el trasero y denota la ascendencia indígena de un mestizo. (Ec.): «–Prieto ha salido, parecido al indio Cucuyo –afirmó don Manuel tratando de hacer reír a la concurrencia a toda costa. (...) –Espere comadre... espere veremos bien... Espere veremos el culito del guagua <la criatura>... Veremos la marca... (...) –Destápele pronto... / –Encima de la mesa. /–Dele <déle> la vuelta. / –Puede que tenga un grandote. / –Un verde en toda regla. / –No creo... gente blanca parecen los padres.» (J. Icaza, *Media vida deslumbrados*, 186-187) = CONSULTAS **(5)** adj. **año verde.** fr. m. Véase **año. (6)** adj. **culo verde.** fr. m. Véase **culo. (7)** adj. **estar verde.** fr. que se dice a propósito de algo cuya realización tardará mucho tiempo todavía. (Guat.): «–(...) ¿Ya preguntaste cómo va lo de la casa? / –Eso está verde.» (D. Liano, *el hombre de Montserrat*, 85) = ARMAS **(8)** adj. **indio verde.** fr. m. **indio. (9)** adj. **verla verde.** fr. Tener muchas dificultades, pasarlas moradas. (Ec.): «–Si no fuera por ellos <los gringos> la veríamos verde –sentenció Ascensión, porque a pesar de toda la antipatía que les profesaba reconocía su ayuda económica, buena o mala.» (A. Ortiz, *Juyungo*, 172) = CONSULTAS

verdugo. m. Palabra despectiva con la que se designa a un indio; miserable, bribón –procede en parte de la fr. desp. **indio* verde.** (Ec.): «(...) terminó de disparar las porquerías que quiso, hasta que se dejó caer en el viejo sillón de pajilla destripada sudando todavía todo un amasijo de roscas*, rosconés*, rosquetes*, rosquillas* (...), verdugos (...).» (G. A. Jácome, *Porqué se fueron las garzas*, 101) = JARAMILLO DE LUBENSKY = CONSULTAS (véase también **verde**)

verdugón. m. Arruga saliente en el interior de un calzado, que molesta al caminar. (Arg.): «Yo tenía unas medias botas / con tamaños verdugones; / me pusieron los talones / con crestas como los gallos; / si viera mis afliciones <aflicciones> / pensando yo que eran callos!» (J. Hernández, *Martín Fierro*, I, versos 1.933-9) = SANTAMARÍA DGA

verdura -ita. f. Cosa de poca importancia; ú. t. en la fr. **no ser verdura** (o: **no ser verdurita**). fr. No ser cualquier cosa; no ser poco decir. (Ur. = Arg.): «(...) Obdulio, que se hacía obedecer, y esto no era verdurita, hasta por el mono Gambetta.» (M. Benedetti, *Primavera con una esquina rota*, 33) = CHIAPPARA = CASULLO = CONSULTAS

veremos. v. **quedarse en veremos.** fr. v. Véase **quedarse.**

verga. (1) adj. Bruto, tonto. (Méx.): «–Fermín, qué verga eres; Fermín, qué bruto eres.» (P. I. Taibo II, *Sombra de la sombra*, 197) = CONSULTAS **(2) dar verga.** fr. f. Golpear, castigar. (Guat.): «Cuerpos carbonizados. Rostros desfigurados. García sintió una pequeña satisfacción cuando metió primera y entró en la calle Macedo. 'Ahora sí les dimos verga', pensó, contento de pertenecer al ejército.» (D. Liano, *el hombre de Montserrat*, 86) = ARMAS = RUBIO **(3) echar(se) verga.** fr. f. Golpear(se), pegar(se), pelear. (Guat.): «–¡Qué! Me eché verga con unos pisados* y me tiraron un navajazo (...).» (D. Liano, *el hombre de Montserrat*, 27) = ARMAS = RUBIO **(4) volar verga.** fr. f. Azotar, golpear (CR): «Si resultás queriéndote juír <huir> antes de los tres meses, te agarran, y el capitán de la goleta te vuela verga hasta dejarte las nalgas en carne viva y, después, te echa agua salada.» (A. Portocarrero, *Negro desgraciado*, 108) = CONSULTAS

vergazo. m. Golpe fuerte dado con verga u otro objeto. (Guat., El Salv. = CR): «El vergazo lo sarandeó <zarandeó> más de lo acostumbrado, sintió que la sangre bajaba (...).» (M. A. Flores, *Los compañeros*, 49) = «El día que me tocó el gran vergazo, desperté y vi que trasladaban a un montón de heridos (...).» (F. Metzi, *Por los caminos de Chalatenango*, 173) = ARMAS = QUESADA = CONSULTAS

vergueada. f. Acción y efecto de verguear, o sea de azotar con azote o con verga; paliza. (Guat. = Méx., CR y otros): «–¡Ah, puta, si comienza con chistes, ya, pero ya, se va a llevar una buena vergueada. (...) / Le dieron una gran vergueada al Ingeniero Castillo Ibargüen porque no los dejaba rebasar.» (D. Liano, *el hombre de Montserrat*, 53 y 71) = SANTAMARÍA DGA = CONSULTAS

verguear. tr. Véase **vergueada.**

verija. f. **(1) echar a verijas.** fr. Manera de atar a los animales que consiste en recoger la pierna izquierda contra el caballo y en estirar la derecha hacia adelante para ofrecer más resistencia a los movimientos desordenados de la presa. (Arg.): «El lazo se ciñó en lo alto del cogote y Don Segundo, sin darse siquiera la pena de 'echar a verijas', contuvo a su presa.» (R. Güiraldes, *Don Segundo Sombra*, 58) = CONSULTAS **(2) hasta la verija.** fr. A fondo, hasta más no poder; completamente. (Arg.): «(...) metidos en el fango hasta la verija y cubiertos de sanguijuelas.» (L. Marechal, *Adán Buenosayres*, 564) = VERDEVOYE = CONSULTAS

verónica. f. Manto o velo negro que usan las mujeres. (Bol. = Ch.): «En seguida, bien arrebozada en su verónica más nueva, (...) lanzóse a la calle.» (J. Lara, *Yanakuna*, 78) = MUÑOZ REYES = SOPENA = SANTAMARÍA DGA = MORÍNIGO

verraco -a (o: **berraco -a**). **(1)** adj. m. Bravo, animoso, valiente; muy fuerte. (Ec. = Ven. y Col.):

«(...) de un puñetazo arrojó al joven 'Pompo' al río (...) y entonces los curiosos que habían presenciado la escena prorrumpieron en aplausos y en carcajadas jubilosas. / –¡Verraco muchacho!» (N. Estupiñán Bass, *Cuando los guayacanes florecían*, II, 66) = «(...) Verduga (...) repitió lo de antes: / –Los machos no deben morir en colchón. / Lastre, que también tenía sus ideas al respecto, contradijo: / –Los hombres berracos pueden morir en cualquier parte.» (A. Ortiz, *Juyungo*, 60) = CONSULTAS = TEJERA = HAENSCH Y WERNER **(2) verraco -a.** adj.; ú. t. c. s. Furioso, colérico. (Col. = Ven.): «(...) los viejos están berracos por los escándalos que forma (...).» (U. Valverde, *Bomba Camará*, 12) = FILIPPO = HAENSCH Y WERNER = TEJERA **(3)** adj.; ú. t. c. s. Lujurioso, excitado sexualmente. (Col.): «(...) yo fui con él y el muy berraquito me pone como ningún hombre me ha puesto, estaba que estallaba, siempre recordaré esa noche, me hizo de todo (...).» (U. Valverde, *Bomba Camará*, 22) = CONSULTAS = HAENSCH Y WERNER **(4) verraco** (o: **del berraco**, o: **del verraco**). fr. adv. Bárbaro, fenomenal. (Col.): «Duré tres años en el hospital y me hicieron tres operaciones, verraco, yo ¿no?» (G. Santamaría, *Morir último*, 12) = «Está haciendo un calor del berraco allá dentro.» (U. Valverde, *Bomba Camará*, 102) = CONSULTAS = HAENSCH Y WERNER

verraquera (o: **berraquera**). f. Barbaridad, violencia; terquedad. (Ven. = Col.): «Afuera volvieron a sonar las sirenas de las patrullas y se escuchó* una descarga. Hubo un silencio y se repitieron los disparos. (...) Los tres estuvieron a la espera de nuevos disparos. Al rato, el sastre dijo: / –¡Qué berraquera, ala! ¿Ustedes vienen de allí?» (A. González León, *País portátil*, 29) = FILIPPO

verrugosa (o: **berrugosa**). f. Serpiente venenosa y de gran tamaño; acostumbra salir de noche, y por parejas. (Ec. = Col.): «–¿Lo de la berrugosa que me picó, les he contado?» (N. Estupiñán Bass, *Cuando los guayacanes florecían*, I, 113) = CONSULTAS = HAENSCH Y WERNER

versada. f. Versería, conjunto de versos. (Arg.): «De su memoria saqué estilos, versadas, y bailes de dos, e imitándolo llegué a poder escobillar un gato o un triunfo y a bailar una huella o un prado.» (R. Güiraldes, *Don Segundo Sombra*, 65) = SOPENA

verso. m. Estrofa. (Arg.): «(...) sale un verso y en la puerta / asoma el otro el hocico.» (J. Hernández, *Martín Fierro*, I, versos 1.901-2) = CONSULTAS

vetazo. m. Golpe dado con una veta o correa; azote. (Ec.): «Piedras de los templos de México y Guatemala, Quito y Lima, labradas a sudor y lágrimas, bajo el vetazo del látigo.» (G. A. Jácome, *Porqué se fueron las garzas*, 231) = CONSULTAS

vez. f. **toda vez que.** fr. Cada vez que, siempre que. (Bol.): «Toda vez que la castigaban, ella quedaba molida para varios días.» (J. Lara, *Yanakuna*, 130) = MUÑOZ REYES

viaje. m. **(1)** Cantidad de chicha que suele transportarse para venderla. (Bol.): «Con fundado orgullo y en cuanta oportunidad se le ofrecía, la chichera se jactaba de que nunca un 'viaje' –unos setecientos litros– había llegado a durarle veinticuatro horas. (...) Acaparaba <el hombre> pollos y huevos en las comarcas vecinas, junteando los 'viajes' de chicha de mejor calidad y convenientemente empacados los llevaba en recua propia a Oruro, donde aquellos artículos tomaban a veces precios fabulosos.» (J. Lara, *Yanakuna*, 52 y 62) = CONSULTAS **(2)** Cada uno los trayectos con cliente que realiza un taxista; designa eufem. el trabajo de una prostituta. (Arg.): «(...) ella es la que varea* a la primeriza para que levante únicamente 'viajes' para usted (...).» (R. Arlt, *Los siete locos*, 56) = CONSULTAS **(3) agarrar viaje.** fr. Emprender un viaje; aceptar una propuesta. (Guat., Nic., Arg.): «(...) le dejo la carta a condición de que no se la enseñe a sus hijos, porque ellos también van a querer agarrar viaje.» (M. A. Asturias, *Viento fuerte*, 71) = «(...) sin Pedrito era un azar inútil agarrar viaje para la montaña.» (S. Ramírez, *La marca del Zorro*, 139) = «Con un canario* y la promesa de otro, si me conseguía la información necesaria, la Petrona había agarrado viaje al galope.» (J. Cortázar, *Relatos*, 322) = CONSULTAS **(4) de (un) viaje.** fr. De una vez; total, definitiva y brutalmente. (Ec. = CR, Col. y otros): «Sólo después de un rato y de un vaso de whisky que me dio y que yo me tomé de un viaje, respiré aliviado (...).» (G. A. Jácome, *Porqué se fueron las garzas*, 19) = CONSULTAS = ARROYO = FILIPPO **(5) de viaje.** fr. Además, de paso. (CR): «La negra como que de veras había estao encariñada con el hombre, y se levantó, cogió mi misma navaja y ¡chás!, me pegó este jaretazo* que me sacó todo y ojo; y no me mató de viaje, porque, con toda seguridá que yo del dolor, pegué un gran brinco (...).» (C. L. Fallas, *Gentes y gentecillas*, 234) = CONSULTAS

vianda. f. Serie de dos o tres recipientes metálicos que se superponen uno sobre otro; sólo el de más arriba tiene tapa y asa; el de más abajo está provisto de un sistema que permite conservar un plato caliente al baño de María. (Arg. < Ur. = Ch. y Ur.): «(...) el hombre se fue del hotel viejo; lo supieron al día siguiente, a media mañana, cuando apareció para llevarse algunas ropas (...) y para combinar que le llevaran diariamente una vianda con comida a la casa de las portuguesas.» (J.C. Onetti, *Los adioses*, 58) = MALARET = CONSULTAS

víbora. f. **(1)** Cinturón con bolsillos ocultos para guardar dinero. (Méx.): «–(...) ¿Quiere usté apostar? ¡Ándele*, mire; esta viborita de cuero suena todavía! –dijo Anastasio sacudiendo el cinturón y haciendo oír el choque de los pesos duros.» (M. Azuela, *Los de abajo*, 38) = «Por fin se decidió. Desenfundó de la víbora el dinero que en ella guardaba (...).» (J. Rulfo, «El gallo de oro», en: *Toda la obra*, 335) = MALARET = MORÍNIGO = JIMÉNEZ **(2) víbora de la cruz.** fr. f. Véase **crucera. (3) hombre de la víbora.** fr. m. Véase **hombre.**

viborear. tr. Marcar los naipes fraudulentamente para reconocerlos. (Méx. = Cuba): «–Nunca te atengas a lo que veas. Estos fulanos traen siempre barajas viboreadas.» (J. Rulfo, «El gallo de oro», en: *Toda la obra*, 336) = SANTAMARÍA DGA = MORÍNIGO = PICHARDO

vicio. m. **vicios.** pl. Productos no imprescindibles (alcohol, tabaco y yerba para el mate). (Arg.): «Jamás hizo otro servicio / ni tuvo más comisiones, / que recebir <recibir> las raciones / de víveres y de vicios.» (J. Hernández, *Martín Fierro*, II, versos 3.765-8) = «El patrón me había hecho entregar los veinticinco pesos de mi sueldo mensual, con los cuales pude pagar el potrillo, sobrando para 'los vicios'.» (R. Güiraldes, *Don Segundo Sombra*, 41) = CONSULTAS = VERDEVOYE

victoriar. tr. Vitorear. (Arg.): «Una tremenda carcajada y un nuevo viva estertorio <estentóreo> volvió a victoriarlo.» (E. Echeverría, *El matadero*, 110) = CONSULTAS

vichadero -a. adj. Véase **espejo vichadero.**

vichear (o: **bichear).** intr. ú. t. c. tr. Observar o/y escuchar a escondidas. (Par. = Arg. y otros): «La abuela cerró el portón de la casa de doña Aparicia. Los vecinos en huecos, ventanas cerradas-abiertas, rendijas y puertas entornadas, ojos de llaves, vicheaban y eran cucarachas y moscas distraídas, cruzando la calle, entrando en la habitación de doña Aparicia (...).» (J. Aymar, H. Duarte y M. Azuaga, *Rasmudel*, 37) = SOPENA = CONSULTAS (véase también **espejo* vochadero**)

Vicho. Uno de los dim. de Vicente. (Ch.): «Sí, pues, don Vicho, ya nos tiene guatones* con los reyes y los príncipes.» (M. Rojas, *El delincuente... y otros cuentos*, 107) = SANTAMARÍA DGA

vida. f. **(1)** Para una mujer, prostitución; para un hombre, robo –ú. m. en la fr. **estar en la vida.** (Arg.): «Vinieron los hijos. ¡Todos malandrinos <delincuentes>! / Llegaron las hijas. ¡Todas engrupidas <presumidas>! / Ellos son borrachos, chorros*, asesinos, / y ellas, las mujeres, están en la vida.» (De La Púa, *La Crencha engrasada*, 26) = «Se acuerda de la 'vida', de los 'manyamientos' <desfile de delincuentes ante la policía>, de las noches pasadas en la 'berlina*'.» (R. Arlt, *Novelas completas y cuentos*, III, 252) = CONSULTAS = GOBELLO **(2) buscar la vida.** fr. Ganarse la vida. (Guat.): «(...) que el Ministro de su país puede informar que ellos no se ocupan de política; que sólo vinieron a buscar la vida con su trabajo honrado.» (M. A. Asturias, *El señor presidente*, 155) = CONSULTAS **(3) hacer(se) la vida de cuadros** (o: **de cuadritos).** fr. Hacer(se) la vida complicada y difícil. (Méx.): «(...) sus compatriotas lo habían envidiado demasiado y le habían hecho la vida de cuadritos.» (L. Esquivel, *La ley del amor*, 42) = VILLANUEVA **(4) pura vida.** fr. adj. que significa 'estupendo', 'muy bien' ú. t. para contestar un saludo, e incluso saludar o despedirse. (CR): «Nada pasa de importancia, la patrona es pura vida (...).» (A. Chase, *Ella usaba bikini*, 51) = «La vara* me salió pura vida el carro <coche> me lo conseguí porque un carajo* del partido me lo dio regalado.» (R. Arias, *El emperador Tertuliano...*, 103) = QUESADA = CONSULTAS

vidrierista. m. Escaparatista. (Arg.): «(...) le recordó al procesado que su encarcelamiento se debía a relaciones con un menor en la tienda donde trabajaba como vidrierista.» (M. Puig, *El beso de la mujer araña*, 272) = VERDEVOYE = CONSULTAS

vidrio. m. **echar** (o: **volar) vidrio.** fr. Observar, acechar. (Méx., Guat.): «No fui invitado a estos festejos. Pero los miré de lejos. Qué va: de cerca, de cerquísima les estuve echando vidrio.» (C. Fuentes, *El naranjo*, 90) = «Y ya no pude volar más vidrio, porque en eso regresó la *Masacuata*, y yo, ya sabés, me puse a querérmela luchar*.» (M. A. Asturias, *El señor presidente*, 49) = CONSULTAS

viejo -a. (1) f. y m. Tratamiento que se dan los esposos, novios o amantes en el campo, aun cuando sean muy jóvenes. (PR, Méx., CR, Ur., Arg. = Cuba, Guat. y Col.): «Y Ciro, tocando las ropas de la joven, empapadas en la sangre del desertor, no distinguía el color de aquella humedad, pensando en un accidente, en una brutalidad de Gaspar al pasar el río. / –Sí, ese infame te ha pegado... Pero no te apures, *Vieja* : aquí estoy yo.» (M. Zeno Gandía, *La Charca*, 107) = «Siento que me quedé dormido de a tiro* y que cuando desperté estaba en mi catre, con la vieja allí a mi lado consolándome de mis dolencias como si yo fuera un chiquillo y no este viejo desportillado que soy yo.» (J. Rulfo, *El llano en llamas*, 73) = «Pero, en fin, la mujer de uno es la mujer de uno y algo hay que quererla, ¿verdá? Yo, pa qué decir, me extrañé de verlo pasar así, tan a la carrera, y me pensé: 'Mucho ha de querer este hombre a su vieja'.» (C. L. Fallas, *Gentes y gentecillas*, 126) = «–Tengo miedo, viejo... Aquí se güele el tufo que deja el diablo al pasar... –Cayate, vieja me tenés cansau <cansado> con tus sustos. ¡Ta con las mujeres! Y, sobre las palabras de su compañera, golpeó sus manos con violencia.» (E. Amorim, *La carreta*, 58) = «–(...) Vamos a dar una vuelta no más, mi viejo, ¿eh?» (E. Cambaceres, *En la sangre*, 181) = ARMAS = CONSULTAS = SANTIESTEBAN = HAENSCH Y WERNER **(2)** m. y f. Adulto en general, cualquiera que sea su edad. (Méx., CR): «–¿Y usted cree que don Pedro, con el genio que se carga, iba a permitir que su hijo siga traficando viejas?» (J. Rulfo, *Pedro Páramo*, 33) = «Allí habían <había> hombres que tenían su panteoncito aparte con la gente que habían matado; bruto de esos que había echao al saco* ciento y pico'e viejos.» (C. L. Fallas, *Gentes y gentecillas*, 230) = CONSULTAS **(3)** adj. **¡Esto** (o: **eso**) **es viejo en Colombia!** fr. excl. ¡Esto es conocido de todos! (Ec.): «–(...) ¿Saben lo que pasa con los conciertos <hombres sometidos a concertaje>? / –¡Eso es viejo en Colombia!» (N. Estupiñán Bass, *Cuando los guayacanes florecían*, II,137) = CONSULTAS

viejolo -a. adj. De otra época, fuera de moda; un poco viejo, superado. (PR): «Contraste medio violento de los muebles viejolos de caoba con el televisor, la nevera y la mesa de fórmica (...).» (A. L. Vega, *Pasión de historia*, 103) = CONSULTAS = MAURA

viena (de). fr. Véase **silla* de viena.**

viento. m. **(1)** Aire; o dolor reumático. (Perú = PR y Pan.): «–(...) Escupí sangre. No me cuidé. Ese fue mi error: cogí un viento. Padecí dos semanas.» (M. Scorza, *Redoble por Rancas*, 236) = MALARET = SOPENA **(2) mal viento** (o: **malviento**, o: **mal-viento).** fr. m (o: m.). Enfermedad supuestamente contraída al pasar por una quebrada solitaria, o algún sitio lúgubre o que se supone nefasto por la presencia de objetos dañinos, y que provoca dolor de cabeza, vómitos y diarrea. (Ec.): «Entre los niños recién nacidos son frecuentes las siguientes <enfermedades>: **mal viento**, raquitismo, **espanto***, diarreas verdes, bronquitis.» (G. Rubio Orbe, *Punyaro*, 175) = «Con el silencio se oía cerquita la náusea seca del brujo que esperaba la noche para curar a alguien del mal-viento o de la ojiada <ojeada*>.» (G. A. Jácome, *Porqué se fueron las garzas*, 288) = CONSULTAS **(3) cama** (o: **catre**) **de viento.** fr. Véanse **cama** y **catre.**

viernes. m. **hacerse el del otro viernes.** fr. Fingir indiferencia. (Bol.): «–¡Bah! –exclama Néstor, ahora hazte el del otro viernes. A cada rato estás preguntando por la Santiaguita.» (R. Poppe, *Después de las calles*, 29) = MUÑOZ REYES

vietnamero. adj. m. Dícese del puertorriqueño que fue soldado en Vietnam. (PR): «(...) un veterano vietnamero de tripas ametralladas, Pijuán Gómez, le garantiza la mitad de su pensión de soldado esquizoide, además de nombrarla heredera universal por si me cago en mi madre* primero que tú.» (L. R. Sánchez, *La Guaracha del Macho Camacho*, 19) = CONSULTAS

viga. f. **echar la viga.** fr. Mentar la madre, insultar. (Méx.): «(...) pues tiene usted razón de echarme la viga (...).» (E. Poniatowska, *Hasta no verte Jesús mío*, 196) = SANTAMARÍA DM

vigilante. m. **postre del vigilante.** fr. Véase **martín* fierro.**

vigorón. m. Comida nicaragüense compuesta de carne de cerdo frita, yuca y repollo crudo y picado. (Nic. < CR): «(...) figúrese que estaba una señora con una venta de vigorón, y como no se hizo a un lado me la llevé por delante. La yuca toda se llenó de polvo y los chicharrones hubo que juntarlos como a diez varas.» (M. Salguero, *Agencia de policía*, 115) = CONSULTAS

vigueta. f.; ú. t. c. adj. Árbol (*Exostema floribundum*) de madera durísima; por extensión, grande, tremendo, complicado. (Cuba): «El escándalo era *vigueta.* (...) Llegaban <los soldados norteamericanos> a las casas y veían a una mujer linda en la ventana o en la puerta y se le acercaban y le decían: 'Foky, foky, Margarita', y para dentro. Eso lo vi en Cienfuegos. Con el cuento del foky, foky, se dieron una jodida vigueta.» (M. Barnet, *Biografía de un cimarrón*, 131 y 191) = SANTAMARÍA DGA = ORTIZ = SANTIESTEBAN

villismo. m. Movimiento revolucionario acaudillado por Pancho Villa. (Méx.): «Aquella fue la jornada máxima del villismo heroico.» (M. L. Guzmán, *El águila y la serpiente*, 320) = CONSULTAS (véase también **villista**)

villista. m. y f.; ú. t. c. adj. Partidario de Pancho Villa. (Méx.): «(...) se encontraba <el general Robles> en el mismo caso que yo, no obstante su carácter de Ministro de la Guerra y su prestigio como el mejor de los generales villistas.» (M. L. Guzmán, *El águila y la serpiente*, 380) = «Quisiera no acordarme. Carrancistas* y villistas nos traían a salto de mata desde Colima a Guadalajara, pariendo chayotes*. Y a la hora del ¡quién vive! no sabía uno ni qué responder.» (J. J. Arreola, *La feria*, 10) = CONSULTAS (véase también **villismo**)

vina. f.; ú. t. c. adj. f. Véase **vino -a.**

vino. (1) vino -a (o: **Vino -a).** adj.; ú. t. c. f. Fisgón, chismoso (CR): «En Costa Rica no podría tener lugar una guerrilla, ni campesina ni urbana. Las *Vinas* la descubrirían inmediatamente. Y no hablo por hablar.» (C. Láscaris, *El costarricense*, 229) =

CONSULTAS = QUESADA (quien recoge *bina* sin dif. entre masc. y fem.) **(2)** m. **vino carlón.** fr. m. Cierto tipo de vino tinto, criado en la Argentina. (Arg.): «Sin embargo, comer puchero y asado, beber vino carlón del almacén y vivir en los andurriales, en medio de la chusma (...).» (E. Cambaceres, *En la sangre*, 136-137) = CONSULTAS

violín. m. **(1) tocarle el violín** a alguien. fr. Provocar la muerte lenta de alguien por degüello. (Arg.): «–Degüéllalo, Matasiete; quiso sacar las pistolas. Degüéllalo como al toro. / –Pícaro unitario. Es preciso tusarlo <raparlo>. / –Tiene buen pescuezo para el violín. / –Tocale el violín. / –Mejor es resbalosa*.» (E. Echeverría, *El matadero*, 110) = VERDEVOYE **(2) tocar violín.** fr. Presenciar las efusiones de dos enamorados quedándose sin hacer nada –en el ej., el autor juega con el sentido habitual de la fr.. (Bol. = Ec.): «El Centro se ha vuelto la sala de esperar ñatas*. Que si está fulanita, que si está sutanita <zutanita>; a buscar ñatas* nomás* vienen y a veces se toca violín sin querer.» (R. Poppe, *Después de las calles*, 23) = PAULOVICH = FERNÁNDEZ NARANJO = SANTAMARÍA DGA

virar (o: **birar**). v. **(1)** tr. Matar, asesinar. (Cuba): «(...) refirió (...) el número de los *cangrejos* <avaros> que había *birado*, en sus pocos años de vida, esto es, asesinado a sangre fría.» (C. Villaverde, *Cecilia Valdés*, 249) = SÁNCHEZ-BOUDY = SANTIESTEBAN **(2) virar(se).** tr., o prnl. intr. Volver(se) en sentido contrario, dar(se) la vuelta. (Cuba, Pan. = Méx.): «–(...) Mira, negra de Barrabás, vírate, o te mato...» (C. Villaverde, *Cecilia Valdés*, 211) = «¡Por favor, vira el disco!» (D. L. Pitty, *El centro de la noche*, 99) = CONSULTAS = PICHARDO = SANTAMARÍA DGA

virote (o: **birote**). m. y f. ú. t. c. adj. Dícese de la persona tonta y sin malicia. (Ven.): «–(...) ¡Estos dos sinvergüenzas, presenciando sus <propios> matrimonios como simples espectadores y burlándose de nosotros los que estábamos haciendo el papel de birotes!» (R. Gallegos, *Canaima*, 171) = TEJERA

viruela. f. **viruela negra.** fr. f. Viruela hemorrágica. (Arg.): «(...) dentró* una virgüela <viruela> negra / que los diezmó a los salvajes.» (J. Hernández, *Martín Fierro*, II, versos 803-804) = CONSULTAS

viruta. f. **(1)** Floreo. (Arg.): «–¡Eso es pura viruta! –me interrumpió el *cafiolo* <chulo>– ¡Dejáte de firuletes!» (L. Marechal, *Adán Buenosayres*, 609) = VERDEVOYE **(2) fresca viruta.** fr. Vida regalada, ocio. (Arg.): «(...) lo que uno quiere es un poco de fresca viruta.» (R. Arlt, *Las aguafuertes porteñas de Roberto Arlt*, 169) = GOBELLO = CONSULTAS **(3) meter viruta (s).** fr. Mentir, hacer trampas. (Méx. = CR): «–Morenzo quiere que te combines con él por el resto de la temporada. Tú registrarás sus gallos a tu nombre y le servirás de 'soltador*'. El trato está en que te acomodes a lo que él diga. Como ves, se trata de hacer viruta: que hay que quebrarle las costillas al animal antes de soltarlo, pues a quebrar costillas... (...) / Los soltadores* están llenos de mañas y preparados para hacer trampa con gran disimulo.» (J. Rulfo, «El gallo de oro», en: *Toda la obra*, 339) = SANTAMARÍA DGA = MORÍNIGO

vista. f. **(1)** Película, film. (Guat, Arg.): «En la Plaza Central, se alzaba por las noches la clásica manta de las vistas a manera de patíbulo y exhibíanse fragmentos de películas borrosas a los ojos de una multitud devota que parecía asistir a un auto de fe.» (M. A. Asturias, *El señor presidente*, 109) = «El miércoles le dijo a mi madre que iba a ver en el centro una vista nueva de cow-boy.» (J. L. Borges, *Obras Completas*, 1.032) = CONSULTAS **(1) hacerse de la vista larga.** fr. Hacer la vista gorda. (PR): «Los <oficiales> suspendidos alegadamente se hicieron de la vista larga al ver que presos estuvieron cavando durante cuatro meses.» (*El Nuevo Día*, 30/4/1994) = «Le recomendé que se hiciera de la vista larga, se buscara otro apartamento y le pusiera pichón* al asunto.» (A. L. Vega, *Pasión de historia*, 70) = CONSULTAS

vistear. intr. Véase **visteo.**

visteo. m. Acción de simular con las manos un duelo a cuchillo. (Arg.): «De pronto le habló a Antenor como si lo conociera; hizo alusión ponderativa a su destreza física y a su habilidad para el visteo.» (R. Güiraldes, *Don Segundo Sombra*, 161) = VERDEVOYE (GOBELLO recoge **vistear** con el sentido de 'simular dos personas una pelea, tirándose golpes con la mano o con algún instrumento, para probar cuál de ellas tiene mejor vista y mayor agilidad')

vitola. f. Tamaño o forma de un puro o de un sombrero, o también de una persona. (PR = Cuba y Méx.): «Nos saludó con muchos tiquismiquis, hasta con un golpe de sombrero. De aquel su sombrero de cogollo, de anchas alas y estrambótica 'vitola'.» (E. Laguerre, *La llamarada*, 55) = MAURA = SANTAMARÍA DGA = PICHARDO

vitoquear. intr. Véase **bitoquear.**

viuda. f. **(1)** Pájaro de mal agüero. (Ec.): «–I <y> tamién a mí me ha cantao la viuda! (...) / –¿I la llamó la viuda er <del> tamarindo?» (J. Gallegos Lara, «Los madereros» en: *Los que se van*, 116 y 118) = CONSULTAS **(2)** Véase **viudita. (3)** Figura del folclore popular, vestida con un rebozo negro de la cabeza a los pies, con zancos, y que causa espanto. (Arg.): «Tíos, primos y entenaos se entendían como

Dios manda; no salía la viuda, ni el chancho*; no se veían luces malas* y los enfermos sanaron todos.» (R. Güiraldes, *Don Segundo Sombra*, 149) = «–(...) Estos alrededores de Buenos Aires tienen una vieja tradición de brujería. Las apariciones del *chancho** y la *viuda* son aquí moneda corriente.» (L. Marechal, *Adán Buenosayres*, 234) = CONSULTAS

viudita. f. **(1)** Pájaro azulado (*Tanagra cana*) muy común. (CR): «En esa nueva profesión logré hacer maravillas, a costa, claro está, de los pobres yigüirros, de las humildes viuditas y de cuanto desgraciado pájaro llegaba a visitar los altos y frondosos árboles que entonces sombreaban la avenida del Cementerio.» (C. L. Fallas, *Marcos Ramírez*, 109) = QUESADA = GAGINI = CONSULTAS **(2)** Mono pequeño (*Callicebus torquatus*) de color negro, cuerpo cenceño y miembros delgados; cubre su faz una careta entre blanca y azul. (Ven.): «(...) apareció la Dama Viudita en forma milagrosa, casi tan fantástica, con su hermoso cabello, largo, suave, lustroso, su aire lánguido, aquel hechicero antifaz de seda azul detrás del cual se le dormía la mirada como un beleño, que Tío Tigre ya no pudo más.» (A. Arraiz, *Tío Tigre y Tío Conejo*, 40) = TEJERA = CONSULTAS

viudo. m. Cierta manera de preparar el pescado de río. (Col.): «Girardot comparte con Flandes, Tolima, los honores del mejor 'viudo' de pescado que, junto con la tradicional 'subienda', es un auténtico festival para los amantes del buen pescado de río.» (C. Ordóñez, *Gran libro de la cocina colombiana*, 182) = CONSULTAS

viva. adj. f. **estar a la viva.** fr. Estar en todo, estar alerta. (Cuba): «Pero tenía que estar a la viva con el Peruano; de Carlos Pérez Cifredo, el candidato, no se burlaba nadie.» (J. Díaz, *Las iniciales de la tierra*, 231) = SÁNCHEZ-BOUDY

vivandero -a. m. y f. Vendedor de víveres en los mercados. (Hond., Nic. y Am. Centr. = Perú): «Cada sábado (...) el pueblo era una feria, y por todos los sitios se apostaban los vivanderos ofreciendo sus variadas mercancías.» (M. Funes, *Oro y Miseria*, 174) = «En las aceras, y alrededor de la plazoleta, (...) se instaló un nutrido contingente de vivanderas con sus tinglados, toldos y carretones (...).» (S. Ramírez, *Castigo Divino*, 269) = MEMBREÑO = SANTAMARÍA DGA = SOPENA = CONSULTAS

vivillo. m. Pícaro, que saca provecho con ardides y engaños. (Arg.): «Has nacido en una cuna / de malevos <malhechores>, calaveras, / de vivillos y otras yerbas* / (...).» (A. Irusta, «Dandy», en: J. Barreiro, *El Tango*, 177) = GOBELLO = CONSULTAS

vizcaíno. m. Marca de revólver. (Cuba): «Las armas de fuego, 'el Vizcaíno', el revólver quedaba para los que ganaban buen jornal o los pudientes.» (L. Cabrera, *La sociedad secreta abakuá*, 44) = CONSULTAS

volada. f. **(1)** Sinnúmero de acciones que vienen precisadas por el complemento que sigue. (CR): «Venía sudando de la gran volada de caite* que le tocó (...).» (M. Salguero, *Agencia de policía*, 73) = CONSULTAS (véase también **volar***) **(2)** Ocasión; por ej., en la fr. **aprovechar la volada.** (Arg.): «Entonces la gorda quiere aprovechar la volada.» (E. Sábato, *Sobre héroes y tumbas*, 124) = CONSULTAS = VERDEVOYE **(3) bajar, subir a la volada.** fr. Bajar, subir en marcha. (Perú): «El ómnibus llega junto con él y debe subir a la volada.» (M. Vargas Llosa, *La ciudad y los perros*, 235) = CONSULTAS

vola(d)o. **(1)** m. Asunto. (El Salv., CR): «Mirá, viejo, cuando ganemos este volado, te voy a invitar con un chero <amigo> mío a conocer todita la costa del país.» (F. Metzi, *Por los caminos de Chalatenango*, 29) = «Robar es como un oficio, pues se aprenden volaos que luego uno va aplicando.» (A. Chase, *Ella usaba bikini*, 67) = CONSULTAS = QUESADA (véase también **bolado**) **(2)** m. Faralá, volante. (Arg.): «Ella misma sacó su velo negro, su vestido de ir a misa –un vestido de seda negro con volados– y, prontos ambos, salieron a la calle, dirigiéndose hacia el centro.» (E. Cambaceres, *En la sangre*, 89) = VERDEVOYE **(3)** m. Aventura amorosa. (Guat. = Méx. y Nic.): «La hija del general Canales era la patoja <chiquilla>, que había salido a ponerse de acuerdo con él. No sabés cómo me rogó para que yo lo ayudara en el volado (...).» (M. A. Asturias, *El señor presidente*, 49) = SANTAMARÍA DM = RABELLA y PALLAIS **(4)** adv. A la carrera, volando. (CR y otros): «Usa un sombrero de ala ancha de medio la'o <lado> y zapatillas por si hay problemas pa' salir vola'o.» («Pedro Navaja», canción de Rubén Blades, Fania Records, New York, 1978) = CONSULTAS **(5) volado -a.** p. adj. Prominente en general; abultado, que sobresale. (Col.): «Llevaba una gorra de beisbolista y anteojos de cristales volados.» (G. García Márquez, *La mala hora*, 149) = MORÍNIGO

volante. m. **(1)** Conductor de un vehículo. (PR, Par. = Arg. y otros): «En la actualidad, no hay límite de velocidad en las autopistas, ya que la impaciencia de los volantes alemanes en las mismas desplaza completamente cualquier preocupación por seguridad personal o contaminación ambiental.» (*El Nuevo Día*, 3/5/1994) = «Cristóbal Jara era, sin duda, un buen volante. Parecía formar parte del camión, una parte viva y sensible que irradiaba fuerza y voluntad a los tendones y nervios metálicos del desvencijado vehículo.» (A. Roa Bastos, *Hijo de hombre*, 323) = MORÍNIGO = CONSULTAS **(2)** Octavilla, papel volante con mensaje político. (Ch., Ur. = PR, Col. y Arg.): «Durante meses el pueblo estuvo tapizado de carteles con el retrato de don Alejando Cruz, unos en verde, otros en sepia, otros en azul. Los chiquillos patipelados <descalzos> corrían por todas partes lanzando volantes, o entregándoselos innecesaria y repetidamente a quien pasara, mientras los más chicos (...) los recogían y hacían con ellos botes de papel (...).» (J. Donoso, *El lugar sin límites*, 77) = «Las chanchitas* y los roperos* –esa presencia ominosa de la ciudad– levantaban* peatones que en 18 de Julio se habían limitado a recoger del suelo volantes con proclamas opositoras.» (H. Alfaro, *Por la vereda del sol*, 214) = CONSULTAS = MAURA = HAENSCH Y WERNER

volar. v. **(1)** tr. Hacer volar. (Col. = PR): «–Las primeras cometas me las hicieron en esta casa; el hermano llegó un día con un montón de papeles de colores y un trozo de guadua; me enseñó a hacerlas y luego las volábamos desde el techo; no tuvo que enseñarme a volarlas; esto lo supe solo.» (A. Cepeda Samudio, *La casa grande*, 209) = ÁLVAREZ NAZARIO **(2)** tr. Matar. (Hond. CR, = Guat. y Nic.): «–Güeno, Coronel, güeno, cácturenlo <captúrenlo> y jódalo. Si no luáce <lo hace> me lo buelo.» (A. P. Sánchez, *Ambrosio Pérez*, 32) = «–(...) por cada viejo* que se volaban, le hacían una crucita a la cacha'e la pistola pa no perder la cuenta.» (C. L. Fallas, *Gentes y gentecillas*, 230) = ARMAS = RABELLA y PALLAIS **(3)** tr. Follar. (Hond. CR,): «–(...) la ahijada míya <mía> está de rechupete (...). Hoy mesmo me la buelo. Usté berá <verá>, usté berá.» (A.P. Sánchez, *Ambrosio Pérez*, 30.) «Jalamos <fuimos novios> durante más de diez años y luego me la volé. No me casé por amor, sino por costumbre.» (A. Chase, *Ella usaba bikini*, 27) = CONSULTAS **(4)** Seguido de un sustantivo, ejercer la acción que éste especifica: **volar caite, volar fuego, guayabo, hacha, lengua, lente, machete, ojo, orines, pala, pata, pico, plomo, verga, vidrio,** véanse **caite, fuego, guayabo, hacha,** *etc.* **(5) volarse.** prnl. intr. Encolerizarse. (Perú y otros): «–Le estaba pegando. La iba a matar. Sólo para darse gusto. Me sofoqué, gordo*, me volé. No pude aguantar tanta porquería.» (M. Vargas Llosa, *Lituma en los Andes*, 32) = MORÍNIGO = MALARET **(6) volársele a uno los pájaros.** fr. Véase **pájaro.**

volatería. f. Fuegos artificiales. (Ec.): «(...) y del puro gusto alborotas el aire con volatería con banda de músicos con pingullos <quenas, flautas> con tambores con churos* (...).» (G. A. Jácome, *Porqué se fueron las garzas*, 27) = CONSULTAS = JARAMILLO DE LUBENSKY

volteada (o: **voltiada).** f. **(1)** Acción que consiste en recoger de una vez animales, cosas o personas. (Arg.): «(...) salió la partida armada / y trujo como perdices / unos cuantos infelices / que entraron en la voltiada.» (J. Hernández, *Martín Fierro*, II, 3.405-8) = GOBELLO **(2) caer en la volteada.** fr. Ser uno víctima de un perjuicio o reproche general que no le iba dirigido. (Ur. = Arg.): «–¡Se pueden ir a la mismísima!... –gritaba fuera de sí; aunque en seguida, arrepentido, comenzaba respetuoso–: Perdone, don Panta, usté no cái <cae> en la voltiada... Es p'al insolente...» (E. Amorim, *La carreta*, 114) = GOBELLO

volteadora. f. **a repicar con volteadora.** fr. Estruendosamente. (Guat.): «Salían del burdel con gusto de sabandija en la boca, lo que antes de entrar tenía de pecado y de proeza, y con esa dulce fatiga que da reírse mucho a repicar con volteadora.» (M. A. Asturias, *El señor presidente*, 161) = CONSULTAS

voltear. v. **(1)** intr. Darse la vuelta –físicamente. (Méx. = Perú): «Entró en el portal. Los indios voltearon a verla. Vio la mirada de todos como si la escudriñaran.» (J. Rulfo, *Pedro Páramo*, 90) = «Volteó. Una güila <prostituta> de buenas agarraderas se alzó las faldas y le enseñó los calzones.» (F. del Paso, *José Trigo*, 214) = SANTAMARÍA DM = CONSULTAS **(2)** intr. Volver, regresar. (Méx.): «Es posible que al voltear hacia la casa no viera a los dos hombres que estaban en el terrado o azotea que les servía de atalaya.» (F. del Paso, *José Trigo*, 211) = CONSULTAS **(3) voltear** (o: **voltearse).** tr. ind.; ú. t. c. prnl. Volverse, inclinar el cuerpo o el rostro en señal de dirigir la palabra; girar la cabeza o el cuerpo para mirar lo que estaba detrás. (Guat.): «García sintió algo de flato. También sueño. Era la hora de ir a tomar café. Terminó de teclear y se volteó a su compañero: / –¿*A little cup of coffee*, vos? –le propuso. (...) / El otro ni se rio <rió>. Ni siquiera tuvo la educación de voltear a ver. 'Estos extranjeros', pensó, ofuscado, García.» (D. Liano, *el hombre de Montserrat*, 15-16 y 53) = SOPENA (que registra la forma no prnl.) **(4) volteársele a** alguien. prnl. Insubordinársele. (Perú): «Se morían de miedo de que los bautizaran, temblaban como mujeres y yo les enseñé a ser hombres. Y a la primera, se me voltearon. Son, sabe usted, una sarta de traidores, eso son.» (M. Vargas Llosa, *La ciudad y los perros*, 324) = BENDEZU **(5) voltear montaña(s).** fr. Desmontar, chapear. (CR): «'Los viejos' sabían lo que es voltear montaña metidos en zapatones de cuero, empapados, en la región bananera del Atlántico (...).» (C. Lyra, *Los otros cuentos* 133) = «José Luis, muy adentro, volteando montaña: se encuentra a dos horas del regreso.» (F. Zúñiga Díaz, *Yo no tengo ningún muerto*, 19) = CONSULTAS

voltiada. f. Véase **volteada.**

voluntarioso -a. adj. Dícese de la persona obstinada, que siempre mantiene una actitud u opiniones independientes, que no se casa con nadie. (Guat.): «Usted a mi hermana apriétele el cincho, porque es mera* voluntariosa. No se deje mandar.» (D. Liano, *el hombre de Montserrat,* 27) = CONSULTAS

volver. v. **(1)** Con adj., volver a ser lo que se especifica. (Bol.): «Pobre no quiere volver.» (F. Ramírez Velarde, *Socavones de angustia,* 14) = CONSULTAS **(2) volver a ver.** fr. tr. Mirar. (El Salv., Nic., CR, Pan.): «Se acomodan mejor, se vuelven a ver sonrientes y se acercan para contemplar la belleza.» (M. Barba, *Olor a muerto,* 101) = «Entonces preguntaste / sin volverme a ver / ¿te gusta la canción del agua / sobre la ciudad?» (L. E. Mejía Godoy, canción «Un día como hoy») = «No me vuelva a ver con esos ojos tan raros.» (A. Chase, *Ella usaba bikini,* 91) = «Bueno, en realidad, no había tal situación, pues para Jorge, Rosita no existía, ya que ni la volvía a ver.» (D. Robinson, *En las cosas del amor...,* 51) = CONSULTAS

vuelta. **(1)** adv. En cambio. (Ec.): «Lo que es nuestras familias y los demás naturales de Quinchibuela ni hicieron caso (...) vuelta los profesores del colegio y los demás mishos <blancos> de Imbaquí se ruyeron <rieron> (...).» (G. A. Jácome, *Porqué se fueron las garzas,* 30) = CONSULTAS **(2) dar vuelta** a. fr. f. tr. intr. Engañar al cónyuge o la pareja. (CR): «Tengo un año de vivir juntada con el papá de mis hijos, pero él me dio vuelta con una joven de 16 años, nueve días antes de mejorarme* de mi último hijo.» (Consulta de una lectora al diario *Extra,* 19/1/1993) = CONSULTAS **(3) dar(se) vuelta.** fr. f. tr., o prnl. intr. Volver la espalda; volver; volverse. (Par., Arg.): = «Me viene siguiendo –dijo el hombre alto y canoso–. No puedo darme vuelta y esperarlo. (...) Si me volviera, ¿qué podría decirle?» (A. Roa Bastos, *El baldío,* 20-21) = «–(...) ¿no es cierto que los hombres y aun las mujeres daban vuelta la cabeza para mirarla?» = «Dijo que en aquel momento sintió miedo y fascinación; miedo de darse vuelta y un fascinante deseo de hacerlo.» (E. Sábato, *Sobre héroes y tumbas,* 16) **(4) dar vuelta la pisada.** fr. f. Recortar con un cuchillo la pisada de un animal enfermo de los vasos, e invertir el pedazo así obtenido para curar el animal; es procedimiento mágico. (Arg.): «Me volví médico de mi tropilla, (...) y fui baquiano para curar el mal del vaso dando vuelta la pisada (...).» (R. Güiraldes, *Don Segundo Sombra,* 63) = CONSULTAS **(5) darse vuelta la tortilla.** fr. f. Fracasar una cosa que había empezado bien. (Ch. = Arg.): «(...) murmuró el cabo irónicamnete–. Se les dio vuelta la tortilla. / Aludía al poco éxito de la fuga (...).» (M. Rojas, *El delincuente... y otros cuentos,* 133) = CONSULTAS **(6) de vuelta y media.** fr. adv. Hablando de alguien, trastornado de entusiasmo; hablando de algo, magnífico. (CR): «No te había escrito antes por la noticia que te voy a dar en seguida, y que me tiene de vuelta y media. ¡Es algo fantástico! ¡Es soñar despierta! ¡Mujer: me caso...!» (P. L. Acuña, *Gallo pinto,* 68) = «Es que voy a ser padrino. Aquello va a estar de vuelta y media.» (C. Lyra, *Cuentos de mi tía Panchita,* 142) = CONSULTAS **(7) no haber vuelta** (o: **no haber vuelta que darle**). fr. f. No tener vuelta de hoja; ser evidente. (Arg.): «El sordo levantó la nariz del plato de escarola, y con voz tonante exclamó, después de examinar el jeroglífico y la rosa: –No hay vuelta, che... Erdosain... sos un genio...» (R. Arlt, *Los siete locos,* 200) = VERDEVOYE **(8) sacar la vuelta.** fr. f. tr. Dar la espalda. (Méx.): «Bueno, yo no soy un intelectual y me rozo muy poco con los intelectuales; yo cada vez que veo uno le saco la vuelta.» (J. Rulfo, «Juan Rulfo examina su narrativa», en: *Toda la Obra,* 879) = CONSULTAS **(9) tener más vueltas que un cacho.** fr. Tener más conchas que un galápago, ser muy astuto. (Ven.): «–(...) ¡Ah, Miguel, para tener más vueltas que un cacho*!» (R. Gallegos, *Canaima,* 193) = TEJERA

Y

y. conj. **(1)** conj. que denota duda o vacilación, equivalente a 'pues'. (Par. = Arg.): «–¿Qué le haces decir a tu mamá? Yo mismo tengo que ir a contarle. / –Y... nada... más que memoria.» (R. Bareiro Saguier, *Ojo por diente*, 19) = «–¿Dónde se hirió? –Cerca de Pozo Valencia. –¿Cómo? –Y... mi mayor... –se detuvo, escardillándose la barba revuelta, sucia de tierra, en busca de las palabras que faltaban.» (A. Roa Bastos *Hijo de hombre*, 300) = CONSULTAS **(2)** conj. que denota evidencia; viene seguida muchas veces de una coma; pues. (Ec., Par., Arg.): «–Y, qué fin tiene la pobre Luz. / –Dizque se ha reunido con las *rápidas* *. Esa mala vida miso <mismo> quizó <quiso> la perra.» (M. Corylé, *Gleba*, 94) = «–Mirá, Melitón. ¡Parece el acompañamiento del Crucificado! (...) –Y sí, es la procesión del Viernes Santo –dijo de mala gana, pasándose la mano por la cara abotagada.» (A. Roa Bastos, *El baldío*, 123) = «–¿Y cómo vivían? / –Y, de lo que cazaban y pescaban.» (E. Sábato, *Sobre héroes y tumbas*, 549) = CONSULTAS **(3)** conj. inter. que equivale a '¿Bueno?' o '¡Vamos!', para incitar a alguien a que haga algo. (Arg.): «–A ver, muchachos –invitaba Jova <una prostituta>. Samuel Teslar, al oírla, dió hacia ella un salto de león. Pero Franky lo cazó al vuelo: –Calma –le dijo–. No han cantado tu número. Rió Jova: una risa caliente y neutral. Después insistió, volviendo sus ojos a la cámara <habitación> entreabierta: –¿Y? A ver muchachos.» (L. Marechal, *Adán Buenosayres*, 331) = CONSULTAS **(4)** conj. que equivale a '¿Qué me dice?'. (Arg.): «Sí, evidentemente, sin duda alguna debía hacerlo a todas luces le convenía. Pero, ¿y?... querer no era poder que lo admitiese, en eso estaba el negocio (...).» (E. Cambaceres, *En la sangre*, 153) = CONSULTAS **(5) y que.** fr. Al parecer, supuestamente; según dice(n) –es a veces irón. (PR, Ven.): «Dalia me dijo que a cada rato había cortes de corriente en el edificio porque los empleados del mantenimiento tenían y que una huelga de brazos caídos –tremendo sinónimo para vagancia crónica– pero que por lo general no duraba mucho. (...) la Vieja dejó de preparármelo <el desayuno> a los cinco años para que aprendiera y que a desenvolverme en la vida, como le gusta decir a ella.» (A. L. Vega, *Pasión de historia*, 65 y 87) = «–(...) ¿Tú y que te vas para tu tierra? / –A jugar en Puerto Rico unos meses.» (G. Meneses, *Campeones*, 38) = TEJERA = CONSULTAS

ya. adv. **(1) ya medio.** fr. A medias. (Perú): «Ya medio que se ha acostumbrado. Camina un poco raro, cayéndose a la derecha y no puede correr como antes.» (M. Vargas Llosa, *La ciudad y los perros*, 227) = CONSULTAS **(2) ya pues.** fr. que denota impaciencia. (Perú): «Paulino entró en un estado de viva agitación. Se reía, daba palmadas a todo el mundo diciendo 'Ya pues, ya pues'.» (M. Vargas Llosa, *La ciudad y los perros*, 108) = CONSULTAS **(3) ya te vi.** fr. m. Véase **ver.**

yaguané -esa. adj.; ú. t. c. s. Dícese del equino o vacuno cuyo pelaje, negro o rojizo con franjas blancas a lo largo de la espina dorsal, se parece al de la mofeta. (Arg.): «Yo había seguido por detrás de una yaguanesa y la llevaba cerca.» (R. Güiraldes, *Don Segundo Sombra*, 107) = SAUBIDET

yamor. m. Chicha sagrada, que se prepara en grandes solemnidades y se toma de noche; tendría cierto poder mágico. (Ec.): «Algún rato hasta he de querer tomar en esta vasija el yamor, poniendo mi boca donde ellos pusieron sus bocas para cumplir con la costumbre anual de beber el jugo de la tierra, maduro de sol.» (G.A. Jácome, *Porqué se fueron las garzas*, 224) = CARVALHO-NETO = JARAMILLO DE LUBENSKY

yanta. f. Deformación ortográfica de /llanta/. **en yanta.** fr. inv. En mala situación. (Arg.): «La gente me ha engañao / desde el día en que nací, / las hembras se han burlao, / la vieja la perdí. / No ves que estoy en yanta / y bandeao por ser un gil*.» (E. Santos Discépolo, «Tres esperanzas», en: I. Vilariño, *Tangos*, 66) = CONSULTAS = CHIAPPARA = GOBELLO

yarda. f. En una plantación bananera, terreno cercado y cuidado en torno a las viviendas y oficinas ocupadas por los responsables; jardín. (Guat., Hond.): «(...) <se despidieron> a la puerta de las yardas, donde estaban las viviendas, oficinas y dependencias de los empleados de más categoría.» (M. A. Asturias, *El papa verde*, 254) = «Un mozo jardinero, con tijeras grandes, deshijaba <desramaba> la tupida hilera de laureles que crecían hermosos, junto al cerco <cerca> de alambre de la 'yarda'.» (R. Amaya Amador, *Prisión Verde*, 146) = CONSULTAS

yaya. m. Anciano encargado de mantener la tradición, y más particularmente de administrar justicia; senador vitalicio de una comunidad indígena, puede ser elegido concejal. (Perú): «(...) no eran sólo los años los que daban autoridad y sabiduría; también las daba el cuartel. (...) No había necesidad de envejecer y pasarse toda la vida amontonando experiencia, como los **yayas.**» (E. López Albújar, «El Brindis de los Yayas», en: *Nuevos Cuentos Andinos*, 11) = CONSULTAS

yegua. f. Mujer pervertida o de malos instintos; bruta como una bestia. (Ur. = Arg.): «El mes pasado una yegua de estas nos tuvo una semana haciendo guardia (...).» (F. Butazzoni, *El tigre y la nieve*, 53) = CHIAPPARA

yerba. f. **y otras yerbas.** fr. pl. que equivale a *etc.* (Méx. = Arg.): «–(...) que califique la gloria musical de México, el gran compositor, maestro, director y concertador, señor don Gabriel Martínez Wagner Liszt Beethoven Chopin y otras yerbas, a quien tengo el gusto de presentarte.» (A. Yáñez, *La creación*, 149) = CONSULTAS

yerbal. m. **(1)** Terreno cubierto de hierbas altas, herbazal; pasto. (Hond. = PR, Méx., Col., Perú y Ch.): «De la tierra se levanta un vapor ardoroso y quemante; el aire, denso, apenas mueve los yerbales; el cielo, límpido, semeja una gran cúpula de añil.» (R. Amaya Amador, *Prisión Verde*, 46) = MALARET = SANTAMARÍA DGA y DM = MORÍNIGO **(2)** Véase **hierbal.**

yerbasanto. m. Cierto árbol. (Perú): «Yerbasantos, chilcos, algarrobos, faiques, zapotes, cerezos silvestres, (...) médanos parecían sumidos en la modorra de la hora estival.» (E. López Albújar, *Matalaché*, 121) = CONSULTAS

yerbilla (o: **hierbilla**). f. Tela de algodón o hilo, blanca o de dos colores; puede ser también a cuadros pequeños de diferentes colores. (Méx. = Cuba, Guat., CR y otros): «Las imágenes <estatuas> envueltas en yerbilla serían guardadas de nuevo en un lugar oculto que era su morada durante todo el año.» (R. Castellanos, *Balún-Canán*, 128) = SANTAMARÍA DGA = MALARET = MORÍNIGO

yersey. m. **yersey marinero.** fr. Cierto tipo de jersey muy usado por los marineros. (Ch.): «Enfundado en la gruesa trama de su yersey marinero (...).» (A. Skármeta, *Ardiente Paciencia*, 146) = CONSULTAS

yesca. f. Parte fibrosa de los tallos de cabuya o del coco, cuando está seca. (Ec. = PR): «Las cruces de este mundo / Son muy diversas, / Pues unas son de fierro / Y otras de yesca.» (J. L. Mera, *Cantares del pueblo ecuatoriano*, I, 52) = CONSULTAS = MORÍNIGO = MAURA = ÁLVAREZ NAZARIO

yodo. m. Café solo. (CR): «Macho* si cruza la calle puede coger una chiva* que por 20 colones lo deja al puro frente <exactamente enfrente> de la cafetería El Expresso y se puede tirar* un yodo y unos gallos* de carne bien ricos.» (G. Kearney, «Un turista en Costa Rica», en: *La Nación*, dic. de 1989) = QUESADA = CONSULTAS

yogamiento. m. Apareamiento, coito. (Perú): «Y la joven era la <esclava> Rita, que días antes de la llegada de María Luz, había sido mandada al yogamiento con todas las recomendaciones y formalidades del caso (...).» (E. López Albújar, *Matalaché*, 28) = CONSULTAS

yuca (o: **yuka**). **(1)** f. Tambor de los negros congos de Cuba, con el que se toca la música y el baile llamados la **yuca***. (Cuba): «El tambor que se empleaba para tocar en los cabildos* y sociedades de recreo congas, el tambor para divertirse hombres y mujeres, era la makuta 'padre del tambor Yuka' (...). A los toques de makuta –yuca o makuta, dicen indistintamente mis informantes–, iban las negras vestidas con lo mejor que tenían.» (L. Cabrera, *Reglas de Congo*, 76-77) = ORTIZ **(2)** f. Toque y baile de los negros congos de Cuba. (Cuba): «El <baile> que más recuerdo es la yuka. En la yuca se tocaban tres tambores: la caja, la mula* y el cachimbo*, que era el más chiquito. Detrás se tocaba con dos palos en dos troncos de cedro ahuecados. Los propios esclavos lo hacían y creo que les llamaban catá. La yuka se bailaba en pareja con movimientos fuertes. A veces daban vueltas como un pájaro y hasta parecía que iban a volar de lo rápido que se movían. Daban salticos con las manos en la cintura. Toda la gente cantaba para embullar a los bailadores.» (M. Barnet, *Biografía de un cimarrón*, 27-28) = «–(...) Todos los sábados teníamos fiesta en Valdivieso. Se hizo una casa con horcones de caña brava, techada con pencas de guano y allí bailábamos al son de botija y timbalito. También se tocaba yuca. No se oía hablar español.» (L. Cabrera, *Reglas de Congo*, 31) = CONSULTAS **(3)** f. Mentira, embuste. (CR): «Claro, cuando la vi así que echaba chispas, no me quedó más remedio que tratar de meterle una yuca. Pero vean qué bandido ayudante, en vez de darme una manita para salir del apuro se puso a decir que no era cierto y que él no tenía nada que ver. Lo que yo hice, para quitarme el tiro, fue decirle que todo se debía a un error.» (M. Salguero, *Agencia de policía*, 35) = QUESADA = CONSULTAS **(4)** adj. inv. Difícil, jodido. (El Salv. = CR): «Va a ser yuca, pero haremos como siempre. Buscaremos en el monte las plantas que nos curen.» (F. Metzi, *Por los caminos de Chalatenango*, 123) = CONSULTAS

yugar. intr. (ú. t. c. tr. en la fr. **yugarla**). Trabajar duro, bregar. (Arg.): «Así e la vida, pibe <chi-

co>: yugá, tené hijo y a la final siempre te quedá solo como el viejo.» (E. Sábato, *Sobre héroes y tumbas*, 118) = «¡La pucha* que sos reo* / y enemigo de yugarla!» (M. Romero, «Haragán», en: J. Barreiro, *El Tango*, 184) = GOBELLO = CASULLO = CONSULTAS (véase también **yugo**)

yugo. m. Trabajo. (Arg.): «(...) a mí la escuela no me parecía tan manyada <dominada por mí>, aunque lleváramos allí seis años y medio de yugo.» (J. Cortázar, *Deshoras*, 78) = CASULLO = GOBELLO = MORÍNIGO = CONSULTAS (véase también **yugar**)

yunga. f. Caballo o yegua de regiones cálidas, de buena alzada y excelente paso. (Ec.): «Uno, que parecía el jefe del piquete, montado en una ***yunga*** alazana, mandaba con gesto tonante.» (S. Núñez, *Novelas del páramo y de la cordillera*, 52) = TOBAR DONOSO = CORDERO

yunta. f. **(1)** Pareja de dos animales o personas. (Arg.): «En el rincón opuesto al nuestro, como empujados por el ruido, una yunta de criollos miraba en silencio. Uno de ellos tenía una hosca onda volcada sobre el ojo izquierdo, y los dos estaban tostados de gran aire.» (R. Güiraldes, *Don Segundo Sombra*, 83) = VERDEVOYE = SOPENA **(2)** pl. Gemelos para puños de camisa. (PR = Ven. y Ur.): «(...) yo ya estoy grande para un party con cake y velitas y besitos (...) y cajas de pañuelos y corbatas y yuntas y estuches de Yardley y botellitas de Acqua Velva (...).» (L. R. Sánchez, *La Guaracha del Macho Camacho*, 70) = MALARET = MAURA = SOPENA

Z

zafada. **(1)** f. Escapada. (CR): «Cuando usté pueda me le da una güeltica <vueltita>, pa que no se enmonte mucho... Yo algún día me he de dar una zafadita pa venir aquí, y entonces le pago ese favor.» (C. L. Fallas, *Gentes y gentecillas*, 104) = QUESADA = CONSULTAS **(2)** **zafada -ita.** adj. f. Hablando de una mujer, ligera de cascos, descarada. (CR): «Le dijo que iba a tener un hijo y él se enfureció. '¿Qué van a decir las gentes? Que eres una loca, una zafada'.» (J. Pinto, *Los marginados*, 69) = «Según dijo la señora, la muchachita esa como que es media <medio> zafadita.» (C. L. Fallas, *Gentes y gentecillas*, 285) = QUESADA = GAGINI

zafado -a. p. adj. Loco, chiflado, que no está del todo en su sano juicio; trastornado, enloquecido. (Méx., Guat. = Col.): «–Permítame presentarme: Gabriel Martínez. / –Músico, poeta y zafado. / (...) –Hoy estás verdaderamente insoportable, camarada. / –Pues precisamente los zafados me encantan; yo también soy un poco zafada; ¿sabe? tengo unas puntadas* (...).» (A. Yáñez, *La creación*, 98 y 111) = «–(...) lo que pasó fue que me quedé platicando con mis compañeras de trabajo y no sé ni cómo me olvidé que tenía cita contigo. / –Muy halagador... / –Pero es la verdad. / –Me doy cuenta, se nota que te importo mucho. / –No lo tomes así, ya sabes que soy un poco zafada.» (L. E. Rivera. *Velador de noche, soñador de día*, 102) = SANTAMARÍA DM = MORÍNIGO = HAENSCH Y WERNER

zafar. **(1)** **zafar.** intr. Irse, escabullirse. (Perú = Méx., Nic., Par., Ch. y Arg.): «Fuera Malpapeada, zafa de aquí perra sarnosa, anda a morderle los cordones al coronel.» (M. Vargas Llosa, *La ciudad y los perros*, 188) = MORÍNIGO = RABELLA y PALLAIS = COROMINAS **(2)** tr. Quitar; arrebatar. (Cuba, CR): «Bárbara y Daniel zafaban el mosquitero que les había servido de improvisada tienda de campaña.» (R. Ortega, *La aventura de la Cruz Pinera*, 48) = «En cuanto al dinero, nunca me preocupé mucho. Para robármelo hubieran tenido que zafarme los zapatos.» (H. E. Arce, *Memorias de un pobre diablo*, 77) = CONSULTAS

zafe. m. Solución cómoda y oportunista; escapatoria. (Bol.): «Su afición <del campesino paraguayo> a la guerra puede ser ancestral. Pero hoy es un zafe que busca el campesino para vestirse y alimentarse mejor; de tal modo carece de recursos económicos.» (A. Guzmán, *Prisionero de guerra*, 225) = MUÑOZ REYES (quien recoge **zafar** con el sentido de 'salir del lugar con efecto dañino')

zafra. f. **(1)** Cosecha en general. (Ur.): «Era el arranque enérgico de la zafra... Dos mil hectáreas de campo sembrado de arroz cedían gradualmente ante las pujantes hoces...» (A. JIMÉNEZ, «Bocas del Quebracho», en: *Nuestre Tierra*, I, 54-55) = CONSULTAS = VERDEVOYE (quien lo registra con el sentido de 'cosecha de la caña de azúcar o de la hierba mate') **(2)** Tiempo de matanza de lobos marinos. (Ur.): «Fue en época de zafra que sucedió aquello. El grito desgarrante de los lobos venía en el aire anunciando matanza.» (E. Estrázulas, *Pepe Corvina*, 94) = CONSULTAS

zaguate. m. Perro callejero –desp. (CR): «'Mire, lo que pasó seguro fue que a algún perro le llegó el olorcillo y se lo llevó (...). Eso es todo.' 'No, allí no alcanza ningún zaguate'.» (M. Salguero, *Agencia de policía*, 95) = QUESADA = GAGINI

zambal. m. Sitio plantado de calabazas o **zambos***. «(Ec.): «(...) contempla cómo el viejo viento, el de todos los veranos, achiquillado, hace diabluras: corre y levanta las faldas a las follonudas* matas del zambal, se empina y les baja los pelos a la frente a los altos eucaliptos (...).» (G. A. Jácome, *Porqué se fueron las garzas*, 293) = CONSULTAS

zambapalo (o: **zambapalos**). m. Riña, pendencia. (Col.): «(...) se sabían <las guacamayas> a salvo del soplo de devastación de aquel zambapalo de bucaneros que se repitió todos los miércoles al amanecer (...).» (G. García Márquez, *El otoño del patriarca*, 184) = SANTAMARÍA DGA = SOPENA

zambo -a. **(1)** **zambo.** m. Calabaza (*Cucurbita pepo*). (Ec.): «–¡Ave María! ¡El guaguaaa <niñooo>! ¡El guagua va a rodar comu zambu <como zambo>, pes! ¡Agárrenle, taiticus <taiticos>!» (J. Icaza, *Obras escogidas*, 835) = «Sobre una gran fogata (...), hervía la olla del blanquísimo zambo: pan y frescura, alimento y dulzor para las urgencias del hambre (...).» (M. Corylé, *Gleba*, 50) = «(...) el sabor suave de la salsa de queso es complementado con el sabor algo picante de la pepa de zambo (...).» (M. O. Fried, *Comidas del Ecuador*, 133) = CONSULTAS = MATEUS = TOBAR DONOSO = JARAMILLO DE LUBENSKY (véase también **zambal**) **(2) zambo -a.** m. y f.; ú. t. c. adj. Mulato; de color rojo que tiende a morado. (Guat., Ec. = Méx., Nic., y Am. Centr., Col., Perú, Bol. y Ch.): «Las tamaleras <vendedoras de tamales>, zambas de llevar fuego, sacaban los envoltorios de hoja de plátano...» (M. A. Asturias, *Hombres de maíz*, 26) = «Propiamente, llámase mulato al descendiente de blanco y negro; y zambo al que provenía de indio y negro, caso (...) común en la costa. Después, por extensión, se dijo zambo a todo mulato.» (A. Pareja Diezcanseco, *Historia del Ecuador*, 140) = CONSULTAS = SANTAMARÍA DGA = RABELLA y PALLAIS = SOPENA **(3)** m. pl. Cabellos ensortijados de los negros, mulatos o zambos*. (Ec.): «Juan se abalanzaba contra Trinidad que, desafiante, retrocedía, apoyando la espalda en la hamaca, con los zambos alborotados y mordiéndose los labios.» (J. Gallegos Lara, *Las cruces sobre el agua*, 21) = «John, el jamaicano (...) era un negro simpático. No se le conocía la edad; pero ya, en la cabeza, asomaban algunos zambos plateados.» (A. Pareja Diezcanseco, *Baldomera*,171) = CONSULTAS **(4)** adj. Hablando de una persona, que tiene el pelo crespo –ú. t. metafór. (Ec.): «No era zamba, como don Autónomo, pues sus cabellos, debido al milagro de la sangre múltiple, ondeaban con brillos azulinos y se derribaban en cascada suelta sobre la nuca temblorosa.» (A. Pareja Diezcanseco, *Los poderes omnímodos*, 89) = «(...) la mar zamba y azul, llena de olas sin malicia (...).» (A. Ortiz, *Juyungo*, 18) = CONSULTAS **(5)** Hablando del pelo, crespo, encrespado, rizado. (Ec.): «En la primera banca, tosca banca de iglesia, dominaba la cabeza zamba del compañero Pedraza, 'compañero' cuando estaba presente, 'el negro Pedraza' cuando volvía la espalda.» (J. J. Silva, *Calabozo 51*, 29) = CONSULTAS

zampar. tr. Meter con violencia. (Arg. = Méx, Col. y Perú): «(...) te vi' a <voy a> zampar de culo en el bañadero'e los patos para que se te pase el pedo.» (R. Güiraldes, *Don Segundo Sombra*, 13) = «(...) que <el Director> fuera severo y nos zampara amonestaciones y expulsiones por cualquier cosa (...).» (J. Cortázar, *Deshoras*, 81) = MORÍNIGO = CONSULTAS

zamuro. m. **zamuro no come alpiste.** fr. con que se comenta el rechazo de alguna oferta, generalmente por considerarla insignificante. A otro perro con ese hueso. (Ven.): «–¿Por qué no se ha querido echar el trago, viejo? Yo sabía que zamuro no come alpiste, pero no que no bebía aguardiente. / Todos rieron estruendosamente celebrando el chiste.» (A. Uslar Pietri, *Las lanzas coloradas*, 92) = CONSULTAS = TEJERA

zandunga. f. Véase **sandunga.**

zapallazo. m. En el boxeo, golpe violento. (Arg.): «El público (...) seguía con ganas una mala pelea a puro zapallazos y clinches <hecho de agarrarse al contrario>.» (J. Cortázar, *Alguien que anda por ahí*, 200) = VERDEVOYE = CONSULTAS (véase también **zapallo**)

zapallo. m. Bofetada, golpe. (Perú): «La verdad, me sentía como si me hubieran dado un zapallo en la cabeza (...).» (A. Bryce Echenique, *La última mudanza de Felipe Carrillo*, 113) = CONSULTAS

zapatero. m. Árbol de madera amarilla, muy dura y estimada. (Ven.): «Eché pie a tierra, y asido a las ramas de flacos zapateros que aguardaban al leñador que los tronchase para ganarse el pan, apoyando el pie en los helechos y en las mayas, bajé al fondo del barranco.» (M. V. Romero García, *Peonía*, 110) = TEJERA = SOPENA

zapatilla. f. Cierto juego de niños. (Ec. = Col. y Bol.): «(...) juego con las pilas gastadas que me regaló Juanita, visto a las muñecas de caucho y abro el baúl de hojalata pintada, repleto de bolas que traje del pueblo para jugar a la zapatilla.» (E. Cárdenas, *Juego de mártires*, 12) = CONSULTAS = MORÍNIGO

zapatismo. m. Movimiento e ideal sociopolítico de Emiliano Zapata. (Méx.): «Creía <Antonio Díaz Soto y Gama> apenas en el origen misterioso, mágico, del evangelio zapatista* y en la persona sobrehumana de Emiliano Zapata (...). Su visión del zapatismo se ataviaba con evocaciones bíblicas (...).» (M. L. Guzmán, *El águila y la serpiente*, 320) = CONSULTAS (véase también **zapatista**)

zapatista. m. y f.; ú. t. c. adj. Adicto, o relativo al movimiento o al ideal sociopolítico de Emiliano Zapata. (Méx.): «El tema central de aquel discurso no lo recuerdo, por más que los períodos principales versaran, como de costumbre, sobre el ideal zapatista y la necesidad de hacerlo bajar desde las montañas meridionales hasta las llanuras del centro y norte de la República (...).» (M. L. Guzmán, *El águila y la serpiente*, 321-322) = CONSULTAS (véase también **zapatismo**)

zapatón. m. Navaja que se coloca en el espolón del gallo de pelea. (Cuba = Rep. Dom.): « 'En el registro verificado en el bohío de la vieja (...) encontraron (...) caracoles, plumas de lechuza, rosarios de *chocho** o peonía, cayajabos <mates amarillos>, *zapatones* y un altar donde figuraban todos los santos'.» (L. Cabrera, *La medicina popular de Cuba*, 141) = ORTIZ = SANTIESTEBAN

zaratana. f.; ú. t. c. adj. f. Gallina de plumas jaspeadas. (Ec.): «(...) optó por plantar <plantear> el asunto a la madrina, mientras ésta tocaba huevo con el dedo en una gallina zaratana.» (A. Ortiz, *Juyungo*, 151) = CONSULTAS

zarzo. m. Pendiente, zarcillo. (Arg.): «¿No te traje pa' tu santo / un par de zarzos debute* / (...)?» (P. Contursi, «Ivette», en: J. Barreiro, *El Tango*, 59) = «(...) le refalé* el anillo que él solía llevar con un zarzo.» (J. L. Borges, *Obras Completas*, 1035) = CONSULTAS = GOBELLO

zoca (o: **soca**). adj. Véase **caña* soca.**

zoco. m. Pilote. (PR): «(...) la casa que como tú tendrás que acordarte está trepada en zocos.» (L. R. Sánchez, *La Guaracha del Macho Camacho*, 144) = MALARET = ÁLVAREZ NAZARIO (véase también **soco**)

zompopo. m. **¡Qué de a zompopo!** fr. ¡Qué bueno! (Guat.): «(...) ese coronel que decían que mataba una mosca de un tiro a cien pasos... se lo volaron* sin revólver ni fierro, con sólo apretarle el pescuezo como gallina... ¡Qué de a zompopo (...) que se lo soplaron*!» (M. A. Asturias, *El señor presidente*, 47) = ARMAS = RUBIO

zoncha. f. Cabeza. (CR): «Oh barbaridad; de estar en guerra ya nos hubieran apeado la zoncha con un militar tan noladejescaer como usted.» (M. Salguero, *Agencia de policía*, 69) = «Los intereses filosóficos se harán presentes esta noche. Y esta es la tercera. ¿Está buena la zoncha?» (Profesor Sarandajo, «Horsocoloco», en: revista *Relincho*, n° 1, 1990) = CONSULTAS = QUESADA = GAGINI

zoncho. m. Zopilote, aura, gallinazo. (CR): «En la calle, no hay papeles, la ciudad está limpia, los tarros de la basura en su lugar, un par de atrevidos zonchos están sobre la glorieta (...).» (L. E. Arce, *El lupanar*, 7) = «En la casa'e <de> don Silverio se hartan el domingo hasta cuitiarse <defecar, hablando de un pájaro>, como los zonchos...» (C. L. Fallas, *Marcos Ramírez*, 151) = GAGINI = CONSULTAS

zoquetada. f. Tontería, simpleza. (Ven.): «–Zoquetadas, ¿oíste? Bravucón y faramallero que es él.» (G. Meneses, *Campeones*, 74) = TEJERA

zoquete (o: **soquete**). m. **(1)** Trozo de carne de mala calidad. (Arg.): «(...) suele a veces no encontrar <el huérfano> / ni quien le arroje un soquete.» (J. Hernández, *Martín Fierro*, II, 1.747-8) = CONSULTAS **(2)** ú. m. en pl. Calcetines cortos que cubren parte de las pantorrillas –es galicismo. (Arg.): «(...) casi no me dirigiste la palabra, claro, pensaste que era una nena, con mis zapatos sin taco y mis zoquetes blancos, ¡qué ridícula me habrás encontrado!» (M. Puig, *La traición de Rita Hayworth*, 225-226) = VERDEVOYE

zoquetear. tr.; ú. t. c. intr. Zapatear, maltratar; dar una paliza. (Hond. = PR y Col.): «¡ (...) nadie que sea hombre de verdá se deja zoquetear!» (R. Amaya Amador, *Prisión Verde*, 181) = MALARET = SOPENA

zoraida. f. **por la gran zoraida.** fr. Por la gran perra. (Guat.): «–¡Jolón, no! ¡Qué negro, por la gran zoraida!» (M. A. Asturias, *El señor presidente*, 48) = CONSULTAS

zorra. (1) f.; ú. t. c. m. Remolque. (Col.): «Llegó entonces el tractor remolcando la zorra y dos hombres pasaron los bultos del deslizador a la zorra del tractor.» (A. Santamaría, *Morir último*, 38-39) = MALARET = FILIPPO = HAENSCH Y WERNER **(2)** f. Vagoneta, carro de transporte ferroviario. (Ur., Arg.): «Un hombre de azul entraba por los portones arrastrando una zorra.» (J. C. Onetti, *Tierra de nadie*, en: *Obras Completas*, 203) = «Bordeó la zorra y entró en el andén entre más cajones de fruta y manchas de grasa.» (J. Cortázar, *Relatos*, 234) = VERDEVOYE = CONSULTAS

zorro. m. Véase **cola*-de-zorro**.

zumbado-a. adj. Rápido. (El Salv = Guat.): «Nada más pasan zumbados por el desvío en sus carros, en sus yipes <jeeps>.» (M. Argueta, *Un día en la vida*, 66) = ARMAS

zumbar. v. **(1)** intr. Tirar, marcharse. (Perú): «Sin decir una palabra, sin comunicarse con nadie, zumbaron por la carretera a La Oroya: millares y millares de hocicos hendieron la oscuridad.» (M. Scorza, *Redoble por Rancas*, 76) = SOPENA **(2)** tr. Golpear a alguien. (Perú): «(...) me arden las manos de tanto zumbar a este rosquete*.» (M. Vargas Llosa, *La ciudad y los perros*, 142) = CONSULTAS

zurdamente. adv. Torpemente. (Arg.): «(...) moros y cristianos confundidos, turcos, condes y pastoras en amoroso consorcio, silenciosa y gravemente y zurdamente se zarandeaban, hamacaban <mecían> el cuerpo al compás de las mazurcas y habaneras.» (E. Cambaceres, *En la sangre*, 179-180) = CONSULTAS

zuro (o: **suro**). m. Especie de bambú que crece en los páramos. (Ec.): «Los aborígenes dedicados al comercio de la producción manufacturera de (...) cestería y objetos de **zuro** (especie de bambú nativo), vienen demostrando una inteligencia práctica admirable.» (G. Rubio Orbe, *La población rural ecuatoriana*, 42) = MATEUS = CONSULTAS

zurrar. intr. Cagar, dar de vientre. (Perú): «–(...) Tú seguro hubieras zurrado de miedo, pero los muchachos de ahora tienen pantaloncitos.» (J. M. Arguedas, *Yawar Fiesta*, 129) = SANTAMARÍA DGA

BIBLIOGRAFÍA

SECCIÓN I: OBRAS DE CREACIÓN LITERARIA Y ANTOLOGÍAS CITADAS EN ESTE DICCIONARIO

ACOSTA, Julio h. (República Dominicana), «A mí no me apunta nadie con carabina vacía», en S. Nolasco, *El cuento en Santo Domingo* (págs. 27-33).

ACUÑA, Pío Luis (Costa Rica), *Gallo pinto*, San José, LIL, 1990.

— *Ropa tendida*, San José, LIL, 1990.

— *Güi... pi... pía*, San José, LIL, 1990.

ADOUM, Jorge Enrique (Ecuador), *Entre Marx y una mujer desnuda*, México DF, Siglo XXI, 1976 (1.ª ed.).

AGOSTINI, Víctor (Cuba), *Bibijaguas*, La Habana, Unión, 1963.

— *Filin*, La Habana, UNEAC (Col. Cuadernos Unión), 1973.

AGUILERA MALTA, Demetrio (Ecuador), autor de una tercera parte de los cuentos de *Los que se van*, Guayaquil, Claridad, 1955 (1.ª ed.: 1930; véanse también GALLEGOS LARA y GIL GILBERT).

— *Don Goyo*, Quito, Imprenta «Ecuador», 1938 (2.ª ed.: 1933).

ALCÁNTARA ALMANZOR, José, *Antología de la literatura dominicana*, Santo Domingo, Ediciones del Taller, 1988 –2.ª edición; ciertos autores de esta antología citados en el presente diccionario figuran en esta bibliografía.

ALCIDES, Rafael (Cuba), «Vida de Clemente», en *Poesía Cubana de la Revolución* (véase esta obra en ANÓNIMO).

ALEGRÍA, Ciro (Perú), *Los perros hambrientos*, Lima, Varona, 1973 (1.ª ed.: 1939).

(ALEGRÍA, Claribel. Véase FLAKOLL.)

ALFARO, Hugo R. (Uruguay), «Hinchando un poco», en G. Wettstein, *Nuestra tierra*, II; *Por la vereda del sol*, Montevideo, Brecha Ediciones, 1994.

ÁLVAREZ GARDEAZAL, Gustavo (Colombia), *Pepe Botellas*, Bogotá, Plaza & Janés, Selección Cultura Colombiana, 1989 (2.ª edición).

ALLENDE, Isabel (Chile), *Paula*, Barcelona, Plaza & Janés, 1994.

AMAYA AMADOR, Ramón (Honduras), *Prisión Verde*, Tegucigalpa, Ed. «Ramón Amaya Amador», 1979 (1.ª ed.: 1950).

— *Los brujos de Ilamatepeque*, Comayagüela, D.C. Honduras, Talleres de Sistemas Gráficos, 1979 (1.ª ed.: 1958).

— *Destacamento Rojo*, Tegucigalpa, Ed. Universitaria, (Col. Letras Hondureñas, núm. 11 U.N.A.H.), 1982 (2.ª ed.; 1.ª ed.: 1962).

— *Cipotes*, Tegucigalpa, Ed. Universitaria, Col. Letras Hondureñas, núm. 7, 1982 (obra póstuma escrita en 1963 y presentada en La Habana con el título: *Huellas descalzas por las aceras*).

AMORIM, Enrique (Uruguay), *La carreta*, Madrid, Archivos, 1988 (1.ª ed.: 1932).

— *Horizontes y bocacalles*, Montevideo, Arca (Col. Bolsilibros núm. 44), 1968 (1.ª ed.: 1926).
ANDRADE CHIRIBOGA, Alfonso (Ecuador), *Espigueo*, Cuenca, El Mercurio, 1947 (T. I), 1948 (T. II), 1949 (T. III), y 1953 (T. IV).
ANDRADE RODRÍGUEZ, Roberto (Ecuador), *Pacho Villamar*, Quito, CCE, 1960.
ANÓNIMO (Cuba), *Poesía Cubana de la Revolución*, México DF, Extemporáneos, 1976.
ANÓNIMO (Costa Rica), *Mejor risas que balas, recopilación de chistes sobre el presidente R. A. Calderón Fournier* (1990-1991, sin ref.).
ANÓNIMO (Uruguay), «Paysandú en su bicentenario», en G. Wettstein, *Nuestra Tierra*, I.
Antología, *Lo que se canta en Costa Rica*, San José, Universal, 1980.
ARCE, Luis Enrique (Costa Rica), *El lupanar*, San Isidro de El General, Tríptico, 1987.
ARGUEDAS, Alcides (Bolivia), *Raza de bronce*, Madrid, Archivos, 1988.
ARGUEDAS, José María (Perú), *Yawar Fiesta*, Buenos Aires, Losada, 1974.
— *Los Ríos profundos*, Santiago de Chile, Ed. Universitaria, 1969.
— *Relatos completos*, Buenos Aires, Losada, 1974.
ARGÜELLO SEGURA, Carlos Luis (Costa Rica), *Cuentos de Sábalo Grande*, San José, Editorial Costa Rica, 1987.
ARGUETA, Manlio (El Salvador), *Un día en la vida*, San José, EDUCA, 1987 (1.ª ed.: 1980).
ARIAS, Rodolfo (Costa Rica), *El emperador Tertuliano y la legión de los superlimpios*, San José, EDUCA, 1991.
ARLT, Roberto (Argentina), *Aguafuertes porteñas*, Buenos Aires, Losada, 1958.
— *El juguete rabioso*, Barcelona, Bruguera, 1981 (1.ª ed.: 1958).
— *Entre crotos y sabihondos*, Buenos Aires, Edicmo, 1969.
— *Los siete locos*, Buenos Aires, Compañía General Fabril, 1968.
— *Las aguafuertes porteñas de Roberto Arlt* (recopilación, estudio y bibliografía de Daniel C. Scroggins), Buenos Aires, Ediciones Culturales Argentinas, 1981.
— *Nuevas aguafuertes*, Buenos Aires, Losada, 1975.
— *Novelas completas y cuentos*, Buenos Aires, Fabril, 1963 (tres volúmenes).
ARRAIZ, Antonio (Venezuela), *Tío Tigre y Tío Conejo*, Caracas, Monte Ávila Editores, 1990 (1.ª ed.: 1945).
ARREOLA, Juan José (México), *La feria*, México D.F., Joaquín Mortiz, 1971.
ASIS, Jorge (Argentina), *El Buenos Aires de Oberdán Rocamora*, Buenos Aires, Losada, 1981.
ASTURIAS, Miguel Ángel (Guatemala), *Hombres de maíz*, Madrid, Alianza, 1981 (1.ª ed.: 1949.
— *El señor presidente*, Buenos Aires, Losada, 1970.
— *Los ojos de los enterrados*, Madrid, Alianza, 1982 (1.ª ed.: 1960).
— *El Papa Verde*, Madrid, Alianza, 1982 (1.ª ed.: 1954).
— *Viernes de Dolores*, Madrid, Alianza, 1983 (1.ª ed.: 1972).
— *Week-end en Guatemala*, Madrid, Alianza, 1984 (1.ª ed.: 1956).
— *Viento Fuerte*, Buenos Aires, Losada, 1976 (1.ª ed.: 1950).
— *Torotumbo*, Barcelona, Plaza & Janés, 1984.
AYMAR, Jorge (Paraguay), *Rasmudel o el relato de tres relatos (novela a tres manos para solista y coro)*, Asunción, Arte Nuevo, 1983 (1.ª ed.) –véanse, también, Hugo DUARTE y Moncho AZUAGA.
AZUAGA, Moncho (Paraguay), *Rasmudel o el relato de tres relatos (novela a tres manos para solista y coro)*, Asunción, Arte Nuevo, 1983 (1.ª ed.) –véanse también Hugo DUARTE y Jorge AYMAR.
AZUELA, Mariano (México), *Los de abajo*, Madrid, Archivos, 1988.
BARBA, Melitón (El Salvador), *Olor a muerto*, San Salvador, UCA Editores, 1986.
BAREIRO SAGUIER, Rubén (Paraguay), *Ojo por diente*, Barcelona, Plaza & Janés, 1984.
— *El séptimo pétalo del viento*, Asunción, Arte Nuevo, 1984.
BARNET, Miguel (Cuba), *Biografía de un cimarrón*, Barcelona, Ariel, 1968.
BARREIRO, Javier (Argentina), *El Tango*, Madrid, Júcar, 1985.
BELLI, Gioconda (Nicaragua), *La mujer habitada*, Managua, Vanguardia, 1993.
BENAVIDES, Miguel (Costa Rica), *Los hijos de Mariplata*, San José, Mesén Editores, 1989.
BENEDETTI, Mario (Uruguay), *Gracias por el fuego*, Montevideo, Alfa (Col. Carabela), 1965.

— *El país de la cola de paja*, Montevideo, Editorial Ciencias, 1961 (1.ª ed.: 1960).
— *Primavera con una esquina rota*, Barcelona, Edhasa (Col. Pocket), 1992.
— *La borra del café*, Barcelona, Destino, 1993.
— *El cumpleaños de Juan Ángel*, Madrid, Alfaguara, 1995.
BERNAL, Rafael (México), *El complot mongol*, México D.F., Joaquín Mortiz, 1969.
BIOY CASARES, Adolfo (Argentina), *Un campeón desparejo*, Barcelona, Tusquets, 1993 (véase también BORGES, Jorge Luis y BUSTOS DOMECQ, H.).
BISIO, Agustín R. (Uruguay), «Brindis agreste», en G. Wettstein, *Nuestra Tierra*, II.
BON ESPASANDIN, Mario (Uruguay), «Belén: un pueblo y un camino», en G. Wettstein, *Nuestra Tierra*, I.
BONAVITA, Luis Pedro (Uruguay), «Crónicas del pago chico», en G. Wettstein, *Nuestra Tierra*, I.
BORGES, Jorge Luis (Argentina), *Obra poética*, Madrid, Alianza, 1985.
— *Obras Completas*, Buenos Aires, Emecé, 1974.
BORGES, Jorge Luis y BIOY CASARES, Adolfo (Argentina), *Crónicas de Bustos Domecq*, Buenos Aires, Losada, 1968 (2.ª ed.).
— *Dos fantasías memorables*, Buenos Aires, Edicom, 1971.
— *Nuevos cuentos de Bustos Domecq*, Buenos Aires, Librería La Ciudad, 1977 (2.ª ed.).
— *Un modelo para la muerte*, Buenos Aires, Edicom, 1970.
BOUTON, Roberto (Uruguay), «La vida rural en el Uruguay», en G. Wettstein, *Nuestra Tierra*, II.
BRYCE ECHENIQUE, Alfredo (Perú), *La última mudanza de Felipe Carrillo*, Bogotá, Oveja Negra, 1988.
— *La vida exagerada de Martín Romaña*, Bogotá, Oveja Negra, 1985.
BUENO, Gonzalo (Ecuador), *Siembras*, Quito, Labor, 1934 (1.ª ed.).
BUSTAMANTE, José Rafael (Ecuador), *Para matar el gusano*, Quito, CCE, 1960 (1.ª ed.: 1935).
BUSTOS DOMECQ, H. (seudónimo de J. L. Borges y A. Bioy Casares, Argentina), *Seis problemas para don Isidro Parodi*, Buenos Aires, Sur, 1964.
BUTAZZONI, Fernando (Uruguay), *El tigre y la nieve*, Montevideo, Ediciones de la Banda Oriental, 1987 (1.ª ed.: 1986).
CABEZAS, Omar (Nicaragua), *La montaña es algo más que una inmensa estepa verde*, Managua, Nueva Nicaragua, 1987 (1.ª ed.: 1982).
CABRERA INFANTE, Guillermo (Cuba), *Tres tristes tigres*, Barcelona, Seix Barral, 1983.
CAMBACERES, Eugenio (Argentina), *En la sangre*, Madrid, Editorial Nacional, 1984 (1.ª ed.: 1887).
CAMPOS, José Antonio (Ecuador), *Cosas de mi tierra*, Guayaquil-Quito, Ariel, s/f.
— *Linterna mágica*, Guayaquil-Quito, Ed. Ariel, s/f.
CAÑAS, Alberto (Costa Rica), *La Segua y otras piezas*, San José, Editorial Costa Rica, 1991.
— *Una casa en el barrio del Carmen*, San José, Editorial Costa Rica, 1985.
CAPAGORRY, Juan (Uruguay), «Hombres y oficios», en G. Wettstein, *Nuestra Tierra*, II.
CARDENAL, Ernesto (Nicaragua), «La hora 0», en Francisco de Asís Fernández, *Poesía política nicaragüense*, Managua, Ed. Ministerio de Cultura, 1986, págs. 108-126.
CÁRDENAS ESPINOSA, Eliécer (Ecuador), *Juego de mártires*, Cuenca (Ecuador), Publicaciones del Departamento de Difusión Cultural de la Universidad de Cuenca, 1976 (1.ª ed.).
CARDOZA Y ARAGÓN, Luis (Guatemala), *El Río (novelas de caballería)*, México, FCE, 1986 (1.ª ed.).
CARO, Néstor (República Dominicana), «Cielo Negro», en S. Nolasco, *El cuento en Santo Domingo* (págs. 41-45).
CARPENTIER, Alejo (Cuba), *Cuentos Completos*, Barcelona, Bruguera, 1980.
— *Écue-Yamba-O*, en *Obras Completas*, México, Siglo XXI, 1983 (págs. 21-193).
— *Guerra del tiempo*, México, CIA. General de Ediciones, 1972.
CARRASCO, Sansón (Uruguay), «Artículos», en G. Wettstein, *Nuestra Tierra*, I.
CARRIÓN, Benjamín (Ecuador), *Por qué Jesús no vuelve*, Quito, CCE, 1963.
CASACCIA, Gabriel (Paraguay), *La Babosa*, Asunción, El Lector, 1982 (1.ª ed.: 1952).
CASTELLANOS, Rosario (México), *Balún Canán*, México, FCE, 1973.

— *Oficio de tinieblas*, México D. F., Joaquín Mortiz, 1972 (1.ª ed.: 1962).
CASTILLO, Othón (Ecuador), *Sed en el puerto*, Quito, CCE, 1965.
CASTRO, Claudio de (Panamá), *El camaleón*, Panamá, Editorial Mariano Arosemena del Instituto Nacional de Cultura, 1991.
CASTRO MOSQUEDA, Rafael (Cuba), *Verónico*, Cuba, Unión, 1987.
CENTENO, Bosco (Nicaragua), «Solentiname» (poesía), en Fr. de Asís Fernández, *Poesía política nicaragüense*, Managua, Ed. Ministerio de Cultura, 1986, págs. 305-307.
CEPEDA SAMUDIO, Álvaro (Colombia), *La casa grande*, Bogotá, Ed. Mito, 1962.
COFIÑO LÓPEZ, Manuel (Cuba), *La última mujer y el próximo combate*, México, Siglo XXI, 1972 (2.ª ed.).
COLOANE, Francisco (Chile), *El último grumete de la Baquedano*, Santiago, Ed. Zig-Zag, s/f.
COLLAZOS, Oscar (Colombia), *De putas y virtuosas*, Barcelona, Laia, 1983.
CONTERIS, Hiber (Uruguay), *La cifra anónima. Cuatro relatos de prisión*, La Habana, Casa de las Américas, 1988.
CONTI, Haroldo (Argentina), *En vida*, Barcelona, Barral, 1971.
CONTRERAS CASTRO, Fernando (Costa Rica), *Única mirando al mar*, San José, Farben, 1994.
— *Los Peor*, San José, Grupo Editorial Norma, 1995.
COPI (Argentina), *La vida es un tango*, Barcelona, Anagrama, 1981.
CORONEL URTECHO, José (Nicaragua), *Pol-la d'ananta katanta paranta dedójmia T'élson*, Managua, Nueva Nicaragua, 1993.
CORRAL, Miguel Ángel (Ecuador), *Las Cosechas*, Quito, CCE, 1960.
CORTÁZAR, Julio (Argentina), *Relatos*, Buenos Aires, Editorial Sudamericana, 1970.
— *Ultimo round*, Madrid, Siglo XXI, 1974 (dos tomos).
— *El examen*, Madrid, Alfaguara, 1977.
— *Deshoras*, Madrid, Alfaguara, 1983.
— *Octaedro*, Madrid, Alianza, Libro de bolsillo núm. 1286, 1987.
— *Un tal Lucas*, Barcelona, Ediciones B, 1989.
— *Salvo el crepúsculo*, Madrid, Alfaguara, 1985.
— *Rayuela*, Madrid, Col. Archivos núm. 16, 1991.
— *Alguien que anda por ahí*, Buenos Aires, Editorial Sudamericana/Planeta, 1988.
CORYLE, Mary (Mary Cordero y León) (Ecuador), *Mundo pequeño*, Cuenca (Ecuador), Amazonas, 1948.
— *Gleba*, Cuenca (Ecuador), Amazonas, 1952.
COSSÍO WOODWARD, Miguel (Cuba), *Sacchario*, La Habana, Huracán, 1972.
CROCE, Arturo (Venezuela), *La roca desnuda*, Caracas, Monte Ávila Editores, 1970 (1.ª ed.: 1954).
CUADRA, José de la (Ecuador), *Obras Completas*, Quito, CCE, 1958.
CUBENA, Carlos Guillermo Wilson (Panamá), *Los nietos de Felicidad Dolores*, Miami (Florida), Ediciones Universal, 1991.
CUESTA Y CUESTA, Alfonso (Ecuador), *Llegada de Todos los Trenes del Mundo*, Cuenca (Ecuador), Talleres Gráficos Municipales, 1970.
CHASE, Alfonso (Costa Rica), *Ella usaba bikini*, San José, Editorial Costa Rica, 1991
CHUEZ, Enrique (Panamá), «Tragolargo», en *Revista Lotería*, núm. 365, Panamá, Impresora Panamá, S.A., marzo-abril de 1987, págs. 121-123.
DALTON, Roque (El Salvador), *Pobrecito poeta que era yo...*, San José, EDUCA, 1989.
— *Las historias prohibidas del pulgarcito*, San Salvador, UCA Editores, 1992.
DAMOCLES –seudónimo de M. Benedetti– (Uruguay), «La farra celeste», en G. Wettstein, *Nuestra Tierra*, II.
DARÍO, Rubén (Nicaragua), *Cuentos completos*, México, FCE, 1983.
DÁVILA VÁZQUEZ, Jorge (Ecuador), *El círculo vicioso*, Publicaciones de la Universidad de Cuenca –Ecuador–, 1977.
DE LA PÚA, Carlos –seudónimo de Carlos Muñoz Pérez– (Argentina), *La Crencha engrasada*, Valentín Alsina –Argentina–, Quetzal, 1993 (1.ª ed: 1928).

DEIVE, Carlos Esteban (República Dominicana), «En el pueblo hay guerrilleros», en J. Alcántara, *Antología de la literatura dominicana* (págs. 113-125).
DESCALZI, Ricardo (Ecuador), *Los murmullos de Dios*, Quito, Editorial Universitaria, 1959.
DÍAZ, Jesús (Cuba), *Las palabras perdidas*, Barcelona, Destino, Col. Áncora y Delfín, 1972.
— *Las iniciales de la tierra*, La Habana, Letras Cubanas, 1988.
— «El cojo» (cuento), en A. Flores, *Narrativa hispanoamericana. 1816-1981, Historia y Antología*, México, Siglo XXI, 1983, vol. V (págs. 144-50).
DÍAZ ALFARO, Abelardo (Puerto Rico), *Terrazo* (cuentos), Santo Domingo (Rep. Dom.), Corripio, 1991 (1.ª ed.: 1948).
DOBLES, Fabián (Costa Rica), *Cuentos escogidos*, San José, EDUCA, 1982.
— *Los años, pequeños días*, San José, Editorial Costa Rica, 1991.
— *Historias de Tata Mundo*, San José, Editorial Costa Rica, 1985.
DOBLES SEGREDA, Luis (Costa Rica), *Por el amor de Dios*, San José, Editorial Costa Rica, 1991.
DONOSO, José (Chile), *Coronación*, Barcelona, Seix Barral, 1968.
— *El lugar sin límites*, Barcelona, Plaza & Janés, 1994.
— *Casa de campo*, Barcelona, Seix Barral, 1978.
DUARTE, Hugo (Paraguay), *Rasmudel o el relato de tres relatos (novela a tres manos para solista y coro)*, Asunción, Arte Nuevo, 1983 (1.ª ed.) –véanse también J. AYMAR y M. AZUAGA.
DUNCAN, Quince (Costa Rica), *Una canción en la madrugada*, San José, Editorial Costa Rica, 1981.
— *Final de calle*, San José, Editorial Costa Rica, 1984.
— *Kimbo*, San José, Editorial Costa Rica,1989.
DURÁN AYANEGUI, Fernando (Costa Rica), *Opus 13 para cimarrona*, San José, Guayacán, 1989.
ECHEVERRÍA, Aquileo (Costa Rica), *Concherías*, San José, Editorial Costa Rica, 1986.
ECHEVERRÍA, Esteban (Argentina), *El matadero-La cautiva*, Madrid, Cátedra, 1993 (1.ª ed.: 1871).
ELIZONDO ARCE, Hernán (Costa Rica), *La calle, Jinete y yo*, San José, Editorial Costa Rica, 1981.
— *Memorias de un pobre diablo*, San José, Editorial Costa Rica, 1983.
— *Adiós Prestiño*, San José, Editorial Costa Rica, 1985.
ENRÍQUEZ UREÑA, M. (República Dominicana), «La conga se va...», en S. Nolasco, *El cuento en Santo Domingo*.
ESPÍNOLA, Francisco (Uruguay), *Veladas del fogón*, Montevideo, Arca, 1991.
ESQUIVEL, Laura (México), *Como agua para chocolate*, Santiago de Chile, Grijalbo, 1994.
— *La ley del amor*, Barcelona, Plaza y Janés, 1995.
ESTRÁZULAS, Enrique (Uruguay), *Pepe Corvina*, Buenos Aires, Editorial Sudamericana, 1974.
ESTUPIÑÁN BASS, Nelson (Ecuador), *Cuando los guayacanes florecían*, Guayaquil, Ariel, 1973 (dos tomos).
FALLAS, Carlos Luis (Costa Rica), *Mamita Yunai*, Madrid, Castellote Editor, Col. Básica, 1976 (1.ª ed.: 1941).
— *Gentes y gentecillas*, San José, Editorial Costa Rica, 1986 (1.ª ed.: 1947).
— *Marcos Ramírez*, San José, Editorial Costa Rica, 1989.
— *Mi Madrina*, San José, Editorial Costa Rica, 1978 (1.ª ed.: 1954).
FEINMANN, José Pablo (Argentina), *Ni el tiro del final*, Buenos Aires, Legasa, 1988.
FERNÁNDEZ, Jorge (Ecuador), *Los que viven por sus manos*, Santiago de Chile, Nascimento, 1951.
FERNÁNDEZ, Melina (Nicaragua), «Nicaragua sin esperanza», en *La Nación*, 21/8/1994.
FISGÓN (El –seudónimo) (México), *¡Me lleva el TLC!*, México D.F., Grijalbo, 1993.
FLAKOLL, Darwin y ALEGRÍA, Claribel (El Salvador), *Cenizas de Izalco*, San Salvador, Dirección de Publicaciones del Ministerio de Educación (Col. Narradores, núm. 6), 1982 (1.ª ed.: 1966).
FLORES, Marco Antonio (Guatemala), *Los compañeros*, México D.F., Joaquín Mortiz, 1976.
FRANCO, José (Panamá), *Las luciérnagas de la muerte*, Panamá, Centro de Estudios Latinoamericanos, 1992.
FUENTES, Carlos (México), *La Región más transparente*, Madrid, Cátedra, 1982 (1.ª ed.: 1958).

— *Una familia lejana*, Barcelona, Bruguera, 1980.
— *Cristóbal Nonato*, México, FCE, 1985.
— *El naranjo*, Madrid, Alfaguara, 1993.
— *La frontera de cristal*, Madrid, Santillana, 1996.
FUNES, Matías (Honduras), *Oro y miseria-Las minas del Rosario (novela histórica)*, Tegucigalpa, Imprenta López y Compañía, 1966 (1.ª ed.).
— *El Serio (novela de humorismo y crítica)*, Tegucigalpa, Imprenta Calderón, 1969 (1.ª ed.).
GALEANO, Eduardo (Uruguay), *La canción de nosotros*, La Habana, Casa de las Américas, 1965.
— *Memoria del fuego*, Madrid, Siglo XX, 1990, vol. III (9.ª edición).
— *Días y noches de amor y de guerra*, Madrid, Alianza, 1992.
GÁLVEZ RONCEROS, Antonio (Perú), *Monólogo desde las tinieblas*, Lima, DESA, 1986.
GALLEGOS, Rómulo (Venezuela), *Canaima*, en *Obras Completas*, Madrid, Aguilar, 1959 (págs. 11-336).
GALLEGOS LARA, Joaquín (Ecuador), autor de un tercio de los cuentos de *Los que se van*, Guayaquil, Claridad, 1970 –en colaboración con Enrique Gil Gilbert y Demetrio Aguilera Malta (1.ª ed.: 1930).
— *Las cruces sobre el agua*, Quito, CCE, 1975 (1.ª ed.: 1946).
GARCÍA, Julián (Uruguay), «Milongas de un gaucho pobre», en G. Wettstein, *Nuestra Tierra*, II.
GARCÍA CALDERÓN, Jaime (Ecuador), *La tarde del antihéroe*, Quito, El Conejo, 1986.
GARCÍA MÁRQUEZ, Eligio (Colombia), *Para matar el tiempo*, Bogotá, Oveja Negra, 1985.
GARCÍA MÁRQUEZ, Gabriel (Colombia), *La mala hora*, Barcelona, Plaza & Janés, 1979 (1.ª ed.: 1966).
— *Cien años de soledad*, Madrid, Cátedra, 1967.
— *Crónica de una muerte anunciada*, Barcelona, Bruguera, 1981.
— *El otoño del patriarca*, Buenos Aires, Editorial Sudamericana, 1975.
— *Todos los cuentos*, Bogotá, La Oveja Negra, 1986.
— *Doce cuentos peregrinos*, Barcelona, Mondadori, 1992.
— *Del amor y otros demonios*, Barcelona, Mondadori, 1994.
— *Noticia de un secuestro*, Barcelona, Mondadori, 1996.
GARCÍA MONGE, Joaquín (Costa Rica), *El moto*, San José, Lehman, 1990 (1.ª ed.: 1900).
GARCÍA ORDOÑO, Juan (México), *Tres crímenes y algo más*, México D.F., Patria, 1992.
GIARDINELLI, Mempo (Argentina), *La revolución en bicicleta*, Buenos Aires, Bruguera, 1984 (1.ª ed.: 1980).
GIL GILBERT, Enrique (Ecuador), autor de un tercio de los cuentos de *Los que se van*, Guayaquil, Claridad, 1970 (1.a ed.: 1930).
— *Nuestro pan*, Guayaquil, Vera & Cía., 1942.
— *La cabeza de un niño en un tacho de basura*, Guayaquil, Claridad, 1967.
— *Obras Escogidas*, Guayaquil, Claridad, t. I, s/f.
GIMÉNEZ, Miguel Ángel (República Dominicana), «Honor trinitario», en S. Nolasco, *El cuento en Santo Domingo* (págs. 173-178).
GONZÁLEZ DE CASCORRO, Raúl (Cuba), *Romper la noche*, La Habana, Instituto Cubano del Libro, Colección Cocuyo, 1976.
GONZÁLEZ LEÓN, Adriano (Venezuela), *País portátil*, Caracas, Monte Ávila, 1974 (1.ª ed.: 1968).
GONZÁLEZ TUÑÓN, Raúl (Argentina), *Antología poética*, Madrid, Visor, 1989.
GRAVINA, Alfredo Dante (Uruguay), «Fronteras al viento», en G. Wettstein, *Nuestra Tierra* , II.
GUARDIA, Gloria (Panamá), *El último juego*, San José, EDUCA, 1986.
GUILLÉN, Nicolás (Cuba), *El son entero*, Buenos Aires, Losada, 1963.
GÜINASSO, Luis María (Uruguay), «Uruguay tibia Arcadia», en G. Wettstein, *Nuestra Tierra*, I.
GÜIRALDES, Ricardo (Argentina), *Don Segundo Sombra*, Buenos Aires, Losada, 1978 (1.ª ed.: 1926).
GUTIÉRREZ, Ana (México), *Se necesita muchacha*, México D.F., FCE, 1983.
GUTIÉRREZ MANGEL, Joaquín (Costa Rica), *Te acordás hermano*, San José, Editorial Costa Rica, 1982.

— *Puerto Limón*, San José, Editorial Costa Rica, 1985.
— *Murámonos Federico*, San José, Editorial Costa Rica, 1989.
GUZMÁN, Augusto (Bolivia), *Prisionero de guerra*, La Paz, Librería Editorial «Juventud», 1982 (1.ª ed.: 1937).
GUZMÁN, Martín Luis (México), *El águila y la serpiente*, México D.F., Compañía General de Ediciones, 1964 (1.ª ed.: 1928).
GUZMÁN ARZE, Humberto (Bolivia), *Borrasca en el valle*, Cochabamba, Mercurio, 1960.
HALLEY MORA, Mario (Paraguay), *Los hombres de Celina*, Asunción, Litocolor, 1984 (1.ª ed.: 1981).
HENRÍQUEZ UREÑA, Max (República Dominicana), «La conga se va...», en Sócrates Nolasco, *El cuento en Santo Domingo* (págs. 125-138).
HERNÁNDEZ, José (Argentina), *Martín Fierro*, Buenos Aires, Losada, 1963 (con introducción, notas y vocabulario de E. F. Tiscornia) (1.ª ed.: 1872 para la Primera Parte, y 1879 para la Segunda).
HERRERA GARCÍA, Adolfo (Costa Rica), *Juan Varela*, San José, Editorial Costa Rica, 1985 (1.ª ed.: 1939).
IBARGÜENGOITIA, Jorge (México), *Dos crímenes*, Barcelona, Plaza & Janés, 1994.
ICAZA, Jorge (Ecuador), *Huasipungo*, Quito, Labor, 1934 (1.ª ed.), y *Huasipungo*, en *Obras Escogidas*, México, Aguilar, 1961 (págs. 77-248).
— *Cholos*, Quito, Lit. e Impr. Romero, 1939 (1.ª ed.: 1937).
— *Obras Escogidas*, México, Aguilar, 1961.
— *El Chulla Romero y Flores*, Madrid, Col. Archivos, 1988 (1.ª ed.: 1958).
— *Relatos*, Buenos Aires, Ed. Universitaria, 1969.
ISAACS, Jorge (Colombia), *María*, Buenos Aires, Sopena, 1968.
JÁCOME, Gustavo Alfredo (Ecuador), *7 cuentos*, Quito, Impr. del Colegio Técnico Don Bosco, 1978.
— *Porqué se fueron las garzas*, Barcelona, Seix Barral, 1979 (1.ª ed.).
JARA, Víctor (Chile), *Discografía completa*, Dortmund, Discos Pläne, 1993.
JIMÉNEZ, Asdrúbal (Uruguay), «Bocas del Quebracho», en G. Wettstein, *Nuestra Tierra*, I.
KORDON, Bernardo (Argentina), *Los navegantes*, Buenos Aires, Losada, 1972.
LACAY POLANCO, Ramón (República Dominicana), «La Bruja», en S. Nolasco, *El cuento en Santo Domingo* (págs. 191-204).
LAGUERRE, Enrique A. (Puerto Rico), *La llamarada*, Menasha (Estados Unidos), Ed. Cultural, 1988 (1.ª ed.: 1935).
LAÍNEZ, Daniel (Honduras), «Timoteo se divierte», en Alma Caballero y Francisco Salvador, *Teatro en Honduras,* Tegucigalpa, SECTIN Ediciones, 1977, t. II, págs. 19-29.
LARA, Jesús (Bolivia), *Yanakuna*, La Paz, Librería Editorial 'Juventud', 1981 (1.ª ed.: 1952).
LARS, Claudia (Carmen Brannon) (El Salvador), *Tierra de infancia*, San Salvador, Dirección de Publicaciones del Ministerio de Educación, 1983 (1.ª ed.: 1958).
LEANTE, César (Cuba), *Padres e hijos*, La Habana, Unión, Col. Contemporáneos, 1967.
LEIS, Raúl (Panamá), «La Antena» (cuento), en *Revista Lotería*, núm. 364, Panamá, Impresora Panamá, enero-febrero de 1987, págs. 141-4.
LEZAMA LIMA, José (Cuba), *Paradiso*, Madrid, Archivos, 1988.
LEYVA, Pablo –editor– (Colombia), *Colombia / Pacífico*, Bogotá, Fondo para la protección del medio ambiente «José Celestino Mutis», 1993.
LIANO, Dante (Guatemala), *el hombre de Montserrat*, México D.F., ALDUS, 1994 (1.ª edición).
LIÓN, Luis de (Guatemala), *El tiempo principia en Xibalbá*, Ciudad de Guatemala, Serviprensa Centroamericana, 1985.
LÓPEZ ALBÚJAR, Enrique (Perú), *Cuentos andinos*, Lima, Juan Mejía Baca, 1970 (1.ª ed.: 1920).
— *De mi casona*, Buenos Aires, Juan Mejía Baca, 1966.
— *Matalaché*, Lima, Peisa, 1973 (9.ª edición).
— *Nuevos Cuentos Andinos*, Lima, Librería Studium Ediciones, s. f. (6.ª edición).
LYRA, Carmen (María Isabel Carvajal) (Costa Rica), *Cuentos de mi tía Panchita*, San José, Editorial Costa Rica, 1984.

— *Los otros cuentos,* San José, Editorial Costa Rica, 1988.
MAGGI, Carlos (Uruguay), «El milagro oriental y el hospital de Clínicas», y: «¿Qué es un oriental?», en G. Wettstein, *Nuestra Tierra,* II.
MAGÓN (Manuel González Zeledón) (Costa Rica), *Cuentos,* San José, Editorial Costa Rica, 1988.
MALDONADO, Víctor Alfonso (México), *La noche de San Bernabé,* México D.F., Plaza & Janés, 1987.
MANTICA, Carlos (Nicaragua), véase RAMÍREZ FAJARDO, Carlos A.
MARECHAL, Leopoldo (Argentina), *Adán Buenosayres,* Buenos Aires, Editorial Sudamericana, 1990 (1.ª ed.: 1948).
— *El banquete de Severo Arcángelo,* Buenos Aires, Editorial Sudamericana, 1966.
MARQUÉS, René (Puerto Rico), *La carreta (drama puertorriqueño),* Río Piedras, Editorial Cultural, 1983.
— *La víspera del hombre,* Río Piedras, Editorial Cultural Inc., 1990 (1.ª ed.: 1983).
MARTÍNEZ, Luis A. (Ecuador), *A la Costa,* Quito, CCE, 1959 (1.ª ed.: 1904).
MARTÍNEZ MORENO, Carlos (Uruguay), *El Paredón,* Barcelona, Seix Barral, 1962.
— *Coca,* Caracas, Monte Ávila, 1970.
MATA, Gonzalo Humberto (Ecuador), *Chorro Cañamazo,* Quito, Ed. Quito, 1968.
— *Sumag Allpa,* Cuenca (Ecuador), Cenit, 1967.
— *Sal,* Cuenca (Ecuador), CCE, 1963.
— *Sanagüín,* Cuenca (Ecuador), Cenit, 1942.
MATTOS, Tomás de (Uruguay), *¡Bernabé, Bernabé!,* Montevideo, Banda Oriental (Col. Narradores de Hoy), 1989 (1.ª ed.: 1988).
MEDINA FERRADA, Fernando (Bolivia), *Los muertos están cada día más indóciles,* Caracas, Monte Ávila, 1975.
MEJÍA, Medardo (Honduras), «Los Chapetones» (obra teatral en un acto–1946) en *Teatro en Honduras,* Alma Caballero y Francisco Salvador, Tegucigalpa, SECTIN Ediciones (Col. Docencia), 1977 (t. II, págs. 5-14).
MENESES, Guillermo (Venezuela), *Campeones,* Caracas, Panapo, 1989 (1.ª ed.: 1938).
MENJÍVAR OCHOA, Rafael (El Salvador), *Historia del traidor de nunca jamás,* San José, EDUCA, 1985
MERA, Juan León (Ecuador), *Cantares del pueblo ecuatoriano,* Guayaquil-Quito, Ariel, s/f (volúmenes 23 y 31).
METZI, Francisco (El Salvador), *Por los caminos de Chalatenango,* San Salvador, UCA, 1988.
MILLER, Juan Edmundo (Uruguay), «Cortando campo», en G. Wettstein, *Nuestra Tierra,* I.
MIRANDA, Eduardo (Uruguay), «La Gruta de los helechos», en G. Wettstein, *Nuestra Tierra,* I.
MONTALVO, Juan (Ecuador), *Catilinarias,* Latacunga, Cotopaxi, 1966 (1.ª ed.: 1925).
MONTERROSO, Augusto (Guatemala), *Cuentos,* Madrid, Alianza, 1990.
MORA RODRÍGUEZ, Virgilio A. (Costa Rica), *La película,* San José, Ed. de la Universidad de Costa Rica, 1991.
MOROSOLI, Juan José (Uruguay), «El viaje hacia el mar», en G. Wettstein, *Nuestra Tierra,* I; «El siete oficios», en G. Wettstein, *Nuestra Tierra,* II).
MUÑOZ CUEVA, Manuel María (Ecuador), *Cuentos morlacos,* Cuenca (Ecuador), CCE, 1969 (2.ª ed.; 1.ª ed.: 1931).
MUÑOZ PÉREZ, Carlos: véase DE LA PÚA, Carlos.
MUÑOZ UREÑA, Humberto (Costa Rica), *Cuentos con sabor a espanto de gentes sencillas,* San José, Edisa, 1990.
MUTIS, Álvaro (Colombia), *La Nieve del Almirante,* Madrid, Alianza, 1986.
— *Ilona llega con la lluvia,* Madrid, Mondadori, 1988.
NERUDA, Pablo (Chile), *Canto general,* Buenos Aires, Losada, 1963 (dos tomos; 1.ª ed.: 1950).
— *Odas elementales,* Buenos Aires, Losada, 1958.
— *Confieso que he vivido,* Barcelona, Argos Vergara, 1980 (1.ª ed.: 1974).
NOLASCO, Sócrates (Rep. Dom.), *El cuento en Santo Domingo,* Santo Domingo, Biblioteca Nacional, 1986; ciertos autores de su antología citados en este diccionario figuran en esta bibliografía.

NÚÑEZ, Sergio (Ecuador), *Novelas del páramo y de la cordillera*, Quito, Imprenta «Ecuador», 1934.
— *Tierra de lobos*, Quito, Imprenta del Ministerio de la Educación, 1939.
OLIVARI, Nicolás (Argentina), *Mi Buenos Aires querido*, Buenos Aires, J. Álvarez, 1966.
ONETTI, Juan Carlos (Uruguay), *Tierra de nadie*, y *Juntacadáveres*, en *Obras Completas*, México D.F., Aguilar, 1970.
— *Los adioses*, Barcelona, Barral Editores, 1978 (1.ª ed.: 1954).
OQUELI HERNÁNDEZ, Arturo (Honduras), *El Gringo Lenca*, Tegucigalpa, Lypsa (Col. Cambal), 1983 (1.ª ed.: 1947).
ORTEGA, Daniel (Nicaragua), «En la Prisión» (poesía), en Francisco de Asís Fernández, *Poesía política nicaragüense*, Managua, Ministerio de Cultura, 1986, págs. 230-232.
ORTEGA, Ricardo (Cuba), *La aventura de la Cruz Pinera*, La Habana, Gente Nueva, 1989.
ORTEGO, Enrique (Panamá), *Panamá, crónica de una agresión*, San José, Editorial Costa Rica, Departamento Ecuménico de Investigaciones, 1990.
ORTIZ, Adalberto (Ecuador), *Juyungo*, Buenos Aires, Américalee, 1943.
— *La mala espalda*, Guayaquil, CCE, 1952.
— *El espejo y la ventana*, Guayaquil, CCE, 1970.
— *La entundada*, Quito, CEE, 1971.
PALACIO, Pablo (Ecuador), *Obras Completas*, Quito, CCE, 1964.
PALMA, Ricardo (Perú), *Tradiciones Peruanas*, Madrid, Espasa Calpe, 1939 (dos tomos).
PAREJA DIEZCANSECO, Alfredo (Ecuador), *La Advertencia*, Buenos Aires, Losada, 1956.
— *Baldomera*, Quito, CCE, 1957.
PARRA, Nicanor (Chile), *Poemas y antipoemas*, Madrid, Cátedra, 1988.
PARRA, Teresa de la (Ana Teresa Parra Sanojo) (Venezuela), *Las memorias de Mamá Blanca*, Madrid, Archivos, 1988.
PASO, Fernando del (México), *José Trigo*, México D.F., Siglo XXI, 1982.
PAZ, Octavio (México), *El laberinto de la soledad*, México D.F., FCE, 1969 (1.ª ed.: 1950).
PAZ, Senel, «Bajo el sauce llorón» (cuento), en A. Flores, *Narrativa hispanoamericana 1816-1981, Historia y Antología*, México, Siglo XXI, 1983, vol. V, págs. 361-369.
PEREIRA, Manuel (Cuba), *El Ruso*, La Habana, Letras Cubanas (Col. Ocuje), 1980.
PINTO, Julieta (Costa Rica), *Los marginados*, San José, Editorial Costa Rica, 1984.
PITTY, Dimas Lidio (Panamá), *El centro de la noche*, San José, EDUCA, 1977.
PONIATOWSKA, Elena (México), *Hasta no verte Jesús mío*, Madrid, Alianza Tres/Era, 1988.
POPPE, René (Bolivia), *Después de las calles*, Oruro, Imprenta Quelco (Col. Popular), 1971.
PORTOCARRERO ARGÜELLO, Alfonso (Costa Rica), *Negro desgraciado*, San José, Editorial Costa Rica, 1990.
POZAS, Ricardo (México), *Juan Pérez Jolote*, México, FCE, 1952.
PREGO GADEA, Omar (Uruguay), *Los dientes del viento* (cuentos), Montevideo, Ed. de la Banda Oriental, 1969.
PUIG, Manuel (Argentina), *La traición de Rita Hayworth*, Barcelona, Seix Barral, 1981 (1.ª ed.: 1968).
— *Boquitas pintadas*, Barcelona, Seix Barral, 1972.
— *El beso de la mujer araña*, Barcelona, Seix Barral, 1981 (1.ª ed.: 1976).
QUESADA, Uriel (Costa Rica), *Ese día de los temblores*, San José, Editorial Costa Rica, 1985.
QUIROGA, Horacio (Uruguay), *Anaconda*, Madrid, Alianza (Col. El Libro de Bolsillo, nº 826), 1988.
— *Todos los cuentos*, Madrid, Col. Archivos núm. 26, 1993.
RAMÍREZ, Sergio (Nicaragua), *Castigo Divino*, Madrid, Mondadori, 1988 (1.ª ed.).
— *La marca del Zorro*, Madrid, Mondadori, 1990 (1.ª ed.: 1989).
— *Un baile de máscaras*, México, Alfaguara, 1995 (1.ª ed.).
RAMÍREZ FAJARDO, César A. y MANTICA, Carlos (Nicaragua), *Cantos nicaragüenses*, Managua, Hispamer, 1995.
RAMÍREZ VELARDE, Fernando (Bolivia), *Socavones de angustia*, La Paz, Los Amigos del Libro, 1980.

REY ROSA, Rodrigo (Guatemala), *Cárcel de árboles-El salvador de buques*, Barcelona, Seix Barral, 1992 (1.ª ed.).

RICO SANÍN, María Soledad (Colombia), *El delito de existir*, Bogotá, La Oveja Negra, 1993.

RISCO BERMÚDEZ, René del (República Dominicana), «Ahora que vuelvo, Ton», en J. Alcántara, *Antología de la literatura dominicana* (págs. 131-137).

RIVERA, Luis Eduardo (Guatemala), *Velador de noche, soñador de día*, París, Ediciones del Correcaminos, 1988 (1.ª ed.).

ROA BASTOS, Augusto (Paraguay), *Hijo de hombre*, Madrid, Alfaguara, 1987 (1.ª ed.: 1960).

— *El baldío*, Buenos Aires, Losada, 1976 (1.ª ed.: 1966).

ROBAYO, Luis A. (Ecuador), *Pedro Tipán (historia de una vida ejemplar)*, Quito, Santo Domingo, 1955.

ROBINSON, David (Panamá), *En las cosas del amor...*, Panamá, Editorial Mariano Arosemena del Instituto Nacional de Cultura, 1991.

RODRÍGUEZ, Luis Fernando (Costa Rica), *El autobús de los sueños y los adioses*, San José, Editorial Costa Rica, 1989.

RODRÍGUEZ-ALCALÁ, Hugo (Paraguay), *Relatos de Norte y Sur*, Asunción, Napa (Libro Paraguayo del Mes núm. 26), 1983.

RODRÍGUEZ CASTILLOS, Osiris (Uruguay), «Cantos del norte y del sur», en G. Wettstein, *Nuestra tierra*, I.

RODRÍGUEZ JULIÁ, Edgardo (Puerto Rico), *El entierro de Cortijo*, Río Piedras, Huracán, 1991 (1.ª ed.: 1983).

ROJAS, Ángel Felicísimo (Ecuador), *Un idilio bobo*, Quito, CCE, 1946.

ROJAS, Manuel (Chile), *El delincuente, el vaso de leche, el colo-colo y otros cuentos*, Santiago de Chile, Zig-Zag, 1981.

ROMERO GARCÍA, Manuel Vicente (Venezuela), *Peonía*, Caracas, Monte Ávila, 1976.

ROSA, Julio César da (Uruguay), «De sol a sol», en G. Wettstein, *Nuestra Tierra*, II.

ROSA, Marco Antonio (Honduras), *Tío Margarito*, Tegucigalpa, Imprenta Calderón, 1978 (1.ª ed.: 1953).

ROSERO DIAGO, Evelio (Colombia), *El incendiado*, Bogotá, Planeta, 1988.

— *Cuento para matar un perro y otros cuentos*, Bogotá, Carlos Valencia Editores, 1989.

ROVINSKI, Samuel (Costa Rica), *Las fisgonas de Paso Ancho*, San José, Editorial Costa Rica, 1990.

RULFO, Juan (México), *El llano en llamas*, Madrid, Cátedra, 1990.

— *Pedro Páramo*, México, FCE, 1968 (las citas sacadas de las variantes y de *El gallo de oro* proceden de *Toda la Obra*, Madrid, Archivos, 1992).

SÁBATO, Ernesto (Argentina), *Sobre héroes y tumbas*, Barcelona, Seix Barral, 1981 (1.ª ed.: 1961).

— *Abaddón el exterminador*, en *Narrativa Completa*, Barcelona, Seix Barral, 1982 (págs. 689-1.158 del tomo).

SABORÍO, Carlos Eduardo (Costa Rica), *Rimas negras*, Texto, 1986.

SALARRUÉ (seudónimo de Salvador Salazar Arrué) (El Salvador), *Cuentos de barro*, San Salvador, UCA,1986.

SALAZAR HERRERA, Carlos (Costa Rica), *Cuentos de angustias y paisajes*, San José, El Bongo, 1989.

SALGUERO, Miguel (Miguel Zúñiga Díaz) (Costa Rica), *Agencia de policía*, San José, Imediex, 1984.

— *Gente de mi terruño*, San José, Editorial Costa Rica, 1984.

— *A la caza del coyote*, San José, Editorial de la Universidad Costa Rica, 1993.

SALVADOR, Humberto (Ecuador), *Noviembre*, Quito, L.I. Fernández, 1939.

— *Prometeo*, Quito, Talleres Gráficos de Educación, 1943.

— *Universidad Central*, Quito, Talleres de la Universidad Central, 1944.

— *La fuente clara*, Casa de la Cultura Ecuatoriana (sin lugar), 1946.

SAMPER PIZANO, Daniel (Colombia), *Mafalda, Mastropiero y otros gremios paralelos*, Buenos Aires, Ed. de la Flor, 1986.

— *A mí que me esculquen*, Bogotá, La Oveja Negra, 1984.

SÁNCHEZ G., Ángel Porfirio (Honduras), *Ambrosio Pérez*, Comayagüela, D.C., Talleres Gráficos, 1960 (1.ª ed.: 1954).
SÁNCHEZ, Luis Rafael (Puerto Rico), *La Guaracha del Macho Camacho*, Buenos Aires, Ediciones de la Flor, 1987 (1.ª ed.: 1976).
— *Quíntuples* (teatro), Hanover, Ediciones del Norte, 1989 (1.ª ed.: 1985).
SÁNCHEZ JULIAO, David (Colombia), *Abraham al humor, El pachanga, El flecha*, Bogotá, Tiempo Americano, 1981.
SANTAMARÍA, Germán (Colombia), *Morir último*, Bogotá, La Oveja Negra, 1984.
SARMIENTO, Domingo Faustino (Argentina), *Facundo*, Caracas, Ayacucho, 1977.
SCORZA, Manuel (Perú), *Redoble por Rancas*, Barcelona, Planeta, 1976 (1.ª ed.: 1970).
— *La danza inmóvil*, Barcelona, Plaza & Janés, 1983.
SEPÚLVEDA, Luis (Chile), *La frontera extraviada*, La Habana, Casa de las Américas, 1988 (núm. 168).
— *Nombre de torero*, Barcelona, Tusquets, 1994.
— *Mundo del fin del mundo*, Ajuntament de Dénia, 1990.
SILVA, José Joaquín (Ecuador), *Calabozo 51*, Quito, CCE, 1962.
SKÁRMETA, Antonio (Chile), *Ardiente Paciencia*, Barcelona, Plaza y Janés, 1986.
SOLER PUIG, José (Cuba), *En el año de enero*, La Habana, Unión, 1963.
— *El nudo*, La Habana, Letras Cubanas, 1983.
SOLÍS BOLAÑOS, Hernán (Costa Rica), *Sexto: no exterminar*, San José, Editorial Costa Rica, 1984.
— *Geometría de infamias y ternuras*, San José, Editorial Costa Rica, 1991.
SORIANO, Osvaldo (Argentina), *El ojo de la patria*, Barcelona, Mondadori, 1983.
SOSA TENAILLÓN, Horacio C. (Paraguay), *Cincuenta años después (Recuerdos de la Guerra del Chaco)*, Asunción, Arte Nuevo, 1985.
TAIBO II, Paco Ignacio (México), *La sombra de la sombra*, La Habana, Arte y Literatura, 1989.
TERÁN, Enrique (Ecuador), *El cojo Navarrete*, Quito, Talleres Gráficos Americana, 1940.
TIZZIANI, Rubén (Argentina), *Los borrachos en el cementerio*, Buenos Aires, Siglo XXI, 1974.
— *Noches sin lunas ni soles*, Buenos Aires, Poniente Argentina, 1984 (3.ª ed.; 1.ª ed.: 1974).
— *El desquite*, Buenos Aires, Emecé, 1976.
— *Todo es triste al volver*, Buenos Aires, Poniente Argentina, 1983.
TORRES, Libertad, *Memorias de Copo de Nieve*, Santiago, Finis Terra, 1989.
TRAVEN, Bruno (México), *Canasta de cuentos mexicanos*, México D.F., Cía. General de Ediciones, 1977 (vigésima quinta ed.; 1.ª ed.: 1956).
USLAR PIETRI, Arturo (Venezuela), *Las lanzas coloradas*, Bogotá, La Oveja Negra, 1985 (1.ª ed.: 1949).
VALDÉS, Hernán (Chile), *Tejas Verdes*, Barcelona, Laia, 1978.
VALVERDE, Jorge (Costa Rica), *En la mira*, San José, Universal, 1991.
VALVERDE, Umberto (Colombia), *Bomba Camará*, Bogotá, La Oveja Negra, 1984.
VALLEJO, César (Perú), *Los heraldos negros*, Madrid, Anaya, 1992 (1.ª ed.: 1918).
VARGAS LLOSA, Mario (Perú), *La ciudad y los perros*, Barcelona, Seix Barral, 1968.
— *La Casa verde*, Barcelona, Seix Barral, 1966.
— *Historia de Mayta*, Barcelona, Seix Barral, 1984.
— *Lituma en los Andes*, Barcelona, Planeta, 1993.
— *El pez en el agua*, México, Seix Barral, 1993.
VARGAS VILA, José María (Colombia), *La muerte del cóndor*, Buenos Aires, Ed. Latino-Americana, 1958.
VASCÓNEZ, Javier (Ecuador), *Ciudad Lejana*, Quito, El Conejo, 1986.
— *El secreto*, Quito, Acuario, 1996.
VÁZQUEZ DÍAZ, René (Cuba), *La isla del Cundeamor*, Madrid, Alfaguara, 1995.
VEGA, Ana Lydia (Puerto Rico), *Pasión de historia*, Buenos Aires, La Flor, 1988 (1.ª ed.: 1987).
VERA, Pedro Jorge (Ecuador), *Un ataúd abandonado*, Quito, CCE, 1968 (1.ª ed.).
— *El Destino*, Quito, El Conejo, 1994.
VIDAL DE BATTINI, Berta E. (Argentina), *Cuentos y leyendas populares de la Argentina*, Buenos Aires, Ediciones Culturales Argentinas, 1984 (ocho tomos).

VILARIÑO, Idea (Argentina), *Tangos*, Montevideo, Arca (Col. Bolsilibros), 1967.
VILLAVERDE, Cirilo (Cuba), *Cecilia Valdés*, México, Porrúa, 1973 (1.ª ed.: 1882).
WALSH, María Elena (Argentina), *Novios de antaño*, Buenos Aires, Editorial Sudamericana, 1992.
WETTSTEIN, Germán (Uruguay), *Nuestra Tierra*, vol. I: *Los paisajes*, Montevideo, Arca Colección Bolsilibros, 1972; Vol. II: *Los hombres*, Montevideo, Arca (Colección Bolsilibros), 1968; ciertos autores de su antología citados en este diccionario figuran en esta bibliografía.
WILDE, Eduardo (Argentina), *Tini y otros relatos*, Buenos Aires, EUDEBA, 1960.
YÁÑEZ, Agustín (México), *La creación*, México D.F., FCE, 1971 (1.ª ed.: 1959).
YÁÑEZ COSSÍO, Alicia (Ecuador), *Bruna Soroche y los tíos*, Bogotá, Paulinas, 1974 (2.ª ed.; 1.ª ed.: 1973).
ZENO GANDÍA, Manuel (Puerto Rico), *La Charca*, Caracas, Ayacucho, 1978 (1.ª ed.: 1894).
ZÚÑIGA DÍAZ, Francisco (Costa Rica), *Yo no tengo ningún muerto*, San José, Editorial Costa Rica, 1986.

SECCIÓN II: ESTUDIOS FOLCLÓRICOS, HISTÓRICOS, SOCIOLÓGICOS Y DE CRÍTICA LITERARIA; ANTOLOGÍAS, ENTREVISTAS, VIAJES, PERIÓDICOS Y VARIOS

ALMEIDA BOSQUE, Juan (Cuba), *El General en Jefe Máximo Gómez*, La Habana, Ed. de Ciencias Sociales, 1988.
ANÓNIMO (Cuba), *Sol y son 18* (núm. 18), La Habana, Ing-Graphic, 1992.
ANÓNIMO (Costa Rica), *Mi hogar y mi pueblo*, San José, Ministerio de Educación Pública, s/f.
Bohemia (revista cubana de La Habana).
BOLÍVAR ARÓSTEGUI, Natalia (Cuba), *Los Orishas en Cuba*, La Habana, Unión, 1990.
Brecha (semanario) Montevideo, Uruguay.
BOZA, Mario A. (Costa Rica), *Parques nacionales*, Madrid, Incafo, 1988.
BUITRÓN, Aníbal (Ecuador), *Taita Imbabura, vida indígena en los Andes*, La Paz, sin ed., 1964).
CABALLERO, Alma y SALVADOR, Francisco (Honduras), *Teatro en Honduras*, Tegucigalpa, SECTIN Editores, col. Docencia, 1977, dos tomos.
CABRERA, Lydia (Cuba), *La sociedad secreta Abakuá*, Miami, Editorial Costa Rica, 1970.
— *Refranes de negros viejos*, Miami, Editorial Costa Rica, 1970 (sin paginación).
— *La medicina popular de Cuba*, Miami, Ultra Graphics Corporation, 1984.
— *Supersticiones y buenos consejos*, Miami, Ed. Universal, 1987.
— *Reglas de Congo, Mayombe Palo Monte*, Miami, Ed. Universal, 1986.
Clarín (diario argentino de Buenos Aires).
COLLAZOS, Óscar (Colombia), *García Márquez: la soledad y la gloria*, Barcelona, Plaza & Janés, 1983.
Comercio (El) (periódico ecuatoriano).
COSTALES (Piedad PEÑAHERRA de, y Alfredo COSTALES SAMANIEGO) (Ecuador), *El Katekil*, Quito, IEAG, 1957.
— *El Chagra*, Quito, IEAG, 1961.
— *El Quishihuar o el Árbol de Dios*, Quito, Instituto Ecuatoriano de Antropología y Geografía, 1966 (dos tomos)
Cromos (revista), Bogotá, Colombia.
CHÁVEZ FRANCO, Modesto (Ecuador), «Visitas al Museo de Guayaquil», en *Revista Municipal*, Guayaquil, ii, núm. 11, septiembre de 1927.
DE LA RIVA, J. A. (con F. SÁNCHEZ) (México), *Pueblo de madera* (película producida por Conacite Dos, México D.F., 1990).
Diario Extra (diario), San José de Costa Rica.
DUNCAN, Quince (Costa Rica), *El negro en Costa Rica*, San José, Editorial Costa Rica, 1989.
ECHANDI, Flora de (Costa Rica), *Cocinando con Florita*, San José, PULPEL, 1993 (dos tomos).
Extra, véase *Diario Extra*.
FERNÁNDEZ, León (Costa Rica), *Colección de documentos para la historia de Costa Rica*, San José, Editorial Costa Rica, 1976 (dos volúmenes).

FRIED, Michelle O. (Ecuador), *Comidas del Ecuador*, Quito, sin nombre de editor, 1993.
FUENTES RIVERA, Evelia (Costa Rica), *Estudios sociales*, San José, Susaeta, Tercer grado, s/f.
GALARZA ZAVALA, Jaime (Ecuador), *El yugo feudal*, Quito, Solitierra, 1966.
Guambia (revista mensual), Montevideo, Uruguay.
GARRIDO, Juan (México), *Historia de la música popular en México*, México D.F., Extemporáneos, 1981.
GUEVARA, Darío (Ecuador), *Las mingas en el Ecuador*, Quito, Ed. Universitaria, 1957.
HUBER, Jean-Baptiste (Chile), *Viejo Pascuero*, cortometraje producido por SAME Films.
JARAMILLO ALVARADO, Pío (Ecuador), *El indio ecuatoriano*, Quito, CCE, 1954.
JOLY, Luz Graciela (Panamá), «Implicaciones Sociolingüísticas del Juego de Congos en la Costa Abajo de Panamá», en *Revista Lotería*, núm. 338-339, Panamá, Impresora Panamá, mayo-junio de 1984, págs. 25-55.
JUAN SANTACILIA, Jorge y Antonio de ULLOA, *Relación histórica del viaje a la América Meridional*, Madrid, Antonio Marín, 1748 (4 tomos).
LAMUS, María Cristina, *Colombia*, Bogotá, Círculo de Lectores, 1986.
LÁSCARIS, Constantino (Costa Rica), *El costarricense*, San José, EDUCA, 1994 (8.ª ed.).
LECHUGA, Ruth (México), *El traje indígena de México*, México D.F., Panorama, 1986.
LISCANO, Juan (Venezuela), «Prólogo» a *Tío Tigre y Tío Conejo* de A. Arraiz.
MACHADO, Carlos (Uruguay), *Historia de los Orientales*, Montevideo, Banda Oriental, 1973 (2.ª ed.).
MATOS MAR, José (Perú), *El valle de Yanamarca*, Lima, UNM, 1964.
MENDOZA, Plinio Apuleyo, *El olor de la guayaba-Conversaciones con Gabriel García Márquez*, Barcelona, Bruguera, 1982.
MEZA, Víctor (Honduras), *Historia del movimiento obrero hondureño*, Tegucigalpa, Guaymuras (Col. Códices –Ciencias Sociales–), 1981 (2.ª ed.).
MONSALVE POZO, Luis (Ecuador), *El Indio. Cuestiones de su vida y de su pasión*, Cuenca (Ecuador), Austral, 1943.
MORALES, Carlos (Costa Rica), *¡...Y no los dejen respirar!*, San José, EDUCA, 1995.
MUÑOZ TABORA, Jesús (Honduras), *Folklore y Educación-Honduras* (recopilación), Tegucigalpa, Talleres de Lithopress Industrial, 1984.
Nación (La) (diario), Buenos Aires, Argentina.
Nación (La) (diario), San José de Costa Rica.
Nuevo día (El) (diario), San Juan de Puerto Rico.
ORDÓÑEZ, Carlos (Colombia), *Gran libro de la cocina colombiana*, Bogotá, Instituto Colombiano de Culura, 1984.
País (El) (diario), Montevideo, Uruguay.
PALMER, Laura (Costa Rica), *Wa' apin man*, San José, Instituto del Libro, 1986.
PAREJA DÍEZ-CANSECO, Alfredo (Ecuador), *Historia del Ecuador*, Quito, Colón, 1962.
PÉREZ DE OLÉAS ZAMBRANO, Laura (Ecuador), *Historias, Leyendas y Tradiciones ecuatorianas*, Quito, CCE, 1962 (2 tomos).
Prensa libre (La) (diario), San José de Costa Rica.
RAMÍREZ SAIZAR, José (Costa Rica), *Folclor costarricense*, San José, Jiménez & Tanzi, 1986.
RAMÓN, Justo (Hno.) (Colombia), *Geografía de Colombia*, Bogotá, Stella, 1967
Relincho (El) (revista), San José de Costa Rica.
República (La) (diario uruguayo de Montevideo).
ROJAS, Ángel Felicísimo (Ecuador), *La novela ecuatoriana*, México, FCE, 1948.
ROMÁN, María Mercedes, *La guía de Bogotá*, Bogotá, Guía Publicaciones Ltda, Año XVIII, núm. 105, 1991.
Ronda Aerolíneas Argentinas (publicación mensual de Aerolíneas Argentinas S. A.), Buenos Aires, Manzi Editores.
ROSS DE CERDAS, Marjorie (Costa Rica), *Al calor del fogón*, San José, Cultur/Art, 1986.
RUBIO ORBE, Gonzalo (Ecuador), *Punyaro*, Quito, CCE, 1956.
— *La población rural ecuatoriana*, Quito, Talleres Gráficos Nacionales, 1966.

Rumbo Semanal (periódico), San José de Costa Rica.
SÁNCHEZ F. (México), véase DE LA RIVA.
Sol y son (revista cubana de La Habana).
SOLANO, P., «Los indios de Talamanca», en *Tradición oral indígena costarricense,* San José, vol. I, año I, núm. 2.
TERÁN, Francisco (Ecuador), *Geografía del Ecuador,* Quito, Colón, 1966.
Tiempo (El) (diario), Bogotá, Colombia.
URRUTIA, Cecilia (Chile), *Historia de las poblaciones callampas,* Santiago de Chile, Empresa Editora Nacional Quimantu, 1972 (núm. 11).
VALENZUELA MÁRQUEZ, Jaime (Chile), *El bandidaje en Chile central (Curicó, 1850-1900),* Santiago de Chile, Dirección de Bibliotecas, Archivos y Museos, Centro de Investigaciones Diego Barros Arana, 1991
Ventana (periódico), San José de Costa Rica.
Vocero (El) (diario), San Juan de Puerto Rico.

SECCIÓN III: DICCIONARIOS DE (O ARTÍCULOS SOBRE) HISPANOAMERICANISMOS CITADOS EN ESTA OBRA

ABAD DE SANTILLÁN, Diego, *Diccionario de argentinismos de ayer y de hoy,* Buenos Aires, Tipográfica Editora Argentina, 1976.
ALVARADO, Lisandro, *Glosarios del bajo español en Venezuela. Primera Parte. Acepciones especiales,* Caracas, Ministerio de Educación, 1954.
— *Glosarios del bajo español en Venezuela. Segunda Parte. Neologismos y arcaísmos,* Caracas, Ministerio de Educación, 1955.
ÁLVAREZ NAZARIO, Manuel, *El habla campesina del país (Orígenes y desarrollo del español en Puerto Rico),* Río Piedras, Editorial de la Universidad de Puerto Rico, 1992.
ARMAS, Daniel, *Diccionario de la expresión popular guatemalteca,* Ciudad de Guatemala, Tipografía Nacional, 1971.
ARONA, Juan de (Pedro Paz Soldán y Unanue), *Diccionario de peruanismos,* Breña (Lima), Ed. e Imprenta «DESA», 1975 (reedición de la primera ed. de 1883-1884), 2 vols.
ARROYO SOTO, Víctor Manuel, *El habla popular en la Literatura Costarricense,* San José, Publicaciones de la Universidad de Costa Rica, 1971.
B.A.H., *Boletín de la Academia Hondureña,* 1955-1956.
BENDEZU NEYRA, Guillermo E., *Argot limeño,* Ayacucho-Lima, Imprenta Gráfica Popular, 1975.
BERRO GARCÍA, Adolfo, «Prontuario de voces del lenguaje campesino uruguayo», en *Boletín de Filología,* Montevideo, I, págs. 163-197 (fasc. de 1936), y págs. 395-416 (fasc. de 1937).
CARVALHO-NETO, Paulo de, *Diccionario del Folklore ecuatoriano,* Quito, CCE, 1964.
CASULLO, Fernando Hugo, *Diccionario de voces lunfardas y vulgares,* Buenos Aires, Editorial Freeland, 1972.
CLAUDIO DE LA TORRE, Josefina, *Diccionario de la jerga del estudiante universitario puertorriqueño,* Río Piedras, Editorial de la Universidad de Puerto Rico, 1989.
COLUCCIO, Félix, *Diccionario folklórico argentino,* Buenos Aires, Librería «El Ateneo» Editorial, 1950.
CORDERO, Luis, *Diccionario quichua-español, español-quichua,* Quito, CCE, 1955.
— *Enumeración botánica,* Madrid, Afrodisio Aguado, 1950.
CORNEJO, Justino, *Fuera del Diccionario,* Quito, Impr. del Ministerio de Gobierno, 1938.
COROMINAS, Joan, *Diccionario crítico-etimológico de la lengua castellana,* Berna, Francke, 1954.
COSTAS ARGUEDAS, José Felipe, *Diccionario del Folklore Boliviano,* Sucre, Universidad Mayor San Francisco Xavier de Chuquisaca, 1967 (dos tomos).
CHIAPPARA, Enrique, *Glosario lunfardo,* Montevideo, Talleres Gráficos La Paz, 1978.
DÍAZ MONTERO, Aníbal, *Del español jíbaro,* Santurce, Editorial Díaz-Mont, 1989.
FERNÁNDEZ NARANJO, Nicolás, *Diccionario de Bolivianismos,* La Paz-Cochabamba, Ed. «Los Amigos del Libro», 1980.
FILIPPO, Mario Alario di, *Lexicón de colombianismos,* Bogotá, Banco de la República, 1983 (2 vols.).

GAGINI, Carlos, *Diccionario de costarriqueñismos*, San José, Editorial de Costa Rica, 1989 (reimpresión de la ed. de 1919).

GARZÓN, Tobías, *Diccionario argentino*, Barcelona, Elzeviriana de Borrás y Mestres, 1910.

GAZTAMBIDE ARRILLAGA, Carlos, *Vocabulario básico del idioma español en Puerto Rico*, San Juan, Imprenta Hermanos Ramallo, 1986.

GOBELLO, José, *Nuevo diccionario lunfardo,* Buenos Aires, Ediciones Corregidor, 1990.

GUEVARA, Darío, *Lenguaje Vernáculo de la Poesía Popular Ecuatoriana*, Quito, Ed. Universitaria, 1968.

— *El Castellano y el Quichua en el Ecuador*, Quito, CCE, 1972.

HAENSCH, Günther y WERNER, Reinhold, *Nuevo Diccionario de Americanismos, Tomo I: Nuevo Diccionario de Colombianismos*, Santafé de Bogotá, Instituto Caro y Cuervo, 1993.

HENRÍQUEZ UREÑA, Pedro, *El Español en Santo Domingo*, Santo Domingo, Editora Taller, 1982 (4.ª edición).

HILDEBRANDT, Martha, *La lengua de Bolívar*, Caracas, Instituto de Filología Andrés Bello, Universidad Central de Venezuela, Oficina Central de Información de la República, 1974, tomo I (Léxico).

— *Peruanismos*, Lima, Francisco Moncloa, 1969.

INSCHAUSPE, Pedro, *Voces y costumbres del campo argentino*, Buenos Aires, Santiago Rueda, 1942.

JARAMILLO DE LUBENSKY, María, *Diccionario de ecuatorianismos en la literatura*, Quito, CCE, 1992.

JIMÉNEZ, Armando, *Tumbaburro de la picardía mexicana*, México D.F., Editorial Diana, 1977.

KANY, Charles E., *Sintaxis Hispanoamericana* , Madrid, Gredos, 1969.

LEMOS, Gustavo R., *Semántica o Ensayo de Lexicografía Ecuatoriana*, Guayaquil, 1920.

MALARET, Augusto, *Diccionario de americanismos*, Buenos Aires, Emecé, 1946.

MANTICA, Carlos (Nicaragua), *El habla popular nicaragüense y otros ensayos*, San José de Costa Rica, Libro Libre, 1989.

MATEUS, Alejandro, *Riqueza de la Lengua castellana y Provincialismos ecuatorianos*, Quito, Ed. Ecuatoriana, 1933.

MAURA, Gabriel Vicente, *Diccionario de voces coloquiales de Puerto Rico*, San Juan, Editorial Zemí, 1984.

MEJÍA, Jorge, *Así habla el mexicano*, México, Panorama, 1984.

MEMBREÑO, Alberto, *Hondureñismos* (Vocabulario de los Provincialismos de Honduras, con «Hondureñismos» de Jeremías Cisneros), Tegucigalpa, Guaymuras, Col. Lámpara (crítica y cultura), 1982 (1.ª ed.: 1895).

MONNER SANS, Ricardo, *Notas al castellano en la Argentina*, Buenos Aires, Estrada, 1944.

MORALES PETTORINO, Félix; QUIROZ MEJÍAS, Òscar y PEÑA ÁLVAREZ, Juan, *Diccionario ejemplificado de chilenismos*, Valparaíso, Academia Superior de Ciencias Pedagógicas, 1984 (los dos primeros volúmenes consultados van desde la A- hasta la G- inclusive).

MORENO MORA, Manuel, *Diccionario etimológico y comparado del Kichua del Ecuador*, Cuenca (Ecuador), Casa de la Cultura Ecuatoriana (Núcleo del Azuay), 1967 (dos tomos).

MORÍNIGO, Marcos A., *Diccionario de Americanismos*, Buenos Aires, Muchnik, 1985.

MUÑOZ REYES (Jorge e Isabel), *Diccionario de bolivianismos y semántica boliviana*, La Paz, Librería Editorial «Juventud», 1982.

OLIVIER, Consuelo (Vda. Germán A.), *De nuestro lenguaje y costumbres*, Santo Domingo, Editora Arte y Cine, 1971 (2.ª edición).

ORTIZ, Fernando, *Nuevo catauro de cubanismos*, La Habana, Ed. de Ciencias Sociales, 1985.

PALLAIS, Chantal, véase RABELLA, Joaquim.

PAZ PÉREZ, Carlos, *Diccionario cubano de términos populares y vulgares*, La Habana, Editorial de Ciencias Sociales, 1994.

PAULOVICH (Alfonso Prudencio CLAURE), *Diccionario del cholo ilustrado*, La Paz, Ojo Publicaciones, 1978.

PEÑA ÁLVAREZ, Juan, véase MORALES PETTORINO, Félix.

PICHARDO, Esteban, *Diccionario provincial casi-razonado de voces y frases cubanas*, La Habana, Editorial de Ciencias Sociales, 1985 –1.ª ed.: La Habana, Impr. El Trabajo, 1875.

QUIRÓZ MEJÍAS, Óscar, véase MORALES PETTORINO, Félix.
QUESADA PACHECO, Miguel Ángel, *Nuevo diccionario de costarriqueñismos*, Cartago, Editorial Tecnológica de Costa Rica, 1996 (2.ª ed.).
RABELLA, Joaquim y PALLAIS, Chantal, *Vocabulario popular nicaragüense*, Managua, Rabella y Pallais, 1994.
RIOFRÍO, Miguel, *Correcciones de defectos de lenguaje para el uso de las Escuelas Primarias del Perú*, Lima, Impr. del Universo, 1874.
RODRÍGUEZ, Zorobable, *Diccionario de chilenismos*, Valparaíso, Ediciones Universitarias de Valparaíso (Chile), 1985.
RODRÍGUEZ DEMORIZI, Emilio, *Del vocabulario dominicano*, Santo Domingo, Editora Taller, 1983.
RUBIO, J. Francisco, *Diccionario de voces usadas en Guatemala*, Ciudad de Guatemala, Piedra Santa, 1982.
SÁNCHEZ-BOUDY, José, *Diccionario de Cubanismos más usuales*, Miami, Ed. Universal, t. II ; 1984; T. III: 1986; T. IV: 1987; T. V: 1989; T. VI: 1992 (no se ha podido consultar el t. I).
SANTAMARÍA, Francisco J., *Diccionario General de Americanismos*, México D.F., Pedro Robredo, 1942 (3 vol.).
— *Diccionario de Mejicanismos*, México, Ed. Porrúa, 1978.
SANTIESTEBAN, Argelio, *El habla popular cubana de hoy*, La Habana, Editorial de Ciencias Sociales, 1985.
SAUBIDET, Tito, *Vocabulario y refranero criollo*, Buenos Aires, Kraft, 1943.
SEGOVIA, Lisandro, *Diccionario de argentinismos*, Buenos Aires, Coní, 1911.
SILVA VALDÉS, Fernán, «Vocabulario de uruguayismos», en *Boletín de Filología*, Montevideo, III, 1941, págs. 276-281.
SOPENA, *Americanismos, Diccionario Ilustrado Sopena*, Barcelona, Sopena, 1983.
STEEL, Brian, *Diccionario de Americanismos*, Alcobendas (Madrid), Sociedad General Española de Librería, 1990.
TEJERA, María Josefina, *Diccionario de venezolanismos*, Caracas, Universidad Central de Venezuela, 1993 (tres tomos).
TERRERA, Guillermo Alfredo, *Sociología y vocabulario del habla popular argentina*, Buenos Aires, Editorial Plus Ultra, 1968.
TOBAR DONOSO, Julio, *El Lenguaje Rural en la Región Interandina del Ecuador –lo que falta y lo que sobra–* , Quito, La Unión Católica, 1961.
TOBAR GUARDERAS, Carlos R., *Consultas al Diccionario de la Lengua*, Quito, Imprenta de la Universidad Central, 1900.
VALLE, Alfonso, *Diccionario del habla nicaragüense*, Managua, La Nueva Prensa, 1948.
VÁZQUEZ, Honorato, *Reparos sobre nuestro Lenguaje usual*, Quito, Ed. Ecuatoriana, 1940.
VELASCO VALDÉS, Miguel, *Vocabulario popular mexicano*, México D.F., Olimpo, 1957.
VERDEVOYE, Paul, *Léxico Argentino-Español-Francés*, Madrid, Archivos, 1992 (Coordinador técnico: Héctor Fernando Colla).
VILLANUEVA, Carlos, *Diccionario básico del español de México*, México D.F., El Colegio de México, 1991.
WALTZ, Thomas Harold, *Favorite idioms and expressions of Honduras,* Tegucigalpa, 1968.
WERNER, Reinhold, véase HAENSCH, Günther.
YGLESIAS VIETO, Álvaro, *Glosario popular de términos médicos*, San José, Editorial Nacional de Salud y Seguridad Social, 1993.
ZABALA, Rosalío R., «Hondureñismos», en *Diccionario escolar del Castellano*, Bogotá, Stella, 1964.

SECCIÓN IV: DICCIONARIOS ESPAÑOLES CONSULTADOS

CASARES, Julio, *Diccionario ideológico de la lengua española*, Barcelona, Gustavo Gili, 1959 (2.ª edición).
CELA, Camilo José, *Diccionario secreto*, Madrid, Alianza/Alfaguara, 1989 (tres volúmenes).

— *Diccionario del erotismo*, Madrid, Grijalbo, 1988 (dos volúmenes).
Diccionario Enciclopédico Espasa-Calpe 1, Madrid, Espasa Calpe, 1987.
Intermedio (Diccionario Didáctico de Español), Madrid, S.M., 1993.
LEÓN, Víctor, *Diccionario de argot español*, Madrid, Alianza Editorial, 1987.
MARTÍN, Jaime, *Diccionario de expresiones malsonantes del español*, Madrid, Istmo, 1974.
MOLINER, María, *Diccionario de uso del español*, Madrid, Gredos, 1970 (dos tomos).
OLIVER, Juan Manuel, *Diccionario de Argot*, Madrid, S.E.N.A.E., 1987.
REAL ACADEMIA ESPAÑOLA, *Diccionario de la lengua española*, Madrid, Espasa-Calpe, 1992 (vigésima primera edición).